记录中国快递业的时光机

地址：北京市西城区北礼士路甲8号
《中国快递年鉴》编辑部
电话：010-88323288/88323297
传真：010-88323269

中国快递年鉴
（2019 年卷）

《中国快递年鉴》编辑部　编

人民交通出版社股份有限公司
北　京

内 容 提 要

本年鉴客观记载、全面反映了2019年我国快递业的发展情况以及各地区的进展和主要成就。全书共11部分，分别为：特载、发展概览、发展环境、发展数据、人才建设、市场主体、各地纵览、协会工作、人物志、行业展望和附录。

本书为我国快递领域综合性、资料性、史册性工具书，是读者全面了解我国2019年快递领域发展情况的翔实史料，可供快递行业相关人员及其他社会各界人士阅读参考。

图书在版编目(CIP)数据

中国快递年鉴. 2019年卷 /《中国快递年鉴》编辑部编. — 北京 : 人民交通出版社股份有限公司, 2020.9

ISBN 978-7-114-16802-4

Ⅰ. ①中… Ⅱ. ①中… Ⅲ. ①邮件投递—中国—2019—年鉴 Ⅳ. ①F618.1-54

中国版本图书馆CIP数据核字(2020)第157098号

书　　名：中国快递年鉴(2019年卷)
著 作 者：《中国快递年鉴》编辑部
责任编辑：黎小东
责任校对：孙国靖　龙　雪
责任印制：刘高彤
出版发行：人民交通出版社股份有限公司
地　　址：(100011)北京市朝阳区安定门外外馆斜街3号
网　　址：http://www.ccpcl.com.cn
销售电话：(010)59757973
总 经 销：人民交通出版社股份有限公司发行部
经　　销：各地新华书店
印　　刷：北京市密东印刷有限公司
开　　本：880×1230　1/16
印　　张：49.75
插　　页：8
字　　数：1220千
版　　次：2020年9月　第1版
印　　次：2020年9月　第1次印刷
书　　号：ISBN 978-7-114-16802-4
定　　价：396.00元

《中国快递年鉴》编委会

李志炜　宁夏回族自治区邮政管理局原局长

特邀委员：廖　涛　中国邮政集团有限公司寄递事业部党委书记、总经理

王　卫　顺丰控股股份有限公司董事长

陈德军　申通快递股份有限公司董事长

喻渭蛟　圆通速递有限公司董事长

聂腾云　韵达控股股份有限公司董事长兼总裁

赖梅松　中通快递集团董事长

周韶宁　百世集团董事长兼 CEO

周少华　百世集团高级副总裁、百世快递总经理

姚　凯　苏宁物流执行总裁、天天快递有限公司总裁

崔维星　德邦快递董事长

杨兴运　优速物流有限公司 CEO

《中国快递年鉴》编辑部

编 辑 说 明

《中国快递年鉴》是我国快递领域最具权威的综合性、资料性、史册性工具书，旨在客观记载、全面反映我国快递领域发展情况以及各地区每年度取得的最新进展和主要成就，可为读者全面了解我国快递领域的发展提供翔实的史料。

《中国快递年鉴（2019 年卷）》着重反映 2019 年期间我国快递领域的发展情况。全书共 11 部分，具体内容如下。

1. 特载：包括交通运输部和国家邮政局有关领导的重要讲话及专文专访；

2. 发展概览：包括 2019 年快递服务发展综述，快递领域十大事件，中国快递发展大事记，各省（区、市）快递发展大事记；

3. 发展环境：包括 2019 年快递市场监管和安全监管情况，2019 年市（地）邮政管理工作综述，2019 年施行的快递法律规章及规范性文件，快递发展相关规划及重要解读，快递标准，快递政策，同时还辑录了部分省（区、市）、市（地）关于快递服务的政策法规；

4. 发展数据：包括 2019 年邮政行业运行情况及发展统计公报，2019 年快递服务公众满意度调查结果及邮政业消费者申诉情况通告，2019 年快递业调查报告；2019 年中国快递发展指数报告；

5. 人才建设：包括 2019 年快递人才队伍建设概述，以及各骨干企业人才培养特色举措；

6. 市场主体：介绍了 2019 年快递市场主体发展情况以及我国快递市场 9 家重点企业发展情况；

7. 各地纵览：介绍了全国各省（区、市）快递市场发展及管理情况；

8. 协会工作：介绍了中国快递协会 2019 年工作情况；

9. 人物志：辑录了 4 位业内外的传奇人物与行业的不解之缘，以及他们眼中行业的创新、变革和发展；

10. 行业展望:介绍了我国快递领域未来的发展趋势;

附录:包括与快递领域有关的重要文件。

《中国快递年鉴(2019年卷)》的出版,得到了国家邮政局各有关部门,各省(区、市)邮政管理部门、中国快递协会及各省(区、市)快递协会、有关快递企业的大力支持。在此,我们向所有为本年鉴编辑出版作出贡献的单位和个人表示衷心感谢!

本年鉴资料内容未包括香港、澳门特别行政区和台湾省资料。

《中国快递年鉴》编辑部

2020年7月

China Post and Express News

第612期
今日4版

国家邮政局主管
国内统一连续出版物号:CN 11-0041

北京国邮创展文化传播有限公司主办
邮发代号:1-46

《中国邮政快递报》社有限公司出版
2019年2月4日　星期一

习近平春节前夕看望慰问坚守岗位的快递员

指出,快递小哥工作很辛苦,起早贪黑、风雨无阻,越是节假日越忙碌,像勤劳的小蜜蜂,是最辛勤的劳动者,为大家生活带来了便利

本报讯(记者 范云兵 王洪磊 郭荣健) 2月1日,中共中央总书记、国家主席、中央军委主席习近平在北京看望慰问基层干部群众,考察北京冬奥会、冬残奥会筹办工作。在结束前门东区看望慰问乘车返回途中,习近平临时下车,来到前门石头胡同的快递服务点,看望仍在工作的快递小哥。习近平指出,快递小哥工作很辛苦,起早贪黑、风雨无阻,越是节假日越忙碌,像勤劳的小蜜蜂,是最辛勤的劳动者,为大家生活带来了便利。习近平强调,要坚持就业优先战略,把解决人民群众就业问题放在更加突出的位置,努力创造更多就业岗位。

赞快递小哥是勤劳的小蜜蜂

当日中午约11时,习近平结束在北京市前门东区看望慰问,乘车返回途中来到大栅栏街道的石头胡同,首先走进了一家小吃店,在了解基本情况后,总书记说:"别耽误人家吃饭,我就路过。"

随后,习近平来到小吃店对面的顺丰快递营业站。当时,刘阔和齐南南等快递小哥正在整理快件准备出门,突然看到总书记出现在面前,十分激动。"完全是蒙的,根本想不到总书记会看望快递小哥。"

"给你们拜年!"习近平第一时间为快递小哥送上新年祝福。"谢谢!您好,主席!"站在一辆在全国有示范效应的"七统一"的电动三轮车前,刘阔和齐南南等快递小哥向总书记问好。

2月1日,习近平来到位于北京市前门石头胡同的快递服务点,看望坚守岗位的快递小哥。　新华社发

"这会儿忙吗?你们生活上怎么样?住在哪里?这个春节回不了家?"习近平十分关心快递小哥的生活状态。

"住在二环外三环里,年三十再回家。"听到刘阔的回答后,习近平说,我就是来看看你们,你们属于工作最辛勤的,就像勤劳的小蜜蜂一样跑来跑去,日晒雨淋不容易。"通过你们对全国从事快递业的300万人、这些最辛勤的劳动工作者们,向你们致以新春的祝福。"

习近平最后说,如果能安排回家,我也很希望你们能回家,跟家人团聚、团圆一下。

记者从顺丰方面获悉,春节前,他们为返乡员工统一代购了火车票,免去他们购票的后顾之忧。北京周边的员工,也统一安排了大巴送回家。

四成员工留守保障服务

石头胡同营业站负责人姜涛告诉记者,该站点目前有7名快递员,每天揽收量在500件左右。春节期间整体业务量相对降低,会尽可能保障客户的寄递需求。

"我们大约有40%的快递员留守在北京。"顺丰北京公司人力资源部员工关系高级经理柴阳说,留守快递员会有相关福利保障。

齐南南就是留守在北京的快递员之一。石头胡同营业站位于大栅栏旅游区,春节期间客流量较大,因此快件业务量也比较大。"这是我连续第二年春节留守在北京。"齐南南说,"赤峰老家的父母会来北京跟我们一起过年。"

齐南南在顺丰工作4年多,对该区域的路线和客户都非常熟悉。"习主席在新年贺词中赞扬我们是美好生活的创造者、守护者,今天又来看望我们,现在非常激动。我会把每一件快件安全准确地送到客户手中。"齐南南说。

在春节前,刘阔迎来了业务量的小高峰。刘阔主要负责琉璃厂一带的快件揽收。该区域主要是书画、古董等艺术收藏品,因此春节前的业务量较大,目前日均揽收100多件。在每天与客户的沟通中,刘阔逐渐与他们成为朋友。在送件过程中,有的客户会热心地递上了一杯热水。"感觉与这个城市不再有疏离感,这份工作让我觉得很有尊严。"

刘阔说,艺术品的价值较高,更要严格执行寄递安全"三项制度"才能保障快件安全。同时,要有良好的包装,确保快件在寄递过程中不被损毁。"我们还提供完善的保价服务,有些价格较高的快件在几万元到几十万元不等。"

让值守快递小哥暖心过年

总书记对快递小哥的关心和牵挂,也是邮政管理部门的职责所在。日前,国家邮政局召开企业座谈会,要求各企业要深刻领会,严格落实劳动法关于节日期间薪酬保障的规定,要用务实的举措体现对员工的关怀和照顾,让在岗位上的同志们同样感受到温暖和节日的氛围。

柴阳告诉记者,对于春节期间自愿留守值班的快递小哥,除高于国家法定薪酬的计提奖励外,还会额外给予每天138元的特殊激励,公司总裁王卫也会在留守值班员工群内给快递小哥发放数额不等、最高888元的新年红包。

柴阳表示,春节期间,公司将全力为留守的快递小哥提供后勤服务保障,为各服务站点除夕夜值班员工订购年夜饭,让快递小哥在一天的辛劳之后,能够吃上丰盛、可口的饭菜。对于轮休的快递小哥,公司也将组织他们游览北京的庙会,参加丰富多彩的文娱活动,让身在异乡的快递小哥也能过上一个温暖、幸福、祥和的新春佳节。

2月1日,中共中央总书记、国家主席、中央军委主席习近平在北京看望慰问基层干部群众,考察北京冬奥会、冬残奥会筹办工作。在结束前门东区看望慰问乘车返回途中,习近平临时下车,来到前门石头胡同的快递服务点,看望仍在工作的快递小哥。习近平指出,快递小哥工作很辛苦,起早贪黑、风雨无阻,越是节假日越忙碌,像勤劳的小蜜蜂,是最辛勤的劳动者,为大家生活带来了便利。习近平强调,要坚持就业优先战略,把解决人民群众就业问题放在更加突出的位置,努力创造更多就业岗位。(刊发于《中国邮政快递报》2019年第612期一版)

中国邮政快递报

China Post and Express News　第710期　今日16版

本报官方微博

本报官方微信

国家邮政局主管
国内统一连续出版物号：CN 11-0041
北京国邮创展文化传播有限公司主办
邮发代号：1-46
《中国邮政快递报》社有限公司出版
2019年9月30日　星期一

习近平总书记为其美多吉颁奖

新华社9月27日电 全国民族团结进步表彰大会27日上午在北京举行。中共中央总书记、国家主席、中央军委主席习近平出席大会并发表重要讲话。他强调，实现中华民族伟大复兴，需要各民族手挽着手、肩并着肩，共同努力奋斗。要以铸牢中华民族共同体意识为主线，全面贯彻党的民族理论和民族政策，坚持共同团结奋斗、共同繁荣发展，把民族团结进步事业作为基础性事业抓紧抓好，促进各民族像石榴籽一样紧紧拥抱在一起，推动中华民族走向包容性更强、凝聚力更大的命运共同体，共建美好家园，共创美好未来。

大会由李克强主持。汪洋、王沪宁、赵乐际、韩正出席。

大会表彰了全国民族团结进步模范集体和模范个人，665个模范集体、812个模范个人受到表彰。在欢快的乐曲声中，习近平等为受表彰的模范集体和模范个人代表颁奖。

四川省甘孜藏族自治州甘孜县邮政分公司长途邮运驾驶员其美多吉荣获全国民族团结进步模范个人称号，习近平总书记为他颁发奖章和证书。　新华社 李学仁 摄

■感受

"把总书记的关怀带到实际工作中"

"这几天我一直很激动，家人、朋友给我打了很多电话，他们也激动得不得了。"9月27日，四川省甘孜藏族自治州甘孜县邮政分公司长途邮运驾驶员其美多吉荣获全国民族团结进步模范个人称号，习近平总书记亲自为他颁发奖章和证书。回忆起当时的场景，其美多吉情绪高昂："很激动，很振奋。我会把总书记的关怀带到实际工作中，和藏区群众一起往前奔。"

"当时总书记握着我的手，说你是雪域邮路上的其美多吉，我激动地回答，是的。总书记说你们不简单，要注意身体。当时，我激动得不知说什么好，总书记又叮嘱我说'一定要注意身体'。"其美多吉告诉《中国邮政快递报》记者，总书记平易近人，令他十分感动，他深深地感受到总书记对他和藏区人民的深切关怀。

其美多吉说："总书记在讲话中提到，7年来，他十几次到民族地区调研，在雪域高原、天山南北，在祖国北疆、西南边陲，亲眼看到了民族地区面貌日新月异、少数民族群众生活蒸蒸日上。"邮车也见证了藏区的不断变化。"我们把高考录取通知书、衣服、电器等送过去，又把藏区的农特产品运出来。这些都得益于党的好政策，让藏区群众过上了好日子。"其美多吉说，不仅如此，这些年藏区有了高速公路，甘孜格萨尔机场也于几天前正式通航，以后藏区的变化会越来越大。现在藏区群众的房子修得宽敞明亮，教室里书声琅琅，藏区群众越来越有奔头。

他表示："总书记的重要讲话给我们企业今后开展民族团结工作指明了方向，提出了更高要求。在未来的工作中，我将立足本职岗位，带头做好表率，为民族团结工作贡献自己的力量，为藏区民族团结做更多宣传，促进各民族交往交流交融。"（王宏坤）

9月27日上午，全国民族团结进步表彰大会在北京举行。中共中央总书记、国家主席、中央军委主席习近平出席大会并发表重要讲话。他强调，实现中华民族伟大复兴，需要各民族手挽着手、肩并着肩，共同努力奋斗。要以铸牢中华民族共同体意识为主线，全面贯彻党的民族理论和民族政策，坚持共同团结奋斗、共同繁荣发展，把民族团结进步事业作为基础性事业抓紧抓好，促进各民族像石榴籽一样紧紧拥抱在一起，推动中华民族走向包容性更强、凝聚力更大的命运共同体，共建美好家园，共创美好未来。图中报道为四川省甘孜藏族自治州甘孜县邮政分公司长途邮运驾驶员其美多吉荣获全国民族团结进步模范个人称号，习近平总书记为他颁发奖章和证书。（刊发于《中国邮政快递报》2019年第710期一版）

中华人民共和国国家邮政局
State Post Bureau of The People's Republic of China

标题 ▼

首页 | 机构 | 政府信息公开 | 政策 | 监管 | 服务 | 新闻 | 统计&指数 | 互动 | 专题

首页 > 新闻 > 国家局和省局信息

李克强：快递、电商等是“众人做事，集众智集众力，众人共享”

2019-03-15　中国邮政快递报社

3月15日上午十三届全国人大二次会议闭幕后，国务院总理李克强在人民大会堂三楼金色大厅会见中外记者并回答记者提出的问题。记者会上，克强总理两次提及快递，点赞快递电商等新业态是“众人做事，集众智集众力，众人共享。”此后，克强总理还对快递天来在促进农产品和工业品的双向流通的作用，提出了新的期待。

3月15日上午十三届全国人大二次会议闭幕后，国务院总理李克强在人民大会堂三楼金色大厅会见中外记者并回答记者提出的问题。记者会上，李克强总理两次提及快递，点赞快递电商等新业态是“众人做事，集众智、聚众力，众人共享”。此后，李克强总理还对快递未来在促进农产品和工业品的双向流通的作用，提出了新的期待。（报道见于中华人民共和国国家邮政局网站）

2019年10月1日，新中国迎来70岁华诞。为庆祝新中国成立70周年，国庆节当天，北京天安门广场举行了规模盛大的阅兵和群众游行活动。快递小哥首次亮相国庆庆祝活动群众游行队伍，成为天安门广场史诗般壮美画卷上的新符号，唱响了歌颂新时代繁荣盛世的新乐章。图为国庆当天快递小哥通过天安门广场。

在贵州省邮政业助力脱贫攻坚的决胜时期，5月26日至28日，国家邮政局党组书记、局长马军胜赴黔调研邮政业助力精准扶贫和服务好乡村振兴战略等工作并强调，要将习近平总书记关于精准扶贫、推动乡村振兴战略的重要指示精神和中央重大决策部署落到实处，大力弘扬新时代贵州精神，“邮政在乡”要加力，“快递下乡”要加速，全力服务精准扶贫和精准脱贫，推动贵州乡村振兴再上新台阶。

9月5日至6日，2019年邮政业科技创新工作会议在深圳召开。会议深入学习贯彻习近平新时代中国特色社会主义思想和党的十九大精神，认真落实习近平总书记关于科技创新的系列重要讲话精神，总结近年来邮政业科技发展情况，分析面临的新形势新机遇，部署下一阶段行业科技创新工作，统一思想、凝心聚力、真抓实干，全面提升邮政业科技创新能力和水平，为邮政业高质量发展注入新动能。会议期间，国家邮政局副局长戴应军带队赴腾讯等互联网、信息技术服务企业进行实地调研。

12月10日至12日，国家邮政局副局长刘君在率国家禁毒委督导检查组对江苏禁毒工作开展督导检查工作之际，对江苏省寄递安全管理和服务保障工作进行了督导调研。刘君强调，江苏省各级邮政管理部门要正视不足，直面问题，主动担当，积极作为，在强化市场监管、营造良好营商环境、推动行业高质量发展、更好服务地方经济和保障民生等方面发挥积极作用,在国家邮政局和地方党委政府领导下，认真落实寄递渠道禁毒工作部署要求，持续加强行业监管，督促企业严格落实主体责任，严格执行“三项制度”，做好毒品预防和查缉工作，确保寄递渠道安全畅通。图为刘君在快递网点实地查看收寄验视和实名收寄、快递服务电商、行业绿色发展情况。

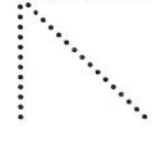

5月15日，国家邮政局、共青团中央联合组织开展了“青春心向党快递新梦想”快递业团员青年学习习近平总书记在纪念五四运动100周年大会上重要讲话精神主题团日活动。国家邮政局副局长杨春光、共青团中央书记处书记奇巴图出席活动并讲话，听取快递企业团建工作开展情况，并向快递团员青年代表赠送礼包及书籍。杨春光表示，下一步，希望双方坚持钉钉子精神，持续扎实推进既定工作项目；勇于创新探索，深化拓展新载体新方式；强化思想引领，带领“快递小哥”群体坚定不移听党话跟党走。图为杨春光参观圆通速递华北管理中心。

3月20日，国家邮政局在深圳召开邮政行业生态环保工作专题研讨会，组织上海、江苏、浙江、福建、山东、广东、海南七个重点省（市）邮政管理局，结合当前工作形势，共同研讨做好行业生态环保工作，切实打好行业污染防治攻坚战。国家邮政局副局长赵民出席会议。会前，赵民实地参观了广东天元实业集团、顺丰包装实验室，详细了解快递绿色包装研发和生产情况，现场考察了圆通深圳分拨中心、顺丰福田分部的绿色包装应用情况。

11月26日至28日，万国邮联电子商务时代跨境合作全球大会在厦门召开，这是万国邮联与中国联合举办的首个以跨境电商全球合作为主题的大会。大会发布了万国邮联在跨境电子商务领域达成的一项重要全球性共识——《厦门倡议》，传递出万国邮联与其他利益相关方在跨境电子商务全球合作的强烈信号。本次大会共有102个国家和地区邮政部门和利益相关方、万国邮联、世界海关组织等8个国际组织，380余名代表参加会议。期间，国家邮政局局长马军胜在厦门会见了来华出席“万国邮联电子商务时代跨境合作全球大会”的万国邮联总局长比沙尔·侯赛因。双方在亲切友好的气氛中，就大会筹备情况，邮政在跨境电子商务发展中的作用等问题交换了意见。

6月25日，第九届全国“人民满意的公务员”和“人民满意的公务员集体”表彰大会在北京举行。湖北省恩施州邮政管理局获评“人民满意的公务员集体”。全国“人民满意的公务员”和“人民满意的公务员集体”称号是公务员奖励的最高荣誉。这是邮政体制改革以来，邮政管理系统首次获此殊荣。图为6月27日国家邮政局局长马军胜、副局长杨春光会见恩施局代表。

6月26日，全国第一个现代邮政学院——北京邮电大学现代邮政学院首届本科生毕业典礼隆重举行，2019届30名毕业生正式毕业，这标志着邮政快递高等人才教育培养工作取得阶段性成果。国家邮政局党组书记、局长马军胜出席仪式并致辞，北京邮电大学党委书记吴建伟、校长乔建永出席，北京邮电大学现代邮政学院执行院长武穆清发言，现代邮政学院副院长宁连举主持。

9月10日，由国家邮政局、浙江省人民政府、中国快递协会主办，杭州市人民政府承办的第三届中国（杭州）国际快递业大会在桐庐召开。国家邮政局局长马军胜、浙江省人民政府副省长高兴夫出席大会并致辞，中国快递协会会长高宏峰、国家邮政局副局长刘君出席并参加《中国快递业社会贡献报告2018》发布仪式，万国邮联咨询委员会主席沃尔特·特雷泽克出席并作主旨演讲。会上，马军胜和高兴夫向浙江省国邮快递物流科学研究院（筹建）正式授牌。在闭幕仪式上，大会发出了《桐庐倡议》，呼吁中国快递企业强化战略引领、深化发展共识，强化协同创新，深化务实合作，强化目标导向，深化能力建设，抓住战略机遇期推动国际化跨越式发展，更好服务国计民生、便利跨境贸易、畅通经济循环、提升国际竞争力。

4月22日至26日，国家邮政局组织中央媒体赴安徽黄山、安庆蹲点，开展“壮丽70年奋斗新时代”主题采访。图为快递企业工作人员正在向记者介绍无人机应用情况。

目录

第一篇　特载

第二篇　发展概览

第三篇 发展环境

第四篇　发展数据

第五篇 人才建设

第六篇 市场主体

第七篇 各地纵览

第八篇　协会工作

第九篇　人物志

第十篇　行业展望

附录

第一篇 特 载

以习近平新时代中国特色社会主义思想为指导 为决胜全面建成小康社会、建设交通强国作出新的更大贡献

——交通运输部部长李小鹏在2019年全国邮政管理工作会议上的讲话

2019年1月3日

同志们：

很高兴参加2019年全国邮政管理工作会议。刚才，军胜同志作了一个很好的工作报告，符合中央精神和要求，符合邮政业发展实际，我完全赞同。

刚刚过去的2018年，是全面贯彻落实党的十九大精神的开局之年，是改革开放40周年，是决胜全面建成小康社会、实施"十三五"规划承上启下的关键一年。这一年，习近平总书记站在党和国家事业发展全局的高度，多次对交通运输工作作出重要指示批示。12月18日，在改革开放40周年大会上，总书记指出我国基础设施建设成就显著，公路成网，铁路密布，高铁飞驰，巨轮远航，飞机翱翔，天堑变通途。4月，在深入推动长江经济带发展座谈会上，总书记指出港珠澳大桥是国家工程、国之重器，体现了逢山开路、遇水架桥的奋斗精神，要求既要高质量建设好，又要用好管好大桥，为粤港澳大湾区建设发挥重要作用。11月，总书记在上海出席首届进博会相关活动后，视频连线洋山港四期自动化码头，指出经济强国必定是海洋强国、航运强国，要求把洋山港建设好、管理好、发展好，勉励交通人要有永创世界一流的志气和勇气，要做就做最好的，努力创造更多世界第一。总书记多次亲切接见、慰问鼓励一线交通职工，9月30日，邀请四川航空"中国民航英雄机组"全体成员参加国庆69周年招待会，动情地表示为川航英雄机组感到骄傲，要求弘扬非凡的英雄精神；12月，在巴拿马运河电话连线慰问"玫瑰轮"船员，祝大家工作生活顺利、高高兴兴起航、平平安安回家，希望远洋船员为促进国家航运事业和全球贸易繁荣作出更大贡献。在2019年新年贺词中，总书记关心快递小哥、出租车司机等，感谢这些美好生活的创造者、守护者。总书记的重要指示批示，蕴含着质朴真挚的为民情怀、许党许国的担当精神，体现了党中央对交通运输工作的充分肯定和殷切希望，展示了全党决胜全面建成小康社会、加快建设社会主义现代化强国的信心和力量，让包括邮政在内的全体交通人倍感温暖、倍受鼓舞、倍增干劲。我们要认真学习领会，坚决贯彻落实好。

下面，我讲三点意见。

一、2018年国家邮政局工作取得新成绩

一年来，国家邮政局党组认真贯彻党中央、国务院决策部署，加强科学谋划，深化改革攻坚，奋力开拓创新，推动邮政业高质量发展实现良好开局。一是发展质效不断提升。全年预计完成业务总量12300亿元，同比增长26%，推动我国成为全

球增长速度最快、投资吸引力最强、创新活力最活跃的邮政市场。二是发展环境显著优化。《快递暂行条例》生效执行,《电子商务法》颁布实施,制修订5项行业标准并发布,“放管服”改革持续深化。三是发展活力持续增强。邮政企业寄递业务改革迈出新步伐,快递“三上三向”工程成效明显,大包裹冷运等新兴服务蓬勃发展,中欧班列运输双向运邮取得新突破。四是转型发展不断加快。人工智能、无人机、全自动分拣装备等新技术新产品扩大应用,快递绿色包装试点继续推进,可循环环保包装推广应用取得新成效。五是安全监管持续加强。狠抓“三项制度”落实,总体实现实名收寄,加大力度开展涉枪涉爆隐患集中整治,圆满完成首届中国国际进口博览会等重大活动寄递渠道安全服务保障。六是全面从严治党向纵深发展。坚持政治建设为统领,全面落实管党治党责任,持之以恒正风肃纪,实现首轮巡视全覆盖,干部人才队伍建设不断加强,党的领导更加坚强有力。

总的看,2018年邮政工作亮点纷呈、成效显著,得到刘鹤副总理等中央领导同志的认可。这是党中央、国务院高度重视、坚强领导的结果;是各有关部门、地方党委政府和人民群众大力支持的结果;是国家邮政局党组认真贯彻落实中央决策部署,科学谋划、改革创新的结果;是邮政系统全体干部职工团结奋斗、强力推进的结果。在此,我代表交通运输部,向所有关心支持邮政工作的各级党委政府和各有关部门表示衷心的感谢,向全国邮政系统广大干部职工和离退休老同志表示热烈的祝贺和诚挚的慰问!

二、准确把握当前形势与任务

2018年底,中央先后召开了庆祝改革开放40周年大会、中央经济工作会议、中央政治局民主生活会等系列会议,对加强和维护党中央集中统一领导、全面深化改革、扩大对外开放以及2019年经济工作等进行全面部署,为我们认清形势、理清思路提供了遵循。

在庆祝改革开放40周年大会上,习近平总书记深刻总结了改革开放40年来党和国家事业取得的伟大成就和宝贵经验,郑重宣示了改革开放只有进行时没有完成时、改革开放永远在路上、坚定不移将改革进行到底的信心和决心,明确提出了坚定不移全面深化改革、扩大对外开放、不断把新时代改革开放继续推向前进的目标要求。我们要学习好、领会好、宣传好、贯彻好习近平总书记重要讲话精神,坚定不移推进深化改革和高水平开放,奋力谱写邮政新时代改革开放新篇章。

在中央经济工作会议上,习近平总书记深刻指出,世界面临百年未有之大变局,我国发展仍处于并将长期处于重要战略机遇期。重要战略机遇具有新的内涵,我们要全面用好重要战略机遇期,坚持党的基本理论、基本路线、基本方略,坚持以经济建设为中心,坚持发展是党执政兴国的第一要务。会议明确提出了2019年经济工作的总体要求、主要目标、政策取向和重点任务,强调要坚持供给侧结构性改革不动摇,在“巩固、增强、提升、畅通”八个字上下功夫,推进经济高质量发展。会议还对打好三大攻坚战以及2019年经济工作重点任务进行了部署,其中许多事项涉及交通运输,涉及铁路、公路、机场、水运、邮政发展。在供给侧结构性改革方面,强调要提高综合交通运输网络效率,降低高速公路、机场、港口、铁路等收费,降低物流成本。在推动长江经济带发展方面,强调要整体设计综合交通运输,发挥铁路、公路、水运各自优势,形成综合运输体系。在加快国资国企改革方面,强调要加快推动中国铁路总公司股份制改造,深化邮政国有企业体制改革。在加强保障和改善民生中,强调要下更大气力抓好安全生产和交通安全。我们要坚决贯彻、抓紧落实,不打折扣、不搞变通。特别是要在深化“放管服”改革、优化营商环境、服务国家重大战略、深化关键领域改革、增加固定资产有效投资等方面发挥作用。刘鹤副总理在12月25日对我部的批示中,要求贯彻落实党中央要求,深化供给侧结构性改革,推动高质量发展,特别是要提高综合交通运输网络效率、降低物流成本、保障交通安全。我们要坚定不移贯彻落实好。

去年12月25日、26日,中央政治局召开了民主生活会。会议以强化创新理论武装,树牢“四个意识”,坚定“四个自信”,坚决做到“两个维护”,勇于担当作为,以求真务实作风坚决把党中央决策部署落到实处为主题,联系中央政治局工作,联系带头严格执行《中共中央政治局关于加强和维护党中央集中统一领导的若干规定》,联系带头贯彻落实习近平总书记重要指示批示和党中央决策部署的实际,联系带头严格执行《中共中央政治局贯彻落实中央八项规定实施细则》的实际,进行自我检查、党性分析,开展批评和自我批评。党中央领导同志为我们加强和改善党内政治生活作出了榜样、作出了表率,也为我们加强和改善党内政治生活提出了新的明确要求。我们要认真学习贯彻,准备好、开好各自的民主生活会,认真总结、深入开展批评和自我批评,进一步统一思想、明确方向、凝聚力量,为做好各项工作奠定坚实基础。

刚刚结束的2019年全国交通运输工作会议,深入贯彻落实中央系列会议精神,分析了重要战略机遇期给交通运输发展带来的新的机遇和挑战,明确交通运输仍处于基础设施发展、服务水平提高和转型发展的黄金时期,提出坚决贯彻仍处于基础设施建设、服务水平八字方针,围绕“一个主题、贯穿一条主线、做到六个着力”的总体思路。一个主题,即推动交通运输高质量发展;一条主线,即深化交通运输供给侧结构性改革;六个着力,即着力提高综合交通运输网络效率,着力降低物流成本,着力确保安全稳定,着力深化市场化改革,着力扩大高水平开放,着力推动科技创新。这是做好明年交通运输各项工作的总体要求。会议还部署了明年工作的十项重点任务。一是要为服务全面建成小康社会收官打下决定性基础;二是要深化供给侧结构性改革;三是要为国家重大战略当好先行;四是要进一步深化交通运输改革;五是要加快推动绿色交道、智慧交通发展;六是要促进交通运输高水平开放;七是推进法治政府部门建设;八是谋划推进交通强国建设;九是要牢牢守住安全底线;十是要全面加强党的建设。这些工作,要结合邮政工作实际,有针对性地抓好贯彻落实,确保落到实处。

三、全力开启邮政工作新篇章

2019年是新中国成立70周年,是全面建成小康社会关键之年,希望国家邮政局深入贯彻落实党中央、国务院决策部署,持续推动邮政业高质量发展,谋划好交通强国邮政篇,开启新篇章、再创新成就。

第一,坚守安全生产底线,促进邮政业可持续发展。2018年,包括邮政系统在内的整个交通行业安全发展形势总体平稳,但风险隐患不容忽视、形势不容乐观,党中央要求我们下大力气抓好交通安全。我们要牢记安全生产是责任,是比泰山还重的责任;是民生,是最基本的民生;是红线,是任何人、任何时候、任何地方都不能碰触的高压红线。必须警钟长鸣、常抓不懈,如临深渊、如履薄冰抓好安全生产。要深刻把握行业安全监管的新形势新特点,健全完善安全生产制度和标准规范,构建安全生产评价指标体系,压实安全生产责任,加强重点领域安全监管和隐患排查治理力度。要切实抓好寄递渠道安全监管,严格落实收寄验视、实名收寄、过机安检等安全管理制度,加强寄递渠道反恐防范工作,强化信息安全管理。要强化应急处置能力建设,完善应急协调联动机制,全力做好全国“两会”、“一带一路”峰会、庆祝新中国成立70周年等重大活动期间和生产旺季安全服务保障工作。

第二,坚决落实八字方针要求,深化邮政供给侧结构性改革。按照“巩固、增强、提升、畅通”八字方针的要求,加快解决邮政业供给侧结构性问题,不断提升供给体系质量和效率。要进一步完善农村和西部地区邮政、快递基础设施网络,加强快递园区和枢纽建设，强化与综合交通枢纽衔接，提升中转环节处理能力、末端环节派送投递能力，提高寄递效率。要完善统一开放、竞争有序的市场体系，进一步加大“放管服”改革力度，全面推行“双随机一公开”监管机制，加快“互联网+政务服务”一体化建设，不断优化营商环境。要加速新技术新装备创新应用，积极推动大数据、云计算、人工智能等新技术广泛应用，推广使用无人仓技术和北斗导航系统，推进无人机、无人车投递试点。要主动推进邮政业与先进制造业、现代农业、跨境电商等深度融合，发挥邮政在推动农产品进城和工业品下乡的双向流通主渠道优势，有力推动生产、流通、分配、消费良性循环。会前，几家快递企业的老总希望在有关城市解决好快递电动三轮车的合法地位问题，解决在城市街道、小区分拣点的问题。我们要高度重视，加强沟通、认真解决。

第三，深入推进改革开放，持续拓展邮政业发展新空间。坚持市场化改革方向，坚决破除制约微观主体活力释放的体制机制障碍，加快提升行业治理体系和治理能力现代化水平，开创高水平对外开放新局面。要按照政企分开、政资分开和公平竞争原则，持续深化邮政管理体制改革，支持中国邮政集团公司做强、做优、做大，鼓励引导民营快递企业发展，加快形成具有全球竞争力的邮政快递企业集群。要完善邮政业法规体系，深化法治政府部门建设，深化跨部门协调治理，包容审慎监管新业态新模式，充分发挥市场在资源配置中的决定性作用。要积极参与万国邮联规则制定和关键领域改革进程，妥善应对美国“退群”问题，推进中欧班列运输邮件快件常态化，办好万国邮联全球邮关合作大会和中国2019视界集邮展览。

第四，践行以人民为中心的发展思路，建设人民满意邮政。坚持“人民邮政为人民”的服务宗旨，扭住发展第一要务不放松，真抓实干、务实创新，让人民群众有更多、更直接、更实在的获得感、幸福感、安全感。要加快普惠邮政建设，加速建制村直接通邮，实施“邮政在乡”和“快递下乡”换挡升级工程，推广“电商+寄递”产业模式，着力抓好农村路、农村车、农村快递的结合，助力脱贫攻坚，服务好乡村振兴战略。要推动快递末端综合服务平台建设，推广智能投递设施，加快发展冷链、医药等新业务，进一步扩大快递冷运网络覆盖范围，不断满足消费升级新需求。要加快推进绿色邮政建设，推进快递包装减量化、绿色化和可循环，推广使用新能源车收派件，不断满足人民群众日益增长的优美生态环境需要。

第五，旗帜鲜明讲政治，毫不动摇坚持和加强党的领导。坚持把党的政治建设放在首位，树牢“四个意识”，坚定“四个自信”，坚决做到“两个维护”，自觉在思想上政治上行动上同以习近平同志为核心的党中央保持高度一致。要严格落实中央八项规定精神，巩固拓展作风建设成果，保持整治“四风”的高压态势。深化政治巡视巡察，强化审计监督，加强对权力集中、资金密集等重点部门和关键岗位的监督制约。要贯彻新时代党的组织路线，做好干部培育、选拔、管理、使用工作，完善容错纠错机制和激励举措，激励干部担当作为，更加重视干部在重大斗争中经风雨、见世面、长才干、壮筋骨，保持斗争精神、增强斗争本领。更加重视高层次高技能人才队伍建设，扎实做好关爱快递员等一线职工工作。要继续传承弘扬“传邮万里、国脉所系”的邮政精神，加大其美多吉等先进楷模宣传力度，不断丰富发展新时代邮政精神，为邮政事业发展凝聚磅礴力量。

同志们，我国改革开放40年，是交通运输行业快递发展的40年。40年来，我们从“瓶颈制约”到“基本适应”，走出了一条中国共产党领导的、具有中国特色的交通运输发展道路。我们完全可以自豪地说，我们已经建成了交通大国。一是基础设施不断完善，二是运输规模庞大，三是装备不断更新，四是服务不断改善，五是治理不断加强。高速铁路、高速公路通车里程世界第一，世界十大港口我占七位并居前三，航空业世界第二，邮政业无论是基础设施还是服务量均为世界第一，特别是快递业在世界绝对领先。

我们也清醒地认识到，交通运输还是大而不强。基础设施还有短板，特别是偏远山区、贫困乡村，服务不优、治理不优、能力不强，特别是物流业不发达，成本偏高。高质量发展，任重而道远。

党的十九大提出要建设交通强国，这是党中央对交通行业的充分肯定、亲切鼓励，更是对我们的更大鞭策。建设交通强国是行业的历史责任、光荣使命。邮政行业是交通运输业的重要组成部分，邮政强国是交通强国的重要一席。放眼长远，我们要团结一致，努力建设“人民满意、支撑有力、世界领先”的交通强国。立足当前，我们要贯彻“巩固、增强、提升、畅通”八字方针，深化供给侧结构性改革，推动高质量发展。

党中央、国务院高度重视建设交通强国，成立了以中央政治局委员、国务院副总理刘鹤同志为组长的交通强国建设纲要起草组，办公室设在交通运输部。在刘鹤副总理领导、大家努力下，《交通强国建设纲要》已完成起草、部门征求意见，正在报党中央、国务院。中央发文后，这将是建设交通强国的纲领性指导文件。

之后，要启动《综合立体交通网规划纲要（2021－2050年）》编制，这将是行业第一次进行30年规划，大概也是全国第一次。这个规划不仅要有综合规划，还要有包括邮政在内的分行业规划，也要分省区市，也要有特殊区域——长三角、粤港澳、雄安，等等。希望邮政局牵头，提前布置、精心组织、精心编制30年邮政规划篇。

同志们，2019年已经到来，决胜全面小康重任在肩，打赢脱贫攻坚战时不我待，越到紧要关头，越要坚定必胜的信念，越要有一鼓作气攻城拔寨的决心，将实干进行到底。部党组将一如既往全力支持国家邮政局工作，在习近平新时代中国特色社会主义思想指引下，齐心协力推进邮政工作更上一层楼，为决胜全面建成小康社会、建设交通强国作出新的更大贡献，以优异成绩庆祝中华人民共和国成立70周年。

春节在即，现在大家都在谈一笔“狗”销、“猪”事如意。借此机会，我代表交通运输部，向在座各位同志，并通过你们向邮政系统广大干部职工、离退休老同志和职工家属致以新春的问候，祝大家身体健康，阖家幸福，工作顺利，万事如意！

谢谢大家！

以习近平新时代中国特色社会主义思想为指导 为全面建成与小康社会相适应的现代邮政业而努力奋斗

——国家邮政局局长马军胜在2019年全国邮政管理工作会议上的讲话

2019年1月3日

同志们：

这次会议的主要任务是：以习近平新时代中国特色社会主义思想为指导，全面贯彻落实党的十九大和十九届二中、三中全会以及中央经济工作会议精神，总结2018年工作，回顾改革开放40年来邮政业发展成绩，部署2019年工作，加快推进与小康社会相适应的现代邮政业建设，为建设现代化邮政强国奠定坚实基础。下面，我讲三个方面意见。

一、2018年主要工作和改革开放40年邮政业发展成绩

2018年是全面贯彻落实党的十九大精神的开局之年，是改革开放40周年，是决胜全面建成小康社会、实施"十三五"规划承上启下的关键一年。全行业深入学习贯彻习近平新时代中国特色社会主义思想和党的十九大精神，认真落实中央决策部署和习近平总书记对邮政业重要指示批示精神，坚持稳中求进工作总基调，坚持深化供给侧结构性改革，坚持更好服从服务国家重大战略，坚持以人民为中心的发展思想，深入贯彻新发展理念，继续按照"打通上下游、拓展产业链、画大同心圆、构建生态圈"工作思路，开拓进取、务实苦干，行业实现持续健康快速发展，保持了总体平稳、稳中有进的良好态势。全年预计完成邮政业业务总量12300亿元，同比增长26%；业务收入7870亿元(不含邮政储蓄银行直接营业收入)，增长18.81%。其中，快递业务量完成505亿件，增长25.8%；业务收入完成6010亿元，增长21.2%。新增社会就业20万人以上，支撑网上零售额6.9万亿元，支撑跨境电子商务贸易超过3500亿元。邮政普遍服务和快递服务满意度稳中有升，消费者申诉处理满意率达到98.5%。邮政业在经济社会发展中的作用不断增强，为稳增长、促改革、调结构、惠民生、防风险作出积极贡献。

(一)坚持科学谋划，不断优化行业政策环境。一是贯彻落实中央重大决策部署。落实区域协同发展战略。交邮协同发展重点任务纳入京津冀交通一体化三年行动计划；印发雄安新区邮政业发展总体思路，街坊中心配置快递货物集散站等任务纳入新区规划纲要；以长三角寄递服务一体化为重点深入推动长江经济带邮政业发展。出台关于加强邮政领域交通战备工作指导意见，邮政、快递企业积极参与军队后勤服务保障，配送被装700万件，联合开通全军首条军民融合高原货运航线，行业军民融合工作快速起步。谋划邮政强国建设，制定实施邮政业服务决胜全面小康开启新征程三年行动计划，有效衔接交通强国战略。二是深化"放管服"改革。发布施行快递末端网点备案暂行规定，全国完成末端网点备案12.1万个。修订《快递业务经营许可管理办法》。进一步优化许可流程，邮政服务5项行政审批时间缩短至法定时限一半，快递许可平均办理时限压缩至12.7个工作日。将国际快递业务(代理)经营许可权下放至天津、广东自由贸易试验区。积极探索新业态监管方式，开展对智能快件箱寄递服务和专业末端收投服务企业的省内许可工作。推进"互联网+政务服务"，基本实现全流程网上办理和"一

门、一次、一网”要求，依法清理3项证明事项。三是健全法规政策体系。认真贯彻落实《快递暂行条例》，配套出版条例释义。参与电子商务法立法。推动《国务院办公厅关于推进电子商务与快递物流协同发展的意见》出台实施，24个省份印发配套文件。配合有关部门制订加快培育壮大行业发展新动能、运输结构调整、城乡高效配送、城市居住区末端设施建设等政策措施。邮政业“最后一公里”设施建设纳入国家基础设施领域补短板支持政策。印发落实快递末端服务车辆通行指导意见，196个城市出台快递车辆管理政策。四是完善规划标准体系。配合开展国家“十三五”规划纲要等规划中期评估，完成邮政业“十三五”规划中期评估。天津空港经济区物流园、西安邮件处理中心等10个快递物流园区项目列入交通运输部货运枢纽投资补助项目储备库。发布实施快递手持终端安全技术要求等5项行业标准。

（二）坚持供给侧结构性改革，着力提升行业发展质效。一是加强基础能力建设。新增直接通邮建制村1.6万个，直接通邮率超过98.9%，全国24个省份实现全部建制村直接通邮。实施西部和农村地区邮政基础设施建设项目，推动网点改造1280处。邮政企业升级改造邮件处理中心70个，建成智能仓储配送中心1837个，投递网点全部实现电子化。全国建成快递物流园区323个，2000余家企业入园运营。深入实施“快递入区”工程，城市自营网点标准化率提高10个百分点，主要企业投入运营智能快件箱27.2万组，箱递率达到8.6%，全国高校快递规范收投率达到96.2%。城市公共快递服务站和农村公共取送点分别达到7.1万个和6.7万个。自主快递航空运能进一步提升，国内快递专用货机达113架，湖北国际快递物流核心枢纽项目建设有序推进，嘉兴航空物流枢纽项目启动。铁邮合作深入推进，开通高铁快递线路431条。二是推动企业改革创新。邮政企业持续推进寄递业务改革，包裹类业务量同比增长23.7%。邮政综合服务平台建设扎实推进，深入开展警邮合作，全面推行邮政网点代办公安交管业务，拓展税务代理业务，“网上办理＋网下寄递”工作加快推进。德邦快递顺利上市。重点企业创新寄递服务，加快发展冷链、医药等高附加值业务，大包裹、云仓、快运、即时递送等新服务进一步拓展，快递冷链网络覆盖139个城市。三是加快产业联动融合。邮政业与电子商务协同发展深入推进，年支撑网上零售额占社会消费品零售总额比重超过19%；服务先进制造业能力持续增强，重点项目达到318个，直接服务制造业年产值达到2172亿元；顺丰、京东等企业加快与冷链、供应链管理等专业化公司战略合作，服务广度深度不断提升；服务现代农业成效明显，打造滨州冬枣、柳州螺蛳粉、宝鸡猕猴桃、攀枝花芒果、砀山酥梨、梅州金柚、黄冈蕲艾等年业务量超千万件的“快递＋”金牌农业项目20个，全年农村地区累计收投快件120亿件，支撑工业品下乡和农产品进城超7000亿元。利用京交会、2018中国快递论坛等平台拓展快递融合发展空间。四是促进科技创新与技术应用。开展首届行业科技成果评审，初步评出以电子运单为代表的一批效益明显、影响广泛的优秀项目。公示首批邮政行业技术研发中心17家。制定邮政业应用技术研发指南，大数据、云计算广泛使用，大力推广应用人工智能技术和北斗导航系统，无人仓、无人机在多家企业投入运营。邮政业大数据安全监管与公共服务平台获首届数字中国建设峰会最佳实践奖，并入选十佳案例。邮政企业建立新一代寄递业务信息平台和国内普通邮件全程时限监控系统，实现全流程信息化跟踪。快递企业建成自动化分拨中心232个，主要企业骨干分拨中心基本实现自动化分拣，研发应用智能物流骨干网络规划平台、智能网络规划调度引擎，实现运输网络动态调控，有效增强运力调度能力。主要企业大规模推广App应用，大幅提升服务效率和用户体验。五是建设高素质行业人才队伍。出台提升快递从业人员素质的指导意见。快递工程技术人员职称评审试点取得重大突破,3401人取得专业技术职称。组织各类职业技能竞赛49次,222人次获得市级以上表彰。推进共建院校发展,现代邮政学院在校生已达1800余人。深化产教融合,举办“强邮论坛”、全国“互联网+”快递大学生创新创业大赛。推动企业强化专业技术人员继续教育和岗位技能培训,多渠道引进高层次人才。邮政企业建成职工小家4万多个,薪酬分配加大向一线员工倾斜力度。快递员权益保护不断加强。

（三）坚持补短板强弱项,全力打好邮政业三大攻坚战。召开邮政业贯彻新发展理念打好三大攻坚战部署会议,制定实施打好防范化解重大风险攻坚战实施意见、助力脱贫攻坚三年行动方案、全面加强生态环境保护坚决打好污染防治攻坚战实施意见,邮政业三大攻坚战扎实有效推进。一是积极助力精准脱贫。深入推进“邮政在乡”工程,新增邮乐购站点5万个,累计达到46万个,邮政企业县乡村三级服务体系日益完善。持续推进“快递下乡”工程,全国乡镇快递网点覆盖率达到92.4%。产业扶贫力度不断加大,“寄递+电商+农特产品+农户”脱贫模式作用明显。邮政企业依托邮乐网建成线上扶贫地方馆709个,推出“一市一品”农特产品典型项目655个,带动18万户贫困人口增收3.4亿元。快递企业打造服务农业“一地一品”项目905个,覆盖国家级贫困县34个,有效增强了精准脱贫能力。扎实做好定点扶贫工作,全系统共选派扶贫挂职干部176人,投入和引进资金超过1亿元,引进项目203个,帮助1.2万建档立卡贫困人口脱贫。国家局定点扶贫的河北省平泉市提前3年脱贫出列。二是不断加快行业绿色发展步伐。认真落实10部门关于协同推进快递业绿色包装工作的指导意见,制修订《快递封装用品》系列国标和《邮件快件包装填充物技术要求》等2项行业标准,出台《快递业绿色包装指南（试行）》。邮政企业启动绿色邮政行动,提出新能源车辆、电子运单、绿色包装材料和绿色金融四项行动目标。行业电子运单使用率达到92%,组织申通等6家品牌企业开展可循环中转袋应用试点,举办中国快递绿色包装产业联盟高峰论坛、快递绿色包装进校园等活动。顺丰、京东、苏宁等研发应用循环快递箱和可降解包装材料。推广应用新能源和清洁能源车辆、甩挂运输和多式联运,行业新能源汽车保有量超过1.2万辆。三是持续加强寄递渠道安全监管。实行寄递安全综合治理,开展联合检查、联防联控和综治考评。狠抓“三项制度”落实,出台邮件快件实名收寄管理办法,开展实名信息数据安全防护评估,全行业实名率达到98.9%,安检机配置累计超过1.3万台。印发强化落实企业安全生产主体责任的指导意见,加强对企业总部督导,全面落实企业主体责任。试点安全风险分级分类监管。开展涉枪涉爆隐患集中整治专项行动。加强寄递渠道非洲猪瘟疫情防控,配合做好反恐、禁毒、扫黄打非、打击侵权假冒、濒危野生动植物保护等工作。加强行业应急管理,妥善处置快捷快递暂停全国网络服务等突发事件,有效应对地震、台风等自然灾害。圆满完成上合组织青岛峰会、中非合作论坛北京峰会、首届中国国际进口博览会等重大活动寄递安全服务保障和快递业务旺季服务保障。强化机要通信监管,建立健全机要档案管理标准化体系,机要通信专项检查实现全覆盖,机要通信安全保密万无一失。加快“绿盾”工程建设。

（四）坚持依法行政,有效提升行业现代治理能力。一是强化邮政普遍服务监督。落实邮政普遍服务政治责任,督促邮政企业落实中央巡视问题整改。及时纠正处理邮政企业巡视专用信箱寄递不畅、限制办理邮政汇兑业务等社会关注问题。加大平常信函投递质量整治力度。开展普遍服务达标跨省检查,全年查处违法违规行为140起,邮件时限和包裹投递服务水平得到提升。在22个省份开展普遍服务营业场所分级监管,大力开展社会监督,企业问题整改率达98%。加强邮票发行与销售监管,建立邮票印制常态检查机制,圆满完成马克思诞辰200周年、改革开放40周年等重大题材纪念邮票发行工作。二是加强邮政市场监管。全面推行"双随机、一公开"监管机制,组织15个省局开展跨区域随机督导互查,全年开展执法9.2万人次,检查单位4.6万家次,查处违法违规行为8312起。加强快递服务质量监管,强化申诉投诉处理。继续推进"不着地、不抛件、不摆地摊"专项治理。开展快递市场清理整顿专项行动。推进快件码号统一管理。有效加强集邮市场和邮政用品用具监管。加快行业信用体系建设,35个部门联合印发信用合作备忘录,为8.8万家企业、27万从业人员建立信用档案,开展"诚信快递、你我同行"3·15"主题宣传活动。三是提升执法综合管理能力。加强行政执法能力培训,全年共培训执法人员1120人次。组织邮政行政执法资格统一考试。强化行政执法监督,全系统办理行政复议122起,处理行政应诉89起。印发公平竞争审查工作暂行办法。圆满完成"七五"普法中期评估和法律法规清理等工作。四是增强系统管理能力。健全行业监管支撑体系,全国县级邮政管理机构累计达到126个,新增广东、新疆、江西、重庆4个省级和12个市级邮政业安全中心。稳步推进协会组织脱钩改制工作。加强统计数据治理,将智能快件箱等新业态纳入统计范围,开展行业投入产出调查。推进预算管理改革,强化预算编制与执行考核。出台邮政管理系统经济责任审计办法,加大系统内部审计监督力度。强化自身建设项目管理。全面加强网络安全和信息化建设,制定一体化在线政务服务平台建设实施方案,电子政务内网等重点项目基本完成。加强全系统网站管理,加大政府信息公开力度。扎实做好信访、两会建议提案办理等工作。

(五)坚持互利共赢,积极拓展国际和港澳台交流合作。一是推进邮政业服务"一带一路"建设。与万国邮联签署"一带一路"合作框架意向书,推动万国邮联制定铁路运邮指南。中欧班列邮件可运达欧洲23国,新增义乌、东莞、郑州3个试点城市,重庆实现进口邮件零的突破,完成从义乌到莫斯科首次快件运输试点。邮政、快递企业建设多个海外仓,在"一带一路"沿线重点国家加快网络布局,寄递时限大幅压缩。设立太原国际邮件互换局、恢复设立凭祥交换站,全国国际邮件互换局(交换站)达到70个。行业日均跨境寄递业务量超过1000万件。二是深化国际交流合作。圆满完成万国邮联改革特设工作组主席国任务,我国主导的改革方案在万国邮联特别大会顺利通过。认真研判中美经贸摩擦对邮政业影响,参与中欧投资协定、中新自贸协定升级等谈判。配合完成世贸组织对挪威等国家的贸易政策审议。推动重启中欧机制性对话,组织中日、中泰邮政政策对话,与立陶宛、巴基斯坦签署合作文件,国际邮政领域交流合作进一步拓展。三是有序推进港澳台工作。组织两岸全面直接双向通邮10周年纪念活动暨2018两岸邮政发展研讨会、第五届海峡两岸珍邮特展。有效拓展两岸邮政和快递业务,推进增开两岸速递快捷业务成都封发局,促进两岸邮政快递与电商融合发展。推进粤港澳大湾区邮政合作,发行港珠澳大桥纪念邮票。

(六)坚持以党的政治建设为统领,推动全面从严治党向纵深发展。一是全面落实管党治党责任。制定国家局党组关于维护党中央集中统一领导的规定,对党中央决策部署特别是习近平总书记有关邮政业重要指示批示精神落实情况加强督查,以实际行动践行"两个维护"。国家局党组把学习习近平新时代中国特色社会主义思想和党的十九大精神作为首要政治任务,以上率下增强系统理论武装。印发实施国家局党组关于推动新时代全面从严治党向纵深发展的意见、《中国共产党党务公开条例(试行)》实施细则。提升党支部组织力,依托省级党建示范点等载体加强全系统党支部标准化规范化建设,表彰"两优一先",深入推进"两学一做"常态化制度化。积极推进非公企业党建工作,推动成立510个非公企业党组织,将2.88万名党员纳入组织管理。坚持以党建带群团,成立邮政行业团指委。深入贯彻落实中央八项规定及其实施细则精神，查摆纠治形式主义、官僚主义“十种表现”，狠抓日常教育提醒、监督检查，组织集体廉政谈话，扎实开展违规公款吃喝等九个专项治理工作。强化问题线索处置和执纪审查，召开2次系统警示教育大会。组织中央专项巡视整改情况“回头看”。制定实施国家局党组巡视工作规划（2018—2022年），完成15个省局党组巡视任务，实现首轮巡视全覆盖。31个省局对181个市（地）局开展巡察工作。二是突出抓好干部队伍建设。坚持事业为上、人岗相适、以事择人，进一步优化领导班子结构，全年累计任免局管干部47人次。加大干部队伍培养储备，组织优秀年轻干部人选推荐，开展领导干部和公务员交流挂职44人次。出台激励干部新时代新担当新作为的实施意见和本领建设意见，实施年度定期奖励和及时奖励，评选38名优秀市（地）局长。印发干部教育培训基地建设管理办法，完成系统处级干部在线学习试点，举办优秀市（地）局长、县局长等培训班。贯彻能上能下要求，从严管理监督干部，严格干部选拔任用监督，加强“一报告两评议”和年度民主生活会督导。加大提醒函询诫勉力度，严格落实领导干部个人事项报告制度。三是着力加强行业精神文明建设。开展社会主义核心价值观主题教育月、邮政业青年文明号开放周等活动，积极创建青年文明号。充分发挥典型示范导向作用，大力宣传其美多吉等行业先进典型，推荐宣传“感动交通年度人物”，遴选参与全国交通运输行业精神文明建设先进典型评选，成功举办第三届“寻找最美快递员”活动。切实加强党对行业宣传思想工作的全面领导，坚持党管宣传、党管意识形态，进一步强化舆情引导和处置，新闻媒体和社会舆论给予邮政业更多关注。适应新形势，不断加强工会、老干部、青年和妇女工作。

2018年是改革开放40周年。40年来，我们始终坚持党的领导，始终坚持人民邮政为人民，始终坚持改革开放，邮政业发生了翻天覆地的变化，取得了根本性突破性变革。改革开放40年，是邮政业政商环境持续优化、基础先导作用充分释放的40年。先后完成了邮电分营、政企分开、深化行政管理体制改革和完善省级以下邮政监管体制改革等重大改革任务，构建了较为完善的行业管理体系，行业生产力不断解放，发展潜力不断释放，市场活力竞相迸发，在服务国家经济社会发展中体现了价值、发挥了作用。改革开放40年，是邮政业发展规模不断壮大、对外开放深入推进的40年。邮政业业务收入从1978年的5.1亿元增加到2018年的7870亿元，增长了1542倍，占GDP比重接近0.9%，占全球邮政业比重1/6。我国快递服务从无到有，业务量连续5年稳居世界第一，超过美、日、欧等发达经济体总和。全面开放国内包裹快递市场，国际领军企业不断扩大在华投资和经营范围。深度参与国际邮政事务，在全球邮政治理中的影响力显著增强。改革开放40年，是邮政业发展质量效益实现飞跃、公共服务能力水平大幅提升的40年。全国邮政普遍服务营业网点达到5.4万处，实现了“乡乡设所、村村通邮”。快递“三向”工程成效显著，全国快递服务营业网点达21万处。行业科技装备水平突飞猛进，与综合交通运输体系衔接日益紧密。邮件快件全程时限水平和服务满意度稳步提升，人民群众用邮获得感不断提高。改革开放40年，是国有经济不断巩固、民营经济飞速成长的40年。中国邮政集团公司位列世界500强113位，排名全球同行第2名。民营经济蓬勃发展，7家快递企业陆续上市，已形成1家年营业收入超千亿元、5家超500亿元的企业集群。

同志们！改革开放40年来，特别是党的十八大以来，邮政业发展实践充分证明党中央改革开放的决策是完全正确的，是完全符合我国国情和发展规律的。邮政业取得了有目共睹的成绩，积累了十分宝贵的经验。这是我们坚持党的领导、贯彻习近平新时代中国特色社会主义思想的结果，是我们坚持深化改革、扩大开放的结果，是我们坚持以人民为中心发展思想、践行人民邮政为人民初心使命的结果，是我们坚持团结一心、砥砺奋进的结果。40年来的经验弥足珍贵，需要我们倍加珍惜，发扬光大，推动邮政业百尺竿头更进一步。

40年来邮政业改革发展取得的巨大成绩，离不开党中央、国务院的坚强领导和亲切关怀，离不开交通运输部和原邮电部、信息产业部的正确领导，离不开中央各部门、地方各级党委政府的大力支持和社会各界的理解帮助，离不开全行业全系统广大干部员工的拼搏奋进。在此，我谨代表国家邮政局党组，向关心支持邮政业发展的各位领导和同志，向全体干部员工和离退休老同志致以崇高的敬意和衷心的感谢！

二、改革开放再出发，坚定不移推进邮政业高质量发展

当前我国经济运行稳中有变、变中有忧，外部环境复杂严峻，经济面临下行压力。中央经济工作会议强调要全面用好我国发展的重要战略机遇期，要紧扣重要战略机遇新内涵，加快经济结构优化升级，提升科技创新能力，深化改革开放，加快绿色发展，参与全球经济治理体系变革，变压力为加快推动经济高质量发展的动力。我国邮政业保持高位运行，要素资源持续活跃，服务国家战略取得积极成果，高质量发展进程加快，社会经济效益日益突显。与此同时，行业发展内外部环境变化带来的不确定性明显增多，对标高质量发展要求、现代邮政业目标和世界领先水平还存在一些短板弱项。

一是国际形势变化给邮政业发展带来了新挑战新机遇。世界经济缓慢复苏，保护主义和单边主义抬头，中美经贸摩擦等将给跨境电商和寄递业务带来不确定性。美国启动退出万国邮联程序、欧美颁布数据保护和电子通关要求等将提高传统邮政快递渠道成本，但也为创新跨境寄递的通道平台创造了机遇。二是经济下行压力加大对邮政业发展提出了新期待新要求。面对当前经济形势，行业要担当作为、稳住态势、优化结构、提升质效，更好发挥基础先导作用，更好促进形成强大国内市场，更好促进实体经济降本增效，服务经济社会发展。三是解决邮政业高质量发展进程中的短板弱项需要新思路新举措。行业中高端供给不足，产业链水平不高，服务先进制造业能力不强，新动能发展不充分；价值分配不合理、末端基础不牢、快递员权益保障不足等问题未得到根本解决；行业发展方式粗放、快递包装废弃物等问题日益突出，绿色发展任务艰巨；治理方式手段较为单一，智能监管亟待加强，新业态新模式存在监管真空；在提升供给体系质量、优化行业生态体系、深化部门、区域协同治理等方面亟需创新思路举措。

建成与小康社会相适应的现代邮政业已经进入决胜阶段，我们要坚持以习近平新时代中国特色社会主义思想为指导，坚决落实党中央、国务院重大决策部署，按照“巩固、增强、提升、畅通”八字方针，继续坚持“打通上下游、拓展产业链、画大同心圆、构建生态圈”工作思路，对标对表，找准差距，综合施策，精准发力，更好满足人民美好生活需要，更好支撑经济高质量发展。

*（一）促改革扩开放，释放行业发展活力。*我们要准确识变、主动求变、科学应变，推进邮政业重点环节和关键领域的改革开放，持续释放改革红利。要推动市场主体变革，发挥市场在资源配置中的决定性作用。加快准入改革，建设统一开放、竞争有序、差异发展的市场体系，鼓励支持新主体、新技术、新模式进入行业形成集群发展。为市场主体和企业家创造良好环境，坚持公平竞争、优胜劣汰、竞相发展，倒逼落后产能出清。深化邮政体制改革，做强做优做大国有资本，提高邮政企业劳动生产率、资源利用效率和综合竞争力。引导快递企业健全完善现代企业制度，处理好长期发展与短期利益的关系，处理好稳增长与防风险的关系，处理好总部与加盟企业之间关系，夯实健康持续发展根基。推动建设科学合理的价值分配体系，让劳动、知识、技术、管理、资本等要素的活

力竞相迸发。要推进行业治理方式改革，更好发挥政府作用。深化“放管服”改革，逐步扩大审批权限下放，确保放得下、接得住、管得好。创新行业监管方式，强化对标监管，开展分类监管，推进信用监管，探索智能监管。按照包容审慎原则对新业态实施监管，坚守安全质量底线。改善申诉管理，减轻基层员工负担。深化社会化协同治理，推广网格化工作模式。加大信息披露力度，推动导向性治理。提高政策法规透明度，提升政策执行一致性。强化行业自治，发挥协会组织作用。要推动跨境寄递领域和国际规则改革，扩大行业高水平对外开放。打造更多的跨境寄递通道平台。鼓励自由贸易试验区、跨境电商综合试验区和重点口岸大胆探索寄递物流、仓储运输新模式，提升跨境寄递的通关、转运分拨、多式联运能力，大力发展边贸快递，推动“邮政业＋跨境贸易”发展。鼓励引导邮政、快递企业加强重点区域的国际多边和双边合作，整合境内外收寄、通关、运输、分拣、投递等资源，发展“混合递”，形成面向全球的一体化、综合性跨境寄递网络，融入全球供应链，服务中国“智造”。推动完善国际邮件快件航空铁路运输方面的政策支持。主动参与万国邮联规则制定和关键领域改革，积极维护万国邮联多边机制。加强与世界海关组织以及重点国家的邮政业交流合作，推动完善寄递物品通关的安全与便利化机制。

（二）抓机遇稳态势，厚植行业发展优势。我国发展前景长期向好，我们要深刻认识行业发展规律，观大势、谋长远，紧紧抓住重要战略机遇期，巩固行业良好发展态势。要坚定信心稳预期。邮政业联系千城百业、服务千家万户，需求旺盛、空间广阔、高位运行的趋势没有变，政策环境不断优化、生产要素快速流入的趋势没有变，供给能力持续提升、结构不断优化的趋势没有变。要立足我国邮政业基本业情，解放思想、开拓进取，走出一条质量更高、效益更好、结构更优的发展新路子。要坚持“两个毫不动摇”稳主体。毫不动摇地巩固和发展国有经济，支持邮政企业充分发挥国有企业骨干作用和全球邮政一张网的优势，提升服务能力水平，打造成为我国邮政行业“国家队”。毫不动摇地鼓励、支持、引导民营经济发展，对标世界先进水平，充分利用市场机制和资本杠杆，采用合作、联盟等方式，参与国有企业混改和关联领域改革重组，加快形成具有国际竞争力的快递物流企业。要深化电商快递协同稳基本。引导寄递服务与电商商品价格相分离，实现寄递服务优质优价。推动快递与电子商务数据交换共享。大力发展仓配、大包裹、海外仓、冷链、供应链等能力，提高服务农村电商、跨境电商、品牌电商、生鲜医药电商的质量水平，改进用户体验。适应消费需求变革，打造“快递＋电商”中国方案升级版，继续提升网络覆盖度、稳定性和柔性，延长产业链，提高附加值，更好支撑线上线下一体新型流通、社交电商等新型电商发展。

（三）提质效育动能，增强行业发展后劲。我们要充分认识邮政业既拉动消费也促进生产的重要作用，融入经济社会发展全局，提升产业链水平，加快培育新动能，助力经济高质量发展。要坚持以人民为中心，更好满足人民美好生活需要，实现质量变革。继续实施“寄递质量提升”行动计划，把提高供给体系质量作为主攻方向，着力增品种、提品质、创品牌，不断满足人民群众的更好用邮需求。着眼生产生活发展需要，引导邮政、快递企业丰富服务品种，提供更弹性更精准更多样的服务。从人民群众反映最强烈、感受最明显的地方入手，驰而不息改进基础服务质量。鼓励引导企业找准定位，推进市场细分和服务分层，加速资源和要素向优质企业集中，逐步形成一批更稳定的高质量企业品牌和服务品牌。要坚持以供给侧结构性改革为主线，更加广泛深入联动融合，实现动力变革。发展“寄递＋先进制造业”，促进快递物流和先进制造业深度融合，鼓励邮政、快递企业集成应用供应链技术，高效整合上下游资源，创设制造业“移动仓”和“移动工厂”，积极服务制造强国建设。继续实施“乡村服务升级”行动计划，将寄递网络通下去、致富能人带出来、农村产业扶起来，推广“一地一品”“一市一品”和“快递 + ”金牌项目，打造农特产品“直通车”，对接特色小镇，服务乡村振兴。充分发挥网络优势，以军队后勤保障为切入点，挖掘新潜力，服务军民融合发展。继续实施“城市群寄递服务大同城”行动计划，推动区域快递物流基础设施一体化，服务区域协调发展。应用“互联网 + 寄递 + 服务业”模式，推动邮政业与旅游文化、教育科技、健康养老、体育会展等现代服务业联动协同，服务智慧社会建设。推广“网上办理、邮递送达”的政务办理模式，服务“放管服”改革。要坚持贯彻落实新发展理念，建设邮政业的现代化产业体系，实现效率变革。大力实施“科技兴邮”战略，加快落实“邮政业大数据发展”行动计划，重点推动云计算、大数据、物联网、区块链、人工智能和邮政业深度融合，搭建科技供给和行业需求的对接平台。引导资本、技术、人才等要素协同，完善行业相关技术标准，加强基础技术、通用技术、前沿技术应用，激活存量资源价值，提高全要素生产率。鼓励企业沿着寄递环节创新业态和模式，加强企业间网络间互联互通，推动互联网递送平台、独立收投平台等新模式发展，提升运行效率，加快“智慧邮政”建设。

（四）补短板强弱项，夯实行业发展根基。我们要聚焦国际、末端、绿色、安全等短板弱项，抓住主要矛盾，有针对性予以解决。要聚焦国际化，持续加快跨境寄递基础设施建设。继续实施“丝路传邮”行动计划，建设完善“通道 + 枢纽 + 末端”的现代跨境寄递网络体系。鼓励支持加强自主国际航空运能建设，加快推动中欧班列运输邮件快件双向常态化运行。引导加快国际邮件快件航空枢纽布局，支持优化国际邮件互换局和国际快件监管中心建设，推进全面实施电子预报关。引导邮政、快递企业抱团出海，科学设置海外仓，支持企业在重点区域发展境外寄递服务网络。要聚焦末端网络，有效破解“最后一公里”难题。继续实施“末端转型升级”行动计划，切实压实企业总部主体责任，治理“加而不盟、连而不锁”。关注末端加盟企业的经营风险，切实维护末端网点和快递员权益，夯实末端基础。推进公共末端服务体系建设，推动在城乡规划中统筹考虑快递基础设施布局，大力发展共同投递和智能终端服务体系。要聚焦绿色邮政建设，着力提升行业绿色文明程度。继续实施“绿色邮政”行动计划，突出创新引领，强化法治保障和政策协调，强化标准贯彻执行，完善绿色邮政发展指标设计，建立统计监测制度，推动实施绿色认证，健全约束激励机制。督促邮政、快递企业改进生产方式，制定实施快递标准作业程序，促进包装减量化。鼓励开发可循环使用包装材料，打造循环包装共享平台，推动快递包装废弃物进入社会化回收体系，提升循环利用水平。推动上游电商、地方政府和消费者共同参与，实现社会共治。大力发展高铁快递，优化运输结构，减少生产能耗，推动行业高质量绿色发展。要聚焦安全邮政建设，不断增强安全工作主动权。统筹推进邮政业安全生产领域改革发展，继续实施“安全邮政”行动计划。压实企业特别是总部的安全生产主体责任，督促企业全面推进安全生产标准化建设，强化安全技术保障，健全落实责任体系，有效破解验视不到位、实名不实、安检流于形式等突出问题。着力完善寄递安全监管体制机制，推动联合监管、联防联控，实现寄递安全共建共治共享。坚持科技兴安，提高发现、预警及防范、应对多重风险及衍生风险的能力。

（五）建制度抓落实，强化行业发展保障。我们要加快创建和完善邮政业高质量发展的指标体系、政策体系、标准体系、统计体系、绩效评价和政绩考核办法。要构建指标体系，在服务质量、运行效率、产业协同、结构优化、技术研发应用、绿色发展等方面设置指标，纳入年度工作计划。要健全政策体系，完善战略性政策和专项政策，丰富新业态发展政策，健全结果评估，力争政策实施效果最优。要丰富标准体系，引导企业参与国际标准的研究制定，健全数据交换、信息对接、通用设备、节能减排等重点领域标准，强化标准落实，建立标准研制、实施与信息反馈闭环。要完善统计体系，健全统计监测制度，扩充新业态统计调查范围，按照高质量发展指标体系丰富统计调查内容，发掘安全监管信息系统和发展指数功能，发挥行业对宏观经济运行晴雨表作用。要改进考核体系，建立分级分类绩效考核机制，明确考核导向和考核重点，注重推动行业安全生产、规模增长、效率变革、质量改善等方面实效，健全考核指标体系和权重，增强推动行业高质量发展的积极性和主动性。

三、2019 年工作安排

今年是新中国成立 70 周年，是全面建成小康社会关键之年。今年工作的总体要求是：以习近平新时代中国特色社会主义思想为指导，全面贯彻党的十九大和十九届二中、三中全会以及中央经济工作会议精神，统筹推进“五位一体”总体布局，协调推进“四个全面”战略布局，坚持稳中求进工作总基调，坚持新发展理念，坚持推动高质量发展，坚持以供给侧结构性改革为主线，坚持深化市场化改革、扩大高水平开放，对标全面建成与小康社会相适应的现代邮政业目标，践行人民邮政为人民的宗旨，不断优化发展环境、提升治理能力、夯实工作基础，坚决打好三大攻坚战，在提高质量效率、降低运行成本和保障安全稳定上狠下功夫，推动行业持续健康发展，以优异成绩庆祝中华人民共和国成立 70 周年。

预计全年邮政业业务总量完成 15000 亿元，同比增长 22%；业务收入完成 9300 亿元，同比增长 18%。其中，快递业务量完成 600 亿件，同比增长 20%；业务收入完成 7150 亿元，同比增长 19%。新增直接通邮建制村 5000 个。邮政、快递服务满意度持续提高。要重点抓好以下 6 个方面的工作：

（一）坚定不移全面从严治党。一是加强全系统党的建设。牢记政治机关的定位，坚持党要管党、全面从严治党，把牢固树立“四个意识”、坚定“四个自信”、坚决做到“两个维护”作为最根本的政治纪律和政治规矩，以建设模范机关为牵引，以贯彻落实党中央决策部署为关键，以严肃党内政治生活为抓手，确保在政治立场、政治方向、政治原则、政治道路上同党中央保持高度一致。持续深入学习贯彻习近平新时代中国特色社会主义思想和党的十九大精神，扎实开展“不忘初心、牢记使命”主题教育，持续推进“两学一做”学习教育常态化制度化，不断夯实理想信念宗旨根基。以组织体系建设为重点，积极推进系统党建水平整体提升和非公快递企业党建工作，深化《中国共产党支部工作条例（试行）》学习贯彻，落实基层党建工作责任制，持续推进支部标准化规范化建设，让每个支部成为坚强战斗堡垒。加强党建纪检力量，推动在省级邮政管理部门设立党建纪检工作机构，单设纪检组长，建立一支专兼职党建纪检干部队伍，更好履行“两个责任”。以“感动交通十大人物”“最美快递员”“文明单位”和“青年文明号”评选为抓手，不断加强精神文明建设。继续发挥工会、共青团等群团组织作用，加强离退休干部党组织建设。二是建设高素质专业化干部队伍。全面贯彻新时代党的组织路线，坚持正确选人用人导向，严把德才标准，加强领导班子政治建设和组织建设，强化党组织领导和把关作用。突出基层导向和业绩导向，落实好干部标准，大力选拔敢于负责、勇于担当、善于作为、实绩突出的干部，打造忠诚干净担当的干部队伍。拓宽选人用人视野渠道，统筹好系统内外干部资源。健全干部交流机制，优化干部成长路径。坚持基层和实践导向，加强优秀年轻干部培养。修订完善领导班子和领导干部考核办法，开展国家局机关公务员平时考核试点，强化考核结果运用。制定系统干部教育培训规划，建设干部教育培训基地，推进干部在线学习培训全员覆盖，启动局管干部轮训工作。研究制定建设高素质专业化邮政管理系统公务员队伍的实施意见。按照中央统一部署，完善公务员激励保障机制。做好及时奖励，提振干部干事创业的精气神。坚持严管和厚爱结合、激励和约束并重，推动监督工作向纵深发展。加快制定系统内容错纠错实施办法，鼓励干部勇担当善作为。三是营造风清气正的政治生态。巩固落实中央八项规定及其实施细则精神，着力整治形式主义、官僚主义等“四风”问题。持续强化纪律建设，深入开展警示教育，抓好《中国共产党纪律处分条例》学习贯彻落实。盯紧“四风”问题，深化运用监督执纪“四种形态”，促使党员干部知敬畏、存戒惧、守底线。以依纪依法办案、强化监督执纪问责为重点，做好信访举报、线索处置、纪律审查等工作，保持惩治腐败高压态势。按照国家局党组巡视工作规划（2018－2022年），统筹好常规、专项巡视及“回头看”，对国家局直属单位和8个省局党组开展新一轮巡视，指导省局党组做好巡察工作。

（二）着力稳固行业发展态势。一是强化战略规划引领。落实区域协调发展战略部署，深入推进京津冀、长江经济带、长江三角洲等区域邮政业发展，发布雄安新区邮政业发展规划，强化规划衔接和落地实施。制定促进粤港澳大湾区邮政业发展的实施方案。印发邮政强国建设行动纲要。启动邮政业发展“十四五”规划编制，明确新时代邮政业规划体系框架。推动军民融合和交通战备规划研究编制工作，推进基础设施和运载工具按需改造，组新中国成立防交通专业保障队伍，构建交通战备和军民融合体制机制。二是优化行业营商环境。深入贯彻落实《国务院办公厅关于推进电子商务与快递物流协同发展的意见》，力争实现省级工作方案全覆盖。制定支持民营快递企业发展指导意见，着力解决制约民营快递企业发展瓶颈。加大关于规范快递末端服务车辆管理和使用工作指导意见落实力度，力争80%以上市地出台车辆通行政策。出台推进邮政业服务乡村振兴、邮政业服务先进制造业、国际邮件快件航空网络布局、跨境电子商务寄递服务高质量发展等指导性文件。配合做好国家“十四五”项目储备，落实快递物流园区货运枢纽项目的政策支持。三是完善法规标准体系。开展邮政法修订施行10周年情况评估。全面贯彻落实《快递暂行条例》，制修订《智能快件箱寄递服务管理办法》《邮政行业安全监督管理办法》《快递市场管理办法》等部门规章。建立邮政管理系统法律人才库，推动组建法律顾问和公职律师队伍。持续加强行政复议等执法监督。推动修订《住宅信报箱》国家标准，发布实名收寄信息交换、安检设备配置、寄递地址编码编制规则、包装基本要求等行业标准，开展快递无人机、无人车、智能安检机相关技术标准研制。研究制定专业末端收投等新业态服务规范。四是加强基础能力建设。推进邮政设施强基工程，实施网点改造翻建和危旧县局房改造382处，购置运输和投递车辆590辆。出台推广智能快件箱、信包箱建设指导意见，推动各地将智能快件箱、信包箱建设纳入地方民生实事。推动快递末端综合服务站建设，全年新增1万个，总量达到8万个。城市快递自营网点标准化率达到93%。推广智能投递设施，箱投占比达到10%。引导快递企业积极参与快递物流园区建设，发挥产业集聚效应，努力构建布局科学、层级合理、规模适当的快递服务网络。

（三）加快推进高质量发展。一是支持邮政企业发展壮大。鼓励邮政企业深化改革，做强做优做大寄递主业。制定邮政综合服务平台建设指导意见，推广各地邮政、快递、交通、电商合作经验模式，促进融合发展。在国际重点地区设置海外仓，鼓励共建共享，增强跨境服务能力。支持邮政企业进驻各地政务服务大厅，进一步推广“网上办理＋网下寄递”模式，助力“不见面”审批。推动完善邮政普遍服务财政补贴管理机制。二是推动快递企业提质增效。鼓励企业在强化核心业务基础上，拓展服务领域，大力发展快运、冷链等业务，加速向综合快递物流运营商转型。在京津冀、长三角、珠三角地区聚焦产业内贸易，培育专业服务主体，加快推进快递与制造业深度融合，服务制造产业集群。拓展“快递+现代农业”服务格局,继续打造“快递+”农业金牌项目。加快发展跨境寄递业务,推动提高快件通关速度,打造更多跨境快递服务通道平台。不断优化运输结构,推进快递“上机上铁”,加快发展高铁快递,鼓励引导电商快递班列拓围发展,加强与民航等部门合作,新增10个航空绿色通道城市。支持企业加强航空运输能力建设,提升航空快递服务覆盖范围。推动快邮合作、快快合作,推进“快递+交通”发展。三是拓展科技创新应用范围。组织召开邮政业科技创新工作会议。指导行业技术研发中心建设,支持邮政、快递企业申报国家重点实验室和企业技术中心。充分发挥科技专家咨询组作用。大力推广全自动分拣技术,逐步推进无人仓、无人机的规模化应用,实行邮件快件运递路径优化和动态管理。引导企业应用物联网、大数据、北斗导航等技术,创新提供即时下单、电子报关和跟踪查询等便捷服务。推动研发智能安检系统,利用人工智能提升安检效率和准确性。四是增强人才资源支撑能力。深入实施“人才强邮”战略,组织召开全国邮政行业人才工作会议,研究制定行业优秀人才推进计划。分类推进人才评价机制改革,全面推开快递工程技术人员职称评审,推进落实职业技能等级认定制度。实施专业技术人才知识更新工程和行业人才素质提升工程,办好高层次研修示范项目。举办全国邮政行业职业技能竞赛、全国“互联网+”快递大学生创新创业大赛。完善产学研用协同育人模式,支持共建学院和研究院发展,推进行业人才培养基地建设,支持发展研究中心联合共建博士后工作站。发挥邮政行指委等专家组织作用,做好专家联系服务工作。开展快递从业人员职业满意度调查,着力保障快递小哥合法权益、改善工作环境,联合共青团中央推进快递从业青年联系服务工作,配合国防邮电工会开展关爱快递小哥工作。

(四)持续深化“放管服”改革。一是推进行政审批制度改革。配合国务院有关部门推进邮政行政许可事项改革优化工作,组织实施修订后的邮政业市场准入负面清单。宣贯实施《快递业务经营许可管理办法》。优化审批流程,实行快递末端网点备案常态化和分支机构备案程序简化。进一步精简许可审批证明材料,推动实地核查规范化,强化审批时限管控。对广东、天津试点情况开展总结评估,稳妥推进海南自贸试验区国际快递业务许可下放改革。实现移动执法应用,提升行政执法信息系统应用水平,发挥“三个清单一张网”作用。二是加强邮政普遍服务监督。推动邮政企业巩固深化巡视整改成果,将邮政普遍服务整改情况作为重点纳入监督检查。继续开展平信寄递服务质量提升行动和普遍服务达标情况跨省检查。修订完善邮政企业负责人考核办法并开展年度考核。完善社会监督工作机制,更好发挥社会监督员作用,使社会监督工作更加规范化、制度化。依法履行邮票发行监管职责,认真做好新中国成立70周年、粤港澳大湾区等重大题材纪念邮票发行工作,组织开展生肖邮票、仿印邮票图案管理省际交叉执法检查和重大题材邮票专项检查。三是强化邮政市场监管。出台新业态许可办理指导方案,明确准入要求,积极稳妥推动专业末端收投服务、智能快件箱寄递服务、互联网快递数据服务和即时递送服务纳入服务监管范围。大力推进“双随机、一公开”,实施“两库一清单”动态管理,加强对各地随机抽查事项审查和闭环管理指导。对快件码号实施常态化管理。继续推进三级监管责任体系建设,开展综合督导和跨区域互查。持续开展监督检查和执法规范化建设。加大信用体系建设力度,建立各级信用评定委员会,编制快递业信用评定方案,印发《快递业信用信息采集和共享技术规范》,建设完善信用管理信息系统,与企业信用信息公示网、“信用中国”等联网,实现联合激励和惩戒。按季度召开快递服务质量提升联席会议。加强部门协同,强化服务质量监管共治。完善服务质量调查结果发布机制。改进申诉工作管理,健全申诉受理工作体系。健全快递业消费者权益保障工作机制。做好集邮市场和邮政用品用具监管。

（五）扎实有效打好三大攻坚战。一是坚守寄递安全底线。建立安全生产信息报送分析制度，构建安全工作评价指标体系。落实《地方党政领导干部安全生产责任制规定》。建立健全安全生产事故责任倒查机制和通报制度，加大事故责任追究力度。进一步强化落实企业安全生产主体责任，发布企业主体责任落实清单，推进企业安全生产标准化建设，实现企业总部常态化督导。继续抓好“三项制度”执行，落实实名收寄管理办法，编发邮件快件安全操作规程，推进安检机联网试点并加强使用管理。巩固实名收寄信息化应用成果。严格寄递协议服务安全管理。借助社会第三方机构和举报奖励等措施，加强对企业常态化监督。加快建设“绿盾”工程，推动实现“五可”阶段性目标。开展实名收寄信息数据安全保护评估，督促企业加强信息安全等基础建设。抓好寄递安全综合治理，探索与地方部门联防联控联合监管，借鉴网格化管理经验，推动行业安全治理创新。继续开展涉枪涉爆隐患集中整治和违法寄递危险化学品整治，做好邮政业反恐、禁毒、扫黄打非、打击侵权假冒、濒危野生动植物保护等专项工作。持续强化机要通信监管，组织开展全国专项大检查，积极推动机要总包跟踪监测系统试点应用。强化应急处置能力建设，逐步构建“政府统一领导、企业自主到位、社会共同参与、上下顺畅联动”的应急管理工作格局。做好《国家邮政业突发事件应急处置预案》及专项预案制修订，推动应急演练常态化及实战化。抓好应急信息收集、报告工作。强化对行业重大不稳定因素研判及应对，做好重大活动期间和生产旺季寄递渠道安全服务保障工作。二是助力精准脱贫和乡村振兴战略。基本实现全国建制村直接通邮。深入推进“邮政在乡”工程，推广“农产品＋大同城”寄递服务模式，培育“一市一品”精品项目，全年新增邮乐购站点3万个。持续推进“快递下乡”工程换挡升级，推动农村地区自提网点、公共取送点、县级快件分拨中心共建共享共用，合作开发运输线路或委托第三方运输，助推农村电商配送站点建设。年底全国乡镇快递网点覆盖率达到95%，积极服务特色小镇发展，实现快递服务全覆盖。培育“电商＋寄递”扶贫项目，重点扶持老少边穷地区培育特色农产品品牌。着力实施国家局定点扶贫三年巩固提高行动计划，不断提升精准扶贫、精准脱贫质量。三是加快绿色邮政建设进程。研究推进邮件快件包装绿色认证和绿色采购，有效降低快递封装胶带、传统塑料袋平均用量，年底电子运单使用率达到95%。推动电商平台共商共治，力争一半以上电商快件不再进行二次包装。支持企业优先采用可循环使用、易回收包装物，推广应用循环中转袋、循环快递盒，鼓励建设第三方运营平台，年底循环中转袋使用率达到70%。推动1万个邮政快递网点设置塑料制品、纸箱等包装废弃物回收装置。推动快递业绿色包装指南落地实施，指导邮政、快递企业开展绿色行动计划。研究设立邮政业绿色发展统计指标。将绿色发展作为对市场主体监管重要内容。研究出台绿色发展评价指标，委托第三方机构对企业绿色发展情况开展监测评估。推进城市建成区新增和更新的邮政快递车辆使用新能源或清洁能源汽车。支持国家生态文明试验区（海南）建设。在部分城市开展行业绿色发展试点。

（六）有效提升政府管理水平。一是推进对外交流合作。配合开展中美经贸磋商。积极参加中欧投资协定等多双边自贸协定谈判，配合做好世贸组织贸易政策审议，营造走出去良好政策环境。深入推进邮政业服务“一带一路”建设，加强与沿线国家务实合作，推动中欧班列运输邮件快件工作高质量发展。优先支持跨境电子商务综合试验区所在地建设服务平台，开展石家庄、南昌等国际邮件互换局设置审查工作。组织好万国邮联、亚太邮联等国际组织参会工作，跟踪参与会费改革、国际铁路运邮等重大改革，积极应对美国“退群”

问题，做好万国邮联终端费谈判。办好万国邮联全球邮关合作大会和中国 2019 世界集邮展览。深化与港澳邮政交流合作，研究探索在邮政领域对港澳扩大开放。组织两岸邮政发展研讨会和珍邮特展，推动两岸邮政、快递深化合作。二是完善行业监管体系。积极推进省级及以下邮政业安全中心建设和县级机构设置，妥善处理各地事业单位改革的新情况新问题，探索创新县级邮政监管模式。研究探索法人治理结构，继续深化事业单位内部人事制度改革，充分发挥事业单位对行业的支撑保障作用。做好全面推进行业协会与行政机关脱钩改革有关工作。三是提升支撑保障水平。组织开展行业统计督导检查，开展邮政业“三新”单位核实认定工作，修订统计报表制度，将新业态企业依法纳入行业统计范畴。配合相关部门做好全国第四次经济普查工作。落实中央与地方财政事权和支出责任划分改革方案，在安全、环保、末端建设等方面争取地方支持。加强自身建设中央预算内投资项目管理。积极推进部门预算改革，全面实施预算绩效管理，提高系统内部审计工作质效。扎实推进网络安全和信息化建设，加快建设一体化在线政务服务平台。加大政府信息公开力度，做好信息发布和政策解读。落实意识形态工作责任制，不断加强新闻宣传阵地建设，加大对行业发展和先进模范的宣传力度。做好庆祝新中国成立 70 周年等宣传工作，讲好邮政故事，为邮政强国建设营造良好氛围。

同志们，2019 年工作任务艰巨、责任重大。让我们更加紧密地团结在以习近平同志为核心的党中央周围，以习近平新时代中国特色社会主义思想为指导，以敢闯敢干、一往无前的奋斗姿态，务实进取、担当作为，坚决贯彻党中央、国务院决策部署，狠抓工作落实，以邮政业改革发展优异成绩庆祝中华人民共和国成立 70 周年，为全面建成与小康社会相适应的现代邮政业、全面建设现代化邮政强国而努力奋斗！

以习近平新时代中国特色社会主义思想为指导 努力推动邮政管理系统全面从严治党取得更大战略性成果

——国家邮政局局长马军胜在2019年全国邮政管理系统党风廉政建设工作会议上的工作报告

2019年1月29日

同志们：

这次会议的主要任务是：以习近平新时代中国特色社会主义思想为指导，全面贯彻党的十九大精神，按照十九届中央纪委三次全会部署要求，以及国家局党组和驻部纪检监察组工作安排，总结回顾2018年党风廉政建设和反腐败工作，研究部署2019年任务。今天，我就三个方面向会议作报告。

一、认真落实新时代全面从严治党总要求，2018年全系统党风廉政建设和反腐败工作取得新成效

2018年，全国邮政管理系统各级党组织和内设纪检机构在党中央坚强领导下，以习近平新时代中国特色社会主义思想为指导，深入学习宣传贯彻党的十九大和十九届中央纪委二次全会精神，认真履行党章赋予的职责，坚定不移推进党风廉政建设和反腐败工作，为新时代全面建成与小康社会相适应的现代邮政业提供了坚强政治保证。

（一）坚持以政治建设为统领，坚定不移践行“两个维护”

始终坚守政治站位。各级把深入学习贯彻习近平新时代中国特色社会主义思想和党的十九大精神作为首要政治任务，充分发挥党组理论学习中心组龙头作用，推动“两学一做”学习教育常态化制度化。牢固树立“四个意识”，坚定“四个自信”，把“两个维护”作为首要政治纪律，严格执行《关于新形势下党内政治生活的若干准则》，制定国家局党组有关规定，确保政治坚定。全面落实党中央重大决策部署，将贯彻落实习近平总书记关于邮政业的重要指示精神作为重大政治责任，6次召开局党组会专题研究，并对贯彻落实情况进行督查和“回头看”，以实际行动践行对党绝对忠诚。认真贯彻落实习近平总书记关于推进中央和国家机关党的政治建设的重要指示，以及中央和国家机关党的政治建设推进会精神，指导全系统开展“五个一”系列活动，受到杨传堂同志批示肯定。严明政治纪律政治规矩，把杜绝“七个有之”、做到“五个必须”纳入年度民主生活会对照检查内容、政治巡视监督重点、党风廉政建设工作要点，旗帜鲜明讲政治。

坚决落实“两个责任”。国家局党组21次专题研究党建工作和党风廉政建设，制定落实党建、纪检等工作要点，召开全系统党风廉政建设工作会、党建工作座谈会，层层压实“两个责任”。注重调研督导，深入15个省局39个市（地）局开展督促检查和专题调研，督导落实“两个责任”。强化责任追究，制定印发国家局党组贯彻《问责条例》实施办法，对有关省局管党治党不力实施问责，推动各级牢固树立“主责、主业、主角”意识。坚持多头驱动，通过调研督导、教育培训、签订责任清单、联述联考联评等方式，促使“两个责任”落地生根。各省局党组紧紧跟上，不断强化管党治党政治自觉和行动自觉，广东局狠抓“七个必报、一个述职”制度落地，江西局建立党风廉政建设周报告制度，

湖南局层层签订党风廉政责任状，推动责任传导到底。

（二）锲而不舍纠治“四风”，党风政风持续向上向好

持之以恒落实中央八项规定精神。对标中央要求修订印发国家局党组贯彻落实中央八项规定精神的实施细则，将贯彻落实情况纳入述责述廉和巡视巡察监督，全面落实年度报告制度，着力抓好领导干部这个“关键少数”，强化常态长效，做到以上率下。紧盯“四风”不放松，重点查摆纠治形式主义、官僚主义“十种表现”，优先处置在巡视巡察、信访举报和执纪审查中发现的“四风”问题线索，从严查处顶风违纪行为。坚持抓常抓细抓长，紧盯春节、国庆等重要节点，加强警示提醒和监督检查，深入治理隐形变异新表现，推动形成良好政治生态。着眼转变政府职能，指导各省局党组深入研究、定向推进作风建设，浙江局、辽宁局、广西局、青海局、天津局等扎实开展“最多跑一次改革强服务强效能”作风建设专项行动、“25341”正风肃纪专项整治、“转变作风改善发展环境建设年”活动、不作为不担当问题专项治理，以及整顿作风优化营商环境等专项工作，推动了党风政风进一步好转。

以案释纪筑牢思想防线。组织召开全系统警示教育大会，深入学习贯彻习近平总书记重要批示以及中央和国家机关警示教育大会精神，通报18起邮政管理系统违纪违法典型案例，引导党员干部知敬畏、存戒惧、守底线。国家局机关和直属单位通过召开党员干部大会、组织生活会等形式，深入传达贯彻警示教育会议精神，以违纪违法案例为反面教材，划红线、明底线。各省局及时召开本单位警示教育大会，主要领导带头以案释纪明纪，达到了统一思想、警醒内心、自觉行动的效果。各级还积极运用丰富载体加强纪律教育，吉林局开展廉洁从政现场教育，山西局组织参观监狱现场说法，安徽局开展专题思想汇报进行党性分析，海南局赴廉政教育基地接受廉政洗礼，收到了良好效果。

扎实推进九个专项治理。坚决贯彻落实驻部纪检监察组部署要求，坚持问题导向，科学谋划实施，严密组织专项治理。召开专题动员部署会，促使各级深化认识、强化担当。坚持局党组统一领导，廉政办牵头抓总，4次下发通知对推进中有关问题进行明确和重申，办公室、普服司、市场司、人事司、机关党委各司其职、协同推进。局党组成员以专题督导和综合检查等方式，加强检查督导落实，并形成专题报告。驻部纪检监察组多次给予具体指导，深入省局、市局面对面帮带。各省局党组加强组织领导，强化措施办法，扎实有序推进。广东局、湖北局还结合全省系统内巡察工作，对突出问题进一步深挖细查，推动专项治理落实落细。截至2018年底，全系统共自查问题7类681个，目前已整改纠正527个，正在研究处置149个，需要进一步核查认定的5个。通过治理，各类问题存量得到全面纠正，增量得到有效遏制。

（三）深化政治巡视巡察，震慑作用有效发挥

加强巡视工作顶层设计。牢牢把握巡视工作政治方向，按照中央要求研究制定巡视工作五年规划。国家局党组8次召开专题会议研究，分析研判形势，听取情况汇报，跟进完善工作计划、目标要求和具体措施；巡视办统筹谋划，驻部纪检监察组大力支持，迅速筹建巡视组，加强人员培训，历时8个月完成对15个省局党组的巡视任务，实现对省局政治巡视全覆盖。注重运用巡视工作平台，锤炼培养高素质人才，有的同志连续数月进组在外巡视，有的同志不顾个人身体进藏入疆，有的同志克服家庭困难服从安排，体现了高度的政治觉悟和顽强的战斗作风。通过实践锻炼，培养了一大批敢于担当、能打硬仗，懂政策、讲原则、有作为的学习型复合型干部，健全了巡视工作人才库。

着力发现问题深化整改。始终坚持问题导向，组织开展2016年中央专项巡视整改情况“回头看”，逐一督查87项整改措施落实效果，维护了中央巡视权威性严肃性。各省局党组对巡视整改

工作普遍比较重视，对照巡视反馈问题，认真抓好整改落实，结合九个专项治理进行深化，召开专题民主生活会组织反思，确保件件有落实、事事有回音。15个被巡视单位共梳理问题清单940条、措施清单773条，整改措施1534条，修订完善制度112项，新出台措施办法276个，挽回损失406万元。

加快构建巡视巡察监督网。指导省局党组建立巡察制度，设立巡察机构，开展巡察工作。各省局党组克服任务重、人员少、课题新等困难，深化思想认识，明确目标任务，把握方法步骤，强化支持配合，有力有序推进巡察工作。山东局、安徽局等8个省局率先实现对市(地)局巡察全覆盖。上海局、重庆局坚持“政治巡察+政务督查”相结合，福建局突出问题导向和结果导向，四川局及时梳理通报共性问题扩大巡察效应。目前，全系统共巡察市(地)局181个，超额完成30%的年度巡察任务。巡察发现问题5525个，移交问题线索18个，挽回损失182万元。

(四)严格监督执纪问责，持续保持惩治腐败高压态势

深化运用“四种形态”。积极探索运用“四种形态”的有效办法，注重用好第一种形态，抓早抓小、防微杜渐，2018年全系统谈话函询60人次，实施诫勉谈话38人，对74名党员领导干部进行批评教育。坚持前移监督关口，国家局对37名新提任的处以上干部进行廉政谈话，并建立廉政档案库。抽查个人有关事项报告378人次，对发现问题依规处理。指导督促12个单位党组织召开反思违纪违法案件教训专题民主生活会，汲取案件教训，强化纪律意识。各级内设纪检机构坚持严管和厚爱相结合，强化日常教育监督，推动全面从严治党向纵深发展。重庆局、云南局制定谈话的相关实施办法，探索规范谈话方式在问题线索处置中的运用；青海局组织对全系统公务员进行廉政风险点排查；陕西局、河北局注重完善廉政档案建设，把好选人用人关；内蒙古局、贵州局、江苏局注重综合运用函询、廉政谈话、诫勉谈话等方式及时“敲戒尺”，努力教育挽救干部。

严肃查处违规违纪问题。始终保持高压态势，督促各级认真开展受理范围问题线索的处置工作，严密组织对驻部纪检监察组交办事项的研判、核查和落实，严肃查处违规违纪案件，持续推动全面从严治党向基层延伸。各级内设纪检机构坚守主责主业，执纪审查工作扎实有效。陕西局、四川局、甘肃局等通过把加强思想政治工作融入执纪审查，努力实现政治效果、纪法效果、社会效果有机统一。国家局机关本级对受理的33件纪检信访件进行分类处置；对群众反映的7件问题线索开展初核或核查，对巡视组移交的26件问题线索进行分类处置；协调组织对4名局管干部实施诫勉谈话，认真督促落实对24名党员领导干部实施处分工作，为邮政业健康发展提供了有力的纪律支持和政治保证。

(五)注重加强自身建设，履职本领不断增强

坚持抓好经常性学习教育。深入开展“纪律教育年”活动，有序推进各项纪律建设。狠抓党章党规党纪学习，把新修订的《纪律处分条例》等作为干部培训、中心组学习、经常性教育的重点内容，推动党员干部进一步形成守纪律讲规矩的思想自觉和行动自觉。宁夏局重点开展马克思主义宗教观专题学习活动，新疆局着力加强反分裂斗争纪律教育，北京局倡导党支部书记带头讲廉政党课，河南局利用当地红色教育资源加强纪检干部忠诚教育，结合实际紧，教育效果好。

注重搞好集中培训和实践锻炼。采取专家授课、座谈交流等形式，在青岛组织120名纪检干部集中培训；选派12人次参加上级组织的执纪审查业务培训，纪检队伍整体素质有新提高。将纪检干部作为巡视骨干力量，在实践中提升纪检工作水平。指导和督促各级内设纪检机构依规依纪开展日常监督和执纪审查，着力提高精准监督能力、调查研究能力和运用“四种形态”能力。西藏局邀请地方纪委业务骨干进行针对性辅导，河北局抽

调业务骨干联合办案挖掘储备人才，黑龙江局通过干部考核“四个档案”实行纪检组长履职全程纪实。

探索加强纪检机构和力量建设。积极与有关部门加强沟通协调，在争取各省局纪检组组长单独设置方面取得新突破。稳步探索完善符合邮政管理自身特点的纪检组织体系，14 个省局设立专门纪检（党建）处室，纪检机构专业化、规范化建设取得新成效。积极适应纪检监察体制改革新形势，促进人员融合和工作磨合，推动制度优势转化为治理效能。山东局探索构建纪检和党风廉政协作机制，设立分片区纪检非常设机构，在破解上级监督远、同级监督软、监管力量分散等问题上作出积极尝试。

同志们！过去的一年，全系统各级党组织始终以习近平新时代中国特色社会主义思想为指导，保持正确政治方向；始终坚持把政治建设放在首位，坚决维护以习近平同志为核心的党中央权威和集中统一领导；始终坚持和加强党的全面领导，压实管党治党政治责任；始终牢固树立以人民为中心的发展思想，厚植党执政的政治基础，推动全系统全面从严治党、党风廉政建设和反腐败工作取得显著成效。探索永无止境，经验弥足珍贵，需要在坚持中深化，在深化中发展。一是必须把牢政治方向。坚持以政治建设为统领，严明政治纪律政治规矩，坚决把“两个维护”落实到邮政管理工作各领域全过程，确保党风廉政建设始终沿着正确政治方向前进。二是必须聚焦主责主业。紧紧围绕党章赋予的监督执纪问责职责，在定位上聚焦，在责任上压实，在力量上倾斜，全面从严、全面发力，不留死角、没有空白。三是必须突出问题导向。准确把握全面从严治党形势，以重点带全局，紧盯政治生态、政治责任、正风肃纪等方面的突出问题，推动政治生态持续向好。四是必须注重关口前移。着眼惩前毖后、治病救人，精准运用“四种形态”，强化日常监督执纪，抓早抓小、防微杜渐，使红脸出汗、咬耳扯袖成为常态，防止小错酿成大祸。五是必须勇于担当作为。积极适应新时代新形势新常态，培养敢担当的气质，锤炼善作为的能力，着力打造忠诚坚定、担当尽责、较真碰硬、清正廉洁的邮政管理系统纪检干部队伍。

同志们！一年来我们所取得的成绩，离不开党中央、中央纪委国家监委的坚强领导，离不开驻部纪检监察组的指导监督，离不开全系统各级党组织和内设纪检机构的锐意进取，离不开全系统广大党员干部特别是纪检干部的担当作为。在此，我代表国家局党组，向各位领导和同志，向常年奋战在管党治党各条战线上的广大党员干部职工表示诚挚的问候和衷心的感谢！

二、深入学习贯彻十九届中央纪委三次全会精神，准确把握邮政管理系统党风廉政建设和反腐败工作形势任务

在刚刚结束的十九届中央纪委三次全会上，习近平总书记发表了重要讲话。习近平总书记的重要讲话高瞻远瞩，思想深邃，直面问题，掷地有声，充分彰显了我们党自我净化、自我完善、自我革新、自我提高的高度自觉，具有鲜明深刻的政治性、思想性、理论性，对于推动全面从严治党向纵深发展具有重大指导意义。在战略成果上，习近平总书记充分肯定党的十九大以来全面从严治党取得的新的重大成果，作出反腐败斗争已经取得压倒性胜利的战略判断。在规律把握上，习近平总书记深刻总结改革开放 40 年来党进行自我革命、永葆先进性和纯洁性的宝贵经验，提出了“五个必须”的重大论断。在战略目标上，习近平总书记强调要坚定不移推进全面从严治党，发出了取得全面从严治党更大战略性成果，巩固发展反腐败斗争压倒性胜利的动员令。在战略部署上，习近平总书记强调要适应新形势、抓住新机遇、展现新气象，围绕全面从严治党巩固党的团结统一、为决胜全面建成小康社会提供坚强保障，提出六大任务。在表率作用上，习近平总书记对领导干部特别是高级干部贯彻新形势下党内政治生活若干

准则提出明确要求,强调要严守政治纪律,心底无私,保持健康党内同志关系,带头贯彻民主集中制,带头建立健康工作关系。在队伍建设上,习近平总书记明确指出纪检监察机关是党和国家监督专责机关,要忠诚于党、忠于人民,带头增强"四个意识"、坚定"四个自信"、做到"两个维护",建设忠诚干净担当的纪检监察铁军。习近平总书记的重要讲话,是对新时代全面从严治党新思想和总要求的再阐释、再部署,既传递出坚持问题导向、保持战略定力的政治信号,又展现出居安思危、坚决巩固发展反腐败斗争压倒性胜利的必胜信念,是驰而不息正风反腐的宣言书,也是推动全面从严治党向纵深发展的行动纲领。我们一定要深入学习贯彻习近平总书记重要讲话精神,准确把握面临形势任务,坚定不移推进邮政管理系统党风廉政建设和反腐败工作取得更大战略性成果。

一方面,要深刻认识到全党反腐败斗争尽管取得压倒性胜利,但并不意味着全面从严治党已经大功告成。习近平总书记在十九届中央纪委三次全会上强调,反腐败斗争已经取得压倒性胜利,但对形势的严峻性、复杂性一点也不能低估,要以猛药去疴、重典治乱的决心,以刮骨疗毒、壮士断腕的勇气,一以贯之、坚定不移、一刻不停歇地推进,坚决把党风廉政建设和反腐败斗争进行到底。总书记的重要论述警醒我们,决不能躺在过去的功劳簿上沾沾自喜,必须始终保持永远在路上的战略定力,坚持不懈地推进全面从严治党。据有关统计,2018 年全国共查处违反中央八项规定精神问题 65055 起,处理党员干部 92215 人,给予党纪政务处分 65558 人。其中处分省部级干部 6 人,地厅级干部 746 人,县处级干部 6344 人。党的十八大以来(截至 2018 年 8 月底),中央和国家机关共有 2639 名党员受到党纪处分,其中部级领导干部 93 人、司局级 981 人、处级及以下 1565 人,违反六大纪律项项都有案例。这一串串数字,可以说既是一份沉甸甸的反腐"成绩单",更是一部令人深思的"警示录"。这说明,尽管不正之风已经总体得到有效遏制,但不收敛不收手的现象仍然存在,顶风违纪的行为还有增量,有的问题还出现隐形变异,整治"四风"问题的任务仍然艰巨。也说明,还是有不少党员干部政治意识薄弱,纪律观念缺失,不知止,不收手,屡闯"红灯",频踩"红线",致使违纪问题禁而不绝,反弹压力比较大。

另一方面,还要深刻认识到邮政管理系统政治生态不断向好,但并不意味着所有问题已经得到彻底解决。近年来,各级党组织和内设纪检机构认真贯彻党的十九大全面从严治党战略部署,压紧压实主体责任和监督责任,严格执行中央八项规定及其实施细则精神,持续深化作风建设和问题治理,严肃查处违纪违规问题,全系统党风廉政建设不断取得新成绩。但无论是从驻部纪检监察组执纪审查通报的情况来看,还是从系统巡视巡察、专项治理发现的问题来看,党风廉政建设形势依然严峻复杂,削减存量、遏制增量的任务还很繁重,纠治"四风"、消除腐败的任务还很艰巨,需要持之以恒正风肃纪。在落实主体责任上,一些单位领导班子和主要负责人教育管理宽松软,班子成员"一岗双责"意识缺失,压力传导层层递减;有的党员领导干部大局意识不强,摆不正业务工作与党风廉政建设的关系,厚此薄彼甚至对党风廉政责任放任不管;个别党员领导干部纪律规矩意识不强,片面强调物质待遇和客观困难,认为"违纪不违法犯点小错"没关系,"为公不为己违点小规"不算事,甚至通过违纪手段发放津补贴。在履行监督责任上,部分单位纪检组长客观上兼任行政副职,有的认识有偏差,认为是虚职、兼职,履职意识不强、工作聚焦不够;全系统纪检力量薄弱,监督执纪能力弱,一些内设纪检机构不善于查找发现问题,遇到问题线索束手无策、处置过程不规范不严格;有的纪检组长不敢碰硬,怕得罪人,在其位不谋其政,甚至在集体违规决策时不提醒、不反对,执行时不报告、不制止,致使小问题演变成大问题。在政治生态建设上,有的习惯于凭经验和老办法办事,致使在一些重大问题上违规决策甚至发生违纪问题；有的党组书记听不进不同意见，存在个人说了算的问题；有的主要负责人对本单位廉政隐患放任不管，导致长期存在不正之风；还有个别干部不是把心思放在工作和事业上，不仅自己不担当不作为，还蓄意搞坏风气，乱告、诬告、散布不实信息，严重破坏一个单位的政治生态，对此必须旗帜鲜明抵制、依纪依规处理。在重点领域治理上，国家局党组对人、财、物、权等重要领域、关键环节风险隐患和违规违纪苗头始终紧抓不放，我也对坚决纠治私设小金库、违规发放津贴补贴、“三公”经费管理不严、吃拿卡要、以权谋私、干部选拔任用程序等问题多次进行强调。从九个专项治理情况看，上述各方面问题，尤其是违反中央八项规定精神和廉洁纪律的问题屡禁不止，必须全面纠治、严肃查处。

全系统各级党组织和党员干部一定要充分认清中央部署要求和系统严峻形势，提高站位、正视问题，着眼形势、分析问题，保持清醒、解决问题，推动邮政管理系统党风廉政建设和反腐败工作不断取得新成效。

三、忠实履行职责，扎实完成2019年党风廉政建设和反腐败各项工作任务

2019年邮政管理系统党风廉政建设和反腐败工作的总体要求是：以习近平新时代中国特色社会主义思想为指导，深入贯彻党的十九大精神和十九届二中、三中全会，以及十九届中央纪委三次全会精神，增强“四个意识”，坚定“四个自信”，坚决做到“两个维护”，坚持稳中求进工作总基调，坚持和加强党的全面领导，以党的政治建设为统领，不忘初心、牢记使命，一体推进不敢腐、不能腐、不想腐，巩固发展反腐败斗争压倒性胜利，努力推动邮政管理系统全面从严治党取得更大战略性成果，确保党的十九大精神和党中央重大决策部署在邮政业坚决贯彻落实，为全面建成与小康社会相适应的现代邮政业提供坚强保证，以优异成绩庆祝中华人民共和国成立70周年。要重点抓好以下七个方面的工作：

（一）始终把党的政治建设放在首位，坚决维护习近平总书记核心地位和党中央权威

坚持以党的政治建设为统领。把认真学习贯彻习近平新时代中国特色社会主义思想和党的十九大精神作为首要政治任务，充分发挥中心组学习示范引领作用，结合邮政业改革发展实际，坚持在学懂弄通做实上持续发力。领导班子成员尤其是主要负责同志要以上率下，带头学习宣传贯彻，发挥“头雁效应”。要强化邮政系统的政治属性，深入学习贯彻习近平总书记关于邮政业的重要指示精神，围绕推进行业绿色发展、联系服务快递业从业人员、搞好军民融合、服务跨境电商、推进建制村直接通邮、加强寄递渠道涉枪涉爆物品查处等方面，做到一事一策一案，责任到人、一抓到底，确保党中央各项决策部署落地生根。要深入开展“不忘初心、牢记使命”主题教育，坚定理想信念，忠诚履职尽责。

严明政治纪律和政治规矩。把各级党组织和党员干部执行政治纪律和政治规矩的情况，作为执纪监督、审查调查、巡视巡察的重中之重，决不允许自行其是、各自为政，有令不行、有禁不止。要聚焦解决“七个有之”问题，对于任何违背党中央重大决策部署、损害以习近平同志为核心的党中央权威的言行，迅速查处；对于那些对党不忠诚不老实、阳奉阴违的“两面人”，坚决剔除。要注重分析违反政治纪律行为的现实表现，严肃查处典型案件并进行通报，以具体案例警示教育党员干部。国家局党组将组织开展党的政治建设督促检查，加强对习近平总书记重要指示批示和中央决策部署贯彻落实情况、中央专项巡视反馈问题整改情况监督检查，坚决做到“两个维护”。

全面加强政治生态建设。要聚焦政治立场、政治原则、政治担当和政治纪律，强化监督执纪问责。要发展积极健康的党内政治文化，弘扬忠诚老实、公道正派、实事求是、清正廉洁等价值观，坚决抵制商品交换原则对党内生活的侵蚀，构建

"亲""清"政商关系。要把选人用人情况作为监督重点,动态更新领导干部廉政档案,严把党风廉政意见回复关。要旗帜鲜明地为敢于担当、踏实做事、不谋私利的干部撑腰鼓劲,坚决打击纠治乱告、诬告行为和散布政治谣言、不实信息的歪风,对乱告诬告的查实后要严肃处理,刹住歪风、纯正风气。

严肃党内政治生活。认真贯彻《中共中央政治局关于加强和维护党中央集中统一领导的若干规定》精神以及国家局党组《关于维护党中央集中统一领导的规定》,以实际行动践行"两个维护"。要严格执行新形势下党内政治生活若干准则,加强对党内政治生活制度执行情况的监督检查,重点监督检查各级党组织贯彻民主集中制、开展批评与自我批评、落实"三会一课"和请示报告制度等情况,对不认真执行甚至弄虚作假的予以严肃问责,推动全系统各级党组织和全体党员尊崇党章、遵守党规。

(二)全力以赴打好作风建设持久战,坚决破除形式主义、官僚主义

集中整治形式主义、官僚主义。形式主义、官僚主义不是简单作风问题,而是严肃政治问题。要聚焦习近平总书记重要讲话和批示中指出的突出问题,聚焦影响党的路线方针政策和中央重大决策部署贯彻落实的突出问题,聚焦群众反映强烈、损害群众利益的突出问题,制订方案,精准施策,强力纠改。要深化集中整治成果,重点纠正空泛表态、应景造势、敷衍塞责、出工不出力等问题,对不担当、不作为、懒政怠政的党员干部坚决问责,切实树好新风正气。要及时纠正以形式主义整治形式主义的行为,对造成不良后果的要坚决问责、形成威慑。

坚决防止"四风"反弹。要认真贯彻执行国家局党组关于贯彻落实中央八项规定精神的实施细则,把落实中央八项规定及其实施细则精神、纠治"四风"作为一项长期政治任务,驰而不息,长抓不懈。要把日常检查和集中督查结合起来,抓住元旦、春节、五一、端午、中秋、国庆等时间节点正风肃纪,一个节点一个节点坚守,一步一步抓出习惯。要突出重点,严查公款吃喝、公车私用、公款旅游以及"四风"隐形变异等问题,发现一起、查处一起、通报一起,持续形成震慑,坚决防止"四风"问题反弹回潮。

巩固深化突出问题专项治理成果。要继续保持韧劲和工作连续性,下大力巩固深化各项专项治理成果。要全面开展"回头看",针对2016年以来开展的违规套取会议费专项清理、快递协会违规发放津贴补贴专项清理以及违规发放津补贴等九个方面专项治理,按照职能分工,分头对有关问题进行梳理定性,该督促彻底纠治的要一抓到底,该移交的违规违纪线索要依规依纪分类处置,确保彻底整改、见底见效。要深入开展违规实施行政许可问题专项治理,着力净化行风政风。要针对专项治理中查找发现的共性问题,加强建章立制,扎紧制度笼子,形成用制度管权管事管人的有效机制。

(三)强化政治责任担当,深化落实全面从严治党"两个责任"

层层压实全面从严治党责任。要牢牢抓住党组主体责任、党组书记第一责任人这个"牛鼻子",推动管党治党责任全面覆盖、层层传导。要认真贯彻落实国家局党组《关于推动新时代全面从严治党向纵深发展的意见》,按照"12365"工作布局,推动全面从严治党向基层延伸、向一线延伸、向群众身边延伸。要完善主体责任清单建设,抓住"关键少数",细化责任和任务清单,用好实地调研、约谈、报告、专项检查等方式,重点解决上热中温下冷的问题。各级党组至少每半年对全面从严治党进行一次专题研究,重大问题及时研究。

增强自觉接受监督意识。要严格执行国家局党组贯彻落实《关于深化中央纪委国家监委派驻机构改革的意见》的实施办法,自觉接受、坚决支持驻部纪检监察组的监督和指导。广大党员领导干部要自觉接受本级纪检机构和上级纪检部门监

督,养成自觉接受监督的习惯。国家局党组管理干部要自觉接受驻部纪检监察组的谈话函询,全面如实说明问题,自觉配合监督执纪问责和监督调查处置。各级贯彻落实习近平总书记重要指示批示情况,贯彻落实党中央重大决策部署情况,巡视反馈问题整改情况等,要及时向上级报告。

强化纪检组长监督责任。纪检组长要聚焦主责主业,把监督责任扛在肩上、抓在手里、落实到行动中。要强化使命担当、敢于较真碰硬,加强对同级领导班子及其成员,尤其是对“一把手”的监督。要带领内设纪检机构认真履行职责,抓紧抓好信访处理、监督检查、线索梳理、案件查办等重点环节,发挥好党内监督专责机关作用,通过严格监督和执纪问责推动管党治党责任落实。要强化对纪检组长的考核,省局党组纪检组长任免征求驻部纪检监察组意见,省局党组纪检组长每年要向国家局党组述职,对履行监督责任不力的,及时作出调整。

(四)持续深化巡视巡察工作,进一步彰显利剑作用

做好新一轮巡视工作。要认真实施国家局党组巡视工作五年规划,统筹安排常规巡视,深化专项巡视,今年对8个省局党组和国家局直属单位开展新一轮巡视。要让“回头看”成为常态,既要检查巡视整改情况,又要发现新问题,各省局党组要重点围绕看反馈问题是否改到位、看巩固措施是否定到位、看专题民主生活会是否开到位等开展好“回头看”。要加强巡视成果综合运用,强化巡视督查和整改问责,机关各部门要根据职能分工对整改落实情况搞好常态化跟踪问效。

深入开展巡察工作。要压实主体责任,完善巡察工作领导体制,推动巡察全覆盖。突出政治巡察,着力解决基层党组织弱化、虚化、边缘化问题,重点解决违反中央八项规定精神、形式主义官僚主义、侵害群众利益等方面的突出问题,促进基层党组织坚强有力。各省局可根据实际工作情况,针对突出问题,探索开展某个领域的专项巡察。要创新巡察方式,严密组织实施,精准发现问题。要强化政治责任,深化问题整改,真正解决问题。要健全巡视巡察联动机制,加快实现省局党组巡察全覆盖,织密上下联动的监督网。

(五)全面加强党的纪律建设,用严明纪律推动全面从严治党向纵深发展

提高纪律教育针对性实效性。要开展经常性教育,把党章党规党纪特别是新形势下党内政治生活若干准则、党内监督条例、纪律处分条例、问责条例等,作为党组理论学习中心组、“三会一课”、党员干部培训班的必修课,着力强化党员干部纪律规矩意识。要定期召开警示教育会,通报典型违纪违法案例,用身边事教育身边人。要督促涉案人员所在单位党组织及时召开专题民主生活会或组织生活会,举一反三、汲取教训,达到惩处一个、教育一片的效果。

深化运用监督执纪“四种形态”。要在早发现上深化,提高发现违纪问题的能力。要在分类处置上深化,强化分析研究,提高精准把握执纪标准和运用政策能力,防止出现适用不当、尺度不准等现象。要在用好第一种形态上深化,下大功夫加强日常管理和监督,使批评教育成为常态。要在谈话函询上深化,防止敷衍塞责、欺骗组织行为,对边谈边犯、边询边犯的从严从重处理。

(六)坚持标本兼治,巩固发展反腐败斗争压倒性胜利

持续保持高压态势。要在精准发现、精准惩处、精准施治上下功夫,更有效地遏制增量、更有力地削减存量。要贯彻落实以人民为中心的发展思想,把惩治基层腐败问题牢牢抓在手上,省局党组和纪检组要深入地市局检查督查,做到有什么问题就解决什么问题、什么问题突出就集中整治什么问题。市(地)局党组和纪检组要把查处群众身边不正之风和腐败问题作为重要任务,敢担当、敢碰硬,打通全面从严治党“最后一公里”。要紧盯扶贫领域、行政审批、市场监管等领域易发的腐败和作风问题,严肃查处违纪违法行为,精准有力

惩治腐败。要抓好邮政业申诉管理体系试点建设,探索完善权力运行制约机制,从源头防范腐败。

坚决查处违规违纪问题。要坚定信心决心,加大惩治力度,强化不敢腐的震慑。紧盯重要领域、关键岗位,对党的十八大以来特别是十九大后仍不收敛不收手,问题线索反映集中、群众反映强烈,政治问题与经济问题交织的腐败案件,坚决从严查处。要巩固深化九个专项治理成果,对有关问题线索,按照权限依纪依规分类处置;对拒不整改、敷衍塞责的,一经发现从严从重处理。要坚持有责必问、问责必严,对履行管党治党政治责任不力的坚决严肃问责,对该问责而不问责的党组织也要严肃问责。

进一步扎紧制度笼子。要针对执纪审查、巡视巡察中发现的漏洞,对照党规党纪和上级有关要求,进一步修订完善监督执纪问责等方面的制度机制,筑牢不可触碰的底线。要认真贯彻落实《党组讨论和决定党员处分事项工作程序规定(试行)》,健全完善执纪工作有关制度,推动各级党组落实干部管理监督责任。国家局党组将研究制定纪检组长和内设纪检机构履行监督责任实施办法。

(七)坚持政治过硬、本领高强,从严从实加强纪检队伍建设

站稳政治立场。要强化创新理论武装,增强"四个意识",坚定"四个自信",把"两个维护"自觉落实到监督执纪问责各个环节。要加强忠诚教育,增强政治定力、纪律定力、道德定力、抵腐定力。要强化责任担当,紧盯党风廉政建设的薄弱环节,聚焦群众反映强烈的突出问题,认真履职,求真务实,勇于斗争,善于斗争,敢于碰硬,真正做到协助党组推进全面从严治党不越位、履行监督责任不缺位。

练就过硬本领。要加强能力建设,创新干部锻炼培养方法,加大教育培训力度,在增强学习能力、专业能力、改革创新能力和执行力上下功夫。以新修订新颁布的党规党纪为重点,在全系统纪检干部队伍中开展"学法规、用法规"活动,练好基本功,提高依规依纪处置问题的能力。

推动改革创新。要紧密结合邮政管理系统实际深化"三转",积极探索有效管用的工作举措和制度办法。国家局探索成立专门巡视机构,试点划片区设置派驻纪检组。要继续加强纪检组织建设,推动省级邮政管理局设立专职党组纪检组长,配齐配强工作力量。要认真落实"七个必报"制度,推动责任逐级压实。

同志们,目标已经明确,关键在于落实。让我们更加紧密地团结在以习近平同志为核心的党中央周围,奋发进取、忠诚担当,不断取得全面从严治党、党风廉政建设和反腐败斗争新成效,为全面建成与小康社会相适应的现代邮政业提供坚强政治保证,以优异成绩向中华人民共和国成立70周年献礼!

守初心　担使命　坚持高质量发展不动摇
加快建设与小康社会相适应的现代邮政业

——国家邮政局局长马军胜第50届世界邮政日致辞

2019年10月9日

在举国欢庆中华人民共和国70华诞的日子里，我们迎来了第50届世界邮政日。借此机会，我代表国家邮政局，向关心、支持我国邮政业发展的各地区、各部门和社会各界表示崇高的敬意和衷心的感谢！向全世界邮政业的同行们，特别是我国邮政业的广大从业人员致以节日的问候和良好的祝愿！

邮政业是推动流通方式转型、促进消费升级的现代化先导性产业，邮政体系是国家战略性基础设施和社会组织系统，在国民经济中发挥着重要的基础性作用。当前，我国邮政业保持高位运行，要素资源持续活跃，高质量发展进程加快，服务国家战略取得积极成果，社会经济效益日益凸显。2018年，我国邮政业业务总量完成12345.2亿元，业务收入（不包括邮政储蓄银行直接营业收入）完成7904.7亿元，同比增长分别达到26.4%和19.4%。其中，快递业务量达到507亿件，同比增长26.6%，已连续五年稳居世界第一，年支撑网络零售交易额近7万亿元，新增社会就业20万人以上，为国家“稳增长、促改革、调结构、惠民生、防风险”政策实施作出了积极贡献。我国已经成长为世界上发展最快、最具活力的新兴寄递市场，包裹快递量超过美、日、欧等发达经济体总和，对全球增长贡献率超过50%，已经成为全球邮政业的动力源和稳定器。

在看到成绩的同时，我们更要清醒地认识到，我国邮政业还存在国内市场和国际市场不平衡、服务消费和服务生产不平衡、速度规模和质量效益不平衡、寄递企业总部和基层网点发展不平衡、行业发展和治理体系能力不平衡等短板弱项。我们必须坚持以习近平新时代中国特色社会主义思想为指导，坚决落实党中央、国务院重大决策部署，按照“巩固、增强、提升、畅通”八字方针，全面用好我国发展的重要战略机遇期，继续坚持“打通上下游、拓展产业链、画大同心圆、构建生态圈”工作思路，深化改革开放、加快结构优化、提升创新能力、推进绿色发展、参与全球邮政治理体系变革，找准差距、综合施策、精准发力，加快推进邮政业高质量发展，更好满足人民美好生活需要，更好地服务经济社会发展大局。

第一，聚焦促改革扩开放，进一步释放邮政业的发展活力。要推动市场主体变革，发挥市场在资源配置中的决定性作用，鼓励支持新主体、新技术、新模式进入行业形成集群发展。要深化邮政体制改革，做强做优做大国有资本。要引导快递企业完善现代企业制度，处理好长期发展与短期利益、稳增长与防风险、总部与加盟企业之间关系。要推进行业治理方式改革，深化“放管服”改革，更好发挥政府作用。要创新行业监管方式，强化对标监管，开展分类监管，推进信用监管，探索智能监管，按照包容审慎原则对新业态实施监管服务，坚守安全质量底线。要推动跨境寄递领域和国际规则改革，扩大行业高水平对外开放，打造更多的跨境寄递通道平台。要主动参与万国邮联规则制定和关键领域改革，积极维护万国邮联多边机制。

第二，聚焦抓机遇稳态势，进一步厚植邮政业的发展优势。要坚定信心稳预期，立足我国邮政业基本业情，解放思想、开拓进取，走出一条质量更高、效益更好、结构更优的发展新路子。要坚持“两个毫不动摇”稳主体，毫不动摇地巩固和发展国有经济，支持邮政企业充分发挥国有企业骨干作用和全球邮政一张网的优势提升服务能力水平，毫不动摇地支持和引导民营经济发展，对标世界先进水平，加快形成具有国际竞争力的快递物流企业。要深化电商快递协同稳基本，提高服务农村电商、跨境电商、品牌电商、生鲜医药电商的质量水平，改进用户体验，拓宽农产品销售渠道，增加农民收入；适应消费需求变革，着力打造“快递＋电商”中国方案升级版，继续提升网络覆盖度、稳定性和柔性，延长产业链，提高附加值，更好支撑线上线下一体新型流通、社交电商等新型电商发展。

第三，聚焦提质效育动能，进一步增强邮政业的发展后劲。要坚持以人民为中心，更好满足人民美好生活需要，实现质量变革，把提高行业供给体系质量作为主攻方向，着眼生产生活发展需要，引导邮政、快递企业丰富服务品种，提供更弹性更精准更多样的服务，不断满足人民群众的更好用邮需求。要坚持以供给侧结构性改革为主线，更加广泛深入协同融合，实现动力变革，加快推进“两进一出”工程，推动“快递进厂”，推进邮政快递企业与先进制造业融合，把邮政快递网变成现代制造业的“移动仓”和“移动工厂”；推动“快递进村”，通过邮快合作、快快合作、交邮合作等方式，推动快递服务末端下沉到农村，帮助拓宽农产品销售渠道，助力精准扶贫和乡村振兴；推动“快递出海”，通过造船出海、抱团出海和借船出海，加快推动邮政快递企业“走出去”。加快推动邮政业与旅游文化、教育科技、健康养老等现代服务业联动协同，服务智慧社会建设。要坚持贯彻落实新发展理念，建设邮政业的现代化产业体系，实现效率变革，大力实施“科技兴邮”战略，加快落实“邮政业大数据发展”行动计划，重点推动云计算、大数据、物联网、区块链、人工智能和邮政业深度融合，提高全要素生产率和运行效率，加快“智慧邮政”建设。

第四，聚焦补短板强弱项，进一步夯实邮政业的发展根基。要紧紧围绕国际化持续加快跨境寄递基础设施建设，支持寄递企业加强自主国际航空运能建设，加快国际邮件快件航空枢纽布局，建设完善“通道＋枢纽＋末端”的现代跨境寄递网络，逐步构建起一个“以中国为中心，连接世界各大洲，通达主要目标市场”的全球快递服务体系。要紧紧围绕末端网络有效破解“最后一公里”难题，切实压实企业总部主体责任，维护末端网点和快递员权益，推进公共末端服务体系建设，推动在城乡规划中统筹考虑快递基础设施布局，大力发展共同投递和智能终端服务体系。要紧紧围绕绿色邮政建设着力提升行业绿色文明程度，突出创新引领，强化法治保障和政策协调，强化标准贯彻执行，督促邮政、快递企业改进生产方式，注意节约环保，杜绝过度包装，避免浪费和污染环境，持续推进邮件快件包装绿色化、减量化、可循环，加快邮政业绿色发展步伐。要紧紧围绕安全邮政建设不断增强安全工作主动权，统筹推进邮政业安全生产领域改革发展，压实企业特别是总部的安全生产主体责任，着力完善寄递安全监管体制机制，推动联合监管、联防联控，实现寄递安全共建共治共享。

使命无比光荣，征途星辰大海。让我们更加紧密地团结在以习近平同志为核心的党中央周围，以习近平新时代中国特色社会主义思想为指导，不忘初心、牢记使命，以敢闯敢干、一往无前的奋斗姿态，务实进取、担当作为，狠抓工作落实，为全面建成与小康社会相适应的现代邮政业、全面建设现代化邮政强国而努力奋斗！

团结一心　真抓实干
以强劲的科技创新驱动有力地推动邮政强国建设

——国家邮政局副局长戴应军在2019年邮政业科技创新工作会议上的总结讲话

2019年9月3日

同志们：

经过大家的共同努力，2019年邮政业科技创新工作会议即将完成各项议程。这次会议，是邮政业科技发展面临新形势、新挑战、新机遇背景下召开的一次重要会议。会议准备充分、会风务实，主题鲜明、内容丰富，达到了统一思想、凝聚共识、坚定信心、明确方向的目的。

军胜同志作了重要讲话，系统总结了近年来邮政业科技发展情况，深刻分析了面临的新形势新机遇，并对未来一个时期邮政业科技创新工作进行了全面部署。军胜同志的讲话，内涵丰富、论述深刻，具有很强的思想性、指导性和针对性。邮政集团、顺丰速运、京东物流、杭州健培、科大讯飞5家产业链上下游企业，结合本单位开展的人工智能科技创新实践，做了很好的经验交流，使大家得到借鉴和启迪。会议还安排与会代表赴华为和腾讯就5G技术发展、人工智能研发应用进行了实地考察。在分组讨论中，大家就如何贯彻落实军胜同志讲话精神，推动邮政业科技创新工作提出了许多宝贵的意见和建议。大家对本次会议给予了充分肯定和高度评价。下面，我就贯彻本次会议精神和要求，讲三点意见。

一、全面准确把握会议精神

本次会议是在我国加快建设创新型国家，邮政业由高速增长步入高质量发展关键阶段而召开的一次重要会议。军胜同志的讲话体现了坚决贯彻落实习近平总书记重要指示批示精神和党中央国务院决策部署的责任担当，体现了以科技创新引领支撑行业发展的信心决心，为做好今后一个时期邮政业科技创新工作明确了思路、提供了指引。我们一定要全面领会、深刻理解、准确把握。

（一）切实深化对科技创新工作重要性紧迫性的认识。习近平总书记多次强调，中国要强盛、要复兴，就一定要大力发展科学技术，努力成为世界主要科学中心和创新高地。多年来，我国邮政业保持高位运行，服务国家发展和民生福祉取得积极成果，社会经济效益日益凸显。但是，全行业大而不强、发展方式较为粗放、中高端供给不足、绿色发展任务艰巨等问题仍然突出。军胜同志强调，科技创新将有力驱动邮政业生产技术更新、商业模式创新和治理方式革新，要着力在增加服务品种、提升服务品质、打造服务品牌上下功夫。科技创新已经成为邮政业高质量发展和邮政强国建设的关键支撑，成为加速行业转型升级提质增效的重要引擎。谁抓住了科技创新这个牛鼻子，谁走好了科技创新这步先手棋，谁就能占领先机、赢得优势。因此，全系统必须进一步增强紧迫感、使命感和责任感，必须把科技创新摆在行业发展全局的核心位置，抓住人工智能等新科技发展的契机，综合施策，精准发力，抓紧补齐短板，争取形成先发优势，为实现邮政业高质量发展和邮政强国建设目标提供强大动力。

（二）牢固树立以科技创新助力行业改革发展的坚定信心。习近平总书记谈到，只有自信的国家和民族，才能在通往未来的道路上行稳致远。在党中央坚强领导下，我国科技事业密集发力、加速跨越，实现了历史性、整体性、格局性重大变化，重大创新成果竞相涌现,一些前沿方向开始进入并行、领跑阶段,科技实力正处于从“量的积累”向“质的飞跃”、从“点的突破”向“系统提升”转变的重要时期。军胜同志在工作报告中也系统总结了邮政业科技创新所具有的优势。从国家大力实施创新驱动发展战略、努力营造大众创业万众创新的良好环境,到5G、人工智能等基础通用技术的原创突破、国际邮政业的探索实践,这些都为我国邮政业的科技创新创造了有利条件。特别是目前全行业科技创新热情空前高涨,科技创新需求空前旺盛,科技政策和科技投入支持力度不断增大,科技人才和队伍不断壮大,邮政业科技创新前景光明。全系统一定要有强烈的创新信心和决心,既不妄自菲薄,也不妄自尊大,只要我们认清形势、坚定信心,攻坚克难、追求卓越,营造环境、加快供给,全行业科技创新就能呈现活力迸发、万马奔腾的良好局面,就能够为邮政业高质量发展和邮政强国建设注入源源不断的动能和活力。

(三)准确把握实施“智能+”推动行业科技创新的重要内涵。党中央国务院高度重视人工智能的发展,密集出台《新一代人工智能发展规划》《关于促进人工智能和实体经济深度融合的指导意见》等重要文件,促进人工智能同经济社会发展深度融合,推动我国新一代人工智能健康发展。国家局认真贯彻落实党中央国务院重要决策部署,专门召开会议,研究部署人工智能在网络优化、安全检查等领域的研发和应用。本次会议,军胜同志发出号召,要求全行业在今后一个时期以促进人工智能与邮政业深度融合为主线,大力实施科技创新,实现科技创新能力显著增强、科技创新应用效能显著增强、科技创新队伍建设显著增强“三个显著增强”目标,系统提出了“智能+”客户服务、基础设施、生产组织、关联领域、节能环保和决策监管等六个方面的突破重点。大家在分组讨论中纷纷表示,国家局这一部署紧扣中央要求,符合行业实际,具有很强的指导性和可操作性。因此,全系统要准确把握本次会议精神,以“智能+”为主攻方向,自觉把思想和行动统一到党中央国务院的决策部署上来,统一到军胜同志的讲话要求上来,加强科技创新,主动作为,取得实效。

二、认真抓好近期重点工作

2019年是全面建成小康社会关键之年,是新中国成立70周年,明年是“十三五”规划收官之年,也是“十四五”规划编制之年。这一阶段要下大力气抓好以下5项重点工作。

(一)将科技创新纳入“十四五”规划编制的重点内容。从今年开始,国家局已经开展了“十四五”规划重大问题前期研究工作,明年国家局和各地即将正式启动“十四五”规划的编制。正如军胜同志强调提出的,“十四五”时期,必须将科技创新摆在突出位置,必须充分发挥科技创新引领支撑行业发展的关键核心作用。因此,在“十四五”规划的编制过程中,各地要提前谋划科技创新的总体设计和整体布局,潜心研究科技创新的发力点和关键内容,积极建言献策,以科技创新支撑供给侧结构性改革,拓展产业链,提升价值链,推动跨界融合,更好满足有效需求和潜在需求。

(二)推动邮政业关键技术国产化进程。习近平总书记多次强调,关键核心技术是要不来、买不来、讨不来的。只有把关键核心技术掌握在自己手中,才能从根本上保障国家经济安全、国防安全和其他安全。从前期行业关键核心技术调研情况看,邮政行业的情况和国家整体情况相同,同样存在不少受制于人的问题。具体来说,信息化基础设施中,服务器核心芯片美国制造占大多数,自动化设备的情况更严重,核心芯片、精密元器件等关键技术大多掌握在外国人手中。为逐步扭转这一被动局面,全行业要按照国家整体部署,推进关键技术国产化进程。一是要跟踪关注有关技术国产化进程,行业要做国产化成果的积极使用者。要在系统集成等层面加强自主创新和成果应用,逐步实现自主可控。二是要做国产技术使用的“排头兵”。如加大北斗卫星导航系统在邮政业的推广力度，逐步推动单北斗系统应用，争取走在前面，以行业应用促进科技创新、以科技创新带动行业应用。

（三）协调将邮政业末端服务设施纳入城镇老旧小区改造范围。6月19日，国务院召开第53次常务会议精神，要求加快改造城镇老旧小区，增加投资促进消费，顺应群众期盼，改善居住条件。军胜同志高度重视，多次作出批示。国家局主动与住建部沟通对接，派人参加了住建部7月组织开展的城镇老旧小区改造调研工作。从调研的情况看，传统信报箱使用率不高，基本处于形同虚设的状态，智能信包箱推广力度不大，在64个调研小区中仅有2个小区设有智能信包箱，后续推广应用工作的空间还很大。请各省（区、市）邮政管理局高度重视本次城镇老旧小区改造工作，抓住机会，主动对接当地住建部门，坚持邮快一体化改造思路，积极争取将智能信包箱和邮政快递末端综合服务场所纳入改造范围，切实解决邮政业末端服务设施用地保障难、资金投入难、运行维护难等问题。

（四）切实做好标准化工作。按照国家标准化工作改革总体要求，邮政业标准化工作又到了重新梳理、重新设计、重新部署的关键时期。国家局将按照"全面系统、科学先进、开放兼容和适度超前"原则，修订邮政业标准体系，构建包括基础通用、绿色环保、协调安全、智能互联相关方面的体系架构，突出体现邮件快件相统筹、军民融合、绿色环保、新技术新装备推广应用和"三新"业态发展等新特点，明确今后一段时期标准制修订工作的重点领域和主要内容。各省（区、市）邮政管理局要高度重视标准化工作，坚持积极主动、一丝不苟完成国家局部署的各项标准征求意见工作，汇集本区域各类市场主体建议，研究提出建设性意见；定期举办标准培训班，精心策划并组织开展本辖区标准宣贯培训工作，国家局将提供相关师资等技术支持。各类产业技术联盟、协会学会要在技术创新活跃、增值服务发展蓬勃的领域积极制定团体标准。邮政、快递企业更要积极主动参与国家标准和行业标准的制定，积极开展产品和服务标准的自我声明公开。

（五）营造科技创新良好环境。国家局将积极协调国家有关部门，争取在科技创新基地、科技项目上取得更大支持，进一步完善行业统计指标体系，准确反映行业科技创新和应用状况。各省（区、市）邮政管理局要积极融入国家和地方科技管理综合体系，加强与科技、经信、商贸等部门沟通联系，要通过联合调研和专题研讨等多种形式，围绕邮政业基础前沿、重大共性和社会公益等技术研发，争取更多的政策和资金支持。高等院校、科研院所、行业技术研发中心具有知识和人才独特优势，是推进邮政行业科技创新的重要力量，要按照党中央国务院决策部署，改革相关制度规定，完善运行管理机制，扩大科研自主权，加强协同创新，推进强强合作、联合攻关，强化基础研究、应用基础研究和技术创新，敢于担当、主动作为、善作善成。

三、切实贯彻落实会议精神

一分部署，九分落实。推进邮政业科技创新，离不开在座的各位和全行业干部职工的共同努力。任务定下来以后，关键是抓好落实，保证各项工作落地生效。

（一）迅速传达，研究部署。各部门各单位要认真学习领会军胜同志讲话精神，迅速组织传达学习，切实把思想和行动统一到本次会议精神上来。要紧密结合邮政业改革发展实际和本部门本单位科技工作实际，细化分解具体任务、具体措施，抓住关键、精准发力，推动行业科技工作再上新台阶，取得新成效。

（二）明确责任，担当作为。各部门各单位主要领导是本部门本单位抓会议精神落实的第一责任人，要进一步增强责任意识、担当意识、奉献意识，明确责任部门和人员，抓好组织实施，不断开拓创新，积极主动作为，把本次会议的各项工作和要求切实落实到位。

（三）加强督导，检查落实。国家局科技主管部门要研究提出贯彻落实本次会议精神的具体督导内容，指导各部门各单位开展科技创新工作。要组织科技专家咨询力量，加强跟踪研究，检查落实情况。

同志们，“雄关漫道真如铁，而今迈步从头越”。我们现在所处的时代是一个巨大挑战和重大机遇并存的时代，也是一个需要责任与担当的时代。让我们以习近平新时代中国特色社会主义思想为指引，团结一心、开拓创新，鼓足干劲、真抓实干，以时不我待、只争朝夕的紧迫感和使命感，将邮政业科技创新之火燃得更旺，将邮政业科技创新氛围造得更浓，以科技促进行业提质增效，以创新推动行业蓬勃发展，以强劲的科技创新驱动有力地推动邮政强国建设更好更快地发展！

逢山开路　遇水架桥　开拓进取　积极作为
为全面建设现代化邮政强国作出新的更大贡献

——国家邮政局副局长刘君在2019年全国邮政市场监管工作会议上的讲话

2019年2月21日

同志们：

这次会议的主要任务是：以习近平新时代中国特色社会主义思想为指导，全面贯彻落实全国邮政管理工作会议精神，总结2018年工作，分析形势，明确思路，部署2019年重点工作。下面，我讲三个方面意见。

一、2018年主要工作

2018年是全面贯彻落实党的十九大精神的开局之年，是改革开放40周年，是决胜全面建成小康社会、实施“十三五”规划承上启下的关键一年。一年来，全行业深入学习贯彻习近平新时代中国特色社会主义思想和党的十九大精神，认真贯彻落实国家局党组各项决策部署，按照“打通上下游、拓展产业链、画大同心圆、构建生态圈”工作思路，迎难而上、扎实工作，围绕“一条例两意见”贯彻落实，促发展、保安全、强监管、优服务、严作风各方面工作都取得了积极成效。行业业务总量突破万亿元，快递业务量完成507.1亿件，同比增长26.6%，快递业务收入完成6038.4亿元，同比增长21.8%，朝着实现全面建成与小康社会相适应的现代邮政业目标迈出了坚实步伐，邮政市场监管工作跨上了新台阶。

（一）发展环境不断优化，服务国家重大战略扎实有效。一是政策法规体系不断完善。颁布施行《快递暂行条例》，出台《邮件快件实名收寄管理办法》《快递末端网点备案暂行规定》，修订《快递业务经营许可管理办法》；推动出台《国务院办公厅关于促进电子商务与快递物流协同发展的意见》，28个省份印发配套文件，一系列极具含金量的政策措施在行业落地生根，巩固了近年来快递业改革发展的成果。二是“放管服”改革进一步深化。全面实施快递末端网点备案制度，12万个存量网点备案任务如期完成，实现了企业“一次不用跑”，破解了多年来的难题。国家局党组书记、局长马军胜同志批示：“很好！网点备案是今年我局最大最有效最重要的放管服改革。在市场司和各省局共同努力下，此工作取得了决定性进展，为行业持续发展提供了有力保障。可喜可贺！望继续完善备案流程，提高工作效率，加强市场监管，改善主体服务，为推进行业健康发展贡献力量”。继续优化许可流程，推进“互联网+政务服务”，基本实现“一门、一次、一网”和全流程网上办理，申请材料、证明事项进一步精简，平均办理时限压缩至12.7个工作日，企业负担明显减轻。下放国际快递业务（代理）经营许可审批事项至天津、广东自由贸易试验区。三是助力乡村振兴成果丰硕。“快递下乡”工程纳入中央脱贫攻坚战三年行动计划。快递网点乡镇覆盖率达92.4%，其中，22个省份覆盖率达100%。打造出业务量超千万件的“快递+”金牌项目20个，全年农村地区收投快件总量达120亿件，支撑工业品下乡和农产品进城超7000亿元，34个快递服务现代农业项目覆盖国家级贫困县，在助力农村发展、农业增效、农民增收方面发挥了重要作用。江苏、安徽、福建、山东、湖北、广西均培育出2个以上超千万件“快递+”金牌项目。四是服务“一带一路”成效明显。18个“一带一路”重点省份国际快递业务累计完成

9.4 亿件,同比增长 42.4%,高出全国国际业务整体增速 5.7 个百分点。国际快递网络及海外仓覆盖 50 多个国家和地区,支撑超过 3500 亿元的跨境电子商务贸易,快递网络日益成为全球物流和供应链服务体系的重要组成部分。五是服务区域协同发展作用更加凸显。推动京津冀、长三角、珠三角形成特色鲜明的区域快递融合发展新格局。京津冀地区快递业改革创新试验区、快交协同发展示范区和北方快递业发展核心区建设积极推进。长三角快递一体化进程不断加快,区域内快递服务要素自由流动、快递服务市场统一开放、快递业产品供给和服务模式创新不断增强。以粤港澳大湾区建设、粤港澳合作、泛珠三角区域合作等为契机,珠三角快递服务制造业、服务跨境电商能力和水平得到有效提升。

(二)供给侧结构性改革深入推进,推动高质量发展取得实效。一是上机上铁工程稳步推进。快递航空运能快速提升,全国快递专用货机达 113 架,湖北国际快递物流核心枢纽项目建设有序推进,浙江嘉兴全球航空物流枢纽正式启动建设。推动"高铁 + 快递"联合运营,"复兴号"动车组专用车厢每列运能从 500 公斤提高至 5 吨,快递企业与中国铁路总公司合资成立国际快运有限公司。中欧班列(义乌)探索出口快件测试。二是协同发展不断深化。快递与先进制造业深度融合,重点项目达 318 个,带动制造业总产值约 2172.94 亿元,产生快递业务量约 8.36 亿件、业务收入约 68.72 亿元。新动能不断释放,冷链、医药等高附加值业务和重货、大包裹、快运、仓配一体、即时递送等新兴服务增长迅速。推动行业与电子商务协同发展,年支撑网络零售额 6.9 万亿元,占社会消费品零售总额比重超过 19%。三是创新科技广泛应用。全国规划、在建和运营的快递物流园区共计 463 个,大型自动化分拣中心 232 个。大批智能分拣设备在行业得到广泛应用,大数据、自动化、无人机、无人仓等成为行业新标签,智慧路由系统提高了运营效能,AI 智能客服提供 7 × 24 小时实时在线响应,全自动化分拨流水线节省人力 40%,操作效率提高 50%。四是绿色发展步伐加快。全国政协召开网络议政远程协商会,建言献策快递绿色发展。出台《快递业绿色包装指南(试行)》。组织 6 家企业开展可循环中转袋(箱)全面替代一次性塑料编织袋试点。推动企业通过采取减少过度包装、循环利用纸箱等方式,年节约快递封装用品 55 亿个。行业电子运单使用率达 92%,年节约传统纸质面单 314 亿张。行业新能源车辆增加 5000 辆,保有量超过 1.2 万辆。

(三)更贴近民生实事工作成效显著,人民群众快递服务获得感不断增强。一是末端能力不断增强。全国已建成快递末端公共服务站 7.1 万个,投入运营智能快件箱 27.2 万组,箱递率达 8.6%。全国高校规范收投率达 98.7%,其中,23 个省份达 100%。全国主要品牌快递企业城区自营网点标准化率达 90.6%,河南、海南、宁夏率先实现 100%。制定规范快递末端服务车辆管理和使用工作指导意见,199 个城市出台管理政策,覆盖率达 60%,北京、河北、上海、福建、重庆、甘肃、宁夏实现全覆盖。二是"放心消费工程"效果明显。持续开展"三不"治理,全国处理场所、营业场所离地设施铺设率达 97.41%,天津、山西、内蒙古、辽宁、吉林、上海、江苏、河南、广东、海南、重庆、陕西、甘肃、宁夏等 14 个省份达 100%。定期召开快递服务质量提升联席会议,公布满意度测评、时限测试结果。推动开展申诉体制改革试点,申诉受理与市场监管实现联动,全年共处理申诉 202 万件,为消费者挽回经济损失 6544.9 万元,处理满意率达 98.6%。三是快递员关爱工程扎实推进。推动企业规范内部管理,切实保障一线快递员工合法权益。开展关爱快递员系列活动,营造全社会关爱快递员的良好氛围。贯彻落实习近平总书记重要指示精神,联合共青团中央、全国总工会加强快递员联系服务和关爱工作。推动在各大品牌快递企业中成立工会组织,旗帜鲜明维护广大快递员合法权益。

(四)市场监管全面加强,行业治理能力持续提升。一是监督检查和执法力度加大。持续开展快递市场清理整顿专项行动。全面实施“双随机、一公开”监管，全国随机抽查企业7950家次、分支机构8536家次，公开随机抽查结果16486次、约谈告诫信息1416条、责令整改信息3655条、行政处罚信息4171条。严肃查处陕西“4·27”涉寄递匕首、云南“8·13”涉寄递枪支、福建莆田异地上线参与协助造假等重大案件，始终保持高压态势。补核、完善快递市场主体和执法检查人员名录库。完善行政执法管理信息系统，推动移动执法应用。开展集邮市场专项执法检查。打击制售假邮票违法行为，配合证监会开展集中交易场所清理整顿。做好邮政用品用具生产监制和质量监督抽检工作。制定《关于实施快件码号统一管理的意见》，开发码号管理信息系统，20家主要品牌企业完成码号统一管理登记工作。二是全面启动信用体系建设。规范信用信息采集和共享机制，为8万家企业、27万从业人员建立信用档案。成立全国快递业信用评定工作小组，24个省份成立评定委员会。推动建立快递业信用联合奖惩机制，与国家发改委等35个部门签署印发《交通运输工程建设领域守信典型企业实施联合激励合作备忘录》。继续开展“诚信快递、你我同行“3·15”主题宣传活动。三是新业态监管扎实推进。按照包容审慎原则，严守安全和质量底线，依法开展制度创新，探索将专业末端收投服务、智能快件箱寄递服务、互联网平台服务和即时递送服务等逐步纳入行业管理范畴。推动实施专业末端收投服务和智能快件箱寄递服务省内许可。四是监管队伍战斗力不断增强。始终把政治建设摆在首位，开展执法人员“吃拿卡要”专项治理。大兴调查研究之风，行业队伍纪律作风得到加强。对行政执法案件进行评议，开展省际随机督查、跨地区交叉互查，举办快递业高质量发展、安全监管、行政执法、末端网点备案、安检操作、实名寄递等系列培训，队伍综合素质和专业能力得到提高。五是“绿盾”工程稳步实施。完成项目前期工作，推动国家发改委正式批复项目概算5.53亿元，下达2018年投资计划1亿元。完成信息化深化设计和实施方案制定，基本完成项目招标采购工作。正式启动合肥灾备中心机房土建工程。

（五）安全基础水平有效提升，安全形势稳定向好。一是安全责任不断强化。各级邮政管理部门把安全监管工作摆在更加突出位置，落实“三个必须”要求，抓好《地方党政领导干部安全生产责任制规定》落实。推动邮政业安全生产领域改革，出台《关于打好防范化解重大风险攻坚战的实施意见》。大力推进省级以下安全支撑保障机构建设，全国新增5个省级和12个地市级邮政业安全中心。出台指导意见，强化落实企业安全生产主体责任，大力推进企业安全生产标准化建设。对企业总部开展常态化督导，推动企业在保障网络安全、服务、稳定方面建立健全“四专”工作机制，履行全网统一管理职责。二是“三项制度”落实取得实质性突破。有力推动实名收寄信息化应用，总体信息化率超过99%，基本实现全覆盖目标。采取技术、管理措施推动收寄验视、过机安检等制度落实，编制安检培训教材，开发安检培训软件，建立安检违禁物品图库。三是寄递安全综合治理深入推进。全面落实综治考评、数据共享、通报反馈、联合督办等各项工作机制，推动部门责任和属地管理责任落实。开展涉枪涉爆隐患集中整治，查堵枪爆物品561件、其他物品10284件；关停企业339家、停业整顿248家、吊销许可6家。扎实做好寄递渠道反恐禁毒、扫黄打非和打击侵权假冒、跨境走私等专项工作，深入开展违法寄递危险化学品治理，加强寄递渠道非洲猪瘟疫情防控。四是应急管理能力不断加强。国家局市场司设立应急管理处。修订《国家邮政业突发事件应急预案》，编制5个专项应急预案。妥善处置上海快捷快递暂停全国网络服务事件，有效应对地震、汛期和台风等自然灾害。健全安全生产和应急信息报告制度，全面规范安全信息报告工作。8月以来，各省局主动上报突发事件信息145件。建立信息安全风险评估机制，开展实名收寄数据安全防护评估。五是重大活动寄递安保任务圆满完成。圆满完成全国“两会”、上合组织青岛峰会、中非论坛北京峰会、首届中国国际进口博览会等全国性重大活动寄递安保任务。天津、河北、浙江、福建、广西、海南、甘肃、宁夏等地圆满完成一系列地方性重大活动寄递安保任务。圆满完成“双11”旺季服务保障，最高日处理量达到4.16亿件。

过去一年中国快递业获得了新的历史定位。2019年新年前夕，习近平总书记发表新年贺词，赞扬“快递小哥”是“美好生活的创造者、守护者”；春节前夕，习近平总书记亲切看望“快递小哥”，指出“快递小哥”工作很辛苦，起早贪黑、风雨无阻，越是节假日越忙碌，像勤劳的小蜜蜂，是最辛勤的劳动者，为大家生活带来了便利。习近平总书记关于“快递小哥”的一系列重要指示精神，是对“快递小哥”职业价值的高度肯定，是对邮政业地位作用的高度肯定，是对邮政业发展贡献的高度肯定，充满了对邮政业、对“快递小哥”的厚望和关爱。整个快递行业通过只争朝夕地辛勤工作，体现了坚持以人民为中心，不断实现人民对美好生活向往的责任担当。过去一年快递业发展也得到了社会各界的极大支持，中央媒体报道行业内容220余篇并多次登上央视《新闻联播》和《人民日报》头版，京交会、“最后一公里”峰会、中国快递论坛成功举办，改革开放40周年邮政业成就展、邮政业服务“一带一路”建设、快递业务量突破500亿件、寻找最美快递员等系列主题宣传活动引起社会高度关注，多形式传递了行业声音和正能量，展示了行业蓬勃发展的精神面貌。在此，我谨代表国家局党组，向广大快递从业者、长期关心支持快递业发展的有关部门和广大邮政市场监管干部表示衷心感谢！

二、巩固发展态势，提升发展质量，为全面建成与小康社会相适应的现代邮政业而努力奋斗

中央经济工作会议指出，我国发展仍处于并将长期处于重要战略机遇期，要善于化危为机、转危为安。当前，快递业正处于高速增长转向高质量发展的关键期，面临的机遇与挑战并存。党中央、国务院高度重视新时代快递业发展，习近平总书记多次就快递绿色发展、“快递小哥”、农村电商物流、涉枪涉爆隐患整治等作出重要指示批示，为我们工作指明了方向、提供了根本遵循。“一条例两意见”实施带来新的政策机遇，支持民营经济政策密集落地，一些长期困扰行业发展的瓶颈问题将得到解决；京津冀、长江经济带、长江三角洲区域一体化发展和粤港澳大湾区建设等国家战略深入实施带来新的市场机遇，更加广阔的市场将有力推动快递业更好地整合资源、丰富产品、创新模式；全球新一轮科技革命和产业变革带来新的技术机遇，5G、人工智能、大数据、物联网等相关领域技术与快递业深度融合，有望加速行业转型升级、工艺再造和流程改造，发展壮大新动能；实施“一带一路”建设和参与全球经济治理体系变革，推动建设开放型世界经济，为快递走出去营造了良好的外部环境；生态文明建设力度加大，污染防治攻坚战深入推进，快递绿色发展受到广泛关注，将促进行业运输结构优化调整，节能环保技术推广应用，绿色发展开辟了行业新空间。在看到机遇的同时，也要看到国际贸易环境的不确定性和国内经济面临的下行压力，形成了短期长期、内部外部多重复杂因素影响，《电子商务法》颁布施行对行业带来诸多不确定性，国际、末端、绿色、安全等短板弱项仍亟待补齐，距离全面建成与小康社会相适应的现代邮政业目标还有一定差距，行业改革发展任务艰巨繁重。

我们要坚定信心、正视挑战、抢抓机遇，牢记习近平总书记嘱托，紧扣重要战略机遇新内涵，正确认识、紧紧抓住、全面用好我国发展的重要战略机遇期。要坚持辩证思维，做到趋利避害，化挑战为机遇，变压力为加快推动行业高质量发展的动力。要增强忧患意识和工作紧迫感，坚持底线思维，保持战略定力，坚定必胜信念，应势而谋、顺势

而为、乘势而上，努力做到稳中求进。

（一）推动高质量发展，保持高位运行，应对经济下行压力。落实中央高质量发展要求，结合行业实际，加快完善顶层设计，逐步形成能够引导和衡量快递业高质量发展的指标体系、政策体系、标准体系、统计体系和绩效评价、政绩考核机制。推动行业发展提质增效，更加注重发展质量、发展效益和服务的稳定性，实现传递速度与需求相适应、服务价格与成本相匹配、用户权益有保障、从业人员有尊严、寄递安全无隐患、生态环境无压力。要巩固发展成果。稳住基本面，快递行业95%以上的市场主体、85%以上的市场份额、75%以上的从业人员是由民营经济创造和提供。快递业尤其要坚持“两个毫不动摇”，全面贯彻中央支持民营经济的政策，切实将公平竞争原则贯彻始终，见诸行动，维护企业合法权益，坚定企业发展信心，稳定发展预期，发展不能慢下来、停下来、松下来。稳住基本盘，快递业务量70%来自电商包裹，必须紧紧抓住“快递+电商”深度协同。充分释放政策红利，以贯彻落实“一条例两意见”为抓手，利用《电子商务法》施行契机，加快破解制约快递与电商协同最直接、最突出、最迫切的体制机制障碍，营造良好的协同发展环境。要增强微观活力。切实减轻企业负担、降低流通成本，深化“放管服”改革，鼓励企业组织创新、模式创新。推动健全现代企业制度，强化总部主体责任。加强快递基础设施建设，鼓励企业发展快运、冷链和同城、落地配等业务，发展多式联运，向综合快递物流运营商转型。继续实施“末端转型升级”行动计划，持续推进快递“三向”“三进”工程，发展集约化配送，完善末端服务场所和服务设施的建设、运营、管理体系。要提升产业链水平。突出抓好与制造业协同发展，引导企业与各类制造企业开展合作，融入参与共建产业集群，助力制造强国建设。促进与现代供应链深度融合，提高快递设施设备标准化程度，完善信息对接机制，建立稳定的运输、仓储、线上线下融合等协作关系。鼓励企业服务军民融合发展，提供专业服务平台和支撑。大力发展跨境寄递服务，继续实施“丝路传邮”行动计划，破除各类阻碍跨境寄递的障碍，推动国际快件监管中心建设，支持企业建设边境仓和公共海外仓，打造更多跨境寄递通道平台，推动形成创新、灵活、多样、可控的跨境寄递服务体系。要畅通经济循环。积极融入京津冀暨雄安新区、长江经济带、粤港澳大湾区、长江三角洲区域一体化发展，继续实施“城市群寄递服务大同城”行动计划，发挥业务牵动作用，扩大中心城市快递园区、大型分拨中心业务辐射面。积极服务西部大开发、东北全面振兴、中部地区崛起、东部率先发展，在更多城市推广“高铁+快递”模式，扩大“当日达”“次日达”服务半径。继续实施“乡村服务升级”行动计划，深入推进“快递下乡”工程，鼓励快递企业加强同业合作、邮政合作、交通合作，突出农村快递服务的公益性属性，多渠道拓展贫困地区农产品产销对接渠道。

（二）提高政治站位，强化责任措施，着力防范化解重大风险。党的十九大报告明确将防范化解重大风险摆在打好三大攻坚战的首位。习近平总书记在今年1月21日省部级专题研讨班上，着眼于党和国家事业长远发展，就防范化解政治、意识形态、经济、科技、社会、外部环境、党的建设等领域重大风险作出深刻分析和重要指示。我们必须坚持底线思维，增强忧患意识，提高防控能力，着力做好行业重大风险防范化解工作。要坚决贯彻总体国家安全观。必须坚持国家利益至上，以人民安全为宗旨，从总体国家安全观高度充分认识做好寄递渠道安全管理工作的极端重要性，提高政治站位，继续实施“安全邮政”行动计划。落实中央关于维护政治安全的各项要求，采取人防物防技防措施坚决防止境内外敌对势力利用寄递渠道实施情报窃密、反宣渗透、民族分裂、恐怖袭击等破坏活动，确保我国政权安全和制度安全。要毫不动摇、毫不松懈地抓好行业安全生产和寄递渠道反恐禁毒、扫黄打非、涉枪涉爆物品管控、野生动植物保护和打击跨境走私等工作，着力保发展、保安全、保稳定。要强化政治责任担当。牢记安全生产是责任,是比泰山还重的责任;是民生,是最基本的民生;是红线,是任何人、任何时候、任何地方都不能碰触的高压红线。要警钟长鸣、常抓不懈,如临深渊、如履薄冰抓好安全生产,始终从讲政治、讲党性、讲大局的高度,强调安全工作的极端重要性,把安全监管工作放在首要位置,切实承担起“促一方发展,保一方平安”的政治责任。要坚守安全发展底线。正确处理安全和发展的关系,坚持发展不能以牺牲安全为代价这条红线,不能有丝毫侥幸心理。继续深化综合治理,健全寄递渠道安全综治考评工作机制,逐步建立完善行业安全监管责任一票否决制度。强化企业总部安全管理责任,坚持邮政企业和快递企业、企业总部和加盟企业在安全管理面前一视同仁、一律平等的原则,对安全隐患零容忍、对安全责任全覆盖、对安全处罚无禁区。要强化风险防控。在安全问题上,要高度警觉,对于风险隐患宁可信其有、不可信其无,宁可把问题估计得严重一点,不可盲目乐观。继续狠抓“三项制度”落实,通过视频监控、优化作业流程、安检机联网等方式,强化刚性约束。构建安全生产评价指标体系,建立常态化安全风险监测防控体系。从企业安全投入、机构设置、教育培训、基础管理、应急救援等方面着手,压紧压实企业主体责任。坚持关口前移、源头管控,深入开展安全隐患排查治理,对企业尤其是末端网点运行稳定情况进行评估预警,把重大风险隐患当成事故来对待。大力提升应急处置能力,完善应急预案,开展常态化应急演练,守住安全最后一道屏障。

(三)强化主责意识,推进产业共治,构建绿色邮政生态体系。党中央高度重视邮政业绿色发展,习近平总书记作出重要指示,全国政协专题召开网络议政远程协商会议。国家局党组坚决落实中央决策部署,推动行业绿色发展取得了初步效果。与此同时,我们也要清醒认识到,快递包装治理等方面与中央的要求、与社会的期盼、与高质量发展的目标仍有差距。要积极发挥政府主导作用。继续实施“绿色邮政”行动计划。邮政业生态环境保护,是邮政管理部门的重要职责,是落实“五位一体”总体布局的重要内容。要旗帜鲜明讲政治,强化责任意识,推动地方政府落实属地责任,建立污染防治攻坚战任务目标定期通报制度。推动完善地方邮政业生态环境保护支持政策,优化企业发展环境,形成全国一盘棋格局。强化企业执行包装用品标准和包装基本要求的约束性、强制性,逐步构建行业生态环境保护评价监测、执法监督体系。要抓住重点领域和重点区域。探索建立区域、省、市三级绿色发展试点示范和电商快递绿色发展协同治理机制。突出抓源头,鼓励快递企业与上游电商平台开展供应链绿色流程再造,推动电商一次包装使用符合标准的包装材料,提高资源复用率。突出抓重点,海南和业务量排名靠前的 7 个省份在未来两年要把推动快递包装绿色治理作为一项主要工作来抓,开展试点示范,探索有益经验,争取提前完成国家局确定的各项目标。要强化落实企业主体责任。坚持谁经营谁负责原则,督促企业制定生态环保制度规范和操作规程,建立组织机构和统计制度,确保绿色发展投入、教育培训、督促检查等职责落实到位,推进包装标准化、减量化、可循环。引导企业从落实相关标准实施绿色采购、落实“三不”要求规范作业、创新技术减少胶带使用、多式联运调整运输结构、探索新能源车辆推广模式等多个方面,走出一条快递生态环境保护发展转型升级新路。要推进共治共建。快递包装废弃物治理是一项系统工程,关系到行业上下游产业,要联合政府相关部门和行业上下游产业共同参与,构建快递包装综合治理体系。推动 10 部委文件地方层面落地实施,明确生态环保属地责任、企业责任和各部门责任。加强产学研合作和行业间合作,鼓励科研机构和包装企业参与快递包装产品研发,鼓励各地探索将其他行业的绿色包装产品、绿色设施设备和绿色发展模式引进到邮政行业。积极发挥快递协会和龙头企业优势，推动快递企业间经验做法、研究成果、循环包装、循环设施设备和数据信息共用共享。

（四）强化法治思维，加强和改善市场监管，不断提升行业治理能力。党和国家对快递业助力国民经济和社会发展、保障和改善民生、服务国家重大战略等提出了更多期待，但行业治理方式仍比较单一，治理能力仍无法适应行业的快速发展，治理体系也难以满足新业态新模式的监管需要。要完善责任体系。实行统一领导、分级负责、属地为主的邮政市场监管机制，建立国家、省、市三级责任体系，将日常履职情况纳入领导班子及干部考核。国家局重点对省局、跨省企业总部进行指导督导；省局重点对市（地）局、企业区域总部进行指导督导；市（地）局要加强辖区企业的督促检查。要注重监管实效。继续实施“寄递质量提升”行动计划。最大限度发挥协会组织和市场主体的自律自治作用，切实发挥属地管理和部门间的协同作用，有效融入新时代社会治理体系。继续开展“三不”治理，推进申诉体制改革，强化信用约束。支持鼓励企业创新，对行业新模式新业态进行包容审慎监管，守住安全和质量底线，实施多方共治，推动新旧业态融合发展。要规范监管执法行为。全面推行“双随机、一公开”监管，实现全覆盖、常态化。提升和加强基层市场监管工作的全局性、基础性、保障性地位作用，着力推动实现执法队伍专业化、执法行为标准化、执法管理系统化、执法流程信息化。强化执法队伍建设，加强业务培训，强化一线执法人员现场处置、调查取证等方面的实战模拟训练。关心关爱一线市场监管人员，尽最大限度提供必要的工作条件和物质保障，努力解决大家普遍关心的现实困难和利益问题。强化领导干部执法责任落实，健全执法纠错机制和责任追究制度，切实解决案卷合格率偏低、行政复议案件偏多、程序不规范等问题。严肃执法纪律，坚决杜绝基层执法人员“吃拿卡要”，构建“亲”“清”政商关系。要加快智能化监管进程。继续实施“邮政业大数据发展”行动计划，基于已有的许可、执法、安监、申诉、实名、码号等系统，有效整合现有资源，提高监管效率。深化行政执法信息化建设，完善执法信息系统，推动移动执法装备配备，坚持线上线下相结合，努力实现行政执法案件全流程闭环管理。充分利用信息化技术，积极探索数据取证、非现场执法等手段，大力提升行政执法效能。全力推进“绿盾”工程建设，健全行业监管科技支撑体系，打造行业大数据分析平台，尽快实现“五可”目标。

三、2019 年重点工作

2019 年是新中国成立 70 周年，是决胜全面建成小康社会的关键之年。全国邮政管理工作会议明确了今年工作的总体要求：“以习近平新时代中国特色社会主义思想为指导，全面贯彻党的十九大和十九届二中、三中全会以及中央经济工作会议精神，统筹推进‘五位一体’总体布局，协调推进‘四个全面’战略布局，坚持稳中求进工作总基调，坚持新发展理念，坚持推动高质量发展，坚持以供给侧结构性改革为主线，坚持深化市场化改革、扩大高水平开放，对标全面建成与小康社会相适应的现代邮政业目标，践行人民邮政为人民的宗旨，不断优化发展环境、提升治理能力、夯实工作基础，坚决打好三大攻坚战，在提高质量效率、降低运行成本和保障安全稳定上狠下功夫，推动行业持续健康发展，以优异成绩庆祝中华人民共和国成立 70 周年。”我们要全面贯彻落实全国邮政管理工作会议精神，按照“巩固、增强、提升、畅通”八字方针，坚持“打通上下游、拓展产业链、画大同心圆、构建生态圈”工作思路，坚持党对邮政市场监管工作的绝对领导，明确目标、明确思路、明确措施、明确责任，攻坚克难，锐意进取，抓落实见成效，为全面建成与小康社会相适应的现代邮政业收官打下决定性基础，开启现代化邮政强国建设新征程。

（一）坚决贯彻习近平总书记重要指示批示精神。近年来，习近平总书记就快递绿色发展、“快递小哥”、涉枪涉爆隐患整治、安全生产作出一系列重要指示批示,为邮政业改革发展指明了方向,提供了根本遵循和行动指南。我们要按照国家局党组部署,学习好、宣传好、贯彻落实好习近平总书记系列重要指示批示精神,作为当前和今后一个时期全系统全行业的头等大事和首要政治任务,政治站位要有高度,思想认识要有深度,舆论宣传要有热度,贯彻落实要有力度,确保习近平总书记重要指示批示精神在邮政业落地生根、结出硕果。要全面推进行业生态环保工作,大力实施行业绿色发展“9571”工程。积极服务“三农”发展和精准脱贫,深入推进“快递下乡”工程。持续开展寄递渠道涉枪涉爆隐患集中整治,严密防范涉枪涉爆物品流入寄递渠道。强化落实企业安全生产主体责任,持续深化邮政业安全生产领域改革。要切实加强基层一线快递从业人员权益保障,配合相关部门督促企业依法与员工签订劳动合同,足额支付员工劳动报酬,参加社会保险;加强与共青团、工会等部门的沟通协作,配合开展“快递从业青年服务月”关爱活动,开展“青年文明号”“安全示范岗”等创建活动,推动建设知识型、技能型、创新型快递劳动者大军;督促快递企业加强职业培训,提升员工职业素质,改善快递员工作环境,提升职业健康水平;坚持就业优先战略,努力创造更多就业岗位,通过加快行业发展、联动融合、拓展网络、下沉服务、鼓励新业态发展促进就业。

(二)加强政策制度体系建设。持续抓好国办1号文件贯彻落实,不断释放政策红利,北京、上海、湖南要尽快出台本地区实施方案,国家局将联合商务部对国办1号文件落实开展督导。推动监管制度创新,完善顶层设计,制修订《快递市场管理办法》《智能快件箱寄递服务管理办法》,编制出台《快递业信用信息采集和共享技术规范》《快递业务经营许可实地核查工作指南》和《智能快件箱(信包箱)建设指导意见》。强化安全管理制度建设,结合生产安全、生态安全和应急管理工作需要,推动修订《邮政行业安全监督管理办法》,制修订《国家邮政业突发事件应急预案》和相关专项应急预案。建立健全绿色管理政策体系,把10部门《关于协同推进快递业绿色包装工作的指导意见》内容转化为具体的政策制度,北京、上海、江苏、浙江、广东等地要推动出台配套政策措施。

(三)进一步深化放管服改革。借助第四次全国经济普查重要契机,扎实做好邮政行业“三新”单位核实认定工作。此项工作将对邮政行业长远发展、邮政管理部门依法履职产生较大影响,必须作为全年重点工作抓紧抓实。本着积极稳妥、分类推进、审慎监管的原则,稳步推动专业末端收投服务、智能快件箱寄递服务、互联网平台服务和即时递送服务纳入监管范围。在各地实践基础上,总结形成新业态许可办理指导方案。按照包容审慎的原则,研究制定新业态服务规范。深化许可制度改革,配合国务院有关部门推进邮政行政许可事项改革优化工作,实施修订后的邮政业市场准入负面清单。宣贯实施新修订的《快递业务经营许可管理办法》,加强许可实地核查工作规范化、标准化建设,强化审批时限管控,落实“六个一”要求,实现许可工作由重审批向重管理转变。抓好快递末端网点备案常态化和分支机构备案手续精简工作。探索末端网点事中事后监管手段措施。加强与海关等部门的政策衔接,细化国际快递业务经营许可制度安排,开展专项摸底调研。稳妥推进海南自由贸易试验区国际快递业务经营许可审批事项下放改革。天津、广东要对国际经营许可下放情况开展总结评估。落实中央要求,制定支持民营快递企业发展指导意见。推进邮政业落实新一轮减税降费政策,加强与财政、税务、交通等部门沟通,积极争取增值税小规模纳税人税收减免、邮政专用标志车辆通行费减免等政策。主动送政策上门,全面掌握企业享受政策情况,推动解决中央和地方相关政策落实中的困难和问题,特别是重点推动落实企业购进不动产、租赁不动产所含增值税进项税额的抵扣政策。

（四）健全完善城乡末端体系。完善农村物流快递体系，加快推进“快递下乡”工程，推动农村地区自提网点、公共取送点、县级快件分拨中心共建共享共用，合作开发运输线路或者委托第三方运输，助推农村电商配送站点建设，力争全国设立快递网点的乡镇数量增加1000个，乡镇覆盖率达到95%以上。西部12省（区、市）局要加强农村地区资源整合力度，推动快递企业加强与邮政、商务、农业、交通、供销合作，内蒙古、四川、贵州、甘肃、宁夏年底前要实现全覆盖，云南、西藏、青海、新疆要力争在现有基础上乡镇覆盖率提高15个百分点以上。鉴于西藏、青海、新疆3个省份此项工作推进难度较大，要解放思想、创新思路，采取灵活多样的形式，不搞一刀切。着力推动邮政企业与快递企业开展“邮快合作”，有效利用“邮政在乡”的网络，引导快递企业积极向农村偏远地区延伸服务。推动提升农村快递服务质效，以服务全国特色小镇建设为抓手，推动对已公布的两批403个全国特色小镇实现快递服务全覆盖。深入推进快递“三进”工程，统筹城市自营网点标准化建设、快递末端综合服务站建设和智能快件箱建设，积极推动将快递末端服务体系建设与城市共同配送、高效配送相结合，纳入地方民生实事，力争全年新增快递末端综合服务站1万个以上、城市自营网点标准化率达到93%以上、智能快件箱箱递率达到10%以上、快递服务进高校实现全覆盖。咬定目标，聚力解决车辆通行管理中存在的突出问题，天津、广西、海南、云南、新疆要加大工作力度，年内消除省级区域盲点，力争全国80%以上市地出台车辆通行政策。已经出台车辆通行政策的要做好跟进落实，督促企业加强车辆和人员管理。

（五）积极推进协同发展。推进“快递+先进制造业”深度融合，提升内生发展能力。更新完善快递服务先进制造业项目库，引导企业嵌入工业互联网平台，做强供应链管理、仓储、逆向物流等综合服务。因地制宜，重点突破，京津冀、长三角、珠三角等发达地区要聚焦区域特色、支柱产业上下游，培育专业服务主体，服务制造产业集群，努力在供应链服务、降本增效方面开创新局面。推进“快递+现代农业”项目升级发展，继续打造千万级“快递+”金牌项目，提高金牌项目含金量、知名度和示范性。各省局要联合有关部门培育“电商+寄递”地方特色农产品扶贫项目。支持农村就业创业，鼓励快递企业在贫困地区就近招工，吸纳当地贫困人口就业。鼓励快递企业支持员工返乡承包县以下网点，促进快递员工离土不离乡创业，带动农民就业增收。推进“快递+跨境电商”模式创新，加快走出去步伐。各省局要掌握本地区快件进出境通道建设情况，梳理与跨境电商相关的“业务—企业—通道—平台”关系，打造更多跨境快递服务通道平台，推动提高快件通关速度。边境省份要抓住边贸快递发展机遇，加强对边贸快递的规范引导和监督管理。推进“快递+综合交通”体系建设，有效提升品牌品质和服务效能。加强与交通运输、铁路、民航等部门的沟通衔接，引导快递企业加快发展高铁快递。加强民航绿色通道建设调研，推广复制现有经验，新增10个具备条件的市地建设民航绿色通道。创新“快递+交通”服务发展模式，积极开辟“四好农村公路”寄递通道。推进“快递+区域一体化”赋能创新，服务国家重大战略。密切跟踪行业快运、冷链发展情况，鼓励快递企业在强化核心业务基础上，加速向综合快递物流运营商转型，积极参与快递物流园区建设，发挥产业集聚效应。北京、天津、河北要建立联动机制，鼓励企业优化网络和改造流程，加快实现京津冀地区快递服务一体化运营。上海、江苏、浙江要引导企业积极服务地方产业园区发展，推动运递时效提速、传递能力扩容、服务品质升级，加快长三角区域冷链、即时送等新业态业务平台式发展。广东要鼓励企业拓展跨境寄递服务网络，深化粤港澳快递服务全方位合作。

（六）逐步构建绿色治理体系。强化绿色发展制度刚性约束，完善行业绿色发展规划、政策、标准、统计、评价、监测等体系。将生态环境保护作为高质量发展的重要内容,研究出台绿色发展评价指标体系,开展摸底调查和重点快递企业绿色发展情况监测评估,建立定期通报制度。加强快递包装行业绿色认证管理办法研究,推进快递包装产品绿色认证。完善绿色发展共建共治体系,联合商务、工信等部门协同推进电商快递包装绿色治理,配合国家发改委、生态环境部做好废纸回收利用、白色塑料专项整治、禁止洋垃圾进口等工作,共同构建上下游绿色生态体系。各省局要制定快递绿色包装治理实施方案,加强与有关职能部门的沟通衔接,力争将快递包装绿色发展纳入地方绿色发展体系。会同有关组织和机构积极探索快递绿色发展企业间共享、产业链联动、产学研协同的模式创新、经验推广和成果运用。强化雄安新区、长三角、珠三角等重点区域邮政业绿色发展的统筹规划和引领作用。抓好占业务量70%的上游电商平台和占业务量70%的北京、上海、江苏、浙江、福建、山东、广东等7个重点省份这“两个70%”。开展生态环境保护城市综合试点,引导主要快递企业、包装企业、电商平台、回收企业共同参与试点城市建设,推动将行业生态环境保护纳入城市环保治理总体格局,探索行业生态环境保护全流程、全生态的城市治理模式。海南局要积极参与国家生态文明试验区建设,完善邮政业包装综合治理机制,探索邮政业生态文明建设模式。鼓励各省局自主开展辖区内互寄的邮件快件绿色包装治理试点示范活动。

(七)有力推动行业绿色发展。推动中国邮政集团公司和主要品牌快递企业总部、区域总部建立健全生态环保组织机构和工作体系,完善内部规章制度和考核机制。北京、上海、广东等企业总部所在地要积极推动企业成立绿色发展研究实验机构,加强绿色发展研究。大力实施行业绿色发展“9571”工程,继续推广使用电子运单,力争使用率达到95%以上;减少封装胶带、传统塑料袋平均使用量和二次包装,力争50%以上电商快件不再二次包装;支持企业优化采用可循环使用、易回收包装物,推广使用循环中转袋、循环快递盒,年底前循环中转袋(箱)使用率达到70%,北京、上海、江苏、浙江、福建、山东、广东等地使用率要达到85%以上;推动1万个邮政快递网点设置包装废弃物回收装置。推动《快递业绿色包装指南(试行)》落地实施,督促企业按照《快递业绿色包装指南(试行)》和《快递封装用品》系列国家标准实施绿色采购。推进企业生产作业节能降耗。持续开展“三不”专项治理,推动企业规范作业、文明生产。加大智能分拣设备、智能投递设施等推广应用力度,不断提升生产作业的自动化、智能化和信息化水平。推进建成区新增和更新的邮政快递车辆使用新能源或清洁能源汽车,力争年底前全行业新能源汽车保有量达到1.7万辆。引导企业科学规划运输路径,选择更合理的运输模式和运输载体。推广应用甩挂运输和多式联运等先进运输组织模式。鼓励新技术、新装备在行业的应用。开展军民通用集装化器具试点和应用,鼓励环保低碳新技术、新模式在行业推广应用。

(八)不断夯实安全基础。深化安全生产领域改革,持续深入贯彻国家局《关于推进邮政业安全生产领域改革发展的指导意见》和《关于打好防范化解重大风险攻坚战的实施意见》。各省局要按照已制定出台的贯彻落实意见和方案,强化措施、加强管控,确保不发生重特大安全生产事故,确保行业安全稳定运营,确保生产安全事故亡人数量有效压减。强化安全基础管理,建立安全生产信息报送分析制度,完善考核评价体系。按照“三个必须”和“谁主管、谁负责”的原则,健全责任制度和权力清单,依法履责,严格规范安全监管执法。6月底前,各省局要制订出台《国家邮政局关于强化落实企业安全生产主体责任的指导意见》的贯彻落实意见,推行企业安全生产承诺制,落实企业全员安全生产责任制。重点督促企业健全安全生产领导组织机构和相关制度,配齐安全生产管理人员,落实“八有”“五个一”要求。国家局要指导企业总部所在地省局建立安全监管常态化机制,督促企业总部切实担负起全网寄递安全统一管理责任，将上市企业安全生产责任落实情况纳入信息披露范畴。同时要强化责任追究，建立重大事故责任倒查机制。

（九）严格执行“三项制度”。督促企业严格执行收寄验视制度，增强从业人员源头防范意识，提高禁寄物品辨识能力。督促企业严格寄递协议服务安全管理，加强协议用户背景审查和交寄物品安全检查。加强《邮件快件实名收寄管理办法》宣贯，用好法规措施手段，巩固实名收寄信息化现有成果，下大力气破解实现全面实名最后一个百分点的难题，引导企业将实名收寄嵌入前端操作流程，对数据不真实、弄虚作假的企业要依法严厉查处。督促企业加强安检设备日常应用管理，编发邮件快件安检操作规程，推进安检机联网试点，推动智能安检识别，提高过机安检实效。要聚焦重点案件，以“责任倒查”为抓手，依法严肃查处一批“安全主体责任不到位、‘三项制度’不落实”的企业和个人，以点带面，倒逼企业形成自觉执行“三项制度”的长效机制。

（十）持续强化寄递安全综合治理。充分发挥寄递渠道安全监管联合机制作用，用好寄递安全综合治理“指挥棒”，确保安全管理属地责任有效落实。积极探索与地方部门联防联控联合监管，借鉴网格化管理经验，推动行业安全治理创新。重点做好三个专项治理：一是按照全国打击整治枪爆违法犯罪专项行动的总体部署，坚持力度不减、节奏不变、尺度不松，持续推动专项行动向纵深开展。二是深入开展违法寄递危险化学品整治工作，依法从严从重查处违法收寄危险化学品行为。三是严格落实寄递渠道非洲猪瘟疫情防控各项责任措施，根据地方党委、政府对疫情防控工作的统一部署，做好配合工作。同时要做好邮政业反恐禁毒、野生动植物保护、打击侵权假冒等专项工作。

（十一）加快完善应急管理体系。学习贯彻《生产安全事故应急条例》，开展配套制度措施研究，逐步构建“政府统一领导、企业自主到位、社会共同参与、上下顺畅联动”应急管理工作格局和应急处置协调联动机制。指导企业建立健全各类应急预案，实现政府和企业应急预案有机衔接。运用信息化手段，强化行业重大不稳定因素的研判和应对，加强行业突发事件和应急处置信息报告工作，实行情况通报制度。特别是要针对竞争力较弱的快递企业和基层快递网点，加强监测预警，做好突发事件应对处置准备。加强行业矛盾纠纷排查化解工作，提升防范和处置群体性事件能力，做好行业维护稳定工作。做好全国“两会”、庆祝新中国成立70周年、第二届“一带一路”高峰论坛等重大活动寄递安保工作。各省局要按照国家局和地方党委、政府统一部署，细化实施方案，明确任务分工，抓好责任落实。相关省局要部署做好地方性重大活动寄递安保工作。

（十二）全面提高监管执法成效。建立健全“双随机、一公开”动态管理机制，实现随机监管方式全覆盖。按季度通报“双随机、一公开”工作情况。各省局要进一步细化方案，对“两库一清单”实施动态管理，加强随机抽查事项审查和闭环管理，明确双随机抽查比例和频次，健全管理台账。全年抽查法人企业和分支数量不少于辖区总数的5%。持续开展监督检查和行政执法规范化建设。完善法律适用指引，修订监督检查和行政执法常用文书模板。创新监管方式，继续推进三级监管责任体系建设，开展综合督导和跨区域互查。开展行政执法案卷评议和执法培训，编制典型案例解析和培训课件。定期发布执法通告和通报。

（十三）有效保障消费者合法权益。健全消费者权益保障工作机制，推动组新中国成立家局消费者权益保障工作领导小组。研究建立服务质量监管绩效评价指标体系，探索开展量化考核和评比。完善快递服务质量提升联席会议制度，加强与市场监管、消费者保护协会等部门协同联动。继续开展满意度调查和时限测试，发布中国快递发展指数。推进邮政业申诉工作体系改革，重点抓好北京、山东、河南、广东、四川、新疆申诉体系改革试点，积累经验逐步推广。完善申诉与市场监管衔接联动机制，将申诉问题纳入“双随机、一公开”抽查的考量范畴，对市场异常问题和案件线索及时落地核查处置。加强集邮市场和邮政用品用具市场监管。

（十四）深入推进行业信用体系建设。结合行业实际探索开展信用评定，出台《2019年快递业信用评定方案》，确定信用评价指标，明确守信红名单、失信黑名单和信用异常的认定标准。有序开展信用管理工作，力争3月底前实现快递业信用评定委员会设立省市两级全覆盖。开展信用信息采集与共享试点。建设完善信用管理信息系统，与企业信用信息公示网、“信用中国”等联网，实现联合激励和惩戒。继续开展“诚信快递、你我同行“3·15”主题宣传活动。

（十五）全力提升信息化监管水平。加快建立快递与电子商务平台之间的数据保护和开放共享规则，推动建立上下游数据管控规制，强化数据高效流动和信息安全。加快推进移动执法应用，完善行政执法信息系统，与信用管理系统进行互联互通。加快“互联网＋电子政务”建设，对许可系统进行大数据改造。实施快件码号常态化管理，力争7月底前实现主要快递企业快件码号新旧替换与统一管理。全力推进“绿盾”工程建设，推动合肥灾备中心与北京主机房建设，10月底前基本完成运行监测、行政执法、安全预警、决策支撑等系统建设并上线试运行，推动实现“五可”阶段性目标。

（十六）着力加强队伍建设和能力保障工作。全力以赴打好作风建设持久战，深入查找邮政市场监管领域廉政风险点，严格依规依纪依法做好隐患排查。坚决纠正违规审批办理许可、为代办单位牵线搭桥、为未获得许可的企业进行三轮车备案、要求企业强制购买指定商家的消防器材、对邮政企业和快递企业执行不同标准、以亲属名义投资入股、安排亲属到企业任职等违纪违法问题，严肃查处作风不实、漠视群众利益、吃拿卡要、以权谋私、失职渎职等违纪违法行为，坚决防止在许可审批、行政执法、市场监管信息化建设、“绿盾”工程建设等领域出现廉洁和作风问题，筑防线守底线划界限禁红线，构建“亲”“清”政商关系。按照既定目标加快推进邮政业安全中心建设，力争新增6个省级安全监管支撑机构、业务量排名前50名的城市新增15个地市级安全监管支撑机构。继续健全完善地方安全监管支撑机构的工作机制和职能定位。根据中央与地方财政事权划分规定，积极争取地方党委、政府在安全、绿色发展、末端建设等方面给予资金、编制等支持，强化中央与地方共同事权，重点强化地方事权责任落实。继续做好各级快递协会组织改革和工作体系健全完善工作。

同志们，使命重在担当，实干创造未来。我们要更加紧密地团结在以习近平同志为核心的党中央周围，以习近平新时代中国特色社会主义思想为指导，认真贯彻落实全国邮政管理工作会议精神，逢山开路、遇水架桥，开拓进取，积极作为，以快递业改革发展优异成绩庆祝中华人民共和国成立70周年，为决胜全面建成与小康社会相适应的现代邮政业、建设现代化邮政强国作出新的更大贡献。

紧扣发展脉搏　汇聚强大合力
推动邮政业新闻宣传工作再上新台阶

——国家邮政局副局长杨春光在《中国邮政快递报》社2019年记者站工作会议暨通联工作会议上的讲话

2019年9月11日

同志们：

在全党开展“不忘初心、牢记使命”主题教育、全国各族人民喜迎新中国成立70周年的背景下，召开《中国邮政快递报》社2019年记者站工作会议暨通联工作会议，很有意义。这次会议的主要任务是深入学习习近平新时代中国特色社会主义思想和习近平总书记在中央政治局第十二次集体学习时的重要讲话精神，认真贯彻落实国家邮政局党组关于行业新闻宣传工作的最新要求，回顾总结行业媒体成立十年以来行业新闻宣传工作取得的成就和经验，部署今后一个时期重点任务，共同推动邮政业新闻宣传工作再上新台阶。

下面，我讲三方面的意见。

一、行业媒体从无到有的十年来，邮政业新闻宣传工作取得的主要成绩和基本经验

十年间，行业新闻宣传工作伴随着邮政管理和行业发展不断成长壮大，发挥了重要支撑保障作用。十年来，我们认真贯彻落实中央关于新闻宣传舆论工作的部署，把握正确政治方向，坚持正确舆论导向，围绕中心、服务大局，以“讲述好行业故事、传播好行业声音、服务好行业发展”为主旨，紧跟中央精神，紧抓行业大事，紧扣发展脉搏，深入践行“走转改”，体制机制更加完善，新闻载体更加丰富，舆论引导更加有效，为邮政管理工作和行业发展营造了良好的舆论氛围，提供了强大的新闻舆论支撑。

（一）精心构建“3 + X”的行业新闻宣传格局

国家邮政局重组以来，邮政业新闻宣传工作走过两个阶段：一是委托阶段，即委托人民邮电报建设和运营国家邮政局网站、借助人民邮电报和中国交通报等媒体进行宣传；二是自办阶段，即从2009年成立国家局的新闻宣传机构，开始自办行业媒体，局网站实现自主运行，《快递》杂志、《中国邮政快递报》先后创刊，三位一体的新闻宣传平台正式建立。十年来，我们不断整合优化资源，发挥主要中央媒体、行业媒体、地方媒体及内刊、手机报等多种载体作用，创建了局、报、刊双微，形成了行业新闻宣传的“3 + X”的繁荣格局，行业影响力不断扩大，社会关注度不断提升。

在“3 + X”格局中，不同媒体平台优势互补、形成合力，增强舆论引导能力。《中国邮政快递报》从周报到周二报再到周三报，内容持续丰富、质量持续提升、时效持续增强，及时准确传达国家局党组声音、反映行业改革发展全貌、报道各级邮政管理工作成效，至今已超过700期。《快递》杂志聚焦市场深化转型，定位更加清晰，报道更加到位，品牌更加优质，更多反映企业关注的政策解读、案例分析、企业经营问题解答等内容，读者面涉及快递上下游产业链，已成为企业宣传形象的重要载体和平台。报刊均是全国“两会”上会媒体，斩获各类省部级新闻奖项和殊荣，行业媒体品牌知名度不断提升。网站信息发布频次不断加快，信息价值不断提升，重要信息实现当日上网，在国务院网站考评排名中名列部委管理国家局前

茅。在“X”端,依托中央媒体、行业媒体和地方媒体,已经形成传播力度更大、传播效能更高、传播范围更广的行业新闻宣传“矩阵”。

(二)建立健全行业新闻宣传工作体制机制

十年来,在国家邮政局党组的领导下,在全国31个记者站的支持下,报社在支撑行业新闻宣传工作体制、新闻发布制度、中央媒体协作机制等方面取得了重大突破。

在工作体制方面,建立了行业新闻宣传三级工作体制。国家局成立了新闻办公室负责管理、指导、协调行业新闻宣传和新闻发布工作,由《中国邮政快递报》社提供全面支撑保障;各省、市(地)局加强组织领导,健全工作机构,加大资源配置,建立工作制度,为行业新闻宣传的开展奠定了扎实基础。在新闻发布制度方面,国家局制定了新闻发布工作制度,设立了新闻发言人,规范了新闻发布的内容、形式、程序和工作机制,报社作为新闻发布工作支撑机构,加强与中央宣传主管部门的沟通联系,构建综合发布渠道体系,及时发布重要信息,回应社会关切,塑造邮政管理部门形象,营造良好发展环境。在中央媒体协作机制方面,与《人民日报》、新华社、中央电视台等中央媒体,以及《中国交通报》《人民邮电报》等行业媒体深化合作,加强正面宣传,引导社会舆论。各地也充分利用当地主流媒体加大宣传报道力度,有效扩大了行业管理和发展成就的宣传影响。同时,我们还组建了国邮智库,来自各大主要院校与科研机构、行业协会与企业、主要中央媒体、有关政府部门的50多名智库专家,很好地发挥了行业新闻宣传的智囊团作用。

(三)不断推进行业新闻宣传模式创新

十年来,为推动行业新闻宣传工作与邮政体制改革和行业发展同频共振,报社在全国记者站的支撑下不断创新载体、形式、手段,成绩显著。

在创新载体方面,报社通过策划承办“寻找最美快递员”活动和“黑马杯快递业篮球邀请赛”,助力打造行业特色精神文明建设活动品牌;举办快递“最后一公里”峰会、“快递之夜”、“快递经理人俱乐部”三大品牌活动,聚焦行业热点难点问题。各地记者站积极融入地方经济社会发展和新闻宣传大局,主动参加有关部门和媒体组织的行风政风热线等栏目,营造全社会共同关心关注支持行业发展的良好氛围。

在拓展手段方面,国家局入驻人民日报和澎湃新闻移动客户端,及时发布行业政策法规和各级邮政管理部门管理动态等信息,并荣获“移动政务创新十佳奖”“2018最佳政务传播－部委能量奖”。以报刊微博微信为媒体融合的着力点,通过及时准确发布权威内容,初步建立起“资源通融、内容兼融、宣传互融”的新型媒体融合格局。全国各地邮政管理部门陆续开设微博、微信平台,与国家局媒体形成了高效互动。

在丰富形式方面,报社主动创新,综合运用图文、图表、动漫、视频等多种形式,增强新闻信息的吸引力、感染力、传播力。各记者站在世界邮政日、国际禁毒日、国际消费者权益日等主题宣传中,通过设置宣传点、利用交通工具移动电视和显示屏播放多种形式加强宣传力度。

(四)充分发挥支撑保障作用

十年来,行业新闻宣传工作充分发挥新闻宣传的窗口载体作用,做好重大政策、重大活动、重点工作的宣传支撑和服务保障。

在重大政策宣传方面,整合系统内外宣传资源,扎实做好以邮政法为主干的邮政业法规体系的宣传,为确保法律法规宣贯、产业政策落地、规划标准实施,加快“五个邮政”建设,促进行业创新驱动、转型升级、提质增效起到了重要的推动作用。各记者站找准与地方经济社会发展的切入点和结合点,积极有效宣贯地方党委政府重大决策部署。

在重大活动和重要节点宣传方面,以高度的政治责任感和强烈的使命感,做好北京APEC会议、二十国集团领导人杭州峰会、金砖国家领导人第九次会晤等一系列重大活动寄递安全和服务保障的宣传报道。近年全国两会期间，广东、陕西、江苏、河南、新疆、山东、湖北、湖南、广西等地省局领导和记者站站长协助报社完成对省长、市长等政要的专访。行业新闻宣传由被动适应向主动引导转变，在“双11”“双12”等业务旺季期间，用行业全力奋战保服务的生动场景，争取社会的理解和支持。

在重点工作宣传方面，各级邮政管理部门聚焦“建成与小康社会相适应的现代邮政业”奋斗目标，全力以赴做好空白乡镇邮政局所补建、邮政企业创新发展、快递“三向”“三上”与“1＋1”向“1＋3”拓展工程、邮政业服务民生实事、“五个邮政”建设、从邮政大国向邮政强国迈进等重大战略决策的宣传，凝聚共识，推动形成抓改革、促发展、稳增长、惠民生的强大合力。在党建和精神文明建设宣传方面，加大对全系统开展党的群众路线教育实践活动、“三严三实”专题教育、“两学一做”、“不忘初心、牢记使命”主题教育的宣传，加大对行业开展文明创建活动、努力践行“诚信、服务、规范、共享”的“4S”核心价值理念的宣传，先后推出其美多吉、“顺丰八哥”、艾克帕尔·伊敏、马朝立夫妇等一大批先进典型。

（五）着力打造坚强有力的行业新闻宣传队伍

十年来，行业新闻宣传人才建设不断强化，队伍不断壮大，业务能力不断提升。

这支队伍从无到有不断壮大。十年来，行业新闻宣传已经形成50多人的专业团队和近千人的特约记者和骨干通讯员队伍。为了跟得上党组要求、跟得上行业发展、跟得上时代步伐，在报社连续三年组织全系统专业培训的同时，各省、市（地）局创造性建立定期培训制度，利用“微课堂”、微信群等拓宽培训渠道，为“3＋X”格局建设发挥了重要作用。

这支队伍在实践中不断成长。行业新闻宣传队伍认真贯彻“走转改”要求，察实情、说实话、动真情，把关注视角投向基层、企业和一线从业人员，发掘生动案例和先进经验。在空白乡镇局所补建、快递下乡、百亿时代、邮政体制改革实施十周年、改革开放40周年、新中国成立70周年等重要选题策划实施过程中，各省、市（地）局通讯员队伍与报社专业团队紧密配合，出色地完成了局党组交代的宣传任务，做到了“打一仗、进一步”。

这支队伍在困难面前不断提升。在重大突发事件面前，在地震、台风等重大自然灾害面前，这支队伍“特别能吃苦、特别能战斗、特别能奉献”，千方百计抢第一时间、抓第一现场，及时准确报道，为邮政管理部门提供信息支撑和决策参考。特别是所在地的记者站和一线通讯员，不辞辛劳、不讲条件、不畏艰险，提供了宝贵的一手资料和新闻素材。

近10年来，行业影响力日益提升。这不仅得益于行业快速发展，也得益于新闻宣传使行业发展成效为人知、为人识。这充分证明了国家局党组加强新闻工作领导、组建新闻宣传机构这一决策的正确性，既符合党对新闻宣传工作的要求，也很好地满足了行业发展和行业管理工作的需要。回顾10年历程，我们有以下四点体会。

一是坚持党的领导。党的领导是中国特色社会主义最本质的特征，也是我国新闻事业最本质的特征。在全国宣传思想工作会议上，习近平总书记指出：“要加强党对宣传思想工作的全面领导，旗帜鲜明坚持党管宣传、党管意识形态。”并提出“九个坚持”，第一条就是“坚持党对意识形态工作的领导权”。十年来，国家局党组高度重视行业新闻宣传工作，始终坚持统一领导，与业务工作同部署、同安排、同检查。从国家局新闻宣传工作机制的建立，到网站建设、《快递》杂志刊号的申请、《中国邮政快递报》的创刊，甚至是报刊网的改版增刊，局党组都召开专题会议研究部署。局党组多次对新闻宣传工作作出重要批示，各省局层层传导落实，形成了各级领导同志重宣传、抓宣传、管宣传、用宣传的良好局面。

二是坚持正确的舆论导向。十年来，行业新闻宣传战线的同志们紧紧围绕中央对新闻宣传工作的要求，在新闻宣传工作中始终坚持党性原则，始终弘扬社会主义核心价值观，始终践行马克思主义新闻观，确保新闻宣传方向不跑偏；努力学习国家局对行业管理的理念、思路、做法，洞察行业发展的变化，对事关行业发展的重大举措或者重大政策等社会关注的问题，及时发出管理部门的声音，解读政策，化解误解，回应批评，有效防止不良炒作；始终践行邮政行业“诚信、服务、规范、共享”的“4S”核心价值理念，积极挖掘和宣传先进典型，举办了三届寻找最美快递员活动，大力宣传其美多吉等先进人物的先进事迹，向社会展示了全行业积极向上的精神风貌。

三是坚持服务行业的大局观。十年来，围绕行业重大政策、重大活动、重点工作，国家局、省局、市(地)局坚持上下联动、整合资源、与时俱进、舆情先导，注重加强对邮政体制改革成效、行业发展成就、邮政管理效能、企业转型升级的宣传。围绕重大突发事件，建立快速反应机制，有效加强舆情应对，在山东“毒快递”、天津港“8·12”特别重大火灾爆炸、广西柳城“9·30”连环爆炸和呼和浩特、深圳等地“禁摩限电”、圆通花园桥事件，再到最近美国联邦快递事件等的应对中，充分发挥“3+X”立体宣传优势，沉着冷静，主动发声，及时澄清谬误，有效引导舆论。

四是坚持创新融合的发展理念。十年来，行业新闻宣传载体不断丰富，“大宣传”工作理念不断巩固，新闻宣传同邮政管理和行业发展紧密结合，实现了上下联动、左右联动和内外联动。建立了三级新闻宣传沟通机制和平台，围绕中心服务大局，确保了宣传效果；把新闻宣传工作同企业实际需求结合，以举办活动为载体，为快递企业、关联企业搭建平台，促进企业交流、提升行业凝聚力向心力；把行业新闻宣传同媒体关注结合，带动了中央媒体对行业大量正面报道，新闻宣传全方位、大格局逐渐形成。

在肯定成绩的同时，我们必须清醒地认识到，面对中央关于新闻舆论工作的新要求，面对全面建成与小康社会相适应的现代邮政业的新使命，面对国家局党组关于进一步加强邮政业新闻宣传工作的新部署，行业新闻宣传工作还存在着一些短板，亟待补齐：一是对破解行业发展难题切入点的聚焦还有待进一步精准，二是践行“走转改”还有待进一步深入，三是全系统新闻发布工作与中宣部的要求还有一定差距，四是利用地方媒体强化行业宣传的力度还需进一步加大，五是新闻宣传队伍的能力素质还需进一步提升。

同志们，十年来行业新闻宣传成绩的取得，与各级邮政管理部门领导的重视支持分不开，也是在座的同志们共同努力奋斗的结果。在此我代表国家局党组，对大家的辛勤工作表示衷心的感谢！

二、加强理论学习，强化理论武装，增强进一步做好行业新闻宣传工作的政治自觉

习近平总书记在党的新闻舆论工作座谈会上的重要讲话中指出：“在新的时代条件下，党的新闻舆论工作的职责和使命是，高举旗帜、引领导向，围绕中心、服务大局，团结人民、鼓舞士气，成风化人、凝心聚力，澄清谬误、明辨是非，联结中外、沟通世界。要承担起这个职责和使命，坚持正确政治方向是第一位的。”在去年召开的全国宣传思想工作会议上，总书记又强调：“做好新形势下宣传思想工作，必须自觉承担起举旗帜、聚民心、育新人、兴文化、展形象的使命任务。”报社广大党员干部要认真学习领会，坚持走在先、做在前，“铁肩担道义，妙手著文章”，做好行业新闻宣传工作。上月，总书记对“记者再走长征路”主题采访活动作出重要指示：伟大长征精神是全党全国各族人民不断砥砺前行的强大精神动力。希望广大党员、干部认真学习党史、新中国史……不断跨越前进道路上新的“娄山关”“腊子口”，在实现中华民族伟大复兴的历史进程中走好新时代的长征路。

新时代新阶段、新使命新任务，呼唤党的新闻舆论工作坚定守正创新，坚持党性原则、坚持党管媒体，展现新气象、实现新作为。邮政行业新闻宣传战线要认真学习贯彻习近平总书记系列重要讲

话精神，以中央对意识形态工作的要求为纲领，用习近平新时代中国特色社会主义思想武装头脑，以搞好理论学习和思想教育为重点，以再走长征路的精神状态和奋斗姿态，推动行业新闻宣传工作不断创新突破。行业新闻宣传战线的同志们要坚持“人民邮政为人民”，勇担党的新闻舆论工作者的职责使命，为建设现代化邮政强国贡献应有力量。行业新闻宣传战线的同志们要承担起党的新闻舆论工作者的使命和担当，聚焦行业发展的热点难点问题，及时回应群众的呼声和需要，积极谋划和开展行业新闻宣传各项工作。具体来说，要在以下四个方面狠下功夫：

（一）在读原著、学原文、悟原理上下功夫

行业新闻宣传战线的同志们要自觉用习近平新时代中国特色社会主义思想武装头脑，指导实践，推动工作，促进发展。要认真学习党的十九大报告和党章，学习《习近平关于“不忘初心、牢记使命”重要论述选编》《习近平新时代中国特色社会主义思想学习纲要》和《习近平谈治国理政》等，跟进学习习近平总书记最新重要讲话文章，深入学习贯彻习近平总书记关于邮政业重要指示精神，理解其核心要义和实践要求，自觉对表对标、及时校准偏差。

（二）在知信行、学以致用上下功夫

行业新闻宣传战线的同志们要认真学习习近平总书记关于宣传思想工作、党的新闻舆论工作、网络安全和信息化工作的重要讲话精神，重点学习领会习近平总书记在党的新闻舆论工作座谈会、全国网络安全和信息化工作会议、全国宣传思想工作会议上以及十九届中央政治局第十二次集体学习时的重要讲话精神，牢记党的新闻舆论工作者的职责使命，把握媒体融合发展的趋势方向，推动行业新闻宣传工作再上新台阶。

（三）在增强政治家办报意识上下功夫

行业新闻宣传战线的同志们要牢固树立马克思主义新闻观，开门办报、办网、办刊，忠实宣传党的理论和路线方针政策，严格遵守党的政治纪律、宣传纪律，保持政治定力，牢记社会责任，解决好“为了谁、依靠谁、我是谁”这个根本问题，在围绕中心、服务大局中找准坐标定位，做到服从服务于行业发展大局不错位、维护消费者合法权益不缺位。

（四）在提升强化宣传保障能力水平上下功夫

行业新闻宣传战线的同志们要按照“精、深、高”的要求，不断提高自身政策水平和业务能力，着力“走基层、转作风、改文风”，写出“沾泥土、冒热气、带露珠”的文章，多关注民情民意民愿，多发现问题研究问题，为各级邮政管理部门局党组决策当好参谋助手。

全国记者站要坚持以《中国邮政快递报》社为行业新闻宣传的主阵地，多平台联动、多渠道共进、多层次布局、多形式推进，重点宣传各地如何贯彻落实党中央精神及国家局党组部署要求；要宣传好行业发展成效，及时发掘报道各地的好经验好做法；要深入挖掘并宣传好全系统在主题教育中的先进典型和先进经验。

三、树牢“四个意识”，坚定“四个自信”，做到“两个维护”，凝聚共识，形成合力，更好服务行业改革发展

今年是新中国成立70周年，明年是全面建成小康社会的关键一年，行业新闻宣传工作任务更重、要求更高。当前和今后一段时期，行业新闻宣传工作要自觉承担起“举旗帜、聚民心、育新人、兴文化、展形象”的使命任务，围绕中心，服务大局，坚持正确政治方向，坚持以人民为中心的工作导向，坚持团结稳定鼓劲，坚持日常宣传和重点宣传相结合，大力弘扬“小蜜蜂”精神，努力为行业高质量发展鼓与呼。要把握新闻宣传工作“时度效”，掌握行业宣传的主动权、话语权，坚持“三贴近”“走转改”，不断增强行业新闻宣传的影响力、吸引力和感染力。

（一）持续加强对习近平新时代中国特色社会主义思想和党的十九大精神的学习宣传贯彻

提高政治站位，树立底线思维，坚持党对意识

形态工作领导权,坚持党性原则,把政治方向摆在第一位,强化各级党组的主体责任,增强意识形态领域的主导权和话语权,建设具有强大凝聚力和引领力的社会主义意识形态。充分调动各种宣传资源,多层次宣传报道全系统学习宣传贯彻习近平新时代中国特色社会主义思想和党的十九大精神的生动实践,增进全行业高度的政治认同、思想认同、理论认同、情感认同,不断创新形式载体,办好学习贯彻党的十九大精神专题专栏,继续开展"新时代、新气象、新作为"主题采访活动,组织好习近平新时代中国特色社会主义思想网上宣传,让科学理论入耳入脑入心,切实转化为全行业的自觉行动。坚持培养和践行社会主义核心价值观,这是当代中国精神的集中体现,凝结着全体人民共同的价值追求,我们要坚定共产主义远大理想和中国特色社会主义共同理想,加强爱国主义、集体主义、社会主义教育,传承红色基因,弘扬英雄精神。

(二)做好庆祝新中国成立70周年重大主题宣传

紧紧围绕庆祝新中国成立70周年,通过参加中央有关部门组织的大型展览、发行新中国成立70周年重大题材纪念邮票、组织新闻发布会、在行业媒体开设专栏专题、举办论坛研讨活动等多种方式,全面回顾70年来邮政业改革发展历程和发展经验,着眼强信心、聚民心、暖人心、筑同心,激励行业广大干部职工继承发扬老一辈邮政工作者的优良作风,在新时代不忘初心、牢记使命,砥砺前行,继续奋斗。

(三)加强对邮政业落实中央重大决策部署的宣传

深入宣传全行业贯彻落实习近平总书记关于邮政业重要指示的举措和效果,着力宣传推动党中央、国务院重大决策部署在邮政业的落实成效,加强宣传行业对经济社会的贡献作用。要重点做好行业坚决打好"三大攻坚战"宣传报道。2020年,国家步入小康之年,行业各领域都将"开花结果":邮政业规模有望突破万亿,基本实现"县县有分拨,乡乡有网点,村村通快递",可降解绿色包装材料应用比例达到50%,新能源车辆使用率大幅提升等。我们既要全面展示好行业发展成效,也不能忽略存在问题。

(四)做好全系统全面加强党的建设的宣传

大力宣传全系统以党的政治建设为统领,以建设模范机关为牵引,严肃党内政治生活;大力宣传全系统扎实开展"不忘初心、牢记使命"主题教育以及取得的丰富成果;大力宣传全系统以组织体系建设为重点,积极推进系统党建水平整体提升和非公快递企业党建工作,持续推进支部标准化规范化建设;大力宣传全系统持续强化纪律建设,打造"知敬畏、存戒惧、守底线"干部队伍,营造风清气正的政治生态。

(五)注重对行业高质量发展成效的宣传

大力宣传建制村直接通邮攻坚战,宣传邮政企业做强做优做大寄递主业,建设邮政综合服务平台等工作成效。持续关注报道快递企业加快与制造业、现代农业、跨境寄递等领域的深度融合等新举措。宣传各地推进快递"上机上铁"的积极做法。做好快邮合作、交快合作典型案例宣传报道。持续关注、重点宣传行业"三向工程"升级版——"两进一出"等更贴近民生实事的推进情况。着力宣传各地政府和邮政管理部门出台的促进行业发展的政策及重大政策的落地情况。

(六)加强邮政行业先进典型宣传

深入挖掘行业涌现出的先进人物的先进事迹,树立典型和榜样;加强对"人民满意的公务员集体"恩施局、时代楷模其美多吉,以及年底即将表彰的"全国邮政行业先进集体、劳动模范和先进工作者"等先进事迹的宣传,在全行业营造学习先进争当先进的良好氛围。做好第四届"寻找最美快递员"活动组织实施,挖掘和讲述富有浓郁行业特色与时代气息的投递员、快递员鲜活故事。

(七)强化对全系统持续深化"放管服"改革、不断优化行业营商环境的宣传

以邮政法修订实施十周年为契机,大力宣传

行业法规标准体系的进一步完善，宣传邮政业服务决胜全面小康开启新征程三年行动计划落实情况和即将印发的邮政强国建设行动纲要。宣传全系统优化审批流程，实行快递末端网点备案常态化和分支机构备案程序简化、精简许可审批证明材料等工作。宣传全系统落实“基层减负年”，优化改进督查检查考核和调研工作的经验做法。持续宣传行业信用体系建设情况以及服务满意度、服务时效、申诉率和中国快递发展指数。

（八）加强对行业人才队伍建设工作的宣传

大力宣传行业贯彻落实习近平总书记关于快递小哥系列指示要求，保障快递小哥合法权益、改善工作环境的措施和行动。组织好旺季随手拍专题活动，启动第四届“快递员关爱周”活动。围绕深入实施“人才强邮”战略，为行业培育传承红色基因，坚定理想信念、有担当有本领的时代新人，大力宣传全面推开快递工程技术人员职称评审、推进落实职业技能等级认定制度等举措和全国邮政行业职业技能竞赛、全国“互联网+”快递大学生创新创业大赛等活动。对行业进一步完善产学研用协同育人模式、共建学院发展、行业人才培养基地建设等加强宣传。

（九）做好行业拓展科技创新应用范围的宣传

做好邮政业科技创新的报道，关注行业技术研发中心建设。大力宣传全自动分拣技术，逐步推广无人仓、无人机的规模化应用，实行邮件快件运递路径优化和动态管理的新尝试。关注重点企业应用物联网、大数据、云计算、北斗导航等技术、创新提供即时下单、电子报关和跟踪查询等便捷服务的新成果。大力宣传人工智能在行业内研发应用。

（十）深化行业国际和港澳台交流合作的宣传

大力宣传邮政业服务“一带一路”建设、推动中欧班列运输邮件快件常态化等工作举措。做好推进粤港澳大湾区邮政合作、服务粤港澳大湾区建设的宣传报道。宣传支持跨境电商综合试验区所在地建设服务平台等工作。做好我国参与万国邮联、亚太邮联等国际组织相关工作和成果的报道。做好万国邮联跨境电子商务全球合作大会以及中外双边和多边合作的宣传。

同志们，在新中国70华诞之际，在全国即将迎来小康社会之际，全行业新闻战线的同志们要牢记初心使命，按照党中央的决策部署及局党组工作要求抓好落实，做好各项新闻宣传工作，为加快建成与小康社会相适应的现代邮政业、建设现代化邮政强国提供强大舆论支撑和宣传保障。

锤炼忠诚干净担当的政治品格
努力实现新时代纪检工作高质量发展

——国家邮政局副局长赵民在2019年全国邮政管理系统纪检干部培训班上的讲话

2019年7月2日

同志们:

为深入学习贯彻习近平新时代中国特色社会主义思想,全面贯彻落实党的十九大和中央纪委三次全会精神,推动邮政管理系统全面从严治党向纵深发展,按照国家局党组“不忘初心、牢记使命”主题教育工作部署和国家局年度培训计划,决定举办这次全系统纪检干部培训班。这次培训班课程设置,紧紧围绕学习贯彻习近平新时代中国特色社会主义思想这条主线,坚持问题导向,突出监督执纪实务和工作经验交流,目的是通过针对性的学习研讨和互学互鉴,进一步强化全系统纪检干部的政治担当,进一步提升纪检干部履职能力,激励大家守初心、担使命,找差距、抓落实,充分发挥纪检工作服务保证作用。大家一定要潜下心来认真学习,结合实际深入思考,贯彻落实到工作实践中。结合集中学习培训任务,我围绕“锤炼忠诚干净担当的政治品格,努力实现新时代纪检工作高质量发展”这个主题,以讲党课方式作个动员。

在十九届中央纪委三次全会上,习近平总书记站在新时代党和国家事业发展全局的高度,充分肯定党的十九大以来全面从严治党取得新的重大成果,深刻总结改革开放40年来党进行自我革命、永葆先进性和纯洁性的宝贵经验,强调坚定不移推进全面从严治党,巩固发展反腐败斗争压倒性胜利,为决胜全面建成小康社会提供坚强保障。习近平总书记对纪检监察机关和纪检监察干部给予殷切期盼,提出一系列明确要求。我们要深入学习贯彻习近平总书记重要讲话精神和中央纪委三次全会部署,切实把思想和行动统一到以习近平同志为核心的党中央决策部署上来,以高度的政治自觉思想自觉行动自觉,自觉践行忠诚干净担当,紧密结合邮政管理系统实际,巩固、深化、拓展全面从严治党成果,为建设邮政强国提供坚强政治保证。下面,我强调五个方面意见。

一、坚持以政治建设为统领,着力强化政治能力

习近平总书记强调,中央和国家机关首先是政治机关,必须旗帜鲜明讲政治,坚定不移加强党的全面领导,坚持不懈推进党的政治建设。同时深刻指出,党的政治建设落实到干部队伍建设上,就要不断提高各级领导干部特别是高级干部把握方向、把握大势、把握全局的能力,辨别政治是非、保持政治定力、驾驭政治局面、防范政治风险的能力,善于从政治上分析问题、解决问题。在十九届中央纪委三次全会上,习近平总书记再次强调,要加强党的政治建设,保证全党集中统一、令行禁止。党的政治建设是党的根本性建设,决定党的建设方向和效果。旗帜鲜明讲政治,是马克思主义政党一以贯之的要求,是共产党人不忘初心、牢记使命的根本保证。加强政治建设,关键的就是要自觉加强党性锻炼,不断提高政治觉悟和政治能力,牢固树立“四个意识”、切实增强“四个自信”、自觉践行“两个维护”,确保始终在政治立场、政治方向、政治原则、政治道路上同以习近平同志为核心的党中央保持高度一致。

纪检机关作为政治机关、作为党内监督专责机关,纪检干部作为推动管党治党的重要力量,肩

负着维护政治纪律、净化政治生态的重大政治责任，在强化政治能力上更应走在前、作表率。强化政治能力是个大课题，涵盖了政治定力、政治方向、政治立场、政治本领等多个方面。对纪检干部来讲，一是就要在坚定理想信念中强化。学懂弄通习近平新时代中国特色社会主义思想，深学细研习近平总书记关于党风廉政建设和反腐败斗争的重要论述，真正做到学思用贯通、知信行统一，着力夯实忠诚干净担当的思想政治根基。二是就要在践行"两个维护"中淬砺。坚决贯彻"唯一的、彻底的、无条件的、不掺任何杂质的、没有任何水分的忠诚"这一根本要求，切实在督促落实习近平总书记关于邮政业重要指示批示精神中充分发挥职能作用，在督促落实党的路线方针政策、党中央重大决策部署中充分发挥职能作用，在督促落实全面从严治党政治责任中充分发挥职能作用，一以贯之把党风廉政建设和反腐败工作抓到位抓到底。纪检组已经在5省检查落实习近平讲话精神，纪检部门要围绕中心，服务大局。去年7次批示，4次关于快递小哥的，还有3次是涉枪涉爆、绿色发展、电商配送。我向总书记汇报。今年部党组只听取落实总书记指示批示精神。三是就要在防范政治风险中锤炼。增强政治敏锐性和政治鉴别力，善于从政治上研判形势、分析问题，对容易引发政治问题的苗头性倾向性问题准确研判、快速处置，坚决防止和克服忽视政治、淡化政治、不讲政治的倾向，坚决纠正偏离和违背党的政治方向的行为。政治经济相关联。机要防范黑天鹅，又要防范黑犀牛。结合行业实际，有清醒的认识。四是就要在增强斗争精神中彰显。面对挑战政治底线的错误言论和不良风气敢于说"不"，面对违反政治纪律和政治规矩的行为敢于亮剑，面对任何形式的"低级红""高级黑"敢于发声，以"踏平坎坷成大道，斗罢艰险又出发"的顽强意志，努力做勇于斗争的"战士"，不做爱惜羽毛的"绅士"，以对党绝对忠诚的实际行动展现新时代纪检干部的新气象新作为。风清气正的干事氛围。

二、坚定不移守初心，努力增强忧患意识

习近平总书记多次强调，不忘初心、方得始终。在"不忘初心、牢记使命"主题教育工作会议上，习近平总书记深刻阐述了这次主题教育的总要求，强调指出，守初心，就是要牢记全心全意为人民服务的根本宗旨，以坚定的理想信念坚守初心，牢记人民对美好生活的向往就是我们的奋斗目标，时刻不忘我们党来自人民、根植人民，永远不能脱离群众、轻视群众、漠视群众疾苦。尼克松访华时为主席的愿望，他说只有五个字：为人民服务。昨天电信董事长讲人民邮电为人民。周总理讲，传邮万里，国脉所系。面对新时代赋予的新形势新任务新要求，各级纪检机关和纪检干部始终坚守初心，用实际行动推动反腐败斗争取得了压倒性胜利。越是取得成绩的时候，越要有如履薄冰的谨慎，越要有居安思危的忧患，这是我们党治国理政的一条重要经验。毛主席讲了17个问题。在取得成绩时，不要忘记方向。良医者。今年1—4月，全国。全系统64人，接受处分。去年到国家局工作，参与了16个省的反馈。充分认识系统党风廉政建设的重要性。没有大案要案，但数量在一部三局前列。在十九届中央纪委三次全会上，习近平总书记强调指出，反腐败斗争已经取得压倒性胜利，但对形势的严峻性复杂性一点也不能低估。从2013年1月习近平总书记在十八届中央纪委二次全会上强调反腐败斗争形势依然严峻，并于3个月之后在中央政治局常委会研究巡视工作五年规划时，进一步作出反腐败斗争形势依然严峻复杂的判断，此后，无论是形成压倒性态势、取得压倒性胜利，党中央对反腐败斗争形势"依然严峻复杂"的战略判断始终没有变，判断背后的冷静清醒也始终没有变。这一重大判断，是基于对腐败问题消长规律的深刻认知，是基于对腐败存量与增量发展变化的清醒把握，更是基于不忘初心、牢记使命的深沉忧患。不管是从全国看还是从邮政管理系统看，都印证了这一重大判

断。据统计,今年1至4月份,全国共查处违反中央八项规定精神问题1.5万多起,处理人数2.2万多人,给予党纪政务处分人数将近1.6万人。2017年1月至今,邮政管理系统共给予64人党纪政务处分,其中给予4人党纪政务重处分。我们要充分认清党风廉政建设面临的严峻形势,坚持底线思维、强化问题导向,以强烈的忧患意识继续激浊扬清、砥砺奋进。

纪检干部是党的纪律的监督者和执行者,是党的忠诚卫士,必须胸怀全局、居安思危,杜绝麻痹思想,时刻保持警醒,把解决各种消极腐败因素作为分内之事,把破解各种廉政风险隐患作为应尽职责,切实为邮政业高质量发展提供坚强政治保证和纪律支持。要对邮政管理系统行风政风良好态势保持警醒。一方面要看到,经过持续正风肃纪、溯本清源,全系统政治生态不断向上向好,为邮政业健康持续发展提供了有力保证;另一方面要看到,削减存量、遏制增量的任务还很艰巨,决不能有差不多、松口气、歇歇脚的想法,必须一以贯之、坚定不移,不放松、不停顿、不懈怠,把全面从严治党长期坚持下去,任何时候都动摇不得。要对违纪案件暴露出的倾向性问题保持警醒。分析近几年邮政管理系统查处的违法违纪违规案例,有几个明显的特征:从违纪主体看,党员领导干部占大多数;从单位分布看,基层干部居多;从违纪问题看,主要集中在违规套取资金设立小金库、违规发放津贴补贴、利用职权或职务上的影响牟取私利等方面;从违纪时间看,虽然大多数违纪行为发生2012年之前,但还是有不少发生在十八大之后甚至十九大之后。各级纪检部门对此要有清醒的认识,坚持关口前移、防范在先,确保从严的"螺丝钉"一开始就钉准、拧紧,防止小错铸成大祸。要对作风建设的长期性复杂性保持警醒。打好作风建设"攻坚战",不可能一蹴而就、毕其功于一役,更不能一阵风、刮一下就停,必须经常抓、长期抓,尤其是对于一些党员干部宗旨意识淡漠、调查研究不深入、"表态多调门高、行动少落实差""以文件落实文件、以会议落实会议"等形式主义、官僚主义问题,以及各种隐形变异的"四风"问题,要落实监督职责,推动纠治整改,对造成不良后果的严肃追究责任,切实以永远在路上的执着和韧劲,持续用力、久久为功,努力取得全面从严治党更大战略成果。文件钓篇幅很长。政策性文件不能超过10页,照搬照抄,穿靴戴帽,缺少措施在。

三、勇于担当历史使命,全面提升履职水平

习近平总书记指出,担使命,就是要牢记我们党肩负的实现中华民族伟大复兴的历史使命,勇于担当负责,积极主动作为,保持斗争精神,敢于直面风险挑战,以坚忍不拔的意志和无私无畏的勇气战胜前进道路上的一切艰难险阻。党的十九大报告紧扣新时代中国共产党的历史使命,以全局视野和战略眼光,对"四个伟大"作出了全面部署。进行伟大斗争、建设伟大工程、推进伟大事业,最终实现伟大梦想,是中国共产党肩负的历史使命。作为党内的"纪律部队",坚决维护习近平总书记党中央的核心、全党的核心地位,坚决维护党中央权威和集中统一领导,为实现中华民族伟大复兴提供服务保证,是纪检机关和纪检干部的根本使命。正如习近平总书记强调的那样,"领导干部不仅要有担当的宽肩膀,还得有成事的真本领。"真正扛起纪检队伍的特殊历史使命和重大政治责任,不仅需要激发同新征程相呼应的激情和勇气,做到敢于担当;还要有与履行主责主业相匹配的科学理念和过硬本领,做到善于担当。各级纪检部门和纪检干部要时刻牢记全面从严治党永远在路上,苦练内功、提高本领,切实把依规依纪依法要求落实到纪检工作的全过程、各环节,更加科学、严密、有效地做好纪检工作,努力实现新时代纪检工作高质量发展。

国家局党组高度重视党建纪检队伍建设,在编制紧张的情况下下决心调整组建省局党建办公室(纪检监察室),逐步推进省局设置专职纪检组长,目前已单设党组纪检组长7名,设立党建办公

室(纪检监察室)14个,这次又专门把纪检干部培训作为"不忘初心、牢记使命"主题教育的重要环节,体现了对纪检干部队伍建设的重视和期望。同时不容忽视的是,当前全系统纪检干部队伍稳定性不够、专业底子薄弱、实践经验不足、工作实效不强等问题还比较普遍,知识恐慌、本领恐慌、能力不足愈加凸显,迫切需要全面提升履职水平。从现实需要看,当前要突出强化五种能力:一是政策运用能力。这是纪检干部的核心素养。纪检工作是政策性、政治性、敏感性很强的工作,对政策、法规、制度的理解程度、掌握程度、运用程度,决定着纪检工作的整体水平。纪检干部只有不断提高政策运用水平,对党章党规党纪和相关法律法规"烂熟于心",才能成为熟悉和精通纪检工作的行家里手。现在出台了很多办法指导意见。二是组织协调能力。这是纪检干部的必备素质。组织协调是党章赋予纪检机关的权力,也是反腐败领导体制和工作机制的重要环节。纪检部门要把协助党组履行主体责任的作用发挥好,把监督执纪问责主业主责履行好,很重要的工作就是组织协调。纪检部门要在坚持党性原则的基础上,注重协调好上下级和其他部门的关系,争取得到各方重视和支持。要充分履行党章赋予的协助和组织协调职能,提高协助党组加强党风建设和组织协调反腐败工作的能力,不断提高工作质效。三是监督执纪能力。这是纪检干部的看家本领。从目前看,全系统纪检干部队伍对线索处置、立案审查等不懂不会的问题比较突出。这次培训着重强化了这方面内容的学习交流。希望大家沉下心来,认认真真学习提高,全面提升问题线索研判、政策策略把握、查找发现问题、审查谈话突破、证据收集固定运用等专业素养,努力成为纪检战线的"专门家"。四是调查研究能力。这是纪检干部的内在要求。邮政管理系统实行的是双重管理体制,党风廉政建设基础与本地区政治生态关联紧密,特殊性、差异性、复杂性都很强,更加需要通过经常性的调查研究,悉心解剖麻雀,梳理突出问题,抓住主要矛盾,提炼工作规律,着力增强工作预见性、科学性、准确性。五是围绕中心推动工作落实的能力。

四、坚持高标准找差距,不断纯正作风形象

习近平总书记明确指出,找差距,就是要对照新时代中国特色社会主义思想和党中央决策部署,对照党章党规,对照人民群众新期待,对照先进典型、身边榜样,坚持高标准、严要求,有的放矢进行整改。"找差距"与守初心、担使命、抓落实相互联系、相互贯通,既是实现"不忘初心、牢记使命"主题教育目标任务的前提,也是扎实推进这次主题教育的有力抓手,贯穿于整个教育全过程。习近平总书记对纪检干部队伍自身建设高度关注。在十八届中央纪委五次全会上,习近平总书记要求广大纪检监察干部要敢于担当、敢于监督、敢于负责,努力成为一支忠诚、干净、担当的纪检监察队伍。在十九届中央纪委二次全会上,习近平总书记强调,各级纪检监察机关要以更高的标准、更严的纪律要求自己,提高自身免疫力;广大纪检监察干部要做到忠诚坚定、担当尽责、遵纪守法、清正廉洁,确保党和人民赋予的权力不被滥用、惩恶扬善的利剑永不蒙尘。在十九届中央纪委三次全会上,习近平总书记又明确指出,要建设忠诚干净担当的纪检监察铁军。"忠诚、干净、担当"简洁凝练、内涵丰富、指向明确,对党忠诚是政治灵魂,个人干净是从政底线,敢于担当是履职准则;"打铁必须自身硬",硬就硬在对党绝对忠诚、个人清正廉洁、勇于担当进取上。无论是"打铁必须自身硬",还是"忠诚干净担当",价值指向高度一致,体现出对纪检干部队伍自身建设更高的标准和更严的要求。我们要深切体悟习近平总书记的谆谆教导和殷切期望,认真对照高标准找差距,切实增强责任感、紧迫感、使命感,把"打铁必须自身硬 "体现到政治、业务、作风、纪律等各个方面,以忠诚干净担当的标准,淬炼监督执纪铁军,坚决扛起党和人民的重托。一是践行两个维护,二是学习,三是严守党的指着纪律正是规矩,四是严肃

党的政治生活，五是防范化解政治风险，六是不折不扣落实习近平指示批示精神上。

作风折射党性，形象就是导向。纪检干部是党的忠诚卫士，人民群众的贴心人，一言一行都关乎着人民群众对党的期盼和评价，关乎着党在人民群众心中的形象。对纪检干部来讲，纯正作风形象没有“休止符”，是一辈子的事，必须以“永远在路上”的姿态，时刻注重检视自省，始终秉持清风正气，努力树立起纪检干部可亲、可敬、可信的形象。一要赤诚向党。坚持全心全意为人民服务的宗旨，贯彻以人民为中心的发展思想，秉持人民邮政为人民的价值导向，落实到纪检部门，就是要始终保持对党绝对忠诚，带头维护以习近平同志为核心的党中央权威和集中统一领导，坚决维护党的政治路线，着力净化政治生态，用实际行动捍卫党的纪律。二要守土尽责。纪检部门担负着履行监督执纪问责的特殊使命。权力意味着责任，责任就要担当。各级纪检部门要不断增强自身的担当定力，发扬斗争精神，增强斗争本领，面对大是大非敢于亮剑、面对矛盾困难敢于迎难而上、面对歪风邪气敢于坚决斗争，切实做到守土有责、守土负责、守土尽责。不要老好人、和事佬。批评也是爱护。三要永葆清廉。正人必先正己，执纪必先守纪。广大纪检干部要知敬畏、存戒惧，在大是大非、纪律红线、原则问题面前坚守住做事为人的底线，带头贯彻落实中央八项规定及其实施细则精神，严格遵守党的政治纪律和政治规矩，坚持用党章党纪党规对照自己的言行举止，把握住小节，抵制住诱惑，管好自己的“社交圈”，自觉接受党内监督和其他各方面的监督，努力做政治上的“明白人”、经济上的“清白人”、作风上的“正派人”，永葆清正廉洁本色，切实打造成自身正、自身硬、自身净的纪检干部队伍。

五、紧贴邮政业改革发展抓落实，充分发挥应有作用

习近平总书记强调，抓落实，就是要把新时代中国特色社会主义思想转化为推进改革发展稳定和党的建设各项工作的实际行动，把初心使命变成党员干部锐意进取、开拓创新的精气神和埋头苦干、真抓实干的自觉行动，力戒形式主义、官僚主义，推动党的路线方针政策落地生根，推动解决人民群众反映强烈的突出问题，不断增强人民群众获得感、幸福感、安全感。新时代是由大国迈向强国的时代，邮政业迎来大有作为的重要战略机遇期和快速成长阶段，建成与小康社会相适应的现代邮政业，奋力开启现代化邮政强国新征程，是全系统党员干部共同的目标、共同的担当、共同的责任。这是邮政业的大局，也是当前和今后相当一个时期的中心任务。前进路上，邮政业改革发展面临着难得的新机遇，也存在不少新挑战。华为问题，反映出国际业务的短板。没有可替代的企业。如何确保习近平总书记关于邮政业的指示批示和党中央决策部署在全系统贯彻落实不走样，如何彰显国家机关政治属性，如何围绕国家战略性基础设施和社会组织系统的定位履行好新时代邮政业的政治责任、经济责任、社会责任，如何坚决破除形式主义官僚主义，如何营造风清气正、干事创业的良好政治生态等，这些都是摆在新时代新征程面前的重大现实问题。作为纪检部门和纪检干部，从根本上讲，就是要着眼这一系列重大课题，坚守职责定位、履行主责主业，努力做到围绕中心不偏离、服务大局不犹豫、促进发展不动摇，在督促落实改革、发展、稳定重大决策部署中发挥职能作用，为行业高质量发展提供坚强政治保证和纪律支持。

做好新时代纪检工作，充分发挥服务保证作用，是全面从严治党的内在要求，是推进各项建设的迫切需要。广大纪检干部要摆正位置、挺直腰杆，着眼改革发展大局精准监督、精准执纪、精准问责，保障党的路线方针政策在邮政管理系统不折不扣贯彻落实。一要强化政治属性。最根本的是坚决做到“两个维护”。新形势下的若干准则，请示报告，集中统一领导的文件。督促各级提高

政治站位，把准政治方向，旗帜鲜明讲政治，始终坚持党对一切工作的领导，充分认清没有脱离政治的业务，也没有脱离业务的政治，大事小事都有政治，坚决防止和纠正把政治与业务割裂开来、对立起来的错误认识和做法。二要推动重点工作落实。助力“三大攻坚战”，加大扶贫领域监督执纪问责力度，坚决纠治扶贫工作中弄虚作假和不作为、乱作为问题；聚焦更加贴近民生七件实事加强政治监督，促进改革利好落地落实；围绕市场监管等重点领域权力运行强化日常监督，促进廉洁规范依法用权；着眼改革发展重大决策、重大事项、重大工程开展专项监督，推动各项建设健康持续发展。三要优化政治生态环境。针对腐败现象易发多发的重点领域、关键部位和薄弱环节，关口前移、防范在先，协助本级党组将防治腐败寓于改革发展重要决策和措施之中，从源头堵塞漏洞。要加强经常性纪律建设，依规依纪依法处置问题线索、开展执纪审查，持之以恒正风肃纪，不断匡正党风政风行风，同时按照“三个区分开来”的原则，严肃查处造谣诽谤、诬告陷害行为，旗帜鲜明为敢于担当、踏实做事、不谋私利的干部撑腰鼓劲，切实构建良好政治生态，凝聚起推进行业高质量发展的蓬勃力量。

同志们，新时代呼唤新担当，新时代需要新作为。在全面从严治党不断向纵深推进的征途中，纪检部门和纪检干部责任重大。让我们紧密团结在以习近平同志为核心的党中央周围，守初心、担使命，找差距、抓落实，努力实现新时代纪检工作高质量发展，不断取得党风廉政建设和反腐败工作新成效，为加快建成与小康社会相适应的现代邮政业、建设现代化邮政强国作出新的更大的贡献！

第二篇 发展概览

第一章 2019年快递服务发展综述

2019年是新中国成立70周年。70年来,特别是党的十八大以来,在党中央、国务院的坚强领导下,我国快递业规模迅速扩大,基础设施日益完善,发展质效持续提升,服务能力显著增强,国际合作不断深化,在推动流通方式转型、促进消费升级、助力生产发展中发挥着越来越重要的作用。我国正由快递大国向快递强国昂首迈进。

2019年以来,全行业在以习近平同志为核心的党中央坚强领导下,全面贯彻落实中央决策部署,坚持稳中求进工作总基调,坚持以供给侧结构性改革为主线,坚持新发展理念和以人民为中心的发展思想,推动快递业高质量发展,砥砺拼搏,务实奋进,使快递业改革发展取得了新成效。

一、政策环境不断优化,行业影响力不断增强,社会关注度不断提升

快递业是现代服务业的重要组成部分,是推动流通方式转型、促进消费升级的现代化先导性产业。近年来,快递业在降低社会流通成本、支撑电子商务、服务生产生活、扩大就业渠道等方面发挥了不可替代的积极作用。

2019年,我国快递业在国民经济中的基础性作用更加凸显,快递服务已成为经济社会发展和人民生产生活不可或缺的重要组成部分。全年快递业务量完成635.2亿件,连续6年迈上新百亿关口,同比增长25.3%;快递业务收入完成7497.8亿元,同比增长24.2%。全年支撑工业品下乡和农产品进城超8700亿元,支撑跨境网购零售4400亿元。快递网络在全球物流和供应链服务体系的权重不断加强。

2019年,快递业发展继续获得党中央、国务院的关注和重视,政策环境不断优化,行业影响力不断增强,社会关注度不断提升。"快递"连续6年被纳入政府工作报告。李克强总理在政府工作报告中提出:"健全农村流通网络,支持电商和快递发展。"《中共中央、国务院关于坚持农业农村优先发展做好"三农"工作的若干意见》明确提出:"完善县乡村物流基础设施网络,支持产地建设农产品贮藏保鲜、分级包装等设施,鼓励企业在县乡和具备条件的村建立物流配送网点。""统筹农产品产地、集散地、销地批发市场建设,加强农产品物流骨干网络和冷链物流体系建设。发展乡村新型服务业。支持供销、邮政、农业服务公司、农民合作社等开展农技推广、土地托管、代耕代种、统防统治、烘干收储等农业生产性服务。加强乡村旅游基础设施建设,改善卫生、交通、信息、邮政等公共服务设施。"

与此同时,《中共中央、国务院关于深化改革加强食品安全工作的意见》《交通强国建设纲要》《长江三角洲区域一体化发展规划纲要》《国务院关于在市场监管领域全面推行部门联合"双随机、一公开"监管的意见》《国务院关于推进国家级经济技术开发区创新提升打造改革开放新高地的意

见》《国务院关于促进乡村产业振兴的指导意见》《实施更大规模减税降费后调整中央与地方收入划分改革推进方案》《中共中央办公厅、国务院办公厅关于加强金融服务民营企业的若干意见》《国家生态文明试验区（海南）实施方案》《数字乡村发展战略纲要》《国务院办公厅关于深入开展消费扶贫助力打赢脱贫攻坚战的指导意见》《“无废城市”建设试点工作方案》《职业技能提升行动方案（2019－2021年）》《交通运输领域中央与地方财政事权和支出责任划分改革方案》《国务院办公厅关于促进平台经济规范健康发展的指导意见》《全国深化“放管服”改革优化营商环境电视电话会议重点任务分工方案》《国务院办公厅关于加快发展流通促进商业消费的意见》《国务院办公厅关于做好优化营商环境改革举措复制推广借鉴工作的通知》以及国务院办公厅转发交通运输部等部门《关于加快道路货运行业转型升级促进高质量发展的意见》等中央政策文件；《国家税务总局关于深入贯彻落实减税降费政策措施的通知》，商务部等十部门《多渠道拓宽贫困地区农产品营销渠道实施方案》，商务部、公安部、交通运输部、国家邮政局、中华全国供销合作总社《关于进一步落实城乡高效配送专项行动有关工作的通知》，国家发展和改革委员会、交通运输部《关于开展物流降本增效综合改革试点的通知》，国家发展和改革委员会、工业和信息化部、公安部、财政部、交通运输部、国家邮政局等二十四部门《关于推动物流高质量发展促进形成强大国内市场的意见》，国家发展和改革委员会《产业结构调整指导目录》（2019年本，征求意见稿），财政部、商务部《关于推动农商互联完善农产品供应链的通知》，国家发展和改革委员会、生态环境部、商务部《推动重点消费品更新升级　畅通资源循环利用实施方案（2019－2020年）》，海关总署会同十部门《关于加快提升通关便利化水平的通知》，交通运输部《数字交通发展规划纲要》，国家发展和改革委员会《西部陆海新通道总体规划》，交通运输部、国家邮政局、中国邮政集团公司《关于深化交通运输与邮政快递融合推进农村物流高质量发展的意见》，科技部《国家新一代人工智能创新发展试验区建设工作指引》，交通运输部、国家税务总局《网络平台道路货物运输经营管理暂行办法》，国家发展和改革委员会、财政部《关于深化农村公共基础设施管护体制改革的指导意见》，国家发展和改革委员会、国务院扶贫办公室、财政部、农业农村部等十五部门《动员全社会力量共同参与消费扶贫的倡议》，国家发展和改革委员会等十五部门《关于推动先进制造业和现代服务业深度融合发展的实施意见》，《商务部关于增补国家电子商务示范基地的通知》，教育部办公厅、国家发展和改革委员会办公厅、国务院国有资产监督管理委员会办公厅等十四部门《职业院校全面开展职业培训促进就业创业行动计划》等部门联合文件，为快递基础设施建设、产业协同发展、寄递渠道安全保障、绿色发展、加快“走出去”、人才队伍建设等提供了一系列重要的政策支持。

2019年，快递业发展受到了新闻媒体的持续关注，全年中央媒体和行业媒体共刊（播）发国家邮政局新闻信息594条（篇）。其中，深度报道84篇。6大中央媒体共计刊发291篇，占比48.99%，其中《人民日报》38篇、中央电视台102篇。2019年，紧紧围绕庆祝新中国成立70周年这条主线，以行业和国家邮政局重要工作、重大活动为节点，深入宣传全行业贯彻落实习近平总书记关于邮政业重要指示批示精神的举措和效果，广泛宣传改革开放以来，尤其是党的十八大以来行业改革发展的重大成就，重点做好行业打好三大攻坚战、服务现代农业和先进制造业、服务“一带一路”建设等行业发展重点和群众关心的热点、难点问题宣传报道。媒体还对2019年全国邮政管理工作会议、全国两会、2019中国快递“最后一公里”峰会、第三届中国（杭州）国际快递业大会、万国邮联电子商务时代跨境合作全球大会、世界邮政日、快递业务旺季服务保障、我国年快递业务量突破600

亿件等重要会议、重要活动、重点工作、重大主题、重要事件，进行了集中宣传报道，取得了较好的宣传效果。与此同时，全国邮政管理系统积极探索符合时代要求和行业需求的新闻宣传新理念新方式，讲好行业故事，服务行业发展。

二、行业持续稳健快速发展，市场规模实现新跨越

（一）年业务量突破600亿件，业务规模连续6年稳居世界第一

业务规模全球领先。2019年，我国快递服务企业业务量达到635.2亿件，同比增长25.3%。快递业务增量为128.1亿件，快递业务量及增量均创历史新高，增量规模连续两年超过100亿件。我国日均快件处理量超1.7亿件，最高日处理量达到5.4亿件，同比增长28.5%。与2010年相比，快递业务量增长了26.1倍，增速居现代服务业前列，是我国新经济的代表性行业。我国快递业务量超过美、日、欧发达经济体之和，占全球快递包裹市场份额的一半以上。我国快递业务量规模连续6年稳居世界第一，成为全球快递包裹市场发展的动力源和稳定器。

快递业收入占比持续提升。2019年，快递业务收入达到7497.8亿元，同比增长24.2%。快递业务收入占邮政行业业务收入比重达77.8%，同比提高1.4个百分点。与2010年相比，快递业务收入增长了12倍，业务收入年均复合增长率是同期国民生产总值增速的4倍，成为拉动经济增长的重要动力。快递业务收入占国内生产总值的比重达0.76%，同比提高0.09个百分点。快递业务收入增速是国内生产总值增速的4倍，对稳预期发挥重要作用。

使用频率明显增加。2019年，快递企业日均服务3.5亿人次，日均服务增加0.7亿人次，相当于每天4个人中有1人在使用快递服务。年人均快件使用量为45件，同比增加9件。人民生产生活对快递服务的需求度不断提升。快递成为百姓现代生活"新开门七件事"之一。

2010－2019年人均快递使用量

指　　标	2010年	2011年	2012年	2013年	2014年	2015年	2016年	2017年	2018年	2019年
人均快递使用量(件)	1.7	2.7	4.2	6.8	10.3	15.0	22.6	28.8	36.4	45.0

（二）稳中求进，快递业务旺季服务保障能力持续稳步提升

2019年"双11"当天，根据国家邮政局监测数据显示，全天各邮政、快递企业共处理快件5.35亿件，是日常处理量的3.2倍，同比增长28.6%，再创历史新高。11月11日－16日，受网络电商平台集中促销影响，业务量达到全年高峰，6天内共处理邮（快）件23.09亿件，同比增长22.69%。截至21日17时，除边远地区外，主要寄递企业揽收的邮（快）件已妥投22.51亿件，妥投率达到97.5%。无论是电商销售成交量，还是产生的物流订单，都刷新了历史纪录，给行业带来巨大压力。但是，全行业顶住了压力，基本实现了"双11"旺季服务的保障目标。

旺季期间，大数据预测在行业深度应用，区块链技术、温控技术与配送服务有机结合，前置仓和直发的覆盖范围进一步扩大，自动化流水线保证了作业效率和精准度，邮政业安全监管信息系统在监测、预警、调度指挥中发挥重要作用，多家寄递企业在重点地区实现当日寄达。

从统计数据看，旺季期间，全行业有1亿件包裹从发货到签收的全程处理时间2.4天，和2013年的9天相比，时限压缩了73%。

为了迎战旺季，邮政管理部门提前谋划，精准预测，指导全行业全力备战。据统计，全行业有30多万辆汽车在干线运输和末端作业中发挥主力军作用；116架全货机全部投入使用，确保快件通达全球；981列载客动车组、450列旅客列车行李车、22列高铁确认列车和6列特快电商班列加入"双11"运输，多种交通方式综合运用进一步提高了运

输效率、降低了运输成本。

为了实现“两不”(全网不瘫痪、重要节点不爆仓)、“三保”(保畅通、保安全、保平稳)目标,在现有服务能力基础上,全行业临时聘用近40万人和12万辆汽车,新增360多万平方米处理场地和3000多套自动、半自动分拣设备。在技术上,无人仓、无人机、无人车逐渐实现量产和规模化应用。全国建成200多个智能化分拨中心,顺丰、京东、菜鸟网络、苏宁等企业在全国建立多个无人仓。大批能够负重的仓储机器人、配送机器人在不同场合推广应用,自动化识别暴力分拣行为的“违规操作人工智能识别系统”在部分企业上线运行。在城市地区,全国已经累计建设8.2万个末端公共服务站,布放38万多组智能快件箱,对快递末端服务能力形成有效补充。5.9万个农村快递公共取送点的设立,更好地满足农村居民的寄递服务需求。在国际业务方面,快递企业遍布60多个国家的网点、覆盖50多个国家及地区的海外仓和新增的多条国际航线发挥积极作用。在售后方面,能够实现24小时服务的人工智能客服机器人已经在多家企业投入使用,有效提高高峰期客服能力。

旺季前夕,交通运输部领导视察行业旺季服务保障工作,国家邮政局对旺季服务保障工作进行专题部署。旺季期间,国家邮政局成立了由局领导带队的多支督导组分赴各地调研督导行业运行情况,激励全行业打赢旺季服务保障攻坚战。同时,国家邮政局还先后发出两次消费提示,公布近期投递量排名前30的城市,并请广大消费者对部分寄递服务时限延长给予理解。

回顾整个“双11”,行业的服务保障呈现出四大特点:

一是服务质量大大提升。作为市场主体,各寄递企业不仅完成了重点分拣中心、仓储的升级改造工作,提前准备车辆和人员,还进一步从流程优化上入手,提升仓储、分拣中心的操作效率,保障末端服务质量。申通全国60余个转运中心完成设备升级,自动化分拣设备投入超过15亿元;百世在末端站点投入使用的自动分拣线增加至51套,通过环形交叉带等多种自动分拣设备加持,处理能力超3万件/小时;中国邮政寄递事业部建立以七大区域枢纽仓群为主、超过100个城市的下沉仓为辅的云仓网络,提高交付效率。此外,电商和快递企业根据大数据和人工智能的精准预测,推出前置件模式,顺丰的“极效前置”和苏宁的“随时”均有效实现了更加合理、高效的整体资源配置,优化高峰作业流程,缓解高峰仓库、中转及运输压力,前置订单包装工作、减少订单作业时间,提升出库时效。

二是治理水平更加科学。各地邮政管理部门结合国家邮政局要求和当地实际,充分发挥“错峰发货、均衡推进”的核心机制,对旺季工作作出部署,强化执行力度,提前筹划部署,成立快递业务旺季服务保障工作领导小组,对本辖区内快件量进行预测,并指导企业提前储备运能。多地邮政管理部门走进一线,深入分拨中心、营业网点督导检查和走访慰问,为当地从业者加油鼓劲。北京、江苏等多地邮政管理部门还主动邀请当地主流媒体深入一线采访,积极向社会各界传达行业正能量,并请社会各界给予从业者更多的支持和理解。

三是智能设备升级改造。面对业务量洪峰,科技赋能的威力正在逐步彰显,更显著的是智能设备的升级和下沉并存。一方面,智能设备升级换代。韵达在河北香河分拣中心新投入两套四层分拣设备,分拣效率比原来提升4倍,软件系统升级,初检差错率仅为万分之零点三;中通、申通启用全新的客服数字化管理系统,人工智能客服电话机器人上线,实现非工作时间托管,形成24小时服务机制,提高高峰期的客服受理能力;中通“星河”系统、百世自主研发的智能调度系统可实时监控管理数千辆干线运输车,精细化分析、管理各地分拨中心运营数据,利用快件路由,根据货量动态预测。另一方面,自动化设备正从重点枢纽向区域型枢纽下沉。在江苏灌云、海门等地,申通均筹措资金引入自动分拣线，提升区域快件处理效率。

四是服务民生福祉的能力显著加强。一方面，用户收到快件又好又快。顺丰、苏宁天天、中通、百世均凭借仓储能力，在分钟级别内送达首单；天猫“双11”第一亿个包裹发出仅用8小时，相比2018年缩短了59分钟。另一方面，快递从业者心更暖。由中国邮政快递报社牵头组织的“快递员关爱周”继续举办，各寄递企业纷纷响应；申通实施“万人激励”计划，新增“高峰卓越奖”“星级爬坡奖”等奖项，总奖金超过6000万元；百世发起送水公益活动，还建立快递员现金奖励制度，设置全网派件“龙虎榜”，奖励金额超10万元，并对实际签收量排名前50的城市网点予以200万元奖金激励，针对四五线城市和偏远地区的末端困难网点给予补贴。

更值得关注的是，绿色环保无处不在。各寄递企业电子运单使用率进一步提升到95%，可降解胶带和可循环包装袋在部分企业中已经成为标配，纸箱回收试点也初见成效。高铁等绿色高效运输方式也得到进一步应用。11月20日，菜鸟网络联合主要快递企业共同发起“全国纸箱回收日”。消费者在帮助回收纸箱的同时，还会收到环保袋、环保餐具等礼品，回收的纸箱将被再次寄件使用。绿色成为2019年旺季的底色。

（三）快递市场结构呈现三大突出特点

在主体结构方面，市场集中度加速提升。2019年，企业在促进服务质量提升的同时，推动市场份额进一步集中。快递与包裹服务品牌集中度指数CR8为82.5，同比提高1.3。优质资源加速向主要品牌快递企业集聚，形成1家年营业收入超千亿元、5家超500亿元的快递企业集群，为行业服务整体提升创造了良好条件。

在产品结构方面，畅通内外循环作用凸显。

一是异地快递保持强劲发展态势。业务量累计完成510.5亿件，同比增长33.7%，比行业增速高8.4个百分点。业务量占比首次超过80%，成为推动快递业快速发展的主要引擎，促进产品要素跨区流动、畅通国内经济循环的能力稳步提升。

二是跨境快递发展平稳。国际/港澳台业务量累计完成14.4亿件，同比增长29.9%，连续三年增速高于行业平均水平。受贸易保护主义抬头和万国邮联终端费改革影响，增速收窄4.1个百分点，但与我国货物出口5%的增速相比，仍保持蓬勃发展态势，在畅通全球经济循环、保障海外供应链畅通方面发挥的作用日益凸显。

在区域结构方面，多极拉动效应增强。

一是第三极初露端倪。2019年广东、浙江两省继续保持强劲发展态势，业务量占全国比重从2018年的45.5%扩大至47.3%，优势进一步扩大。江苏加速追赶，2019年业务量增长13.5亿件，与2018年相比，以8.7%的增速差位居全国首位。2019年，广东、浙江和江苏快递业务量占全国业务量比重为56.4%，增量达83.5亿件，对全国业务量增长贡献率高达65.2%，传统两极拉动态势有望迎来新突破。

二是中部地区加速崛起。2019年，中部地区完成业务量82亿件，同比增长31.4%，比全国增速高6.1个百分点。中部地区快递业务量占全国业务量比重为12.9%，同比提高0.6个百分点。中部地区快递业务收入占全国业务收入比重为11.3%，同比提高0.1个百分点。其中，河南、安徽和湖南作为东部地区产业主要承接地，充分发挥区位优势，快递业务量增速均超过30%，成为中部增长亮点。

快递航空货运能力快速提升。2019年，行业自主航空运输能力明显提升，主要品牌快递企业自主航空货运公司周航班量在总货运航班量中的占比接近六成。国内快递专用货机达126架，同比增加10架。航空网络布局加快，快递业自有货运航空公司执飞货运航线数达百余条，通航点近百个。新增“义乌—大阪”“成都—仁川”“乌鲁木齐—比什凯克”“乌鲁木齐—阿拉木图”“长沙—达卡”“郑州—吉隆坡”“无锡—重庆—哈恩—无锡”“南宁—胡志明”“深圳—德里”“义乌—首尔”“长沙—曼谷”“烟台—东京”“西安—曼谷”“杭州—马尼拉”“乌鲁木齐—塔什干”“乌鲁木齐—伊斯兰堡”“盐城—首尔”“盐城—大阪”“昆明—卡拉奇”“烟台—仁川”“喀什—卡拉奇”“兰州—拉合尔”“杭州—达卡”“延吉—首尔”等24条国际货运航线和“兰州—南京”“银川—太原—南京”“青岛—南京”“锡林浩特—杭州”等多条国内货运航线。湖北鄂州国际快递物流核心枢纽建设加快推进。

专栏1:2019年主要快递企业航空运输情况

中邮速递 全年安全飞行34600余小时,实现第23个安全年。

顺丰 平稳运行近10年,现为国内机队规模最大的货运航空公司,机队规模扩充至58架,航线布局由国内延伸至东南亚、中亚与欧洲腹地。

圆通 开通定期国际航线16条,顺利通过国际航空运输协会运行安全审计认证并成为其正式会员。

中通 与天津货运航空有限公司合作,每周六班执飞“天津—南昌”往返航线。

铁路运输能力逐步增强。高铁快递发展迅速,开通线路451条,多家企业首开特快班列。义乌开行的中欧班列运量迅速增加,周开行量最高达21列,目前开通的线路已达11条。其中,“义乌—列日”线路开创中欧班列跨境电商包裹规范化、阳光化运输新格局。在往年经验基础上,顺丰、京东等企业与铁路部门密切合作,做好“高铁极速达”“高铁京尊达”“丝路高铁快运”等多种运输服务。“双11”期间,铁路部门日均安排高铁载客动车组列车800列、预留车厢的高铁载客动车组181列、高铁确认列车22列、旅客列车行李车450列、特快电商货物班列6列,总体运力投放创历史新高。云南的鲜花、江苏的大闸蟹等优质生鲜农产品通过铁路从田间地头快速送到城市千家万户。

公路运输保障充分。2019年,公路运输仍是快件运输的主力方式。行业新增3.1万台新能源和清洁能源车辆。部分快递企业加大车辆自营化力度,依托快递大数据系统,优化路由网络。顺丰依据其公路运输多年真实数据积累与算法优化,将闲散社会运力资源进行整合,提升车货匹配效率,提高运输效率与质量。中通、德邦获颁智能网联汽车道路运输经营许可证,成为首批获得无人物流车商用牌照的快递企业。部分快递企业继续与公路运输企业合作,推进偏远地区公路客运班车代运快件试点,探索快件共同运输模式,提高快件公路运输效能。

快递集聚效应显现。2019年,快递园区建设速度加快,全国已建成快递物流园区402个。快递园区服务功能逐步拓展,从快件分拣向仓配一体化发展,从寄递拓展加工、包装等服务,涌现了一批综合型快递物流园区。

分拣智能化水平提升。2019年,快递企业加强在全国各地新建、改扩建分拨中心,大力推广全自动分拣技术,购置自动化设备。加盟制快递企业加强分拨中心直营化,提高网络掌控力度。顺丰新引入自动分拣机“小红人”。其中,摆轮分拣机28组,每小时处理快件2000件;“小红人”40台,每小时处理快件1300件。分拣计划能依照货物流量流向情况实时调整,在相同产能情况下节约生产成本60%以上。中通自主研发的全自动分拣系统目前已在全国大多数分拨中心启用。该系统单层每小时可分拣快件2.3万件,双层每小时可分拣快件4.6万件,分拣准确率高达99.99%。韵达研发投入多层交叉带,效率较以往提升2倍,处理能力达每小时8万件,分拣准确率超过99.8%,单位产能大幅提升,促进分拣成本进一步下降。京东成都、武汉超大型智能分拣中心采用行业领先的大型分拣机和矩阵式作业模式。分拣机和矩阵均放置于设备平台上，单机分拣能力达2.4万件/小时，矩阵可支持500个分拣格口同时开动。

末端服务形式多元共享。2019年，全国已建成城市快递末端公共服务站8.2万个，投入运营智能快件箱40.6万组，箱递率超过10%。全国高校实现快递服务规范化全覆盖。主要品牌快递企业城区自营网点标准化率达96%，河北、黑龙江、河南、广东、海南、宁夏等地率先实现100%。快递末端公共服务平台建设稳中有进，共同配送探索前行，多元共享的末端服务格局更好满足人民寄递需求。

技术应用持续提升运行效率。随着人工智能、机器学习、云计算、物联网等技术日臻成熟，大数据技术已进入行业应用的竞逐阶段，各企业纷纷抢占细分赛道，构建智慧大脑、建设智慧物流服务，聚焦物流供应链打造及优化，以物流为切入点，实现降本增效。顺丰推出"丰溯"平台，目前已应用于跨境零售、智慧农业领域；日均处理数据逾PB级，覆盖物流及其上下游长价值链数据，涵盖物流、金融、商业、产业园、国际业务、智能设备、物联网设备等多个数据源。中通隐私面单在面单上隐藏收/发件人信息的同时，让快递员可以通过拨打安全号码(95013+随机虚拟号码)联系客户，客户签收后，号码对应关系失效，有效防止对客户隐私信息的泄露。

区块链技术进一步推广。基于区块链技术的快递寄递安全监测平台上线。该平台充分利用区块链分布式存储、不可篡改、可追溯等优势，将快递服务收派端体系融入区块链系统架构，对包含揽件、运输、派件、安全检查等众多环节进行数字化，实现运单数据、货物调度、资金收付、运营客服等功能模块的统一在线管理功能，实现了寄递企业、邮政管理部门、公安部门和国安部门等区块链网络节点单位信息互通共享，解决了传统寄递安全规范性差、信息不互通、安全等级低等问题。

无人技术加速应用。无人机技术日渐成熟，场景应用多元丰富，飞跃天堑构筑致富通途。京东无人机实现在"千岛之国"印尼的首次飞行，这也是中国快递无人机在海外首次成功飞行。无人车不断测试升级，逐步从研发测试向规模化商用发展。中通、德邦测试无人驾驶汽车。顺丰跟随车、京东无人车、苏宁无人车、菜鸟网络"小G"无人车等无人车产品百花齐放，助力解决"最后一公里"配送服务问题。无人仓网络发展迅速。京东投用由超过50个不同层级的无人仓组成的"亚洲一号"智能仓群和机器人仓群，处理订单量同比增长超过99%；全球首套机器批量入库系统"秒收"每10秒可扫描采集2000件商品信息，效率是人工入库的10倍；物联网分拣系统、外骨骼机器人、智能打包设备等自动化产品开启集群应用模式。

(四)快递相关投融资活跃

2019年，我国快递领域投融资主要投资的领域集中在智慧物流、同城配送、合同物流、仓储、跨境物流等领域。主要呈现四个方面的特点：一是集约化。资本助推上市企业并购中小企业，行业集中度迅速提升，带来行业结构和上市企业市值变化。二是综合化。资本助力上市企业为客户提供供应链综合解决方案，输出快递物流能力。三是数字化。资本驱动上市企业依托数字化技术对业务能力进行智能化升级并推进生态协同，完善智能供应链基础生态网络，实现社会化物流服务效率最大化。四是国际化。资本带动上市企业"出海"，构建全球供应链网络，成为支撑跨境贸易发展的有力保障。

三、行业发展环境持续优化，发展态势稳中向好

(一)不断优化发展环境，扎实有力服务国家重大战略

一是进一步完善法律法规体系，对推动行业高质量发展发挥重要保障作用。配合修正《快递暂行条例》。修订出台《邮政业寄递安全监督管理

办法》，修正《快递业务经营许可管理办法》，制定《智能快件箱寄递服务管理办法》。制修订《国家邮政业突发事件应急预案》《邮政业人员密集场所事故灾难应急预案》《邮政业运营网络阻断应急预案》《邮政业用户信息泄露事件应急预案》《邮政业重大活动期间突发事件应急预案》等四个专项预案，推进邮政业应急管理体系建设。

二是加强政策扶持力度。国家高度重视快递业发展，先后出台多项政策促进行业发展，涉及快递下乡、交邮协同和绿色发展等，行业高质量发展的政策环境持续优化。服务乡村振兴、支持民营快递企业发展、支持海南邮政业深化改革开放、深化交通运输与邮政快递融合推进农村物流高质量发展、促进跨境电子商务寄递服务高质量发展、促进快递与电子商务数据互联共享、推进“快递下乡”工程等一批政策文件相继出台，参与促进服务业高质量发展等国家产业政策制定。国家邮政局与河北、江苏签订战略合作协议。江西等地出台支持邮政业高质量发展文件。各级邮政管理部门指导企业积极对接国家减免税费政策，共计减免税费超过15亿元。

推动政策落地见效。“国办1号文件”落实实现省级全覆盖。江西和江苏连云港、湖南长沙、广东汕头、广东珠海、四川眉山等地政府出台支持邮政业发展政策文件。辽宁大连、黑龙江七台河、浙江宁波、安徽宿州、广东广州、广东韶关、广东中山等地政府给予行业发展专项资金支持。山西忻州、福建漳州、四川遂宁、甘肃陇南、甘肃嘉峪关等地政府出台快递企业发运农特产品补贴政策。273个城市出台快递车辆通行政策，覆盖率达81%，北京、河北、山西、内蒙古、辽宁、吉林、上海、安徽、福建、重庆、甘肃、宁夏12省（区、市）实现全覆盖。

三是“放管服”改革取得新成效。取消快递业务场地使用证明等3项证明事项，全面实现许可审批一网通办。建立快递业务经营许可证、分支机构名录作废公告制度，制定分支机构编码规则，末端网点备案实现常态化。不断完善国际快递业务经营许可工作规则，下放审批权至海南邮政管理部门，天津、广东为21家自贸试验区企业发放国际快递业务（代理）经营许可。新业态准入迈出实质性步伐，江苏、广东、浙江、福建、山东、河南、重庆7省（市）发放运营智能快件箱和开办服务站许可。开展违规许可专项治理，持续加强许可制度和信息化建设，推动许可工作由“重审批向重管理”转型。

四是助力乡村振兴成效突出。服务网络不断完善。通过组织召开专题座谈会、现场推进会以及一省一策精确指导等方式坚决打好最后10个百分点攻坚战，“快递下乡”工程取得决定性成果，全国快递网点乡镇覆盖率达96.6%，超额完成全年计划目标，新增内蒙古、四川、贵州、宁夏实现全覆盖，新疆的覆盖率提升近40个百分点。超过3万个乡镇设置快递网点，建成公共取送点6.3万个，快邮合作在5省（区）开展试点。贵州局试点开展“‘通村村’服务平台+快递”的交快合作模式。西藏局推动建立51个快商合作网点。青海局设立乡镇快邮合作网点达165个。

2019年2月19日发布的《中共中央　国务院关于坚持农业农村优先发展做好“三农”工作的若干意见》是21世纪以来第16个指导“三农”工作的中央一号文件，提出“完善县乡村物流基础设施网络，支持产地建设农产品贮藏保鲜、分级包装等设施，鼓励企业在县乡和具备条件的村建立物流配送网点”“统筹农产品产地、集散地、销地批发市场建设，加强农产品物流骨干网络和冷链物流体系建设。发展乡村新型服务业。支持供销、邮政、农业服务公司、农民合作社等开展农技推广、土地托管、代耕代种、统防统治、烘干收储等农业生产性服务。加强乡村旅游基础设施建设，改善卫生、交通、信息、邮政等公共服务设施”。快递业在乡村振兴中的使命和担当进一步提高。快递企业积极响应中央一号文件号召，推动快递服务网络向下延伸，畅通农产品进城和工业品下乡双向流通渠道。

快递业在助力农村发展、农业增效、农民增收方面发挥了重要作用，服务乡村振兴成效渐显。全国打造快递服务现代农业"一地一品"年业务量超百万件项目163个，新增昆明鲜花、烟台苹果、南宁沃柑、成都柑橘和五常大米等20个年业务量超千万件"快递+"金牌项目，江苏、安徽、福建、山东、广西、四川、陕西金牌项目超过3个。全国71个贫困县打造出年业务量超过10万件的快递服务现代农业项目75个。农村地区收投快件超过150亿件，支撑工业品下乡和农产品进城超过8700亿元，行业助力脱贫攻坚和服务乡村振兴效果突出。助力平泉发展电子商务，网上商城平泉特产馆运行稳定，各电商平台销售额超过2800万元。

五是强化支撑制造强国战略力度。快递企业发展现代供应链业务，加强对制造强国战略支撑。主要快递企业依托寄递网络拓展产业链、价值链和服务链，末端配送、仓配一体化、入厂物流、嵌入式电子商务快递等多种服务模式进一步完善。全国27个省份共有1033个快递服务制造业项目，业务量约38.1亿件，带动制造业产值超过1万亿元。

六是抢抓服务"一带一路"机遇。设施联通是"一带一路"建设的重要组成部分。在习近平新时代中国特色社会主义思想指导下，自"一带一路"倡议提出以来，快递业积极参与、融入、支持、服务"一带一路"建设，推动基础设施联通，坚持创新驱动引领发展，加大国际业务发展力度，积极推进国际合作。继续大力拓展海外市场，加速国际化发展，以服务跨境电商、伴随国内企业境外发展等为契机，衔接境外物流体系，构筑立足周边、覆盖"一带一路"、面向全球的跨境寄递网络，持续增强国际竞争力。快递企业"走出去"稳步实施，在东南亚地区初步成网，国际快递网络和海外仓服务分别覆盖全球60多个和50多个国家及地区。邮政企业加快国际物流和快递产品创新，拓展中速非邮渠道，推广中欧班列专线产品。在"一带一路"相关国家建设海外公司。加快边境邮件及商业快件口岸建设，研究并跟进'一带一路'沿线国家对邮(快)件监管模式的变化，寻求最适合拓展业务并符合海关监管要求的通关模式。在海外网络建设和业务拓展方面，邮政企业继续拓宽运邮渠道，中欧班列首条跨境电商专线(郑州—列日)正式开通，民营快递企业加速进军国际市场。在服务跨境贸易平台方面，上海、杭州等地跨境电商寄递加快规模化、标准化和集群化发展，服务"一带一路"建设取得积极成果。中欧班列(义新欧)恢复常态化运邮，寄达国包括波兰、西班牙等23个国家。

七是深化服务区域协同发展。雄安新区邮政业发展规划编制基本完成，京津冀邮政业协同发展重点任务有序推进。行业重点任务纳入国家长三角一体化规划纲要。企业积极参与京津冀协同发展、长江经济带发展、粤港澳大湾区建设。为响应长三角一体化发展战略，2019年1月，江浙沪皖四省签署关于长三角市场体系一体化建设的合作备忘录，全力打造新的商品流通体系。为积极响应粤港澳大湾区建设规划，各企业纷纷抢抓机遇，通过设立区域总部、成立合资航空公司及自建海外仓等多种方式，加快海外发展布局。部分企业抢抓机遇，实现电商快递在广深港澳城市间24小时送达，大力提升大湾区运营效率。在长三角经济圈内26个城市实现互发快递次日达。湖南局制定《长株潭邮政业融合发展工作方案》。海南局创新推动"海澄文"和"大三亚"快递服务区域一体化，发展大同城快递业务。

八是加速推进军民融合。邮政企业和主要快递企业军民融合组织体系基本建立，实施军民融合项目370多个，开设军营邮政快递网点300多个，为军队配送被装4600多万件套，接收退役军人1.3万人。军民合作范围不断拓展。快递业军民融合呈现出整体推进、加速发展的良好势头，为行业融入军事物流体系创造了条件。

（二）供给侧结构性改革深入推进，推动高质量发展取得实效

一是基础设施建设不断加强。全国已建成快递物流园区402个。主要城市智能快件箱已达40.6万组，城市快递末端公共服务站达到8.2万个。273个城市出台了规范快递车辆通行政策，辽宁等12个省份实现全覆盖。行业运输结构进一步优化，快递航空运能快速提升，湖北鄂州国际快递物流核心枢纽建设加快推进。高铁快递发展迅速，开通线路451条，多家企业首开特快班列。

二是产业融合深入推进。深化交快、邮快合作，制定邮政快递合作下乡进村框架协议，在5省（区）开展合作试点。产业融合助推快递与电商持续协同发展，“双品网购节”等活动进一步促进品牌消费和品质消费。全年支撑网上零售额占社会消费品零售总额比重超五分之一。

三是科技创新水平明显提升。制订完成快件航空运输信息交换规范等2项国家标准、快件处理场所基础数据元等4项行业标准。首批认定18家行业技术研发中心。全行业不断加大科研投入力度，智能客服、智能仓、北斗导航等迅速普及，无人机、人工智能、大数据和区块链等加快应用。智能安检系统样机已进入试产阶段。电子运单等39个项目获首届邮政行业科学技术奖。

四是从业员工权益保障有效加强。贯彻落实习近平总书记新年致辞和春节期间看望快递从业者时的重要指示要求，联合团中央开展“快递从业青年服务月”活动，为快递从业者提供法律和心理咨询服务2.2万人次，组织关爱慰问活动3255场次、覆盖快递从业青年27万余人，170名优秀快递员赴井冈山接受革命传统教育。重庆、福建等地设立近万个快递爱心驿站，北京、广东等地为4450名快递员提供免费体检，把总书记对基层劳动者的关心关怀落到实处。

（三）强化行业生态环保治理，全面推进绿色发展

一是全面完成“9571工程”。全国电子运单使用率达98%，电商快件不再二次包装率达52%，循环中转袋使用率达75%，3万个邮政快递网点设置了标准的包装废弃物回收装置，“瘦身胶带”封装比例达75%，新增3.1万台新能源和清洁能源车辆，快递包装绿色化、减量化、可循环成效明显。

二是生态环保监管工作机制基本建立。国家邮政局调整邮政业生态环保工作领导小组，在市场监管司增设环境保护处。各地邮政管理部门和主要品牌寄递企业总部的生态环保组织机构逐步建立。

三是绿色监管力度空前。进一步完善行业绿色治理标准制度和政策体系。按片区召开推进会、按季度召开企业座谈会，实现对全国主要省份的工作督导。实施信息报告和定期通报制度，将绿色包装治理纳入信用评定指标体系。开设邮政业生态环保专用监督邮箱，首次开展行业生态环保工作评价，上海局率先开展本市评价工作。

四是绿色试点成效显著。圆满完成可循环中转袋（箱）应用试点，组织4家企业探索建立绿色采购体系。支持海南生态文明试验区建设，指导海南局出台绿色包装应用实施方案。河北邯郸、浙江嘉兴、江西新余、河南鹤壁、湖北恩施5个试点城市开展行业生态环境保护城市综合试点，积极探索行业生态环境保护全流程、全生态城市治理模式。

五是强化行业绿色共治。会同商务部门推进快递电商包装协同治理，探索电商快递治理方法和模式。联合发展改革部门开展快递包装摸底调查，构建多方共治工作格局。联合市场监管部门推进快递包装产品绿色认证体系建设，推动构建统一的快递包装产品绿色标准、认证、标识体系。圆满完成邮政业绿色产品、绿色技术和绿色模式公开征集和评审工作，56个项目入选“邮政业绿色产品、绿色技术、绿色模式名录库”。开展“邮来已久、绿动未来”主题宣传活动，营造绿色发展良好氛围。

(四)不断夯实安全基础,防范遏制重特大事故

一是落实安全生产责任制。切实提高“三个必须”安全管理责任担当,及时研究解决安全生产重大问题,建立并执行安全和应急信息分析通报制度,着力构建源头防范工作机制。全面增强安全监管支撑保障力量,新增北京、山西、内蒙古、吉林、福建、湖南、陕西、甘肃、宁夏9个省级和山西太原、山西吕梁、黑龙江黑河、福建宁德、福建漳州、福建三明、福建厦门、江西南昌、广东汕尾、广东汕头、广东东莞、甘肃定西、新疆哈密等41个市级邮政业安全中心,江苏、安徽、山东、湖南4省实现省、市两级邮政业安全中心全覆盖。分级开展企业总部安全督导,印发企业安全生产主体责任落实规范,推行企业主体责任清单化管理。山东局着力构建寄递安全主体责任落实长效机制。重庆局编制邮政业安全生产规范地方标准。

二是加快推进“绿盾”工程建设。建成合肥灾备中心、国家邮政局监控中心和90多个省市级监控中心,建设完善22个信息系统,视频联网初具雏形,安检机联网试点稳步推进,北京、河北、黑龙江、福建4省(市)32套移动执法设备试点应用,市场监管信息化水平不断提升。

三是持续强化“三项制度”落地实效。与公安部门共同推进寄递风险综合防控信息平台建设,开展专项整治和集中执法,实名收寄信息化全覆盖目标得到巩固提升。出台加强和规范邮件快件安全检查工作的指导意见,新组建邮政业安全中心福建闽江和浙江杭州两个安全教育培训基地,研发智能安检系统,建设安检图片数据库。新增安检设备2000余台,总量达1.5万余台。

四是深化寄递安全联合监管机制。发挥平安建设(综治工作)考评“指挥棒”作用,推动各方责任落实。扎实开展涉枪涉爆隐患整治和安全生产综合整治。加强芬太尼类物质寄递管控和行业禁毒工作。云南局积极利用大数据提升堵源截流能力。扎实做好寄递渠道“扫黄打非”、非洲猪瘟疫情防控、野生动植物寄递管控、打击侵权假冒等专项工作。

五是有力保障行业安全稳定。完善应急管理工作机制,加强监测预警,及时妥善处置企业经营异常事件,有效应对地震、台风、洪水等自然灾害,有力保障行业安全稳定运行。各地加强突发事件应急处置和信息报告。辽宁、吉林、安徽等地出台推进全省应急管理体系建设文件。河北各地市邮政业突发事件应急预案全部由地方政府发布。圆满完成第二届“一带一路”国际合作高峰论坛、世界园艺博览会、亚洲文明对话大会、国庆70周年庆祝活动、第七届世界军人运动会、第二届中国国际进口博览会等重大活动寄递安全服务保障任务。

(五)严格监督执法,营造公平有序市场环境

一是全面落实“双随机、一公开”监管。修订完善随机抽查工作细则,实施“两库一清单”动态管理,25个省份实现跨部门联合监管。组织对8省开展交叉互查,邀请人大代表全程参与指导。持续开展行政执法规范化建设,制发执法补充案由,开展执法案卷评议。全年执法16.1万人次,检查单位12.8万家,办理案件7120起,罚款5827万元。严肃查处重大重点案件。

二是创新监管方式。深入推进信用体系建设,印发信用评定方案及通用指标,建立国家、省、市三级工作机制。制定严重失信对象名单管理办法,会同九部门研究推动联合惩戒。福建、广东等地实现信用档案“一企一档”。内蒙古、湖北等地先行先试开展信用评定。江苏、陕西等地开展失信联合惩戒。建立并运行季度通报会制度,及时督促各类问题整改。强化快递码号资源统一管理。

三是着力抓好民生实事。积极回应群众关切,先后集中开展两轮快递末端违规收费专项整治,立案212起,罚款229.5万元,违法势头得到明显遏制。持续推进“三不”治理,全国处理场所、营业场所离地设施铺设率达98%。精心部署、顶住压力,圆满完成“双11”旺季服务保障任务。定

期发布快递发展指数和快递服务满意度调查、时限测试结果,主动接受社会监督。修订《邮政业消费者申诉处理办法》,北京、山东、河南、广东、四川、新疆6省(区、市)开展完善申诉工作体系试点。全年共处理申诉55万件,为消费者挽回经济损失7687万元,处理满意率达98.5%。充分发挥行业协会桥梁纽带作用,有效开展行业自律和社会共治工作。

专栏2:2019年部分省(区、市)执法规范化建设情况

河北 承德局开展实名收寄信息系统推广攻坚扫尾行动。

黑龙江 齐齐哈尔局制定《关于推进行政执法三项制度的工作方案》《齐齐哈尔市邮政管理局法律顾问制度》;黑河局制定《邮政行政处罚案件主办人制度》。

江苏 宿迁局印发《行政处罚案件档案管理制度》。

浙江 印发《邮政管理系统执法规范化工作考核实施细则》《邮政管理系统执法规范化工作考核评价标准》;出台《年度执法规范化工作考核评价标准》;组织召开实名收寄执法办案培训会。

安徽 修订《安徽省邮政条例》,为县级邮政事业单位开展监督检查明确了法律依据,组织县级机构工作人员参加全省邮政行政执法人员资格考试。

福建 组织执法培训班,下发《关于开展规范使用行政执法信息系统专项督导的通知》。

江西 举办邮政市场监管工作培训班。

广东 组织各市局进行执法检查交流活动,健全区域间执法协作机制;清远局印发《2019年执法检查工作方案》。

四川 印发《关于2019年度跨区域协作有关事项的通知》。

四、快递服务评价体系继续完善

2019年,以服务满意度、时限准时率等为主要指标的快递服务质量评价体系持续完善。为持续改进服务质量,促进快递业健康有序发展,国家邮政局委托专业第三方对快递服务满意度进行了调查。调查显示,2019年用户对快递业的服务总体满意度继续提升,公众满意度提升幅度较大。2019年快递服务总体满意度得分为77.3分,较2018年上升1.4分。

(一)快递服务总体满意度继续提升

2019年快递服务满意度调查范围覆盖50个城市,包括全部省会城市、直辖市以及19个快递业务量较大的重点城市。具体为:北京、天津、石家庄、太原、呼和浩特、沈阳、长春、哈尔滨、上海、南京、杭州、合肥、福州、南昌、济南、郑州、武汉、长沙、广州、南宁、海口、重庆、成都、贵阳、昆明、拉萨、西安、兰州、西宁、银川、乌鲁木齐、大连、苏州、无锡、宁波、金华、温州、芜湖、厦门、泉州、青岛、洛阳、株洲、深圳、东莞、中山、揭阳、桂林、遵义和宝鸡。

调查对象为2018年国内快递业务量排名靠前且服务水平较好的10家全网型快递服务品牌,包括:中邮速递、顺丰速运、中通快递、韵达速递、圆通速递、申通快递、百世快递、京东物流、德邦快递和优速快递。

调查由2019年使用过快递服务的用户对受理、揽收、投递、售后和信息5个快递服务环节及22项基本指标进行满意度评价,通过计算机辅助电话访问和在线调查等方式,共获得有效样本94714个。

调查显示,2019年用户对快递业的服务总体满意度继续提升,公众满意度提升幅度较大。2019年快递服务总体满意度得分为77.3分,较2018年上升1.4分。其中,公众满意度得分为84.0

分,较2018年上升2.3分,快递服务的公众评价持续向好;时测满意度得分为70.5分,较2018年上升0.4分。

快递企业总体满意度排名依次为:顺丰速运、中邮速递、京东物流、韵达速递、中通快递、百世快递、申通快递、圆通速递、德邦快递、优速快递。其中,优速快递、圆通速递与申通快递的公众满意度上升较为明显。

公众满意度方面,涉及评价的5项二级指标较2018年均有上升。其中,受理环节满意度得分为88.6分,较2018年上升1.7分;揽收环节满意度得分为86.7分,较2018年上升2.6分;投递环节满意度得分为86.2分,较2018年上升1.1分;售后环节满意度得分为73.3分,较2018年上升3.3分;信息服务满意度得分为86.7分,较2018年上升4.9分,进步明显。

在涉及评价的22项三级指标中,用户满意度较高的指标是:普通电话下单、物流信息及时性和准确性、网络下单、揽收员服务、封装质量、上门时限、派件员服务、送达质量、统一客服下单、智能快件箱投递、送达范围感知。满意度上升幅度较大的指标是:物流信息及时性和准确性、个人信息安全保护、公共服务站投递、问题件处理、全程信息推送、送达范围感知、时限感知、上门时限、费用公开透明、网络下单。满意度有所降低的指标是送达质量、住宅投递。

在受理环节,普通电话下单、统一客服下单、网络下单分别为90.0分、86.7分和88.7分,较2018年均有改善。快递企业在普通电话下单服务方面差异较小,服务均达到较高水平。用户下单渠道更加多元,下单服务体验不断优化。在受理环节表现较好的企业有:顺丰速运、百世快递和京东物流。

在揽收环节,上门时限、封装质量、揽收员服务、快递费用满意度得分分别为87.3分、87.6分、88.3分和85.3分,较2018年均有上升。其中,上门时限满意度得分上升3.2分,快递费用满意度得分上升2.9分。在揽收环节表现较好的企业有:顺丰速运、京东物流、中邮速递和百世快递。

在投递环节,时限感知、送达质量、送达范围感知、派件员服务满意度得分分别为84.3分、86.8分、85.9分和86.9分。其中,送达质量与住宅投递满意度得分较2018年略有下降;时限感知与送达范围满意度得分均较2018年上升3.3分。智能快件箱投递满意度得分为86.6分,与2018年持平。快递公共服务站投递满意度得分为85.2分,服务水平较2018年有所上升。投递环节表现较好的企业有:顺丰速运、京东物流和中邮速递。

在售后环节,问题件处理服务满意度得分为70.0分,较2018年上升4.3分,进步明显;投诉服务、发票服务、损失赔偿服务满意度得分分别为55.4分、84.9分和63.1分,较2018年均有上升。售后环节表现较好的企业有:顺丰速运、京东物流、中邮速递和德邦快递。

在信息服务环节,物流信息及时性和准确性、全程信息推送、个人信息安全保护满意度得分分别为89.8分、85.0分和85.3分,较2018年均有较大幅度上升。信息服务方面表现较好的企业有:顺丰速运、京东物流、中邮速递和中通快递。

在不同区域中,中部地区服务表现最好,满意度得分连续5年稳步上升;东部地区服务满意度得分较2018年明显上升。中、西部地区满意度得分继续上升,表明“快递向西、向下”成效继续显现。其中,东北地区满意度得分较高,华东地区各环节满意度上升明显。用户对城市寄往农村或偏远地区快递服务的公众满意度得分为80.4分,较2018年上升2.4分。2019年快递公众满意度得分居前15位的城市是:洛阳、沈阳、太原、长春、天津、银川、大连、宝鸡、金华、哈尔滨、温州、合肥、呼和浩特、杭州、苏州。

2019年度调查中,还对部分与快递服务紧密相关的事项进行了抽样调查。在快递员上门取件准时率用户感知方面,46.2%的受调查用户感知到快递员上门取件准时率提升。用户对投递环节快件签收落实、未妥投处理服务的满意度评分分别为86.5分、86.6分，较2018年有所下降。调查还显示，快递企业应对旺季高峰期、春节假期等特殊时期的服务保障能力进一步增强。2019年，用户对特殊时期快递服务满意度得分为83.4分，较2018年上升2.5分，特殊时期服务持续优化。

（二）快递服务时限水平普遍改善

2019年快递服务时限测试范围覆盖50个城市，包括全部省会城市、直辖市以及19个快递业务量较大的重点城市。具体为：北京、天津、石家庄、太原、呼和浩特、沈阳、长春、哈尔滨、上海、南京、杭州、合肥、福州、南昌、济南、郑州、武汉、长沙、广州、南宁、海口、重庆、成都、贵阳、昆明、拉萨、西安、兰州、西宁、银川、乌鲁木齐、大连、苏州、无锡、宁波、金华、温州、芜湖、厦门、泉州、青岛、洛阳、株洲、深圳、东莞、中山、揭阳、桂林、遵义和宝鸡。

测试对象为2018年国内快递业务量排名靠前且服务水平较好的10家全网型快递服务品牌，包括：中邮速递、顺丰速运、中通快递、韵达速递、圆通速递、申通快递、百世快递、京东物流、德邦快递和优速快递。

测试的业务范围为异地快件业务。测试方式为系统抽样测试和实际寄递测试，有效样本约400万个。

2019年全国重点地区快递服务全程时限为56.2小时，较2018年缩短0.64小时。72小时准时率为79.26%，较2018年提高0.29个百分点。

从全年表现看，业务旺季全程时限较长，第二、三季度时限水平较高且保持稳定。与2018年同期相比，2019年各月时限水平普遍改善。

从分环节时限看，寄出地处理环节平均时限为8.94小时，较2018年缩短0.28小时；运输环节平均时限为33.66小时，较2018年缩短0.3小时；寄达地处理环节平均时限为9.09小时，较2018年缩短0.16小时；投递环节平均时限为4.52小时，较2018年延长0.11小时。四个环节中，寄出地处理、运输和寄达地处理环节时限均有改善，投递环节时限基本稳定。

从不同寄送距离时限看，通过实地调研，结合快递企业作业实际，以600公里、1500公里、2500公里为界，对全样本里程段进行了调整。600公里以下平均时限为37.59小时，600～1500公里平均时限为53.7小时，1500～2500公里平均时限为67.24小时，2500公里以上平均时限为89.13小时。

从分区域时限看，全国寄往东部地区的快件平均时限为55.56小时，较2018年缩短0.95小时；全国寄往中部地区的快件平均时限为57.62小时，较2018年缩短0.76小时；全国寄往西部地区的快件平均时限为63.63小时，较2018年延长0.07小时。

2019年10家快递服务品牌主要时限指标排名表现

排　名	全程时限	寄出地处理时限	运输时限	寄达地处理时限	投递时限	72小时准时率
顺丰速运	1	1	1	1	1	1
中邮速递	2	6	2	3	3	2
京东物流	3	7	3	6	2	4
韵达速递	4	2	6	2	5	3
百世快递	5	4	4	4	7	5
中通快递	6	5	5	5	8	6
申通快递	7	8	7	9	4	7
圆通速递	8	3	8	8	9	8
德邦快递	9	10	9	7	6	9
优速快递	10	9	10	10	10	10

五、人才队伍建设不断加快

经中央批准，国家邮政局会同人力和社会保障部门开展首次全国邮政行业评选表彰活动。84人入选首批全国邮政行业科技英才和技术能手推进计划，1.4万余人取得快递工程技术人员职称资格，4所现代邮政学院在校生已达2261人。成功举办全国邮政行业职业技能竞赛、“互联网+”快递大学生双创大赛、邮政职业教育快递技能大赛和强邮论坛。联合人力和社会保障部门颁布快递员和快件处理员国家职业技能标准，推动各地将快递从业人员职业技能培训纳入政府补贴目录。

六、国际合作开创新局面

一是更高水平对外开放措施加快推出。开展跨境电子商务寄递服务高质量发展专项行动，促进跨境寄递服务平稳发展。全年国际/港澳台快递业务量完成14.4亿件。邮政企业、快递企业在综合物流、海外仓建设等方面加强国际合作，大力开拓全球货运、快递及物流市场。

二是参与全球邮政治理作用发挥更加凸显。科学有效应对美国“退群”极限施压和万国邮联终端费谈判，推动终端费改革融合V方案获得通过，成功维护多边体制和我国权益。推动设立万国邮联铁路联络委员会，持续推进中欧班列运邮常态化，开展入欧新通道运邮测试和快件运输试点。成功举办万国邮联电子商务时代跨境合作全球大会，向全世界宣传中国集邮文化和邮政业改革开放成就经验，国际合作进一步拓展。

七、市场主体积极投身公益事业，传递行业正能量

2019年，邮政企业和各快递企业在努力提升快递服务质量和水平的同时，积极履行企业社会责任，参与各种公益活动，回报社会，传递爱心和行业正能量。

中国邮政积极持续推进“爱心包裹”项目，组织开展公益包裹活动。中国邮政联合中国扶贫基金会，利用自身“网点遍布全国、品牌深入人心”的优势宣传推广“爱心包裹”项目，致力于改善贫困地区农村小学生综合发展和生活条件。中国邮政作为项目特别支持单位，承担着捐赠受理、包裹运递、款项归集、发票和回音卡寄递等各项服务支撑工作，确保了成千上万个“爱心包裹”第一时间准确投递到贫困地区及灾区学生手中，推动了全民公益事业的蓬勃发展。该项目是中国扶贫基金会首个年度筹款过亿元的品牌项目，也是中国扶贫基金会目前受益人数最多的项目。

项目启动十年来，承载着全国各地爱心人士关爱的“爱心包裹”通过中国邮政的绿色通道，送达全国31个省（区、市）、853个县的2.8万所学校，为国内600万名学生送去关爱与温暖。

针对“爱心包裹”项目，中国邮政开放了全国3.6万个邮政网点作为受理捐赠站，并专门开发系统，打破邮政传统包裹实物收寄流程，创新了各地受理、集中处理、集中发运、集中投递的全新运作模式，使得“爱心包裹”捐赠更加便捷、透明、准确。在232万爱心个人、7.02亿元社会捐赠，邮政企业的3.6万个网点、6大包裹邮件处理分仓的支持下，“爱心包裹”影响日益扩大。

顺丰加大支持教育扶贫、医疗救助和志愿者活动力度。在教育扶贫方面，自成立以来，顺丰公益基金会致力于乡村教育发展，通过顺丰“莲花助学”、顺丰“凉山爱心班”、顺丰“郎朗音乐教室”、顺丰“莲花小学”、顺丰大学奖学金等项目，为众多中小学生、大学生实现人生梦想插上了翅膀。

顺丰“莲花助学”由顺丰公益基金会2012年发起，目前已发展为全国性发展型助学项目。项目采取以县域为单位集中申请、家访核实、持续资助及陪伴支持的方式，通过建立人与人之间更好的联结，助力贫困学生顺利完成高中及大学学业，构建完整的人格及丰富的内心世界，成长为自信、正直、勇于担当、能够适应未来社会发展并愿意回馈社会及反哺家乡的人。该项目在2019年“深圳

教育改革创新大奖”评选中获得“年度最具社会影响力教育公益项目”奖项。截至2019年12月，顺丰莲花助学项目已经在全国18省57县(市、区)开展，项目累计资助贫困中学生18078名。其中，9459人完成高中学业，6443人升入本科院校，1967人获得顺丰“莲花助学”大学奖学金。

在医疗救助方面，顺丰“暖心”孤贫儿童医疗救助项目自2014年启动至今，已形成“儿童先心病救助”“儿童血液病和恶性肿瘤救助”“孤儿养护”三大模块。项目通过义诊筛查、医疗救助、人文关怀等方式，旨在推动相关疾病患儿的早发现、早治疗、早康复，在战胜疾病和温暖心灵两方面助力孤贫患儿的身心健康成长。

在志愿者活动方面，2019年，顺丰新成立3家志愿者协会组织，分别为顺丰速运宁夏区丰行公益志愿者协会、顺丰速运佛山区佛山无影脚志愿者协会以及顺丰速运河南区阳光公益志愿者协会。志愿者协会职责为号召企业内部员工积极参与公益志愿服务活动，营造良好公益文化氛围，唤醒更多潜在的善能量。截至2019年年底，顺丰累计成立19个志愿者协会。

同时，顺丰基于互联网平台开展“丰益行动”项目，让用户可以通过线上渠道换取公益积分，向公益项目捐献爱心，为公益事业贡献点滴力量。

申通持续关注慈善助学事业和志愿者活动。设立医学教育教学奖励基金、爱心救助基金，组织开展“小红心暖阳助学”、书籍捐赠等爱心助学活动，用实际行动传承雷锋精神，激发社会正能量。同时，积极倡导各网点公司组建员工志愿者队伍，结合地区实际积极开展各项志愿者活动；发起成立“申帮”，倡议“申援不息，申申相爱”；每年参与浙江桐庐送温暖活动，倾情助力当地民生改善；每年为上海重固“蓝天下的至爱”活动捐款，推进当地慈善事业发展。

韵达在实现自身稳健发展的同时，积极履行企业社会责任，通过持续投入、深耕发展贫困助学、灾区救援和共建社区和谐等领域。韵达公益基金会自设立以来，通过审慎考察和专业分析，先后开展了社区助学、“爱心饭碗”、互联网支教、“萌娃课堂”、产业扶贫等项目。面对自然灾害，韵达利用自身优势，调动运力资源，及时为灾区送去救援物资，组织员工为灾区捐钱、捐物，帮助灾区民众开展灾后重建，恢复正常生产生活。同时，重视社区沟通和参与，积极鼓励员工组织参与志愿服务活动，以实际行动回馈社会，为更多需要帮助的人送去爱与温暖，弘扬志愿精神，传播正能量。

圆通积极响应国家精准扶贫政策。秉持与践行“服务社会、强企为国”的责任理念，充分发挥自身网络覆盖、产业、就业等优势，秉承“快递＋电商”扶贫模式，实事求是，因地制宜，通过产业扶贫、教育扶贫、就业扶贫与公益捐助等方式，同贫困地区政府形成合力，激发贫困地区和帮扶对象的自身优势、内生动力，实现精准帮扶、稳定脱贫，助力帮扶对象精准脱贫与贫困地区高质量、全面脱贫。

圆通产业扶贫以“电商村村通、快递村村通”为总体目标，以搭平台、通渠道为基本路径，一方面助推农村“快递＋电商”公共服务中心建设，打造农村电子商务新平台，另一方面，创新“快递＋电商＋新零售”新模式，打通农特产品流通渠道、助力农特产品销售。

其中，圆通与云南德宏政府签署扶贫协作框架协议，通过产业、就业、教育等多种手段，建立贫困地区可持续的增收致富机制，投资近50万元购置草果烘干机、建设烘干库房等配套设施，实现农民增收。在四川凉山累计投入400多万元，开通10多个县的快递网点，解决当地近百人就业问题，薪资待遇在当地处于中上水平；通过线上渠道营销推广，有效促进山东嘉祥、沂蒙山地区苹果销售，带动山西静乐滞销红皮土豆销售突破，以及解决陕西清涧黄河滩枣销售难题，整体上通过解决农产品销售实际困难，帮助农民实现增收；通过线上线下渠道融合，协助“中国猕猴桃之乡”陕西周至加强品牌竞争力、搭建创新销售渠道。

百世积极投身社会公益，充分发挥在网络覆盖、仓储、运输及末端配送的服务优势，为社会公益奉献力量。百世与各地爱心慈善组织、基金会形成合力，积极为扶贫、救灾等公益行动提供免费物流支持，关注并投入儿童助残助学公益事业。

同时，百世响应国家助农扶贫号召，开展基于全链路物流支持的“农品优行”计划，实现优质农产品上行，助力脱贫攻坚和乡村振兴工作。该计划充分发挥百世在技术、人才培养、末端服务等方面的优势，为新农人提供综合物流和智慧供应链解决方案，助力农特产品上行，同时帮助地域性品牌扩大在全国的影响力和知名度，促进农户增收致富，为贫困地区脱贫摘帽提供新路径和新模式。

2019 年全国部分省、市(州)邮政立法情况

省(市)	日　期	事　件
河北	2019 年 2 月	河北省人民政府 2019 年立法工作计划经省政府常委会审议通过。《河北省邮政条例》(修改)列入地方性法规调研项目
江西	2019 年 11 月 27 日	江西省第十三届人民代表大会常务委员会公告第 49 号通过修订《江西省邮政条例》
长春	2019 年 8 月 1 日	《长春市邮政条例》根据 2019 年 4 月 25 日长春市第十五届人民代表大会常务委员会第十九次会议通过，2019 年 8 月 1 日吉林省第十三届人民代表大会常务委员会第十三次会议批准的《长春市人民代表大会常务委员会关于修改部分地方性法规的决定》修正
沧州	2019 年 10 月 14 日	2019 年 8 月 27 日沧州市第十四届人民代表大会常务委员会第二十一次会议通过，2019 年 9 月 28 日河北省第十三届人民代表大会常务委员会第十二次会议批准，2019 年 10 月 14 日，沧州市第十四届人民代表大会常务委员会公告发布《沧州市快递条例》
芜湖	2019 年 3 月 1 日	芜湖市政府第 26 次常务会议审议通过《芜湖市快递管理办法》，于 2019 年 3 月 1 日正式实施。这是安徽省首个快递业地方法规
乌鲁木齐	2019 年 12 月 23 日	《乌鲁木齐市邮政管理条例》经 2019 年 10 月 16 日乌鲁木齐市第十六届人民代表大会常务委员会第二十四次会议修订，2019 年 11 月 29 日，新疆维吾尔自治区第十三届人民代表大会常务委员会第十三次会议批准。2019 年 12 月 23 日，乌鲁木齐市人大常委会公告公布

2019 年国家相关部门支持快递发展的部分政策文件

部　委	政策文件名称
中共中央、国务院	交通强国建设纲要
中共中央、国务院	中共中央　国务院关于深化改革加强食品安全工作的意见
中共中央办公厅、国务院办公厅	国家生态文明试验区(海南)实施方案
中共中央办公厅、国务院办公厅	数字乡村发展战略纲要
国务院	国务院关于推进国家级经济技术开发区创新提升打造改革开放新高地的意见(国发〔2019〕11 号)
国务院	国务院关于促进乡村产业振兴的指导意见(国发〔2019〕12 号)
国务院办公厅	国务院办公厅转发交通运输部等部门关于加快道路货运行业转型升级促进高质量发展意见的通知(国办发〔2019〕16 号)
国务院办公厅	国务院办公厅关于深入开展消费扶贫助力打赢脱贫攻坚战的指导意见(国办发〔2018〕129 号)

续上表

部　　委	政策文件名称
国务院办公厅	国务院办公厅关于加快发展流通促进商业消费的意见(国办发〔2019〕42 号)
国家发展和改革委员会等 15 部门	关于推动先进制造业和现代服务业深度融合发展的实施意见(发改产业〔2019〕1762 号)
商务部等 10 部门	商务部等 10 部门关于印发《多渠道拓宽贫困地区农产品营销渠道实施方案》的通知(商建函〔2019〕25 号)
商务部、公安部、交通运输部、国家邮政局、供销合作总社	商务部等 5 部门关于进一步落实城乡高效配送专项行动有关工作的通知(商流通函〔2019〕60 号)
国家发展和改革委员会、交通运输部	国家发展和改革委员会　交通运输部关于开展物流降本增效综合改革试点的通知(发改经贸〔2019〕325 号)
国家发展和改革委员会、工业和信息化部、公安部、财政部、交通运输部、国家邮政局等 24 个部门	关于推动物流高质量发展促进形成强大国内市场的意见(发改经贸〔2019〕352 号)
财政部办公厅、商务部办公厅	财政部办公厅　商务部办公厅关于推动农商互联完善农产品供应链的通知
交通运输部	交通运输部关于印发《数字交通发展规划纲要》的通知(交规划发〔2019〕89 号)
交通运输部、国家税务总局	交通运输部　国家税务总局关于印发《网络平台道路货物运输经营管理暂行办法》的通知
交通运输部、国家邮政局、中国邮政集团公司	交通运输部　国家邮政局　中国邮政集团公司关于深化交通运输与邮政快递融合推进农村物流高质量发展的意见(交运发〔2019〕107 号)

2019 年全国部分省(区、市)支持快递发展政策

省(区、市)	支持政策文件名
北京	关于印发《北京市关于深入推进电子商务与快递物流协同发展实施方案》的通知(京商电商字〔2019〕9 号)
	关于开展末端配送创新试点进一步加强快递末端用车、外卖用车管理工作方案(京商电商字〔2019〕21 号)
	关于进一步规范快递业务经营许可和市场主体登记工作的通知(京邮管〔2019〕95 号)
	关于促进快递行业规范发展加强从业人员权益保障的通知(京邮管〔2019〕110 号)
天津	天津市进一步优化营商环境条例(天津市第十七届人民代表大会常务委员会第十二次会议通过)
	关于印发天津市进一步推进供给侧结构性改革降低实体经济企业成本第二批政策措施的通知(津政办发〔2019〕2 号)
	关于完善本市促进消费体制机制进一步激发居民消费潜力实施方案的通知(津政办发〔2019〕13 号)
	天津市物流业空间布局规划(2019－2035 年)(津政函〔2019〕79 号)
	天津市乡村振兴战略规划
	关于做好天津市服务业转型升级专项 2019 年度编报工作的通知(津发改服务〔2019〕393 号)
	关于印发天津市创建绿色货运配送示范城市实施方案(2018－2020 年)的通知(津交发〔2019〕93 号)
	关于印发推动邮政快递业与交通运输业融合发展工作方案的通知(津交发〔2019〕187 号)
	关于开展快递工程专业职称评价工作的通知(津人社办发〔2019〕103 号)
	关于加强快递从业人员权益保障工作的实施意见(津邮管〔2019〕35 号)
	关于做好邮政业落实减税降费政策相关工作的通知(津邮管〔2019〕36 号)
	关于印发《天津市推进邮政业服务乡村振兴工作方案》的通知(津邮管〔2019〕49 号)
	寄递企业安全中心建设与管理规范

续上表

省(区、市)	支持政策文件名
河北	河北省关于完善促进消费体制机制实施方案(2019－2020年)的通知(冀政办字〔2019〕4号)
	关于开展消费扶贫助力打赢脱贫攻坚战行动方案的通知(冀政办字〔2019〕19号)
	关于印发《河北省支持开发区产业振兴发展的措施》的通知(冀发改外资〔2019〕1334号)
	关于开展城乡高效配送专项行动的实施意见(冀商流通字〔2019〕5号)
	关于印发《河北省2019年电子商务进农村综合示范工作方案》的通知(冀商建设字〔2019〕11号)
	关于推进品牌连锁便利店发展的意见(冀商流通字〔2019〕12号)
	关于做好快递工程技术人才职称评审工作有关问题的通知(冀人社字〔2019〕260号)
	关于印发《2019年河北邮政业更贴近民生七件实事责任分工方案》的通知(冀邮管党〔2019〕5号)
	关于印发《落实邮政业监管体系建设"十三五"规划实施方案》的通知(冀邮管〔2019〕11号)
	关于全面推开快递工程技术人员职称评审工作的通知(冀邮管〔2019〕20号)
	关于印发《河北省邮政管理局推进市级以下邮政业安全中心建设的实施方案》的通知(冀邮管〔2019〕31号)
	关于印发2019年全省邮政行业生态环境保护工作要点的通知(冀邮管〔2019〕33号)
	关于印发《贯彻落实习近平总书记近期对邮政业系列重要指示批示精神的工作措施》的通知(冀邮管〔2019〕36号)
	河北省关于协同推进快递行业环保治理工作的实施意见(冀邮管〔2019〕38号)
	关于印发《河北省邮政行业人才培养基地遴选和管理办法》的通知(冀邮管〔2019〕71号)
	关于印发《河北省快递示范园区申报标准及评定管理方法》的通知(冀邮管〔2019〕74号)
	关于推进邮政业服务乡村振兴的实施意见(冀邮管〔2019〕77号)
	关于印发《关于促进跨境电子商务寄递服务高质量发展的实施意见(暂行)》的通知(冀邮管〔2019〕78号)
	关于印发《关于支持建设航空快件绿色通道的意见》的通知(冀邮管〔2019〕79号)
	关于印发《河北省寄递渠道安全监管"绿盾"工程信息化建设实施方案》的通知(冀邮管办〔2019〕25号)
	推进河北省快递业集聚发展战略合作协议
山西	关于批转《2019年度全省工程系列快递专业高级工程师评审工作安排意见》的通知(晋人设厅函〔2019〕1018号)
	关于做好邮政业落实减税降费政策相关工作的通知(晋邮管〔2019〕17号)
	关于印发《山西省快递工程技术人员职称评审工作实施方案》的通知(晋邮管〔2019〕73号)
	关于印发《2019年全省工程系列快递专业中、初级职称评审工作安排意见》的通知(晋邮管〔2019〕95号)
内蒙古	关于认真落实习近平总书记重要指示推动邮政业高质量发展的实施意见
	关于推进邮政业服务乡村振兴的实施意见
	内蒙古自治区党委　自治区人民政府关于坚持农牧业农村牧区优先发展切实做好"三农三牧"工作的实施意见
	关于印发自治区推进运输结构调整三年行动计划实施方案(2018－2020年)的通知(内政办发〔2019〕11号)
	关于深入开展消费扶贫助力打赢脱贫攻坚战的实施意见(内政办发〔2019〕19号)
	关于进一步规范和优化城市配送车辆通行管理的工作意见(内邮管联〔2019〕4号)
	推进全区邮政业服务"一带一路"建设和促进跨境电子商务寄递服务高质量发展工作方案（内邮管〔2019〕19号)
	关于印发《内蒙古自治区邮政管理局推动快递物流高质量发展促进形成强大国内市场工作方案》的通知(内邮管函〔2019〕55号)
	促进跨境电子商务寄递服务高质量发展专项行动方案（内邮管函〔2019〕58号)
	内蒙古自治区邮政管理局关于支持民营快递企业发展的实施意见(内邮管〔2019〕169号)
辽宁	辽宁省七部门关于推进邮政业服务乡村振兴的意见(辽邮管〔2019〕89号)

续上表

省(区、市)	支持政策文件名
吉林	吉林省人民政府办公厅关于印发“一主、六双”产业空间布局规划配套政策的通知(吉政办发〔2019〕25号)
	关于深入开展消费扶贫助力打赢脱贫攻坚战的实施意见(吉政办发〔2019〕37号)
	吉林省落实推进运输结构调整三年行动计划(2018－2020年)实施方案(吉政办发〔2018〕55号)
	关于规范快递电动车道路通行管理的实施意见(吉软环境办联〔2019〕2号)
	吉林省扩大开放100项政策措施
	吉林省拓宽贫困地区农产品营销渠道实施方案
黑龙江	中共黑龙江省委黑龙江省人民政府关于支持哈尔滨新区改革创新促进高质量发展的意见(黑发〔2019〕48号)
	商务厅等9部门关于推广标准托盘发展单元化物流的实施意见(黑商联发〔2019〕4号)
	关于转发《商务部等五部门关于进一步落实城乡高效配送专项行动有关工作的通知》及确定第二批城乡高效配送试点城市的通知(黑商联发〔2019〕8号)
上海	上海市人民政府办公厅印发《关于本市推进电子商务与快递物流协同发展的实施意见》的通知(沪府办规〔2019〕1号)
	关于印发《本市贯彻〈关于支持自由贸易试验区深化改革创新若干措施〉实施方案》的通知(沪府规〔2019〕12号)
江苏	国家邮政局、江苏省人民政府关于加快推进江苏省邮政业高质量发展合作协议
	转发国家邮政局等七部门关于推进邮政业服务乡村振兴意见的通知(苏邮管〔2019〕98号)
	关于印发《江苏省协同推进快递业绿色包装工作实施方案》的通知(苏邮管〔2019〕109号)
	关于开展2019－2020年度电子商务示范创建工作的通知(苏商电商〔2019〕178号)
浙江	关于高水平推进生活垃圾治理工作的意见（浙委办发〔2019〕59号)
	浙江省推进运输结构调整三年行动计划(2018－2020年)(浙综交改发〔2019〕1号)
	关于进一步落实城乡高效配送专项行动有关工作的通知(浙商务联发〔2019〕27号)
	关于印发浙江省多渠道拓宽贫困地区和省内加快发展县农产品营销渠道实施方案的通知(浙商务联发〔2019〕30号)
	关于促进民营快递高质量发展的指导意见(浙邮管〔2019〕1号)
	关于做好快递业助推小微企业园高质量发展的指导意见(浙邮管〔2019〕12号)
	关于促进跨境电子商务寄递服务高质量发展的实施意见(浙邮管〔2019〕103号)
	浙江省快递市场法人主体信用评定方案(试行)(浙邮管〔2019〕150号)
安徽	关于加强城镇基础设施建设的实施意见(皖政〔2019〕64号)
	关于印发《安徽省推进城市生活垃圾分类工作实施方案》的通知(建督〔2019〕108号)
	关于推进邮政业服务乡村振兴的实施意见(皖邮管〔2019〕48号)
	关于加强安徽省快递从业人员职业技能培训工作的通知(皖邮管〔2019〕51号)
	关于印发《安徽省推进邮政行业绿色环保工作实施方案》的通知(皖邮管〔2019〕64号)
	关于推进市级以下邮政业安全监管支撑体系建设的指导意见(皖邮管办〔2019〕15号)
福建	关于印发《福建省加快推进丝路电商发展十一条措施》的通知(闽商务〔2019〕117号)
	关于印发城市配送集约高效发展实施方案的通知(闽交运〔2019〕17号)
	关于在城镇住宅小区、住宅建筑工程推广建设智能信包箱的通知(闽邮管联〔2019〕10号)
江西	关于支持大南昌都市圈发展若干政策措施的通知(赣府字〔2019〕9号)
	关于印发贯彻落实推进运输结构调整三年行动计划(2018－2020年)实施方案的通知(赣府厅发〔2019〕7号)
	关于印发江西省进一步激发商贸消费潜力促进商贸消费升级三年行动方案(2019－2021年)(赣府厅字〔2019〕10号)

续上表

省(区、市)	支持政策文件名
江西	关于印发支持邮政业高质量发展若干措施的通知(赣府厅发〔2019〕89号)
	关于做好寄递渠道X射线安检机配置工作的通知(赣邮管〔2019〕1号)
	关于促进跨境电子商务寄递服务高质量发展的若干意见(赣邮管〔2019〕61号)
山东	关于大力拓展消费市场加快塑造内需驱动型经济新优势的意见(鲁政字〔2019〕143号)
	关于深入开展消费扶贫助力打赢脱贫攻坚战的实施意见(鲁政办发〔2019〕25号)
河南	关于推进电子商务与快递物流协同发展的实施意见(豫政办〔2019〕12号)
	关于组织申报快递物流转型发展支持项目的通知(豫商办〔2019〕8号)
	关于印发2019年行业生态环境保护工作要点的通知(豫邮管〔2019〕23号)
	关于印发《贯彻落实国家邮政局2019年邮政业更贴近民生实事相关措施》的通知(豫邮管〔2019〕25号)
湖北	关于加快推进全省“快递下乡进村”工作的实施意见(鄂邮管〔2019〕30号)
	关于规范和优化全省快递服务车辆通行管理的意见(鄂邮管〔2019〕46号)
湖南	湖南省推进电子商务与快递物流协同发展实施方案(湘政办发〔2019〕39号)
	湖南省服务业高质量发展三年行动方案(2020－2022年)(湘政办发〔2019〕69号)
广东	2019年广东省邮政行业生态环境保护工作要点及分工方案
	关于加快推进农村物流网络节点体系建设的通知
广西	关于印发《广西加快西部陆海新通道建设若干政策措施(修订版)》的通知
	关于印发《西部陆海新通道广西物流业发展规划(2019－2025年)》的通知(桂发改经贸〔2019〕979号)
	印发关于推动广西物流高质量发展的实施方案(2019－2021年)的通知(桂发改经贸〔2019〕1281号)
	广西壮族自治区财政厅关于下达自治区财政2019年乡村振兴补助资金的通知(桂财建〔2019〕133号)
	关于印发《西部陆海新通道广西现代物流建设实施方案(2019－2020年)》的通知(桂通道指办〔2019〕6号)
海南	海南省人民政府办公厅关于印发海南省推进运输结构调整工作实施方案的通知(琼府办函〔2019〕19号)
	关于印发深化交通运输与邮政快递融合促进农村物流高质量发展工作方案的通知(琼交运输〔2019〕591号)
	关于印发《推进多渠道宽渠道拓宽贫困地区农产品营销渠道的实施方案》的通知(琼商建〔2019〕93号)
	关于印发《海南省快递工程专业技术资格评审条件(试行)》的通知(琼邮管〔2019〕55号)
重庆	关于深化全市交通运输与邮政快递融合推进农村物流高质量发展的通知(渝交发〔2019〕36号)
	关于印发《重庆市电子商务扶贫提升行动计划》的通知(渝扶组办发〔2019〕69号)
	关于印发《重庆市(主城区)“无废城市”建设试点实施方案》的通知(渝无废组〔2019〕1号)
四川	关于印发四川电商营商高地建设总体方案的通知;四川电商营商高地建设总体方案(川办发〔2019〕72号)
	四川省委省政府关于加快建设现代农业“10＋3”产业体系推进农业大省向农业强省跨越的意见
	四川省深化“放管服”改革优化营商环境行动计划(2019－2020年)
	四川省政务服务对标专项行动方案
	四川省提升营商环境法治化水平专项行动方案
	四川省减证便民专项行动方案
	四川省规范行政审批中介服务专项行动方案
	四川省推进“一网通办”专项行动方案
	关于深化农村公共基础设施管护体制改革工作的通知(川发改农经〔2019〕552号)
	四川印发交邮合作实施方案的通知(川交函〔2019〕428号)
	关于印发《深化农村物流配送体系建设的实施方案》的通知(川商发〔2019〕7号)
贵州	关于深入推进2019年全省城市道路交通文明畅通提升工程工作的通知(黔公交〔2019〕8号)
	关于开展便利店(便民服务中心)项目建设的通知(黔商发〔2019〕23号)

续上表

省(区、市)	支持政策文件名
云南	关于印发《云南省认真落实习近平总书记重要指示推动邮政业高质量发展实施方案》的通知(云交运输〔2019〕51 号)
	关于印发《云南省县乡村物流体系改革实施方案》的通知(云商市〔2019〕12 号)
	云南省邮政管理局　省公安厅　省交通运输厅关于加强城市快递末端服务车辆通行管理的指导意见(云邮管局〔2019〕29 号)
云南	云南省邮政管理局　省发展和改革委员会　省商务厅　省交通运输厅印发《关于推进云南省快递物流园区建设的指导意见》的通知(云邮管局发〔2019〕67 号)
	云南邮政管理局　省自然资源厅　省住房和城乡建设厅关于印发《关于推广智能信包(快件)箱建设的指导意见》的通知(云邮管局发〔2019〕76 号)
西藏	西藏自治区人民政府办公厅关于印发西藏自治区进一步扩大和升级信息消费持续释放内需潜力实施方案的通知(藏政办发〔2019〕58 号)
	西藏自治区人民政府办公厅关于印发职业技能提升行动实施方案(2019－2021 年)的通知(藏政办发〔2019〕44 号)
陕西	关于印发大力发展“三个经济”若干政策的通知(陕政发〔2019〕1 号)
	陕西省服务业创新发展三年行动计划(2019－2021)(陕发改贸服〔2019〕1518 号)关于深化资源共享合作进一步推动农村物流高质量发展的实施意见(陕交发〔2019〕107 号)
	关于推动“四好农村路”高质量发展的实施意见(陕交发〔2019〕115 号)
甘肃	关于加快发展流通促进商业消费的实施意见(甘政办发〔2019〕97 号)
	关于印发中国(兰州)跨境电子商务综合试验区实施方案的通知(甘政办发〔2019〕5 号)
青海	关于加快促进乡村产业振兴步伐的实施意见(青政〔2019〕69 号)
	关于印发青海省关于推动物流高质量发展促进形成强大市场实施意见的通知(青发改外资〔2019〕737 号)
	关于在全省住宅小区推广建设智能信报(快件)箱建设的通知(青建设〔2019〕260 号)
	关于同意青海省邮政管理局成立工程系列快递专业初级专业技术职务评审委员会的函(青人社厅函〔2019〕395 号)
	关于印发青海省快递从业人员职业技能培训实施方案的通知(青邮管〔2019〕81 号)
	关于推进全省邮政业绿色发展工作的通知(青邮管〔2019〕89 号)
宁夏	关于印发深入开展消费扶贫助力打赢脱贫攻坚战实施方案的通知(宁政办发〔2019〕40 号)
	关于印发《加快银川都市圈物流业发展实施意见》的通知(宁商发〔2019〕113 号)
新疆	关于自治区深化交通运输与邮政快递融合推进农村物流高质量发展的实施意见(新交运〔2019〕14 号)
	关于开展“邮快合作”助力快递下乡指导实施意见(新邮管〔2019〕94 号)
	关于开展快递、电信合作推进快递下乡试点工作的通知(新邮管〔2019〕128 号)
	新疆快递市场法人主体信用评定方案
	关于进一步优化城市配送车辆管理提升城市物流管理水平的通知(新发改经贸〔2019〕422 号)

第二章 2019 年中国快递领域十大事件

1. 习近平总书记关怀快递业发展

推荐指数:★★★★★

2019 年 2 月 1 日,在中国的传统节日农历春节来临之际,习近平总书记在北京看望慰问基层干部群众。当天中午 11 时许,习近平来到位于北京大栅栏街道石头胡同的顺丰快递营业部,亲切地询问顺丰快递员刘阔和齐南南在北京的工作生活状况。习近平总书记说:“你们属于工作最勤的,就像勤劳的小蜜蜂一样跑来跑去,日晒雨淋不容易。通过你们对全国从事快递业的 300 万人,这些最辛勤的劳动工作者,向你们致以新春的祝福。”

9 月 17 日上午,习近平总书记来到河南省光山县文殊乡东岳村考察当地脱贫攻坚工作成效和中办在光山县扶贫工作情况。考察中,习近平强调,“要积极发展农村电子商务和快递业务,拓展农产品销售渠道,增加农民收入,要注意节约环保,杜绝过度包装,避免浪费和污染环境”。

推荐理由:

新年贺词中点赞快递小哥是“美好生活的创造者、守护者”的声音犹在耳畔,春节前夕又出现在北京的街头巷口慰问快递小哥,称赞他们是“勤劳的小蜜蜂”,这彰显了习近平总书记的为民情怀。而快递小哥进入总书记的视野,也说明近年来快递业在服务经济社会发展、服务民生方面发挥的作用得到认可。

过去几年,习近平总书记对快递业发展作出过多次批示。但在调研脱贫攻坚工作时直接对邮政业发展作出重要指示并在《新闻联播》中公开报道,尚属首次。总书记的指示进一步指明行业发展要处理好“金山银山”和“绿水青山”的关系。在“精准脱贫攻坚战”和“污染防治攻坚战”中,快递业要有新担当和作为。

2.“关爱快递小哥”成社会热点话题

推荐指数:★★★★☆

2019 年,国家邮政局继续把“加强快递员权益保护”列为邮政业更贴近民生 7 件实事之一扎实推进。共青团中央维护青少年权益部、国家邮政局机关党委也联合发出通知,从 2018 年 12 月 29 日至 2019 年 1 月 29 日在全国范围开展“快递业从业青年权益维护服务月活动”,并在全国开展多场“共青团与人大代表、政协委员面对面”活动,聚焦快递员(投递员)权益保护。各级工会组织也努力把快递职工组织到工会大家庭中,关心关爱快递职工成长进步。“关爱快递小哥”成为 2019 年的社会热点话题。

推荐理由:

这件事,很暖心。快递小哥是弱势群体,不时出现的快递小哥被殴打、遭受歧视的消息,让我们很难过。所幸,情况正在发生变化。在习近平总书记作出“加强快递员联系服务工作”的重要指示后,无论是政府管理部门,还是共青团、工会组织,都积极行动起来,在全社会营造“关爱快递小哥”的氛围。快递员这一职业正在被社会重新认知,快递小哥的社会地位也在提升。这是一个漫长、渐进的过程,需要全社会,也包括快递小哥在内,共同去实现。

3. 快递小哥首次亮相国庆群众游行队伍

推荐指数:★★★★★

2019 年 10 月 1 日,新中国迎来 70 华诞。当天,北京天安门广场举行盛大的阅兵仪式和群众游行活动。1000 名快递小哥作为新兴业态的代表与其他群众代表一起组成“美好生活”方阵，走过天安门广场，接受祖国和人民的检阅。快递小哥所在的“美好生活”方阵，位于群众游行的第29方阵，属于三大情境之“伟大复兴”主题。

推荐理由：

新中国成立70周年庆典，快递小哥出现在群众游行队伍当中，接受祖国和人民的检阅，本身就是无上荣光。“新业态代表”“美好生活”方阵、“伟大复兴”主题，这三个关键词则说明了快递小哥走过天安门广场的价值和意义。快递小哥首次亮相国庆群众游行队伍，也让全社会从全新的视角重新认识快递员这个职业。

4. 实施“9571工程”全面推进行业生态环保工作

推荐指数：★★★★☆

2019年，国家邮政局全面推进行业生态环保工作，大力实施行业绿色发展“9571”工程。即到2019年年底，电子面单使用率达到95%以上，力争一半以上电商快件不再进行二次包装，循环中转带使用率达到70%以上，推动建立1万个邮政快递网点设置塑料制品、纸箱等包装废弃物回收装置。10月23日，国家邮政局四季度例行新闻发布会披露，在全系统全行业的共同努力下，“9571”工程进展顺利。据不完全统计，全国电子运单使用率已达97%，电商快件不再二次包装率已达47%，循环中转袋使用率已达50%，按照国家邮政局印发的参考设置包装废弃物回收装置的邮政快递网点已达2万个，45毫米以下“瘦身胶带”封装比例达到75%。

推荐理由：

打赢“污染防治攻坚战”，快递业责无旁贷。我们欣喜地看到，2019年在政府主管部门的大力倡导下，“绿色快递”蔚然成风。苏宁物流在11座城市启动“青城计划”绿色城市群建设，实现物流全链路绿色包装100%全覆盖；百世集团启动“绿意再生计划”；天猫、菜鸟联合中华环境保护基金会、阿里巴巴公益基金会以及快递合作伙伴共同发起“绿色双11”倡议。“双11”当天超过2亿人次以多种形式参与“绿色双11”。“绿色快递”正在成为一种自觉的行动。

5. 国家邮政局开展快递末端服务违规收费清理整顿工作

推荐指数：★★★★☆

2019年7月31日，国家邮政局召开电视电话会议，对快递末端服务违规收费清理整顿工作进行专项部署。2019年4月以来，国家邮政局在全国范围统一安排快递末端服务违规收费整改工作，违规收费现象得到一定程度的遏制。针对部门地区特别是中西部农村地区仍然存在的快递末端网点违规收费情况，国家邮政局党组决定8月集中开展清理整顿工作，将重点整治贯穿于“不忘初心、牢记使命”主题教育全过程，并形成常态化管理。自清理整顿专项工作开展以来，各地邮政管理部门综合运用随机检查、约谈告诫、行政处罚等措施，扎实推动清理整顿工作开展，取得阶段性成效，共通报问题线索662件，立案查处、实施处罚375件。

推荐理由：

开展快递末端服务违规收费清理整顿工作是国家邮政局“不忘初心、牢记使命”主题教育活动的重要内容，剑指长期以来快递末端服务中侵害消费者权益的顽疾。快递末端服务违规收费清理整顿工作不是简单的“一禁了之”，需要妥善处理清理、稳定和发展的关系，需要建立健全科学有效的内控机制，理顺总部和基层网点的关系，打造利益共同体，不断健全快递末端服务网络，实现资源共享、成本共担。这考验着政府管理部门、快递企业总部，以及基层快递加盟商的智慧。

6. 邮政法修订实施10年成效显著，年业务量超600亿件

推荐指数：★★★★☆

2019年是修订后的《中华人民共和国邮政

法》实施10周年。邮政法的修订实施是我国邮政业改革发展的重要里程碑。10年来,邮政业业务收入和业务总量分别增长了7.8倍和14.1倍,快递业务收入和业务量的年均增长率分别达到31.6%和42.2%,在国民经济中的基础性支撑作用不断强化。2019年12月16日10:58,国家邮政局邮政业安全监管信息系统实时监测数据显示,我国快递业第600亿件快递诞生,这标志着我国快递年业务量迈入600亿时代。这是快递发展史上又一座里程碑,也是快递业为新中国成立70周年献上的一份贺礼。

推荐理由:

没有邮政体制改革,中国快递业发展的活力就不可能得到释放,也就不可能有中国快递业今天的发展成就。中国自2014年起快递业务量冲上100亿件大关,已经连续6年位居世界第一,并且始终保持每年100亿件以上的增速,“世界邮政业的动力源和稳定器”当之无愧。600亿,不应该只是一个数字,还应该是中国快递业从高速增长向高质量增长的催化剂。

7. 快递工程技术人员职称评审工作在全国推开

推荐指数:★★★★☆

2019年10月16日,西藏自治区快递工程初级职称评审委员会获批组建,标志着快递工程技术人员职称评审工作在全国全面推广。2019年,各地深入贯彻落实全国推开快递工程技术人员职称评审的工作部署,积极借鉴典型经验做法,结合实际探索创新,推动快递工程技术人员职称评审工作实现新的突破。全国共有超过一万名快递工程技术人员获得专业技术职称。

推荐理由:

快递从业者也能评职称了!全面推进快递工程技术人员职称评审工作,在全国范围内搭建快递工程技术人才的成长阶梯和发展通道,有利于更多优秀专业技术人才脱颖而出,让更多深耕快递领域、作出突出贡献的专业技术人才更有成就感和获得感,更好助力行业培养人才、吸引人才、留住人才,为行业高质量发展和邮政强国建设提供人才支撑和智力支持。

8. 我国快递企业加速出海掘金东南亚市场

推荐指数:★★★★☆

2019年10月11日,百世集团在越南胡志明市举行发布会,宣布正式启动其在越南的快递业务,进一步布局东南亚市场。此前,2019年1月,百世在泰国全面起网,采用“自建快递分拨+末端网络加盟”的方式实现了泰国全国性快递网络搭建和仓储网络布局。资料显示,顺丰国际、中通国际、申通国际、韵达国际和百世国际先后在新加坡、马来西亚、泰国、越南等国家搭建服务网络,东南亚地区正在成为中国快递企业海外布局的重要目的地。

推荐理由:

从快递“三向”工程,到“两进一出”工程,中国快递企业走出去,是国家邮政局近年来一直倡导和积极推动的事情。总体来看,中国快递企业“出海”具有一定程度的分散性,尚不足以形成海外市场的寄递服务网络。主要快递企业把目光投向东南亚国家和地区,建立区域性质的海外服务网络,是中国快递企业集体“出海”的第一步。我们也期待着,以东南亚市场为跳板,中国快递企业在走向全球的道路上走得更快、更顺!

9. 快递行业进入新一轮战略整合期

推荐指数:★★★★

2019年行业战略整合加速。7月,优速董事会任命壹米滴答创始人兼CEO为新CEO。7月31日,申通快递发布公告称,公司控股股东及实际控制人与阿里巴巴签署一项购股权协议。在控股股东锁定期满后的3年内,阿里巴巴或其指定的第三方拥有购买申通部门控股股东股权，或其持有的部分申通股份的权利。11 月 25 日，唯品会宣布与顺丰达成业务合作，自即日起终止旗下自营快递品牌品骏的快递业务，并委托顺丰提供配送服务。

推荐理由：

当前，快递市场集中度进一步提升，二三线快递企业的生存、发展空间受到挤压，如何在有限的市场中去拓展新的生存空间，以寻求更好的发展，成为摆在当前二三线快递企业掌门人面前的生存之战。头部企业依然不能高枕无忧，市场占有率、运营成本、市场回报是任何一家企业在发展中都必须面对的问题。市场竞争只会越来越激烈，生存压力之下，行业将进入新一轮的战略整合期。

10. 行业首部编年体图书《无处不在》出版发行

推荐指数：★★★★

2019 年 5 月，由中国邮政快递报社历时近一年编撰的快递业首部编年体图书《无处不在》由中信出版社正式出版发行。原邮电部部长吴基传、时任阿里巴巴董事局主席马云为图书倾情作序。

推荐理由：

作为纪念改革开放 40 周年和庆祝新中国成立 70 周年的献礼之作，《无处不在》这部书以时间为经线、以人物为纬线，记录历史在这里交织，普通人在这里奋进，行业在这里崛起，生动讲述了我国邮政业勇于开拓、敢于拼搏的进取精神，书写了波澜壮阔的行业史。在这部书中，读懂中国快递！

第三章 2019 年中国快递发展大事记

2019 年全国邮政管理工作会议在京召开

1 月 3 日,2019 年全国邮政管理工作会议在北京召开。会议传达学习了刘鹤副总理重要批示精神,总结了 2018 年工作,回顾了改革开放 40 年来邮政业的发展成绩,全面分析了当前邮政业面临的新形势,科学谋划决胜全面建成小康社会的战略部署,明确提出了 2019 年邮政工作的总体要求和主要任务。会议提出,全行业要按照"巩固、增强、提升、畅通"八字方针,对标对表,找准差距,综合施策,精准发力,更好满足人民美好生活需要,更好支撑经济高质量发展。交通运输部部长李小鹏出席会议并作重要讲话。国家邮政局党组书记、局长马军胜作工作报告。局领导戴应军、刘君、杨春光、赵民出席会议。中央有关部门的相关负责同志应邀出席会议。

改革开放 40 年来我国邮政业取得根本性突破性变革

在 1 月 3 日召开的 2019 年全国邮政管理工作会议上,国家邮政局党组书记、局长马军胜表示,改革开放 40 年来,邮政管理部门始终坚持党的领导,始终坚持人民邮政为人民,始终坚持改革开放,邮政业发生了翻天覆地的变化,取得了根本性突破性变革。马军胜表示,改革开放 40 年来,特别是党的十八大以来,邮政业发展实践充分证明党中央改革开放的决策是完全正确的,是完全符合我国国情和发展规律的。邮政业取得了有目共睹的成绩,积累了十分宝贵的经验。他强调,40 年来的经验弥足珍贵,需要全系统全行业倍加珍惜,发扬光大,推动邮政业百尺竿头更进一步。

2018 年我国邮政业高质量发展步伐加快

1 月 3 日,2019 年全国邮政管理工作会议在北京召开。记者从会上获悉,2018 年,我国邮政业迈向高质量发展的步伐进一步加快,发展质效显著提升。行业政策环境持续优化,供给侧改革不断深入,行业在基础设施建设、改革创新、产业联动、末端投递、绿色发展、服务精准扶贫等方面的能力和水平都有大幅提升。2018 年,新增直接通邮建制村 1.6 万个,直接通邮率超过 98.9%,全国 24 个省份实现全部建制村直接通邮。西部和农村地区邮政基础设施建设项目的实施,推动网点改造 1280 处。邮政企业升级改造邮件处理中心 70 个,建成智能仓储配送中心 1837 个,投递网点全部实现电子化。全国建成快递物流园区 323 个,2000 余家企业入园运营。

国家邮政局举行新任职干部宪法集体宣誓仪式

1 月 3 日,国家邮政局举行 2018 年度新任职干部宪法集体宣誓仪式。国家邮政局党组书记、局长马军胜监誓并讲话,强调坚持依法治国首先要坚持依宪治国,坚持依法执政首先要坚持依宪执政,要始终牢记誓言,弘扬宪法精神,恪守宪法原则,履行宪法使命,继续保持奋发有为的精神状态,为开启社会主义现代化邮政强国建设新征程不懈奋斗。局党组成员、副局长戴应军、刘君、杨春光、赵民列席。

马军胜局长与新任职领导干部集体廉政谈话

1 月 3 日,全国邮政管理工作会议期间,国家邮政局党组书记、局长马军胜代表局党组与 22 名新任职领导干部进行集体廉政谈话,强调要在新起点、新岗位上时刻保持头脑清醒,修政德明底线，能担当有作为，心无旁骛干事业，一心一意谋发展，为邮政业改革发展贡献力量。局党组成员、副局长杨春光主持廉政谈话。

2019年全国邮政管理工作会议圆满闭幕

1月4日，2019年全国邮政管理工作会议圆满闭幕。会议总结回顾改革开放40年来邮政业发展成绩，分析邮政业面临的新形势新任务和存在的短板弱项，研究提出邮政业落实中央“巩固、增强、提升、畅通”八字方针和进一步“稳就业、稳金融、稳外贸、稳外资、稳投资、稳预期”的思路举措。会议号召，全系统要开拓创新、务实苦干，一步一个脚印推进各项工作，为决胜全面建成小康社会作出应有的积极贡献。国家邮政局党组书记、局长马军胜出席会议，党组成员、副局长戴应军作总结讲话，党组成员、副局长刘君主持，党组成员、副局长杨春光、赵民出席。

国家邮政局召开全系统电视电话会议

1月4日至5日，国家邮政局召开全系统电视电话会议，组织开展邮政管理系统领导班子和领导干部年度考核述职工作，集中检验各级领导班子和领导干部树牢“四个意识”、坚定“四个自信”，坚决做到“两个维护”，以及贯彻落实党中央重大决策、国家重大战略以及局党组工作部署情况。国家邮政局党组书记、局长马军胜，党组成员、副局长戴应军、刘君、赵民出席会议，党组成员、副局长杨春光主持会议。

国家邮政局举行离退休干部座谈会

1月10日，国家邮政局党组书记、局长马军胜主持召开局机关离退休干部座谈会，与离退休干部面对面交流，认真听取意见建议。座谈会上，11名离退休干部畅所欲言，对改革开放40年来，尤其是党的十八大以来，邮政业建设发展取得的辉煌成就深感自豪、倍感欣慰，并围绕提高邮政业服务质量、促进安全监管工作、推进全面从严治党、加强局机关自身建设等方面积极建言献策。

国家邮政局开办邮政老年大学

1月10日，国家邮政局举行邮政老年大学揭牌仪式暨老干部迎新春团拜会。局党组书记、局长马军胜，局党组成员、副局长杨春光为邮政老年大学揭牌并讲话。马军胜首先代表国家邮政局党组对邮政老年大学的成立表示热烈祝贺，向离退休干部多年来始终关心支持邮政业建设发展表示诚挚感谢和崇高敬意，并向全体离退休干部致以良好的新春祝福。他希望离退休干部一如既往关心支持国家邮政局建设，关心支持邮政业改革发展，多提宝贵意见建议，为推动邮政业高质量发展发挥余热、贡献力量，合力确保邮政业大船行稳致远。

国家邮政局党组召开党员代表征求意见座谈会

1月11日，国家邮政局党组书记、局长马军胜主持召开座谈会，紧扣局党组民主生活会主题，立足找准问题、解决突出问题，重点从思想政治、精神状态、工作作风等3个方面查找存在的差距和不足，广泛征求局机关和直属单位党员代表对局党组和党组成员的建议与意见，确保2018年度国家邮政局党组民主生活会开出高质量、取得好效果。

马军胜局长主持召开国家邮政局党组会议

1月11日，国家邮政局党组书记、局长马军胜主持召开局党组会议，传达学习习近平总书记在《告台湾同胞书》发表40周年纪念会上的重要讲话精神、习近平主席二○一九年新年贺词重要精神，以及中央农村工作会议精神、国务院安委会全体会议精神，强调全系统要切实用习近平总书记重要讲话精神统一思想和行动，坚决贯彻落实党中央、国务院决策部署，加快推进与小康社会相适应的现代邮政业建设。局党组成员、副局长戴应军、刘君、杨春光、赵民出席会议。中央纪委国家监委驻交通运输部纪检监察组副组长胡志彬列席会议。

马军胜局长出席2019年中国邮政集团公司工作会议

1月14日至15日,2019年中国邮政集团公司工作会议在北京召开,总结2018年工作,回顾邮电分营以来集团公司改革发展成就,分析当前面临的形势,安排部署2019年工作任务。交通运输部党组成员、国家邮政局局长马军胜出席会议并讲话,强调要坚决贯彻落实党中央、国务院决策部署,切实提高政治站位,锐意进取,扎实工作,奋力谱写新时代中国邮政集团公司发展新篇章,为加快建成与小康社会相适应的现代邮政业和邮政强国建设作出更大贡献,以优异成绩庆祝中华人民共和国成立70周年。集团公司党组书记、董事长刘爱力讲话,集团公司党组副书记、总经理张金良作工作报告。

国家邮政局公布2019年邮政业更贴近民生七件实事

1月16日,在国家邮政局召开的2019年一季度例行新闻发布会上,局新闻发言人、政策法规司司长金京华介绍了2019年邮政业更贴近民生七件实事。2019年邮政业将顺应群众和用户的期盼,着力解决影响用邮感受的网络、服务、安全、绿色等热点难点问题,补短板、强弱项,促均衡、提品质,使人民群众和广大用户在邮政业的获得感、幸福感、安全感更加充实、更有保障、更可持续。

马军胜局长同万国邮联国际局总局长侯赛因通电话

1月16日,国家邮政局局长马军胜同万国邮联国际局总局长侯赛因通电话。双方互相致以新年问候和良好祝愿,并就国际邮政业改革发展有关问题交换了看法。

杨春光副局长出席"快递从业青年服务月"示范活动

1月16日,国家邮政局、共青团中央组织开展了"快递从业青年服务月"示范活动暨机关年轻干部走近快递小哥活动。国家邮政局党组成员、副局长杨春光,团中央书记处书记徐晓出席活动并讲话,向快递小哥逐一递送了"爱心包裹",表达了新春的祝福和美好的祝愿。在顺丰速运华北分拨中心,国家邮政局和共青团中央机关干部慰问快递小哥,并与快递小哥一同劳动,体验分拣工作。在随后的座谈会上,机关干部与快递小哥一起结合各自工作岗位谈感想、聊梦想、话理想。来自国家邮政局、共青团中央青年干部,顺丰快递小哥60余人参加活动。

国家邮政局召开局长办公会

1月17日,国家邮政局局长马军胜主持召开2019年第一次局长办公会议,听取2018年第四季度邮政业经济运行情况汇报,审议《2019年邮政行业标准项目评议结果》等文件。副局长戴应军、刘君、杨春光、赵民出席会议。马军胜强调,2019年是新中国成立70周年,是决胜全面建成小康社会第一个百年奋斗目标的关键之年。全力做好新年度工作,一要坚定不移全面从严治党。二要着力稳固行业发展态势。三要加快推进行业高质量发展。四要扎实有效打好三大攻坚战。五要践行以人民为中心的发展思想。六要全面提高执行落实能力。

国家邮政局召开局务会

1月17日,国家邮政局局长马军胜主持召开2019年第一次局务会,传达学习中共中央政治局委员、国务院副总理刘鹤重要指示精神,审议国家邮政局2019年工作任务目标分解安排,强调各单位要切实按照分解安排认领任务、明确责任、对标对表,高标准严要求抓好年度各项工作落实。副局长戴应军、刘君、杨春光、赵民出席会议。马军胜强调,全系统要认真贯彻落实刘鹤副总理重要指示精神,强化创新理论武装,积极应对新形势新挑战,认真梳理各个领域工作任务,坚持问题导向,抓住工作重点,扭住关键环节,以改革开放的方式把各项工作落到实处。

中共国家邮政局党组召开 2018 年度民主生活会

1 月 18 日,中共国家邮政局党组召开 2018 年度民主生活会。党组领导班子和成员以中央政治局民主生活会为标杆,以强化创新理论武装,树牢“四个意识”,坚定“四个自信”,坚决做到“两个维护”,勇于担当作为,以求真务实作风坚决把党中央决策部署落到实处为主题,围绕中央明确的重点方面,立足找准问题、解决问题,对照思想政治、精神状态、工作作风等三个方面,进行自我检查、党性分析,开展批评和自我批评,提出整改措施。第 27 督导组的全体同志,中央纪委国家监委驻交通运输部纪检监察组有关负责同志到会指导,局党组书记、局长马军胜主持会议,党组成员、副局长戴应军、刘君、杨春光、赵民出席会议。

国家邮政局党组中心组(扩大)学习会

1 月 21 日,国家邮政局党组书记、局长马军胜主持召开局党组中心组(扩大)学习会,传达学习十九届中央纪委三次全会精神,强调全系统要认真学习、深刻领会习近平总书记在全会上的重要讲话精神,树牢“四个意识”,坚定“四个自信”,坚决做到“两个维护”,严明政治纪律和政治规矩,自觉在思想上政治上行动上同以习近平同志为核心的党中央保持高度一致,推进新时代全系统全面从严治党向纵深发展。国家邮政局党组成员、副局长戴应军、刘君、杨春光出席会议并发言。

国家邮政局要求全系统做好春节期间寄递服务保障工作

近日,国家邮政局发出通知,要求全系统积极发挥邮政业在支撑春节期间网络零售、服务民生、促进创新创业和推动经济转型升级方面的积极作用,切实做好春节期间寄递服务保障工作,确保全国人民度过欢乐、祥和、安宁的节日。通知要求,全系统要认真落实中央经济工作会议和近期国务院常务会议的相关精神,坚决贯彻“以人为本、执政为民”理念,进一步加强组织领导,认真安排部署,层层落实责任,为 2019 年邮政业发展开好局、延续行业良好发展态势打下坚实基础。

赵民副局长到云南调研

1 月 21 日至 22 日,国家邮政局党组成员、副局长赵民到云南调研邮政业发展工作。在昆明邮区中心局航空邮件处理中心进出口分拣区、航空邮件安检区、空侧处理区、快件监管库等区域,调研组现场查看了邮件的包装封装情况,详细询问了航空邮件处理中心生产作业的组织和流程,了解了邮件包封装及处理情况等。调研组对云南航空邮件处理中心的生产运行及现场管理工作给予肯定,鼓励企业探索从包装胶带回收等方面着手,从源头上抓好落实,继续推动绿色发展工作。要继续落实好安全生产的要求,进一步把好寄递渠道关口。要充分利用和发挥好区位优势,集约整合资源,助力企业实现更大发展。

马军胜局长调研湖北省邮政业发展情况

1 月 21 日至 24 日,在春节即将到来之际,国家邮政局党组书记、局长马军胜赴湖北宜昌、恩施、武汉等地,密集调研湖北省邮政业改革发展、服务精准脱贫和服务社会经济发展等情况,看望并慰问基层单位一线员工,强调要以习近平新时代中国特色社会主义思想为指导,坚决贯彻落实中央各项决策部署,推进邮政行业迈向高质量发展,更好服务百姓民生,为湖北经济社会发展和振兴作出应有贡献。每到一处,马军胜都从大处着眼、细处着手,深入了解当地邮政业发展情况,为行业改革发展、助力农产品上行谋新路、出良策，细致了解基层单位一线员工的生产生活和保障情况，为他们鼓干劲、添动力，并致以新年祝福。

马军胜局长等局党组成员督导10省(区、市)局党组民主生活会

1月22日至2月1日，根据中央有关要求及国家邮政局党组民主生活会督导工作安排，局党组书记、局长马军胜，局党组成员、副局长戴应军、刘君、杨春光、赵民以及机关各司室主要负责同志分别带领督导组，对湖北等10个省(区、市)邮政管理局党组民主生活会进行现场督导，集中检阅各级领导班子和领导干部党性意识、胸怀气度和精神状态，提升党内监督、依靠领导班子自身力量解决矛盾和问题的能力，要求以习近平新时代中国特色社会主义思想为指引，强化创新理论武装，树牢"四个意识"，坚定"四个自信"，坚决做到"两个维护"，勇于担当作为，以求真务实作风坚决把党中央决策部署落到实处。

刘君副局长到吉林慰问寄递企业一线员工

1月22日至24日，国家邮政局党组成员、副局长刘君率队赶赴吉林省，实地调研邮政业发展情况，慰问奋战在民生服务工作一线的寄递企业员工，指导寄递企业做好"春节"期间寄递服务保障和机要通信保障工作。吉林省局、长春市局和吉林市局相关同志陪同调研。在调研中，刘君强调各企业在确保春节期间寄递渠道畅通的同时，要牢固树立底线意识，毫不松懈地做好各项安全生产制度的落实，进一步开展安全隐患排查工作，做到即查即改，确保寄递渠道安全运行。

团中央与人大代表、政协委员面对面

1月22日，团中央在石家庄举办2019年"共青团与人大代表、政协委员面对面"分场活动，邀请5位人大代表、10位政协委员，围绕"促进快递配送从业青年的职业发展和社会融入"主题，走进顺丰快递基层配送站、百世物流河北分公司开展调研，慰问一线从业青年，并与快递企业、从业青年代表进行面对面交流。十三届全国政协常委、团中央书记处书记徐晓，河北省政协相关领导以及团河北省委、河北省邮政管理局负责同志参加活动。座谈会上，河北省青年法律工作者协会与快递企业负责人现场签署了为快递从业青年无偿提供法律援助的协议，常态化为快递从业青年提供法律咨询服务。

赵民副局长在山西调研并走访慰问行业干部职工

1月24日至25日，国家邮政局党组成员、副局长赵民一行赴山西并深入太原市调研邮政业绿色发展和春节期间服务保障工作，代表国家局党组走访慰问山西邮政业干部职工。赵民一行先后深入邮政、快递企业分拨中心和营业网点，详细了解邮政业绿色发展、旺季安全生产和春节服务保障等情况，并向行业广大从业人员致以新春祝福。随后，赵民一行专程赴太原局机关看望干部职工并召开座谈会。国家局人事司负责同志、办公室相关人员，山西局和太原局负责同志陪同调研慰问。

2019年寄递渠道安全管理领导小组第一次会议召开

1月25日，2019年寄递渠道安全管理领导小组第一次会议在京召开，学习贯彻习近平总书记在中央政法工作会议和省部级主要领导干部坚持底线思维着力防范化解重大风险专题研讨班上的重要讲话精神，回顾总结去年寄递渠道安全管理领导小组工作，研究部署今年工作任务。领导小组组长、国家邮政局局长马军胜出席会议并讲话，强调要坚决落实党中央、国务院决策部署，以真抓促落实，以实干求实效，真正把寄递渠道安全工作抓实抓细抓出成效，上下一心，再接再厉，共同构

筑寄递渠道安全管理坚固屏障,努力推动寄递渠道安全管理工作再上新台阶。领导小组副组长、国家邮政局副局长刘君主持会议。

国家邮政局传达国务院常务会议精神

近日,国家邮政局召开企业座谈会,传达国务院常务会议精神,部署今年春节期间寄递服务保障工作。国家邮政局党组成员、副局长刘君出席会议并讲话。会议指出,全行业要着眼大局,充分认识做好春节期间寄递服务保障工作的重要意义。今年的春节寄递服务保障工作对邮政业服务经济持续健康发展尤为重要,既是稳增长的重要要求,又是惠民生的重要保障,更是抢开局的集中体现。行业上下务必坚持发展是第一要务,全力以赴完成春节期间各项生产任务,为落实中央经济会议和近期国务院常务会议的相关精神打下坚实基础。

国家邮政局党组通报 2018 年度民主生活会情况

1 月 29 日,国家邮政局召开机关全体党员大会,通报局党组 2018 年度民主生活会情况。局党组书记、局长马军胜主持会议并讲话,局党组成员、副局长杨春光作情况通报,局党组成员、副局长刘君、赵民出席会议。针对下一步工作,马军胜在讲话中强调,全系统各级领导干部要根据党组的安排进行整改。杨春光通报了民主生活会召开的具体情况、局党组查摆出的主要问题、自我批评和相互批评情况、督导组要求和整改措施。局机关全体党员和直属单位负责同志参会。

全国邮政管理系统党风廉政建设工作电视电话会议召开

1 月 29 日,国家邮政局召开全国邮政管理系统党风廉政建设工作电视电话会议。会议以习近平新时代中国特色社会主义思想为指导,全面贯彻党的十九大精神和十九届中央纪委三次全会精神,总结回顾 2018 年党风廉政建设和反腐败工作,研究部署 2019 年主要任务。国家邮政局党组书记、局长马军胜作党风廉政建设工作报告。中央纪委国家监委驻交通运输部纪检监察组副组长胡志彬讲话。局党组成员、副局长刘君、赵民出席会议,局党组成员、副局长杨春光主持会议。

戴应军副局长在新疆调研邮政业科技创新工作

1 月 29 日,国家邮政局党组成员、副局长戴应军一行在新疆乌鲁木齐调研邮政业科技创新工作,考察相关企业安检机配置使用情况,并向邮政管理系统干部职工以及坚守岗位的邮政、快递企业员工致以节日的慰问,向他们提前送上新年祝福。29 日一早,戴应军一行冒着 -20℃的严寒,到乌鲁木齐邮区中心局、EMS 航空邮件处理中心、顺丰乌鲁木齐国际航空快件枢纽中心调研。调研期间,戴应军一行还到乌鲁木齐市邮政管理局调研慰问。国家邮政局政策法规司、办公室相关同志,新疆邮政管理局、乌鲁木齐市邮政管理局主要领导陪同调研。

国家邮政局召开局长办公会

2 月 1 日,国家邮政局局长马军胜主持召开今年第二次局长办公会,传达学习国务院常务会议精神,审议《2019 年全国邮政普遍服务监督管理工作会议方案》《2019 年全国邮政市场监管工作会议方案》《加快推进“快递下乡”工程实施方案》《国家邮政局 2019 年行业生态环境保护工作要点》(送审稿)和《关于全力推进邮政业落实减税降费工作的通知》,听取关于开展邮政业“十四五”规划前期重大问题研究的汇报。副局长戴应军、刘君、杨春光、赵民出席会议。中央纪委国家监委驻交通运输部纪检监察组有关同志列席会议。

马军胜局长主持召开国家邮政局党组会议

2 月 2 日,国家邮政局党组书记、局长马军胜主持召开局党组会议，集体观看习近平总书记亲切看望"快递小哥"的视频，传达学习习近平总书记近期重要讲话精神，以及中央和全国有关会议精神，强调全系统要牢记习近平总书记亲切关怀和巨大鼓舞，坚决贯彻习近平总书记重要讲话精神，奋力谱写邮政业建设发展崭新篇章。局党组成员、副局长戴应军、刘君、杨春光、赵民出席会议。马军胜强调，学习好、宣传好、贯彻落实好习近平总书记重要讲话精神和重要指示要求，是当前和今后一个时期全系统全行业的头等大事和首要政治任务，要确保习近平总书记重要讲话精神在邮政业、在"快递小哥"中落地生根、结出硕果。

马军胜局长春节前夕在京看望慰问一线员工

2月2日，农历春节来临之际，国家邮政局党组书记、局长马军胜在京看望慰问基层单位一线员工，督导检查机要通信服务保障工作，调研寄递末端服务，向全行业从业者致以新春祝福，向奋战在一线的员工致以新春问候，勉励行业基层员工铆足干劲再立新功。国家邮政局党组成员、副局长戴应军一同慰问调研，中国邮政集团公司副总经理康宁陪同。马军胜强调，要继续关爱快递小哥等基层单位一线员工，持续改善快递小哥的工作条件，提升服务保障水平；要结合春节寄递需求实际，合理安排运能，做好寄递服务、便利百姓生活；要严格执行寄递安全"三项制度"，加强应急管理，确保寄递渠道安全畅通。

国家邮政局部署春运后半程寄递服务和安全保障工作

目前正值春节返程高峰，春运进入关键时期，客流量较大，且华北北部、江淮南部、江南北部、江汉南部、新疆北部、西藏西部、川西高原南部等部分地区遭遇雨雪天气，对交通运输造成不利影响。为贯彻落实中央领导同志重要指示要求，根据交通运输部通知精神，国家邮政局近日发出通知，对进一步做好春运后半程寄递服务和安全保障工作提出具体要求。知明确，各级邮政管理部门要认真做好应急管理工作，健全完善应急预案，各级邮政管理部门、各寄递企业要坚持做好值班值守工作，畅通信息渠道，加强调度指挥，遇有突发事件要按规定及时、准确上报情况，并且妥善处置。

2018年邮政市场行政执法情况通告

2018年，全国各级邮政管理部门加大邮政市场监督检查和行政执法工作力度，查处违法违规行为1.5万次，约谈告诫1424次，下达整改通知8635件，办理邮政市场行政处罚案件5810件，罚款4162.86万元。按照邮政市场行政处罚案件类别统计，七类案件数量依次为：邮政行业安全监管类3839件；快递业务经营许可类1780件；快递服务质量监管类416件；市场秩序类14件；邮政用品用具市场监管类12件；集邮市场监管类1件；行政管理秩序类3件。

国家邮政局党组为局机关干部送祝福、鼓干劲

2月11日，春节假期后第一个工作日，国家邮政局党组书记、局长马军胜，党组成员、副局长戴应军、刘君、杨春光、赵民亲切慰问局机关各司室和直属各单位干部职工，为大家送上祝福，鼓足干劲，勉励大家新年要有新气象，要积极进取、担当作为，保持良好的精神状态，为做好全年工作开好局、起好步。局机关和直属单位全体干部职工表示，新的一年将化激动为行动、化斗志为力量，砥砺奋进，接续奋斗，踏实肯干，努力拼搏，将各项工作做好做实，推动邮政业改革发展各项工作迈上新台阶。

国家邮政局要求全系统全行业迅速传达学习贯彻习近平总书记看望快递小哥作出的重要指示精神

近日，国家邮政局通知要求全系统全行业迅速传达学习贯彻习近平总书记看望快递小哥作出

的重要指示精神，推动邮政行业加快迈向高质量发展，确保总书记重要指示精神结出硕果。通知指出，在新春佳节即将来临之际，习近平总书记亲自看望快递小哥并通过他们向全国从事快递业的300万人致以新春的祝福。习近平总书记指出，快递小哥工作很辛苦，起早贪黑、风雨无阻，越是节假日越忙碌，像勤劳的小蜜蜂，是最辛勤的劳动者，为大家生活带来了便利。习近平总书记强调，要坚持就业优先战略，把解决人民群众就业问题放在更加突出的位置，努力创造更多就业岗位。

国家邮政局发布春节期间邮政业运行情况

2019年春节和春运期间，全国邮政行业运行情况总体安全稳定，未发生重特大安全事故；业务量、投递量增幅较大，收寄实名率保持在98%以上，用户申诉率稳中有降。2月4日至2月10日，全国邮政行业寄递服务业务量为6887万件，投递包裹5293万件。春运开始以来(1月21日至2月10日)，全国邮政行业寄递服务业务量为12.89亿件，较去年同期增长35%，投递包裹16.1亿件，较去年同期增长33%。春节假期是快递服务的淡季，主要快递企业均开启了不停运的春节运营模式，通过及时调控业务量、科学调整运力、合理安排员工轮岗值班等措施，实现了服务网络的畅通和安全平稳运行。

国家邮政局推进邮政业落实减税降费政策

近日，为贯彻党中央、国务院决策部署，国家邮政局发出通知，要求全系统全行业推进落实减税降费政策。通知提出，要加强分工协作，各省(区、市)邮政管理局要主动作为，认真梳理本地区有关邮政业的减税降费等政策，加强与本地财政、税务、交通等部门沟通，积极争取增值税小规模纳税人税收减免、邮政专用标志车辆通行费减免等政策；要主动送政策上门，深入开展调研，全面掌握企业享受政策情况。要抓好培训宣传，加强对企业减税降费政策的培训。要强化工作督导，将各省(区、市)邮政管理局推动行业落实减税降费政策情况作为2019年督查和监督工作重点，纳入年终考核范围，严格实施考评督促。

国家邮政局印发关于做好节后恢复生产工作的通知

近日，国家邮政局发布《关于做好节后恢复生产工作的通知》，对邮政行业恢复生产工作作出部署。通知指出，2月4日至10日，各寄递企业按照国家局工作部署，落实“四不”工作要求，完善节假日工作安排，坚守服务岗位，有效满足了春节期间寄递需求，践行了服务承诺，维护了用户权益，呼应了群众期盼。春节假期已过，各寄递企业陆续恢复正常生产运营，但当前仍处于春运期间，人流、车流、物流集中，全国两会即将召开，关键的时间节点对行业迅速恢复生产提出了新要求。

国家邮政局安排部署向“时代楷模”学习活动

近日，为深入宣传“时代楷模”其美多吉的先进事迹和高尚品格，激励邮政业广大党员干部职工在建设现代化邮政强国的征程中当先锋、作表率，国家邮政局发出通知，决定在全国邮政行业深入开展向“时代楷模”其美多吉同志学习的活动。通知要求，各级邮政管理系统、各寄递企业要充分认识深入开展向其美多吉同志学习活动的重要意义，教育和引导广大党员干部职工学习其美多吉同志先进事迹和崇高精神。要切实加强组织领导，把学习其美多吉同志先进事迹与推进“两学一做”学习教育常态化制度化结合起来，使其美多吉同志先进精神成为全国邮政行业党员干部职工建功立业、拼搏奋进的强大精神动力。

马军胜局长在局直属单位调研并慰问干部职工

2月14日，国家邮政局党组书记、局长马军胜一行踏雪来到中华全国集邮联合会、北京邮电会议中心、职业技能鉴定指导中心、中国快递协会和邮政业安全中心,调研工作并慰问干部职工、送上新春祝福,鼓励干部职工持之以恒加强作风建设,大力弘扬“小蜜蜂”精神,恪尽职守、负重奋进,为满足人民美好生活需要创造更加安全的用邮环境,为加快建成与小康社会相适应的现代邮政业作出应有贡献。局党组成员、副局长刘君参加在安全中心的调研。

国家邮政局部署寄递渠道安全服务保障工作

近日,国家邮政局发出通知,从强化责任担当、保障寄递服务、加强安全监管、强化应急管理等方面,对切实做好全国两会期间寄递安全服务保障工作作出具体部署。通知提出,今年全国两会是在全面建成小康社会决胜阶段召开的十分重要的大会。各级邮政管理部门要提高政治站位,强化责任担当,切实增强做好寄递服务和安全保障工作的使命感、责任感、紧迫感,加强组织领导,深入动员部署,细化实施方案,严格落实责任,认真分析研判寄递服务需求和安全稳定风险,采取有针对性管理举措,维护邮政业安全稳定,维护寄递渠道安全畅通,为全国两会提供优质、安全的寄递服务。

国家邮政局部署全面推开快递专业技术人员职称评审工作

近日,国家邮政局发出通知,在试点的基础上,就全面推开快递专业技术人员职称评审工作提出具体要求。通知强调,各省(区、市)邮政管理局要加强组织领导,提高思想认识和政治站位,建立健全职称评审工作支撑体系和工作力量。要强化责任落实,认真总结经验,巩固试点成果,力争在评审数量、质量和层次上取得新进展。要做好宣传动员,鼓励企业支持快递工程技术人员积极参加职称评审,并为其提供必要的条件和帮助。推动企业根据职称评审结果合理使用专业技术人才,促进职称评审结果与企业用人制度的有效衔接,增强职称制度的吸引力和实效性。

国家邮政局召开专题会议

2月15日,受国家邮政局党组书记、局长马军胜委托,局党组成员、副局长赵民主持召开专题会,深入学习习近平总书记关于狠抓落实做好督查工作重要论述精神。他强调,要学深悟透习近平总书记关于狠抓落实做好督查工作重要论述精神,切实把学习成果转化为坚定的核心意识、强烈的责任意识,进一步提高政治站位,筑牢“四个意识”、坚定“四个自信”、坚决做到“两个维护”,狠抓工作落实,坚决确保习近平总书记重要指示批示精神和党中央、国务院重大决策部署在邮政领域落地见效。

全国邮政行业人才工作领导小组会议召开

2月15日,国家邮政局召开全国邮政行业人才工作领导小组会议,深入学习贯彻习近平总书记对人才工作的重要指示精神和全国邮政管理工作会议精神,总结2018年人才工作情况,审议并原则通过2019年人才工作要点和有关制度。国家邮政局党组书记、局长马军胜出席会议并讲话。局党组成员、副局长杨春光主持会议。2018年,全国邮政行业人才工作领导小组在完善行业人才工作机制、破解快递工程技术人员职称评审难题等方面做了大量卓有成效的工作。马军胜强调,2019年人才工作要点和相关制度为新一年人才工作厘清了思路、明确了重点、定实了举措,全系统要按照既定的任务书、路线图和责任状,不折不扣抓好落实。

其美多吉当选“感动中国”2018年度人物

2月18日,中央广播电视总台“感动中国”2018年度人物颁奖典礼在央视一套首播,来自邮政业的代表其美多吉当选“感动中国”2018年度人物。其美多吉中国邮政集团公司四川省甘孜县邮政分公司邮车驾驶员,承担川藏邮路甘孜到德格段的邮运任务。他爱岗敬业，30年如一日，驾驶邮车在平均海拔3500米的雪线邮路上运送邮件，累计行驶里程140多万公里，没有发生一起责任事故。他意志坚强，遭遇歹徒袭击时挺身而出，用鲜血和生命守护邮件安全，身负重伤后坚持康复锻炼，以坚忍的毅力重新走上工作岗位。他珍爱团结，以螺丝钉精神紧紧钉在川藏线上，被群众誉为“雪线邮路的幸福使者”。

刘君副局长会见美国联邦快递公司中国区总裁

2月18日，国家邮政局副局长刘君在京会见了来访的美国联邦快递公司（FedEx）中国区总裁陈嘉良一行，双方就FedEx在华业务和中国快递行业的未来发展等交换了意见。刘君欢迎陈嘉良一行的到访。他表示，习近平总书记近期对“快递小哥”一系列的重要指示精神，充分体现了对邮政业改革发展的高度肯定。作为行业管理部门，国家邮政局对快递行业的未来发展充满了信心。他指出，国家邮政局高度关注FEDEX在华业务发展，肯定其在华发展成就，鼓励企业不断拓宽服务范围，积极响应政府倡议，落实各项安全制度，发挥模范样板作用，为客户提供更高品质的服务，更好地服务中国经济社会的发展。

国家邮政局举办交流挂职干部座谈会

2月19日，国家邮政局在京举办交流挂职干部座谈会，进一步促进交流挂职干部之间的沟通交流，加强对交流挂职干部的关心关爱。国家邮政局党组成员、副局长杨春光出席会议并讲话，并向交流挂职干部赠送学习书籍。对于下一步工作，杨春光提出三点要求：一是人事部门作为牵头部门要组织好。二是派出单位和接收单位要尽到责任。三是交流挂职干部要珍惜机会学有所获。会上，9名交流挂职干部代表先后介绍了工作收获和体会。会议还就进一步做好交流挂职工作提出了意见建议。

团中央与全国人大代表、全国政协委员面对面

2月21日，2019年“团中央与全国人大代表、全国政协委员面对面”主场活动在京举行，团中央维护青少年权益部、国家邮政局机关党委共同邀请5位全国人大代表、5位全国政协委员，围绕“促进快递配送从业青年的职业发展和社会融入”主题，走进中通快递北京公司，慰问一线从业青年，并与快递企业、青年代表进行面对面交流。交通运输部党组成员，国家邮政局党组书记、局长马军胜，十三届全国人大常委会委员、团中央书记处常务书记、全国青联主席汪鸿雁出席活动并讲话。全国人大、全国政协有关机构，相关部委业务司局负责同志参加活动。

20个千万级快递服务现代农业金牌项目出炉

2月21日，在2019年全国邮政市场监管工作会议期间，国家邮政局授予江苏宿迁（沭阳）花木等20个项目为“2018年快递服务现代农业金牌项目”。根据《2018年全国快递服务现代农业和制造业项目汇编》数据测算，金牌项目2018年总业务量达3.66亿件，带动农业产值401亿元，在助力农村发展、农业增效、农民增收方面发挥了重要作用。2018年全年共有20个项目实现了年寄递业务量突破千万件。国家邮政局市场监管司有关负责人介绍，上述金牌项目普遍具有五个特点：一是支撑乡村振兴力度大，二是争取地方政策底气足，三是创新服务模式能力强，四是农村网络覆盖动力足，五是调动社会资本投入多。

2019年全国邮政市场监管工作会议召开

2月21日至22日，2019年全国邮政市场监管工作会议在四川成都召开。会议总结2018年工作，分析形势，明确思路，部署2019年重点工作，强调要在新的历史定位下巩固发展态势，提升发展质量，为全面建成与小康社会相适应的现代邮政业而努力奋斗。国家邮政局党组成员、副局长

刘君出席会议并讲话。针对下一步工作，刘君要求，一要推动高质量发展，保持高位运行，应对经济下行压力。二要提高政治站位，强化责任措施，着力防范化解重大风险。三是强化主责意识，推进产业共治，构建绿色邮政生态体系。四是强化法治思维，加强和改善市场监管，不断提升行业治理能力。

刘君副局长调研四川行业发展情况

2 月 21 日至 23 日，国家邮政局党组成员、副局长刘君赴四川乐山、眉山、宜宾，实地调研四川省邮政业发展情况。在乐山，调研组前往乐山申通营业场所、分拨中心和百世分拨中心看望了快递员工，向企业负责人详细了解了员工待遇、安全生产情况和春节期间经营情况。在眉山，调研组先后到中通、韵达分拨中心进行调研，深入了解眉山市行业安全监管和快递与电子商务融合发展情况。在宜宾，调研组一行先后前往宜宾常达快递物流园区、五粮液集团、安吉物流园，实地调研指导宜宾快递电商“云仓”配送一体化建设、快递服务制造业等方面工作。四川省邮政管理局主要负责同志等陪同调研。

马军胜局长调研河北省邮政业发展情况

2 月 24 日至 26 日，国家邮政局党组书记、局长马军胜在河北调研，先后赴沧州、石家庄、保定和雄安新区调研邮政业服务京津冀协同发展战略、雄安新区建设和服务社会经济发展情况，强调要以习近平新时代中国特色社会主义思想为指导，严格按照中央的要求部署，紧抓河北邮政业发展的新优势、新机遇，落实好各方面责任，推动邮政业迈向高质量发展。在冀期间，马军胜会见了河北省委副书记、省长许勤，省委常委、副省长陈刚，副省长张古江及三地党委政府领导，就高站位推动快递业加快发展，加强服务地方经济社会发展，更好地服务雄安新区建设与京津冀协同发展战略深入交换了意见。

国家邮政局与河北省人民政府签署战略合作协议

2 月 25 日，国家邮政局与河北省人民政府在石家庄签署了《推进河北快递产业集聚发展战略合作协议》，推动河北快递业由高速发展迈向高质量发展。河北省委副书记、省长许勤，国家邮政局党组书记、局长马军胜出席签约仪式。河北省副省长张古江，国家邮政局党组成员、副局长刘君分别代表双方签署了战略合作协议。河北省政府秘书长朱浩文主持签约仪式。中国快递协会会长高宏峰见证签约仪式。《合作协议》提出，双方将在做好规划衔接实施、支持雄安新区邮政快递业发展、推进快递物流园区和快递产业项目建设、优化产业政策环境等七个方面进行深度合作。

国家邮政局部署深化寄递渠道涉枪涉爆隐患整治工作

近日，国家邮政局就进一步深化寄递渠道涉枪涉爆隐患整治工作发出通知，要求各级邮政管理部门要充分认识做好行业涉枪涉爆隐患整治工作的重要性，加强组织领导，按照全国打击整治枪爆违法犯罪专项行动的总体部署，坚持力度不减、节奏不变、尺度不松，持续推动专项行动向纵深开展，为迎接新中国成立 70 周年营造良好寄递安全环境。通知强调，各级邮政管理部门要抓好突出问题攻坚，及时总结经验，对专项行动开展情况进行梳理，聚焦本地区、本部门的突出问题和薄弱环节，在巩固成效的基础上，不断夯实工作基础，堵塞工作漏洞。

国家邮政局召开局长办公会

2 月 27 日，国家邮政局局长马军胜主持召开今年第三次局长办公会，听取第一届邮政行业科学技术奖评奖和组建邮政业智能安检机联合研发中心工作情况的汇报，强调要按照党的十九大的部署，坚持科技创新驱动高质量发展，借助综合技术保障邮政业安全。国家邮政局副局长戴应军、刘君、杨春光、赵民出席会议。创新是引领发展的第一动力，是推动经济社会发展的重要动力源泉，是建设现代化经济体系的战略支撑。马军胜强调，要聚焦高质量发展始终坚持创新驱动发展不动摇。他指出，要以邮政行业科学技术奖评奖为契机，走出一条符合行业发展实际的科技创新之路。

刘君副局长调研全国“两会”寄递安保工作

3月1日，国家邮政局党组成员、副局长刘君在北京市调研指导2019年全国“两会”期间寄递渠道安全服务保障工作。刘君一行深入基层一线，在韵达、德邦等快递企业处理中心进行实地考察，了解企业落实全国“两会”寄递安保工作部署，执行收寄验视、实名收寄、过机安检“三项制度”等情况。刘君强调，做好全国“两会”寄递安保工作使命光荣、责任重大，快递企业必须严格落实安全主体责任，落实各项管理要求。刘君调研了解快递企业安全生产管理情况，听取企业快件运输车辆安全管理工作汇报。此外，他还调研了快递企业春节之后复产复工和加强快递员权益保障情况。

邮政业深入开展“弘扬爱国奋斗精神、建功立业新时代”活动

近日，为落实习近平总书记关于爱国奋斗精神的重要指示精神，推动全行业广大知识分子树立牢固的家国情怀，国家邮政局根据中共中央组织部、中共中央宣传部有关要求，在全国邮政行业知识分子中深入开展“弘扬爱国奋斗精神、建功立业新时代”活动。针对下一阶段工作，通知部署了5项重点任务：加强宣传解读，组织学习研讨，开展专题培训，坚持示范引领，开展岗位建功。要结合主责主业开展岗位创新、岗位建功、岗位奉献等创先争优活动和主题实践活动，把爱国奋斗精神融入岗位职责和具体工作，引导行业知识分子从本职岗位做起，自觉践行爱国奋斗精神。

国家邮政局部署机关党建工作

3月5日，国家邮政局召开机关党委全委（扩大）会议，传达学习《中共中央关于加强党的政治建设的意见》等文件和会议精神，通报2018年度党支部书记抓基层党建述职评议考核情况、组织生活会召开情况，研究审议2019年机关党的建设工作要点和机关纪检工作要点。国家邮政局党组成员、副局长杨春光出席会议并讲话。对于下一步工作，杨春光强调，一是坚持提高站位，切实增强机关党建工作的责任感。二是坚持对标对表，切实将机关党建各项任务落到实处。三是坚持问题导向，切实提升机关党建工作质量水平。四是坚持强化担当，切实履行全面从严治党政治责任。

国家邮政局举办培训动员会

3月5日至6日，为深入贯彻落实国家职称改革精神和《国家邮政局关于全面推开快递工程技术人员职称评审工作的通知》，国家邮政局专门举办培训动员会，对进一步全面推进快递工程技术人员职称评审工作进行再动员再部署。会议指出，2018年6月，国家邮政局明确提出加快推进快递工程技术人员职称评审，选取安徽、陕西、上海、重庆、浙江、江苏、广东7个省（市）开展了试点工作。截至2018年年底，共有3401人获得初级和中级专业技术职称。会议就做好2019年工作提出了具体要求。此外，会议还从掌握职称评审政策规定、摸清职称评审工作需求、协调地方人社部门支持等方面提出了具体意见。

国家邮政局召开扶贫工作领导小组会议

3月7日，国家邮政局召开2019年扶贫工作领导小组会议，深入贯彻习近平总书记关于扶贫工作的重要论述，全面落实中央经济工作会议精神，总结2018年邮政业脱贫攻坚工作，审议《国家

邮政局2019年定点扶贫工作重点任务安排》，研究部署2019年重点任务。国家邮政局党组书记、扶贫工作领导小组组长马军胜出席会议并讲话，强调要以对党和人民高度负责的精神，认真做好2019年脱贫攻坚工作，以不忘初心的信念、顽强拼搏的勇气、坚忍不拔的毅力，尽心竭力、只争朝夕，为夺取脱贫攻坚战全面胜利作出行业应有贡献。局党组成员、扶贫工作领导小组副组长杨春光主持会议。

国家邮政局召开科技工作座谈会

3月7日，国家邮政局在北京召开科技工作座谈会，贯彻落实国家创新驱动发展战略和国家邮政局局长办公会议精神，推进先进科技在邮政行业推广应用，充分发挥科技创新对推动行业安全发展、高质量发展的支撑引领作用，实现行业持续快速健康发展。国家邮政局党组成员、副局长戴应军出席会议并讲话。国家邮政局相关司局、直属单位，有关省(市)邮政管理局和企业代表参加会议。

刘君副局长会见湖北省鄂州市委书记一行

3月11日，国家邮政局副局长刘君在京会见了湖北省鄂州市委书记王立一行。双方就湖北国际物流核心枢纽建设等工作展开会谈，深入交换了意见。刘君感谢鄂州市委、市政府长期以来对邮政业改革发展工作的支持。他表示，湖北国际物流核心枢纽项目是国家重要的生产力布局，也是邮政业发展“十三五规划”的重点项目，对提升国家物流及快递产业水平具有重要的战略意义。对项目建设，刘君也提出了具体建议。鄂州市委、市政府及市直机关有关负责同志、湖北国际物流机场有限公司负责同志、顺丰速运有关同志，以及国家邮政局办公室、政策法规司、普遍服务司、市场监管司有关同志参加会见。

快递电商绿色包装协同治理座谈会召开

3月14日，国家邮政局联合商务部在京召开快递电商绿色包装协同治理座谈会，进一步贯彻落实习近平生态文明思想，研究探讨快递电商绿色包装协同治理工作，加强沟通交流、凝聚共识。国家邮政局党组成员、副局长赵民出席会议并讲话。赵民指出，绿色包装作为共治的重中之重，要强化部门协作配合，实现守土有责、守土尽责，想尽办法、做足功课、不遗余力，统筹当下与长远，实现包装治理工作有机衔接和有效协同。同时强调按照“谁经营、谁负责”的原则，企业要积极落实主体责任，发挥上下游智慧实现共同治理，在实践中推进绿色包装治理标本兼治，实现电商与快递的共同绿色发展。

李克强：快递、电商等是“众人做事，集众智集众力，众人共享”

3月15日上午十三届全国人大二次会议闭幕后，国务院总理李克强在人民大会堂三楼金色大厅会见中外记者并回答记者提出的问题。记者会上，克强总理两次提及快递，点赞快递电商等新业态是“众人做事，集众智集众力，众人共享”。此后，克强总理还对快递未来在促进农产品和工业品的双向流通的作用，提出了新的期待。在回答记者关于发展“互联网+”、发展共享经济的问题时，克强总理说：“像电商、快递、移动支付等，大家都有感受，众人做事，集众智集众力，众人共享。”克强总理对行业寄予厚望，他表示：“互联网经济、共享经济、平台经济还有很大发展空间。电商、快递对工业品下乡、农产品进城，可以进一步起到搞活流通的作用。”

赵民副局长会见法国邮政国际总裁一行

3月15日，国家邮政局副局长赵民在京会见了来访的法国邮政国际总裁让·保罗·福塞维尔先生一行。赵民对让·保罗·福塞维尔一行来访表示欢迎。他表示，法国是欧盟的核心大国之一，中法关系对两国政府都具有特殊的重要意义。两国关系的平稳发展为中法邮政领域的合作创造了良好的氛围。长期以来,双方在万国邮联框架下一直保持着密切合作,为推动万国邮联发展和国际邮政合作作出了重要贡献。他感谢法国对中国领导的万国邮联结构改革工作的大力支持,希望双方能够继续在万国邮联重大事务方面加强合作。其间,中方向法国邮政代表团介绍了中国快递市场发展和监管情况。

国家邮政局两先进集体获全国妇联表彰

近日,全国妇联发布《关于表彰全国城乡妇女岗位建功先进集体、先进个人的决定》,国家邮政局普遍服务司服务监督处、中国邮政快递报社《快递》杂志编辑部两个集体被全国妇联授予"全国巾帼文明岗"称号。《决定》号召广大妇女要深入学习贯彻习近平新时代中国特色社会主义思想,志存高远、爱党爱国,岗位建功、争创一流,矢志创新、追求卓越,甘于奉献、为民服务,大力弘扬"四自"精神,聚焦国家发展战略和人民美好生活需要,踊跃投身"四个全面"战略布局,为决胜全面建成小康社会、实现"两个一百年"奋斗目标、实现中华民族伟大复兴的中国梦作出新的更大贡献。

马军胜局长强调扎实推进"绿盾"工程建设

3月19日,国家邮政局局长马军胜主持召开2019年第四次局长办公会议,听取"绿盾"工程2019年工作安排汇报,强调要举全系统之力扎实有效推进"绿盾"工程建设,保障行业持续健康安全发展。副局长戴应军、刘君、杨春光出席会议。马军胜指出,2019年"绿盾"工程建设工作安排明确了"路线图""任务书"和"时间表",任务目标、职责分工和进度要求等非常清晰,各部门要切实履行好职责、完成好任务,绝不允许打任何折扣,绝不允许推诿扯皮。同时,加强督查督办,全程跟踪进展,确保按时保质保量推进。马军胜强调,要强配合、勤协调,齐心协力共同推进"绿盾"工程建设。

邮政业生态环保工作专题研讨会在深圳召开

3月20日,国家邮政局在深圳召开邮政行业生态环保工作专题研讨会,组织上海、江苏、浙江、福建、山东、广东、海南七个重点省(市)邮政管理局,结合当前工作形势,共同研讨做好行业生态环保工作,切实打好行业污染防治攻坚战。国家邮政局市场司、国家邮政局发展研究中心、中国邮政快递报社、中国快递协会相关人员参加了研讨。国家邮政局党组成员、副局长赵民出席会议。参会的省(市)邮政管理局代表先后介绍了本地区行业生态环保工作开展情况,分析了存在的问题。围绕如何做好下一步行业生态环保工作,赵民强调,一是提高政治站位,强化责任担当。二是加强工作领导,强化系统治理。三是加强沟通协调,强化政策供给。

职业技能鉴定机构转型发展工作研讨会召开

3月21日,职鉴指导中心组织召开职业技能鉴定机构转型发展工作研讨会,会议邀请北京、内蒙古、吉林、上海等10个省(区、市)职鉴工作主要负责同志参加。会议传达了2月15日全国邮政行业人才工作领导小组会议精神,学习了国家局2019年人才工作要点,通报了职鉴指导中心2019年重点工作安排。中心各部门详细介绍了行业职称评审支撑、技能等级认定进展、行业技能大赛筹备和人才培训拓展等情况。各省交流了本地职称评审、竞赛筹备、人才培训等工作,江西局主要负责同志重点介绍了全国大赛决赛的筹备情况。与会人员就职鉴转型发展进行了讨论,并围绕做好2019年行业人才重点工作提出了意见建议。

杨春光副局长赴黑龙江调研

3月21日至23日,国家邮政局党组成员、副局长杨春光率调研组赴黑龙江局,围绕行业人才职业发展与人才保障进行调研,期间实地走访哈尔滨局,察看韵达速递省级分拨中心,并与黑龙江省局、哈尔滨市局机关处以上领导干部，黑龙江顺丰、圆通、中通和韵达企业负责人，黑龙江韵达快运企业中高层干部和部分基层网点负责人进行面对面交流，召开座谈会2个。杨春光强调，全省邮政业要深入贯彻落实习近平总书记关于快递小哥重要指示精神，全力打造快递员关爱工程，激发人才创业、创新、创造能力，为邮政业健康持续高质量发展提供有力人才保障。

马军胜局长率团访问法国

3月24日至25日，国家邮政局局长马军胜率五人代表团访问法国。3月25日，代表团在巴黎分别与法国欧洲与外交部、经济财政部和法国邮政有关负责人举行会谈，就中法两国邮政市场发展、深化两国邮政管理部门和邮政企业在万国邮联等国际邮政事务中的合作交换了意见。马军胜指出，中法双边关系良好，两国邮政部门在国际邮政业务和万国邮联事务中保持着密切的合作关系。当前，万国邮联面临着终端费、会费等一系列重大改革挑战，中法作为万国邮联的重要成员，在倡导多边主义、维护万国邮联普惠宗旨和邮政可持续发展等原则问题上具有广泛共识，希望双方保持密切沟通，稳中求进推动改革，寻求为大多数成员国所接受的改革方案。

中欧班列运邮(快)件工作领导小组和联合工作组举行全体会议

3月27日，中欧班列运邮(快)件工作领导小组和联合工作组举行第五次全体会议，总结2018年工作进展情况，部署2019年工作。国家邮政局副局长戴应军主持会议并讲话。交通运输部、海关总署、国家铁路局、中国铁路总公司、中国邮政集团公司等领导小组和联合工作组成员单位代表出席会议并交流发言。义乌市人民政府有关部门代表应邀参加会议。会议提出，一要进一步提高政治站位，二要抓好重点任务落实，三要加强实地调研。

刘君副局长赴江苏调研行业发展情况

3月27日至29日，国家邮政局党组成员、副局长刘君一行赴江苏南京、苏州两地调研，全面掌握邮政业供给侧结构性改革、新产业新业态新模式发展情况。在南京，刘君一行首先听取了江苏省邮政管理局、部分市局关于邮政业“三新”核实认定工作的汇报，以及对“三新”业态后续监管的意见和建议。他强调，各级邮政管理部门要充分认识开展邮政业“三新”单位核实认定工作的重要意义，把思想和行动统一到国家局党组的决策部署上来，以更高的站位、更大的视野、更实的举措开展此项工作。在苏州，刘君一行首先前往位于市区干将路的顺丰标杆网点，详细了解了该网点在区域布置、标识上墙、消防及绿色回收等标准化建设方面的举措。

加强邮政业安全生产工作

3月28日，国家邮政局发出通知，要求进一步加强邮政业安全生产工作，坚决防范遏制重特大事故。通知强调，各级邮政管理部门要结合本地区实际，针对可能影响寄递渠道安全畅通和行业稳定运行的安全风险，进一步完善防范应对措施。要督促企业完善突发事件应急预案和危险化学品、易燃易爆物品防范等专项应急预案，强化应急演练，储备应急物资装备，提高应急救援保障能力。要加强与地方政府相关部门的沟通协调，做好突发事件应急处置准备。要加强应急值守和信息报送工作，确保行业安全平稳运行。

国家邮政局部署环京及汾渭平原行业污染防治攻坚工作

3月29日，政局在河北邯郸组织召开环京及汾渭平原行业生态环保工作推进会，进一步统一思想，凝聚共识，就行业生态环保工作进行再动员、再部署，着力打好污染防治攻坚战，推动行业绿色高质量发展。国家邮政局党组成员、副局长赵民出席会议并讲话。赵民强调，邮政业生态环保工作人人有责，贵在行动，成在坚持。对于下一步工作，赵民要求，各省（区、市）局要充分发挥邮政业生态环保工作领导小组作用，加快全面部署，加强统筹协调，扎实推进各项工作稳步开展。一是推动落实企业主体责任，二是切实履行政府监管责任，三是确保“9571”工程有效实施，四是加强沟通联系，确保信息畅通。

国家邮政局召开支持雄安新区邮政业建设与发展领导小组会议

4月2日，国家邮政局党组书记、局长马军胜主持召开支持雄安新区邮政业建设与发展领导小组第三次会议，传达学习习近平总书记相关重要讲话精神及国务院京津冀协同发展领导小组会议精神，审议《雄安新区邮政业发展规划》，扎实推进支持雄安新区邮政业建设和发展工作。国家邮政局党组成员、副局长戴应军，中国邮政集团公司党组成员、副总经理温少祺出席会议。针对下一步工作，马军胜要求，要始终坚持目标问题导向，深入推动雄安新区邮政业各项决策部署落到实处。各单位各部门要共同支持雄安新区邮政业建设与发展，要以功成不必在我的精神境界和功成必定有我的历史担当，打造京津冀邮政业协同发展的增长极。

国家邮政局部署加强邮政业消防安全工作

近期，多地陆续发生森林火灾，造成严重损失和人员伤亡。为认真贯彻落实习近平总书记重要指示和李克强总理等中央领导同志重要批示精神，进一步加强邮政业消防安全工作，国家邮政局印发《关于切实做好消防安全工作严密防范火灾事故的通知》，就相关工作作出部署。《通知》要求，各级邮政管理部门要立即行动，全面迅速排查治理火灾隐患，督促企业切实加强消防安全管理，全面排查治理火灾隐患，梳理各项工作措施是否落实到位，确保有患必除。要严肃事故责任追究，对于隐患排查不到位、整改落实不彻底的，要扭住不放、一抓到底，直至整改到位。

杨春光副局长到职鉴中心调研指导工作

4月2日，国家邮政局党组成员、副局长杨春光到职鉴中心调研指导工作，听取2019年重点工作安排和一季度主要工作开展情况。职鉴中心主要负责人和各部门负责人参加调研座谈。杨春光指出，去年以来，职鉴中心积极承担行业人才综合支撑服务工作，取得的成绩值得肯定和表扬。杨春光强调，党的十八大以来，党中央把加快建设人才强国摆到更加突出的位置，习近平总书记多次对人才工作作出重要批示指示。国家局党组高度重视行业人才队伍建设，成立全国邮政行业人才工作领导小组，每年召开会议研究部署行业人才工作。职鉴中心要坚决贯彻党中央和局党组的决策部署，聚焦国家局2019年人才工作重点任务，认真抓好落实。

马军胜局长主持召开国家邮政局党组会议

4月3日，国家邮政局党组书记、局长马军胜主持召开局党组会议，学习贯彻《中共中央关于加强党的政治建设的意见》《关于加强和改进中央和国家机关党的建设的意见》《中国共产党重大事项请示报告条例》《党中央领导经济工作规定》《关于解决形式主义突出问题为基层减负的通知》，传达交通运输部党组脱贫攻坚专项巡视整改民主生活会主要精神，审议《国家邮政局2019年新闻宣传工作要点》，强调全系统要坚决用党中央决策部署统一思想行动，以优异成绩献礼新中国成立70周年。局党组成员、副局长戴应军、刘君、杨春光、赵民出席会议。中央纪委国家监委驻交通运输部纪检监察组副组长胡志彬列席会议。

刘君副局长赴天津调研邮政业发展情况

4月4日，国家邮政局党组成员、副局长刘君一行赴天津调研，详细了解邮政业供给侧结构性改革以及邮政业“三新”核实工作开展情况。刘君一行首先听取了天津局开展邮政业“三新”核实工作情况的专题汇报，并就“三新”业态后续监管问题同与会同志进行座谈，听取意见和建议。刘君强调，开展邮政业“三新”单位核实认定工作，既是贯彻落实党中央、国务院重大部署的切实举措，也是适应发展形势、加强行业管理、深化统计改革的迫切需要，各级邮政管理部门要充分认识做好邮政业“三新”单位核实认定工作的重要意义，按照国家局党组的决策部署，加强组织领导，深化工作落实，务求工作实效。

杨春光副局长到河北平泉调研定点扶贫工作

4月9日至10日，国家邮政局党组成员、扶贫工作领导小组副组长杨春光赴河北省承德市平泉市开展定点扶贫工作调研。杨春光一行首先考察了国家邮政局定点帮扶的平泉镇哈叭气村脱贫攻坚情况，调研了蔬菜种植基地、国家邮政局惠民食用菌标准化扶贫示范园区，并视察了哈叭气村便民服务超市、菜鸟驿站等公共服务设施。为了推动全产业链带动产业扶贫工作，杨春光一行还来到了平泉市电子商务公共服务中心、华北物流园区，调研指导农特产品与电子商务对接、快递物流企业入驻等事宜，勉励园区积极吸引快递企业入驻，充分挖掘农特产品潜力，实现与邮政、快递协同发展，增强扶贫的内生动力。

马军胜局长调研北京邮政业发展情况

在北京即将迎来“三项重大活动”（第二届“一带一路”高峰论坛、北京世界园艺博览会、亚洲文明对话大会）之际，国家邮政局党组书记、局长马军胜一行4月10日至11日深入调研北京邮政业发展情况，强调要坚持以习近平新时代中国特色社会主义思想为指导，坚决落实党中央、国务院重大决策部署，主动作为、开拓进取、扎实工作，着力做好寄递渠道安全保障与服务工作，加快建设与首都战略定位相适应的现代邮政业，以优异成绩庆祝新中国成立70周年。调研期间，马军胜与北京市邮政管理系统干部职工进行座谈，对他们在做好三大攻坚战和行业重点工作方面取得的成效给予充分肯定。对当前和今后一个时期的工作也提出了具体要求。

赵民副局长赴河北廊坊调研

4月11日，国家邮政局党组成员、副局长赵民一行赴河北廊坊调研行业生态环境保护工作开展情况。调研组先后实地参观了廊坊一二〇六印刷厂、中通数码印刷有限公司和廊坊纸箱厂等邮政用品用具生产企业，调研企业在推进绿色研发和生产、增强邮政业绿色包装有效供给方面的做法，深入了解存在的问题，听取企业意见建议。在廊坊期间，调研组还组织召开了邮政业生态环保工作专题座谈会，与邮政企业、快递企业、电商企业、用品用具生产企业有关代表以及邮政管理部门相关人员进行了座谈，参会代表介绍了在推进包装绿色治理、开展节能减排等方面采取的措施、面临的困难以及工作建议，围绕重点难点问题进行了研讨。

戴应军副局长出席“路径优化”专题研讨会

4月11日，国家邮政局科技专家咨询组在上海组织召开“路径优化”科技专题研讨会。会议深入贯彻新发展理念和创新驱动发展战略，全面了解行业在路径优化方面科技研发应用情况，交流座谈促进路径优化科技创新的重要举措，助力邮政行业高质量发展。国家邮政局副局长戴应军出席会议并讲话。会上，顺丰、京东、EMS和中通等企业介绍了各自在路径优化方面开展的科技创新工作、目前取得成果和下一步打算等情况。湖州市邮政管理局、福州市邮政管理局和国家邮政局发展研究中心结合自身实际，分享了对行业路径优化科技应用推广的思路、做法与建议。

国家邮政局分析一季度行业经济运行情况

4月12日，国家邮政局局长马军胜主持召开2019年第五次局长办公会议，听取2019年一季度邮政行业经济运行情况汇报，审议《国家邮政局落实〈政府工作报告〉重点工作实施方案》《邮政行业科技英才推进计划管理办法》（送审稿）和《邮政行业技术能手推进计划管理办法》（送审稿）。副局长刘君、杨春光、赵民出席会议。马军胜指出，一季度，邮政业经济运行呈现出开局平稳、稳中有进的良好发展态势。针对下一步工作，马军胜要求：一要着力稳固行业发展态势，二要着力推进邮政业更贴近民生7件实事落实，三要坚定不移打好三大攻坚战，四要持续提升行业治理水平。

中华全国总工会主席王东明看望快递小哥

近日，全国人大常委会副委员长、中华全国总工会主席王东明就深入学习宣传贯彻习近平新时代中国特色社会主义思想特别是习近平总书记关于工人阶级和工会工作的重要论述，深化工会改革创新、落实工会十七大目标任务等在广东调研。调研期间，王东明来到顺丰广州区越秀分部，看望慰问快递小哥，与快递小哥们亲切交流，一一握手问候，与快递小哥代表深入交流，了解工会代表日常开展慰问活动情况和职工生产生活情况。他还观看了顺丰工会“最美职工之家”建设视频并听取了现场汇报，观摩了智慧工会，对顺丰工会在工会组建、工作开展、职工关怀及职工建家等方面的工作给予肯定。

国家邮政局全面推进“绿盾”工程建设

4月16日，国家邮政局召开电视电话会议，全面推进“绿盾”工程建设。国家邮政局副局长、寄递渠道安全监管“绿盾”工程建设领导小组组长刘君出席会议并讲话。会议介绍了“绿盾”工程前期进展情况，并对2019年的主要工作安排进行了再部署。会议强调，各部门各单位要按照《“绿盾”工程2019年建设工作安排》确定的“路线图”“任务书”和“时间表”，主动担当作为，强化责任意识，加强协调配合，切实履行职责，克服各种困难，保质保量保廉完成“绿盾”工程建设任务。

马军胜局长主持召开国家邮政局党组会议

4月17日，国家邮政局党组书记、局长马军胜主持召开局党组会议，学习贯彻习近平总书记近期重要讲话精神和重要指示批示精神，以及全国巡视工作会议精神，强调全系统要坚决推动中央精神落地见效，扎实推进邮政业高质量发展。局党组成员、副局长戴应军、刘君、杨春光、赵民出席会议。中央纪委国家监委驻交通运输部纪检监察组副组长胡志彬列席会议。马军胜强调，全系统要牢固树立安全发展理念，时刻绷紧安全生产这根弦，以对党的事业和人民利益高度负责的精神，始终把防控安全生产风险摆在突出位置，确保人民群众生命财产安全。

以“时代楷模”为榜样锐意进取勇当先行

4月19日，交通运输部举行“时代楷模”其美多吉同志先进事迹视频报告会。会前，部党组书记杨传堂、部长李小鹏等部领导在部接见了报告团成员，向其美多吉和报告团成员表示崇高敬意，勉励他们进一步发挥好示范引领作用，再接再厉、再创佳绩；要求交通运输行业广大干部职工坚持以“时代楷模”为榜样，锐意进取、勇当先行，努力汇聚交通运输行业改革发展的磅礴力量，以优异成绩庆祝新中国成立70周年。国家邮政局局长马军胜、副部长刘小明、中国邮政集团公司总经理张金良以及国家邮政局副局长杨春光参加接见。刘小明、杨春光出席视频报告会。

国家邮政局部署2019年全国两会建议提案办理工作

4月19日，国家邮政局召开2019年全国两会建议提案交办会，传达国务院常务会议、全国人大代表建议交办会和全国政协委员提案交办会精神，总结2018年办理工作，部署安排今年办理工作。国家邮政局党组书记、局长马军胜就做好今年建议提案办理工作专门作出批示，要求各部门高度重视代表委员建议提案办理工作，高标准严要求将建议提案办理好，促进邮政管理工作上水平。局党组成员、副局长赵民对建议提案办理工作提出明确要求。2019年，国家邮政局共收到议案建议提案69件，涉及快递绿色发展、关爱快递小哥、快递车辆通行、邮政业精准扶贫等多个方面。

长江经济带暨试点城市行业生态环保工作推进会召开

4月19日，国家邮政局召开长江经济带暨试点城市行业生态环保工作推进会，就行业生态环保工作进行再动员、再部署。国家邮政局党组成员、副局长赵民出席会议并讲话。会上，国家邮政局市场监管司解读了行业生态环保监管工作思路和要求；6试点城市邮政管理局汇报了进展情况和下一步工作思路；各省（市）邮政管理局介绍了前期工作开展情况和存在的问题，就下一步工作提出意见建议。针对城市试点工作，赵民指出，试点城市邮政管理部门要发扬改革创新精神，以只争朝夕的心态下好先手棋、打好主动仗。要坚持问题导向，坚持创新引领，为全国其他地区系统推进行业生态环保工作提供经验借鉴。

王家瑞调研云南邮政行业建设发展情况

4月20日，第十二届全国政协副主席王家瑞在国家邮政局党组书记、局长马军胜陪同下，进车间访网点，走实地询实情，调研云南邮政行业建设发展情况，强调要扎实推进邮政行业高质量发展，为全面建设小康社会贡献力量。中国邮政集团公司党组副书记李丕征陪同调研。在昆明邮区中心局，王家瑞详细了解邮件处理生产作业流程和进出口邮件数量；在顺丰速运经开第四营业部，王家瑞详细询问网点管理模式、运营情况、绿色环保措施和顺丰小哥收入水平；在中通快递云南省管理中心，王家瑞边走边看边问，对云南中通推行“精效中通”“创新中通”“绿色中通”“科技中通”“责任中通”发展理念和网络股份改制表示赞赏。

首届“双品网购节”消费者将享受优质购物体验

近日获悉，4月28日至5月10日商务部、国家邮政局和中国消费者协会将组织开展“双品网购节”活动，目前各项筹备工作正在有序进行中。本次活动中，阿里巴巴、京东、苏宁易购等10家电商平台将甄选国外中高端进口产品、国内老字号优质产品，让消费者享受到省时、省力、省心的优质购物体验。邮政、快递企业将充分利用完备的基础设施网络，确保“双品网购节”期间所有商品“运得出、运得快、运得好”，让便捷、高效、优质的邮政和快递服务深入人心。针对部分农产品特点，邮政、快递企业将充分发挥“邮政在乡”和“快递下乡”相结合的网络优势，确保广大农村地区实现工业品运得进来，农产品运得出去。

马军胜局长调研云南邮政业发展情况

4月20日至22日，国家邮政局党组书记、局长马军胜赴云南昆明、昭通调研邮政业发展情况，强调要扎实推进邮政业改革发展，切实服务好经济社会民生。20日下午，马军胜走进昆明邮区中心局包装分拣车间察看分拣线、询问业务量，与异形件分拣员热情攀谈。在顺丰速运经开第四营业部，马军胜对网点在提升客户体验、节能环保等方面工作给予肯定，并饶有兴趣地观看现场制作绿色环保填充物。在中通快递云南省管理中心，马军胜对该公司在社会慈善、扶贫助农、服务国家“一带一路”建设等方面的做法深感欣慰。他表示，民营企业也应该勇于承担社会责任，服从服务于国家经济社会民生。

赵民副局长率团访问柬埔寨

4月21日至23日，国家邮政局副局长赵民率团赴柬埔寨进行了工作访问。22日，赵民副局长与柬埔寨邮电部部长陈尤德举行会谈，就中柬两国邮政市场发展、深化两国邮政管理部门政策沟通和加强双方在重大国际邮政事务中的合作等事宜交换了意见。赵民指出，中国和柬埔寨两国邮政管理部门一直保持着密切合作与交流，在万国邮联和亚太邮联重大国际邮政事务中能够相互理解和支持。希望双方继续深化落实中柬两国关于加强双方邮政领域合作的备忘录精神，推动双方邮政高层交流，促进两国邮政领域务实合作。在重大国际邮政事务中，继续保持沟通，相互支持。

深化巩固中央八项规定精神成果

4月23日，国家邮政局党组发出关于“五一”、端午期间正风肃纪防止“四风”问题反弹变异的通知，要求各级党组织要深化巩固中央八项规定精神成果，持续强化正风肃纪，坚决防止“四风”问题反弹变异，确保两节期间风清气正。通知要求，全系统各级纪检机构要强化监督检查，严肃责任追究。要认真履行监督责任，保持正风肃纪高压态势。要深化问责追责，对责任落实不到位，在职责范围发生严重问题，造成严重后果或恶劣影响的，既要严肃追究当事人的责任，又要严肃追究有关领导的责任。

国家邮政局召开电视电话会议

4月23日，国家邮政局召开寄递渠道安全管理工作电视电话会议，深入学习贯彻习近平总书记关于安全工作的重要指示批示精神，统一思想，坚定信心，总结前一阶段行业涉枪涉爆隐患整治、禁毒、安全生产等工作，全面部署第二届“一带一路”国际合作高峰论坛、北京世界园艺博览会、亚洲文明对话大会期间寄递渠道安全服务保障工作。国家邮政局党组成员、副局长刘君出席会议并强调，安全工作事关人民安危、大局稳定，全行业要推动行业安全生产形势持续稳定向好，确保寄递渠道安全畅通，以优异成绩迎接新中国成立70周年。

国家邮政局开展寄递企业生态环保主体责任落实情况调研检查

4月23日至26日，国家邮政局派出5个调研检查组，分赴辽宁、浙江、湖南、四川、甘肃对中国邮政、顺丰、圆通等十大品牌寄递企业落实生态环保企业主体责任情况进行调研检查。调研检查组先后赴五省10个地市，共实地走访邮件快件分拨中心10家和邮政快递营业网点50个，询问相关人员170人次，翻阅相关资料190余份，现场随机检查邮件快件2000余件。下一步，国家邮政局将向主要品牌企业总部通报调研检查有关情况，针对存在问题的企业当面亮短，责令限期整改，督促企业有效落实主体责任，坚决打好行业污染防治攻坚战。

2019年快递业务经营许可培训班在重庆举办

4月23日至26日，2019年全国快递业务经营许可工作培训班在重庆举办。本次培训旨在深入贯彻落实“放管服”改革精神，宣贯实施新修订的《快递业务经营许可管理办法》，推动快递业务经营许可工作由重审批向重管理转型，提升邮政管理部门工作水平。31个省（区、市）邮政管理局许可工作负责同志以及部分市地局业务骨干参加了此次培训。国家邮政局市场监管司、重庆市邮政管理局主要负责同志出席开班式。培训班围绕《行政许可法》《快递业务经营许可管理办法》等内容开展了集中教学，并聘请西南政法大学有关学者进行了授课。

中国快递协会庆祝成立十周年

4月24日，中国快递协会在京举办成立十周年庆典活动。国家邮政局党组书记、局长马军胜到会祝贺，希望中国快递协会坚持以习近平新时代中国特色社会主义思想为指导，坚决贯彻落实党中央、国务院重大决策部署，坚持服务、自律、协调的工作定位，坚持"打通上下游、拓展产业链、画大同心圆、构建生态圈"的工作思路，汇聚八方资源，丰富工作内涵，综合施策，精准发力，更好满足人民美好生活的快递需求，为行业高质量发展作出更大的贡献。中国快递协会会长高宏峰，国家邮政局党组成员、副局长戴应军出席活动，国家邮政局党组成员、副局长刘君致辞。

第二届"一带一路"国际合作高峰论坛设施联通分论坛在京举办

4月25日，第二届"一带一路"国际合作高峰论坛设施联通分论坛在北京举办。与会各方聚焦更高质量互联互通，认为设施联通领域已进入全面务实合作新阶段。设施联通分论坛以"安全畅通 智能高效"为主题，由国家发展改革委、交通运输部主办，来自相关国家、国际组织、中外方企业及相关机构的170多位嘉宾出席。交通运输部部长李小鹏致开闭幕辞，国家发展改革委副主任胡祖才主持会议并致辞，工业和信息化部副部长陈肇雄、国家能源局局长章建华分别在会上发言。相关国家以及国际组织的30余名嘉宾发言。

赵民副局长率团参加万国邮联亚太地区邮政战略论坛

4月25日至26日，万国邮联亚太地区邮政战略论坛在泰国曼谷举行。来自亚太邮联32个成员国中的27个国家的政府管理部门、监管部门和指定经营者，以及万国邮联和亚太邮联代表近100人出席了会议。赵民副局长率领由国家邮政局、中国邮政集团公司共同组成的中国代表团出席会议。万国邮联国际局总局长侯赛因、副总局长克里瓦兹，亚太邮联秘书长林洪亮出席论坛并做了开幕式发言。赵民副局长应邀就"促进邮政基础设施为公民服务方面的经验"作主旨发言。会议期间，代表团一行还赴泰国数字经济社会部进行了工作访问。

"双品网购节"活动拉开序幕

4月28日，由商务部与国家邮政局、中国消费者协会组织指导开展的"双品网购节"活动拉开序幕。据国家邮政局当天监测数据显示：全网快件业务量约1.72亿件；电商协同数据平台快件业务量约9200万件。快递业务量同比增长47.65%，各大快递企业充分利用网络及运力优势，保障活动首日快件的安全、高效运输和配送。"双品网购节"首日，阿里参加活动的商品销售额近30亿，较平时相比增长35%以上。

"2018年感动交通十大年度人物"评选结果揭晓

4月29日，交通运输部召开视频报告会，揭晓"2018年感动交通十大年度人物"评选结果，中车长春轨道客车股份有限公司铁路车辆装调工罗昭强等10人获此殊荣，广东省南粤交通投资建设有限公司董事长职雨风等3人荣获"2018年感动交通年度特别致敬人物"称号。部党组书记杨传堂出席会议并强调，交通运输系统广大干部职工要增强"四个意识"，坚定"四个自信"，做到"两个维护"，不断凝聚榜样的力量，大力弘扬新时代交通精神，在交通强国建设中砥砺前行、建功立业。

国家邮政局召开局长办公会

4月29日，国家邮政局局长马军胜主持召开2019年第六次局长办公会议，传达学习国务院第二次廉政工作会议精神，听取2019年全国两会建议提案办理工作汇报，审议并通过《促进跨境电子商务寄递服务高质量发展专项行动方案》。国家邮政局副局长刘君、杨春光、赵民出席会议。马军胜指出，认真学习贯彻国务院第二次廉政工作会议精神，特别是李克强总理讲话精神，对进一步加强邮政管理系统党风廉政工作，推动全面从严治党向纵深发展具有十分重要的指导意义。

国家邮政局直属机关青年干部职工纪念五四运动100周年

4月30日，国家邮政局直属机关青年干部认真收看学习了习近平总书记在纪念五四运动100周年大会上的重要讲话，并开展了系列活动。国家邮政局党组及机关党委号召青年干部职工，传承、发扬五四精神，爱国奉献、担当作为，在邮政强国建设实践中发挥生力军作用，以优良业绩迎接中华人民共和国70周年华诞。在五四青年节来临前夕，国家邮政局直属机关青年干部代表参加了上级团组织召开的座谈会，汇报交流了工作学习的情况和感想。16名青年标兵和7名优秀团干部受国家邮政局直属机关团委表彰，2名青年同志受上级团组织表彰。

马军胜局长主持召开国家邮政局党组会议

5月5日，国家邮政局党组书记、局长马军胜主持召开局党组会议，学习贯彻习近平总书记近期重要讲话精神和中央重要会议精神，强调全系统要坚决贯彻落实习近平总书记重要讲话精神，奋力推进邮政业建设发展再上新台阶。局党组成员、副局长戴应军、刘君、杨春光、赵民出席会议。中央纪委国家监委驻交通运输部纪检监察组副组长胡志彬列席会议。马军胜指出，习近平总书记在中央财经委第四次会议上的重要讲话，是在全面建成小康社会取得决定性进展，还有不到两年时间就要收官的关键历史阶段的方向引领和实践指引。贯彻落实中央会议精神，要聚焦短板弱项，跑好全面建成小康社会"最后一公里"。

马军胜局长会见波兰青年政治家代表团

5月6日，国家邮政局局长马军胜在京会见了由波兰法律与公正党议员兹比格涅夫·古格拉斯先生率领的波兰青年政治家代表团。双方就在"一带一路"框架下促进两国在邮政领域务实合作和推动中欧班列运邮项目建设等事宜交换了意见。马军胜欢迎波兰青年政治家代表团的来访，并对波兰政府高度关注两国邮政业合作发展表示感谢。他指出，中国主导的中欧班列运邮项目是邮政寄递渠道的创新，符合市场需求，相比其他物流渠道，具有较高的性价比。他希望两国政府共同关注并支持项目建设，共同推动制定国际铁路运邮规则标准，提升铁路运邮通关效率，更好发挥邮政的互联互通作用。

14家快递企业共同签署自律公约

5月7日，中国邮政速递、顺丰、申通、圆通、中通、韵达、百世、德邦、宅急送、京东物流、苏宁物流、民航快递以及DHL、FedEx，共14家国内外快递企业共同签署了快递业拒绝寄递非法野生动植物及其制品自律公约。各企业承诺采取有效措施，拒绝收寄非法野生动植物及其制品，积极遏制野生动植物非法贸易，保护野生动植物资源和生物多样性。近年来，国家邮政局将濒危野生动物及其制品列入《禁止寄递物品管理规定》，将野生动植物保护工作纳入寄递渠道安全管理综合治理考核内容，开展寄递安全宣传，邮政业野生动植物保护工作取得积极成效，为维护国家生态安全贡献了积极力量。

纪念五四运动100周年专题学习交流活动举办

5月7日，国家邮政局在江西井冈山召开邮政业团员青年纪念五四运动100周年专题学习交流活动，继续深入学习总书记重要讲话精神，引领青年建功新时代。国家邮政局党组成员、副局长杨春光出席活动并讲话。杨春光指出，邮政业团员青年要坚定理想信念，在时代大潮的激荡前行中坚定不移听党话跟党走；肩负历史使命，在实现中国梦的接续奋斗中写就新时代青年的篇章；投身岗位实践，在推动邮政强国建设的伟大征程中奏响行业高质量发展的凯歌;注重练好内功,在成为社会主义建设者和接班人的人生道路上交上快递小哥群体的答卷。

全国邮政管理系统党务干部培训班召开

5月7日,全国邮政管理系统党务干部培训班在江西井冈山召开,国家邮政局党组成员、副局长杨春光出席开班式并作动员讲话。会议强调,要以全面落实新时代党的建设总要求为主线,以党的政治建设为统领,以深入贯彻《中共国家邮政局党组关于推动新时代全面从严治党向纵深发展的意见》为抓手,坚持"条抓重点、块管全面,条块联动、增强功能"工作定位,按照"12365"工作布局统筹推进系统党建各项工作,为适应和引领邮政业改革发展新常态,全面完成党中央、国务院确定的邮政业发展目标提供坚强保证,以优异成绩庆祝新中国成立70周年。

杨春光副局长赴江西调研指导党建和脱贫攻坚工作

5月8日至10日,国家邮政局党组成员、副局长杨春光率调研组赴江西省赣州市调研基层党建工作,并深入了解当地邮政电商扶贫相关情况。杨春光一行来到德邦快递赣州总部,召开基层党建工作恳谈会,与行业一线的"小蜜蜂"面对面交谈,带去国家局党组的亲切问候。调研组实地走访了瑞金市黄柏坳背岗万亩脐橙基地、瑞金市壬田镇凤岗村廖奶奶咸鸭蛋合作社电商服务站、叶坪乡黄沙村华屋蔬菜配送项目,杨春光对"快递+"赣南脐橙项目、邮政电商扶贫工程取得的显著成效表示充分肯定,并对今后工作开展提出要求,一是坚持服务大局,二是坚持高质量发展。

刘君副局长赴广东调研

5月9日至10日,国家邮政局党组成员、副局长刘君一行赴广东深圳调研,详细了解寄递渠道安全监管尤其是芬太尼类物质寄递管控工作情况。刘君强调,芬太尼类物质整类列管是习近平总书记和党中央作出的重大战略决策,各级邮政管理部门和寄递企业要充分认识加强芬太尼类物质寄递管控的重大意义,不折不扣抓好工作落实。要强化企业安全主体责任,规范协议客户安全管理,从源头上筑牢寄递安全防线。要加强对从业人员教育培训,提高识毒、防毒能力。要强化员工警示教育,树立禁毒红线意识。要加强邮件快件安全查验,积极配合海关、公安等部门开展专案打击,形成工作合力。

马军胜局长视察圆通速递总部

5月12日,国家邮政局党组书记、局长马军胜一行到圆通速递总部视察调研。马军胜一行实地考察了圆通总部指挥调度中心、上海转运中心全自动分拣线,参观了"物流信息互通共享技术及应用"国家工程实验室项目成果,听取了圆通速递董事长喻渭蛟关于公司未来发展战略及科技创新方面的工作汇报。马军胜对圆通速递重点布局、未来发展、持续推动科技创新等工作予以肯定。同时提出要求,一要立足当前,着眼未来,不断提高服务能力水平。二要全力用好减费降税政策。三要着力推动企业转型发展。四要关注末端网点经营发展,保障基层员工合法权益,切实帮助解决现实问题,推进全网健康发展。

全国邮政管理系统巡视工作动员会暨培训班举办

5月13日,2019年全国邮政管理系统第一批巡视工作动员会暨培训班在北京举行。国家邮政局党组书记、局长马军胜作动员讲话,强调要深化政治巡视,强化政治监督,加强巡视干部队伍能力建设,确保巡视工作更加科学、严密有效,切实推动系统全面从严治党向纵深发展。局党组成员、副局长杨春光主持开班式。马军胜强调,要强化政治担当,严密组织系统内巡视工作。要深化政治巡视，注重巡视工作质量和效果。要强化整改落实要求，扎实做好巡视“后半篇文章”。要分类分段施策。驻交通运输部纪检监察组选派的巡视组组长、国家邮政局党组巡视工作领导小组及办公室成员、机关司室领导及巡视工作人员参加培训。

国家邮政局召开东北三省行业生态环保工作推进会

5月13日，国家邮政局在吉林省长春市召开东北三省行业生态环保工作推进会，就行业生态环保工作进行再动员、再部署。国家邮政局党组成员、副局长赵民出席会议并讲话。赵民指出，行业污染防治攻坚启动以来，各级邮政管理部门做了大量工作，取得了初步成效。针对全面做好东北三省行业生态环保工作，赵民提出了具体要求。一是充分认识做好行业生态环保工作的重要性、紧迫性和艰巨性。二是细化工作措施，强化责任落实，扎实推进生态环保各项任务全面落地。三是坚持因地制宜，注重方式方法，着力提升行业生态环保工作实效。四是加强共建共治，推动群防群治，实现行业绿色发展标本兼治。

“青春心向党 快递新梦想”主题团日活动举办

5月15日，国家邮政局、共青团中央联合组织开展了“青春心向党 快递新梦想”快递业团员青年学习习近平总书记在纪念五四运动100周年大会上重要讲话精神主题团日活动。国家邮政局党组成员、副局长杨春光，共青团中央书记处书记奇巴图出席活动并讲话，听取快递企业团建工作开展情况，并向快递团员青年代表赠送礼包及书籍。杨春光表示，下一步，希望双方坚持钉钉子精神，持续扎实推进既定工作项目；勇于创新探索，深化拓展新载体新方式；强化思想引领，带领“快递小哥”群体坚定不移听党话跟党走。

马军胜局长主持召开国家邮政局党组中心组（扩大）学习会

5月16日，国家邮政局党组书记、局长马军胜主持召开党组中心组（扩大）学习会，深入学习贯彻《中国共产党重大事项请示报告条例》《中国共产党党组工作条例》和保密工作相关文件精神，强调要以习近平新时代中国特色社会主义思想为指导，从严守党的政治纪律和政治规矩的高度，抓好各项工作落实。局党组成员、副局长戴应军、杨春光出席会议并领学相关文件精神。马军胜指出，全系统要切实提高政治站位，坚持政治导向，强化政治担当，把请示报告作为重要政治纪律和政治规矩坚决贯彻执行到位。

职业技能竞赛与快递大学生“双创”大赛启动

在5月20日召开的全国邮政行业人才工作会议上，第二届全国邮政行业职业技能竞赛和第四届全国“互联网+”快递大学生创新创业大赛宣布正式启动。国家邮政局党组书记、局长马军胜，党组成员、副局长杨春光出席仪式并共同启动大赛。杨春光在讲话中指出，要通过大赛，推动职业培训和企业岗位练兵的大规模开展，推动“大众创业、万众创新”在快递领域蓬勃发展。要切实提升赛事工作质量，推动竞赛所涉领域技术创新和技能水平提升；积极推动赛事成果转化，提升赛事管理水平；大力开展赛事宣传活动，扩大赛事活动的社会参与度。

全国邮政行业人才工作会议召开

5月20日，全国邮政行业人才工作会议在北京召开，深入学习贯彻习近平总书记关于人才工作的重要论述及全国组织工作会议关于人才工作的部署，认真总结邮政体制改革以来，特别是党的十八大以来的行业人才工作，深刻分析发展形势，研究部署下一阶段主要任务，为推动邮政业高质量发展和邮政强国建设提供坚强的人才保障和智力支持。国家邮政局党组书记、局长马军胜出席会议并讲话。党组成员、副局长杨春光主持会议并作总结。马军胜强调,要牢牢把握新时代人才发展大势,牢固确立人才引领发展的战略地位,为邮政业高质量发展和邮政强国建设集聚优秀人才。

邮政行指委召开 2019 年工作会议

5 月 21 日,全国邮政职业教育教学指导委员会 2019 年工作会议在西安召开,会议深入学习贯彻全国邮政行业人才工作会议精神,推进落实《职业教育改革实施方案》,促进邮政行业职业教育教学改革、建设和发展。国家邮政局人事司主要负责人出席会议并讲话。会议传达了全国邮政行业人才工作会议精神,同时,与会代表就快递工程技术人员职称评审等重点工作进行了专题研讨,就快递运营管理专业领域“1 + X”技能等级认定标准制定、全国职业院校技能大赛邮政快递赛项申报工作进行了深入研讨。

国家邮政局举办高级研修班

5 月 21 日至 23 日,国家邮政局在西安邮电大学举办智能时代快递物流高质量发展高级研修班。国家邮政局人事司和西安邮电大学负责人出席开班仪式。研修班邀请司法部、国务院发展研究中心、西安邮电大学、中国移动和兴业证券等单位的知名学者和资深专家授课,围绕 5G 技术及其在快递物流中的应用、智能时代快递物流企业面临的机遇与挑战等内容组织学习研讨。来自全国各地的 70 名学员参加本期研修班。

七部门合力推进邮政业服务乡村振兴

5 月 23 日,国家邮政局召开专题新闻发布会,局新闻发言人、政策法规司司长金京华对《关于推进邮政业服务乡村振兴的意见》进行了解读。上述意见是由国家邮政局联合国家发展改革委、财政部、农业农村部、商务部、文化和旅游部、供销合作总社出台的。从内容上看,该意见坚持走中国特色乡村振兴之路,提出了十项主要任务。下一步,国家邮政局将会同有关部门,全面推进《意见》的贯彻落实,通过加强部门协同、强化组织建设、开展典型示范、大力宣传引导等措施,把《意见》落到实处,有效服务乡村振兴。

马军胜局长主持召开国家邮政局党组会议

5 月 23 日,国家邮政局党组书记、局长马军胜主持召开局党组会议,学习贯彻中央政治局重要会议和习近平总书记近期重要讲话精神,强调全系统要坚决落实党中央决策部署,奋力推进行业高质量发展。局党组成员、副局长刘君、杨春光、赵民出席会议。中央纪委国家监委驻交通运输部纪检监察组副组长胡志彬列席会议。马军胜指出,各级党组织要坚决把思想和行动统一到党中央决策部署上来,提高政治站位,精心谋划实施,确保主题教育取得实效。

2019 年“黑马杯”快递行业篮球邀请赛圆满落幕

5 月 24 日,2019 年“黑马杯”快递行业篮球邀请赛在上海市青浦区智美篮球中心落下帷幕。最终,德邦代表队、中通代表队和跨越代表队分别获得冠军、亚军和季军。经过 9 天紧张精彩的比赛,德邦快递队和中通快递队一路过关斩将,会师决赛。最终,德邦代表队以 72:40 的比分战胜中通代表队夺得冠军。来自德邦代表队的赵毅豪凭借着优异表现获得本届赛事“最有价值球员”称号。2019 年“黑马杯”快递行业篮球邀请赛由国家邮政局精神文明建设指导委员会办公室指导,中国邮政快递报社、上海市邮政管理局精神文明建设委员会和上海市快递行业协会主办。

国家邮政局召开 2019 年扶贫工作领导小组第二次(扩大)会议

5 月 24 日,国家邮政局召开 2019 年扶贫工作领导小组第二次(扩大)会议,传达学习习近平总书记在解决“两不愁三保障”突出问题座谈会上的重要讲话精神、中央和国家机关定点扶贫工作推进会议精神、交通运输部领导有关批示指示精神,总结今年以来重点工作推进情况,安排和部署下一步重点工作。国家邮政局党组书记、扶贫工作领导小组组长马军胜出席会议并讲话,强调要继续响鼓重槌、高位推进,以钉钉子精神打好脱贫攻坚战,推动定点扶贫工作再上新台阶。局党组成员、扶贫工作领导小组副组长杨春光主持会议。

马军胜局长赴贵州调研

5月26日至28日,国家邮政局党组书记、局长马军胜赴黔调研邮政业助力精准扶贫和服务好乡村振兴战略等工作并强调,要将习近平总书记关于精准扶贫、推动乡村振兴战略的重要指示精神和中央重大决策部署落到实处,大力弘扬新时代贵州精神,"邮政在乡"要加力,"快递下乡"要加速,全力服务精准扶贫和精准脱贫,推动贵州乡村振兴再上新台阶。马军胜强调,邮政业助力精准扶贫精准脱贫、服务乡村振兴,是行业提高政治站位、履行社会责任的重要标志。他要求,一是服务网络要不断深化,二是扶贫助农要提升质效,三是要充分整合社会资源,四是加大就业扶贫力度。

国家邮政局邮政业安全中心荣获"2019中国政府信息化卓越成就奖"

5月27日,国家邮政局邮政业安全中心报送的"邮政业大数据安全监管平台"在2019中国国际大数据产业博览会"2019政府信息化大会"上荣获"2019中国政府信息化卓越成就奖"。据悉,共有包括国家邮政局邮政业安全中心、司法部信息中心等单位在内的4个单位获此殊荣。中国国际大数据产业博览会是全球首个大数据主题博览会,也是国家级博览会,更是探讨大数据行业发展现状和趋势的平台。未来,邮政业安全中心将以此为契机加快推进邮政业安全监管大数据平台建设,强化快递大数据挖掘和应用,真正发挥大数据的社会价值。

赵民副局长出席中国国际服务贸易交易会

5月28日至6月1日,2019年中国国际服务贸易交易会在国家会议中心正式举行。国家邮政局副局长赵民应邀出席开幕式。中国国际服务贸易交易会是全球唯一的国家级、国际性、综合型的服务贸易平台,是目前全球唯一涵盖服务贸易十二大领域的综合型服务贸易交易会,已逐渐成为全球优质创新服务展示的舞台。中通快递、京东物流等多家快递企业在京交会上多方位展现自己的科技成果。2019年京交会以"开放、创新、智慧、融合"为主题,首次采取"一主多辅"方式,设置1个主会场和10个分会场,展览展示总面积达16.5万平方米。

全国邮政管理系统巡视工作调研座谈会召开

5月28日,2019年全国邮政管理系统第一批巡视工作调研座谈会在北京邮电疗养院召开,会议认真贯彻落实习近平总书记关于巡视工作的重要论述和党中央关于巡视工作的新精神新部署,围绕强化对国家邮政局直属单位党组织政治监督,推动系统巡视工作向纵深发展进行调研座谈。国家邮政局党组成员、副局长、巡视工作领导小组副组长杨春光主持会议并讲话。巡视办主任、副主任,第一、二巡视组组长及副组长,局机关有关业务处负责人参加调研座谈。杨春光指出,自进驻以来,各巡视组认真负责,顺利展开工作,值得肯定。他强调,要深化政治巡视不偏向,要坚持问题导向不松劲,要严格自我要求不含糊。

邮政业服务乡村振兴助力扶贫攻坚示范培训班举办

5月28日至31日,邮政业服务乡村振兴助力扶贫攻坚示范培训班在烟台举行。本次培训旨在贯彻落实党的十九大和十九届二中、三中全会精神,大力宣传邮政业与现代农业融合发展的成功经验和有效做法,学习贯彻7部门《关于推进邮政业服务乡村振兴的意见》，努力支撑打好精准脱贫攻坚战，提升农村电商和寄递服务水平。来自全国25个省(区、市)的地方政府单位、邮政管理部门、邮政快递企业和合作院校的学员参加了培训。学员们普遍反映，本次培训主题突出，内容丰富，形式新颖；通过学习对邮政业服务乡村振兴、助力扶贫攻坚有了深刻的认识和了解，为做好今后的工作指明了方向。

国家邮政局召开局长办公会

5月30日，国家邮政局局长马军胜主持召开2019年第七次局长办公会，审议并原则通过《关于规范快递与电子商务数据互联共享的指导意见》等文件，对表前一阶段重点工作落实情况，部署下一阶段重点工作。副局长戴应军、杨春光、赵民出席会议。会议审议并原则通过了《意见》。马军胜要求，下一步要着力加大宣传力度，向市场主体和民众做好政策的宣传和解读工作，营造良好氛围。要与商务部门做好沟通协作，细化工作措施，抓好贯彻落实，将《意见》落到实处。

立案调查美国联邦快递涉嫌损害我国用户合法权益问题

最近，美国联邦快递在我国发生未按名址投递快件行为，严重损害用户合法权益，已违反我国快递业有关法规。国家有关部门决定立案调查。

外资快递企业在华经营必须遵守中国法律法规

针对美国联邦快递在中国未按名址投递快递事件，6月2日国家邮政局局长马军胜接受中央广播电视总台央视独家采访表示，任何快递企业都必须遵守中国法律法规，不得损害中国企业和用户的合法权益。马军胜指出，对联邦快递公司立案调查，有利于维护我们国家快递市场秩序，也有利于维护我们国家企业和用户的合法权益，有利于确保我们国家邮政通信安全和经济安全。我们国家的快递市场是巨大的，发展快、潜力大，我们欢迎世界各国来我国对中国的快递市场进行投资，但是有个前提，你必须要遵守中国的法律法规，也必须维护中国企业和用户的合法权益，不能因为非商业目的来阻断正常的快递服务，也不能损害中国企业和用户的合法权益。

赵民副局长会见台湾中华邮政青年代表团

6月3日，国家邮政局副局长赵民在山东曲阜会见了来访的台湾中华邮政青年代表团一行。赵民对青年代表团的到来表示热烈欢迎，介绍了博大精深的孔孟文化以及大陆邮政业最新发展情况和趋势，勉励他们为两岸邮政深化交流合作发挥作用。他指出，两岸文化同根同源、血脉相连，深化邮政合作具有深厚和坚实的基础。2008年海峡两岸全面直接双向通邮以来，两岸邮政交流日益密切、合作日趋广泛，取得了丰硕成果。希望两岸邮政青年以此次活动为契机，进一步加深交流合作，为促进两岸邮政业共同发展、增进两岸同胞民生福祉作出自己的贡献。

国家邮政局党组中心组学习会和局党组会议召开

6月3日，国家邮政局党组书记、局长马军胜主持召开党组中心组学习会和局党组会议，传达学习习近平总书记在“不忘初心、牢记使命”主题教育工作会议上的重要讲话精神和中央全面深化改革委员会第八次会议精神，强调全系统要把思想行动统一到中央重大决策部署上来，抓紧抓好抓实“不忘初心、牢记使命”主题教育，以务实作风扎实成效切实推进邮政业高质量发展。局党组成员、副局长戴应军、刘君、杨春光、赵民出席会议并交流学习体会。马军胜强调，要提高政治站位，把思想行动统一到中央重大决策部署上来。要严格对表对标，坚决按照党中央要求抓好主题教育。要坚持问题导向，着力走出邮政业高质量发展路子。

戴应军副局长赴天津调研科技工作

6月5日，国家邮政局党组成员、副局长戴应军同志赴天津调研邮政行业科技工作，重点对智能邮件快件箱推广使用和安检机联网情况进行实地调研。戴应军来到天津市交通运输委、河东区中山门西里，实地了解智能邮件快件箱建设和使用情况。在调研过程中，戴应军指出，智能信包箱推广应用事关民生福祉，涉及面广，要系统梳理存在问题，切实推进建设工作。在天津市邮政业安全中心，通过大屏幕察看了安检机联网情况，并详细了解企业投入、传输带宽和运行维护等问题。戴应军强调，要充分利用科技手段，加强对监控数据和视频图像等信息的智能化分析，实现智能识别、智能安检和预警预判，提升系统应用效能和行业管理水平。

国家邮政局召开主题教育动员部署电视电话会议

6月6日，国家邮政局召开"不忘初心、牢记使命"主题教育动员部署电视电话会议。"不忘初心、牢记使命"主题教育中央第二十一指导组组长林军出席会议并讲话。国家邮政局党组书记、主题教育领导小组组长马军胜作动员讲话时强调，要深入学习贯彻习近平总书记在"不忘初心、牢记使命"主题教育工作会议上的重要讲话精神，切实用党中央重大决策部署统一思想和行动，结合邮政业建设发展实际深刻领会、积极参与，守初心、担使命，找差距、抓落实，确保主题教育高标准、高质量开展，自觉担当建设现代化邮政强国历史使命。

国家邮政局部署开展行业绿色采购试点工作

近日，国家邮政局印发《行业绿色采购试点工作方案》，选取顺丰、中通、申通、京东四家快递企业试点实施绿色采购，推动建设绿色采购体系。《方案》要求，试点企业要以习近平生态文明思想为指导，树立和践行绿色低碳理念，健全完善绿色采购体系，建立健全绿色供应商名录，推动企业绿色发展和转型升级。针对试点企业，《方案》部署了四项重点工作任务：一是制定绿色采购制度，二是建立健全绿色供应商管理名录库，三是健全绿色采购反馈评价机制，四是注重绿色采购技术和模式创新。

马军胜局长在湖北作专项调研

6月10日至12日，国家邮政局党组书记、局长马军胜赴湖北省鄂州、武汉两地专项调研邮政业发展情况，强调要深入学习贯彻习近平总书记在"不忘初心、牢记使命"主题教育工作会议上的重要讲话精神，结合邮政业改革发展实践深刻领会、全面贯彻，守初心、担使命，找差距、抓落实，切实把思想行动统一到党中央重大决策部署上来，围绕贯彻落实习近平总书记关于邮政业重要指示精神和践行人民邮政为人民宗旨解难题、出实招，坚持问题导向，扎实把主题教育活动开展起来。

中国快递协会强烈呼吁关爱快递员

6月11日，山东广饶一圆通网点业务员遭遇恶意投诉、警方出面为其出具证明事件备受关注，也引发了人民日报、中央政法委长安剑等媒体公号的关注，更引发了网友们的热议。12日，针对该事件，中国快递协会副会长兼秘书长孙康呼吁，快递企业不仅要维护用户的合法权益，也要维护从业人员的基本权益，要清理不合理内部处罚，真正关心关爱员工。孙康呼吁维护社会公平正义，不向不良倾向低头，抵制恶意投诉行为。孙康还透露，中国快递协会目前正在研究建立不良用户黑名单制度。

国家邮政局邮政业安全中心安全教育培训基地（福州）揭牌

6月11日，国家邮政局邮政业安全中心安全教育培训基地（福州）揭牌暨第一期安全教育培训班开班仪式在闽江学院隆重举行。国家邮政局邮政业安全中心、福州市政府、闽江学院、福建省邮政管理局、福州市邮政管理局等单位相关负责人，福州基地首期培训学员、企业代表、闽江学院师生代表共200人参加揭牌仪式。福州基地的揭牌标志着全国首个邮政业安全教育培训基地正式建成。福州基地主要依托闽江学院的专业优势和教学资源，面向全国组织邮政管理干部和企业有关人员开展培训。

交通运输部审议《智能快件箱寄递服务管理办法》

6月12日，交通运输部部长李小鹏主持召开部务会，传达学习中央有关会议活动精神，并审议《智能快件箱寄递服务管理办法》等。会议指出，要督促智能快件箱运营企业、使用企业落实主体责任，优化快件箱设置，加强规范管理，保护用户信息安全，提升服务质量；要衔接好收寄验视、实名收寄、安全检查三项制度，守牢安全底线，促进快递末端服务持续健康发展，不断满足人民群众对智能快件箱寄递服务的新期待。国家邮政局近年来开展了一系列有针对性的工作，为《智能快件箱寄递服务管理办法》出台奠定了坚实的基础。

“邮来已久、绿动未来”主题宣传活动

近日，国家邮政局印发通知，自2019年6月17日至12月17日利用半年时间在全系统、全行业组织开展“邮来已久、绿动未来”主题宣传活动。《通知》强调，各级邮政管理部门、各寄递企业要充分认识开展“邮来已久、绿动未来”主题宣传活动的重要性，要着眼于坚决打好行业污染防治攻坚战的工作大局，通过主题宣传活动进一步凝聚共识合力、提振攻坚士气，努力营造时不我待、奋发有为的良好工作氛围；要紧扣“邮来已久、绿动未来”这一主题，继承一代代邮政人无私奉献、为国为民的传统精神，发扬“人民邮政为人民”优良传统。

马军胜局长会见香港邮政署长梁松泰及澳门邮电局代表

6月12日，国家邮政局局长马军胜在湖北武汉会见了前来参加中国2019世界集邮展览开幕式活动的香港邮政署长梁松泰及澳门邮电局代表。马军胜对港澳邮政代表团参加世界邮展表示热烈欢迎，介绍了近期内地邮政业和集邮发展情况，就推进粤港澳大湾区邮政业合作发展与港澳邮政代表交换了意见。马军胜指出，近年来，内地与港澳邮政交流密切，在邮票和集邮领域合作广泛。希望内地与港澳邮政携手，进一步加强交流合作，推动集邮事业协同发展，共同做好粤港澳大湾区邮政业建设，不断提升创新发展能力和国际竞争力。

2019世界交通运输大会开幕

6月14日，2019世界交通运输大会（WTC）在北京国家会议中心开幕。大会首设“邮政快递论坛”，论坛由国家邮政局指导，国家邮政局发展研究中心主办，以“智能绿色引领邮政快递未来”为主题，凝聚国内外政产学研用精英，深刻剖析科技革命给邮政业带来的巨大变革，诠释邮政行业绿色发展方向。国家邮政局副局长刘君出席会议并致辞。论坛举办期间，发布了《中国邮政快递绿色发展报告（2018—2019）》。来自政府部门、邮政和快递企业负责人、国内外专家学者、行业上下游科技与绿色标杆企业代表近200余人参会，通过主题演讲和嘉宾对话的形式，为行业未来创新发展建言献策。

国家邮政局召开部分快递企业座谈会

6月14日，国家邮政局在京召开部分快递企业座谈会，总结前期各项专项整治工作开展情况，安排部署下一步重点工作。会议强调，快递企业应积极采取措施，杜绝破坏行业稳定的“三种行为”，切实保护“三种合法权益”：一是要杜绝末端网点违规收费，切实保护消费者合法权益。二是

要杜绝“以罚代管”，切实保护从业人员合法权益。三是要杜绝缩减派费影响末端网络稳定，切实保护基层网点合法权益。圆通、中通、申通、韵达、百世、宅急送、优速等7家企业代表，以及中国快递协会代表参加了座谈会。

国家邮政局党组召开主题教育领导小组工作会议

6月14日，国家邮政局召开“不忘初心、牢记使命”主题教育领导小组工作会议，深入学习贯彻习近平总书记在中央主题教育工作会议上的重要讲话精神，进一步研究推进全系统主题教育工作。局党组书记、主题教育领导小组组长马军胜在讲话中强调，要坚持上下“一盘棋”，扎扎实实把主题教育组织好、开展好，交出全系统主题教育的高质量答卷，助推邮政业高质量发展。局党组成员、主题教育领导小组副组长杨春光主持会议并领学中共中央关于印发《习近平新时代中国特色社会主义思想学习纲要》通知的精神。

四川长宁发生6.0级地震

6月17日22时55分，四川省宜宾市长宁县发生6.0级地震。截至18日5时20分，地震共造成11人死亡(长宁8人、珙县3人)，受伤122人。目前，邮政业未接到人员伤亡和财产损失的相关报告，邮政管理部门正在进一步了解核实情况。地震灾害发生后，部分快递网点已与当地救灾部门取得联系，将全力支持后续救灾工作。

“618”旺季行业揽件31.9亿件

近日获悉，6月1日至18日，“618”年中旺季全行业共揽收快件31.9亿件，同比增长26.6%；最高日处理量超过2.43亿件，同比增长54.8%，比日常处理量高出27.9%。预计“618”活动期间，全行业揽收快件将超过36.3亿件，同比增长29.6%。6月18日前后，以京东为代表的电商平台举行了年中促销活动，快递业务量迎来新高峰。

马军胜局长主持召开国家邮政局党组会议

6月19日，国家邮政局党组书记、局长马军胜主持召开局党组会议，传达学习习近平总书记、李克强总理重要讲话精神，强调全系统要坚决贯彻落实党中央重大决策部署，密切联系实际推进行业高质量发展。局党组成员、副局长戴应军、杨春光、赵民出席会议。中央纪委国家监委驻交通运输部纪检监察组副组长胡志彬列席会议。马军胜强调，要深入推进邮政业服务“一带一路”建设；要加强与万国邮联合作，积极参与重大改革；要紧跟国家重大战略部署，扎实做好服务跨境电商、精准脱贫、绿色发展和扩大就业等工作，让邮政业更好服务经济、社会和生态文明。

《智能快件箱寄递服务管理办法》公布

6月20日，交通运输部公布了《智能快件箱寄递服务管理办法》，自2019年10月1日起施行。国家邮政局于2017年5月启动《智能快件箱寄递服务管理办法》制定工作，先后多次组织企业座谈、实地调研、专家研讨，并在起草过程中充分征求了相关企业、协会的意见建议。2018年11月，《智能快件箱寄递服务管理办法》(征求意见稿)通过中国政府法制信息网、交通运输部网站、国家邮政局网站公开征求意见。在此基础上，国家邮政局局长办公会议于2019年3月19日决定将《智能快件箱寄递服务管理办法》(送审稿)提请交通运输部审议。6月12日，交通运输部部务会议审议通过。

国家邮政局开展主题教育集中学习研讨

6月20日至22日，国家邮政局开展“不忘初心、牢记使命”主题教育集中学习研讨，按照“守初心、担使命、找差距、抓落实”的总要求，深入学习研讨《习近平关于“不忘初心、牢记使命”重要论述选编》《习近平新时代中国特色社会主义思想学习纲要》和习近平总书记对邮政业重要指示精神等重要内容，并传达学习中共中央关于形式主义、官僚主义有关案件情况通报的精神。局党组书记、局长马军胜带头领学并讲话，局党组成员、副局长戴应军、杨春光、赵民参加学习并领学相关内容。中央主题教育第二十一指导组有关负责同志列席。

国家邮政局召开2020年部门预算布置会暨预算编制培训班

6月20日至21日，国家邮政局2020年部门预算布置会暨预算编制培训班在国家邮政局南戴河培训中心召开。会议传达了财政部对2020年部门预算编制的最新要求，全面回顾和总结了一年来全系统财务管理工作开展情况，深入剖析当前财务管理工作中存在的问题和短板，对下一步组织好2020年预算编制和财务管理工作提出了具体要求，并对相关业务开展专题培训。国家邮政局党组成员、副局长赵民出席会议并讲话。赵民要求，2020年国家邮政局部门预算编制工作，要切实保障建设现代化邮政强国战略实施，切实保障政府依法行政和履行职责，切实保障各级管理机构工作运转顺畅。

马军胜局长出席报社党支部主题教育学习研讨会

6月22日，国家邮政局党组书记、局长马军胜来到党建基层联系点中国邮政快递报社出席报社党支部“不忘初心、牢记使命”主题教育学习研讨会，强调要深入学习贯彻习近平总书记关于党的新闻舆论工作的重要指示精神，始终坚持正确舆论导向，坚守主流舆论阵地，主动顺应媒体发展大势，勇于探索，求新求变求发展，有梦想、敢作为，坚定方向，奋发有为，将“不忘初心、牢记使命”主题教育落到实处，为邮政行业健康发展营造良好舆论氛围。马军胜指出，报社党支部要增强“四个意识”，坚定“四个自信”，做到“两个维护”，增强进一步做好行业新闻宣传工作政治自觉。

全国邮政管理系统处级干部任职培训班举办

6月24日至29日，国家邮政局在北京举办了全国邮政管理系统处级干部任职培训班。培训的主要目的是深入学习习近平新时代中国特色社会主义思想，提高新任处级干部的政治站位，加强党性修养，提升理论水平和履职能力，以更好地适应新时代、新形势、新任务和新岗位的要求。来自全国29个省（区、市）局和国家局机关的近50名处级干部参加了培训。本次培训围绕“不忘初心、牢记使命”主题教育等设计教学内容，邀请中央党校、中央党史和文献研究院等单位的专家学者做专题讲授，并组织学员参观北京大学红楼爱国主义教育基地和国家博物馆复兴之路展。

中国首部快递业发展史《无处不在》出版发行

由中国邮政快递报社编著的中国首部快递业发展史《无处不在》，近日由中信出版社出版，面向全国发行。《无处不在》用新闻纪实的笔法，记录了中国快递从零开始到全球第一的圆梦历程。中国邮政快递报社用半年时间，前后采访200余人，加上十年间积累的新闻报道资料，写就这部中国首部快递业史诗级著作，致敬中国改革开放40周年，庆祝中华人民共和国成立70周年。《无处不在》的出版发行，对于全行业认真落实习近平总书记对邮政业的重要指示批示和党中央决策部署，自觉践行“忠诚为本、勤劳为基、创造为荣、守护为责”的小蜜蜂精神具有重要意义。

湖北省恩施州邮政管理局获评“人民满意的公务员集体”

6月25日，第九届全国“人民满意的公务员”和“人民满意的公务员集体”表彰大会在京举行。

湖北省恩施州邮政管理局获评“人民满意的公务员集体”。这是邮政体制改革以来，邮政管理系统首次获此殊荣。近年来，恩施州邮政管理局坚持始终践行“人民邮政为人民”的发展思想，克服人少、事多、保障不够等多方面的挑战，持之以恒做好行业打基础、管长远的工作，全州邮政事业健康快速发展，行业发展量收规模始终保持在20%以上，快递业发展增速保持在40%以上，为恩施州的经济社会发展起到了良好促进作用，先后荣获了“推进村邮站建设工作先进单位”等近10项省级荣誉，“恩施州青年文明号”等近5项州级荣誉。

国家邮政局召开局长办公会

6月25日，国家邮政局局长马军胜主持召开2019年第八次局长办公会议，审议并原则通过《国家邮政局关于支持民营快递企业发展的指导意见》《2018年快递市场监管报告》等文件，强调全系统要切实提升行业现代治理能力，支持民营快递企业改革发展，推动邮政业高质量发展。国家邮政局副局长戴应军、杨春光出席会议。马军胜要求，全系统要结合行业实际，全面抓好指导意见的落地实施，不断为民营快递企业营造更好发展环境，帮助民营快递企业解决发展中的困难，让民营快递企业创新源泉充分涌流，让民营快递企业创造活力充分迸发。

邮政行业31个集体获2017－2018年度全国青年文明号

近日，全国创建“青年文明号”活动组委会成员单位联合印发《关于命名2017－2018年度全国青年文明号的决定》，命名在2017－2018年度全国青年文明号创建周期中，符合创建条件且表现突出的1708个创建集体为“2017－2018年度全国青年文明号”。邮政行业共31个集体获此殊荣，包括中国邮政快递报社报纸编辑部、北京邮电疗养院前厅部、中国邮政集团公司深圳市分公司红荔投递部、上海韵达货运有限公司客服部、江苏省邮政管理局消费者申诉处理中心、滁州市职业技术学院快递服务中心、山东省邮政业消费者申诉中心、顺丰速运有限公司天安营业部等。

规范快递与电商数据互联共享

近日，由国家邮政局、商务部共同制订的《关于规范快递与电子商务数据互联共享的指导意见》已经正式印发。作为专门指导快递与电商数据互联共享的政策性文件，《指导意见》的出台意味着电子商务经营者、电子商务平台经营者以及快递企业之间的数据互联共享从此将有章可循，不可任性。《指导意见》强调了对数据的管控和互联共享管理，在确保用户信息安全的前提下，鼓励电子商务经营者与经营快递业务的企业之间依据相关标准开展数据互联共享，共同提升配送效率。支持电子商务经营者与经营快递业务的企业加强系统互联和业务联动，推动作业流程、数据交换有效衔接。

赵民副局长到内蒙古开展主题教育调研

6月25日至26日，国家邮政局党组成员、副局长赵民一行深入内蒙古自治区乌兰察布市集宁区、察哈尔右翼中旗、四子王旗和呼和浩特市邮区中心局，走访分拨中心、快递营业网点、偏远地区邮政普遍服务网点，调研了解寄递企业生态环保主体责任落实情况，检查地市局履行行业监管责任推进“9571”工程情况，并在乌兰察布市召开邮政业生态环保工作座谈会，听取基层企业对行业绿色发展的意见建议。调研组每到一处都详细检查了行业生态环保“9571”工程落实情况，通过“一撕二闻三看四询问”的方式实地了解快递包装袋质量、循环中转袋可循环次数、胶带是否瘦身、纸盒有没有回收等情况。

北京邮电大学现代邮政学院首届本科生毕业

6月26日，备受行业广泛关注的全国第一个现代邮政学院——北京邮电大学现代邮政学院首届本科生毕业典礼隆重举行,2019 届 30 名毕业生正式毕业,这标志着邮政快递高等人才教育培养工作取得阶段性成果。国家邮政局党组书记、局长马军胜出席仪式并致辞,北京邮电大学党委书记吴建伟、校长乔建永出席,北京邮电大学现代邮政学院执行院长武穆清发言,现代邮政学院副院长宁连举主持。2015 年,国家邮政局与教育部签署协议共建北邮现代邮政学院;2016 年,学院面向 2015 级本科在校生组建一个 30 人的"邮政快递实验班"。如今,首批毕业生将进入中国邮政集团公司江苏省分公司、顺丰、中通、京东等企业就业。

国家邮政局联合共青团中央开展青年安全生产示范岗创建活动

近日,国家邮政局和共青团中央决定联合开展邮政行业青年安全示范岗创建活动。创建活动以"安全生产 青年当先"为主题,旨在邮政行业强化安全与发展并重理念,强化安全生产意识,发挥青年在提升企业安全生产管理中的生力军作用,有效保障邮政业安全稳定和寄递渠道安全畅通,有力推进安全邮政建设。该活动将在邮政企业、快递企业的一线生产车间、班组、网点等基层安全生产单位广泛开展。内容包括,突出创建主题,创造良好安全生产环境;注重岗位实践,提升安全生产技能水平;注重创新创造,广泛组织开展"青创先锋"活动;规范管理机制,促进安全生产常抓不懈、务实从严。

做好快递工程技术人才职称评审工作

近日,人力资源社会保障部专业技术人员管理司和国家邮政局人事司联合下发《关于做好快递工程技术人才职称评审工作有关问题的通知》,对快递工程技术人才职称评审有关问题作出规定。《通知》要求,要健全评价制度,聚焦快递新业态发展,在工程系列增设快递工程评审专业,按规定设置技术员、助理工程师、工程师、高级工程师和正高级工程师五个层级。完善评价标准,支持行业龙头企业、快递协会等参与制定快递工程技术人才职称评价标准。创新评价机制,推动进一步打破户籍、地域、身份、档案、人事关系等制约,创造便利条件,畅通职称申报渠道。衔接培养使用,增强职称制度的吸引力和实效性。

马军胜局长会见"人民满意的公务员集体"邮政业代表

6 月 27 日,国家邮政局党组书记、局长马军胜,党组成员、副局长杨春光会见了刚刚获评第九届全国"人民满意的公务员集体"的湖北省恩施土家族苗族自治州邮政管理局代表,勉励他们要牢记习近平总书记的嘱托,不忘初心、牢记使命,在本职岗位上作出更加优异的成绩,号召邮政业管理系统广大干部结合"不忘初心、牢记使命"主题教育,对标先进、学习先进,再立新功、再创辉煌。马军胜代表国家邮政局党组向恩施州局表示祝贺并指出,恩施州局在推动邮政业服务地方经济方面做了大量工作,获得了党和人民的认可。这是国家邮政局成立以来,邮政管理系统首次获此殊荣,实属不易。

国家邮政局召开"两优一先"表彰大会

6 月 27 日,国家邮政局召开纪念建党 98 周年暨"两优一先"表彰大会。局党组书记、局长马军胜出席会议并讲话,强调各级党组织和广大党员干部要自觉在习近平新时代中国特色社会主义思想指引下,不忘初心、牢记使命,扎实工作、善作善为,不断推进邮政业高质量发展,奋力开启建设现代化邮政强国新征程,以优异成绩迎接新中国成立 70 周年。局党组成员、副局长杨春光主持会议,局党组成员、副局长赵民宣读表彰通报。局领导分别向受表彰的个人和单位颁奖。马军胜指出,各级党组织和广大党员干部,一定要围绕"守初心、担使命,找差距、抓落实"搞好主题教育,砥砺不忘初心、牢记使命的精神品格。

马军胜局长再赴平泉定点扶贫点调研

6月27日至29日，国家邮政局扶贫领导小组组长、局长马军胜赴局定点扶贫县级市平泉调研，为脱贫攻坚再摸底、再鼓劲、再部署。马军胜强调，打赢脱贫攻坚战是以习近平同志为核心的党中央作出的重大决策部署，是全面建成小康社会必须打赢打好的硬仗。人民邮政为人民，邮政业必须肩负起这一重大政治责任，全面落实习近平总书记关于脱贫攻坚工作的重要指示精神，精准对接定点扶贫点需求，进一步加大产业扶贫、项目扶贫、人才支持、企业合作和行业帮扶的力度，以"不忘初心、牢记使命"的奋斗精神和攻坚克难、攻城拔寨的超凡勇气，为贫困地区如期全面打赢脱贫攻坚战、全面建成小康社会贡献行业力量。

戴应军副局长率团赴葡萄牙参加研讨会

6月27日至29日，欧盟邮政监管委员会—美西葡邮联联合研讨会和美西葡邮联邮政监管论坛在葡萄牙蓬塔德尔加达举行。来自欧洲和美西葡地区的近50个国家120多名邮政管理部门代表参加了会议。应葡萄牙国家通信管理局和美西葡邮联特别邀请，国家邮政局副局长戴应军率团出席会议，就"中国邮政行业面临的监管挑战"和"关于万国邮联终端费改革的思考与建议"作了主题演讲，并就大家关注的问题作了充分回应，得到了许多国家与会代表的充分肯定和积极反响。在为期2天的讨论中，美国、德国、巴西、西班牙、乌拉圭等国家和欧盟10多位邮政管理部门代表发表了演讲。

国家邮政局组织召开寄递企业生态环保工作座谈会

6月28日，国家邮政局在京组织召开寄递企业生态环保工作座谈会，了解上半年各企业工作开展情况，通报寄递企业生态环保主体责任落实专项调研检查的情况，部署下半年工作，推动落实企业主体责任，确保党中央、国务院及国家邮政局各项部署落地执行，坚决打好行业污染防治攻坚战。国家邮政局党组成员、副局长赵民出席会议。赵民指出，各企业要严格落实主体责任，着力提升工作实效。深入实施"9571"工程，加强信息统计和报告，注重宣传教育和培训；要统筹当下与长远，谋划好行业绿色发展的大格局。

刘君副局长出席海关总署进出境邮递物品监管改革现场会

6月28日，海关总署进出境邮递物品监管改革现场会在深圳举行，国家邮政局党组成员、副局长刘君出席并讲话。海关总署副署长李国、中国邮政集团公司副总经理温少祺出席会议。与会人员在深圳宝安机场一同参观了深圳海关邮局（深圳邮政国际运营中心）的工作现场，听取了深圳、广州、黄埔、厦门海关和深圳邮政公司关于进出境邮递物品监管改革相关情况。刘君简单回顾了关邮合作、协同发展的悠久历史，介绍了我国邮政业发展尤其是跨境寄递服务高速发展的情况。刘君强调，要提高政治站位，积极迅速行动，落实国家邮政局、商务部、海关总署三部门意见，促进跨境电子商务寄递服务高质量发展。

《时代楷模其美多吉》出版发行

中国邮政快递报社编著的《时代楷模其美多吉》，近日由人民出版社出版，面向全国发行。本书旨在大力弘扬爱国奉献精神，展现以其美多吉为代表的新时代奋斗者努力奔跑、追梦圆梦的良好风貌，为全国党员学习和党建工作提供生动教材，讲述"老西藏"精神、"两路精神"在新时代焕发出新的风采，激励广大党员干部见贤思齐、奋发有为，在新时代建功立业。《时代楷模其美多吉》一书体现了中央提出的精神文明重在建设的方针，深挖了其美多吉的精神内涵，把以科学的理论武装人、以正确的舆论引导人、以高尚的精神塑造人、以优秀的作品鼓舞人的号召落实到实际写作中，具备较高的思想价值和社会价值。

全国邮政管理系统纪检干部培训班举办

7月2日，为学习贯彻习近平新时代中国特色社会主义思想，全面贯彻落实党的十九大和中央纪委三次全会精神，推动邮政管理系统全面从严治党向纵深发展，按照国家邮政局党组“不忘初心、牢记使命”主题教育工作部署，全国邮政管理系统纪检干部培训班在京开班。局党组成员、副局长赵民出席开班式并作动员讲话。赵民指出，全系统要紧密结合邮政管理系统实际，巩固、深化、拓展全面从严治党成果，努力实现新时代纪检工作高质量发展，不断取得党风廉政建设和反腐败工作新成效，为建设邮政强国提供坚强政治保证。

马军胜局长主持召开国家邮政局党组会议

7月3日，国家邮政局党组书记、局长马军胜主持召开局党组会议，传达学习习近平总书记近期重要指示和重要讲话精神，强调全系统要坚决贯彻落实党中央决策部署，不忘初心、牢记使命，推动邮政管理系统主题教育深入扎实开展，奋力推进现代化邮政强国建设。局党组成员、副局长戴应军、刘君、杨春光、赵民出席会议。马军胜指出，全系统要认真履行政治责任，切实把思想和行动统一到以习近平同志为核心的党中央决策部署上来。要强化底线思维。进一步增强忧患意识，做到居安思危，坚决打好防范化解重大风险攻坚战。

向恩施土家族苗族自治州邮政管理局学习

近日，国家邮政局发出通知，号召全系统向第九届全国“人民满意的公务员集体”获得者恩施土家族苗族自治州邮政管理局学习。通知强调，恩施州局是邮政管理系统公务员队伍的优秀代表，是坚持党的领导、贯彻习近平新时代中国特色社会主义思想，建设高素质专业化公务员队伍工作中涌现出的先进典型；恩施州局取得的成绩是邮政业凝心聚力、主动作为、开拓进取的行业缩影；恩施州局获得的荣誉是邮政管理部门坚持以人民为中心发展思想、践行“人民邮政为人民”初心使命的生动体现。通知要求，全系统每名公务员及每个公务员集体，都要以恩施州局为榜样。

国家邮政局发文支持民营快递企业发展

近日，国家邮政局印发《关于支持民营快递企业发展的指导意见》，提出4项工作措施，以更好地服务民营快递企业发展，激发民营经济创新活力，深化供给侧结构性改革，推进行业高质量发展。一是降低企业成本，减轻企业负担。二是加强企业培育，推动转型升级。三是完善监管措施，营造公平环境。四是加强组织协调，提升保障水平。

马军胜局长与新任职领导干部进行集体廉政谈话

7月4日，国家邮政局“不忘初心、牢记使命”主题教育集中学习研讨暨全国邮政管理局长座谈会期间，国家邮政局党组书记、局长马军胜代表局党组与2019年上半年新任职领导干部进行集体廉政谈话，强调要在新的起点上不忘初心、牢记使命，提高政治站位、强化责任担当、促进清正廉洁、保持奋发有为，以新气象新担当新作为，为邮政业改革发展凝聚力量。局党组成员、副局长杨春光主持廉政谈话。马军胜强调，一是守初心，始终坚守“人民邮政为人民”的初心宗旨。二是担使命，勇于扛起新时代赋予的历史使命。三是找差距，敢于刀刃向内不断实现自我革新提高。四要抓落实，奋力推进邮政业高质量发展。

马军胜局长调研江浙两省三地邮政业发展情况

7月5日至8日，在“不忘初心、牢记使命”主题教育集中学习研讨暨2019年全国邮政管理局长座谈会前后，国家邮政局党组书记、局长马军胜密集调研江苏苏州、无锡和浙江嘉兴邮政业发展情况，强调要以习近平新时代中国特色社会主义思想为指导，将主题教育与破解行业发展难题紧密结合起来，着力推动邮政业迈向高质量发展。他深入无锡邮区中心局、无锡梨花庄税务发票区域配送中心和顺丰速运常熟东南仓了解行业发展的具体情况。马军胜率领与会代表到浙江嘉兴南湖革命纪念馆学习红船精神——开天辟地、敢为人先的首创精神，接受革命传统教育。

2019 年全国邮政管理局长座谈会召开

7 月 6 日至 8 日，“不忘初心、牢记使命”主题教育集中学习研讨暨 2019 年全国邮政管理局长座谈会在苏州召开，会议深入学习习近平新时代中国特色社会主义思想和习近平总书记在“不忘初心、牢记使命”主题教育工作会议上的重要讲话精神，传达学习《关于贯彻习近平总书记重要批示精神深入落实中央八项规定精神的工作意见》，总结上半年主要工作，部署下半年重点工作。局党组书记、局长马军胜出席会议并讲话，强调全系统要进一步增强“四个意识”、坚定“四个自信”、做到“两个维护”，推动邮政业高质量发展迈上新台阶。局党组成员、副局长戴应军、刘君、杨春光、赵民出席会议并作主题发言。戴应军主持会议。

《2018 年快递市场监管报告》发布

近日，国家邮政局发布《2018 年市场监管报告》，对 2018 年快递市场发展及监管职责履行情况进行全面梳理回顾，并在科学分析市场发展趋势的基础上明确了 2019 年市场监管思路。《报告》介绍了 2018 年快递市场运行整体情况，以数据为基础，从市场规模、市场结构、服务能力、服务质量、资本运作和产业贡献 6 个方面进行了回顾，从推动行业高质量发展、提升行业现代治理能力、提升安全基础水平和推动全面从严治党 4 个方面总结了快递市场监管情况，全面梳理了各级邮政管理部门紧扣党中央、国务院各项战略决策部署履行市场监管职责情况，并对监管成效进行归纳总结。

国家邮政局召开党组中心组（扩大）学习会

7 月 7 日，国家邮政局党组书记、局长马军胜主持召开局党组中心组（扩大）学习会，学习习近平总书记在中央政治局第十五次集体学习、中央和国家机关党的建设工作会议上的重要讲话精神，强调要增强“四个意识”，坚定“四个自信”，做到“两个维护”，坚决贯彻落实习近平总书记重要讲话精神，以自我革命精神推进党的建设高质量发展。局党组成员、副局长杨春光出席会议并作重点研讨交流。马军胜强调，要把坚决落实习近平总书记重要讲话精神作为重大政治任务，结合“不忘初心、牢记使命”主题教育，突出问题导向，查找工作中的短板和弱项，扎实整改、改出成效，推动党的建设质量迈向新台阶。

国家邮政局召开寄递企业安全稳定工作部署会议

7 月 16 日，国家邮政局在京召开寄递企业安全稳定工作部署会议，中国邮政、顺丰、申通、圆通、中通、韵达、德邦、京东等 8 家主要寄递企业参加会议。会议传达了党中央、国务院有关决策精神，分析了当前邮政行业安全形势，研究部署了近期重点工作。会议要求各寄递企业提高政治站位，充分认识做好行业安全稳定工作的重要意义，按照“谁经营，谁负责”原则，严格落实安全主体责任。一是确保生产安全，二是维护行业稳定，三是加强邮件快件安全管理，四是加强值班值守。

马军胜局长为全系统党员干部讲党课

7 月 19 日，为认真贯彻落实中央“不忘初心、牢记使命”主题教育工作精神，国家邮政局党组书记、局长马军胜为全系统讲授题为“高举习近平新时代中国特色社会主义思想旗帜　守初心担使命　找差距抓落实　走好新时代邮政业改革发展的长征路”的专题党课。局党组成员、副局长刘君出席。局党组成员、副局长杨春光主持会议。中央第二十一指导组成员王大政、中央纪委国家监委驻交通运输部纪检监察组有关负责同志出席。马军胜强调,邮政业的初心,就是人民邮政为人民;邮政业的使命就是满足社会需要,提供优质服务,创造守护美好生活。

杨春光副局长到河北开展主题教育调研

7月22日至24日,国家邮政局副局长杨春光一行赴河北石家庄、邯郸开展了“不忘初心、牢记使命”主题教育调研工作,并慰问一线邮政、快递员工,向他们送去了书籍和慰问品。杨春光对河北局在行业发展、党建、人事人才等方面取得的工作成效给予肯定。他指出,“不忘初心、牢记使命”主题教育是当前全党的一件大事,是完成党的十九大目标任务的迫切需要,全体党员干部要自觉用习近平新时代中国特色社会主义思想武装头脑,强化使命担当,全心全意为人民服务,满足人民日益增长的用邮需求。

马军胜局长主持召开国家邮政局党组会议

7月23日,国家邮政局党组书记、局长马军胜主持召开局党组会议,传达学习习近平总书记在内蒙古考察并指导开展“不忘初心、牢记使命”主题教育时的重要讲话精神、在深化党和国家机构改革总结会议上的重要讲话精神,强调要坚决贯彻落实习近平总书记“四个到位”重要指示,确保主题教育深入推进成效明显。局党组成员、副局长戴应军、刘君、赵民出席会议。中央纪委国家监委驻交通运输部纪检监察组副组长胡志彬列席会议。马军胜强调,要紧扣学习这条主线,做到“抓思想认识到位”。要对照党章党规这面镜子,做到“抓检视问题到位”。要聚焦突出问题专项整治这个重点,做到“抓整改落实到位”。

刘君副局长赴陕西指导主题教育活动

7月23日至26日,国家邮政局党组成员、副局长刘君赴陕西指导“不忘初心、牢记使命”主题教育活动,并赴西安、安康、汉中调研市场监管工作。调研组听取了陕西省邮政管理局党组“不忘初心、牢记使命”主题教育专题汇报。刘君强调,首先要思想认识到位,要实事求是,用新理论武装思想,切实做到思想政治上受洗礼;其次要检视问题到位,坚持问题导向、找准问题根源、明确努力方向;三要整改落实到位,小切口大作为,啃硬骨头,不拖延、不虚于应付;四要组织领导到位,主要领导同志要带头学习、带头调查研究、带头检视问题、带头整改落实,发挥表率作用,要结合实际,同党中央安排部署对表对标。

国家邮政局部署寄递渠道安全服务保障工作

新中国成立70周年庆祝活动期间寄递渠道安全服务保障工作,营造安全稳定的寄递服务环境,国家邮政局局长办公会审议通过《国庆70周年庆祝活动期间寄递渠道安全服务保障工作实施方案》,并通知要求全系统坚持以习近平新时代中国特色社会主义思想为指导,坚持最高标准、最严要求、最周密措施,做到“四个严防”“三个确保”。《方案》明确了各级邮政管理部门及重点区域邮政管理部门的任务分工,要求各省(区、市)邮政管理局层层传达贯彻,严格督促各项工作落实。各级邮政管理部门和各寄递企业按照既定方案,从严从细从紧落实寄递安全管控措施。

国家邮政局党组面对面听取干部群众意见建议

7月25日,为进一步听取意见、检视问题,国家邮政局党组书记、局长马军胜主持召开“不忘初心、牢记使命”主题教育领导小组面对面听取干部群众意见座谈会。来自局机关各司室和直属各单位的14名干部职工代表,围绕“适应新要求,保持国家邮政局重组之初那股艰苦奋斗的革命热情”“推进新发展,实现行业发展路径从小到大转型到从大到强”等方面,结合各自岗位职责工作特点,认真检视,深入思考,纷纷提出意见建议,现场气氛十分热烈。

南京邮电大学专题座谈会在北京召开

7月28日,南京邮电大学专题座谈会在北京召开,近40位在京校友代表围绕“邮电”人才培养,为学校发展建言献策,为人才培养现场支招。国家邮政局局长马军胜出席会议并鼓励南邮坚持“邮电”为本的办学特色,加大邮政业人才培养的力度。在人才培养方面,邮政工程、邮政管理、广播电视工程等5个专业在“2019年中国大学评价排行榜”中名列前茅。这是国家邮政局与江苏省政府共建南京邮电大学现代邮政学院以来,该校邮政相关专业取得的阶段性成果。马军胜对南邮取得的成绩表示祝贺,对其邮政相关专业的成效给予赞赏。他说,南邮紧紧抓住“邮电”关键二字,坚持特色办学,特色越来越鲜明,效果越来越明显。

国家邮政局召开党组理论学习中心组(扩大)学习会

7月29日,根据国家邮政局“不忘初心、牢记使命”主题教育工作安排,国家邮政局召开党组理论学习中心组(扩大)学习会。局党组书记、局长马军胜,局党组成员、副局长刘君、赵民出席会议。局党组成员、副局长杨春光主持会议。国家邮政局有关司室负责同志分别领学了中国共产党章程、《关于新形势下党内政治生活的若干准则》和《中国共产党纪律处分条例》。大家重温党的宗旨、组织制度、党的纪律等重要内容,集体学习党的政治理论和基础知识,进一步坚定革命理想信念和永葆共产党员先进性的崇高责任感。

国家邮政局召开主题教育调研成果交流会

7月29日,为深入开展“不忘初心、牢记使命”主题教育工作,国家邮政局“不忘初心、牢记使命”主题教育调研成果交流会暨党组理论学习中心组(扩大)学习会在北京召开。中央第二十一指导组组长林军出席会议并讲话。国家局党组书记、局长马军胜主持会议,作交流发言和总结讲话,强调要在转化运用、解决问题、改进工作上狠下功夫,推动主题教育调研成果转化运用,与推动邮政业加快迈向高质量发展结合起来,以优异成绩迎接新中国成立70周年。局党组成员、副局长戴应军、刘君、杨春光、赵民出席会议。中央纪委国家监委驻交通运输部纪检监察组副组长胡志彬列席会议。

马军胜局长会见泛非邮政联盟秘书长

应国家邮政局邀请,泛非邮政联盟秘书长尤努斯·吉布里纳一行2人来华访问。7月29日,马军胜局长与尤努斯·吉布里纳在京举行了双边会谈。双方高度评价了中非、中喀传统友谊,赞赏了中国与泛非邮联,中国与喀麦隆在国际邮政事务中的良好合作。双方同时就万国邮联终端费改革以及有关事务、中非在邮政领域开展合作等议题坦诚交换了意见。马军胜局长对尤努斯秘书长长期以来对国际邮政事务所作出的贡献表示感谢,高度赞赏其在万国邮联改革进程中一贯倡导多边主义,为支持维护全球邮政网络完整性和邮政普惠原则,维护发展中国家利益所作出的努力。

国家邮政局召开主题教育领导小组第四次工作会议

7月30日,国家邮政局召开“不忘初心、牢记使命”主题教育领导小组第四次工作会议,总结主题教育开展以来的工作情况,进一步研究推进全系统主题教育工作。局党组书记、主题教育领导小组组长马军胜在讲话中强调,要认真学习贯彻习近平总书记在主题教育工作会议上的重要讲话精神,按照党中央统一部署,根据中央指导组的要求,准确把握主题教育的基本要求和目标任务,紧密结合思想和工作实际,确保各项工作不偏不虚,把主题教育抓紧抓深抓实,以群众满意检验主题教育实效,助推邮政业高质量发展。局党组成员、副局长、主题教育领导小组副组长杨春光主持会议。局党组成员、副局长赵民参加会议。

国家邮政局召开第二季度快递服务质量提升联席会议

7月31日，国家邮政局召开2019年第二季度快递服务质量提升联席会议。会议通报了第二季度快递服务满意度调查和时限准时率测试结果、各主要快递企业消费者申诉情况和行业安全运行情况，并就快递末端服务违规收费整治工作进行强调部署。据通报显示，今年二季度，快递服务公众满意度得分为78.0分，同比下降0.1分；快递服务全程时限为58.39小时，同比缩短3.11小时，72小时准时率为76.45%，同比提高1.17个百分点；快递服务消费者有效申诉量为5424件，同比下降72.1%，对快递企业有效申诉处理满意率平均为97.4%，同比增长0.9个百分点。

《2019－2022年全国邮政管理系统干部教育培训规划》印发

近日，国家邮政局印发《2019－2022年全国邮政管理系统干部教育培训规划》，对高质量教育培训邮政管理干部、高水平服务邮政业高质量发展和邮政强国建设，为邮政业改革发展打造忠诚干净担当的高素质专业化干部队伍提供有力支撑作出规定。《规划》要求确保司局级、处级干部5年内参加党校以及干部教育培训管理部门认可的其他培训机构的培训累计3个月或者550学时以上；科级以下干部每年参加培训累计不少于12天或者90学时；不同类别干部每年达到规定的调训率、参训率和人均脱产培训、网络培训学时数；各级领导班子成员每3年至少接受一次系统理论教育和严格党性教育。

国家邮政局召开电视电话会议

7月31日，为进一步规范市场秩序，维护用户权益，推动行业“不忘初心、牢记使命”主题教育走向深入，国家邮政局召开电视电话会议，对全行业将于8月份集中开展的快递末端服务违规收费清理整顿工作进行专项部署。国家邮政局党组成员、副局长刘君代表局党组出席会议并讲话。刘君指出，全系统全行业要以刀刃向内的自我革命精神，把清理整顿工作变成实际行动，合力攻坚务实推进，让主题教育在行业中真正见到实效和成效，推动全系统主题教育不断走深走实走出效果。刘君强调，整顿清理专项工作实效是检验主题教育在邮政业成效的重要标识。要妥善处理好清理、稳定和发展的关系。

国家邮政局召开邮政业安全和应急工作领导小组全体会议

8月1日，国家邮政局召开邮政业安全和应急工作领导小组全体会议，深入学习贯彻习近平总书记关于加强安全生产的重要指示精神，传达学习李克强总理重要批示要求和全国安全生产电视电话会议精神，总结上半年邮政业安全生产工作情况，分析面临的形势，安排部署下半年重点工作。国家邮政局局长、邮政业安全和应急工作领导小组组长马军胜主持会议；国家邮政局副局长、邮政业安全和应急工作领导小组副组长刘君出席会议。会议强调，要以习近平新时代中国特色社会主义思想为指导，切实提高政治站位，牢固树立以人民为中心的发展思想，狠抓各项工作落实，确保新中国成立70周年寄递渠道安全平稳运行。

加强快递从业人员职业技能培训

近日，为深入学习贯彻习近平总书记关心关爱“快递小哥”的重要指示精神，大力实施快递人才素质提升工程，深入落实《国务院办公厅关于印发职业技能提升行动方案（2019－2021年）的通知》，加大政策扶持力度，大规模开展快递从业人员职业技能培训，提升快递技能人才队伍素质，国家邮政局和人社部联合印发《关于加强快递从业人员职业技能培训的通知》。通知提出，要认真落实五个方面的重点工作：一是明确培训重点内容，二是发挥企业主体作用，三是有效增加培训供给，四是创新培训方式方法，五是推进培训评价衔接。

马军胜局长调研山东省邮政业发展情况

8月5日至7日，国家邮政局党组书记、局长马军胜率调研组赴山东省临沂市和青岛市调研邮政业发展情况，强调要以习近平新时代中国特色社会主义思想为指导，以“不忘初心、牢记使命”主题教育为契机，着力补短板、强弱项，挖潜行业潜力，发挥行业优势，加快行业高质量发展进程，更好服务经济社会民生。马军胜十分关心行业改革发展和服务经济社会民生情况。在临沂申通快递产业园，马军胜一一查看了快递行业联合会、“青春之家”活动室，对其通过党建引领行业发展，通过精神文明建设增添员工干劲的做法给予肯定。马军胜先后到临沂市规划展览馆、胶州市临空经济示范区展览馆调研，了解邮政、快递物流集聚区规划建设情况。

第十届中日邮政政策对话在青岛举行

8月7日至8日，第十届中日邮政政策对话在山东青岛举行。国家邮政局局长马军胜、日本总务省副部长山田真贵子出席会议并致辞。国家邮政局副局长赵民主持会议。马军胜表示，2019年习近平主席和安倍晋三首相在大阪会晤，就推动两国关系改善发展达成十点共识，为今后的中日关系明确了方向，也为我们两国邮政部门深化合作指明了方向。希望对话机制与时俱进，不断创新，进一步丰富对话内涵，进一步扩大对话范围，进一步创新对话形式，不断加强在邮政领域的沟通协调，共同应对当今邮政领域面临的各种挑战，为维护国际邮政多边体制、促进世界邮政共同发展作出更大贡献。

刘君副局长会见UPS中国区总裁

8月8日，国家邮政局副局长刘君在京会见了UPS中国区总裁哈罗德·彼得斯一行，并就UPS在华业务开展情况进行了交流。刘君对哈罗德·彼得斯的到访表示欢迎，介绍了今年上半年中国快递业整体发展情况，并就加强寄递渠道安全管理提出要求。他指出，我们重视UPS在华业务发展，肯定UPS在寄递渠道安全管理、可持续发展等方面所做努力。当前，快递业的发展对全球经济的贡献率在不断提升。我们欢迎世界各国企业来中国快递市场投资和依法合规经营。国家邮政局办公室（外事司）、市场监管司有关人员参加了会谈。

国家邮政局召开局长办公会

8月9日，国家邮政局局长马军胜主持召开2019年第十一次局长办公会，审议《邮政企业、快递企业安全生产主体责任落实规范》等文件，研究推进邮政业绿色发展相关事宜，强调要坚决贯彻落实党中央、国务院决策部署，确保安全稳定，推进绿色发展，筑牢邮政业持续健康发展基础。副局长戴应军、刘君出席会议。马军胜强调，要坚决打好防范化解重大风险攻坚战。坚持总体国家安全观，坚持人民利益至上，着力防范化解寄递渠道潜在风险。推进绿色发展，邮政业必须贯彻落实党中央、国务院关于生态文明建设和生态环境保护重大决策部署，督促各地邮政管理部门落实监管责任、督促寄递企业落实企业主体责任。

刘君副局长调研指导合肥灾备中心工程建设情况

8月9日至10日，国家邮政局党组成员、副局长、“绿盾”工程建设领导小组组长刘君冒着风雨前往合肥灾备中心调研指导工作。10日上午，刘君实地查看了正在进行设备基础施工和室内装修的灾备中心主体建筑，详细了解工程进展情况，对安徽局和工程参建各方表示感谢，代表国家邮政局向奋战在施工一线的工人们发放了慰问品，并在工地现场召开了专题会。刘君强调，灾备中心建设要坚持质量和安全并重,咬定青山不放松,确保为"绿盾"工程整体建设打好坚实基础。会后,刘君一行赴淮南市调研邮政市场监管工作,现场调研了淮南市快递物流产业园和两家快递综合服务站,详细了解业务量、运营模式、安全制度执行等情况。

2019 中国快递"最后一公里"峰会召开

8 月 14 日,以"聚智末端、洞见未来"为主题的 2019 中国快递"最后一公里"峰会在北京召开。峰会邀请来自国家发展和改革委员会、生态环境部、国家邮政局等有关部门和邮政、快递、电商、包装等企业以及研究机构的专家对快递末端政策红利进行解读,对未来发展走向、绿色动能转换、突破发展瓶颈的探索与实践层面进行深入探讨,并发布了《2019 中国快递绿色发展现状与趋势报告》和《2019 中国快递末端服务创新发展现状及趋势报告》。来自全国各地的 200 多名嘉宾和代表,就快递发展的绿色化、便捷化、多元化展开充分探讨。国家邮政局副局长刘君出席会议并致辞,副局长赵民出席会议平行专业论坛。

快递末端服务违规收费清理整顿成效明显

自清理整顿专项工作开展以来,各地邮政管理部门迅速行动,多措并举,及时受理有关问题举报线索,深入开展摸排治理,综合运用随机检查、约谈告诫、行政处罚等措施,扎实推动清理整顿工作开展,取得阶段性成效。截至目前,各地邮政管理部门受理群众通过 12305 专线举报问题线索 237 件,涉及快递品牌企业超 10 家,其中,圆通 67 件、韵达 44 件、中通 41 件、申通 30 件、百世 25 件、天天 5 件、顺丰 2 件、品骏 1 件,其他快递品牌企业 22 件。针对有关举报问题线索,各地邮政管理部门迅即进行落地核实,就发现的违法行为开展立案调查,依法依规作出严肃处理,已累计实施行政处罚 118 起,罚款 127.3 万元。

马军胜局长暗查乡镇快递末端网点收费情况

近期,国家邮政局在全国范围内部署开展专项整治活动。乡镇快递末端网点生存状况如何,末端违规收费问题是否普遍,时刻牵动着国家邮政局党组书记、局长马军胜的心。8 月 15 日,马军胜一行不发通知、不打招呼、不听汇报、不用陪同,直奔基层、直插现场,随机暗查了京津冀三省市五镇一村 9 个快递末端网点。每到一处,马军胜都先以普通用户身份向前来取件的用户询问服务及收费情况。当了解到暗查的 9 个末端网点均不存在违规收费问题后,马军胜表示欣慰。在随后与网点负责人的交谈中,马军胜逐个询问网点服务情况、收费情况等经营信息,鼓励他们继续守法经营,努力寻求网点经济利益和用户合法权益的最大公约数。

国家邮政局召开专题座谈会

8 月 15 日,国家邮政局分别在上海、北京召开邮政领域中央与地方财政事权和支出责任划分改革专题座谈会,对国务院办公厅《关于印发交通运输领域中央与地方财政事权和支出责任划分改革方案的通知》(国办发〔2019〕33 号)进行宣贯培训,就《国家邮政局关于邮政领域中央与地方财政事权和支出责任划分改革实施的指导意见》(国邮发〔2019〕68 号)进行解读,听取有关省(区、市)邮政管理局推进工作情况汇报,国家邮政局党组成员、副局长赵民出席会议并讲话。关于下阶段工作,赵民强调,一是要高度重视,强化责任落实。二是要勇于探索,创新工作机制。三是要加强宣贯,及时总结反馈。

马军胜局长主持召开国家邮政局党组会议

8 月 19 日,国家邮政局党组书记、局长马军胜主持召开局党组会议暨"不忘初心、牢记使命"主题教育领导小组工作会议,传达学习习近平总书记近期重要指示和重要讲话精神,以及中央"不忘初心、牢记使命"主题教育领导小组有关通知精神和国务院常务会议精神，强调全系统要严格对标对表抓好落地见效，切实推动邮政业高质量发展。局党组成员、副局长戴应军、刘君、杨春光、赵民出席会议。马军胜强调，要把握基本要求，高标准推进主题教育工作。要注重对标对表，高质量完成各项规定动作。要坚持问题导向，高水平做好衔接指导工作。

三部门联合部署寄递物品安全管理工作

近日，国家邮政局、公安部、国家安全部联合发布《关于加强国庆70周年庆祝活动期间寄递物品安全管理的通告》。《通告》要求，寄递企业应当加强庆祝活动期间寄递物品安全检查，认真执行收寄验视、实名收寄、过机安检等安全管理制度。严格执行收寄验视制度，对于禁止寄递的物品、不能确认安全性的物品，以及寄件人拒绝验视的物品，一律不予收寄。《通告》强调，公民、法人和其他组织应当遵守寄递物品安全管理规定，交寄邮件快件时，应当出示本人有效身份证件，如实填写邮件详情单、快递运单等服务单据，并配合寄递企业做好收寄验视工作，不得交寄禁止寄递物品。

邮政业生态环保工作座谈会在京召开

8月20日，国家邮政局在北京召开邮政业生态环保工作座谈会。国家邮政局党组成员、副局长赵民出席会议并讲话。赵民在座谈会上强调，目前行业绿色发展取得了阶段性成果，行业污染防治阶段性任务和生态环保体系化建设同步推进，下一步要全面贯彻落实习近平生态文明思想，按照国家邮政局党组关于邮政业绿色发展的部署要求，统筹考虑行业生态环保工作的整体性和长期性，坚持问题导向，攻坚克难，真抓实干，务求实效，为邮政业实现高质量发展贡献力量。针对下阶段重点工作，赵民要求，一是进一步提高认识，强化责任落实。二是突出典型引路，创新工作方法。三是加强沟通，协同推进。

《关于深化交通运输与邮政快递融合　推进农村物流高质量发展的意见》印发

近日，交通运输部、国家邮政局、中国邮政集团公司联合印发《关于深化交通运输与邮政快递融合　推进农村物流高质量发展的意见》，从5个方面部署了14项保障措施，引导交通运输、邮政快递深度融合发展，降低邮政快递末端成本，提高农村客运综合效益，促进农产品、农村生产生活物资、邮政快递寄递物品等高效便捷流通，为农村地区脱贫攻坚、乡村振兴提供有力支撑。《意见》明确，支持县级公路客货站拓展建设邮政快递作业设施，积极拓展乡镇客运站邮政快递中转及收投服务功能；支持运力资源互用互补，在保障农村旅客乘车需求和安全的前提下，鼓励推广农村客运车辆代运邮件快件。

邮政管理系统法治培训班在京举办

8月21日至23日，国家邮政局在北京举办了邮政管理系统法治培训班。来自各级邮政管理部门的100余名干部参加培训。本次培训邀请到司法部、中国社会科学院、中国政法大学的专家学者，重点围绕全面依法治国、行政复议诉讼与执法监督、规范性文件合法性审核、重大执法决定法制审核、政府信息公开条例修订实施等内容展开讲解。国家邮政局党组成员、副局长刘君作法治工作讲话。他从坚持党对立法工作的领导、提升立法质效等方面谈体会，对新时期法治邮政建设提出新要求，勉励邮政管理系统干部不忘初心、牢记使命，在全面依法治邮工作中取得新的更好成绩。

中共国家邮政局党组召开专题民主生活会

8月22日，国家邮政局党组召开“不忘初心、牢记使命”专题民主生活会。党组同志紧扣学习贯彻习近平新时代中国特色社会主义思想这一主线，聚焦不忘初心、牢记使命这一主题，突出力戒形式主义、官僚主义这一重要内容，刀刃向内、自我革命，深入检视剖析，认真查摆问题，深刻反思原因，提出整改措施。“不忘初心、牢记使命”主题教育中央第二十一指导组副组长诸葛彩华等到会指导。局党组书记马军胜主持会议。党组成员戴应军、刘君、杨春光、赵民参加会议。马军胜指出，局党组必须坚决贯彻习近平新时代中国特色社会主义思想和党中央决策部署，切实推进邮政业高质量发展。

国家邮政局党组中心组(扩大)组织集体学习

8月23日，国家邮政局党组组织理论学习中心组(扩大)集体学习，党组书记马军胜，党组成员戴应军、杨春光、赵民等一行赴国家档案局参观“不忘初心、牢记使命”主题教育档案文献展。马军胜表示，知史爱党，知史爱国，全系统党员干部要深入学习贯彻习近平新时代中国特色社会主义思想，增强“四个意识”、坚定“四个自信”、做到“两个维护”，时刻牢记党的性质宗旨，坚定理想信念，锤炼政治品格，锻造过硬本领，力戒形式主义、官僚主义，守初心、担使命，找差距、抓落实，真抓实干，埋头苦干，不断凝聚起建设现代化邮政强国的磅礴力量。

国家邮政局召开全国快递服务现代农业暨“交邮合作”现场推进会

8月23日至24日，国家邮政局在内蒙古自治区锡林浩特市召开全国快递服务现代农业暨“交邮合作”现场推进会，进一步落实中央文件精神，扩大“交邮合作”成果，加快推进“快递下乡”工程，进一步发挥快递服务现代农业的支撑作用，并对快递末端服务违规收费清理整顿工作进行了再动员。国家邮政局党组成员、副局长刘君出席会议并讲话。他强调，针对“快递下乡”和快递服务乡村振兴工作中存在的农村产业化水平不高、政策机制不健全等问题，全系统要以问题为导向，着力解决农村地区老百姓的揪心事、烦心事、闹心事。

国家邮政局召开全国邮政管理系统警示教育电视电话会议

8月27日，为认真贯彻落实习近平总书记重要指示精神，充分发挥反面典型案例的警示教育作用，国家邮政局根据“不忘初心、牢记使命”主题教育工作安排和局党组年度工作计划，召开全国邮政管理系统警示教育电视电话会议，传达中央和国家机关所属企事业单位警示教育大会精神，通报邮政管理系统违规违纪违法案例。局党组书记、局长马军胜出席会议并讲话，强调要教育引导全系统党员干部勇于自我革命、坚持警钟长鸣，筑牢拒腐防变思想防线。中央纪委国家监委驻交通运输部纪检监察组副组长胡志彬讲话。局党组成员、副局长戴应军主持会议，局党组成员、副局长杨春光传达相关精神、通报有关案例，局党组成员、副局长刘君、赵民出席会议。

清理整顿工作交出阶段性成绩单

8月29日，从国家邮政局获悉，自8月1日起至今开展的快递末端服务违规收费清理整顿专项工作交出阶段性成绩单——截至目前，全系统实施行政处罚273起，已经上缴罚款金额127.3万元，有力遏制了侵害群众利益问题，形成一定震慑作用。工作部署稳步推进，清理工作有序开展，违规收费初步遏制，执法检查持续发力。据介绍，该清理整顿工作是国家邮政局“不忘初心、牢记使命”主题教育专项整治措施之一，目的是破解快递末端服务违规收费乱象，切实保障消费者合法权益。

中共国家邮政局党组召开专题民主生活会情况通报会

8月29日，中共国家邮政局党组召开“不忘初心、牢记使命”专题民主生活会情况通报会。“不忘初心、牢记使命”主题教育中央第二十一指导组组长林军到会指导。国家邮政局党组书记、主题教育领导小组组长马军胜，中央第二十一指导组副组长诸葛彩华，国家邮政局党组成员、主题教育领导小组副组长刘君、赵民出席会议。局党组成员、主题教育领导小组副组长戴应军主持会议。受局党组委托，局党组成员、主题教育领导小组副组长杨春光通报主题教育专题民主生活会情况，并就下一步抓好整改落实工作作出具体部署和要求。会议全面梳理问题症结，从思想、政治、作风、能力、廉政等方面深刻剖析原因，从5个方面提出整改措施。

国家邮政局召开主题教育总结电视电话会议

8月29日，国家邮政局召开“不忘初心、牢记使命”主题教育总结电视电话会议。“不忘初心、牢记使命”主题教育中央第二十一指导组组长林军出席会议并讲话。国家邮政局党组书记、主题教育领导小组组长马军胜作总结讲话强调，要坚持以习近平新时代中国特色社会主义思想为指引，坚决贯彻落实党中央决策部署，以优异成绩庆祝新中国成立70周年。“不忘初心、牢记使命”主题教育中央第二十一指导组副组长诸葛彩华出席会议。国家邮政局党组成员、主题教育领导小组副组长戴应军主持会议，国家邮政局党组成员、主题教育领导小组副组长刘君、杨春光、赵民出席会议。

国家邮政局督导推进快递工程技术人员职称评审工作

8月30日，国家邮政局在京召开部分省局快递工程技术人员职称评审工作督导推进会，深入贯彻国家职称改革精神，认真落实国家邮政局党组关于全面推开快递工程技术人员职称评审工作的部署要求，督促指导推进相关工作，并部署下一阶段工作。局党组成员、副局长杨春光出席会议并讲话。会议强调，各省局要进一步提高政治站位和思想认识，按照主题教育“守初心、担使命，找差距、抓落实”的总要求，切实把这项工作作为检视树牢“四个意识”、体现为民服务情怀、积极担当作为的重要举措，认真抓好贯彻落实。

国家邮政局部署寄递渠道安全服务保障工作

8月30日，为深入学习贯彻习近平新时代中国特色社会主义思想，按照党中央、国务院决策部署，全力保障国庆70周年庆祝活动顺利举办，国家邮政局召开电视电话会议，对扎实做好国庆70周年庆祝活动期间寄递渠道安全服务保障工作进行再动员再部署。国家邮政局党组成员、副局长刘君出席会议并讲话。刘君在讲话中强调，各级邮政管理部门、各企业要提高政治站位，采取更加有力有效措施，坚决守住寄递渠道安全屏障。要坚持属地原则，把控局面，兜住底线，坚持最高标准、最严要求、最佳状态，全力以赴、不留遗憾，坚决做好寄递渠道安全服务保障工作，打好这场攻坚战。

亚太邮联2019年执行理事会年会在日本东京召开

9月2日至6日，亚洲太平洋邮政联盟2019年执行理事会年会在日本东京召开。亚太邮联26个成员国的邮政管理部门和指定经营者代表，以及亚太邮联、万国邮联等国际组织代表近120人出席了会议。国家邮政局、中国邮政集团公司、香港邮政署和澳门邮电局联合组成中国代表团出席会议。中国作为联合主席国主持实物业务与电子商务工作组会议，中国代表团应邀在亚太邮联和万国邮联改革工作组、供应链整合工作组、邮政网络创新论坛做主题发言。亚太邮联秘书长林洪亮、万国邮联总局长比沙尔·侯赛因、日本总务省部长石田真敏、亚太邮联执行理事会主席穆罕穆德·马赫迪·巴哈拉米·巴赫蒂亚尔出席开幕式并致辞。

国家邮政局召开主题教育派出指导组工作座谈会

9月3日，国家邮政局召开“不忘初心、牢记使命”主题教育派出指导组工作座谈会。国家邮政局党组书记、主题教育领导小组组长马军胜出席并讲话，强调“不忘初心、牢记使命”是加强党的建设的永恒课题，是全体党员干部的终身课题，各派出指导组要坚持以习近平新时代中国特色社会主义思想为指导，增强“四个意识”、坚定“四个自信”、做到“两个维护”，以更高的政治站位和更强的政治责任感，勇于担当、甘于奉献，配合国家邮政局推动全系统主题教育深入扎实开展，用优秀党建成果向新中国成立70周年献礼。局党组成员、主题教育领导小组副组长杨春光主持座谈会。

国家邮政局组织各企业总部召开专项会议

9月4日，国家邮政局组织各邮政、快递企业总部召开快递末端违规收费清理整顿专项会议，对快递末端违规收费清理整顿工作进行再部署。中国邮政、EMS、顺丰、中通、圆通、申通、韵达、百世、天天、品骏、德邦、优速等12个品牌的相关负责人参加会议。会议强调，虽然各企业总部在落实快递末端违规收费清理工作方面有了一些举措，取得了一些效果，但距离全面遏制末端网点违规收费现象，建立末端网点长效运营机制还有很大差距。全行业有决心、有信心打赢这场清理末端违规收费工作的攻坚战，从讲政治的高度将清理违规收费工作进行到底。对下一步工作，会议也提出了具体要求。

持之以恒正风肃纪确保廉洁过节

中秋、国庆“两节”将至，日前，国家邮政局党组下发通知，要求全系统各级党组织和党员领导干部要严格落实中央八项规定及其实施细则精神，持之以恒正风肃纪，坚决防止“四风”反弹回潮，确保风清气正、廉洁过节。通知要求，各级党组织和党员领导干部要一以贯之担负起全面从严治党政治责任，把落实中央八项规定及其实施细则精神、防止“四风”反弹回潮作为巩固拓展“不忘初心、牢记使命”主题教育成果的重要内容和措施，盯紧盯住、坚决纠治。要深入分析把握中秋国庆期间发生违规违纪问题的特点规律，及时作出有针对性的工作部署，细化防范措施，严明纪律要求，确保廉洁过节。

马军胜局长调研广东省邮政业发展情况

9月4日至6日，国家邮政局党组书记、局长马军胜率调研组赴广东省广州市、东莞市和深圳市调研邮政业发展情况，强调要以习近平新时代中国特色社会主义思想为指导，以“不忘初心、牢记使命”主题教育为契机，更好发挥科技创新引领作用，全面增强科技创新能力，加快推动邮政业高质量发展，更好服务经济社会民生。国家邮政局党组成员、副局长戴应军一同调研。在广东省邮政业安全中心，马军胜仔细了解其系统构成、人员组成、系统应用等情况。在位于东莞麻涌的京东亚洲一号仓库，马军胜听取相关汇报后，勉励企业负责人要继续加大科技投入力度，充分发挥科技效能，推动行业实现高质量发展，为地方经济社会发展作贡献。

2019年邮政业科技创新工作会议在深圳召开

9月5日至6日，2019年邮政业科技创新工作会议在深圳召开。会议深入学习贯彻习近平新时代中国特色社会主义思想和党的十九大精神，认真落实习近平总书记关于科技创新的系列重要讲话精神，总结近年来邮政业科技发展情况，分析面临的新形势新机遇，部署下一阶段行业科技创新工作，统一思想、凝心聚力、真抓实干，全面提升邮政业科技创新能力和水平，为邮政业高质量发展注入新动能。国家邮政局党组书记、局长马军胜出席会议并讲话，党组成员、副局长戴应军主持会议。中国邮政、顺丰速运、京东物流、科大讯飞、杭州健培5家企业就科技创新和人工智能研发应用作交流发言。

马军胜局长调研浙江省邮政业发展情况

9月7日至9日，国家邮政局党组书记、局长马军胜在浙江调研，深入温州和义乌的部分邮政、快递企业，了解企业生产经营情况，看望慰问干部职工。马军胜强调，温州和义乌都是经济发展非常活跃的地区，两地的邮政管理部门、邮政和快递企业要紧跟形势，不断解放思想推动理念创新科技创新，努力提升服务经济发展的能力和水平。此次调研是国家邮政局“不忘初心、牢记使命”主题教育刚刚结束后马军胜进行的又一次基层调研，目的是对主题教育中发现的问题进行更加全面的了解，进一步抓好落实解决问题。调研期间，马军胜分别在温州圆通转运中心和义乌邮政主持召开座谈会，听取邮政、快递企业的情况介绍。

第三届中国（杭州）国际快递业大会在桐庐召开

9月10日，由国家邮政局、浙江省人民政府、中国快递协会主办，杭州市人民政府承办的第三届中国（杭州）国际快递业大会在桐庐召开。来自全国人大财经委、商务部、工信部、交通运输部等相关单位领导，以及国内外知名快递企业、快递业生态圈企业代表等600余人齐聚盛会，以“快递联通世界”为主题，共同探讨新时代快递业高质量发展大计，推动国际交流合作。国家邮政局局长马军胜、浙江省人民政府副省长高兴夫出席大会并致辞，中国快递协会会长高宏峰、国家邮政局副局长刘君出席并参加《中国快递业社会贡献报告（2018）》发布仪式，万国邮联咨询委员会主席沃尔特·特雷泽克出席并作主旨演讲。

中国邮政快递报社召开2019年度通联工作会议

9月11日至12日，中国邮政快递报社在安徽合肥召开2019年度通联工作会议，深入学习习近平新时代中国特色社会主义思想，认真贯彻落实国家邮政局党组关于行业新闻宣传工作的最新要求，回顾总结行业媒体成立十年来的成就和经验，部署今后一个时期重点任务。国家邮政局党组成员、副局长杨春光出席会议并讲话。杨春光要求，要树牢“四个意识”，坚定“四个自信”，做到“两个维护”，凝聚共识，形成合力，更好服务行业改革发展。会议表彰了2019年度邮政管理系统新闻宣传工作先进单位和优秀个人。来自安徽、天津、辽宁大连、江西的代表先后作交流发言，与会代表围绕会议精神进行了分组讨论。

马军胜局长主持召开国家邮政局党组会议

9月12日，国家邮政局党组书记、局长马军胜主持召开局党组会议，传达学习习近平总书记近期重要讲话精神，审议并原则通过《邮政业“十四五”规划编制工作方案》，强调要以习近平总书记重要讲话精神为指导，全力以赴推动行业改革发展再上台阶。局党组成员、副局长戴应军、刘君、赵民出席会议。中央纪委国家监委驻交通运输部纪检监察组副组长胡志彬列席会议。马军胜强调，全系统要认真贯彻落实习近平总书记重要讲话精神，推动行业高质量发展。要服务区域协调发展战略，积极适应京津冀、长江经济带、粤港澳大湾区等地的一体化，实现要素高效聚集，形成优势互补的产业布局。

国家邮政局召开第二批主题教育动员部署电视电话会议

9月12日，国家邮政局召开第二批“不忘初心、牢记使命”主题教育动员部署电视电话会议，全面部署推进全系统第二批主题教育工作。“不忘初心、牢记使命”主题教育中央第十一巡回督导组副组长李五四出席会议并讲话。国家邮政局党组书记、主题教育领导小组组长马军胜作动员部署，强调全系统各级党组织和广大党员干部要以习近平新时代中国特色社会主义思想为指导，按照党中央安排部署扎实开展主题教育，以优异的成绩向新中国成立70周年献礼。局党组成员、主题教育领导小组副组长戴应军主持会议并传达中央主题教育第一批总结暨第二批部署会议精神，局党组成员、主题教育领导小组副组长刘君、赵民出席会议。

快递员、快件处理员国家职业技能标准专家终审会在京召开

9月12日，国家邮政局人事司在北京组织召开快递员、快件处理员国家职业技能标准专家终审会。人社部职业技能鉴定中心，国家邮政局相关司室、部分省邮政管理局、中国快递协会、部分快递企业和院校相关负责人员和专家学者参加会议。专家组认为，快递员、快件处理员国家职业技能标准（送审稿）符合《国家职业技能标准编制技术规程》（2018年版）以及《中华人民共和国职业分类大典》（2015年版）的要求，紧贴快递业发展和快递企业生产实际，充分体现了安全快递、绿色快递、智慧快递发展新趋势，具有较强的可操作性和前瞻性，为开展职业评价、职业培训和职业教育奠定基础、提供遵循，同意通过终审。

刘君副局长率团访问波兰

9月13日至17日，国家邮政局副局长刘君率团赴波兰访问，与波兰基础设施部、电子通信办公室、邮政企业和海关等部门分别举行了会谈，就协调推进中欧班列运邮项目，加强在万国邮联重点事务方面的沟通与协调等事宜交换了意见。16日，刘君一行与波兰邮政就推动两国邮政企业的务实合作进行了会谈。他指出，两国邮政企业在国际业务方面一直保持着良好合作。中波两国是中欧铁路运邮项目的积极参与者和引导者。为进一步推动中欧班列运邮的常态化和规模化，中国政府愿意为促进两国邮政企业签署相关合作协议，加强信息跟踪交换和协调降低运营成本等作出努力。

国家邮政局举办年轻干部理想信念教育培训班

9月14日，为深入贯彻落实党中央培养选拔年轻干部的要求及全国组织工作会议和全国组织部长会议精神，国家邮政局在北京举办邮政管理系统年轻干部理想信念教育培训班，深入学习贯彻习近平新时代中国特色社会主义思想和习近平总书记关于邮政业的重要指示精神，学习宪法法律法规和党章党规党纪，加强理想信念教育，提高综合能力素质，推动建设一支高素质专业化年轻干部队伍。国家邮政局党组成员、副局长杨春光出席开班式并讲话。杨春光强调，这次全系统首次举办年轻干部培训班，各位学员要珍惜学习机会，以能力、素质提高为目标，以实际行动和成绩回报组织的厚爱，在工作岗位上作出新的成绩。

新中国成立70年来邮政业改革发展成效显著

9月17日，国家邮政局局长马军胜出席国务院新闻办新闻发布会，介绍新中国成立70年来邮政业改革发展有关情况。马军胜表示，70年来，邮政业行业规模不断扩大。1949年，我国邮政业务总量仅1.6亿元，到2018年，全国邮政业务总量已经达到12345亿元，增长了7700多倍。快递服务从无到有蓄势崛起，业务规模连创新高，快递业务总量由1988年的153万件激增至2018年的507亿件，年均增速高达41.5%。我国已经成长为世界上发展最快、最具活力的新兴寄递市场，包裹快递量超过美、日、欧等发达经济体总和，对世界增长贡献率超过50%，已经成为世界邮政业的动力源和稳定器。

国家邮政局召开局长办公会

9月17日，国家邮政局局长马军胜主持召开2019年第十二次局长办公会，审议并原则通过《〈关于认真落实习近平总书记重要指示推动邮政业高质量发展的实施意见〉重点工作系统内分工方案》《海南省加快推进快递业绿色包装应用实施方案》和相关行业标准，强调全系统要认真贯彻落实习近平总书记关于邮政业系列重要指示精神，切实推动邮政业高质量发展，更好服务国家经济

社会民生。副局长戴应军、杨春光、赵民出席会议。马军胜指出，全系统要进一步提高政治站位，把坚决贯彻落实总书记重要指示，切实推动重要指示精神在邮政业落地生根、开花结果。

习近平总书记重要指示在邮政业引发热烈反响

9月17日，习近平总书记来到河南省光山县文殊乡东岳村考察当地脱贫攻坚工作成效和中办在光山县扶贫工作情况。考察中，习近平强调，要积极发展农村电子商务和快递业务，拓宽农产品销售渠道，增加农民收入，要注意节约环保，杜绝过度包装，避免浪费和污染环境。习近平总书记的重要指示在邮政业引发热烈反响。国家邮政局党组书记、局长马军胜指出，全系统全行业要提高政治站位统一思想认识、突出重点体现实效、振奋精神狠抓落实，坚决把习近平总书记的重要指示精神落到实处干出成效。

刘君副局长率团出席欧洲邮政监管委员会利益相关方论坛

9月18日，国家邮政局副局长刘君率团出席了在比利时布鲁塞尔举行的第二届欧洲邮政监管委员会利益相关方论坛，并发表主旨演讲。来自欧盟各成员国的政府管理部门、监管部门、指定经营者、电商平台和其他利益相关方，以及中国、美国和万国邮联的代表共100余人出席了论坛。此次论坛旨在分享各国邮政监管经验，评估欧洲邮政监管2020年工作计划和2020－2022中长期战略规划，讨论电子商务如何影响邮政市场及对各国监管机构带来的新挑战等。万国邮联国际局总局长侯赛因出席论坛并发言。刘君副局长在演讲中介绍了中国邮政业的监管实践和展望。

马军胜局长主持召开国家邮政局党组会议

9月19日，国家邮政局党组书记、局长马军胜主持召开局党组会议，集体观看习近平总书记17日在河南省光山县文殊乡东岳村考察当地脱贫攻坚工作成效和中办在光山县扶贫工作情况的视频，传达学习总书记“要积极发展农村电子商务和快递业务，拓宽农产品销售渠道，增加农民收入，要注意节约环保，杜绝过度包装，避免浪费和污染环境”的重要指示精神，强调要提高政治站位统一思想认识、突出重点体现实效、振奋精神狠抓落实，坚决把习近平总书记的重要指示精神落到实处干出成效，为助农增收和乡村振兴贡献行业力量。局党组成员、副局长戴应军、杨春光、赵民出席会议。

中国邮政启动第三届“919电商节”

9月19日，中国邮政集团公司在北京启动第三届中国邮政“919电商节”。中国邮政集团公司党组书记、董事长刘爱力出席并讲话。国家邮政局党组成员、副局长赵民出席启动仪式。据了解，“919电商节”是中国邮政打造的电子商务品牌，是中国邮政推动农村电商高质量发展，服务乡村振兴战略和精准脱贫攻坚战的重要行动。结合本届“919电商节”，中国邮政将积极构建名优工业品下乡和绿色农产品进城的双向流通渠道，全面服务农村市场消费升级，助力精准脱贫，彰显中国邮政作为央企的责任担当。

第二届全国邮政行业职业技能竞赛组委会会议召开

9月19日，第二届全国邮政行业职业技能竞赛组委会在京召开会议，竞赛组委会名誉主任、国家邮政局党组成员、副局长杨春光出席会议并讲话，竞赛组委会主任、人事司主要负责人主持会议。在听取国家邮政局职鉴中心、江西交通职业技术学院及江西省邮政管理局对决赛的安排部署和赛务保障情况的汇报后，杨春光对筹备工作给予了充分肯定。对于下一步工作，杨春光提出具体要求，一是高度重视，加强协调配合。二是突出重点，细化工作任务。三是注重质量，保证公平公正。四是加强宣传,不断扩大影响。

海峡两岸邮政交流协会第一届六次理事会召开

9月20日,海峡两岸邮政交流协会第一届六次理事会在京召开,深刻学习领会、切实贯彻中央对台精神,总结回顾第一届理事会工作,积极推动两岸邮政交流与合作。海峡两岸邮政交流协会副会长、秘书长赵晓光主持会议。海峡两岸邮政交流协会副会长,中国邮政集团公司副总经理张荣林出席会议。会议指出,七年来,海峡两岸邮政交流协会在贯彻落实中央方针政策,推动两岸邮政交流,加强两岸邮政业务合作等方面发挥了积极作用。海峡两岸邮政交流协会将在上级部门的指导下,紧密团结,开拓进取,努力开创协会工作新局面,为促进海峡两岸邮政的合作与发展作出积极贡献。

海峡两岸邮政交流协会第二届会员大会召开

9月20日,海峡两岸邮政交流协会第二届会员大会在京召开。会议深入贯彻落实习近平总书记在《告台湾同胞书》发表40周年纪念会上重要讲话等对台工作重要论述,审议第一届理事会工作报告等,选举产生新一届协会领导班子。交通运输部党组成员,国家邮政局党组书记、局长马军胜出席会议并讲话。第二届海峡两岸邮政交流协会会长,中国邮政集团公司党组书记、董事长刘爱力在当选后发表讲话,中共中央台湾工作办公室、国务院台湾事务办公室经济局局长张世宏致辞。第二届海峡两岸邮政交流协会副会长、秘书长,国家邮政局副局长赵民主持会议。

万国邮联第三次特别大会开幕

9月24日,万国邮联第三次特别大会在瑞士日内瓦国际会议中心开幕。来自151个成员国的800多名代表出席了开幕式。国家邮政局局长马军胜率领国家邮政局、中国邮政集团公司、香港邮政署和澳门邮电局组成的中国代表团出席本次特别大会。中国代表团团长马军胜在开幕式上代表中国发言。他强调,中国支持万国邮联国际终端费改革,但改革应坚持互利共赢和积极稳妥的改革方向,兼顾成本、市场和普遍服务的需要,促进全球邮政网络提质增效、转型升级。中国将秉持透明、开放和负责任的态度,为推动大会达成有价值、可持续、可平衡的解决方案作出努力。

《交通强国建设纲要》正式印发

日前,中共中央、国务院正式印发《交通强国建设纲要》。9月24日,交通运输部在国务院新闻办公室召开新闻发布会。部长李小鹏介绍了《建设纲要》的总体情况,国家邮政局副局长戴应军就邮政在交通强国建设当中发挥的作用回答了记者提问。戴应军表示,进入新时代,邮政业开启了新征程,目标是到2035年,邮政业在部分地区和重点领域达到世界前列;到本世纪中叶,全面建成人民满意、世界前列的交通强国邮政篇。戴应军强调,邮政业落实交通强国战略部署,要坚持人民邮政为人民,以创新为第一动力,推动行业发展质量变革、效率变革和动力变革。

刘君副局长督导检查寄递渠道安全服务保障工作

9月24日,国家邮政局党组成员、副局长刘君在北京市督导检查国庆70周年庆祝活动期间寄递渠道安全服务保障工作。刘君一行直接深入基层一线,首先来到西城区新街口快递集中处理场地,实地考察在此进行分拣操作的德邦、圆通、顺丰、京邦达和苏宁五家快递企业,听取企业关于落实庆祝活动期间寄递渠道安全服务保障工作情况的汇报。刘君表示,距离国庆70周年大庆日益临近,寄递渠道安全服务保障工作已到了最关键的时期,各企业要严之又严、细之又细地落实好"三项制度"和各项安全管理规定,坚决杜绝任何侥幸心理,严防死守,敢于较真,确保庆祝活动期间北京寄递渠道安全畅通,万无一失。

万国邮联第三次特别大会通过终端费改革方案

9月25日，万国邮联第三次特别大会审议通过了国际终端费改革方案。153个万国邮联成员国参加了会议，一致支持万国邮联国际局在成员国意见基础上形成的融合方案V（与会代表简称胜利方案）。美国代表团团长纳瓦罗确认，美国将继续留在万国邮联。会上，中国、俄罗斯、法国、德国、日本、南非、葡萄牙、乌克兰等60多个成员国发言，表达了坚定支持万国邮联多边机制和普惠原则，维护万国邮联单一邮政领域，推动全球邮政在跨境电子商务中可持续发展的强烈意愿。

万国邮联第三次特别大会闭幕

9月26日，万国邮联第三次特别大会召开闭幕大会，正式批准了关于终端费改革方案所涉及的《万国邮政公约》修订，这也标志着万国邮联第三次特别大会正式闭幕。中国代表团团长马军胜在闭幕大会上发言对本次大会的成效表示祝贺，他强调大会作出的决定对各成员国经济利益和单一邮政领域的完整性至关重要，在万国邮联历史上具有里程碑意义，它彰显了万国邮联及其成员国坚定支持多边主义、积极维护单一邮政领域的强烈意愿。他同时邀请各成员国于11月25日至29日参加在中国厦门召开的“万国邮联电子商务时代全球合作大会”以及支持即将在2020年阿比让大会上竞选邮政经营理事会主席的中国候选人。

习近平总书记为其美多吉颁奖

9月27日，全国民族团结进步表彰大会在北京举行。中共中央总书记、国家主席、中央军委主席习近平出席大会并发表重要讲话。大会由李克强主持。汪洋、王沪宁、赵乐际、韩正出席。大会表彰了全国民族团结进步模范集体和模范个人，665个模范集体、812个模范个人受到表彰。在欢快的乐曲声中，习近平等为受表彰的模范集体和模范个人代表颁奖。四川省甘孜藏族自治州甘孜县邮政分公司长途邮运驾驶员其美多吉荣获全国民族团结进步模范个人称号习近平总书记亲自为其美多吉颁发奖章和证书。

马军胜局长督导检查寄递渠道安全服务保障工作

9月28日，在国庆70周年庆祝活动倒计时之际，国家邮政局党组书记、局长马军胜深入企业邮件快件处理中心，督导检查寄递渠道安全服务保障工作，强调要切实增强政治责任感和紧迫感，从讲政治、顾大局的高度，充分认识做好庆祝活动的重大意义，以最高标准、最严要求、最周密措施确保寄递渠道安全畅通。对于下一步工作，马军胜要求，要充分认识做好国庆70周年庆祝活动的重大意义，切实增强忧患意识，牢固树立底线思维。要坚持最高标准、最严要求、最周密措施，突出寄递安全和行业稳定两个重点，协调做好安全和服务两项保障，确保寄递渠道安全畅通，确保行业平稳运行。

马军胜局长主持召开国家邮政局党组会议

9月29日，国家邮政局党组书记、局长马军胜主持召开局党组会议，传达学习贯彻习近平总书记在中央政协工作会议暨庆祝中国人民政治协商会议成立70周年大会上、在中央政治局第十七次集体学习时、在出席北京大兴国际机场正式投入运营仪式时、在全国民族团结进步表彰大会上的重要讲话精神和总书记对“最美奋斗者”评选表彰和学习宣传活动作出的重要指示精神，听取关于落实习近平总书记重要批示精神、整治快递包装污染情况汇报，强调要深入学习贯彻落实习近平总书记重要讲话精神，着力推动行业各项工作落地见效。局党组成员、副局长戴应军、刘君、杨春光、赵民出席会议。

国家邮政局召开主题教育领导小组第八次会议

9月29日，国家邮政局召开“不忘初心、牢记使命”主题教育领导小组第八次会议，学习贯彻习近平总书记在河南考察时关于邮政业的重要指示精神和中央主题教育领导小组通知精神，听取第二批主题教育开展情况汇报，研究部署下一步工作。国家邮政局党组书记、主题教育领导小组组长马军胜出席会议并讲话。局党组成员、主题教育领导小组副组长戴应军传达总书记重要指示精神和中央主题教育领导小组《关于在“不忘初心、牢记使命”主题教育中加强爱国主义教育、弘扬爱国主义精神的通知》，局党组成员、主题教育领导小组副组长刘君、赵民出席会议，局党组成员、主题教育领导小组副组长杨春光主持会议。

国家邮政局加强寄递渠道安全防范工作

9月29日，为深入贯彻落实习近平总书记、李克强总理关于安全生产的重要指示精神，国家邮政局对加强国庆期间寄递渠道安全防范工作再部署、再落实，要求进一步深入排查各类安全隐患，确保寄递渠道安全畅通和行业安全稳定。通知指出，要从讲政治的高度深刻认识抓好国庆期间安全稳定工作的极端重要性。要深入开展行业风险隐患排查治理。要全力确保邮件快件寄递安全。国庆节日期间，各地要切实加强寄递渠道安全管理，督促企业严格落实“三项制度”，严防发生寄递渠道涉恐涉爆等重大恶性案件。要坚持以最严措施强化进京邮件快件寄递安全管控，严格落实属地管理责任。

快递小哥首次亮相国庆群众游行队伍

10月1日，庆祝中华人民共和国成立70周年大会在北京天安门广场隆重举行。中共中央总书记、国家主席、中央军委主席习近平发表重要讲话，随后举行了盛大的阅兵式和群众游行。在群众游行中，千名快递小哥精彩亮相，他们代表邮政行业400万从业者，与广场舞大妈、环卫工人等组成“美好生活”方队。此外，其美多吉也乘坐彩车亮相“凝心铸魂”方阵。据了解，为确保快递小哥游行任务顺利圆满完成，各企业均安排了充足时间自行组织训练。自7月以来，各企业自行组织训练达百余次。之后，在北京开展了由庆祝中华人民共和国成立70周年群众游行活动第四分指挥部、总指挥部等组织的集中训练，次数达十余次。

杨春光副局长会见邮政行业先进模范人物代表

近日，国家邮政局党组成员、副局长杨春光会见了受邀出席新中国成立70周年观礼活动的邮政行业先进模范人物代表——内蒙古韵达呼和浩特分拨中心经理赵洋洋，向以他为代表的广大一线员工致以诚挚问候，并号召全行业400万从业人员向先进学习，为邮政业高质量发展作出积极贡献。杨春光代表国家邮政局党组向赵洋洋表示了祝贺。他表示，赵洋洋2010年被授予“上海世博会先进个人”称号，这次受邀出席新中国成立70周年观礼活动是政治生活中的一件大事，同时也表明这些年行业的快速发展以及所取得的巨大成绩得到了国家层面的认可。这不仅仅是个人的荣誉，也是全公司乃至全行业的光荣。

万国邮联总局长比沙尔·侯赛因2019年世界邮政日致辞

10月9日，万国邮联总局长比沙尔·侯赛因2019年世界邮政日致辞。值此世界邮政日之际，我谨向全世界所有公民及各国政府、指定经营者、联合国、公民社会以及为实现“一个世界，一个邮政网络”而作出的贡献的人们致以最诚挚的感谢。在我们庆祝万国邮联成立145周年之际，我们有必要认真回顾一下这一组织对人类发展作出的贡献。庆祝过去最好的方式就是争取更美好的未来。在这项事业中，我们以帮助人类克服其挑战为指导，确保实现我们共同希望拥有这个星球的美好未来，这也是实现世界发展与进步的最佳方式。

马军胜局长2019年世界邮政日致辞

10月9日，国家邮政局局长马军胜2019年世界邮政日致辞。在举国欢庆中华人民共和国70华诞的日子里，我们迎来了第50届世界邮政日。借此机会，我代表国家邮政局，向关心、支持我国邮政业发展的各地区、各部门和社会各界表示崇高的敬意和衷心的感谢！向全世界邮政业的同行们，特别是我国邮政业的广大从业人员致以节日的问候和良好的祝愿！让我们更加紧密地团结在以习近平同志为核心的党中央周围，以习近平新时代中国特色社会主义思想为指导，不忘初心、牢记使命，以敢闯敢干、一往无前的奋斗姿态，务实进取、担当作为，狠抓工作落实，为全面建成与小康社会相适应的现代邮政业、全面建设现代化邮政强国而努力奋斗！

三部门联合部署寄递物品安全管理工作

近日，国家邮政局会同公安部、国家安全部联合发出通告，要求切实加强第七届世界军人运动会期间寄递物品安全管理，保障军运会顺利举办。《通告》要求邮政企业、快递企业依法落实安全管理主体责任，严格遵守禁止寄递物品管理规定，认真执行收寄验视、实名收寄、过机安检等安全管理制度。《通告》指出，公民、法人和其他组织应当遵守寄递物品安全管理规定，不得交寄禁止寄递物品。《通告》还要求各级邮政管理、公安和国家安全等部门要密切协作，依法严厉查处违反寄递渠道安全管理规定和《通告》要求的行为。

中欧邮政监管论坛在京举办

10月9日，世界邮政日当天，中欧邮政监管论坛在京举办。国家邮政局局长马军胜、欧洲邮政监管委员会2019年主席马托斯出席会议并讲话。国家邮政局副局长赵民主持会议。马军胜希望建立中欧邮政领域定期交流机制，继续保持良好的对话和沟通，及时分享中欧邮政市场发展最新动向，携手应对跨境寄递的监管挑战，共同研究促进中欧电子商务、寄递业务和通关等关键领域的交流合作，帮助双方邮政和快递企业更好地适应中欧的政策要求，从而推动中欧跨境寄递服务健康发展，促进中欧跨境贸易稳步增长。继续加强中欧在万国邮联框架下的沟通协作，为推动国际邮政事业的发展作出更大的努力。

全国快递小哥先进典型井冈山专题培训班举办

10月9日至11日，全国邮政行业共青团工作指导委员会和全国青少年井冈山革命传统教育基地管理中心在江西共同举办全国首期快递小哥先进典型井冈山专题培训班。在培训中，快递小哥集中学习了习近平总书记在庆祝新中国成立70周年大会上的重要讲话，深入学习习近平总书记五四青年节重要讲话精神和关于快递小哥系列重要指示精神，参加了以“党的领导是革命事业成功的根本保证”为主题的“三湾改编”情景教学、“井冈山斗争与井冈山精神”专题教学等形式多样、内容丰富的培训，还集体学唱红色歌曲、互动交流，并在井冈山革命烈士陵园等地现场受训，重走挑粮小道，重温井冈山精神。

国家邮政局联合多部门摸底调查快递领域包装情况

10月9日至14日，国家邮政局联合国家发展改革委、司法部、生态环境部、住房和城乡建设部和商务部派出调研组，在北京、陕西、重庆、辽宁、湖北、浙江和广东等地开展快递领域包装情况摸底调查。国家邮政局党组成员、副局长赵民率调研组在北京进行专题调研。调研期间，调研组全面了解了被调查省（市）快递领域包装基本情况，还组织召开专题座谈会，与当地邮政管理、发展改革委、生态环境、住房和城乡建设、商务等部门，寄递企业、快递包装产品生产企业、环卫企业等有关人员进行座谈，听取有关快递包装的情况介绍，研讨快递包装绿色治理对策，听取意见建议。

杨春光副局长赴内蒙古调研指导主题教育工作

10月10日至12日，国家邮政局党组成员、副局长杨春光一行赴内蒙古调研指导邮政管理系统第二批“不忘初心、牢记使命”主题教育工作。调研组听取了内蒙古邮政管理局和呼和浩特局、包头局关于第二批“不忘初心、牢记使命”主题教育组织开展情况的汇报，与区局处以上干部和呼和浩特局、包头局干部进行座谈交流，并赴包头市传化快递园区进行调研，与邮政快递企业代表座谈，当面听取意见建议。杨春光肯定内蒙古邮政管理系统第二批“不忘初心、牢记使命”主题教育工作思路清晰，取得了初步效果，并提出具体要求，一是充分认识开展主题教育的重大意义，二是勇于自我革命，三是对照初心使命检视问题，四是持续抓好整改落实。

国家邮政局举行万国邮联第三次特别大会新闻通气会

10 月 14 日，国家邮政局召开新闻通气会，向媒体通报日前举行的万国邮联第三次特别大会作出的国际小包终端费改革有关决定及其背景和影响，并介绍了我国邮政管理部门的应对思路。国家邮政局办公室（外事司）副主任高洪涛指出，万国邮联第三次特别大会于 9 月 24 日至 26 日在瑞士日内瓦举行，大会否决了美国主张的完全自定义终端费方案 B，一致通过了融合各方诉求的方案 V（V 代表胜利），美国宣布放弃“退群”，继续留在万国邮联。高洪涛强调，本次大会取得的成果来之不易，起到了减小自定义终端费体系初始阶段给我国带来的市场冲击的作用，但当前改革方案只是一个过渡安排，从长远看，国际小包市场化改革和自定义终端费势在必行。

第二届全国邮政行业职业技能竞赛决赛落幕

10 月 15 日，2019 年中国技能大赛——第二届全国邮政行业职业技能竞赛全国总决赛在江西南昌圆满落幕。江西省委常委、副省长吴晓军，国家邮政局党组成员、副局长杨春光分别在闭幕式上致辞并为一等奖获奖选手颁奖。本届赛事是邮政体制改革以来国家邮政局主办的第二届国家级竞赛，也是第一次与人社部、全国总工会、共青团中央等部门联合举办的技能比赛，规格高、参与范围广，覆盖全国 31 个省（区、市），来自 11 个品牌寄递企业的 124 名参赛选手参加决赛。经过两天的激烈角逐，郭旭、郭楠、孙敏获得快递员职业一等奖，薛川、陈璞、祁家祥获得快件处理员职业一等奖。

邮政业 1 个集体、2 名个人荣获全国民族团结进步模范称号

近日，国家邮政局发出通知，要求认真学习贯彻习近平总书记在全国民族团结进步表彰大会上的重要讲话精神，不断推动邮政业高质量发展，更好服务国家经济社会民生，为决胜全面建成小康社会、实现中华民族伟大复兴的中国梦而努力奋斗。国庆前夕，全国民族团结进步表彰大会在北京举行，国家邮政局推荐的新疆和田地区邮政管理局荣获全国民族团结进步模范集体称号，西藏昌都市邮政管理局行业管理科（机要通信科）科长刘仕超荣获全国民族团结进步模范个人称号；四川省推荐的甘孜藏族自治州甘孜县邮政分公司长途邮运驾驶员其美多吉荣获全国民族团结进步模范个人称号。

赵民副局长赴厦门调研指导第二批主题教育工作

10 月 15 日至 16 日，国家邮政局党组成员、副局长赵民带队赴厦门调研万国邮联电子商务时代跨境合作全球大会筹备工作情况，期间调研组还指导了福建省局、厦门市局“不忘初心、牢记使命”主题教育工作。调研期间，赵民还指导福建省局、厦门市局“不忘初心、牢记使命”主题教育工作。此外，调研组还实地调研了部分邮政快递网点的绿色工作情况，要求福建局全面落实国家局年初确定的各项绿色发展任务，扎实推进行业绿色发展，大力实施“9571”工程，强化包装绿色治理，并抓好重点区域快递绿色示范网点建设，全面推进

绿色发展。

国家邮政局主题教育指导组赴海南局检查指导工作

10月15日至17日，国家邮政局“不忘初心、牢记使命”主题教育第三巡回指导组组长带队到海南省邮政管理局指导工作，听取海南局党组关于全省邮政管理系统第二批主题教育阶段性工作开展情况汇报，并深入三亚局、西部局等基层单位检查指导工作。第三巡回指导组充分肯定海南局第二批主题教育工作，认为整体推进有力，各环节交叉展开，抓得紧、工作实、有亮点，并提出具体意见。

圆满完成重大活动期间邮政服务保障工作

近日，国家邮政局致信北京市邮政管理局和北京市邮政分公司，对圆满完成新中国成立70周年庆祝活动、北京世界园艺博览会两项重大活动邮政服务保障工作表示祝贺。贺信指出，在两项重大活动服务工作中，北京局和北京市邮政分公司用实际行动体现了邮政业的政治属性，践行了“人民邮政为人民”的初心和使命，发扬了人民邮政的光荣传统，展现了良好风采，圆满完成了党和国家交给邮政系统的光荣任务，希望两家单位认真总结，再接再厉，发扬优良传统，不断完善提高，继续做好各类重大活动邮政服务保障工作。

快递工程技术人员职称评审工作在全国全面推开

10月16日，西藏自治区快递工程初级职称评审委员会获批组建，标志着快递工程技术人员职称评审工作在全国全面推开。职称评审工作的全面推开，在全国范围内搭建了快递工程技术人才的成长阶梯和发展通道，有利于更多优秀专业技术人才脱颖而出，让更多深耕快递领域、作出突出贡献的专业技术人才更有成就感和获得感，从而更好助力行业培养人才、吸引人才、留住人才，为行业高质量发展和邮政强国建设提供人才支撑和智力支持。下一步，各地将进一步总结经验，再接再厉，在接续奋斗中不断开创工作新局面，确保圆满完成年度评审工作目标。

杨春光副局长赴江西调研指导主题教育工作

10月16日至17日，国家邮政局党组成员、副局长杨春光一行赴江西调研指导第二批“不忘初心、牢记使命”主题教育工作。调研组听取了江西省邮政管理局和南昌局、九江局关于第二批“不忘初心、牢记使命”主题教育开展情况的汇报，并与省局和九江市局干部分别进行座谈交流。杨春光肯定江西省邮政管理系统第二批“不忘初心、牢记使命”主题教育工作“抓早、抓实、抓严”，取得初步成效，并提出具体要求。此外，调研组还赴九江市快递园区和部分一线网点进行调研。调研期间，杨春光出席了江西省邮政业安全中心成立揭牌仪式。

赵民副局长会见多米尼加邮政代表团

10月17日，国家邮政局副局长赵民在京会见了多米尼加驻华大使布里乌尼·加拉维托·塞古拉和多米尼加邮政代表团一行。双方就加强两国在邮政领域的务实合作等事宜交换了意见。赵民欢迎多邮政代表团的来访，赞赏多政府对促进两国邮政业合作的高度关注。他表示，国家邮政局愿意在“一带一路”框架下促进两国在邮政领域深入开展交流，希望以多邮政代表团此次访问为契机，进一步推动双方邮政业务务实合作，促进两国经贸往来，不断加深两国人民之间的友好感情。

助力扶贫“邮”成效

10月17日是第六个国家扶贫日。近年来，国家邮政局党组坚决贯彻落实党中央、国务院关于扶贫工作的重要工作部署，带领全系统全行业勠力同心，充分发挥寄递渠道优势助力打好扶贫攻坚战，助力乡村振兴战略，成为祖国广袤大地上一股强劲的“邮”力量。截至今年6月底，邮政企业进一步完善邮乐购站点布局，累计达到45.6万个。累计开展电商扶贫项目2594个，销售扶贫商品3659万件，助农创收8.9亿元，惠及扶贫人数超46万人。持续推进“快递下乡”，全国快递网点乡镇覆盖率达95.22%，贵州实现全覆盖，新增云南花卉、广西沃柑等快递服务现代农业金牌项目。

国家邮政局学习宣传贯彻落实《交通强国建设纲要》

10月18日，国家邮政局召开学习宣传贯彻落实《交通强国建设纲要》暨邮政业“十四五”规划编制工作电视电话会议。国家邮政局党组书记、局长马军胜出席会议并讲话，强调要以习近平新时代中国特色社会主义思想为指导，全面贯彻党的十九大精神，深入贯彻落实习近平总书记重要指示精神，深入学习宣传、贯彻落实《纲要》，认真做好邮政业“十四五”规划编制工作，为推进交通强国和邮政强国建设开好局、起好步。局党组成员、副局长刘君主持会议，局党组成员、副局长杨春光出席会议。

国家邮政局召开局长办公会

10月18日，国家邮政局局长马军胜主持召开2019年第十三次局长办公会，听取2019年三季度邮政行业经济运行情况汇报，审议《2019年快递业务旺季服务保障工作方案》，听取国家邮政局一体化在线政务服务平台建设有关情况汇报。副局长刘君、杨春光、赵民出席会议。马军胜强调，全系统全行业继续坚持稳中求进工作总基调，坚持以发展为第一要务，坚持新发展理念，坚持以供给侧结构性改革为主线，增强底线思维，注重精准施策，在四季度这个全年的冲刺期、决战期拿出最好的状态攻坚，取得最好的成绩交卷。会议审议并原则通过《2019年快递业务旺季服务保障工作方案》。

马军胜局长赴河北省调研主题教育和定点扶贫情况

10月19日至21日，国家邮政局党组书记、局长马军胜率调研组赴河北省张家口市、承德市，调研“不忘初心、牢记使命”第二批主题教育开展情况和定点扶贫工作情况，强调要认真学习领会、贯彻落实习近平总书记关于主题教育和在第六个国家扶贫日上的重要指示精神，继续全面把握主题教育总要求，以主题教育成效助力脱贫攻坚实践，咬定目标、一鼓作气，采取有效措施，巩固拓展脱贫攻坚成果，确保高质量打赢脱贫攻坚战。当前，第二批主题教育正在全行业如火如荼地开展。马军胜十分关心主题教育如何与行业改革发展、服务地方紧密结合的情况。马军胜还实地了解了冬奥村寄递安全服务有关筹备情况，并看望慰问张家口局干部职工。

刘君副局长赴云南开展市场监管调研

10月21日至24日，国家邮政局党组成员、副局长刘君一行赴云南昆明、普洱、西双版纳等地，结合第二批“不忘初心、牢记使命”主题教育工作，重点围绕寄递渠道禁毒、末端网点违规收费清理整治等主题深入开展调研指导。调研组在省局召开了工作座谈会，省局党组书记、局长魏水旺向调研组详细汇报了云南邮政市场监管、主题教育、行业禁毒、末端网点整治等方面工作。刘君对于云南局工作给予了充分肯定，并提出了具体工作要求。云南省邮政管理局主要负责同志和国家局市场监管司、机关党委相关人员陪同调研。

邮政行业污染防治工作成效明显

10月23日，国家邮政局召开2019年四季度例行新闻发布会，国家邮政局新闻发言人、市场监管司司长冯力虎表示，国家邮政局高度重视行业生态环保工作，以习近平生态文明思想为指导，坚持守土有责，引领全行业全面推进快递包装绿色治理和节能减排等工作，全力打好行业污染防治攻坚战，目前已取得明显成效。据不完全统计，截至目前，全国电子运单使用率已达97%；电商快件不再二次包装率已达47%；循环中转袋使用率已达50%；按照国家局印发的参考设置包装废弃物回收装置的邮政快递网点已达2万个，45毫米以下“瘦身胶带”封装比例达到75%。

邮政业发挥行业优势助力精准脱贫

10月23日，国家邮政局召开2019年四季度例行新闻发布会。国家邮政局机关党委常务副书记张星朝表示，邮政业通政、通商、通民，是传递美好最广泛、乡土气息最浓厚、服务群众最直接的行业之一，国家邮政局全面发动行业力量、全面加强贫困地区服务网络覆盖、全面提升贫困地区邮政业服务水平，积极探索行业服务精准脱贫模式，为中央精准扶贫、精准脱贫大局作出了行业的积极贡献。邮政、快递成为农产品上行的重要力量，上半年支撑国家级贫困县实现网络销售额1109.9亿元，同比增长29.5%，农村寄递实现从“寄包裹”到“产包裹”的转变，真正搞活农产品流通。

邮政业落实安全发展理念防范化解重大风险

10月23日，国家邮政局召开2019年四季度例行新闻发布会。国家邮政局新闻发言人、市场监管司司长冯力虎表示，近年来，各级邮政管理部门深入贯彻习近平总书记关于防范化解重大风险重要指示精神，扎实推进各项责任措施落实，积极化解风险隐患，有效防范和遏制了重特大事故、群体性事件等发生。冯力虎表示，针对邮政业当前面临的重大安全风险，国家邮政局将主要做好以下三个方面工作：一是推动邮政业高质量发展。二是持续强化行业安全生产工作。三是做好行业维护稳定工作。

国家邮政局主题教育指导组赴江西局指导工作

10月23日至24日，国家邮政局党组“不忘初心、牢记使命”主题教育第五巡回指导组到江西省邮政管理局指导主题教育工作，并召开江西局第二批主题教育指导组成员座谈会。指导组听取了江西局第二批主题教育五个指导组的工作汇报，重点了解“8+3+1”专项整治工作推进完成情况。指导组对江西局工作成效给予充分肯定，认为江西局第二批主题教育部署抓得紧，进入状态快，声势氛围浓，办法举措实，做到了学做查改一体推进，取得了良好成效。同时，对相关工作进行了针对性指导，就下一步主题教育工作提出了具体意见。

马军胜局长主持召开国家邮政局党组会议

10月25日，国家邮政局党组书记、局长马军胜主持召开局党组会议，学习贯彻习近平总书记近期重要讲话、重要指示精神和李克强总理批示精神，听取快递包装治理联合调研有关情况汇报，强调全系统各级党组织要坚决贯彻习近平总书记重要讲话和指示精神，集中精力高标准完成好年度工作任务。局党组成员、副局长刘君、杨春光、赵民出席会议。中央纪委国家监委驻交通运输部纪检监察组副组长胡志彬列席会议。马军胜强调，各级党组织要不断增强“四个意识”、坚定“四个自信”、做到“两个维护”。要把庆祝活动激发出来的爱国主义热情、民族自豪感转化为强大的工作动力，集中精力高标准完成好年度工作任务。

2019全国邮政职业教育快递技能大赛落幕

10月25日，2019全国邮政职业教育快递技能大赛在浙江绍兴圆满落幕。来自全国20所高校的80名参赛选手经过激烈的角逐，最终评选出团体一等奖2个、二等奖3个、三等奖4个、优胜奖6个。其中，浙江邮电职业技术学院、石家庄邮电职业技术学院荣获一等奖，王帆等4位指导老师获优秀指导教师奖。据了解，本次大赛是由国家邮政局人事司指导，全国邮政职业教育教学指导委员会主办、浙江邮电职业技术学院承办。比赛项目为快件多物品收寄、快件安全检查、智能快件箱操作和快递网点运营管理。比赛当天，2019年全国邮政行业产教融合高峰论坛也在浙江邮电职业技术学院顺利举行。

国家邮政局部署安全服务保障工作

10月25日，国家邮政局下发《关于做好进博会期间寄递渠道安全服务保障工作的通知》，对做好进博会期间寄递渠道安全服务保障工作提出明确要求。第二届中国国际进口博览会将于11月5日至11月10日在上海举行。《通知》指出，进博会是我国推动新一轮高水平对外开放的重大举措，对于推动建设开放型世界经济、支持经济全球化有着深远意义。做好进博会期间寄递安全服务保障工作，任务艰巨，责任重大。全系统全行业要提高政治站位，强化责任担当，加强组织领导，深入动员部署，细化实施方案，严格落实责任，保障进博会顺利举办。

国家邮政局部署2019年快递业务旺季服务保障工作

近日，国家邮政局制定《2019年快递业务旺季服务保障工作方案》，并下发《关于做好2019年快递业务旺季服务保障工作的通知》，要求全行业着眼国内国际两个市场，城市农村两个阵地，坚持东西协调，全国联动，以实现"两不"（全网不瘫痪、重要节点不爆仓）、"三保"（保畅通、保安全、保平稳）为目标，继续发挥"错峰发货、均衡推进"核心机制作用，坚持质量优先，坚持服务与安全并重，坚持发展与环保并重，全力保障旺季期间行业平稳运行，稳字当头，努力做到质量"双11"、服务"双11"。

全国邮政行业首次省部级评选表彰工作启动

近日，全国邮政行业首次省部级评选表彰工作正式启动。人力资源社会保障部、国家邮政局联合下发《关于开展全国邮政行业先进集体、劳动模范和先进工作者评选表彰的通知》，以表彰先进、弘扬正气，激励全国邮政行业广大干部职工继续奋发向上、开拓进取，不断开创邮政行业高质量发展和邮政强国建设新局面。据悉，本次评选表彰将选出"全国邮政行业先进集体"150个、"全国邮政行业劳动模范"100名、"全国邮政行业先进工作者"10名。届时，人力资源社会保障部、国家邮政局将联合印发表彰决定，召开表彰大会。

戴应军副局长督查指导浙江局主题教育工作

10月26日，国家邮政局党组成员、副局长戴应军同志赴浙江局督查指导第二批"不忘初心、牢记使命"主题教育工作。浙江局党组书记、局长陈凯汇报了浙江局第一批"不忘初心、牢记使命"主题教育开展情况和取得的成果，以及第二批主题教育活动部署与落实情况。戴应军强调，对于第二批主题教育过程中的亮点工作和先进典型，要及时宣传，推广经验做法，从而进一步提升企业和群众对邮政管理部门的满意度。对下一步工作，戴应军提出三点意见，一是要深入学习领会"守初心"的内涵意义。二是要深刻理解开展主题教育的目的。三是要认真研究"守初心"的路径方法。

国家邮政局主题教育指导组赴宁夏邮政管理系统指导工作

10月28日至29日，国家邮政局党组"不忘初心、牢记使命"主题教育第六巡回指导组深入宁夏回族自治区邮政管理系统督促"不忘初心，牢记使命"第一批主题教育问题整改落实，指导第二批主题教育推进工作，并参加了自治区邮政管理系统第二批主题教育推进工作会议。指导组先后来到石嘴山和吴忠2个市（地）局，全面了解宁夏局党组第一批主题教育问题整改落实及指导第二批主题教育单位落实"四项措施"情况。指导组对宁夏区、市两级邮政管理部门开展主题教育工作成效给予充分肯定，针对指导中发现的问题和不足，指导组逐条逐项分别向区、市两级邮政管理部门反馈指导意见，并要求限期整改落实到位。

国家邮政局全面动员部署快递业务旺季服务保障工作

10月29日，国家邮政局召开快递业务旺季服务保障工作动员部署电视电话会议，要求全系统、全行业以习近平新时代中国特色社会主义思想为指导，以高度的政治自觉，做好旺季服务保障工作，确保行业寄递渠道稳定运行，努力打造质量“双11”和服务“双11”。国家邮政局党组成员、副局长刘君出席会议并讲话。会议指出，做好旺季服务保障工作是落实习近平总书记重要指示精神的重要举措，是稳住行业发展态势的政治担当，是收好官、开好局的有力抓手，是确保明年年初各项工作顺利开展的基础。会上，国家邮政局市场监管司负责人对《2019年快递业务旺季服务保障工作方案》进行解读。

赵民副局长率中国代表团访问印度

10月30日至11月2日，国家邮政局副局长赵民率团赴印度访问，与印通信部和邮政总局进行了工作会谈，就推动建立双边邮政合作机制，交流中印两国邮政业发展改革经验，加强在万国邮联国际事务方面的沟通与协调以及两国联合发行邮票等事宜交换了意见，达成了共识。赵民指出，明年是中印建交70周年，国家邮政局愿意以此为契机，继续深化中印双方在国际邮政组织中的交流合作，加强高层交往，进一步推动双方在邮政政策制定和监管、邮政普遍服务、科技创新、绿色邮政发展和国际邮政业务等多个方面的沟通交流和互利合作，促进两国邮政业的共同发展。

2019年第三季度快递服务质量提升联席会议召开

10月31日，国家邮政局在北京组织召开2019年第三季度快递服务质量提升联席会议。EMS、顺丰、圆通、申通、中通、韵达等16家品牌快递企业总部相关负责人，国家邮政局市场监管司、发展研究中心、邮政业安全中心、中国邮政快递报社、中国快递协会相关人员参加会议。会上，市场监管司通报了第三季度快递服务满意度调查和时限准时率测试结果、行业安全运行等情况，邮政业安全中心通报了消费者申诉处理有关情况。会议就持续做好快递末端服务违规收费清理整顿工作进行了再强调再部署，对《快递市场法人主体信用评定方案（试行）》主要内容进行了解读。

国家邮政局学习贯彻党的十九届四中全会精神

11月1日，国家邮政局党组书记、局长马军胜主持召开局党组扩大会议，学习贯彻党的十九届四中全会精神。会议强调全系统要把思想和行动统一到习近平总书记的重要讲话精神上来，统一到党中央决策部署上来，不折不扣坚决抓好全会精神贯彻落实，奋力开创现代化邮政强国建设新局面。局党组成员、副局长戴应军、刘君、杨春光出席会议。马军胜强调，要全面加强党对邮政工作的全面领导；要着力开展邮政业制度创新和治理能力建设，推动高质量发展；要着力提高履职能力和执行能力，不断提高行业治理效能。国家邮政局退休老领导、机关处以上干部、直属单位负责同志参加会议。

全国邮政行业评选表彰工作培训班在南京举行

11月1日，全国邮政行业评选表彰工作培训班在江苏南京举行。培训班解读了人力资源社会保障部、国家邮政局《关于开展全国邮政行业先进集体、劳动模范和先进工作者评选表彰的通知》，并就评选表彰工作进行动员部署。人力资源社会保障部国家表彰奖励办公室、国家邮政局人事司有关负责同志出席培训班并作动员部署讲话。培训班要求，全行业要全力以赴办好这件大事、喜事，扎实做好评选表彰各项工作。各省、自治区、直辖市邮政管理局人事处长及人事干部，中国邮政集团公司、主要快递企业有关负责人共计80余人参加培训。

国家邮政局通报 2019 年前三季度邮政行业经济运行情况

今年以来，邮政全行业认真贯彻落实习近平总书记对邮政业系列指示批示精神，深刻领会重要战略机遇期新内涵，按照“巩固、增强、提升、畅通”八字方针，以深化供给侧结构性改革为主线，对标全面建成与小康社会相适应的现代邮政业和建设邮政强国目标，持续推进行业高质量发展取得进一步成效。前三季度，邮政行业业务总量和业务收入分别增长 31.3% 和 21.3%，快递业务量、收分别增长 26.4% 和 24.1%，行业发展呈现出快速平稳、稳中提质的态势。受“419”“双品网购节”“618”“818”“919”电商节等促销活动影响，与往年相比，“淡旺季”波动特征明显减弱、月度间流量更趋均衡。

赵民副局长率中国代表团访问越南

11 月 3 日至 6 日，国家邮政局副局长赵民率团赴越南访问，与越信息通信部副部长范英俊和越南邮政代表进行了会谈。双方就推动完善双边邮政合作机制、交流邮政业改革发展情况、加强在万国邮联国际事务方面的沟通与协调等事宜深入交换了意见，取得了共识。他指出，明年是中越建交 70 周年，希望以此为契机深化双方交流合作，在备忘录框架下加强交流互动，深化双方在邮政政策制定、拓宽邮政服务领域、绿色邮政发展和万国邮联国际事务处理等方面的互利合作，稳步提升两国邮政合作水平和实效。在越南期间，代表团还调研了中国快递企业在越南运营情况。

马军胜局长与国邮智库专家座谈交流

11 月 5 日，国邮智库专家沙龙在北京举行。来自政产学研的 8 位专家代表受邀与国家邮政局党组书记、局长马军胜面对面，围绕“新时代邮政业高质量发展路径研判”主题，共同展开富有成效的对话研讨。这是行业媒体中国邮政快递报社举办的第四次国邮智库沙龙活动，该品牌活动旨在汇聚业内外专家智慧，构建行业新型智库生态圈，进一步增强对邮政行业发展的支持保障能力。马军胜认真地聆听了每位专家的发言，并不时与大家互动交流。他表示，寻计问策于智库专家，是行业加强对改革重大问题调查研究、提高深化改革决策科学性的重要手段，行业的发展离不开社会各界的关注、支持和帮助。

杨传堂书记、李小鹏部长调研“双 11”服务

11 月 7 日，交通运输部党组书记杨传堂、部长李小鹏分别到快递园区、邮政支局和快递企业，调研“双 11”业务旺季服务保障工作，并向邮政、快递企业员工和邮政管理干部表示亲切慰问。部领导强调，“双 11”是对邮政快递业的一次大考，也是行业形象的集中展示，希望大家勇于担当、主动作为，全力保障好旺季寄递渠道安全畅通、平稳运行，为服务国民经济发展、满足人民群众日益增长的美好生活需要，推动邮政快递行业高质量发展认真履职尽责。北京市副市长杨斌、四川省副省长杨洪波，交通运输部党组成员、国家邮政局局长马军胜，交通运输部党组成员、副部长戴东昌陪同调研。

国家邮政局部署冬季行业安全生产工作

近日，国家邮政局发布《关于加强冬季行业安全生产工作的通知》。《通知》指出，当前，正值快递业务旺季，叠加秋冬季节大范围极端天气频繁，是行业安全生产的关键时期，必须引起高度重视。《通知》强调，要抓好冬季安全生产，坚决防范遏制重特大事故发生。《通知》要求，要严格寄递安全管控，确保寄递渠道安全畅通；要积极开展矛盾纠纷排查，切实维护全网稳定运行；要严格责任落实，强化应急响应和处置工作。

国家邮政局机关党委发出 11 条重点提示

11 月 8 日，国家邮政局机关党委向邮政管理

系统各级党组织和各快递企业总部发出关于在“双11”期间加强快递员权益保障和关心关爱工作的11条重点提示，要求各单位在保障旺季快递服务质量的同时，要加强快递员权益保障和关心关爱各项工作。“双11”旺季临近，邮政全行业全系统面临一年中最严峻的快递服务保障考验，11条重点提示也是国家邮政局深入贯彻落实习近平总书记关于关心关爱快递小哥重要指示精神的具体体现。

国家邮政局召开2020年工作务虚会

11月8日至9日，国家邮政局在京召开2020年工作务虚会，深入贯彻落实习近平新时代中国特色社会主义思想，学习贯彻党的十九届四中全会精神，总结2019年工作，深入分析行业发展面临的新情况新问题新挑战，研究谋划2020年及今后一个时期邮政业改革发展工作思路。局党组书记、局长马军胜主持会议并作总结讲话，局党组成员、副局长戴应军、刘君、杨春光、赵民作专题发言。马军胜强调，全系统全行业要稳字当头、干字为要，充分调动干事创业积极性。坚持问题导向，解决突出问题。坚持目标导向，对表对标中央要求。坚持结果导向，务求实效。要着力巩固行业稳中有进发展态势，推进邮政业高质量发展。

“双11”当天全国处理5.35亿快件

11月11日，根据国家邮政局监测数据显示，全天各邮政、快递企业共处理5.35亿快件，是二季度以来日常处理量的3倍，同比增长28.6%，再创历史新高。预计今年的“双11”旺季高峰期从11月11日持续至18日，高峰期间，全行业处理的邮快件业务量将达到28亿件。全行业仍将“错峰发货、均衡推进”作为核心机制，根据各企业的寄递承载能力，计划性的推单放量，严格控制发货量峰值。通过邮政业安全监管信息系统和电商协同平台等大数据平台，国家邮政局将实时关注全网运行，指导企业控制揽派节奏，适度延长“双11”投递时限。

杨春光副局长赴海南调研指导主题教育

11月11日至13日，国家邮政局党组成员、副局长杨春光一行赴海南调研指导第二批“不忘初心、牢记使命”主题教育。11月11日下午，杨春光一行抵达海南局开展调研，听取了海南局关于第二批“不忘初心、牢记使命”主题教育开展情况、党建和干部教育等工作情况的汇报。在局机关党建示范点，杨春光副局长浏览了党支部学习记录资料汇编，并从中抽取部分资料进行仔细阅读，对海南局在落实全面从严治党、深化主题教育、创新党建工作、绿色发展等方面取得的工作成效给予肯定，并提出具体要求。11月12日，杨春光一行深入省东部邮政管理局调研指导，与东部局干部职工座谈交流。国家邮政局人事司和海南局领导陪同调研。

国家邮政局主题教育巡回指导组赴河南开展督导检查工作

11月11日至15日，国家邮政局“不忘初心、牢记使命”主题教育第六巡回指导组莅临河南省邮政管理部门，实地督导第二批“不忘初心、牢记使命”主题教育开展情况。指导组赴焦作、洛阳两市邮政管理局督导工作，并组织召开了“不忘初心、牢记使命”主题教育座谈会，现场对开展主题教育的组织领导、学习教育、调查研究、检视问题、整改落实等方面的资料、台账进行了查阅，对存在的问题和不足进行了悉心指导，并要求市局要提高政治站位，进一步增强开展好主题教育的责任感、使命感、紧迫感，将主题教育工作抓在手上、扛在肩上，确保主题教育方向不偏、内容不空、落在实处，真正做到主题教育和日常工作“两促进、两提高”。

刘君副局长调研业务旺季安全服务保障工作

11月13日，国家邮政局党组成员、副局长刘君赴北京调研指导2019年业务旺季安全服务保障工作。刘君一行深入邮政、快递企业生产一线进行实地调研。在北京市邮件综合处理中心调研时，刘君强调邮政企业要进一步提升信息化水平，力争与相关部门实现安检信息数据共享，充分运用大数据分析，实现邮件安检智能化、高速化、自动化。同时要进一步优化处理中心的作业流程，有效控制成本。随后刘君一行来到丰台区万泽龙快递园区，现场了解了京东、中通、德邦等快递企业基层网点旺季生产作业情况，叮嘱快递企业管理人员在确保安全生产，同时要做好快递员的生活保障，让"快递小哥"在寒冷的冬季体会到行业的温暖。

马军胜局长在江西调研主题教育开展情况

11月13日至15日，国家邮政局党组书记、局长马军胜赴江西省南昌市、赣州市调研第二批"不忘初心、牢记使命"主题教育开展情况及旺季服务保障工作，强调要把深入贯彻党的十九届四中全会精神与主题教育紧密结合起来，守初心、担使命，找差距、抓落实，着力开展制度创新和治理能力建设，提高履职能力和执行能力，为促进经济建设改善民生贡献行业力量。调研期间，马军胜与江西省邮政管理局干部职工座谈，并看望慰问赣州市邮政管理局干部职工，对江西局工作给予肯定，对赣州局第二批主题教育进行指导。他指出，行业正在经历一年一度的"旺季大考"，要力争向人民交出一份满意的答卷。

"双11"全国快递业务总量23.09亿件

11月11日至16日，受网络电商平台集中促销影响，业务量达到全年高峰，6天内共处理邮(快)件23.09亿件，同比增长22.69%。最高日处理量达到5.35亿件，同比增长28.6%，是日常处理量的3.2倍。截至21日17时，除边远地区外，主要寄递企业揽收的邮(快)件已妥投22.51亿件，妥投率达到97.5%。回顾整个"双11"，邮政行业的服务保障呈现以下特点：服务质量大大提升，治理水平更加科学，智能设备升级改造，服务民生福祉的能力显著加强。

戴应军副局长赴甘肃青海调研邮快合作

11月18日至23日，国家邮政局党组成员、副局长戴应军赴甘肃、青海两省就邮快合作试点推进情况开展专题调研，并指导第二批"不忘初心，牢记使命"主题教育。在两省分别召开的座谈会上，戴应军听取了省邮政管理局和邮政企业的汇报，要求大家从四个方面推进好邮快合作试点工作。一要提高政治站位。二要谋划长远发展。既要看清机遇，又要看到发展趋势，担负起国有企业应有的担当。三要做实做细。全面合作，加快推进，挂图作业，力求尽早取得合作成果。四要做强做大。充分利用现有资源，适时加大人力运力投入，不断提升能力水平，使快递下乡进村产生扎实的成效。

杨春光副局长会见北京邮电大学校长乔建永一行

11月20日，国家邮政局副局长杨春光在京会见了北京邮电大学校长乔建永一行，双方就北京邮电大学现代邮政学科建设、"强邮论坛"举办、国际化人才培养、快递从业人员权益保障等内容深入交换了意见。杨春光感谢北京邮电大学对现代邮政教育事业发展的支持，对北邮在现代邮政教育发展方面取得的成绩表示祝贺。他指出，推动邮政业高质量发展和实现邮政强国建设目标，人才保障是关键。他希望北邮一是立足服务国家战略，加强国际交流与合作。二是坚持产教学研融合，为邮政业创新发展提供科技支撑和智囊支持。三是重视学院学科建设，加快培养适应邮政强国建设需要的高层次、复合型、创新型现代邮政人才。

马军胜局长主持召开国家邮政局党组会议

11月21日，国家邮政局党组书记、局长马军胜主持召开局党组会议，学习贯彻习近平总书记近期重要讲话精神，审议《中共国家邮政局党组学习宣传党的十九届四中全会精神工作方案》《中共国家邮政局党组学习贯彻〈关于中央部委、中央国家机关部门党组(党委)开展巡视工作的指导意见(试行)〉的措施》，听取第一批“不忘初心、牢记使命”主题教育整改落实“回头看”情况汇报，强调全系统要坚持以习近平总书记重要讲话精神为指导，加快推进邮政业高质量发展进程。局党组成员、副局长刘君、杨春光、赵民出席会议。

“渝新欧”沿线国家邮政快递业合作高级研修班在重庆开班

11月21日，2019年“渝新欧”沿线国家邮政快递业合作高级研修班在重庆邮电大学正式开班。该班由国家邮政局指导、重庆市教委主办、重庆邮电大学承办，列入重庆市人民政府外国留学生市长奖学金丝路项目，旨在服务国家“一带一路”建设，为沿线国家培养邮政快递业高级管理人才，为沿线国家政策沟通、设施联通、贸易畅通、资金融通、民心相通提供智力支撑。研修班为期一个月，将组织专业课程研讨、中国文化交流和邮政快递企业考察等活动。来自泰国、老挝、波兰、斯里兰卡、巴基斯坦、柬埔寨和阿富汗7个国家有关政府部门、高校和企业的管理人员和教师参加培训。

马军胜局长在厦门会见万国邮联总局长比沙尔·侯赛因

11月25日，国家邮政局局长马军胜在厦门会见了来华出席“万国邮联电子商务时代跨境合作全球大会”的万国邮联总局长比沙尔·侯赛因。双方在亲切友好的气氛中，就大会筹备情况，邮政在跨境电子商务发展中的作用等问题交换了意见。国家邮政局副局长赵民参加会见。马军胜对侯赛因来厦门参加此次跨境电商全球邮政合作的盛会表示热烈欢迎。他指出，这是万国邮联首次与中国联合举办以跨境电商为主题的全球性大会，来自102个国家和地区、8个国际组织的代表报名参会。中国政府一贯重视万国邮联在促进全球邮政发展方面发挥的重要作用，积极参与和支持万国邮联的各项改革和活动，全力以赴做好大会各项筹备工作。

万国邮联电子商务时代跨境合作全球大会新闻发布会召开

11月26日，万国邮联国际局总局长比沙尔·侯赛因、世界海关组织守法便利司司长安娜·伊诺霍萨、中国国家邮政局局长马军胜、中国邮政集团公司副总经理张荣林出席万国邮联电子商务时代跨境合作全球大会新闻发布会，围绕增进全球邮政、海关、铁路、航空和跨境管理机构之间的合作，发展完善全球邮政网络，促进邮政供应链的安全和便利化，推进国际铁路运邮，推动跨境电商和全球贸易可持续发展等主题向记者进行了介绍并回答记者提问。

万国邮联电子商务时代跨境合作全球大会在厦门召开

11月26日，万国邮联电子商务时代跨境合作全球大会在厦门召开。这是万国邮联与中国联合举办的首个以跨境电商全球合作为主题的大会，由万国邮联主办，中国国家邮政局、中国邮政集团公司和厦门市政府联合承办。万国邮联国际局总局长比沙尔·侯赛因、中国国家邮政局局长马军胜、中国海关总署副署长李国、福建省政府常务副省长张志南、中国邮政集团公司董事长刘爱力出席开幕式并致辞。万国邮联国际局副总局长帕斯卡尔·克里瓦兹、厦门市政府副市长李辉跃等嘉宾出席开幕式，国家邮政局副局长赵民主持开幕式。在为期两天的会议中，各国代表将围绕与跨境电子商务密切相关的全球供应链监管等议题开展深入讨论，共同分享邮关合作的成功经验。

马军胜局长会见出席万国邮联电子商务时代跨境合作全球大会代表

11月26日至28日，在万国邮联电子商务时代跨境合作全球大会召开期间，国家邮政局局长马军胜分别会见出席大会的有关国家和地区邮政部门与利益相关方、万国邮联、有关国际组织等代表，就举办此次大会有关事项和推动全球邮政发展交换意见。马军胜表示，很高兴万国邮联在中国召开此次大会。中国政府历来高度重视电子商务发展，邮政业与电子商务协同共进、创新发展，希望各国更多商品通过跨境寄递渠道进入中国。同时他指出，在电子商务跨境合作领域，与海关、交通、航空、平台的协同合作非常重要，希望大会聚焦跨境电商发展难题，为世界邮政可持续发展贡献智慧，为世界民众带来更大便利。

国家邮政局主题教育巡回指导组赴黑龙江调研指导工作

11月26日至28日，国家邮政局党组“不忘初心、牢记使命”主题教育第二巡回指导组到黑龙江调研指导主题教育工作，先后对黑龙江局、哈尔滨局第一批主题教育“回头看”工作和牡丹江局第二批主题教育工作进行督导。指导组听取了黑龙江局和哈尔滨局主题教育开展情况及整改落实情况的工作汇报。指导组指出，黑龙江局和哈尔滨局认真对照中央和国家局要求开展整改落实“回头看”工作，领导干部充分发挥了带头示范作用，进一步压紧压实工作责任，坚持上下联动抓好主题教育问题整改落实，取得了实实在在的效果。

国家邮政局召开全国邮政业安全生产电视电话会议

11月27日，国家邮政局召开全国邮政业安全生产电视电话会议，深入贯彻落实习近平总书记关于安全生产重要指示精神和党的十九届四中全会精神，学习贯彻全国安全生产电视电话会议精神，分析邮政业安全生产面临的形势，部署邮政业安全生产集中整治行动。局党组成员、副局长刘君作动员部署。刘君强调，重点需要做好四个方面工作：深入开展违法寄递危险化学品整治；抓好冬季安全生产，坚决防范遏制重特大事故发生；严格寄递安全管控，确保寄递渠道安全畅通；积极开展矛盾纠纷排查，切实维护全网稳定运行。

万国邮联电子商务时代跨境合作全球大会圆满闭幕

11月27日，万国邮联电子商务时代跨境合作全球大会在厦门圆满闭幕。大会发布了万国邮联在跨境电子商务领域达成的一项重要全球性共识——《厦门倡议》，呼吁邮政、海关、航空和铁路等各利益相关方在跨境电子商务领域通力合作。万国邮联国际局总局长比沙尔·侯赛因、中国国家邮政局局长马军胜出席闭幕式，万国邮联国际局副总局长帕斯卡尔·克里瓦兹作总结发言并代表大会发布《厦门倡议》，中国国家邮政局副局长赵民、中国邮政集团公司副总经理张荣林致闭幕辞。

国家邮政局主题教育巡回指导组赴广西调研指导工作

近日，国家邮政局“不忘初心、牢记使命”主题教育第一巡回指导组到广西调研指导主题教育开展情况，传达中央及国家局党组关于主题教育有关要求，调研了解第一批主题教育问题整改“回头看”及第二批主题教育开展情况。指导组听取了区局党组专题汇报，查阅相关资料，对广西局主题教育工作给予充分的肯定，并对下一步工作提出了要求。指导组要求，要持续健全问题台账，进行对账销号，做好问题的全面整改、重点整改、防止反弹等工作，对于长期整改的要建立健全制度，持续整改落实。

李小鹏部长在中国邮政集团公司调研

11月28日，交通运输部部长李小鹏到中国邮政集团公司，就邮政集团改革发展、明年重点工作和加快建设交通强国等开展调研和座谈。李小鹏强调，要更加紧密地团结在以习近平同志为核心的党中央周围，深入贯彻落实党的十九届四中全会精神，增强“四个意识”、坚定“四个自信”、做到“两个维护”，围绕中心、服务大局，充分发挥邮政集团自身优势，努力建设具有全球竞争力的世界一流企业，奋力谱写加快建设交通强国的邮政篇章。国家邮政局副局长刘君，中国邮政集团董事长刘爱力参加座谈。

马军胜局长出席“中国邮文化节”开幕式

11月29日，“中国邮文化节”以及首届江苏省快递员颁奖大会在江苏高邮开幕。国家邮政局局长马军胜、万国邮联国际局总局长比沙尔·侯赛因、国际电信联盟秘书长赵厚麟，江苏省政协副主席、党组副书记阎立出席会议并致辞，万国邮联国际局副总局长帕斯卡尔·克里瓦兹、中国邮政集团公司副总经理张荣林为文化节纪念封和邮票揭幕。马军胜在开幕致辞中指出，国家邮政局将大力弘扬邮文化，继续挖掘传统资源，继续推荐先进典型，继续打造邮政品牌，继续发扬“诚信、服务、规范、共享”4S核心价值理念，为助力经济社会发展，满足人民美好生活期待，建设现代化邮政强国而努力奋斗。

杨春光副局长赴陕西咸阳调研

11月29日，国家邮政局党组成员、副局长杨春光一行赴陕西咸阳局调研指导第二批“不忘初心、牢记使命”主题教育。杨春光副局长一行对咸阳局干部职工进行了慰问，并进行了座谈，听取了咸阳局“不忘初心、牢记使命”主题教育开展情况及邮政管理重点工作推进情况汇报。杨春光副局长对咸阳局“不忘初心、牢记使命”主题教育成效予以肯定，指出咸阳局主题教育党组重视，措施实在，整改扎实，富有成效，强调要紧密结合邮政管理工作和邮政业发展实际，全面落实党中央关于主题教育的部署要求。

2019年邮政业绿色产品、绿色技术、绿色模式征集评审会在京顺利召开

11月29日，2019年邮政业绿色产品、绿色技术、绿色模式征集评审会在北京顺利召开。此次评审邀请国家发改委、生态环境部、国家市场监管总局等相关部委，清华大学、中国科学院、中国循环经济协会、中国包装联合会等科研单位和协会的20余名专家，对来自包装、材料等行业的43家单位的65个项目进行了集中评审。评审专家按照专业不同分为四个组，分别对绿色包装、循环包装、新能源汽车、智能装备等申报项目进行评审。在程序上，分为项目申报单位陈述、专家提问和项目申报单位答辩等环节，评审专家按照相应的指标从环保性、安全性和实用性等方面进行打分，得出评审结果。

马军胜局长主持召开国家邮政局党组会议

12月3日，国家邮政局党组书记、局长马军胜主持召开局党组会议，学习贯彻习近平总书记在中央政治局第十九次集体学习时的重要讲话精神和中央全面深化改革委员会第十一次会议精神，审议国家邮政局《关于创建让党中央放心让人民群众满意的模范机关的实施意见》，强调全系统要坚决贯彻落实党中央重大决策部署，扎实推进现代化邮政强国建设进程。局党组成员、副局长戴应军、刘君、杨春光、赵民出席会议。马军胜强调，全系统要深入学习贯彻习近平总书记在会议上的重要讲话精神，切实把四中全会部署的重要举措及时纳入工作日程。

国家邮政局主题教育巡回指导组赴云南调研指导工作

日前，国家邮政局第一巡回指导组到云南局指导“不忘初心、牢记使命”主题教育工作，就第一批主题教育整改落实情况及第二批主题教育开展

情况进行指导。指导组听取了云南局党组和省局各指导组对主题教育工作情况的汇报，对云南邮政管理系统主题教育整体情况给予了充分肯定，并对下一步工作提出了具体要求。云南局表示，接下来将认真贯彻落实指导组指导意见，严格按照中央和国家局党组要求，继续推动深入开展“不忘初心、牢记使命”主题教育，推动主题教育成果转化，促进工作开展。

戴应军副局长赴四川西藏调研邮快合作情况

12 月 4 日至 7 日，国家邮政局党组成员、副局长戴应军赴四川、西藏调研邮快合作试点推进情况，并指导第二批“不忘初心、牢记使命”主题教育。在两地分别召开的座谈会上，戴应军听取了两省区邮政管理局、省区邮政企业的工作汇报，要求大家从政治站位、长远思维、务实合作、做强企业四个方面推进邮快合作试点工作。一要提高认识，强化担当。二要谋划长远，抓住机遇。三要抓好落实，做实做细。四要不断深入，做强做大。

国家邮政局审议《邮政强国建设行动纲要》等文件

12 月 5 日，国家邮政局局长马军胜主持召开今年第 15 次局长办公会议，审议并原则通过《邮政强国建设行动纲要》《国家邮政局关于支持海南邮政业深化改革开放的意见》（送审稿）和《国家邮政局关于加强和规范邮件快件安全检查工作的指导意见》（送审稿）等文件。国家邮政局副局长刘君、杨春光、赵民出席会议。

刘君副局长到江苏督导调研

12 月 10 日至 12 日，国家邮政局党组成员、副局长刘君在率国家禁毒委督导检查组对江苏禁毒工作开展督导检查工作之际，对江苏省寄递安全管理和服务保障工作进行了督导调研。刘君强调，江苏省各级邮政管理部门要正视不足，直面问题，主动担当，积极作为，在强化市场监管、营造良好营商环境、推动行业高质量发展、更好服务地方经济和保障民生等方面发挥积极作用，在国家邮政局和地方党委政府领导下，认真落实寄递渠道禁毒工作部署要求，持续加强行业监管，督促企业严格落实主体责任，严格执行“三项制度”，做好毒品预防和查缉工作，确保寄递渠道安全畅通。

国家邮政局召开 2019 年度援派干部座谈会

12 月 11 日，国家邮政局召开 2019 年度援派干部座谈会。国家邮政局党组成员、副局长杨春光出席会议并讲话。杨春光强调，邮政管理系统选派的援藏援疆援青干部责任重大、使命光荣，要珍惜机会，不辱使命，树立援藏援疆援青干部的良好形象口碑。一要旗帜鲜明讲政治，二要勤学苦练长本领，三要求真务实强作风。会上，来自国家邮政局和北京、河北、山西、浙江、福建、山东、河南、湖北省（市）邮政管理局的 10 名援派干部代表，以及受援单位代表作了表态发言。

马军胜局长传达中央经济工作会议精神

12 月 13 日，国家邮政局党组书记、局长马军胜主持召开局党组（扩大）会议，传达学习中央经济工作会议精神，强调全系统要切实用党中央重大决策部署统一思想行动，主动作为、敢于担当，真抓实干、埋头苦干，为推进邮政业高质量发展贡献智慧和力量。局党组成员、副局长戴应军、刘君、杨春光、赵民出席会议。马军胜强调，全系统要认清形势、统一认识，认真学习贯彻落实中央经济工作会议精神。要突出重点、精准施策，真正把新发展理念贯彻好落实好。要担当作为、拼搏进取，不断提高工作实效。

中国快递年业务量突破 600 亿件

12 月 16 日上午，国家邮政局邮政业安全监管信息系统实时监测数据显示，我国快递业 2019 年第 600 亿件快件诞生，它是我国山西的一位消费者从韩国购买的商品，由圆通速递从天津保税区揽收。这标志着我国快递年业务量迈入600亿时代，是快递发展史上又一座里程碑，也是快递业为新中国成立70周年献上的一份贺礼。国家邮政局新闻发言人、市场监管司司长冯力虎介绍，“十三五”以来，我国快递包裹量每年以新增100亿件的速度迈进，已连续6年超过美国、日本、欧洲等发达经济体。我国已经成为世界上发展最快、最具活力的新兴寄递市场，也已经成为世界邮政业的动力源和稳定器，对世界快递业增长贡献率超过50%。

国家邮政局部署加强和规范邮件快件安全检查工作

近日，国家邮政局发布《关于加强和规范邮件快件安全检查工作的指导意见》，要求进一步加强和规范邮件、快件安全检查工作，保障寄递渠道安全畅通、推进邮政业安全治理体系和治理能力现代化。《意见》指出，要健全企业安检责任体系，要强化安检设备配置管理与技术创新，要优化安检流程和设备使用，将安检环节嵌入作业流程，实现装卸、安检、分拣、运输无缝衔接，要加强安检员队伍建设。《意见》强调，各级邮政管理部门要强化安检制度监管和支撑保障，坚持属地管理、分级负责。

邮政业18人当选2019年度全国交通技术能手

12月17日，根据交通运输部网站消息，209名同志被授予“全国交通技术能手”称号并获颁证书。其中，来自邮政业的18人获此殊荣。邮政业参评职业（工种）范围为邮件转运员、邮政投递员、邮政市场业务员［含原邮政业务（营销）员职业内容］、快递员（或快递业务员、速递业务员）、快件处理员（或快递业务员、速递业务员），参评人员向基层倾斜。交通运输部希望获得称号的同志珍惜荣誉、再接再厉、攻坚克难、再创佳绩，充分发挥示范引领作用，带头弘扬劳模精神、工匠精神、创新精神、奉献精神，不忘初心、牢记使命，立足交通、提升技能，为加快建设交通强国贡献力量。

第二届“强邮论坛”在京举办

12月18日，第二届“强邮论坛”暨区块链技术与行业高质量发展峰会在京举办，聚焦邮政快递业人才培养，5G、区块链技术应用和产业创新变革等议题。论坛由国家邮政局指导，北京邮电大学主办，来自政府、高校、协会和企业的150多名代表参会。国家邮政局副局长杨春光出席论坛开幕式并致辞。杨春光指出，第二届“强邮论坛”搭建了人才培养供给侧和产业需求侧对话平台，有利于完善以需求为导向的人才培养模式，有利于解决人才教育供给与产业需求方面的矛盾，为邮政业高质量发展注入了新动能。杨春光要求，要以论坛的举办为契机，扎实推进各项工作迈上新台阶。

2019年全国高职快递专业教学研讨会召开

12月19日，由国家邮政局人事司指导，全国邮政职业教育教学指导委员会主办的2019年高职快递专业教学研讨会在北京召开，聚焦贯彻落实《国家职业教育改革实施方案》和国家职业技能提升行动，推进高职快递专业高质量发展。研讨会上，国家邮政局人事司负责人介绍了邮政业改革发展、人才队伍建设及快递从业人员职业技能培训情况，要求切实做好邮政行业职业教育相关工作。教育部职业教育与成人教育司负责人解读了《职业院校全面开展职业培训促进就业创业行动计划》。与会代表围绕快递运营管理专业教学标准等进行交流，总结2019全国邮政职业教育快递技能大赛，筹备举办2020技能大赛。

国家邮政局印发《关于支持海南邮政业深化改革开放的意见》

近日，国家邮政局印发《关于支持海南邮政业深化改革开放的意见》，深入贯彻落实习近平总书记在庆祝海南建省办经济特区30周年大会上的重要讲话精神和《中共中央、国务院关于支持海南全面深化改革开放的指导意见》《中国（海南）自由贸易试验区总体方案》部署要求，有效服务海南自由贸易试验区和中国特色自由贸易港建设，深化海南邮政业改革开放，推动海南邮政业高质量发展。《意见》指出，到2025年，构建形成与自由贸易港建设要求相适应的邮政业治理体系和治理能力。

国家邮政局召开快递包装绿色治理暨试点工作总结会

12月20日，为深入贯彻落实习近平总书记关于快递包装绿色治理工作的重要指示批示精神，做好行业生态环境保护工作，加快推进快递绿色包装应用，国家邮政局在浙江嘉兴召开快递包装绿色治理暨试点工作总结会。国家邮政局党组成员、副局长赵民出席会议并讲话。对于下一步工作，赵民要求，一是要深入推进试点工作，争取更大试点成效。二是要完善行业绿色治理体系和治理能力，构建绿色治理的长效机制。三是要建立健全责任体系，全面落实行业生态环保责任。

马军胜局长主持召开国家邮政局党组会议

12月25日，国家邮政局党组书记、局长马军胜主持召开局党组会议，学习贯彻中央农村工作会议精神，全国离退休干部先进集体表彰大会暨全国老干部局长会议、《2019－2023年全国党政领导班子建设规划纲要》座谈会精神，部署“不忘初心、牢记使命”主题教育总结工作，审议并原则通过《邮政强国建设行动纲要》，强调要按照中央统一部署要求，服务实施乡村振兴战略，扎实推进邮政强国建设。局党组成员、副局长刘君、杨春光、赵民出席会议。马军胜指出，各级党组要坚决扛起贯彻实施《规划纲要》的主体责任，推动各项任务落实到位，为推动行业改革发展和邮政强国建设提供坚强组织保证。

中国快递协会第二届十四次理事会召开

12月26日，中国快递协会第二届十四次理事会在北京召开，深入学习贯彻党的十九届四中全会和中央经济工作会议精神，总结回顾协会六年来的工作成效。中国快递协会副会长兼秘书长孙康主持会议。会议审议了中国快递协会第二届理事会工作报告和财务报告、第三届第一次会员大会执行主席名单、中国快递协会第三届第一次会员大会议程、2019年申请入会企业名单、增设人才工作专业委员会及成员名单。

中国快递协会召开三届一次会员大会

12月26日，中国快递协会三届一次会员大会在京召开。会议深入贯彻落实习近平总书记关于邮政业的重要指示精神，全面总结中国快递协会二届理事会六年来的工作，听取二届理事会工作报告和财务报告等，选举产生新一届协会领导班子。交通运输部党组成员，国家邮政局党组书记、局长马军胜向中国快递协会第三届会长颁发证书并讲话。国家邮政局党组成员、副局长刘君出席会议并代表局党组致辞。中国快递协会第三届会长高宏峰在当选后发表讲话。马军胜希望中国快递协会深入贯彻落实习近平总书记关于邮政业的重要指示精神和中央经济工作会议精神，服务好中央重大决策部署，坚定不移贯彻新发展理念。

国家邮政局邮政业安全中心成立五周年

12月27日，在国家邮政局邮政业安全中心成立五周年庆祝总结会上，国家邮政局党组成员、副局长刘君对邮政业安全中心成立五年来取得的成绩予以充分肯定。他指出，邮政业安全中心组建以来的五年，是风雨兼程、开拓创新、锐意进取、成果丰硕的五年，取得了可喜、可贺的成绩。这五年，安全中心从无到有、由小到大，成为邮政业重要的组成部分，在服务、支撑、保障邮政业健康稳定发展方面作出了重要贡献。他希望，今后行业安全监管工作的责任会更大，担子会更重，希望邮政业安全中心要坚持正确定位，做好“不忘初心”的“大文章”。

马军胜局长调研上海邮政业建设发展情况

12月30日至31日，国家邮政局党组书记、局长马军胜调研上海邮政业建设发展情况，为行业建设发展问诊把脉、出谋划策、助威鼓劲。在中通快递集团上海总部，马军胜不时驻足查看、询问，对中通从2002年成立到2019年年快递业务量突破100亿件给予充分肯定；在中国邮政集团有限公司上海市分公司，马军胜与公司负责人围坐在一起，就邮政转型发展举行座谈会；在上海市邮政管理局干部大会上，马军胜提出，希望上海局按照国家邮政局党组“较真、务实、从严、共进”的工作要求，真抓实干、担当作为、勇于追梦，努力做好新时代上海邮政业高质量发展这篇大文章。

第四章 2019 年各省(区、市)快递发展大事记

北京市快递发展大事记

杨斌副市长表示支持邮政快递设施建设 推动服务升级

1 月 15 日,北京市副市长杨斌听取了北京市邮政管理局局长王跃的工作汇报,对 2018 年邮政管理工作给予充分肯定,并对今后工作提出要求。他表示邮政管理部门要推动落实物流专项规划、副中心控制性详细规划中邮政快递设施建设内容,市政府相关部门要大力支持邮政业补齐设施短板,提升服务水平,实现规范发展,高质量发展。

杨斌副市长批示肯定北京邮政管理工作成绩

1 月 21 日,北京市副市长杨斌对北京邮政管理工作作出批示,对全市邮政管理工作给予充分肯定。批示指出,市邮政管理局圆满完成 2018 年各项任务！同志们辛苦了！望 2019 年继续努力！以国庆七十周年活动为契机,不断提高服务水平,确保安全、高效,取得更大成绩！

北京局获颁“中非合作论坛”纪念证书

1 月,2018 年中非合作论坛北京峰会北京市服务保障工作领导小组为北京市邮政管理局颁发纪念证书,感谢北京市邮政管理局在 2018 年中非合作论坛北京峰会筹备工作中作出的突出贡献。

北京局联合北京市包装技术协会研究推动快递绿色包装相关工作

1 月 13 日,北京市邮政管理局与北京市包装技术协会就快递绿色包装等工作进行座谈研讨。北京市邮政管理局希望与市包装协会加强工作沟通协调,推动快递行业包装物减量化、绿色化,加强对快递包装设计、生产、使用、回收全产业链进行深入的调查研究,进一步探讨联合推动制定快递绿色包装地方标准的可行性,引导全市快递企业实现绿色发展,更好地满足首都城市功能定位要求。市包装协会表示,下一步将继续加强与北京市邮政管理局的沟通对接,就快递包装等共同关注的问题联合开展专题调研,双方可在快递包装标准制定、绿色快递包装宣传等方面形成工作合力,提升全行业绿色发展水平,共同推动首都快递业转型升级。

全国首份快递业“劳动保护专项集体合同”签订

1 月 24 日,全国首份快递行业“劳动保护专项集体合同”签约仪式在京举行。劳动保护专项集体合同对企业加强和改善劳动安全条件,提供必要的劳动防护用品,加强职工安全教育、培训等内容作了详细规定,旨在进一步规范企业与职工双方在生产经营活动中的劳动安全行为,保护职工在劳动过程中的安全与健康,促进企业健康发展,维护快递职工的基本权益。

蔡奇书记慰问快递小哥

2 月 12 日,大年初八,京城迎来初雪。北京市委书记蔡奇冒雪步行走入育群胡同、大佛寺东街,深入察看了解平房区民生服务保障情况。途中,蔡奇遇到了正在派件的中通快递北京朝阳门内分部快递小哥郑其磊,蔡奇得知他已递送了 100 多件快件后,向他道声“辛苦了”。

北京市禁毒委员会办公室致信感谢北京局

2 月，北京市禁毒委员会办公室向北京市邮政管理局致感谢信，对北京市邮政管理局 2018 年积极履行禁毒工作责任，充分发挥职能作用，在禁毒宣传教育、配合缉毒打击等方面的辛勤付出及无私奉献表示衷心感谢。

北京快递员权益保护获利好

2 月 19 日，促进快递行业规范健康发展座谈会在京召开，会议提出促进快递行业规范健康发展 9 条措施。9 条措施分别涉及快递员职住平衡、劳动保障、职业发展环境和快递末端配送基础设施建设等 4 个方面，其中 6 条由北京市邮政管理局牵头或者配合相关委办局落实。

蔡奇书记肯定首都邮政快递末端服务设施建设

2 月 23 日，北京市委书记蔡奇赴回天地区视察“回天有我”社区服务活动，现场参观中邮速递易信包箱。在听取社区负责人的介绍后，蔡奇书记指出，智能信包箱的设立为小区居民享受安全便捷的邮政快递服务提供了便利条件，在北京其他有条件的地区值得推广。

多部门联合实地调研智能快件箱建设情况

3 月，北京市邮政管理局联合市发展改革委、市住建委赴朝阳区开展实地调研，并召开现场座谈会进行交流。调研组先后调研了丰巢快件箱富力阳光美园网点、速递易快件箱管庄新村网点，并与朝阳区发展改革委、智能快件箱企业及相关物业公司代表在管庄新村小区召开现场会，围绕如何更好发挥智能快件箱公共属性，更好服务广大消费者的主题，对快件箱建设纳入公共服务设施相关规划，提供用地保障配套政策等方面开展了广泛深入的交流。

北京局组织开展快递业万人宣誓承诺活动

3 月，在“诚信快递、你我同行”“3 · 15”主题宣传周期间，北京市邮政管理局组织开展“诚信快递，你我同行”快递业万人宣誓承诺活动，14 家品牌快递企业积极响应落实，累计 1. 2 万名员工通过现场宣誓、签订承诺书等方式参与到活动中。企业和员工纷纷利用微信、微博等途径转发活动内容，充分展示首都快递业积极向上、阳光正面的行业风貌，广泛凝聚了社会共识。

北京局出台寄递企业安全生产主体责任清单

4 月，北京市邮政管理局出台寄递企业安全生产主体责任清单，推进落实寄递企业主体责任，切实提升首都邮政业安全生产工作水平。责任清单从建立组织领导机构，完善安全责任体系，确保安全资金投入，配齐安全生产设备，强化安全教育培训，加强隐患排查治理等方面作了进一步细化，明确了责任事项和失责情形。

北京局部署“三项重大活动”期间首都寄递渠道安全服务保障工作

4 月 10 日，北京市邮政管理局联合市公安局、市国家安全局召开动员部署大会，广泛深入动员全行业做好首都各项寄递渠道安全服务保障工作，全力以赴为第二届“一带一路”国际合作高峰论坛、北京世界园艺博览会、亚洲文明对话大会三项重大活动成功举办营造良好的寄递服务环境。国家邮政局市场监管司司长冯力虎出席会议并讲话，国家邮政局普遍服务司副司长涂刚，北京市寄递渠道安全管理协调小组 10 个成员单位有关同志参加会议。北京市邮政管理局相关处室和各派出机构负责人，全市所有网络型品牌寄递企业北京总部、全市所有独立品牌企业和网络型品牌企业重点区域网点主要负责人共计 500 余人参加会议。

北京局开展设置快件包装废弃物回收箱工作

4 月，北京市邮政管理局制订印发《关于设置快件包装废弃物回收箱的工作方案》，进一步落实快递包装废弃物回收箱设置工作。《方案》以习近平新时代中国特色社会主义思想为指导，牢固树立绿色发展理念，坚持首善标准，按照"循序推进、稳步实施"的原则，通过开展设置快件包装废弃物回收箱工作，推动快件包装废弃物回收再利用和集中无害处理。《方案》提出按照"部署、试点、攻坚、总结"四阶段推进，力争到2019年底实现全市快递网点全覆盖。

市人大常委会调研北京市校园快递及三轮车规范管理情况

5月8日，北京市人大常委会副主任李颖津带领执法检查组赴北京大学调研检查北京市校园快递及三轮车规范管理情况，部分市人大常委会组成人员、专门委员会委员和市人大代表参加检查。调研组充分肯定了北京市邮政管理局结合行业特点，多措并举、创新监管，推进快递专用电动三轮车辆规范管理所做的工作，指出要进一步提高站位，固化提升实施成效，充分发挥快递三轮车辆规范化管理在提升城市管理水平，改善城市道路交通环境，促进绿色健康发展方面的积极作用。

北京局联合市发展改革委共同推动快递绿色包装工作

5月13日，北京市邮政管理局与市发展改革委召开座谈会，研究共同推动快递绿色包装等工作。座谈中，北京市邮政管理局介绍了近年邮政行业发展情况，阐述了快递包装应用情况和面临的问题，并对市发展改革委长期以来对快递包装治理相关工作的支持表示感谢。市发展改革委表示，将继续与北京市邮政管理局加强沟通对接，在制定出台北京快递绿色包装地方标准、开展快递绿色包装设计征集活动和快递行业清洁生产审核等方面继续形成工作合力，共同引导全市快递企业加快绿色发展步伐，更好满足首都城市功能定位要求。

北京局组织开展2019年度邮政业应急演练

5月14日，北京市邮政管理局在北京顺丰速运有限公司分拨场地组织开展了2019年度邮政业应急演练活动，市应急管理局、市公安局、市国家安全局等相关部门负责人出席活动并对演练进行现场指导。全市邮政和主要品牌快递企业应急管理负责人到场观摩学习。

北京局召开快递业信用评定委员会第一次全体会议

5月23日，北京市邮政管理局组织召开北京市快递业信用评定委员会第一次全体会议。北京市快递业信用评定委员会由市邮政管理局、市市场监管局、市商务局和市公安局相关部门负责人及快递协会、快递企业代表共计13名委员组成。会议确定了北京市快递业信用评定委员会主任人选，传达了国家邮政局关于快递业信用体系建设工作有关精神，对《北京市快递业信用评定委员会工作规定》进行了学习。参会委员就快递业信用体系建设工作进行了座谈交流，并一致表示要积极参与支持全市快递业信用评定工作。

北京局联合北京市红十字会开展快递企业急救知识专题培训

5月29日，北京市邮政管理局联合北京市红十字会开展"救"在身边大讲堂走进中通快递企业急救知识专题培训。顺丰等全市12家规模以上快递企业代表近百余人参加培训。

三部门联合推进跨境电子商务寄递服务高质量发展

6月13日，北京市邮政管理局联合北京市商务局、北京海关召开专题会议，研究贯彻中央"放管服"改革精神，落实国家邮政局、商务部、海关总署《关于促进跨境电子商务寄递服务高质量发展的若干意见(暂行)》，发挥中国(北京)跨境电子商务综合试验区优势，推动跨境电子商务寄递服务高质量发展工作。

北京局携手市快递协会组织快递小哥畅游欢乐谷

6月14日，北京市邮政管理局携手市快递协会组织开展快递小哥欢乐谷游园活动启动仪式在欢乐谷举行，邮政、顺丰、“三通一达”等15家快递企业的近200名快递小哥参加。此次活动为期15天(6月14日至6月28日)，3000名快递小哥可免费体验精彩而刺激的娱乐项目。

两部门联合组织开展垃圾分类“萌到家”宣传活动

6月20日，北京市邮政管理局联合市城市管理委员会共同启动垃圾分类“萌到家”活动。顺丰、中通、圆通、韵达和德邦5家快递企业近100名快递小哥参加启动仪式。

北京市首届绿色包装设计征集活动作品发布会举办

6月17日，北京市邮政管理局作为全市绿色包装设计征集活动支持单位，与市发展改革委等部门联合举办全市首届绿色包装设计征集活动作品发布会。历经8个月的征集，共有来自全国24个省(市、自治区)的参与者提交了近200件作品。经过评审，最终确定最佳和优秀设计作品14件。

北京局联合中国铁路北京局集团公司推进快递业运输结构调整

7月，北京市邮政管理局联合中国铁路北京局集团公司召开座谈会，研究落实《北京市推进运输结构调整三年行动计划》，推进快递业运输结构调整相关工作。双方就如何推动快递业运输结构调整工作进行深入讨论，并就推进下一步工作达成三点共识。

北京市人大常委会主任李伟带队调研行业发展情况

7月9日下午，北京市人大常委会主任、党组书记李伟带队开展《北京市机动车停车条例》《北京市非机动车管理条例》和《北京市人民代表大会常务委员会关于修改〈北京市实施《中华人民共和国道路交通安全法》办法〉的决定》执法检查工作，在新中国成立门“快递之家”听取了北京市邮政管理局关于快递服务车辆规范管理以及行业发展相关情况的汇报。李伟主任对快递电动三轮车规范管理工作特别是“五统一”做法给予充分肯定，强调要继续强化各项规范管理措施，加大执法检查力度，积极借鉴外省市好的经验做法，进一步提升管理水平，为首都人民群众提供更加方便快捷安全的快递服务。

推动北京市邮政业安全中心组建工作

7月11日，北京市委编办副主任左铭飞一行到北京市邮政管理局调研北京市邮政业发展情况，北京市邮政管理局局长王跃、副局长韩敬华及有关处室主要负责人参加调研座谈。市委编办表示将全力支持邮政业安全中心组建有关工作，加快北京市邮政业安全中心组建速度。双方认为对拟组建的北京市邮政业安全中心编制数量等要充分考虑北京市邮政行业业务规模、首都寄递渠道安全任务等因素，借鉴外省市有关经验和做法，研究提出既满足履职能力需要又符合机构改革形势的可行方案。

首届北京市邮政行业职业技能竞赛圆满落幕

7月23日至24日，首届北京市邮政行业职业技能竞赛暨2019年“职工技协杯”职业技能竞赛在北京印刷学院举办，来自邮政、顺丰、韵达、中通、京东、圆通、申通、百世等企业的15支代表队共56名选手参赛。本次竞赛是邮政体制改革以来北京市邮政行业的首次技能竞赛，共评选出个人奖项33个，团体奖项6个，优秀指导教练6名，特殊贡献奖项7个。符合条件的获奖选手将代表北京市出战全国第二届邮政行业技能竞赛;决赛前六名选手将优先推荐参加“北京大工匠”快递员挑战赛;各职业个人决赛获前三名且符合相关条件的选手,给予直接报送“北京市有突出贡献的高技能人才”评选资格;各职业第一名优胜选手,经北京市总工会审核符合条件的,优先推荐申报“首都劳动奖章”。

九部门深入推进北京市电子商务与快递物流协同发展

7月,北京市邮政管理局与市商务局、市发改委等九部门联合印发《北京市关于深入推进电子商务与快递物流协同发展实施方案》。方案提出,力争到2020年底,全市基本建成层级合理、规模匹配、协同高效的电子商务快递物流服务体系。电子商务与快递物流协同发展政策体系进一步健全、配套基础设施不断完善、运营服务保障更加有序。重点培养一批电子商务与快递物流发展示范园区、末端共同配送示范企业和快递绿色包装示范企业。方案明确7项工作内容20项具体措施,20项措施中7项由北京市邮政管理局牵头落实。

助力平谷大桃互联网+产业做大做强

8月13日,北京市邮政管理局调研组赴平谷区开展座谈调研,就服务乡村振兴工作进行实地对接,引导广大快递企业积极参与平谷大桃电商外销环节,促进当地百姓增收致富。北京市邮政管理局市场监管处、北区局相关人员,平谷区商务局相关负责人,中通、圆通、苏宁天天等7家企业代表参与座谈调研。顺丰等主要快递企业已累计完成大桃揽收近90万件,带动销量达1000万斤,实现寄递业务收入超过2600万元。

促进快递行业规范发展加强从业人员权益保障措施出台

9月,北京市邮政管理局会同市人社局、市医保局印发《关于促进快递行业规范发展加强从业人员权益保障的通知》。通知紧紧围绕加强行业规范管理,加强员工权益保障工作任务,明确了优化快递行业监管机制、进一步规范快递市场秩序、明确快递企业用工主体责任、强化快递企业劳动保护责任、推行快递行业集体合同、优化快递行业社保经办服务、畅通快递从业人员发展通道、保障快递从业人员医疗权益、加强信息整合共享及联合惩戒等9个方面任务措施。

北京局全面动员部署国庆70周年庆祝活动期间北京市寄递渠道安全服务保障工作

9月,北京市邮政管理局联合市公安局、市国家安全局等部门召开国庆70周年庆祝活动期间北京市寄递渠道安全服务保障动员部署大会,国家邮政局副局长刘君出席会议并讲话,北京市邮政管理局局长王跃主持会议,北京市寄递渠道安全管理协调小组11个成员单位有关同志参加会议。刘君副局长充分肯定了2019年以来北京市邮政管理局在历次重大活动寄递渠道安保中取得的成绩,就切实做好国庆70周年庆祝期间寄递渠道安全服务保障工作强调三点意见。市公安局治安总队负责人、市国家安全局三局负责人分别结合首都总体治安形势和寄递渠道安全薄弱环节,对寄递企业加强寄递安全制度规范执行提出工作要求。北京市邮政管理局相关处室和各派出机构负责人,全市主要品牌寄递企业北京总部、全市所有独立品牌企业和网络型品牌企业重点区域网点主要负责人共计500余人参加会议。

北京局组织开展2019年度邮政业应急演练

9月3日,北京市邮政管理局在中通快递转运中心举办2019年度全市邮政业突发事件应急演练。本次演练现场模拟了火灾疏散救援、危险化学品泄漏应急处置、汛期预防三项场景的应急处置,并根据不同模拟场景设置了过机安检发现险情、人员疏散、救治伤员、启动应急预案、报警处置等环节。市反恐办、市应急管理局、市国家安全局、市公安局治安总队等相关负责同志及各邮政管理派出机构负责人观摩演练，并做现场指导。全市16家寄递企业代表100余人观摩。

北京局正式启动快递企业安全生产等级评定工作

9月17日，北京市邮政管理局组织开展培训，对《安全生产等级评定技术规范　第75部分：快递及邮政服务企业》进行再培训，同时对等级评定工作进行安排部署。首批纳入评定范围的邮政、顺丰、中通、圆通等12家快递企业安全生产负责人参加培训，标志着北京市主要品牌快递企业安全生产等级评定工作正式进入实施阶段。

50名首都邮政行业代表受邀参加国庆70周年庆祝活动观礼

10月1日，中华人民共和国成立70周年庆祝活动在北京天安门广场隆重举行，来自首都邮政行业50名干部员工作为首都各界群众代表受邀观礼。50名观礼嘉宾分别来自北京邮政、顺丰、京东、圆通、韵达、中通、德邦、申通等8家企业。他们中既有全国劳动模范、首都劳动奖章获得者，也有品牌快递企业创始人，还有基层站点的一线员工。

北京局圆满完成国庆70周年庆祝活动期间寄递渠道安全服务保障工作

中华人民共和国成立70周年庆祝大会于2019年10月1日胜利闭幕。在国家邮政局和北京市委市政府的领导下，北京市邮政管理局全体干部员工顽强拼搏56天，以最高安全标准、最强组织保障、最严管控措施、最佳工作状态、最优服务效果，圆满完成国庆70周年庆祝活动期间北京市寄递渠道安全服务保障任务。其间，北京市邮政管理局累计召开各类安全服务保障部署会议21次，部门协调、内部工作推进会议52次，印发各类通知、通告、通报等文件56份，累计出动检查人员2369人次，检查企业分拨中心及网点729个次。

快递员首次纳入北京市职业技能提升行动实施方案

9月27日，北京市政府办公厅印发《北京市职业技能提升行动实施方案（2019－2021年）》。方案明确在养老护理、安保、医疗陪护、托幼、快递等领域，组织开展从业人员技能提升培训，取得相应证书的，根据工作实际，按照每人不超过3000元的标准，给予企业或培训机构补贴。方案以2019－2021年为时间周期，计划每年培训快递员2万人次以上，三年共计培训6万人次以上。快递行业被纳入北京市职业技能提升行动尚属首次，突显了快递在服务首都居民生活和保障城市运行中的重要作用。

北京快递员权益保护工作上新台阶

10月23日，北京市邮政管理局、北京市人力资源和社会保障局、北京市医疗保障局三部门联合召开了促进快递行业规范发展政策文件宣贯培训会，向北京市主要品牌快递企业宣讲《关于促进快递行业规范发展　加强从业人员权益保障的通知》，对通知重点内容进行解读，并就快递从业人员劳动保障、医疗保障等相关具体业务进行培训指导。

北京市委平安北京建设领导小组办公室向北京局致感谢信

10月，中共北京市平安建设领导小组办公室向北京市邮政管理局致感谢信，指出邮政管理部门在国庆70周年系列庆祝活动维稳安保工作中充分发挥职能作用，各级领导靠前指挥，攻坚克难，确保了各项安保工作的圆满完成，并表示衷心的感谢，致以崇高的敬意！

北京局推进利用地下空间提供末端便民服务工作

10月24日，北京市邮政管理局赴市人防办工程处进行座谈交流。座谈中,双方就加强末端配送基础设施建设,探索利用地下空间提供末端便民服务等有关工作进展情况进行了交流;就结合本市实际,探索推进利用地下人防工程提供邮政快递服务、建设智能快件箱,不断满足广大消费者日益增长的用邮需求达成基本共识;并就如何有效利用地下空间解决快递末端领域用地紧张的问题进行了深入探讨。

北京局召开国庆70周年庆祝活动表彰大会

11月14日,北京市邮政管理局组织召开国庆70周年庆祝活动北京市寄递渠道安全服务保障与"快递小哥"群众游行组织工作总结表彰大会,传达国家邮政局领导对北京市邮政管理局圆满完成两项重大任务的批示精神,对在两项重大活动中涌现出来的先进集体和先进个人进行表彰。国家邮政局党组成员、副局长刘君同志出席会议并为获奖者颁奖。会议要求,全行业要把庆祝活动形成的宝贵精神财富转化为干事创业、担当作为的实际行动,转化为推动首都邮政业更好发展的强大动力。

蔡奇、陈吉宁来到顺义区检查要求打好三大"保卫战"

12月1日上午,北京市委书记蔡奇到顺义区调研检查污染防治工作。蔡奇、陈吉宁来到位于顺义区的北京顺丰速运有限公司华北智能分拨中心,察看业务运行情况,了解公司更换新能源汽车、采用环保耗材和自动化分拨设备以及节能降耗等情况。了解到该公司新能源货车数量已占近7成,2020年还将继续购置时,蔡奇表示赞赏,叮嘱物流行业要推进快递包装绿色化、减量化。

北京局开展快递包装胶带使用专项治理工作

12月,北京市邮政管理局印发《关于开展快递包装胶带使用专项治理工作的通知》,对开展快递包装胶带使用治理工作作出部署,主要目标是利用半年左右时间,采取一系列专项整治措施,遏制胶带使用不规范现象,进一步推进快递业绿色包装工作。

北京局召开非公有制快递企业党建工作推进会

12月2日,北京市邮政管理局召开非公有制快递企业党建工作推进会。北京市邮政管理局有关负责同志解读了《关于进一步加强快递企业党建工作的通知》有关要求,各快递企业负责人汇报了企业党员队伍基本情况及党建工作开展情况。会议强调,加强非公企业党建工作是巩固扩大党执政的群众基础和社会基础的现实需要,是体现中国特色社会主义本质特征的重要环节,也是推进非公有制经济发展的内源动力。各企业要深刻认识加强非公企业党建工作的重要意义,切实增强抓好企业党建工作的自觉性和主动性。

天津市快递发展大事记

天津局联合团市委开展"快递从业青年服务月"送温暖活动

1月29日,天津市邮政管理局联合团市委举办"传递尊重　温暖全城"冬日递温暖活动,这是"快递从业青年服务月"系列活动之一。天津市邮政管理局局长王东、团市委副书记于中鹏一同慰问春节前夕仍坚守在一线的快递从业青年,为大家送去了精品稻米礼盒、零食大礼包等食品以及帽子、口罩、水杯等冬季保暖用品。天津市邮政管理局副局长庞冠新、团市委权益部二级调研员林春玉陪同参加。

天津局联合蓟州区政府深化快递服务现代农业工作

4月17日，天津市邮政管理局与蓟州区人民政府联合举行农特产品快递服务直通车启动仪式，天津市邮政管理局局长王东、蓟州区区长廉桂峰出席仪式并讲话。市邮政管理局有关部门、各派出机构负责人，蓟州区政府有关部门、各乡镇主要负责人，部分寄递企业、农产品企业代表共100余人参加启动仪式。启动仪式上，双方签署了战略合作框架协议。邮政、顺丰、百世等5家寄递企业分别与蓟州区农产品企业签订合作协议，在前期工作开展的基础上，进一步加大了对当地农特产品的服务深度与力度。此外，蓟州区商务局就寄递企业与区农产品企业对接合作情况进行了介绍，寄递企业和农产品企业代表作了表态发言。启动仪式结束后，双方共同参观了寄递企业、农产品企业宣传展牌和农产品展示。

快递小哥卢喜文荣获“天津青年五四奖章”

4月26日，第十九届“天津青年五四奖章”获得者名单揭晓。来自天津顺丰速递有限公司的快递小哥卢喜文跻身10名“天津青年五四奖章”获奖者之列。该奖项是天津市优秀青年的最高荣誉，用以表彰在新时代中国特色社会主义建设中涌现出的青年典型。此次活动得到了全市各界青年的广泛关注，据统计共有16万青年直接或者间接参与了此次评选活动，人民网、北方网、搜狐网等多家主要媒体多渠道宣传报道获奖者的先进事迹，引起广泛热议。

天津市政府第56次常务会议审议《天津市物流业空间布局规划》

5月13日下午，天津市市长张国清主持召开市政府第56次常务会议。《天津市物流业空间布局规划（2019—2035年）》作为其中审议内容之一。会议强调，要立足服务京津冀协同发展重大国家战略、服务产业转型升级、服务提升人民生活水平，着力调整和优化我市物流产业空间布局。要注重集约节约，推进物流业资源整合、功能提升，不断提高用地效率。要进一步优化海港和空港物流功能布局，加大公路转铁路力度，提高铁路运输分担率，构建畅达集疏运体系。要更加重视末端物流，加快“最后一公里”配送体系建设，提高智能化水平，更好服务人民群众生产生活。

两部门联合推进邮政行业减税降费政策加速落地

7月8日，天津市邮政管理局联合国家税务总局天津市税务局正式印发《关于做好邮政业落实减税降费政策相关工作的通知》，要求各级邮政管理部门和税务部门高度重视邮政业减税降费工作，加强推动落实，引导寄递企业更好了解和享受政策红利。通知强调，减税降费是深化邮政业供给侧结构性改革的重要举措，在邮政业落实好减税降费政策对降低行业运行成本、激发市场主体活力、促进行业平稳运行和高质量发展具有重要意义。各级邮政管理部门和税务部门要正确认识当前我市的经济形势，指导邮政业从业企业用足用好减税降费优惠政策。通知系统梳理了十类税种涉及邮政业的减税降费政策措施，明确要加强邮政业减税降费政策落实工作的组织保障。

天津局提前完成基层网点负责人安全培训全覆盖

7月，天津市快递企业基层网点负责人安全教育第八期培训班圆满结束，标志着天津市邮政管理局提前完成对全市所有快递企业基层网点负责人安全教育培训任务。“对快递企业网点负责人开展全覆盖培训”作为一项重点任务写入了天津局2019年工作要点。为完成此项工作，2019年4月，市邮政管理局联合市快递协会印发了《2019年天津市快递企业网点责人培训工作方案》，成立工作专班，组织公安、应急等相关部门和院校相关人员编写培训教材。培训教材涵盖邮政业法律法规、寄递安全“三项制度”、快递网点安全生产及安全生产设备设施配备、突发事件应急处置等内容。2019年5月以来，在各派出机构的积极配合下，市邮政管理局联合市快递协会先后组织八期安全专项培训，邀请院校老师采取理论授课、答题测试等形式，对全市1065名基层快递网点负责人进行集中培训。通过培训，进一步强化了快递企业基层网点负责人安全生产责任意识，增强了基层快递从业人员安全生产学习和实践的自觉性，提升了全市邮政业安全防范、维护寄递渠道安全畅通和保障公共安全的能力。

天津市提前超额完成快递包装废弃物回收装置设置

截至8月下旬，天津市共有1406个邮政快递网点设置了快递包装废弃物回收装置，提前超额完成全年目标任务。2019年以来，为确保天津市邮政业生态环保工作任务有效落实，切实打赢行业污染防治攻坚战，天津市邮政管理局印发《2019年邮政业生态环境保护工作要点》，提出大力实施天津市邮政业生态环保“9579”工程，明确2019年年底前全市900个邮政快递网点设置包装废弃物回收装置的目标。同时，多次召开专题工作部署会和推动会，深入一线开展调研，将回收装置设置点位延伸至末端网点，积极推动包装废弃物回收装置设置工作。

天津局推进快递企业应用北斗导航技术

为积极引导寄递企业应用北斗导航技术，进一步加强邮快件运输过程的安全监管，确保车辆定位系统自主可控，在天津市邮政管理局的大力推动下，天津市持有邮政快递专用通行证的1500辆快递车辆已全部升级为北斗导航系统。天津市邮政管理局已加快建设快递与电商信息平台三期项目，其中寄递企业车辆定位系统完成改造升级。该系统除邮政管理部门具有管理职能外，使用端口已向寄递企业开放，有利于寄递企业加强机动车辆管理和使用，提高运行效能。

天津局制作完成首例快递绿色包装普法动画宣传片

8月，天津市邮政管理局制作完成快递包装废弃物回收再利用普法宣传片。这是市邮政管理局创新宣传方式，首次采用立体生动的动画片形式开展普法宣传工作。宣传片主要包含快递绿色发展问题背景、快递包装废弃物回收知识及可回收快递包装处置方式等内容，对党的十九大报告精神、习近平总书记重要指示及国家邮政局、天津市邮政管理局等部门关于快递绿色包装治理工作举措向公众做了介绍，重点宣传了《电子商务法》《快递暂行条例》等法律法规和《快递封装用品》系列国家标准知识，引导包装物料供应商、快递企业、电商平台与商家等多个从业主体遵纪守法、依法经营，倡议广大消费者积极践行绿色环保理念，参与快递包装回收，切实打好快递业污染防治攻坚战！

天津市发出首张快递工程专业职称证书

9月1日上午，天津市邮政管理局联合市人社局在顺丰速运（天津）有限公司举行了天津市首张快递工程专业职称证书颁发仪式。天津市邮政管理局副局长庞冠新、市人社局专技处处长田海嵩出席。第十九届天津青年五四奖章获得者、天津顺丰公司的员工卢喜文拿到首张初级职称证书，这是天津市在工程技术职称系列中增设快递工程专业后，发出的首张职称证书，标志着全市快递工程专业职称评价工作正式启动。

静海区举办农特产品快递服务直通车对接会

9月5日，天津市邮政管理局联合静海区政府举办电子商务、快递服务与农产品对接会。天津市邮政管理局强调，举办对接会是贯彻中央乡村振兴战略、落实国家及天津市电子商务与快递物流协同发展意见、推动“快递下乡”工程、推进“互联网+农业+邮政快递”综合电子商务服务体系的有益探索和实践。邮政快递企业要与静海区农产品电商企业积极对接、深入合作,“打通上下游、拓展产业链”,找准契合点,缩短上游一公里,使更多的静海区农特产品“走出去”,让静海区的农民腰包更鼓、产业更兴旺。对接会上,静海区电商企业、农产品生产企业分别介绍了经营的特色产品、存在问题及寄递业务需求。邮政公司、顺丰、中通、百世、圆通、韵达、德邦等7家企业负责人结合本企业实际,介绍了在服务快递下乡、推进农产品进城、助力农民增收方面取得的成效及下一步设想,并现场回答了农特产品企业提出的问题。

深入推动全市跨境电子商务寄递服务高质量发展

为进一步落实国家邮政局、商务部、海关总署《关于促进跨境电子商务寄递服务高质量发展的若干意见(暂行)》,11月1日,天津市邮政管理局举办全市促进跨境电子商务寄递服务高质量发展专题培训班。各邮政监管派出机构、有关寄递企业共50余人参加培训。根据《天津市促进跨境电子商务寄递服务高质量发展专项行动方案》,在前期开展摸底调查和专项检查工作的基础上,天津市邮政管理局举办了此次培训班。培训详细解读了修订后的《快递业务经营许可管理办法》、布置了邮政业统计报表工作、提出了行业安全生产工作要求。

快递员首批加入天津消防公益联盟

11月26日下午,“天津市消防公益联盟”启动仪式在津举行。天津市消防总队总队长张福好,市民政局副局长、社会组织管理局局长刘丽红,市邮政管理局副局长庞冠新,市公安局治安管理总队总队长董金平,市消防总队副总队长王以革、总工程师李庆功作为嘉宾出席仪式。天津市快递协会等22家全市行业协会代表、10家快递企业代表、5家保安公司代表等共计4000余人在主会场、分会场参加系列活动。全市1200余个社会团体和200余万志愿者线上线下同步互动。

天津市“双11”寄递业务旺季服务保障工作获重要批示

11月,天津市市长张国清、副市长孙文魁、金湘军分别在市邮政管理局呈报的《关于2019年“双11”寄递业务旺季服务保障工作的情况报告》上作出重要批示,充分肯定天津市邮政管理局所做工作。张国清市长在批示中强调,措施有力,很好。孙文魁副市长在批示中指出,感谢国家邮政局和市邮政管理局对我市电商业发展的大力支持。金湘军副市长在批示中指出,市商务局要加强与邮政管理局的主动沟通交流,共同推进电商发展。

《天津市推进邮政业服务乡村振兴工作方案》出台

12月,天津市邮政管理局联合市发展改革委、市财政局、市农业农村委、市商务局、市文化和旅游局、市供销合作总社印发了《天津市推进邮政业服务乡村振兴工作方案》。方案提出,到2022年,保持我市邮政服务乡乡有局所、建制村全部直接通邮、快递服务乡乡有网点,实现村村通快递、建制村寄递配送网络全覆盖。深度融入我市现代农业体系和乡村产业发展,乡村邮政业供给能力和供给质量显著提高,涉农寄递物流产品丰富,打造一批服务现代农业示范项目,有效促进农民持续增收。我市乡村邮政业绿色发展成效明显,寄递渠道安全畅通。我市邮政业在农业农村发展和社会治理中发挥重要作用,形成服务乡村振兴的制度框架和措施体系。

全国首个省级《寄递企业安全中心建设与管理规范》地方标准出台

12月,天津市市场监督管理委员会正式批准发布由天津市邮政管理局指导、市邮政业安全中心牵头起草的《寄递企业安全中心建设与管理规范》地方标准，自2020年1月18日起实施。这是全国首个省级寄递企业安全中心建设地方标准。出台《寄递企业安全中心建设与管理规范》旨在推进安全邮政建设，压实寄递企业安全主体责任，规范寄递企业安全中心的建设与管理，解决寄递企业安全管理组织不成体系、制度不健全、机制不完善等问题，进一步提高寄递企业安全管理水平，保障天津市寄递渠道安全，促进行业安全、健康、可持续发展。该标准为寄递企业成立安全中心，明确企业安全中心职责，规范企业安全中心的运行和管理，制定了相应的参考标准。

天津完成年度快递工程专业中级、副高级职称评审

12月27日，天津市邮政管理局组织召开天津市工程技术系列快递工程专业中级、副高级职称评审会议，对全市各单位推荐上报的13名参评人员进行评审。经专家评审，3人获得快递工程专业工程师资格，2人获得快递工程专业高级工程师资格，实现了天津市快递工程专业中级、副高级职称零的突破。

河北省快递发展大事记

张古江副省长批示肯定全省邮政管理工作成绩

1月11日，2019年全省邮政管理工作会议在石家庄召开，河北省副省长张古江作出批示，对全省邮政管理工作给予高度肯定。张古江副省长要求，2019年是新中国成立70周年，是全面建成小康社会关键之年。省邮政管理局要坚持以习近平新时代中国特色社会主义思想为指导，深入贯彻落实习近平总书记对河北的重要指示批示，按照全国邮政管理工作会议的部署和要求，坚持稳中求进工作总基调，坚持新发展理念，坚持推动高质量发展，坚持以供给侧结构性改革为主线，坚持深化市场化改革，扩大高水平开放，坚持“三六八九”工作思路，坚决落实“巩固、增强、提升、畅通”八字方针要求，不断优化发展环境、提升治理能力、夯实工作基础，在提高质量效率、降低运行成本和保障安全稳定上狠下功夫，推动全省邮政行业持续健康发展，更好满足人民群众对邮政服务的新期待，为奋力开创新时代全面建设经济强省、美丽河北新征程作出新的更大贡献，以优异成绩庆祝中华人民共和国成立70周年！

河北省快递业信用评定委员会设立实现省市全覆盖

为贯彻落实《快递暂行条例》扎实有效推动全省快递业信用体系建设，创新事中事后监管，发挥邮政管理部门行业管理作用，引导和推动快递企业加强内部管控，河北省邮政管理局按照国家邮政局统一部署，积极开展快递信用体系建设。1月，随着保定、承德市快递业信用评定委员会的相继成立，河北省、市快递业信用评定委员会实现了全覆盖。

团中央与人大代表、政协委员面对面聚焦快递从业青年

1月22日，团中央在石家庄举办2019年“共青团与人大代表、政协委员面对面”分场活动，邀请5位人大代表、10位政协委员，围绕“促进快递配送从业青年的职业发展和社会融入”主题，走进顺丰快递基层配送站、百世物流河北分公司开展调研，慰问一线从业青年，并与快递企业、从业青年代表进行面对面交流。十三届全国政协常委、团中央书记处书记徐晓，团省委书记郭旭涛，河北省邮政管理局党组书记、局长訾小春以及河北省

政协相关同志参加活动。与会人大代表和政协委员根据会上团中央提供的调研报告，热烈讨论，建言献策，从加强物质保障和人文关怀、畅通晋升通道、加强劳动督查力度、规范快递车辆管理、关心他们在住房、子女入学等方面的实际困难、提升公众对从业青年的理解、尊重和认同等方面提出了工作建议。

河北局推进邮政业更贴近民生七件实事

2月20日，河北省邮政管理局召开党组（扩大）会议审议通过《河北省邮政管理局2019年邮政业更贴近民生七件实事责任分工方案》，全面贯彻落实国家邮政局工作部署，进一步明确责任，量化目标，细化措施，切实推进邮政业更贴近民生实事的落地见效。方案明确了2019年河北省邮政业更贴近民生七件实事的总体要求、工作任务、推进目标和责任分工，并针对邮政普遍服务、快递业和综合管理的工作内容，细化为三个行动方案，围绕“推进建制村直接通邮、改善末端投递服务、服务乡村振兴和精准脱贫、推进邮政综合服务平台建设、实施放心安全消费工程、提高行业绿色发展水平、加强快递员（投递员）权益保护”等七个方面工作，提出30项量化目标，细化了64项任务措施，同时明确了牵头单位和责任单位，形成了有目标、有措施、有分工的工作体系，进一步加大了更贴近民生实事的推进落实力度。

《河北省邮政条例》（修改）列入省政府2019年立法工作计划

2月，河北省人民政府2019年立法工作计划经省政府常委会审议通过。《河北省邮政条例》（修改）列入地方性法规调研项目。

国家邮政局与河北省人民政府签署战略合作协议

2月25日，国家邮政局与河北省人民政府在石家庄签署了《推进河北快递产业集聚发展战略合作协议》，推动河北快递业由高速发展迈向高质量发展。河北省委副书记、省长许勤，国家邮政局党组书记、局长马军胜出席签约仪式。河北省副省长张古江，国家邮政局党组成员、副局长刘君分别代表双方签署了战略合作协议。河北省政府秘书长朱浩文主持签约仪式。中国快递协会会长高宏峰见证签约仪式。签约仪式上，石家庄、唐山、保定、廊坊、邯郸市政府与中国邮政速递物流、顺丰速运、中通快递、圆通速递、韵达货运、申通快递、百世快递、优速物流等企业相应签署了战略合作项目备忘录。合作协议的签署进一步贯彻落实京津冀协同发展战略、《国务院关于促进快递业发展的若干意见》及《河北省人民政府关于促进快递业发展的实施意见》《河北省建设现代商贸物流重要基地规划（2016－2020年）》的要求，将为推进河北快递产业集聚发展，促进河北经济转型发展和满足民生需求提供强有力的支撑服务。这还标志着国家邮政局与河北省人民政府在推进河北快递产业发展方面迈出了新的一步，具有里程碑式的意义。签约仪式前，许勤省长和马军胜局长及与会快递企业负责人进行会谈，就高站位推动快递业加快发展，加强服务地方经济社会发展，更好服务雄安新区建设与京津冀协同发展战略深入交换了意见。国家邮政局办公室、政策法规司、市场监管司、河北省邮政管理局、中国快递协会及上述快递企业负责人参加签约仪式。

多部门联合印发开展高效配送专项行动实施意见

3月13日，河北省商务厅、省公安厅、省交通运输厅、省邮政管理局、省供销合作社联合印发了《关于开展城乡高效配送专项行动的实施意见》，到2020年，全省培育100家城乡高效配送示范企业和200家重点物流配送中心（园区），初步建立起高效集约、协同共享、融合开放、绿色低碳的城乡高效配送体系。实施意见明确了三个方面保障措施。一是建立健全工作机制，明确目标任务、政策措施和部门分工，确保专项行动取得实效。二是深化"放管服"改革，最大限度放宽城乡配送市场准入，鼓励社会资本以独资、加盟等方式参与城乡配送体系建设。三是落实税费优惠政策，对物流企业大宗商品仓储设施用地，按规定享受城镇土地使用税优惠政策。

河北邮政业13人获省委省政府表彰

4月29日上午，河北省劳动模范、先进工作者和先进集体表彰大会在石家庄举行，根据省委省政府《关于表彰2019年河北省劳动模范、先进工作者和先进集体的决定》，中国邮政集团承德市分公司投递员王艳服被授予河北省"特等劳动模范"称号，河北顺丰速运有限公司收派员邢亚周等12人被授予河北省"劳动模范"称号。

河北局联合10部门全力推进邮政业绿色高质量发展

6月3日，河北省邮政管理局联合省发展改革委、生态环境、商务、财政、公安、工信、住建、科技、教育、市场监督管理局等10部门印发了《河北省关于协同推进快递行业环保治理工作的实施意见》，提出2019年底全省电子运单使用率达98%以上、实现50%以上电商快件不再二次包装、循环中转袋使用率达到80%、全省所有邮政快递网点100%设置包装废弃物回收装置的任务目标。实施意见明确了强化快递发展法制化和标准化体系建设、推进快递行业节能降耗、开展绿色快递试点示范、做大做强快递绿色化产业联盟、强化多方共治管理体系建设、加强绿色快递文化培育建设6个方面主要工作任务。

河北局联合9部门召开2019年度省寄递渠道安全管理工作领导小组会议

6月11日，河北省邮政管理局联合省委政法委、省公安厅、省交通厅等9部门召开2019年度省寄递渠道安全管理工作领导小组会议。回顾总结2018年省寄递渠道安全管理领导小组工作，研究部署2019年邮政业安全工作任务。

河北省政协副主席边发吉调研快递业并慰问快递小哥

7月25日上午，河北省政协副主席边发吉一行在石家庄调研快递业发展情况，走访慰问基层一线快递小哥，并送去慰问品。河北省邮政管理局党组书记、局长訾小春陪同调研。边发吉对河北省邮政管理局在深入开展"不忘初心、牢记使命"主题教育、京津冀协同发展、服务乡村振兴战略、行业绿色发展、保护基层员工权益等方面的工作给予充分肯定，对快递业促进地方经济社会发展、服务民生方面作出的重要贡献表示感谢。他指出，近年来，邮政业持续快速发展，在服务百姓民生、推动流通转型、促进消费升级、扩大社会就业等方面，发挥了不可替代的作用，而快递工作又是与群众生活密切相关的重要服务性工作，受到了党中央和各级政府的高度关注，尤其是在年初，总书记又亲自看望慰问了快递小哥，指出快递小哥是美好生活的创造者和守护者，希望每一位快递小哥及快递企业要自尊自爱，加强修养，自强不息，更加努力加油干，继续发扬"风雨霜雪无阻，情系万户千家"的精神，让人民群众的生活方便快捷。希望全省快递业继续发挥行业优势为地方的经济发展作出积极贡献。边发吉表示，省政协将积极建言献策，充分发挥政协政治协商、民主监督、参政议政职能作用，凝聚各方力量，为邮政快递行业的发展提供强有力的保障。

河北印发《关于做好快递工程技术人才职称评审工作有关问题的通知》

7月26日，河北省邮政管理局联合省人社厅印发了《关于做好快递工程技术人才职称评审工作有关问题的通知》。通知要求，要提高思想认识，将做好快递工程技术人才职称评审工作和学习贯彻习近平总书记在民营企业座谈会上的重要讲话精神、关心关爱“快递小哥”的重要指示精神相结合，同实施“人才强邮”战略和推动行业高质量发展相结合，畅通快递工程技术人才职称评审渠道，拓展快递企业特别是民营快递企业专业技术人才职业发展空间。

局、省战略合作协议项目推进工作获重要批示

8月，国家邮政局党组书记、局长马军胜，省长许勤，副省长张古江等领导先后对河北省邮政管理局上报的《河北省人民政府、国家邮政局推进河北快递产业集聚发展战略合作协议重点工程项目进展情况的报告》上作出重要批示。马军胜局长要求，河北局扎实推进合作协议项目的落地建设，加快发展，完善服务，强化管理，协同地方政府和市场主体将项目建成，为地方经济社会发展贡献力量。许勤省长、张古江副省长要求河北省邮政管理局按照马军胜局长批示精神，加强沟通协调，扎实推进合作协议项目落地建设。

河北局开展全省生态环保检查工作

9月，河北省邮政管理局组成检查组开展了全省生态环保督导检查工作，贯彻落实习近平生态文明思想及国家邮政局关于邮政业生态环保工作的各项决策部署，检查“邮来已久、绿动未来”活动开展情况、大力推进“9581”工程，夯实各企业主体责任。

河北省邮政业消费者申诉工作再创佳绩

10月，国家邮政局对2019年7月邮政业消费者申诉情况进行了通报，河北省申诉工作综合排名全国第一。其中，连续3个月邮政管理部门有效申诉处理工作满意率达100%。

张古江副省长高度肯定国庆70周年庆祝活动期间全省寄递渠道安全服务保障工作

10月15日，河北省副省长张古江在河北省邮政管理局上报的《关于新中国成立70周年庆祝活动期间全省寄递渠道安全服务保障工作情况的报告》上作出批示：“省邮政管理局以圆满完成新中国成立70周年期间寄递渠道安全服务保障任务的实际成效，践行初心使命，应予充分肯定和表扬。”

河北局在第二届全国邮政行业职业技能竞赛中取得好成绩

10月15日，2019年中国技能大赛——第二届全国邮政行业职业技能竞赛全国总决赛在江西南昌圆满落幕。河北省邮政管理局在比赛中取得优异成绩，4名参赛选手分别获得一、二、三等奖，河北省代表队获得团体优胜奖和优秀组织奖，唐山市邮政管理局李延梅同志获得优秀技术指导奖。

许勤省长专题听取部省战略合作协议项目实施工作汇报

10月16日，在第六届中国国际物流发展大会期间，河北省委副书记、省长许勤会见了中国快递协会会长高宏峰等出席大会的中外嘉宾。省局党组书记、局长訾小春参加会见。在会见中，许勤省长代表省委、省政府和省委书记王东峰，向与会嘉宾表示欢迎，向大家长期以来对河北的关心支持表示感谢。他说，习近平总书记高度重视物流业发展，多次作出重要指示批示，为我们推进物流业高质量发展指明了前进方向。中国国际物流发展大会是物流行业发展的风向标、交流合作的大平台，希望广大专家学者、行业领袖聚焦物流枢纽城市建设、商贸合作模式创新、物流产业融合发展等领域，启迪思想、碰撞智慧、洽谈合作，为推动物流产业高质量发展作出更大贡献。其间，还专门听取了省邮政管理局关于部省战略合作协议项目实施进展情况汇报，并给予高度肯定，提出加快施工进度、早日投产、早见效益，为河北现代物流业发展作出积极贡献。高宏峰会长希望河北省政府能够更好地发挥现代商贸物流基地作用，在服务基

金、邮政业雄安新区规划、安检机配备、车辆通行等方面给予更多的政策支持。

省市邮政业发展“十四五”规划编制工作全面启动

10月18日，第一时间贯彻落实国家邮政局行业“十四五”规划编制工作电视电话会议和国家邮政局局长马军胜讲话精神后，河北省邮政管理局高度重视“十四五”规划编制工作，采取多项措施，全面启动了省市邮政业发展“十四五”规划编制工作，系统谋划全省邮政业未来五年发展。

河北局举办行业生态环保重点工作培训班

10月29日，河北省邮政管理局举办了全省邮政业生态环保重点工作培训班。全省各市局领导、市场监管科科长、省级品牌寄递企业负责人约60余人参加了培训。培训班传达了国家局邮政市场事中事后监管培训班生态环保相关会议精神，详细阐述了习近平生态文明思想，分析了行业生态环保工作面临的严峻形势，明确了2019年四季度以及明年生态环保重点工作，解读《河北省2019年邮政业生态环境保护工作评价方案》，对全省邮政业生态环保评价工作进行再动员、再部署。

推动快递业工会组织建设维护快递小哥权益

11月15日，河北省人大常委会党组副书记、副主任，省总工会主席王晓东专题听取了河北省邮政管理局党组书记、局长訾小春关于河北邮政业发展，党中央国务院、交通运输部、国家邮政局和省委省政府关心支持邮政业政策落地实施，重大活动和重点时期寄递渠道安全保障服务工作以及全省邮政行业推进快递从业人员权益保护等工作情况汇报，充分肯定了河北邮政业发展成就，指出河北邮政业发展态势良好，前景美好，很受感动；河北省邮政管理局领导有力、组织得力，干部职工敬业拼搏、激情奉献，推动行业高质量发展，很受鼓舞；对邮政管部门关心关爱邮政快递职工生产生活，表示感谢。

河北局联合省总工会积极推进快递小哥权益维护工作

11月14日，河北省邮政管理局联合省总工会召开了推进快递小哥权益维护工作座谈会。会议深入学习了习近平总书记关于关心关爱“快递小哥”群体的重要指示，传达了国家邮政局机关党委关于在“双11”期间加强快递员权益保障和关心关爱工作的11条重点提示和全总划拨专款慰问“双11”一线快递员的精神，听取了各企业旺季期间关心关爱一线员工保障措施的落实情况和对省总工会、省邮政管理局推进快递员权益保障和关心关爱工作的意见建议。会议还研究探讨了下一步省总工会、省邮政管理局、省快递行业协会建立一局两会联动机制，推动快递员权益保护的落实意见，并就联合出台《河北省快递从业人员权益保护实施意见》达成一致意见。

河北省454名邮政业优秀青年入选“冀青之星”

11月，在共青团河北省委和河北省“双创双服”活动领导小组办公室组织召开的“冀青之星”新时代优秀青年选树活动推进会上，通报了入选“服务三深化、助力三提升”新时代万名“冀青之星”人员名单，全省共8621名优秀青年入选首批“冀青之星”。其中，邮政行业谷聪等454名优秀青年入选，占总选树人数的5.3%。

省人大常委会副主任、省总工会主席王晓东调研快递业

11月23日，河北省人大常委会党组副书记、副主任，省总工会主席王晓东一行在石家庄调研快递行业发展、工会组织建设、职工权益维护和快递企业主体责任落实等情况，走访慰问基层一线快递小哥，并送去慰问品。河北省邮政管理局党组书记、局长訾小春，省局党组成员、纪检组长

韦德忠陪同调研。

河北省邮政业“守初心、践使命、为人民”先进事迹报告会在石家庄举行

11月26日，全省邮政业“守初心、践使命、为人民”先进事迹报告会在石家庄举行，5位行业先进典型代表分别作事迹报告。河北省邮政管理局党组书记、局长訾小春出席会议并讲话。这是河北省邮政管理局成立以来举办的首次先进事迹报告会。

河北局联合省电信积极探索快递下乡进村融合发展新模式

11月，河北省邮政管理局与省电信公司组织召开工作座谈会，围绕全面开展“快电”合作，探索如何推进快递下乡进村融合发展新模式进行座谈交流。会议强调，双方要按照“平等自愿、政企联动、互惠互利、战略共赢”的原则，充分发挥快递、电信各自发展优势，协同推进邮政、快递及其乡镇村代理网点业务和电信业务深度融合，助推全省快递、电信行业高质量发展。会议表示，通过快电合作进行下乡进村，是解决寄递渠道“最后一公里”问题的强力抓手，可以更好地服务“三农”，助力精准扶贫、乡村振兴，真正做到“经营效益提升、服务水平提升、管理水平提升、店面形象提升、群众满意度提升”等五提升，双方将进一步加强合作，积极稳妥开展后期合作，推动全省邮政业高质量发展，满足人民群众美好生活的寄递需求。

省领导高度肯定邮政管理工作

11月，河北省省长许勤、副省长张古江分别对邮政管理工作作出重要指示批示，并给予充分肯定。11月23日，张古江副省长在河北省邮政管理局上报的《2019年“双11”快递业旺季期间服务安全保障工作的报告》上批示：“甚好”。在河北省邮政管理局报送的《省、局推进河北快递产业集聚发展战略合作协议重点项目建设工作进展情况的通报》上作出批示：“邮政管理部门要加强督导检查，推进项目落地落实”。11月27日，许勤省长主持召开省政府系统工作汇报交流会议，河北省邮政管理局局长訾小春代表省邮政管理局作工作情况汇报。许勤省长对全省邮政行业发展给予充分肯定，对国家邮政局给予河北邮政业的重视和支持表示感谢，希望邮政管理部门紧紧围绕省委省政府中心工作，积极服务京津冀协同发展和雄安新区建设，特别是在河北“三区一基地”建设中实现更大作为，为加快建设经济强省、美丽河北作出更大贡献。

河北局积极与省电信开展“快递下乡进村”战略合作

12月，河北省邮政管理局与省电信公司签订了战略合作协议，积极推进“快递下乡进村”工程，共同促进邮政企业、快递企业及其分支机构和电信业务深度融合，进一步提升快递网点服务能力，助推全省邮政行业高质量发展。战略合作协议明确了在四个方面进行深度融合发展：一是共同完善农村快递服务网络，延伸服务链条，提升农村物流服务覆盖率，解决农村快递“最后一公里”问题。二是共同改善快递网点环境，通过双方业务合作帮助快递网点增加收益，确保农村末端服务水平稳步提高。三是共同打造一站式快递服务平台，优化快递网点信息化服务能力，打造功能集约、服务高效的农村物流节点。四是共同提升信息化管理能力，创新监管方式、提升监管效率，加快“智慧邮政”建设。同时，战略合作协议还提出了两种业务合作模式，一是授权模式，由快递企业在电信公司现有门店开展快件收寄、投递等业务；二是加盟模式，由电信公司在快递企业现有网点提供电信业务代办等服务。此外，省电信公司将投入不少于500万元资金，在全省范围内建成首批1000家标杆合作店，打造18家示范店，进一步提升河北省快递末端配送服务质量和水平。

河北局全力加强行业人才队伍建设

12月23日，河北省邮政管理局研究制定了

《河北省邮政行业人才培养基地遴选和管理办法》,着力加强全省邮政行业人才培养基地管理,提升行业人才培养质量,为加快建设现代化邮政强省提供了人才保障和智力支持。办法坚持以“统筹规划、合理布局,分类指导、突出特色,整合资源、注重实效”为原则,对基地实行分批确定和分级管理,明确了职责分工、申报确定、运行保障、监督管理等方面内容,就加强全省邮政行业人才培养基地建设提出具体要求。

支持建设省级快递物流示范园区政策出台

12 月 24 日,河北省邮政管理局联合省发展改革委印发了《河北省快递产业示范园区申报标准及评定管理办法》,进一步促进全省快递产业园区布局优化和服务能力提升,确保《河北省政府、国家邮政局〈关于推进河北省快递产业集聚发展战略合作协议〉》重点项目建设落地实施。

强化快递与民航产业互补共赢发展文件出台

12 月 30 日,河北省邮政管理局与省机场管理集团联合制定了《关于支持建设航空快件绿色通道的意见》,进一步强化了快递与民航产业优势互补、合作共赢、联合发展,确保《河北省人民政府关于促进快递业发展的实施意见》等政策的落地实施。

山西省快递发展大事记

省政府工作报告寄望邮政业积极助力对外开放新高地建设

1 月 30 日,山西省十三届人大二次会议胜利闭幕。会议期间,山西省省长楼阳生在回顾 2018 年工作时指出“大力拓展对外开放空间,太原国际邮件互换局(交换站)正式运营,邮件最高日处理量由 3000 件提升至 1.6 万件”,充分肯定太原国际邮件互换局在打造内陆地区对外开放新高地方面所作的积极贡献;在安排 2019 年工作时强调,“要充分发挥太原国际邮件互换局(交换站)功能,引进第三方跨境电商平台和知名进口龙头企业,大力推动跨境电商发展”,这是继 2018 年政府工作报告中提出,“打造对外开放‘大平台’,推进国际邮件互换局和国际邮件交换处理中心建设”之后,省委、省政府对邮政业提出的新要求、新期许。

山西邮政业减税降费政策出台

3 月,山西省邮政管理局联合国家税务总局山西省税务局印发了《关于做好邮政业落实减税降费政策相关工作的通知》,支持邮政业在促进流通、改善民生、增加就业、带动消费等方面发挥更大积极作用。通知细化明确了山西省在邮政普遍服务和特殊服务、促进小微企业发展、普遍适用的增值税减免、普遍适用的企业所得税减税、车辆购置税免税、城镇土地使用税减税等六大方面十三条减税降费政策措施。通知要求,各级税务部门要安排专家开展专题辅导,帮助邮政业各类企业明晰政策口径和适用标准,确保充分享受政策红利。要积极宣传减税降费政策条文,为邮政业各类企业办理涉税事宜提供“一站式”便捷服务,支持邮政业在山西省经济社会发展中发挥更大作用。各级税务、邮政管理部门和邮政快递企业要创新方式、加大力度,利用官方网站、微信公众号等自有媒体和各类媒介渠道,广泛宣传减税降费政策措施,促进减税降费政策措施为企业普遍所知、普遍所用,推动企业主体坚定发展信心,形成稳定预期。通知强调,省市税务、邮政管理部门要将推动邮政业落实减税降费政策情况作为 2019 年督查和督办工作重点,纳入年终考核范围,严格考评督促。

太原快递小哥荣获"山西省劳动模范"称号

5月,2019年山西省劳动模范和先进工作者表彰大会在太原市隆重举行,太原圆通恒大绿洲分公司负责人刘文玉荣获"山西省劳动模范"荣誉称号,太原市获此荣誉的仅有两人。这是刘文玉继2016年被中国文明办评为"中国好人"和2017年被共青团中央评为"中国好青年"后又获得的荣誉称号,行业精神文明建设活动成效显著。

山西快递车辆规范通行实现全省覆盖

7月,山西省吕梁市邮政管理局联合当地交管部门出台快递电动三轮车辆规范通行实施方案,标志山西省一万余辆快递车辆统一标准、规范通行实现全省覆盖,切实解决了寄递服务"最后一公里"中车辆通行难的问题。山西省邮政管理局要求,今后要持续加强对快递车辆的规范管理。一是加强组织领导,成立快递车辆规范通行领导小组,持续加强对全省快递车辆规范化管理,实现邮政快递车辆规范、有序、安全、便捷通行。二是完善联动机制,邮政管理部门将继续加强同地方交管部门协调联动,依法依规处理快递车辆通行中存在的违法违规行为。三是推进绿色发展,各级邮政管理部门要积极鼓励并支持寄递企业使用新能源车辆配送,会同交管部门设置车辆规范通行过渡期和通行缓冲期,引导企业推广新能源车辆在快递行业全面应用。

晋城市快递搭载跨省城际公交首班试运行启运

7月22日,在晋城市邮政管理部门的大力协调下,顺丰快递搭载晋城至郑州的跨省城际公交首班试运行启运。7月底首期快递企业入驻快递园区后,"快递+省际公交"将正式运行。

临汾市邮政快递网点实现快递包装废弃物回收装置全覆盖

截至7月30日,临汾市880个邮政快递网点(含快递末端网点)配置快递包装废弃物回收装置,并实现定址管理,实现网点全覆盖。

山西举办全省邮政快递行业快递员练功比武选拔赛

8月29至30日,第二届全国邮政行业职业技能竞赛山西省初赛——全省邮政快递行业快递员练功比武选拔赛成功举办,大赛共有18家品牌快递企业的68名快递员参加。竞赛由山西省邮政管理局、山西省快递协会主办,山西省邮政分公司承办。本次竞赛全省邮政快递48个品牌公司的快递员经过初赛、复赛,最终有邮政、顺丰、中通、韵达、百世、京邦达等18个代表队参加选拔赛。大赛设置快递员、快件处理员两个工种。快递员包含理论考试和派送路线设计、多物品收寄等两个操作项目;快件处理员包含理论考试和快件安检、快件分拣、总包接收处理等3个操作项目。本次选拔赛以弘扬"大国工匠"精神为指导,以促进全员学业务、练技能、促发展为目的,以考核专业知识和操作技能为重点,是对全省邮政快递行业技能培训、岗位练兵工作的一次大检验、大比拼。

山西局与教育厅联合发文规范高校快递服务工作

为规范全省高校快递服务管理工作,满足高校师生对快递服务的需求,8月,山西省邮政管理局联合省教育厅下发《关于做好全省高等院校校园快递服务管理工作的通知》。通知从建立机制、部门联动、完善制度等六个方面明确职责,确保高校快递服务规范、安全、高效;从功能扩展、科技创新、划定区域三个方面针对学校快递服务企业多、服务水平参差不齐,高校情况各有差异,校园快递服务没有强制规范等实际情况,提出因校制宜,多措并举做好高等院校校园快递服务管理工作的思路和对策。

楼阳生省长高度评价太原国际邮件互换局

9月5日，国务院新闻办举行庆祝新中国成立70周年山西专场新闻发布会，山西省委书记骆惠宁，省委副书记、省长楼阳生出席发布会，围绕“争当能源革命排头兵，开创转型发展新局面”介绍山西经济社会发展情况并回答记者提问。在回答中国日报记者关于山西在扩大对外开放方面的举措和下一步计划时，楼阳生省长答道，习近平总书记嘱托我们，扩大开放不再是沿海省份的专属专利，内陆省份也完全有可能成为对外开放新格局当中的新高地，要求我们构建内陆地区对外开放新高地。我们抓了几个方面的工作。其中，国际邮件互换局去年实现当年建设、当年投运，自去年11月建成运营以来，到今年7月底，国际邮件进出口已经达到336万件，在过去这在山西是个天文数字。

山西印发推动物流高质量发展的实施方案

9月，由山西省发展改革委牵头联合山西省邮政管理局等十八部门印发了《关于推动物流高质量发展的实施方案》，邮政业获政策利好。方案要求，进一步提升物流服务质量，降低全社会物流和交易成本，切实提升物流支撑和促进产业发展的能力。建设中西部现代物流中心，打造物流强省。方案明确，要充分释放太原国际邮件互换局效能，大胆探索寄递物流、仓储运输等新模式，提升跨境寄递通关、转运分拨、多式联运能力。要加强交通、商贸、供销、邮政等行业的物流资源与电商、快递等企业的物流服务网络和设施共享衔接，继续推动“邮政在乡”“快递下乡”“供销农村电商惠农”等工程，鼓励主要品牌寄递企业在县乡村建立仓储配送中心、农村快递公共取送点，形成多站合一、资源共享的县乡村三级物流配送网络。方案还在深化“放管服”改革、加快行业绿色发展等方面提出了具体要求。

《山西省快递末端网点管理细则(试行)》出台

9月，山西省邮政管理局出台《山西省快递末端网点管理细则(试行)》，全面推进全省快递末端网点管理工作有序开展。细则共6章30条，对快递末端网点主体、备案流程及相关材料进行了明确，对安全设施配置、快递服务提出了要求，对网点信息变更、暂停快递服务、监督检查、法律责任等方面作出了规定。细则要求网点开办者要按照“谁备案、谁管理、谁负责”的原则，落实安全生产主体责任，保障快递服务质量，充分保障用户权益，承担相应法律责任。细则为快递末端网点稳定发展提供指引，为加强快递末端网点监管提供了依据，有利于规范快递末端网点的经营管理，保障人民群众的合法用邮权益，推动全省快递行业高质量发展。

开展全省快递工程技术人员职称评审工作培训

9月24日，山西邮政管理局联合省人社厅举办了全省快递工程技术人员职称评审工作培训，对快递职称评审工作相关政策进行宣讲解读，对下一步工作进行了安排部署。全省各市邮政管理局办公室主任及相关人员、各品牌企业负责人及相关人员近50人参加了培训。

楼阳生省长调研太原国际邮件互换局

10月9日，山西省委副书记、省长楼阳生来到太原国际邮件互换局(交换站)，向全省邮政业广大从业人员致以节日问候和良好祝愿，并实地调研了互换局(交换站)运营情况。楼阳生省长认真听取了太原国际邮件互换局在运行机制、业务拓展、下步打算等方面的情况汇报，对互换局(交换站)运行近一年以来取得的成绩给予肯定。楼阳生表示全省国际邮件进出口业务量成倍增长，为山西对外贸易、跨境电商、百姓通邮等方面开创了新局面，尤其是实现了国际邮件出口量大幅反超进口量的历史性突破，在构建山西对外开放新高地建设中发挥了作用。楼阳生省长要求相关部门要加大政策支持、加强要素保障，推动互换局（交换站）进一步扩大业务范围、丰富平台功能，加快扩容提质、加速做大做强，最大限度释放活力、挖掘潜力，成为打造山西内陆地区对外开放新高地的新窗口。

山西局首批公职律师取得证书

10月，山西省邮政管理系统岳鹏飞、李伟两位同志获得省司法厅颁发的公职律师工作证书，山西局首批公职律师持证上岗。

山西局联合省快递协会推进“邮快合作下乡进村”

11月，山西省邮政管理局联合省快递协会组织召开推进“邮快合作下乡进村”见面洽谈会。山西省邮政管理局传达了《国家邮政局关于做好关于落实习近平总书记重要指示批示精神推进邮快合作下乡进村的通知》文件精神，并就推进工作作了安排部署。省快递协会解读了《关于推进邮快合作下乡的实施意见》。座谈会上，中国邮政集团山西省分公司详细介绍了全省邮政网络组织运行和架构等情况，表达了邮政企业推进邮快合作下乡进村的积极态度和合作愿望。各快递公司负责人分别就各自需求、合作中的网络技术对接、派费、服务质量、快件安全等方面问题进行了探讨，表明了真诚的合作态度和意愿。双方就深入合作提出一系列意见建议并达成初步意向。

山西省邮政业实现包装废弃物回收装置全覆盖

为深入贯彻落实习近平总书记关于快递包装绿色治理的重要指示精神，推进山西省邮政业绿色环保工作，大力实施“9571”工程，山西省邮政管理局于2019年年初下达指标，要求所有邮政企业自营网点、快递许可企业及分支机构网点100%设置包装废弃物回收装置。截至11月，山西省邮政、快递网点设置包装废弃物回收装置4590个，实现目标要求。

山西邮政与快递企业签署框架协议

为贯彻落实习近平总书记9月17日在河南光山县视察时对邮政业作出的重要指示精神，按照国家邮政局安排部署，山西省邮政管理局持续深入推进邮快合作下乡进村，于11月29日在太原组织山西省邮快合作下乡进村框架协议签订仪式。签订仪式上，中国邮政集团公司山西省分公司与山西申通、圆通、中通、韵达、顺丰、百世、京邦达、宅急送、德邦、优速、天晋（苏宁）、天天达、建华等13个品牌快递企业签订了意向合作框架协议。中国邮政集团公司山西省分公司总经理张宗梁、山西瑞吉中通物流有限公司总经理赵晓龙在框架协议签订仪式分别作了发言。邮快合作下乡进村意向合作框架协议的签订，对山西省有效整合行业资源、提升农村地区寄递服务水平、更好服务三农、助力精准扶贫和乡村振兴起到积极推动作用。

“关爱快递小哥博爱行动”框架协议签订

12月3日，山西省邮政管理局与山西省红十字会本着“关注弱势群体、关爱快递小哥、服务人民群众、倾情奉献社会”的指导思想和坚持“依法合规、共享服务、相互尊重、相互支持、平等协商、长期合作”的原则，就合作内容、双方权利义务等事项经双方公平友好协商，达成了框架协议。省局党组成员、副局长高日勇参加了战略合作签约捐赠仪式，并在山西省人民政府副省长、省红十字会名誉会长吴伟的见证下，与省红十字会党组书记、常务副会长郑红进行了签约。

山西省邮政业安全中心获批成立

12月29日，中共山西省委机构编制委员会办公室正式批复同意设立省邮政业安全中心。批复明确，省邮政业安全中心为正处级全额拨款公益一类事业单位，编制16名，领导职数1正2副。

内蒙古自治区快递发展大事记

内蒙古出台跨境电商综合试验区建设方案

1月,内蒙古自治区人民政府印发《中国(呼和浩特)跨境电子商务综合试验区建设实施方案》,全面推进呼和浩特跨境电子商务综合试验区建设,内蒙古跨境寄递获多项政策支持。

全面加强生态环境保护坚决打好污染防治攻坚战的实施方案发布

1月,内蒙古自治区邮政管理局印发《关于全面加强生态环境保护坚决打好污染防治攻坚战的实施方案》,对未来三年内蒙古自治区邮政业生态环境保护工作进行了科学部署,促进行业绿色发展,明确指导全区行业打好污染防治攻坚战。实施方案中提出了全区行业绿色发展目标,2019年底全区行业符合标准的包装材料应用比例要达到65%以上,2020年达到90%以上;2019年底单件快递封装胶带平均使用量要到达到15%,2020年达到20%;2019年底将实现60%以上的电商快件不再进行二次包装,2020年实现80%;2019年底将实现电子运单使用基本实现全区全覆盖。实施方案中还提出要进一步加强行业绿色文化建设和加强关于行业绿色发展的立法工作。要求做好行业绿色发展典型经验总结与宣传推广工作,2019年起,各盟市局要在"绿色邮政宣传周"组织开展形式多样的宣传活动,明确宣传主题,促进全区行业形成绿色环境保护的发展理念,力争达到社会普遍认知。积极推动将促进邮政业绿色发展内容纳入正在准备修订的《内蒙古自治区邮政条例》当中,从地方性法规来对自治区邮政业绿色发展上提出相应的要求,促进全区邮政业绿色发展。

内蒙古局建立全区邮政业绿色发展情况统计工作制度

1月,内蒙古自治区邮政管理局在全区建立起邮政业绿色发展情况统计工作制度,加强对全区行业绿色发展情况相关数据的统计收集,从而掌握全区邮政业绿色发展工作动态。在前期调研和征求盟市局和企业意见的基础之上,内蒙古自治区局研究制定了全区邮政业绿色发展统计表格,表格涵盖了对可回收包装占比、符合《快递封装用品》系列国家标准的包装占比、设置包装回收设施的网点数、电子运单使用覆盖率、可循环快递箱数、可循环中转袋数、新能源汽车数等方面的数据统计,在全区邮政管理系统建立起绿色发展情况数据统计工作制度。2019年起,要求各盟市局按季度统计辖区内行业绿色发展相关情况,认真填写汇总"内蒙古自治区邮政业绿色发展相关情况统计表"并于每季度10日前上报区局,区局通过加强对全区邮政业绿色发展和节能减排相关研究,来掌握全区邮政业绿色发展工作动态,从而有针对性地加强对行业绿色发展工作的督促和跟进,推动全面加强生态环境保护,坚决打好邮政业污染防治攻坚战。

内蒙古顺丰"快递小哥"获全区岗位学雷锋标兵荣誉称号

2月,在2019年内蒙古自治区学雷锋志愿服务集中示范活动新闻发布会上,内蒙古顺丰速运有限责任公司景泰点部快递员贾曦同志获得第四批全区岗位学雷锋标兵荣誉称号。贾曦同志作为工作在投递一线的一名普通"快递小哥",在日常工作生活中用实际行动践行着雷锋精神,以"拾金不昧 信以处事""用心奉献 诚以待人""爱岗敬业 勤以做事"的人生宗旨和一个个鲜活的典型事例感染着、感动着身边的每一个人，在全社会树立了积极正面的形象，成为内蒙古顺丰乃至整个快递小哥群体的表率和典范，是社会主义核心价值观的践行者，也是邮政业的“当代雷锋”。

内蒙古局联合自治区人大开展邮政条例立法调研

3月4日至8日，内蒙古自治区邮政管理局联合自治区人大财经委前往广西、四川两地开展《内蒙古自治区邮政条例》立法调研。内蒙古自治区邮政管理局和自治区人大财经委调研组一行先后赴南宁、贵港、成都、绵阳开展调研，与当地人大、发改委、财政、邮政管理等部门进行了交流座谈，围绕两地支持邮政普遍服务、快递行业、基础设施的政策落实情况、县域邮政管理机构建设情况、行业绿色发展情况等方面进行了学习调研。为了适应行业不断发展的新形势，内蒙古自治区邮政管理局已于2017年启动了立法修订工作，2018年已经将修订《内蒙古自治区邮政条例》列入自治区人大立法规划（2018－2022年）和2019年自治区地方性法规修订调研项目。

内蒙古出台推进运输结构调整三年行动计划实施方案（2018－2020年）

3月，内蒙古自治区人民政府办公厅印发了《内蒙古自治区推进运输结构调整三年行动计划实施方案（2018－2020年）》，其中多项任务利好邮政业发展。方案指出，要在2020年初步形成铁路、公路、航空等不同运输组织方式优势互补、合作共赢的交通运输发展新格局。同时提出了涉及邮政行业发展的六大工程，一是要实施多式联运基础设施工程，改造和新建一批设施装备先进、服务功能齐全的多式联运物流园区；二是开展多式联运示范工程建设，鼓励邮政快递企业建立战略合作关系，开展多式联运经营活动；三是要推进城市绿色配送示范工程，加快标准化新能源城市货运配送车辆的推广应用，实现城市货运配送全链条信息交互共享；四是要开展新能源城市配送车辆推广应用工程，在物流园区集中规划建设专用充电站和快速充电桩；五是要实现多式联运公共信息互联互通工程，到2020年底，基本建成全区多式联运综合信息服务公共信息平台；六是要建设物流信息服务水平提升工程，鼓励物流企业充分利用现代信息技术，面向供应链上下游各环节，开展流程再造、功能重组、一体化运营，在更大范围、更深层次整合物流资源。

三部门联合调研邮政业安全中心建设情况

3月25日至30日，内蒙古自治区邮政管理局与自治区编办、财政厅联合赴山东省、上海市就邮政业安全中心建设情况开展调研，深入了解两地邮政业安全中心建立建设、管理运行、经费保障、职能作用发挥等情况，并与两地邮政管理部门主要负责同志进行座谈交流。

内蒙古发布推进全区边境地区“警民邮路”共建的通知

4月，内蒙古自治区邮政管理局与内蒙古出入境边防检查总站联合印发了《关于推进全区边境地区“警民邮路”共建的通知》。通知以贯彻落实习近平总书记考察内蒙古时提出的“守望相助、团结奋斗，把祖国北疆这道风景线打造得更加亮丽”重要讲话精神为指导，坚持以服务经济社会发展和边境地区民生为根本，建立共建协作机制，聚焦服务民生、因地制宜、创新完善邮政服务模式，协作提升边境地区邮政服务水平，助力边境地区经济社会发展，打通服务群众“最后一公里”。通知提出以下工作措施：一是分层成立共建领导小组；二是建立工作联系制度；三是积极协调政府争取政策和资金支持；四是丰富“警民邮路”内涵，拓展便民服务外延。通知要求各盟市相关部门要提高政治意识和站位，强化政治担当，完善机制，形成合力，加强调查研究和摸底工作，切实推进共建工作。

内蒙古局与呼和浩特职业学院签订战略合作框架协议

4月19日，内蒙古自治区邮政管理局与呼和浩特职业学院签订了政校战略合作框架协议。根据协议双方将共同推进行业人才教育培训，共建邮政（快递）示范专业，鼓励全区邮政业内企业、各类快递物流园区与学院共建实习实训基地，推动校企联合对接农村电商，助力特色农副产品输出，搭建产业扶贫平台。同时在人才评价、技术服务、行业文化对接等方面开展深入合作。

内蒙古局与工行联合启动“工邮递爱 驿路同行”主题活动

4月29日，内蒙古自治区邮政管理局与工商银行内蒙古自治区分行联合举办“工邮递爱 驿路同行”主题活动启动仪式，双方在4月28日签署的战略框架合作协议中“快递小哥奋斗卡”“快递小哥爱心驿站”和职业培训大讲堂三个首批项目正式启动。

内蒙古局深入推进服务“一带一路”与跨境寄递高质量发展工作

5月，内蒙古自治区邮政管理局出台了《推进全区邮政业服务“一带一路”建设和促进跨境电子商务寄递服务高质量发展工作方案》。方案以优化行业发展环境，夯实“一带一路”寄递服务体系；完善寄递渠道基础设施建设，增强服务跨境电商能力为两大目标切入点。通过创新协同，内外联通的工作方式，以产业为支撑，创新丰富寄递产品，推动邮政业与跨境贸易、先进制造业、地方特色产业等协同发展，主动对接、融入内蒙古服务“一带一路”沿线国家在国际运输、流通节点支撑、综合性跨境包裹、海外仓建设、跨境电子商务等相关领域的合作。方案提出要以建立协同联动机制、优化“一带一路”寄递服务布局、夯实四级快递服务网络为主要工作措施，充分发挥“一个中心，三个互换局”［呼和浩特白塔机场国际快件监管中心，呼和浩特、满洲里、二连浩特国际邮件互换局（交换站）］的核心作用和辐射效应，努力打造内蒙古邮件快件多渠道、多平台出境通道。

《关于进一步规范和优化城市配送车辆通行管理的工作意见》出台

5月，内蒙古自治区邮政管理局与自治区公安厅联合印发了《关于进一步规范和优化城市配送车辆通行管理的工作意见》，旨在深化“放管服”改革，推进快递物流降成本增效，促进城市配送行业健康有序发展。意见指出，要以优化营商环境、服务发展、保障民生、回应群众关切为出发点，针对城市配送车辆“通行难、停车难、装卸难”问题，构建多方参与机制，推动构建政府主导、部门联动、社会参与的城市配送共管共治共享格局，协同打造集约、高效、绿色、智能、畅通的城市快递物流配送体系。意见提出五项具体措施确保工作取得实效并要求各有关部门要切实做到严格规范公正文明执法，坚决避免滥用职权违规办理配送车辆通行标识、违法为货车通行提供“保护伞”等问题，全力营造良好的道路通行秩序和市场环境。

内蒙古邮政业车辆通行政策实现全覆盖

6月，内蒙古自治区赤峰市、阿拉善盟局分别联合公安局交通管理警察支队联合印发了《加强邮政行业车辆交通安全管理的实施意见》。至此，内蒙古地区12个盟市邮政业车辆通行政策实现全覆盖。

内蒙古邮政行业一集体一个人受交通部等五部门联合表彰

七一前夕，交通运输部、公安部、应急部、中华全国总工会、共青团中央对2019年春运“情满旅途”活动中成绩突出的集体和个人进行表扬通报。内蒙古自治区7个集体和8名个人获奖。其中，内蒙古顺丰速运有限公司呼和浩特市第十五营业部、中国邮政集团公司呼和浩特市寄递事业部职员陈雷分别受到表彰。为贯彻落实党中央、国务院关于做好春运工作的决策部署，进一步强化安全监管、实化服务举措，全面提升春运服务质量和服务水平，交通运输部等五部门在2019春运期间，联合组织开展了“情满旅途”活动。

内蒙古局微信公众号正式开通运营

7月1日，内蒙古自治区邮政管理局微信公众号正式开通运营。内蒙古自治区邮政管理局微信公众号主要面向社会，及时报道邮政行业监管和行业发展的工作动态。

内蒙古自治区政府副主席艾丽华听取内蒙古局工作汇报

7月，内蒙古自治区政府副主席艾丽华专题听取了内蒙古自治区邮政管理局关于《交通运输领域中央与地方财政事权和支出责任划分改革方案》落实情况工作汇报。在仔细听取内蒙古自治区邮政管理局党组书记、局长钟奇志同志汇报后，艾丽华就下一步工作提出三点要求。一是落实《交通运输领域中央与地方财政事权和支出责任划分改革方案》要求，在邮政业安全管理和安全监管、邮政公共服务、邮政快递末端基础设施建设、邮政业环境污染治理等方面，充分发挥地方政府区域管理优势和积极性，落实好地方政府的责任，协同推进，确保改革顺利进行。二是内蒙古邮政管理局要会同相关部门深入研究中央与地方财政事权和支出责任划分，并就安全监管领域财政事权和支出责任拿出初步意见。三是千方百计降低快递物流运行成本，坚持“集约共享”的发展思路，加快推进农村物流快递配送网络建设，打通“工业产品下乡、农畜产品进城”的双向流通渠道。

多部门联合推进邮政业助力乡村振兴

8月，内蒙古自治区邮政管理局联合发展改革、财政、农牧、商务、交通、文化和旅游及供销合作社七部门共同印发了《关于推进邮政业服务乡镇振兴的实施意见》。意见指出，要加快建立健全邮政业服务乡村振兴的工作机制，加快补齐农村邮政快递基础设施建设短板，提升农村寄递服务水平和流通能力，完善农村电子商务生态系统，推进邮政业与现代农业体系融合发展，加速“邮政在乡”“快递下乡”建设，助力脱贫攻坚和持续减贫，服务农民创业增收，为实现农业农村高质量发展贡献力量。

兴安盟电子商务和快递物流协同发展战略合作协议签署

8月12日，内蒙古局与自治区圆通、中通、韵达、申通及百世五家快递企业签署兴安盟电子商务和快递物流协同发展战略合作协议，旨在破解电子商务和现代农牧业发展难题，助力地方经济更好发展。此次合作，双方秉承“创新发展战略、优化网络体系、深度服务地区、精准对接项目、实现多方互利”的原则，达成了主要共识。一是要通过构建快递物流与电子商务协同发展的政策体系，落实兴安盟地区快递企业优惠入园政策。形成电子商务、快递物流企业、特色地标性物产仓储融为一体的聚集性发展规模。二是组建“快递物流联运中心”，构建行业协调联动机制。进一步整合企业资源，通过规范快递物流交通工具，优化专项运输流程和线路等方式，降低电商流通成本，提升单一产品流通供给能力。三是以兴安盟大米为试点项目，助力地方特色产品输出。按照快递物流联运中心运营模式，将兴安盟大米寄递项目在全国范围内给以链条式服务支撑，为兴安盟特色产品提供专用包装、仓储仓配、专线运输服务等一站式解决方案。

内蒙古局凝聚行业力量助力脱贫攻坚

9月，内蒙古自治区邮政管理局组织企业对定点帮扶点化德县七号镇达拉盖村种植的近130吨滞销西瓜进行消费扶贫，同时，阿盟局引导邮政快递企业通过自有电商平台和知名电商平台推广，采用前期预售和日常销售两种模式，落实田间打包、开通运输专线等保障措施，让阿拉善盟居延蜜瓜搭上互联网快车销往全国各地。

内蒙古自治区党委常委、市委书记王莉霞调研恼包物流园区

10月，内蒙古自治区党委常委、市委书记王莉霞实地调研了恼包物流园区快递安全检查工作，呼和浩特市市长冯玉臻、分管副市长王继平参加了调研。王莉霞详细了解园区分拣中心安全检查、安全监管情况以及园区消防安保等工作。王莉霞指出，大物流必须通过现代化、大数据手段进行安全检查和监管，既要保证邮寄安全，又要保证入园企业货物出入畅通。在今后工作中，园区要进一步强化服务意识，结合主题教育开门纳谏，从如何建设现代化物流园区的角度，认真征求专家和服务对象的意见建议，不断提升服务管理水平，努力实现园区高质量发展。

内蒙古快递员李晓望荣获行业职业技能大赛快递员职业三等奖

10月15日，2019年中国技能大赛——第二届全国邮政行业职业技能竞赛全国总决赛在江西南昌圆满落幕。内蒙古呼和浩特市航通商贸有限公司李晓望荣获大赛快递员职业三等奖，其他三名选手均取得了较好的成绩。

内蒙古局印发《内蒙古自治区“十四五”规划编制工作方案》

10月，内蒙古自治区邮政管理局印发《内蒙古自治区邮政业发展“十四五”规划编制工作方案》，启动全区邮政业发展“十四五”规划编制工作。方案明确了规划编制的主要任务，对规划编制的组织领导、经费保障、队伍保障进行了明确，坚持开门编规划，强化调查研究，强化成果运用，提升研究质量，分阶段有序推进规划的编制发布。同时对区局、盟市局编制规划的编制质量、发布层级、发布时间等情况进行了明确。要求全区系统要编制出反映全区群众意愿、符合群众需求、反映时代特征、引领全区行业发展的自治区邮政业未来五年规划。

共青团内蒙古自治区邮政管理局支部委员会正式成立

经共青团内蒙古自治区直属机关工作委员会批准，共青团内蒙古自治区邮政管理局支部委员会于11月5日召开共青团内蒙古自治区邮政管理局支部第一次团员大会，大会通过无记名投票的方式选举产生了由白晓梅同志任书记，黄海波、武佩瑶同志为委员组成的共青团内蒙古自治区邮政管理局支部第一届委员会。中共内蒙古自治区邮政管理局机关委员会书记钟奇志同志和自治区直属机关团工委副书记刘淑清同志出席成立大会并做讲话。内蒙古局团支部成立后，将进一步团结带领全区邮政行业团员青年充分发挥自身优势，依托“青年文明号”、青年岗位能手、青年志愿者等共青团品牌活动，进一步加强行业精神文明建设，推动我区邮政业持续健康发展。

内蒙古自治区政协专题调研邮政业绿色发展

12月3日，内蒙古自治区政协副主席其其格带领自治区政协提案委员会、人口资源环境委员会负责人及部分自治区政协委员，就“加强部门协同合作，推动建立健全邮政业绿色发展治理体系”工作在呼和浩特市开展专题调研，并组织自治区10个有关部门负责人进行座谈，听取了邮政企业生态环保工作汇报和邮政管理、发改、财政、交通运输、工信、住建、生态环境、科技、市场监管等部门意见建议，座谈由自治区政协提案委员会主任云肖峰主持。其其格副主席在听取与会人员发言交流后指出，近年来我区快递业持续保持快速发展，邮政部门在快递包装减量化、循环利用方面做了大量卓有成效的工作，推进快递业绿色健康发展是一项系统工程，需要社会共治。其其格副

主席强调，各部门要深入落实习近平总书记针对快递包装绿色治理工作的重要指示批示，探索建立“政府主导、企业主责、行业自律、部门共治”的自治区快递业环保治理体系。结合实际共同推动邮政业生态环保发展政策与行业规范的制定出台，加强快递包装的源头治理。要加大宣传力度，形成“绿色快递，人人有责”的良好氛围。通过本次调研，要形成一份有情况、有分析、有建设性建议的提案，在人民政协这个平台上为快递业高质量发展鼓与呼，助推自治区经济社会发展。

内蒙古18部门联合印发《关于认真落实习近平总书记重要指示推动邮政业高质量发展的实施意见》

12月，内蒙古自治区邮政管理局与交通运输厅等18部门联合印发了《关于认真落实习近平总书记重要指示推动邮政业高质量发展的实施意见》，要求各部门把学习贯彻习近平总书记重要指示作为一项重大政治任务，认真落实党中央、国务院决策部署，坚持新发展理念，以建设人民满意邮政为宗旨，切实推动全区邮政业高质量发展。意见从全面深化改革、强化创新驱动、加快结构调整、提高服务质量、推动绿色发展、加强队伍建设等6个方面提出了18项重点任务。提出到2022年，实现基本建成普惠城乡、技术先进、安全高效、绿色节能、科技支撑的邮政快递服务体系，形成覆盖全区、联通国内国际的服务网络，重点推进“两进一出”工程，即快递物流进厂、快递物流进村及快递物流出海工程；通过邮政、快递渠道基本实现建制村电商配送服务全覆盖；基本实现自治区和盟市邮政业安全机构全覆盖等发展目标。意见要求，各部门要强化政治担当，切实推动习近平总书记重要指示精神在行业落到实处；要加强组织实施，要制定实施细则，明确责任分工，强化跟踪考核，畅通信息互通、协作配合；各部门要加大宣传力度，营造良好氛围，讲好邮政故事，传播行业正能量。

内蒙古局圆满完成首次快递工程中初级专业技术资格认定工作

12月27日，内蒙古自治区邮政管理局联合自治区人社厅圆满完成首次快递工程中初级专业技术资格认定工作，最终认定205人取得相关资格，其中54人取得快递工程技术员资格，151人取得助理工程师资格。内蒙古局为贯彻落实好国家局立足服务邮政强国建设，实施“人才强邮”战略的重要政治任务，将职称评审工作列为“一把手”工程，在面临自治区近十年未新增评审专业的不利情况下，先后数次与区人社厅沟通协调，克服困难，积极争取区人社厅印发批复文件。此次工作的圆满完成对于建立健全自治区邮政行业人才评价体系、搭建行业人才成长通道具有里程碑意义，为今后提升行业从业人员整体素质、优化人才队伍结构奠定了坚实的基础。

内蒙古11部门联合印发《关于协同推进快递业环保治理工作的实施意见》

12月27日，内蒙古自治区邮政管理局、发展改革委、科技厅、工信厅、公安厅、财政厅、生态厅、住建厅、交通厅、商务厅、市场监管局11个部门联合印发了《关于协同推进快递业环保治理工作的实施意见》，提出10项重点任务，明确了4个主要牵头责任部门，建立自治区快递业环保治理联席会议制度，为贯彻国家局提出的“政府主导、企业主责、行业自律、部门共治”快递业环保治理体系奠定了基础。实施意见以绿色化、减量化、可循环为目标，坚持政府引导、社会参与、创新驱动、源头治理、坚持节约优先、分类指导、因地制宜，加强部门协同合作，推动建立健全快递业绿色发展治理体系，引导全自治区快递业和上下游企业强化社会责任，提高消费者环保意识，实现“低污染、低消耗、低排放，高效能、高效率、高效益”的绿色发展。

辽宁省快递发展大事记

辽宁省副省长批示肯定全省邮政管理工作

1月,辽宁省副省长王明玉听取了辽宁省邮政管理局2018工作完成情况以及2019年工作安排专题汇报。王明玉充分肯定了全省邮政管理工作取得的成绩,并对邮政管理工作作出批示。批示指出:“2018年省邮政管理局认真落实省委省政府决策部署,在行业发展环境建设、加快转型升级、助力脱贫攻坚、服务群众利民便民等方面有举措、有成效、有提升,值得充分肯定。希望在新的一年里再接再厉,继续抓好抓实各项工作,为辽宁全面振兴作出更大贡献。”

辽宁局制定强化邮政业发展规划战略导向作用实施方案

为全面贯彻落实国家局工作要求,更好地促进“十三五”规划的落地实施,做好“十四五”规划的前期准备和重大问题研究,巩固行业发展态势,2月,辽宁省邮政管理局制定了《辽宁省邮政管理局强化邮政业发展规划战略导向作用工作方案》。方案明确了总体要求、主要任务,责任分工。提出要充分发挥中期评估对规划实施的促进推动作用,做好“十三五”规划的落地实施,加紧落实“十三五”规划中确定的行业重大工程、重大项目,推进重大政策的实施,做好“十四五”规划的前期准备和重大问题研究。方案要求,各市局要突出规划引领,强化政策协同,强化年度重点工作与“十三五”规划的衔接,切实加强组织领导,确保规划全面落实。

沈阳市被列入“城乡高效配送专项行动”首批试点城市

3月,国家邮政局与商务部、公安部、交通运输部、供销总社等部门联合发布《关于进一步落实城乡高效配送专项行动有关工作的通知》,将沈阳市列入首批30个城乡高效配送专项行动的城市,也是辽宁省唯一一个试点城市。

辽宁省政府推进中国(沈阳)跨境电商综试区建设

为充分发挥沈阳在东北亚开放合作、区域经济发展及体制创新中的引领作用,推动东北老工业基地传统产业转型升级,4月,辽宁省政府印发了《关于印发中国(沈阳)跨境电子商务综合试验区实施方案的通知》,邮政业发展获新机遇。方案明确,2019年要进一步优化跨境电商公共服务平台建设;促进建成3~5个功能完善的外贸综合服务平台;建设3~5个具有沈阳特色的跨境电商园区;建设更加高效便捷的国际化物流及仓储体系;加快跨境电商产业和生态体系建设,推动沈阳市外向型经济发展。方案要求,2019年6月底前,依托自贸区、综保区平台,联合中储物流有限公司、邮政集团公司辽宁省国际业务分公司、空港物流有限公司等建设海关进出口监管场所,汇聚各类要素,促进物流企业集聚发展。

邮政业基础设施建设项目纳入辽宁省加快交通基础设施补短板实施方案

5月,为深入贯彻落实习近平总书记在辽宁考察时和在深入推进东北振兴座谈会上重要讲话精神,加快推进“一带五基地”项目进度、深入实施“五大区域发展战略”,有效提升邮政、快递企业服务能力和水平,辽宁省邮政管理局与省发展改革委沟通,将辽宁省邮政业基础设施建设项目纳入辽宁省加快交通基础设施补短板实施方案。方案明确,推动邮政普遍服务网点和投递站点改造升级，完善农村邮政快递基础设施网络，实现“县县有分拨、乡乡设网点、村村通快递”。加快沈阳、大连、锦州邮区中心局改建工程建设，全面提升邮件处理和保障能力，进一步满足公众用邮需求。推进电商产业园等快递物流园区建设。推广智能快递柜、综合服务站点等设施广泛应用。沈阳、大连、锦州邮区中心局建设项目、沈阳兴隆堡电商快递园等快递物流园区等7个项目列入全省交通基础设施补短板百项工程。方案要求，强化资金保障，加大金融支持，保证用地需求，鼓励民营投资，推进政府和社会资本合作，进一步深化简政放权，减少或合并项目审批事项和审批环节。

辽宁局印发专题方案推动邮政业助力网络扶贫

为落实中央网信办《2019年网络扶贫工作要点》要求，6月，辽宁省邮政管理局切实提高政治站位，成立了由主要负责同志担任组长、相关处室负责人为成员的网络扶贫工作协调指导小组，印发了《推动邮政业助力网络扶贫工作实施方案》，加强对全省系统网络扶贫工作的领导。方案指出，到2020年，保持辽宁邮政服务乡乡有局所、村村直通邮成果。全面提升贫困地区邮政业服务水平，邮政普遍服务达到服务标准。全面打造邮政业服务农业示范项目，推动高质量村邮乐购站点建设，确保“一市（地）一品”成效明显。实施好“母亲邮包”和“公益包裹”工程。方案强调，一是实施“母亲邮包”公益项目，扶持贫困地区妇女创业增收。二是巩固全省建制村直接通邮成果，服务精准扶贫。三是提升“快递下乡”工程质量，推动快递服务向贫困地区延伸。四是推进“一市一品”农特产品进城示范项目实施，畅通贫困地区农产品进城通道。五是发展邮政便民服务平台，推动实现农民购物、销售、生活、金融、创业“不出村”。六是营造出政府引导，企业积极参与做好公益包裹项目的良好氛围。

辽宁省推进邮政业服务乡村振兴打造惠农服务体系

7月，为贯彻落实国家邮政局《关于推进邮政业服务乡村振兴的意见》，辽宁省邮政管理局以推进邮政企业服务农民专业合作社为切入点，加强与邮政企业的情况沟通和信息交流，建立工作协调机制，指导邮政企业提升农民专业合作社发展质量。

王明玉副省长肯定快递业绿色发展工作成绩

7月，辽宁省副省长、省政府党组成员王明玉专题听取了辽宁省邮政管理局工作汇报，对全省快递业绿色发展工作表示肯定，对全省邮政业绿色高质量发展寄予厚望。王明玉副省长指出，辽宁省邮政管理局在推进全省快递业绿色发展中取得了很好的成绩，强化绿色环保发展，注重过程“绿色”管理。在新的环境下，要发扬成绩，坚持问题导向、再接再厉，取得更好成绩，助推辽宁邮政快递业绿色健康发展。

辽宁省工程系列快递行业高级专业技术资格评审委员会获批成立

8月，辽宁省快递工程技术人员职称评审工作获省人力资源和社会保障厅批复，同意组建辽宁省工程系列快递行业高级专业技术资格评审委员会，并联合推进下一步工作。

辽宁省搭建“辽农+”网络扶贫平台农产品进城获助力

9月，辽宁省“辽农+”网络扶贫工程正式启动，工程以党建为引领、以精准扶贫为主线、以驻乡村干部为中坚力量，整合各类网络扶贫资源，依托电子商务与寄递物流，让更多农产品通过互联网走出乡村。计划到2019年年底，辽宁将建成“辽农+”网络扶贫综合服务平台，整合党建、三农、电商、文旅扶贫等资源，打造“订单农业”模式。“辽农+”扶贫工程有利于促进帮扶资源向贫困地区流动,推动扶贫实践向市场化、造血式、持续性转换。

辽宁局会同相关部门出台推进邮政业服务乡村振兴意见

9月,辽宁省邮政管理局积极协调省发展改革委、省财政厅、省农业农村厅、省商务厅、省文化和旅游厅、省供销合作社联合社6家单位共同出台了《辽宁省七部门关于推进邮政业服务乡村振兴的意见》。辽宁省邮政管理局牵头起草了意见,提出了提高邮政业服务乡村振兴的思想认识、坚持问题导向补齐短板精准施策、注重统筹协调协同推进强化落实等要求。并征求了6家单位的意见和建议,各部门一把手会签了文件,最终形成了正式文件,下发到全省各市邮政管理、发展改革、财政、农业农村、商务、文化和旅游、供销合作等部门和邮政公司、主要快递企业。

周波副书记调研邮政业发展新经济和旺季服务保障工作

11月25日,辽宁省委副书记周波带领有关部门同志,围绕"培育新动能、发展新经济"这一主题,到盘锦市东北快递(电商)物流产业园,调研指导中通快递分拨中心仓配一体化项目及旺季服务保障工作,慰问快递一线员工,勉励大家再接再厉,全力做好"双12"、元旦、春节等旺季各项准备。

四省市完成邮政业基础设施建设优化与交邮协同发展问题调研

为更好地加快邮政业基础设施建设,促进交邮产业协同发展,增强行业发展动能,按照国家邮政局安排部署,由辽宁省邮政管理局牵头,河北省邮政管理局、湖北省邮政管理局和重庆市邮政管理局组成联合调研组,对四省市的邮政业基础设施建设优化与交邮协同工作实施成效进行了专题调研。11月,四省市完成调研,并形成了《国家邮政业基础设施建设优化与交邮协同发展问题研究调研报告》。报告指出,目前邮政普遍服务基础设施日益完善,快递业集聚发展态势强劲,服务能力显著提升,产业融合发展步伐加快。但也存在一定的问题,主要表现为分拨中心建设滞后,智能化、信息化、机械化应用不足,服务水平、服务能力、绿色化发展水平有待进一步提升,与交通融合发展有待进一步深化,城乡物流配送体系有待进一步完善,行业人才建设相对滞后。报告建议,要完善邮政业基础设施布局,提升行业智能化、信息化、机械化发展水平,推动邮政业推展上游市场加快产业融合,深入推进交邮合作,推进行业绿色发展,加强人才队伍建设,不断推进邮政业实现高质量发展。

辽宁局制定《辽宁省邮政业"十四五"规划编制工作方案》

为做好全省邮政业"十四五"规划编制工作,11月,辽宁省邮政管理局制定了《辽宁省邮政业"十四五"规划编制工作方案》。方案以习近平新时代中国特色社会主义思想为指导,深入贯彻党的十九大精神,落实《邮政强国建设行动纲要》,紧扣高质量发展要求,坚持目标导向、问题导向和结果导向,从解决全省邮政业发展的突出矛盾和问题入手,明确了重点任务和进度安排,提出了工作要求。方案广泛征求了各市局和省局机关各处室的意见建议。辽宁省邮政业"十四五"规划的编制,将为《辽宁省国民经济和社会发展第十四个五年规划纲要》和《辽宁省"十四五"综合交通运输发展规划》编制提供支撑,具有重要的理论和现实意义。

吉林省快递发展大事记

吉林省省长批示肯定全省邮政管理工作成绩

1月15日，吉林省省长景俊海就全省邮政管理工作作出批示，对全省邮政管理工作给予充分肯定，同时希望省邮政管理部门为吉林全面振兴、全方位振兴作出新的更大贡献。批示指出：过去的一年，全省邮政系统认真贯彻党中央、国务院决策部署，按照国家邮政局和省委、省政府要求，主动作为、真抓实干，充分发挥职能作用，持续优化行业环境，促进产业协同发展，为全省经济社会发展作出积极贡献。对此，给予充分肯定。新的一年，要坚持以习近平新时代中国特色社会主义思想为指引，践行以人民为中心的发展思想，坚决落实“巩固、增强、提升、畅通”八字方针，不断优化发展环境、深化改革开放、提升治理能力、夯实安全基础，推动全省邮政业高质量发展，更好地满足人民美好生活需要，为吉林全面振兴、全方位振兴作出新的更大贡献。

吉林省副省长对邮政管理工作提出了殷切希望

1月，吉林省邮政管理局就2019年全国邮政管理工作会议精神和全省邮政管理工作情况向主管副省长侯淅珉同志作了专题汇报，侯淅珉副省长听取汇报后，充分肯定了全省邮政管理工作成绩，并对2019年邮政管理工作提出了殷切希望。侯淅珉副省长指出，2018年全省邮政管理部门坚持以人民为中心的发展思想，深入贯彻新发展理念，着力优化环境、完善监管、提升服务，推动全省邮政行业保持平稳健康快速发展，邮政业在经济社会发展中的作用不断增强。2019年，要深入贯彻习近平新时代中国特色社会主义思想，按照国家邮政局和省委、省政府部署要求，以深化供给侧结构性改革为主线，以优化行业发展环境为抓手，在提高质量效益、降低运行成本和保障安全稳定上狠下功夫，加快建成与小康社会相适应的现代邮政业，为推动吉林全面振兴全方位振兴作出贡献。

吉林局联合共青团吉林省委举办快递从业青年服务月活动

为畅通快递从业青年诉求渠道，维护快递从业青年群体发展权益，按照共青团中央、国家邮政局整体工作部署，吉林省邮政管理局与共青团吉林省委联合印发《关于开展“快递从业青年服务月”活动的通知》，并于1月18日举办“共青团与人大代表、政协委员面对面”座谈会暨快递从业青年服务月活动。吉林省人大常委会、省政协、省邮政管理局、团省委领导及部分省人大代表、政协委员，省快递行业协会负责同志、快递企业代表和部分物流配送从业青年代表参加活动。代表、委员们纷纷表示将把此次活动中收集到的快递从业青年诉求进行研究整理，通过提交议案提案、大会发言等方式，向各级有关部门提出解决对策，切实解决好快递从业青年的合理化需求，推动快递从业青年群体的社会融入。

吉林省出台实施方案推进运输结构调整利好邮政业

1月，吉林省政府办公厅印发《吉林省落实推进运输结构调整三年行动计划(2018－2020年)实施方案》，明确了五项行动和九项保障措施，邮政业在提质增效、绿色发展、数据互通共享等方面获政策利好。

吉林省政府工作报告提出促进电子商务与快递物流协同发展

1月26日，吉林省十三届人大二次会议召开，吉林省省长景俊海代表省人民政府向大会作工作报告，报告中明确提出：抓好服务业转型提质工程，促进电子商务与快递物流协同发展，培育物流龙头企业，建设现代物流服务体系。为全省邮政业发展指明了发展方向。

吉林省出台扩大开放100项政策措施快递业获支持

为深入贯彻习近平总书记在深入推进东北振兴座谈会上提出的“东北要深度融入共建‘一带一路’，建设开放合作高地”重要讲话精神，2月，吉林省出台《吉林省扩大开放100项政策措施》。其中，文件聚焦放宽准入、投资贸易便利、优惠补贴、减费降负、金融支撑、引才育才、要素保障、营商环境、政务服务等9个方面，提出了100条政策措施。吉林省快递业发展获多项政策支持。政策措施提出，在投资贸易便利方面，允许快递行业在其住所外增设快递末端网点，无须办理营业执照。清理快递业务经营许可中验资报告，财务年度报表，报关、报检、报验人员资质，快递业务员职业技能鉴定资格等4项证明事项。政策措施强调，在要素保障方面，民间资本举办的现代物流、商贸流通、信息技术、电子商务、服务外包、节能环保、旅游、快递、售后服务、商务咨询、检测认证、人力资源服务等经营性服务业项目，与国有企业平等受让国有建设用地土地使用权。民营企业从事经省政府相关部门认定的重点现代物流项目，建设用地以仓储为主，附属及配套设施不超过国家规定比例的，按工业用地供地。鼓励快递企业入驻现有电子商务园区，在电子商务园区统筹规划建设快递物流园区或预留适合快递生产作业场地。

吉林局与省商务厅共同推进城乡高效配送试点工作

2月，吉林省邮政管理局与省商务厅联合印发《关于开展城乡高效配送工作的通知》，在长春市、四平市、通化市3个地区和镇赉县、汪清县2个贫困县开展城乡高效配送试点工作。文件明确试点城市要探索建立城乡配送政策体系，网络建设模式、配送组织方式、管理制度机制，信息平台开放共享，促进技术模式创新和绿色配送发展等6大任务。力争通过一年的试点，建成网络完善、城乡衔接、模式先进、管理科学、运营高效、绿色开放的城乡配送体系，探索形成一套高效配送的政策保障措施、网络建设机制、组织运营模式、通行管理制度，培育一批省级城乡高效配送的骨干企业，为全省推广复制城乡高效配送提供有益借鉴。

吉林省邮政业安全中心批复设立

2月，中共吉林省委机构编制委员会办公室正式批复同意设立吉林省邮政业安全中心。批复明确，吉林省邮政业安全中心作为省邮政管理局的正处级事业单位，核定全额拨款事业编制12名。其主要职责是：负责全省邮政业安全监管信息系统的建设、管理和维护；负责全省邮政行业安全监管和应急管理相关事务性、技术性、辅助性工作；承担邮政业安全教育、宣传和普及等服务性工作。

“千里辽河”项目荣获邮政名优农产品全国十佳

3月，中国邮政集团公司全国范围内网络票选“我心目中的邮政名优农产品”活动中，四平市邮政分公司“千里辽河”项目取得全国十佳。“千里辽河”项目是“邮政服务乡村振兴”中重要的“一市一品”项目。该项目促进了农村电子商务与寄递渠道协同发展，为普遍服务更好地服务“三农”找到了新路径。

分解落实《政府工作报告》各项工作任务

3月，吉林省政府下发文件，对2019年国务院《政府工作报告》《国民经济和社会发展计划草案报告》《中央和地方预算草案报告》涉及吉林省重点工作任务进行分解，吉林省邮政管理局作为主要配合单位将参与到推进制造业物流业融合发展与支撑电商和快递发展两项重点任务。文件明确，积极推动传统制造业加速向数字化、网络化、智能化发展，推进制造业物流业融合发展，主动谋划、超前准备，使更多产业、更多项目纳入国家支持范围。积极发展消费新业态新模式，促进线上线下消费融合发展，培育农村流通网络，支持电商和快递发展，全省快递业务量达到2.64亿件，同比增长17%。

三部门联合发文规范快递电动车道路通行管理

4月，吉林省软环境建设办公室、省公安厅、省邮政管理局联合印发《关于规范快递电动车道路通行管理的实施意见》，在全省范围内规范快递电动车道路通行管理。文件通过建立快递电动车源头管理和路面管控相结合的部门联动管理模式，采取统一标识、数据管理、完善保险等措施，实现快递电动车规范管理。通过建立快递企业电动车数据档案和诚信档案，确定享受过渡期政策的范围，压实快递企业交通安全主体责任。文件明确三年过渡期政策，纳入过渡期范围的快递电动车可以上路行驶。利用三年时间，逐步使用符合城市道路运输条件、生态环境保护要求、行业规范标准的车辆取代快递企业现有超标电动车和三轮电动车。文件共11项工作措施，包括制定快递电动车通行过渡期政策、建立企业交通安全管理规定、建立快递员岗前培训制度、制定错峰配送制度、建立快递企业诚信档案、加强路面执法与源头管理联动、建立快递企业交通安全风险评估机制和搭建全省快递电动车交通安全管理平台等。

"一主、六双"产业空间布局规划配套政策出台

5月，吉林省政府印发"一主、六双"产业空间布局规划配套政策，邮政业在降低成本、保障用地等方面获政策支持。"一主、六双"产业空间布局内容，主要包含13个专项规划，一主即《长春经济圈规划》；双廊即《环长春四辽吉松工业走廊发展规划》和《长辽梅通白敦医药健康产业走廊发展规划》；双带即《沿边开发开放经济带发展规划》和《沿中蒙俄开发开放经济带发展规划》；双线即《长通白延吉长避暑冰雪生态旅游大环线发展规划》和《长松大白通长河湖草原湿地旅游大环线发展规划》；双通道即《长白通（丹）大通道发展规划》和《长吉珲大通道发展规划》；双基地即《长春国家级创新创业基地专项规划》和《白城国家级高载能高技术基地建设规划》；双协同即《长春吉林一体化协同发展规划》和《长春—公主岭同城化协同发展规划》。政策强调，要多措并举降低物流成本，建立健全"双通道"综合交通运输发展协调机制，推动解决综合交通发展重大问题，促进各种运输方式融合发展，提高运输效率；要支持城市物流配送，规范和优化城市物流配送车辆通行管理，加大对物流运输企业服务力度，向企业提供交通安全宣传教育、信息查询、违法行为告知等服务。政策提出，在土地政策方面，鼓励长春经济圈城市开展土地供应创新试点，对长春经济圈城市的民营企业从事经省政府相关部门认定的重点现代物流项目，其建设用地以仓储为主，附属及配套设施不超过国家规定比例的，可按工业用地供地。

《吉林省劳动人事争议仲裁专递工作实施方案》发布

6月，吉林省邮政管理局与省人力资源社会保障厅联合印发《吉林省劳动人事争议仲裁专递工作实施方案》，通过在仲裁活动过程中使用邮政特快专递，进一步提高劳动人事争议处理质效，有效降低当事人申请仲裁成本。方案强调，开展仲裁专递工作，是完善劳动人事争议仲裁文书送达制度的重要举措，对于简化优化仲裁办案程序，提升仲裁办案管理标准化水平，保证仲裁活动的正常进行，为当事人提供更加高效便捷的维权服务具有重要意义。方案要求，各地要高度重视仲裁专递工作，人力资源社会保障局与邮政管理局和邮政公司联合成立仲裁专递工作领导小组，全面负责仲裁专递工作的推进与落实，不定期对仲裁专递工作开展巡查督导，提议召开联席会议，共同协

商解决仲裁专递工作中遇到的问题等相关工作。

吉林局获批开展快递工程技术人员职称评定试点工作

6月20日，吉林省人力资源和社会保障厅下发了《关于开展邮政行业快递工程技术人员职称评定试点工作的复函》，同意省邮政管理局开展邮政行业快递工程技术人员职称评审试点工作，为后续开展好职称评审工作奠定了坚实的基础。

吉林省邮政业安全中心正式揭牌成立

7月18日，吉林省邮政业安全中心正式揭牌成立，迈出了行业治理能力现代化的重要一步，为筑牢行业高质量发展的安全基石提供了坚实保障。

多部门联合开展2019网络市场监管专项行动

7月，吉林省市场监督管理厅、省公安厅、省商务厅、省互联网信息办公室、省通信管理局、省邮政管理局、省政数局、长春海关等8个部门联合发文，决定于7月中旬到11月底开展吉林省2019网络市场监管专项行动——网剑行动。此次行动以打击网上销售假冒伪劣产品、不安全食品、假药劣药、不正当竞争行为、其他各类网络交易违法行为和规范电子商务主体资格、开展互联网广告整治、落实电子商务经营者责任、强化网络交易信息监测和产品质量抽查为重点，有效净化网络市场环境和广告市场环境，努力营造良好准入环境、放心消费环境及诚信守法经营环境。

吉林省第三届“最美快递员”评选揭晓

4月，吉林省邮政管理局精神文明办公室、省快递行业协会在全省范围内联合组织开展了“吉林省第三届最美快递员评选活动”。此项活动开展以来，得到了各企业及广大员工的积极参与。经第三届“最美快递员”评选委员会结合企业推荐、个人事迹和网上得票情况。依据公开、公平、公正的原则，最终评选出王岩等10名同志为“吉林省第三届最美快递员”。8月9日，吉林省第三届最美快递员表彰大会在长春召开。吉林省快递行业协会会长刘英杰同志宣读了关于授予王岩等同志“吉林省第三届最美快递员”荣誉称号的决定；“最美快递员”代表王岩同志代表快递员们在会上作了表态发言。吉林省邮政管理局党组成员、纪检组长张久龙代表省邮政管理局向最美快递员们表示了热烈的祝贺，并就快递企业进一步加强文化建设和精神文明建设提出五点要求。

吉林省政府办公厅发布消费扶贫实施意见

8月，吉林省人民政府办公厅发布《关于深入开展消费扶贫助力打赢脱贫攻坚战的实施意见》。实施意见提出了动员社会各界扩大贫困地区产品和服务消费、大力拓宽贫困地区农产品流通和销售渠道等共五方面54条内容，其中邮政业作为重要流通渠道在多项内容中获政策支持。实施意见强调，要鼓励引导农村客运站与物流企业合作，做好农村物流网络节点布局，增加货运服务功能，开展“客货同站”业务，解决农村物流“最后一公里”问题。对在贫困地区从事农产品加工、仓储物流和休闲农业、乡村旅游的企业，在金融方面给予政策倾斜。

吉林省举行邮政行业第二届职业技能竞赛

8月，由吉林省邮政管理局牵头，吉林省人力资源和社会保障厅、吉林省总工会、共青团吉林省委联合举办，吉林省快递行业协会协办的吉林省邮政行业第二届职业技能竞赛在长春市成功举行，来自全省9市州代表队的36名选手参加了比赛。本次大赛共设团体奖、优秀技术指导奖、个人全能综合奖等15个奖项。其中，吉林市代表队荣获了团体一等奖，延边州、长春市代表队荣获团体二等奖，四平市、松原市、辽源市代表队荣获团体三等奖。获得本次大赛个人奖项表彰并符合条件的可在下一年度申报‘吉林省五一劳动奖章”。

吉林省农村地区邮政、快递网络建设获政策支持

10月，吉林省商务厅等10部门联合印发《吉林省拓宽贫困地区农产品营销渠道实施方案》，农村地区邮政、快递网络建设获政策支持，吉林邮政业将在拓宽贫困地区农产品营销渠道方面发挥更大作用。实施方案提出，到2020年，贫困县农产品营销渠道更加优化，产销对接更加紧密、稳定，物流配送体系更加完善，带动贫困县农产品流通的作用进一步增强，服务脱贫攻坚的能力水平进一步提升。实施方案强调，要完善物流，建立城乡高效配送体系。加快推进"快递下乡"工程，力争实现快递"乡乡通"。积极整合农村物流快递资源，推动供销、邮政、快递、交通运输企业在农村地区扩展合作范围、合作领域和服务内容，逐步建立互利共赢、服务规范的合作机制，探索开展农村渠道共建、设施共享、业务代理合作。

吉林省部署开展快递工程技术人员职称评审工作

11月，吉林省邮政管理局与省人力资源和社会保障厅联合印发《关于开展2019年全省快递工程正高级、高级、中级专业技术资格评审工作的通知》和《关于开展2019年全省快递工程初级专业技术资格认定工作的通知》，标志着2019年全省快递工程专业技术人员职称评审工作正式启动。通知明确了快递工程专业技术人员职称评审工作的评审范围、评审标准、评审流程、申报材料要求和报送时间，确定快递工程归口工程技术系列，设置快递设备工程、快递网络工程、快递信息工程三个专业类别。快递工程正高级、高级和中级职称采取专家评审方式，通过对学历资历、工作能力、业绩成果和学术论文进行综合评价，初级职称评价采取考核认定方式进行。

侯淅珉副省长调研邮政行业发展情况

11月14日，吉林省副省长侯淅珉到吉林省邮政管理局调研全省邮政行业发展情况和快递业务旺季安全服务保障工作，慰问邮政管理干部职工，并与机关处以上干部进行座谈。侯淅珉听取了吉林省局关于全省邮政管理和邮政业发展情况汇报，详细了解行业存在问题和下步打算，对邮政管理和邮政业发展取得的成绩给予充分肯定，并与机关干部座谈交流，勉励邮政管理广大干部职工紧紧围绕邮政管理和邮政业发展中心工作，立足省情业情，努力开拓进取，再创新的辉煌。侯淅珉副省长强调，做好新时代邮政管理工作以及邮政快递服务工作责任重大、影响深远。省政府将一如既往地支持邮政业发展，邮政管理部门要加强调查研究，做好数据分析，推动邮政业与地方经济相融合，实现邮政业质量和效益双提升。

全省邮政管理工作和邮政业发展成绩获省委书记肯定

11月15日，吉林省委书记巴音朝鲁听取吉林省邮政管理局关于全省邮政管理重点工作和邮政业发展情况汇报，详细了解《查干湖》邮票发行、快递业务旺季服务保障、邮政业安全中心组建等工作情况，对一年来全省邮政管理和邮政业发展取得的成绩给予充分肯定，勉励邮政管理部门要深入贯彻落实十九届四中全会精神，加快推进行业治理体系和治理能力现代化，实现邮政业高质量发展，为推动现代服务业换挡升级、加快吉林全面振兴全方位振兴提供重要支撑。

吉林省邮政业邮快合作下乡进村合作框架正式签订

12月23日，吉林省邮政业邮快合作下乡进村合作框架签约仪式在长春市举行，顺丰、中通、韵达、圆通、申通、百世6个主要品牌的省级总部与省邮政分公司正式签订邮快合作下乡进村省级框架协议，吉林省邮快合作全面铺开。仪式现场，邮政企业与快递企业通过"自愿合作、平等协商、逐步推广"的方式，在省级层面签订了框架协议，建立了会晤沟通机制，确立了合作核心公约，为下一步深入推进邮快合作奠定了坚实基础。

黑龙江省快递发展大事记

黑龙江局联合团省委助"快递小哥"温暖前行

1月28日，正值农历小年，黑龙江局联合团省委开展"送温暖·助'快递小哥'温暖前行"活动，引领社会各界关爱快递配送从业青年。黑龙江省邮政管理局党组成员、团省委副书记以及哈尔滨师范大学、哈尔滨理工大学、黑龙江大学的青年志愿者组成慰问小组，为一线快递从业青年送去了新春祝福和慰问品，送去了社会各界对他们的牵挂和关爱。

黑龙江省政协主席参加关爱"快递小哥"志愿服务活动

3月，黑龙江省政协主席黄建盛以一名普通志愿者身份，来到哈尔滨申通快递民生路营业部，与省政协机关志愿者、青年志愿者共同参加关爱"快递小哥"志愿服务活动。黄建盛表示，快递行业作为新兴业态，是社会进步的体现，反映了国家经济发展、社会稳定和信息化建设蓬勃发展现状。快递是与群众生活密切相关的重要服务性工作。快递从业人员穿梭于大街小巷派送包裹，劳动强度大，他们是城市正常运转不可或缺的一员，也是城市美好生活的创造者。"快递小哥"通过自己的辛勤劳动，为人们服务，得到社会的认可，工作是很有意义和价值的，更需要人们给予关爱和温暖。希望"快递小哥"在工作中多注意安全，继续通过自己的不懈努力，创造幸福生活，同时，促进快递行业发展，为人民群众提供更便捷的生活。社会各界要更加关心关爱"快递小哥"，理解、尊重和认同他们的辛勤劳动，共同传递和谐温暖。

黑龙江省邮政行业精神文明建设工作实施方案出台

为全面推动全省邮政行业精神文明建设工作，促进创建活动具体化、有形化，不断提升全省邮政行业从业人员文明素养，展示行业良好精神文明风尚，4月，黑龙江省邮政管理局印发《黑龙江省邮政行业精神文明建设工作实施方案》。方案要求，全省邮政行业精神文明建设要以"一体两翼"格局为主线，以邮政业诚信体系建设、"最美快递员"评选活动、"青年文明号"创建、快递员工关爱行动为支撑，全行业共同发力，努力开创全省邮政行业精神文明建设新局面。

黑龙江省邮政业一名个人获全国五一劳动奖章

4月23日，全国五一劳动奖和全国工人先锋号表彰大会在北京人民大会堂举行，对2019年全国五一劳动奖状、奖章和全国工人先锋号获得者进行表彰。其中，黑龙江省漠河县北极村邮政支局局长于霞获得全国五一劳动奖章。

黑龙江局助力打造龙江标准新快递

5月30日，黑龙江省邮政管理局受邀出席了黑龙江邮政EMS时限承诺服务启动会并致辞，此次黑龙江邮政EMS重磅推出标准快递时限承诺产品，致力于打造以哈尔滨为中心的标准快递寄递服务品牌，相关参会领导共同为黑龙江邮政EMS时限承诺服务启动了"能量柱"。黑龙江邮政EMS承诺自2019年6月15日起，对于承诺范围内的省内互寄及发往东三省重点城市的标准快递邮件，在服务时间内收寄，可实现上午寄当日达、下午寄次晨达、今日寄明日达、东三省次日达，"限时未达、原银奉还"。一诺千金，使命必达。承诺服务是行业的觉醒，张示着行业的变革力量，标志着黑龙江快递业供给侧结构性改革迈出了坚实的一步。

黑龙江省出台面向欧亚物流枢纽区建设规划

6月,黑龙江省出台了《黑龙江省面向欧亚物流枢纽区建设规划》,明确提出打造以对俄合作为主、服务国内、面向欧亚、辐射全球的国际物流枢纽区,形成并完善我国向北开放重要窗口功能。规划要求,推动跨境电商快递发展,整合供应链,在信息通联、通关保税、仓储前置、网络完善、线路优化、服务增效等方面推进国际快递与跨境电商协同发展。推动布局全球化的快递网络,推动俄远东地区在符拉迪沃斯托克(海参崴)设立中俄边境邮政进出口交换局,重点加强海外仓的布局建设,建立快速反应的物流系统。建设哈尔滨国际航空枢纽,推进建设机场各功能区与中邮邮件中心、跨境电商物流中心等临空经济区建设项目的衔接。规划还明确提高口岸通关服务能级,推动国际冷链物流发展,创新中俄物流科技合作,推动国际物流标准对接,培育供应链控制能力,促进物流枢纽产业集聚。

黑龙江建立全省邮政行业快递工程技术人员职称评审联络员制度

6月,黑龙江省邮政管理局制定了《关于建立快递工程专业技术人员职称联络员制度的通知》。制度着力构建以企业联络员为连接纽带、实时推进快递工程专业技术人员职称评审工作。全省邮政行业中,包括EMS、顺丰、中通等13家快递企业,分别推荐人事负责人作为职称评审工作的联络员。制度施行以来,黑龙江局及时建立快递企业职称评审微信群,通过电话、微信等形式加强职称评审工作信息的传递。

2019年黑龙江省邮政行业职业技能大赛成功举行

7月27日,2019年黑龙江省邮政行业职业技能大赛暨第二届全国邮政行业职业技能大赛黑龙江选拔赛圆满落幕,此次大赛由黑龙江省邮政管理局及黑龙江省快递行业协会联合举办,来自全省8家邮政快递企业的34名参赛选手参加比赛。经过激烈角逐,分别产生快递员、快件处理员一等奖各一名、二等奖各两名,三等奖各三名。省邮政公司获得团体一等奖。根据比赛个人排名,选拔快递员和快件处理员两个工种共4名选手参加全国邮政行业职业技能大赛。

团省委、黑龙江局联合表彰“最美快递员”

9月24日,黑龙江省邮政管理局联合团省委组织召开全省第二届“最美快递员”表彰暨关心关爱快递员工作部署电视电话会议,会上,隆重表彰8名荣获全省第二届“最美快递员”称号的快递员,授予荣誉奖杯及奖状。

下发加强快递从业人员职业技能培训工作通知

10月,黑龙江省邮政管理局积极落实李克强总理视察龙江讲话精神,认真贯彻国家邮政局《关于认真落实习近平总书记重要指示推动邮政业高质量发展的实施意见》,积极推动职业技能提升行动,与省人社厅联合下发《关于加强快递从业人员职业技能培训的通知》。通知对快递从业人员职业技能培训工作任务进行了明确。明确了快递企业的培训主体责任,要求快递企业坚持需求导向,根据行业发展和人员培训需求,确定培训方式和培训内容。鼓励快递企业与邮政行业人才培养基地共建实训中心、教学工厂等,积极建设培育一批产教融合型企业。要求快递行业协会、龙头快递企业和行业培训机构要积极发挥作用,引导帮助中小微快递企业开展职工培训,鼓励职业院校扩大培训规模,充分发挥技工院校高技能人才培养的主阵地作用。

黑龙江省邮政行业人才培训基地授牌

11月8日上午,黑龙江省邮政行业人才培训基地授牌暨校企合作签约仪式在哈尔滨职业技术学院举行,黑龙江省邮政管理局、黑龙江省快递行业协会、哈尔滨职业技术学院有关领导和十家品牌快递企业代表共同出席了仪式。仪式宣读了授予哈尔滨职业技术学院为"黑龙江省邮政行业人才培训基地"的文件,哈尔滨职业技术学院副院长孙百鸣为仪式进行了致辞,表示将以1+X证书制度试点工作为依托,从供给侧和需求侧两端发力,与龙江快递行业深度合作,鼓励学生考取更多的快递类职业资格证书,逐步实现学校对企业的人才支撑。随后双方举行了授牌仪式,并共同签署了政府、协会、学校、企业四方校企合作协议。本次签约仪式的成功举行,有助于实现校企资源的有机融合和优化配置,对加强行业人才队伍建设,提升从业人员能力素质,奋力开创我省邮政行业人才工作新局面具有积极意义。

黑龙江省邮政业邮快合作框架协议正式签订

11月22日,黑龙江省邮政管理局组织召开了全省邮政业邮快合作推进会,顺丰、中通、韵达、圆通、申通、百世、天天、京东8个主要品牌的省级总部与省邮政分公司正式签订邮快合作省级框架协议,也标志着黑龙江省邮快合作试点工作的全面铺开。

黑龙江局联合省人社厅部署开展快递工程技术人员职称认定

11月,黑龙江省邮政管理局与省人力资源和社会保障厅联合印发《关于开展快递工程专业技术人员职称评审工作的通知》,标志着黑龙江省首次快递工程专业技术人员职称认定工作正式启动。通知中强调,鉴于黑龙江省职称评审工作首次增设快递工程技术专业,今年工作重点是做好符合条件人员的初级、中级职称认定工作,明确了快递工程专业技术人员职称评审工作的认定范围、政策依据、认定程序、提交材料和时间安排。

上海市快递发展大事记

上海市快递业务年收入首次突破1000亿元大关

综合2017年以及2018年1—11月份上海市邮政业发展趋势、行业发展规律和调研辖区企业12月业务发展情况,2018年上海市快递业务年收入首次突破1000亿元大关。

出台支持电子商务与快递物流协同发展文件

1月,上海市政府办公厅下发《关于本市推进电子商务与快递物流协同发展的实施意见》,市快递业发展获政策支持。实施意见聚焦电子商务与快递物流协同发展面临的制度性障碍和突出矛盾,以推动供给侧结构性改革为主线,以完善城市基础设施为重点,以构建优质营商环境为保障,着力推进电子商务和快递物流业合理化布局、智能化发展、绿色化运营、标准化建设、便利化服务。实施意见提出五方面十四项重点工作任务,并明确了各项任务的责任分工。

上海启动"快递从业青年服务月"关爱活动

1月,上海市邮政管理局、团市委、市青少年服务和权益保护办公室联合印发《关于开展"快递从业青年服务月"活动的通知》,在全市邮政行业开展"快递从业青年服务月"关爱活动。上海市邮政管理局表示将继续加强与团市委等相关部门沟通协作,共同制定活动方案,发挥行业管理优势,丰富青年活动形式,更好服务快递小哥,在全社会营造理解、尊重、关爱"快递小哥"群体的良好氛围。

许昆林副市长调研快递企业

1月16日,上海市副市长许昆林带队调研快递企业,了解企业诉求。上海市政府副秘书长顾金山、青浦区区长余旭峰,上海市商务委、公安局、规划资源局、发展改革委等委办局相关领导一同参加调研。上海市邮政管理局副局长余洪伟参加调研。许昆林副市长充分肯定了上海邮政业取得的成绩，对上海市快递业务年收入首次突破1000亿元大关表示赞赏，并就行业发展提出下一步要求，一是切实做到突破难题，针对快递企业提出的用地难、车辆通行难等问题，各相关职能部门要加强规划，在青浦地区先行先试，实实在在解决企业困难；二是切实推动政策落实，各相关部门要提供各种有利条件，推动支持快递业发展的各种利好政策真正落下去，见实效；三是切实抓住机遇，希望各快递企业能抓住时代发展机遇，加快快递业转型升级，拓展产业链，在金融创新方面有所作为，促进行业绿色发展。

上海局两项管理举措入选市改革创新案例

1月，上海市召开商务工作会议，邮政行业的发展成绩和管理部门的改革举措受到关注和肯定。市商务委在年度报告中指出，全市配送物流体系布局完善，快递服务网络不断健全，服务能力大幅提升。2018年市邮政管理局两项改革举措同时入选上海商务改革创新案例，获得肯定并在全市推广。一是编制全国首个快递服务站规范，创新末端支持政策。联合市住建委将智能快件箱、电商快递末端网点纳入全市居住区公共服务设施相关设置规划，在本市新建小区和旧城改造中同步设置，推广智能快件箱纳入便民服务、民生工程等项目。二是深入完善电商快递配送车辆通行管理政策。协调市交通委、公安局开展“快递揽投专用电动自行车”试点，首批1100辆电动车已完成采购试用、投入营运。修订完善《上海市快递揽投专用电动自行车管理办法》，实行统一化标识、数字化管理。

快递员春运高铁专列上海启程

1月30日13时10分，上海虹桥站，快递员春运高铁专列G9402次列车缓缓驶出，400多名快递员及家人踏上了返乡与家人新春团聚的旅程。上海市邮政管理局党组成员、副局长余洪伟出席了本次快递员春运高铁专列关爱行动启动仪式。这趟快递员高铁专列从上海虹桥出发，途经苏州、南京、合肥、六安等站，于当天16时45分抵达终点安徽金寨。活动由菜鸟网络购票，来自中通、圆通、申通、韵达、百世、天天等公司的快递员报名后免费乘坐。中央电视台、上海电视台等多家新闻媒体对活动进行了跟踪报道。

上海开展“青春网聚　暖心迎春”新春集中活动

1月24日，上海共青团市委、上海市邮政管理局团委、市公安局团委、市建交团工委和青浦团区委等单位组织开展了“青春网聚　暖心迎春”——上海共青团服务快递物流行业青年新春集中行动，通过“青春上海”网上共青团平台和线下新春送温暖活动，为全市近十万快递小哥送上了来自团组织的贴心服务和暖心福利。当天，共有来自圆通、顺丰、申通和中通快递的120名快递小哥代表参加集中活动。当天在团市委的统筹下，全市16个区开展了本次活动。

上海市快递行业代表参加公益跑活动

3月2日，申通快递有限公司作为上海市快递行业代表参加“捡拾垃圾漫步跑·垃圾分类新时尚”滨江修身志愿公益跑活动。活动中，申通快递代表行业发出宣言：全市快递行业将按照《上海市生活垃圾管理条例》提出的全面推进生活垃圾分类有关要求，以生活垃圾减量化为核心，以垃圾源头分类、多区域管理为手段，不断提升快递行业垃圾分类工作宣传力度，夯实垃圾分类管理基础，逐步建立自我约束、自我完善的垃圾分类工作机制，加强快递经营场所垃圾分类基础设施配备，做到垃圾分类容器配置的标准化和规范化，提高垃圾分类实效性。此次活动由市文明办、市建交党委、市绿化市容局等部门共同举办，旨在提倡捡拾垃圾和垃圾分类从身边做起，推进学雷锋志愿服务制度化常态化，营造向上向善、德行天下的良好风尚，不断满足人民群众对美好生活的新期待。

上海发布支持自贸区深化改革创新若干措施实施方案

3月，上海市印发《本市贯彻〈关于支持自由贸易试验区深化改革创新若干措施〉实施方案》，明确了自贸试验区深化改革创新5方面62条措施，将进一步促进提升贸易自由化便利化水平，上海市邮政业发展再获政策支持，迎来重大发展机遇。实施方案明确提出推动将国际快递业务（代理）经营许可审批事项下放至市邮政管理局，支持国内外快递企业在上海自贸试验区内的非海关特殊监管区域，办理符合条件的国际快件属地报关、报检业务，推进上海邮政快递国际枢纽中心建设。

上海市委书记李强调研快递企业

3月28日，上海市委书记李强就实施长三角一体化发展国家战略，赴长三角区域合作办公室和青浦区调研。调研期间，李强前往圆通速递有限公司、中通快递股份有限公司，了解物流企业总体发展情况，分别在两家企业的指挥调度中心、自动化建包中心察看大数据、物联网等现代信息技术在快递物流领域的运用，听取企业发展规划、科技创新以及推进绿色物流、智慧物流的探索实践。

上海交大快递服务中心启用

4月7日，上海交通大学举办子矜街落成典礼暨闵行校区快递服务中心启用仪式。上海交大党委书记姜斯宪、副校长奚立峰、上海市邮政管理局党组成员、副局长余洪伟出席。

六家快递企业荣获第十九届上海市文明单位称号

4月10日，中国邮政速递物流股份有限公司上海市分公司、上海久木物流有限公司（原申通罗泾）、圆通速递有限公司、中通快递有限公司、申通快递有限公司和顺丰速运集团（上海）速运有限公司等六家企业荣获2017—2018年度（第十九届）上海市文明单位称号。

上海局举行执法证颁证仪式

4月25日，上海市邮政管理局举行了执法证颁证仪式，为新进公务员颁发邮政行政执法证和上海市行政执法证。

上海局申诉中心荣获2019年市工人先锋号荣誉称号

在“五一”劳动节来临之际上海市邮政管理局12305申诉中心，荣获2019年上海市工人先锋号荣誉称号。在2018年，申诉中心共受理消费者申诉近16万件，全年共为消费者挽回经济损失约445万元。

上海市出台支持民企总部发展政策

5月，上海市商务委会同市发展改革委、市经信委以及市工商联正式印发《上海市鼓励设立民营企业总部的若干意见》，市快递业发展获利好。根据若干意见，上海市将启动民营企业总部的认定工作，民营企业总部获得认定后，可以享受到的配套政策有三大类：一是资助和奖励政策。二是人才政策。三是服务政策。

上海青浦举办现代物流技能比武

6月2日，2019年中国技能大赛——上海市青浦区现代物流技能比武展示活动暨青浦、嘉善、吴江三地物流服务技能对抗赛，在上海市青浦区隆重举行。本次活动由三地的总工会、人力资源和社会保障局联合主办，上海市总工会、上海市人力资源和社会保障局、上海市邮政管理局共同指导。本次比武展示活动内容丰富，既有青浦、嘉善、吴江三地物流服务技能对抗赛，又有无人车配送、冷链新技术包装、AGV自动驾驶运输等智慧物流展示，同时还安排了无人机物流表演赛，集中展示了科技创新助力物流发展的新趋势。来自三地及昆山的近30家企业参加了比赛和展示,“三通一达”及顺丰等快递企业也派出选手参赛。

上海发布2019年电子商务工作要点

6月,上海市商务委员会印发2019年市电子商务工作要点,邮政业多项工作纳入其中,行业发展再获政策利好。工作要点明确将积极推动电子商务与快递物流协同发展,时明确将积极推动跨境电子商务发展。深入推进跨境电商综合试验区建设,建设一批海外“公共仓”。开展上海口岸2019年跨境贸易便利化专项行动,继续支持邮政快递企业开展跨境电商业务,提升电子商务国际化发展能级。

《上海城乡高效配送重点工程实施方案》出炉

6月,为促进本市物流降本增效,推动建立高效集约、协同共享、融合开放、绿色环保的城乡高效配送体系,上海市邮政管理局联合市商务委、市交通委、市公安局印发《上海城乡高效配送重点工程实施方案》,实施方案提出:到2020年,初步建立接轨国际、服务长三角区域的,高效集约、协同共享、融合开放、绿色环保的城乡高效配送体系。基础设施更加完善,城市配送三级服务网络基本健全,建成一批设施先进、功能完善、管理规范、运作高效的现代化配送中心;运行效率显著提高,配送组织方式更加集约,先进技术和通用标准得到广泛应用,配送成本明显下降;发展环境更加优化,制约城乡配送发展的体制机制性问题得到有效解决,停靠装卸等配套设施更加完善,配送车辆资源配置更加合理,通行更加顺畅。形成一批可复制可推广的城乡高效配送经验模式。实施方案强调:将做好优化城乡配送网络总体布局,推进园区建设与升级,创新末端设施支持政策,提高科技应用水平、推动供应链协同发展,加强末端配送标准化实施应用,推广绿色包装,便利配送车辆通行等主要任务。培育一批高效城乡配送骨干企业,发挥好城市配送在支撑消费、保障流通、服务生产的基础性工作。

中央扫黑除恶督导组为上海首支快递“骑手”治安信息员队伍授旗

为维护一方平安作出行业的贡献,上海市邮政管理局联合上海普陀区公安局成立了企事业单位治安保卫协会寄递物流工作委员会,将普陀区内各品牌快递企业、重点物流企业和第三方服务企业纳入会员。在委员会的组织号召下,区内快递小哥成为快递“骑手”治安信息员。6月,中央扫黑除恶第16督导组第6小组领导出席在上海普陀区公安分局举行的上海市首支快递“骑手”治安信息员队伍授旗仪式,并向“骑手”代表授旗。

上海市首批44家民营企业总部名单揭晓

6月,根据《上海市鼓励设立民营企业总部的若干意见》,近日经审定,44家单位被认定为上海市首批民营企业总部。德邦物流股份有限公司、上海韵达货运有限公司、申通快递有限公司、顺丰速运集团(上海)速运有限公司、圆通速递有限公司、中通快递股份有限公司6家快递企业入选上海市民营企业总部。

上海市第三届快递行业职业技能竞赛成功举行

7月6日,2019年中国技能大赛——上海市第三届快递行业职业技能竞赛正式拉开帷幕,来自全市11家主要寄递企业的66名选手展开激烈角逐。上海市人力资源和社会保障局、上海市市级机关工会和共青团上海市委员会相关负责人莅临指导观摩。经过一天的激烈角逐,大赛共评选出个人奖项22名、团体奖项6名,优秀技术指导奖项6名,优秀组织奖项5名。符合条件的获奖选手获得了代表上海出战全国第二届邮政行业技能竞赛的资格。

《快递末端综合服务站通用规范》地方标准获批通过

7月，根据上海市市场监督管理局《关于发布〈畜禽养殖过程细菌耐药性监测技术规范〉等9项地方标准的通知》，上海市邮政管理局送审的《快递末端综合服务站通用规范》地方标准获批通过，标准号为DB31/T 1164—2019。

上海市第三届快递行业职业技能竞赛获奖单位及个人获表彰

7月，上海市邮政管理局发文对2019年上海市第三届快递行业职业技能竞赛中优胜的单位及个人进行表彰，授予杨辉、孙建等12人个人奖荣誉称号；授予陈晓琴、伍涛等10人优秀选手奖荣誉称号；授予中国邮政集团公司上海市分公司、上海韵达货运有限公司等6支参赛代表队团体奖荣誉称号；授予申通快递有限公司、圆通速递股份有限公司等6个参赛单位优秀组织奖荣誉称号；授予朱明明、陆岭等6人优秀技术指导奖荣誉称号。

上海局积极推进快递员专用意外险项目

为解决快递企业之忧，助快递行业发展，上海市邮政管理局指导市快递行业协会开展快递员专用意外险和第三方责任险可行性研究、项目开发及推广落实。经市快递行业协会与各大保险公司协商，设计出一款符合快递企业和快递小哥需要且投保手续简便、投保费用低廉、出险索赔快速的快递员专用意外险。5月，该项目在奉贤金山地区的会员单位中进行试点，取得较好反响。在此基础上，市快递行业协会在7月25日召开的二届九次理事会上，把快递人员专用意外险作为关爱快递小哥的一项重要工作向全市快递企业推出，为全体理事对该保险进行了详细的介绍。

上海局和中邮集团上海分公司共商邮政业发展良策

8月14日，上海市邮政管理局和中邮集团上海分公司召开政企联席会议，就如何推动上海邮政企业做大做强、充分发挥国有企业的主力军作用共商良策。上海市邮政管理局局长夏颐、副局长周德刚和中邮集团上海分公司新上任的总经理王俭出席了会议。

菜鸟联盟在上海千个快递网点铺设绿色回收装置

8月20日，菜鸟联手中通、圆通、申通、韵达、百世等快递企业，在上海发布"回箱计划"：首批铺设1000个回收箱，助力上海快递网点绿色回收全覆盖。中国快递协会副秘书长焦铮、上海市邮政管理局党组成员、副局长余洪伟出席并致辞。

上海局发布《上海市快递包装物垃圾分类指引》

8月，为贯彻落实国家邮政局生态环保工作要求，切实打好本市邮政行业"9582"污染防治攻坚战，增强市民对快递包装物垃圾分类投放意识和准确度，营造快递包装物回收再利用的良好氛围，上海市邮政管理局编制发布了《上海市快递包装物垃圾分类指引》。指引将常见快递包装物垃圾按照《上海市生活垃圾管理条例》进行了分类，同时，对快递包装总量在本市生活垃圾总量中的占比做了说明。为了增强宣传效果，指引被设计成宣传海报的形式，在内容上分类细致、视觉上图文并茂、使用中简明易懂，并将先期印制2000张发放到本市各主要快递企业经营网点予以张贴。

上海局全面启动快递业网格化监督管理工作

9月，为进一步加强上海市邮政业快递市场监管，上海市邮政管理局按照"安全第一，预防为主，综合治理"的原则，全面启动网格监督管理工作。快递网格化监督管理作为快递市场监管的辅助管理手段，将为邮政管理部门及时提供辖区内企业的动态信息，从而有效提高监管效率。

上海向全市快递企业正式推出快递员专项保险

在上海市邮政管理局的指导下，上海市快递行业协会经过认真细致的调查研究，通过与社会各大保险公司协商，几经修订，设计出了一款投保手续简便、费效比较高、出险索赔快速、企业管理方便的快递员专项保险，向全市快递企业正式推出快递员专项保险。

上海邮政业举行“庆祝中华人民共和国成立70周年歌咏比赛”

9月20日，上海邮政业隆重举办“唱响新时代，再创新辉煌”——上海市邮政业庆祝新中国成立70周年歌咏比赛。本市邮政、顺丰、申通、圆通、中通、韵达、跨越、德邦等11家邮政快递企业合唱队分别登台亮相，齐声歌唱新中国70周年辉煌成就，展示上海市邮政业精神文明建设成果，全面展现上海邮政业干部员工在转型发展中的风采豪情。500余邮政快递企业员工组成七彩方阵现场观摩，并通过全场千人大合唱的方式共同歌唱祖国美好新时代，代表上海邮政业二十余万邮政快递小哥向新中国成立70周年献礼。

上海代表队斩获全国邮政行业技能大赛一等奖

10月15日，2019年中国技能大赛——第二届全国邮政行业职业技能竞赛全国总决赛在江西南昌圆满落幕。上海代表队在31个参赛队中脱颖而出，分别斩获快递员职业一等奖、三等奖和快件处理员职业一等奖，同时获得优秀技术指导奖和团体优胜奖。江西省委常委、副省长吴晓军，国家邮政局党组成员、副局长杨春光分别在闭幕式上致辞并为一等奖获奖选手颁奖。

上海市邮政业安全监管事务中心荣表彰

10月，上海市反恐怖工作领导小组印发了《关于对2017－2018年度反恐怖工作先进集体和先进个人予以表彰的决定》，上海市邮政业安全监管事务中心荣获“上海市2017－2018年度反恐怖工作先进集体”称号。

上海快递业获上海市1500万服务业发展引导资金支持

2019年上海快递业获上海市1500万服务业发展引导资金支持，此次获批项目为：德邦物流股份有限公司的德邦智慧物流服务平台能力提升项目、上海韵达速递有限公司的快递全自动高速分拣系统建设项目和上海杰伦圆通快递有限公司的圆通速递上海区域物流设备标准化项目。

上海市公安局致函上海局感谢进博会期间安保工作

11月10日，上海市公安局向上海市邮政管理局致感谢函，感谢上海市邮政管理局在第二届中国国际进口博览会期间，统筹寄递渠道安全与服务保障工作，为进博会成功举办提供了有力支撑。

上海邮政业“双11”期间多措并举关心关爱快递小哥

11月11日晚，上海市邮政管理局领导分赴各快递企业，现场对奋战在一线的工作人员表示亲切慰问和感谢，勉励大家继续坚守岗位，以决战决胜的姿态打好攻坚战。同日，上海快递协会开展旺季服务保障慰问工作，为正在辛勤劳作的一线工作人员送上方便面、饼干、牛奶等慰问品。“双11”期间，上海市邮政管理局各派出机构深入企业基层网点，具体了解“双11”期间快递员的工作强度、作息规律、临时雇用人员上岗安全培训及市户外劳动者之家等各类联建共建服务阵地作用发挥情况。要求网点负责人加强对员工的物质和精神关怀，鼓励企业升级设施设备，降低劳动强度，着力改善快递小哥的工作环境。旺季期间，各快递企业也通过各种形式关心关爱快递小哥，各邮政、快递企业领导干部、各级工会分赴一线现场，为自家快递小哥们送上慰问品，身体力行支援一线工作，做好各项后勤保障工作，让一线员工感受到温暖。

就寄递渠道芬太尼类物质安全管控工作集中约谈部分企业

11 月 25 日，为深入贯彻国家禁毒办《打击芬太尼类物质等新型毒品犯罪专项行动方案》文件精神，坚决做好上海市寄递渠道防毒禁毒工作，严厉打击非法寄递芬太尼类物质等新型毒品，上海局联合市禁毒办就寄递渠道芬太尼类物质安全管控工作集中约谈部分企业。会上，各相关企业分别汇报了前期查堵芬太尼物质等新型毒品的相关情况，对危化品收寄过程中查验的货物运输条件鉴定书、货物运输保证函、化工品药品出运情况说明、客户安全协议等工作内容进行了详细说明。上海局和市禁毒办充分肯定了寄递企业在禁毒上的相关工作和成效，并对做好下一步工作提出几点要求。

上海局积极为上海市环境整洁美观添光彩

11 月，上海市"双迎"市容环境组致感谢信，感谢上海市邮政管理局在第二届中国国际进口博览会期间全力以赴、精心保障，为进博会期间市容环境整洁、有序、安全、干净、美观作出重要贡献，确保此次进博会取得圆满成功。进博会期间，上海市邮政管理局按照习近平总书记"办出水平、办出成效、越办越好"的重要指示精神，在市委、市政府和第二届进博会城市服务保障领导小组坚强领导下，对标更高要求、展现更好水平、营造更优环境，与市邮政分公司积极沟通，周密组织、攻坚克难，出色完成了 1441 个邮筒箱油漆粉刷、399 个邮筒箱清洗维护等保障工作，为上海赢得了赞誉，为城市增添了光彩。

上海邮政业圆满完成第二届中国国际进口博览会城市服务保障工作

11 月，第二届中国国际进口博览会城市服务保障小组召开总结表彰大会。韵达货运有限公司派出的 12 人服务方阵，统一穿着鲜艳的工作服，作为上海快递行业唯一的代表亮相总结表彰会现场。自 2019 年 7 月，第二届进博会窗口服务保障工作启动以来，上海市邮政管理局按照市文明办整体工作部署，采取有力措施，扎实推进全市快递行业服务进博会。上海市邮政业将持续抓好精神文明建设工作，提升窗口服务质量，为建设社会主义现代化国际大都市贡献力量。

上海局积极推进邮政快递行业 ETC 安装推广工作

12 月，按照上海市政府专题会议要求，上海市邮政管理局积极配合上海市交通委，高质高效推进行业车辆 ETC 安装工作。上海市邮政管理局会同市交通委组织召开航空、邮政快递行业 ETC 安装推广专题会。会议通报了上海市《"奋战五十天，惠民千万家"ETC 发行专项行动方案》和交通运输部对本市 ETC 发行工作要求，介绍了 ETC 申请办理安装的工作流程、企业开设 ETC 对公账户以及相关数据采集上报的具体要求。结合会议要求，上海市邮政管理局配合市交通委，建立工作联系汇报制度，明确此项工作具体负责人，每周填报"企业安装 ETC 车辆信息统计表"进展情况，持续推动本市邮政快递企业 ETC 安装和数据采集上报工作，确保做到应装尽装。

江苏省快递发展大事记

两项快递服务农业项目获"金牌"称号

1 月，"沭阳花木""苏州大闸蟹"被国家邮政局授予"2018 年快递服务现代农业金牌项目"。

江苏快递业高质量发展论坛成功举办

2 月 28 日，由江苏省邮政管理局指导、省快递协会主办的"江苏快递业高质量发展论坛"成功举办。来自省快递协会副会长、理事单位、各市快递协会及特邀嘉宾共70余人参加了本次活动。江苏省邮政管理局局长张水芳出席论坛并致辞。会上，省邮政寄递事业部、无锡市快递协会、菜鸟网络政策研究院、百世江苏公司以及苏宁物流相关负责人分别做主题演讲。演讲中，他们围绕快递业高质量发展主题，既分享了发展中的成功经验，也指出了行业发展中存在的问题，同时也给出了现实可行的解决方案。

四项寄递工程被列入2019年省重大项目投资计划

3月，南通京东物流全球航空货运枢纽、如皋园林汇泰临港物流园、南通顺丰华东智慧电商物流、启东中国销售农产品物流基地等四项寄递工程正式列入省发展改革委印发的2019年省重大项目投资计划。

全省快递行业放心消费创建活动示范单位获表彰

3月，江苏省邮政管理局联合省放心消费创建活动办公室对2018年度全省快递行业放心消费创建活动进行了表彰。经两部门实地验收、评选推荐和联合审定，苏州韵必达快运有限公司等5家企业被授予2018年度“全省快递行业放心消费创建活动示范单位”称号。

江苏局实施“9585”工程

4月，江苏省邮政管理局印发了《2019年全省邮政行业生态环境保护实施方案》，全面部署行业生态环境保护工作。方案提出，2019年要在全省大力实施行业生态环境保护“9585”工程（电子运单使用率达95%、50%以上电商快件不再二次包装、循环中转袋使用率达85%、50%以上的邮政快递服务营业网点设置包装废弃物回收再利用装置），全面推动行业绿色高质量发展。方案明确了2019年全省邮政生态环境保护工作的八项重点工作。

江苏局与南京海关建立跨境寄递监管协作机制

4月，江苏省邮政管理局与南京海关就建立跨境寄递监管协作长效机制达成一致意见。双方就细化和落实《海关总署、国家邮政局关于开展打击整治象牙等濒危物种走私联合行动的通知》和《国家邮政局　商务部　海关总署关于促进跨境电子商务寄递服务高质量发展的若干意见（暂行）》精神，充分发挥邮政管理及海关监管的优势，创新合作机制，拓展合作领域，着力解决通过寄递渠道走私象牙等禁寄物品、促进全省跨境电子商务服务高质量发展等问题进行了深入细致的探讨和沟通。

苏宁物流2019“青城计划”首站在无锡起航

4月22日，苏宁物流2019“青城计划”首站在无锡起航，苏宁物流携手无锡市政府共建绿色快递城市，江苏省邮政管理局党组书记、局长张水芳，无锡市人大常委会副主任魏多、无锡市副市长蒋敏、无锡市原副市长、市快递协会会长吴建选、江苏省快递协会会长孙安宁、苏宁物流执行总裁姚凯等出席启动仪式。

江苏两家绿色快递园区被纳入省级示范物流园区储备库

6月，江苏《省级示范物流园区储备库（2019年度）名单》公布，苏南快递产业园、江宁快递产业园两家快递园区被列入库，并被确定为重点培育对象。

江苏省第三届邮政行业职业技能竞赛成功举办

6月25日至26日，江苏省第三届邮政行业职业技能竞赛在省交通技师学院顺利举行。省总工会、省人社厅、省邮政管理局等部门领导出席开幕式并视察了竞赛现场，国家邮政局邮政行业职业技能鉴定中心有关负责人到场指导。该赛事由省总工会、省人社厅、省邮政管理局主办,省交通技师学院、省邮政业安全中心、省快递协会承办,来自省邮政公司、苏宁、顺丰等14个品牌企业代表队共42名选手参加了比赛。经过近两天紧张而激烈的角逐,邮政公司代表队吴春跃、张权和中通代表队何青松分别获得前三名,省邮政公司、中通、宅急送代表队分别获得团体前三名。省总工会、省人力资源和社会保障厅根据规定授予相关获奖选手"江苏省五一创新能手""江苏省技术能手"荣誉称号。

江苏快递直接服务农业制造业半年产值超400亿元

近年来,江苏省邮政管理局积极引导快递服务向上游产业延伸,努力推动快递与相关产业协同发展,重点推动快递服务农业和先进制造业,取得了显著成效。2019年上半年,全省快递直接服务农业制造业产值达429.69亿元。其中,直接服务农业累计产值111亿元,直接服务制造业累计产值318.69亿元。江苏省邮政管理局大力推进"快递+"金牌工程。截至2019年6月底,全省共培育快递服务现代农业项目47个,快递业务量超9000万件,业务收入超3.8亿元。截至2019年6月底,全省快递服务先进制造业项目66个,快递业务量超4000万件,业务收入近5亿元。

8部门出台协同推进快递业绿色包装工作实施方案

8月,江苏省邮政管理局联合省发展改革委、科技厅、工信厅、生态环境厅、住建厅、商务厅、市场监管局制定出台了《江苏省协同推进快递业绿色包装工作实施方案》。方案明确了协同推进快递业绿色包装工作的总体目标,成立了由8部门组成的快递业绿色包装工作领导小组,从落实快递业绿色包装法规标准、增加快递绿色包装产品供给、开展快递业绿色包装试点示范、提升快递包装回收水平、强化宣传引导和教育培训等5个方面提出了20项工作任务,并逐项明确了责任单位。除落实国家邮政局等10部门《关于协同推进快递业绿色包装工作指导意见》相关要求外,方案还结合江苏实际,提出要支持一批符合条件的快递园区建设成为绿色示范物流园区,支持快递企业积极参与生活垃圾分类回收利用网络建设,推进在快递营业网点设置专门的包装回收区,优先选择在校园、社区等快递网点分类回收快递包装,在居民小区结合居民生活垃圾分类回收站点设置快递包装回收区,鼓励主要品牌快企业和物业及环卫作业企业联合开展"快递+垃圾分类"无缝衔接的合作试点,鼓励回收企业开展电商包装、快递包装逆向回收利用。

"沭阳花木"项目破亿件

8月,"沭阳花木"项目产生业务量破亿件,成为首个破亿件的"金牌项目"。

中通快递华东地区最大枢纽转运中心落地常州

9月,中通快递香港分公司与常州新北区政府正式签署购置土地协议,以2.1亿美元购置了新北区罗溪镇常州奔牛国际机场附近246亩的土地用于建设中通快递常州分拨中心。建成后,中通快递常州分拨中心将具备快件分拣作业、快速转运核心功能,仓储、配送、办公、培训等辅助功能,成为中通快递在华东地区最大的枢纽转运中心。

江苏局联合多部门推进快递包装回收箱设置

9月6日,江苏省邮政管理局联合省发展改革委、生态环境厅、住建厅,指导菜鸟网络和中通、圆通、申通、韵达、百世等快递企业在江苏启动包邮区绿色升级"回箱计划",首批投放1800个绿色回收箱,推进快递包装分类回收、循环利用。

江苏局联合多部门推进"快递+"金牌工程

9月4日,江苏省邮政管理局联合省互联网农业发展中心、省快递协会在常州召开快递＋特色农产品项目合作推进会。会上，江苏省邮政管理局通报了全省快递服务现代农业情况，省互联网农业发展中心介绍了全省特色农业发展情况和全省“三品一标”和“一村一品一店”农产品名录。省内主要快递企业负责人和重点农产品供应商代表进行了面对面的座谈交流，对进一步加强合作进行了深入探讨，部分企业现场达成了初步合作意向，顺丰与丹丹梨生产单位现场签署了深化合作协议。会议通过并发布了《江苏快递企业与江苏农产品供应商深化合作、融合发展共同宣言》。

江苏邮政业两件实事入选全省放心消费创建百件惠民实事

9月，第二届江苏省放心消费创建百件惠民实事评选结果公布，江苏省邮政管理局推荐的“南通市全力打造快递业‘放心网点’”和“宿迁快递公司联合创立‘快递＋’社区服务平台”两件实事成功入选。

江苏推进全省快递标杆网点建设

10月，江苏省邮政管理局联合省快递协会研究制定了《江苏省快递标杆网点建设规范》，进一步推进全省快递标杆网点建设。按照通知要求，2020年4月底前，江苏省每个地市要建成3个以上快递标杆网点、主要品牌企业每个品牌在省内要建成3个以上快递标杆网点，省快递协会对2019－2020年度全省快递标杆网点将一次性给予每个网点2000元建设资金奖补。

全省首张企业运营智能快件箱经营快递业务许可核发

10月29日，江苏省首张企业运营智能快件箱经营快递业务许可证正式核发江苏云柜网络技术有限公司，标志着智能快递箱企业的相关业务正式纳入该省邮政管理部门的监管范围。

江苏市级邮政业安全支撑机构在全国率先实现地区全覆盖

10月31日，随着连云港市邮政业安全发展中心批复成立，江苏省13个设区市已全部批复成立邮政业安全支撑机构，在全国率先实现了地区全覆盖。

江苏实现市级快递行业党委全覆盖

11月，中国共产党苏州市非公快递行业委员会获批成立，这标志着江苏全省13个地市快递行业党委实现了全覆盖。

决定设立无锡国际邮件互换局

11月12日，中国邮政集团公司经国家邮政局和海关总署审查同意，批复中国邮政集团江苏省分公司，决定设立无锡国际邮件互换局(交换站)，标志着历时五年多的申报工作获得成功。

首届江苏省快递员节开幕

11月29日，由江苏省邮政管理局、江苏省总工会、共青团江苏省委主办，高邮市人民政府承办的“中国邮文化节·首届江苏省快递员节”在江苏高邮开幕。江苏省“寻找最美快递员”活动评选揭晓，10名“最美快递员”登台领取了获奖证书，并共同启动属于自己的节日。

淮安市出台全国首份快递行业集体协商合同

11月，淮安市出台全国首份快递行业集体协商合同，江苏省总工会主席魏国强对此作出批示，要求在全省范围示范推行。全年，该市开展医疗互助、旺季保障、困难帮扶等十项关爱活动，共为快递企业网点争取价值10万元物资。在全市40家快递末端服务网点设立“户外劳动者爱心驿站”，为830多名一线快递员购买意外伤害险，顺丰快递员因伤被赔付了20多万元 。

江苏局创成省文明单位

12月7日，江苏省精神文明建设指导委员会发布《关于命名表彰2016－2018年度江苏省文明行业和江苏省文明单位、文明校园的决定》，对各项事业协调发展、精神文明建设成效突出的先进单位进行表彰，江苏省邮政管理局荣列其中。

江苏成立邮政行业职业教育集团

12月11日，江苏省邮政行业职业教育集团成立。全省22所职业院校、21家主要邮政快递企业及有关单位近百名代表出席成立大会。全国邮政职业教育教学指导委员会、省邮政管理局、省教育厅到会指导。江苏省邮政行业职业教育集团是以无锡城市职业技术学院为牵头单位，成员单位来自省内相关职业院校、邮政快递企业、快递协会的非营利性职业教育联合体。成立该集团，旨在集聚优质资源、促进产教融合、推进邮政快递类相关学历教育，为邮政行业输送和培养高质量的各类人才。会上，江苏省邮政管理局还为今年新增的3个省级邮政行业人才培养基地授牌。

江苏4名快递（邮递）员荣获2年度“全国交通技术能手”称号

12月，交通运输部公布了2019年度全国交通技术能手评选结果，江苏省吴春跃、麻贤明、周江、吴爱军4名快递（邮递）员荣获这一称号。本次评选是江苏邮政行业一线从业人员首次参加全国交通技术能手评选并获得荣誉。

江苏局与苏宁物流集团签署党建共建协议

12月31日，江苏省邮政管理局与苏宁物流集团签署了党建共建协议，并共同开展党建活动。江苏局党组成员、副局长、机关党委书记蒋波，苏宁控股集团党委副书记、苏宁易购集团副总裁马康出席签约仪式并讲话，省邮政管理局全体党员及苏宁集团党员代表参加本次活动。

江苏局联合省公安厅规范快递服务车辆通行管理

12月，江苏省邮政管理局联合省公安厅印发了《关于进一步加强和规范快递服务车辆交通安全管理的通知》，切实维护快递服务车辆安全有序畅通，服务群众用邮需求，保障全省快递服务业高质量发展。

江苏局全面完成全年行业生态环保“9585”工程目标

2019年，江苏省邮政管理局认真贯彻落实国家邮政局工作部署，努力推进邮政行业生态环保工作，全面完成各项工作目标。全省主要品牌寄递企业电子运单使用率达到98.96%；6098个城区邮政快递网点设置了包装废弃物回收再利用装置，占比73.4%；95.26%的电商快件不再二次包装；循环中转袋使用率达到85.4%。

无锡获“中国快递示范城市”称号

12月30日，国家邮政局正式授予无锡市“中国快递示范城市”称号。

浙江省快递发展大事记

浙江省政府领导充分肯定全省邮政业发展成就

1月，浙江省省长袁家军、副省长高兴夫先后在浙江省局报送的《关于全省快递业务量突破100亿件的报告》上作出重要批示。袁家军指出：可喜可贺，望加大创新力度，推进我省快递业提质增效。高兴夫指出：全省快递业务量突破100亿件，这是我省深入实施"八八战略"，推动快递业持续健康快速发展的重要里程碑。全省邮政管理系统担当负责、主动作为，在谋划、指导、推动快递业发展中发挥了重要作用。希望以此为新起点，进一步围绕中心、服务大局、深化改革、提质增效补短板，实现我省快递业更高质量、更高水平发展。

浙江出台推进电子商务与快递物流协同发展的实施意见

1月，浙江省政府办公厅正式出台《关于推进电子商务与快递物流协同发展的实施意见》。意见提出，一是完善产业政策，创造良好环境；二是加强协同发展，促进产业融合；三是优化物流布局，完善基础设施；四是要强化规范运营，优化通行管理；五是加大创新力度，提高运行效率；六是坚持绿色理念，推动持续发展。

浙江局出台关于促进民营快递高质量发展的指导意见

1月2日，浙江省邮政管理局印发《浙江省邮政管理局关于促进民营快递高质量发展的指导意见》，着力解决制约浙江省民营快递企业发展瓶颈。

义乌国际贸易综合改革试验区框架方案出炉

1月4日，中共浙江省委、浙江省人民政府印发《义乌国际贸易综合改革试验区框架方案》，拓展"义新欧"运邮功能等内容列入其中。按照框架方案，试验区将对标自贸区，以大众贸易自由化便利化和国际贸易高质量发展为方向，主动融入和服务"一带一路"，创新组织形态、集聚主导业态、优化综合生态、突出作风状态，构建陆海联动开放型经济新体制，最终向国际自由贸易港迈进。试验区将允许先行先试，充分给予授权，赋予发展空间。

浙江快递业助推小微企业园高质量发展指导意见出台

1月11日，浙江省邮政管理局、浙江省经济和信息化厅印发《关于做好快递业助推小微企业园高质量发展的指导意见》，文件要求充分发挥快递在服务制造业发展中的重要作用，完善小微企业园配套服务功能，降低小微企业成本。

圆通航空首开"义乌—首尔"全货机航线

1月22日，圆通航空首开义乌—首尔全货机航线。连接义乌这个"世界超市"与韩国乃至亚太市场的首条国际货运航线，自此正式开通；这对义乌跨境电商以及圆通国际业务的发展起到重要助推作用。

浙江省政府出台推进运输结构调整行动计划

1月25日 浙江省政府办公厅出台《浙江省推进运输结构调整三年行动计划（2018－2020年）》，其中明确多项措施，助推邮政业转型升级。行动计划指出，一是要培育壮大航空快递物流；二是强化跨境电子商务物流服务保障；三是加快新能源车辆推广应用；四是推进城市绿色配送示范。

中国（义乌）跨境电商综合试验区实施方案发布

2月，浙江省政府出台《中国（义乌）跨境电子商务综合试验区实施方案》，其中提出到2022年，争取跨境电子商务年出口交易额突破1800亿元、年进口交易额突破200亿元，培育10个以上跨境电子商务产业集群。方案还提出进一步优化跨境电子商务监管流程，提高跨境电子商务通关效率。

多项邮政业基础设施纳入浙江大都市区建设行动计划

2月，浙江省委省政府出台《浙江省大都市区建设行动计划》，提出依托杭州、宁波、温州、金义四大都市区，打造参与全球竞争主阵地、长三角高质量发展示范区、浙江现代化发展引领极，努力成为长三角世界级城市群一体化发展金南翼，其中多项邮政业基础设施被纳入。

20个全省农村快递服务示范点出炉

2月17日,浙江省邮政管理局印发《关于公布浙江省农村快递服务示范点的通知》,评选出20个全省农村快递服务示范点。

浙江启动绿色物流发展指数常态化监测发布

3月26日,浙江省绿色物流发展指数发布启动大会在杭州举行,浙江正式启动绿色物流发展指数的常态化监测发布。浙江省邮政管理局市场监管处副处长赵海忠在大会上作了"绿色快递、你我同行"的专题发言,对浙江快递发展现状、绿色治理情况及存在问题等作了深入阐述,并就全社会关注、多部门协同加强绿色快递建设发出了倡议。联合国开发计划署驻华副代表戴文德致辞,原国家发改委司长、联合国开发计划署项目专家谢极作专家发言。

浙江启动快递物流布局规划编制

4月9日,《浙江省快递物流布局规划》编制预研完成,工作正式启动。

浙江局联合5部门发文加强城乡高效配送

4月15日,浙江省商务厅、浙江省公安厅、浙江省交通运输厅、浙江省邮政管理局、浙江省供销合作社联合社印发《浙江省商务厅等5部门关于进一步落实城乡高效配送专项行动有关工作的通知》。通知强调,温州市被纳入专项行动首批30个城市,要珍惜试点机遇,强化城市主体责任,建立健全工作领导与协调机制,对照《城乡配送绩效评价指标体系》,根据重点任务安排要求,进一步完善实施方案,确定具体实施企业,建立工作台账。

浙江多渠道拓宽县农产品营销渠道

4月26日,浙江省邮政管理局与浙江省商务厅、浙江省对口工作领导小组办公室、浙江省农业农村厅等13部门联合印发《浙江省商务厅等13部门关于印发浙江省多渠道拓宽贫困地区和省内加快发展县农产品营销渠道实施方案的通知》。

高兴夫副省长批示肯定"城乡通"

5月16日 浙江省副省长高兴夫在《全覆盖 高时效 更贴心——临安区试点"城乡通"有效破解农村配送"最后一公里"难题》上批示肯定,指出临安"城乡通"试点为破解农村物流"最后一公里"难题作出了积极探索。请省邮政管理局阅研,总结提炼各地好做法供各地学习借鉴。

浙江强化落实企业安全生产主体责任

5月23日 浙江省邮政管理局印发《关于强化落实企业安全生产主体责任的实施意见》,进一步强化落实企业安全生产主体责任,提升全省邮政业安全生产整体水平。

浙江省成立全国首家民营快递发展中心

5月29日,全国首家民营快递发展中心(筹备)在浙江桐庐正式挂牌成立。该发展中心是桐庐县政府新组建的直属正科级事业单位,专门负责快递产业的规划、政策、招商、服务和对外交流等工作,目的是更好地发挥桐庐"中国民营快递之乡"的资源优势,抢抓发展新机遇,服务和推动桐庐的快递产业发展,打造中国快递产业高地。

浙江局颁发全国新业态快递许可第一证

5月31日,浙江省邮政管理局向浙江驿智网络科技有限公司颁发了全国第一张开办服务站经营快递业务许可证。

浙江率先在全国实现快递业高级工程师零的突破

6月26日,浙江省快递行业高级工程师职务任职资格评审委员会召开首次评审会议,经专家组评审,7名人员获得浙江省首批快递行业高级工程师资格,浙江在全国率先实现快递业高级工程师零的突破。

浙江快递物流布局规划编制工作完成

6月27日,浙江省邮政管理局完成《浙江省快递物流布局规划》编制工作,“一湾、两港、一中心、三枢纽”的快递业空间布局基本确立。

浙江运用多种新设备举行邮政业突发应急演练

6月28日,由浙江省邮政管理局主办,金义都市区管委会、金华市邮政管理局承办的2019年邮政业突发事件应急演练在金华举行。此次演练,浙江省邮政管理局首次运用多种新型装备,如消防机器人编队,包含机器人运输车、灭火机器人、防爆灭火侦查机器人、排烟机器人以及公安禁毒单兵装备等。通过演练,有效推进了全省邮政业安全生产工作,进一步规范邮政业安全应急管理,提升各级邮政管理部门和寄递企业对邮政业突发性事件应急处置、力量调度、实战指挥和后勤保障能力以及与相关部门协同作战的水平。

浙江出台促进跨境寄递服务高质量发展实施意见

7月3日,浙江省邮政管理局、浙江省商务厅、杭州海关、宁波海关联合印发《关于促进跨境电子商务寄递服务高质量发展的实施意见》。意见明确,将从四个方面扎实推进跨境电子商务寄递服务高质量发展。

浙江局与公安部门建立联署办公机制

7月,浙江省邮政管理局市场监管处与浙江省公安厅技术侦查总队正式签订合作纪要,建立联署办公机制,形成工作专班,省公安厅技术侦察总队每周定期指派专人协助配合开展寄递渠道安保工作。

浙江开展行业生态环保主题宣传活动

7月10日,浙江省邮政管理局印发《浙江省2019年“邮来已久、绿动未来”主题宣传活动工作方案》,开展为期6个月的行业生态环保主题宣传活动。

圆通航空杭州—菲律宾马尼拉全货机航线首航

7月16日,圆通航空正式开通杭州—菲律宾马尼拉全货机航线。这是圆通航空在杭州机场开通的第一条国际航线,首航即出运了布料及跨境电商货物等2177公斤。杭州马尼拉全货机航班的班期为每周二、四、六,由圆通航空执飞,主要运载菲律宾特色水产品、海鲜、水果及跨境电商货物。该航班的开通,有力推动中菲两国跨境电商产业发展,更好地服务于“一带一路”的建设。

开展全省邮政行业青年安全示范岗创建活动

7月16日,浙江省邮政管理局联合共青团省委部署开展全省邮政行业青年安全示范岗创建活动,进一步激励引导邮政行业青年树立安全与发展并重理念,强化安全生产意识,发挥青年在提升企业安全生产管理中的生力军作用,保障邮政业安全稳定和寄递渠道安全畅通。

两部门专题调研寄递业和制造业

7月25日,交通运输部、国家邮政局有关司室赴杭州对阿里集团、海康威视公司等寄递企业、制造企业开展专题调研。围绕建设国际寄递物流供应链体系,深入了解重点制造企业对国际供应链服务的需求,和菜鸟等服务制造业、中资企业国际供应链、跨境电商发展的现状和未来考虑,听取相关意见建议。浙江省邮政管理局党组书记、局长陈凯陪同。

浙江强化邮(快)件协议用户管理

7月29日 浙江省邮政管理局印发《关于进一步明确邮件快件寄递协议服务安全管理要求的通知》,强化协议用户管理。

中国邮政义乌—大阪国际货运航线开通

8 月 20 日，中国邮政开通义乌—大阪国际货运航线。该货运航线是义乌机场首次开通飞往日本的国际货运航线，也是中国邮政航空有限公司的货机首次进驻义乌机场并开辟的国际货运航线。

浙江省政协主席肯定快递业绿色发展成效

8 月 29 日，浙江省政协主席葛慧君主持召开“快递外卖业绿色发展”民生协商论坛，专题聚焦新业态所带来的生态环境问题并邀请各方代表共商解决之道。浙江省邮政管理局党组书记、局长陈凯出席论坛，并对快递业绿色包装治理情况进行介绍，回答了委员的相关问题。葛慧君对浙江快递行业政企协力推进绿色发展表示肯定，并称赞驿站等服务站模式是快递集约化共建的良好尝试。

陈凯局长出席中国(杭州)国际快递业大会并作主旨演讲

9 月 10 日，由国家邮政局、浙江省人民政府、中国快递协会主办，杭州市人民政府承办的第三届中国(杭州)国际快递业大会在桐庐召开。来自全国人大财经委、商务部、工信部、交通运输部等相关单位领导，以及国内外知名快递企业、快递业生态圈企业代表等 600 余人齐聚盛会，以“快递联通世界”为主题，共同探讨新时代快递业高质量发展大计，推动国际交流合作。国家邮政局局长马军胜、浙江省人民政府副省长高兴夫出席大会并致辞，中国快递协会会长高宏峰、国家邮政局副局长刘君出席并参加《中国快递业社会贡献报告(2018)》发布仪式。浙江省邮政管理局党组书记、局长陈凯作题为“迈入国际快递网络建设新征程”的主旨演讲。

两部门就快递从业人员权益保障工作进行深入对接

9 月 18 日，为落实习近平总书记关于邮政业和“快递小哥”重要指示精神，浙江省邮政管理局与省总工会就快递从业人员权益保障工作进行深入对接，就推进全省快递业从业人员权益维护和日常保障等工作进行深入交流，并达成了一致意见。

强化落实企业安全生产主体责任

9 月 20 日，浙江省邮政管理局印发《关于贯彻落实〈邮政企业、快递企业安全生产主体责任落实规范〉的通知》，强化落实企业安全生产主体责任。

高兴夫副省长批示全省快递业“两进一出”工程全国试点筹备情况

9 月 29 日，浙江省副省长高兴夫在《关于全省快递业“两进一出”工程全国试点筹备情况的函》上批示：省邮政管理局行动迅速，望进一步加强与国家局对接落实，争取政策支持，同时细化完善方案，要对标国际先进，充分依托培育核心企业，全面布局，明确目标、计划、举措，稳步高效推进。

推动“快递人之乡”向“快递产业之乡”转变

10 月 2 日，浙江省副省长高兴夫在《桐庐县紧抓快递业大会成功举办契机推动“快递人之乡”向“快递产业之乡”迈进》上作出批示：本届快递业大会取得了一系列成果。望充分利用大会平台，进一步对标国际一流、集聚高端要素资源和快递业创新发展，推动“快递人之乡”向“快递产业之乡”转变。

陈凯局长专题汇报全省快递业“两进一出”工程全国试点工作情况

10 月 9 日，浙江省邮政管理局党组书记、局长陈凯就全省快递业“两进一出”工程全国试点工作前期筹备情况向浙江省副省长高兴夫作专题汇报。汇报会上，陈凯局长向高兴夫副省长汇报了《全省快递业“两进一出”工程全国试点工作方案》的主要内容、前期准备情况和重点工作攻坚和下一步工作考虑，重点汇报了与国家邮政局领导以及各相关司室的沟通交流情况。高兴夫副省长在听取汇报后，对浙江省邮政管理局落实工作的速度和效率表示充分肯定，对方案的整体框架和建设“三张网”的总体目标表示基本认可。省政府副秘书长董贵波、省交通厅副厅长蔡洪参加会议。

中欧班列（义乌—列日）菜鸟号首发

10月9日，在浙江义乌火车西站，中欧班列（义乌—列日）eWTP菜鸟号的一节集装箱被吊装入列。当日，中欧班列（义乌—列日）eWTP菜鸟号正式开通，这趟国际货运班列满载着82个标准箱从义乌西货运站鸣笛启程，最终抵达比利时列日。随着中欧班列（义乌—列日）运营方向的开通，义乌始发的中欧班列已达到11条线路，辐射欧亚大陆37个国家和地区，实现丝路沿线主要贸易国家与地区的全覆盖。

欧洲邮政监管委员会代表团来浙考察访问

10月13日，欧洲邮政监管委员会主席马托斯先生带领委员会代表团一行到浙江省考察访问邮政业相关企业，浙江省邮政管理局党组书记、局长陈凯与来宾会晤，交流邮政监管经验。

柯桥区“交邮+供销”模式获省领导批示

10月13日，浙江省副省长高兴夫在《柯桥区“交邮+供销”模式促进城乡物流双向流通　解决农村“卖难买难”问题》上批示：柯桥区做法很扎实有效。请省邮政管理局阅研借鉴，积极探索“两进一出”中的快递进村试点工作。

快递垃圾治理绿色升级

10月24日，中共浙江省委办公厅、浙江省人民政府办公厅印发《关于高水平推进生活垃圾治理工作的意见》，快递减量化、绿色化、可循环等相关内容列入其中。

浙江省快递市场法人主体信用评定方案试行

10月25日，浙江省邮政管理局印发《浙江省快递市场法人主体信用评定方案（试行）》，采集整合浙江省快递市场监管侧信用信息，以快递市场法人主体信用档案管理机制为载体，以量化打分和划档分级相结合为主要方式，对快递市场法人主体遵规守纪、履行法定义务、落实安全保障和服务质量主体责任等诚信经营情况进行综合评价。

浙江省快递专业类物流专项规划编制启动

11月6日，浙江省邮政管理局启动《浙江省快递专业类物流专项规划》编制工作。

全力推进浙江省邮政行业先进评选工作

11月8日，为表彰先进，弘扬正气，浙江省邮政管理局、浙江省人力资源和社会保障厅根据上级要求联合印发《关于开展全国邮政行业先进集体、劳动模范和先进工作者评选推荐工作的通知》，全力推进浙江省邮政行业先进评选工作。

快递业重点工作纳入省交通强国试点任务

11月14日，浙江省邮政管理局对接交通运输厅将快递业“两进一出”等重点工作纳入浙江省交通强国试点任务。

全省顺利完成“双11”旺季服务保障工作

11月11日至18日，浙江省邮政管理局顺利完成2019年“双11”旺季服务保障工作。此期间，浙江省主要网络型快递企业实际处理快件约为8.42亿件，同比增长26.01%，其中处理揽收件6.44亿件，同比增长23.87%，处理派件1.98亿件，同比增长33.47%。此外，宁波保税区跨境货物放行报关单累计完成1791.4万单，位居全国前列。

提出打造邮政强省的总体设计

11月23日，浙江省邮政管理局完成《中共浙江省委　浙江省人民政府关于贯彻〈交通强国建设纲要〉高水平推进交通强省建设的实施意见》邮政专章编制，提出擦亮邮政快递品牌，打造邮政强省的总体设计。

全省快递业“双11”旺季服务保障工作获省领导批示

11月28日，浙江省副省长高兴夫在浙江省邮政管理局上报的《关于2019年全省快递业“双11”旺季服务保障工作的报告》上作出重要批示“准备充分、保障有力、不断创新，望再接再厉，全力打造快递强省”，高度肯定我省“双11”旺季服务保障工作成绩，同时对省局今后工作提出了殷切希望。

第二届浙江国际智慧交通产业博览会·未来交通大会开幕

12月6日，第二届浙江国际智慧交通产业博览会·未来交通大会在杭州开幕，邮政、顺丰等十家快递企业参展。在开幕式主旨演讲中，浙江省政府党组成员、副省长高兴夫提出要促进快递业大省向快递强省转变，并在浙江省邮政管理局党组书记、局长陈凯的陪同下参观了快递及现代物流展区，对浙江快递业在绿色发展和科技创新方面作出的积极探索尝试给予肯定。

深化融合推进农村物流高质量发展

12月9日，浙江省邮政管理局结合全省邮政业实际，联合省交通运输厅、省邮政分公司印发《贯彻落实〈关于深化交通运输与邮政快递融合推进农村物流高质量发展的意见〉的通知》，深化交通运输与邮政快递融合推进农村物流高质量发展。

浙江邮政业发展“十四五”规划编制工作启动

12月12日，浙江省邮政管理局启动浙江省邮政业发展“十四五”规划编制工作。

高兴夫副省长对推动浙江快递物流布局创新的调研建议作出批示

12月21日 浙江省副省长高兴夫在省发展规划研究院报送的《推动浙江快递物流布局创新的调研建议》上作出重要批示：建议很好、很重要。请邮政管理局牵头会同各相关部门结合“两进一出”试点，制定我省快递物流布局及高质量发展意见。

专项部署未来几年快递从业人员职业技能培训工作

12月23日，浙江省邮政管理局、浙江省人力资源和社会保障厅、浙江省财政厅联合印发《2019－2021年浙江省快递从业人员职业技能培训方案》，对未来几年全省快递从业人员职业技能培训工作做了专项部署。

国际快递业务经营许可审批权限下放工作启动申报程序

12月25日，国际快递业务经营许可审批权限下放工作获得国家邮政局初步认可，并启动申报程序。

推动浙江省邮政业高质量发展的实施意见发布

12月26日，浙江省邮政管理局、省交通运输厅、省委政法委等18部门联合印发《关于认真落实习近平总书记重要指示推动浙江省邮政业高质量发展的实施意见》，为行业发展提供政策支持。

浙江省快递业务量（发件量）突破130亿件大关

12月27日，浙江省邮政管理局召开新闻发布会。邀请到中央人民广播电台、澎湃新闻、浙江日报、浙江经视等12家新闻媒体以及腾讯网、新浪网等4家网络媒体参加。浙江省邮政管理局党组书记、局长陈凯作新闻发布。根据国家邮政局全国快递业数据监测系统显示，当日，浙江省快递业务量（发件量）正式突破130亿件大关，约占全球快递业务总量的11.8%。

全省全年邮政业减税降费金额19879.57万元

截至12月31日，浙江省邮政管理局完成2019年全省邮政业落实减税降费工作，2019年全省邮政业减税降费金额19879.57万元。

《浙江省快递业促进条例》申报通过

12月31日，《浙江省快递业促进条例》申报通过，被省人大列入2020年初次审议项目。

安徽省快递发展大事记

合肥利用外资推动经济高质量发展实施意见发布

1月，合肥市政府印发《关于积极有效利用外资推动经济高质量发展的实施意见》，明确提出降低物流成本、发展国际寄递业务等内容，邮政业发展获政策支持。意见指出，一是要推动国际快件监管中心投入运行，科学规划合肥中欧班列规模线路，优化发展环境，加强场站、通关等基础设施建设，鼓励外地货物搭乘，促进中欧班列降本增效。二是要积极建设陆空联合开放口岸和多式联运枢纽，加快发展江海、铁空、铁水等联运，增加合肥市国际国内航线和班次，积极增开全货机航线，加强航空中转枢纽港建设，健全合肥机场航空口岸功能。三是要完善市场调节机制，调整运输结构，提高运输效率，加强公路、铁路、航空、水运等领域收费行为监管，进一步降低企业物流成本。

安徽省成立第一届快递业信用评定委员会

1月，安徽省邮政管理局成立了省第一届快递业信用评定委员会，圆满完成了安徽局2018年快递业信用体系建设工作任务，为全省快递业信用体系建设工作奠定坚实基础。

铜陵市政府工作报告提出打造皖中南商贸物流中心

1月，在铜陵市第十六届人民代表大会第二次会议上，市长胡启生在政府工作报告中提出打造皖中南商贸物流中心，优化商贸物流设施空间布局，完善城乡快递服务网络。报告指出，要建设线上铜陵，在紧抓产业互联网的同时，补上消费互联网的课，树牢“买全球、卖全球”的理念，推动电商产业爆发式发展；大力支持电商产业做大做强，抢抓机遇发展跨境电商，实施“互联网+”农产品出村工程。完善城乡快递服务网络，鼓励多式联动，发展冷链物流。

《芜湖市快递管理办法》发布

1月，《芜湖市快递管理办法》以市政府令形式正式发布，并将于2019年3月1日起施行，开创了安徽省市级邮政管理机构地方政府立法先河。办法分为总则、发展保障、快递经营、快递服务、快递安全、监督检查、法律责任、附则八章，共计44条，从芜湖市快递业发展实际出发，强化问题导向，彰显芜湖特色。

安徽省政府工作报告三处肯定支持邮政业发展

1月，安徽省省长李国英在省十三届人大二次会议上代表省政府作政府工作报告。快递业务量作为全省现代服务业重要发展指数再次写入工作报告，快递业两项工作任务被列为全省2019年工作加以推动实施。省政府工作报告在回顾2018年工作时指出，“快递业务量突破11亿件、增长30%。”在布置2019年重点工作时，提出要着力开拓内需潜力，完善促进消费的体制机制，“优化物流设施空间布局，完善城乡服务网络”；要深入实施乡村振兴战略，大力发展乡村产业，优化升级农村电商，“实施‘互联网+’农产品出村工程，推进县域快递企业集聚和业务整合，提升行政村快递通达率、投递频次和网点收发兼容度”。省政府工作报告三处提及邮政业发展，是安徽省邮政体制改革以来历史首次，充分体现了省委省政府对全省行业发展的关注和肯定。

提出要切实增强快递小哥的获得感、尊严感、幸福感

1月24日，团中央在合肥举办2019年“共青团与人大代表、政协委员面对面”分场活动，邀请6位人大代表、8位政协委员，围绕“促进快递配送从业青年的职业发展和社会融入”主题，走进合肥(蜀山)国际电子商务产业园，慰问一线从业青年，并与快递企业、从业青年代表进行面对面交流。十三届全国政协委员、团中央书记处书记傅振邦，安徽省人大常委会副主任刘明波以及团省委书记孔涛，省局党组书记、局长李勇，安徽省政协、合肥市相关同志参加活动。

安徽省实现省、市两级快递业信用评定委员会全覆盖

3月，黄山市快递业信用评定委员会成立，标志着安徽省省、市两级快递业信用评定委员会全部成立，为下一步推进全省快递业信用体系建设工作奠定了组织基础。

完善邮政业消费者申诉受理与邮政市场监管工作衔接

4月，安徽省邮政管理局出台《关于完善邮政业消费者申诉受理与邮政市场监管工作衔接和联动机制的实施意见》。实施意见分为三个部分，一是按照分级负责、分类管理的原则，明确了安徽省邮政管理局相关处室、安全中心及各市局工作职责，市场监管处负责统筹指导全省快递市场监管。二是完善了工作衔接和联动的流转处理机制，规范了对申诉受理中发现的企业涉嫌严重侵害消费者合法权益等违法违规线索以及消费者申诉量骤增等市场异常情况的处理程序。三是明确了工作衔接和联动的有关要求，定期召开快递服务质量提升联席会议，对不按要求开展工作衔接和联动的将予以通报。

安徽完成省、市两级快递末端服务车辆通行政策全覆盖

4月，合肥市邮政管理局联合市公安局交警支队印发《关于规范合肥市快递末端服务车辆通行管理的实施意见》，至此，安徽省、市两级快递末端服务车辆通行管理政策全部出台。

安徽省邮政业安全中心荣获“省直机关五一劳动奖状”

4月，安徽省直机关庆祝“五一”暨表彰先进大会隆重召开，省邮政业安全中心被授予第五届“省直机关五一劳动奖状”。

中央媒体采访团赴黄山、安庆进行集体采访

4月22日至26日，国家邮政局新闻办公室组织经济日报、中国新闻社、中国青年报、中国交通报、中国邮政快递报、中国质量报、中国食品安全报等7家中央及行业媒体的11名记者先后赴黄山、安庆市进行“壮丽70年·奋斗新时代”集体采访。

安徽省各市邮政业应急救援队伍全部成立

安徽省邮政管理局下发通知，督促各市局成立应急救援队伍，推动完善应急管理体系。4月，安徽省市级邮政业应急救援队伍已全部成立。市级邮政业应急救援队伍由各市邮政管理局统一指挥调度，在紧急情况下对辖区内寄递渠道较大突发事件进行先期处置，帮助事发企业实施救援、疏散，开展积压邮件、快件疏运工作，控制事态发展，减少人员伤亡和财产损失。

合肥提出实现快递物流配送网点全覆盖

5月,合肥市委印发了《合肥市乡村振兴战略规划(2018—2022)》,提出到2020年,全市所有建制村和具备条件的自然村基本实现快递物流配送网点全覆盖;各县区建设2个以上的农村物流中心,每个乡镇建设1个以上的综合运输服务站,每个建制村建设1个综合运输服务点。

合肥出台推动经济高质量发展实施细则

5月,合肥市政府出台《2019年合肥市培育新动能促进产业转型升级推动经济高质量发展若干政策实施细则》,对快递企业做大做强、末端公共服务平台建设等5个项目以事后奖补的方式予以资金扶持。实施细则明确了奖补项目、申报条件及奖补金额等内容。一是支持快递企业总部建设,对符合要求的注册地位于合肥的快递企业总部,给予100万元一次性奖补。二是支持企业做大做强,对快递年业务量超过5000万件(收派)且年增幅40%以上的快递企业,给予50万元一次性奖补。三是支持安检机配置,对单台安检机价格达10万元的,按购置总金额的25%至30%给予财政补贴。四是支持分拣设施更新升级,对自动分拣设备投资额达300万元(含)以上的,按投资额的15%给予一次性奖补,最高不超过100万元。五是支持末端网络建设,对末端公共服务平台及末端网点备案总数达200个以上的快递企业,给予50万元一次性奖补。

国家局合肥灾备中心主体工程正式封顶

5月30日上午,国家邮政局"绿盾"工程唯一新建土建工程合肥灾备中心举行主体封顶仪式。这标志着国家邮政局合肥灾备中心建设进入全面冲刺阶段。

安徽省市两级共同推进建设航空快件"绿色通道"

6月,安徽省邮政管理局市场监管处处长率合肥市邮政管理局一行赴合肥新桥国际机场,与民航安徽监管局、省公安厅机场公安分局、机场客货公司等相关部门负责人座谈,共同商讨邮政业与航空运输业协同发展、建设航空快件"绿色通道"、与机场公安建立联合执法机制等事宜。会上,邮政管理部门介绍了市邮政业的基本情况,提出了推进全市航空快件"绿色通道"建设、优先安检和优先配舱的建议,机场公安、民航监管等部门通报了目前市航空快件运输、安全监管等情况。与会单位共同探讨了下一步加快航空快件安检、通关时限等工作,一致表示支持优化航空快件监管流程,建设快件"绿色通道"。

李国英省长强调要加快邮政快递基础设施建设

8月2日,安徽省农村电商优化升级现场会在霍山县召开,安徽省省长李国英出席会议。李国英强调,要坚持不懈把发展农村电商作为扎实推进现代农业建设的重要任务,坚定目标方向,不断总结经验,及时打通阻点,凝聚智慧和力量,发扬钉钉子精神,推动全省农村电商实现持续健康发展。副省长周喜安、省政协副主席李和平、省政府秘书长白金明,省商务厅、交通厅、邮政管理局等部门及各地市、县区政府主要负责人参加现场会。

推进市级以下邮政业安全监管支撑体系建设指导意见出台

8月,安徽省邮政管理局在全国范围内率先印发《关于推进市级以下邮政业安全监管支撑体系建设的指导意见》。指导意见结合安徽实际,对国家邮政局《关于推进省级以下邮政业安全监管支撑体系建设的指导意见》进一步明确和细化,在机构职责、设置形式、人员管理和财务管理等方面作出了具体规定,提出了全省市级以下邮政业安全监管支撑机构建设目标,同时明确了机构推进过程中的相关要求。

安徽省邮政业安全中心荣获“标兵单位”称号

8月，安徽省总工会、省创建文明行业活动指导委员会联合印发《关于命名2019年度安徽省职工职业道德建设标兵单位、标兵个人的决定》，决定命名98家单位为“安徽省职工职业道德建设标兵单位”，省邮政业安全中心获此殊荣。

合肥市委市政府印发更高质量发展工作方案

8月，中共合肥市委、市政府印发《合肥市推动长三角地区更高质量一体化发展重点工作推进方案》，明确提出产业一体化、交通一体化、商务一体化、城乡融合一体化等措施，邮政业在基础设施建设、跨境寄递发展、快递下乡进村等方面获政策利好。方案指出，着力推进国家物流枢纽布局承载城市建设，加强航空快递枢纽、快递专业类物流园区规划建设，推进合肥全国邮政客户服务中心、快递服务后台基地建设。补齐农村基础设施建设短板，鼓励商贸、邮政、快递、供销、运输等企业加大在农村地区的设施网络布局，基本建成县乡村三级农村物流网络体系，引导支持农产品流通企业发展冷链物流。方案强调，加快建设国际航空货运集散中心和跨境电子商务园区，重点推进网易考拉合肥跨境电商物流基地、合肥综保区跨境电商平台、顺丰智能分拣基地二期等项目建设。加强与“义新欧”“苏满欧”等长三角区域中欧班列合作交流，优化班列线路布局，共同拓展回程资源，提升合肥中欧班列运行质量和效益。

两部门联合出台加强全省快递行业工会建设的意见

9月，安徽省邮政管理局与省总工会联合出台了《关于加强全省快递行业工会建设的意见》。意见明确了加强全省快递行业工会建设的总体思想，提出了主要目标任务：一是着力扩大工会组织在全省快递行业的覆盖面。2019年底全省快递企业、加盟网点建会率和从业人员入会率均达到50%，2020年底建会率和入会率要达到65%。2021年后，全省快递企业、加盟网点建会率和从业人员入会率动态保持在80%以上。二是着力推动全省快递行业工会组织和工会工作规范化建设。按照“六有”要求稳步推进组织规范化，建立健全职代会、集体协商等制度，依法依规民主选举工会主席，不断提高工会工作规范化水平。2019年底前实现全省已建会100人以上快递企业、加盟网点单独建立职代会、厂务公开制度动态保持在85%以上；2020年底前全省快递企业工会基本达到“六有”标准。

安徽发布推进邮政业服务乡村振兴实施意见

10月，安徽省邮政管理局联合省发展改革委、省财政厅、省农业农村厅、省商务厅、省文化和旅游厅、供销联合社印发《关于推进邮政业服务乡村振兴的实施意见》。意见明确，到2022年底，实现全省建制村100%通快递，建制村电商寄递配送全覆盖，深度融入现代农业体系和乡村产业发展，县域邮政业供给能力和供给质量显著提高，绿色发展成效明显，寄递渠道安全畅通，县域邮政业在农业农村发展和社会治理中发挥重要作用，涉农寄递物流产品丰富，带动乡村文化和旅游繁荣发展，打造一批服务现代农业示范项目，有效促进农民持续增收和巩固脱贫成果，培育一批农产品上行、电商扶贫等领域具有示范性的电商服务网点，助力脱贫攻坚更有效，形成服务乡村振兴的制度框架和措施体系。

安徽省代表队在行业职业技能竞赛中获优异成绩

10月14日至15日，2019年中国技能大赛——第二届全国邮政行业职业技能竞赛全国总决赛在江西南昌圆满落幕。安徽省代表队与全国其他30个省(区、市)，来自11个品牌寄递企业的124名参赛选手经过两天的激烈角逐，最终，安徽省代表队郭楠获得快递员职业一等奖，袁庆龙获得快件处理员职业二等奖，张兵获得快递员职业三等奖。此外，安徽省代表队获得团体优胜奖、优秀组织奖，一个人获得优秀技术指导奖。

安徽智能信包(快件)箱获支持

10月31日，安徽省人民政府出台《关于加强城镇基础设施建设的实施意见》，智能信包(快件)箱获重点支持。实施意见提出实施城镇老旧小区改造三年行动，完善道路、消防、安防、停车、充电、照明、养老、智能信包(快件)箱等公共基础设施及社区服务设施。实施城市公共服务设施配套工程，打造“15分钟生活圈”，由省邮政管理局牵头，加快智能信包(快件)箱布设，扩大邮政快递自助服务设施社区覆盖面。实施意见要求开展城乡冷链物流设施建设三年行动，加快构建覆盖主要产地和消费地的冷链物流基础设施网络，规划建设一批冷链物流园区，推进产地仓、气调库、保鲜冷藏冷冻库和农产品冷库等设施建设，形成“冷藏、运输、加工、销售”一体化的冷链物流体系，提升冷链物流综合服务能力和品质。

快递包装类管理纳入推进城市生活垃圾分类工作实施方案

11月，安徽省住房和城乡建设厅等九部门联合印发的《安徽省推进城市生活垃圾分类工作实施方案》，将快递包装纳入城市生活垃圾分类管理，综合施策，推动全省邮政业绿色发展。方案强调加强邮件快件包装物源头治理，形成部门联合监管机制。一是加强快递包装类管理，引导邮政快递企业和用户使用绿色化、减量化、可循环的包装物和填充物。二是支持在邮政快递末端网点开展包装物料二次直接循环利用。三是推动在快递揽收、分拣、运输、投递环节使用电子运单、循环中转袋、循环快递盒、包装废弃物回收装置、新能源车辆等新型环保设施设备和物料。四是要求电子商务企业应提供多种规格分装袋、可循环使用包装袋等绿色包装选项，并运用计价优惠等机制，引导消费者使用环保包装，减少电商邮件快件二次包装。五是鼓励寄件人使用可降解、可循环使用的环保包装。

寿县邮政管理局正式获批成立

11月，安徽寿县邮政管理局获国家邮政局批复成立。这是淮南市首个县级邮政管理机构。寿县是安徽省第二批电子商务示范县，寿县邮政管理局的设立对推动强化地方行业监管、改善服务民生和拉动社会经济发展，创新行业发展政策、加快推动当地特色经济、电子商务市场上台阶等方面都具有重要意义。

何树山副省长批示肯定邮政业发展成效

11月，安徽省副省长何树山对省邮政管理局上报的《关于邮政业发展情况及“双11”旺季服务保障工作情况的报告》作出批示：“今年以来，我省邮政业保持快速增长势头，尤其是‘双11’期间业务量再创新高，省邮政管理局做了大量工作，值得充分肯定。望再接再厉，为推动全省邮政业高质量发展作出更大的贡献。”

皖东南智慧快递产业园举行签约仪式

11月，皖东南智慧快递产业园签约仪式在宣城市现代服务业产业园区隆重举行，安徽省邮政管理局党组书记、局长李勇，市委常委、副市长张宁，市人大副主任徐德美，省邮政业安全中心、现代服务业产业园区管委会及市邮政管理局等相关部门负责人出席仪式。皖东南智慧快递产业园由安徽申通快递有限公司投资建设，位于宣城现代服务业产业园区内，一期投资5亿元，占地面积180余亩，主要建设快递转运基地、智能仓储及物联网中心，计划打造成皖东南地区乃至全国领先的智慧快递产业基地。

快递协会长三角区域合作一体化联席会议召开

12月，第一届长三角区域合作一体化联席会议在安徽省合肥市召开。上海、江苏、浙江、安徽四省(市)快递协会负责人参加会议。会上,围绕着行业转型、绿色发展、产业融合、安全防范、员工保障等方面,四省(市)协会分别作了快递员专项保险定制化服务、快递+特色农产品深度合作、绿色快递应用与推广、快递业与现代制造业融合发展的主题发言。与会代表就长三角区域一体化发展中快递协会的作用和任务进行初步讨论。会议期间,与会人员还考察了与快递行业关联制造企业。此次联席会议是长三角区域一体化发展上升为国家战略后,首次召开的区域内快递行业协会会议。

多部门发文推进邮政行业绿色环保

12月,安徽省邮政管理局会同省住房和城乡建设厅、生态环境厅、商务厅、交通运输厅等五部门联合印发《安徽省推进邮政行业绿色环保工作实施方案》,深入推动邮政行业生态环保工作。方案明确了全省邮政行业生态环保工作目标,对“9751”工程进行升级,提出2020年底电子运单使用基本全覆盖,80%以上电商快件不再二次包装,循环中转袋使用基本全覆盖,90%以上的快递网点设置废弃物回收装置。同时,还进一步充实了目标任务,增加符合标准的包装标准、快件封装胶带使用量、“瘦身”胶带使用比例等行业生态环保工作内容。

安徽实现市级邮政业安全中心全覆盖

随着12月26日亳州市编办批复成立亳州市邮政业安全中心,标志着安徽省所有市级邮政业安全中心实现全覆盖,一省十六市的邮政业安全监管支撑体系初步形成。

福建省快递发展大事记

福建省政府工作报告提出建立完善快递末端服务网络

1月14日,福建省十三届人民代表大会第二次会议召开,福建省省长唐登杰在会上作省政府工作报告。报告明确指出要推动先进制造业与现代服务业深度融合,大力发展供应链物流、电商物流、智慧物流、冷链物流,建立广泛覆盖的快递末端服务网络,支持建设5个国家物流枢纽布局承载城市。

福建局创新“互联网+寄递安全”监管模式

1月,福建省符合条件的248台安检机全部接入全省实名收寄验视监管综合平台,安检机联网率达到100%,实现过机安检在线动态监管。这是福建省邮政管理局创新“互联网+寄递安全”监管模式,进一步落实“三项制度”,强化寄递渠道安全监管作出的有益尝试。

福建局组建全系统法律人才库加强依法行政

2月,福建省邮政管理局在全省系统内遴选一批法律专业造诣深厚且法律实践经验丰富的执法人员,组建了全省邮政管理系统法律人才库。

福建局建立省邮政业“五个一批”重大项目常态化管理机制

3月,福建省邮政管理局印发了《关于建立邮政业“五个一批”重大项目常态化管理机制的意见》,要求各地根据寄递企业发展实际和行业管理要求,坚持长中短项目统筹、大中小项目配套,引导企业优化资源配置要素,及时捕捉项目信息,推动实现一批储备项目前期落地、签约项目开工建设、开工项目顺利竣工、竣工项目运营投产,形成全行业重大项目持续滚动开发、发展后劲不断增强的良好态势。

《福建省邮政条例》（修改）被列入省政府地方性法规预备项目

3月，福建省政府办公厅发布《关于印发福建省人民政府2019年立法计划的通知》，将《福建省邮政条例》（修改）纳入省政府2019年地方性法规预备项目。

福建省邮政行业人才培养基地揭牌成立

4月28日上午，福建省邮政行业人才培养基地揭牌仪式在闽江学院举办，福建省邮政管理局党组书记、局长揭光武和闽江学院党委书记何代钦分别致辞并为基地揭牌，福建省邮政管理局副局长王文胜宣读基地成立文件并与闽江学院副校长吴建铭共同签署了战略合作协议。

福建局启动非公快递企业党建先进单位评选活动

为深入贯彻落实习近平总书记关于非公企业党建工作的重要指示和国家局关于非公党建工作的部署要求，进一步表彰先进、树立典型，鼓励非公快递企业重视和加强党建工作，福建省邮政管理局组织开展首次非公快递企业党建工作先进单位评选表彰工作。

福建省"邮政速递杯"大学生跨境电商技能大赛举办

5月9日，第一届福建省"邮政速递杯"大学生跨境电商技能大赛开幕式在福建农林大学举行。此次大赛以"聚焦跨境电商产教融合新发展，共创校政企协同育人新格局"为主题，赛期一个月。比赛旨在通过模拟真实环境下的跨境电商企业运营，检验参赛队伍的跨境电商创业知识和技能水平，并促进专业教学与企业实践的零距离对接，人才培养与社会的无缝对接。为促进校企合作的目标实现，此次大赛开幕式上，进行了邮政跨校企合作项目签约授牌，中国邮政集团公司福建省分公司、中国邮政速递物流股份有限公司福建分公司分别与全省15家高校、学院签约、授牌。

福州发布六条措施促进两岸快递业交流发展

5月17日，在第二届21世纪海上丝绸之路博览会暨第二十一届海峡两岸经贸交易会投资促进大会上，福州发布关于促进两岸经贸交流合作的六条措施，其中三条措施直接惠及两岸快递业交流发展：一是着力打造榕台跨境物流黄金通道。支持跨境电商仓储物流服务企业，整合开发、对接引入国际物流资源，拓展经台湾跨境电商进出口海运、空运专线。对开设至台湾地区海运、航空跨境电商货运专线企业，平均每周1班次以上，给予包船（机）费用不超过50%的补助，最高500万元。二是鼓励企业在台湾地区设立海外仓。总面积超过3000平方米，拥有完善的仓储管理系统，具备全程业务查询、货物状态跟踪能力，具备公共仓储、集货分销、物流配送等业务拓展能力的海外仓，带动福州企业出口入仓超过30万票或5000万元，按照项目首次申报实际投资额或再次申报新增投资额的50%给予补贴，每年最高500万元。三是推动经台快件业务发展。经营榕台跨境电商通道的国际快件运营人，经台湾收发快件50万件以上，按照收发快件量每10万件给予5万元补助，最高100万元。

对台快件物流发展纳入平潭总体规划

5月，《平潭综合实验区总体规划（2018－2035年）》（征求意见稿）公示，对台航空快件物流发展、台海高铁通道等纷纷纳入规划。在这份规划文件中，预留平潭机场建设条件，并定位为福州都市区二机场、对台机场、通用航空基地，重点发展对台客运直航、通用航空服务、闽台航空快件物流等功能。此外，规划还预留台海高铁通道。规划海峡第四通道为台海高铁和货运通道，与海峡二通道共同形成台湾经平潭联系大陆南北重要城镇群地区的大交通格局，让台湾更好地联通和融入中国大陆。同时于2013年11月动工建设的平潭海峡公铁两用跨海大桥，预计在2020年全面通车，建成后平潭将纳入福州半小时生活圈和经济圈。福州—平潭半小时生活圈形成能够让平潭对台优势得到进一步发挥，利用平潭作为跳板发展对台跨境快递业务，进而搭建台湾辐射全球的快递渠道。

国家局邮政业安全中心安全教育培训基地（福州）揭牌

经国家邮政局批准，6月11日，国家邮政局邮政业安全中心安全教育培训基地（福州）揭牌仪式在闽江学院隆重举行。福州基地的揭牌标志着全国首个国家级邮政业安全教育培训基地正式建成。福州基地主要依托闽江学院的专业优势和教学资源，面向全国组织邮政管理干部和企业有关人员开展培训，必将有效提高行业安全教育培训质量，促进寄递渠道安全保障水平提升。

两岸邮政业融合发展纳入平潭对台36条措施

6月，平潭发布《探索海峡两岸融合发展新路的实施细则》，提出36条推动两岸融合发展具体措施，部分措施直接惠及两岸邮政快递交流发展。此份实施细则从提升经贸合作、推进基础设施联通、加快能源资源互通等十个方面进行细化，计划将平潭打造成为台胞企业登陆第一家园先行区。其中，在推进基础设施联通中，明确了促进两岸邮政快递融合发展的具体措施。实施细则指出：一是拓展岚台直航航线，优化航线组合，“大、小三通”互补，逐步增加岚台货运航次，实现平潭至台北、台中、高雄周班货运直航常态化。二是开辟对台邮轮航线。加快金井邮轮码头改造和相关配套设施建设，争取2020年开辟对台邮轮航线。三是完善对台口岸配套设施。加快建设海西进出境动植物检疫隔离中心、澳前保税物流园二期、快递物流中心、两岸邮件处理中心等项目，为两岸特色贸易发展提供支撑。

福建省第二届邮政行业职业技能竞赛顺利举办

6月26日，福建省第二届邮政行业职业技能竞赛在福州顺利进行。本次竞赛全省各地市共选拔出9支优秀代表队共54人参加，设置快递员及快件处理员两个竞赛项目，经过理论知识考试及技能实操比拼的激烈角逐，每个项目产生了个人一等奖1名、二等奖2名、三等奖3名，其中三明、龙岩、漳州代表队分别获得了团体一、二、三等奖。获得竞赛各项目第1名的选手可在推荐申报后由省人力资源和社会保障厅授予“福建省技术能手”的荣誉称号，并按程序向省总工会申报“福建省五一劳动奖章”称号；获得各项目前2名的选手，可按程序向团省委申报“福建省青年岗位能手”称号；获得竞赛项目个人奖前2名的选手可代表福建局参加第二届全国邮政行业职业技能竞赛。

福建省举办第一届“寻找最美快递员”评选活动

6月26日晚，福建省第一届“寻找最美快递员”表彰活动在福州举办，现场表彰了10名最美快递员，福建省邮政管理局党组成员、副局长（主持工作）王文胜、原福建省邮政管理局局长赵进修、省快递行业协会会长胡道平，省公安厅、国安厅、住建厅、闽江学院等相关单位领导出席表彰活动，省局机关处室及各设区市邮政管理局主要负责人、各品牌快递企业福建区部负责人及一线员工代表等300余人列席表彰活动。标志着福建省第一届“寻找最美快递员”活动取得圆满成功。

厦门海沧兑现物流业发展奖励

6月，厦门市海沧区政府发布关于兑现《海沧区促进航运物流业发展奖励扶持办法》公告及申报指南，符合条件的快递企业最高可获500万元奖励支持。符合申报条件的企业可申报获取扶持奖励。分拨中心租金方面，对在厦门海沧区设立分拨中心且全额在海沧区开票的快递企业，按照其租用场所发生的实际租金的30%给予补助，每年最高申请可补助10万元；冷链物流项目建设方面,对于企业建设、改造产地预冷设施、集配中心、销地低温配送中心、冷藏库,购置节能环保的冷链运输车辆和零售终端、冷藏设备等投资额5000万元以上的,最高可获奖励500万元;不同产业联动发展方面,对物流企业承接区内单家制造业、商贸业等跨产业企业的采购、运输、仓储、货代、流通加工、物流信息等两个环节以上物流服务外包,且年度实际总外包物流费用达500万元以上的项目,最高可获奖励200万元。

厦台客货滚装航线首次携手中欧班列

6月,厦门港作为重要的交通枢纽港口,首次牵线厦台客货滚装航线与中欧班列,使台湾—厦门—莫斯科海铁联运实现无缝衔接。这一海铁联运通道的开辟,促进了两岸融合发展,为厦门邮政业进一步探索资源整合、多方合作提供了重要依托。来自台湾的货物在厦门进行进出关,以海铁联运的方式通过中欧(厦门)班列转运至莫斯科,为中小客户搭乘中欧(厦门)班列提供便利,为台湾的客户提供了海外采购、货物出口、口岸物流等综合服务的同时也优化了产业链运营方案。通过该物流寄递渠道,台湾货物抵达莫斯科仅需20天左右,比原海运方式节省15天,特别适合有时效要求的消费品。

快递业纳入泉州市第三产业拳头业态

7月,泉州市政府副市长吕刚主持召开专题会议,研究分析第三产业指标运行及服务业产业规划相关事宜,其中快递业被纳入"四大产业"和拳头业态,发展前景良好。会上,市发展改革委牵头汇报了第三产业上半年总体运行情况以及推动相关产业规划工作建议,市邮政管理局作为"第三产业提升年"领导小组成员单位汇报了邮政业总体情况以及下一步发展建议。会议指出,现代服务业要从产业基础和供需关系出发,重点发展现代物流、电子商务、旅游休闲、金融服务等四个重点产业,并将快递服务、专业市场列为两大拳头业态。

全省首个企业开办服务站经营快递业务许可颁发

7月,福建驿多网络科技有限公司获批快递业务经营许可证,成为福建省首家取得企业开办服务站经营快递业务许可的企业。

打造全球首个5G信号全覆盖港口

7月,厦门远海码头集装箱有限公司与厦门移动签署战略合作协议,并发布厦门首个智慧港口5G应用,厦门远海码头成为全球首个5G信号全覆盖的港口。港口码头5G信号覆盖后,将为港口提供优质快速的无线通信服务,实现下行超过800Mbps、上行超过60Mbps的预期效果。为现有的生产作业、办公运营、仓储物流、对外服务带来更加便捷、快速、强大的信息服务。

网易考拉落地福州

7月,网易考拉跨境电商物流基地落地福州,设立跨境电商仓库,这是继菜鸟网络后又一电商巨头落户福州。网易考拉福州跨境电商物流基地项目是网易考拉在华南的中心仓,全品类商品运营,覆盖福建全境、江西和广东东部地区,以次日达承诺为消费者提供质优价的各国进口商品。其位于福州出口加工区的电商保税仓开仓1个月出货达到7万多票,交出了一份亮眼的"成绩单"。网易考拉跨境电商保税仓是全省首座坡道式现代化保税物流电商仓库,双车道四层坡道仓设计,作业面积50000余平方米。该仓已入库2500多个品类、120余万件跨境自营进口商品,并已达到日均出库2500余单水平。福州也将成为网易考拉海购商品福建最大集散地。

泉州两基地上榜省级外贸转型升级基地名单

8月,福建省商务厅公布省级外贸转型升级基地和2018年度外贸综合服务(试点)企业名单,全省共有9个基地被认定为省级外贸转型升级基地。泉州上榜的两个基地分别是石狮市外贸转型升级基地和安溪县外贸转型升级基地，所属的纺织服装、装饰工艺品行业是泉州传统优势行业。立足产业优势，石狮、安溪将成为全市外贸转型升级样板。

福州43条措施惠及两岸物流快递企业

8月7日，在2019海峡青年（福州）峰会上福州发布了《关于探索海峡两岸融合发展新路的若干措施》，就推进两岸应通尽通、落实落细台胞台企同等待遇和加大文化交流力度等出台43条措施，两岸物流快递企业受惠。若干措施致力于把福州打造成台企台胞登陆第一家园，仅针对"推进两岸应通尽通"就从提升经贸合作畅通、推进基础设施联通、加快能源资源互通、深化行业标准共通四个方面制定了20项具体措施。其中，提出要打造榕台跨境物流黄金通道，提升榕台通关便利化水平，积极推进马尾、连江与马祖开展更紧密的通关合作，支持福州、马祖利用榕马区位优势，互设海外仓等一系列直接推进两岸物流快递交流、发展、融合的优惠政策。此外，还有推动榕马通水、通电、通气、通桥"小四通"工作、拓展榕台两地行业协会对接交流等普惠性更广的措施，让榕台物流快递企业交流合作更为顺畅，走得更近。

厦门市荣获"2019中国绿色城市创造力样本"

9月，厦门市获评"2019中国绿色城市创造力样本"，该样本由中国投资协会、中国国际投资贸易洽谈会组委会联合相关单位在全国范围内发起，从经济效益、节能降耗提效、科技创新、管理水平、成长性、社会责任六个维度产生评选出。

厦门入选国家物流枢纽建设名单

9月，国家发改委、交通运输部联合印发《关于做好2019年国家物流枢纽建设工作的通知》，厦门等23个物流枢纽正式入选2019年国家物流枢纽建设名单，厦门邮政业将迎来新的发展机遇。厦门市入选类型为港口型国家物流枢纽，有利于支撑"一带一路"建设等重大战略实施和促进形成强大国内市场。

厦门中亚班列首次货物连接东盟三国

9月，来自越南胡志明、马来西亚巴生港、泰国林查班、印尼雅加达的5个40尺集装箱搭乘厦门中亚班列前往哈萨克斯坦热特苏、阿拉木图、努尔苏丹等城市，厦门中亚班列首次与马来西亚巴生港、泰国林查班、印尼雅加达实现货物连接。这是厦门国际班列首次实现单列承载来自4个国家的货物，5个集装箱中分别装有家具、手套、家用冰箱、纸尿裤等货物，货值15.54万美元。此次厦门中亚班列与马来西亚巴生港、泰国林查班、印尼雅加达实现货物对接，进一步提高厦门国际性综合交通枢纽的货物中转能力，大大提升了厦门现代物流产业在跨境电商、跨境寄递、跨境物流等方面服务水平，有助于寄递企业进一步延伸服务渠道，实现降本增效。

福建省首单"两步申报"改革试点业务成功办理

10月9日起，厦门海沧海关启动福建省首个"口岸清关"与"保税进口"两种模式的"两步申报"改革业务试点。当天上午一单自智利进口货物报关单顺利提货放行，从电子申报到提货放行整个流程仅耗时72秒，标志着"两步申报"改革在厦门关区正式启动，厦门寄递企业跨境寄递业务将迎来新提速，新机遇。"两步申报"改革将助推厦门跨境电商与邮政业同步高质量发展。厦门市获批跨境电商综合试验区以来，实现跨境电商零售进出口5525.5万件，"两步申报"将进一步提升跨境电商寄递服务周转流通速度和影响力，大大降低跨境电商企业和跨境电商服务企业的时间成本和经济成本，"快递+跨境电商"将走得更远。

福建省各地市实现快递车辆便捷通行政策全覆盖

随着福建省三明市邮政管理局联合市交通警察支队出台《三明市邮政快递专用电动三轮车管理实施细则》,10月,福建9个地市全部出台了快递电动三轮车(含两轮车)便捷通行管理办法,实现了快递车辆便捷通行政策在福建的全覆盖。

马军胜局长与厦门市市长庄稼汉进行会晤

11月25日,国家邮政局局长马军胜在厦门参加万国邮联电子商务时代跨境合作全球大会前夕与厦门市市长庄稼汉进行会晤。会晤期间,双方就会议筹备情况、厦门邮政业及跨境电子商务发展情况等问题深入交换了意见。厦门市高度重视此次行业性全球性大会,在安保、交通秩序维护、医疗保障等各方面都做了精心的准备。国家邮政局办公室和福建省、厦门市邮政管理局负责人参加了会晤。

唐登杰省长批示肯定快递绿色包装治理工作

11月,福建省生态环境厅就省领导批办的快递绿色包装治理工作会商福建局协助提供有关情况及建议,在吸收采纳福建局意见建议后呈报省政府,得到唐登杰省长的批示肯定。批示指出:同意工作建议。要久久为功,紧盯目标任务抓好落实,务求取得实实在在的成效。

厦门中达电商园入选“国家电子商务示范基地”

12月,在全国电子商务工作会上,商务部宣布增补13家“国家电子商务示范基地”名单,与快递高度融合发展的厦门中达电商园成功入选。此次入选,将为厦门“快递+电商+扶贫”注入强心剂,获取更多政策红利倾斜。

泉州获批国家跨境电商综合试验区

12月24日,国务院印发《关于同意在石家庄等24个城市设立跨境电子商务综合试验区的批复》,泉州市获批国家跨境电子商务综合试验区。

福建首批快递绿色配送“五统一”车辆推广使用

12月30日,福建省城市快递绿色配送“五统一”首批车辆推广使用活动在宁德市会展中心举行,宁德市副市长杨方、省交通运输厅副厅长雷文忠、省邮政管理局副局长孙超和宁德市直有关单位、市主要快递企业负责人参加活动。

江西省快递发展大事记

江西寄递企业安检机配置获1200万元省财政资金奖补

1月,江西省政法委、省财政厅和江西省局联合印发文件,在全省范围内安排部署X射线安检机配置财政奖补工作。本次奖补按照“企业自行负担50%、省财政补贴25%、地方财政补贴25%”的方式,由省财政厅和各设区市财政局统筹不超过1200万元的资金,对购置新设备的寄递企业给予财政奖补。奖补的对象是2018年1月1日至2019年6月30日期间购买X射线全新安检机,配置在江西省范围内并完成安装调试投入使用的邮政、快递企业或其分支机构。安检机设备必须符合《邮件快件微量X射线安全检查设备配置管理办法(试行)》有关配置标准,设备的穿透力应当达到A类以上要求,应当至少具有双能量探测功能,能够有效区分有机物和无机物,具备计数、存储、回放、数据上传等功能,并且图像资料保存时间不少于30天。

易炼红省长再次点赞邮政农村电商工作

1月,江西省委副书记、省长易炼红一行赴宜春市靖安县等地调研。在靖安县三爪仑游客集散中心，易炼红来到“绿心邮驿”主题邮局，深入了解邮政农村电商工作。在得知当地邮政企业充分发挥产品优势和服务优势，既为广大游客提供“文化宣传+旅游推介”等服务，通过文化传媒“把美丽靖安寄出去”，还深耕农村电商，服务精准脱贫，通过“电商+寄递”把当地贫困户的特色农品销往全国时，易炼红对邮政农村电商工作给予充分肯定。这是继2018年8月易炼红省长在瑞金调研邮政农村电商后，再次点赞邮政农村电商成效。

江西部署邮政业“三新”单位核实认定

1月，江西省邮政管理局和省经普办联合印发《关于联合开展邮政业“三新”单位核实认定工作的通知》，部署邮政业“三新”单位核实认定工作。通知规定，纳入本次核实认定范围内的单位包括传统企业、新型寄递服务企业和其他相关企业。通过此次核实认定，摸清现有邮政业管理与统计范围之外的各类企业的基本单位名录、分布状况、业务种类和规模比重，做好“三新”发展状况调查，摸清邮政业“三新”发展底数。

江西推进商贸消费升级利好邮政业

2月，江西省政府召开全省促进商贸消费升级三年行动动员部署会，出台《江西省进一步激发商贸消费潜力促进商贸消费升级三年行动方案(2019－2021年)》，邮政业获政策利好。方案提出，大力发展电子商务，深入实施“互联网+商贸物流”行动，推进电子商务与快递物流协调发展，推动吃住行游购娱等生活服务业在线化，建立线上服务、线下体验与现代物流紧密结合的新模式。推广“网订店取”“网订店送”等新模式，完善社区智能快件箱等末端服务设施，到2021年全省城市住宅小区智能快件箱覆盖率达到85%，县城住宅小区覆盖率达到70%。深入开展电子商务进农村综合示范建设，力争2020年全省原苏区县实现全覆盖，完善“工业品下乡、农产品进城”双向流通渠道。实施“赣品网上行”活动，拓宽江西产品营销渠道，提高赣品线上销售比重。提高省贸物流配送效率，开展物流标准化示范，认定省级物流标准化示范企业10个。构建城市物流中心、县域物流中心、乡镇配送站、城市社区及村级配送服务网点等城乡高效配送网络体系，认定省级城乡高效配送骨干企业20家。方案要求，合理设置城市配送所需的公用仓储、配送车辆停靠、装卸、充电等配套设施和场地，完善城市配送车辆通行有关制度，为企业发展夜间配送、共同配送创造条件。

江西局部署构建新型政商关系

2月，江西省邮政管理局出台《关于加强政企联系构建新型政商关系的实施意见》，部署在邮政行业构建关系正常、清正廉洁、服务高效的“亲”“清”新型政商关系。

吴晓军副省长批示肯定省邮政管理工作

2月，江西省副省长吴晓军在江西省邮政管理局《关于邮政业助力我省经济社会高质量跨越式发展的报告》上作出批示，对全省邮政管理工作成绩给予充分肯定，对2019年工作提出殷切期望。批示指出，2018年，全省邮政管理系统干部职工开拓创新，真抓实干，各项工作取得显著成绩，主要经济指标增速走在全国前列，有力促进了消费升级、脱贫攻坚和产业融合发展，特向同志们的辛勤努力表示感谢！新的一年，望再接再厉、再创佳绩，着力推动服务再拓展、行业再提升、发展再加速，更好满足人民美好生活需要，更好服务全省高质量跨越式发展。

江西省委1号文件赋予邮政更多担当

2月，江西省委省政府出台了《关于支持农业农村优先发展做好“三农”工作的实施意见》，赋予了江西省邮政业在服务“三农”中更多担当。省委1号文件明确提出，一是加快发展绿色农业和品牌农业，推进冷链物流体系建设，扩大产销衔接规模，建设一批具有集中采购和跨区域配送能力的农产品冷链物流集散中心、加工配送中心、产地集配中心和交易中心项目。二是积极发展创新农业和智慧农业，深化农商互联和产销对接，支持“邮乐购”等电商平台做优做大做强，推动更多赣产农产品上线销售。三是强力推进农村基础设施建设，完善县乡村物流基础设施网络，抓好普惠邮政、“快递下乡”建设。

江西出台推进运输结构调整行动计划

2月19日，江西省政府办公厅印发《贯彻落实推进运输结构调整三年行动计划的实施方案》，为邮政业高质量发展释放政策红利。实施方案明确，一是加快联运枢纽建设和装备升级，规划打造临空型产业物流仓储配送中心和物流集散中心、建设赣州空港物流中心和赣州高铁快件分拣中心、南昌地区高铁快运物流基地。这为贯彻落实国家局提出的快递业“三上工程”中上飞机、上车打下坚实的基础。二是深入实施多式联运示范工程，优化市场主体结构，积极培育多式联运承运人，推动货物运输的“无缝链接”和“一单制”。三是推进城市绿色货运配送示范工程，引导各设区市规划建设绿色货运配送网络，完善干支衔接型物流园区（货运枢纽）和城市配送网络节点及配送车辆停靠装卸配套设施建设。鼓励邮政快递企业、城市配送企业创新统一配送、集中配送、共同配送、夜间配送等集约式运输组织模式。四是加强多式联运公共信息交换共享，加快建设我省多式联运公共信息平台，积极推进铁路、公路、水路、民航、邮政、检验检疫等信息资源整合，为企业提供资质资格、认证认可、海关通关、信用评价等一站式综合信息服务，实现运输单证信息共享和通关一体化服务。

江西发文全面贯彻落实2019年邮政业更贴近民生七件实事

3月12日，江西省邮政管理局出台《关于贯彻落实国家邮政局2019年邮政业更贴近民生七件实事的实施意见》，要求全省邮政管理系统顺应人民群众期盼，着力解决社会和消费者关注的热点难点问题，持续保障和改善邮政业服务民生水平。

江西局1人获评“江西最美消费维权人物”

3月，江西省邮政业申诉中心负责人徐文婕被省消费者权益保护委员会评为“2018年全省最美消费维权人物”，并在省3.15晚会上登台领奖，受到社会各界普遍赞誉。

江西局部署实施快递网点标准化提升工程

3月，江西省邮政管理局印发《关于推进快递网点标准化提升工程的实施方案》，部署实施快递网点标准化提升工程。方案明确，成立以江西省邮政管理局主要负责同志为组长的全省快递网点标准化提升工程工作领导小组，分工负责，齐抓共管，稳步推进工程实施。经过动员部署、提升实施、自查验收、总结表彰四个阶段，实现全省规模以上快递企业城区自营网点标准化基本全覆盖，落实绿色发展“9571工程”，全省新增1000个以上有统一标识的快递包装废弃物回收装置。

江西邮政业发展纳入省服务业年度重点工作

4月，江西省服务业发展领导小组办公室下发文件，制定《全省服务业高质量发展和新服务经济2019年重点工作计划》，文件明确，加快邮政快递发展，完成南昌国际邮件互换局申报，加快建设南昌国际邮（快）件监管中心，持续抓好九江邮政11185呼叫中心项目、鹰潭邮件处理中心、南昌顺丰电商园等重点项目建设。推动快递业提质增效，提高冷链、医药、大包裹和高附加值产品等中高端服务能力。拓展“快递+现代农业”服务格局，鼓励发展供应链物流、“寄递+跨境电商”。

江西局获评省级文明单位

5月，江西省委发文通报表彰，江西省邮政管理局获评第十五届江西省文明单位。

江西部署推动智能信报(快件)箱建设工作

5月,江西省邮政管理局、省住房和城乡建设厅联合下发《关于在全省住宅小区推广建设智能信报(快件)箱的通知》,部署推动江西省智能信报(快件)箱建设工作。通知要求,各级邮政管理部门、住房城乡建设行政主管部门要各司其职、各负其责,加强沟通,合力推进。邮政管理部门要积极引导邮政、快递等相关企业,合理使用智能信报(快件)箱。各相关部门要加强对智能信报(快件)箱使用情况的监督管理,让广大人民群众真正享受安全、方便、智能的邮政服务。

江西省委常委、政法委书记充分肯定邮政管理工作

5月14日,江西省委常委、政法委书记尹建业在全省安全专项工作会议上,充分肯定邮政管理工作。他指出,全省邮政管理部门在落实寄递渠道三项制度上,工作措施务实管用,工作成效日益明显。他要求,全省邮政管理部门要持续开展寄递渠道安全隐患排查整治工作,加强涉恐重点要素管理,做好重大活动安保防恐工作。

江西局部署开展安全生产标准化建设

5月,江西省邮政管理局印发《关于开展安全生产标准化建设的实施意见》,部署开展安全生产标准化建设工作。意见明确,通过开展安全生产标准化建设工作,进一步强化寄递企业安全生产基础管理,全面落实企业全员安全生产责任制,确保"八有""五个一"等落实到位。为严格执行寄递安全管理三项制度,开展寄递渠道涉枪涉爆隐患集中整治、危险化学品和易制毒化学品寄递管控、消防、反恐、扫黄打非等专项行动,防范化解行业重大安全风险提供根本保障。意见要求,全省各级邮政管理部门要引导企业树立标准化理念,紧扣落实安全生产首要职责、健全安全生产机构人员、完善企业内控管理制度、加强安全生产教育培训、配齐安全生产设施设备、确保安全生产资金投入、强化安全检查考核力度等七个方面的重点内容,明确标准化建设阶段性任务目标,扎实开展行业安全生产标准化建设,不断提高行业防范重大安全风险能力。

江西加快推进绿色邮政建设

5月,江西省邮政管理局联合省发展改革委、省科技厅、省生态环境厅、省商务厅等7部门,就协同推进邮政业绿色包装工作进行部署。重点对快递包装物的生产、流通使用提出指导意见,探索打通快递包装物的回收利用体系,实现无害化处理。

江西省快递业7个青年集体荣获省级"青年文明号"称号

5月,江西省创建青年文明号活动组委会下发《关于命名2016—2017年度省级青年文明号的决定》,江西顺丰速运有限公司市场销售部、江西圆通速递有限公司客服部、中国邮政速递物流股份有限公司南昌市分公司红角州揽投部、杭州百世网络技术有限公司南昌分公司、共青城市申通快递有限公司、中国邮政速递物流股份有限公司抚州市分公司园区揽投部、吉安市邮政速递物流公司大客户服务中心等7个青年集体荣获省级"青年文明号"称号。

江西部署开展快递工程技术人员职称评审

6月,江西省邮政管理局与省人力资源和社会保障厅联合印发《关于开展快递工程技术人员职称评审工作的通知》,从2019年起开展全省快递工程技术人员职称评审工作。通知明确了开展快递工程技术人员职称评审工作的评审对象、专业设置、评价标准、评价方式和评审组织。确定快递工程归口工程技术系列,设置快递设备工程、快递网络工程、快递信息工程三个专业类别。快递工

程高级职称评价采取专家评审方式,中级职称评价采取专家评审或考核认定方式,初级职称采取考核认定方式进行。由江西省邮政管理局组建江西省快递工程高级、中级专业技术资格评审委员会,负责全省快递工程专业高级工程师、省直单位快递工程专业工程师职称评审,同时受理各设区市的委托评审。

江西局连续七年荣获全省综治工作先进称号

6月,江西省委政法委发布2018年度全省综治工作(平安建设)先进集体名单,江西省邮政管理局荣获2018年度全省综治工作(平安建设)先进单位称号,这是江西省邮政管理局连续第7年获此荣誉称号。

江西省快递企业一集体荣获“全国青年文明号”称号

6月,全国创建“青年文明号”活动组委会成员联合印发《关于命名2017－2018年度全国青年文明号的决定》,江西省圆通速运有限公司客服部荣获“2017－2018年度全国青年文明号”。

江西省快递工程中高级专业技术资格评审委员会获批成立

6月27日,江西省人力资源和社会保障厅下发《关于公布江西省社会化专业技术资格评审委员会名单的通知》,正式公布江西省快递工程中级专业技术资格评审委员会和高级专业技术资格评审委员会,这是江西省邮政管理局快递工程技术人员职称评审工作取得的又一重大突破,为后续开展好职称评审工作奠定了坚实的基础。通知明确,江西省快递工程中级专业技术资格评审委员会组建单位为省邮政管理局,负责省直单位工程系列快递工程专业中级工程师职称评审。江西省快递工程高级专业技术资格评审委员会组建单位为省邮政管理局,负责全省工程系列快递工程专业副高级工程师职称评审。

江西省第二届邮政行业职业技能大赛顺利举行

6月28日至29日,2019年江西省“振兴杯”职业技能大赛邮政行业职业技能竞赛暨全国邮政行业职业技能大赛江西省选拔赛顺利举行。此次大赛旨在弘扬精益求精的工匠精神,加快培养和选拔高技能人才,推动行业人才队伍建设,努力建设知识型、技能型、创新型的行业人才。国家邮政局职业技能鉴定指导中心、省人力资源与社会保障厅、省邮政管理局、江西交通职业技术学院等相关负责人出席比赛并进行指导。来自全省15个代表队的60名选手参加比赛。

江西深入开展消费扶贫释放邮政业发展红利

7月,江西省政府办公厅印发《关于深入开展消费扶贫助力打赢脱贫攻坚战的实施意见》,为邮政业高质量发展再次释放政策红利。实施意见明确要聚焦拓宽贫困地区扶贫产品流通和销售渠道。一是延伸供应链条。加快推进县、乡、村三级物流网络节点建设,整合农村客运站、电商点、邮政所、基层供销社、农技服务中心、农村综合服务社等,实现农产品从田间到餐桌的全链条联动。二是拓宽扶贫产品销售渠道。强化电商平台建设,依托中国社会扶贫网,打造合作开放共赢的江西电商扶贫联盟。深化与邮乐购、供销e家、赣农宝、和我信、阿里巴巴、苏宁等电商平台合作,鼓励开设江西电商扶贫馆、专卖店、旗舰店、扶贫频道等电商扶贫销售专区,共同培育一批扶贫产品及品牌。三是建设完善农村物流网络。加快推进冷链物流建设。鼓励供销社、邮政和电商企业、物流企业、农产品批发市场等,整合产地物流设施资源,增强仓储、分拣、包装、初加工、运输等综合服务能力。推进“快递下乡”工程,2019年年底前全省乡镇快递服务覆盖率达100%。支持快递企业以合资合作方式,健全贫困地区县乡村快递服务网络,降低贫困地区快递成本。支持邮政企业、快递企业开放贫困地区网络资源,与农业、供销、商贸企业共享农村邮政业基础设施,共建县、乡、村流通服务网络。

吴晓军副省长充分肯定邮政管理工作

8月1日，江西省副省长吴晓军专题听取了江西省邮政管理局工作情况汇报，对邮政管理部门所做工作及取得的成绩给予充分肯定，同时对江西邮政业发展提出希望和要求。吴晓军副省长强调，邮政业是经济社会发展的重要组成部分和现代经济体系的重要环节，也是经济发展的晴雨表。实现邮政业高质量发展，要把习近平总书记视察江西重要讲话精神作为指导思想，聚焦"在加快革命老区高质量发展上作示范、在推动中部地区崛起上勇争先"的目标定位和"五个推进"的更高要求，深刻领会、准确把握其中的思想内涵和精神实质，找准切入点和着力点，拿出扎实的举措和行动。省政府将结合国务院印发的《交通运输领域中央与地方财政事权和支出责任划分改革方案》文件精神，研究出台包括重大基础设施项目建设、产业协同发展、行业提质增效、邮政业绿色发展、地方政府责任落实以及支持地市邮政业安全监管体系建设等内容的政策措施，推动江西邮政业高质量发展，期待邮政业在促进江西经济社会发展中发挥更大作用。

江西局部署推进跨境电子商务寄递服务高质量发展

8月，江西省邮政管理局联合省商务厅、南昌海关印发《关于促进跨境电子商务寄递服务高质量发展的若干意见》，部署推进跨境电子商务寄递服务高质量发展，不断提升江西省对外开放水平。意见从深化放管服改革、激发市场活力，坚持创新驱动发展、构建保障机制，优化行业发展环境、促进协调发展，加强全过程监管、坚持依法行政等四个方面提出了10项具体措施。意见要求各级邮政、商务、海关等部门要充分认识促进跨境寄递服务发展的重要性和紧迫性，按照职能分工落实管理与服务责任，不断强化部门间协调配合，开展联合调研和检查工作，确保支持措施和便利政策落实到位，督促跨境寄递服务企业切实落实本意见内容和要求，完善自身条件，提升服务品质，共同推进跨境寄递服务可持续、健康、高质量发展。

江西多部门联合开展网络市场监管专项行动

8月，江西省邮政管理局与省市场监督管理局、发展改革委、工信厅、公安厅、商务厅、文化和旅游厅、南昌海关、通信管理局、互联网信息办公室联合印发《江西2019网络市场监管专项行动（网剑行动）方案》，深入开展网络市场监管专项行动。方案提出，一要加强邮政市场监督执法，督促寄递企业严格落实主体责任，加强对协议客户资格审查。突出问题导向，注重运用"双随机、一公开"监管的原则和理念，坚持规范与整治相结合。二要落实国家邮政局制定的快递业信用管理暂行办法，健全信用体系、发挥部门失信联合惩戒作用，实施全网警示，引导网络经营主体诚信合法经营。三要指导和督促邮政、快递等企业完善实名制，拒绝接收、寄递侵权假冒商品，为执法部门核查违法犯罪线索提供支持。完善部门信息交流反馈机制，建立健全线索通报、证据转移、案件协查、大要案件挂牌督办等制度，优化跨地域跨部门执法智慧协调联通机制。

江西"邮快合作"经验获国家邮政局肯定

8月，在全国快递服务现代农业暨"交邮合作"现场推进会上，江西省邮政管理局受邀作了关于"深入推进'邮快合作'共建共享'下乡进村'"的经验交流汇报，全省"邮快合作"经验做法获国家邮政局肯定。自2015年9月江西邮政和顺丰、申通、圆通、中通、汇通、韵达、天天、优速等8家省内主要民营品牌快递企业就推动"快递下乡"签订正式战略合作协议，共同推进农村快递服务体系建设以来，全省已建成县级邮快件集散处理中心99个、乡镇电商快递综合服务中心108个、村级快递综合服务站9000余个，构建起连通县、乡、村的三级农村快递服务网络，全省快递基础设施网络进一步完善，快递服务范围进一步延伸，快递服务电商、服务“三农”、服务地方经济发展能力进一步增强。

江西首个经地方党委批复同意的省级快递企业党支部成立

9月10日，经中共南昌临空经济区非公有制经济组织与社会组织综合委员会批准，中共中通江西省管理中心支部委员会成立并召开党员大会，江西省邮政管理局、临空区党工委分管负责同志，南昌市邮政管理局、临空区管委会人力资源部相关人员出席会议，省内主要品牌快递企业负责人到场观摩见证。这标志着江西省快递行业非公党建工作又取得重要的实质进展，将对全省品牌快递企业建立党组织起到积极的推动和示范作用。

江西省邮政业安全中心正式挂牌运行

10月16日，江西省邮政业安全中心正式挂牌运行。江西省邮政业安全中心是经省委编制办公室批准成立的，正处级建制，编制15人，全额拨款公益一类事业单位，下设综合科、信息服务科、安全技术科三个科室。安全中心的设立是江西省邮政改革发展的又一重要成果，必将为江西省邮政业高质量跨越式发展奠定坚实的基础和安全保障。国家邮政局党组成员、副局长杨春光出席揭牌仪式并作讲话。

邮政快递业被纳入江西省乡村振兴战略规划重点任务

11月，中共江西省委农村工作领导小组印发《〈江西省乡村振兴战略规划（2018－2022年）〉主要任务分工方案》，明确江西省邮政管理局参与落实农业产业深度融合发展工程和农村基础设施建设重大工程。方案明确，一是加快农业产业深入融合，开展城乡高效配送专项行动，加快整合农村商贸、供销、邮政、文广新等领域资源。二是借力“互联网＋”，重点打造“赣农宝”“供销e家”“邮乐购”等农产品电商平台。三是整合优化邮政、快递、商贸、供销、交通等物流设施布局，加快建设冷链物流，加快完善农村物流基础设施末端网络，构建城乡互动、县乡村互联、畅通高效的物流网络体系。

南昌国际邮件互换局正式开通运营

11月15日，南昌国际邮件互换局正式开通运营。这是江西省开放发展中的一件大事，全面打造内陆双向开放新高地的重要举措，是邮政业更加全面服务江西经济社会发展的具体体现，是深入贯彻习近平总书记视察江西重要讲话精神的生动实践，标志着江西省在提升国际服务能力、培育外贸竞争优势、优化营商环境、促进消费升级上迈出了新步伐。

江西省政府出台支持邮政业高质量发展的若干措施

11月，江西省政府办公厅正式印发《支持邮政业高质量发展的若干措施》，就进一步推动邮政业高质量发展，更好发挥邮政业在搞活城乡流通、促进居民消费、降低物流成本、稳定扩大就业等方面作用，提出4个方面11条专项支持措施。这是江西省邮政管理局对表对标国家邮政局党组要求，巩固主题教育的最新成果，为推动行业又好又快发展奠定了坚实的基础。

首批从业人员获快递工程助理工程师任职资格

11月，江西省宜春市52名快递从业人员通过初级专业技术职称评定，成为全省首批获得快递工程助理工程师任职资格的专业技术人员，快递工程技术人员职称评审工作取得新进展。

吴晓军副省长批示肯定“双11”快递业务旺季服务保障工作

11月，江西省委常委、副省长吴晓军在省邮政管理局《关于2019年全省邮政业“双11”旺季服务保障工作情况的报告》上作出批示，高度肯定“双11”快递业务旺季服务保障工作成绩。吴晓军副省长在批示中指出，全省邮政系统准备充分、应对出色，圆满完成了“双11”快递业务旺季服务保障工作，优质高效地满足了人民群众对美好生活的追求，向全省邮政业干部职工表示感谢！吴晓军副省长要求，全省邮政管理部门和邮政快递企业要再接再厉，认真落实好省政府《支持邮政业高质量发展的若干措施》，助推全省经济高质量发展。

江西省邮政快递业与江铃汽车集团签订全面合作协议

12月18日，江西省邮政快递企业和江铃汽车集团合作并于举行签约仪式。江西省委常委、副省长吴晓军出席签约仪式，省政府办公厅、省邮政管理局、南昌市政府、江铃汽车集团、11家邮政快递企业相关负责同志参加。据了解，江铃汽车集团在拓展优势业务、保持良好发展态势的基础上，正加快从传统制造业向制造服务型企业转型。集团不仅可以为邮政快递行业提供质优价廉、绿色环保的新能源汽车，还可提供轻卡、皮卡、轻客和重卡等全系列商用车产品，满足各类快递物流运输场景需求。11家邮政快递企业在此前购买的基础上计划在2020年内向江铃汽车集团购买1450台汽车（含新能源汽车），双方还将在拓展市场需求、提升干线运输、城市配送能力等方面开展深入合作。

江西省领导寄望邮政业

12月24日，江西省委书记刘奇、省长易炼红一行调研南昌国际邮件互换局、南昌国际快件监管中心，亲切看望慰问邮政快递员工，并送上新年祝福。调研中刘奇指出，邮政是推动流通方式转型、促进消费升级的现代化先导性产业。南昌国际邮件互换局和国际快件监管中心的建成，是我省深入贯彻落实习近平总书记视察江西重要讲话精神的重要举措，也是全面打造内陆双向开放新高地的重要举措。平台建设只是迈出的第一步，做好运营管理，推动江西高质量跨越式发展才是硬道理。希望江西邮政立足新起点，搭建开放平台，加快产业培育，服务党和国家战略，带动地方经济发展，展新貌、谋新篇，不辜负党和国家的信任与期待。易炼红表示，要着眼“卖全球、买全球”，加大新兴产业产品出口的帮扶力度，优化出口产品结构，用出口产品的优化促进产业转型升级，着力在出口数量和运营效益上下功夫，积极争创对外贸易新优势。

江西多部门联合完善全省短缺药品供应保障工作会商联动机制

12月，江西省邮政管理局、省卫生健康委、省发展改革委等14部门联合印发《关于完善江西省短缺药品供应保障工作会商联动机制的通知》，会商联动机制主要职责是在省政府领导下，统筹推进改革完善短缺药品供应保障机制相关工作，研究和协调短缺药品保供稳价工作过程中遇到的重大问题，加强对工作的指导、监督和评估，及时向省政府及国家部委报告工作进展情况，以及承办省政府、国家部委交办的其他事项。会议联动机制明确了全体会议和联络员会议两项会议制度，要求各成员单位按照任务分工，主动研究改革完善短缺药品供应保障机制相关工作，认真落实会议确定的工作任务和议定事项，相互支持，形成合力，健全高效运行的长效工作机制。

江西实现规范快递电动三轮车通行管理政策全覆盖

12月，上饶市邮政管理局联合当地交管部门出台规范寄递三轮车管理的意见，江西省实现规范快递电动三轮车通行管理政策全覆盖。

邮政助力电商扶贫获评2019年江西省优秀网络扶贫创新案例

12月，中共江西省委网络安全和信息化委员会办公室公布了“2019年江西省优秀网络扶贫创新案例”征集评选活动结果，“邮政助力电商扶贫”项目成功入选。

山东省快递发展大事记

山东省邮政管理局联合团省委首次启动快递青年关爱行动

1月，山东省邮政管理局联合共青团山东省委首次启动“快递从业青年服务月”关爱行动，全省各地纷纷响应习近平总书记对快递小哥的热情礼赞，掀起“冬日递暖”关爱快递员行动热潮。青岛、淄博、临沂、德州、济宁等市组织各类关爱活动20余次，发放慰问物资1780余件。

山东快递设施纳入全国首批城乡高效配送试点建设范畴

2月1日，商务部等五部门印发《关于进一步落实城乡高效配送专项行动有关工作的通知》，山东淄博、潍坊、烟台3市成为首批试点城市，邮政快递网点布局、末端共享平台建设、车辆进城管理等获多项利好，有助于大力推动寄递配送网点转型升级，进一步提升服务功能和品质。

山东省智能快件箱建设三年行动计划圆满收官

2月，山东省智能快件箱建设三年行动计划验收完毕，省财政累计拨付财政奖补资金3200万元，撬动邮政、快递企业和社会第三方投资达12亿元，建成智能快件箱41353组，格口数突破160万个，全省快递箱投率达到19%，极大方便了末端快件投递服务，初步形成了宅递、箱递、站递互为补充的投递格局。

临沂市新能源快递车辆投入运行

3月29日，临沂市举行全市新能源快递服务车辆启用仪式，首批104辆新能源快递服务车投入使用。此前，临沂市人民政府办公室印发《关于加强新能源快递服务车辆规范管理的通知》，明确对已向邮政管理部门备案，并统一外观颜色、标识编号的新能源邮（快）件末端揽投车辆，公安交通管理部门在核发通行手续后，允许其在城市限行区域与禁行路段通行。

山东省邮政管理局启动快递园区“一市一园”建设

4月，山东省快递园区“一市一园”建设正式启动，山东省邮政管理局把快递园区建设作为加快高质量发展的战略支点，全面布局“一市一园”创建工程，坚持“高位谋划、主动引领、因城施策、高效运营”，着力打造产业集聚、厚植优势的快递发展主阵地。新一年全省开工在建300亩以上智慧快递园区4个、百亩以上综合快递园区5个，其中德州金茂源快递园区、滕州枣矿智慧快递园区等年内有望建成运营；另外，全省县域快递园区整合升级步伐加快，快递集聚发展新动能将得到充分释放。

山东省邮政管理局圆满完成青岛海军节寄递安保任务

4月22日至25日，山东省邮政管理局按照国家邮政局和省委、省政府强化寄递安全风险防范部署，以最高标准、最严要求、最硬措施，压紧压实企业寄递安全主体责任，圆满完成青岛中华人民共和国海军成立70周年多国海军活动寄递安保任务，青岛市邮政管理局多名工作人员获市委、市政府安保工作表彰。

日照首个县域快递与电子商务协同发展扶持政策出台

5月8日，《日照市岚山区电子商务发展扶持办法》出台，这是日照市首个县域快递与电子商务协同发展扶持政策。办法提出，每年设立300万元的专项资金，用于鼓励推进电子商务和快递服务发展；明确扶持建设电商快递产业园，按项目实际投资额的10%进行补贴。办法强调加强农村地区物流快递体系建设，引导有实力的企业建设物流快递园区，整合物流快递资源；鼓励在镇、村设立物流快递配送点，畅通农村快递“最后一公里”，对于符合条件的快递配送点一次性给予10万元资金扶持。

山东省2794家邮政业“三新”单位核定完成

5月20日，按照国家邮政局统一部署，山东省邮政管理局扎实推进全省邮政业“三新”单位的核实认定工作，成立核实认定工作组，先后召开专题培训和工作推进会议，统筹协调各市局落实工作，明确核实认定对象、标准，与省、市第四次经济普查办公室对接联系，下沉到各市局和具体企业对统计数据进行复核和检查，圆满完成2794家邮政业“三新”单位核实认定工作。

山东局快递基层网点网格化管理试点工作取得成效

6月，山东省邮政管理局对快递基层网点网格化管理试点进行专题调研，调研指出全省网格化管理试点以发挥企业自治作用为根本，与主体责任制落实一脉相承，核心是通过企业网格长、网格员围绕“三项制度”开展的经常性互查互纠，让自我治理借助“网格活动”来实现。调研肯定网格化管理试点，有效调动了企业管理积极性，推动企业安全管理主体责任制向纵深发展，取得了显著成效。

山东省第三届邮政行业职业技能竞赛举办

6月26日至27日，山东省第三届邮政行业职业技能竞赛暨山东省“技能兴鲁”职业技能大赛顺利举行。全省16个地市和11个品牌企业的141名选手参加比赛。大赛由山东省邮政管理局、省直机关工委、省人社厅、山东省总工会、团省委联合主办，旨在加强邮政行业人才队伍建设，着力提升从业人员服务能力和水平，弘扬劳模精神和工匠精神，促进地区邮政业健康快速发展。共有三名获奖选手被表彰为“山东省青年岗位能手”。

马军胜局长到山东调研邮政快递发展

8月6日至7日，国家邮政局党组书记、局长马军胜率调研组赴临沂市邮政业安全监管平台、青岛市胶东临空经济示范区、青岛海尔工业园全球备件工业链运营中心调研邮政业发展情况，对相关工作成效给予肯定，强调要以习近平新时代中国特色社会主义思想为指导，以“不忘初心、牢记使命”主题教育为契机，着力补短板、强弱项，挖潜行业潜力，发挥行业优势，加快行业高质量发展进程，更好服务经济社会民生。

第十届中日邮政政策对话在青岛举行

8月7日至8日，第十届中日邮政政策对话在山东青岛举行。国家邮政局局长马军胜、日本总务省副部长山田真贵子出席会议并致辞。中日两国代表围绕邮政政策趋势、普遍服务最新发展、绿色包装治理、邮局网络创新应用，以及万国邮联终端费体系改革五个议题进行了深入的讨论。亚太邮联秘书长林洪亮专门发来贺信。

山东快递新业态备案数量全国领先

8月，山东省邮政管理局已完成2082个菜鸟驿站末端网点备案工作、实现应备尽备。为进一步释放快递新业态发展活力，根据国家邮政局相关部署和省委、省政府优化营商环境有关要求，山东省邮政管理局积极开展快递末端服务新业态备案试点工作，鼓励实施一次性告知、限时办结和服务承诺制等，为菜鸟驿站末端网点备案开辟“绿色通道”,指定专人负责审核、指导,同时持续加大对已备案网点的监管力度。

山东局连续两年获评全省安全生产先进单位

8月30日,山东省政府安委会印发《关于表扬2018年度全省安全生产工作优秀市和先进单位先进个人的通报》,山东省邮政管理局获评先进单位、连续第二年获此殊荣。山东省邮政管理局牢牢把握安全监管主线,从健全安全监管机制入手,狠抓企业安全主体责任落实,聚焦彻底收寄验视这一根本,全面落实“三项制度”,有效激发行业安全管理主动性,寄递渠道保持安全畅通,全省邮政行业安全态势持续稳固。

济南发布推进电子商务与快递物流协同发展方案

9月30日,济南市人民政府印发《济南市推进电子商务与快递物流协同发展的实施方案》。方案围绕培育打造电商物流协同发展主体、完善电商与快递物流基础设施、助力农村城市和跨境电商发展、规范便利快递配送车辆运营管理、提升智能化协同水平、发展绿色快递物流、建立健全协同发展服务体系等七个方面主要任务,列出17项具体任务措施。方案对明确快递末端公共属性、加强城乡快递基础设施和网络建设、推动跨境电商与快递协同发展、提高科技应用和绿色发展水平等重点工作提出了切实可行的举措。

山东局荣获省委国庆70周年安保维稳工作先进集体

9月23日至10月11日,山东省邮政管理局坚持最高标准、最严要求、最强措施,发扬不怕吃苦、连续奋战的优良作风,在庆祝新中国成立70周年寄递安保工作中,围绕严格寄递安全三项制度目标,以寄递安全企业主体责任落实为主线,一级抓一级、层层抓落实,扎实推动基层网点网格化管理,持续加大执法监管力度,经受住了前所未有的严峻挑战,进京问题件绝对数量和发生率均处于较低水平,出色地完成了寄递安保任务,得到省委、省政府肯定。

绿色快递体系建设纳入威海市“无废城市”建设布局

10月5日,《威海市“无废城市”建设试点实施方案》公布,将快递包装物回收、快递企业减少编织袋和胶带使用量、推广使用可循环、可降解包装等绿色快递体系建设内容列为威海市“无废城市”市场体系建设的任务和目标,并规定具体完成时限,倡导绿色快递理念。同时提出加快实现智慧快递、电子商务等产业链上下游的企业集聚,引领区域产业转型升级,推动全市绿色快递体系的建设。

山东局邮政业生态环保工作成效显著

10月,山东省邮政管理局完成对全省邮政业生态环保工作评估,超额完成“9581”工程各项目标任务。山东省邮政管理局立足绿色邮政建设现实成效,按照“政府引导、企业主责、社会参与、源头治理”原则,强化企业主体责任落实,建立绿色发展考核通报机制,狠抓减量化、可循环措施落地,积极融入全省生态环保格局。全省电子运单使用率达到99.6%,电商快件不再二次包装率达70%,循环中转袋省内使用率达到86.1%,设置包装废弃物回收装置2685个,新能源车辆配备新增2573辆,行业生态环保工作迈出坚实步伐。

邮政领域财政事权和支出责任划分在济宁率先落地

10月14日,济宁市邮政管理局正式纳入地方2020年度财政一级预算单位,标志着邮政领域中央和地方财政事权和支出责任划分在济宁正式落地。济宁市邮政管理局认真贯彻落实国家邮政局和山东省邮政管理局部署,向济宁市提交了邮政领域资金请示报告,根据市领导批示意见,加强与市财政局对接,推动市财政局复函同意按年度安排相应资金,支持农村快递电商、邮政业安全大数据指挥中心等项目建设。

山东省快递服务现代农业金牌项目数居全国首位

10月,根据国家邮政局统计数据,2019年度山东烟台苹果、寿光蔬菜、金乡大蒜、青岛海鲜、日照海产品5个项目单个寄递量超1000万件,获评全国快递服务现代农业金牌项目,加上滨州冬枣、蒙阴蜜桃连续两年寄递量超1000万件,山东省快递服务现代农业金牌项目达到7个,总量居全国首位,全省农产品快件量超过1.98亿件,支撑农产品网络零售额280亿元,全年农产品寄递量增幅39%以上,打造了快递服务现代农业的齐鲁样板。

山东省首次快递工程职称评审通过人数超3400人

11月,根据国家邮政局统一部署,山东省邮政管理局联合省人社厅组织首次快递工程技术人员初、中、高级职称评审工作顺利结束,最终通过获取初级职称资格1588人,快递工程师1826人、高级工程师2人,参加考试人数、获得任职资格人数均位居全国邮政行业第一,也创了山东省历年来各行业职称评审人数之最,全面打通了行业职称晋升通道,行业人才建设实现历史性跨越。

山东快递网络省公司第一次联席会议召开

11月19日,山东省快递网络省公司第一次联席会议在济南召开。在第一任轮值主席山东中通公司主持下,会议研究讨论了联席会议章程,并就下一步如何配合邮政管理部门推进重点工作达成一致意见。山东省邮政管理局旨在将联席会议制度,作为服务型政府转变的创新尝试,给企业创建一个相互学习、相互促进的平台,最终建立起“企业自治、行业自律、社会监督、政府监管”的长效机制。

凌文副省长批示肯定山东快递旺季服务保障工作

12月6日,山东省副省长凌文作出重要批示,充分肯定山东省邮政管理系统旺季服务保障工作,对推进全省邮政业高质量发展提出更高期望和要求。批示指出,全省邮政管理系统积极奋战“双11”快递服务,部署周到,应对有力,成效突出,圆满完成了服务保障任务,确保了消费者权益,向你们表示祝贺!批示要求,要进一步总结经验,秉持“小快递、大民生”理念,不忘初心,再接再厉,大力促进全省邮政业高质量发展,为全省人民、为国民经济发展提供更好、更优质的服务。

山东市级邮政业安全中心建设实现全覆盖

12月30日,随着菏泽市邮政业安全中心正式获批成立,山东省成为全国第三个实现市级安全中心建设全覆盖的省份。山东省邮政管理局以落实属地管理责任为抓手,积极推进全省邮政业安全监管支撑体系建设,在省级邮政业安全中心率先组建运行基础上,加强组织领导,落实工作责任,采取分类指导和挂牌督办等方式,成功搭建“1+16”的省、市邮政业安全监管支撑体系。

临沂市荣获第二批“中国快递示范城市”

12月30日,国家邮政局公布全国第二批15个“中国快递示范城市”名单,临沂市成功入选。此前,临沂市根据《国家邮政局关于开展“中国快递示范城市”创建工作的指导意见》规定,按照《国家邮政局办公室关于进一步推进“中国快递示范城市”创建工作的通知》要求,积极组织申报创建,顺利通过山东省邮政管理局审核推荐和国家邮政局专家组评审。

临沂市首次跻身全国快递业务量30强城市

12月30,临沂市快递业务量累计完成5.02

亿件，同比增长50.55%，首次进入全国前30位，至此山东省快递业务量前30强城市达到2个。临沂市积极推进快递电商融合发展，临沂快手电商注册量在全国居于前列，市场商户电商普及率接近80%，快递企业积极延长服务时间，调整班车线路，保证直播小镇等重点电商区域发货时效，“双11”期间全市日最高发件量达到428.7万件。

河南省快递发展大事记

李小鹏部长调研期间参观“乡村快递驿站”

3月18日，交通运输部部长李小鹏率调研组来到驻马店市，就交通扶贫项目、“四好农村路”建设等工作开展调研。在汝南县老君庙乡客运站，李小鹏部长一行走进乡村快递驿站，了解网点建设及运营情况，并与“快递小哥”亲切交谈，询问他们的工作及生活情况，勉励他们继续撸起袖子加油干，让农村群众的生活更加便捷。

河南省快递工程技术人员职称评审工作获批

6月，河南省快递工程技术人员职称评审工作获河南省人力资源和社会保障厅批复，同意组建河南省工程系列快递工程专业高级职称评审委员会，进一步明确了双方的职责分工。

第二届全国邮政行业职业技能竞赛河南省选拔赛举办

7月2日至3日，“第二届全国邮政行业职业技能竞赛河南省选拔赛”在郑州航空工业管理学院顺利举行。本次竞赛分为快递员和快件处理员两个职业组别。每个职业竞赛项目均由理论知识和实际操作考核两部分组成，考核内容在快件收派和处理等知识和技能要求的基础上，增加行业新政策、新技术、新技能等内容。在竞赛过程中，选手们通过多物品收寄、易碎品包装、快件路线设计、总包接收处理及快件分拣等实际操作充分展示了熟练的操作技巧和高超的技术水平。经过两天激烈比赛，邮政公司何鹏欢、刘玲分别荣获快递员和快件处理员职业“个人一等奖”，邮政公司方东、郭动花分别荣获快递员和快件处理员职业“个人二等奖”，邮政公司陈峥、顺丰速运任秀林分别荣获快递员和快件处理员职业“个人三等奖”，邮政、顺丰、宅急送、圆通、苏宁以及百世荣获“团体奖”，大赛还颁发“组织奖”6名。河南省邮政管理局将按照程序向河南省总工会、河南省人力资源和社会保障厅申报“河南省五一劳动奖章”“河南省技术能手”荣誉称号。

交通运输部高度肯定邮政业绿色配送发展成绩

8月15日，交通运输部调研组一行到安阳专题调研城市绿色货运配送示范工程创建情况，高度肯定安阳邮政业绿色配送取得的成绩。调研组一行到安阳国际物流港，实地参观了园区建设和圆通、百世快递分拨中心运营情况，详细询问了安阳三级物流节点布局，指出安阳应结合城市规模打造多功能配送中心，发展以市场需求为主的集中配送、共同配送等模式。在座谈会上，调研组详细听取了安阳标准化快递分拨中心、快递末端服务网点建设情况、新能源快递车辆推广情况和快递末端配送点新能源物流车辆专用停车位规划建设情况，调研组充分肯定了安阳市邮政管理局在推动邮政业绿色配送方面取得成绩，勉励安阳市邮政管理局再接再厉，深入推进交邮融合，做好邮政业绿色配送工作。

全省首件企业开办服务站经营快递业务许可颁发

9月，河南驿胜网络科技有限公司获批快递业务经营许可证，成为河南省首家取得企业开办服务站经营快递业务许可的企业。

河南发布快递工程专业中高级职称申报评审条件

9月，河南省人社厅正式发布《河南省工程系列快递专业中高级职称申报评审条件(试行)》，进一步打通了快递工程技术人才成长阶梯和发展通道，为邮政业高质量发展提供了更加坚强有力的人才支撑和智力支持。

河南局与中国电信河南分公司签署战略合作协议

10月25日，河南省邮政管理局与中国电信河南分公司在郑州签署战略合作协议。双方本着"合法合规、政企联动、优势互补、战略共赢"的原则，发挥各自优势，协同推进邮政、快递及其代理网点业务和电信业务深度融合，助推全省邮政行业信息化发展。河南省邮政管理局局长林虎、中国电信河南分公司总经理李原等参加。根据协议，双方将开展以下方面合作：一是按照优势互补、互惠共赢的原则，推动邮政快递与电信资源共享、融合发展。二是倡议邮政快递与电信通过渠道共享、共建合作门店等模式，深化网点和业务合作。三是借助河南电信网络及行业信息化平台能力优势，助力提升行业监管信息化水平。

河南局与郑州航空工业管理学院就人才队伍建设深度合作达成共识

11月22日，河南省邮政管理局与郑州航空工业管理学院就全省邮政业人才队伍建设召开了专题研讨会议。会议通报了全省邮政行业人才队伍现状，分析了目前人才匮乏情况，探讨了下一步人才队伍建设，并对人才队伍建设深度合作达成共识。一是建立联系沟通机制，加强行业信息交流合作；二是探讨建立快递学院，建设快递人才培养、培训基地；三是加强合作，共同打造"科技兴邮""人才兴邮"战略目标。郑州航空工业管理学院表示要为河南快递行业打造三个平台：一是打造人才培养平台；二是打造产教融合平台；三是打造竞赛服务平台。

河南局与鹤壁市人民政府签订战略合作协议

11月20日，河南省邮政管理局与鹤壁市人民政府在平等协商、全面合作、互利共赢的基础上建立战略合作伙伴关系，并在鹤壁举行签约仪式。鹤壁市委书记马富国、市长郭浩，河南省邮政管理局局长林虎、副局长王志强，鹤壁市邮政管理局局长李玉红等主要领导以及顺丰、圆通、韵达等快递企业负责人参加签约仪式。河南省邮政管理局副局长王志强与鹤壁市副市长刘文彪分别代表双方进行签约。

河南快递入区获新机遇

12月，河南省政府办公厅印发《关于推进城镇老旧小区改造提质的指导意见》，河南快递入区工程又获新机遇。意见强调，要围绕有效改善居民的生活品质，完善老旧小区家政、快递等服务，通过创新服务机制，引入服务机构，加大服务供给，加强服务管理，提升服务水平。

河南省快递物流园区建设结硕果

12月，河南省商务厅、邮政管理局、发展改革委、财政厅四部门联合印发《关于公布河南省冷链物流、快递物流、电商物流示范园区名单的通知》，郑州圆通快递物流园等五个园区被评为省级快递物流示范园区，每个园区将获50万～500万财政资金奖励。

湖北省快递发展大事记

曹广晶副省长批示肯定全省邮政管理工作

1月，湖北省人民政府党组成员、副省长曹广晶同志专题听取省邮政管理局关于2018年全省邮政业发展与管理工作情况的汇报，并对全省邮政管理工作作出重要批示。批示指出，2018年全省邮政业以习近平新时代中国特色社会主义思想为指导，认真贯彻党的十九大精神和省委、省政府决策部署，邮政改革发展与管理工作稳步推进，邮政快递服务实现持续健康快速发展，为支持全省经济社会发展和民生改善作出了积极贡献。批示强调，2019年，全省邮政管理系统和邮政业要以习近平新时代中国特色社会主义思想为指导，全面贯彻落实党的十九大和十九届二中、三中全会精神，贯彻落实好中央和全省经济工作会议精神，坚持以供给侧结构性改革为主线，坚持新发展理念和以人民为中心的发展思想，坚持更好服从和服务于国家、全省重大战略，坚持全面从严治党，持续推进全省邮政业高质量发展，进一步融入湖北经济社会发展大局，确保行业安全平稳运行，为湖北全面建成小康社会收官打下决定性基础作出积极贡献，以优异成绩向新中国成立70周年献礼。

湖北局成立快递业信用评定委员会

4月9日，湖北省快递业信用评定委员会正式成立。成立快递业信用评定委员会能进一步做好全省快递业信用评定工作，完善守信激励和失信惩戒机制，提高全行业诚信意识和信用水平，构建以信用为核心的新型市场监管模式，促进全省快递业健康发展。委员会由湖北省邮政管理局、省市场监督管理局、省邮政业安全发展中心、省快递行业协会、媒体、快递企业和社会监督员代表组成，涵盖了政府部门、人大政协、行业协会、行业专家、企业、消费者、新闻媒体等多层次、多领域代表。委员会编制全省年度快递业信用评定方案，确定评价指标，明确守信企业、失信企业和信用异常企业评定标准，负责评定全省主要品牌快递企业信用。

湖北局积极推进跨境电商寄递服务高质量发展

5月，湖北省邮政管理局出台《促进全省跨境电子商务寄递服务高质量发展专项行动实施方案》，提出年底前依法将符合国际快递业务经营许可条件的企业纳入行业监督管理，打造跨境寄递服务通道平台，保障寄递安全，改进用户体验，维护公平竞争，促进全省跨境寄递服务高质量发展。

湖北四部门联合助推“快递下乡进村”

6月13日，湖北省邮政管理局联合省交通运输厅、省商务厅、省扶贫办印发了《关于加快推进全省“快递下乡进村”工作的实施意见》。此文件出台是为了深入贯彻《湖北省人民政府办公厅关于推进电子商务与快递物流协同发展的实施意见》和《湖北省扶贫攻坚领导小组关于打赢脱贫攻坚战三年行动的实施意见》，根据国家邮政局关于加快推进“快递下乡”工作的安排部署，为进一步巩固湖北省乡镇快递服务网点建设，加快县、乡、村三级快递物流体系建设，全力推进村级快递网点布局，提升农村快递服务覆盖面，有效助力脱贫攻坚和乡村振兴。四部门提出：全面加强快递服务网络建设，在巩固乡镇快递服务网点100%全覆盖的基础上继续推进快递服务下乡进村，在2019年底力争实现快递服务进村60%以上，到2020年底基本实现“乡乡有网点、村村通快递”。全面打造快递服务现代农业特色项目，培育一批“快递+"项目,助力全省精准脱贫,乡村振兴。

湖北四部门联合严厉打击涉寄递渠道违法犯罪

7月,湖北省邮政管理局、省公安厅、省国家安全厅、省烟草专卖局日前联合发出通告,要求严格执行邮件快件收寄开箱验视、实名收寄、过机安检三项安全管理制度,营造安全稳定的寄递服务环境。通告指出,对不严格落实上述三项安全管理制度违规收寄禁限寄物品的寄递企业,将依照《中华人民共和国邮政法》《中华人民共和国反恐怖主义法》《中华人民共和国烟草专卖法》《快递暂行条例》等相关法律法规严肃追究责任。通告强调,鼓励寄递企业对进口邮件、快件实施安检,加强对毒品、枪支、非法出版物、假冒卷烟、侵权物品等违禁品的检查,鼓励社会各界对利用寄递渠道寄递禁限寄物品的违法违规行为进行监督、举报。对涉危害国家安全、涉枪涉爆、涉毒、涉假烟等举报属实的,由当地有关部门依照有关规定予以奖励。

湖北局获批开展邮政行业快递工程技术人员职称评审工作

7月,湖北省人社厅批复同意省邮政管理局开展邮政行业快递工程技术人员职称评审工作。

湖北出台规范和优化全省快递服务车辆通行管理意见

9月,湖北省邮政管理局联合省公安厅出台了《关于规范和优化全省快递服务车辆通行管理的意见》。意见从六方面对快递车辆规范管理提出了意见和要求:一是要建立健全快递服务车辆管理联合工作机制,各地邮政管理、公安部门应结合本地实际共同研究制定本地区快递服务车辆管理措施;二是要建立快递服务车辆备案登记管理制度,对受交通管制的快递服务车辆,各快递企业应根据业务实际需要提出车辆通行申请,经邮政管理部门审核合格后报公安交管部门备案登记管理;三是优化快递服务车辆通行、停靠管控措施,科学合理划定快递服务车辆准行时段、路段,落实新能源汽车差别化通行管理政策;四是推动快递服务车辆转型升级,鼓励快递企业推广使用电动汽车、油电混合动力汽车等新能源和清洁能源汽车,逐步淘汰不符合规定的末端服务车辆;五是加强快递三轮车规范管理,对本地区符合标准的快递专用三轮车和正三轮摩托车,由快递行业协会或邮政管理部门按照"统一车型、统一编号、统一标识、人证对应"的原则进行备案登记管理,经公安交管部门同意后,允许其在划定的范围内通行,逐步解决快递服务"最后一公里"通行难问题。六是各地邮政管理部门要积极配合公安部门督导快递末端服务车辆文明规范通行。

圆满完成军运会期间湖北省寄递渠道安全服务保障

10月18日至27日,第七届世界军人运动会在湖北武汉成功举办。在国家邮政局和湖北省委、省政府的领导下,在历时20天军运会寄递安全服务保障实战阶段,湖北省寄递渠道坚持以最高标准、最严要求、最佳状态,全面落实各项安全服务保障措施,圆满完成军运会期间全省寄递渠道安全服务保障任务,实现"四个严防、三个确保"目标,为武汉军运会成功举办作出了积极贡献。

曹广晶副省长批示肯定"双11"

12月,湖北省副省长曹广晶在湖北省邮政管理局上报的《关于2019年全省快递业务"双十一"旺季服务保障工作情况的报告》上作出批示,高度肯定全省邮政管理部门"双11"旺季服务保障工作成效,要求总结经验,巩固成果,再创佳绩。11月11日至18日,湖北省邮政行业处理邮(快)件业务量达到2.7亿件,日均处理量达3400万件,最高日处理量超4000万件,是2019年日均处理量的3倍,高峰期间全省寄递渠道安全平稳运行。

湖南省快递发展大事记

湖南省政协主席李微微赴邵东调研快递业发展情况

1月4日,湖南省政协主席李微微赴邵东县调研快递业发展,并与当地的政协委员、“快递小哥”,通过政协云平台的视频连线功能,和在长沙值班的政协委员开展线上线下协商活动,就助推快递业发展进行了深入交流。湖南省政协秘书长卿渐伟,省政协副秘书长罗双全,邵阳市市长刘事青等参加调研或出席座谈。受湖南省政协委员、省邮政管理局局长朱汉荣委托,湖南省邮政管理局副局长、巡视员谢强在长沙分会场参加连线交流。

湖南局、共青团湖南省委启动快递从业青年关爱服务

1月19日,湖南省邮政管理局、共青团湖南省委联合多部门开展湖南省快递从业青年服务月活动,长沙十户家庭率先走进申通快递湖南省公司,体验快递小哥日常工作的酸甜苦辣,增进快递小哥与大众之间的了解和沟通,促进全社会形成理解、尊重、关爱“快递小哥”群体的良好氛围。

电子商务与快递物流协同发展实施方案获审议通过

7月,湖南省政府常务会议审议通过了《关于推进电子商务与快递物流协同发展的实施方案》。这是湖南省统筹规划,聚焦部门协同,加快推动快递业口短提质、融合地方发展的第二个宏观政策文件,必将加速提升湖南省经济整体效益,加速推进快递质量动力效率变革。实施方案明确力争到2022年,全省电商快件实现长株潭地区“半日达”、县域城市“次日达”,农村地区“乡乡有网点、村村通快递”,基本建立起普惠城乡、通达国际、产业协同、便捷高效的电商快递物流服务体系,畅通“工业品下乡、农产品进城”渠道,电商物流配送体系满足人民群众日益增长的美好生活需要的能力进一步增强。

湖南首批便捷式组装型邮(快)件包装废弃物回收箱“上岗”

9月25日,湖南省邮政管理局联合省快递行业协会在长沙举办首批便捷式组装型快件包装废弃物回收箱发放仪式,向邮政、快递企业集中发放回收箱1000个,推进邮件、快件包装分类回收、循环利用。该举措是湖南省邮政管理局落实国家邮政局绿色快递“9571工程”,推进湖南邮政行业“增绿行动”,全面推动行业绿色高质量发展的重要举措之一。回收箱统一放置在城市各品牌快递网点,回收用户开拆快递废弃的纸箱、塑料等包装物,收集到的废弃包装物将由专业机构回收并作绿色循环处理。

多米尼加邮政局代表团到访湖南

10月,应国家邮政局邀请到访的多米尼加邮政局代表团专程赴湖南省参观访问。湖南省邮政管理局局长朱汉荣设晚宴接待多米尼加邮政局代表团一行,对其到访湖南表示欢迎,并向代表团热情推介湖南,介绍湖南邮政业发展现状。在湘期间,多米尼加邮政局代表团先后参观了湖南邮政分公司开福区伍家岭营业厅和长沙邮区中心局,并与湖南省邮政管理局及邮政分公司相关负责人同志进行座谈。多代表团对湖南方面热情接待表示感谢,赞叹湖南邮政业的现代化信息技术、完善的网络覆盖和高效配送能力,表示多国急需一个能够支撑加勒比海地区和南美洲的邮件分拣、封发和经转处理中心,来迎接电子商务蓬勃发展带

来的挑战，希望湖南省邮政业能从电商平台建设、邮件网络运营等方面提供先进经验和支持。同时，期望通过不断拓展邮政国际业务合作，推动跨境电商平台起步，促进两国经贸流通。我方赞同多国邮政走自动化、信息化、现代化发展思路，建议多邮政局积极推动电商发展，引导物流集群。代表团还参观了湖南第一师范学院和韶山，并在韶山向毛主席铜像敬献花篮。

湖南省邮政业安全中心正式批复成立

12 月，湖南省邮政业安全中心已核准登记为事业单位法人。湖南省邮政业安全中心主要承担省邮政业运行安全监测、预警及应急处置工作，协助开展寄递渠道安全保障工作，参与安全监管和应急管理规制研究，同时承担安全监管信息系统的建设、管理和维护，对信息进行收集、整理和分析。此外，还承担安全教育、培训、宣贯和消费者申诉受理等工作。

湖南局搭台架梯助推“邮快合作”下乡进村

12 月，湖南省邮政管理局指导省快递行业协会召开了全省邮快合作协议签约仪式暨下乡进村工作座谈会，省邮政公司及 11 家主流快递企业负责人出席会议，申通、中通、圆通、韵达、百世等 5 家主流快递品牌与省邮政分公司当场签署了《湖南省邮快合作框架协议》。

广东省快递发展大事记

陈良贤副省长批示 2018 年广东省邮政管理工作

1 月，广东省政府副省长陈良贤对广东省邮政管理局《关于 2018 年邮政管理工作和邮政业发展情况的报告》作出批示，指出感谢全省邮政行业干部员工的辛勤付出。2018 年，省邮政管理局主动作为，攻坚克难，为服务广东经济发展、服务社会民生、吸纳就业做了大量工作，为维护广东社会安全稳定提供有力保障，成效显著。希望省邮政管理局在新的一年有新担当新作为，始终把安全放在首位，强化安全监管，为广东寄递渠道安全畅通做好坚强保障。要牢固树立以人民为中心的发展思想，为进一步服务民生、服务广东经济高质量发展作出新的更大贡献，继续推动广东邮政业发展走在全国前列。

广东省邮政业绿色发展三年行动计划分工方案发布

1 月，广东省邮政管理局牵头省发展和改革委员会、省工业和信息化厅、省科学技术厅、省生态环境厅、省住房和城乡建设厅、省商务厅、省市场监督管理局制定《〈广东省邮政业绿色发展三年行动计划(2018－2020 年)〉分工方案》，提出七方面共 16 项工作任务，明确各项工作责任部门。分工方案提出，一是落实快递业绿色发展法规标准。宣贯《快递暂行条例》，鼓励包装减量化和再利用。推广落实快递业绿色包装标准应用。完善地方快递绿色标准体系。二是增加快递绿色产品供给使用。鼓励企业增加绿色包装研发投入和生产。引导企业使用绿色认证的包装产品。三是推进生产作业环节节能减排。推进绿色高效的城市配送体系建设。优化分拣作业流程。四是开展快递业绿色发展试点示范工作。开展企业绿色包装应用试点示范。建设快递包装回收示范城市。支持建立快递绿色发展产业联盟。五是强化绿色发展宣传引导。组织开展形式多样的绿色发展主题宣传活动。积极发挥行业协会作用，引导企业履行社会责任。六是强化政策、资金等扶持力度。七是加强日常监督管理。建立绿色环保监测和监管体系。加强快递包装日常监制管理。加强执法协作，开展联合监督检查。

广东局联合团省委启动快递从业青年服务月系列活动

1月17日，广东省邮政管理局联合团省委启动“快递从业青年服务月”系列活动，并举办“青春情暖·冬日递暖”关爱青年快递员专场活动。广东省邮政管理局副局长何青、团省委副书记梁均达出席活动并讲话，来自EMS、顺丰、京东、德邦、品骏、韵达等10个快递企业的青年快递员代表参加活动，感受冬日的暖暖爱心。

广东局联合团省委发文推动关爱青年快递员工作

3月，广东省邮政管理局联合共青团广东省委员会下发《关于做好关爱青年快递员工作的通知》，要求各级共青团组织和邮政管理部门要高度重视，共同做好关爱青年快递员各项工作，真情关心关爱青年快递员，加强对青年快递员的教育引导，积极主动帮助青年快递员解决实际困难。

广东快递工程技术人才职称评审实施方案出炉

4月，广东省邮政管理局联合省人力资源和社会保障厅印发《关于快递工程技术人才职称评审的实施方案》，部署开展快递工程技术人才职称评审工作，并明确规定职称评审标准条件。据悉，这是党中央、国务院部署深化职称制度改革，2019年2月人力资源社会保障部、工业和信息化部印发《关于深化工程技术人才职称制度改革的指导意见》以来，广东省出台的首个工程系列技术人才职称评审方案及标准，也是广东省邮政管理局贯彻落实《国家邮政局关于提升快递从业人员素质的指导意见》的重要举措，对团结凝聚行业专业技术人才、打通人才职业发展通道、加强人才队伍建设具有重要意义。

广东邮政业一名个人获全国五一劳动奖章

5月，中国邮政集团公司中山市分公司质监员韦艳梅获得全国五一劳动奖章。韦艳梅始终坚守在邮政企业基层一线，任劳任怨，爱岗敬业，追求创新，工作精益求精，努力提高工作服务质量，赢得了单位领导、同事和客户的一致称赞。因为她的敢闯敢试，中山市邮政分公司以她的名字命名，成立了韦艳梅服务质量创新工作室。韦艳梅先后获得了广东省邮政服务质量先进个人、中山市身边好人、广东省五一劳动奖章等荣誉。

广东局五举措促进跨境电子商务寄递服务高质量发展

6月，广东省邮政管理局印发《广东省促进跨境电子商务寄递服务高质量发展专项行动方案》。方案指出，要依法将符合国际快递业务经营许可条件的企业纳入行业监督管理和统计范围，打造跨境寄递服务通道平台，保障跨境寄递安全，提升寄递服务质量，促进广东跨境电子商务寄递服务高质量发展。

广东省出台推进运输结构调整实施方案

7月，广东省政府办公厅出台《广东省推进运输结构调整实施方案》，强调要贯彻落实党中央、国务院关于推进运输结构调整的决策部署，提高综合运输效率、降低物流成本，助力打赢蓝天保卫战、打好污染防治攻坚战，邮政业在实现降本增效和推进绿色发展、转型升级等方面获政策利好。实施方案提出，要通过加快推进铁路货运网络建设、提升铁路货运枢纽物流服务能力、加快物流园区铁路专用线建设、优化铁路运输组织模式等，不断提升铁路运能，这将为快递“上铁”工程的实施提供极大便利，同时邮政业运输成本将随之而降低，运输效能将随之而得到提高。

广东省邮政业安全中心揭牌

7月19日，广东省邮政业安全中心揭牌，标志着广东省邮政业安全支撑体系建设取得重大突破，为高起点推进邮政强省建设、坚决打好防范化解重大风险攻坚战提供了坚强保障。

陈良贤副省长批示肯定省邮政业发展和科技创新工作成绩

9月，广东省副省长陈良贤在省邮政管理局呈报的《关于邮政业发展和科技创新等工作情况的报告》上作出批示，肯定广东省邮政业发展和科技创新工作成绩。广东省邮政管理局迅速组织全体党员干部学习批示精神，引导全省邮政管理系统进一步统一思想、凝聚共识，推动全省邮政业发展再上新台阶。陈良贤副省长指出，邮政业，特别是快递业的发展，有力助推了广东实体经济、制造业的高质量发展。希望省邮政管理局在确保设施投入、科技创新投入和加快跨境快递业务发展等方面再下功夫，营造更好、更优、更安全的寄递服务环境，作出更大贡献，同时对省邮政管理局所作出的努力和成绩表示感谢。

广东局核发全国首张智能快件箱快递业务经营许可证

9月25日，广东省邮政管理局向深圳市丰巢科技有限公司核发全国第一张智能快件箱快递业务经营许可证，率先用好先行先试政策，推动企业运营智能快件箱经营快递业务许可工作走在全国前列。

陈良贤副省长督导快递业务旺季服务和安全保障工作

11月11日，广东省人民政府副省长陈良贤率省市有关部门到省邮政管理局指挥中心和地处广州市的有关快递企业调研督导，检查全省快递行业旺季服务和安全保障工作，慰问快递行业一线员工和邮政管理干部，并与广东省邮政管理局干部进行座谈。

广东邮政业绿色发展工作体系进一步健全

12月，广东省生态环境厅等八部门印发《广东省柴油货车污染治理攻坚战实施方案》，强调要开展清洁运输行动，邮政业绿色发展工作体系进一步健全。实施方案提出要落实《广东省推进运输结构调整实施方案》要求，升级水运系统，提升铁路运能，发展多式联运，推进绿色配送，加强货运治理，提高水路、铁路承担的大宗货物运输量。

广西壮族自治区快递发展大事记

广西首家民营快递企业团支部挂牌

1月，在广西壮族自治区南宁市邮政管理局和共青团南宁市委共同努力下，广西第一个非公企业快递团组织广西顺丰速运团组织正式挂牌成立。当天的活动创下了广西团组织在新兴领域开展团员青年活动的4个第一：第一次集体重温入团誓词，第一次集体共唱团歌，成立第一个团支部，选举出第一任团委书记。共青团南宁市委书记王亚楠指出，联系服务青年是我们共青团的职责所在，我们要按照总书记的要求，在新兴领域，特别是在‘快递小哥’青年群体中扩大团组织的覆盖面，争取做到青年在哪里，团组织就建在哪里。

自治区政府工作报告肯定邮政业发展成效

1月26日，广西壮族自治区第十三届人民代表大会第二次会议在南宁召开，自治区主席陈武作政府工作报告。邮政业务总量和快递业务量同比增幅作为全区经济转型升级和现代服务业重要发展指数写入工作报告，邮政服务网点向乡村延伸被列为全省2019年重点工作予以推动实施，多项重点工作部署涉及利好邮政业发展内容。

广西“警邮合作”推进“放管服”改革

3月25日，广西壮族自治区公安厅与中国邮政广西分公司签订“放管服”战略合作签约协议，并启动“三合一”一体化服务平台自助办理机建设项目，市民可以通过该设备一站式办结公安户政、出入境和交管三个警种的35项业务。“三合一”自助设备建设项目是为了进一步推动广西“放管服”改革工作，让群众办事“最多跑一次”，降低群众办事成本，简化办事流程，释放公安警力，提高服务效能，有效为基层公安派出所减负。广西也是全国第一个全面推广公安户政、出入境、交管业务“三合一”自助设备建设的省份。

广西全面对接粤港澳大湾区政策利好邮政业

6月，广西壮族自治区党委办公厅和自治区人民政府办公厅联合印发《广西全面对接粤港澳大湾区实施方案（2019－2021年）》的通知。方案里面提出加大商贸物流集聚区发展，着力建设一批通达大湾区的商贸物流、服务外包、跨境电商、沿边金融服务、综合性服务等核心集聚区，加快推进中新南宁国际物流园等项目建设，共同参与西部陆海新通道运营，加强与东盟、中亚国家的国际贸易物流合作，支持在防城港建设双向连通中国西南、西北地区与东盟的区域性国际物流中心，至2021年，重点建设27个现代物流集聚区。5月，区人民政府还印发了《关于全面对接粤港澳大湾区加快珠江—西江经济带（广西）发展的若干意见》，提出推进现代物流业联动发展，推动物流与交通运输和制造、商贸等相关产业融合发展。力争将国铁凭祥口岸物流中心、柳州南铁路物流中心建成国家级物流园区。大力支持大湾区企业在经济带投资发展第三方物流和冷链物流。

广西印发中国—东盟信息港建设实施方案（2019－2021年）

6月下旬，广西壮族自治区人民政府办公厅印发《中国—东盟信息港建设实施方案（2019－2021年）》。其中，直接利好邮政业的政策包括：一是加快建设西部陆海新通道多式联运综合信息服务平台。二是积极发展面向东盟的区域性物流集散中心和海外仓。此外，推动跨境贸易市场监管、生态环保、金融服务、灾害预警、物流通关、能源服务等领域的大数据应用；推动建立中国—东盟大宗商品交易平台，适时建立大宗商品交易和物流交割监管中心；深入推广中国—东盟“商贸通”数字平台应用，形成“交易、通关、供应链、金融、物流”一体化的服务支撑；加快建设面向东盟的跨境电商集聚区，建设一批跨境电商产业集聚区，引导面向东盟的跨境电子商务产业在我区集聚发展；持续拓展电子口岸公共信息平台应用发展，实现与港口、场站、铁路、银行、保险、邮政等通关作业系统的数据对接和业务协同等其他涉及物流的政策措施也将对邮政业发展带来积极的影响。

邮政行业两家企业再次入围2019广西企业100强

7月26日，由广西壮族自治区工业和信息化厅、广西企业与企业家联合会主办的“2019年广西企业家活动日”在南宁市举行。会上发布“2019广西企业100强”“2019广西制造业50强”“广西服务业企业50强”榜单及广西大企业发展主要研究成果。邮政行业两家企业连续多年入围，且排名持续上升。其中：中国邮政集团公司广西壮族自治区分公司上榜2019年广西企业100强名单，排名从去年的第59位上升到56名；中国邮政集团公司广西壮族自治区分公司、广西顺丰速运有限公司分别上榜“2018广西服务业企业50强”，排名从去年的第26名、47名分别上升到第22名、第42名。

广西邮政业1人荣获“广西五一劳动奖章”

8月，广西壮族自治区总工会决定，授予22名同志“广西五一劳动奖章”称号，1个集体“广西工人先锋号”称号，中国邮政速递物流股份有限公司广西分公司运营经理李顺龙名列其中，荣获“广西五一劳动奖章”。

广西首条直飞东盟货运航线开通

10 月 15 日上午,由广西机场管理集团和广西顺丰速运有限公司合作运营的南宁—胡志明全货机定期往返航班首航仪式在南宁吴圩国际机场举行。该航线是当时广西在飞的第 3 条全货机定期航线,也是第 1 条直飞东盟的全货机定期航线,该条货运航线由广西顺丰全货机执飞。航线的开通,弥补了广西与东盟国家之间全货机运输市场的空白,也改变了以往广西出口快件只能走陆路或者利用往返东盟国家的客机腹舱运输的格局,对于促进广西跨境电商和国际寄递业务发展是一个重大利好。广西作为"一带一路"重要门户,战略地位日益凸显,自贸试验区、西部陆海新通道和跨境电子商务综合试验区的建设,为快递业跨境业务提供了巨大发展空间。

京东南宁电子商务产业园开工建设

10 月 16 日上午,位于南宁市兴宁区昆仑大道的京东南宁电子商务产业园及运营结算中心项目正式开工建设。南宁市副市长、副秘书长、市商务局局长、兴宁区政府副区长等出席开工仪式。京东南宁电子商务产业园及运营结算中心项目包括区域结算中心、大型营业中心、智能分拣中心、无人智能仓储中心及订单生产中心等。项目整体建成投产后,将进一步提升南宁市快递物流基础设施的处理能力以及自动化、信息化、绿色发展水平,以便捷高效的快递物流产业链条,吸引形成电子商务产业集群,推动广西产品上行,活跃电商消费,促进广西电商与快递物流协同发展。

广西四部门联合印发"六条措施"

11 月 11 日,广西壮族自治区邮政管理局与自治区发展改革委、财政厅、通信管理局联合印发了《关于印发促进 2019 第四季度全区邮政电信业务快速增长六条措施的通知》,充分调动各方资源,千方百计促进邮政、电信业务总量在今年第四季度有明显增长。通知明确,由自治区服务业发展专项资金对智能快件箱格口、在乡镇及村设立的合法许可、备案网点、寄递业务量快速增长等事项进行奖励。

广西举行《邮政快递合作下乡进村框架协议》签约仪式

11 月 22 日,广西快递协会举行《邮政快递合作下乡进村框架协议》签约仪式,中国邮政集团公司广西分公司和广西主要快递公司参加。与会代表就邮快合作下乡进村进行了充分讨论,达成共识,成立了以中国邮政集团公司广西分公司为组长、各快递企业为成员、广西快递协会作为联络员的"邮快合作下乡进村工作组",并建立了工作微信群,指导邮快合作下乡进村工作的顺利推进。会上,中国邮政集团公司广西分公司分别与广西顺丰速运有限公司,广西得泽申通快运有限公司,广西圆通速递有限公司,广西亨运韵达速递有限公司,广西吉祥中通快递有限公司,广西芝麻开门供应链管理有限公司,广西宅急送快运公司南宁分公司,杭州百世网络技术有限公司南宁分公司,南宁新城韵达快递服务有限公司,广西京东信成供应链科技有限公司,南宁天速快递有限公司等 11 家快递公司签约。

广西修订加快西部陆海新通道建设若干政策措施

11 月,广西壮族自治区发展和改革委员会和自治区财政厅联合印发关于《广西加快西部陆海新通道建设若干政策措施(修订版)》的通知,提及多项利好邮政业发展的政策。通知提出,支持开通南宁—东盟国际货运航线,鼓励国际航班利用腹舱发展国际货运、电商快件等,支持重点物流园区及重大项目建设,支持冷链物流体系建设,支持引进和培育物流企业。

自治区快递业务量突破 5 亿件

2019 年广西邮政业持续发力,1 —11 月,自治区快递业务量达到 5.03 亿件,超过 2018 年全年的 4.81 亿件,同比增长 17.26%。"双 11"期间自治区区快递收件量保持稳步增长态势,寄递渠道保持安全平稳畅通。

广西邮政业末端服务车辆通行政策实现全覆盖

12 月，在广西桂林市邮政管理局积极协调下，桂林市政府常务会议审议通过了《桂林市城区三轮车与电动四轮车管理办法》。至此，广西壮族自治区 14 个地市邮政业末端服务车辆通行管理政策实现全覆盖。

海南省快递发展大事记

海南推进电子商务与快递物流协同发展

1 月，经海南省政府办公厅同意，省邮政管理局、省商务厅、省交通运输厅联合印发了海南省推进电子商务与快递物流协同发展实施方案。实施方案提出了 11 项政策措施。一是深化“放管服”改革，实现快递业务许可备案事项网上统一办理。二是创新产业支撑政策，推动企业创新发展国际小包、国际专线等跨境电商快递服务。三是加强规划协同引领，在符合市县总体规划要求下，保障电子商务快递物流设施建设用地。四是加强基础设施网络建设，构建快递物流分拣中心、公共配送中心和末端配送网点的三级配送网络体系。五是推进园区建设与升级，引导企业根据全省园区总体规划布局，入驻重点物流园区。六是推动配送车辆规范运营，对快递服务车辆实施车身编号和外观标识管理。七是推广智能投递设施，鼓励将智能快件箱纳入便民服务工程。八是提高科技应用水平，鼓励骨干企业开展智能终端、自动化分拣、机械化装卸等技术装备的研发应用。九是推动供应链协同发展，鼓励企业发展智能仓储，优化供应链管理。十是推广绿色包装，推广应用绿色包装技术和材料，推动包装物减量化。十一是推动绿色运输与配送，推进新能源配送车辆在快递物流领域的应用。

海南快递企业代表参加省“共青团与人大代表、政协委员面对面”活动

1 月 22 日，由共青团海南省委主办的以“维护新兴职业青年群体的发展权益”为主题的 2019 年海南省“共青团与人大代表、政协委员面对面”活动座谈会在海口召开。团省委领导班子出席活动。省人大代表、省政协委员和省直机关、直属团委、新兴行业机构、新闻媒体等近 100 名代表参加了活动。

海南省政府工作报告明确打造全国乃至全球快递物流枢纽

1 月 26 日至 31 日，海南省第六届人民代表大会第二次会议在海口召开。会议审议通过了沈晓明同志代表海南省政府所作的工作报告，海南省委书记、省人大常委会主任刘赐贵在闭幕大会上作总结讲话。省政府工作报告明确要研究东方机场及配套物流园区建设，努力打造全国乃至全球快递物流枢纽；加快建设海口跨境电子商务综合试验区；探索开展离岛免税商品寄递服务；完成 160 个行政村通快递工作。

海口发布协同推进海口市快递业绿色包装应用的实施意见

2 月，海口市邮政管理局联合市发展和改革委员会、市科学技术工业信息化局、市生态环境保护局、市商务局、市工商局、市环境卫生管理局发布了《关于协同推进海口市快递业绿色包装应用的实施意见》。

海口市推进电子商务与快递物流协同发展实施方案出台

3 月 11 日，海口市邮政管理局、市商务局、市交通港航局联合印发了《海口市推进电子商务与快递

物流协同发展实施方案》,快递业获诸多利好政策。

海口局推动“警医邮”便民服务网点取得阶段性成绩

4月,海口市邮政管理局推动市邮政公司、市交警和省肿瘤医院开展了“警医邮”合作,引导市邮政企业在现有邮政网点办理车管业务的基础上,升级推出“警医邮”便民服务,实现了交警、医院、邮政三方资源优势互补,形成了覆盖城乡的服务网络,让人民群众在“家门口”就能体验一站式公安交管便民服务。

海南省洋浦经济开发区邮政快递专用电动三轮车规范管理启动

6月11日,海南省西部邮政管理局联合洋浦经济开发区公安局举办“洋浦经济开发区邮政快递专用电动三轮车规范管理”启动仪式。

动员部署全省邮政业禁毒三年大会战(2020－2022年)行动

12月,海南省邮政管理局邀请省禁毒办动员部署全省邮政业禁毒三年大会战(2020－2022年)工作。海南省邮政管理局进一步传达学习贯彻海南省委召开的全省禁毒三年大会战(2020－2022年)动员部署会精神以及国家邮政局党组有关邮政业禁毒工作部署,对全省邮政业禁毒三年大会战(2020－2022年)等工作进行全面动员部署。

重庆市快递发展大事记

重庆局再次被评为重庆市安全生产先进单位

1月8日,重庆市邮政管理局在《重庆市人民政府安全生产委员关于2018年全市安全生产工作考核结果的通报》中,再次被考核为“先进单位”,这是重庆市邮政管理局连续两年被评为市安全生产先进单位。

重庆局联合快递协会慰问快递小哥

1月,重庆市邮政管理局与重庆市快递协会响应习总书记讲话精神,走访慰问了EMS、顺丰、“四通一达”等十余家快递企业的快递小哥。慰问组一行为快递小哥们送去了慰问信和在行业对口扶贫县采购的米面粮油等慰问品,并提前送上新春佳节的问候与美好祝福,把来自党的温暖,政府的关怀和社会组织的关心送达快递小哥手中,感谢他们为重庆市快递行业高质量发展作出的贡献。

奉节县政府致信感谢重庆局助力地方经济

1月31日,奉节县委县政府致信重庆市邮政管理局主要领导,感谢重庆市邮政管理局多年来大力助推奉节县三级物流体系建设,扎实推进奉节脐橙产、销、寄递业务,积极推动和参与奉节县精准脱贫工作。2018年12月15日,重庆市邮政管理局与奉节县政府签订了战略合作协议,组织邮政、顺丰、百世及“三通一达”等主要寄递企业主动积极融入,为脐橙销售提供优质高效的寄递服务。奉节脐橙日均寄递量突破10万件,2018全年通过寄递渠道销售达600余万件,直接带动农产品产值近3亿元。

重庆市副市长陆克华批示肯定重庆邮政管理工作成绩

2月,重庆市副市长陆克华对全市邮政管理工作作出批示,并给予充分肯定。批示指出:2018年,全市邮政工作取得较好成效,特别是在“快递下乡”服务支撑“乡村振兴”战略方面成绩突出,值得肯定!2019年,希望市邮政管理局再接再厉,深入贯彻新发展理念和以人民为中心的发展思想,聚焦主线主业,为全市经济社会发展作出新的更大的贡献。

重庆一名快递员获"岗位学雷锋标兵"荣誉称号

3月,重庆市第五批岗位学雷锋示范点和岗位学雷锋标兵"出炉",由重庆市邮政管理局推荐的顺丰速运重庆公司"快递小哥"王小建成功当选,成为30名学雷锋岗位标兵之一。

"重庆群工·阳光重庆"广播热线节目关注邮政业

3月18日上午,重庆市邮政管理局相关同志带队做客FM96.8重庆之声《阳光重庆》直播间,围绕"报刊订阅和快递"主题与广大听众和网友进行了交流互动。节目中,该同志对重庆市邮政管理局监管工作和全市邮政行业发展的总体情况进行了介绍。业务处室相关人员围绕报刊订阅、快递服务质量、许可、收费和智能快件箱等问题与听众和网友进行了交流,取得了良好的社会效果。

重庆局启动应急预案严防非洲猪瘟疫情

3月21日晚,农业农村部新闻办公室发布,重庆市石柱县发生非洲猪瘟疫情,重庆市邮政管理局知悉后,高度重视,第一时间启动应急预案,安排部署防控工作。

两部门拟定《快递企业开展牌证寄递服务条件和流程》

3月,重庆市邮政管理局与重庆市公安局交通管理局联合拟订《快递企业开展牌证寄递服务条件和流程》,积极引导快递企业开展车管业务牌证寄递服务工作,凡是符合条件的企业,均可在备案后,入驻全市各级车管所、考场、车驾管社会服务站等开展牌证寄递服务。

重庆局开展强化落实企业主体责任专项行动

4月,重庆市邮政管理局印发《重庆市邮政管理局关于开展强化落实企业安全生产主体责任专项行动的通知》。通知指出,到2020年全市寄递企业对照责任清单要求,自身安全生产主体责任得到有效落实,安全生产基础保障能力建设得到加强,从业人员安全素质和技能得到大幅提高,内部安全管理得到规范和加强,应急救援体系得到健全完善,安全生产水平得到整体提升,有效保障邮政业安全稳定和寄递渠道安全畅通,有力推进安全邮政建设。

重庆6部竞赛类展品在中国2019世界邮展获奖

6月11日至17日,在中国2019世界邮展上,重庆选送的6部竞赛类展品全部获奖,包括大镀金奖3部(其中1部同时获得特别奖)、大银奖1部、银奖1部,涉及传统集邮、邮政历史、现代、图画明信片、一框展品、集邮文献等类别。

重庆邮政业获国家级、市级多项表彰

6月,共青团中央等21家单位联合发文命名"2017－2018年度全国青年文明号",重庆市邮政管理局推荐的重庆圆通快递有限公司网络管理部、重庆苏宁物流有限公司均成功入选,获此殊荣。同月,中共重庆市委直属机关工作委员会对全市100名优秀共产党员、100名优秀党务工作者、100个先进基层党组织予以通报表彰,重庆市邮政管理局周寅垠同志荣获优秀党务工作者荣誉称号、五分局党支部被表彰为先进基层党组织。9月,重庆市邮政管理局七分局荣获市级"文明单位",市局一干部家庭荣获市级"文明家庭"。

重庆局举办行业职业技能大赛暨"五小"创新晒比赛

7月20日,重庆市邮政管理局、重庆市总工会共同主办"当好主人翁　建功新时代"重庆市邮政快递行业职业技能大赛,来自全市8支代表队共90名选手参赛。同日,重庆市邮政管理局还与共青团重庆市委共同举办全市邮政行业"五小"创新

晒比赛。来自中重庆邮区中心局团队皮带节能机项目、重庆德邦快递团队爬楼机项目在比赛中脱颖而出,荣获"青创工作室"荣誉称号。在11月28日第四届重庆市"五小"创新晒成果展示汇报会中,重庆市邮政管理局选送的《爬楼机》《节能环保纸箱》《节能皮带机》项目均获奖项,其中2个项目获重庆市"青创工作室"称号,并获得创新工作经费支持,1个项目获"优秀项目"称号。

重庆局部署快递末端违规收费清理整顿工作

7月31日,重庆市邮政管理局部署全市快递末端违规收费清理整顿工作。10月,重庆市邮政管理局召开全市推进邮快合作下乡进村工作座谈会,对集中开展第二轮快递末端服务违规收费清理整顿工作进行了再部署。11月,重庆市邮政管理局积极主动协调市市场监管局,对全市快递末端服务违规收费开展专项集中整治。

重庆市主要品牌快递企业签订绿色快递承诺书

8月,重庆市邮政管理局联合市快递协会召开快递企业绿色发展经验交流会,全市主要品牌快递企业参会,并签订了《绿色快递承诺书》。

十部门联合发文开展网络市场监管专项行动

8月,重庆市邮政管理局与重庆市市场监管局、市发改委、市经信委、市公安局、市商委、市文化旅游委、重庆海关、市通信管理局、市互联网办公室,10部门联合印发了《关于重庆市2019网络市场监管专项行动(网剑行动)方案的通知》,联合开展2019年网络市场监管专项行动。

重庆局联合快递协会为"快递小哥"送清凉

8月,重庆市邮政管理局联合市快递协会,以送清凉、送安全、送健康、强意识为主要内容,深入基层网点慰问奋战在高温酷暑一线的快递小哥和操作人员,督促企业加强防暑降温和高温期间劳动保护工作,把党组织的关怀、行业主管部门的关心、协会组织的问候送到他们中间。

重庆局推动邮政企业开展审批结果免费邮寄服务

8月,重庆市邮政管理局积极推动中邮九龙坡区分公司联合当地区政府推出审批结果免费邮寄服务。此次免费邮寄送达的证照和批文共有90余项,涉及范围广,涵盖了区发展改革委、区城管局、区住建委、区生态环境局等17个部门的市场准入、民生事项和建设领域的行政审批结果。

重庆市印发电子商务扶贫提升行动计划

9月,在重庆市邮政管理局的积极推动下,重庆市扶贫开发领导小组办公室印发《重庆市电子商务扶贫提升行动计划》,提出要加快快递物流资源整合,支持快递物流在农村地区配送。行动计划指出,提高农村物流配送效率。推动区县电商产业园与快递物流园融合发展,推进园区仓配一体化和共同配送。加强物流资源跨区域、连片化整合。每个区县重点发展1~2家快递物流配送骨干企业,支持智能仓配中心、电商云仓、自动化分拣设施设备建设,按照不高于投资总额的30%进行补助,最多不超过200万元。完善电商集配中心和农产品冷链物流体系。推进农产品产地、集散地、加工区冷藏保温仓储设施建设,推广应用冷藏运输车辆、低温物流箱等冷链物流设备。

两部门引导快递企业为贫困地区提供就业岗位

10月,在重庆市邮政管理局和重庆市人力社保局的共同推动下,顺丰速运重庆有限公司为重庆市内贫困地区的人员提供不少于400个就业岗位,为贫困大学生提供不少于150个就业及实习岗位,并探索建立乡镇代理合作新模式,由顺丰速运提供品牌、技术支持,支持返乡农民工创业。同时,顺丰将在重庆建立全国招聘培训基地,根据贫困人口自身就业区域意愿,对贫困劳动力开展就业技能培训不少于300人次。

重庆局加快推进快递市场法人主体信用评定工作

10月,重庆市邮政管理局组织召开全市快递业信用评定委员会工作推进会。会议通报了全市快递业信用评定工作前阶段开展情况,解读了《快递市场法人主体信用评定方案(试行)》,对细化《重庆市快递市场法人主体信用评定方案》、确定信用评定地方性指标和"诚信状况重点关注对象名单"适用范围进行了商议。

重庆局核发首张企业开办服务站快递业务经营许可证

11月,重庆市邮政管理局坚持包容审慎原则,注重安全,坚守底线,严格依照法定程序、法定条件核发全市首张企业开办服务站快递业务经营许可证至重庆驿隆网络科技有限公司(即重庆菜鸟驿站),这标志着重庆市邮政管理局正式将企业开办服务站经营快递业务依法纳入监督管理。

重庆局推动新能源车辆通行工作

11月,通过重庆市邮政管理局多次与市交巡警总队沟通协商、达成共识:邮政、快递企业注册登记在重庆市悬挂新能源专用号牌且最大设计总质量不超过4.5吨的轻型、微型纯电动货车,除主城区两条特殊路段外,其余路段不受限行时段管理和载货汽车限行管理。同时,为解决企业办证难,让企业少跑路,新能源专用车辆无须再办理载货汽车通车证。

重庆局组织新闻媒体就"双11"工作情况进行采访报道

11月,"双11"期间,重庆市邮政管理局召开了全市邮政业新闻宣传工作会,组织重庆电视台、日报社、华龙网、商报、上游新闻、电台等新闻媒体记者就"双11"工作情况进行采访报道,进一步掌握了行业宣传的主动权、话语权,不断增强行业新闻宣传的影响力。

两部门开展快递业万人承诺共筑交通安全防线活动

11月28日,重庆市邮政管理局会同重庆市公安局交巡警总队在两江新区举行第八个"全国交通安全日"主题活动即"快递行业万人承诺共筑安全防线启动仪式",发出守法文明出行倡议,共签守法承诺书,推进快递行业交通安全协同治理新举措。

重庆局为贫困村筹集资金并采购农副产品

12月5日,在前期实地扶贫调研的基础上,重庆市邮政管理局再赴鸡鸣乡祝乐村调研并组织了帮扶慰问。调研组听取了鸡鸣乡脱贫攻坚工作开展情况、经信委扶贫集团帮扶情况及驻乡工作队开展脱贫攻坚工作情况,并筹集捐助慰问金及奖助学基金2.2万元,全年已累计筹集帮扶资金13.3万元,捐助慰问金及奖助学基金1.65万元,同时采购鸡鸣乡农副产品10.86万元。

首届中国·奉节国际橙博会上多个快递企业成功签约

12月14日至15日,重庆市邮政管理局主要领导受重庆市奉节县政府邀请出席并带队参与了"一带一路甜蜜产业从奉节起航"首届中国·奉节国际橙博会暨2019奉节脐橙开园节。产销仪式上百世物流科技(中国)有限公司与重庆念夔电子商务有限公司成功签约、顺丰速运重庆有限公司与奉节县火红水果销售有限公司成功签约;活动还举办了奉节脐橙寄递(快递物流)对接专场会,邮政、顺丰、德邦以及通达系等品牌寄递企业重庆公司负责人受邀参加。

巴南区"政务+邮政"合作模式获重庆政府肯定

12月,重庆市人民政府推进职能转变协调小组办公室印发简报,肯定巴南区"政务+邮政"合作模式。简报指出,"政务+邮政"有效整合了条块资源,从"就近办""沿路送""上门接"三个方面提升了政务服务质效，增强了人民群众的获得感。

两部门制定三项措施关心关爱“快递小哥”

12 月，重庆市邮政管理局与重庆市司法局联合印发《关于做好“快递小哥”法律服务工作的通知》，共同致力采取“三项措施”关心关爱“快递小哥”：一是提高站位，为“快递小哥”依法维权提供服务；二是搭建平台，提升“快递小哥”法律服务针对性；三是强化保障，提高法律服务工作质量。

重庆“三个一策”工程成果汇编成册

12 月，在重庆市邮政管理局的推动下，邮政企业在充分走访、调研并征求多部门意见的基础上，最终形成全市普遍服务汇编书册 39 册，“三个一策”工程应运而生。

重庆邮政业 153 人快递行业专业技术职称

12 月，重庆市工程技术快递行业专业技术职称评审工作圆满完成。在遵循“客观、公平、公正”原则的基础上，参会专家评委按照《重庆市工程技术快递行业高、中、初级专业技术职称申报评审条件》严把评审关，共评审快递工程专业初级、中级职称 153 名。

重庆局推进“9571”工程写入重庆市“无废城市”建设试点实施方案

12 月，重庆市“无废城市”建设试点工作领导小组印发《重庆市（主城区）“无废城市”建设试点实施方案》，部署重庆市（主城区）无废城市建设工作，推进邮政业“9571”工程作为重点任务之一写入方案。

四川省快递发展大事记

四川局通知部署安全生产工作

1 月，四川省邮政管理局通知要求全省邮政管理系统切实做好当前安全生产工作，确保行业安全平稳运行。通知就安全生产工作提出四点要求，一是高度重视危险化学品安全生产工作；二是依法严厉打击危险化学品违法寄递行为；三是全力做好安全生产工作，严防发生重特大安全事故；四是加强突发事件应急处置。

两部门联合调研交邮合作项目

3 月 7 日至 9 日，四川省邮政管理局局长、省交通运输厅副厅长徐文葛同志率队，省交通运输厅、省邮政管理局组成调研组，赴攀枝花、凉山专题调研交邮合作项目。调研组通过调研了解到，在农村地区开展交邮合作，有助于破解长期以来农村边远地区因寄递成本高造成的寄递服务网络不健全、服务水平较低等难点问题，通过在镇、村两级探索农村客运 + 邮政快递 + 电子商务综合服务平台建设，有助于盘活邮政、快递及乡村客运各类资源，推动形成“电子商务 + 农特产业 + 交通 + 邮政 + 村委会”合作新模式，促进农产品“进城”和工业品“下乡”双向流通，振兴乡村经济。

中国交通运输协会快运分会考察广元市物流基础设施建设

3 月 29 日，广元市副市长叶长春陪同中国交通运输协会快运分会到广元上西交通物流园对我市物流基础设施情况进行考察。考察团对园区入驻的快递企业分拨中心进行参观，广元局就广元市邮政业运输网络及站点设置情况向考察团进行了介绍。通过参观，考察团对邮政业运输网络、站点建设向乡镇延伸给予了充分的肯定。在随后的座谈会上，考察团认为，市委市政府提出的建立高铁快运集散基地的基本条件和区位优势是可行的，表示全力支持。

四川局迅速部署做好长宁地震灾后应急处置工作

6月17日22时55分，四川省宜宾市长宁县发生6.0级地震。四川省邮政管理局立即启动应急响应，迅速部署做好省邮政业应对处置工作：一是加强组织领导，要求震中所在的宜宾市邮政管理局做好应急值守、信息汇总、灾害损失收集和调查评估、维护行业稳定等工作；二是采取有效措施，全力保障行业人员的生命和财产安全；三是全力做好抢险救灾工作，组织动员灾区邮政、快递企业积极开展抗灾自救，尽量将损失降到最低。

四川省推进交邮合作

7月10日，四川省交通运输厅联合四川省邮政管理局印发《四川省推进交通运输与邮政业融合发展的实施方案（2019－2020年）》，明确2019－2020年，突出抓好线路合作、站点合作，带动交邮合作全面推进。2019年，在攀枝花市、遂宁市试点开通“交邮、交快”合作线路5天，在全省建设乡镇运输服务站15个。

四川邮政业职业技能竞赛圆满举行

7月24日至26日，由四川省邮政管理局主办、省快递协会承办的2019年中国技能大赛四川省邮政行业职业技能竞赛在德阳举行。四川局党组成员、副局长罗萍出席开幕式并致辞，强调全省邮政行业要把握新时代人才发展大势，加快建设专业精通、具备较高劳动技能的新型劳动者队伍，把行业巨大的人力资源转化为人才资源，为实施“人才强邮”战略、助推全省邮政业高质量发展提供人才保障。本次竞赛通过个人报名、企业推荐、初审筛选，共有来自邮政速递物流、顺丰、申通、圆通等品牌企业的20余名选手参加竞赛。

四川局多次推进快递末端违规收费清理整顿工作

8月13日，四川省邮政管理局与省保护消费者权益委员会、省市场监管局联合召开乡镇快递违规收费约谈会，对申通、中通、圆通、韵达等4家快递公司进行集中约谈，要求涉事企业立即停止取件违规收费，切实维护消费者合法权益，会议特邀部分省人大代表和省政协委员参加。9月2日，四川局党组书记、局长徐文葛带队组成督导组，对南充市南部县、高坪区部分乡镇7个末端网点开展专项督导检查，均未出现违规收费问题。9月17日－18日，四川省邮政管理局党组成员、副局长罗萍带队赴泸州、自贡对快递末端服务违规收费清理整顿和国庆70周年庆祝活动期间寄递渠道安保工作情况开展督导检查，检查发现，各基层快递网点均对国庆70周年庆祝活动进行了安排部署，均在门度显眼处张贴了“取件不收费”承诺，也未发现违规收费行为。

四川局召开安全生产工作督导检查通报会

10月12日，四川召开快递企业四川总部安全生产工作督导检查通报会。根据《2019年主要快递企业四川总部安全生产工作督导检查方案》要求，四川局于8月1日至9月15日期间，从各市（州）抽调业务骨干28名，组成7个督导检查组，对快递企业四川总部进行督导检查。共涉及20个品牌，共检查出问题47条。通报会上，四川局对存在问题的快递企业总部进行集中约谈，现场下发责令整改通知书15份。

六部门联合出台深化农村物流配送体系建设实施方案

12月，四川省邮政管理局协调省商务厅、发改委、交通运输厅、农业农村厅、口岸与物流办公室联合印发了《深化农村物流配送体系建设的实施方案》，对今后一个时期全省农村物流配送体系建设作出了具体安排。《实施方案》要求，一要建设物流配送基础设施，推动集商品集散、运输仓储、邮政快递等服务于一体的县级综合物流园区（中心）、乡镇物流共配站、村级公共服务网点。二要打造物流配送网络，通过交邮合作、开放邮政平台和网络、推行邮快合作等，畅通农村物流渠道。三要建立公共服务平台，利用乡镇运输服务站、电商进农村示范、邮政在乡、新建农村物流基础设施等，建立农村物流综合服务平台，促进邮政、快递、电商、运输融合发展。四要完善农产品冷链物流体系。五要创新农村物流配送服务模式，引导邮政快递企业等加强与特色农产品产地、经营商的合作，复制推广“交通运输＋邮政快递”“电商＋邮政快递”“特色产业＋邮政快递”“邮政＋快递”、“快递＋快递”“邮政快递＋平台”等模式，建立通便的农产品寄递运输服务模式。

四川省政府要求充分发挥邮政综合服务作用

12月，四川省人民政府办公厅印发《关于在深化“放管服”改革工作中进一步发挥邮政综合服务作用的通知》，要求在“放管服”改革向基层延伸时，进一步发挥邮政综合服务作用。四川局表示，将认真贯彻落实省政府要求，指导邮政快递企业完善乡村服务网络和平台，拓展服务领域，提升服务品质，助力“放改服”改革，通过邮政帮跑路，让群众少跑路。

贵州省快递发展大事记

贵阳印发《关于推进跨境电子商务发展促进政策》

1月，贵阳市政府办公厅印发《关于推进跨境电子商务发展促进政策》，明确提出要鼓励完善仓储、快递物流企业配套服务。对租赁仓库建设跨境电子商务快递物流分拣中心的企业，按照实际租赁费用每年给予30%的补助，最高不超过50万元，按跨境电子商务快递物流分拣中心实际设备投入给予30%的补助，最高不超过100万元。支持企业开展国际专线物流线路打造。对通过龙洞堡机场新开辟货运航线的货运代理企业，给予一次性补助20万元市场推介费用补助。对每周2个班次以上的货运航班给予费用补助，亚洲区域货运航线2万元/班，洲际货运航线5万元/班，每个企业全年补助不超过500万元。

贵州局安全生产工作考核获省级优秀等次

2月，贵州省安全生产委员会下发《省安委会关于2018年度省安委会成员单位安全生产工作考核结果的通报》，贵州省邮政管理局在2018年度全省安全生产工作考核获得“优秀”等次。

贵州政府出台促进农村电子商务、邮政行业政策

3月，贵州省政府出台《关于进一步加快农村电子商务发展助推脱贫攻坚行动方案（2019－2020年）》，邮政行业发展获支持。方案从五个方面对邮政行业发展给予了支持：一是完善快递物流体系，更好服务民生；二是推进园区建设，促进融合发展；三是打通渠道，完善服务体系；四是推进电子商务与快递物流协同发展；五是加大财政资金支持力度。

贵州省实现“快递下乡”全覆盖

截至2019年4月底，贵州省1156个乡镇快递网点全覆盖。贵州局将继续按照“巩固、增强、提升、畅通”八字方针，坚持“打通上下游、拓展产业链、画大同心圆、构建生态圈”的工作思路，进一步健全完善城乡末端体系，助推农村产业革命，助力乡村振兴，为脱贫攻坚贡献行业力量。

两部门联合发文促进快递行业助力就业扶贫

5月，贵州省邮政管理局联合省人社厅印发了《关于鼓励外出务工人员到快递行业就业的通

知》,鼓励全省各类符合条件的务工人员到快递行业就业。通知明确四项措施鼓励外出务工人员到快递行业就业:一是加强工作宣传;二是加强组织协调;三是抓好政策落实;四是做好工作对接。

贵州局一支部、一党员获省直机关荣誉表彰

7月,中共贵州省直机关工委印发《关于表彰2017—2019年度省直机关先进基层党组织、优秀共产党员、优秀党务工作者的决定》,贵州省邮政管理局普遍服务处党支部获得“省直机关先进基层党组织”称号,办公室党支部一名党员获得“省直机关优秀共产党员”称号。

多部门联合举办2019年邮政行业职业技能竞赛

8月11日,2019年贵州省邮政行业职业技能竞赛暨第二届全国邮政行业职业技能竞赛贵州选拔赛在省交通职业技术学院顺利举行,由各市(州)选派的来自邮政企业、顺丰、中通、圆通、韵达、申通等品牌企业的16名选手参加了比赛。来自顺丰、申通、圆通和茂源物流的6名选手分获快递员和快件处理员职业前3名。符合条件的获奖选手,优先推荐申报“贵州省五一劳动奖章”,授予“贵州省技术能手”和“贵州省青年岗位能手”称号,并推荐参加第二届全国邮政行业技能竞赛。

贵州首个快递企业团支部揭牌成立

8月29日,贵州首个快递行业团支部——顺丰速运团支部成立,贵州省邮政管理局联合团省委共同为其揭牌。揭牌仪式上,贵州局对贵州顺丰速运团支部的成立表示祝贺,并表示贵州顺丰速运团支部的成立,是全省邮政行业发展史的一件大事、喜事,也为全省邮政行业团建工作提供了先进经验。

贵阳局积极推动行业建会和快递员入会工作

9月,贵阳市邮政管理局与贵阳市总工会联合下发《关于进一步推动贵阳市快递企业成立工会和快递员加入工会组织的通知》,共同推进快递业建会和快递员入会工作。

贵州阶段性完成全省邮政业绿色发展“9571”工程

截至10月,贵州全省邮件快件电子运单使用率达到99.19%,73.76%的电商快件不再进行二次包装,可循环中转袋使用率达到92%,全省已有1255个快递网点设置了回收装置,全省邮政业“9571”工程(电子运单使用率达95%,50%以上电商快件不再进行二次包装,循环中转袋使用率达70%,设置快件废弃物回收装置超过50个)各项目标任务均已阶段性完成。

贵州顺丰投入80辆新能源运输车

10月,贵州顺丰投入80辆新能源汽车进行快件运输。这是贵州顺丰第二次批量投入使用新能源汽车,在2018年年底,贵州顺丰就已经投入使用160辆新能源运输车。截至8月底,贵州省快递行业已在城市地区投入468辆新能源汽车进行快件运输,比6月底增加183辆。

陶长海副省长肯定邮政快递助推脱贫攻坚和乡村振兴工作成绩

11月,贵州省副省长陶长海听取贵州省邮政管理局工作汇报后,批示肯定贵州省邮政管理局近年来的邮政管理工作。陶长海副省长批示强调:“邮政部门在助推脱贫攻坚、实现乡村振兴方面做了大量卓有成效的工作,应予充分肯定”。近年来,贵州局按照国家邮政局的部署,紧紧围绕贵州省脱贫攻坚、易地扶贫搬迁和农村农业产业革命要求,多方施策,为地方解决农村富余劳动力就业23000多人,推动“黔货出山”电子商务件、带动农特产品年销售100多亿元,得到省委、省政府主要领导的多次表扬,称赞贵州局是贯彻省委、省政府部署最具主动性、敏感性的部门

之一。

贵阳国际邮件互换局(交换站)获批设立

11月,贵阳国际邮件互换局(交换站)获国家邮政局批复同意设立。贵阳国际邮件互换局的设立,为黔货出境、覆盖全球开辟新通道。将有利于减少贵州省国际邮件流通环节,缩短国际邮件进出境时间,提高通过效率和传递时限,降低物流成本,对于贵州省提高对外开放度、深化产业大招商、扩大进出口贸易、加速快递物流和跨境电子商务发展等具有重要意义,将助推贵州内陆开放型经济试验区和中国(贵阳)跨境电子商务综合试验区加快发展。

云南省快递发展大事记

董华副省长肯定云南邮政业成绩

2月1日下午,云南省邮政管理局党组书记、局长魏水旺率班子到云南省政府向分管副省长董华汇报工作。董华副省长对云南省邮政管理局的工作给予肯定,指出2018年全省邮政业发展成绩喜人,增长幅度大,发展势头好,全省邮政管理部门紧紧围绕省委省政府的战略部署,结合行业发展特点,发挥自身优势,主动服务,融入地方,超前谋划,为全省经济社会发展作出了重要贡献。

云南省邮政业跨境业务获利好

2月,云南省人民政府发布《关于进一步加快跨境电子商务发展的指导意见》,邮政业在跨境配送网络建设、国际邮件快件便捷通关等方面获重大利好政策支持。意见明确,到2020年,云南将建成完善的跨境电子商务线上公共服务平台、跨境电子商务线下产业园区平台及跨境电子商务信息共享体系等“两平台、六体系”,大力推动政府职能部门之间“信息互换、监管互认、执法互助”,实现“一次申报、一次查验、一次放行”,采取“简化申报、清单核放、汇总统计”等方式,优化跨境电子商务监管流程,完善跨境电子商务监管模式;同时鼓励和支持邮政快递、物流企业与跨境电子商务企业加强合作,在南亚东南亚国家及其他与云南省经贸合作密切的国家和地区设立分支机构,建设境外物流仓配、集散中心,完善跨境物流服务网络。

云南局全面推进邮政业三大攻坚战工作

3月,云南省邮政管理局印发了《打好防范化解重大风险攻坚战的实施方案》《助力脱贫攻坚行动方案(2019－2020年)》和《关于坚决打好邮政业污染防治攻坚战的实施方案》,全面推进邮政业三大攻坚战工作。《云南省邮政业打好防范化解重大风险攻坚战实施方案》着力解决邮政行业在发展、安全、稳定方面存在的潜在风险、突出问题和重大隐患,在保发展、保安全、保稳定上着力,维护边疆繁荣稳定,推动全省邮政业高质量发展。《云南省邮政业助力脱贫攻坚行动方案(2019－2020年)》提出,要全面打造邮政业服务农业农村示范项目,培育一批“邮政+”“快递+”项目,建成1万个邮乐购站点,推动“一市一品”取得实效。《关于打好全省邮政业污染防治攻坚战实施方案》确定了加快邮件快件绿色包装治理、推进生产作业节能减排、鼓励邮政业绿色发展创新探索、加强邮政业绿色文化建设、完善健全绿色发展监督管理等重点任务,细化了工作措施,明确了责任分工。

云南局组织邮政业参与“壮丽70年 奋斗新时代”主题活动

4月,云南省邮政管理局结合云南省委宣传部充分展示新中国成立70年来的光辉历程、伟大成就和宝贵经验的主题，紧扣活动主旨，积极融入，充分动员，迅速在全省系统内组织开展典型选树工作。云南省邮政管理局要求各级邮政管理部门在辖区邮政快递企业中重点挖掘真情服务、无私奉献的基层网点和代表人物，积极为全省“壮丽70年　奋斗新时代”大型主题采访选树典型、提供新闻线索。

云南局与昆明海关共推跨境寄递渠道工作

4月，云南省邮政管理局、昆明海关举行座谈会，双方就加强沟通合作、更好地推进跨境电子商务寄递服务高质量发展、助力边境贸易和地方经济等进行交流座谈。双方达成三点共识：一是建立健全沟通联系机制，组建专项工作小组，不定期召开座谈，加强沟通配合，共同就邮政快递服务与跨境电商协同发展等工作进行研究。二是抓住重点，提升跨境寄递服务通关便利。三是加快建立数据交换机制，全面保障跨境寄递安全畅通。

云南省市级媒体多次报道邮政业发展情况

4月，云南省邮政业发展受到主流媒体的广泛关注。云南日报、保山日报和红河日报等省市级媒体相继对快递服务业发展、邮政快递机动车规范、“交邮合作”和“警邮合作”等作专题报道，中国邮政快递报、人民网、新华网相继刊发、转载。

两部门联合推动交邮合作

4月，云南邮政管理局与云南省交通运输厅联合印发了《关于进一步加强交邮合作推动全面实现建制村直接通邮的意见》，全省各级邮政管理、交通运输部门共同推动交通、邮政融合发展，确保2019年底前全面实现建制村直接通邮的目标。

多部门联合解决末端服务车辆通行难题

4月，云南省邮政管理局牵头，联合省公安厅、省交通运输厅印发《关于加强城市邮政快递末端服务车辆通行管理的指导意见》，全省各级邮政管理、公安、交通运输部门共同推进，切实加强和改进城市邮政快递末端服务车辆通行管理，解决末端服务车辆通行难、停靠难和作业难问题。

四部门协力解决推县乡村物流发展瓶颈

4月25日，云南省邮政管理局与省商务厅、交通运输厅和供销合作社联合印发《云南省县乡村物流体系改革实施方案》，积极推动解决县乡村物流发展瓶颈，促进县乡村物流降本增效。四部门将整合商务、交通运输、供销合作社、邮政管理部门现有资源和优势，通过“政府引导、市场化运作”原则，搭建平台，促进电商、物流企业与县乡村商贸、农产品经营主体跨行业联营合作，鼓励快递企业与运输企业达成深度合作，重点解决快递企业农村配送成本高和上下行货量不均衡难题，推进快递下乡工程和电子商务进农村综合示范项目资源整合，降低县乡村物流企业成本。

8名快递小哥代表受邀参加云南省纪念五四运动100周年活动

4月29日，云南省委组织举办纪念五四运动100周年活动，8名“快递小哥”青年代表受邀参加。座谈会上，云南省委书记陈豪代表省委向“快递小哥”等青年致以节日的祝贺和亲切的问候，并勉励“快递小哥”等青年：积极投身云南跨越发展的实践中，努力创新创造，用勤劳的双手铸造一流业绩，迸发最大正能量，作出最大新贡献，唱响美丽的青春之歌。

共青团云南省委副书记魏妮娅赞许云南省邮政业发展

6月，云南省邮政管理局与共青团云南省委共同组成联合调研组，由团省委魏妮娅副书记和云南局分管领导带队深入昆明市快递企业总部和分拣中心调研邮政业发展、行业团建及关爱快递小哥工作等情况。魏妮娅副书记一行对企业的发展表示赞许,感叹科技在推进邮政业发展中所发挥的巨大作用,鼓励企业进一步激发活力和创造力,促进创新,保障服务,在推动邮政业发展和全省经济社会发展中作出更大的贡献。

王显刚副省长肯定云南局邮政管理工作

7月2日,云南省副省长王显刚专题听取云南省邮政管理局工作汇报,对邮政监管工作表示肯定,对全省邮政业发展寄予厚望。王显刚副省长指出,近年来,云南省邮政业保持了良好的发展势头,是云南省经济发展的重要组成部分,促进了地方经济发展。邮政业的发展潜力巨大,下一步要继续抓住行业工作重点,发挥邮政全程全网优势,挖掘利用好这个最有中国特色的最齐全,覆盖面最广的服务体系,做好邮政管理工作。

云南省首架投递邮件无人机在昭通市大山包正式通航

8月29日,云南省首架投递邮件无人机在大山包邮政所启动通航。此次首飞共开通大山包邮政所到老林村、马路村、车路村3条航线,是昭通市乃至云南省邮政投递史上的又一里程碑,开启了科技助力建制村通邮的全新服务模式,缩小东西部邮政服务发展差距,提高了高寒地区群众用邮获得感和幸福感,体现了邮政业科技扶贫的作用。

云南省58人获快递工程专业技术职称

9月,《云南省邮政行业快递工程专业技术人员职称评审工作实施方案(试行)》及《关于开展2019年度云南省快递工程专业技术人员中级职称评审有关工作的通知》获云南省工业和信息化厅审核通过。12月5日,云南省邮政管理局组织召开了云南省邮政行业首次快递工程专业技术职称评审会议。经参会评委审阅材料、评议推荐和全体评委投票表决,共有58名快递工程领域专业技术人员通过了评审,其中快递工程技术员30人,快递工程助理工程师25人,快递工程师3人。

四部门联合出台快递物流园区建设的指导意见

9月,云南省邮政管理局联合省发改委、省商务厅、省交通运输厅印发《关于推进云南省快递物流园区建设的指导意见》。意见提出,推动快递园区纳入云南省15个省级重点物流产业园建设项目、县级快递分拨中心纳入129个县级物流集散中心建设项目。鼓励依托现有物流园区、物流集散中心、电子商务园区等资源,采取企业集中入驻、规模化发展的模式,以产业聚集打造新型快递物流园区。加强园区基础设施意见、园区信息化建设,完善园区服务功能,提升园区产业集聚能力与跨境服务能力。

两部门联合推进快递物流园区建设项目

10月,云南省邮政管理局与省发展改革委联合召开快递物流园区建设项目申报电视电话会议,共推《关于推进云南省快递物流园区建设的指导意见》深入落实。会议要求,各州市发展改革委员要会同邮政管理局,深入研究,准确领会把握政策规范要求,结合各地实际,将快递物流园区及冷链物流项目纳入国家专项债券项目或纳入国家物流枢纽项目支持范围,找准切入点和突破口。

多部门联合印发智能信包(快件)箱建设的指导意见

11月,云南省邮政管理局联合省自然资源厅、省住建和省城乡建设厅联合印发了《关于推广智能信包(快件)箱建设的指导意见》。意见对新建城镇居民住宅楼推广建设智能信包箱的重要性、必要性进行了阐述,要求各州市要提高对推广智能信包(快件)箱建设工作的认识,创新公共服务设施管理方式,将智能信包(快件)箱纳入城市公共配送体系,纳入国土空间规划、房屋建设公共配套设施,纳入地方为民办实事项目上,满足人民群众对更好用邮的新需求。

云南省服务业发展重点工作计划将邮政业纳入

11月，云南省服务业发展联席会议办公室制定印发了云南省服务业发展重点工作计划，邮政业跨境通道、物流园区、“快递下乡”、大数据中心建设等四项工作纳入其中。

魏水旺局长参加国家禁毒委堵截“金三角”地区毒品入境工作现场会

11月12日，云南省邮政管理局局长魏水旺代表全省邮政管理系统向国家禁毒委堵截“金三角”地区毒品入境工作现场会作交流发言。魏水旺局长表示，云南邮政业将通过推动建立县级邮政监管机构和省、州（市）邮政业安全中心，强化组织、机构、技术建设，进一步健全完善禁毒工作体系；将试点推广人脸识别系统，配备智能安检机、实行集中安检，夯实行业禁毒工作基础；提升三项制度执行强度、扩大群防群治成效，统筹推进禁毒安全管控；通过开展“四严”活动，将落实三项制度常态化，严抓邮政业禁毒责任追究。

十部门联合拓宽贫困地区农产品营销渠道

12月，云南省邮政管理局与省商务厅、交通厅等10部门联合印发《云南省多渠道拓宽贫困地区农产品营销渠道工作措施》，动员引导社会各方力量加强农产品产销对接，推动建立长期稳定的产销关系，促进贫困地区产业发展，助力脱贫攻坚和乡村振兴。工作措施提出，邮政管理部门要牵头推进“快递下乡”工程，进一步简化农村贫困地区快递业务经营许可、快递分支机构及末端网点备案手续。支持邮政及各类快递企业把寄递服务网点延伸到贫困村，提高乡镇网点覆盖率，探索农村物流寄递渠道共建、设施共享、业务代理、互利共赢的合作机制。

邮政业多名个人和集体获表彰

12月19日，云南省评选表彰工作领导小组在云南局召开了云南省申报全国邮政行业先进集体、劳动模范和先进工作者推荐评审会。经评审，最终推荐出4个先进集体，3名劳动模范，1名先进工作者。

八家快递寄递企业签订快递下乡框架协议

12月19日，云南省邮政管理局组织召开云南邮快合作下乡进村推进会及邮政快递合作下乡进村框架协议签字仪式。中国邮政集团公司云南省分公司与中通、申通、圆通、韵达、百世、京东等八家品牌快递企业云南区域负责人签订了《邮政快递合作下乡进村框架协议》，此次签约仪式标志着全省邮快合作试点的全面铺开。

云南局获2018年度综治维稳（平安建设）先进单位称号

12月，云南省邮政管理局荣获2018年度全省综治工作（平安建设）先进单位称号。云南局表示，下一步将紧紧围绕加强社会治安综合治理、推进新时代平安云南建设的总体要求，健全单位内部各项综治维稳工作措施，履行行业监管职能，强化邮政业安全监管，切实做到“严执法、零容忍”，为全省邮政业高质量发展提供有力保证。

十六部门联合促邮政业高质量发展

12月，云南省邮政管理局与省交通运输厅、公安厅等16部门联合印发《云南省认真落实习近平总书记重要指示推动邮政业高质量发展实施方案》。实施方案明确，到2022年，基本建成普惠城乡、技术先进、服务优质、安全高效、绿色节能的邮政快递服务体系。基本实现邮政“村村直通邮”、快递“乡乡有网点”，通过邮政、快递渠道基本实现建制村电商配送服务全覆盖；研究、配合建成行业科技研发中心，行业自动化分拣率超过90%，电子运单使用基本实现全覆盖；完成寄递渠道安全监管“绿盾”工程建设；智能快件箱投递率上升到12%以上，重点快递企业国内重点城市间实现48小时送达。

西藏自治区快递发展大事记

西藏自治区实现建制村直接通邮100%目标

截至2018年底，区内5259个建制村提前一年实现直接通邮（另，208个社区居委会也实现了直接通邮）。建制村直接通邮工作的全面完成，有效提升了广大农村地区邮政普遍服务水平，加快了邮件传递速度，对加快物资和信息流通，传递党和国家的声音，移风易俗，实现西藏长期稳定和长足发展具有极其重要的作用。

西藏局扶贫工作获多项荣誉

1月，西藏自治区邮政管理局党委、政府召开全区创先争优强基础惠民生活动第七批驻村工作总结表彰暨第八批驻村工作动员大会，西藏自治区邮政管理局第七批驻帕羊镇达热村工作队荣获先进驻村队荣誉称号；西藏自治区邮政管理局驻日喀则市仲巴县帕羊镇达热村工作队两名同志（旦增平措、刘仕超）荣获先进驻村工作队员称号；西藏自治区党委农村工作暨脱贫攻坚工作会议通报了2018年度全区脱贫攻坚成效考核评估情况，西藏自治区邮政管理局定点扶贫工作获评“优秀”等次、行业扶贫工作获评“良好”等次。

自治区党委副书记、政府主席齐扎拉高度肯定邮政管理工作

2月，西藏自治区党委副书记、政府主席齐扎拉对区邮政监管工作作出重要批示，高度肯定西藏自治区邮政监管工作成果：“区邮政管理局在2018年中讲政治、顾大局、克服各种困难，圆满完成了各级工作目标任务，请再接再厉。”

西藏局一名同志获自治区“扫黄打非”先进个人荣誉称号

3月，西藏自治区“扫黄打非”工作领导小组表彰了2018年全区“扫黄打非”先进集体和先进个人，西藏自治区邮政管理局一名同志被评为2018年度自治区“扫黄打非”先进个人。此外，拉萨市邮政管理局被授予2018年度西藏自治区“扫黄打非”先进集体荣誉称号。

西藏局全面推进“快递下乡”工作

4月，西藏自治区邮政管理局多次召开“快递下乡”推进会，开展工作动员，研究推进措施，加快农牧区快递网点布局：一是局党组召开专题会议对“快递下乡”工作进行研究，制定下发《关于加快推进全区“快递下乡”工程的实施方案》，细化“快递+电商+农特产品+农（牧）户”产业脱贫模式，明确工作措施和目标任务；二是全区邮政管理系统就“快递下乡”工程深入研讨，结合实际分析推进工作中可能存在的问题，重点研究解决措施，督促各市（地）局建立专项台账，挂号销账，保质保量完成2019年“快递下乡”目标任务；三是组织辖内邮政、快递企业进行工作座谈，鼓励企业推进多元主体，实现合作共赢，因地制宜采取“邮快合作”、快递企业“抱团取暖”等模式，降低企业运营成本，鼓励邮政企业开放县乡资源，以联合派送、代投快件等方式降低投递成本。

西藏局迅速组织响应林芝墨脱6.3级地震

4月24日04时15分，西藏自治区林芝市墨脱县（北纬28.40度、东经94.61度）发生6.3级地震，震源深度10千米。地震发生后，西藏自治区邮政管理局第一时间通过林芝市邮政管理局了解情况，并迅速启动应急预案，召集突发事件应急

领导小组会议对震后应急处置工作进行部署。

多部门举办邮政业安全生产工作培训

4 月，拉萨市邮政管理局邀请区安全监管办公室、公安厅、市公安局反恐办等部门，联合举办了 2019 年拉萨市邮政业安全生产工作培训。会议学习了由区安全监管办公室讲解的安检机操作理论课，由市公安局反恐办讲解的邮政业寄递安全反恐课，以及由拉萨市邮政管理局讲解的《邮件快件微剂量 X 射线安全检查设备配置管理办法》等理论课程。拉萨市邮政管理局集中组织企业安检人员进行实地操作培训，包括禁寄物品的辨别、测试常见禁寄物品、常犯和易犯错误、现场答疑等内容。为巩固培训效果，拉萨市邮政管理局组织参训人员进行了统一考试。

西藏一名邮递员获“中国青年五四奖章”

4 月至 5 月，西藏邮政业多位邮政快递人获表彰。中国邮政集团公司西藏自治区双湖县分公司副总经理益西卓嘎获得“全国五一劳动奖章”。西藏自治区山南市浪卡子县普玛江塘乡邮递员次仁曲巴（藏族）荣获第 23 届“中国青年五四奖章”。在西藏自治区在拉萨市召开 2019 年庆祝“五一”国际劳动节暨表彰西藏自治区劳动模范和先进工作者大会上，拉萨市邮政管理局李国民同志荣获西藏自治区第五届先进工作者荣誉称号。

西藏局开展自治区邮政管理工作检查

5 月至 7 月，西藏自治区邮政管理局多次开展督导检查。5 月，西藏自治区邮政管理局有关人员前往日喀则市督导检查邮政管理工作，检查组实地查看了日喀则市邮政管理局办公、生活场所，看望了市局干部职工，详细询问了他们的工作、学习和生活情况。7 月，西藏自治区邮政管理局组派工作组，赴七市（地）邮政管理局对邮政普遍服务监管工作进行了督导检查。此次督导检查分两路开展，均由 1 名经验丰富的执法人员带领新入职人员进行，积极开展传帮带，督导检查历时 1 个月，覆盖全区所有市（地）。

西藏自治区快递行业工会联合会成立

5 月 17 日，西藏自治区总工会组织全区七市地工会举行快递员、货车司机、保安等八大群体集中建会入会启动仪式，新建西藏自治区快递行业工会联合会等 29 家行业工会。

西藏局迅速开展山南错那 5.6 级地震应急处突工作

7 月 19 日 17 时 22 分，西藏山南市错那县（北纬 27.67 度，东经 92.89 度）发生 5.6 级地震，震源深度 10 千米。地震发生后，西藏自治区邮政管理局第一时间督导山南市邮政管理局加强应急处置工作，及时了解错那县邮政、快递企业受灾情况。要求山南局采取有效措施确保干部职工和邮政业员工的生命财产安全；密切关注震情，及时了解上报震后邮政业运行及受损情况；做好震后邮政业服务安全保障工作。

两部门合力筑牢寄递渠道禁毒防线

8 月，西藏自治区邮政管理局联合公安厅禁毒总队，多措并举，不断夯实行业禁毒工作基础，筑牢寄递渠道禁毒防线。联合自治区禁毒总队开展禁毒工作学习教育，特邀山西警察学院范斌教授面向全区邮政管理系统和品牌寄递企业开展寄递业禁毒工作专题培训，同时严把收寄验视关口，督促企业严格落实寄递安全“三项制度”，落实好行业禁毒相关工作要求，从源头上管控毒品流入寄递渠道。此外还加强部门间联动协作和信息共享，配合公安禁毒部门有效防范和打击利用寄递渠道实施的毒品犯罪行为。

西藏局指导自治区快递行业协会成立党支部

9 月 26 日，西藏自治区快递协会在拉萨成功召开成立西藏自治区快递协会党支部选举大会，西藏自治区邮政管理局派出指导组参加会议。西藏自治区快递协会党支部的成立标志着西藏自治区快递行业党建工作迈上了一个新台阶,也标志着西藏自治区快递行业在习近平新时代中国特色社会主义思想的指引下,加快了向规范化发展的步伐。

西藏邮政管理系统一干部获"全国民族团结进步模范个人"荣誉

10 月,国务院印发《国务院关于表彰全国民族团结进步模范集体和模范个人的决定》,西藏自治区昌都市邮政管理局干部刘仕超获"全国民族团结进步模范个人"荣誉。

西藏快递行业工会联合会第一代表大会在拉萨召开

10 月 8 日,西藏自治区快递行业工会联合会第一次代表大会在拉萨召开。会上,宣读了《西藏自治区总工会关于同意成立西藏自治区快递行业工会联合会的批复》。汇报了西藏自治区快递行业工会联合会第一次代表大会工作筹备情况。61 名由各快递公司依法选举的工会会员代表参会并选举产生了第一届西藏自治区快递行业工会联合会主席、副主席、经费审查委员会主任、副主任和委员。

西藏邮政快递签订邮快合作下乡进村框架协议

11 月 8 日,西藏自治区邮政管理局举行邮快合作下乡框架协议签订仪式。西藏自治区邮政管理局主要领导、区邮政公司主要领导、顺丰、申通、中通、圆通、韵达等主要快递企业负责人参加了签订仪式。仪式现场,区邮政分公司分别与申通、韵达、优速等快递企业进行签约。

自治区政协副主席甲热·洛桑丹批示肯定西藏局快递业务旺季服务保障工作

12 月,西藏自治区人民政府副主席甲热·洛桑丹增在西藏自治区邮政管理局上报的《关于 2019 年"双 11"快递业务旺季服务和安全保障工作情况的报告》上作出重要批示,高度肯定全区"双 11"旺季服务保障工作成绩:"区邮政管理局、邮政公司谋划早,准备充分、主动服务、积极保障,确保了'双 11'我区寄递行业安全畅通,请再接再厉,继续做好'双 12'及三大节日快递服务保障工作,不断推动我区邮政行业再上新台阶。"

西藏局组织开展 2019 年度快递工程专业技术人才初级职称评审工作

12 月 27 日,西藏自治区邮政管理局组织开展 2019 年度快递工程专业技术人才初级职称评审工作,西藏大学、西藏自治区职业技术学校、中国邮政集团公司西藏自治区邮政分公司 7 位专家评委共同参加了本次评审。会议由西藏自治区快递工程系列初级职称评审委员会主持,西藏自治区邮政管理局纪检监察室有关同志列席。

陕西省快递发展大事记

陕西局部署寄递渠道涉枪涉爆专项检查工作

1 月 9 日,陕西省邮政管理局召开全省邮政管理系统电视电话会议,部署寄递渠道涉枪涉爆专项检查工作。陕西省邮政管理局决定一季度在全省开展两轮涉枪涉爆专项检查。由陕西省邮政管理局抽调各市局执法人员,同地方反恐部门联合,对邮政、快递营业网点、分拨中心进行暗访和检查。拟抽查 7 个市,每个市抽查一个市辖区和两个县区不少于 10 个点。检查结果统一由陕西省邮政管理局反馈到被查市局,由被查市局作为案件线索进行处置。

陕西省邮政管理局联合团省委举办“冬日递暖”活动

1月24日，陕西省邮政管理局联合共青团陕西省委共同举办了“冬日递暖”陕西省快递从业青年关爱慰问活动，为快递从业青年送去冬日的温暖。截至2018年年底，陕西全省快递从业人员有5万余人，其中35岁以下的青年人占80%。开展“冬日递暖”活动，旨在给快递从业青年提供更直接、更有效的服务，同时呼吁全社会看到快递员的付出、理解快递员工作的艰辛、体谅和尊重快递员的劳动，在全省营造理解、尊重、关爱“快递小哥”群体的良好氛围。

陕西省出台重磅政策促邮政业发展

1月，陕西省政府出台《关于大力发展“三个经济”的若干政策》，在多个方面为邮政业发展提出政策支撑，陕西省邮政业再获利好。政策提出，一是在加快物流园区建设方面，鼓励两家以上快递公司联合在政府机关、高校、住宅小区共建共用智能取货柜，对每个取货柜给予5000元一次性奖励。二是在加大物流企业引育力度方面，支持引进国内外知名快递公司在陕西设立的总部、分拨中心、运营中心、结算中心等，按不高于建设投资额（不含征地费用）的20%给予最高不超过500万元的补助。对新获得国家5A级资格评定，且在陕注册的物流企业，给予300万元一次性奖励。三是在加快公路物流发展方面，支持城区物流配送中心、乡（镇）配送站、村级服务点等三级配送网络建设，对符合现有专项资金支持条件的项目，由现有相关专项资金给予倾斜支持。四是在加快物流人才引进和培养方面，加强物流快递专业技术人员高级职称评审工作，畅通陕西物流人才职称评审晋升通道。鼓励高等院校联合企业设立物流实训基地，开展专业培训，以政府购买培训服务的方式给予支持。五是在鼓励物流企业开展技术创新方面，鼓励物流企业申报高新技术企业，支持物流自动化、智慧物流、绿色包装、无人机等新技术、新产品的研发应用和在物流企业的试点示范。支持物流企业推广使用新能源车辆，对新购置纳入国家新能源汽车推广应用工程推荐车型目录的纯电动运输车辆，按照国家补助标准给予推广应用补助。

陕西省政协关注陕西快递业绿色发展

2月25日至26日，陕西省政协副主席李冬玉一行就“促进快递业绿色健康发展”在咸阳、西安开展调研。调研组先后来到顺丰速运咸阳枫景苑营业部、海天快递服务有限公司、韵达快运有限公司、万路通快运有限公司、西安品信速递责任有限公司、京东亚洲一号等地，召开座谈会，重点了解省市邮政管理部门、企业在推进快递绿色发展全产业链中包装应用、推广使用新能源汽车等方面情况，征求快递从业人员对推进快递行业绿色发展的意见建议。

陕西局创新快递业务经营许可服务

3月，陕西省邮政管理局主动作为，改善企业在快递业务经营许可换领、注销等业务工作中的体验，创新性地提出开展许可服务提醒工作。如许可到期前换领提醒：在法人快递企业许可到期前一个月，半个月和一周，分别进行三次提醒，确保企业法人如期换证；许可公告作废提醒：对有迹象表明在许可有效期内停止经营的企业在第4个月、第5个月分别提醒企业“停止经营超过6个月，该许可将被公告作废”。

陕西交通运输厅厅长杨育生调研交邮融合发展

4月1日，陕西省交通运输厅厅长杨育生一行到省邮政管理局调研，就全省交通运输业与邮政业深度融合发展等工作召开专题座谈会，强调交邮大融合是利国利民的大事好事，要加强协调、做好优势互补、大力推进。

陕西局印发安全生产相关通知

4月12日，陕西省邮政管理局印发《关于进一步做好安全生产及“三项制度”落实、“三不”治理工作的通知》，要求全行业认真抓好安全生产，严格落实三部门《关于进一步落实寄递安全三项制度的通知》要求，认真贯彻《快递暂行条例》“安全保障统一管理”的精神。8 月，陕西省邮政管理局结合监管实际，组织督查组，开展寄递企业在陕总部安全督查。督查重点从安全、快递经营许可和绿色三个方面展开。12 月 3 日，陕西省邮政管理局印发《陕西省邮政业安全生产集中整治工作方案》，全面启动集中整治工作。

陕西局组织多家媒体采访邮政业服务三农工作

4 月 16 日，陕西省邮政管理局组织陕西日报、陕西广播电视台、三秦都市报、华商报、西部网、当代陕西、陕西传媒等多家媒体组成的“壮丽 70 年 · 奋斗新时代”大型主题采访团，走进陕西蔬菜主产区泾阳县，对陕西邮政业服务三农、助力乡村振兴进行专题采访。通过集中采访，媒体对邮政业的发展和服务三农有了更深入的了解，也让更多的人深层次了解邮政业服务社会的巨大作用，意识到邮政快递也是助力乡村振兴的一支重要力量。

陕西邮政业两人荣获省五一劳动奖章

4 月 28 日，在陕西省庆祝“五一”国际劳动节暨表彰大会上，陕西邮政行业有两人荣获五一劳动奖章。分别是京东物流西安片区西安百花营业部快递员张力、大荔县邮政分公司朝邑支局投递员张东民。

交通运输部徐亚华司长调研陕西农村物流和邮政快递发展

5 月，交通运输部运输服务司司长徐亚华一行在陕西调研农村物流和邮政快递发展工作。调研组对礼泉县强化乡镇客运综合服务站综合利用，加快农村客运和农村寄递物流协同发展的做法及取得的成绩给予充分肯定，并对推动农村物流发展及交通客运综合服务站点的综合使用提出要求：一要着力克服农村物流存在的分散性、季节性、多样性等实际困难，结合地方经济社会发展实际，积极探索依托客运站开展交邮合作、电商快递等农村物流服务，探索客运站转型发展新路子；二要继续加快推进县、乡、村三级农村物流网络节点设施和服务体系建设，提升农村物流服务品质和可持续发展能力。

陕西全媒体走进快递企业采访

5 月 6 日，陕西省邮政管理局组织陕西广播电视台、《陕西日报》《华商报》《当代陕西》《西安晚报》、西部网等诸多媒体组成的“壮丽 70 年 · 奋斗新时代”采访团，走进快递企业，采访报道邮政业依靠高科技助力行业发展，服务社会的情况。媒体采访团走进京东全球物流总部，了解企业运用无人机服务用户，通过科技手段服务陕西经济的情况。在百世快递西安转运中心，媒体在生产车间仔细了解现代化运行手段对企业服务社会的推动力。

《陕西省志 · 邮政志(1991 — 2010 年)》通过终审

5 月 16 日，《陕西省志 · 邮政志(1991 — 2010 年)》终审会议在省邮政管理局召开。《陕西省志 · 邮政志(1991 — 2010 年)》编纂工作于 2012 年 8 月正式启动，终审稿设 7 篇 19 章，全稿共 62 万字。在听取与会人员的意见建议后，省地方志办公室党组书记、主任雷湛代表省地方志编委会，宣布《陕西省志 · 邮政志(1991 — 2010 年)》原则通过终审。陕西省邮政管理局党组书记、局长孙海伟指出，《邮政志》编委会要树立精品意识，严把政治关、史实关、资料关、文字关，精心打磨，按期推进，努力把《邮政志》编纂成为一部经得起历史检验的专业志书。

多部门联合举办“法律援助关爱快递小哥”公益活动

5 月 16 日，由陕西省司法厅、共青团陕西省委、陕西省邮政管理局、快递企业、陕西广播电视台联合开展的“法律援助关爱快递小哥”大型公益活动在百世快递西北管理区举行。活动现场，陕西省优秀法律援助律师走近快递小哥群体，送书籍、讲法律、解疑惑，提供免费的法律服务，让快递小哥及时方便地获得法律援助信息，进行法律咨询，就近申请法律援助，运用法律途径维护好自己的合法权益。

陕西局举办“听见 · 汗滴的声音”主题演播活动

5 月 31 日，陕西省邮政管理局联合陕西广播电视台、陕西省快递行业协会，在陕西圆通速递有限公司园区举办“听见 · 汗滴的声音”主题演播活动，旨在通过媒体的传播，让更多的人了解快递行业，了解快递员为千家万户服务、甘当小蜜蜂的辛劳，让全社会都来关心关注快递行业，理解关爱快递小哥这个群体，让快递从业人员能够感触到社会各界更多的温情、温暖。当天，上百名来自工作一线的快递员参加演播活动。

陕西局开展“我和我的祖国”邮政业征文活动

6 月，陕西省邮政管理局面向全系统开展“我和我的祖国”陕西邮政业庆祝新中国成立 70 周年征文活动。征文活动旨在通过亲身经历或者所见所闻，讲述新中国成立 70 年来，特别是党的十八大以来国家发生的巨变，以及陕西邮政行业的发展和成就，反映在实现中华民族伟大复兴进程中邮政人爱国敬业、追梦筑梦、奋斗圆梦的精神风貌。

陕西局联合国家安全部门强化邮路安全监管协作

7 月，陕西省邮政管理局和陕西省国家安全局联合下发文件，进一步加强邮路安全监管工作。文件要求，各市邮政管理部门和国家安全部门要站在讲政治的高度和角度，重视邮路安全监管工作；要坚持守土有责守土尽责，建立健全邮路安全监管组织机构，强化责任担当；要围绕重要时段安全监管、快递业务经营许可审批、联合检查执法和国家安全教育等方面，积极主动强化邮路安全监管工作。

陕西局专题研究末端收费问题

7 月 5 日，陕西省邮政管理局检查组赴西安市碑林区中贸街就如何提升末端网点投递服务质量建设工作进行督查。7 月 15 日，陕西省邮政管理局积极落实国家邮政局关于末端收费专项治理工作精神，在前期调查摸底的基础上，组织召开省内主要快递企业负责人座谈会，专题研究末端收费问题。8 月 20 日至 21 日，陕西省邮政管理局局长孙海伟一行对延安、西安、宝鸡等 7 个乡镇的快递网点末端收费问题进行了暗访。每到一处，暗访组都先同当地消费者了解快递服务情况，向前来取件的用户询问收费情况，联系提出申诉的消费者，面对面了解被收费详情。8 月 26 日，陕西省邮政管理局就违规收费问题再次约谈快递企业，约谈对象包含对“通达系”及前期有申诉的快递品牌。

陕西省邮政业安全中心揭牌

7 月 18 日，陕西省邮政业安全中心正式揭牌。标志着陕西邮政业安全监管工作进一步强化，陕西邮政业发展进入一个新的阶段。

陕西省邮政行业职业技能竞赛在西安举行

8 月 1 日至 2 日，由省邮政管理局、省人力资源和社会保障厅、省总工会、共青团陕西省委联合主办的 2019 年陕西省邮政行业职业技能竞赛暨第二届全国邮政行业职业技能大赛陕西省选拔赛在陕西交通职业技术学院举行，来自全省各地市邮政、快递企业的 12 个代表队 64 名选手参加比赛。此次比赛是陕西省邮政快递行业层次最高、发动最广、参与人数最多的一次岗位技能竞赛。根据比赛个人排名，各职业竞赛中总成绩前 3 名的选手，将被授予“陕西省技术能手”称号并颁发证书和奖章；快递员和快件处理员两个工种前2名的选手，被选拔参加全国邮政行业职业技能大赛。

陕西局组织媒体广泛报道“快递+”金牌项目

9月6日，陕西省邮政管理局组织陕西日报、陕西广播电视台、三秦都市报等主流媒体，走进眉县，对邮政业助力猕猴桃销售进行采访。据悉，2018年，陕西将宝鸡猕猴桃打造成全国千万级快递服务现代农业金牌项目。2019年，在猕猴桃产出旺季，有15个品牌快递企业参与寄递猕猴桃。针对猕猴桃寄递旺季和往年出现的快递企业跨区域经营、不正当竞争、随意设点收寄、黑快递“跑路”等问题，宝鸡局专门成立猕猴桃旺季期间快递服务安全保障工作领导小组，制定详细方案，做好猕猴桃寄递保障工作，切实保护果农利益，规范快递市场发展。

陕西局督查陕西进京快件超常安全措施落实情况

9月29日，陕西省邮政管理局党组书记、局长孙海伟一行深入韵达、圆通、申通西北转运中心，检查落实进京件超常安全措施落实情况。检查了解到，三家企业均采取了暂停收寄发往北京快件的措施。孙海伟局长指出，安全是发展的基础和前提，企业要保持高度的政治敏锐性，必须将保障国庆70周年活动期间进京邮件快件绝对安全放在第一位。

陕西快递企业与中国电信陕西公司签订战略合作协议

10月30日，陕西快递企业与中国电信陕西公司签订战略合作协议，陕西省邮政管理局党组书记、局长孙海伟、中国电信陕西公司党委书记、总经理叶利生、省快递行业协会、在陕主要品牌企业负责人参加签约仪式。陕西省邮政管理局表示快递与电信的合作是推动双方末端服务更上台阶、为陕西经济社会发展多做贡献的重要举措，必须积极认真、扎实推进。在不断深化渠道平台合作的基础上，探索开展业务优先使用、技术服务支撑、快递小哥关爱等全方位、多方面的合作。同时充分发挥快递协会作用，推动战略合作步入正轨、走向深入。

陕西局联合团省委举办快递从业青年婚恋交友活动

11月2日，陕西省邮政管理局联合团省委，在西安共同举办了“丝路青缘·快递传情”陕西快递从业青年婚恋交友活动。来自快递行业的80名单身青年参加了这次幸福之约。参加活动的青年男女在游戏和交流活重敞开心扉，积极沟通，相互了解认识，建筑友情。活动共有5对青年男女牵手成功。活动得到了省快递行业协会、威哥美食餐饮有限公司等单位的大力支持。

六部门联合推动农村物流高质量发展

11月，陕西省交通运输厅联合省农业农村厅、省商务厅、省邮政管理局、省供销合作总社、中国邮政集团陕西省分公司共同印发《关于深化资源共享合作进一步推动农村物流高质量发展的实施意见》。意见指出要以深化供给侧结构性改革为主线，围绕服务“三个经济”发展的总目标，充分发挥交通运输、农业农村、商务、供销、邮政、快递等部门和行业的资源优势，按照“资源共享、多站合一、功能集约、便民高效”的原则，着力打造设施标准化、管理规范化、服务多元化的农村物流服务体系。

陕西省总工会副主席张永乐调研西安快递行业工会工作

11月20日，陕西省总工会副主席一行到西安局调研快递行业工会工作，与西安局、市快递行业协会和各主要品牌快递企业工会负责人进行座谈交流，了解快递行业发展情况和工会建设情况，详细询问快递企业经营发展状况、职工工作生活及薪酬待遇、工会组织作用发挥等情况。张永乐表示，近年来快递行业规模不断壮大，服务能力不断增强，在服务社会生产消费、方便群众生活等方面作出了突出贡献，各快递企业的基层工会组织要一手抓发展，一手抓服务，进一步加大快递员权益保护力度，帮助他们解决劳动就业、工资报酬、技能培训、社会保障等方面存在的问题，让他们感受到工会组织的温暖。

八部门联合印发《关于推动“四好农村路”高质量发展的实施意见》

11 月，陕西省交通厅、省邮政管理局、省发改委、财政厅、自然资源厅、农村农业厅、扶贫开发办、供销合作社等八部门联合印发《关于推动“四好农村路”高质量发展的实施意见》，全面加快推动“四好农村路”高质量发展。意见提出，要推进城乡交通运输一体化发展，推动运输服务提质升级，建设优质高效、开放共享的运输服务体系。鼓励交通、邮政、商务、供销等行业场站设施资源共享共用，积极拓展县乡客运站场的物流服务功能，引导快递企业入驻县级汽车客运站和乡镇综合服务站，打造功能集约、服务高效、资源整合的农村综合物流站点。

全国“互联网＋”快递大学生“双创”大赛在西安落下帷幕

11 月 28 日，第四届全国“互联网＋”快递大学生创新创业大赛全国总决赛第二轮在西安落下帷幕。来自 19 个单位的 29 支参赛队经过现场答辩、专家评审等多个环节的激烈角逐，最终决出了优胜者，“一种经济型的快递分拣系统”等 10 个参赛作品获得金奖，“基于北斗导航的新能源大载重精准运输快递无人机”等 20 个参赛作品获得银奖，西安邮电大学等 10 所高校获得优秀组织奖。国家邮政局副局长杨春光出席总决赛颁奖典礼并讲话。

陕西局开展“邮快”合作提升服务“三农”质量

11 月 28 日，陕西省邮政管理局联合省快递行业协会组织在陕的快递企业与省邮政分公司举行“邮快”合作协议签署仪式。陕西省邮政分公司、中通、申通、圆通、韵达、顺丰、百世、德邦、京东、天天、宅急送等品牌快递企业负责人参加签约仪式。

副省长赵刚批示肯定“双 11”旺季服务保障工作

12 月 10 日，陕西省副省长赵刚在陕西省邮政管理局上报的《关于 2019 年邮政业“双 11”旺季服务保障工作情况的报告》上作出批示，高度肯定全省“双 11”旺季服务保障工作成绩，指出“全体邮政行业从业人员，在‘双 11’期间加班加点，为全省人民享受优质寄递服务作出了积极贡献。希望陕西省邮政管理局再接再厉，在推动邮政行业高质量发展、防范和化解重大风险、推进绿色环保和助力精准脱贫方面为陕西作出更大贡献”。陕西省邮政管理局表示，将认真传达落实省领导批示精神，进一步提高政治站位，围绕发展高质量邮政业目标，砥砺奋进，攻坚克难，努力保持行业总体平稳、稳中有进的良好态势，更好满足人民群众的用邮需求。

《陕西省服务业创新发展三年行动计划》出台

12 月，陕西省发展改革委印发《陕西省服务业创新发展三年行动计划（2019－2021）》。计划在物流降本增效升级行动中提出，要加强物流枢纽建设。聚焦国际航空枢纽和运输通道建设，落实第五航权。支持大型物流园区、货运站场引入铁路专用线。加强新技术、新装备创新应用，提升中欧班列运行水平，推动跨境电商产业聚集，打造特色鲜明的物流枢纽经济。加快发展指挥绿色物流。推进企业管理信息化，促进大数据、物联网等技术广泛应用，开发和利用物流运输新技术。推广电子化单证，加强自动化控制、决策支持等管理技术，以及自动化导引车、智能机器人、无人机等装备的应用。鼓励使用新能源汽车等绿色载运工具和装卸机械。

甘肃省快递发展大事记

常正国副省长对甘肃邮政业作出出重要批示

1月8日,甘肃省副省长常正国就全省邮政管理工作作出重要批示。常正国副省长在批示中指出:过去的一年,省邮政管理局认真贯彻落实省委省政府和国家邮政局各项决策部署,不断提升普遍服务水平,积极推动行业转型升级,扎实推进监管体系建设,为全省经济社会发展作出了积极贡献。

甘肃局印发《甘肃省推进"快递下乡"工作实施方案》

3月,甘肃省邮政管理局印发并解读了《甘肃省推进"快递下乡"工作实施方案》。在甘肃省邮政管理局组织召开的快递下乡工作推进座谈会上,甘肃省邮政管理局针分析了推进快递下乡过程中存在的困难和问题,并以问题为导向,重点研究提出了解决问题的措施和办法,明确完成快递乡镇全覆盖的时限。

EMS兰州到南京直航邮路开通

3月31日,甘肃开通兰州到南京的直航往返邮路。本次兰州至南京直航开通,是继2016年9月6日中国邮政开通兰州—天津—南京航线,进出口兰州的邮政EMS邮件全程时限的再次提速,使兰州进出口邮件普遍提速12小时,全国次日递城市增加到99个,省内有11个地市的邮件可以搭载当日邮航,可将甘肃本地的生鲜牛羊肉、苹果、百合等土特产品送上"快车道",加快外销速度,助力甘肃脱贫攻坚行动,最大限度提高客户用邮体验。

甘肃邮政管理系统多个集体和个人获烟草打假通报表彰

4月,在甘肃省烟草打假工作会议上,甘肃省邮政管理局市场监管处、兰州市邮政管理局、武威市邮政管理局获评"全省烟草打假工作成绩突出集体",全省邮政管理系统8名干部获评"全省烟草打假工作成绩突出个人"。

甘肃局制定《"双品网购节"寄递服务工作方案》

4月,甘肃省邮政管理局制定印发《"双品网购节"寄递服务工作方案》,并组织各市州局分管局领导、行业管理科负责人、重点品牌寄递企业在甘总部负责人召开会议安排部署。甘肃省邮政管理局详细解读了《"双品网购节"寄递服务工作方案》,并就做好"双品网购节"期间寄递服务保障工作提出三点要求。

两部门联合打击整治象牙等濒危物种走私

5月,甘肃省邮政管理局、兰州海关联合下发《关于开展打击整治象牙等濒危物种走私联合行动的通知》,通过明确工作目标、工作任务和时间步骤,深入开展开展打击整治象牙等濒危物种走私联合行动。两部门就开展好打击整治象牙等濒危物种走私联合行动提出三点要求。

甘肃邮政业多个先进集体和个人受表彰

5月,甘肃省邮政业共青团多个先进集体和优秀个人受到国家、省、市级集中表彰。其中,酒泉市邮政管理局团工委荣获"全国五四红旗团委(团支部)"称号,共青团定西市邮政行业工作委员会荣获"甘肃省五四红旗团委"称号,兰州顺丰速运有限公司定西分公司仓管员李贇、嘉峪关华宏圆通快递有限公司副总经理王小强荣获"甘肃省优秀共青团员"称号;共青团定西市邮政行业工作委员会、酒泉申通团支部荣获"市五四红旗团委(团支部）”称号，武威市邮政管理局陈娜、中国邮政集团公司定西市安定区分公司网点负责人刘伟通荣获“市优秀共青团员”称号，酒泉顺丰荣获“酒泉市青年文明号”称号，中国邮政集团公司甘肃省张掖高台县分公司投递员张玉红、张掖市深蓝快运高台分公司快递员程海霞荣获“最美劳动者”称号。

甘肃广电总台关注邮政业

6月10日至12日，甘肃省邮政管理局领导带领省邮政公司和重点品牌快递企业负责人走进省广电总台直播间，与各市州邮政管理局设立的分会场同步参加了2019年“阳光在线”直播节目，现场接听并解答群众的咨询投诉，真诚听取各方面的意见建议，回应人民群众关切。甘肃省邮政管理局领导通过“党风政风快报”栏目，向广大听众及网友介绍了全省邮政管理部门主要工作职能和全省邮政业发展情况，以及全面从严治党的做法和成效、邮政业脱贫攻坚、贴近民生七件实事、推进“放管服”改革等重点工作的进展情况。

顺丰车队获评春运“情满旅途”活动成绩突出集体

6月，在交通运输部、公安部、应急部、中华全国总工会、共青团中央下发通报表扬的2019年春运“情满旅途”活动成绩突出集体和个人中，兰州顺丰速运有限公司车队获评成绩突出集体。甘肃省邮政管理局要求全省寄递企业向先进学习，以先进为榜样，求真务实、勤奋工作，爱岗敬业、无私奉献，不断提升服务能力和水平，为用户提供安全、快捷、便利的寄递服务，切实增强人民群众的获得感、幸福感和安全感。

甘肃局脱贫攻坚工作获省委省政府表彰

8月，甘肃省邮政管理局被省脱贫攻坚帮扶工作协调领导小组评为“优秀等次单位”。甘肃省邮政管理局克服人员少、经费紧张等各种困难，建立驻村帮扶和稳定扶贫长效机制，研究制定《年度脱贫攻坚工作实施方案》《关于进一步做好关心关怀驻村帮扶干部工作的通知》等制度文件，选派优秀年轻干部担任驻村扶贫帮扶工作队长，2018年积极争取资金230余万元，安排道路维修、幼儿园建设、环境治理、水源防护等项目13个，全面完成了年度帮扶任务。

甘肃局举办2019年邮政行业职业技能大赛

8月26日，由甘肃省邮政管理局主办，甘肃省直机关工会工委、中国邮政集团公司甘肃省分公司、甘肃省快递协会、甘肃交通职业技术学院、中国邮政集团公司甘肃省兰州邮区中心局承办的2019年甘肃省邮政行业职业技能竞赛暨第二届全国邮政行业职业技能竞赛甘肃省选拔赛在兰州举办，来自全省14个市州的39名选手参加比赛。参赛选手普遍认为这次职业技能竞赛为快递从业人员搭建了一个展示技艺的舞台，既是一次技术大比武，也是互相交流、互相学习、提高技能素质的重要机会。

甘肃省邮政业安全中心获批成立

8月，甘肃省邮政业安全中心组建工作获甘肃省委编办正式批复。批复为公益一类事业单位，正处级建制，隶属省交通运输厅管理，业务工作受省邮政管理局指导，核定全额拨款事业编制15名。

多部门联合发文统筹推进快递物流发展

8月，甘肃省邮政管理局、省商务厅、发改委、工信厅、财政厅、交通运输厅、农业农村厅、自然资源厅、税务局、铁路监管局等10部门联合印发《关于发展我省高铁快递物流业的意见》，统筹推进甘肃省快递物流领域高铁经济发展。意见提出了推进全省高铁快递物流发展的总体要求，明确了指导思想和发展目标，并研究提出了推进高铁网建设、构建高铁快递物流业发展空间新格局；培育壮大快递企业，强化高铁快递物流网络建设；强化科技带动，推动高铁快递物流信息互联互通；拓展高铁增值服务,促进高铁运输与快递物流融合发展;依托园区集聚功能,带动产业协同发展等五个方面的重点任务。

甘肃局驻村干部获评优秀工作队队长荣誉称号

9月,甘肃省岷县县委、县政府表彰了2018年度全县优秀驻村帮扶工作队队长、队员,甘肃省邮政管理局派驻帮扶村干部曹学东同志被评为“优秀驻村帮扶工作队队长”。

甘肃局举办庆祝新中国成立70周年第四届“快递杯”男子篮球赛

9月23日,由甘肃省邮政管理局精神文明建设指导委员会办公室主办,省快递协会承办的甘肃省邮政行业庆祝新中国成立70周年第四届“快递杯”男子篮球赛在兰州市沐光体育馆举办。本届“快递杯”男子篮球赛是甘肃省邮政行业庆祝新中国成立70周年系列活动之一,参赛队伍由甘肃邮政、顺丰、圆通等10家在兰快递企业组成,采取分组循环和淘汰加附加赛的形式进行,经过激烈角逐后,最终对成绩优秀的4支代表队进行奖励,同时设置精神文明奖及优秀组织奖。

4名快递小哥被特别授予“最美快递员”荣誉称号

10月,甘肃省邮政管理局特别授予勇救落水女孩的兰州顺丰速运有限公司王懂东、金涛、王童财、李宏伟4名快递小哥甘肃省“最美快递员”荣誉称号。10月13日下午4时,兰州市南河道一名女孩不幸落水,兰州顺丰速运有限公司王懂东等4名快递小哥不顾自身安危迅速奔往河边展开施救,成功将小女孩营救并送上救护车后离开。4人救人视频在多个短视频平台接续转发,受到了广大市民的点赞。

甘肃局携手申通、顺丰开展扶贫活动

9月24日和10月23日,甘肃省邮政管理局携手申通快递和兰州顺丰帮扶曹眼村。其中,与申通快递举行的“申通快递助学”捐赠活动,为曹眼小学捐赠了笔记本计算机、台式计算机、计算机桌、实验仪器、篮球等价值85750元的教学器材设施;与兰州顺丰开展的扶贫活动,为曹眼村牧源祥中蜂养殖、坞山珍禽土鸡养殖和青崖沟种养殖三家农民专业合作社捐赠价值2万余元计算机、打印机、投影仪等器材,慰问因学、因病、因残等致贫的特困户4户。此外,顺丰还在定西局帮扶的秦家沟村,开展了“舞动爱心印象,牵手寒门学子”公益活动,为秦家沟村的全体小学生捐赠价值2.2万元的书包和家庭小课桌92套。

甘肃“双11”快递业务量创历史新高

“双11”当日,甘肃快递行业业务量增幅明显,快递收寄量达到75.3万件,同比增长51.81%。投递量达到202.7万件,同比增长28.53%;总处理量达277.9万件,同比增长34.1%。出口快件业务量和派送业务量双双创下历史新高。为有效应对快递旺季的到来,省内各主要品牌快递企业通过扩大分拨场地、增加自动化设备、优化投递流程等措施,大大提升了包裹处理能力。为保障旺季期间用户合法权益,甘肃省邮政管理局在11月11日至20日期间实行24小时值班制度。增加申诉受理中心人员和台席,并延长申诉受理时间处理用户申诉。

多家媒体深入甘肃邮政快递一线采访报道

11月15日,甘肃省邮政管理局组织甘肃电视台、兰州电视台、甘肃日报、甘肃经济日报、兰州日报、兰州晨报等省内主要媒体深入快递一线采访报道。媒体记者先后深入中通、EMS、韵达城区网点和韵达、百世等全国重点品牌甘肃分拨中心,与快递小哥面对面交流,了解快递小哥旺季期间的工作和生活情况,见证了快递小哥辛勤的工作,高度关注各网点给对快递小哥的关心关爱。

甘肃省9家企业签订邮快合作下乡进村协议

11月28日，甘肃省邮政管理局组织邮政快递企业举行邮政快递合作下乡进村框架协议签订仪式，省邮政分公司代表分别同9家快递企业代表签订了《甘肃省邮政快递合作下乡进村框架协议》。

常正国副省长勉励邮政行业发挥优势再建新功

12月4日，甘肃省政府副省长常正国专门听取全省邮政管理工作暨“双11”旺季服务保障情况汇报，充分肯定邮政管理工作成绩，亲切慰问邮政行业干部职工，勉励全省邮政行业发挥优势再建新功。常正国指出，邮政管理部门从甘肃省省情和邮政行业实际出发，以服务现代农业和制造业为重点促进行业发展，以“产寄扶贫”和“就业扶贫”为重点助力精准脱贫，以“快递下乡”和“邮政进村”为抓手提高服务水平，以维护国家安全和行业稳定为目标强化行业治理，各方面工作都取得了很好成效。

甘肃“一市一品”项目带动贫困户增收3000多万元

12月，甘肃省邮政管理局公布邮政业阶段性扶贫成果。甘肃省邮政管理局深入推进了“一市一品”农产品项目培育工作，主动与相关部门对接，寻求政策和资金扶持，将“一市一品”项目延伸，主动以“一市多品”或者“一县一品”的形式打造农产品电商品牌，畅通贫困地区农产品进城通道，精准助力贫困户增收致富。截至12月，全省累计建成邮政农村电商服务点5451个，培育销售额接近8000万元的苹果项目和销售额超过5000万元的中药材项目，带动贫困户增收3000多万元，惠及近2万户。

甘肃局完成首年快递工程专业职称评审工作

12月14日，甘肃省快递工程专业中级、副高级、正高级职称评审会议顺利召开。来自甘肃省政协、省交通运输系统、邮政管理系统、交通大学及交通职业技术学院等领域的19位专家评委齐聚甘肃交通职业技术学院，对我省邮政行业专业技术人员中申报中、高级职称的人才逐一做以专业评价。至此，2019年甘肃省快递工程专业考核认定初级和评审中级、副高级职称共402名。

青海省快递发展大事记

青海省组建快递业信用评定委员会

1月，青海省邮政管理局按照国家邮政局统一部署安排，根据《快递业信用管理暂行办法》和《青海省快递业信用体系建设工作方案》，组建青海省快递业信用评定委员会。经有关单位和相关部门通过指派、指定、推荐等方式，最终确定市场监管、交通运输、公安、邮政管理等政府部门负责人及快递企业代表共计11名评定委员会委员并完成公示。为规范信用评定工作，青海省邮政管理局配套出台《青海省快递业信用评定委员会工作规定》，明确工作要求，确保信用评定工作公平公正公开。

多部门联合慰问快递从业青年

1月17日，青海省邮政管理局、共青团青海省委、共青团西宁市委、西宁市邮政管理局联合开展快递从业青年服务月捐赠慰问活动，团委、邮政管理局相关负责同志向快递从业青年代表捐赠了价值2.5万元的保暖、防护用品，团省委副书记索朗德吉向全省快递从业青年送上了诚挚问候，省律师协会公益委员会律师举行法律知识讲座，现场提供法律咨询服务，团委、邮政管理局相关负责同志赴4家快递网点现场看望慰问快递从业青年。

青海省副省长韩建华充分肯定全省邮政管理工作

1月21日,韩建华副省长听取了青海省邮政管理局主要领导关于2018年全省邮政管理工作的汇报,对取得的成绩给予充分肯定。韩建华副省长表示,2018年全省邮政管理工作稳中有进,各项业务增量达到两位数增长,实现了所有建制村直接通邮全覆盖,重大活动保障有力,做得非常突出,对青海省邮政管理局2018年的工作给予充分肯定和高度评价,向奋斗在全省邮政管理系统的工作人员表示感谢!

青海省委常委、省总工会主席马吉孝调研西宁快递行业工会工作

2月21日,省委常委、省总工会主席马吉孝一行调研西宁市快递行业工会工作开展情况。省邮政管理局党组书记、局长赵群静等邮政管理部门领导同志陪同调研。马吉孝一行首先围绕工会成立后给快递行业带来的新变化等问题与快递行业工会代表展开座谈。马吉孝对西宁市快递行业工会工作给予充分肯定,指出要积极发挥工会组织作用,切实维护好从业人员的合法权益,让他们感受到工会大家庭的温暖,同时对邮政管理部门发挥的指导作用表示高度认同。

青海局组织开展"心系灾区·抗雪赈灾"募捐活动

3月11日,青海省邮政管理局组织开展"心系灾区·抗雪赈灾"募捐活动,用实际行动支援灾区。雪灾发生时,青海省邮政管理局高度重视,呼吁全省寄递企业积极行动,主动作为,既要保障灾区群众的用邮需求,也要利用自身资源为社会公益事业做贡献。同时,青海省邮政管理局全体干部职工迅速行动,心系灾区,弘扬"一方有难,八方支援"的作风精神,组织开展募捐活动,用行动构筑坚实的后盾,用真情谱写万众一心。

青海局推动涉枪涉爆隐患集中整治专项行动

4月,青海省邮政管理局召开专题会议,传达全国打击整治枪爆违法犯罪专项行动视频推进会重要精神,安排部署当前邮政业涉枪涉爆隐患集中整治工作,进一步提升全省邮政行业涉枪涉爆隐患风险防范能力。

青海局首次参加全省年度目标责任(绩效)考核取得"良好"成绩

4月底,青海省领导班子和领导干部年度目标责任考核领导小组公布2018年度中央驻青单位绩效考核结果,青海省邮政管理局首次参加考核取得"良好单位"的成绩。青海省邮政管理局将以荣誉作为新起点,戒骄戒躁、再接再厉,再创佳绩。

匡湧省长肯定青海省邮政管理局邮政管理工作

6月5日,青海省副省长匡湧一行赴省邮政管理局调研座谈,青海省邮政管理局党组书记、局长赵群静作专题报告。匡湧充分肯定邮政管理局的工作成绩:"青海省邮政管理局人虽少,但士气高,能认真履行行业监管职能,使行业发展规模和速度突飞猛进,为促进地方经济升级作出积极贡献。"

两部门出台文件推广住宅小区智能信报(快件)箱建设工作

7月,青海省邮政管理局联合省住房和城乡建设厅出台《关于在全省住宅小区推广建设智能信报(快件)箱建设的通知》积极推动智能信报(快件)箱建设工作。通知要求,各级住房城乡建设行政主管部门、邮政管理部门要各司其职、各负其责,加强沟通,合力推进。邮政管理部门要积极引导邮政、快递等相关企业,合理使用智能信报(快件)箱。各相关部门要加强对智能信报(快件)箱使用情况的监督管理,让广大人民群众真正享受安全、方便、智能的邮政服务。

青海省政府召开专题会议研究邮政管理工作

7月，青海省政府召开专题会议，研究省邮政业安全中心组建工作与省邮政管理局办公用房问题，省委编委、省直机关事务管理局、省财政厅、交通运输厅、消防支队相关负责同志参会，省邮政管理局主要负责人作专题汇报，省政府副秘书长晁海军主持会议。会议要求，一是要充分认识组建邮政业安全中心的重要性；二是要加强统筹协调，切实解决邮政管理局办公用房存在的实际困难，更好发挥邮政管理部门服务地方经济社会发展的作用。

匡湧副省长肯定青海省邮政管理局邮政管理成绩

7月27日，匡湧副省长在青海省政府第二季度分管部门联席会上听取了省邮政管理局上半年工作汇报。匡湧副省长充分肯定上半年邮政管理工作取得的成绩。指出，邮政业总体工作推进顺利，有思路、有亮点，为服务百姓民生，融汇经济发展作出积极贡献。针对邮政管理工作的实际困难，将进一步协调各部门，加快推进，确保邮政业更高质量发展。匡湧副省长要求，一是要加快邮政业整合；二是要提高服务质量；三是要夯实安全基础。

青海省第二届快递行业职业技能竞赛圆满落幕

8月15日，第二届全国邮政行业职业技能竞赛青海地区预选赛暨青海省第二届快递行业职业技能竞赛圆满落幕，青海全省8个市（州）近百名参赛选手参加竞赛，为推动全省邮政行业高质量发展提供坚强的人力保障。经过两天的激烈角逐，共评出12名个人奖，2名优秀团体奖，3名优秀组织奖。各职业个人决赛获前3名的选手，经省人力资源和社会保障厅认定，将被授予“青海省技术能手”称号。

青海局举办全省首届“最美快（投）递”员表彰活动

9月，青海省邮政管理局组织举办全省首届“最美快（投）递”员表彰活动，经过严格的评选程序，本着公开、公平、公正的原则，共评选出10名“最美快（投）递”员与5名提名者。

马忠英副厅长肯定国庆70周年寄递渠道安全服务保障工作

9月，青海省交通运输厅副厅长马忠英，青海省邮政管理局党组书记、局长、交通运输厅副厅长赵群静深入西宁市快件分拨中心、快递服务网点，实地督导国庆70周年期间寄递渠道安全服务保障工作。马忠英副厅长对西宁市国庆70周年期间寄递渠道安全服务保障工作给予了充分肯定并指出：“西宁市邮政管理部门及邮政行业政治站位高、责任意识强、部署安排细、制度执行严、监督检查实，为行业生产安全和运行稳定奠定了坚实的基础。”

青海京东快递入驻国家级电子商务基地

10月，青海省邮政管理局积极引导鼓励，发挥集聚效应，京东快递入驻青海西宁国家级电子商务示范基地。青海省邮政管理局表示，将继续抓好《青海省推进电子商务与快递物流协同发展实施方案》文件贯彻落实，加强与商务、农业、供销等相关部门的合作，积极引导快递企业入驻园区，加快仓配一体化及电商快递融合发展，推广“寄递+电商+农特产品+农户”模式，推动主要任务措施落地实施，不断释放政策红利，为青海高质量转型发展作出新的更大贡献。

两部门联合发文促邮政业绿色发展

10月，青海省邮政管理局与省生态环境厅联合印发《关于推进全省邮政业绿色发展工作的通知》，为全省邮政业绿色发展提供了政策支持，明确了发展方向。通知明确提出以绿色化、减量化、可循环为目标，力争到2020年底实现电子运单使用率达到95%以上，80%以上电商快件不再二次包装，循环中转袋使用率达到75%以上，所有邮政快递网点设置包装废弃物回收装置。

14 家寄递企业签订邮快合作协议

11 月 12 日，在青海省邮政管理局的有效推动下，省邮政公司及省内 14 家主要快递企业签订邮快合作下乡进村业务合作框架协议，进一步共享网络和资源优势，实现合作双赢。12 月，青海省邮政管理局对邮快合作下乡进村工作再动员再部署，采取"自愿合作、平等协商，积极推广"的方式，制定时间表，以县为单位，12 月 25 日前完成具体合作协议签订工作，2020 年 1 月 1 日起统一启动双方合作工作，切实将快递服务延伸到未覆盖的乡镇和建制村。

青海邮政管理系统两单位获评省级表彰

11 月，青海省委省政府召开中华人民共和国成立 70 周年青海解放 70 周年庆祝活动筹办工作表彰暨总结大会，对庆祝活动期间工作务实、成绩突出的先进集体、先进个人进行表彰，青海省邮政管理局普遍服务处荣获先进集体称号。青海省精神文明建设指导委员会下发《关于表彰 2016－2018 年度省级文明城市、文明村镇、文明单位、文明校园、文明家庭和精神文明建设先进工作者的决定》，海东市邮政管理局获评 2016－2018 年度省级文明单位称号。

匡湧副省长批示肯定"双 11"快递业务旺季服务保障工作成绩

12 月，青海省副省长在青海省邮政管理局上报的《青海省 2019 年"双 11"快递业务旺季服务保障工作情况专报》上作出批示，高度肯定全省"双 11"旺季服务保障工作成绩："近年来，邮政业有力支撑了全省消费品网络零售的发展，希望你们再接再厉，大力推广绿色包装，严格落实安全责任，持续推动邮政快递业实现高质量发展。""双 11"(11 月 11 日至 20 日)期间，青海全省共处理邮件、快件 666 万件，同比增长 23%，行业呈现持续快速增长的发展态势。

18 名快递专业技术人员获评职称

12 月 14 日，青海省邮政管理局联合省人社厅组织召开了全省首次工程系列快递工程专业技术初级评审会议，进一步打通快递专业技术人员职业晋升通道，拓宽从业人员发展空间。评审会议坚持原则标准，严守纪律规矩，本着公开、公平、公正的原则，经参会评委审阅材料、评议推荐和全体评委投票表决，共有 18 名快递专业技术人员通过了初级评审，其中快递工程助理工程师 12 人，快递工程技术员 6 人。

青海省邮政业环保回收箱配置工作成效显著

截至 2019 年年底，青海省邮政管理局深入贯彻落实习近平总书记关于快递包装绿色治理的重要指示精神，扎实推进行业绿色环保工作，实现了全省邮政业配置 945 个环保回收箱，覆盖率达 95.08%，为更好更快地推进"9571"工程奠定了坚实基础。下一步，青海省邮政管理局将加强过程管控，确保包装回收箱建得起、用得好，真正发挥实效，推进绿色邮政建设再上新台阶。

宁夏回族自治区快递发展大事记

宁夏邮政业安全中心正式获批成立

1 月，宁夏回族自治区党委机构编制委员会办公室正式批复同意设立宁夏邮政业安全中心。批复明确同意宁夏邮政行业职业技能鉴定中心挂自治区邮政业安全中心牌子，主要负责全区邮政行业安全、应急管理等基础服务和技术支撑工作。

自治区副主席刘可为批示肯定全区邮政管理工作

1月,2019年自治区邮政管理工作会议前夕,自治区副主席刘可为作出批示,充分肯定全区邮政管理工作和邮政业发展取得的成绩,寄语广大干部职工再创佳绩。刘可为在批示中指出,“近年来,宁夏邮政管理局坚决贯彻落实国家邮政局和自治区党委政府决策部署,助力自治区‘三大战略’,在全国率先开展快递服务标准化规范化建设,实现邮政行业业务总量、业务收入双增长,特别是区内建制村全部通邮、邮政业发展‘平罗模式’和寄递‘四色安全预警管理’机制受到国家邮政局充分肯定,为全区经济社会发展和民生改善作出了积极贡献。”

宁夏局携手宁夏快递协会慰问贫困群众

1月21日,宁夏邮政管理局联合宁夏快递协会深入吴忠市红寺堡区太阳山镇移民二村走访慰问定点帮扶贫困户,将党和政府的深切关怀送到贫困群众的心坎上。慰问组一行先后来到贫困户李海涛、锁良民家中,送去慰问金和米面油等慰问品,详细了解他们家庭的就业、生活状况,传达宣传党的惠民政策,鼓励他们树立生活信心,保持乐观心态,勇敢面对逆境,通过自身努力与政府帮扶相结合的方式,早日实现脱贫致富。

宁夏局一集体荣获自治区“扫黄打非”先进集体称号

1月,自治区“扫黄打非”工作领导小组总结表彰2018年度“扫黄打非”工作。宁夏邮政管理局普遍服务处荣获自治区“扫黄打非”先进集体荣誉称号。宁夏局表示,将再接再厉,继续做好行业“扫黄打非”工作,加强行业监督管理,为确保全区寄递渠道安全畅通健康发展作出应有贡献。

宁夏局与中国铁塔宁夏分公司研讨快递车辆能源问题

3月,宁夏邮政管理局联合中国铁塔宁夏分公司召开能源共享合作研讨会。研讨会上,中国铁塔宁夏分公司详细研究了快递企业在电力驱动快递车辆使用方面存在的问题和困难,在充电布局、电池使用及更换、电池安全监测等方面提出了针对性的解决意见和建议。同时,根据国家相关标准要求,对快递企业电力驱动车辆相关技术条件标准进行了解读和适配。

张韵声常委充分肯定宁夏寄递行业安全工作

4月,宁夏回族自治区党委常委、政法委书记张韵声在专题听取自治区邮政管理局汇报后,对近年来宁夏邮政业发展情况及寄递安全管理工作给予了充分肯定,认为宁夏局在推动行业发展、加强行业监管、强化安全生产等方面做了大量卓有成效的工作,行业安全监管工作有创新、有亮点,为保障地方社会稳定作出了突出贡献。针对宁夏邮政管理局提出的邮政业安全中心运行经费方面的困难,张韵声常委当即表示,将积极协调有关部门加以解决。同时,他希望宁夏邮政管理局要继续保持邮政业当前良好的发展势头,充分发挥全区寄递安全领导小组作用,加大与其他执法部门的联合检查力度,全力抓好寄递行业安全监管,为促进全区经济社会发展和社会稳定作出新贡献。

宁夏邮政业消费者申诉中心启用呼叫中心系统

4月,宁夏邮政业消费者申诉中心启用了呼叫中心系统,旨在充分发挥12305申诉中心的作用,及时处理用户反映强烈的快递延误、赔偿难、野蛮分拣和丢损多等热点,保障消费者合法权益,全面提升申诉处理能力。该申诉中心系统升级后,配置了一部热线电话、三部录音电话和耳麦,可同时容纳三名工作人员处理申诉信息,并实现自动录音。升级后的申诉系统更加人性化、智能化,能够更好地为广大用户提供更加及时的服务。

多部门联合开展“最美快递员”评选及表彰活动

4月,宁夏邮政管理局联合自治区团委、自治区总工会启动全区“最美快递员”评选表彰活动。活动从3月30日开始至5月4日结束，全区具有合法资质的邮政、快递企业各岗位一线从业人员，不限年龄、性别、民族均可参与评选。5月，宁夏邮政管理局联合自治区总工会、团委举行最美快递员表彰大会，表彰奖励12名最美快递员。

宁夏局组织参加《我和我的祖国》快闪活动

4月，宁夏邮政管理局联合自治区教育厅在银川市金凤万达广场开展《我和我的祖国》快闪录制活动。活动现场，伴着小提琴、大提琴、吉他等乐曲的响起，来自党政机关的干部职工、社区的居民群众及青年志愿者等共计200余人，手拿小红旗，脸上、额头上贴上了鲜艳的爱国心共同从四面八方走来，一起演唱《我和我的祖国》。

宁夏邮政快递业获多项表彰

5月，宁夏回族自治区总工会印发《关于表彰2019年自治区五一劳动奖的决定》，中国邮政集团公司银川市西夏区分公司、吴忠市中通快递服务有限公司客服中心分别获自治区“工人先锋号”称号，中国邮政集团公司宁夏回族自治区彭阳分公司客户经理张有霞荣获自治区五一劳动奖章。此外，中国邮政集团银川市东城分公司兰亭苑投递部被全国总工会授予“全国工人先锋号”荣誉称号。

宁夏局被列为自治区多个领导小组成员单位

5月，宁夏邮政管理局积极加强同自治区政府及相关部门的协调，充分发挥议事协调机构作用，推动行业监管工作融入地方工作大局，支持行业更好分享地方改革发展红利。结合自治区机构改革、职能调整，由自治区政府牵头，宁夏邮政管理局被列入自治区现代物流业发展领导小组、自治区打击侵犯知识产权和制售假冒伪劣商品工作领导小组、自治区消防安全委员成员单位。

宁夏局工会携手快递协会慰问企业困难职工

5月30日，宁夏邮政管理局工会联合宁夏快递协会深入吴忠市红寺堡区太阳山镇移民二村回访慰问定点帮扶企业困难职工，将党和政府的深切关怀送到困难职工的心坎上。

媒体宣传报道宁夏“最美快递员”活动

6月17日，宁夏日报对宁夏邮政管理局举办的“最美快递员”人物进行了广泛报道。文章称：“快递员驾驶着电动三轮车穿梭于大街小巷和乡野阡陌，后备厢里背负着生活，还搭载着未来。在打通物流业‘最后一公里’的路途中，在无数次收发之间，他们汗如雨下，为生活、为梦想或为一个承诺，他们默默付出，为更多的人带去便利，为一座城市带去变化……”“献血达人”张立博、“最美快递员”马林岗、走好邮路的张满刚等“最美”快递人物被大篇幅宣传。

宁夏局与固原市禁毒部门联合开展禁毒宣传工作

在6月26日国际禁毒日到来之际，宁夏邮政管理局联合固原市原州区禁毒办，在固原市邮政管理局的积极配合下，组织开展了寄递渠道禁毒集中宣传活动。宣传现场悬挂了“增强拒毒防毒意识，积极投身禁毒工作”横幅、摆放了展台、发放了宣传单宣传彩页1000余份，从毒品危害、防范常识、杜绝不法分子利用寄递渠道实施违法犯罪行为等方面进行了宣传，热情解答了群众关于禁毒、用邮服务等方面的问题。主要快递企业参加了宣传活动。

宁夏快递工程技术人员职称评审工作获批

7月，宁夏回族自治区人社厅正式批复同意开展全区快递工程技术人员职称评审工作。此项工作部署以来，宁夏邮政管理局将快递工程技术人员职称评审工作纳入重要议事日程，系统梳理学习地方职称制度有关政策和要求，借鉴其他省份快递工程技术人员职称评审试点工作经验。在前期充分摸底调研基础上研究制定分工方案，明确了各个阶段的目标任务和分步骤推进计划，积极稳妥推进。经多次协调，职称评审工作取得新进展，自治区人社厅印发了《关于同意开展邮政行业快递工程技术人员职称评审试点工作的函》。

多部门联合进行寄递安全保障执法大检查

自9月17日起，宁夏邮政管理局会同自治区国家安全厅、禁毒委等部门组成2个联合执法检查组，对5个地市邮政企业、快递企业落实寄递安全保障要求情况开展为期10天的专项执法大检查。联合执法检查组以寄递安全和行业稳定为检查重点，按照“全覆盖、严执法、重实效”的工作要求，通过进车间看一线、现场查资料、随机询问、调阅监控记录等方式，对邮政企业、快递企业的许可备案情况、安全主体责任落实情况、“三项制度”落实情况等方面开展专项执法检查。

宁夏局办理重点政协提案推动快递员权益保护工作

9月，宁夏邮政管理局主动协调青年人大代表、政协委员加强对全区快递业发展的调查研究，形成自治区“两会”高质量的提案建议，2019年共有2项关于保障快递从业人员权益的政协提案被列为自治区政协重点提案。宁夏局邮政管理局将此2项重点政协提案办理作为推动快递员权益保护工作的重要抓手，加强领导、强化责任，主动沟通、强化措施，快递员权益保护工作取得明显实效。

宁夏中通快递小哥入选国家级“邮政业技术能手”名单

10月，在国家邮政局公布的入选2019年度邮政行业科技英才、技术能手推进计划人员名单中，宁夏银川西夏区中通快递网点快递小哥乔欢入选“邮政业技术能手”候选名单。

宁夏邮政业两部地方标准正式发布

11月，宁夏回族自治区市场监管厅正式发布了由宁夏局提请的《快递服务质量规范》和《快递企业管理规范》两项邮政行业地方标准，于2020年2月1日起实施。两项标准立足宁夏经济社会和邮政行业发展实际，体现了国家及地方行业法律法规要求，融合了行业强制性和推荐性标准，紧紧围绕快递企业收寄、处理、运输、投递四大环节各个层面，从场所标准、操作标准、人员管理、安全管理、统计登记、投(申)诉与赔偿、分支机构管理、加盟企业管理、建立健全企业管理制度等方面分别对快递企业服务和管理提出了具体要求。

新疆维吾尔自治区快递发展大事记

多部门加大寄递渠道缉毒力度

1月，新疆维吾尔自治区邮政管理局协同自治区禁毒委办公室、乌鲁木齐海关开展寄递渠道缉毒专项行动，对乌鲁木齐地区的邮政企业、快递企业邮件(快件)处理场所进行缉毒犬搜毒。三部门制订了寄递渠道缉毒犬搜毒专项行动实施方案，成立寄递渠道缉毒犬搜毒查缉领导小组，建立缉毒犬搜毒长效机制，完善联络员制度，畅通缉毒犬专用通道。

新疆维吾尔自治区人民政府副主席赵冲久肯定新疆邮政业发展成绩

1月9日，新疆维吾尔自治区人民政府副主席赵冲久到新疆维吾尔自治区邮政管理局调研。赵冲久对全区邮政业安全、稳定、发展取得的成绩表示肯定。他指出，近几年来，随着自治区维稳形势的持续好转，稳定红利逐步释放，新疆经济社会发展取得了优异成绩，邮政业发展速度也进一步加快，对社会的贡献稳步提升。

两部门联合打击寄递渠道涉烟违法行为

1月17日，新疆维吾尔自治区邮政管理局与自治区烟草专卖局组织召开联合开展打击寄递渠道涉烟违法行为工作联席会议。自2018年两部门联合下发《关于加强联合执法共同打击寄递渠道涉烟违法行为的备忘意见》以来，烟草专卖和邮政管理部门共同打击寄递渠道涉烟违法行为的主要经验和取得的成效，双方分析和讨论了当前联合打击寄递渠道违法犯罪行为工作中的主要难点和问题。新疆维吾尔自治区邮政管理局党组成员、副局长邓淼，市场监管处及自治区烟草专卖局相关部门领导参加了会议。

新疆局开展恢复生产检查工作

2月，新疆维吾尔自治区邮政管理局组织各地州市邮政管理局开展安全生产检查，向各地州市邮政管理局、中国邮政集团公司新疆分公司及各主要快递企业新疆公司转发《国家邮政局关于做好节后恢复生产工作的通知》，要求各地州市邮政管理局全面掌握辖区寄递企业春节期间生产及复工情况，加强节后安全生产管理和督导工作。

新疆局第一次面向寄递企业开展申诉处理业务培训

3月21日，新疆维吾尔自治区邮政管理局举办2019年全区邮政业申诉处理工作培训班，全区邮政、快递企业的52名申诉处理工作人员参加培训。培训通报了2018年全区邮政业消费者申诉处理情况，对《快递暂行条例》及邮政业相关法律法规进行解读，对当前快递服务的热点、难点案例进行分析，并对申诉工作系统进行实操讲解。此次培训是新疆局第一次面向全区寄递企业开展申诉处理业务培训。

自治区新闻办就《新疆维吾尔自治区邮政条例》修订召开新闻发布会

4月11日，自治区政府新闻办公室召开《新疆维吾尔自治区邮政条例》修订新闻发布会。新疆维吾尔自治区邮政管理局党组成员、副局长邓淼就新修订的《条例》进行解读，并答记者问。新修订的《新疆维吾尔自治区邮政条例》于2018年11月30日由新疆维吾尔自治区第十三届人民代表大会常务委员会第七次会议审议通过，自2019年1月1日起施行。修订后的条例由原条例的七章50条5182字，增加为八章61条7053字。体现了职权法定，促进了快递业发展，强化了寄递安全，优化了行业安全的治理体系，对推动新疆邮政业安全发展具有重要的保障作用。

新疆局做客新广行风热线《让邮政服务更贴心》特别节目

5月3日，新疆维吾尔自治区邮政管理局党组成员、副局长邓淼及各业务处室负责人做客新广行风热线直播间解读《条例》修订后的亮点和热点。节目以问答的方式展开，就《条例》修订的主要原因、主要内容进行解读和宣传，重点围绕信息安全、实名收寄、末端投递以及邮政、快递服务等消费者关心的问题。

新疆快递协会与中国电信新疆分公司签约

5月，新疆快递行业协会与中国电信新疆分公司签署《新疆快递行业通信业务框架合作协议》，双方将携手努力，在行业通信资费、资源共享共用、5G通信在市场的技术服务应用等方面开展深度合作，为行业发展奠定坚实基础。

德邦快递助力新疆特色农产品“走四方”

5月9日，德邦快递联合新疆果业集团举办2019年新疆哈密瓜运输推介会暨鲜果运输解决方案发布会，发布最新鲜果运输解决方案，通过收货、运输、送货、售后各个环节的保障，让广大果农享受更便捷的快递服务。活动现场,果农与德邦快递工作人员积极互动,了解包装、运送相关的问题,并纷纷选择与德邦快递签约进行试发。

新疆局开展寄递安全联合检查

7月18日,新疆维吾尔自治区邮政管理局会同自治区相关部门对乌鲁木齐寄递企业安全生产、寄递渠道涉枪涉爆及危险化学品专项整治等工作开展联合检查。检查组通过现场查看、调阅监控、查看台账资料等方式,对EMS、韵达、圆通、顺丰四家企业安全主体责任落实、寄递渠道涉枪涉爆及危险化学品专项整治、"三项制度"落实等工作进行了检查,询问企业相关工作开展情况,督促企业切实提高对寄递安全工作重要性的认识。

新疆20名"最美快递员"和20名"优秀快递员"受表彰

7月23日,新疆维吾尔自治区邮政管理局、新疆快递行业协会通过企业推荐、逐级审核、网络投票,对全疆邮政、快递企业的90名候选人进行综合评比,最终评选出20名"最美快递员"和30名"优秀快递员"。新疆维吾尔自治区邮政管理局党组成员、副局长邓淼指出"最美快递员"和"优秀快递员"既有爱岗敬业、开拓进取的业务骨干,又有诚实守信、见义勇为的道德模范,既有创业创新、服务民生的优秀代表,又有奉献社会、热心公益的先进典型。

新疆局"访惠聚"工作队获知识竞赛集体冠军奖

7月,新疆和田地区和田县英艾日克乡党委在琼铁热克村举办学《中国共产党章程》知识竞赛,来自全乡12个行政村的参赛选手参加本次竞赛。新疆维吾尔自治区邮政管理局驻和田依米西力克村代表团凭借丰富扎实的知识储备,获得团体一等奖,新疆维吾尔自治区邮政管理局驻依米西力克村"访惠聚"工作队徐强获得个人二等奖。

新疆快递工程技术人员职称评审获批复

7月,新疆人力资源和社会保障厅下发《关于同意开展邮政行业快递工程技术人员职称评审工作的函》,同意在全疆范围内开展快递工程技术人员职称评审工作,这标志着新疆维吾尔自治区快递工程技术人员可获得"评职称"的机会,为行业高质量发展提供人才支撑和智力支持。

4家邮政快递企业获得"2019年度自治区热心消防公益事业先进集体"

11月5日,新疆维吾尔自治区邮政管理局与自治区消防救援总队联合举行"119平安寄递"消防宣传月系列活动启动仪式。新疆维吾尔自治区邮政管理局、自治区消防救援总队领导为获得"2019年度自治区热心消防公益事业先进集体"的邮政、顺丰、申通、韵达等4家企业颁奖。

多部门联合举办邮政业突发事件应急演练

11月5日,由新疆维吾尔自治区邮政管理局主办,新疆邮政业安全中心、乌鲁木齐市邮政管理局、十二师公安局消防支队承办的2019年新疆邮政业突发事件应急演练在新疆韵达快递有限公司分拨中心举行,自治区邮政管理局、自治区消防救援总队、兵团应急管理局,新疆邮政业安全中心,乌鲁木齐市邮政管理局、十二师公安局消防支队、乌鲁木齐市消防救援支队,新疆邮政、顺丰、韵达、申通、中通等企业负责人及部分员工代表近200人到场全程观摩。

两部门共同调研快递绿色包装工作

12月,新疆维吾尔自治区邮政管理局会同自治区商务厅开展快递绿色包装工作调研。调研组实地考察了新疆中通、新疆圆通分拨中心,详细了解电子面单和可循环中转袋使用情况、快件封装和中转打包情况,并召开快递绿色包装治理座谈会,听取快递企业在推进包装绿色化、可循环方面的工作情况及存在的问题。

新疆局联合自治区总工会开展“关爱快递小哥”慰问活动

12 月,新疆维吾尔自治区邮政管理局联合自治区总工会开展“双 11”业务旺季“关爱快递小哥”慰问活动。新疆局、自治区总工会、乌鲁木齐市邮政管理局、乌鲁木齐市总工会、新疆快递行业协会等多家单位组成慰问组,先后前往邮政、顺丰、申通、品骏、京东等 13 家寄递企业网点进行慰问。座谈后,慰问组为 13 家寄递企业代表发放慰问金 13 万元。

新疆邮政业 180 人获得快递工程技术人员职称

12 月,新疆维吾尔自治区邮政管理局联合自治区人力资源和社会保障厅组织的新疆首次快递工程技术人员职称评审工作圆满结束,全疆 180 人通过评审。新疆局与自治区人社厅根据新疆快递人才队伍实际,将快递工程技术人员职称分为四个层级和三个类别。2019 年度,共 332 人进行资格评审申报,经评委会评议,全疆共 180 人通过评审。其中,2 人获得高级职称,13 人获得中级职称,165 人获得初级职称。

第三篇　发展环境

第一章　2019年快递市场监管和安全监管情况

2019年,各级邮政管理部门认真贯彻落实全国邮政管理工作会议和全国邮政市场监管工作会议精神,在国家邮政局党组正确领导下,紧紧围绕深化"放管服"改革,强化事中事后监管工作主线,加强领导,强化部署,完善措施,落实责任,扎实推动邮政市场监管各项工作任务有效开展,市场秩序持续保持良好,行业安全平稳运行。

召开全国邮政市场监管工作会议,对标对表全国邮政管理工作会议任务要求,全面部署年度邮政市场监管工作。印发《2019年全国邮政市场监管重点工作任务清单》,明确16个方面49项重点任务及职责分工。召开寄递渠道安全管理领导小组2019年第一次会议,印发《寄递渠道安全管理领导小组2019年工作要点》。印发《2019年行业生态环境保护工作要点》《邮政管理部门生态环保工作任务清单》,部署实施"9571"工程。印发《关于完善省级以下邮政业消费者申诉工作体系建设试点工作的指导意见》,召开试点省份座谈会,部署试点工作开展。印发《2019年邮政市场监管领域更贴近民生实事工作要点》,统筹5个方面重点任务,提出了26项具体工作要求,实施季度通报制度,督导推动更贴近民生实事各项工作落地见效。

一、持续推动行业供给侧结构优化

(一)贯彻落实国办1号文件

全国多个省局、地市局推动地方政府出台《推进电子商务与快递物流协同发展的实施意见》。国家邮政局与河北省人民政府签署《推进河北快递产业集聚发展战略合作协议》。吉林省将邮政业发展重点内容纳入政府工作报告、省政府重点工作目标责任制、吉林省扩大开放100项政策措施等多项政策文件。江西局联合住建厅印发《关于在全省住宅小区推广建设智能信报(快件)箱的通知》。山东局联合省商务厅等出台《关于促进跨境电子商务寄递服务高质量发展的若干意见》。江苏扬州市政府印发《推进运输结构调整实施方案》《市级物流降本增效示范项目认定办法》。浙江金华市政府出台《加快推进现代物流业发展实施方案》《加快现代物流业发展十条措施》。湖南长沙局联合物流与口岸办拟定《促进快递业高质量发展三年行动计划》。重庆长寿区出台《现代商贸物流服务产业发展扶持办法》。

辽宁省人大将《辽宁省邮政条例》修订列入2019年立法论证计划。江西省政府出台《进一步激发商贸消费潜力促进商贸消费升级三年行动方案》;江西局指导第一批物流标准化试点企业通过审核验收,3家企业累计可获得1412万元资金。河北衡水局联合市商务局等印发《关于推进邮政业服务农村电子商务协同发展的实施意见》。黑龙江七台河市政府出台《关于促进快递业发展的实施意见》。江苏无锡市政府出台《跨境电子商务综合试验区实施方案》。浙江湖州7家快递企业纳入示范单位。江西新余市政府出台《农村电子商务发展扶持奖励暂行办法》。广东河源局联合邮政企业制定《"邮乐购"综合助农服务平台及乡村快递之家共同配送建设方案》。

河北局向省人大财经委就行业发展、服务水平提升等问题进行专题汇报。吉林省局推进民生实事落地，召开"倾听快递声音"座谈会。浙江局编制《优化营商环境措施表》。四川局联合交通厅印发《推进交通运输与邮政业融合发展的实施方案》。甘肃局联合商务厅等出台《关于加快发展高铁快递物流业发展意见》。山西太原市政府发布《关于加快现代服务业发展的政策意见》；晋中市政府出台《加快电子商务发展若干措施》。黑龙江哈尔滨局制定《〈推动物流高质量发展促进形成强大国内市场〉的落实方案》；绥化局在望奎县召开农村电商与邮政业深度融合座谈会。江苏南京市政府下发了《关于促进快递业持续健康发展的若干措施》。浙江湖州市政府印发《加快电子商务发展的新十条扶持政策》《开展电子商务"双百"攻坚行动实施方案》；金华局联合市交通局制定《加快现代物流业发展十条措施实施细则》。江西局联合商务厅等印发《关于促进跨境电子商务寄递服务高质量发展的若干意见》。江西九江出台《物流业发展专项引导资金管理办法》；吉安市印发《电子商务三年翻两番行动计划的实施方案》；江西九江、新余局出台《进一步激发商贸消费潜力促进商贸消费升级三年行动方案》。湖南长沙市出台《快递业高质量发展三年行动计划》《支持快递发展十条措施》；怀化局联合商务局向市政府报送"怀化西南快递物流集散中心"项目。广西桂林市政府印发《产业大招商攻坚突破年活动实施方案》。重庆市秀山县印发《关于深化电子商务产业发展助推脱贫攻坚的实施意见》。

（二）推动快递企业积极享受国家支持民营企业发展的各项政策

全国多个省局、地市局以工作会、研讨会、培训班、编制文件汇编等形式解读邮政业减税降费等政策。上海局印发《鼓励设立民营企业总部的若干意见》，将邮政业降本增效纳入《推进物流降本增效促进实体经济发展的实施意见》。浙江局出台《深化"最多跑一次"改革推进政府数字化转型工作行动方案》；浙江湖州局印发《邮政业扩大消费工作要点》《促进民营快递高质量发展的指导意见》。吉林长春局组织企业申请"供应链体系建设试点项目申报"。河南局指导各市局开展乡镇标准化营业场所补贴申报工作。黑龙江七台河局协同商务局等出台《促进电子商务大发展快发展奖励补贴申报实施细则》；黑河市符合小微企业标准的企业年均附加税减少约2000元。江苏南京局组织快递企业申报服务业专项资金快递项目；常州武进获得区政府30万元标准网点建设专项资金；常州2家快递企业在第四批电商快递协同发展示范企业评定中获30万元奖励资金；宿迁局根据市政府文件启动快递投递终端建设奖补资金申报工作。安徽合肥市出台《培育新动能促进产业转型升级推动经济高质量发展若干政策实施细则》；阜阳局争取政府政策支持，对进驻园区的企业免除了5项规费；宣城市政府对申报新设立智能快递箱和末端网点补助资金3000元/网点。江西新余2家寄递企业获政府财政奖励资金10万元；上饶局争取到财政用于快递服务电商产业专项奖补资金50万元。山东枣庄局发放安检机补贴款100余万元。湖北襄阳局与商务局制定《电子商务发展专项资金竞争性分配实施方案》；宜昌局联合物流发展中心出台《申报市级财政资金支持现代物流业发展工作细则》。重庆五分局推动出台《两路寸滩保税港区产业发展扶持政策》；六分局推动江津区政府拿出300万元用于快递服务中心建设。青海西宁局争取补助资金60万元用于支持快递业发展。

江西省政府出台《关于支持民营经济健康发展的若干意见》《关于加强政企联系构建新型政商关系的实施意见》。重庆局推动丰都县落实快递园区场地免租两年；推动江津区政府拿出300万元用于快递服务中心建设；推动璧山区政府对入驻快递服务中心的企业按租赁单价的50%给予房租补贴。河北廊坊市政府印发《服务民营企业高质量发展年活动方案的通知》。吉林白山市政府印发《关于深入推进“四好农村路”建设的实施意见》。江苏南京市服务业专项资金中增设快递项目；徐州2家快递企业被市政府列为城乡高效配送骨干企业，入选首批流通领域现代供应链体系建设重点项目，入选五部委城乡高效配送重点项目计划；宿迁市政府印发《推进服务业高质量发展的实施意见》《支持服务业发展的若干支持政策》《现代服务业发展工作要点》；盐城市政府出台《加快全市物流业发展行动计划》。安徽合肥市政府出台《培育新动能促进产业转型升级推动经济高质量发展若干政策实施细则》，快递业将享受每年1000万元的补贴政策；阜阳局争取政策，对进驻园区的企业免除5项规费、减免房租。江西新余3家企业获评电商快递进农村、进社区示范站点，获财政奖励25万元补助。山东聊城市政府出台《关于推进物流降本增效促进实体经济发展的通知》；青岛即墨局帮助辖区3家企业获新增纳统规上企业奖励资金共30万元。广东东莞市政府授予3家快递企业“政府质量奖”。

多地邮政管理部门通过举办减税降费工作培训班、召开电视电话会议、印发《落实减税降费通知》等形式支持民营企业发展，发放相关政策汇编。天津、内蒙古、黑龙江等局制定《关于支持民营快递企业发展的实施意见》。吉林省局指导快递企业申报商务厅供应链体系建设项目，已争取43.6万元补贴。上海快递协会发布《快递员专项保险》。重庆市印发《电子商务扶贫提升行动计划》，市局制定邮政业落实网络扶贫的工作方案。江苏宿迁市政府印发《运输结构调整工作方案》。安徽阜阳市政府对进驻园区的快递企业给予政策优惠；池州市印发《完善促进消费体制机制进一步激发居民消费潜力实施方案任务清单》。山东济南局会同发改等部门印发《商业服务业服务质量提升三年行动计划》；潍坊局推动快递分拨中心项目纳入2019年度市级重点项目建设；日照出台《岚山区电子商务发展扶持办法》；青岛局争取安检机补贴等奖励资金共计200万元。湖南张家界市发布《“小新星”企业帮扶培育三年行动计划》。广西南宁局组织快递企业申报年度服务业发展专项资金项目。

(三)深入推进快递“三进”工程

浙江局与省经信厅联合印发《关于做好快递业助推小微企业园高质量发展的指导意见》。山东局联合商务厅等对“智能快件箱进楼宇”工程项目进行现场验收，确保1000万元省财政奖补资金落实。陕西局推动地方标准修订，将住宅小区信报箱升级为信包箱。辽宁沈阳局联合市建委等下发《推进智能信报箱建设工作的指导意见》。江苏南京市政府发文将在社区、商业区、办公区等增设1000组智能快件箱列入民生实事项目。江西南昌局与市房管局起草《关于推进我市居住区和商区快递综合服务中心建设的通知》。湖北随州局联合电信公司积极探索快递与电信服务站项目融合发展。

上海局推动将智能快件箱纳入《上海市住宅设计》标准。内蒙古赤峰局联合市住建局等出台《推广住宅小区智能信报箱的实施意见》。江苏南京市委发文引导企业在社区、商业区等增设智能快件箱；盐城局推动设立公益性的“快递运营服务中心”。江西南昌局与住建局联合印发《关于推进居住区和商区快递综合服务中心建设的通知》。湖北宜昌市政府印发文件要求寄递企业进景区设立网点。广东东莞举办第一届校园快递优化方案设计大赛。广西南宁局协调住建部门、县区政府处理“邮政进小区”人大建议。云南昆明局、曲靖局与住建局联合出台《关于促进物业管理区域邮政快递投递服务的意见》。

多地邮政管理部门积极推动在院校开办校园快递综合平台、“快递超市”等。上海局推动《快递末端综合服务站通用规范》地方标准发布。江苏快递协会联合高校后勤协会发布《进一步提升高校快递服务水平的实施意见》。安徽局召开快邮合作末端平台建设座谈会。广东局向丰巢科技公司核发全国第一张智能快件箱快递业务经营许可证。陕西局对接住建厅，力争将《住宅小区智能快递柜应用标准》颁布为新建住宅小区强标。河北邢台局被纳入市老旧小区改造领导小组成员单位。黑龙江大庆局引导快递服务驿站入驻经开区创业孵化园。浙江湖州局与城区各街道协调利用物业用房搭载快递服务。安徽合肥局将快递末端公共服务平台建设纳入《培育新动能促进产业转型升级推动经济高质量发展若干政策实施细则》；宣城局争取地方政策对新设立智能快件箱和末端网点发放补助。广东东莞局上线“阳光热线”节目，就智能快件箱等与听众、网友互动交流。

(四)完善农村物流快递体系，加快推进“快递下乡”工程

印发《加快推进“快递下乡”工程实施方案》，召开西部9省专题座谈会，推动乡镇快递网点覆盖率进一步提升，403个特色小镇全部实现快递服务通网。

天津局、吉林局、黑龙江局推动快递服务特色小镇建设，实现快递网点全覆盖。吉林省局与商务厅联合印发《关于开展城乡高效配送工作的通知》；召开“城乡高效配送城市试点工作研究会”。黑龙江局联合省商务厅制定《第一批城乡高效配送城市试点工作实施方案》。浙江局围绕农村快递服务示范点创建工作评选出20个“示范点”。重庆局推动由邮政企业代投快递企业的乡镇地区快件，落实地方政府给予的每年10万元补贴。四川局联合省商务厅等推动利用现有乡镇客运站场设置交邮综合服务站。贵州局对接省移民办，按照易地扶贫搬迁安置点名录，引导快递企业提供服务。山西晋城局引导品牌快递在乡镇网点实现合并经营。江苏宿迁市政府印发《“一村一品一店”提档升级行动计划》。浙江杭州局争取1085万元地方政府补助，将村级物流服务点纳入“四好农村路”计划。山东济宁局推动农村快递公共服务中心建设项目纳入市政府为民办十件实事；淄博局、烟台局联合当地商务局等印发《城乡高效配送试点城市实施方案》。云南楚雄局落实州政府政策，为每个乡镇快递网点争取2万元的补助；玉溪局联合市交通局选取2个试点村开展农村综合服务站建设。

江西宜春、赣州等局与商务局等部门联合下发《市城乡高效配送试点工作实施方案》；上海局印发《邮政业助力脱贫攻坚服务农村农业三年行动方案》。浙江局与商务厅等出台《多渠道拓宽贫困地区和省内加快发展县农产品营销渠道实施方案》。湖南局推动省交通厅将快递融入运输结构调整三年行动计划。河北邯郸局联合商务局等印发《关于实施快递入区下乡出境工程促进快递业与电子商务协同发展的意见》。浙江湖州市出台《支持农村电子商务加快发展的十条意见》《电子商务示范单位创建的补充办法》，德清局印发《农村快递物流体系建设实施方案》。安徽亳州开展快递电信合作营业网点标准化建设。江西鹰潭局与商务部门共建线上“城乡配送公共服务信息平台”；鹰潭贵溪市出台《电子商务进农村综合示范工作实施方案》。湖南怀化麻阳县出台《电子商务进农村综合示范项目实施方案》。四川绵阳快递企业与地方政府签订支持农村电子商务

战略合作协议。

组织召开快递服务现代农业工作现场推进会,重点推动中西部地区加快农村快递服务网络布局。全国快递网点已覆盖超过3万个乡镇区域,整体覆盖率达到96.36%。其中,包括内蒙古、广西、四川、贵州等4个新增省份在内的24个省(区、市)实现快递网点乡镇全覆盖。

多地积极协调出台乡村振兴、“快递下乡”实施方案或工作方案,推动邮快合作,签订“快递下乡”协议、在乡镇设立“快递超市”等。天津局联合区政府举办农特产品快递服务直通车对接会。内蒙古局在锡林郭勒盟组织召开快递服务现代农业暨交邮合作现场推进会,举行“交邮合作快递下乡”专用货车启动仪式,现场调研了三类交邮合作服务模式及双语快递服务网点。上海局印发《关于开展乡镇快递网点违规收费专项整治工作的通知》。安徽省政府出台《关于加快流通促进商业消费的若干举措》。湖南省印发《多渠道拓宽贫困地区农产品营销渠道实施方案》。重庆局印发《品牌快递企业助力精准扶贫工作的指导意见》。四川邮政企业面向快递企业开放县级以下寄递网络。云南局组织开展现场会,推广“一平台多品牌”试点模式。新疆局引导邮政企业制定推进邮快合作的实施意见。河北唐山局联合市商务局等印发《城乡高效配送专项行动实施方案》;承德市印发《推进现代化商贸物流重要基地建设工作联席会议制度》。黑龙江牡丹江局指导快递企业入驻贫困村,支持邮政企业打造“一村一站”建设;大庆局推进供销联社免费提供场地给快递企业;双鸭山局与邮政企业召开政企联席会,推进“村村通”项目建设。江苏扬州高邮市政府下发《关于做好2019年民生幸福工程的实施意见》。安徽合肥市印发《乡村振兴战略规划》;合肥局推动“快递+电信+电商”合作平台搭建推进快递下乡进村;蚌埠市政府出台《县域经济振兴计划》。江西鹰潭市印发《城乡高效配送国家试点建设实施方案》;赣州局、宜春局与商务局等联合印发《城乡高效配送试点工作方案》;吉安市印发《关于坚持农业农村优先发展做好“三农”工作的实施意见》。山东德州局联合交通等部门印发《关于进一步推进农村物流网点建设促进农村物流发展的实施意见》。湖北黄冈局与供销社签订战略合作框架协议,建立第一个快销合作示范点。广东清远局推动英德邮政企业与波罗镇扶贫办达成战略合作。广西防城港局召开“邮快最后一公里”服务协议签订及业务培训会。青海西宁局依托国家电子商务进农村综合示范项目,在2县10余个乡镇范围内免费配送快递包裹。

(五)着力协调车辆通行管理

江苏南京市政府颁布《道路交通安全条例》;南通局联合市公安局印发《关于保障邮政快递新能源配送车辆规范通行的通知》。浙江舟山局与市交管局联合开展“文明交通 政企共管”专项行动。江西鹰潭局联合市公安交管等四部门出台《城市配送车辆管理办法》。湖北恩施局联合公安局等拟定《邮政快递运输车辆管理办法》。广东深圳市禁摩限电联席会议办印发《特殊行业电动三轮车过渡期管理方案》。广西桂林局联合公安局起草《城区三轮车和电动四轮车管理办法》。重庆三分局推动将快递车辆通行问题纳入政协专题视察内容;五分局推动出台《机动车综合整治工作方案》;六分局协调商务局,按200元/车给予快递车辆补贴。西藏拉萨局协调为快递机动车办理“快递配送证”;林芝局推动邮政快递车辆办理临时停靠证。甘肃张掖市政府出台《城市交通安全管理办法》。

天津局联合交委等出台《创建绿色货运配送示范城市实施方案》。河南安阳市政府印发《创建城市绿色货运配送示范工程的实施意见》。上海局推动出台《快递专用货运车通行管理规定》《快递企业申请小型货运机动车额度和货运机动车通行证额度管理办法》。重庆局指导协会出台《邮政快递专用三轮车规范管理自律办法》。云南局与公安等部门印发《关于加强城市邮政快递末端服务车辆通行管理的指导意见》。黑龙江鸡西局与市交警支队等制定《关于办理快递“车辆通行证”的通知》。江苏镇江局要求快递三轮车安装北斗智慧芯片,对接保险公司实现快递企业异地投保。浙江金华局联合快递协会制定快递车辆通行自律公约。江西九江局推动将快递车辆通行管理纳入地方法规。山东青岛局推动挂牌上路的快递三轮车安装“GPS 车载终端系统”。湖北黄冈局联合城管委启动“文明出行小哥先动”志愿者宣誓仪式;十堰局出台《邮政运输车辆通行证暂行管理办法》。湖南益阳局争取到厢式货车城区通行,推动市财政对于主动申请报废的违规电动车给予600~1000元的补贴。广东深圳局争取地方财政给予车辆购置补贴、停车优惠等政策。广西桂林市公安局就《城区三轮车和电动四轮车管理办法》举行听证会;广西北海局与交警支队等出台快递末端车辆通行文件。西藏阿里局制定快递三轮车颁发统一样式的铭牌方案。

多地邮政管理部门协调公安等部门相继出台车辆通行政策、管理办法、实施细则等文件,实施规范快递车辆标识、购买车辆保险等举措;积极应对旺季快递服务,为新增快递车辆办理邮政快递车辆通行证。北京局与商务局联合起草《开展末端配送创新试点进一步加强快递末端用车、外卖用车管理工作方案》。河北局向快递企业、地市局、快递协会就《规范快递专用电动三轮车管理工作的通知》征求意见。黑龙江局参加交警部门组织的“城市配送车辆通行证印制发放工作研讨会”。福建局建立快递配送车辆管理和揽投车辆牌照申报管理平台。河北衡水局与商务等部门联合制定《绿色货运配送示范工程实施方案》;河北保定局开展“站高峰”志愿服务活动,配合交警部门对快递车辆进行文明引导。黑龙江牡丹江局与交警部门对接抄报信息,执行抄报公示制度。江苏常州市政协就“电动车规范通行”工作召开座谈会。浙江杭州局向市政府建议结合“智慧城市大脑”工程引入北斗精确定位系统,设立邮政快递专用电动三轮车定位管理平台等监管系统;萧山局举行邮政业道路交通安全知识培训暨“礼让斑马线 2.0”活动。安徽宿州市对快递业文明创建拨付200万元补贴资金。福建福州局与交通等部门联合印发《城市配送集约高效发展实施方案》。陕西延安局组织快递三轮车驾驶员考试。

(六)推进“快递 + 先进制造业”深度融合

与商务部联合督导调研《国务院办公厅关于促进电子商务与快递物流协同发展的意见》贯彻落实情况,共同推动相关政策措施有效落地。会同商务部、交通运输部、公安部和供销合作总社联合推动城乡高效配送体系建设。京津冀、长三角、珠三角等发达地区“快递 + 先进制造业”服务体系建设取得新突破,多个典型项目被列入全国“快递 + 先进制造业”项目库。

黑龙江齐齐哈尔局推动快递企业针对特定需求为装备企业提供小型零配件寄递服务。浙江宁波局搭建现代制造业的“移动仓库”。山东济宁市政府出台《关于推进快递业新旧动能转换实施意见》。湖北襄阳局推动快递企业为部队运输航空特材开展特殊化服务;孝感局依托当地产业集群地推动本土产业与快递融合发展。

江西局投稿新华网登载《“电商 + 快递 + 制造”助力新余鞋业融合发展》,《江西日报》等省内媒体报道10余次。浙江湖州局试点“快递无人车”项目。山东淄博局联合商务局召开“快递 + 陶瓷玻璃”推进会;济宁市政府出台文件推进“快递 + 先进制造业”深度融合;德州局对接市工信部门选取产业集群为快递服务现代制造业示范基地培育载体。

多地邮政管理部门结合围绕当地特色产业打造快递服务品牌。辽宁局出台《关于抓好“两进一出”工程的实施方案》。内蒙古呼和浩特局形成以羊绒产品、电子产品、医药保健品、烟草、民族工艺品为主的快递服务制造业格局。黑龙江牡丹江局以市场为导向，引导快递服务俄罗斯特色食品制造。浙江金华局联合经信局印发《进一步做好快递业助推小微企业园高质量发展的指导意见》。安徽芜湖局召开座谈会探索“快递+先进制造业”融合发展；黄山局引导快递企业提供全供应链服务。山东济南、青岛等局引导快递企业以仓配一体化、入厂物流、嵌入式电子商务快递等形式服务制造业。广东东莞局推动快递企业提供如驻厂揽收、整箱发货、正反向配送等寄递服务。

会同商务部积极筹备开展“双品网购节”促销活动，进一步推进电子商务与快递物流协同发展在促进消费增长方面发挥重要作用。

（七）推进“快递+现代农业”项目升级发展

黑龙江局组织行业企业参加省委组织部组织召开的“小康龙江”扶贫电商平台对接会。江西省政府出台《关于支持农业农村优先发展做好“三农”工作的实施意见》。山西晋城局通过和市粮食局搭建平台，引进电商企业入驻扶贫领域。内蒙古锡林郭勒盟局协调相关部门派发羊肉外运检验检疫证，推动锡盟羊肉上机上车。浙江杭州局针对春茶采销旺季，新增68处快递临时网点用于茶叶收寄；湖州局印发《邮政管理系统民生添“彩”工作实施方案》。安徽亳州局推动快递服务现代农业金牌项目通过市政府官网、区政府官网、微信公众号宣传。福建漳州市启动农产品件量奖励申报工作，按照标准对快递企业分别给予10万元、20万元、30万元补助。广东汕头局联合市商务局制定《农村物流建设发展规划》。重庆一分局与辖区商务、农业等部门协作，开通寄递绿色通道。

上海局汇总“寄递+电商+农特产品+农户”产业脱贫模式等先经验编发《邮政业助力脱贫攻坚工作简报》。西藏局细化“快递+电商+农特产品+农（牧）户”产业脱贫模式。湖北局印发《关于更新申报全省“快递+”以及新业态入库项目的通知》。山东潍坊局建成全国首家花卉智能分拣中心。广东东莞举行“东莞给荔中国”暨“互联网+农业”深度融入助力乡村振兴发布会。

贵州局联合人社厅印发《关于鼓励外出务工人员到快递行业就业的通知》。河北邢台局组织快递企业为特色农产品实施“网红带货”、产品推介、创业培训等措施，带动农户拓宽销售渠道。内蒙古锡林郭勒盟“快递下乡”工程增加就业岗位1038个，创新“快递下乡”网点服务模式。湖北恩施局培训“邮政快递+电商”经营实体，带动农民增收；孝感局引导寄递企业采取“快递+合作社+农户”的合作模式，辐射合作社员3068户。

福建推动辖区企业对口帮扶临夏州电商扶贫，开展专业电商运营培训形成示范效应。贵州省政府印发《关于进一步加快农村电子商务发展助推脱贫攻坚行动方案》。山西大同局引导快递企业开通运输专线，服务精准扶贫，助力农民增收；长治局协调快递企业与辖区贫困户签署用工协议。黑龙江牡丹江局推进建立“交邮合作站”，吸引农民工返乡创业；伊春局推进在贫困村设立农村淘宝网点，带动农民就业增收。安徽亳州局推进“快递+电信”综合服务中心向村级延伸，提供就业岗位和增加农民就业创业机会。山东济南局联合市商务局推动农村快递电商服务站建设，组织专题培训提高农民知识和技能。湖北十堰局与市劳动局、人才中心对接，邀请快递企业面向贫困地区招工；鄂州市政府印发《农民工等人员返乡创业三年行动计划》。

鼓励韵达、圆通、申通等快

递企业线下采购月饼、苹果和南沙酥等平泉农特产品，进行消费扶贫。引导顺丰、中通等快递企业通过开设电商平台销售平泉农特产品7000余单，价值24万余元。协调拼多多、淘宝大学等组织电商培训，帮助平泉培育电商人才。推动阿里巴巴基金会和中国扶贫基金会实施新未来高中生成长计划，资助平泉贫困学生50名。

江苏局联合互联网农业发展中心等召开“快递+特色农产品”项目合作推进会。新华网登载江西《从567万件到2000万件　赣南脐橙快件量如何实现三级跳》。河北深州市政府、顺丰联合主办“2019深州蜜桃&鲜桃品牌推介会”。内蒙古锡林郭勒盟获“全国快递服务现代农牧业示范基地”称号。黑龙江牡丹江局8月引进“淘宝村播”项目，在农村试运营试播。江苏淮安顺丰联合广电“荔直播”沿村现场推广当地特色农产品。

多地出台邮政业助力精准扶贫、乡村振兴的实施方案。内蒙古锡林郭勒盟行署对“快递下乡”工程给予补贴。辽宁朝阳局开发“朝阳大枣哥”微信小程序助力快递扶贫助农。

（八）推进“快递+跨境电商”模式创新

全国新增航空快件绿色通道城市10个，相继开通韩国首尔、泰国曼谷、日本东京等国际快递航线，有力服务跨境电商。

内蒙古局出台《推进全区邮政业服务“一带一路”建设和促进跨境电子商务寄递服务高质量发展工作方案》。山东烟台局制定《促进跨境电子商务寄递服务高质量发展专项行动方案》。上海局加入“平安货运”建设工作领导小组、上海空港社区货运枢纽专业委员会。湖北临空国际快件监管中心对外运营，为快递企业提供一站式公共通关服务。广东深圳邮政国际运营中心启用。河北唐山市政府印发《跨境电子商务综合试验区专项资金管理办法》。浙江“义新欧”中欧班列运邮、义乌快件监管中心建设等作为重点列入《国际贸易综合改革试验区建设实施方案》等政府文件。云南昆明出台《跨境电子商务综合试验区三年行动计划》。

浙江、江西、山东烟台、山东临沂等邮政管理局协调海关等部门，印发关于促进跨境电子商务寄递服务高质量发展的实施意见。海南局协同海关推动海口国际快件监管中心投入运营，开通澳大利亚、加拿大等国际快递航空航线。重庆局印发《关于全面开展跨境寄递服务现状摸底调查的通知》。辽宁沈阳印发《中国（沈阳）跨境电子商务综合试验区发展规划》。江苏南京成为全省首个跨境电子商务“进出兼通”的城市。

（九）推进“快递+综合交通”体系建设

江苏局参与省《农村公路条例》立法，推动快邮合作、交快合作。江西省政府印发《贯彻落实推进运输结构调整三年行动计划的实施方案》。贵州局召集快递企业对接省交通运输管理局，推广“通村村”移动应用程序。宁夏局推动将现有乡村交通站点融入综合交通运输体系。吉林辽源市客运总站与快递企业合作建立快运服务中心。黑龙江双鸭山局推动快递企业与运输公司达成合作协议。山东济宁市政府印发《“四好农村路”三年集中攻坚专项行动实施方案》；德州局联合交通等印发《关于进一步推进农村物流网点建设促进农村物流发展的实施意见》。湖北鄂州局与交通等部门印发《农村物流发展战略合作协议》。湖南湘潭局对接市物流公共信息平台，整合利用城乡物流配送资源。广西贵港局联合交通运输等部门出台整合交通工作方案，打造农村物流节点。

山西晋城局推行利用公交搭载快件至乡村的服务模式。内蒙古通辽局召开快邮合作和快递上高铁推进会。辽宁盘锦市政府召开市长办公会及专题会议，将邮政业发展相关内容纳入《综合立体交通网规划》。吉林辽源市客运总站与快递企业合作建立“集程快运服务中心”。江苏徐州局联合市交通运输局等出台《加快区域性多式联运中心建设三年行动计划》。山东济宁局推动将农村物流网络节点建设和快递电商深入合作纳入政府奖补范围，每个农村站点补助1万元。

辽宁局召开全省综合立体交通网规划纲要编制工作座谈会。广东局联合交通厅等印发《关于进一步鼓励开展多式联运工作实施方案的通知》。贵州局召集快递企业对接交通厅，推广“通村村”移动应用程序，加强对交通运输物流服务与设施设备共享。山东威海将邮政业纳入《全域城乡交通运输体系一体化发展规划》。湖北鄂州局与交通等部门联合印发《农村物流发展战略合作协议》。湖南郴州将邮政业纳入《创建城乡交通运输一体化示范市工作方案》。

（十）鼓励企业创新发展，服务国家重大战略

河北局指导快递企业在雄安新区加密网点建设和智能快件箱投放。湖南局协调制定《长株潭邮政业融合发展工作方案》。广东局制定《促进粤港澳大湾区邮政业发展的实施方案》。河北沧州局推动地方政府投资亿元建设快递园区项目。吉林市局推动京东智能物流基地项目落地，总投资50亿元；顺丰投资建设医药冷链运输基地。江苏苏南快递产业园、江宁快递产业园两家快递园区被纳入省级示范物流园区储备库。浙江嘉兴局联合市经信局印发《关于做好快递业助推小微企业园高质量发展的实施意见》。安徽安庆局与区政府拟定安庆中通分拨中心建设“百日攻坚计划”，推动韵达总部与区政府签订投资协议。江西上饶市横峰县政府与圆通总部签约投资10亿元建设智创园项目。山东德州引入交通投资集团打造金茂源快递园区，叠加拥有自主知识产权的原代码快递管理系统。

河北局向国家邮政局和河北省政府呈报《推进河北快递产业集聚发展战略合作协议重点工程项目进展情况的报告》。云南局联合发改等部门印发《关于快递物流园区建设的实施意见》。内蒙古呼和浩特市局与城发物流、货场公司分别签订战略框架合作协议。

湖南局制定《长株潭邮政业融合发展工作方案》。海南局创新推动“海澄文”和“大三亚”快递服务区域一体化，发展大同城快递业务。天津菜鸟网络未来园区完成物联网智能升级。辽宁盘锦市政府将邮政业纳入综合立体交通网规划。江苏南京江宁区邮政快递业首次被纳入“现代物流和高端商务商贸产业”序列。山东临沂市出台《关于建设中国物流科技城加快临沂商城新旧动能转换充分发挥“一城引领”作用的实施意见》。

（十一）持续实施放心消费工程

召开快递服务质量提升联席会议，通报快递服务满意度测评、快递服务时限测试、邮政业消费者申诉等有关情况，针对服务质量存在的突出问题提出改进措施和要求。持续开展“三不”治理，加强邮政业消费者申诉工作，深入推进省级以下邮政业消费者申诉工作体系完善建设试点，强化申诉受理与市场监管工作衔接。

多地印发《乡镇快递网点违规收费问题专项治理工作方案》。河北保定局应邀参加广播电台“纠风热线”直播栏目。黑龙江佳木斯局携市寄递企业负责人参加市广播电台“行风热线”节目。江苏徐州局联合广播电台开展“一件包裹的旅程”直播活动。安徽芜湖局与市场监管、消费者权益保护等部门完善服务责任追溯机制和赔付维权工作机制。山东枣庄局组织开展“提升快递服务质量做文明有礼人”宣传教育活动。

多地发文开展快递网点环境卫生专项整治、网点标准化、提升服务质量座谈会、申诉处理专题培训等工作。上海局通过提供官方邮箱收集举报企业收寄禁寄物品证据证明，提高了举报线索的完整性和真实性。四川实行“集中＋派驻”的方式推行邮政业申诉工作体系改革。

河北石家庄局将快递服务满意度工作履职情况纳入年终企业负责人综合评价。吉林长春局印发《全面提升快递行业形象增强服务能力大整治活动实施方案》。浙江义乌局通过投诉线索,倒查企业的违法行为。山东淄博局联合市快递协会开展"新时代、新快递、新服务"用户满意活动。

继续开展"三不"治理,加快推进邮政业消费者申诉工作体系完善建设试点,强化申诉处理与市场监管工作衔接,针对申诉反映的服务问题及时落地核查处置,依法严厉打击违法违规行为,切实保障消费者合法权益。

安徽局举办2019年全省邮政业消费者申诉处理培训班。广东局联合省市场监管局等部门印发《2019网络市场监管专项行动(网剑行动)方案》。海南局联合市场监管局等印发《2019海南网络市场监管专项行动(网剑行动)方案》《海南省消费投诉信息公示办法》。黑龙江牡丹江局在官网和地方媒体上公示本地区法人企业和直营品牌处理投诉电话;双鸭山局、七台河局走进市广播电视台"党风政风热线"直播间,听取广大市民的意见和建议。江苏淮安局与总工会对接,制定《行业工资集体协商推进方案》。安徽合肥局制定《信访留言等消费者来电来访办理流程指南》。山东临沂局印发《乡镇快递网点违规收费问题专项治理工作方案》;泰安局参与市政府"服务民生面对面"栏目;青岛局建立与市场监管部门的网上沟通机制,联合消委印发快递消费警示。广西梧州安全月活动现场讲解邮政业申诉处理流程及案例。贵州安顺局委托第三方软件公司开发含"满意度调查"模块的小程序。西藏林芝局下发《快递末端服务违规收费清理整顿工作方案》。

黑龙江局与烟草局召开联席会议,联合印发《寄递渠道打击涉烟违法犯罪行为工作要点》。江苏局召开第二次快递服务质量联席会议。安徽局联合省消保委、寄递企业开展申诉处理工作座谈会。海南局采取"两不两直两随机"督查暗访等方式,纵深推进专项整治行动。吉林长春局印发《全面提升快递行业形象增强服务能力大整治活动实施方案》;松原局印发《快递营业场所环境卫生专项整治方案》。江苏无锡局与公安局举行"完善寄递渠道安全管理联动机制"签约仪式。浙江台州局联合共青团开展快递行业"青年文明岗"评选活动。

湖南局针对邮政业消费者申诉处理平台新上线系统,组织开展对全省各市州及主要企业投、申诉处理人员的专题培训。新疆局聘请申诉工作人员,实现对全区申诉工作的统一组织和实施。广西南宁成立投诉平台2612305;北海局实施专人定岗定责,AB岗位角色替换制度。

安徽局出台《关于完善邮政业消费者申诉受理与邮政市场监管工作衔接和联动机制的实施意见》。山西晋城局在市行政审批大厅窗口设立申诉处理专席。江苏镇江局印发《寄递渠道国庆70周年活动申诉工作提示》。

二、切实履行行业安全监管职责

积极推进《邮政行业安全监督管理办法》修订,加紧制定《寄递企业安全生产主体责任清单》。全面实行邮政业日常安全生产信息报告制度,制发《邮政业生产安全事故(件)信息简报》3期。针对江苏响水天嘉宜化工有限公司特别重大爆炸、陕西榆林李家沟煤矿"1·12"重大煤尘爆炸等事故印发通知,强化行业安全生产管理部署,严格安全生产管理责任落实。印发《关于加强寄递企业安全生产管理机构建设的通知》,明确企业建立健全安全生产管理机构工作要求,部署企业开展安全生产管理机构、安全生产管理人员、安全生产负责人等情况信息报告工作,督促指导企业严格落实安全生产主体责任,突出加强企业总部对全网的安全统一管理。严格春节和两会期间安全生产监督管理,赴天津、河北等地开展寄递渠道反恐工作督导检查。认真配合做好非洲猪瘟疫情防控工作。深入推进寄递渠道涉枪涉爆隐患集中整治专项行动。

（一）进一步完善安全监管机制，加强队伍建设

召开国家邮政局局长专题会议，学习贯彻落实习近平总书记关于安全生产的重要指示批示精神。修订《邮政行业安全监督管理办法》，面向社会公开征求意见。起草《邮政企业、快递企业安全生产主体责任清单》，进一步推动企业安全生产主体责任落实。

多地新成立邮政业安全中心。上海局邀请铁路运输法院法官专题讲座。江苏局向4位专家颁发快递工程高级专业技术资格证书。浙江杭州局开展高级职称评审工作；台州局成立临海邮政管理局。江西全省邮政业2人获全省五一劳动奖章、5人获市五一劳动奖章，2个集体获工人先锋号，7个集体获省级“青年文明号”。广西钦州3名同志被评为“2018年度全市清理整顿卷烟市场工作先进个人”。

江西局联合省政法委等印发《关于做好寄递渠道X射线安检机配置工作的通知》，全省财政安排1200万元资金用于奖补安检机配置。重庆局印发《集中开展邮政业安全稳定“百日攻坚”行动实施方案》。辽宁盘锦局联合市公安局内保分局召开涉枪涉爆违法犯罪专项行动联席会议；铁岭局联合市公安局等部门深入寄递企业开展安全生产大检查。黑龙江佳木斯局组织开展企业主体责任落实内容专题培训，开设普法微课堂；绥化局印发《看图识“寄”》宣传材料。

修订《邮政行业安全监督管理办法》，经国家邮政局局长办公会议审议通过，报送交通运输部。印发《邮政企业、快递企业安全生产主体责任落实规范》，进一步强化落实企业安全生产主体责任。起草《国家邮政局关于加强和规范邮件快件安全检查工作的指导意见》，着力推动过机安检规范化。组织开展企业总部全覆盖督导检查，对企业安全主体责任实施清单化管理。

各地以国庆70周年活动风险防范为契机，通过发文、组织培训、加强检查等方式，不断夯实行业安全基础。北京局印发《寄递企业安全生产主体责任清单》，组织开展相关培训。河北局印发《化学品寄递专项整治活动方案》《关于做好邮政业禁毒工作的通知》《关于切实加强当前邮政业安全生产工作的紧急通知》等文件。吉林局召开邮政行业安全监管工作培训班。上海局召开快递企业安全生产工作督导检查动员部署会议，下发《快递企业安全生产工作督导检查方案》。浙江局出台《安全工作考核评价标准》《寄递企业安全生产工作督导检查方案》《关于切实做好高温天气防范工作的紧急通知》《关于组织开展超强台风“利奇马”灾后恢复生产工作的通知》《关于做好第13号台风防御工作的紧急通知》；制定《网络安全保障工作实施方案》。安徽局与合肥局联合举办邮政业安全应急演练。江西局制定《关于开展安全生产标准化建设的实施意见》。河南局向全国邮政管理系统发函请求协助，以第十一届少数民族传统体育运动会安保活动为契机，为国庆70周年活动寄递渠道安保工作清除安全隐患。海南局举办全省邮政业安全生产工作培训，邀请公安等部门专家对邮政业涉枪涉爆、禁毒、安全形势等进行专题培训。重庆局印发《关于2019年上半年市场监管类安全监管行政执法情况的通报》《关于贯彻落实习近平总书记近期对邮政业系列重要指示批示精神涉及市场监管类工作等工作的通知》。贵州局联合公安厅制定《寄递渠道专项整治行动工作方案》。青海局印发《邮政业“安全生产月”活动实施方案》。新疆局印发《全区邮政业反恐怖宣传教育工作方案》《邮件快件实名收寄专项整治行动方案》《关于切实加强新疆邮政业安全稳定工作的通知》《关于切实做好新疆邮政业安全生产和防灾减灾救灾工作的通知》。

黑龙江哈尔滨局制定并印发《关于推进落实寄递企业安全生产主体责任的实施意见》。安徽合肥局与机场公安局等签订《航空货邮运输监管联合执法协作协议》，建立联合执法机制。广东珠海局联合公安部门，邀请律师专家开展邮政快递行业安全培训。广西南宁局出台《邮政业“安全生产八桂行”活动方案》；玉林局组织开展邮件快件实名收寄知识培训；崇左局与公安等联合印发《关于开展全市寄递渠道安全生产大检查的通知》。青海海东局、玉树局等联合公安交警部门组织举办交通安全知识培训班。

安徽局组织全体职工进行法律法规知识测试。广东局专题举办安全管理应急处置暨寄递服务高质量发展培训班。重庆局组织“建功新时代”业务技能大比拼活动。浙江海宁邮政管理局正式挂牌成立。黑龙江伊春局配合司法局完善执法典型案例库建设，撰写行政执法机关以案释法典型案例。山东青岛局一位同志荣获市委市政府表彰的海军节寄递渠道安保三等功，五位同志荣获先进个人荣誉称号。天津局一处室获评天津市 2019 年春运“情满旅途”活动突出集体，一个人获评突出个人奖。

（二）强化寄递安全综合治理

认真贯彻落实习近平总书记就严控枪支爆炸物品作出的重要指示批示精神，把寄递渠道涉枪涉爆隐患集中整治作为重要政治任务全力抓好。

召开寄递渠道安全管理工作电视电话会议，部署深入推进寄递渠道涉枪涉爆隐患集中整治工作，开展防范打击利用寄递渠道运送涉枪涉爆物品进京专项行动。

北京局配合属地派出所对全市快递企业分拨中心、服务网点和末端网点进行摸排检查，完成行业从业人员背景审查工作。吉林局下发《寄递渠道安全管理联席成员单位联合检查方案》。江苏局审议《邮件快件寄递安全整治“清风 2019”专项行动工作方案》。黑龙江佳木斯局联合国安部门开展邮政业国家安全工作培训；大兴安岭局配合禁毒办公室会签发文成立禁毒委员会联合会。浙江萧山局被区人民政府授予年度安全生产综合目标管理考核优秀单位。山东济南、潍坊、德州、聊城等局与公安部门联合建立“警邮联动”网格化协作机制。重庆二分局与区政法委等部门联合印发《关于将寄递安全管理工作纳入城乡社区网格化管理的通知》；七分局与区政法委联合对第一批“综治网格化快递示范网点”集中授牌。

全国多地通过会议、培训、联合执法等形式强化寄递安全综合治理，针对消防、禁毒、涉枪涉爆物品、反恐、交通安全等方面进行专项整治，部署开展邮政业防范打击利用寄递渠道运送涉枪涉爆物品入京专项行动。辽宁局联合应急厅制定《寄递渠道危化品企业名录库》。江苏局与南京海关建立跨境寄递监管协作机制。安徽局连续三年获得全省综治工作考评优秀单位。海南局连续三年荣获全国“扫黄打非”先进集体。山东青岛局实施网格长“定责定量”管理。广西百色局与海关缉私局共享信息资源。

北京局参加市委市政府召开的会商会，每日向市安保指挥部、市反恐办等部门报送情况信息。山西局联合公安厅下发《邮政快递企业及员工可疑线索举报奖励办法》。吉林省局制定《邮政业夏秋百日攻坚安全整治专项行动方案》。浙江局印发《关于进一步做好寄递渠道打击侵权假冒工作的通知》。江西局联合省委政法委印发《寄递渠道安全管理领导小组 2019 年工作要点》。湖北省委政法委牵头，组织湖北局、公安厅等 6 个部门成立寄递安全执法突击队。海南局推进防范打击利用寄递渠道运送涉枪涉爆物品入京专项行动。重庆局与市场监管局联合印发《网络市场监管专项行动（网剑行动）方案》。贵州局联合公安厅印发《关于进一步做好寄递渠道安全工作的通知》。新疆局联合公安等部门对寄递安保工作进行督导检查。河北唐山局联合市委政法委出台《关于加强寄递渠道网格化服务管理的若干规定》。吉林松原局联合市场监管局等出台《网剑行动方案》。黑龙江哈尔滨局制定《邮政业安全生产大体检大执法大培训大曝光活动实施方案》《关于防范利用寄递渠道非法寄递血样鉴定胎儿性别的通知》。江苏淮安局印发《关于规范县(区)寄递渠道安全管理领导小组及办公室机构设置的通知》。山东聊城局联合公安部门印发《关于进一步深化寄递渠道网格化治安管理协调机制的通知》。广西崇左局与公安部门联合印发《关于开展全市寄递渠道安全生产大检查的通知》。

（三）严格“三项制度”落实

督导相关省(区、市)调查核实虚假实名情况。召开实名收寄信息数据安全防护评估结果反馈会,督促企业落实信息安全保护主体责任。开展安检机配置现状调查摸底、加快编发邮件快件安检操作规程,推进安检机联网试点。走访公安部等相关部门,协调违禁物品样品采集、安检图片库建设,智能安检识别等支持。

内蒙古、山东局通过开展各项督导检查、专项行动,依法惩处违规违法收寄行为。广东、湖南、重庆等省局,江苏苏州、浙江湖州等地市局组织举办安检员培训,提高企业安检能力。江西、湖北等省局组织快递企业安全管理人员开展交叉互查暗访测试“亮剑行动”。广西桂林局加快推进“三级安全员”管理模式。重庆局推动将安检机工作纳入地方政府考核。西藏局开展行业涉恐涉暴、涉枪涉爆、反恐等专项治理工作。安徽淮南局开展“送法下企业”活动;池州局开展末端网点暨化学品寄递企业专项检查。黑龙江齐齐哈尔局组织开展危险化学品和烟花爆竹安全大排查大检查大整改“百日会战”。

开展实名收寄专项整治行动,围绕 8 个方面问题 21 项措施集中整治实名收寄未执行、落实制度不规范走过场以及虚假实名、替代实名等问题。积极推广山东泰安彻底收寄验视经验。组建邮政业安全中心福建闽江安检培训基地,推动安检机联网试点。配合公安等部门,落实重大活动举办地落地二次安检要求,对发现的可疑问题件逐单通报收件地邮政管理部门进行倒查。

多地邮政管理部门通过发文、开展专项整治、组织培训等方式积极落实“三项制度”。辽宁局、黑龙江局、安徽马鞍山局开展社会监督员寄递渠道安全测试。河北局印发通知督促企业加强协议用户背景审查和交寄物品安全检查。浙江局出台《关于进一步明确邮件快件寄递协议服务安全管理要求的通知》。河南局下发《全省寄递渠道“隐患清零”工作方案》。云南局印发《关于加强寄递企业安全生产管理机构建设的通知》。

（四）加强应急管理体系建设

加强应急管理,完善突发事件报告机制,按月印发《全国邮政行业突发事件信息报告工作情况通报》,强化行业运行监测预警和网络舆情防控工作。积极应对“6・17”四川宜宾地震,针对网点暂停营业、部分路由受阻、快件积压等情况,指导地方邮政管理部门启动应急响应,维护震区生产安全和寄递渠道畅通。妥善处置快递企业突发事件。北京局印发 2019 年全国两会寄递渠道安保应急预案。上海局修订寄递渠道涉枪涉爆、危化品邮寄事故等应急处置子预案。江苏局针对响水天嘉宜化工有限公司特别重大爆炸事故进行紧急摸排。山东局印发《快递网络运行安全稳定专项工作实施方案》。西藏局建立健全突发性和群体性事件应急处置机制和预案。青海局编制重大活动寄递安保、危险化学品和易燃易爆物品防范等专项预案。内蒙古呼和浩特局组织开展邮政业危险化学品相关知识培训和应急处置演练。黑龙江佳木斯局开展《生产安全事故应急条例》解读培训。

北京、山西、吉林、黑龙江、江苏、云南、西藏、陕西、宁夏等省局修订完善《应急预案》，开展突发事件应急演练。浙江、江西、贵州、湖北等省局部署作好汛期行业安全工作。安徽、广东、青海等省局举行反恐培训会。上海、浙江、安徽、云南、山东等省局持续关注寄递企业经营异常、派费下调等现象。内蒙古包头局成立邮政业专业应急演练基地。四川宜宾局成立邮政行业抗震救灾应急领导小组，联合交通部门保障邮路畅通、指导行业协会搭建临时服务点。

强化监测预警，妥善处置各类突发事件，维护行业稳定运行，持续跟踪部分快递企业降低派费问题，指导相关省局及时妥善处置相关事件。指导各省（区、市）局妥善应对处置超强台风“利奇马”等各类突发事件。

多地邮政管理部门开展行业突发事件应急演练、制定专项应急预案，以及开展应急预案修订工作。浙江局印发《关于调整省邮政业安全和应急工作领导小组的通知》。安徽局下发《关于报送市级邮政业应急救援队伍建设情况的通知》。江西南昌局印发《关于在全市寄递行业开展消防基本技能“四会”实操实训工作的通知》。

（五）做好寄递渠道反恐、禁毒等专项工作

贯彻落实中央关于芬太尼整类物质列管工作部署要求，层层传达部署，会同海关、禁毒等部门开展联合调研，在做好传统禁毒工作的基础上，持续做好寄递渠道芬太尼类物质安全管控，推动寄递企业芬太尼类物质技术检查设备配备。会同公安、海关等部门赴北京、云南、海南、广东、广西等地开展反恐禁毒和重大活动安保联合督导调研。做好寄递渠道非洲猪瘟疫情防控和打击侵权假冒工作。

（六）有力保障重大活动寄递安全

印发《国家邮政局关于做好2019年全国“两会”期间寄递安全和服务保障工作的通知》，赴北京、天津、河北、山西、内蒙古、辽宁、山东等地开展实地督导检查，督促企业认真开展风险点和危险源排查管控工作，及时排查化解各类矛盾纠纷，严防各类重大安全生产事故和群体性事件发生，圆满完成两会寄递安保任务。着力加强应急管理，完善突发事件报告机制，强化行业运行监测预警和网络舆情防控工作。积极防范化解不稳定因素，妥善处置企业经营异常事件。

印发《第二届“一带一路”国际合作高峰论坛、北京世界园艺博览会、亚洲文明对话大会期间寄递渠道安全服务保障工作方案》，充分发挥寄递渠道联合监管机制作用，加强与公安、国安等部门的沟通联系，圆满完成三项重大活动安全保障工作。

北京、吉林、浙江、福建、湖北、广西、重庆、贵州、云南、西藏、甘肃等省局制定了三项重大活动专门工作方案或应急预案。山东局联合省公安厅等印发《关于加强海军成立70周年多国海军活动期间寄递物品安全管理的通告》。黑龙江局印发《邮政行业“防风险保平安迎大庆”安全生产隐患治理工作方案》；黑龙江哈尔滨局印发《关于做好第六届中俄博览会和第三十届哈洽会期间安全生产工作的通知》。湖北武汉局制定《军运会网络安全保障工作方案》《寄递渠道网络安全保卫工作应急处置预案》。湖南株洲局与公安局联合召开国庆70周年活动寄递渠道安保工作部署会议。

全力做好国庆70周年活动期间寄递安保工作，明确“四个严防、三个确保”工作目标，会同公安部、国家安全部联合发布加强寄递物品安全管理的通告，实施进京邮件快件寄递安全临时管控措施，对进京邮件快件实施落地“二次安检”，退返无安检标识进京邮件快件，查堵禁寄物品，全行业未发生影响庆祝活动顺利举行的事故案件。部署开展第七届世界军人运动会期间寄递安保工作，加强行业安全生产监管执法，统筹做好服务保障。

各省部署开展国庆70周年

活动寄递渠道安全保障,制定实施方案,并圆满完成保障工作。天津局制定印发残特奥会寄递渠道安全保障工作方案。吉林省局印发《加强国庆70周年庆祝活动期间寄递物品安全管理通告》《“迎国庆、保安全”寄递渠道安全保障工作督导检查方案的通知》。黑龙江局印发《70周年大庆寄递安保工作督导检查方案》。上海局联合公安等部门发布《关于加强国庆70周年庆祝活动期间寄递物品安全管理的通告》。江西局联合国安厅下发《关于开展新中国成立70周年全省寄递渠道安全保障工作督导检查的通知》。安徽局与各市局签订《国庆70周年庆祝活动期间寄递渠道维稳安保目标管理责任书》,与各寄递企业区域总部签订《国庆70周年庆祝活动期间寄递渠道安全服务保障承诺书》。贵州六盘水局组织寄递企业签订《国庆70周年系列庆祝活动期间寄递渠道安全保障承诺书》。

三、落实“放管服”维护市场秩序

(一)进一步深化许可制度改革

依法开展快递业务经营许可审批。稳妥推进海南自贸试验区国际快递业务许可下放,印发《国家邮政局关于将国际快递业务经营许可审批权下放海南省邮政管理局有关工作的通知》。积极推动新业态监管工作,在浙江、福建和山东等3省开展企业开办服务站经营快递业务许可试点工作。启动智能快件箱寄递服务企业许可试点前期工作。持续优化许可审批业务办理和公开流程。自1月1日起进一步精简分支机构备案手续。实施快递业务经营许可月度通报制度。印发《国家邮政局办公室关于加强快递业务经营许可地域范围核定工作的通知》。改革企业年度报告制度,加大信息披露力度,实现许可企业情况公众可上网查询。优化完善许可信息系统,实现全流程网上办理。

召开全国快递业务经营许可培训班,引导许可工作由重审批向重管理转变。印发《国家邮政局办公室关于企业运营智能快件箱经营快递业务许可试点工作的通知》,在江苏、广东和四川进行试点。在浙江、福建和山东等3试点省份发放第一批开办服务站经营快递业务许可证。加强与海关等部门的政策衔接,开展专项摸底调研。依法开展快递业务经营许可审批。

多地开展快递业务经营许可工作培训班,制定工作方案深化许可制度改革,制定《邮政业“三新”工作核实认定工作方案》。北京局与市场监督局印发《关于进一步规范快递业务经营许可和市场主体登记工作的通知》。吉林局梳理形成《超越许可范围从事快递业务经营企业问题清单及处理意见》。上海局引导第三方快递进校园、小区,试点共享分拨模式。海南局印发《承接国际快递业务经营许可审批权下放工作的实施方案》。河北秦皇岛局联合公安部门印发《关于快递末端网点备案工作的公告》。黑龙江哈尔滨局印发《“办事不求人”工作实施方案》,进一步优化行政许可协查和备案工作流程,联合市公安局治安支队,就智能快件箱收寄服务安全问题约谈相关企业负责人。

起草报审《企业开办服务站经营快递业务许可核定规则(2019年版)》和《快递服务站备案办理规则(2019年版)》,推动以服务站方式经营快递业务许可规范核定工作。印发《国家邮政局办公室关于企业运营智能快件箱经营快递业务许可试点工作的通知》,赴相关试点省份就企业运营智能快件箱经营许可试点工作相关规定进行宣贯培训和政策解读,通过快递业务经营许可通报、电话咨询、即时通信系统群组等多种形式对试点省市局进行业务指导。开发上线快递业务经营许可管理信息系统经营智能快件箱企业许可在线申请、在线审核、实地核查、在线批复、在线打印等相关业务功能,及时为新业态许可试点工作提供信息化技术支撑。在广东颁发全国第一张运营智能快件箱经营快递业务许可，智能快件箱许可工作正式落地。依法开展快递业务经营许可审批。

多地邮政管理部门积极开展专题培训、发文宣贯、进行专项治理检查等，不断深化许可制度改革。上海组织召开《快递末端综合服务站通用规范》地方标准宣贯会。江苏局召开企业运营智能快件箱经营快递业务许可试点工作部署会。安徽池州局制定《末端网点标准化建设手册》。山东德州局印发《关于推进“放管服”改革工作的实施意见》。

创新对快递新业态的监管方式。广东局组织试点市级邮政管理部门和运营企业开展许可试点工作动员部署和操作培训。重庆局督促菜鸟驿站提交《安全管理承诺书》。甘肃局制定《邮政业“三新”单位核实认定工作方案》，并举办专题培训班。内蒙古乌海局召开寄递渠道安全监管联席会议，联合公安部门建立寄递渠道网格化安全监管机制；内蒙古巴彦淖尔局制定《“绿盾”工程建设推进方案》。黑龙江哈尔滨局向企业下发《关于转发〈智能快件箱寄递服务管理办法〉的通知》。江苏淮安局联合市公安部门推进寄递安全网格化管理。

（二）全力抓好违规实施快递业务经营许可专项治理工作

组织督导检查小组分赴四川、湖南、甘肃对专项治理工作方案中涉及的九项违规许可行为进行逐项检查，对督导检查中发现的问题，当面向省局主要负责同志反馈整改意见，并将相关问题带回纳入挂牌销账序列。通过电话沟通、培训授课、许可通报、信息系统预警等多种方式，加强对各省局监督指导，就专项治理工作专题电话指导相关省局300余次，工作专班针对整改措施专题会商研究50余次，及时回应专项治理中的难点痛点问题，通过快递业务经营许可管理信息系统对违规实施快递业务经营许可专项治理工作进展情况进行通报，推动专项治理工作扎实进行。

（三）完善行业市场监管政策

联合商务部印发《关于规范快递与电子商务数据互联共享的指导意见》。编制《邮政强国建设行动纲要（快递服务篇）》。出台《智能快件箱寄递服务管理办法》，起草《快递市场管理办法》修订专家建议稿。

四、推进行业信用体系建设

加强快递业诚信体系建设，开展《2019年快递业信用评定方案》编制，赴中国消协进行专题调研，组织开展“诚信快递、你我同行”“3·15”主题宣传周活动。部署开展乡镇快递网点违规收费专项整治，严厉打击扰乱快递服务市场秩序违法行为。研究起草《关于规范快递与电子商务数据互联共享的指导意见》，着力加强行业信息数据运用监管。

北京局起草《快递业信用体系评定委员会工作规定》。天津局制定快递业信用体系评定方案和相关评定指标。河北局组织举办全省“诚信快递你我同行”知识竞赛。山东局为全省快递企业建立信用档案。青海局推进快递业信用信息采集工作。

起草《快递市场法人主体信用评定方案（试行）》。完成快递信用信息系统建设项目招标采购和细化需求研讨，推进在相关省区试点应用。研究起草《快递业信用信息采集和共享技术规范》。提交快递领域联合惩戒失信标准，联合国家发改委等部门起草出台《关于加强和规范运输物流行业失信联合惩戒对象名单管理工作的实施意见》。各省快递信用评定委员会已经全覆盖。

根据国家邮政局《快递业信用评定委员会工作规定》要求，全国十余省局、地市局相继组织成立快递业信用评定委员会，部分省市编制完成评定方案。山东局推动建立快递业信用联合奖惩机制，推送“信用山东”网站许可和处罚相关事项内容1100余条。重庆各分局对信用系统进行更新，对失信行为进行统计。安徽阜阳局加强与信用办的对接，将符合标准的企业依法纳入黑名单。

印发《快递市场法人主体信用评定方案（试行）》及信用评定通用指标，研究制定《快递市场严重失信对象名单管理办法》，会同国家发改委等九部门联合研究制定《关于加强和规范运输物流行业失信联合惩戒对象名单管理工作的实施意见》，明确快递领域失信联合惩戒认定标准。

多地邮政管理部门成立信用评定委员会，制定快递业信用评定标准、工作方案等。吉林省局印发《关于开展邮政行业生态环境保护工作评价的通知》。内蒙古锡林郭勒局对接市场监管等部门，将快递企业信用相关信息分别录入企业信息协同监管平台。吉林白山局出台《快递行业信用评定试点暂行方案》。山东泰安、威海等市局制定《快递服务质量考核评价办法》。湖北襄阳、黄冈、荆门等市局将快递企业处罚信息纳入市场信用信息共享平台。广东广州局会同政法等部门成立快递行业安全管理星级评定工作小组。广西南宁局开展主题宣传等活动及“信用南宁美好生活”系列宣传活动。

五、进一步强化事中事后监管

加大邮政市场监督检查和行政执法力度，全力维护春节和两会期间邮政市场秩序稳定。发布2018年邮政市场行政执法情况通告。依托“绿盾”工程，加快推进移动执法装备配备和行政执法信息系统优化建设。积极推进新制修行业法规行政处罚案由制定工作。

认真落实“互联网＋监管”工作，梳理完善国家、省、市三级邮政市场监管事项和检查实施清单。全面实施“双随机、一公开”监管。

严格落实《国务院关于在市场监管领域全面推行部门联合“双随机、一公开”监管的意见》要求，指导各地完善随机抽查“两库一清单”管理，加大随机抽查和结果信息公开力度；先后赴内蒙古、山东、陕西等地开展调研，积极推进邮政市场监管随机抽查实施细则修订；按照“互联网＋监管”要求，进一步优化完善随机抽查事项清单，推送至国家市场监管综合信息平台。指导各地健全部门联合随机抽查工作机制，25个省（区、市）局实现与属地相关部门随机抽查事项信息共享和执法检查联勤联动。

全面开展快递末端服务违规收费清理整顿。印发《快递末端服务违规收费清理整顿工作方案》，召开全系统电视电话会议和主要快递企业总部专题会议进行全面部署。通过企业自查、监督执法、暗访调查、申诉联动、部门协同等多种措施，深入整治快递末端服务违规收费顽疾，有效遏制末端服务违规收费问题多发势头，清理整顿工作取得明显成效。

北京局制定《国庆70周庆祝活动期间首都寄递渠道安全服务保障“双随机”检查工作方案》。江西局印发《随机抽查工作细则》。山西阳泉局下发《随机抽查工作指引》。安徽滁州局按月向市信用办报送行政许可和行政处罚信息；池州局制定《邮政监督检查随机抽查操作流程》。

（一）提升信息化监管水平

江苏局将4家主要智能快件箱厂家数据接入快递业安全监管与服务云平台。福建将符合条件的安检机全部接入实名收寄验视监管综合平台。山西阳泉局建立“邮政业远程视频监控系统”。江苏南通局参与市政府“雪亮工程”视频项目，70家快递企业接入视频监控平台。浙江杭州局开发移动应用程序，推进视频联网；湖州局开展寄递电子地图建设，试点开展安检机联网、政企办公自动化系统与浙江省政务“钉钉”平台融合等工作；义乌局与公安部门共推快件收寄实名认证系统。山东济南局开通市场主体事中事后监管服务平台；泰安局研发“邮安泰山”，实现手机端对所辖寄递企业营业场所和分拣处理场地实时监控。湖北武汉局与公安部门合作，对寄递网点实施二维码管理,公安部门通过扫描二维码上传异常网点信息,形成监管合力。贵州安顺局与第三方研发“监督检查+”小程序用于日常执法检查,实现多张检查表共享检查信息。

山东局梳理和录入国家“互联网+监管”系统监管事项目录清单和监管事项检查实施清单。河南局开展第二阶段全省异地交叉“双随机”检查。山西阳泉局在“国家企业信用信息公示系统”“双随机一公开”平台中完善“执法人员库”、“市场主体库”、“检查项目清单”。安徽芜湖局与信用办对接,落实七天双公示制度,在信用网站上公示。

多地推进邮政业视频远程监控系统、天眼系统等信息系统建设。天津局为快递车辆升级安装定位设备,可实现对车辆的轨迹定位、里程油耗查询、异常情况提醒等。福建局将省际及市际分拨中心的288台安检机联网。江西赣州市局建设“邮政行业信息化监管平台”。

实施快件码号常态化管理。上海局开展本市范围经营快递业务企业自用码号的申报和登记工作。

江苏无锡快递末端网点信息监管平台进入二期前端建设;南通局参与市政府主导的“雪亮工程”视频项目。浙江温州局健全GIS视频联网监控系统,实行“网上巡查+实地检查”的新模式;义乌局联合公安局在行业推广使用人脸识别系统。广东深圳局打造邮政业安全监管信息及数据分析平台,以“快递业电子地图”和“从业人员管理信息系统”为基础,逐步集成网点信息、从业人员信息、视频监控、行业数据统计、信用体系建设、行政执法等模块。

(二)加强行政执法规范化建设

浙江局印发《邮政管理系统执法规范化工作考核实施细则》《邮政管理系统执法规范化工作考核评价标准》。四川局印发《关于2019年度跨区域协作有关事项的通知》。河北承德局开展实名收寄信息系统推广攻坚扫尾行动。黑龙江齐齐哈尔局制定《关于推进行政执法三项制度的工作方案》《齐齐哈尔市邮政管理局法律顾问制度》。江苏宿迁局印发《行政处罚案件档案管理制度》。广东清远局印发《2019年执法检查工作方案》。

安徽省修订通过《安徽省邮政条例》。福建局下发《关于开展行政处罚案卷网络互评工作的通知》《关于开展规范使用行政执法信息系统专项督导的通知》。山东局邀请法律顾问点评案件、组织“每周一讲”等干部自讲、自学、自评等多种途径强化执法能力,制定出台《行政执法案卷评查办法》《邮政市场监管考核办法》等考评制度;滨州局印发《关于成立行政处罚案件审理委员会的通知》。河北石家庄局与烟草局联合发文,构建烟草领域联合执法机制。浙江金华局安排法律专业人员担任专职法制员;衢州局出台《行政执法工作台账互查互评制度实施方案》。

浙江局出台《年度执法规范化工作考核评价标准》;组织召开实名收寄执法办案培训会。安徽局修订《安徽省邮政条例》,为县级邮政事业单位开展监督检查明确法律依据,组织县级机构工作人员参加全省邮政行政执法人员资格考试。福建局组织执法培训班,下发《关于开展规范使用行政执法信息系统专项督导的通知》。江西局举办邮政市场监管工作培训班。广东局组织各市局进行执法检查交流活动,健全区域间执法协作机制。黑龙江黑河局制定《邮政行政处罚案件主办人制度》。

山东局印发《关于开展违规公款吃喝等九个专项治理工作方案的通知》《关于报送基层执法人员“吃拿卡要”专项治理工作自查情况的通知》《关于进一步巩固深化基层执法人员“吃拿卡要”专项治理工作成果的通知》。广东局以党建为统领,开展“学习强国”、邮政管理系统干部在线学习等活动。安徽滁州局组织全体职工进行法律法规知识测试。

六、全力推动行业绿色发展

结合《邮政行业安全监督管理办法》修订，对行业生态安全有关要求作出制度设计。研究起草《邮政业生态环境保护信息报告和通报制度》，印发《邮件快件包装废弃物回收箱应用参考》。开展专题调研，研究建立行业绿色发展评估指标体系。印发《关于报送企业生态环境保护工作分管负责人和牵头部门的通知》，督促企业明确牵头人员机构。积极与商务部沟通接洽，联合开展专题调研。设立行业生态环保工作专用监督邮箱，对外发布公告，公开接收举报和意见建议，及时向有关部门通报工作进展，回应社会关切。

（一）构建绿色治理体系

山东局指导省快递协会开展为期一年的“绿色快递突出贡献奖”评选活动，引导快递企业参加工信部“2018年工业通信业百项团体标准应用示范项目”申报和评审。陕西局与省发改委等八部门联合印发《关于协同推进快递业绿色包装工作的指导意见》。浙江舟山局制定《全市绿色发展工作计划》。山东济宁局推动园区建设光伏发电充电储能项目，快递企业获得地方政府奖补资金200万元。

（二）推动行业绿色发展

吉林局召开“绿色快递”产品推介会。江苏局联合发改委推进绿色快递示范园区建设。海南省政府印发《全面禁止生产、销售和使用一次性不可降解塑料制品实施方案》。江西新余局联合市发改委等下发《邮政业绿色发展实施方案》。山东济南局指导快递企业开展绿色节能减排，获得政府补贴130余万元；济宁局推进快递电动汽车更新换代，争取财政补助220余万元；临沂市政府印发《关于加强新能源快递服务车辆规范管理的通知》；滨州局印发《邮政业开展新能源车辆推广应用实施方案》《关于促进全市邮政快递车辆提档升级的通知》。青海黄南局联合生态保护局印制《绿色快递你我同行倡议书》。

聚焦“9571”工程落地实施，相继召开长江经济带暨试点城市行业生态环保工作推进会、东北三省行业生态环保工作推进会，可循环中转袋（箱）全面替代一次性塑料编织袋试点工作总结座谈会、快递包装用品绿色认证工作座谈会等专项工作会议，强化快递绿色包装工作部署。印发《2019年“邮来已久、绿动未来”主题宣传活动工作方案》，在全系统、全行业组织开展“邮来已久、绿动未来”主题宣传活动。研究起草《邮政业生态环保评价管理办法（暂行）》及评价指标体系，编制绿色网点、绿色分拨中心评价指引，赴辽宁、浙江、湖南、四川、甘肃开展落实生态环保企业主体责任情况调研检查。联合生态环境部、市场监督管理总局赴海南开展邮政业绿色包装治理专题调研，指导海南局制定《海南省加快推进快递业绿色包装应用实施方案》，推进海南率先加快快递包装绿色治理。印发《行业绿色采购试点工作方案》，选取顺丰、中通、申通、京东试点实施绿色采购，推动建设绿色采购体系。

多地成立邮政业生态环保工作领导小组，制定并印发2019年邮政业生态环境保护工作要点及实施方案、绿色发展或低碳发展工作方案，部署邮政业污染防治攻坚战实施方案、推进绿色包装、在网点设立包装废弃物回收装置等工作。北京局制定邮政快递行业新能源智能汽车推广应用计划。河北局联合发改等十部门印发《关于协同推进快递行业环保治理工作的实施意见》。山西局印发防治包装污染使用绿色快递倡议书。上海局印发邮政业生态环境保护工作简报。浙江省分类办印发《关于推进绿色包装工作的通知》，邮政行业绿色治理工作列入《柴油火车污染治理攻坚战行动计划》《打赢蓝天保卫战2019年工作计划》。西藏局印发《关于开展可循环中转袋（箱）全面替代一次性塑料编织袋工作的通知》。黑龙江黑河局印发《邮政行业邮件快件包装废弃物回收箱应用工作方案》。江苏镇江局与市生态环境局发文《推进邮政行业绿色低碳发展工作的实施意见》;南通局组织寄递企业签署绿色发展战略合作框架协议。海南海口局联合发改等部门印发《关于协同推进快递业绿色包装应用的意见》。重庆市七分局代拟《永川区"绿色邮政"建设综合试点工作方案》。山东济宁局引导快递产业园区更新智能化无人分拨设备,建设光伏发电充电储能项目,获得地方政府奖补资金200万元。

印发《关于开展2019年邮政行业生态环境保护工作评价的通知》和《国家邮政局办公室关于深入推进行业生态环境保护城市综合试点工作的通知》,推动《邮政行业安全监督管理办法》(修订送审稿)增加行业生态环保内容。督促主要品牌寄递企业总部巩固"9571"中的"9"和"1",加大力度提升电商快件不再二次包装率和可循环中转袋应用比例。召开例行新闻发布会,介绍邮政管理部门推动快递绿色发展工作情况。配合中央电视台"焦点访谈"栏目做好快递包装绿色治理情况报道。会同市场监管总局等有关部门指导海南局研究印发《海南省加快推进快递业绿色包装应用实施方案》。联合市场监管总局研究形成《市场监管总局 国家邮政局关于开展快递包装绿色产品认证工作的实施意见》(征求意见稿)以及快递绿色包装产品认证规则和技术性要求。指导寄递企业加快推进生态环保工作,京东建立国内首个电商物流行业包装测试标准,发起成立中国电商物流行业包装标准联盟;顺丰、中通、申通、京东四家试点企业制定绿色采购制度,积极推进绿色采购试点工作。各寄递企业推广使用"瘦身"胶带。截至8月底,全国电子运单使用率已达97%,电商快件不再二次包装率已达47%,循环中转袋使用率已达50%,设置包装废弃物回收装置的邮政快递网点已达2万个。

多地邮政管理部门成立邮政业生态环保工作领导小组,制定2019年邮政业生态环境保护工作实施方案。北京局印发了《关于设置快件包装废弃物回收箱的工作方案》。上海局发布《快递包装物垃圾分类指引》。安徽局印发《开展违规实施快递业务经营许可专项治理及生态环保工作督查方案》。河南局制定实施邮政业绿色发展年度工作计划。海南局制定《加快推进快递业绿色包装应用实施方案》。贵州局印发《邮政行业绿色高质量发展目标任务分解安排》。江苏苏州局与环境局签署战略合作框架协议。浙江温州局出台《全面加强生态环境保护坚决打好污染防治攻坚战行动方案》。山东青岛局制定《绿色快递建设综合试点工作方案》。广西南宁局制定《推进邮政业绿色发展的实施方案》。重庆永川区政府审议通过《"绿色邮政"建设综合试点工作方案》。

多地邮政管理部门制定"邮来已久、绿动未来"主题宣传活动工作方案、主题宣传活动或宣传海报。北京局印发《做好柴油货车污染治理攻坚战工作的通知》。河北清河局联合快递协会起草《绿色快递、生态文明、人人有为倡议书》。黑龙江鹤岗局与环境局签订战略合作框架协议。江苏局联合发改等部门制定《协同推进快递业绿色包装工作实施方案》。江西局联合发改等部门制定《关于协同推进快递业绿色包装工作的贯彻实施意见》。河南局联合商务等部门下发《关于组织申报快递物流转型发展支持项目的通知》。江苏盐城局与环境局联合印发《邮政快递行业全面融入生态环境发展工作的实施意见》。安徽蚌埠市政府出台《关于推广应用生物基可降解塑料制品防止白色污染的实施意见》。江西新余局联合环境局印发《快递包装物回收利用实施方案》;吉安局联合发改委等印发《协同推进快递业绿色包装工作的贯彻实施》。广西南宁局制定《关于推进邮政业绿色发展的实施方案》。

七、健全权益保障工作机制

召开2018年第四季度快递服务质量提升联席会议，通报快递服务满意度测评、快递服务时限测试、邮政业消费者申诉等有关情况，针对服务质量存在的突出问题提出改进措施和要求。持续开展“三不”治理，严肃查办违反服务标准违法案件，对涉案企业总部进行约见告诫。加强邮政业消费者申诉工作，强化申诉受理与市场监管工作衔接。积极推进快递员关爱工程。深入研究加强快递员（投递员）权益保护工作措施，立足通过在支持民营快递企业发展、推动快递末端服务车辆规范管理、加强末端服务能力建设等方面采取有力举措，切实减轻快递从业人员工作压力。各地邮政管理部门会同人社、工会、群团等部门积极开展关爱“快递小哥”慰问走访，推动解决行业一线从业员工工作和生活实际困难，着力加强快递行业从业人员权益保护工作。

（一）健全消费者权益保障工作机制

湖北局联合省消协出台《关于开展放心消费在湖北活动营造安全放心消费环境实施意见》。黑龙江鹤岗局印发《快递行业放心消费创建星级评定标准》。江苏无锡局为快递包裹加载“金融知识小贴纸”，借助快递小哥传递到锡城百姓家中；镇江局在官网公布“两个电话”“六大维权案例”“八项提示”。浙江杭州局印发《关于进一步规范12345市长公开电话受理中心交办件处理的通知》《关于要求将邮政业服务质量反映件转接12305申诉受理的函》。山东威海局制定《快递行业放心消费创建工作实施方案》《放心消费快递领域行业标准》；济南局参与济南电视台举办的“作风监督面对面”栏目和济南广播电台举办的“作风监督热线”栏目，现场回应社会关切。

（二）加强快递员（投递员）权益保护

各地积极开展“快递从业青年服务月”或送温暖活动等。浙江嘉兴局发布《关爱快递小哥“青春暖流”行动倡议书》，开展“万福到你家万盏灯笼映禾城”快递小哥专场活动送温暖，成立嘉兴首家“亲青驿站”快递小哥爱心歇脚点。江西吉安局以“快递小哥”段赟事迹为主要内容的报道《顾客满意就是最好的新年礼物》登上《人民日报》头版。四川巴中局协调移动公司为“快递小哥”提供专属套餐及专属号段，预计为“快递小哥”每年每人节约话费2000余元。

多地组织对快递小哥的城市关爱活动或关爱工程，开展最美快递小哥评选活动，落实邮政业更贴近民生七件实事工作，印发乡镇快递网点违规收费专项整治工作方案。安徽合肥市邮政业申诉中心荣获市级“三八红旗集体”，合肥局市场监管处、中邮速递分公司荣获市级“青年文明号”。湖北武汉断臂快递小哥刘涛获中国“快递小蜜蜂”称号，顺丰收派员喻佑军获评“武汉五一劳动奖章”；襄阳局引导中邮速递襄阳分公司与市行政服务中心及高新区行政服务中心等签订战略合作协议，顺丰真武山营业部获2018年度襄阳市“青年文明号”称号。

天津局、辽宁局组织开展快递工程专业职称评价工作，并制定职称评定标准。辽宁大连局联合团市委举办“青年拴心工程”邮政业从业青年专场活动。湖北武汉局、快递行业协会、长江日报报业集团共同举办第三届快递员节，开展“城市超燃英雄”评选活动；荆门局开展“最美快递员”评选。江西局开展“最美快递人”评选活动；江西吉安圆通段赟被评为全省职工职业道德建设标兵个人。海南省三亚市“快递母亲”杨星及其家庭荣获海南省妇联举办的2019海南“最美妈妈”“最美家庭”荣誉称号。

八、加强国际交流合作

加强与“一带一路”沿线国家邮政领域交流合作。加快中欧班列运输邮（快）件工作，大力推动邮件入欧新通道建设,搭建沿线国家快件运输政策和法律风险信息服务平台。开展中日、中泰、中欧等邮政双边交流和高级别对话。参与世贸组织电子商务议题、中欧投资协定、中韩自贸协定等多双边谈判。遴选优秀快递从业代表随中国青年代表团赴俄罗斯开展官方访问,推动快递从业青年国际交流交往。

第二章　2019年市(地)邮政管理工作综述

2019年,快递业发展受到党中央、国务院领导的亲切关怀,各级党委、政府也对行业发展给予的高度重视。以此为契机,各市(地)邮政管理局在国家邮政局和各省(自治区、直辖市)邮政管理局的领导下,趁热打铁,充分利用中央和地方双重管理的优势,推动中央和地方行业利好政策落地实施,营造良好的行业发展环境,快递业各项工作取得积极进展。

一、"硬核"政策持续优化发展环境

2019年是修订后的《中华人民共和国邮政法》施行十周年。修订后的邮政法以法律形式确认了邮政体制改革成果,确立了促进快递业发展、加强政府监督管理的一系列重要制度和基本政策,是我国邮政业治理体系和治理能力走向现代化的关键起点。作为深化邮政体制改革的产物,各市(地)邮政管理局积极推动中央和国家有关政策在地方落地实施,并创造性开展工作争取地方政策扶持。2019年,各市(地)利好行业发展的"硬核"政策频出,行业发展环境得到持续优化。

(一)电商与快递物流协同发展深入推进

2019年,各市(地)邮政管理局继续推动《国务院办公厅关于推进电子商务与快递物流协同发展的意见》落地实施,因地制宜出台地方政策。

在江苏,宿迁、盐城等地相继印发电商与快递物流协同发展实施方案、推进电商与快递物流协同发展的实施意见。在宿迁市的《实施方案》中,明确了5个方面10项任务措施:一是规范产业布局,夯实发展基础,将电子商务快递物流基础设施建设用地纳入年度国有建设用地供应计划,将快递末端设施用地纳入新增商业设施规划;二是强化科技应用,提高协同水平,引导电子商务与快递物流企业加强系统互联和业务联动,支持快递配送公共服务站建设,将智能快件箱建设纳入为民办实事项目;三是聚焦生态理念,推动绿色创新,鼓励电商平台企业和快递企业开展绿色消费活动,提供绿色包装物选择,在配送环节积极推广新能源车型和节能车型;四是规范运营管理,提升服务水平,规范快递末端投递车辆管理,保障快递车辆便利通行;五是推进制度创新,优化发展环境,落实"放管服"改革要求,明确快递末端公共服务属性,新建小区将智能快件箱、快递末端综合服务场所列入项目规划设计和审批验收范围。

盐城市邮政管理局与市商务局联合出台的《实施意见》,提出"到2023年,电商快递平台在促进全市地方农产品和工业品销售过程中发挥更大作用,快递物流节点布局更加优化,电子商务与快递物流更加高效协同"。该《实施意见》同时提出9项措施,从园区建设、土地和税收政策、电商快递末端体系建设、快递服务农业、快递服务制造业、快递服务跨境电商、电商快递供应链协同发展、推进社区电商发展等方面予以明确。

广东揭阳是国家电子商务示范城市、中国快递示范城市,揭阳市政府办公室印发通知,要求优化电商物流协同发展环境,以农业领域的特优产品、工业领域的特色产品电商销售为导向,出台本地区具体指导意见和配套政策,不断完善电子商务快递物流基础设施;鼓励"电子商务+快递物流"融入生产、流通和消费环节,着力构建电子商务与快递物流协同发展的生态服务链条。支持建设快递物流行业大数据分析平台,鼓励发展智能仓储。将电子快递物流发展用地需求纳入城市综合规划。打造现代化电商快递物流园产业集聚区。

在四川乐山市政府印发的《推进电子商务与

快递物流协同发展实施方案》中提出，提出进一步加快推动制度创新，完善基础设施，提升服务水平，提高协同效率，兼顾绿色发展，提升全市电子商务与快递物流协同发展水平。该方案明确，推进“电商+快递物流”产业园区建设，优化布局基础设施建设促进乐山特色农产品网络销售，完善“县、乡、村”三级电商公共服务和物流配送体；推广智能投递设施，鼓励将智能快件箱建设纳入当地便民服务、民生工程项目；推动快递企业与物业公司、便利店发展合作，推行多元化服务；指导快递企业和高校整合资源，推进校园快递服务中心建设等。

贵州六盘水市政府办公室出台《六盘水市推进电子商务与快递物流协同发展实施方案》，明确到2020年底基本建成覆盖全市、布局合理、便捷高效、安全有序的电子商务与快递物流服务体系，培育一批具有一定规模、经济和社会效益的快递物流龙头企业，快递业务量年增长30%以上，农产品上行取得显著成效。对服务“黔货出山”、推动农产品上行成效突出的市内快递物流企业，将统筹整合相关资金通过以奖代补的形式予以支持；加强快件处理中心建设，完善快递物流服务网络，加快健全以物流到县、快递到乡、配送到村的三级农村电子商务物流服务体系。

（二）专项政策扶持助力高质量发展

快递物流在服务地方经济发展中的基础性作用逐渐受到重视。在各市（地）邮政管理部门的努力争取和积极推动下，各地方政府及有关部门陆续出台了一批促进快递业发展的专项扶持政策，助力行业高质量发展。

江苏省扬州市政府办公室印发《关于扬州市现代物流业高质量发展的实施意见》，邮政业发展迎来新机遇。该《实施意见》提出要充分发挥扬州“江河海一体化”区位优势，持续构建完善的“公铁水空”多式联运物流体系，到2025年，初步建成连接苏南、服务苏中、辐射苏北的区域物流枢纽中心。《实施意见》明确推动航空快递集散、冷链物流、跨境电商等产业提质发展；精简快递分支机构办理手续，全面实施快递末端网点备案管理，压缩制度性成本和行政性收费；进一步完善实施《扬州市城市配送管理办法》，试点“分时段配送”和“夜间配送”，给予不少于50辆冷链车辆24小时通行权，给予合规快递电动三轮车通行权等。

在安徽，合肥市委、市政府联合印发《合肥市推动长三角地区更高质量一体化发展重点工作推进方案》，明确提出产业一体化、交通一体化、商务一体化、城乡融合一体化等措施，邮政业在基础设施建设、跨境寄递发展、快递下乡进村等方面获政策利好。该《方案》提出着力推进国家物流枢纽布局承载城市建设，加强航空快递枢纽、快递专业类物流园区规划建设，推进合肥全国邮政客户服务中心、快递服务后台基地建设；补齐农村基础设施建设短板，鼓励商贸、邮政、快递、供销、运输等企业在农村地区的设施网络布局，基本建成县乡村三级农村物流网络体系，引导支持农产品流通企业发展冷链物流；加快建设国际航空货运集散中心和跨境电子商务园区，重点推进网易考拉合肥跨境电商物流基地、合肥综保区跨境电商平台、顺丰智能分拣基地二期等项目建设；加强与“义新欧”、“苏满欧”等长三角区域中欧班列合作交流，优化班列线路布局，共同拓展回程资源，提升合肥中欧班列运行质量和效益。除此之外，在合肥市政府出台《2019年合肥市培育新动能促进产业转型升级推动经济高质量发展若干政策实施细则》中，拿出1000万元作为快递业发展项目资金，对快递企业总部建设、企业做大做强、安检机配置、末端网络建设等项目以事后奖补的方式给予补贴。

在福建，厦门市邮政管理局获得了厦门市政府拨付的邮政领域地方履职能力建设经费335万元，用于行业监管、促进地方经济社会发展等方面的履职能力提升。这是自《国务院办公厅关于印发交通运输领域中央与地方财政事权和支出责任划分改革方案的通知》和《国家邮政局关于邮政领域中央与地方财政事权和支出责任划分改革实施的指导意见》发布以来，福建省首笔地方履职能力建设经费。同时，厦门市海沧区发布《关于印发海沧区加快推进福建自贸区厦门片区海沧园区产业发展扶持办法的通知》，对入驻厦门自贸区海沧园区内符合条件的寄递企业在场地租金、装修补助、创业激励、企业经营奖励、人才引进等方面给予相应支持，最高可获产业扶持相关奖励100万元。

泉州是制造业大市，快递业的快速发展既为全市制造企业提供便捷高效的运输保障，也为企业带来了流通成本降低的竞争优势，快递业在支撑产业生产以及服务生活中发挥愈来愈重要的作用。泉州市政府先后两次召开专题会议研究快递业发展事宜，研究议题包括总部快递企业落地、快递末端配送、快递车辆通行等行业发展瓶颈问题，研究《泉州市快递集聚发展规划》及《泉州市推动快递集聚发展的若干措施》的修改完善情况，提出将立足中国快递示范城市建设，支持总部企业落地泉州，促进快递与关联产业集聚共赢，加快推动快递集聚发展，努力打造快递产业集聚发展先行区。

在湖南，郴州市政府印发《关于促进快递业健康发展的实施意见》，提出到2020年全市基本建成普惠城乡、技术先进、服务优质、安全高效、绿色节能的快递综合服务体系，实现镇镇有网点、村村通快递的目标任务。该《实施意见》明确将快递服务作为民生工程纳入政府工作计划，要求创新精准扶贫新模式，创建一批“快递＋”农产品示范县(乡)，培育一批“淘宝村”“快递村”，构建完善以市级快递配送中心为核心、县级物流园区为二级配送节点、乡村快递服务网点为末端的三级城乡配送网络。《实施意见》还提出了加大政策扶持、引导金融支持、加强人才培养、加强组织领导四大保障措施，要求建立全市促进快递业健康发展联席会议制度，加强统筹协调，及时协调解决发展中遇到的矛盾和问题，合力推动全市快递业持续健康发展。

二、快递重点工程建设持续稳步推进

2019年，建成与小康社会相适应的现代邮政业进入决胜阶段。各市(地)邮政管理部门坚持以供给侧结构性改革为主线，更加广泛深入联动融合，拓展服务内涵，培育行业新的增长点，实现动力变革，行业重点工程建设稳步推进并取得积极成效。

(一)“快递下乡”工程向纵深拓展

自2014年国家邮政局启动“快递下乡”工程以来，我国快递服务网络不断健全，快递服务深入农民生活，呈现出准公共服务的属性。全国几乎所有的县级以上城市都有快递网点，全国96.6%的乡镇已经建有快递网点，有26个省(区、市)实现了乡镇快递网点全覆盖。县、乡两级服务网络的建立，使“快递进村”具备了现实的基础。各市(地)邮政管理部门结合本地实际，因地制宜推动快递服务网络向纵深拓展，打造“快递下乡”的升级版。

河北秦皇岛市邮政管理局对“村村通快递”进行专门部署。针对农村网络设施建设不完善现状，推动村邮站纳入农村公共基础设施，打造农村现代寄递物流网；实施农产品冷链建设工程，建设现代化农产品冷链快递物流集散中心；整合涉农网络设施资源，提升农村寄递物流网络运行效率，降低流通成本；推动县域邮政网络设施资源社会共享；鼓励快递企业在业务量小的乡镇统一开展收、拣、运、投业务；推进交邮协作，利用农村客运班车代运邮件快件；优化农村运输组织模式和投递路线。

廊坊市邮政管理局联合该市商务、公安、供销合作总社、交通运输等部门印发《关于开展城乡高效配送专项行动的实施方案》，推进全市城乡配送网络化、标准化、集约化发展，建设城乡高效配送体系。该《实施方案》明确了城乡高效配送专项行动的六项任务，其中在构建城乡配送网络化格局方面，提出要完善农村配送网络，依托邮政营业场所、快递网点、村邮站等末端网点，畅通农产品“上行”、工业品“下乡”送取货功能；在推动城乡配送集约化经营方面，提出强化资源整合功能，推动邮政、快递等末端网点统筹利用，发挥仓配一体化优势，加快商品仓储、分拣和配送；完善协同合作机制，成立社会团体组织，通过定规则、立承诺、推标准、建平台，推进城乡高效配送工作开展。

山西晋中市邮政管理局协调市交通运输局联合推进乡村邮政网点和交通物流共建工程，创新深化“交邮合作”模式，为全市118个乡镇邮政普遍服务网点挂牌农村物流服务站点，以乡镇邮政网点为基点，辐射10个县级邮政分拨中心，结合四通八达的交通路网，形成市县乡(镇)三级农村物流服务网络。在全市农村物流运力方面，打造“邮政车辆为主、城乡客运车辅助、快递车辆补充”的运力结构，不断提升物流运输能力，实现建制村邮政物流全覆盖。同时，充分发挥“互联网+”“邮政+”优势，依托“村邮站”和“邮乐小店”等平台，推广“邮乐微店”“邮掌柜”等农村电商服务载体，为加盟的小超市、个体小店等提供优质优价产品和配运一体物流服务。

在江苏，无锡市邮政管理局联合市商务局、发改委、教育局、交通运输局等11部门印发《无锡市多渠道拓宽经济薄弱地区和贫困地区农产品营销渠道实施方案》，大力推进农村物流体系建设，积极开展农村物流示范县创建；支持供销、邮政、快递和农产品流通企业建设冷链仓储和物流配送中心；实施“快递下乡”工程和“快递+”金牌工程。

宿迁市政府办公室印发《宿迁市“一村一品一店”提档升级行动计划(2019－2021年)》，明确在全市范围内实施集快递分拣包装和发货集散基地建设的“公共服务能力提升工程”。根据该行动计划，宿迁市表示要加大财政支持力度，将“一村一品一店”项目作为市级电子商务产业发展引导资金重点扶持对象，通过以奖代补的方式，支持完善仓储快递物流(冷链)等关键环节，促进农村电商进一步做大做强。行政村以“益农信息社”为主阵地，按照“农民生活服务站点、农品外销起运站点、农业技术咨询站点”的“三站”一体化要求，打造村级电商综合服务站，为农户提供“产品买卖、技术咨询、费用代缴、快递收发”等一站式服务。

内蒙古呼和浩特市在全市五个旗县建成电商快递物流集散中心、部分乡镇村建成村级电商快递服务站的基础上，进一步稳定解决县以下三级快递服务网络体系良性、可持续运营问题，确保“工业品下乡、农产品进城”双向流通常态化。该市清水河县依托第三方配送公司推进“快递下乡”，有效整合了快递包裹及其他生产生活物资，既降低了快递企业送件下乡的成本，也提高了农村地区老百姓使用快递的便利性，同时第三方配送公司依托政府补贴免费提供“快递下乡”服务的方式，也有效杜绝了乡镇网点违规收费现象。呼和浩特局与县政府积极对接协调，达成初步意向，拟因地制宜通过电商扶贫奖励扶持政策，县财政建立电子商务进农村发展基金，利用国家扶贫资金预算安排300万元扶持电子商务产业发展，保障村级服务站常态化运营，并支持物流快递企业开展快递下乡配送服务。

(二)“末端服务”能力水平稳步提升

“最后一百米”末端服务是快递服务直面消费者、展示行业形象的窗口。2019年，各市(地)邮政管理部门深入推进快递“三进”工程，统筹城市自营网点标准化建设、快递末端综合服务站建设和智能快件箱建设，积极推动将快递末端服务体系建设与城市共同配送、高效配送相结合，纳入地方民生实事，快递末端服务能力水平得到稳步提升。

北京北区邮政管理局以推动落实北京市促进快递行业规范健康发展9条措施为契机，加强与属地部门的工作联系，支持昌平区邮政分公司瞄准公益便民方向，探索利用“疏解整治促提升”腾退地下空间提供末端便民服务。在天龙苑社区，邮政服务驿站提供邮政快递服务及维修、缝纫等便民服务并搭载“邮乐购”平台，受到社区居民欢迎，也得到了市政府的高度关注。北京市“疏解整治促提升”腾退地下空间再利用工作现场会上，有关领导及市地下空间综合整治协调小组成员等部门负责人现场观摩了天龙苑社区邮政便民服务驿站，对邮政部门探索利用人防空间提供末端便民服务、助力精准扶贫工作的做法给予充分肯定。

山西晋城市邮政管理局大力推进辖区企业联合打造多种形式的末端网点，鼓励企业共建共享末端服务设施，积极探索和推广新型合作模式，明确不同形式末端综合服务平台的备案办法，解决快递末端综合服务平台的“身份问题”，稳步推进快递综合服务平台备案工作，目前全市快递末端综合服务平台数量达到58个。

浙江舟山市邮政管理局加强对鱼山岛快递服务情况的跟踪监督，确保运输渠道畅通，末端服务违规收费清理整顿取得实效。鱼山岛年均人口3万～5万人，岛上车辆通行管控严格，给快递服务带来不便。所有快件派送都需委托经审批备案的物流企业代为运输并寄存至工地超市、便利店等，由用户自提，达不到服务标准。舟山局多次深入现场开展走访调研，一方面向当地超市、便利店详细了解快递企业末端违规收费情况；另一方面及时与舟山绿色石化基地管委会进行沟通协调，积极争取快递运输车辆获得入岛资格，并获鱼山大桥运输（因新建成的鱼山大桥通行管制要求，原来运输车辆都需要渡轮摆渡进岛）的政策支持。同时，召集各快递企业主要负责人开展座谈会，建议通过整合资源、集中配送方式，由舟山联岛物流有限公司统一进行快件运输、投递，在降低成本基础上，进一步提升服务质量和服务水平，更好服务鱼山建设者、服务基地建设项目。

山东威海市政府出台《关于推进智慧生活小区建设的指导意见》，将智能快递柜建设纳入星级小区必备设施，有力助推了快递末端投递服务质量提升。《指导意见》规定智能快递柜为三星及以上智慧生活小区的必备设施，是评定星级小区的硬性指标。同时，市政府将智能快递柜建设纳入居民小区智能化改造建设的补助和奖励范围，给予财政资金奖补。

江西鹰潭市政府出台《鹰潭市城乡高效配送国家试点建设实施方案》，提出构建城乡高效配送“鹰潭创新模式”，搭建以城乡高效配送园区，区（市）分拨中心，乡镇配送节点及村、社区、商超末端网点的四级城乡配送网络，形成全域覆盖配送网络，打通农村“最后一公里”和社区“最后一百米”；要优化共享末端网点，依托重点商贸流通企业、邮政企业、电商快递企业和“万村千乡”市场工程网点现有的终端网点和智能投递终端进行优化、改造和提升，优行贫困村，优先电商扶贫站点，解决老百姓“最后一公里”和“最后一百米”。

湖北恩施州邮政管理局积极引导各县市快递企业探索末端配送集约化服务，在巴东县，恩施局指导中通、申通、圆通、韵达、百世等5家品牌快递企业联合，在县城设立统一的分拨中心，将城区划分为16个投递区域，统一派件、统一管理、统一核算。新的投递模式杜绝了投递区域的交叉和重复劳动，快递员的车辆油费、电话费等成本大幅下降，劳动效率明显提升，员工收入平均增长了15%，最高有望达到增长30%的目标，各快递企业的人力、物力等投入成本明显下降，综合经济效益提升了10%以上，为用户显著节约了快递签收时间，提升了服务效率，受到用户好评。同时，这5家快递企业还在该县野三关镇开展联合配送的集约化服务，将野三关集镇范围划分为12个服务区域，设立12个综合末端配送网点开展联收联投，使镇域投递减少机动车使用量10余台，用工精简了20%，同时也大大降低了县城至乡镇的干线运输成本，企业的经济和社会效益明显提高。

（三）“寄递＋”助力精准脱贫攻坚

2019年是决胜脱贫攻坚的关键之年。打赢脱贫攻坚战，快递业理当有所作为。各市（地）邮政管理部门指导快递企业充分发挥快递服务网络通达城乡的优势，积极推动“寄递＋”，助力精准脱贫攻坚。

内蒙古阿拉善盟邮政管理局积极引导邮政、快递企业入驻阿拉善英雄会、中国阿拉善国际盆栽观赏石博览会暨第15届阿拉善赏石文化旅游节，打造“快递+旅游”寄递模式，获得企业和消费者的一致好评。近年来，快递成阿拉善盟旅游景区“标配”，为引导旅游公司与快递企业更好地开展合作，阿拉善盟局为双方搭建合作的桥梁，并要求邮政、快递企业整合资源、优化管理，采取预先储备人员、增派直达网络车等措施，严格执行收寄验视、实名登记制度，努力做到快件不积压，发货节奏稳定有序，坚决打好旅游旺季快递服务第一仗。

辽宁大连市邮政管理局坚持“政府搭台、企业唱戏”，在快递企业、农产品生产企业、电商企业之间牵线搭桥，深化“快递+农村电商+农户+农产品”模式，为特色农产品外输提供服务支撑，助力农业增效和农民增收。2019年的歇马杏成熟季，大连局指导快递企业提前谋划，为歇马杏寄递提供个性化、精准化服务，在田间地头开设揽收点，形成“一头对接农户，一头对接用户”的模式。仅仅半个月的销售期，歇马杏快件业务量达3万余件，约占总销量的90%，比上一年翻了一番。

吉林延边州邮政管理局采取有力措施积极搭建绿色通道，推动地方农特松茸走向全国，助力全州脱贫攻坚工作。松茸在运输途中极易损坏，延边州局督导寄递企业在和龙、安图、龙井等松茸产地和延吉市松茸批发市场设立收寄点，安排专人专车进行收寄，及时将收寄的松茸分装并安排好航空寄递业务，确保收寄时效；同时，引导企业使用提供材料环保、质量过硬的包装物和填充物，在收寄时直接进行验视，封装后直接装车，减少松茸在运递过程中破损的风险。2019年，延边州寄递企业向全国发送松茸61吨，带动松茸产业增收3660万元。

在山东，烟台市邮政管理局按照省局“快递+农产品”寄递创牌工程部署，着力培育“快递+苹果”金牌项目。一是构建苹果“上行”寄递网络，不断扩充快递网点覆盖及运力储备，加快农村地区快递揽收点的建设，在栖霞、福山、牟平等苹果主产区交易市场设置临时揽收点150多处。二是着力提高快递运力储备，全市快递行业为备战苹果寄递高峰期增加流水线126条，增加货车380余辆，新增人员600余人，其中德邦设立多条直发线路，9个省份时效提升0.5~1天，韵达推出整车直发，江浙沪、京津广、南昌，专线配送，次日即达；三是着力发展仓配一体化，以栖霞百世快递为代表，快递公司纷纷深化和电商的合作，推出多元化服务，将快递服务延伸到了仓储、包装、订单管理、运输等各个环节，全力配合电商企业做好线上销售。截至2019年9月，全市主要快递企业累计寄递烟台苹果达1125.62万件，拉动就业约1.2万人次，支撑农业产值约4.13亿元，有力助推了乡村振兴战略。

德州市邮政管理局积极培植“快递+”特色农产品项目，引导寄递企业积极对接德州扒鸡电商平台，根据扒鸡寄递业务量变化调整运载能力，优化寄递线路，节省时间成本，优先分拣作业，为扒鸡产品提供优质高效寄递服务。快递企业为德州扒鸡产品量身定制“包装、收寄、运输、投送”一揽子解决方案，提升产业链附加值，认真探索和总结可行模式，开展经验交流推广，鼓励寄递企业同扒鸡生产、电商、养殖等单位密切合作，做大规模，分类管理，发展精品项目。截至2019年11月，年寄递量累计达1031万件，给当地扒鸡生产、销售、农村养殖户创造收益5.2亿元，成为全市首个业务量超千万件的“快递+农特产品”金牌项目。

在宁夏，固原市邮政管理局积极引导寄递企业与电商企业进行深入对接，加快推广“快递+电商+农特产品+农户”的寄递服务模式，畅通农产品进城渠道，支持快递企业拓展服务产地直销等农业生产新模式，助力农民增收及农村地区经济发展。同时，固原局大力引导寄递企业推进“邮政在乡”和“快递下乡”换挡升级，以快递综合服务站、“邮乐购”站点、共享配送等模式，推动快递服务向农村地区延伸,进一步缩短农产品“进城”流通时限,为群众提供更加高效便捷的寄递服务。在固原局的协调引导下,邮政EMS、顺丰、百世、韵达、等多家寄递企业与电商企业开展农产品网销深度合作。2019年前三季度,通过寄递渠道输出多家农业合作社及建档立卡贫困户各类特色农产品,销售产值约1334.5万元。

三、“快递员权益保护”引发社会关注

自2017年以来,国家邮政局连续三年将“快递员权益保护”列为邮政业更贴近民生七件实事。2019年,这项工作继续加码推进。根据中央领导同志有关“加强快递从业人员联系”的批示精神,各级共青团组织和工会组织加大对快递从业人员的关心和爱护,与各级邮政管理部门加强工作衔接、密切配合,开展形式多样的关心、关爱快递从业人员系列活动,在全社会形成了一股“关爱快递小哥”的热潮。各市(地)邮政管理局充分发挥与基层快递从业者联系紧密的优势,与基层共青团组织、工会组织通力协作,积极开展工作,推动快递员权益保护的各项工作落到实处。

(一)“面对面”听意见,快递员收到“爱心包裹”

天津市邮政管理局第一分局与和天津市平区团委联合开展“共青团与人大代表、政协委员面对面”暨“快递从业青年服务月”活动。活动邀请了和平区人大代表和政协委员与顺丰、圆通、申通、京东、百世、品骏等快递企业负责人及一线快递员进行面对面座谈和互动。座谈会上,天津市邮政管理局第一分局介绍了和平区快递业发展整体现状以及快递从业青年工作情况。快递企业青年代表结合自身工作实际畅所欲言,就当前快递青年群体工作生活现状、面临的困难以及利益诉求等方面展开了交流和讨论。天津市滨海新区邮政管理局联合滨海新区人力社保局按时办结共青团滨海新区委员会在滨海新区政协三届三次会议上“关于促进青年快递从业人员职业发展的建议”。作为政协提案主办单位,滨海新区邮政管理局积极走访共青团滨海新区委员会,并会同滨海新区人力社保局进行座谈,商定采取三项举措促进青年快递员职业发展:一是滨海新区局持续做好辖区快递从业人员基本信息统计工作,动态掌握滨海新区快递员从业总量、从业类型及培训需求等情况;二是滨海新区人力社保局组织快递从业人员开展技能培训,提高快递从业人员的服务水平和劳动竞争能力;三是实施快递员“关爱工程”,滨海新区局继续配合开展“最美快递员”评选、夏送清凉冬送温暖等活动。

在辽宁大连,大连市邮政管理局联合团市委、市快递行业协会和部分医院,共同开展全行业大规模免费体检、义诊活动。此次体检和义诊活动针对快递行业专门定制,大连局联合团市委协调市二院、医科大学附属第一、第二医院、市中心医院各科室专家根据快递从业人员年龄结构、行业特点和常见职业病等情况,组织康复科、脊柱外科、关节外科等优秀的医生组成了专家团队,为市邮政EMS、顺丰、申通、中通等企业的400余名“快递小哥”进行了全面体检诊断,关切地询问他们的身体情况,认真解答快递员提出的疑问,讲解日常保健、职业伤害预防等知识,并根据个体情况制定专业化的用药指导和预防保健方案。

在吉林长春,为推进市邮政管理局联合共青团市委印发的《关于开展“1+3+N+15”快递从业青年服务和权益保护工作的实施方案》落地实施。长春局联合共青团市委组成调研组对快递企业45周岁以下团员青年基本情况进行细致的了解,提出在韵达建立团组织的意向,建设一个快递从业青年“青年之家”示范基地,以此为基础,向全市进行推广。建立团组织之后,将开展免费体检、免费观影、免费法律咨询、青年大学习等活动,将团员青年凝聚在团组织周围。同时针对快递从业人员普遍存在的问题,制定更具体更人性化的服务内容,让快递从业青年更有获得感和归属感。

(二)“爱心驿站”,为快递小哥暖心加油

在江苏,泰州市邮政管理局联合泰州市总工

会、泰州建设银行开展了“关爱快递小哥 共建温馨港湾”主题活动。“劳动者港湾”是金融服务窗口为快递员、环卫工人等户外劳动者提供便利服务的爱心驿站，为快递员、环卫工人等户外劳动者解决了喝水难、休息难、如厕难等现实问题。主题活动当天邀请了来自顺丰、德邦、中通、韵达等快递公司的10名快递员体验了“劳动者港湾”的便利服务，并向他们送上了慰问品。泰州全市已建有66个为快递员遮风挡雨、提供便利服务的爱心驿站。下一步，将在工会窗口、金融服务、通信网络等服务单位继续建设爱心驿站，不断丰富线上服务功能，对接多种服务资源，不断优化全市快递员工作环境，切实关爱快递员等户外劳动者。

在山西，临汾局市邮政管理局联合团市委建设“快递小哥之家”。在成立仪式上，临汾市樊登读书会和市新华书店分别向“快递小哥之家”捐赠了书架和图书。新成立的“快递小哥之家”占地面积30平方米，配备图书架、读书桌和休闲椅等设施设备，并配有大量图书、报刊，为繁忙工作中的“快递小哥”提供了一个休憩、放松的休闲场所。临汾局表示，将切实加大与相关部门合作，持续推进快递员工权益保护工作，高度关注快递员工幸福感建设，从心理辅导、子女升学就业、增强社会参与度等方面给予更多帮扶，让整个社会对快递员多一分理解，多一份认可，多一份关爱。

在黑龙江，黑河市打造户外劳动者爱心驿站，让快递小哥有了暖心“加油站”。黑河户外劳动者爱心驿站是黑河市总工会联合机关、企事业单位、个体工商户等建设的具备休息、御寒、用餐等服务功能的休息驿站，让邮政和快递投递员、环卫工人、交通警察等户外劳动者实现“冷天能取暖、热天能纳凉、渴了能喝水、累了能歇脚、手机能充电、免费能上网”的期盼，为他们解决休息难、吃饭难、喝水难等实际问题。目前，黑河市区已建成爱心驿站31个。

(三)部门联动，为守护者创造美好生活

在安徽，马鞍山市副市长李强就市邮政管理局关于《让快递小哥有奔头 快递产业才有大作为》的调研报告召集市邮政管理局、人社局、商务局、总工会、团市委、妇联等部门和市快递行业协会负责人召开专门会议，听取关于加强快递从业人员权益保护工作的重要性、权益保护现状、面临的困难、思考与建议等内容的汇报，详细了解全市快递从业人员状况、劳动强度、教育培训、社会保险、意外保障、快递三轮车通行等情况。与会各单位围绕解决快递员权益保障工作中的重点、难点问题做了表态发言，并就优化产业发展环境、推进快递产业园建设、规范企业用工形式、加强快递员教育培训、畅通保障渠道、继续开展关心关爱、评先评优等问题进行了深入探讨。马鞍山市邮政管理局还会同市快递行业协会、市快递行业工会联合会积极与市总工会等相关部门联系，开展关爱快递小哥免费体检活动，全市共有20位优秀快递员享受到此福利。

在湖北，武汉市邮政管理局积极协调团市委深入快递企业，对快递员权益保护相关工作进行专题调研。调研组围绕武汉市快递从业青年发展现状、利益诉求、快递员权益保护相关工作开展了交流研讨，并就2019年快递员权益保护工作达成三点共识：一是帮助市场主体享受好中央减税降费的政策红利，以更有力的举措维护好快递小哥的合法权益；二是发挥团组织的桥梁和纽带作用，呼吁社会公众对快递从业人员多一分理解和尊重，多一些包容和关爱；三是组织举办快递行业职业大赛、快递行业安防知识技能竞赛等活动，提升快递从业人员素质，树立全市快递青年良好形象。恩施州邮政管理局、州总工会、团州委、州律师协会、州快递行业协会等部门和单位联合印发《关于加强快递从业人员权益保障工作的通知》，通过建立工会组织和共青团组织、强化技能培训、开展创先争优、建立权益维护机构和咨询平台等八项具体措施，完善快递行业劳动保障制度，改善快递从业人员工作环境，推进快递从业队伍建设，促进快递行业服务能力和质量提升，推动全州快递行业持续健康发展。

在辽宁，沈阳市邮政管理局联合市委宣传部、市委政法委、市公安局、市总工会、团市委、市公安局交通警察局、沈阳广播电视台、中国联合网络通信有限公司沈阳市分公司等单位启动“加油，快递小哥！——沈阳市关爱快递小哥行动第二季”活动，激发快递小哥奋斗、奋发、奋勇精神，体现800万沈城市民对快递小哥这一新时代奋斗者群体的关爱和温暖。活动现场，沈阳5万名快递小哥共同唱响《我和我的祖国》；沈阳广播电视台各频率频道牵手南京、重庆、深圳、江西、青岛、成都等多地战略合作媒体及新媒体记者与快递小哥一起工作、生活，体验从业者的酸甜苦辣，以融媒体形式进行报道，迅速获得舆论关注度和传播影响力。

四、“绿色快递”成为社会共识

2019年，国家邮政局推动实施快递包装治理“9571”工程，各地邮政管理部门和主要寄递企业总部的生态环保组织机构逐步建立，国家局抓省局和寄递企业总部、省局抓区域企业总部、市局抓辖区企业的监管工作格局基本建立。

（一）齐抓共管，强化行业绿色共治

快递包装治理不仅是行业绿色发展的需要，更是打赢污染防治攻坚战和建设“美丽中国”的重要内容，需要全社会共同参与。各市（地）邮政管理部门在国家邮政局的安排部署和相关省局的指导下，联合属地相关政府部门，推动建立行业绿色共治格局。

河北石家庄市印发《石家庄市推进运输结构调整实施方案（2018－2020年）目标任务分解方案》，明确完善城市绿色配送体系，到2020年底，城市建成区新增和更新轻型物流配送车辆中，新能源车辆或达到国六排放标准清洁能源车辆的比例明显提高；推进制定新能源城市配送车辆便利通行政策，改善车辆通行条件；到2020年底，初步形成覆盖主要城市的城际快充网络；在重点物流园区等新增或更换作业车辆，主要采用新能源或达到国六排放标准的清洁能源车辆；加快推进城市绿色货运配送示范项目建设，确保2020年底前建成。

邯郸市邮政管理局联合市发改、科技、工信、生态环境、建设、商务、财政、公安、教育、市场监督管理局等10部门印发《邯郸市关于协同推进快递行业环保治理工作的实施方案》，提出了行业绿色化、减量化、可循环取得明显效果，科技创新和应用水平大幅提升，治理体系日益完善等三项任务目标。《实施方案》明确了七个方面主要工作任务。作为全国行业生态环境保护综合试点城市之一，邯郸将快递业生态环境保护纳入城市环保治理总体格局，针对寄递服务生产的全环节以及与上下游全链条，协调地方政府制定有针对性的治理措施，出台相关政策，支持快递企业在快递包装绿色化、减量化、循环化和节能减排方面发挥作用；结合物流标准化试点城市建设，在后续的仓库建设和改造中，推动绿色仓库建设；联合市商务局、交通局、工信局等部门推行绿色运输与配送，搭建绿色货运配送公共信息平台，配合市政府在全市推行城市配送车辆规范有序运行、智能化统一管理，促进城市配送行业标准化、专业化、智能化运营发展。

黑龙江鹤岗市邮政管理局与该市生态环境局签订战略合作框架协议，以“提升公众环境意识、强化企业主体责任、建立环境保护与邮政发展互利共赢的发展新机制”为目标，在推动绿色邮政建设、开展绿色邮政试点、增加绿色包装产品供给、强化入户监督抽查、加强绿色邮政宣传教育五个方面深度合作，以实现“9571工程”各项任务目标。协议还为双方建立定期互访、信息交流、互通互享等各项机制提供有效支撑和制度保障，在针对邮政业绿色发展政策方面平等协商、共同研究，为构建地方生态文明和美丽鹤岗建设作出新的贡献。

广东潮州市邮政管理局联合发展改革委、工业和信息化局、科学技术局、生态环境局、商务局、

市场监督管理局、城市管理和综合执法局等七部门印发《关于建立潮州市邮政业绿色发展协调机制的意见》,强化部门间协作配合,加强邮政业绿色发展工作的组织领导和统筹协调。《意见》提出,建立邮政业绿色发展联席会议制度,定期研究邮政业绿色发展的重大问题,提出相关工作建议,促进各协作部门沟通交流;建立健全联动督查工作机制,及时通报工作进展和存在的问题,定期总结推广工作经验,稳步推进邮政业绿色发展工作;建立定期会议制度、日常联系制度和协同联动机制,推动该市邮政业绿色发展协调机制常态化。

在江西,萍乡、赣州、宜春、九江、新余等地邮政管理部门,也联合当地有关部门,出台协同推进快递绿色包装工作的相关文件,明确工作目标、工作重点、责任分工、保障措施等。其中,萍乡局联合多部门出台的《关于协同推进快递业绿色包装工作的贯彻实施意见》明确,到2020年底要逐步实现快递包装绿色化,符合标准的包装材料应用比例达到80%以上,可降解材料应用比例提高至50%;快递包装减量取得显著成效,电子运单使用率达到99%,70%以上电商快件不再二次包装,平均每件快递包装耗材减少15%以上;要初步建成循环利用体系,完成100个邮政快递网点设置包装废弃物回收装置,循环中转袋使用率达到80%。宜春局联合多部门出台的《实施意见》,明确了组织管理、政策扶持、监督管理三方面的保障措施,将共同成立推进快递业绿色包装工作领导小组,加强对快递业绿色包装工作的组织领导,贯彻落实国家鼓励节能减排等优惠政策,推动各地加大对快递包装回收利用的财政支持力度,出台针对快递、电商企业绿色包装的税收、信贷等扶持政策。

(二)因地制宜,推动绿色快递落地生根

在推动"9571"工程落地实施的过程中,各市(地)邮政管理部门主动加码,因地制宜创造性开展工作,"绿色快递"的发展理念在各地深入人心,取得积极效果。

山西长治市邮政管理局依据行业标准,结合实际,在企业标识、制度公示、营业场所功能布局、安全设施设备、废弃包装回收装置等五个方面提出明确的规范标准,对企业的标准化、制度化、绿色化管理提出基本要求。经过安排部署、自主申报、自查验收、评比审查四个阶段,选出最能够代表品牌形象的优秀绿色网点作为标杆进行观摩学习。各快递企业负责人到绿色标准化网点进行观摩点评,在此过程中共同发现典型、共同查找差距、共同建言献策、共商推进计划,此次观摩有效提升了各企业建设绿色标准化网点的主动性和积极性。

要让快递包裹"绿起来",仅靠快递企业改善技术、增强环保意识还不够。内蒙古呼和浩特市邮政管理局印制十万份邮政业生态环保宣传海报贴纸向辖区邮政、快递企业发放,并要求在进港邮快件上粘贴,让快递小哥当起了绿色邮政的宣传员,让消费者在收快递的同时能够学到知识,方便又实用。"件件有警示、处处见标识"的快递送到广大消费者手中,充分调动了广大消费者积极参与邮政业绿色环保的积极性,起到了很好的宣传效果。

辽宁朝阳市邮政管理局建立快递过度包装监管机制,切实加大对快递过度包装等违法违规行为的排查力度,指导寄递企业分发挥主体作用,深入了解行业绿色发展动态,结合企业自身发展制定相应实施方案,增加绿色包装产品供给使用,大力推广环保袋、中转箱、笼车等物料设备,推行简约化、减量化、复用化及精细化包装设计技术,并着力提高电子面单和新能源车辆的使用比例。对于接收到的过度包装违法违规行为线索认真开展调查,依法作出相应处理,并督促问题企业尽快落实整改。

在广东,广州市邮政管理局举办了广州市邮政业生活垃圾分类处理工作专项行动启动仪式,市邮政分公司、顺丰、中通、圆通、韵达、申通、京东、品骏、德邦等9家寄递企业相关负责人共同宣读垃圾分类处理工作承诺誓词,集体倡议做行业生活垃圾分类的倡导者、建设者和引领者。此外,广州局还印发连《广州市邮政业深化生活垃圾分类处理三年行动方案（2019－2021年）》，对全市邮政业垃圾分类处理工作进行了具体的安排部署，提出到2021年要在广州市邮政业形成具有广州工作特色的政策完善、机制健全、技术先进、全程封闭、全行业与参与的邮政业生活垃圾分类新格局。

湖北襄阳市邮政管理局全面推进该市邮政业生态环保工作，截至2019年10月，全市邮政业电子面单使用率已达到100%，邮政业循环中转袋使用率达到70%，50%以上电商快件不再进行二次包装；寄递企业在营业网点、处理场所设置包装废弃物回收箱累计达到815个，邮政营业网点、快递企业及其分支机构配备率达到100%；邮政企业使用免胶带包装箱、平均减重20%的新标准箱等绿色包装材料共计15000份；全行业新能源汽车保有量达到21辆。

在四川，内江市邮政管理局通过“三增一减”推动绿色邮政发展。增加电子运单使用率，全市行业电子运单使用率超过98.5%；增加包装废弃物回收点，督促全市规模以上快递企业制作快递包装回收箱，建立包装废弃物回收点，在全市20余个邮政快递网点设置快递包装绿色回收箱；增加新能源快递车辆的使用数量，推动企业新增或更新使用新能源或清洁能源投递用车，全市共更换工信部产品目录内邮政快递电动三轮车近400辆；减少二次包装，推动商家直发包装，对于品牌商企业商品实现原包装出库投递，大幅减少二次包装。

五、齐抓共管保障寄递渠道安全

“安全为基，发展为要”，安全是行业发展的“压舱石”。保障寄递渠道安全长期以来是行业监管的重要内容。2019年，各市（地）邮政管理部门充分发挥双重管理的优势，夯实属地责任，通过建立寄递渠道安全管理工作联席会议机制、多部门联合执法等方式，确保寄递渠道安全畅通。

吉林吉林市邮政管理局牵头召开由市综治办、公安局、交通运输局、市场监督管理局、吉林市铁路公安处、吉林海关等部门参加的寄递渠道安全管理工作联席会议，压实安全监管责任，落实联合监管职责，定期研判形势，抓住关键、搞清路径，采取针对性应对措施，不断完善寄递渠道安全监管体制和工作机制，不断扩大执法的深度、广度与力度，以重大活动期间寄递渠道安保工作为重点，持续督促企业严格执行各项安全生产制度，严防安全生产事故发生。各成员单位要坚持“常态联动、问题牵引、优势互补、责任共担”的原则，借助联合监管机制平台，及时沟通情况信息，协商解决重大问题，通力协作共同做好寄递渠道禁毒、反恐、枪爆整治、“扫黄打非”、网络市场整治、扫黑除恶等工作。

在江苏常州市委政法委公布的全市2019年度创新社会治理重点项目重，常州市邮政管理局申报的“小快递，大安全”建设工程成功入选。常州局积极与市委政法委、市公安局等部门沟通协调，以打造创新社会治理项目为抓手推进全市寄递安全管理责任落实，得到地方政府的高度重视与密切关注。“小快递，大安全”建设工程借助快递小哥流动性强、覆盖面广的职业优势，打造一支平安志愿者队伍，使之成为打击违法犯罪的信息员、安全隐患监督员、网格化社会治理协管员，形成“小快递，大安全”的常州品牌。常州局还计划出台《常州市邮政快递业举报奖励办法》，对发现安全隐患、提供违法犯罪线索以及见义勇为的先进个人或集体进行表彰奖励。

泰州市邮政管理局联合市公安局，创新监管方式，建立两部门联合监管“234”工作机制，进一步延伸监管触角、织密防护网络。“234”工作机制是突出“2”个重点：即明确联合监管的2个重点内容：硬件必须符合标准，寄递企业安全机构的设置、安全设备的配置等必须符合《邮政业安全生产设备配置规范》和《江苏省企业事业单位内部治安保卫条例》的要求；软件必须符合要求，寄递企业要按照《中华人民共和国安全生产法》要求建立安全规章制度、健全安全管理台账、定期开展安全培训、按规定组织应急演练,进一步压实安全生产主体责任。落实"3"项举措:做到信息联通,双方数据相互共享、信息相互通报、案件相互移交;做到执法联动,落实邮政、公安联系人制度,制定联合执法组织办法,明确执法频次、细化职责分工;做到矛盾联处,建立突发事件共同处置办法,及时妥善处理隐患。完善"4"类检查:督促企业自查,要求企业规范开展安全自查,并及时反馈自查结果,确保企业安全生产主体责任得到落实;加强公安巡查,基层民警根据要求对辖区内的快递企业网点常态化开展寄递渠道安全巡查;落实随机抽查,邮政管理部门根据"双随机"的要求,生成随机抽查任务清单,依法对快递企业开展检查;强化科技辅查,在企业自查视频化反馈、执法工作智能化闭环、快递安全标准化评估等方面运用最新科技,形成网络收集、线上研判、辅助决策新格局。

福建漳州市政府出台《关于进一步落实县域寄递安全管理工作的通知》,要求各县域落实寄递安全管理属地责任。《通知》要求,严格落实县域寄递安全管理属地责任,各县域要组建邮政业安全管理工作机构,健全工作机制,配强工作力量,落实监管措施;尤其交通运输部门要明确专门科室或部门、专门人员,具体负责本地区邮政行业安全监管工作。建立健全县级寄递渠道安全管理联席会议制度。大力推动寄递安全"三项制度"落实到位,积极动员全社会力量参与邮政业安全管理工作。

在福州市政府的支持下,经市编委会审议通过,福州市邮政管理局成立市级邮政执法大队,核定事业编制人员15名,受市邮政管理部门委托开展邮政快递行业相关行政执法工作,行业监管力量得到进一步充实。

重庆市邮政管理局七分局与荣昌区政法委、公安局联合印发《荣昌区寄递安全"网格化"管理实施方案》,明确镇(街道)属地责任,将寄递安全综合治理工作纳入城乡社区网格化管理体系。根据《方案》,七分局联合区委政法委、区公安局按照各自职责,指导镇(街道)做好寄递安全网格化管理工作,通过网点入格、网格定人、人员定责,强化寄递渠道安全管理属地责任落实;将寄递网点安全生产工作纳入网格化服务管理常态工作,指导镇(街道)建立完善寄递网格台账,实现寄递安全监管区域、监管企业全覆盖。按照各镇(街道)原有的网格管理模式,每月对网格内的寄递企业(网点)开展安全巡查。秉承自愿原则,筛选快递员兼任网格信息员,对影响社会安全的问题和违法犯罪线索保持密切关注。

部分市(地)邮政管理局2019年工作亮点级特色举措

市(地)	工作亮点及特色举措
巴中	巴中市邮政管理局协调市总工会、团市委、市文明办出台《关于全面深化"快递小哥"关爱工作助力快递业高质量发展的实施意见》,推出10项措施,全面深化快递小哥关爱工作:一是发起关爱快递小哥倡议;二是鼓励快递小哥加入工会;三是开展快递小哥免费体检活动;四是建设快递小哥关爱站;五是推出快递小哥专用通信套餐;六是开展快递小哥能力提升免费培训;七是解决快递车辆通行、临时停靠难题;八是积极组织开展行业文体活动;九是给予快递企业及快递小哥社会荣誉;十是鼓励快递小哥为行业发展积极献言献策,推荐优秀的、符合条件的快递小哥成为市区县党代表、人大代表等
盐城	盐城市邮政管理局联合市商务局出台的《关于推进全市电子商务与快递物流协同发展的实施意见》提出9项措施:一是支持电商快递产业园区建设,积极帮助企业申报有关奖励扶持政策;二是支持快递企业做大做强,综合运用土地、税收等各种优惠措施,加大快递业的招商引资力度;三是支持电商快递末端体系建设,鼓励县级快递统一配送平台建设,多形式建设农村快递网点和服务站,完善农村快递网络布局;四是支持快递服务农业,推广大纵湖大闸蟹、东台西瓜等农产品营销的经验,大力培育"快递+特色农产品"项目;五是支持快递服务制造业,引导快递企业积极进驻各类工业园区、经济开发区、高新技术产业园等制造业集聚区;六是支持快递服务跨境电商,发挥邮政跨境网络优势与通关效率优势,搭建与盐城经济开发区、综合保税区、中韩产业园、城西南现代物流园的资源共享与对接渠道;七是促进电商快递供应链协同发展,支持仓储、快递、第三方技术服务企业发展智能仓储,延伸服务链条,优化电子商务企业供应链管理;八是推进社区电商发展,推进社区电商服务由城市向县、镇、社区扩展,方便百姓生活,到2020年,市中心城区社区电商覆盖率达到90%;九是促进资源集约利用,促进仓储配送和包装绿色化发展

续上表

市(地)	工作亮点及特色举措
长沙	长沙市政府出台促进快递业发展十条措施，从支持快递业基础建设、培育快递业市场主体和深化快递监管服务三个方面，为快递业发展注入强劲动力：一是规划用地与建设支持，在长沙临空经济片区规划2000亩快递物流用地，对快递及仓储用地享受工业用地政策，对新建规模以上快件分拨中心，按10%给予补贴；二是健全末端网络建设，大力推进快递"三进"和"快递下乡"工程，对智能快件箱设备、农村共建共享末端网点和农村班线予以相应补贴；三是便利快递车辆通行，对禁区配送实行通行证措施，允许快递车辆安全、临时停靠，为快递车辆划设装卸作业区；四是培育快递产业链经济，引导企业总部、区域总部或区域性功能设施落户长沙，促进快递业与上下游产业链深度融合，吸引关联龙头企业落地长沙，按业务量或税收、业务收入给予相应奖励。此外，文件还要求市、县两级财政按1：1比例共同出资设立快递业发展专项资金，支持快递业高质量发展
鹰潭	鹰潭市政府出台《鹰潭市进一步激发商贸消费潜力促进商贸消费升级三年行动方案(2019－2021)》，深入实施"互联网＋商贸流通"，进一步完善鹰潭本地的塔桥水果、贵溪茶油、白茶、塘湾谷酒、欧绿多肉植物、龙虎山铁皮石斛、龙虎山板栗、余江龙虾、杨溪葡萄、潢溪红糖等一系列优质特色农产品走出去渠道，推进农产品商品化、品牌化、电商化。通过城乡配送产业联盟，构建城乡高效共配网络，推进绿色配送发展，建设城乡配送公共服务平台，构建城乡高效配送"鹰潭创新模式"，提高城乡配送运行效率。至2020年，将搭建起网络化、集约化、标准化、信息化、绿色化的城乡配送产业联盟，培育城乡配送骨干企业10～15家，创建绿色新能源配送车队，车辆数不少于200辆，建成城乡高效配送分拨中心5个，建设标准末端网点200个，整合末端网点500个等，实现鹰潭"大物流"和"小物流"协同发展，把鹰潭打造成全国性物流枢纽城市
珠海	珠海市政府同意，珠海市邮政管理局与市住房和城乡规划建设局、市规划设计研究院等有关单位联合编制了《珠海市邮政设施发展与布局规划》。《规划》按照珠海功能区定位，结合各区产业特点、发展水平、设施状况、市场需求等，建设分工明确、布局合理、功能互补、错位发展的"一通道、一枢纽、七中心"邮政快递设施发展格局。依托珠海经济特区和横琴自由贸易试验片区政策优势，充分发挥港珠澳大桥"乘数效应"，优化邮件、快件通关功能，建设面向港澳邮件快件集散通道，打造珠港澳邮政业密切合作示范区。依托港珠澳大桥国家级产业物流园，在南湾城区洪湾片区建设以面向港澳、联通内地的区域性跨境邮快件枢纽集散中心。依据地理分布和产业特点，建设金湾机场、上冲、南屏、金鼎、斗门、小林、龟山海岛等区域邮快件集散中心
秦皇岛	秦皇岛局积极部署"村村通快递"工作。加快整合资源建设电商仓储设施和快递物流园区，推动村邮站纳入农村公共基础设施，打造农村现代寄递物流网；实施农产品冷链建设工程，建设现代化农产品冷链快递物流集散中心，构建全程冷链快递物流体系，推广冷链寄递标准和服务规范；整合涉农网络设施资源，提升农村寄递物流网络运行效率，降低流通成本；推动县域邮政网络设施资源社会共享；鼓励快递企业在业务量小的乡镇统一开展收、拣、运、投业务；推进交邮协作，利用农村客运班车代运邮件快件；优化农村运输组织模式和投递路线；推进邮政业与现代农业、乡村旅游产业深度融合，培育农村新产业新业态；实施"一地一品"示范工程，推广"寄递＋电商＋农特产品＋农户"模式
永川	重庆市邮政管理局七分局与永川区商务委联合印发《"快递下乡"运营补助实施方案》，对符合政策要求的快递企业实施"快递下乡"给予运营补助。《方案》提出，对除永川区城区三个街道办事处外的镇街依法设立、连续经营满1年，且年度农特产品业务量超万件的快递营业网点给予1.2万元/个/年的运营补助。《方案》的有效实施与落地，为永川区努力实现快递"进村"的目标加强了资金保障，以"稳住、用好、服务好"乡镇快递网点，畅通快递"下乡、进城"双向流通渠道，为乡镇群众提供便捷的快递服务，促进快递服务城乡均等化
曲靖	云南曲靖市邮政管理局联合市住房和城乡建设局出台《关于促进物业管理区域邮政快递投递服务的意见》。《意见》提出，物业服务企业对进入小区的邮政快递人员可实行"一次登记、长期有效"的措施，简化手续、方便出入，并对出入小区的投递车辆免收临时停车费；业主委员会或受托的物业服务企业可与智能快件箱运营企业合作，在小区内依法依约设立智能快件箱，满足业主的需求；物业服务企业、快递企业、专业平台企业及其他社会力量可依法在物业管理区域内开设"快递超市"，并按相关要求办理快递末端网点备案手续；邮政快递企业可通过协议的形式委托代投邮件、快件，业主可协议委托物业服务企业代收邮件、快件
邯郸	河北邯郸市邮政管理局联合市发改、科技、工信、生态环境、建设、商务、财政、公安、教育、市场监督管理局等10部门印发《邯郸市关于协同推进快递行业环保治理工作的实施方案》。该《实施方案》明确了七个方面主要工作任务：一是强化快递发展法制化和标准化体系建设；二是推进快递行业节能降耗；三是开展绿色快递试点示范建设；四是联合多部门坚持绿色发展；五是做大做强快递绿色化产业联盟，鼓励企业强化绿色生产，建设绿色回收体系，搭建信息管理平台，打造绿色供应链，带动企业实现绿色发展；六是强化多方共治管理体系建设，按照"政府主导、企业主责、行业自律、部门共治"的原则，在快递行业绿色发展领域形成齐抓共管工作格局；七是加强绿色快递文化培育建设，营造"绿色快递，人人有为"的良好氛围

续上表

市(地)	工作亮点及特色举措
许昌	河南省许昌市政府印发《创建绿色货运配送示范工程实施方案》,明确要加强体制机制建设,多部门加强协作联动,建立绿色货运配送多部门协同工作机制;加强基础设施建设,出台支持配送中心建设政策,加强快递分拨中心、快消品等专业配送中心建设,建成2家以上公共配送中心,在社区、高校、商务区等建设60个以上末端公共配送站点;制定出台城市通行政策,市发展和改革委员联合制定出台城市通行政策,制定城市货运、快递物流配送车辆通行管控方案,为新能源物流车辆通行提供便利;发展先进的配送组织模式,出台先进组织模式推广应用政策,引导城市配送企业通过集中存储、统一库管、按需配送、协调运输的方式整合资源,积极发展集中配送、协同配送、共同配送等创新模式
垫江	重庆垫江局督导企业“细实严”做好协议客户备案管理工作。做“细”:要求各寄递企业对已备案的协议客户信息进行全面审查,做到不遗不漏。审查内容包括客户名称、法定代表人(负责人)、联系方式、寄递物品种类、协议内容等信息。对不符合相关要求的寄递服务安全保障协议,要求企业及时修订,并与用户重新签订。做“实”:要求寄递企业对新增加的协议客户、终止合作的协议客户和信息发生变更的协议客户及时向垫江局报备,做到信息及时更新。做“严”:督促各快递企业建立健全协议客户随机抽检制度,对协议客户交寄的物品进行随机抽样检查,一旦发现协议客户有违反寄递安全协议或者相关法律法规的行为,应立即停止寄递服务,终止协议关系,并第一时间报告邮政管理部门

第三章　快递法律规章及规范性文件

（2019年施行）

快递暂行条例(修正)

中华人民共和国国务院令第709号

第一章　总　则

第一条　为促进快递业健康发展，保障快递安全，保护快递用户合法权益，加强对快递业的监督管理，根据《中华人民共和国邮政法》和其他有关法律，制定本条例。

第二条　在中华人民共和国境内从事快递业务经营、接受快递服务以及对快递业实施监督管理，适用本条例。

第三条　地方各级人民政府应当创造良好的快递业营商环境，支持经营快递业务的企业创新商业模式和服务方式，引导经营快递业务的企业加强服务质量管理、健全规章制度、完善安全保障措施，为用户提供迅速、准确、安全、方便的快递服务。地方各级人民政府应当确保政府相关行为符合公平竞争要求和相关法律法规，维护快递业竞争秩序，不得出台违反公平竞争、可能造成地区封锁和行业垄断的政策措施。

第四条　任何单位或者个人不得利用信件、包裹、印刷品以及其他寄递物品(以下统称快件)从事危害国家安全、社会公共利益或者他人合法权益的活动。除有关部门依照法律对快件进行检查外，任何单位或者个人不得非法检查他人快件。任何单位或者个人不得私自开拆、隐匿、毁弃、倒卖他人快件。

第五条　国务院邮政管理部门负责对全国快递业实施监督管理。国务院公安、国家安全、海关、工商行政管理等有关部门在各自职责范围内负责相关的快递监督管理工作。省、自治区、直辖市邮政管理机构和按照国务院规定设立的省级以下邮政管理机构负责对本辖区的快递业实施监督管理。县级以上地方人民政府有关部门在各自职责范围内负责相关的快递监督管理工作。

第六条　国务院邮政管理部门和省、自治区、直辖市邮政管理机构以及省级以下邮政管理机构(以下统称邮政管理部门)应当与公安、国家安全、海关、工商行政管理等有关部门相互配合，建立健全快递安全监管机制，加强对快递业安全运行的监测预警，收集、共享与快递业安全运行有关的信息，依法处理影响快递业安全运行的事件。

第七条　依法成立的快递行业组织应当保护企业合法权益，加强行业自律，促进企业守法、诚信、安全经营，督促企业落实安全生产主体责任，引导企业不断提高快递服务质量和水平。

第八条　国家加强快递业诚信体系建设，建立健全快递业信用记录、信息公开、信用评价制度，依法实施联合惩戒措施，提高快递业信用水平。

第九条　国家鼓励经营快递业务的企业和寄件人使用可降解、可重复利用的环保包装材料，鼓励经营快递业务的企业采取措施回收快件包装材料，实现包装材料的减量化利用和再利用。

第二章 发展保障

第十条 国务院邮政管理部门应当制定快递业发展规划,促进快递业健康发展。县级以上地方人民政府应当将快递业发展纳入本级国民经济和社会发展规划,在城乡规划和土地利用总体规划中统筹考虑快件大型集散、分拣等基础设施用地的需要。县级以上地方人民政府建立健全促进快递业健康发展的政策措施,完善相关配套规定,依法保障经营快递业务的企业及其从业人员的合法权益。

第十一条 国家支持和鼓励经营快递业务的企业在农村、偏远地区发展快递服务网络,完善快递末端网点布局。

第十二条 国家鼓励和引导经营快递业务的企业采用先进技术,促进自动化分拣设备、机械化装卸设备、智能末端服务设施、快递电子运单以及快件信息化管理系统等的推广应用。

第十三条 县级以上地方人民政府公安、交通运输等部门和邮政管理部门应当加强协调配合,建立健全快递运输保障机制,依法保障快递服务车辆通行和临时停靠的权利,不得禁止快递服务车辆依法通行。邮政管理部门会同县级以上地方人民政府公安等部门,依法规范快递服务车辆的管理和使用,对快递专用电动三轮车的行驶时速、装载质量等作出规定,并对快递服务车辆加强统一编号和标识管理。经营快递业务的企业应当对其从业人员加强道路交通安全培训。快递从业人员应当遵守道路交通安全法律法规的规定,按照操作规范安全、文明驾驶车辆。快递从业人员因执行工作任务造成他人损害的,由快递从业人员所属的经营快递业务的企业依照民事侵权责任相关法律的规定承担侵权责任。

第十四条 企业事业单位、住宅小区管理单位应当根据实际情况,采取与经营快递业务的企业签订合同、设置快件收寄投递专门场所等方式,为开展快递服务提供必要的便利。鼓励多个经营快递业务的企业共享末端服务设施,为用户提供便捷的快递末端服务。

第十五条 国家鼓励快递业与制造业、农业、商贸业等行业建立协同发展机制,推动快递业与电子商务融合发展,加强信息沟通,共享设施和网络资源。国家引导和推动快递业与铁路、公路、水路、民航等行业的标准对接,支持在大型车站、码头、机场等交通枢纽配套建设快件运输通道和接驳场所。

第十六条 国家鼓励经营快递业务的企业依法开展进出境快递业务,支持在重点口岸建设进出境快件处理中心、在境外依法开办快递服务机构并设置快件处理场所。海关、邮政管理等部门应当建立协作机制,完善进出境快件管理,推动实现快件便捷通关。

第三章 经营主体

第十七条 经营快递业务,应当依法取得快递业务经营许可。邮政管理部门应当根据《中华人民共和国邮政法》第五十二条、第五十三条规定的条件和程序核定经营许可的业务范围和地域范围,向社会公布取得快递业务经营许可的企业名单,并及时更新。

第十八条 经营快递业务的企业及其分支机构可以根据业务需要开办快递末端网点,并应当自开办之日起20日内向所在地邮政管理部门备案。快递末端网点无需办理营业执照。

第十九条 两个以上经营快递业务的企业可以使用统一的商标、字号或者快递运单经营快递业务。前款规定的经营快递业务的企业应当签订书面协议明确各自的权利义务,遵守共同的服务约定,在服务质量、安全保障、业务流程等方面实行统一管理,为用户提供统一的快件跟踪查询和投诉处理服务。用户的合法权益因快件延误、丢失、损毁或者内件短少而受到损害的,用户可以要求该商标、字号或者快递运单所属企业赔偿,也可以要求实际提供快递服务的企业赔偿。

第二十条 经营快递业务的企业应当依法保护其从业人员的合法权益。经营快递业务的企业应当对其从业人员加强职业操守、服务规范、作业规范、安全生产、车辆安全驾驶等方面的教育和培训。

第四章 快递服务

第二十一条 经营快递业务的企业在寄件人填写快递运单前,应当提醒其阅读快递服务合同条款、遵守禁止寄递和限制寄递物品的有关规定,告知相关保价规则和保险服务项目。寄件人交寄贵重物品的,应当事先声明;经营快递业务的企业可以要求寄件人对贵重物品予以保价。

第二十二条 寄件人交寄快件,应当如实提供以下事项:(一)寄件人姓名、地址、联系电话;(二)收件人姓名(名称)、地址、联系电话;(三)寄递物品的名称、性质、数量。除信件和已签订安全协议用户交寄的快件外,经营快递业务的企业收寄快件,应当对寄件人身份进行查验,并登记身份信息,但不得在快递运单上记录除姓名(名称)、地址、联系电话以外的用户身份信息。寄件人拒绝提供身份信息或者提供身份信息不实的,经营快递业务的企业不得收寄。

第二十三条 国家鼓励经营快递业务的企业在节假日期间根据业务量变化实际情况,为用户提供正常的快递服务。

第二十四条 经营快递业务的企业应当规范操作,防止造成快件损毁。法律法规对食品、药品等特定物品的运输有特殊规定的,寄件人、经营快递业务的企业应当遵守相关规定。

第二十五条 经营快递业务的企业应当将快件投递到约定的收件地址、收件人或者收件人指定的代收人,并告知收件人或者代收人当面验收。收件人或者代收人有权当面验收。

第二十六条 快件无法投递的,经营快递业务的企业应当退回寄件人或者根据寄件人的要求进行处理;属于进出境快件的,经营快递业务的企业应当依法办理海关和检验检疫手续。快件无法投递又无法退回的,依照下列规定处理:(一)属于信件,自确认无法退回之日起超过6个月无人认领的,由经营快递业务的企业在所在地邮政管理部门的监督下销毁;(二)属于信件以外其他快件的,经营快递业务的企业应当登记,并按照国务院邮政管理部门的规定处理;(三)属于进境快件的,交由海关依法处理。

第二十七条 快件延误、丢失、损毁或者内件短少的,对保价的快件,应当按照经营快递业务的企业与寄件人约定的保价规则确定赔偿责任;对未保价的快件,依照民事法律的有关规定确定赔偿责任。国家鼓励保险公司开发快件损失赔偿责任险种,鼓励经营快递业务的企业投保。

第二十八条 经营快递业务的企业应当实行快件寄递全程信息化管理,公布联系方式,保证与用户的联络畅通,向用户提供业务咨询、快件查询等服务。用户对快递服务质量不满意的,可以向经营快递业务的企业投诉,经营快递业务的企业应当自接到投诉之日起7日内予以处理并告知用户。

第二十九条 经营快递业务的企业停止经营的,应当提前10日向社会公告,书面告知邮政管理部门,交回快递业务经营许可证,并依法妥善处理尚未投递的快件。经营快递业务的企业或者其分支机构因不可抗力或者其他特殊原因暂停快递服务的,应当及时向邮政管理部门报告,向社会公告暂停服务的原因和期限,并依法妥善处理尚未投递的快件。

第五章 快递安全

第三十条 寄件人交寄快件和经营快递业务的企业收寄快件应当遵守《中华人民共和国邮政法》第二十四条关于禁止寄递或者限制寄递物品的规定。禁止寄递物品的目录及管理办法,由国务院邮政管理部门会同国务院有关部门制定并公布。

第三十一条 经营快递业务的企业收寄快件，应当依照《中华人民共和国邮政法》的规定验视内件，并作出验视标识。寄件人拒绝验视的，经营快递业务的企业不得收寄。经营快递业务的企业受寄件人委托，长期、批量提供快递服务的，应当与寄件人签订安全协议，明确双方的安全保障义务。

第三十二条 经营快递业务的企业可以自行或者委托第三方企业对快件进行安全检查，并对经过安全检查的快件作出安全检查标识。经营快递业务的企业委托第三方企业对快件进行安全检查的，不免除委托方对快件安全承担的责任。经营快递业务的企业或者接受委托的第三方企业应当使用符合强制性国家标准的安全检查设备，并加强对安全检查人员的背景审查和技术培训；经营快递业务的企业或者接受委托的第三方企业对安全检查人员进行背景审查，公安机关等相关部门应当予以配合。

第三十三条 经营快递业务的企业发现寄件人交寄禁止寄递物品的，应当拒绝收寄；发现已经收寄的快件中有疑似禁止寄递物品的，应当立即停止分拣、运输、投递。对快件中依法应当没收、销毁或者可能涉及违法犯罪的物品，经营快递业务的企业应当立即向有关部门报告并配合调查处理；对其他禁止寄递物品以及限制寄递物品，经营快递业务的企业应当按照法律、行政法规或者国务院和国务院有关主管部门的规定处理。

第三十四条 经营快递业务的企业应当建立快递运单及电子数据管理制度，妥善保管用户信息等电子数据，定期销毁快递运单，采取有效技术手段保证用户信息安全。具体办法由国务院邮政管理部门会同国务院有关部门制定。经营快递业务的企业及其从业人员不得出售、泄露或者非法提供快递服务过程中知悉的用户信息。发生或者可能发生用户信息泄露的，经营快递业务的企业应当立即采取补救措施，并向所在地邮政管理部门报告。

第三十五条 经营快递业务的企业应当依法建立健全安全生产责任制，确保快递服务安全。经营快递业务的企业应当依法制定突发事件应急预案，定期开展突发事件应急演练；发生突发事件的，应当按照应急预案及时、妥善处理，并立即向所在地邮政管理部门报告。

第六章 监督检查

第三十六条 邮政管理部门应当加强对快递业的监督检查。监督检查应当以下列事项为重点：（一）从事快递活动的企业是否依法取得快递业务经营许可；（二）经营快递业务的企业的安全管理制度是否健全并有效实施；（三）经营快递业务的企业是否妥善处理用户的投诉、保护用户合法权益。

第三十七条 邮政管理部门应当建立和完善以随机抽查为重点的日常监督检查制度，公布抽查事项目录，明确抽查的依据、频次、方式、内容和程序，随机抽取被检查企业，随机选派检查人员。抽查情况和查处结果应当及时向社会公布。邮政管理部门应当充分利用计算机网络等先进技术手段，加强对快递业务活动的日常监督检查，提高快递业管理水平。

第三十八条 邮政管理部门依法履行职责，有权采取《中华人民共和国邮政法》第六十一条规定的监督检查措施。邮政管理部门实施现场检查，有权查阅经营快递业务的企业管理快递业务的电子数据。国家安全机关、公安机关为维护国家安全和侦查犯罪活动的需要依法开展执法活动，经营快递业务的企业应当提供技术支持和协助。《中华人民共和国邮政法》第十一条规定的处理场所，包括快件处理场地、设施、设备。

第三十九条 邮政管理部门应当向社会公布本部门的联系方式，方便公众举报违法行为。邮政管理部门接到举报的，应当及时依法调查处理，并为举报人保密。对实名举报的，邮政管理部门应当将处理结果告知举报人。

第七章　法律责任

第四十条　未取得快递业务经营许可从事快递活动的，由邮政管理部门依照《中华人民共和国邮政法》的规定予以处罚。经营快递业务的企业或者其分支机构有下列行为之一的，由邮政管理部门责令改正，可以处1万元以下的罚款；情节严重的，处1万元以上5万元以下的罚款，并可以责令停业整顿：（一）开办快递末端网点未向所在地邮政管理部门备案；（二）停止经营快递业务，未提前10日向社会公告，未书面告知邮政管理部门并交回快递业务经营许可证，或者未依法妥善处理尚未投递的快件；（三）因不可抗力或者其他特殊原因暂停快递服务，未及时向邮政管理部门报告并向社会公告暂停服务的原因和期限，或者未依法妥善处理尚未投递的快件。

第四十一条　两个以上经营快递业务的企业使用统一的商标、字号或者快递运单经营快递业务，未遵守共同的服务约定，在服务质量、安全保障、业务流程等方面未实行统一管理，或者未向用户提供统一的快件跟踪查询和投诉处理服务的，由邮政管理部门责令改正，处1万元以上5万元以下的罚款；情节严重的，处5万元以上10万元以下的罚款，并可以责令停业整顿。

第四十二条　冒领、私自开拆、隐匿、毁弃、倒卖或者非法检查他人快件，尚不构成犯罪的，依法给予治安管理处罚。经营快递业务的企业有前款规定行为，或者非法扣留快件的，由邮政管理部门责令改正，没收违法所得，并处5万元以上10万元以下的罚款；情节严重的，并处10万元以上20万元以下的罚款，并可以责令停业整顿直至吊销其快递业务经营许可证。

第四十三条　经营快递业务的企业有下列情形之一的，由邮政管理部门依照《中华人民共和国邮政法》、《中华人民共和国反恐怖主义法》的规定予以处罚：（一）不建立或者不执行收寄验视制度；（二）违反法律、行政法规以及国务院和国务院有关部门关于禁止寄递或者限制寄递物品的规定；（三）收寄快件未查验寄件人身份并登记身份信息，或者发现寄件人提供身份信息不实仍予收寄；（四）未按照规定对快件进行安全检查。寄件人在快件中夹带禁止寄递的物品，尚不构成犯罪的，依法给予治安管理处罚。

第四十四条　经营快递业务的企业有下列行为之一的，由邮政管理部门责令改正，没收违法所得，并处1万元以上5万元以下的罚款；情节严重的，并处5万元以上10万元以下的罚款，并可以责令停业整顿直至吊销其快递业务经营许可证：（一）未按照规定建立快递运单及电子数据管理制度；（二）未定期销毁快递运单；（三）出售、泄露或者非法提供快递服务过程中知悉的用户信息；（四）发生或者可能发生用户信息泄露的情况，未立即采取补救措施，或者未向所在地邮政管理部门报告。

第四十五条　经营快递业务的企业及其从业人员在经营活动中有危害国家安全行为的，依法追究法律责任；对经营快递业务的企业，由邮政管理部门吊销其快递业务经营许可证。

第四十六条　邮政管理部门和其他有关部门的工作人员在监督管理工作中滥用职权、玩忽职守、徇私舞弊的，依法给予处分。

第四十七条　违反本条例规定，构成犯罪的，依法追究刑事责任；造成人身、财产或者其他损害的，依法承担赔偿责任。

第八章　附　则

第四十八条　本条例自2018年5月1日起施行。

智能快件箱寄递服务管理办法

交通运输部令2019年第16号

《智能快件箱寄递服务管理办法》已于2019年6月12日经第12次部务会议通过，现予公布，自2019年10月1日起施行。

部长 李小鹏

2019年6月20日

智能快件箱寄递服务管理办法

第一条 为了维护快递市场秩序，保护用户合法权益，加强寄递安全管理，规范和便利智能快件箱寄递服务，根据《中华人民共和国邮政法》《快递暂行条例》等法律、行政法规，制定本办法。

第二条 智能快件箱寄递服务的提供、使用等活动及对其实施监督管理，适用本办法。

本办法所称智能快件箱，是指提供快件收寄、投递服务的智能末端服务设施，不包括自助存取非寄递物品的设施、设备。

第三条 国务院邮政管理部门和省、自治区、直辖市邮政管理机构以及省级以下邮政管理机构（以下统称邮政管理部门）依法对智能快件箱寄递服务实施监督管理。

第四条 提供智能快件箱寄递服务，应当保护用户合法权益，切实保障寄递安全。

邮政管理部门实施监督管理，应当遵循公开、公平、公正以及鼓励竞争、促进发展的原则。

第五条 支持将智能快件箱纳入公共服务设施相关规划和便民服务、民生工程等项目，在住宅小区、高等院校、商业中心、交通枢纽等区域布局智能快件箱。

第六条 运营智能快件箱提供寄递服务的企业（以下简称智能快件箱运营企业）和使用智能快件箱提供寄递服务的企业（以下简称智能快件箱使用企业）应当具备与快件收寄、投递业务相适应的服务能力。

智能快件箱运营企业、智能快件箱使用企业符合快递业务经营许可条件的，可以按照有关规定申请快递业务经营许可。

第七条 智能快件箱运营企业应当自智能快件箱提供寄递服务之日起20日内，向智能快件箱所在地省级以下邮政管理机构为智能快件箱办理快递末端网点备案。

第八条 智能快件箱运营企业应当在箱体外表显著位置标明该智能快件箱的名称、地址等基本情况；智能快件箱有编号的，应当标明编号。

第九条 智能快件箱具备接收交寄物品功能的，智能快件箱运营企业应当为实名收寄提供技术条件和技术服务；智能快件箱具备投递快件功能的，智能快件箱运营企业应当为收件人验收、拒收快件提供技术条件。

智能快件箱运营企业应当保存交寄、收寄、投递、领取和拒收退件等操作记录；通过智能快件箱查验寄件人身份的，应当保存查验结果。

鼓励智能快件箱运营企业设置快件包装回收装置和设施，提供快件包装回收服务。

第十条 智能快件箱运营企业应当安装监控设备,监控交寄、收寄、投递、领取等操作的全过程和智能快件箱周围环境。

第十一条 智能快件箱运营企业收寄快件的,应当告知寄件人相关保价规则和保险服务项目,并通过智能快件箱提醒寄件人阅读快递服务合同条款、遵守禁止寄递和限制寄递物品的有关规定。

第十二条 智能快件箱运营企业应当保证智能快件箱正常使用,对其已投入运营的智能快件箱进行维护,及时处理异常情况。

智能快件箱运营企业应当采取有效技术措施保障数据安全,维护数据采集、存储、处理、传输等正常运行。发生或者可能发生服务异常、中断等情况的,智能快件箱运营企业应当立即采取补救措施,并告知智能快件箱使用企业。

第十三条 智能快件箱运营企业应当依法保护用户的信息安全,防止信息泄露、毁损、丢失。除法律另有规定外,未经用户同意,不得向任何组织或者个人提供用户使用智能快件箱寄递服务的信息。

第十四条 智能快件箱运营企业撤除已备案的智能快件箱的,按照快递末端网点撤销备案的规定办理。

第十五条 智能快件箱运营企业、智能快件箱使用企业为不同主体的,应当书面明确各方在服务人员管理、快件寄递、注意事项通知、数据管理、快件安全、信息安全、纠纷处理等方面的责任。

智能快件箱运营企业与智能快件箱使用企业中止合作的,应当协商并采取措施保护用户的合法权益。

第十六条 智能快件箱运营企业不得向智能快件箱使用企业以外的组织或者个人授予使用智能快件箱收寄或者投递快件的权限。

智能快件箱使用企业及其分支机构应当准确记录向快递从业人员分配智能快件箱使用权限的情况并及时更新。

第十七条 智能快件箱使用企业应当建立智能快件箱使用管理制度,明确收寄验视、实名收寄等操作规范,以及服务时限、服务质量、安全保障等事项。

第十八条 寄件人使用智能快件箱交寄快件的,应当依法如实提供寄递详情单信息,接受身份查验;通过查验后,将未封装的交寄物品放至智能快件箱的箱体内。

第十九条 有下列情形之一的,智能快件箱运营企业不得开放智能快件箱接收交寄物品的功能:

(一)监控设备未运行或者被遮挡的;

(二)交寄物品、交寄行为被遮挡的;

(三)国家规定涉及安全保障的其他情形。

第二十条 智能快件箱使用企业取出寄件人使用智能快件箱交寄的物品时,应当比对交寄记录,确认无误后,依法当场验视并封装。

智能快件箱使用企业委托智能快件箱运营企业查验寄件人身份、登记寄件人身份信息和交寄物品信息的,不免除智能快件箱使用企业实名收寄的义务。

智能快件箱使用企业应当对通过智能快件箱收寄的快件作出标识,并重点进行安全检查。

第二十一条 有下列情形之一的,智能快件箱使用企业不得收寄,当场将交寄物品退回至智能快件箱,并告知智能快件箱运营企业:

(一)交寄物品与交寄信息不一致的;

(二)寄件人身份未经查验或者未登记身份信息的;

(三)国家规定涉及安全保障的其他情形。

第二十二条 智能快件箱使用企业使用智能快件箱投递快件,应当征得收件人同意;收件人不同意使用智能快件箱投递快件的,智能快件箱使用企业应当按照快递服务合同约定的名址提供投递服务。寄件人交寄物品时指定智能快件箱作为投递地址的除外。

第二十三条 快件出现外包装明显破损、重量与寄递详情单记载明显不符等情况的,智能快件箱使用企业不得使用智能快件箱投递。

寄递详情单注明快件内件物品为生鲜产品、贵重物品的，智能快件箱使用企业不得使用智能快件箱投递，与寄件人另有约定的除外。

第二十四条 智能快件箱使用企业按照约定将快件放至智能快件箱的，应当及时通知收件人取出快件，告知收件人智能快件箱名称、地址、快件保管期限等信息。

智能快件箱使用企业委托智能快件箱运营企业通知收件人取出快件的，不免除前款规定的智能快件箱使用企业的义务。

第二十五条 智能快件箱运营企业应当合理设置快件保管期限，保管期限内不得向收件人收费。

第二十六条 快件延误、损毁、内件短少的，收件人可以当场拒绝签收，并按照智能快件箱运营企业的提示将快件退回智能快件箱。

第二十七条 智能快件箱使用企业使用智能快件箱提供寄递服务过程中，发现禁止寄递或者限制寄递物品的，应当依法处理。

第二十八条 邮政管理部门应当使用信息技术加强对智能快件箱运营企业经营活动的日常监督检查，可以依法要求智能快件箱运营企业报告以下经营情况：

（一）智能快件箱布放位置、数量；

（二）智能快件箱寄递快件数量、种类；

（三）智能快件箱寄递服务操作记录、监控信息；

（四）邮政管理部门要求报送的其他信息。

对邮政管理部门依法进行的监督检查，智能快件箱运营企业应当予以协助、配合，不得拒绝、阻挠。

第二十九条 智能快件箱运营企业未按照本办法第七条规定向邮政管理部门备案的，由邮政管理部门依照《快递暂行条例》第四十条第二款的规定予以处罚。

第三十条 智能快件箱运营企业未按照本办法第八条规定标明智能快件箱有关信息的，由邮政管理部门责令改正；逾期未改正的，处5000元以上1万元以下的罚款。

智能快件箱运营企业未按照本办法第九条第二款规定保存操作记录、查验结果的，由邮政管理部门责令改正，可以处5000元以上1万元以下的罚款。

第三十一条 智能快件箱运营企业违反本办法第十六条第一款规定向智能快件箱使用企业以外的组织或者个人授予使用权限的，邮政管理部门可以处5000元以上1万元以下的罚款；情节严重的，处1万元以上3万元以下的罚款。

第三十二条 智能快件箱运营企业违反本办法第十九条规定开放智能快件箱接收交寄物品功能的，邮政管理部门可以处5000元以上3万元以下的罚款。

第三十三条 交寄物品与交寄信息不一致，智能快件箱使用企业仍予收寄的，邮政管理部门可以处5000元以上3万元以下的罚款。

第三十四条 运营、使用智能末端服务设施提供邮政普遍服务的，参照本办法执行；法律、法规、规章及强制性标准对邮政普遍服务另有规定的，从其规定。

第三十五条 本办法自2019年10月1日起施行。

快递业务经营许可管理办法(修正)

交通运输部令2019年第31号

《交通运输部关于修改〈快递业务经营许可管理办法〉的决定》已于2019年11月20日经第26次部务会议通过,现予公布,自公布之日起施行。

部长　李小鹏

2019年11月28日

快递业务经营许可管理办法

第一章　总　则

第一条　为了规范快递业务经营许可管理,促进快递业健康发展,根据《中华人民共和国邮政法》《中华人民共和国行政许可法》《快递暂行条例》等法律、行政法规,制定本办法。

第二条　快递业务经营许可的申请、审批以及相关监督管理,适用本办法。

第三条　国务院邮政管理部门和省、自治区、直辖市邮政管理机构以及按照国务院规定设立的省级以下邮政管理机构(以下统称邮政管理部门)负责快递业务经营许可管理工作。

第四条　快递业务经营许可管理遵循公开、公平、公正、便民、高效的原则。

邮政管理部门应当充分利用计算机网络、大数据等信息技术,提升快递业务经营许可管理服务效能。

第五条　经营快递业务,应当依法取得快递业务经营许可,并接受邮政管理部门及其他有关部门的监督管理;未经许可,任何单位和个人不得经营快递业务。

第二章　申请与受理

第六条　申请快递业务经营许可,应当符合《中华人民共和国邮政法》第五十二条的规定。

第七条　申请快递业务经营许可,应当具备下列服务能力:

(一)与申请经营的地域范围、业务范围相适应的服务网络和信件、包裹、印刷品、其他寄递物品(以下统称快件)的运递能力;

(二)能够提供寄递快件的业务咨询、电话查询和互联网信息查询服务;

(三)收寄、投递快件的,有与申请经营的地域范围、业务范围相适应的场地或者设施;

(四)通过互联网等信息网络经营快递业务的,有与申请经营的地域范围、业务范围相适应的信息处理能力,能够保存快递服务信息不少于3年;

(五)对快件进行分拣、封发、储存、交换、转运等处理的,有封闭的、面积适宜的处理场地,配置相应的设备,且符合邮政管理部门和国家安全机关依法履行职责的要求。

在省、自治区、直辖市范围内专门从事快件收寄、投递服务的,应当具备前款第一项至第四项的服务能力;还应当与所合作的经营快递业务的企业签订书面协议或者意向书。

第八条　申请快递业务经营许可,应当具备下列服务质量管理制度和业务操作规范：

（一）服务种类、服务时限、服务价格等服务承诺公示管理制度；

（二）投诉受理办法、赔偿办法等管理制度；

（三）业务查询、收寄、分拣、投递等操作规范。

第九条 申请快递业务经营许可，根据其申请经营的业务范围，应当具备下列安全保障制度和措施：

（一）从业人员安全、用户信息安全等保障制度；

（二）突发事件应急预案；

（三）收寄验视、实名收寄等制度；

（四）快件安全检查制度；

（五）配备符合国家规定的监控、安检等设备设施；

（六）配备统一的计算机管理系统，配置符合邮政管理部门规定的数据接口，能够提供快递服务有关数据；

（七）监测、记录计算机管理系统运行状态的技术措施；

（八）快递服务信息数据备份和加密措施。

第十条 申请经营国际快递业务的，还应当能够向有关部门提供寄递快件的报关数据，位于机场和进出口岸等属于海关监管的处理场地、设施、设备应当符合海关依法履行职责的要求。

第十一条 申请快递业务经营许可，应当向《中华人民共和国邮政法》第五十三条第一款规定的邮政管理部门提交下列材料：

（一）快递业务经营许可申请书；

（二）企业名称预先核准材料或者企业法人营业执照；

（三）符合本办法第七条至第十条规定条件的情况说明；

（四）法律、行政法规规定的其他材料。

快递业务经营许可申请可以通过邮政管理部门信息系统提出。

第十二条 邮政管理部门对申请人提出的快递业务经营许可申请，应当依照《中华人民共和国行政许可法》第三十二条的规定作出处理。

第三章 审查与决定

第十三条 邮政管理部门应当自受理快递业务经营许可申请之日起45个工作日内进行审查，作出批准或者不予批准的决定。予以批准的，颁发《快递业务经营许可证》并公告；不予批准的，书面通知申请人并说明理由。

邮政管理部门审查快递业务经营许可申请，应当考虑国家安全等因素，并征求有关部门的意见。

第十四条 在国务院邮政管理部门规定的区域内，对本办法第十条规定的报关数据和处理场地、设施、设备条件，申请人在提出快递业务经营许可申请时未实际具备，但是承诺在约定期限内能够达到的，受理申请的邮政管理部门可以认定申请人符合有关条件。约定期限自邮政管理部门作出行政许可决定之日起不超过6个月。

邮政管理部门应当对被许可人是否在约定期限内履行承诺进行检查。发现被许可人实际情况与承诺内容不符的，邮政管理部门应当撤销快递业务经营许可。

第十五条 国务院邮政管理部门和省、自治区、直辖市邮政管理机构可以依照《中华人民共和国行政许可法》第二十四条的规定，委托下级邮政管理部门实施快递业务经营许可有关工作。

第四章 许可管理

第十六条 《快递业务经营许可证》记载事项发生变化的，经营快递业务的企业应当向作出行政许可决定的邮政管理部门提出申请；邮政管理部门依法办理变更手续。

经营快递业务的企业提交的变更行政许可事项申请材料齐全、符合法定形式的，邮政管理部门应当依法受理，作出批准或者不予批准变更的决定；提交的变更行政许可事项申请材料不齐全或者不符合法定形式的，邮政管理部门应当一次性告知需要补正的全部内容。

第十七条 快递业务经营许可的有效期为5年。

经营快递业务的企业需要延续快递业务经营许可有效期的，应当在有效期届满30日前向作出行政许可决定的邮政管理部门提出申请；未在有效期届满30日前提出申请的，邮政管理部门可以不再受理。

第十八条 经营快递业务的企业应当按照《快递业务经营许可证》记载的业务范围、地域范围和有效期限开展快递业务经营活动。

第十九条 经营快递业务的企业应当在每年4月30日前向邮政管理部门提交快递业务经营许可年度报告。

第二十条 经营快递业务的企业在快递业务经营许可有效期内停止经营的，应当提前10日向社会公告，书面告知作出行政许可决定的邮政管理部门，交回《快递业务经营许可证》，并依法妥善处理未投递的快件。

第二十一条 经营快递业务的企业有下列情形之一的，邮政管理部门应当依法注销快递业务经营许可并公告：

（一）快递业务经营许可有效期届满未延续的；

（二）企业法人资格依法终止的；

（三）快递业务经营许可依法被撤销、撤回的，或者《快递业务经营许可证》依法被吊销的；

（四）法律、法规规定的其他情形。

第二十二条 经营快递业务的企业有下列情形之一的，邮政管理部门应当公告作废《快递业务经营许可证》：

（一）快递业务经营许可有效期内停止经营，主动交回《快递业务经营许可证》的；

（二）快递业务经营许可有效期内停止经营超过6个月，被邮政管理部门责令交回《快递业务经营许可证》，但拒不交回或者逾期未交回的；

（三）国务院邮政管理部门规定的其他情形。

第二十三条 经营快递业务的企业吸收其他企业法人进行合并的或者分立后仍然存续的，应当向作出快递业务经营许可决定的邮政管理部门备案。经营快递业务的企业设立分公司、营业部等非法人分支机构的，应当向分支机构所在地邮政管理部门备案，取得分支机构名录。分支机构的监控、安检设备设施应当符合邮政业安全生产设备配置有关要求。

经营快递业务的企业撤销分支机构或者其分支机构名录记载事项发生变化的，应当向分支机构所在地邮政管理部门撤销、变更备案。

第二十四条 有下列情形之一的，由分支机构备案的邮政管理部门公告作废相关分支机构名录：

（一）经营快递业务的企业撤销分支机构或者依法变更分支机构的经营范围取消快递业务的；

（二）经营快递业务的企业设立分支机构向邮政管理部门备案时隐瞒真实情况、弄虚作假的；

（三）分支机构停止经营快递业务超过6个月的；

（四）分支机构被吊销营业执照或者被国家机关依法责令关闭、关停的；

（五）法律、行政法规和国务院邮政管理部门规定的其他情形。

第二十五条 经营快递业务的企业及其分支机构可以根据业务需要开办快递末端网点，并应当自开办之日起20日内向快递末端网点所在地邮政管理部门备案。经营快递业务的企业及其分支机构对其开办的快递末端网点承担服务质量责任和安全主体责任。

开办快递末端网点的企业、分支机构撤销快递末端网点或者快递末端网点的备案信息发生变化的，应当按照邮政管理部门的规定向原备案机关撤销、变更备案。

第二十六条 《快递业务经营许可证》应当按照国务院邮政管理部门规定的统一式样印制。

任何单位和个人不得伪造、涂改、冒用、租借、倒卖《快递业务经营许可证》以及邮政管理部门提供的备案文件。

第五章　监督检查

第二十七条　邮政管理部门依照《快递暂行条例》第三十六条和第三十七条的规定进行监督检查。被检查企业应当配合监督检查，不得拒绝、阻碍。

第二十八条　邮政管理部门依照《快递暂行条例》第三十六条的规定，重点监督检查下列事项：

(一)经营快递业务的企业实际情况是否与《快递业务经营许可证》记载事项相符合；

(二)快递业务经营许可的变更、延续、注销以及年度报告等执行情况；

(三)分支机构和快递末端网点备案情况；

(四)法律、行政法规规定的其他内容。

第二十九条　任何单位和个人发现邮政管理部门的工作人员在实施快递业务经营许可以及相关监督管理过程中有违法行为，可以向邮政管理部门举报。

第六章　法律责任

第三十条　申请人申请快递业务经营许可时隐瞒真实情况、弄虚作假的，邮政管理部门不予受理或者不予批准，并给予警告，1 年内不再受理其快递业务经营许可申请。

以欺骗、贿赂等不正当手段取得快递业务经营许可的，由邮政管理部门依法撤销行政许可，处 1 万元以上 3 万元以下的罚款；申请人在 3 年内不得再次申请经营快递业务。

经营快递业务的企业伪造、涂改、冒用、租借、倒卖《快递业务经营许可证》或者邮政管理部门提供的备案文件的，由邮政管理部门处 1 万元以上 3 万元以下的罚款。

第三十一条　快递企业设立分支机构、吸收其他企业法人进行合并或者分立后仍然存续，未向邮政管理部门备案的，依照《中华人民共和国邮政法》第七十三条的规定给予处罚。

除前款规定外，经营快递业务的企业未按照本办法规定办理分支机构备案、撤销、变更手续，或者未按照规定提交快递业务经营许可年度报告的，由邮政管理部门责令改正，可以处 1 万元以下的罚款。

经营快递业务的企业提交快递业务经营许可年度报告、备案材料时隐瞒真实情况、弄虚作假的，由邮政管理部门责令改正，可以处 1 万元以上 3 万元以下的罚款。

第三十二条　经营快递业务的企业或者其分支机构开办快递末端网点未向所在地邮政管理部门备案的，由邮政管理部门责令改正，依照《快递暂行条例》第四十条的规定给予处罚；未按照规定向邮政管理部门撤销、变更备案的，由邮政管理部门责令改正，可以处 1 万元以下的罚款。

第三十三条　被检查企业拒绝、阻碍邮政管理部门依法实施的监督检查的，依照有关法律、行政法规的规定予以处罚。

第三十四条　申请人以及其他单位和个人隐瞒有关情况、提供虚假材料的，邮政管理部门应当记入其快递业信用记录，并可以实施联合惩戒。

第三十五条　邮政管理部门工作人员在快递业务经营许可管理工作中滥用职权、玩忽职守、徇私舞弊的，依法给予处分。

第七章　附　则

第三十六条　本办法自 2019 年 1 月 1 日起施行。交通运输部于 2009 年 9 月 1 日以交通运输部令 2009 年第 12 号公布，2013 年 4 月 12 日以交通运输部令 2013 年第 4 号、2015 年 6 月 24 日以交通运输部令 2015 年第 15 号修改的《快递业务经营许可管理办法》同时废止。

第四章　快递标准（索引）

快件处理场所基础数据元

http://www.spb.gov.cn/zc/ghjbz_1/201508/W020191203566979451380.pdf

邮件快件实名收寄信息交换规范

http://www.spb.gov.cn/zc/ghjbz_1/201508/W020200313802154827270.pdf

邮政业视频监控系统接入技术规范

http://www.spb.gov.cn/zc/ghjbz_1/201508/W020200313802154949143.pdf

邮件快件包装基本要求

http://www.spb.gov.cn/zc/ghjbz_1/201508/W020200313806695891303.pdf

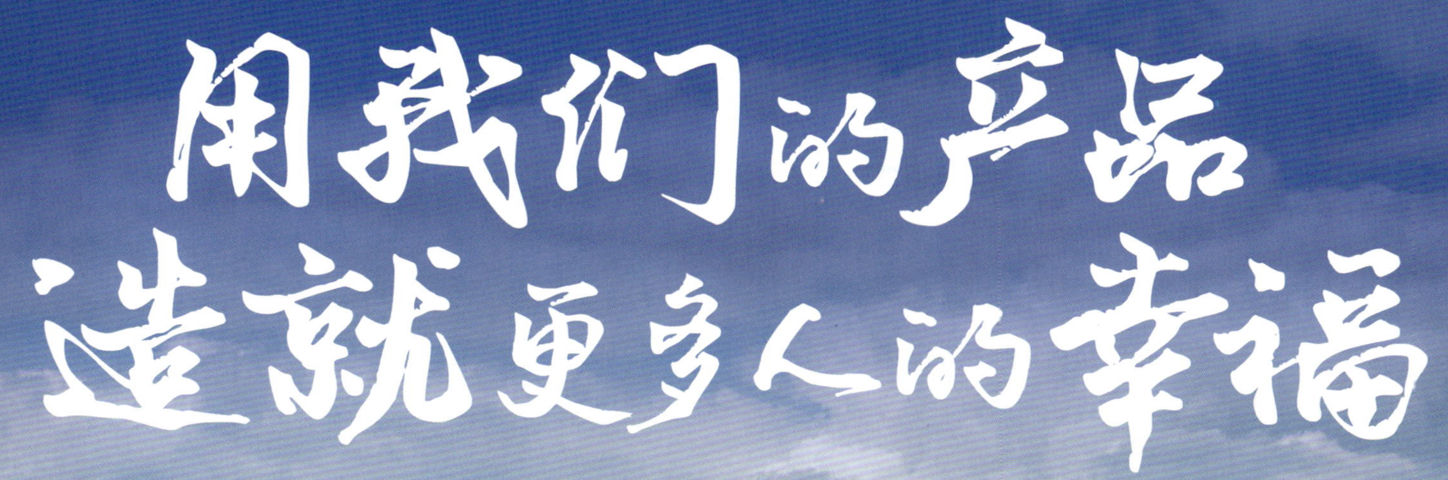
用我们的产品
造就更多人的幸福

值得信赖

顺丰 全心不负所托

1993年，顺丰诞生于广东顺德。

顺丰是国内领先的快递物流综合服务商。经过多年发展，已初步建立为客户提供一体化综合物流解决方案的能力，为客户提供仓储管理、销售预测、大数据分析、金融管理等一揽子解决方案。

顺丰同时还是一家具有网络规模优势的智能物流运营商。经过多年潜心经营和前瞻性战略布局，顺丰已形成拥有“天网+地网+信息网”三网合一、可覆盖国内外的综合物流服务网络。

顺丰采用直营的经营模式，由总部对各分支机构实施统一经营、统一管理，保障了网络整体运营质量。

95338 www.sf-express.com

YTO express
圆通速递
express
品质圆通

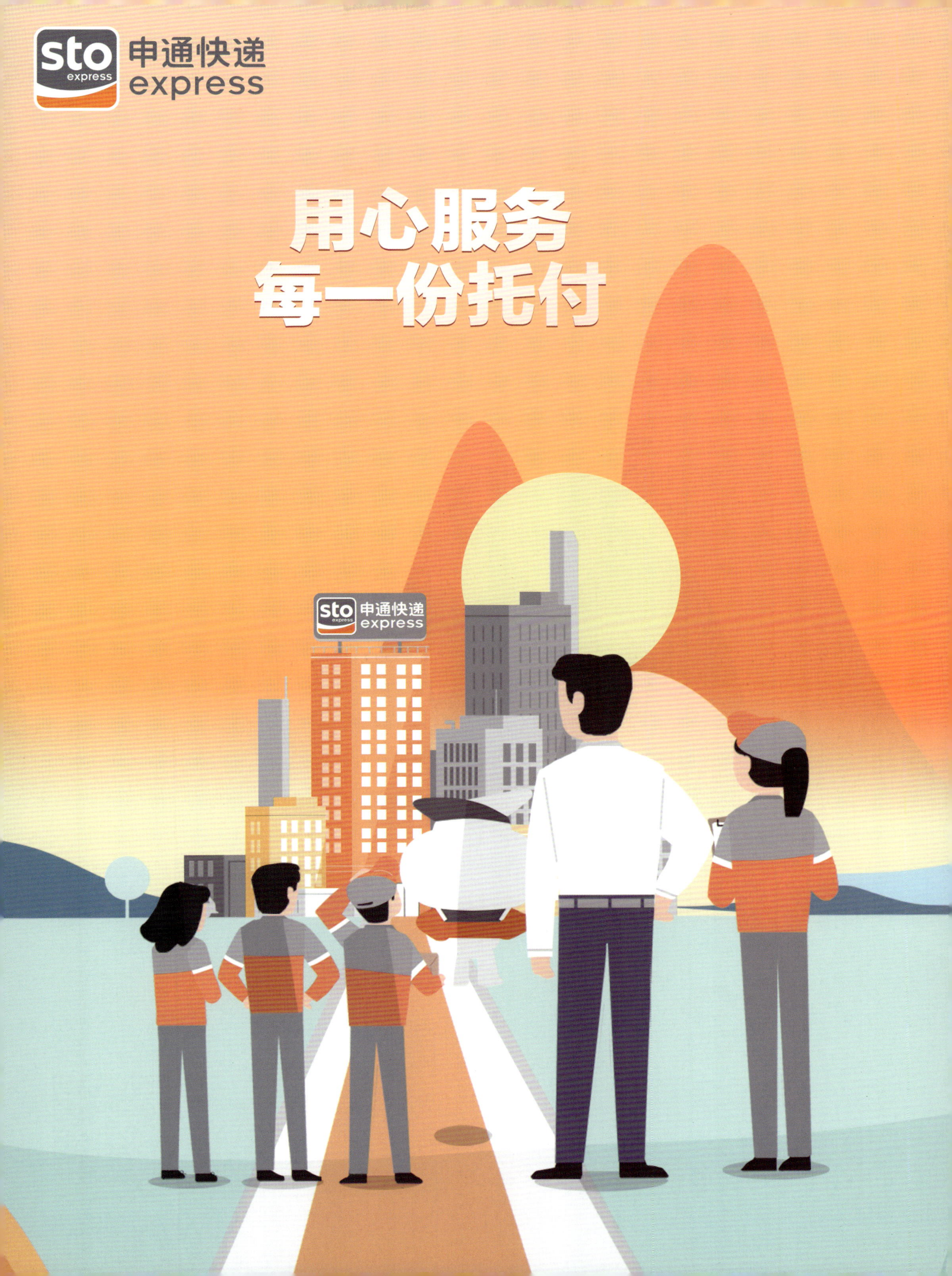
sto express 申通快递 express
用心服务
每一份托付
sto express 申通快递 express

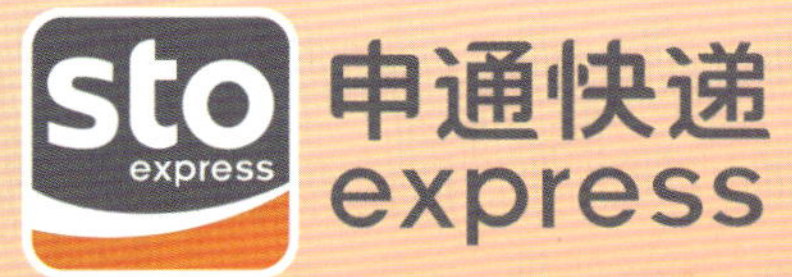

新用户关注
立领25元优惠券

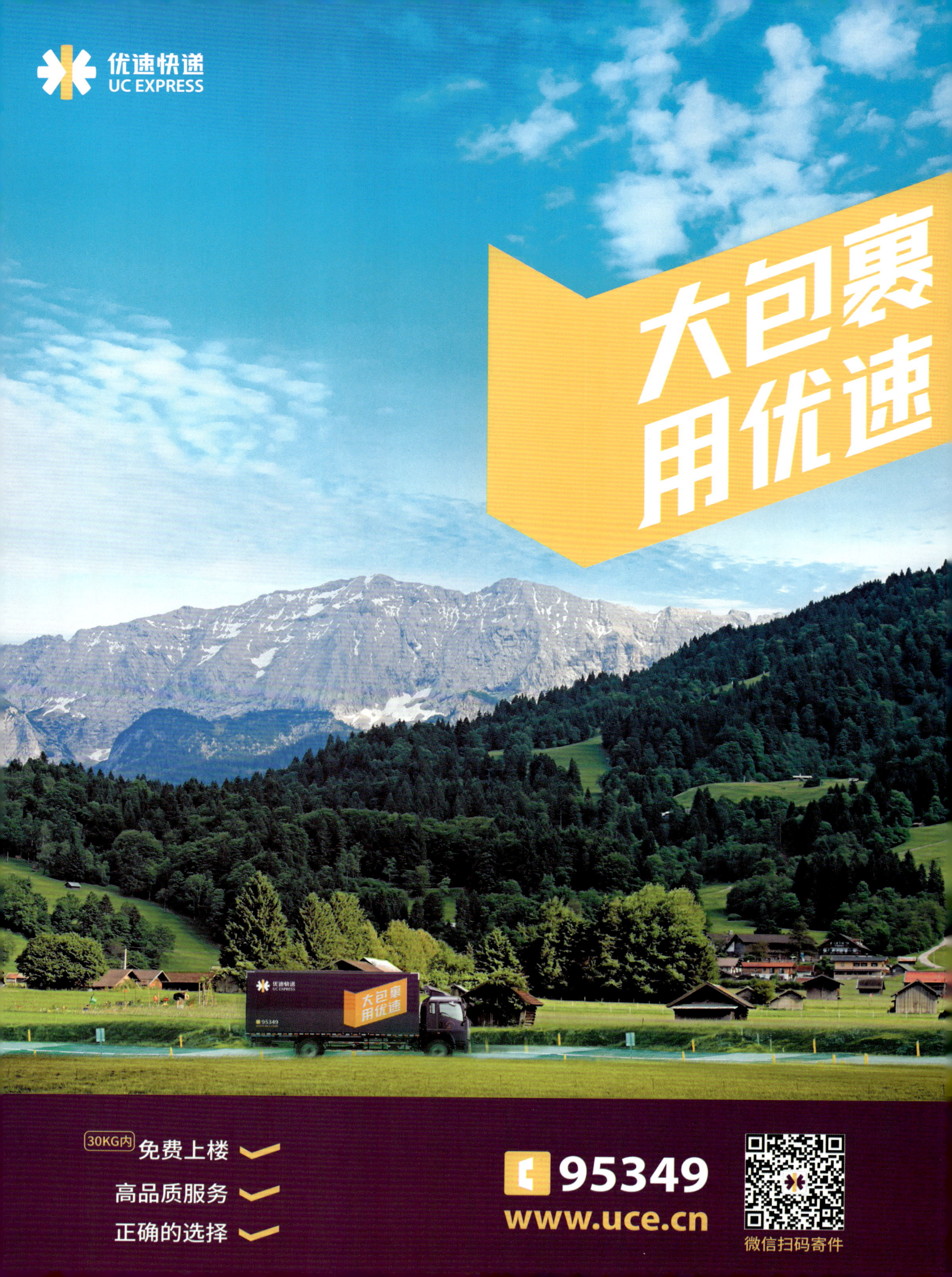
优速快递
UC EXPRESS
大包裹
用优速
30KG内
免费上楼
高品质服务
正确的选择
95349
www.uce.cn
微信扫码寄件

『瘦身胶带』封装比例达90%

电商快件不再二次包装率达 70%

绿色快递 人人有责
保护生态 生态也会回馈你

中国邮政快递报社
China Post and Express News

循环中转袋使用率达
90%
绿色快递 人人有责
保护生态 生态也会回馈你
中国邮政快递报社
China Post and Express News

新增2万个

设置标准包装废弃物回收装置的邮政快递网点

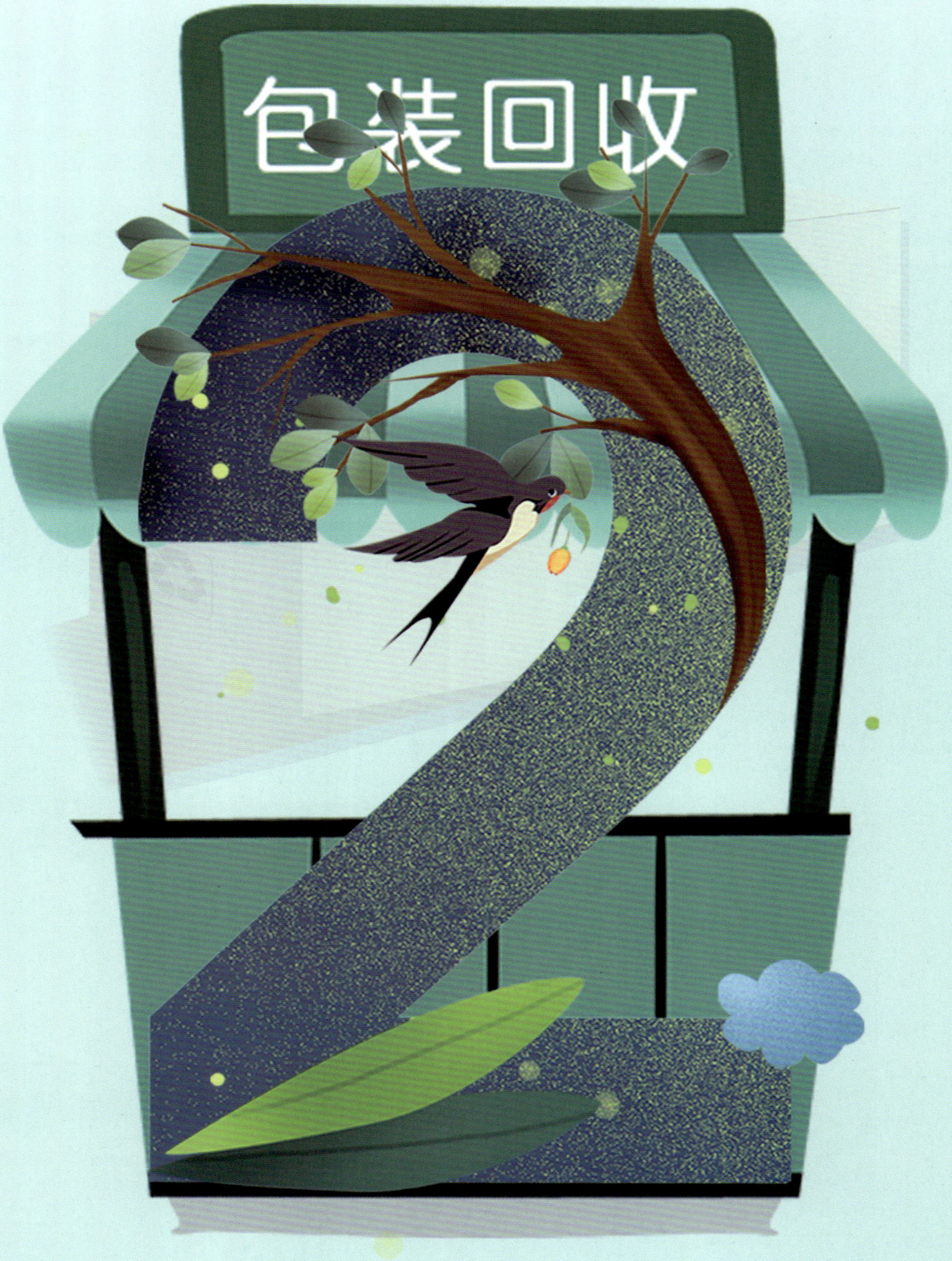

包装回收

绿色快递 人人有责
保护生态 生态也会回馈你

『瘦身胶带』封装比例达90%

电商快件不再二次包装率达70%

绿色快递 人人有责
保护生态 生态也会回馈你

中国邮政快递报社
China Post and Express News

循环中转袋使用率达
90%
绿色快递 人人有责
保护生态 生态也会回馈你
中国邮政快递报社
China Post and Express News

新增2万个

设置标准包装废弃物回收装置的邮政快递网点

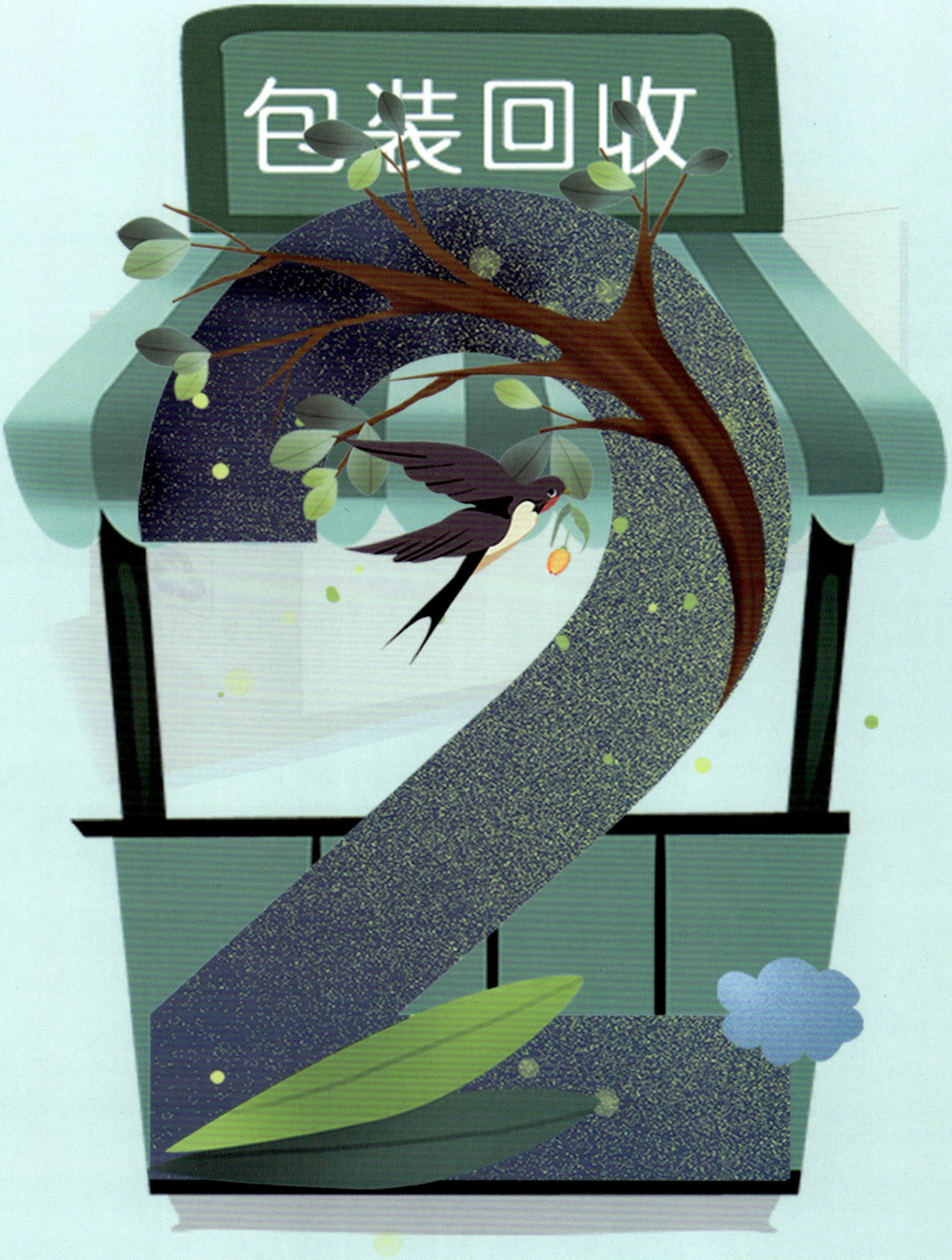

包装回收

绿色快递 人人有责

保护生态 生态也会回馈你

第五章 快递政策

国家发展改革委等关于推动物流高质量发展促进形成强大国内市场的意见

发改经贸〔2019〕352号

各省、自治区、直辖市及计划单列市发展改革、网信、工业和信息化、公安、财政、自然资源、生态环境、住房城乡建设、交通运输、农业农村、商务、应急管理部门，中国人民银行上海总部，各分行、营业管理部，各省会（首府）城市中心支行，各副省级城市中心支行，海关总署广东分署、各直属海关，市场监管、统计、气象、银保监、证监、能源部门，各地区铁路监督管理局，民航各地区管理局，邮政管理局，各铁路局集团公司：

物流业是支撑国民经济发展的基础性、战略性、先导性产业。物流高质量发展是经济高质量发展的重要组成部分，也是推动经济高质量发展不可或缺的重要力量。为巩固物流降本增效成果，增强物流企业活力，提升行业效率效益水平，畅通物流全链条运行，按照党中央、国务院关于推动高质量发展的要求和中央经济工作会议精神，现提出以下意见。

一、深刻认识物流高质量发展的重要意义

物流是实体经济的有机组成部分，加快解决物流发展不平衡不充分问题，推动物流高质量发展是推进物流业发展方式转变、结构优化和动力转换，实现物流业自身转型升级的必由之路；是降低实体经济特别是制造企业物流成本水平，增强实体经济活力的必然选择；是深化供给侧结构性改革，增强经济发展内生动力，提升社会经济运行效率的迫切需要；是促进形成强大国内市场，构建现代化经济体系，实现国民经济高质量发展的内在要求。物流业发展的贡献不仅在于行业企业本身创造的税收、就业等，更在于支撑和促进区域内各相关产业产生更多的税收和就业，有力推动区域经济较快增长。要把推动物流高质量发展作为当前和今后一段时期改善产业发展和投资环境的重要抓手，培育经济发展新动能的关键一招，以物流高质量发展为突破口，加快推动提升区域经济和国民经济综合竞争力。

二、构建高质量物流基础设施网络体系

（一）推动国家物流枢纽网络建设。围绕“一带一路”建设、京津冀协同发展、长江经济带发展、粤港澳大湾区建设、长三角一体化发展等重大战略实施，依据国土空间规划，在国家物流骨干网络的关键节点，选择部分基础条件成熟的承载城市，启动第一批15个左右国家物流枢纽布局建设，培育形成一批资源整合能力强、运营模式先进的枢纽运营企业，促进区域内和跨区域物流活动组织化、规模化、网络化运行。（发展改革委、交通运输部负责，列第一位的为牵头部门，下同）

（二）加强联运转运衔接设施短板建设。发挥政府投资的示范带动作用，引导各类社会资本加

大对公铁、铁水、空陆等不同运输方式的转运场站和“不落地”装卸设施等的投入力度，提高一体化转运衔接能力和货物快速换装便捷性，破解制约物流整体运作效率提升的瓶颈。推动具备条件的物流园区引入铁路专用线。加强入港铁路专用线等基础设施短板建设，支持铁路专用线进码头，打通公铁水联运衔接“最后一公里”，实现铁路货运场站与港口码头、前方堆场等的无缝衔接。（发展改革委、交通运输部、财政部、自然资源部、铁路局、民航局、铁路总公司按职责分工负责）

（三）完善城乡消费物流体系。实施城乡高效配送专项行动，完善城乡配送网络，鼓励企业在城乡和具备条件的村建立物流配送网点，加强公用型城市配送节点和社区配送设施建设，将末端配送设施纳入社区统一管理，推进设施共享共用，支持试点城市和企业加快构建城乡双向畅通的物流配送网络。实施“邮政在乡”工程，完善县乡村三级邮政农村物流配送体系建设。升级“快递下乡”工程，加快农村物流快递公共取送点建设，提升乡镇快递网点覆盖率。深入开展电子商务进农村综合示范，提升农村物流服务质量和效率，2019 年力争对具备条件的国家级贫困县全覆盖。通过合资合作等方式发展面向乡镇（村）的农村物流服务体系。（商务部、交通运输部、住房城乡建设部、财政部、农业农村部、邮政局按职责分工负责）

（四）建立资源共享的物流公共信息平台。推进国家交通运输物流公共信息平台完善工作，鼓励和引导城市共同配送公共信息平台加强与国家交通运输物流公共信息平台有效衔接，促进相关部门、大型市场主体的物流公共数据互联互通和开放共享。在保障信息安全的情况下，扩大物流相关信息公开范围和内容，为物流企业和制造业企业查询提供便利。依托骨干物流信息平台试点单位，探索市场化机制下物流信息资源整合利用的新模式，推动建立国家骨干物流信息网络，畅通物流信息链，加强社会物流活动全程监测预警、实时跟踪查询。依托行业协会实施全国百家骨干物流园区“互联互通”工程，促进信息匹配、交易撮合、资源协同。（交通运输部、公安部、发展改革委、商务部、中央网信办、住房城乡建设部、自然资源部、铁路局、民航局、气象局、铁路总公司、中国物流与采购联合会按职责分工负责）

三、提升高质量物流服务实体经济能力

（五）促进现代物流业与制造业深度融合。加强生产服务型国家物流枢纽建设，利用枢纽聚集的大量物流资源，为制造企业提供高效快捷的物流服务，降低制造企业物流成本，提升区域制造企业竞争力，支撑制造业高质量集群化发展。以深化实施“互联网＋”高效物流和物流降本增效专项行动为突破口，促进物流业与制造业深度融合创新发展。研究出台促进物流业与制造业深度融合发展的政策措施，鼓励物流企业为制造企业量身定做供应链管理库存、“线边物流”、供应链一体化服务等物流解决方案。实施服务型制造示范遴选，支持物流企业开展服务化转型。增加开行面向大型厂矿、制造业基地等的“点对点”直达货运列车，提高协议制运输比重，扩大大宗物资运量运能互保协议范围，2019 年力争达到 25 亿吨左右。加快发展面向集成电路、生物制药、高端电子消费产品等高附加值制造业的航空货运服务，加大“卡车航班”开行力度，构建高价值商品的快捷物流服务网络。（发展改革委、交通运输部、工业和信息化部、民航局、铁路总公司负责）

（六）积极推动物流装备制造业发展。加大重大智能物流技术研发力度，加强物流核心装备设施研发攻关，推动关键技术装备产业化。开展物流智能装备首台（套）示范应用，推动物流装备向高端化、智能化、自主化、安全化方向发展。研究推广尺寸和类型适宜的内陆集装箱，提高集装箱装载和运送能力。在适宜线路开展铁路双层集装箱运输，推广铁路重载运输技术装备，提升铁路运能。（工业和信息化部、交通运输部、铁路总公司按职责分工负责）

（七）提升制造业供应链智慧化水平。鼓励物流和供应链企业在依法合规的前提下开发面向加工制造企业的物流大数据、云计算产品，提高数据服务能力，协助制造企业及时感知市场变化，增强制造企业对市场需求的捕捉能力、响应能力和敏捷调整能力。鼓励发展以个性化定制、柔性化生产、资源高度共享为特征的虚拟生产、云制造等现代供应链模式，提升全物流链条的价值创造水平。（发展改革委、工业和信息化部、商务部、人民银行按职责分工负责）

（八）发挥物流对农业的支撑带动作用。加强农产品物流骨干网络和冷链物流体系建设。聚焦农产品流通"最先一公里"，加强农产品产地冷链物流体系建设，鼓励企业利用产地现有常温仓储设施改造或就近新建产后预冷、贮藏保鲜、分级包装等冷链物流基础设施，开展分拣、包装等流通加工业务。鼓励企业创新冷链物流基础设施经营模式，开展多品种经营和"产销双向合作"，提高淡季期间设施利用率。加强邮政、快递物流与特色农产品产地合作，畅通农产品"上行"通道。发展第三方冷链物流全程监控平台，加强全程温度、湿度监控，减少"断链"隐患，保障生鲜农产品品质和消费安全。鼓励和引导大型农产品流通企业拓展社区服务网点，减少中间环节，降低农产品物流成本。发展"生鲜电商＋冷链宅配""中央厨房＋食材冷链配送"等冷链物流新模式，改善消费者体验。推动地方全面落实冷链物流企业用水、用电、用气与工业同价政策。（商务部、农业农村部、发展改革委、邮政局按职责分工负责）

四、增强物流高质量发展的内生动力

（九）发展物流新服务模式。健全完善相关法规制度和标准规范，推动以网络为依托的货运新业态规范有序发展。大幅提高铁路企业开行班列化货物列车数量。优化铁路班列运行组织方案，推动铁路"门到门"运输全程可追踪，提供信息查询服务。探索开行国内冷链货运班列和"点对点"铁路冷链运输。发展铁路危化品运输。发展"端到端"的物流模式。鼓励和支持云仓等共享物流模式、共同配送、集中配送、夜间配送、分时配送等先进物流组织方式发展，在具备条件的地区探索发展无人机配送等创新模式。（交通运输部、铁路总公司、商务部、公安部、民航局、发展改革委按职责分工负责）

（十）实施物流智能化改造行动。大力发展数字物流，加强数字物流基础设施建设，推进货、车（船、飞机）、场等物流要素数字化。加强信息化管理系统和云计算、人工智能等信息技术应用，提高物流软件智慧化水平。支持物流园区和大型仓储设施等应用物联网技术，鼓励货运车辆加装智能设备，加快数字化终端设备的普及应用，实现物流信息采集标准化、处理电子化、交互自动化。发展机械化、智能化立体仓库，加快普及"信息系统＋货架、托盘、叉车"的仓库基本技术配置，推动平层仓储设施向立体化网格结构升级。鼓励和引导有条件的乡村建设智慧物流配送中心。鼓励各地为布局建设和推广应用智能快（邮）件箱提供场地等方面的便利。（发展改革委、工业和信息化部、商务部、中央网信办、交通运输部、农业农村部、民航局、邮政局按职责分工负责）

（十一）推进多式联运发展。总结多式联运示范工程工作经验，研究制定统一的多式联运服务规则，完善多式联运转运、装卸场站等物流设施标准，力争在货物交接、合同运单、信息共享、责任划分、货损理赔等方面实现突破。加快建设多式联运公共信息平台，促进货源与公铁水空等运力资源有效匹配，降低车船等载运工具空驶率。依托国家物流枢纽网络开发"一站式"多式联运服务产品，加快实现集装箱多式联运"一单制"。研究在适宜线路开展驮背运输。发展海铁联运班列。在保障安全的前提下，积极推动 LNG 罐箱多式联运。（交通运输部、发展改革委、能源局、铁路局、民航局、铁路总公司负责）

（十二）促进物流供应链创新发展。充分发挥物流供应链系统化组织、专业化分工、协同化合作和敏捷化调整的优势，发展符合中国特色的供应链企业，提高生产、流通资源的配置效率，提升企业综合运行效率效益。支持具备条件的物流企业做大做强，发展基于核心企业的“链主型”供应链，将上下游小微企业整合嵌入生产经营过程，强化资源系统整合与优化能力；发展基于现代信息技术的“平台型”供应链，重点解决信息不对称问题，提高资源整体配置效率；发展依托专业化分工的“互补型”供应链，实现资源和渠道的优势互补，提高企业协同发展水平；发展基于区域内分工协作的“区块型”供应链，促进区域内企业高效协同和集聚化发展，提升区域整体竞争优势；发展基于存货控制的“共享型”供应链，打通与整合生产、分销等各环节的库存管理，促进供应商与零售商之间的统仓共配。（发展改革委、商务部、工业和信息化部按职责分工负责）

（十三）加快国际物流发展。深入推进通关一体化改革，建立现场查验联动机制，推进跨部门协同共管，鼓励应用智能化查验设施设备，推动口岸物流信息电子化，压缩整体通关时间，提高口岸物流服务效率，提升通道国际物流便利化水平。加强陆上边境口岸型物流枢纽建设，完善境外沿线物流节点、渠道网络布局。积极推动中欧班列枢纽节点建设，打造一批具有多式联运功能的大型综合物流基地，促进大型集结中心建设。加大中欧班列组织协调和品牌宣传力度，利用进口博览会等平台引导班列运营公司加强与中亚、欧洲沿线各国的大型生产制造企业的对接，针对大型企业打造“量身定做”的班列物流服务产品，促进中欧班列双向均衡运行，提升中欧班列国际物流服务能力与质量。（海关总署、发展改革委、商务部、铁路总公司按职责分工负责）

（十四）加快绿色物流发展。持续推进柴油货车污染治理力度。研究推广清洁能源（LNG）、无轨双源电动货车、新能源（纯电动）车辆和船舶，加快岸电设施建设，推进靠港船舶使用岸电。加快车用LNG加气站、内河船舶LNG加注站、充电桩布局，在批发市场、快递转运中心、物流园区等建设充电基础设施。鼓励企业使用符合标准的低碳环保配送车型。落实新能源货车差别化通行管理政策，提供通行便利，扩大通行范围，对纯电动轻型货车少限行甚至不限行。发展绿色仓储，鼓励和支持在物流园区、大型仓储设施应用绿色建筑材料、节能技术与装备以及能源合同管理等节能管理模式。以绿色物流为突破口，带动上下游企业发展绿色供应链，使用绿色包材，推广循环包装，减少过度包装和二次包装，推行实施货物包装和物流器具绿色化、减量化。（生态环境部、交通运输部、住房城乡建设部、发展改革委、能源局、工业和信息化部、公安部、邮政局、商务部按职责分工负责）

（十五）促进标准化单元化物流设施设备应用。精简货运车型规格数量，严查严处货车非法改装企业。研究制定常压液体危险货物罐车专项治理工作方案，稳步开展超长平板半挂车、超长集装箱半挂车等非标货运车辆治理工作。合理设置过渡期，通过既有政策措施加快淘汰存量非标货运车辆和鼓励应用中置轴厢式货车等标准厢式货运车辆，推动货运车辆市场平稳过渡和转型升级。推动城市配送车辆结构升级，逐步建立以新能源配送车辆为主体、小型末端配送车辆为补充的配送车辆体系。支持集装箱、托盘、笼车、周转箱等单元化装载器具循环共用以及托盘服务运营体系建设，推动二手集装箱交易流转。鼓励和支持公共“挂车池”“运力池”“托盘池”等共享模式和甩挂运输等新型运输发展。鼓励企业使用智能化托盘等集装单元化技术，研发使用适应生鲜农产品网络销售的可重复使用的冷藏箱或保冷袋，提升配送效率。鼓励企业使用1200mm×1000mm的标准托盘。加快物流信息、物流设施、物流装备等标准对接。（交通运输部、工业和信息化部、财政部、公安部、商务部、市场监管总局、铁路局、民航局、铁路总公司按职责分工负责）

五、完善促进物流高质量发展的营商环境

（十六）深化物流领域“放管服”改革。按照“只进一扇门”“最多跑一次”原则，简化物流企业开展业务的行政审批手续，最大程度减少对物流企业业务创新的制约。规范、简化铁路专用线接轨审查手续、压缩审查时间。在简化住所（经营场所）登记手续的基础上，支持地方在物流领域开展“一照多址”改革。精简快递分支机构办理手续，2019年内将快递业务经营许可审批时间缩短至法定时限一半以内，全面实施快递末端网点备案管理。加快推动道路货运车辆异地审验工作，2019年12月底前全面实现普通货运车辆全国跨省异地审验。深入推进治理车辆超限超载联合执法常态化制度化工作，严格执行全国统一的公路货运车辆超限超载认定标准。（交通运输部、公安部、市场监管总局、海关总署、邮政局、铁路总公司等按职责分工负责）

（十七）推进铁路货运服务提质增效。清理规范铁路运输企业开展专用线、专用铁路、自备货车、自备机车等铁路运输设备代维护、维修及运用环节相关服务收费。进一步开放专用线代运营代维护、自备车检修、铁路运输两端短驳等市场，允许工程施工、装备制造、社会物流企业等参与并提供相关服务，促进降低铁路物流成本水平。支持铁路运输企业开展载运工具共管共用试点，降低企业自备载运工具运用成本。完善铁路运价灵活调整机制，进一步清理规范铁路货运经营服务性收费，推动货物运输由公路向铁路转移。研究推动160公里时速的新型货运列车投入使用，完善相关技术标准和运行图。实施铁路货运增量行动，2019年国家铁路货物发送量达到33.68亿吨。（铁路局、铁路总公司、市场监管总局、交通运输部、发展改革委按职责分工负责）

（十八）降低车辆通行和港口物流成本。深化收费公路制度改革，加快修订出台《收费公路管理条例》。全面推广高速公路差异化收费，完善货车使用ETC非现金支付等优惠政策。深入推动取消高速公路省界收费站试点工作，总结经验，逐步扩大取消高速公路省界收费站的范围。降低水路运输过闸费。进一步清理港口收费，合理降低收费标准，规范收费行为，严格执行收费目录清单和公示制度，严禁违规收费。（交通运输部、发展改革委、市场监管总局按职责分工负责）

（十九）提升城市物流管理水平。科学制定城市物流政策，指导城市提高配送车辆通行管理的精细化水平，合理规划城市货运通道，避免“一刀切”限行。实行分车型、分时段、分路段通行管控，有效释放货运通行路权，保障城市生产生活的必要需求。鼓励地方政府在城市中心区建设一批公共物流配送中心，通过租赁等方式为服务居民生活的物流企业提供必要经营场所。完善城市物流配送装卸、停靠作业设施。指导企业按照新近发布的《物流建筑设计规范》等标准要求，建设大型物流仓储设施，应用大型分拣作业流水线，便利企业经营。在符合相关法规标准要求并保障安全生产的基础上，允许在物流仓储设施内从事再包装等流通加工业务。在货物来源可追溯、流向可追踪的情况下，研究出台允许动检证变更目的地的操作规范，为冷链物流跨区域分拨提供便利。（交通运输部、公安部、商务部、应急部、住房城乡建设部、农业农村部按职责分工负责）

六、建立物流高质量发展的配套支撑体系

（二十）完善现代物流业统计制度。加快研究建立物流行业统计分类标准。研究完善反映物流重点领域、重点环节高质量发展的监测指标体系。加大对物流统计体系建设的支持力度，推动落实社会物流统计制度，加快企业样本库扩容提质，加强对物流重点企业运营成本、效率的监测。利用骨干物流平台开展公路物流监测。（发展改革委、统计局、中国物流与采购联合会负责）

（二十一）健全物流标准规范体系。完善物流标准体系，对不适应国民经济运行和行业发展需

要的标准进行修订、转化或废止。深入推进物流标准化试点示范和供应链体系建设试点等工作，加强已发布物流标准在物流领域相关试点示范中的应用，提升物流标准化水平。支持具备条件的物流企业标准上升为行业标准、国家标准。（市场监管总局、发展改革委、交通运输部、商务部、财政部、农业农村部负责）

（二十二）构建物流高质量发展评价体系。研究编制并适时发布“中国物流发展指数”，从物流发展质量、效率、动力、贡献等方面，对我国物流发展质量水平进行客观、全面、可量化的综合性评价，为有针对性地研究制定政策措施提供可量化的参考依据。（发展改革委、中国物流与采购联合会负责）

（二十三）健全完善物流行业信用体系。研究出台运输物流行业失信联合惩戒对象“黑名单”管理办法，明确严重失信企业标准，构建政府层面失信惩戒机制。充分发挥行业组织和社会信用机构作用，组织建立物流企业信用联盟，鼓励开发针对物流行业的信用产品，推动信用信息市场化应用，强化守信激励和失信惩戒效果。（发展改革委负责）

七、健全物流高质量发展的政策保障体系

（二十四）创新用地支持政策。加强城市物流发展规划与国土空间规划的协同衔接。指导地方加大土地政策支持力度，鼓励地方政府利用有效载体和多种渠道整合盘活存量闲置土地资源，用于物流用途。探索政府负责土地平整并建设道路、管网等基础设施，企业负责建设经营性物流基础设施，约定土地物流用途并长期租赁的新型物流用地供应保障模式。研究利用工业企业旧厂房、仓库和存量土地资源建设物流设施或提供物流服务的支持政策。铁路划拨用地用于物流相关设施建设，从事长期租赁等物流经营活动的，可在五年内实行继续按原用途和土地权利类型使用土地的过渡期政策，期满及涉及转让需办理相关用地手续的，按新的用途、权利类型和市场价格以协议方式办理。对企业利用原有土地进行物流基础设施建设的，在办理规划条件、规划许可等方面予以支持。（自然资源部、铁路总公司负责）

（二十五）加强投融资支持方式创新。按照“扶优做强”原则，研究设立国家物流枢纽中央预算内投资专项，支持国家物流枢纽的物流基础设施建设。鼓励符合条件的金融机构或大型物流企业集团等发起物流产业发展投资基金，按照市场化原则运作，加强重要节点物流设施建设。支持符合条件的物流企业发行各类债务融资工具，拓展市场化主动融资渠道，稳定企业融资链条。鼓励持牌金融机构在相应的金融业务资质范围内开发基于供应链的金融产品，引导和支持资金流向实体企业，加大对小微企业融资支持力度。（发展改革委、财政部、人民银行、银保监会、证监会负责）

各地区有关部门要认真贯彻落实党中央、国务院决策部署，结合本地区实际，加强组织领导，明确任务分工，强化协调配合，加大政策创新和支持力度，扎实推进物流高质量发展各项工作。国家发展改革委将会同有关部门加强工作指导和督促检查，及时协调解决政策实施中存在的问题，推动各项政策措施落地实施。

附件：2019年推动物流高质量发展10项重点工作

国家发展改革委
中央网信办
工业和信息化部
公安部
财政部
自然资源部
生态环境部
住房城乡建设部
交通运输部
农业农村部

商务部	证监会
应急部	能源局
人民银行	铁路局
海关总署	民航局
市场监管总局	邮政局
统计局	铁路总公司
气象局	2019 年 2 月 26 日
银保监会	

附件

2019 年推动物流高质量发展 10 项重点工作

序号	重点工作	部门分工
1	开展国家物流枢纽布局建设。制定国家物流枢纽网络建设实施方案,启动第一批 15 个左右国家物流枢纽选址建设,促进区域内和跨区域物流活动组织化、规模化、网络化运行	发展改革委、交通运输部负责
2	实施城乡高效配送专项行动和电子商务进农村综合示范。完善城乡配送网络,加强公用型城市配送节点和社区配送设施建设,将末端配送设施纳入社区统一管理,推进设施共享共用,支持试点城市和企业加快构建城乡双向流通的物流配送网络。提升农村物流服务质量和效率,2019 年力争对具备条件的国家级贫困县全覆盖	商务部、交通运输部、住房城乡建设部、财政部、农业农村部、邮政局按职责分工负责
3	实施"邮政在乡"工程、升级"快递下乡"工程。完善县乡村三级邮政农村物流配送体系建设。加快农村物流快递公共取送点建设,提升乡镇快递网点覆盖率	邮政局、商务部、农业农村部、交通运输部负责
4	实施物流智能化改造行动。加强物流数字基础设施建设。支持物流园区和大型仓储设施等应用物联网技术,鼓励货运车辆加装智能设备。发展机械化、智能化立体仓库。鼓励各地为布局建设和推广应用智能快(邮)件箱提供场地等方面的便利	发展改革委、工业和信息化部、商务部、中央网信办、交通运输部、民航局、邮政局按职责分工负责
5	实施全国百家骨干物流园区"互联互通"工程。加强园区信息互联建设,促进信息匹配、交易撮合、资源协同	发展改革委、交通运输部、中国物流与采购联合会负责
6	实施服务型制造示范遴选。支持物流企业开展服务化转型	工业和信息化部、发展改革委负责
7	实施铁路货运增量行动。2019 年国家铁路货物发送量达到 33.68 亿吨。增加开行"点对点"直达货运列车,提高协议制运输比重,2019 年力争达到 25 亿吨左右	铁路总公司负责
8	精简快递分支机构办理手续。2019 年内将快递业务经营许可审批时间缩短至法定时限一半以内,全面实施快递末端网点备案管理	邮政局负责
9	降低铁路运价水平。清理规范铁路运输企业开展专用线、专用铁路、自备货车、自备机车等铁路运输设备代维护、维修及运用环节相关服务收费。完善铁路运价灵活调整机制,进一步清理规范铁路货运经营服务性收费,推动货物运输由公路向铁路转移	发展改革委、铁路局、铁路总公司负责
10	创新物流用地支持政策。研究利用工业企业旧厂房、仓库和存量土地资源建设物流设施或提供物流服务的支持政策	自然资源部负责

商务部　公安部　交通运输部　国家邮政局　供销合作总社关于进一步落实城乡高效配送专项行动有关工作的通知

商流通函〔2019〕60号

为推动城乡配送体系建设，2017年12月，商务部等五部门印发《城乡高效配送专项行动计划（2017－2020年）》，各地以城市为载体，积极开展试点探索，及时报送试点实施方案和工作进展情况。为确保专项行动取得扎实成效，商务部、公安部、交通运输部、国家邮政局、供销合作总社在各地报送的实施方案基础上，进一步明确了首批30个城市的专项行动目标、任务和具体举措（见附件1），提高专项行动的针对性、有效性，争取形成一批可复制可推广的典型经验。现将有关要求通知如下。

一、提高认识，务实推动。开展城乡高效配送专项行动，是落实党的十九大关于加强物流基础设施网络建设的重要措施，是发展流通、保障消费、服务民生的重要抓手，有关地方主管部门要进一步统一思想，提高认识，将专项行动作为为百姓办实事、保基本的工作载体，重点在网络建设、资源整合、技术应用、模式创新、企业指导、政策保障上出实招、见实效，确保专项行动重点任务和工作举措落地生根，取得成效。

二、加强指导，优化环境。有关省级主管部门要加强对试点城市的业务指导和监督检查，深化放管服改革，采取综合措施，加大政策支持力度，协调解决专项行动遇到的问题。试点城市主管部门要结合当地已开展的供应链体系建设、物流标准化、冷链物流、智慧物流、物流园区、无车承运人、电子商务、邮政快递、供销合作、新能源汽车等试点示范工作，综合运用土地、规划、资金、投资、税费、用电用能等政策支持措施，加强企业指导，营造良好政策环境。

三、落实责任，细化方案。要强化城乡高效配送专项行动的城市主体责任，建立健全工作领导与协调机制，发挥行业协会、联盟机构的优势作用，推动企业联合协作和资源整合，加强业务培训和标准宣贯，做好统计监测分析等行业基础工作。要深入开展调查研究，对照《城乡配送绩效评价指标体系》，立足城乡消费需求特点与物流配送实际，针对各种流通渠道商品配送存在的短板与问题，进一步完善实施方案，细化重点任务、落实举措和部门责任，制定相应时间表和路线图，确定具体实施企业，建立工作台账（见附件2）。请省级商务主管部门会同相关部门于2019年2月底前将完善后的实施方案和实施企业名单报送至商务部（流通业发展司），于每季度结束后的15天内将工作台账报送至商务部（流通业发展司）。

四、加强总结，组织评估。及时总结城乡高效配送专项行动取得的成效和经验模式，城市重点在网络建设、资源整合、设施共享、政策支持等方面进行总结，企业重点在完善网点、共享资源、应用技术、创新模式、降本增效等方面进行总结。商务部将会同有关部门参照《城乡配送绩效评价指标体系》，开展专项行动年度评估和总体绩效评价，对专项行动探索形成的具有创新性、引领性、实效性的模式经验，及时进行总结和宣传推广。各地年度评估材料、总体绩效评价材料分别于2019年、2020年10月31日前报送商务部（流通业发展司）。

各地要按照专项行动要求，继续扩大试点范围，及时报送试点实施方案。商务部将会同有关部门加强对地方工作指导，在地方试点方案基础上，继续深入开展专项行动，扩大专项行动成果，推进城乡配送体系建设。

联系人：罗旻慧

电　话：010-85093777

邮　箱：luominhui@ mofcom. gov. cn

附　件：城乡高效配送专项行动重点任务安排(第一批)

城乡高效配送专项行动工作台账

商务部

公安部

交通运输部

国家邮政局

供销合作总社

2019 年 2 月 1 日

附件 1

城乡高效配送专项行动重点任务安排(第一批)

序号	城市	重点任务	主要举措及成果
1	北京	强化政策保障	探索物流设施用地政策，推动解决物流用地出让、物流设施容积率、物流基地及大型物流园区综合配套等问题。出台物流专项规划，布局"物流基地+物流中心+末端配送网点"三级网络体系。加大资金支持力度，提升物流标准化水平和供应链协同能力
		发展智慧物流和绿色物流	以冷链物流、电子商务、邮政快递为重点领域，打造智慧物流示范园区；利用大数据、人工智能等技术实现对配送车辆的实时监控。落实快递绿色包装、减量包装标准，推广绿色包装技术和材料，推进快递包装减量化；实现城市商贸物流、邮政快递领域新增和更新的物流配送车辆基本为新能源车辆
		强化首都服务保障能力	立足京津冀协同发展，打造"环首都 1 小时鲜活农产品流通圈"，针对生鲜、粮油、肉类等城市民生保障服务领域专业物流中心，实施改造升级专项计划
2	天津	完善配送网络	在中心城区外环线周边布局 6 个城市配送点，形成市区城市配送环，实现物流集聚功能。建设城区共同配送中心，依托乡镇级商业网点、邮政网点、供销网点，实现配送、快递、邮政、货物集散等功能整合。增设智能快递箱，利用城市公建配套设施、物流管理用房等设立快递中转站
		优化市场环境	开展市区货运车辆专项整治，清理或关停环内老旧园区及不合规配送中心。给予城市配送试点车辆通行优惠。推进港口价格、收费政策改革，实现货物在口岸转运、装卸等作业"零收费"
		强化城配车辆标准化管理	加快供应链城市配送服务平台建设，结合物联网、云计算、大数据等信息技术应用，扩大"统一车型、统一标准、统一管理、统一技术标准"的城配车辆规模，推广应用智能车载设备，强化车辆、货物在线管理，实现车源、货源、公共仓和服务信息的高效匹配
		发展冷链物流	加强冷链物流设施和监控平台建设，支持标准化车辆更新改造和温控设备安装，整合冷链物流运输车辆，提升冷链销售终端标准化水平
3	上海	优化配送网络布局	开展全市商贸物流仓储布局与城市供应链体系建设专项调研，建立"上海商贸物流仓储布局数据库"，定期发布《上海仓储业发展报告》，引导市场形成层次清晰、衔接有序的城市配送物流服务三级网络布局。推进园区建设与升级，将青浦区建成全国首个"快递行业转型发展示范区"
		构建智能末端配送体系	明确智能快件箱、电商快递末端综合服务场所的公共属性，并作为社区公共服务设施纳入设置规划，结合实施本市住宅小区建设"美丽家园"行动计划，构建覆盖 15 分钟社区生活圈及住宅小区的智能末端配送体系。计划 2020 年底前布局 26000 个末端设施
		加强末端配送设施管理	出台《上海市快递末端综合服务站通用规范》，完善快递末端综合服务站点消防设置及快递配送车辆充电规范等要求。修订完善《上海市快递揽投专用电动自行车管理办法(暂行)》，进一步推广揽投电动自行车覆盖范围
		推广绿色包装应用	指导企业应用绿色包装材料和回收利用技术，推进快递物流包装减量化，引导电商平台提供绿色包装服务，对绿色包装实行价格优惠，试点开展"逆向物流"回收包装，促进包装材料循环利用

续上表

序号	城市	重点任务	主要举措及成果
4	重庆	完善城乡网络	转型、改造、新建物流分拨中心和公共配送中心300万㎡；建设城市末端公共取送点2900个；建设农村乡镇和村级电商快递物流服务站（点）6000个；建设乡镇农产品集配中心150个。促进骨干企业、公用型仓储等信息互联互通，构建高效协同的城乡配送网络
		推广标准应用	推广标准托盘及带托运输，重点企业使用率达到70%，推进邮件快件离地设施铺设；推进城市配送车辆标准化、厢式化，重点骨干企业城市配送车辆标准化率达到50%左右
		优化组织方式	搭建重点企业资源整合平台，推动货源、车辆等有效整合，开展干支集约、分区协同、城乡一体、末端整合等共同配送
		加强配送管理	优化完善城市配送车辆通行管理政策，优先保障共同配送和新能源车辆通行和停靠，为分时段配送、夜间配送、共同配送提供通行便利
5	承德	完善配送网络	建设物流集散中心2个，集仓储、统一配送于一体的公共配送中心10个，末端公共取送点占全部配送网点的30%以上，实现城市和农村物流配送的合理衔接
		加强资源整合	城市日常配送网点2000个，整合供应商500家，共同配送效率达到65%以上；农村配送网点2000个，整合供应商216家，共同配送率达到55%以上
		优化配送方式	在快消品、农产品、医药、电商、冷链、快递等领域推行共同配送；探索利用城市公建配套设施、物业管理用房等设立快递中转站或“快递超市”，解决电商物流配送和快递“最后一百米”问题
6	太原	完善配送网络	通过园区复制，在全省范围打造融合仓储、配送、金融、销售等业态的分布式公共仓储体系，共建共用社会化配送中心。加快发展社区、乡村公共仓配设施，引导传统商贸流通配送中心对外开放
		创新配送模式	打造基于SaaS智慧供应链云平台的供应链服务商，探索服务于“网络代购＋批发平台＋千村万品”的物流配送新模式，推动城乡双向流通和线上线下融合发展
		发展单元化配送	建立标准单元器具循环共用体系，推广应用标准托盘、周转箱（筐）。快消品环节实现门店免验收交接和夜间无人自助卸货；农产品环节实现按筐订货；医药流通环节实现单元化运输占比提升10个百分点
7	临汾	完善配送网络	完善现有物流园区设施，提升综合服务能力。重点打造山西方略国际陆港物流中心、临汾乔李空港物流园、侯马公路枢纽货运中心和洪洞铁路综合物流枢纽。建成1个干支衔接的大型综合货运枢纽和一批城市配送中心，打通城乡物流通道
		加强信息化建设	建设供应链集成平台，实现供应链上下游企业信息互通。全市公共平台物流交易比例达60%以上，公共物流信息交易平台配载率达80%以上
		强化政策支持	对重点商贸物流项目给予用地指标倾斜。落实物流企业大宗商品仓储设施用地城镇土地使用税等优惠政策，降低城市建设配套费、道路交通费。在实行峰谷电价的地区，对仓储等不适宜错峰运营的服务行业实行平均电价
8	沈阳	优化城乡网络	重点布局3个功能完备、集聚辐射力强的综合物流中心和2个县域物流配送中心，重点推进4个专业配送中心向公共配送（分拨）中心转型，设立1000个提供快件集中投递和收件公共服务的末端配送站点，加快建设农村配送服务网点，实现乡镇覆盖率达100%
		强化政策支持	出台城乡高效配送发展政策，对城乡配送基础设施、标准化配送车辆、智能自提柜、冷链物流等建设和标准化信息化及新技术应用等方向给予重点支持；研究制定配送车辆便利通行政策，放宽通行时间限制，提高配送效率
		创新配送模式	通过试点示范，分类指导物流企业在快消品、医药、家电、生鲜食品等重点领域，开展城市共同配送；在巩固发展城市快件公共配送服务站点的基础上，推广乡镇“快递电商共享驿站”等智慧末端配送模式；发展平台型物流企业；探索配送产业协同及供应链融合
9	松原	“商贸物流超市”推广工程	设立若干“商贸物流超市”，开通“城乡货运公交”专线班车，探索蔬果等农副产品和日常生活用品集约化配送，推动城乡双向流通
		物流标准化工程	成立标准托盘租赁公司，加快共用平台建设，建立社会化托盘共用体系，提升“商贸物流超市”设施设备标准化水平和物流运作能力
		商贸物流企业品牌培育工程	支持商贸物流企业创新农村物流经营业态，实施“五统一”服务标准，发展特色及专业化核心业务，强化农村物流资源整合能力，建立一体化运作物流链

续上表

序号	城市	重点任务	主要举措及成果
10	哈尔滨	完善配送网络	强化城市分拨中心、配送中心和县域配送节点的集聚功能，规划布局大中型共享共用配送中心10个、自助提货设施1500组。建设1000个城乡配送示范网点，打造9条以上面向全市的城乡物流配送专线，优化统仓统配、供应链一体化流程，实现快消品、农产品配送市、区(县)、乡(镇)全覆盖
		强化标准应用	实现配送中心到终端网点环节标准周转箱(笼)循环共用，年周转100万箱次；推广绿色仓储标准，建设、改造绿色仓库3万平方米；推进城乡配送车辆标准化、厢式化
		加强政策支持	出台通行便利政策，对新能源配送车辆不限时、不限号、不限行，安装新能源车充电桩800组以上；加强对配送车辆分时、错时、分类停放管理，在主城区规划设置货运车辆停靠点20处以上；出台智能快件箱建设支持政策，推进快递服务进社区
11	齐齐哈尔	完善配送网络	依托物流园区、大型仓储集散地整合快递、电商、社会运力等资源，推行统仓统配；依托乡镇客运站建设乡镇级物流服务中心68个；整合村级超市、农家店等资源，建立村级物流服务站1260个，构建三级物流配送网络
		加强配送车辆管理	出台配送车辆管理办法，在动态总量控制、统一标识、车辆备案等方面加强规范管理；为新能源配送车辆在城市道路通行、禁停路段停车取送等方面提供便利；设置配送车辆专用泊位，规划建设公共充电站和充电设施
12	南京	完善配送网络	优化"枢纽引领、环城集配、终端便利"的城市配送网络；实施"快递下乡"工程，建设大平面营业部，构建大平面+站点网络，推进串点班车运输；推进五大物流中心和共同配送中心建设，构建双向流通网络。共建成5个集货配送中心，一、二级网络节点标准化库房面积增加40万平方米
		创新共享服务模式	加强商贸、邮政、快递、供销等企业和设施资源整合，建设"三网合一"的公共信息平台，实现配送网络共享、终端共享、末端网点共享和快递盒共享
		强化政策保障	以流通领域现代供应链体系建设试点和供应链创新与应用试点为依托，出台相关扶持政策，推进城乡配送重点企业制订、使用和推广物流相关标准，综合运用财政资金政策，加大对农村物流和公共物流设施支持
13	无锡	完善配送网络	加强物流基础设施网络建设，构建8个综合物流中心、30个公共配送(分拨)中心、1万个以上末端配送网点，建立5个县域物流配送中心、100个乡镇配送节点、1000个村级公共服务点
		优化供应链	加强物联网设备应用，推进生产资料物流标准化建设，拓展标准托盘(笼)、周转箱等物流标准载具应用领域，推动汽车零部件、服装、医药、农业生产资料等供应链优化升级
		打造商贸物流集群	推进干线运输与城乡配送有效衔接，推动40多家综合物流园区改造升级，培育3家互联网+物流平台企业和无车承运人平台，推动货源、停车场、闲散社会车辆资源整合，物流园区改造率达到60%，配送车辆空驶率降低20%以上
14	徐州	完善配送网络	强化城市分拨中心集聚功能和配送中心公共属性，加强县域配送节点建设，加快快递资源整合。城区建成和改造分拨中心、综合共配中心3个以上，县(市)建成综合共配中心1个以上，全市建成多功能社区服务点300个以上，快消品、农资等共配率达到50%，市区快递末端业务整合率达到80%
		加强资源共享	推动库派同程物流、苏宁物流等企业共享末端配送资源，实现实体商业配送与快递配送融合发展。依托"盟递宅配"共配云平台，对接各物流快递企业的物流信息和物流面单数据，实现门店共享、客服共享、进城车辆共享、快递员共享。依托飞马公司等企业促进快递、商超、便利店等末端配送资源的有效整合和统筹利用
		强化技术标准应用	推广国家物流标准化试点创建成果，推动仓储、配送、分拣、包装、装卸、搬运等环节物流标准广泛应用，力争标准托盘比例达到80%以上，标准托盘带板运输率达到50%以上。推广使用标准化厢式货车，推动实现配送车辆轻量化、节能化，力争全市标准化配送车辆占比达到90%

续上表

序号	城市	重点任务	主要举措及成果
15	温州	完善城乡配送网络	依托现有16个配送中心，新建、提升一批城乡公共配送中心，构建和完善城乡三级配送网络体系，共同配送率达到60%以上
		推进城乡配送信息化、标准化建设	加强与国家交通物流公共信息平台互联互通，实现配送物流中心信息共享。加强绿色仓储建设，物流标准化设施设备应用达到60%以上，标准托盘占比达到40%以上
		优化城市配送车辆通行便利政策	完善城市配送车辆通行政策，建立城市配送联盟，推动实现城市配送车辆标准化、厢式化，对符合要求的城市配送车辆给予通行、停靠和装卸等方面的便利
16	鹰潭	完善配送网络	以现代物流园区为基础，构建"物流园区、县级分拨中心、乡镇共配中心站、村、社区、商超网点"四级城乡配送网络。建成和改造综合配送中心5个，仓储面积达到10万平方米，建成200个标准末端网点，整合500个末端网点
		发展集约化配送	组建以商贸流通、电商快递、生鲜冷链、农副产品批发企业为成员的城乡高效配送联盟，吸引近100家相关行业企业融入，整合生鲜农副产品、快消品、电商和快递包裹等商品，实行统仓统配。联盟内商品配送额占全市60%以上，配送车辆达200辆，其中新能源配送车辆占40%以上
		推动信息化建设	以5G试点城市为契机，建设物联网技术、移动互联网技术和应用云计算技术"三网合一"的城乡配送公共服务信息平台，进行信息数据采集、发布和实时跟踪，实现货运信息发布、车源运力池管理、车货匹配交易撮合、监控调度、路线优化、物流金融等综合信息管理与服务功能
17	赣州	优化空间布局	编制配送集散体系布局规划，在5个重点区域打造一级配送基地，加强20个县级物流中心建设，建设"多站合一"乡镇物流服务站，设立若干村级综合服务点
		建设无人机配送网络	依托全国首个无人机物流配送试点项目，探索建立无人机物流运行平台，制定无人机物流末端配送管理标准，打造空中智慧物流生态圈
		发展绿色配送	建设城区配送绿色通道，推广使用总质量4.5吨以下的新能源货车和符合技术标准要求的电动三轮车，实现新能源汽车、快递专用电动三轮车合法终端配送
18	宜春	完善配送网络	构建以4个综合物流园区、2个铁路物流园及专线、1个水运杂货码头、5个县级物流中心、2000个农村末端配送网点为支撑的城乡配送网络
		发展医药物流配送	以医药产业为重点，建成全省最大的医药物流智慧配送中心，全市药品自动化仓储面积达到10万平方米，配送线路200条以上；整合药品供应商3500个，县乡医院500家，各类药店3000个，形成辐射全省的医药物流配送体系
		发展城乡一体化配送模式	以快递龙头企业为依托，以快递分拣中心为支撑，以快递超市为末端网点，统一快递服务车辆，统一配送信息平台，集中配送，统一分拣，形成城乡往返一体化配送模式。建成3个快递物流园，整合快递企业20家，布局快递超市150家，新能源配送车辆120辆，月均配送和发送快件300万件
19	烟台	完善城乡网络	依托"5园区、10中心"物流资源，强化一级节点分拨功能，重点在中心城区外围布局6个配送中心，强化二级节点接驳功能；重点在社区、商圈布局末端网点，实现全覆盖
		加强资源整合	打造多条面向全市的城乡物流配送专线"班车"，实现快消品、农产品配送市、乡（镇）全覆盖，推进城乡配送与供应链融合发展
		加强配送管理	编制《城乡高效配送发展规划》，出台城市货物配送管理办法，建立城市共配车辆管理工作机制
20	潍坊	完善配送网络	围绕港口、航空、食品谷、鲁东物流中心、保税区通道节点，完善5个城市一级配送中心，在县市优化10个县域配送中心，整合700个末端配送网点，新建智能储物柜1200组，打造市域分拨中心＋县域配送中心＋末端配送网点的城乡配送基础设施共享网络
		发展单元化物流	在快消品、餐饮等领域推广应用标准化物流载具，推动标准托盘循环共用，新增标准化物流仓储面积20万平方米，标准化周转筐10万个，标准化配送车辆280台。在快消品领域，探索产品、包装箱、托盘、物流单元"四码合一"配送模式；在餐饮领域，打造统一采购、统一加工、统一标识、统一配送模式

续上表

序号	城市	重点任务	主要举措及成果
20	潍坊	发展农产品物流	编制冷链物流规划,在种植地相对集中的乡镇,新建、改造产地预冷库5万平方米;放大寿光蔬菜和昌邑大姜价格指数的效应,依托农产品物流园区,在部分蔬菜品种实现不倒筐、可追溯、温湿度可控的绿色配送,减少货损率2个百分点
		强化管理机制	出台车辆进城证件管理、物流大项目"一事一议"、物流基金等政策措施;加强物流社会化组织建设;开展优秀物流园区认定,培育物流品牌企业
21	淄博	加强物流网络衔接	进一步完善新星海尔物流港、山东乐物电商物流园等园区功能,促进快消品、生鲜、家电、农产品城乡双向流通。整合县域物流配送中心、乡镇级配送节点20个,整合商贸、仓储、邮政、快递、社区服务等各类网点500个,实现与京津冀、长三角物流网络的衔接共享
		探索区域托盘循环共用体系	建设8个托盘(周转筐)运营服务网点,形成与省内其他区域相互协同的托盘循环共用系统;以城市共同配送信息平台和物联网+托盘平台为主体,实现物流配送、统计监测、信息发布等功能
		推动绿色发展	加强绿色仓储建设,推广新能源车辆,推动单元化物流器具减量化和循环使用,对绿色仓储企业给予奖励支持
22	武汉	完善配送网络	构建"分拨中心、配送中心和城区配送站"三级城市配送网络,推动中心城区智能快递柜进社区,实现末端配送的公共服务功能
		推进标准化、信息化建设	全面推进标准化托盘、周转箱(框)等应用,发展单元化物流;推进现代物流新技术应用,提升信息化水平。重点物流企业设施设备标准化应用达到90%,标准化托盘使用率达到90%以上,信息化率达到90%以上
		强化政策支撑	出台扶持政策,重点支持物流建设投资、物流品牌培育、试点示范及城乡高效配送服务,促进现代物流业加快发展
23	黄石	建设城乡物流一张网	打造集散中心、保税商品进口中心和区域电商分拨中心等一级集散点,鄂东区域生活必需品市级分拨中心等二级分拨点;以县(市)区物流中心为依托,建设县市区物流节点,建成城乡一张网
		打通两条物流配送线	整合第三方物流和1.6万商家,打通B2B物流配送线;支持商务、邮政、交通、供销系统充分利用现有仓配和门店资源,打通B2C物流配送线
		强化政策支撑	出台扶持政策,重点支持三级物流中心的投资建设、重点示范企业设施设备改造、信息化建设、企业用地等
24	湘潭	强化政策保障	出台加快物流业发展的专项政策,支持城乡绿色环保共同配送交通体系建设;对企业采用新能源汽车进行物流配送给予补贴;支持物流标准化建设,对物流企业租赁标准托盘、推广循环共用及规范快递网点建设等给予补贴
		加强信息化建设	打造城乡物流信息平台,以肉制品、医药配送为突破点,逐步覆盖连锁零售业、电子商务、批发市场、专业卖场、餐饮、汽车零配件、电子产品等其他业态,整合物流资源,建设完成3个分拨中心和1个信息配载中心
		创新发展模式	组建以骨干企业为主体、中小企业为辅助的现代商贸物流产业联盟,整合物流配送资源,实现共建共用共享。推动农产品配送企业构建"基地采集+流通综合服务中心+分拣中心+直营店"配送网络,形成连接生产和销售的全流程一体化配送模式
25	广州	共享仓储配送网络	引导仓储、邮政、快递、零售等企业共建共用社会化配送中心。支持邮政综合服务平台建设,发展自助提货设施等末端公共服务点。利用农村现有仓配资源,拓展农产品上行通道,打造"一点多能、一网多用、深度融合"的城乡配送服务网络
		创新配送模式	指导企业形成共同配送主要产品名录,融合配送需求针对不同领域分类推进统仓统配。依托专业大户、家庭农场、农民合作社等农业经营主体,发展面向电商平台和团体消费的农产品批量配送。发展平台型物流企业和无车承运人,搭建运力与资源信息实时共享的信息匹配平台
		加强标准制定与应用	指导配送企业针对产品分类制定冷链运输相关标准。完善配送中心、配送站点建设和配送车辆选型标准。实现城乡配送车辆"统一标识、统一车型、统一管理、统一技术标准"

续上表

序号	城市	重点任务	主要举措及成果
26	东莞	强化政策支持	推动设立城乡高效配送专项资金，支持农村物流和公共物流设施建设。简化货车通行审批程序。组建“城市配送车队”，核发配送车辆通行证，给予禁行路段通行、临时停靠装卸等优惠政策
		优化网络渠道	完善国际邮件互换局功能建设，依托互换局开办跨境电商进出口业务，整合内外运能渠道，全面推动专线、海外仓及其他物流渠道的研发合作。实行“千所策略”，由邮政快递公司牵头，利用城市公建配套设施、物流管理用房等，在每个管理区设置快递中转站或“快递超市”
		推行“互联网＋物流”发展	推行物流全程“一单制”，加强多式联运集疏运体系建设。探索“集约平台、集约资源、集约销售、集约仓储、集约物流”的跨境电商园战略运作模式，运作一站式“互联网＋物流”运营服务平台，打造以邮政公司为主体的跨境电商园生态产业链
27	成都	加强网络建设	支持物流园区拓展服务功能，建设相对集中的公共配送中心，支持邮政综合服务平台建设，发展自助提货设施等末端公共服务点。建成干支衔接的物流园区4个，城市配送中心10个，末端公共配送站点100个。深化电子商务进农村示范试点，建成三级联动农业农村电商服务体系
		加强资源整合	支持公路干线平台企业与城市配送企业资源共享和业务合作，引进新型城市物流无车承运人平台，整合分散的社会车辆资源，重塑城市物流市场体系
		优化通行环境	出台新能源车辆便利通行政策和城市货运配送需求调查预测制度，出台配送车辆分时、错时、分类通行和停放措施，设置城市货运配送车辆停靠点40个
		强化平台建设	建成投用城市共同配送监控服务中心，实现车辆监管、交通诱导、指标统计、绩效评价、数据分析等服务功能。推动成都国际铁路港智慧园区建设，实现园区各信息平台间互联互通和数据共享
28	贵阳	完善城乡网络	推进城市共配中心和末端网点建设，在扎佐农产品物流园规划建设快消品共配中心，打通城市到农村物流配送的末端循环。整合农村供销、邮政快递等资源，推进城乡物流集聚化发展，打造不少于300个具备农产品上行和工业品下行能力的服务网点。鼓励快递物流企业、电子商务企业与连锁商业机构、便利店、物业服务企业、高等院校开展合作，建成300个城市快递末端综合服务站
		创新物流配送模式	在医药行业，实现覆盖300个连锁药店的共同配送。在农产品行业，打造生鲜自提柜与不倒筐配送相结合、从田间地头到终端销售的农产品配送模式。在餐饮领域，规划建设中央厨房，优化净菜加工等生产配送环节，建立覆盖10万人群体的生鲜配送体系
		加强配送车辆管理	完善城市配送车辆通行管理政策，对快递服务车辆等城市配送车辆给予通行便利，鼓励企业使用新能源车辆进行配送。落实《快递暂行条例》，规范快递服务车辆的管理和使用，出台在末端配送环节使用快递专用电动三轮车等配送车辆的管理规范，推动配送车辆标准化、厢式化
		加强信息资源整合	依托贵阳市物流云平台及农产品溯源平台，整合城市配送、生鲜配送等车辆信息，对产地及流通进行溯源跟踪，优化配送路线，降低空驶率。加强位置服务、物联网、安全监控、仓储管理、分拣配送、数据集中管控等服务快递物流发展的基础平台建设，推动相关基础平台向快递物流企业开放，实现基础平台与相关业务系统的互联互通
29	黔南	畅通农产品上行物流渠道	在农产品规模化生产基地集中建设配套服务节点，实现县、乡、村物流共同配送。探索“电子商务＋冷链配送＋智能提货”的生鲜农产品零售直销模式，促进农产品上行。打造城乡物流配送专线，组建面向农村地区的“同城物流配送公司”，实现城乡公交车与快递物流资源共享
		强化政策保障	设立物流专项支持资金。编制城乡高效配送体系规划，给予建设用地预留及优惠。放宽快递车辆通行限制，给予配送车辆优先通行权。建立城乡高效配送统计制度

续上表

序号	城市	重点任务	主要举措及成果
30	兰州	完善城乡网络	建设东、西综合型物流中心，在城郊接合部布局10个物流配送中心，实现干线运输与城市配送有效衔接。建成社区线下电商600家、智能自提柜1000套，基本实现城市全覆盖。建成县级物流中心6个，电商运营中心5个，乡级电商公共服务站50个，农村电商服务站300家，覆盖率达到80%以上
		强化标准应用	以兰州市供应链体系试点建设为依托，推动货运标准化电子货单、标准托盘等普及应用。支持与标准托盘相衔接的设施设备和服务流程标准化建设，全市标准托盘的使用量超过10万片，标准托盘占比达到30%以上，新能源配送车辆达到500辆
		优化发展环境	优化城市配送车辆通行管控和停放管理各项规定，推行配送车辆分时、错时、分类通行和停放措施，设置城市货运配送车辆停靠点

附件2

城乡高效配送专项行动工作台账

城　　市	主要举措	实施单位/企业	进展情况	联　系　人	联系方式
城市1	举措一:				
	举措二				
	…				
城市2	举措一:				
	举措二:				
	…				
…					

交通运输部　国家邮政局　中国邮政集团公司关于深化交通运输与邮政快递融合推进农村物流高质量发展的意见

交运发〔2019〕107号

为贯彻落实党中央、国务院关于打赢脱贫攻坚战决策部署，健全完善贫困地区农村物流服务体系，推动交通运输与邮政快递在农村地区融合发展，提高农村物流服务覆盖率，全面推进农村物流高质量发展，为打赢脱贫攻坚战、实施乡村振兴战略提供更加坚实的服务保障，提出如下意见：

一、总体要求

以习近平新时代中国特色社会主义思想为指导，全面贯彻落实党的十九大和十九届二中、三中全会精神，以深化供给侧结构性改革为主线，以交邮融合、推进农村物流高质量发展为目的，坚持市场主导、政府统筹，多方协同、资源整合，因地制宜、融合创新，通过节点网络共享、运力资源共用、标准规范统一、企业融合发展，加快构建畅通便捷、经济高效、便民利民的县、乡、村三级物流服务体系，促进农产品、农村生产生活物资、邮政快递寄递物品等高效便捷流通，为农村地区脱贫攻坚、乡村振兴提供有力支撑。

二、推动网络节点共建共享

1. 支持县级公路客货运站拓展建设邮政快递作业设施。在有效保障客运服务和满足安全管理要求的基础上，促进物流资源集聚整合，因地制宜、根据实际需求拓展县级客运站物流服务功能，合理规划客、货分流线路，设立仓储、分拣、泊车等设施，为邮政、快递企业提供邮件快件的中转装卸、运输配送等服务。引导县域内邮政、快递企业入驻县级客运站，共享场站资源和设施。引导县域内快递企业通过联盟、合资等方式，开展县域内快递业务的共同揽收、分拣、运输、派送。充分利用县域内货运场站、邮件快件处理场所、电子商务物流配送中心、农资配送中心等资源，打造功能集约、服务高效、资源整合的县级农村物流节点。

2. 积极拓展乡镇客运站邮政快递中转及收投服务功能。按照《中华人民共和国道路运输条例》《道路旅客运输及客运站管理规定》等相关法规规章要求，在确保安全的前提下，可根据邮政快递等相关物流服务需求，对经营困难、运营效率不高的乡镇客运站进行改造，视情增设邮件快件作业区、电商服务区、货物堆存中转区，拓展邮件快件的中转分拣及收投、电商产品展示及代销代购、农村居民缴费购票等服务，提高乡镇客运站综合利用效率和乡镇快递网点覆盖率。鼓励在交通便利、人员相对集中的区域规划建设集客运、货运、邮政、快递于一体的乡镇运输服务站，引导和支持邮政、快递、电商、供销等企业入驻乡镇运输服务站，实现站场资源集约利用。

3. 依托邮政乡村服务点延伸农村物流服务网络。充分发挥农村地区邮政网点健全、配送网络通达的优势，积极拓展邮政乡镇网点、村邮站的服务功能，以互利互惠为原则，提供邮件快件收投、信息收集发布、电商及农产品代销代购、普惠金融、便民缴费等服务，健全乡到村工业品下行“最后一公里”和农产品上行“最初一公里”的物流服务网络，全面提高农村物流服务村级覆盖率。

三、支持运力资源互用互补

4. 鼓励推广农村客运车辆代运邮件快件。加强建制村通客车与建制村直接通邮工作的协同联动，鼓励邮政、快递企业与农村客运经营者开展合作，更新符合相关标准、满足农村客货运输需求的农村客运车辆，在保障农村旅客乘车需求和安全的前提下，依托农村客运车辆代送已经安检的邮件快件包裹、党报党刊、信件（国务院规定范围内的信件除外）等服务，降低邮政快递的末端配送成本，提高农村客运经营者运营效益。

5. 支持开展农村邮件快件货运服务。鼓励县级物流企业在统筹当地商贸、农资、电商等货源的基础上，结合邮政快递对配送线路、频次和时效的要求，合理规划运输网络，开展“定时、定点、定线”的货运服务，利用沿途取送、循环配送等模式，为农村地区邮政快递、电子商务、农资销售、连锁商超等企业提供共同配送、集中配送服务，提高农村物流服务的直接通达和覆盖能力。

6. 大力发展“互联网+”农村物流新业态。支持农村物流企业建设互联网物流信息平台，并实现与农村电子商务平台的对接，发展网络货运、车货匹配等新型运营服务模式，实现人、车、货、站、线等要素的精准匹配，提高农村物流组织效率。

7. 鼓励新技术新设备普及应用。推广应用条形码、射频识别技术、车载卫星定位装置等先进技术，加强物流运输动态监控和数字化管理，实现农村物流信息化运作，提高运营管理效率。支持邮政快递、运输企业推广标准化托盘、集装篮和笼车循环共用，降低农产品运输损耗。

四、推进融合规范运作

8. 建立融合发展工作对接机制。积极联合农业、商务、供销等部门建立推进农村物流体系建设工作协调机制，通过签订合作协议、联合出台政策性文件、定期召开联席会议等方式，破除市场主体在融合发展中的体制机制障碍，为农村地区各方资源的充分整合创造良好的外部环境。

9. 制定融合发展服务规范。按照职责指导运输、邮政、快递企业围绕节点规划布局、运载工具、收寄交付、仓储保管、中转分拨、时效要求、安全管理、信息查询、结算方式、纠纷处理及赔偿等方面按需制定交邮融合的服务规范，结合各地农村物流实际，鼓励企业在特色农产品外销、家电产品下乡、县域内邮政快递集中配送等领域推出定制化的服务产品，打造交邮融合服务品牌。

五、推动多方协作联动

10. 依托邮政网点开展道路运输便民政务服务。积极利用乡镇邮政营业场所为广大农村居民提供高效便捷的便民政务服务。协调乡镇邮政营业场所设置互联网道路运输便民政务服务自助终端、联网售票等服务终端，为农村地区客货运输经营者提供相关道路运输证照代办便民服务，方便农村地区客货运输经营者在“家门口”办理相关业务。省级交通运输主管部门要会同邮政管理部门建立完善乡镇邮政营业场所道路运输证照代办工作协商机制，规范代办场所、窗口和设施，打造标准化的样板网点。

11. 打造产运销一体化农村物流服务体系。鼓励交通运输、邮政、快递企业与农业生产企业、商超、电商、农产品经销商等跨行业联营合作或组建产业联盟，以电子商务平台及商贸流通企业为载体，以物流运输为纽带，建立“种植基地 + 生产加工 + 商贸流通 + 物流运输 + 邮政金融服务”一体化的供应链体系，积极推广“寄递 + 电商 + 农特产品 + 金融”产业扶贫模式，实现产、运、销一体化的农村物流服务，畅通农产品产销衔接机制，支撑农村地区经济发展。

六、协同抓好落地实施

12. 建立健全工作机制。把推进农村物流发展作为打赢脱贫攻坚战的重要任务，建立工作协调机制，研究解决交邮融合发展中的具体问题，健全完善交邮融合促进农村物流发展工作方案。要充分发挥交通运输、邮政快递龙头骨干企业的示范引领作用，鼓励企业积极拓展乡村物流网点、完善服务网络、创新运营模式、健全服务标准，促进农村物流资源的高效集约配置。

13. 加大政策支持力度。跟踪研究农村物流发展中面临的用地难、效益差等实际问题，积极争取地方各级人民政府、各行业主管部门对农村物流发展的政策支持，对站场设施建设改造、邮政和快递网点建设、车辆装备淘汰更新、运输组织模式创新、信息系统建设等给予引导扶持。

14. 加强经验总结推广。在全国推广农村物流服务创新品牌，编制典型案例集，总结交邮融合、促进农村物流发展的典型模式和成功经验，加强宣传推广力度，通过示范引领，指导各地深化交通运输、邮政快递融合，创新发展模式、提高农村物流服务水平。

交通运输部
国家邮政局
中国邮政集团公司
2019 年 8 月 12 日

国家邮政局关于印发 2019 年邮政业更贴近民生七件实事的通知

国邮发〔2019〕2 号

各省、自治区、直辖市邮政管理局，国家局直属各单位、机关各司室：

现将《2019 年邮政业更贴近民生七件实事》印发给你们。各单位各部门要全面贯彻落实习近平新时代中国特色社会主义思想和党的十九大精神，认真学习贯彻中央经济工作会议精神，牢牢把握稳中求进工作总基调，深入贯彻新发展理念和以人民为中心的发展思想，切实增强责任感和紧迫感，勤勉尽责、不折不扣抓好落实，确保完成更贴近民生实事，确保兑现对人民群众的承诺。

国家邮政局

2019 年 1 月 8 日

2019 年邮政业更贴近民生七件实事

2019 年，继续推进邮政业更贴近民生实事工作的总体要求是：以习近平新时代中国特色社会主义思想为指导，认真贯彻落实党的十九大和十九届二中、三中全会以及中央经济工作会议精神，坚持以人民为中心的发展思想，突出问题导向和需求导向，着力解决新时代邮政业存在的不平衡不充分问题，顺应人民群众期盼，着力解决社会和消费者关注的热点难点问题，持续保障和改善邮政业服务民生水平，让人民群众共享邮政业改革发展成果，使人民群众在邮政行业的获得感、幸福感、安全感更加充实、更有保障、更可持续。

一、推进建制村直接通邮

新增直接通邮建制村 5000 个，基本实现全国建制村直接通邮。

二、改善末端投递服务

推动快递末端综合服务平台建设，全年新增 1 万个，总量达到 8 万个。城市快递自营网点标准化率达到 93%。推广智能投递设施，箱投占比达到 10%。进一步规范快递三轮电动车使用管理，力争 80% 以上地市出台车辆通行政策。

三、服务乡村振兴和精准脱贫

继续推进“邮政在乡”工程，培育“一市一品”精品项目，新建具备信息化功能的邮乐购站点 3 万个，提升邮政服务农村电商能力。推动“快递下乡”工程换挡升级，继续打造年业务量超千万的“快递 +”金牌项目，年底全国乡镇快递网点覆盖率达到 95%。积极服务特色小镇发展，实现快递服务全覆盖。

四、推动邮政综合服务平台建设

深入开展警邮合作，全面推行邮政营业场所代办公安交管业务，拓展税务代理业务。支持邮政企业进驻各地政务服务大厅，进一步推广“网上办事 + 线下寄递”模式，助力“不见面”审批。

五、实施“放心安全消费工程”

开展放心消费活动，继续组织“不着地、不抛件、不摆地摊”专项治理，加大对主要市场主体服务满意度、时限、申诉率及侵害消费者权益行为等重要指标和信息的披露力度，力争全年消费者申诉处理满意率达到 98% 以上。加快快递业信用体系建设，做好信用评定和结果应用。强化收寄验视、实名收寄、过机安检三项安全管理制度落实。加大消费者信息安全保护力度，防止侵犯消费者合法权益行为发生。

六、提高行业绿色发展水平

推进快递封装用品等系列标准落地实施，大力促进包装减量化、绿色化和可循环。行业电子运单使用率达到 95%，循环中转袋使用率达到 70%，力争一半以上电商快件不再进行二次包装。推动在城市建成区新增和更新的邮政快递车辆使用新能源或清洁能源汽车，支持甩挂运输、多式联运和绿色递送。

七、加强快递员（投递员）权益保护

推进快递员关爱工程，开展快递员职业情况

调查，加强从业人员权益保护和从业青年联系服务工作，改善工作环境，继续办好“最美快递员”评选活动。推动企业规范内部管理，减轻快递小哥负担。

国家邮政局关于全面推开快递工程技术人员职称评审工作的通知

国邮发〔2019〕10号

各省、自治区、直辖市邮政管理局：

快递工程技术人员是推动邮政业高质量发展、建设邮政强国的重要力量。开展快递工程专业技术人员职称评审对于团结凝聚专业技术人才，激励专业技术人才职业发展，加强专业技术人才队伍建设具有重要意义。根据《中共中央办公厅、国务院办公厅关于深化职称制度改革的意见》（中办发〔2016〕77号）、《中共中央办公厅、国务院办公厅关于分类推进人才评价机制改革的指导意见》（中办发〔2018〕6号）以及《国家邮政局关于提升快递从业人员素质的指导意见》（国邮发〔2018〕65号）等文件精神，在试点的基础上，现就全面推开快递专业技术人员职称评审工作通知如下：

一、总体要求

深入贯彻落实习近平新时代中国特色社会主义思想和党的十九大精神，立足服务邮政强国建设，实施“人才强邮”战略，遵循人才成长规律，创新人才评价机制，建立科学化、规范化的快递工程技术人员职称制度，搭建人才成长通道，提升服务保障能力，促进专业技术人才职业发展，满足企业选才用才需要，为决胜全面建成与小康社会相适应的现代邮政业、加快建设现代化邮政强国提供坚强的人才支撑。

二、重点工作

（一）掌握职称评审政策规定。深入学习《中共中央办公厅、国务院办公厅关于深化职称制度改革的意见》（中办发〔2016〕77号）等文件精神，系统研究梳理地方职称制度有关政策和要求，掌握本地工程系列职称评审有关政策规定。同时，要注重学习借鉴试点省（市）经验做法，明确工作程序、工作内容、重点环节和实施步骤。

（二）摸清职称评审工作需求。积极发挥快递行业协会、企业和行业人才培养基地作用，通过会议座谈、走访调研、问卷调查等形式，对本地快递工程技术人员进行摸底调查，掌握数量规模、学历层次、素质结构和评审需求等基本情况，在人员底数清、技术水平清、评审需求清的基础上，研究制定工作方案，积极稳妥推进。

（三）协调地方人社部门支持。职称评审工作实行属地管理。要积极与地方人社部门沟通联系，了解地方专业技术人员职称评审工作最新政策和相关情况，反映行业发展情况和实际需求，争取地方人社部门对邮政管理部门牵头开展快递工程技术人员职称评审工作支持，结合本地企业专业人才队伍建设实际需要扎实开展工作。

（四）制定职称评价地方标准。充分利用高校、科研机构等社会资源优势，开展本地快递工程技术人员评审标准条件研究，以属地职称政策为依据，因地制宜制定评价标准，为本地快递工程技术人员职称评审提供遵循。要充分结合本地实际和快递工程技术人员的水平，坚持把品德放在首位，科学评价能力素质，注重考核专业技术人员履行岗位职责的工作绩效、创新成果。

（五）创新职称评审制度机制。推动进一步打破户籍、地域、身份、档案、人事关系等制约，创造便利条件，畅通民营快递企业专业技术人员职称申报渠道，服务快递业转型升级和高质量发展。采用认定、评审、考评结合、实践操作、业绩展示等多种评价方式，提高评价的针对性、客观性和科学性。打通高技能人才与工程技术人才职业发展通道，符合条件的快递高技能人才员，可参加快递工程技术人员职称评审。

（六）规范评审组织实施。要按规定建立评审专家库和评审委员会，注重从高校、科研机构、快递行业协会、企业和相关部门遴选符合条件的专家。要建立健全评审委员会工作程序和评审规则，严肃评审纪律，明确评审委员会工作人员和评审专家责任。要科学制定年度评审工作计划，做好通知发布、申报报名、条件审核、评审准备、专家评审、文档管理、数据统计等各项工作。

三、工作要求

（一）加强组织领导。国家局将此项工作列入2019年度重点工作加强考核调度。各省（区、市）局要提高思想认识和政治站位，主动担当作为、攻坚克难，主要负责同志要亲自挂帅、部署推动，分管领导要靠前指挥、主动协调，人事部门要加强统筹、牵头落实，相关部门要密切配合、形成合力。要建立健全职称评审工作支撑体系和工作力量，充分发挥职鉴机构、快递行业协会、行业人才培养基地等作用。

（二）强化责任落实。要紧紧抓住国家职称制度改革的契机，解放思想，大胆探索，攻坚克难，勇于创新，以只争朝夕、不辱使命的强烈责任感，以敢打硬仗、能打胜仗的坚定决心，锤炼严实作风，书写实干担当。去年开展试点的省（市）局要认真总结经验，巩固试点成果并进一步提高，在评审数量、质量和层次上要有新的进展；其他省（区、市）局要学习借鉴试点工作经验，积极主动与地方人社部门沟通协调，结合实际探索创新，上半年要完成调查摸底、协调批复、标准制定、评审委员会组建、动员部署等各项准备工作，确保11月底前完成年度评审工作。

（三）做好宣传动员。要向企业和专业技术人员做好宣传动员工作，讲清职称制度对于专业技术人才成长的重要作用，对于企业进步和行业发展的重要意义。鼓励企业支持快递工程技术人员积极参加职称评审，并为其提供必要的条件和帮助。推动企业根据职称评审结果合理使用专业技术人才，促进职称评审结果与企业用人制度的有效衔接，增强职称制度的吸引力和实效性。要强化宣传报道，做好政策解读，及时总结宣传和推广交流典型经验做法，凝聚工作共识，强化示范带动，推动快递工程技术人员职称评审工作深入开展。

国家邮政局

2019年2月1日

国家邮政局关于全力推进邮政业落实减税降费政策的通知

国邮发〔2019〕13号

各省、自治区、直辖市邮政管理局，国家局机关各司室、各直属单位，中国快递协会：

近年来，国家陆续出台了一批减税降费政策措施，对降低邮政和快递企业税费负担、保障邮政业平稳快速发展发挥了重要作用。最近,党中央对 2019 年实施更大规模的减税降费作出了明确部署,国务院推出了一批小微企业普惠性减税政策。为贯彻党中央、国务院决策部署,确保减税降费政策在邮政业落实到位,现就有关事项通知如下:

一、充分认识邮政业落实减税降费政策的重要意义

当前我国经济形势总体是好的,但经济发展面临的国际环境和国内条件都在发生深刻而复杂的变化,经济运行稳中有变、变中有忧,面临下行压力。中央经济工作会议强调要全面用好我国发展的重要战略机遇期,变压力为推动经济高质量发展的动力。各级邮政管理部门要切实增强忧患意识,分析研判我国邮政业发展内外部环境变化带来的不确定性,积极做好"六稳"工作,妥善应对可能出现的重大风险,确保行业平稳运行。

减税降费是深化供给侧结构性改革的重要举措,在邮政业落实好减税降费政策对降低行业运行成本、激发市场主体活力、促进行业平稳运行和高质量发展具有重要意义。各级邮政管理部门要进一步提高政治站位,积极主动作为,加强与财政、税务、交通等部门的沟通协调,全力推动减税降费政策在邮政业落到实处、取得实效,让企业和人民群众有实实在在的获得感。

二、全面准确把握邮政业相关减税降费政策

根据财政部、国家税务总局和各地有关文件,邮政业减税降费政策措施主要有以下方面:

(一)关于邮政普遍服务和特殊服务的减税降费政策

1. 中国邮政集团公司及其所属邮政企业提供邮政服务(包括邮政普遍服务、邮政特殊服务和其他邮政服务),适用的增值税税率已从 11% 调整为 10%(财税〔2016〕36 号、财税〔2018〕32 号)。邮政普遍服务和邮政特殊服务免征增值税(财税〔2016〕39 号)。为出口货物提供的邮政服务免征增值税(财税〔2016〕36 号)。中国邮政集团公司及其所属邮政企业为金融机构代办金融保险业务取得的代理收入,在营改增试点期间免征增值税(财税〔2016〕83 号)。

2. 近年来,北京、河北、山西、内蒙古、辽宁、吉林、江苏、安徽、福建、江西、河南、湖北、湖南、广东、重庆、四川、贵州、陕西、甘肃、青海 20 个省份出台了邮政专用标志车辆通行费减免政策。

(二)关于促进小微企业发展的减税降费政策

1. 对月销售额 10 万元以下(含本数)的增值税小规模纳税人,免征增值税(财税〔2019〕13 号)。

2. 对小型微利企业年应纳税所得额不超过 100 万元的部分,减按 25% 计入应纳税所得额,按 20% 的税率缴纳企业所得税;对年应纳税所得额超过 100 万元但不超过 300 万元的部分,减按 50% 计入应纳税所得额,按 20% 的税率缴纳企业所得税(财税〔2019〕13 号)。

3. 省、自治区、直辖市人民政府根据本地区实际情况,以及宏观调控需要确定,对增值税小规模纳税人可以在 50% 的税额幅度内减征资源税、城市维护建设税、房产税、城镇土地使用税、印花税(不含证券交易印花税)、耕地占用税和教育费附加、地方教育附加(财税〔2019〕13 号)。截至目前,浙江、广东等地已出台具体实施办法。

4. 对按月纳税的月销售额或营业额不超过 10 万元(按季度纳税的季度销售额或营业额不超过 30 万元)的缴纳义务人,免征教育费附加、地方教育附加、水利建设基金(财税〔2016〕12 号)。

(三)普遍适用的增值税减免税政策

1. 关于税率、征收率和免税政策。邮政企业、快递企业提供交通运输服务,适用的增值税税率已从 11% 调整为 10%(财税〔2016〕36 号、财税〔2018〕32 号)。邮政企业、快递企业提供收派服务,继续适用 6% 增值税税率(财税〔2016〕36 号)。属于一般纳税人的邮政企业、快递企业提供收派

服务,可以选择适用简易计税方法计税,适用3%的征收率(财税〔2016〕36号)。为出口货物提供的收派服务免征增值税(财税〔2016〕36号)。

2. 全面推开营业税改征增值税试点相关减税政策。

(1)建筑服务已按照11%税率缴纳增值税。适用一般计税方法的试点纳税人2016年5月1日后购买建筑服务,可实行进项抵扣(财税〔2016〕36号)。

(2)销售不动产已按照11%税率缴纳增值税。适用一般计税方法的试点纳税人,2016年5月1日后取得并在会计制度上按固定资产核算的不动产或者2016年5月1日后取得的不动产在建工程,其进项税额应自取得之日起分2年从销项税额中抵扣,第一年抵扣比例为60%,第二年抵扣比例为40%(财税〔2016〕36号)。

(3)不动产租赁已按照11%税率缴纳增值税。车辆停放服务、道路通行服务(包括过路费、过桥费、过闸费等)等按照不动产经营租赁服务缴纳增值税。适用一般计税方法的试点纳税人2016年5月1日后购买不动产租赁服务,可实行进项抵扣(财税〔2016〕36号)。

(4)纳税人租入固定资产、不动产,既用于一般计税方法计税项目,又用于简易计税方法计税项目、免征增值税项目、集体福利或者个人消费的,其进项税额准予从销项税额中全额抵扣(财税〔2017〕90号)。

3. 省(自治区、直辖市、计划单列市)内增值税汇总缴纳政策。属于固定业户的试点纳税人,总分支机构不在同一县(市),但在同一省(自治区、直辖市、计划单列市)范围内的,经省(自治区、直辖市、计划单列市)财政厅(局)和税务局批准,可以由总机构汇总向总机构所在地的主管税务机关申报缴纳增值税(财税〔2016〕36号)。根据《国务院关于促进快递业发展的若干意见》(国发〔2015〕61号),快递企业可按现行规定申请执行省(区、市)内跨地区经营总分支机构增值税汇总缴纳政策。

(四)普遍适用的企业所得税减税政策

1. 企业在2018年1月1日至2020年12月31日期间新购进的设备、器具(指除房屋、建筑物以外的固定资产),单位价值不超过500万元的,允许一次性计入当期成本费用在计算应纳税所得额时扣除,不再分年度计算折旧。单位价值超过500万元的,仍按企业所得税法实施条例、《财政部 国家税务总局关于完善固定资产加速折旧企业所得税政策的通知》(财税〔2014〕75号)、《财政部 国家税务总局关于进一步完善固定资产加速折旧企业所得税政策的通知》(财税〔2015〕106号)等相关规定执行(财税〔2018〕54号)。

2. 企业开展研发活动中实际发生的研发费用,未形成无形资产计入当期损益的,在按规定据实扣除的基础上,在2018年1月1日至2020年12月31日期间,再按照实际发生额的75%在税前加计扣除;形成无形资产的,在上述期间按照无形资产成本的175%在税前摊销(财税〔2018〕99号)。

3. 企业发生的职工教育经费支出,不超过工资薪金总额8%的部分,准予在计算企业所得税应纳税所得额时扣除;超过部分,准予在以后纳税年度结转扣除(财税〔2018〕51号)。

(五)车辆购置税免税政策

自2018年1月1日至2020年12月31日,对购置的新能源汽车免征车辆购置税(财政部公告2017年第172号)。

三、加强减税降费政策落实工作的组织保障

(一)加强分工协作。各省(区、市)邮政管理局要主动作为,认真梳理本地区有关邮政业的减税降费等政策,加强与本地财政、税务、交通等部门沟通,积极争取增值税小规模纳税人税收减免、邮政专用标志车辆通行费减免等政策;要主动送政策上门,深入开展调研,全面掌握企业享受政策情况,推动解决中央和地方相关政策落实中的困难和问题,特别是重点推动落实企业购进不动产、

租赁不动产所含增值税进项税额的抵扣政策。普遍服务司、市场监管司要密切联系邮政企业和主要快递企业,跟踪分析减税降费政策落实效果,有针对性地加强工作指导。政策法规司要加强对最新减税降费政策的跟踪研究,做好分析研判,强化协同落实。

(二)抓好培训宣传。中国快递协会和各地快递行业协会要及时向企业传达党中央和国务院关于减税降费等相关会议和文件精神,加强对企业减税降费政策的培训,邀请税务部门开展专题辅导,帮助企业明晰政策口径和适用标准,确保充分享受政策红利。中国邮政快递报社要创新方式、加大力度,利用报纸、杂志、网站、微信、微博等渠道,广泛宣传减税降费政策措施,邀请专家学者有针对性地进行解读,促进减税降费政策措施为企业普遍所知、普遍所用,推动企业主体坚定发展信心,形成稳定预期。

(三)强化工作督导。办公室、机关党委(廉政办)要将各省(区、市)邮政管理局推动行业落实减税降费政策情况作为2019年督查和监督工作重点,纳入年终考核范围,严格实施考评督促。4月底前,各省(区、市)邮政管理局要将本通知落实情况书面报告国家邮政局。

国家邮政局

2019年2月1日

国家邮政局　商务部　海关总署关于促进跨境电子商务寄递服务高质量发展的若干意见(暂行)

国邮发〔2019〕17号

各省、自治区、直辖市邮政管理局、商务主管部门,各计划单列市及新疆生产建设兵团商务主管部门,各直属海关:

邮政业是推动流通方式转型、促进消费升级的现代化先导性产业,在国民经济中发挥着重要的基础性作用。近年来,随着互联网普及应用和邮政业高速发展,跨境寄递服务在促进中小企业产品出口、为人民群众提供商品进口等方面发挥了巨大作用,已经成为助推对外贸易增长和产业转型升级的新动力。但在快速发展中,用户体验、权益保护、安全监管、国际规则等方面也存在明显短板。为打造更多跨境寄递服务通道平台,促进跨境寄递服务高质量发展,保障寄递安全,改进用户体验,降低物流成本,维护公平竞争,形成线上线下协同发展新格局,现提出以下意见:

一、深化放管服改革,激发市场活力

(一)支持寄递服务企业主体多元化。支持邮政企业、进出境快件经营人等各类跨境寄递服务企业利用互联网平台,发挥信息系统优势,依法提供跨境包裹、商业快件等寄递服务,依法纳入行业监督管理和服务统计。

(二)支持外资企业依法进入市场。支持外商在境内依法申请设立快递企业,提供跨境包裹、商业快件等寄递服务。全面落实准入前国民待遇加负面清单管理制度,以开放促改革、促发展、促创新。

(三)支持建立跨境寄递服务企业信用体系。推进邮政、商务、海关等政府部门之间信用信息共享和联合奖惩机制建设,加强跨境寄递服务企业信用管理。邮政、商务、海关等政府部门按照有关

规定对各部门共享的高资信企业落实便利措施，对失信企业实施严密监管措施。

二、坚持创新驱动发展，构建保障机制

（四）加快创新跨境寄递服务模式。鼓励跨境寄递服务企业发挥优势拓展渠道，加强重点区域的国际多边和双边合作，创新丰富寄递产品，优化流程缩短时限，增强核心竞争力。鼓励跨境寄递服务企业通过投资并购、战略联盟、业务合作等方式整合境内外收寄、投递、国际运输、通关、境外预检视、境外预分拣、海外仓等资源，提供面向全球的一体化、综合性跨境包裹、商业快件等寄递服务。支持跨境寄递服务企业在重要节点区域设置海外仓，发展境外寄递服务网络，符合条件的，可以按规定程序申报外经贸发展专项资金支持。

（五）加快完善跨境寄递服务体系。鼓励跨境寄递服务企业创建品牌，提供跨境包裹、商业快件等寄递服务。支持跨境寄递服务企业与跨境电商共商共建团体标准，提高服务可靠性，提供全程跟踪查询、退换货、丢损赔偿、拓展营销、融资、仓储等增值服务。鼓励数据共享应用，赋能上下游中小微企业，实现行业间、企业间开放合作、互利共赢，以跨境寄递服务新形态支撑贸易新业态。

（六）加快建立数据交换机制。依托国际贸易“单一窗口”平台，逐步实现跨境寄递服务企业向邮政、商务、海关等政府部门报送数据和相关信息交换。各政府部门要尽快完善自身业务管理系统，明确跨境寄递服务企业传输跨境包裹、商业快件等面单电子数据的内件品名、数量、价格（含币种）、收寄件人名称、进出口国别（地区）等内容，为企业提供网上“一站式”服务，实时掌握跨境寄递服务各环节数据信息。跨境寄递服务企业要完善自身业务操作系统，尽快实现与政府部门的系统对接。跨境寄递服务企业、跨境电子商务企业、支付企业要与消费者建立信息验证机制，确保物流、交易和支付等信息真实、准确。

三、优化行业发展环境，促进协同共进

（七）提升跨境寄递服务网络能力。邮政部门要研究制定跨境寄递国际运输网络布局规划，鼓励跨境寄递服务企业开辟国际货运航线，加快完善跨境寄递国际航空运输网络。推动中欧班列运输跨境邮件快件常态化，支持边贸寄递发展。支持跨境电子商务综合试验区所在地城市建设国际邮件互换局和快件监管中心，鼓励自由贸易试验区、跨境电商综合试验区和重点口岸大胆探索物流、仓储、通关新模式，提升跨境寄递的通关、换装、多式联运能力。

（八）提升跨境寄递服务全程通关便利。海关、邮政等政府部门应当建立协作机制，完善跨境寄递信息通报等配套管理政策。推动实现与跨境寄递目的地国（起运地国），特别是“一带一路”沿线国家和地区，以及北美、欧洲等跨境电商重点出口国海关的对接，推进跨境寄递服务企业实现境外信息化通关。支持跨境寄递服务企业依法在跨境电商重点国家申请相关资质，提升跨境寄递全程综合通关服务能力。

（九）提升参与国际治理能力建设。邮政部门要深度参与万国邮联规则制定，稳妥推进万国邮联在服务产品、终端费等关键领域的改革，维护多边机制稳定发展；推动与亚太、欧洲等重点地区建立跨境电商及邮政业的次区域合作模式，有效应对跨境寄递领域的国际摩擦，维护我国正当利益和跨境寄递企业合法权益。商务部门要在世贸组织、自贸协定等多双边谈判中，探索制定跨境电商领域的国际规则。海关要加大与世界海关组织以及重点国家相关部门交流合作力度，推动世界海关组织跨境电商标准完善与实施，建立跨境电商寄递物品安全与便利化机制。

四、加强全过程监管，坚持依法行政

（十）规范跨境寄递服务企业经营行为。按照国务院“双随机一公开”有关要求，对跨境寄递服

务企业依法监管。外商和境外邮政运营商不得在中华人民共和国境内提供邮政服务，任何单位和个人不得为违反上述规定的运营商提供生产经营场所、运输、保管和仓储等条件。境内企业提供商业快件（包裹）等跨境寄递服务的，应当依法取得快递业务经营许可，依法向海关办理注册登记或信息登记，并提交身份、地址、联系方式、行政许可等真实信息。境内企业不得以境外邮政运营商名义开展邮政服务活动。境内企业与境外邮政运营商合作推出的跨境包裹和商业快件服务产品，在出境前不得贴用境外邮政单式。

（十一）规范跨境电商相关企业经营行为。跨境电商经营者不得与未取得相关行政许可或提供的寄递服务违反法律法规规定的物流企业合作。跨境寄递服务企业申请在电子商务平台上提供跨境包裹、商业快件等寄递服务的，应当向电子商务平台经营者提交身份、地址、联系方式、行政许可等真实信息，电子商务平台经营者应当进行核验，并定期更新。

（十二）落实寄递渠道安全管理规定。经营跨境邮件快件寄递服务的企业应当建立健全并有效实施安全管理制度，认真落实实名收寄、收寄验视、过机安检"三项制度"，严格遵守禁止寄递或者限制寄递物品的有关规定。

各级邮政、商务、海关等部门要充分认识促进跨境寄递服务发展的重要性和紧迫性，按照职能分工落实管理与服务责任，不断强化部门间协调配合，开展联合调研和检查工作，确保支持措施和便利政策落实到位，督促跨境寄递服务企业切实落实本意见内容和要求，完善自身条件，提升服务品质，共同推进我国跨境寄递服务可持续、健康、高质量发展。

国家邮政局
商务部
海关总署
2019 年 2 月 23 日

国家邮政局 国家发展改革委 财政部 农业农村部 商务部 文化和旅游部 供销合作总社关于推进邮政业服务乡村振兴的意见

国邮发〔2019〕36 号

各省、自治区、直辖市邮政管理、发展改革、财政、农业农村、商务、文化和旅游、供销合作部门，国家邮政局直属各单位、机关各司室，中国邮政集团公司、各主要快递企业：

邮政体系是国家战略性基础设施和社会组织系统，邮政业是推动流通方式转型、促进消费升级的现代化先导性产业，具有服务"三农"的资源优势，担负着服务乡村振兴的重要职责。为深入贯彻落实《中共中央国务院关于实施乡村振兴战略的意见》《乡村振兴战略规划（2018－2022 年）》重大决策部署，持续提升邮政业服务"三农"能力，加快推进农业农村现代化，现就推进邮政业服务乡村振兴工作提出如下意见。

一、总体要求

（一）指导思想

以习近平新时代中国特色社会主义思想为指导，全面贯彻党的十九大和十九届二中、三中全会精神，牢固树立新发展理念，落实高质量发展要求，践行人民邮政为人民的服务宗旨，按照产业兴旺、生态宜居、乡风文明、治理有效、生活富裕的总要求，建立健全邮政业服务乡村振兴的工作机制，加快补齐农村邮政快递基础设施短板，提升农村寄递服务水平，推进邮政业与现代农业体系融合发展，促进邮政业绿色发展，保障寄递渠道安全畅通，助力脱贫攻坚和持续减贫，服务农民创业增收，为实现农业农村现代化贡献力量。

（二）基本原则

坚持以农为先。统筹谋划邮政业城乡发展，把服务农业农村摆在优先位置，注重部门政策协同和规划衔接，推动邮政业和上下游要素资源更多投向农村地区，充分发挥寄递网络覆盖城乡优势，畅通行业服务现代农业双向主渠道，推进农产品寄递物流现代化。

坚持普惠均衡。处理好政府与市场关系，完善邮政普遍服务乡村振兴供给机制，提高邮政普遍服务质量，持续推进快递普惠化，加快补齐农村邮政快递基础设施短板，逐步缩小城乡寄递服务水平差距，不断提升农民的获得感、幸福感和安全感。

坚持绿色发展。践行绿水青山就是金山银山理念，创新工作机制、商业模式和服务方式，增品种、提品质、创品牌，充分利用农村站点资源和服务体系，主动融入现代农业体系和乡村产业发展，高标准推进县域邮政业绿色化、减量化和可循环。

坚持因地制宜。结合各地区实际和资源禀赋，科学合理设定阶段性目标任务，分类确定具体举措和方案，充分调动地方、企业和社会等各方面积极性，形成工作合力，既担当尽责、全力而为，又保持韧劲、久久为功。

（三）发展目标

到2022年，邮政服务乡乡有局所、建制村直通邮，快递服务乡乡有网点、村村通快递，实现建制村电商寄递配送全覆盖。深度融入现代农业体系和乡村产业发展，县域邮政业供给能力和供给质量显著提高，涉农寄递物流产品丰富，打造一批服务现代农业示范项目，有效促进农民持续增收和巩固脱贫成果。县域邮政业绿色发展成效明显，寄递渠道安全畅通。邮政业在农业农村发展和社会治理中发挥重要作用，形成服务乡村振兴的制度框架和措施体系。

二、主要任务

（一）打造农村现代寄递物流网。推动邮政普遍服务高质量发展，提升邮政普遍服务水平。支持邮政、快递企业新建扩建县级邮政处理中心和快件中转集散中心，鼓励有条件的县整合邮政、商贸、农业、交通、供销等资源，建设县域电商公共仓储设施、快递专业类物流园区。实施“邮政在乡”“快递下乡”换挡升级工程，推进乡镇邮政局所、快递网点标准化、信息化改造，提升乡镇邮政、快递网点服务能力，支持农村市场扩大品牌消费、品质消费。开展村邮站转型提升行动，推动将村邮站纳入乡村公共基础设施，强化电子商务、便民服务、收寄投递、自提服务等功能。引导邮政、快递企业总部完善利益分配机制，保障农村快递网点稳定运行。鼓励有条件的乡村布设智能快件（信包）箱。

（二）实施农产品冷链建设工程。打造农业产业园、现代农业示范区、农产品加工园、快递物流园区的冷链快递物流，合理规划冷藏库、冷冻库等设施布局，推动建设一批现代化农产品冷链快递物流集散中心。支持邮政、快递企业在农产品产地和部分田头市场建设预冷、保鲜等初加工冷链设施，建立覆盖农产品生产、加工、运输、储存、销售等环节的全程冷链快递物流体系。支持重点龙头企业、行业协会制定推广农产品冷链寄递标准和服务规范。

（三）提升农村寄递物流效率。推动县域邮政网络设施资源社会共享，发展农村邮件快件共同收寄、运输、分拨、投递。支持邮政、快递企业与电子商务、农业、供销、商贸、交通等企业合作，建立县、乡、村消费品和农资寄递网络体系。鼓励快递企业在业务量较少的乡镇建立合作网点，统一开展快件揽收、分拣、运输和投递业务。支持邮政、快递企业依托农村客运站、货运站等交通基础设施建立仓储分拨中心,利用农村客运班车代运邮件快件。鼓励邮政、快递企业在农村地区合理选择邮件快件运输组织模式,优化运输投递路线设计,降低运输成本。支持有条件的乡村布局建设无人机起降场地,打造无人机农村投递示范区。

(四)开展邮政业兴农行动。支持邮政、快递企业联合其他涉农主体积极参与特色农产品优势区等建设,设立农特产品预处理中心,加强仓储物流基地建设,形成从田间到餐桌的产品集群,打造邮政业+现代农业融合发展示范区。实施"一地一品"示范工程,鼓励邮政、快递企业树立农业品牌意识,助推"农字号"特色小镇建设,促进形成一乡一业、一村一品的发展格局。深入实施电子商务进农村综合示范,推动完善农村物流体系。推广"寄递+电商+农特产品+农户"模式,培育"快递+金银铜牌项目",打造农特产品直通车。加强农商互联,推广"农产品+大同城寄递"业务模式,开展农超、农社、农企、农校等产销直接对接,就近销售寄递本地农产品。支持邮政、快递企业对农产品分等分级,制定发布农特产品电商寄递服务标准,实现质量安全可追溯。鼓励邮政、快递企业提供农业智能化服务,建立标准化生产、投入品监管、流通、销售和技术等一体化的管理体系,助推智慧农业发展。

(五)高起点发展农村绿色寄递。支持包装生产企业研发符合农产品特点的绿色包装,积极推广应用技术先进、节能环保的新产品新材料。鼓励对农产品包裹使用环保胶带,着力减少封装胶带使用量。支持邮政、快递企业加强与电子商务企业合作,共同减少网购农产品二次包装。淘汰重金属和特定物质超标的包装物料,着力减轻农村环境负担。大力推广循环中转袋(箱)、循环快递盒、环保袋、环保填充物等物料设备,推行减量化、复用化的农产品包装产品。探索建立政府引导、市场运作、共享共用的农产品寄递包装物社会化循环使用体系。在农村地区逐步加大新能源车使用比例。

(六)促进乡村文化和旅游发展。注重挖掘宣传文物古迹、古村落、古民居、少数民族特色村寨、农业遗迹、灌溉工程遗产、优秀农耕文化、乡村传统工艺、优秀戏曲曲艺、少数民族文化、民间文化等乡村文化和旅游资源,发行纪特邮票、纪念封、明信片等邮资票品。推动邮政企业深入做好县以下区域的政务图书发行和报刊征订工作,实现全国建制村报刊征订全覆盖。依托风景名胜区、历史文化名城名镇名村、重要农业文化遗产地、特色景观旅游名镇、传统村落、乡村休闲旅游点,合理布局建设主题邮局,提供集邮产品、旅游纪念品等销售服务,丰富乡村旅游内容。鼓励邮政、快递企业利用自有电商平台宣传、销售具有地方特色的服饰、手工艺品、农特产品等,为乡村旅游提供便捷寄递服务,推进乡村旅游经济发展。

(七)打造农村综合服务平台。深入参与"互联网+政务服务",衔接全国一体化网上政务服务系统,依托县乡邮政网点打造"一门式办理""一站式服务"的政务代理综合服务平台,贴近农村群众需求做好政策咨询和办事服务,提供制证寄证、辅助审批、征缴代发等一体化服务。争取中央和地方有关部门支持,发挥邮政通政功能,推广警邮合作、税邮合作等模式,全面推动农村邮政网点代办警务、税务等业务,不断将代理政务范围向乡村拓展,实现"只进一扇门""最多跑一次"。鼓励邮政、供销企业拓展代理收费、金融、票务、网购等服务,借助益农信息社等各类农村信息服务站点,发挥便民利商兴农的综合服务功能。

(八)实施农村寄递安全提升计划。加快实施寄递渠道安全监管"绿盾"工程,开展联防联控和网格化管理,在农村地区有效落实收寄验视、实名收寄、过机安检三项制度。落实企业主体责任,推动县域邮政、快递企业配备安全生产管理人员和符合标准的设施,加强安全生产教育培训。会同有关部门研究调整《禁止寄递物品指导目录》,在确保安全的基础上满足鲜活农产品寄递服务需求。全面实施"双随机、一公开"监管,有力查处农村地区寄递枪支弹药、管制器具、易燃易爆物品、毒品、濒危野生动物制品等违法行为，为平安乡村建设贡献行业力量。

（九）开展农民就业创业扶持行动。发挥行业网络和市场优势，支持家庭工场、手工作坊、乡村车间发展，助力乡村经济发展。依托邮政行业人才培养基地，采取定向和定岗等方式，加强农民快递职业技能培训。支持邮政、快递企业采取组建农产品电商营销团队等形式，参与特色农产品项目孵化，服务产销对接，扩大农村就业。鼓励快递企业提供营运体系支持，帮扶员工返乡参与中西部乡村网点建设，发展乡村快递员队伍，促进农村人口创业就业。鼓励邮政、快递企业为农民开展电商及快递培训，传授实务、培养技能、分享经验，提升农民网络营销能力，培育当地电商快递致富带头人。

（十）助力打赢脱贫攻坚战。积极推广电商快递脱贫模式，加快推进行业扶贫工作。在贫困地区优先加强邮政网点、危旧邮政局所改造，加大运输投递车辆投入，2020年如期实现全部建制村直接通邮，不断巩固通邮质量。支持邮政企业推进农村电商O2O平台建设，实现自有网点对贫困县、有条件的贫困村全覆盖。鼓励邮政、快递企业重点加强贫困地区仓储物流体系建设，加强同中国电商扶贫联盟合作，助力贫困地区农特产品上行。引导龙头快递企业积极开展产业扶贫、就业扶贫、公益扶贫。鼓励行业公益性基金，在定点扶贫地区实施扶贫项目、结对帮扶、捐赠款物等。采取政府购买服务方式，组织对定点联系贫困村的贫困人口开展专项培训，培育提升贫困群众发展生产和务工经商的基本能力。

三、保障措施

（一）加强组织领导

各级邮政管理、发展改革、财政、农业农村、商务、文化和旅游、供销合作等部门要将邮政业纳入本地区实施乡村振兴战略的工作布局，在规划编制、政策制定、项目建设、资金保障、机制建设等方面加强协同，形成工作合力。各地邮政管理部门要会同有关部门结合实际制定务实管用的举措，强化工作督导，确保取得实效。可采取上级邮政管理部门设置派出机构或依托县级交通运输部门的方式，推动成立县级邮政监管机构，鼓励有条件的县成立县级邮政业安全中心。加强农村地区邮政、快递企业的基层党组织建设，发挥党建引领邮政业服务乡村振兴作用。

（二）强化政策支持

推动将县域邮政业发展内容纳入地方国民经济和社会发展规划。加强普遍服务资金监督检查。中央基建投资支持农村和西部地区公益性、基础性快递基础设施建设。各地乡村振兴专项资金，支持农产品寄递物流网络、现代化冷链寄递设施以及村级电商配送站点等建设。鼓励有条件的地方结合实际研究建立农产品绿色包装补贴机制。支持社会资本探索设立快递绿色包装产业发展基金，促进农产品绿色包装研发、生产和推广使用。

（三）推动示范宣传

围绕产业融合、服务创新、设施共享、绿色发展和政策扶持等方面，挖掘和总结邮政业服务乡村振兴典型案例，形成可复制可推广的经验，发挥示范带动作用。广泛宣传邮政业服务乡村振兴的政策措施，讲好邮政故事，汇集社会力量，营造良好氛围。开展优秀乡邮员、快递员表彰活动，树产行业先进楷模。充分发挥中国邮政快递报、快递杂志等行业媒体作用，用好微博、微信等新兴媒体平台，协调其他中央和地方媒体形成宣传合力。

国家邮政局
国家发展改革委
财政部
农业农村部
商务部
文化和旅游部
供销合作总社
2019年4月15日

国家邮政局　商务部关于规范快递与电子商务数据互联共享的指导意见

国邮发〔2019〕54号

各省、自治区、直辖市邮政管理局、商务主管部门，各计划单列市及新疆生产建设兵团商务主管部门：

电子商务与快递数据互联互通和有序共享，是促进电子商务与快递协同发展的重要条件。为贯彻落实《国务院办公厅关于推进电子商务与快递物流协同发展的意见》，建立完善电子商务与快递数据互联共享规则，促进电子商务经营者、经营快递业务的企业数据管理和自身治理能力的全面升级，按照《中华人民共和国电子商务法》《中华人民共和国网络安全法》《快递暂行条例》等法律法规的规定，现提出以下指导意见。

一、保障电子商务与快递数据正常传输

（一）电子商务经营者提供寄递数据。电子商务当事人约定采用快递方式交付商品的，支持电子商务经营者通过约定的信息传输方式及时将必要的寄递数据（包括但不限于寄件人和收件人姓名、地址、联系电话、内件等数据）提供给经营快递业务的企业。电子商务平台经营者不得通过限制数据互联共享，阻碍电子商务当事人自由选择快递服务。鼓励为电子商务经营者提供快递信息服务的平台企业履行与电子商务平台经营者同等的数据互联共享义务。

（二）经营快递业务的企业提供快件数据。支持经营快递业务的企业提供电子商务寄递服务时，通过约定的信息传输方式及时将必要的快件数据（包括但不限于快件收寄、分拣、运输、投递等节点和轨迹数据）提供给电子商务经营者。经营快递业务的企业不得通过限制数据互联共享，阻碍电子商务经营者获取为消费者提供服务所必需的快件数据。

二、加强电子商务与快递数据管控

（三）依法采集共享用户数据。通过电子商务平台使用快递服务的用户应当严格遵守邮件快件实名收寄相关规定，按照规范要求如实填写必要的用户信息。电子商务经营者和经营快递业务的企业采集、共享用户信息时，应当遵守法律、行政法规有关信息保护的规定，不得用于与其提供寄递服务无关的用途。

（四）妥善存储使用用户数据。电子商务经营者和经营快递业务的企业应当妥善存储用户数据。开展数据挖掘时，应当采用加密、脱敏等方式保护用户数据安全。利用用户大数据进行增值应用的，应当经过用户同意，并不得将具有个人隐私特征的数据提供给其他单位和个人。涉及数据跨境流动的，依照相关法律法规规定。

三、加强电子商务与快递数据互联共享管理

（五）建立完善的数据互联共享机制。在确保用户信息安全的前提下，鼓励电子商务经营者与经营快递业务的企业之间依据相关标准开展数据互联共享，共同提升配送效率。支持电子商务经营者与经营快递业务的企业加强系统互联和业务联动，推动作业流程、数据交换有效衔接。

四、建立电子商务与快递数据中断通知报告制度

（六）建立数据中断风险评估制度。鼓励电子商务经营者和经营快递业务的企业建立数据中断

风险评估制度，实现数据互联自动检查、全程监控。电子商务经营者、经营快递业务的企业不得恶意中断数据传输。

（七）完善提前通知和事先报告制度。电子商务经营者和经营快递业务的企业因约定期满等正当理由中断数据传输的，应当提前通知对方。通知后，双方应当就数据传输进行充分协商，对后续事项作出妥善安排。双方不能协商一致且可能对用户和消费者造成重大影响的，应事先将有关情况及时报告商务主管部门和邮政管理部门。电子商务经营者和经营快递业务的企业应当及时将相关情况向用户、平台内经营者等主体公示。

五、提高电子商务与快递数据安全防护水平

（八）加强数据安全保障。电子商务经营者和经营快递业务的企业应当完善自身数据管理体系和安全保障体系，采取技术手段和其他必要措施保证数据安全，建立健全信息安全风险评估和应急工作机制，完善安全防护体系。双方要高度重视数据传输中的安全隐患和不规范问题，增强电子商务与快递数据传输的安全技术保障能力，严格系统安全管理，确保用户信息安全。

（九）加强数据安全应急管理。电子商务经营者和经营快递业务的企业要制定网络安全事件应急预案，有效应对网络安全事件，防范网络违法犯罪活动。发生危害网络安全事件时，电子商务经营者和经营快递业务的企业应当立即依法启动应急预案，采取相应的补救措施，并向有关主管部门报告。

六、加强电子商务与快递数据政府监管

（十）完善相关标准。商务主管部门和邮政管理部门推动制定电子商务和快递数据采集、传输、使用、共享、安全风险防范等相关标准，提高电子商务和快递数据互联共享效率，保障数据安全。

（十一）依法加强监管。商务主管部门和邮政管理部门利用大数据等技术，优化电子商务与快递业监管，客观评估数据互联共享状况，加强行业监测分析，提高政府科学决策和风险预判能力，加强对市场主体的事中事后监管。

（十二）协调化解纠纷。电子商务经营者和经营快递业务的企业就数据互联共享发生纠纷，并可能引发市场风险的，商务主管部门和邮政管理部门可采取约谈等方式，协调处理相关纠纷，并视情况将相关处理情况向社会公示。

国家邮政局　商务部

2019 年 6 月 12 日

国家邮政局关于支持民营快递企业发展的指导意见

国邮发〔2019〕59 号

为深入贯彻落实党的十九大精神和习近平总书记在民营企业座谈会上的重要讲话精神，更好服务民营快递企业发展，激发民营经济创新活力，深化供给侧结构性改革，推动快递业高质量发展，提出以下意见。

一、总体要求

以习近平新时代中国特色社会主义思想为指导，全面贯彻党的十九大和十九届二中、三中全会精神，深刻领会、始终坚持“两个毫不动摇”“三个没有变”。牢固树立新发展理念,以深化行业供给侧结构性改革为主线,以提高发展质量和效益为中心,坚定不移支持民营快递企业发展。营造公平竞争市场环境,进一步激发中小快递企业活力和发展动力,推动民营快递企业降本增效。着力提升服务保障水平,切实解决民营快递企业发展中遇到的困难和问题,减轻企业负担,提振发展信心,形成支持民营快递企业健康发展长效机制。

二、降低企业成本,减轻企业负担

(一)降低制度性交易成本。聚焦制约快递业发展的体制机制障碍,坚持公平、开放、透明的市场规则,逐步完善适应快递业新业态、新经济发展的政策措施,促进公平竞争。深化快递领域“放管服”改革,进一步优化审批服务流程,将快递业务经营许可审批时间缩短至法定时限一半以内。积极推进全流程在线办理“一网通办”,实现企业“最多跑一次”。对企业发展中遇到的困难,要“一企一策”给予帮助。

(二)推进减税降费。全面推进邮政业落实减税降费政策,引导民营快递企业充分享受国家增值税税率调整、统一增值税小规模纳税人税收减免、快递新能源车辆购置优惠等政策,切实减轻快递企业负担。引导中小民营快递企业拓宽融资渠道,降低融资成本,推动解决中央和地方相关政策落实中的困难和问题。积极争取部门专项和地方财政资金,通过多种方式支持国家物流枢纽、快递园区建设、老旧车辆淘汰更新和新能源车辆推广使用。强化对涉企减税降费政策宣传和辅导,推动有关部门送政策上门,帮助企业及时、全面、准确掌握各类政策信息。

三、加强企业培育,推动转型升级

(三)提升企业发展质效。培育市场份额高、创新能力强、发展潜力大、质量效益优的民营快递企业,推动民营快递企业总部做强做优。深入推进“快递下乡”工程,完善城乡物流网络节点,提升物流组织集约化水平。引导邮政企业发挥贫困地区县以下邮政网络优势,创新与快递企业合作模式,推进农村邮件快件共同运输、共同投递。大力开展“快递入区”工程,不断健全快递末端服务网络,提升服务能力。深化快递与交通协同发展,推进快递“上车、上机、上船”工程,加强与相关部门工作协调,帮助民营快递企业沟通政策需求,强化运输衔接,提升能力保障。引导民营快递企业“走出去”,畅通快递企业国际网络布局通道,加快完善跨境寄递服务体系,提升跨境寄递服务网络能力,培育具有国际一流竞争力的快递企业。

(四)提升创新发展能力。鼓励以人工智能、大数据、云计算、区块链等为代表的新一代信息技术应用,提高快递业生产设备标准化、现代化水平。支持推动中小型快递企业转型升级,建立以企业为主体、市场为导向、产学研深度融合的技术创新体系,提升企业科技创新能力,培育一批包括民营快递企业在内的主营业务突出、竞争力强、成长性好的“专精特新”快递企业。支持有条件的民营快递企业实施数字化、网络化、智能化改造,实现智能化生产、网络化协同、服务化延伸,催生新业态、新模式,培育新动能。以邮件快件包装治理和运输节能减排为重点,加强结构优化、资源节约、技术创新、管理提升,提升企业可持续发展能力。积极引导民营企业融入国家“一带一路”建设,提升企业引进高端技术、项目和人才的能力。

(五)提高企业现代管理水平。支持民营快递企业完善公司法人治理结构,建立现代企业制度。引导民营快递企业强化质量、标准化管理,严格执行国际标准、国家标准及邮政行业标准,坚决遏制“以罚代管”和农村末端不合理收费,从价格竞争转向服务质量竞争。支持开展快递企业经营管理人才培训,提高民营企业家和基层经理人素质。

(六)提高从业人员能力素质。深入开展快递工程技术人才职称评审,推动建立技能等级认定制度和1+X证书制度,完善行业职业技能竞赛体系，落实职业技能提升计划，支持申请职业技能培训补贴，畅通民营快递企业人才成长阶梯和发展通道。实施邮政行业科技英才、技术能手推进计划，切实发挥示范引领作用。支持民营快递企业强化与共建学院、行业人才培养基地的战略合作，联合共建职工培训中心，联合开展人才培养。

四、完善监管措施，营造公平环境

（七）规范行政执法行为。坚持公平公正原则，实行“阳光执法”，依法对待行政执法对象，做到同等情况同等对待，同类问题一视同仁。深化邮政业市场监管综合行政执法改革，全面梳理、规范和精简执法事项，推进实施执法事项清单管理制度，强化抽查结果运用和查处情况公开。科学调配执法资源，深入推行“双随机、一公开”，规范完善邮政市场主体名录库和执法检查人员名录库建设，确保执法检查制度化、规范化。

（八）完善政策执行方式。提高政府部门履职水平，在各项政策实施过程中，依法对各类所有制企业执行同样标准。创新监管机制和手段，加快形成适应“互联网＋”等新模式、新业态的包容审慎监管方式。除法律法规有明确要求外，不得要求企业单独增设内部管理机构和工作人员，不得干预企业正常生产经营活动。

（九）强化行业信用体系建设。充分发挥信用对市场的正面导向作用，根据《快递业信用体系建设工作方案》，着力提高全行业诚信意识和信用水平。完善快递业守信联合激励和失信联合惩戒机制，建立实施快递行业失信主体“黑名单”制度。探索对守信快递企业提供“绿色通道”和“容缺受理”等便利服务措施，在争取政府政策支持等方面优先予以考虑和安排。积极发挥快递行业协会作用，支持通过多种形式督促会员单位加强行业自律，引导企业诚信经营，推动快递企业开展用户诚信制度建设。

五、加强组织协调，提升保障水平

（十）促进政企亲清交往。健全制度体系，坚决惩治各类腐败行为和作风问题，创建风清气正的营商环境，充分保障民营快递企业合法权益。畅通政企沟通渠道，加大对企业调研力度，建立定期沟通互动机制。坚持实事求是，结合地方实际制定行业发展目标，积极吸纳企业参与制定涉企政策，充分听取企业意见建议，不搞“一刀切”。进一步改进作风，坦荡真诚地同民营快递企业接触交往，积极主动作为，帮助企业解决发展中面临的困难和问题。

（十一）提升行业精神文明水平。加快民营快递企业内部非公企业党组织和群团组织建立，充分发挥党群组织在精神文明创建工作中的核心作用，支持行业青年创新创业。加强对优秀企业家先进事迹和突出贡献的宣传报道，展示优秀企业家精神。积极组织快递行业“青年文明号”“青年安全生产示范岗”“工人先锋号”等创建活动，加大“最美快递员”等先进典型推荐力度。协调开展包括民营快递企业及员工在内的邮政行业先进集体、劳动模范评选表彰，关心民营快递企业进步，关爱快递从业人员，保护劳动者合法权益。

（十二）加大政策落实力度。各级邮政管理部门要认真贯彻党中央、国务院关于支持民营企业发展的决策部署，充分发挥组织领导、政策协调、指导督促作用，推动民营快递企业健康发展。要根据本意见细化、量化政策措施，推动各项政策落地、落细、落实。国家邮政局将按照《意见》精神，加强对各地邮政管理部门支持民营快递企业发展工作的督导，适时开展实地检查，确保工作实效。

国家邮政局

2019 年 6 月 29 日

国家邮政局关于印发《邮政企业、快递企业安全生产主体责任落实规范》的通知

各省、自治区、直辖市邮政管理局，中国邮政集团公司，中国邮政速递物流股份有限公司，各主要快递企业总部：

《邮政企业、快递企业安全生产主体责任落实规范》于2019年8月9日经国家邮政局2019年第11次局长办公会议审议通过，现印发给你们，请遵照执行。

国家邮政局

2019年9月4日

邮政企业、快递企业安全生产主体责任落实规范

一、总体要求

（一）落实安全发展理念

1. 邮政企业、快递企业对本单位安全生产工作负全面责任，贯彻以人为本，坚持安全发展，坚持安全第一、预防为主、综合治理的方针，强化落实主体责任，建立健全自我约束、持续改进的内生机制，在安全保障方面实行统一管理。

（二）遵守安全生产法规

2. 必须遵守安全生产的法律、法规，加强安全生产管理，建立、健全安全生产责任制、安全生产规章制度和安全保障制度，改善安全生产条件，推进安全生产标准化建设，提高安全生产水平，坚持依法依规生产经营，确保安全生产，确保寄递渠道安全畅通。

（三）具备安全生产条件

3. 具备有关法律、行政法规和国家标准或者行业标准规定的安全生产条件。

二、组织机构和岗位职责

（一）健全安全生产组织机构

4. 应当按照相关法律法规要求和企业实际，设立安全生产组织领导机构，成立安全生产委员会，企业主要负责人作为安全生产的第一责任人，担任安全生产委员会主任。

5. 企业主要负责人对本单位安全生产工作负有下列职责：(1)建立、健全本单位安全生产责任制；(2)组织制定本单位安全生产规章制度和操作规程；(3)组织制定并实施本单位安全生产教育和培训计划；(4)保证本单位安全生产投入的有效实施；(5)督促、检查本单位的安全生产工作，及时消除生产安全事故隐患；(6)组织制定并实施本单位的生产安全事故应急救援预案；(7)及时、如实报告生产安全事故。

6. 从业人员超过一百人的，应当设置安全生产管理机构或者配备专职安全生产管理人员；从业人员在一百人以下的，应当配备专职或者兼职的安全生产管理人员。

7. 安全生产管理机构以及安全生产管理人员履行下列职责：(1)组织或者参与拟订本单位安全生产规章制度、操作规程和生产安全事故应急救援预案；(2)组织或者参与本单位安全生产教育和培训，如实记录安全生产教育和培训情况；(3)督促落实本单位重大危险源的安全管理措施；(4)组织或者参与本单位生产安全事故应急救援演练；

(5)检查本单位的安全生产状况，及时排查生产安全事故隐患，提出改进安全生产管理的建议；(6)制止和纠正违章指挥、强令冒险作业、违反操作规程的行为；(7)督促落实本单位安全生产整改措施。

8. 工会依法对安全生产工作进行监督，依法维护从业人员在安全生产方面的合法权益。企业制定或者修改有关安全生产的规章制度，应当听取工会的意见。

（二）建立健全安全生产责任制

9. 建立健全涵盖企业内部所有组织、岗位、寄递环节和人员的安全生产责任制，明晰从主要负责人到一线从业人员的安全生产责任内容、责任范围和考核标准。

10. 根据岗位职责制定考核标准，定期对安全生产责任的落实情况进行监督考核，考核标准要简明扼要、清晰明确、便于操作、适时更新。

11. 在适当位置对全员安全生产责任制进行长期公示。公示的内容主要包括：所有层级、所有岗位的安全生产责任、安全生产责任范围、安全生产责任考核标准等。

三、安全管理制度

12. 建立健全安全生产规章制度，至少包含下列内容：(1)安全生产责任制及考核办法；(2)安全生产信息报告制度；(3)安全生产操作规程；(4)安全生产教育和培训制度；(5)设备、设施安全管理制度；(6)作业现场安全管理制度；(7)收寄验视、实名收寄、过机安检与安全检查等安全管理基本制度；(8)网络和信息安全管理制度；(9)生产安全检查与事故隐患排查治理制度；(10)生产安全事故应急救援预案；(11)生产安全事故报告及处置管理；(12)其他保障安全生产的制度、操作规程。

13. 及时将国家安全生产法律法规与标准规范转化为企业安全生产规章制度及操作规程，根据相关要求调整安全生产责任分工与考核标准。

四、安全生产投入

（一）保障安全生产投入

14. 保障安全生产所必需的资金投入，加强安全生产费用管理。

15. 安全生产费用应当按照以下范围使用：(1)完善改造和维护安全生产及健康防护设备设施（不含“三同时”要求初期投入的安全设施）；(2)安全生产宣传、教育及培训；(3)配备和更新个体防护装备；(4)重大危险源和事故隐患评估、监控和整改；(5)应急救援器材、装备的配备、维护、保养及应急演练；(6)安全生产检查、评价（不包括新建、改建、扩建项目安全评价）、咨询和标准化建设；(7)购置、安装和使用具有行驶记录功能的车辆卫星定位装置；(8)安全生产适用的新技术、新标准、新工艺、新装备的推广应用；(9)安全设施及特种设备检测检验；(10)其他与安全生产直接相关的支出。

（二）依法参加保险

16. 企业必须依法参加工伤保险，按照相关标准为从业人员缴纳保险费，将参加工伤保险的有关情况在本单位内公示。

五、教育培训

（一）建立教育培训制度

17. 建立安全生产教育与培训制度，制定全员安全生产教育培训计划，根据相关规定组织教育培训。培训大纲、内容、时间等应当满足有关法律法规及标准规范的规定。

18. 建立安全生产教育和培训档案，如实记录安全生产教育和培训的时间、内容、参加人员以及考核结果等情况。

（二）落实教育培训规定要求

19. 企业主要负责人和安全生产管理人员必须具备与本企业所从事的寄递服务相适应的安全生产知识和管理能力。

20. 企业主要负责人的安全培训应当包括下

列内容:(1)国家安全生产方针、政策和有关安全生产的法律、法规、规章及标准;(2)安全生产管理基本知识、安全生产技术、安全生产专业知识;(3)重大危险源管理、重大事故防范、应急管理和救援组织以及事故调查处理的有关规定;(4)职业危害及其预防措施;(5)国内外先进的安全生产管理经验;(6)典型事故和应急救援案例分析;(7)其他需要培训的内容。

21. 安全生产管理人员安全培训应当包括下列内容:(1)国家安全生产方针、政策和有关安全生产的法律、法规、规章及标准;(2)安全生产管理、安全生产技术、职业卫生等知识;(3)保障寄递安全与信息安全的知识;(4)反恐怖防范、查验毒品等禁限寄物品相关知识;(5)岗位安全职责、操作技能;(6)安全设备设施、个人防护用品的使用和维护;(7)伤亡事故统计、报告及职业危害的调查处理方法;(8)应急管理、生产安全事故应急救援预案编制以及应急处置的内容和要求;(9)国内外先进的安全生产管理经验;(10)典型事故和应急救援案例分析;(11)其他需要培训的内容。

22. 企业主要负责人和安全生产管理人员,初次安全培训时间不得少于32学时,每年再培训时间不得少于12学时。

23. 企业从业人员安全培训应当包括下列内容:(1)国家安全生产方针、政策和有关安全生产的法律、法规、规章及标准;(2)安全生产规章制度和安全操作规程;(3)保障寄递安全与信息安全的知识;(4)反恐怖防范、查验毒品等禁限寄物品相关知识;(5)岗位安全职责、操作技能;(6)安全设备设施、个人防护用品的使用和维护;(7)事故应急处理措施;(8)自身在安全生产方面的权利和义务;(9)其他需要培训的内容。从业人员必须经教育培训合格后,方可上岗。

24. 从事邮件、快件收寄和安全检查的从业人员应当具备识别和处理禁限寄物品的基本知识。

25. 特种作业人员必须按照国家有关规定经专门的安全作业培训,取得相应资格,方可上岗作业。

26. 从业人员调整工作岗位或者采用新工艺、新技术、新材料或者使用新设备,必须对其进行专门的安全生产教育和培训。

(三)规范相关方教育培训

27. 使用被派遣劳动者的,应当将被派遣劳动者纳入本单位从业人员统一管理,对被派遣劳动者进行岗位安全操作规程和安全操作技能的教育和培训。

28. 应当对从事寄递服务和活动的承包商、供应商的从业人员,接收的中等职业学校、高等学校实习人员等相关方的作业人员进行安全教育培训。作业人员进入作业现场前,应当由作业现场所在单位对其进行进入现场前的安全教育培训,并保存教育培训记录。

六、现场管理

(一)保障各类场所安全

29. 营业场所邮件快件交寄、接收、验视、提取区域、处理场所邮件快件分拣区域、放置智能快件箱的区域等区域应配备视频监控设备。监控设备应当全天二十四小时运转,监控图像信息保存时间应当大于等于三十天,其中营业场所交寄、接收、验视、安检、提取区域和放置智能快件箱的区域图像信息保存时间应当大于等于九十天,并按照国务院邮政管理部门的要求报送。

30. 邮件处理中心、快件分拨中心、营业网点、员工宿舍等人员密集场所应当设有符合紧急疏散要求、标志明显、保持畅通的出口。

(二)加强设备设施管理

31. 新改扩建工程应建立并严格执行建设项目安全设施和劳动安全卫生设施"三同时"(同时设计、同时施工、同时投入生产和使用)管理制度,建立相关文件资料档案,并妥善保存。

32. 按照有关规定配备用电、安防、防雷、消防、监控、劳动安全卫生等设备设施,设备设施必须符合国家规定的标准,并保持完好有效。

33. 设施设备的安装、使用、检测、维修、改造和报废，应当符合国家标准或者行业标准。有较大危险因素的生产经营场所和有关设施设备上，应当设置明显的安全警示标志。

34. 必须对安全设备进行经常性维护、保养，并定期检测，保证正常运转。维护、保养、检测应当作好记录，并由有关人员签字。

（三）严格执行“三项制度”

35. 严格落实收寄验视制度：(1)按照“谁收寄、谁负责”的原则，明确本单位主要负责人、直接责任人的收寄验视岗位责任，制定收寄验视操作规程，配备验视邮件、快件所需的设备和工具，向用户告知禁止寄递、限制寄递物品有关规定；(2)对用户交寄的信件，必要时可以要求用户开拆，进行验视，但不得检查信件内容；用户拒绝开拆的，不予收寄。对信件以外的邮件、快件，收寄时应当当场验视内件；用户拒绝验视的，不予收寄；(3)严格落实《禁止寄递物品管理规定》，在营业场所显著位置公示禁止寄递、限制寄递物品有关规定；(4)当面验视交寄物品，验视用户填写的寄递详情单上的信息是否完整、清楚；检查是否属于国家禁止或者限制寄递的物品，以及物品的名称、类别、数量等是否与寄递详情单所填写的内容一致，并作出验视标识，载明验视人员的姓名或者工号；(5)发现邮件、快件内夹带禁止寄递或者限制寄递的物品的，应当按照国家有关规定处理；(6)已经收寄禁止寄递物品的应当立即停止转发和投递；对其中依法需要没收或者销毁的物品，应当立即向有关部门报告，并配合有关部门进行处理；(7)在收寄过程中若存在经验视仍无法确定寄递物品安全的，应要求寄件人出具身份证明及相关部门的物品安全证明，核对无误后，方可收寄；(8)收寄已出具安全证明的物品时，应当如实记录收寄物品的名称、规格、数量、重量、收寄时间、寄件人和收件人名址等内容，记录保存期限不少于一年；(9)禁寄物品的处理情况应由邮政企业、快递企业经办人员记录，并交相关负责人签字后存档；(10)与协议用户签订安全保障协议，并向邮政管理部门备案；(11)制定收寄物品安全管理制度，并报邮政管理部门备案。

36. 严格落实实名收寄制度：(1)除信件和已签订安全协议用户交寄的邮件、快件外，收寄邮件、快件时，应当核对寄件人在寄递详情单上填写的个人身份信息与有效身份证件信息。信息核对一致后，记录证件类型与证件号码，但不得擅自记录在寄递详情单上；(2)拒绝出示有效身份证件，拒绝企业登记身份信息或寄递详情单上填写的寄件人姓名与出示的有效身份证件不一致的不得收寄；(3)采取与用户签订安全协议方式收寄邮件、快件的，应当一次性查验寄件人的有效身份证件，登记相关身份信息，留存有效身份证件复印件；(4)寄件人为法人或者其他组织的，应当核对、记录其统一社会信用代码，留存法定代表人或者相关负责人的有效身份证件复印件；(5)应当将安全协议以及用户身份信息保存至协议终止后不少于一年，并将与其签订安全协议的用户名单送邮政管理部门备案；(6)应当使用符合国家有关要求的实名收寄信息系统，与国家实名收寄信息监管平台联网，及时收集、录入、报送实名收寄信息，并确保有关信息数据的真实、准确、完整。

37. 严格落实过机安检制度：(1)确定专门机构或者人员负责安检设备的配置、使用与管理工作，强化日常应用管理，并建立健全相关责任制度；(2)在处理场所安排具有专门技术的人员对邮件、快件通过安检设备进行安检，相关安全检查资料应保存30天以上；(3)对寄往重点地区、重点部位的邮件、快件进行集中安全检查，对可疑邮件、快件进行重点查验；(4)重点地区、重点部位、重大活动所在地的寄达邮件、快件再次过机安检；(5)应当通过在醒目位置加盖安检戳记等方式，对已过机安检的邮件、快件逐件作出安检标识，载明安检单位和安检省份，确保应检必检。

（四）确保网络和信息系统安全

38. 确保网络和信息系统安全：(1)按照网络

安全等级保护制度的相关法规及要求，履行安全保护义务，保障网络免受干扰、破坏或者未经授权的访问，防止网络数据泄露或者被窃取、篡改；(2)制定内部安全管理制度和操作规程，确定网络安全负责人，落实网络安全保护责任；(3)信息系统的网络架构应当符合国家信息安全管理规定，合理划分安全区域，实现各安全区域之间有效隔离，并具有防范、监控和阻断来自内部和外部网络攻击破坏的能力；(4)构建信息系统和网络，应当避免使用信息系统和网络供应商提供的默认密码、安全参数，并对通过开放公共网络传输的寄递用户信息采取加密措施，严格审查并监控对信息系统、网络设备的远程访问；(5)采取防范计算机病毒和网络攻击、网络侵入等危害网络安全行为的技术措施；(6)采取监测、记录网络运行状态、网络安全事件的技术措施，并按照规定留存相关的网络日志不少于六个月；(7)对重要业务信息、系统数据应定期进行备份；(8)关键信息基础设施的运营者，应当按相关法律法规的要求，履行安全保护义务，其重要系统和数据库进行容灾备份；(9)加强对离岗人员的信息安全审计，及时删除或者禁用离岗人员系统账户。

(五)强化用户个人信息保护

39.强化用户个人信息保护：(1)应当建立健全寄递用户信息安全保障制度和措施，完善数据管理体系和安全保障体系，采取技术手段和必要措施保证数据安全；(2)应当采用有效技术手段，防止实物信息在寄递过程中泄露；(3)严格履行保护用户数据的责任，收集、使用个人信息，应当遵循合法、正当、必要的原则，不得收集与寄递服务无关的个人信息，不得出售、泄露或者非法提供寄递服务过程中知悉的用户信息；(4)在中华人民共和国境内实名收寄活动中收集和产生的用户信息和重要数据应当在境内存储；(5)建立健全寄递详情单实物档案管理制度，按照国家相关标准规定的期限保存档案；保存期满后，由企业进行集中销毁，做好销毁记录，严禁丢弃或者贩卖；(6)对实物信息安全保障情况进行定期自查，记录自查情况，及时消除自查中发现的信息安全隐患；(7)建立快递运单及电子数据管理制度，妥善保管用户信息等电子数据，定期销毁快递运单；(8)在发生或者可能发生个人信息泄露、毁损、丢失的情况时，应当立即采取补救措施，并向事件所在地邮政管理部门报告，配合相关部门进行调查处理。

(六)加强相关方管理

40.加强相关方管理：(1)建立有关承包商、供应商、加盟商、末端网点等相关方的安全管理制度；(2)不得将寄递过程中的某一环节及项目建设发包给不具备相应资质的单位，与承包、承租、委托单位签订安全生产管理协议，并在协议中明确各方对事故隐患排查、治理和防控的管理职责；(3)对相关方的安全生产工作施行统一协调、管理，定期进行安全检查，发现安全问题的，应当及时督促整改。

(七)保护从业人员劳动安全

41.建立、健全劳动安全和职业卫生管理制度和操作规程，严格执行国家劳动安全卫生规程和标准，并建立职业卫生档案。

42.为本企业员工、劳务派遣工、接纳的实习学生提供符合国家规定的劳动安全卫生条件和必要的劳动防护用品，并督促和指导劳动者正确使用。

43.采用新工艺、新技术、新材料或者使用新设备，必须了解、掌握其安全技术特性，采取有效的安全防护措施。

44.安检设备的使用应当具有规定的安全距离和安全防护措施。

45.在高温天气期间，应当采取合理安全工作时间、轮换作业、适当增加高温工作环境下劳动者的休息时间和减轻劳动强度、减少高温时段室外作业等措施保护劳动者安全。

七、安全风险管控及隐患排查治理

(一)加强安全风险管控及隐患排查治理

46.企业是事故隐患排查、治理和防控的责任主体,应当建立事故隐患排查治理和建档监控等制度。

47. 应当定期组织安全生产管理人员和其他相关人员排查本单位的事故隐患,采取技术、管理措施,及时发现并消除事故隐患。对排查出的事故隐患,应当按照事故隐患的等级进行登记,建立事故隐患信息档案,向从业人员通报,并按照职责分工实施监控治理。

48. 对于重大事故隐患,应当及时向邮政管理部门及有关部门报告,报告内容应当包括:(1)隐患的现状及其产生原因;(2)隐患的危害程度和整改难易程度分析;(3)隐患的治理方案。

49. 对于一般事故隐患,由相关负责人或有关人员立即组织整改。对于重大事故隐患,由企业主要负责人组织制定并实施事故隐患治理方案。重大事故隐患治理方案应当包括以下内容:(1)治理的目标和任务;(2)采取的方法和措施;(3)经费和物资的落实;(4)负责治理的机构和人员;(5)治理的时限和要求;(6)安全措施和应急预案。

八、应急管理

(一)健全应急救援保障机制

50. 应当加强生产安全事故应急工作,建立、健全生产安全事故应急工作责任制及应急工作机制,其主要负责人对本单位的生产安全事故应急工作全面负责。

(二)建立应急救援预案

51. 应当结合本单位组织管理体系、生产规模和可能发生的事故特点,确立本单位的应急救援预案体系,制定包含信息安全在内的应急救援预案和专项预案。

52. 做好应急救援预案之间的衔接,加强应急救援预案动态管理,根据情势变化适时修订更新,并及时向邮政管理部门备案。

53. 按照应急救援预案的规定,落实应急救援指挥体系、应急救援队伍、应急救援物资及装备,建立应急救援物资、装备配备及其使用档案,并对应急救援物资、装备进行定期检测和维护,使其处于适用状态。

54. 根据本单位可能发生的生产安全事故的种类、特点,每年至少组织一次综合应急救援预案演练或者专项应急救援预案演练,每半年至少组织一次现场处置方案演练。

(三)规范事故报告处理

55. 建立安全生产信息报告和处理制度,规范报告程序,确保及时报告和处理有关安全信息,应当确定专门机构和专门的安全信息员负责安全信息的收集、报告和处理工作。

56. 生产安全事故发生后应当立即启动生产安全事故应急救援预案,采取下列一项或者多项应急救援措施,并按照有关规定报告事故情况:(1)迅速控制危险源,组织抢救遇险人员;(2)根据事故危害程度,组织现场人员撤离或者采取可能的应急措施后撤离;(3)及时通知可能受到事故影响的单位和人员;(4)采取必要措施,防止事故危害扩大和次生、衍生灾害发生;(5)根据需要请求邻近的应急救援队伍参加救援,并向参加救援的应急救援队伍提供相关技术资料、信息和处置方法;(6)维护事故现场秩序,保护事故现场和相关证据;(7)法律、法规规定的其他应急救援措施。

国家邮政局关于支持海南邮政业深化改革开放的意见

国邮发〔2019〕90 号

各省、自治区、直辖市邮政管理局,国家邮政局直属各单位、机关各司室,中国邮政集团公司、各主要快递企业：

邮政业是国家重要的社会公用事业，是推动流通方式转型、促进消费升级、助力生产发展的现代化先导性产业，在海南经济社会发展中具有基础性作用。为深入贯彻落实习近平总书记在庆祝海南建省办经济特区30周年大会上的重要讲话精神和《中共中央 国务院关于支持海南全面深化改革开放的指导意见》《中国(海南)自由贸易试验区总体方案》部署要求，有效服务海南自由贸易试验区和中国特色自由贸易港建设，深化海南邮政业改革开放，推动海南邮政业高质量发展，现提出以下意见。

一、总体要求

(一)指导思想

以习近平新时代中国特色社会主义思想为指导，以深化供给侧结构性改革为主线，解放思想、先行先试、统筹推进，努力构建海南现代邮政业供给体系、生态体系和治理体系，加快探索建设邮政强国的有效模式和路径，打造邮政业深化改革开放试验区、冷链快递服务标杆区和绿色快递发展示范区，为海南全面深化改革开放、建设自由贸易试验区和中国特色自由贸易港贡献力量。

(二)发展目标

到2025年，构建形成与自由贸易港建设要求相适应的邮政业治理体系和治理能力。海南邮政业收入规模实现翻一番，国际快递业务量规模实现翻两番；邮政普遍服务和快递服务满意度达到全国平均水平以上；海南本岛互寄邮件快件实现24小时达，快递通达国内重点城市的时限不超过3天，国际快递服务网络通达全球主要城市；建制村实现电商寄递配送全覆盖；海南省内寄递业务绿色包装耗材应用实现全覆盖，邮件快件包装废弃物融入社会资源和回收体系；建设一批自动化智能化分拨处理中心和快递物流园区；邮政快递成为冷链生鲜物流和跨境寄递物流的重要渠道。

二、主要任务

(三)培育更加开放的邮政市场。在国家自由贸易港政策框架下研究邮政业进一步扩大开放的措施安排。支持海南邮政管理部门精简国际快递业务经营许可流程，便利企业提供快件跨境寄递服务。鼓励邮政快递企业在海南设立国际总部或区域总部，助力海南发展总部经济。对住所位于海南自由贸易试验区的企业法人，参照直辖市核定规则核定其在海南自由贸易试验区内经营快递业务的地域范围。

(四)深化行业“放管服”改革。全面推行“极简审批”制度，进一步精简省内快递业务经营许可和经营邮政通信业务审批的申请材料、审核流程，压缩审批承诺时限，逐步减至10个工作日以内。完善快递业务经营许可年度报告制度，支持经营快递业务的企业主动向社会公开更多运营信息。按照包容审慎原则，研究探索将相关新业态纳入行业管理和服务范畴。在海南取消普通邮票图案的仿印审批。

(五)加快绿色邮政建设。支持海南制修订地方性法规或地方政府规章，推动行业生态环保工作纳入地方生态环保治理格局。指导海南制定快递业绿色包装地方标准。建立健全海南省快递包装产品绿色标识和认证体系。逐步在海南范围内全面禁止使用不可降解的一次性塑料包装袋。推动建立快递包装物社会化回收体系，在海南城市范围内试点回收再利用。推动邮政快递企业总部制定进出岛邮件快件绿色包装推广应用方案。

(六)完善寄递基础设施布局。主动对接海南国土空间规划，科学布局邮件快件处理中心、快递物流园区，衔接航空、港口、铁路、高速公路的汇聚点，形成以海口、三亚为集散枢纽，辐射琼海、儋州、琼中等区域节点的寄递物流体系。推动在交通枢纽同步规划建设邮件快件装卸、接驳、仓储功能区。支持在临空经济区和保税区内建设现代商贸快递物流运营示范区。加快推进智能收投终端和末端公共服务平台建设。加强三沙邮政快递基础设施建设，推动上岛通道实现合作共享。

（七）发展冷链快递物流。鼓励邮政快递企业建设初加工冷链设施，加强先进冷链设备应用，建立覆盖生产、储存、运输和销售全环节冷链物流体系，打造海南生鲜品、医药品出岛快速通道。支持在美兰、凤凰临空经济区等重要物流节点建设冷链快递物流园区，推动冷链快递集聚发展。支持有条件的邮政快递企业与生鲜及医药品生产、加工、流通企业加强基础设施、生产能力、设计研发等方面的资源共享和业务合作。加快培育若干专业化规模化冷链快递企业。

（八）促进离岛免税购物。鼓励邮政快递企业入驻海南各地免税商店，加强与免税商品网络销售平台的合作，为消费者提供便捷的离岛免税品寄递服务，助力海南国际旅游岛建设。支持邮政快递企业提供代办免税品海关退税、高值商品保价等新型增值服务，着力提升客户体验。引导邮政快递企业推出“高端版”寄递服务，提高珠宝首饰、箱包、手表等免税品寄递的安全性、可靠性和时效性。

（九）打造跨境电商寄递中心。鼓励海南发展跨境电商寄递，创新寄递物流、仓储运输新模式，增强跨境寄递的通关、转运分拨和多式联运能力。支持升级改造海口国际邮件互换局，推动建设自动化、智能化邮件快件、跨境电商件一体化通关设施。支持提升三亚国际快件监管中心业务处理能力。加快航空运输环节“快件绿色通道”建设，鼓励邮政快递企业利用腹舱资源运输邮件快件。支持海口、三亚等加开国际航空货运航线、增加国际邮路、发展国际快件中转集拼业务，重点辐射东南亚、南亚、大洋洲等国家和地区。

（十）服务海南热带高效农业。加强海南农村和中西部地区邮政普遍服务网点和村邮站建设。推动村邮站转型升级为村级综合服务站点，完善其电子商务、便民服务、邮件快件收寄投递等功能。实施“快递进村”工程，鼓励县以下邮政、快递网络资源共享，全面推进快邮合作，有效降低农村物流成本。推广“寄递＋电商＋农特产品＋农户”模式，培育海南特色农产品品牌，有效促进农民创业增收。支持海南制定发布农产品寄递服务地方标准，鼓励邮政快递企业提供高品质的热带农产品寄递服务。

（十一）推进数字邮政建设。鼓励邮政快递企业在海南申请设立国家重点实验室、国家工程研究中心和行业技术研发中心等科研机构，加强海南邮政业科技创新平台建设。指导海南实施“智能＋”，加快推进5G、大数据、云计算、人工智能、区块链和物联网等现代信息技术与邮政业深度融合，提升邮政快递基础设施数字化水平。推动设备智能化、无人化应用，促进无人机、无人车、无人仓等技术在海南加快应用，建设智慧物流。鼓励邮政企业在海南建设无人智慧邮局。

（十二）强化寄递渠道安全监管。将海南作为国家寄递渠道科技监管试验区，推进行业监管数字化转型，综合运用现代信息技术，提升数据监测、综合研判和协同监管的能力，打造“智能＋”监管模式。在海南实施智能安检工程，广泛应用智能安检设备，实现对包裹的智能识别、报警，探索与公安、海关、民航等部门开展智能化安全监管合作。强化企业安全责任，支持企业加大安全设施设备和信息技术投入。支持将寄递渠道安全监管纳入地方社会治安综合治理并完善考评体系。

（十三）实施人才强邮工程。依托“百万人才进海南”行动计划，支持邮政快递企业引进行业高端人才。指导海南全面推开快递工程技术人员职称评审，加快落实职业技能等级认定制度。支持海南将快递从业人员职业技能培训纳入职业技能提升行动计划，鼓励开展政府补贴性职业培训。鼓励省内院校、科研机构、企业同国内外相关机构开展合作，共同培养行业紧缺人才、企业中高级经营管理人才以及通晓国际规则的复合型国际化人才。推动在全系统选派优秀干部到海南挂职锻炼，支持海南邮政管理部门干部到国家邮政局机关或相关单位挂职锻炼。

三、保障措施

（十四）加强组织实施。坚持党的领导，把党的领导贯穿于海南邮政业进一步深化改革开放的全过程，确保行业改革开放的正确方向。成立海南邮政业深化改革开放领导小组，负责统筹推进工作，定期召开会议，研究重大问题，抓好上述任务落实。国家邮政局有关司室要加强研究指导，在海南先行先试深化邮政业改革开放的政策措施。海南省邮政管理局要总结深化海南邮政业改革开放的经验，研究提出全面开放条件下推进邮政业高质量发展的政策措施建议。涉及重大行业改革开放措施建议，要及时报国家邮政局审议。行业媒体要充分发挥作用，广泛宣传海南邮政业深化改革开放成效，讲好邮政故事。

（十五）争取有关支持。推动中央财政综合财力补助等有关专项资金用于支持海南邮政业基础设施建设、绿色快递发展等项目。推动海南省各级财政将符合条件的企业和项目纳入支持范围。推动贯彻《交通运输领域中央与地方财政事权和支出责任划分改革方案》，切实加强邮政领域地方履职能力建设。推动将快递相关仓储、分拨等设施纳入城乡规划、土地利用总体规划，将智能快件箱、快递末端综合服务场所纳入公共服务设施相关规划。推进省级及以下邮政业安全中心建设，争取地方在人员编制、运行经费等方面给予保障。支持海南邮政管理系统参照海南相关政策，探索推进公务员聘任制改革。

（十六）完善配套措施。按照中央建设海南自由贸易试验区、自由贸易港有关要求，适时调整邮政管理机构设置。研究设立国家邮政局发展研究中心海南分中心，加强对海南邮政业深化改革开放的智力支持。研究在海南设立邮政业安全教育培训基地。推动在海南举办万国邮联相关会议活动，在博鳌举办“丝路传邮”国际合作论坛。支持发行海南全面深化改革开放等题材的纪特邮票。

国家邮政局

2019 年 12 月 17 日

第六章　重要政策解读

《关于推进邮政业服务乡村振兴的意见》解读

国家邮政局与国家发展改革委、财政部、农业农村部、商务部、文化和旅游部、供销合作总社，联合印发了《关于推进邮政业服务乡村振兴的意见》(以下简称《意见》)。《意见》提出的工作思路和主要任务是什么？《意见》有哪些政策创新？如何贯彻落实《意见》？现就《意见》解读如下：

一、《意见》出台的背景

实施乡村振兴战略，是以习近平同志为核心的党中央就“三农”工作作出的重大决策部署，是决胜全面建成小康社会、全面建设社会主义现代化国家的重大历史任务。党中央国务院高度重视邮政业服务“三农”工作。习近平总书记指出：“农村市场广阔，电子商务更是大有可为，希望邮政能够做好”，称赞快递小哥是“美好生活的创造者、守护者”。李克强总理强调：“快递把农村的东西送到城市去，城市的东西送到农村来，缩小了城乡差距。”贯彻落实好乡村振兴战略，是新时代邮政业必须紧紧围绕、重点服务的大局。

党的十八大以来，全行业认真学习贯彻习近平总书记关于“三农”工作的重要论述，补建空白乡镇邮政局所，实施“邮政在乡”“快递下乡”工程，加大行业精准扶贫力度，服务“三农”工作取得了明显成效。2018 年，全国建制村直接通邮率超过 98.9%，乡镇快递网点覆盖率达到 92.4%，农村地区收投快件 120 亿件，打造年业务量超千万件的“快递 +”金牌项目 20 个、“一地一品”项目 905 个，支撑农产品进城和工业品下乡超 7000 亿元，有效降低流通成本和促进农民增收。近几年，邮政、快递企业持续加大服务“三农”工作力度，积累了一些行之有效的经验和做法，为推进邮政业服务乡村振兴打下了坚实的工作基础。

为贯彻落实《中共中央 国务院关于实施乡村振兴战略的意见》和《乡村振兴战略规划(2018 – 2022 年)》，持续提升邮政业服务“三农”能力，加快推进农业农村现代化，在前期深入调研、听取意见建议的基础上，2019 年 4 月，国家邮政局联合国家发展改革委、财政部、农业农村部、商务部、文化和旅游部、供销合作总社出台了《意见》。

二、《意见》出台的重要意义

邮政业是推动流通方式转型、促进消费升级的现代化先导性产业。行业依托遍布城乡的网络，长期服务农村，离农业近，与农民亲。出台《意见》有以下重要意义：

一是行业深入贯彻落实习近平总书记“三农”工作论述的重要举措。解决好“三农”问题是全党工作的重中之重。习近平总书记指出：“没有农业农村现代化，就没有整个国家现代化。”实施乡村振兴战略，是关系全面建设社会主义现代化国家的全局性、历史性任务，是全党的共同意志。邮政体系是国家战略性基础设施和社会组织系统，担负着服务乡村振兴的重要职责。有关部门协同发力，明确思路、细化措施，发挥邮政业网络和资源优势，扎实有效落实乡村振兴战略，是践行人民邮政为人民服务宗旨的重要体现，是加快推进农业农村现代化的重要途径。

二是破解邮政业在农村地区的突出问题，促

进行业高质量发展的必然要求。推动高质量发展是当前和今后一个时期邮政业发展必须坚持的基本方向，是制定行业政策、实施市场管理的根本遵循。对标高质量发展要求，当前邮政业在农村地区还存在寄递基础设施薄弱，服务现代农业供给不足，快递时效难以保障，市场监管能力薄弱，快递包装治理任务艰巨，寄递渠道安全亟待加强等问题。农业发展潜力巨大，农村地区大有可为，农民向往美好生活，为推进邮政业高质量发展提供了重大机遇。要通过推进邮政业服务乡村振兴，解决存在的突出问题，厚植发展内生动力，努力实现行业更高质量、更有效率、更加公平和更可持续的发展。

三是建设与小康社会相适应的现代邮政业和现代化邮政强国的必由之路。全面建成小康社会和全面建设社会主义现代化强国，最艰巨最繁重的任务在农村，最广泛最深厚的基础在农村，最大的潜力和后劲也在农村。进一步加快补齐邮政业在农村地区的短板弱项，深入推进邮政业与现代农业体系融合发展，将邮政、快递网络全面通下去，将农村产业有力扶起来，促进农民生活富裕，既是行业贯彻农业农村优先发展、实现农业农村现代化方针和目标的现实路径，更是行业实现城乡普惠、发挥基础性作用的关键依托。通过推进邮政业服务乡村振兴，解决邮政业城乡发展不平衡不充分问题，不断增强农民的获得感、幸福感和安全感，必将有利于加快建成与小康社会相适应的现代邮政业，必将有力地推动现代化邮政强国建设。

三、关于《意见》提出的工作思路

《意见》深入贯彻习近平总书记“三农”工作重要论述，对标党中央国务院关于实施乡村振兴战略的要求，结合行业实际，坚持问题导向，围绕农业农村现代化的总目标，提出了未来几年行业服务乡村振兴的工作思路：坚持以农为先、普惠均衡、绿色发展和因地制宜的原则，以深化邮政业供给侧结构性改革为主线，通过构建部门协同工作机制，在农村地区着力补齐基础设施短板、着力提升寄递质量水平、着力促进绿色安全畅通，深入推进邮政业与现代农业体系融合发展，助力脱贫攻坚和农民创业增收，为农业全面升级、农村全面进步、农民全面发展作出贡献。

《意见》坚持担当尽责、全力而为、保持韧劲、久久为功的工作基调，合理设定阶段性工作目标：到2022年，邮政服务乡乡有局所、建制村直通邮，快递服务乡乡有网点、村村通快递，实现建制村电商寄递配送全覆盖。县域邮政业供给能力和供给质量显著提高，涉农寄递物流产品丰富，绿色发展成效明显，寄递渠道安全畅通。深度融入现代农业体系和乡村产业发展，打造一批服务现代农业示范项目，有效促进农民持续增收和巩固脱贫成果。邮政业在农业农村发展和社会治理中发挥重要作用。

四、关于《意见》提出的重点任务

《意见》坚持走中国特色乡村振兴之路，按照产业兴旺、生态宜居、乡风文明、治理有效、生活富裕的总要求，立足邮政业定位，发挥服务“三农”优势，找准突破口，明确发力重点，提出了十项主要任务。主要聚焦在五个方面：

一是夯实基础。农村网络设施建设滞后，电子商务配送站点覆盖率低和冷链快递服务能力弱是城乡邮政业发展不平衡不充分的具体表现，也是制约邮政业服务乡村振兴的突出问题。为此，《意见》提出：新建扩建县域邮政、快递处理中心，整合资源建设电商仓储设施和快递物流园区，推动村邮站纳入农村公共基础设施，打造农村现代寄递物流网；实施农产品冷链建设工程，建设现代化农产品冷链快递物流集散中心，构建全程冷链快递物流体系，推广冷链寄递标准和服务规范。

二是提高效率。县域邮政网络利用率不高，涉农设施资源共享程度低，农村寄递服务成本高，严重影响邮政业发挥支撑“农产品进城、工业品下乡”的主渠道作用。为整合涉农网络设施资源，提升农村寄递物流网络运行效率，降低流通成本，《意见》提出：推动县域邮政网络设施资源社会共享，建立县、乡、村消费品和农资网络体系；鼓励快递企业在业务量小的乡镇统一开展收、拣、运、投业务；推进交邮协作，利用农村客运班车代运邮件快件；优化农村运输组织模式和投递路线，打造无人机投递示范区。

三是增强动能。推进邮政业与现代农业、乡村旅游产业深度融合，培育农村新产业新业态，打造乡村发展新动能，既是构建农村一二三产业融合发展体系的必然要求，也是推动行业高质量发展的内在需要。为此，《意见》提出：实施“一地一品”示范工程，推广“寄递＋电商＋农特产品＋农户”模式；加强农商互联，开展农产品分等分级，发布农特产品寄递服务标准；注重挖掘乡村文化和旅游资源，发行邮资票品，合理布局主题邮局，销售手工艺品和农特产品。

四是优化服务。加强农村快递包装治理和寄递渠道安全监管是推动农村寄递服务发展过程中不容忽视的关键问题。邮政企业在乡村具有网点优势，应进一步面向农民需求，与时俱进拓展服务范围，提供基层政务服务，促进乡村治理。因此，《意见》提出：高起点发展农村绿色寄递，研发符合农产品特点的绿色包装，使用环保胶带，减少网购农产品二次包装；推广警邮、税邮合作，拓展服务范围，打造政务代理综合服务平台；在农村地区夯实寄递渠道安全基础，有效落实收寄验视、实名收寄和过机安检三项制度，加强安全生产教育培训。

五是促进增收。推进邮政业服务乡村振兴要把维护农民群众根本利益、促进农民共同富裕作为出发点和落脚点，要助力脱贫攻坚，促进农民持续增收，不断提升农民的获得感、幸福感和安全感。为此，《意见》提出：发挥行业网络和市场优势，支持家庭工厂、手工作坊、乡村车间发展；加强农民快递职业技能培训，培育当地电商快递致富带头人；在贫困地区优先加强邮政网点、危旧局所改造，推进邮政企业农村电商O2O平台建设，助力贫困地区农特产品上行。

五、《意见》涉及的政策创新

《意见》聚焦关键问题，注重政策协同、集中发力，既对现有邮政业服务“三农”政策进行了延续、集成和发展，也着力突出政策创新：

一是规划方面。《意见》提出，要推动将县域邮政业发展内容纳入地方国民经济和社会发展规划，将村邮站纳入乡村公共基础设施。

二是能力建设方面。《意见》提出，要建立覆盖农产品生产、加工、运输、储存、销售等环节的全程冷链快递物流体系；支持有条件的乡村布局建设无人机起降场地，打造无人机农村投递示范区。

三是财政投资方面。《意见》明确，中央基建投资支持农村和西部地区公益性、基础性快递基础设施建设；各地乡村振兴专项资金，支持农产品寄递物流网络、现代化冷链寄递设施以及村级电商配送站点等建设。

四是绿色发展方面。《意见》提出，鼓励有条件的地方结合实际研究建立农产品绿色包装补贴机制；支持社会资本探索设立快递绿色包装产业发展基金，促进农产品绿色包装研发、生产和推广使用。

五是普遍服务方面。《意见》提出，深入参与“互联网＋政务服务”，依托县乡邮政网点打造“一门式办理”“一站式服务”的政务代理综合服务平台。

六、《意见》的贯彻落实

习近平总书记强调，“真抓才能攻坚克难，实干才能梦想成真。”服务好乡村振兴是邮政业必须肩负起的重大政治任务，关系到稳增长、促改革、调结构、惠民生、防风险工作大局。为汇聚全行业力量，形成工作合力，做好贯彻落实工作，《意见》提出了四个方面的要求：

一是部门协同方面。《意见》提出，各级邮政管理、发展改革、财政、农业农村、商务、文化和旅游、供销合作等部门要在规划编制、政策制定、项目建设、资金保障、机制建设等方面加强协同,制定务实管用的举措,强化工作督导,形成工作合力。

二是组织建设方面。为加强县域邮政管理部门工作力量,《意见》根据《国务院办公厅关于完善省级以下邮政监管体制的通知》精神,提出可采取上级邮政管理部门设置派出机构或依托县级交通运输部门的方式,推动成立县级邮政监管机构,鼓励有条件的县成立县级邮政业安全中心。

三是典型示范方面。《意见》提出,要围绕产业融合、服务创新、设施共享、绿色发展和政策扶持等方面,挖掘和总结邮政业服务乡村振兴典型案例,形成可复制可推广的经验,发挥示范带动作用。

四是宣传引导方面。《意见》提出,要广泛宣传邮政业服务乡村振兴的政策措施,营造良好氛围;要开展优秀乡邮员、快递员表彰活动,树立行业先进楷模;要充分发挥中国邮政快递报、快递杂志等行业媒体作用,用好微博、微信等新兴媒体平台,协调其他中央和地方媒体形成宣传合力。

《国家邮政局　商务部关于规范快递与电子商务数据互联共享的指导意见》解读

为贯彻落实《国务院办公厅关于推进电子商务与快递物流协同发展的意见》,建立完善电子商务与快递数据互联共享规则,促进电子商务经营者、经营快递业务的企业数据管理和自身治理能力的全面升级,国家邮政局、商务部出台了《关于规范快递与电子商务数据互联共享的指导意见》(以下简称《意见》)。现就出台背景、主要内容、政府保障措施解读如下。

一、《意见》出台的背景是什么

电子商务与快递数据互联互通和有序共享,是促进电子商务与快递协同发展的重要条件。《国务院办公厅关于推进电子商务与快递物流协同发展的意见》要求,健全企业间数据共享制度。完善电子商务与快递物流数据保护、开放共享规则,建立数据中断等风险评估、提前通知和事先报告制度。在确保消费者个人信息安全的前提下,鼓励和引导电子商务平台与快递物流企业之间开展数据交换共享,共同提升配送效率。

为此,国家邮政局、商务部全面梳理电子商务与快递数据互联共享现状,结合电子商务与快递协同发展的客观实际,并广泛征求相关市场主体意见,制定出台了《意见》。

二、《意见》主要包括哪些内容

一是保障电子商务与快递数据正常传输。支持电子商务经营者按约定提供寄递数据(包括但不限于寄件人和收件人姓名、地址、联系电话、内件等数据),支持经营快递业务的企业按约定反馈快件数据(包括但不限于快件收寄、分拣、运输、投递等节点和轨迹数据)。

要求电子商务平台经营者不得通过限制数据互联共享,阻碍电子商务当事人自由选择快递服务。鼓励为电子商务经营者提供快递信息服务的平台企业履行与电子商务平台经营者同等的数据互联共享义务。

二是加强电子商务与快递数据管控。要求通过电子商务平台使用快递服务的用户严格遵守邮件快件实名收寄相关规定。要求电子商务经营者和经营快递业务的企业依法采集、共享用户信息,妥善存储利用用户数据。

三是加强电子商务与快递数据互联共享管理。在确保用户信息安全的前提下,鼓励电子商务经营者与经营快递业务的企业之间依据相关标准开展数据互联共享,共同提升配送效率。支持企业之间加强系统互联和业务联动,推动作业流程、数据交换有效衔接。

四是建立电子商务与快递数据中断通知报告制度。鼓励电子商务经营者和经营快递业务的企业建立数据中断风险评估制度,要求不得恶意中断数据传输。因约定期满等正当理由中断数据传输的,应当提前通知对方,并对后续事项作出妥善安排。必要时,应事先报告商务主管部门和邮政管理部门,及时向用户、平台内经营者等主体公示。

五是提高电子商务与快递数据安全防护水平。要求电子商务经营者和经营快递业务的企业完善自身数据管理体系和安全保障体系,建立健全信息安全风险评估和应急工作机制,完善安全防护体系,制定网络安全事件应急预案,确保用户信息安全。发生危害网络安全事件时,应当立即依法启动应急预案,采取相应的补救措施,并向有关主管部门报告。

三、如何推动《意见》落实

一是完善相关标准。商务主管部门和邮政管理部门推动制定电子商务和快递数据采集、传输、使用、共享、安全风险防范等相关标准,提高电子商务和快递数据互联共享效率,保障数据安全。

二是依法加强监管。商务主管部门和邮政管理部门利用大数据等技术,优化电子商务与快递业监管,客观评估数据互联共享状况,加强行业监测分析,提高政府科学决策和风险预判能力,加强对市场主体的事中事后监管。

三是协调化解纠纷。电子商务经营者和经营快递业务的企业就数据互联共享发生纠纷,并可能引发市场风险的,商务主管部门和邮政管理部门可采取约谈等方式,协调处理相关纠纷,并视情况将相关处理情况向社会公示。

《国家邮政局关于支持民营快递企业发展的指导意见》解读

2019年6月29日,国家邮政局印发《国家邮政局关于支持民营快递企业发展的指导意见》,为便于各级邮政管理部门、各民营快递企业、业内从业人员更好地理解相关内容,切实做好该政策性文件的贯彻实施工作,现解读如下:

一、制定背景

民营经济是国民经济和社会发展的生力军,是扩大就业、改善民生、促进创业创新的重要力量,在稳增长、促改革、调结构、惠民生、防风险中发挥着重要作用。党中央、国务院高度重视民营企业发展,在财税金融、营商环境、公共服务等方面出台一系列政策措施,取得积极成效。习近平总书记去年在民营企业座谈会上发表重要讲话,充分肯定我国民营经济的重要地位和作用,强调要始终坚持“两个毫不动摇”“三个没有变”。为落实总书记讲话精神,国家邮政局党组高度重视,强调要不断为民营快递企业营造更好发展环境,帮助民营快递企业解决发展中的困难,支持民营快递企业改革发展,变压力为动力,让民营快递企业创新源泉充分涌流,让民营快递企业创造活力充分迸发。出台《国家邮政局关于支持民营快递企业发展的指导意见》正是结合当前行业发展实际,为深入贯彻习近平总书记关于民营经济发展的重要讲话精神和党中央、国务院决策部署,更好服务民营企业加快发展的具体举措。

二、制定过程

国家邮政局于2019年初启动《指导意见》起草工作,充分吸收了中共中央办公厅、国务院办公厅《关于促进中小企业健康发展的指导意见》、交通运输部《贯彻落实习近平总书记在民营企业座谈会上重要讲话精神支持民营企业发展的工作措施》等近期已出台的部分政策文件,通过反复研究讨论形成初稿。为保证政策制定的科学合理性,分别征求了国家邮政局各司室、各直属单位、各省邮政管理部门、行业协会及各民营快递企业的意见建议,并按程序进行了公平竞争审查。在此基础上,国家邮政局局长办公会议于2019年6月25日审议通过。

三、主要内容

《指导意见》聚焦民营快递企业面临的困难和问题,结合近期已出台的部分政策措施,从降低企业成本、推动转型升级、营造公平环境、提升保障水平等四大方面,提出12条针对性更强、更实、更管用的新措施。为当前和今后一个时期促进民营快递企业发展提供了遵循和指引,对于提振民营快递企业发展信心,推动行业健康可持续发展,意义重大。

一是降低企业成本,减轻企业负担。包括降低制度性交易成本,深化快递领域"放管服"改革,进一步优化审批服务流程,将快递业务经营许可审批时间缩短至法定时限一半以内。推进全流程在线办理"一网通办",实现企业"最多跑一次"。推进减税降费,引导民营快递企业充分享受国家各项税收政策减免和优惠措施,切实减轻快递企业负担。

二是加强企业培育,推动转型升级。包括提升企业发展质效,推动民营快递企业总部做强做优。深入推进"快递下乡"工程、"快递入区"工程和"上车、上机、上船"工程。引导民营快递企业"走出去",培育具有国际一流竞争力的快递企业。提升企业创新发展能力,培育"专精特新"快递企业。提高企业经营管理水平,坚决遏制"以罚代管"和农村末端不合理收费。深入开展快递工程技术人才职称评审,推动建立技能等级认定制度,完善行业职业技能竞赛体系,强化人才联合培养机制。

三是完善监管措施,营造公平环境。包括规范行政执法行为,平等对待行政执法对象。深入推行"双随机、一公开",规范完善邮政市场主体名录库和执法检查人员名录库建设,确保执法检查制度化、规范化。完善政策执行方式,提高政府部门履职水平。强化行业信用体系建设,建立实施快递行业失信主体"黑名单"制度,探索对守信快递企业提供"绿色通道"和"容缺受理"等便利服务措施,着力提高全行业诚信意识和信用水平。

四是加强组织协调,提升保障水平。包括促进政企亲清交往,创建风清气正的营商环境,充分保障民营快递企业合法权益,帮助企业解决发展中面临的困难和问题。提升行业精神文明水平,积极组织开展快递行业各项精神文明创建活动,推动形成文明向上、奋发有为的行业氛围。加大政策落实力度,细化、量化政策措施,推动各项政策落地、落细、落实,切实推动民营快递企业健康发展。

《智能快件箱寄递服务管理办法》解读

2019年6月20日,交通运输部公布了《智能快件箱寄递服务管理办法》,自2019年10月1日起施行。为便于各级邮政管理部门、有关企业、从业人员和广大用户更好地理解相关内容,切实做好该规章的贯彻实施工作，现解读如下：

一、制定背景

实践中，智能快件箱以其时间配置灵活、时效性高、私密性强等特点，逐步发展成为我国城市快递末端服务的重要组成部分。与此同时，智能快件箱寄递服务也存在着一些亟需解决的问题，如涉及的寄递流程较为复杂、操作环节较多、相关企业责任划分不清晰、收投服务不规范、用户权益难以得到充分保障、存在一定的安全隐患等。在此情况下，原有制度安排已不能满足智能快件箱寄递服务发展需求，有必要制定部门规章，理顺法律关系，明确服务规则、把好安全底线，促进快递末端服务持续健康发展，不断满足人民群众对智能快件箱寄递服务的新期待。

二、制定过程

国家邮政局于2017年5月启动《智能快件箱寄递服务管理办法》制定工作，先后多次组织企业座谈、实地调研、专家研讨，并在起草过程中充分征求了相关企业、协会的意见建议。2018年11月，《智能快件箱寄递服务管理办法》（征求意见稿）通过中国政府法制信息网、交通运输部网站、国家邮政局网站公开征求意见。在此基础上，国家邮政局局长办公会议于2019年3月19日决定将《智能快件箱寄递服务管理办法》（送审稿）提请交通运输部审议。6月12日，交通运输部部务会议审议通过。

三、主要内容

《智能快件箱寄递服务管理办法》共35条，主要内容是：

一是包容相关企业共同发展。《办法》根据企业从事的服务环节，将提供智能快件箱寄递服务的企业细化为智能快件箱运营企业、智能快件箱使用企业，要求运营企业和使用企业具备与快件收寄、投递业务相适应的服务能力。规定运营企业、使用企业符合快递业务经营许可条件的，按照有关规定申请快递业务经营许可。

二是保护快递用户合法权益。《办法》规定了收件人的相关权利，以及智能快件箱运营企业、使用企业的相关义务。要求企业使用智能快件箱投递快件应征得收件人同意，投递快件后应及时通知收件人。

三是规范智能快件箱寄递服务。《办法》明确了智能快件箱设置要求，要求智能快件箱运营企业为实名收寄以及验收、拒收快件提供技术条件和技术服务。进一步明确了智能快件箱使用要求，规定智能快件箱使用企业建立管理制度，明确收寄验视、实名收寄、服务时限、服务质量等事项，并规定了运营企业、使用企业不得通过智能快件箱接收交寄物品和投递快件的具体情形。

四是保障智能快件箱寄递安全。《办法》紧密衔接收寄验视、实名收寄、过机安检三项制度。明确了企业在监控设备安装、寄件人身份查验、物品信息登记等方面的主体责任。细化了邮政管理部门的监督管理职责，并对企业违反相关规定的行为设置了相应法律责任。

《关于深化交通运输与邮政快递融合推进农村物流高质量发展的意见》解读

为贯彻落实党中央、国务院关于打赢脱贫攻坚战的工作部署，健全完善贫困地区农村物流服务体系，推动交通运输与邮政快递在农村地区加强合作，提高农村物流服务覆盖率，支撑农村经济发展,2019 年 8 月 12 日,交通运输部、国家邮政局、中国邮政集团公司联合印发了《关于深化交通运输与邮政快递融合 推进农村物流高质量发展的意见》(以下简称《意见》)。为便于社会各界更好地理解相关内容,切实做好《意见》的贯彻实施工作,现解读如下:

一、出台背景

农村物流直接服务于农村地区的生产生活及其他经济活动,是现代物流体系的末端环节,是农业生产资料供应、农产品及农村消费品流通的基础保障。推进农村物流健康发展,构筑农产品和农村生产生活物资高效便捷流通通道,对于支撑脱贫攻坚、助力乡村振兴具有重要意义。但总体上看,我国农村物流发展基础仍十分薄弱,物流站场设施覆盖率低,县、乡、村三级农村物流体系不完善,“货难到、效益差、不持续”的问题普遍存在,在一定程度上影响了农村地区经济发展。

党中央、国务院高度重视农村物流发展,《中共中央 国务院关于打赢脱贫攻坚战三年行动的指导意见》明确提出“完善贫困地区农村物流配送体系,推动邮政与快递、交通运输企业在农村地区扩展合作范围、合作领域和服务内容”。为贯彻落实党中央国务院的部署要求,交通运输部、国家邮政局、中国邮政集团公司在深入调研的基础上,坚持“市场主导、政府统筹,多方协同、资源整合,因地制宜、创新发展”的原则,制定了《意见》,引导交通运输、邮政快递深度融合,推动农村物流高质量发展。

二、《意见》的主要内容

《意见》围绕网络节点共建共享、运力资源互用互补、标准规范统一、企业融合创新等方面,对促进交通运输与邮政快递融合发展提出意见,总结起来,《意见》具有以下四个方面的特点:

一是坚持问题导向,强调资源共享。《意见》针对农村地区物流需求规模小、布局分散的实际情况,以及物流配送成本高、运营效益差的问题,集中力量围绕网络节点共建共享、运力资源互补互用等方面重点突破:一方面,支持县乡客货运站场根据需要设立邮政快递作业设施,拓展邮政快递中转及收投服务,鼓励邮政乡村服务点拓展快件收投、代购代销、金融缴费等功能,实现节点资源集约利用,提高农村物流网络节点覆盖率。另一方面,推广农村客车代运邮件快件,支持发展农村邮件快件货运班线以及共同配送、循环配送等模式,提高农村物流组织效率、降低配送成本。

二是突出跨部门协同,强调政策支持。《意见》立足农村物流在打赢脱贫攻坚战、助力乡村振兴战略中的重要作用,针对农村物流涉及部门多、涵盖领域广的特点,围绕各部门各自为政造成站场重复建设与利用率不高、网络盲目扩张与运营难以为继的矛盾,提出要建立县级人民政府统筹协调的工作机制:一方面,推动农村物流体系改革,统筹利用各部门的支持政策,促进各方资源整合、优势互补、融合发展,共同构建县乡村三级农村物流服务体系;另一方面,促进交通运输、邮政快递资源整合,推动市场主体深入合作,延伸服务链条、拓展服务领域、创新服务产品,增强农村物流服务经济发展的能力。

三是注重标准规范引领,强调服务创新。《意见》围绕交通运输、邮政快递融合发展中体制机制障碍,提出各方通过签订合作协议、联合出台政策性文件、定期召开联席会议等方式,破除市场主体在融合发展中的体制机制障碍,为资源整合、协同联动创造良好的政策环境。同时,围绕各方运营服务规范不统一的问题,《意见》提出要在规划布局、运输仓储、收寄交付、安全管理等方面制定交邮融合的服务规范,通过推出定制化服务产品,创新农村物流运营模式,提升服务品质。

四是支持融合发展,强调便民利民。《意见》充分认识到农村地区经济基础薄弱制约农村物流发展的客观实际,围绕农村物流需求分布分散、量小、季节性强,造成农村物流组织难度大、配送成本高、经营效益差的问题，强调要抓住货源优势，统筹利用交通运输与邮政快递、商务、供销、农业等各方资源，盘活供应链上下游、产业前后向资源，探索“基地 + 生产加工 + 商贸流通 + 物流运输 + 邮政金融”一体化的供应链服务模式，实现产、运、销一体化的农村物流服务。同时，针对农民居住分散、交通不便的问题，创新提出邮政代办运政业务，通过在乡邮所设置道路运政、联网售票等服务终端，为老百姓建设“家门口”的运管所，提高交通运输的便民利民水平。

第七章 部分省(区、市)、市(地)关于快递服务的政策法规

沧州市快递条例

(2019年8月27日沧州市第十四届人民代表大会常务委员会第二十一次会议通过,2019年9月28日河北省第十三届人民代表大会常务委员会第十二次会议批准)

第一条 为了促进快递业健康发展,规范快递运营服务,维护用户合法权益,加强对快递业的监督管理,根据《中华人民共和国邮政法》《快递暂行条例》等有关法律法规,结合本市实际,制定本条例。

第二条 本市行政区域内快递业的规划、服务、安全以及监督管理,适用本条例。

本条例所称快递企业是指经营快递业务的邮政企业和其他快递企业。

第三条 市邮政管理部门负责本市快递业的监督管理工作。

市、县级人民政府及其有关部门应当按照各自职责,做好相关工作。

第四条 市、县级人民政府应当将快递业发展纳入国民经济和社会发展规划,在国土空间规划中合理安排快递基础设施的布局和建设。

大型商贸中心、电子商务园区、物流园区等项目的规划与建设,应当统筹考虑快件集散、分拣等基础设施的用地和建设需求。

支持将旧厂房、仓库和存量土地资源用于发展快递业,建设快递产业园。

第五条 市邮政管理部门应当与市场监管、国家安全、公安、海关、烟草专卖等部门相互配合,建立快递安全信息共享机制,开展联合执法和检查,维护快递业稳定、安全、有序发展。

第六条 市邮政管理部门应当推进快递业诚信体系建设,建立以公众满意度、时限准时率和用户申诉率为核心的快递服务质量测评体系。

任何单位和个人有权举报违反本条例的行为。市邮政管理部门应当完善举报制度,公布举报方式,及时处理举报事项。

第七条 快递机动车辆属于民生保障车辆。经市邮政管理部门统一编号和标识的快递机动车辆,由公安机关交通管理部门颁发通行证,允许其在重污染天气应急响应时,不受车号限行限制。

市邮政管理部门应当会同市公安机关交通管理部门和市交通运输管理部门加强对专用电动三轮车等各类快递服务车辆的管理,并制定管理办法。

第八条 机关、学校和企事业单位的办公场所,以及商业楼宇、住宅区、工业区等封闭管理场所的物业服务单位,应当为快递从业人员提供临时停车、派送等便利。

第九条 快递行业协会组织应当依照法律法规及其章程规定,制定行业规范,加强行业自律,维护会员合法权益,提高快递企业的经营管理水平和从业人员的业务素质。

第十条 快递企业应当按照有关法律法规的规定与从业人员签订劳动合同,保障从业人员休息休假、工资薪酬、社会保障等基本权益,同时对从业人员加强职业操守、服务规范、作业规范、安

全生产、车辆安全驾驶等方面的教育和培训。

第十一条 经营快递业务应当依法取得快递业务经营许可；未经许可，任何公民、法人或者其他组织不得经营快递业务。

快递企业设立分公司、营业部等非法人分支机构的，应当取得分支机构名录。

第十二条 快递企业或者其分支机构可以在乡镇（街道）、村（社区）、学校等特定区域直接设立或者合作开办快递末端网点，并应当自开办之日起20日内到市邮政管理部门备案。

快递末端网点经营多个快递品牌的，由各快递企业（分支机构）分别向市邮政管理部门进行备案。

第十三条 快递企业应当积极落实绿色发展理念，应用新型包装技术，使用环保材料，完善包装回收利用体系，实现包装绿色化、减量化和可循环。

鼓励快递企业使用新能源车辆进行快件运输和收投服务，建立绿色节能低碳运营管理流程和机制。

第十四条 快递企业应当在营业场所公示或者以其他方式向社会公布其服务种类、服务时限、服务价格、投递范围、损失赔偿、投诉处理等服务承诺事项。服务承诺事项发生变更的，应当及时发布服务提示公告。

第十五条 快递企业按照服务时限和投递范围实行两次免费投递。因企业内部误收投递范围以外的快件所产生的转投费用，不得由寄件人或者收件人承担。

因收件人或者代收人原因，经两次免费投递后尚未投交的快件，收件人仍需投递的，快递企业可以额外收取投递费用，但应当事先告知收件人收费标准。

第十六条 快递企业应当在承诺的服务时限内完成快件的投递。同城快件超过承诺时限3日、省内异地和省际快件超过承诺时限7日视为彻底延误，快递企业应当根据有关规定予以赔偿。

第十七条 快递企业在分拣作业时应当按照行业标准进行操作，不得野蛮分拣，严禁抛扔、踩踏或者以其他方式造成快件损毁。

第十八条 快递企业应当为从业人员提供具有组织标识的服装和工号牌，并要求其提供服务时统一穿着和佩带。

从业人员在提供服务时应当文明服务，使用礼貌用语。

第十九条 投递人员应当将快件投递到约定的收件地址、收件人或者收件人指定的代收人，并告知收件人或者代收人当面验收。收件人或者代收人有权当面验收。

当收件人本人无法签收时，投递人员经收件人（寄件人）允许后，可以采用代收方式，并应当告知代收人的代收责任。若产生代收费用，应当事先告知收件人。

第二十条 鼓励和支持在住宅小区、商业楼宇、学校、机关等场所设置智能快件箱或者将传统信报箱更新为智能快件箱。

智能快件箱运营企业应当向市邮政管理部门备案，并报送设备设置场所、使用情况等运营信息。

第二十一条 快递企业、智能快件箱运营企业及其从业人员应当保护用户信息安全和通信秘密，不得以任何方式泄露用户信息，不得向其发送与快递服务无关的商业广告。

第二十二条 快递企业应当按照《寄递企业安全防范要求》建立治安保卫工作制度，对本企业的寄递物流安全承担主体责任，严格执行收寄验视制度，加强安全和应急管理。

第二十三条 违反本条例第十二条规定，未向市邮政管理部门备案的，由市邮政管理部门责令改正，可以处以五千元以上一万元以下罚款；情节严重的，处以两万元以上五万元以下罚款，并可以责令停业整顿。

第二十四条 违反本条例第十七条规定，存在抛扔、踩踏等野蛮分拣行为的，由市邮政管理部门责令改正，处以一万元罚款；造成快件损毁的，由市邮政管理部门责令改正，处以一万元以上三万元以下罚款。

第二十五条 违反本条例第十八条规定，快递企业未提供具有组织标识的服装和工号牌或者其从业人员未按规定统一着装和佩戴工号牌的，由市邮政管理部门责令限期改正；逾期未改正的，对快递企业处以五千元罚款。

第二十六条 其他违反本条例规定的行为，本条例未作出处罚规定的，依照相关法律、法规、规章的规定执行。

第二十七条 本条例自 2020 年 1 月 1 日起施行。

长春市邮政条例

长春市第十五届人民代表大会常务委员会公告第29号

《长春市人民代表大会常务委员会关于修改部分地方性法规的决定》已于 2019 年 4 月 25 日长春市第十五届人民代表大会常务委员会第十九次会议通过，于 2019 年 8 月 1 日经吉林省第十三届人民代表大会常务委员会第十三次会议批准，现予公布，自公布之日起施行。

长春市人民代表大会常务委员会

2019 年 8 月 15 日

第一章 总 则

第一条 为了保障邮政普遍服务，加强对邮政市场的监督管理，保护用户合法权益，促进邮政业健康发展，根据有关法律法规，结合本市实际，制定本条例。

第二条 本市行政区域内邮政业的规划、建设、服务、保障及其监督管理，适用本条例。

第三条 市邮政管理部门负责本市行政区域内邮政普遍服务和邮政市场的监督管理工作。

市有关部门应当按照各自职责，依法做好促进邮政业发展的相关工作。

第四条 市、县(市)区以及乡(镇)人民政府应当支持邮政企业提供邮政普遍服务，扶持农村地区邮政设施建设，并给予政策和资金支持。

市人民政府组织建设专业快递园区，对入驻园区快递企业给予土地使用、融资信贷、信息服务等政策支持。

第二章 规划建设

第五条 市邮政管理部门负责本市行政区域内邮政业发展规划的编制、发布等工作。

第六条 市、县(市)区人民政府应当将邮政业发展规划纳入本行政区域国民经济和社会发展规划，并与城乡规划和土地利用规划相衔接。

市交通主管部门应当将邮政运输网络建设规划纳入地方综合交通运输体系发展规划。

第七条 邮政设施的布局和建设应当满足保障邮政普遍服务的需要。

邮政设施的设置应当符合国家标准，并与本市经济社会发展相适应。

第八条 建设城市新区、开发区、工业园区时，各级政府应当建设配套的提供邮政普遍服务的邮政设施。

建设商业区、旅游景区、住宅区、高等院校校区或者改建旧城区时，建设单位应当建设配套的提供邮政普遍服务的邮政设施。

第九条　乡(镇)人民政府应当组织村民委员会设置村邮站或者其他接收邮件的场所，承担本辖区内的邮件接收和投递。

村邮站或者其他接收邮件的场所及其工作人员由村民委员会与邮政企业协商确定。

乡(镇)人民政府可以根据当地实际，对村邮站或者其他接收邮件的场所及其工作人员给予适当补助。

第十条　设置邮政企业、快递企业的营业场所和处理场所，应当符合国家标准。

邮政企业、快递企业的分拨中心应当配置安全检测设备。

邮政企业、快递企业应当安装符合标准的视频监控系统，覆盖收寄、分拣、储存等环节，保证监控设备二十四小时实时监控，监控资料保存时间不得少于三十日。

第十一条　邮政企业撤销提供邮政普遍服务的营业场所，应当经过邮政管理部门批准；变更邮政营业场所，应当事先书面告知邮政管理部门。

邮政企业停止办理和限制办理邮政普遍服务和特殊服务，应当经邮政管理部门批准。

第十二条　新建城镇居民楼的信报箱应当由建设单位按照国家规定的标准设置，并纳入建筑工程统一规划、设计、施工和验收，与建筑工程同时投入使用。

已建成的城镇居民楼未设置信报箱的，由所有权人或者所有权人委托的物业服务企业负责补建；已破损的信报箱，所有权人或者所有权人委托的物业服务企业应当及时维修或者更换，所需费用由委托人承担。所有权人不明的城镇居民楼，信报箱的补建、维修或者更换由当地人民政府负责实施。

市、县(市)区人民政府实施“老旧散”小区改造，应当将城镇居民楼的信报箱补建纳入改造规划，并安排资金补建。

第十三条　鼓励快递企业及其他企业在高等院校、商业区等区域，设置符合邮政行业标准的智能快件箱等自助服务设施。

使用智能快件箱等自助服务设施投递快件，应当事先征得用户同意，并确保快件安全和用户的信息安全，保障消费者按照服务约定验视签收的权利。

第十四条　因城乡建设需要征收邮政营业场所、邮件处理场所的，城乡规划主管部门应当按照保证邮政普遍服务正常进行、方便群众使用和不降低邮政普遍服务标准的原则，对邮政营业场所、邮件处理场所的重新设置作出安排；未作出安排的，不得征收。

邮政企业设置邮筒等便民的邮政服务设施，相关部门应当给予支持。因城市建设等原因需要迁移邮筒等邮政便民服务设施的，应当就近重建或者及时恢复。

邮政营业场所或者邮件处理场所、邮筒重新设置前，邮政企业应当采取措施，保证邮政普遍服务正常进行。

第三章　寄递服务

第十五条　邮政企业应当按照国家规定的业务范围、邮政普遍服务标准和资费标准，为所有用户持续提供邮政服务。

快递企业应当按照国家快递服务标准为用户提供快递服务。

第十六条　邮政企业、快递企业应当在其营业场所公示或者以其他方式公布以下内容：

(一)营业时间、服务种类、服务范围、服务标准、资费标准；

(二)禁止寄递或者限制寄递物品的名录和处理办法；

(三)邮件、快件和汇款的查询及损失赔偿办法；

(四)用户对其服务质量的投诉办法；

(五)其他需要公示、公布的内容。

第十七条　邮政企业和快递企业应当依法建

立并执行邮件、快件收寄验视制度。邮政企业、快递企业和用户应当遵守国家禁止寄递和限制寄递物品的规定,不得违法寄递国家禁止寄递和限制寄递物品。

对用户交寄的信件,发现可能有夹寄禁止寄递或者限制寄递物品的,邮政企业、快递企业可以要求用户开拆,进行验视,但不得检查信件内容。用户拒绝开拆的,邮政企业、快递企业不予收寄。

除信件和已签订安全协议用户交寄的邮件、快件外,邮政企业、快递企业收寄邮件、快件时,应当对寄件人身份进行查验,并登记身份信息,但不得在运单上记录除姓名(名称)、地址、联系电话以外的用户身份信息。寄件人拒绝提供身份信息或者提供身份信息不实的,邮政企业、快递企业不得收寄。

邮政企业、快递企业应当依法对邮件、快件进行安全检查,并对经过安全检查的邮件、快件作出安全检查标识。

对信件以外的邮件、快件,邮政企业、快递企业收寄时应当当场验视内件,并加盖收寄验视戳记。用户拒绝验视的,邮政企业、快递企业不予收寄。

第十八条 邮政企业应当按照国家规定,采取按址投递、用户领取或者与用户协商等方式投递邮件。

第十九条 快递企业可以与连锁商业机构、社区、学校以及专业第三方企业签订合作协议开展投递服务合作。以合作协议形式开展投递服务的快递企业应当征得用户同意,提前告知用户选择合作投递服务时可能发生的单独费用。

快递企业无法以合作协议形式投递或者用户拒绝以合作协议形式投递的,应当与用户协商在指定地点、指定时间提供快递服务。

快递企业不得将代收货款快件委托合作方代为投递。

第二十条 邮政企业、快递企业及其从业人员不得实施下列行为:

(一)私自开拆、隐匿、毁弃、盗窃邮件、快件;

(二)无故拒绝、拖延、中断邮政业务、快递业务;

(三)擅自增加收费项目,强迫、误导用户使用高资费邮政业务;

(四)强行搭售商品或者强迫订阅报纸杂志等;

(五)法律、法规禁止的其他行为。

第四章 监督管理

第二十一条 市邮政管理部门应当建立信息管理系统,邮政企业、快递企业应当将视频监控、跟踪查询等信息与信息管理系统联网,为安全监管和公众服务提供数据和信息。

第二十二条 市邮政管理部门根据履行监督管理职责的需要,可以要求邮政企业、快递企业定期报送相关经营信息。

第二十三条 市邮政管理部门应当按照国家规定对邮政企业使用各级人民政府提供的邮政普遍服务、特殊服务补贴资金情况进行监督。

第二十四条 市邮政管理部门以及邮政企业、快递企业应当加强安全管理,制定突发事件应急预案,建立应急管理工作机制。

发生自然灾害、安全事故、疾病疫情和恐怖袭击等突发事件时,邮政企业、快递企业应当立即启动应急预案,采取必要的应急措施,确保邮件、快件安全,并及时向当地人民政府和邮政管理部门报告,并及时告知用户。

第二十五条 邮政专用车辆应当喷涂邮政专用标志色和“中国邮政”标志。

邮政企业不得利用邮政专用车辆从事邮件运递以外的经营性活动。不得以出租等方式允许其他单位或者个人使用带有邮政专用标志的车辆。

快递企业使用的车辆应当符合本市道路交通运输和货物运输的技术规范和要求,并采用统一的快递运输专用标志。

第二十六条 邮政专用车辆运递邮件,确需通过公安机关交通管理部门划定的禁行路段或者确需在禁止停车的地点停车的，经公安机关交通管理部门同意，在确保安全的前提下，可以通行或者停车。

快递车辆确因快递服务需要，在不影响交通安全畅通的前提下可以临时停车，完成快递服务后应当立即驶离。

第二十七条 机关、企事业单位、物业服务单位、村（居）民委员会等，应当为邮政企业、快递企业投递邮件、快件提供通行、临时停车、派送等便利，并应当减免相关费用。

第二十八条 除法律另有规定外，邮政企业、快递企业及其从业人员不得向任何单位或者个人泄露用户使用邮政服务、快递服务的信息。

第二十九条 邮政企业、快递企业应当向社会公布投诉电话，设置监督信箱、电子邮箱，配备专人负责受理投诉，并自受理之日起十日内答复用户。

邮政企业、快递企业与用户发生纠纷时，依照相关法律法规处理。

第五章　法律责任

第三十条 违反本条例第十二条第一款规定，建设单位未按照国家规定的标准设置信报箱的，由市邮政管理部门责令限期改正；逾期未改正的，由市邮政管理部门指定其他单位设置信报箱，所需费用由该居民楼的建设单位承担。

第三十一条 违反本条例第十五条第一款规定，邮政企业提供邮政普遍服务不符合邮政普遍服务标准的，由市邮政管理部门责令改正，可以处一万元以下的罚款；情节严重的，处一万元以上五万元以下的罚款；对直接负责的主管人员和其他直接责任人员给予处分。

违反本条例第十五条第二款规定，快递企业提供快递服务违反快递服务标准，严重损害用户利益的，由市邮政管理部门责令改正，处五千元以上三万元以下的罚款。

第三十二条 违反本条例第十七条第一款、第四款、第五款规定，邮政企业、快递企业不建立或者不执行收寄验视制度，违反法律、行政法规以及国务院和国务院有关部门关于禁止寄递或者限制寄递物品的规定，收寄邮件、快件未查验寄件人身份并登记身份信息，发现寄件人提供身份信息不实仍予收寄，或者未按照规定对邮件、快件进行安全检查的，由市邮政管理部门依照《中华人民共和国邮政法》、《中华人民共和国反恐怖主义法》的规定予以处罚。

违反本条例第十七条第三款规定，邮政企业、快递企业未按照规定加盖收寄验视戳记的，由市邮政管理部门责令改正，处二千元以上五千元以下的罚款。

第三十三条 违反本条例第二十条第（一）项规定，私自开拆、隐匿、毁弃、盗窃邮件、快件，尚不构成犯罪的，依法给予治安管理处罚。

违反本条例第二十条第（二）项、第（三）项、第（四）项规定的，由邮政管理部门责令改正，可以处三千元以上一万元以下罚款；情节严重的，处一万元以上五万元以下罚款。

第三十四条 违反本条例第二十二条规定，邮政企业、快递企业未定期报送相关经营信息的，由市邮政管理部门责令改正，可以处五千元以下罚款；逾期未改正的，处五千元以上一万元以下的罚款。

第三十五条 违反本条例第二十五条第二款规定，邮政企业利用邮政专用车辆从事邮件运递以外的经营性活动，或者以出租等方式允许其他单位或者个人使用带有邮政专用标志的车辆的，由市邮政管理部门责令改正，没收违法所得，可以并处二万元以下的罚款；情节严重的，并处二万元以上十万元以下的罚款；对直接负责的主管人员和其他直接责任人员给予处分。

第三十六条 违反本条例第二十八条规定，邮政企业、快递企业违法泄露用户使用邮政服务或者快递服务信息，尚不构成犯罪的，由市邮政管理部门责令改正，没收违法所得，并处一万元以上五万元以下的罚款;对邮政企业直接负责的主管人员和其他直接责任人员给予处分;对快递企业,邮政管理部门可以责令停业整顿直至吊销其快递业务经营许可证。

邮政企业、快递企业从业人员有前款规定的违法行为,由市邮政管理部门责令改正,没收违法所得,并处五千元以上一万元以下的罚款。构成犯罪的,依法追究刑事责任。

第三十七条 市邮政管理部门工作人员滥用职权、玩忽职守、徇私舞弊的,依法追究责任。

第六章 附 则

第三十八条 本条例下列用语的含义:

邮政企业,是指中国邮政集团公司及其提供邮政服务的全资企业、控股企业。

快递企业,是指经营快递业务的企业。

邮政普遍服务,是指按照国家规定的资费和服务标准,为中华人民共和国境内的所有用户提供信件、单件重量不超过五千克的印刷品、单件重量不超过十千克的包裹的寄递以及邮政汇兑等基本邮政服务。

邮政特殊服务,是指邮政企业按照国家规定办理机要通信、国家规定报刊的发行,以及义务兵平常信函、盲人读物和革命烈士遗物的免费寄递等特殊服务业务。

寄递,是指将信件、包裹、印刷品等物品按照封装上的名址递送给特定个人或者单位的活动,包括收寄、分拣、运输、投递等环节。

快递,是指在承诺的时限内快速完成的寄递活动。

邮件,是指邮政企业寄递的信件、包裹、汇款通知、报刊和其他印刷品等。

快件,是指快递企业递送的信件、包裹、印刷品等。

信件,是指信函、明信片。信函是指以套封形式按照名址递送给特定个人或者单位的缄封的信息载体,不包括书籍、报纸、期刊等。

邮政设施,是指用于提供邮政服务的邮政营业场所、邮件处理场所、邮筒(箱)、邮政报刊亭、信报箱等。

邮件处理场所,是指邮政企业专门用于邮件分拣、封发、储存、交换、转运、投递等活动的场所。

第三十九条 本条例自 2015 年 1 月 1 日起施行。

芜湖市快递管理办法

芜湖市人民政府令第 59 号

第一章 总 则

第一条 为了保护快递用户的合法权益,加强对快递业的监督管理,促进快递业健康发展,根据《中华人民共和国邮政法》《快递暂行条例》《安徽省邮政条例》等,结合本市实际,制定本办法。

第二条 本市行政管辖区域内从事快递业务经营、接受快递服务以及对快递业实施监督管理,适用本办法。

第三条 对快递业的监督管理应当遵循公开、公平、公正以及鼓励竞争、促进发展的原则。

第四条 邮政管理部门负责本市快递的监督管理工作。公安、国家安全、海关、市场监管、交通运输、商务等部门在各自职责范围内相互配合,负责快递监督管理的相关工作。邮政管理部门可以在其法定权限内委托依法成立的管理邮政事务的事业组织从事快递市场监督检查相关工作。

第五条 邮政管理部门应当与其他行政管理

部门互相配合，共同维护寄递安全。快递企业应当落实安全生产主体责任，建立健全企业安全生产责任机制，改善安全生产条件。

第六条 市、县(区)人民政府应当按照国家快递业发展政策，引导、扶持快递业健康发展，支持快递基础设施和快递末端配送点建设，提升快递服务水平，不断满足社会公众和企事业单位对快递业务的需求。

第七条 市、县(区)人民政府支持快递企业应用现代信息技术，开展技术改造和创新。鼓励快递企业使用电子运单、新能源车辆、环保包装材料，鼓励快递企业降低能源消耗、循环使用快递包装物，发展绿色快递。

第八条 建立健全快递业信用记录、信息公开、信用评价制度，加强快递业诚信体系建设，依法实施守信激励和失信惩戒机制。

第九条 快递行业协会应当依照法律、法规、规章和章程，加强行业自律，为企业提供信息、培训等服务，保护企业合法权益，促进企业诚信、守法、安全经营。

第二章 发展保障

第十条 市、县(区)人民政府应当将快递业发展纳入本级国民经济和社会发展规划，将快递服务的设施布局和建设纳入城乡规划和土地利用总体规划。

第十一条 市、县(区)人民政府支持和鼓励快递企业在农村、偏远地区发展快递服务网络，完善快递末端网点布局。

第十二条 新建、改建、扩建城镇居民住宅区的，住建部门应当鼓励建设单位、物业管理部门将快递末端服务设施纳入物业服务范畴。支持智能快件柜替代住宅信报箱建设，对提供邮政普遍服务的智能快件柜建设由建设行政主管部门和邮政管理部门予以政策引导。

第十三条 邮政管理部门应当会同公安、城市管理、交通运输等部门，依法规范快递服务车辆的管理和使用，对快递服务车辆进行统一编号、统一外观和统一标识管理。鼓励快递企业购买商业保险。公安、城市管理、交通运输等部门和邮政管理部门应当加强协调配合，建立健全快递运输保障机制，依法保障快递服务车辆通行和临时停靠的权利，不得禁止快递服务车辆依法通行。

第十四条 快递企业应当对从业人员加强法制、安全生产、职业技能、职业道德教育和培训。

第十五条 市、县(区)人民政府鼓励和引导快递企业采用先进技术，促进自动化分拣设备、机械化装卸设备、智能末端服务设施、快递电子运单以及快件信息化管理系统等的推广应用。

第十六条 市、县(区)人民政府鼓励快递业与制造业、农业、商贸业等行业建立协同发展机制，推动快递业与电子商务融合发展，加强信息沟通，共享设施和网络资源；引导和推动快递业与铁路、公路、水路、民航等行业的标准对接，支持在大型车站、码头、机场等交通枢纽配套建设快件运输通道和接驳场所。

第十七条 推动快递产业集聚发展，鼓励快递企业总部或者区域总部及其快递区域分拨中心、国际快件交换中心和航空快递物流处理中心落户本市。

第三章 快递经营

第十八条 经营快递业务，应当依照《中华人民共和国邮政法》的规定，向邮政管理部门提出申请，依法取得快递业务经营许可。未经许可，任何单位和个人不得经营快递业务。快递企业应当在经营许可范围内依法从事快递业务经营活动，不得超越经营许可的业务范围和地域范围。

第十九条 快递企业设立分支机构，凭企业法人快递业务经营许可证(副本)及所附分支机构名录，到分支机构所在地市场监督管理部门办理注册登记。企业分支机构取得营业执照之日起二十日内到所在地邮政管理部门办理备案手续。快递企业分支机构进行合并、分立的，应当在合并、分立协议签订之日起二十日内，向颁发快递业务经营许可证的邮政管理部门备案。

第二十条 快递企业及其分支机构可以根据业务需要开办快递末端网点，应当自开办之日起二十日内向所在地邮政管理部门备案。快递末端网点无需办理营业执照。

第二十一条 两个以上快递企业共同经营快递业务的，可以使用统一的商标、字号或者快递运单经营快递业务；共同经营快递业务的企业均应当取得快递业务经营许可。前款规定的快递企业应当签订书面协议约定双方的权利义务，明确服务质量、安全保障、业务流程、快件跟踪查询、投诉处理服务和对用户的赔偿责任等。

第二十二条 快递企业应当建立从业人员实名档案管理制度、定期向邮政管理部门报送从业人员信息，加强劳动保护，保障从业人员合法权益。快递收派员在收寄、投递过程中应当统一穿着具有该企业标识的服装，并佩戴工号牌、胸卡或者其他能够证明其工作身份的有效证件。

第四章 快递服务

第二十三条 快递企业在寄件人填写快递运单前，应当提醒其阅读快递服务合同条款、遵守禁止寄递和限制寄递物品的有关规定，告知其相关保价规则和保险服务项目。寄件人交寄贵重物品的，应当事先声明；快递企业可以要求寄件人对贵重物品予以保价。

第二十四条 寄件人交寄快件，应当如实提供以下事项：(一)寄件人姓名、地址、联系电话；(二)收件人姓名(名称)、地址、联系电话；(三)寄递物品的名称、性质、数量。除信件和已签订安全协议用户交寄的快件外，快递企业收寄快件，应当对寄件人身份进行查验，并登记身份信息，但不得在快递运单上记录除姓名(名称)、地址、联系电话以外的用户身份信息。寄件人拒绝提供身份信息或者提供身份信息不实的，快递企业不得收寄。

第二十五条 快递企业应当将快件投递到约定的收件地址、收件人或者收件人指定的代收人，并告知收件人或者代收人当面验收。收件人或者代收人有权当面验收。鼓励快递企业创新服务方式，提供灵活方便的收寄、投递服务。快件无法投递的，快递企业应当退回寄件人或者根据寄件人的要求进行处理；属于进出境快件的，快递企业应当依法办理海关和检验检疫手续。快件无法投递又无法退回的，依照下列规定处理：(一)属于信件，自确认无法退回之日起超过六个月无人认领的，由快递企业在所在地邮政管理部门的监督下销毁；(二)属于信件以外其他快件的，快递企业应当登记，并按照国务院邮政管理部门的规定处理；(三)属于进境快件的，交由海关依法处理；其中有依法应当实施检疫的物品的，由承担出入境检验检疫职能的部门依法处理。

第二十六条 快递企业应当实行快件寄递全程信息化管理，公布联系方式，保证与用户的联络畅通，向用户提供业务咨询、快件查询等服务。用户对快递服务质量不满意的，可以向快递企业投诉，快递企业应当自接到投诉之日起七日内予以处理并告知用户。

第二十七条 快递企业应当在营业场所公示或以其他方式向社会公布其服务种类、服务时限、服务价格、损失赔偿、投诉处理等服务承诺。在服务承诺事项发生变更时，企业应当及时向社会发布服务提示公告。快递企业应当规范操作，按照快递服务标准，规范快递业务经营活动，保障服务质量，维护用户合法权益。鼓励快递企业在节假日期间根据业务量变化实际情况，为用户提供快递服务。

第五章 快递安全

第二十八条 寄件人交寄快件和快递企业收寄快件应当遵守《中华人民共和国邮政法》第二十四条关于禁止寄递或者限制寄递物品的规定。执行国务院邮政管理部门会同国务院有关部门公布的禁止寄递物品的目录及管理办法。快递企业发现寄件人交寄禁止寄递物品的，应当拒绝收寄；发现已经收寄的快件中有疑似禁止寄递物品的，应当立即停止分拣、运输、投递。对快件中依法应当没收、销毁或者可能涉及违法犯罪的物品，快递企业应当立即向有关部门报告并配合调查处理；对其他禁止寄递物品以及限制寄递物品，快递企业应当按照法律、行政法规或者国务院和国务院有关部门的规定处理。

第二十九条 快递企业收寄快件，应当依照《中华人民共和国邮政法》的规定验视内件。寄件人拒绝验视的，快递企业不得收寄。快递企业应当建立并执行收寄验视制度。除信件外，有下列情形之一的，不予收寄：（一）寄件人未按规定提供身份信息、安全证明或其他书面凭证的；（二）寄件人拒绝当面验视的；（三）寄件人填写的快递运单不完整或者所填信息与其交寄的实物不相符的；（四）寄件人交寄禁止寄递物品，或者交寄限制寄递物品超出规定范围的；（五）法律法规规定的其他情形。快递企业应当对已经验视的快件作出验视标识，载明验视人员的姓名或工号。

第三十条 快递企业可以自行或者委托第三方企业对快件进行安全检查，并对经过安全检查的快件作出安全检查标识。快递企业委托第三方企业对快件进行安全检查的，不免除委托方对快件安全承担的责任。快递企业或者接受委托的第三方企业应当使用符合强制性国家标准的安全检查设备，并加强对安全检查人员的背景审查和技术培训；快递企业或者接受委托的第三方企业对安全检查人员进行背景审查，公安机关等相关部门应当予以配合。

第三十一条 快递企业应当建立快递运单及电子数据管理制度，妥善保管用户信息等电子数据，定期销毁快递运单，采取有效技术手段保证用户信息安全。快递企业及其从业人员不得出售、泄露或者非法提供快递服务过程中知悉的用户信息。发生或者可能发生用户信息泄露的，快递企业应当立即采取补救措施，并向所在地邮政管理部门报告。

第三十二条 快递企业应当遵守安全生产法律法规，加强安全生产管理，建立健全安全生产责任制度，完善安全生产条件，保障生产安全、服务安全。快递企业安全设备的安装、使用、检测、维修、改造和报废，应当符合国家相关标准或行业标准。快递企业使用实名收寄信息系统和报送实名收寄信息，快递经营网点应当摆放安全寄递提示牌等形式进行安全告知。

第六章 监督检查

第三十三条 邮政管理部门应当加强对快递业的监督检查。监督检查应当以下列事项为重点：（一）从事快递活动的企业是否依法取得快递业务经营许可；（二）快递企业的安全管理制度是否健全并有效实施；（三）快递企业是否妥善处理用户的投诉、保护用户合法权益。

第三十四条 邮政管理部门应当建立和完善以随机抽查为重点的日常监督检查制度。邮政管理部门应当充分利用计算机网络等先进技术手段，加强对快递业务活动的日常监督检查，提高快递业管理水平。

第三十五条 邮政管理部门应当依法履行监督管理职责，可以采取下列监督检查措施：（一）进入有关场所进行检查；（二）查阅、复制有关文件、资料、凭证；（三）约谈有关单位和人员；（四）经邮政管理部门负责人批准，对信件以外的涉嫌夹带禁止寄递或者限制寄递物品的快件开拆检查；（五）按照行政强制措施实施程序，查封与违法活动有关的场所，扣押用于违法活动的运输工具以及相关物品。邮政管理部门实施现场检查，有权查阅快递企业管理快递业务的电子数据。

第三十六条 邮政管理部门应当向社会公布本部门的联系方式，方便公众举报违法行为。邮政管理部门接到举报的，应当及时依法调查处理，并为举报人保密。对实名举报的，邮政管理部门应当将处理结果告知举报人。

第三十七条 快递企业应当制定突发事件应急预案,定期开展突发事件应急演练。发生突发事件的,应当按照应急预案及时、妥善处理,并立即向所在地邮政管理部门报告。

第三十八条 公安机关、国家安全机关为维护国家安全和侦查犯罪活动的需要依法开展执法活动,快递企业应当提供支持和协助。

第七章 法律责任

第三十九条 违反本办法,法律、法规已有规定的,从其规定。

第四十条 快件发生丢失、损毁或者内件短少等,对保价的快件,应当按照快递企业与寄件人约定的保价规则承担赔偿责任;对未保价的快件,按照有关民事法律规定承担赔偿责任。

第四十一条 快递企业违反本办法第十三条第一款、第十四条、第三十二条第二款相关规定的,由邮政管理部门依法责令改正,可以处警告或三千元以上一万元以下的罚款。对前款中负有责任的人员按相应法律法规依法处罚。

第四十二条 邮政管理部门以及其他管理部门的工作人员违反本办法,玩忽职守、滥用职权、徇私舞弊,对负有责任的人员依法给予行政处分;违反本办法,涉嫌犯罪的,由司法机关依法追究责任。

第八章 附 则

第四十三条 本办法的相关术语的含义:(一)快递是指在承诺的时限内快速完成的寄递活动;(二)寄递是指将信件、包裹、印刷品等物品按照封装上的名址递送给特定个人或者单位的活动,包括收寄、分拣、运输、投递等环节;(三)快递企业是指经营快递业务的企业;(四)快递末端是指为用户提供便民服务且快递业务量较小的网点;(五)快件是指快递企业递送的信件、包裹、印刷品等;(六)快递运单是指快递详情单,用于记录快件原始收寄信息及服务约定的单据;(七)收派员是指从事揽收快件和投递快件的从业人员;(八)用户信息是指寄件人、收件人的名址信息、身份信息、电话号码以及使用快递业务的种类、数量、时间等信息。

第四十四条 本办法自 2019 年 3 月 1 日起施行。

乌鲁木齐市邮政管理条例

《乌鲁木齐市邮政管理条例》经 2019 年 10 月 16 日乌鲁木齐市第十六届人民代表大会常务委员会第二十四次会议修订,2019 年 11 月 29 日新疆维吾尔自治区第十三届人民代表大会常务委员会第十三次会议批准。现予公布,自 2020 年 1 月 1 日起施行。

乌鲁木齐市人大常委会办公厅

2019 年 12 月 23 日

第一章 总 则

第一条 为了保障邮政普遍服务,加强对邮政市场的监督管理,维护邮政通信与信息安全,保护用户和邮政企业、快递企业的合法权益,促进邮政业健康发展,根据《中华人民共和国邮政法》《快递暂行条例》《新疆维吾尔自治区邮政条例》和有关法律法规,结合本市实际,制定本条例。

第二条 本市行政区域内邮政业的规划、建设、服务、安全保障和监督管理，适用本条例。

第三条 市邮政管理机构制定本市行政区域内的邮政业发展规划，负责邮政普遍服务、邮政市场等邮政业的监督管理工作，遵循依法、客观、公正的原则，完善服务体系，鼓励、促进和规范邮政服务发展。

市发展和改革、公安、国家安全、交通运输、规划、自然资源、市场监督管理等部门按照各自职责，做好促进邮政业发展的相关工作。

第四条 邮政企业、快递企业应当加强服务质量管理，提升服务水平，完善安全保障措施，落实收寄验视、实名收寄、过机安检制度，为用户提供快捷、准确、安全、方便的服务。

第二章 规划与建设

第五条 市人民政府应当将邮政、快递服务设施建设纳入土地利用总体规划、城乡规划、综合交通运输体系规划，其中智能快件箱、快递末端综合服务场所还应当纳入公共服务设施规划。

第六条 市邮政管理机构根据邮政业发展的需要组织编制本市邮政业发展专项规划，报市人民政府批准后，依法纳入相应的规划实施。

第七条 新建、改建、扩建城市社区、开发区、高等院校、大型集贸市场，应当规划和建设配套的提供邮政普遍服务的邮政设施。

第八条 乡（镇）人民政府应当设置村邮站，并纳入村级公共服务平台。引导邮政企业、快递企业与农村相关服务站点资源共享，设立农村服务终端，满足农村用邮需求。

村邮站由村民委员会选派村邮员负责日常管理，按照国家村邮站服务规范提供邮件、报刊的接收、保管和转交等服务。村邮员可以由村干部、低保户或者公益性岗位等人员担任。代办其他邮政业务的，邮政企业应当按照规定支付代办人员业务酬金。

第九条 社区居民委员会应当根据实际需要设立邮政服务站，确定专人代办邮政业务，邮政企业按照规定支付代办人员业务酬金。

第十条 邮政企业应当负责对村邮站、社区邮政服务站的业务指导和培训。

第十一条 邮政企业按照有关规定设置邮筒（箱）、邮政报刊亭等服务设施，有关部门应当提供便利条件。

第三章 邮政服务与快递服务

第十二条 邮政企业向用户提供邮政普遍服务，应当执行国家规定的标准。

第十三条 经营快递业务，应当依法取得快递业务经营许可。

第十四条 邮政企业、快递企业对用户交寄的邮件、快件，应当按照承诺的时限准确寄递；将邮件、快件放置在商店、店铺的，应当征求收件人同意，不得额外收取费用，侵害用户权益。

第十五条 邮政企业、快递企业应当按照相关服务标准分拣邮件、快件，不得抛扔、踩踏或者以其他方式造成快件损毁。

第十六条 邮政企业、快递企业应当对其从业人员加强法治教育、职业道德教育和业务技能培训。

第十七条 鼓励邮政企业、快递企业发展低碳快递和智能快递，为用户提供绿色便捷的服务。

第四章 安全保障

第十八条 市人民政府应当建立健全本行政区域内邮政业安全管理工作协调机制，市邮政管理机构做好邮政业安全监督管理工作。

第十九条 市邮政管理机构应当制定突发事件应急预案，建立突发事件应急机制。发生重大服务阻断时，邮政企业、快递企业应当在二十四小时内向市邮政管理机构报告，并向社会公告。

第二十条 邮政企业、快递企业应当对其设置的网点安全运营负责，建立安全检查制度，落实安全责任，开展安全检查和安全隐患排查治理工作。

邮政企业、快递企业应当落实岗前安全培训制度，加强从业人员安全生产教育培训。未经安全生产教育和培训合格的从业人员，不得上岗作业。

第二十一条 邮政企业、快递企业及其工作人员在收寄、分拣、投递等环节，应当确保邮件、快件的安全性，发现违禁物品，应当立即向市邮政管理机构、公安机关和国家安全机关报告，并按有关规定处理。

第五章 监督管理

第二十二条 市邮政管理机构应当加强对邮政企业、快递企业的监督管理，发现邮件、快件积压滞留或者存在安全隐患的，应当督促其采取措施予以处理。

第二十三条 邮政企业、快递企业应当向社会公布监督电话，设置监督信箱，受理用户举报或者投诉，并自接到用户举报或者投诉之日起十日内予以答复。

用户对处理结果有异议的，可以向市邮政管理机构申诉，市邮政管理机构应当自接到申诉之日起三十日内作出答复。

第二十四条 市邮政管理机构应当建立服务质量社会监督体系，聘请社会监督员对邮政、快递服务质量进行监督和评议。

第六章 法律责任

第二十五条 违反本条例第十四条规定，邮政企业、快递企业额外收取用户费用、损害用户权益的，由市邮政管理机构对邮政企业、快递企业处一千元以上一万元以下罚款。

第二十六条 违反本条例第十五条规定的，由市邮政管理机构对邮政企业、快递企业处一千元以上一万元以下罚款；情节严重的，处一万元以上三万元以下的罚款。

第二十七条 违反本条例第二十条第二款的规定，未对从业人员进行安全生产教育和培训的，由市邮政管理机构责令限期改正，可给予警告或处一万元以下的罚款；逾期未改正的，责令停业整顿，可以处二万元以下的罚款。

第二十八条 违反本条例规定，应当给予处罚的其他行为，由有关行政部门依照法律、法规规定予以处罚。

第二十九条 市邮政管理机构工作人员在监督管理工作中滥用职权、玩忽职守、徇私舞弊的，由其上级行政部门、监察机关依法给予处分；构成犯罪的，依法追究刑事责任。

第七章 附 则

第三十条 本条例自 2020 年 1 月 1 日起施行。

2019 年全国部分市(地)关于快递服务发展的政策文件

市(地)	政策文件名称
天津静海区	关于下发《静海区推进电子商务与快递物流协同发展实施方案》的通知(津静商务〔2019〕34 号)
石家庄	关于成立共青团石家庄市邮政快递行业工作委员会的决定(石团联发〔2019〕9 号)
	关于建立快递企业与物业服务企业互通互认协作机制的通知(石住建办〔2019〕112 号)
	关于开展消费扶贫助力打赢脱贫攻坚战行动方案的落实意见的通知(石政办函〔2019〕25 号)
	关于印发《石家庄市推进全国现代商贸物流重要基地建设工作联席会议制度》的通知(〔2019〕-142)
	关于加快发展流通促进商业消费实施方案
	关于完善促进消费体制机制进一步激发居民消费潜力的实施意见的通知(〔2019〕-29)
	石家庄市大力推动便利店品牌化连锁化发展工作方案(2020－2022 年)(〔2019〕-152)
	关于推动快递服务制造业发展的通知(石邮管〔2019〕13 号)

续上表

市(地)	政策文件名称
石家庄	关于加快发展石家庄邮政行业职业教育的实施意见(石邮管〔2019〕17号)
	关于做好高等院校快递服务工作的意见(石邮管〔2019〕18号)
	关于印发《石家庄市邮政行业精神文明建设工作实施方案》的通知(石邮管〔2019〕23号)
	关于推进全市邮政业农村电子商务协同发展的意见(石邮管〔2019〕25号)
	关于进一步做好协议客户邮件快件过机安检工作的通知(石邮管〔2019〕41号)
保定	关于坚持农业农村优先发展扎实推进乡村振兴战略实施的意见(保发〔2019〕6号)
	关于完善促进消费体制机制进一步激发居民消费潜力的实施意见(保发〔2019〕9号)
	关于印发《保定市推进全国现代商贸物流重要基地建设2019年重点工作安排》的通知(保商流通〔2019〕139号)
廊坊	关于印发《廊坊市推进全国现代商贸物流重要基地建设工作联席会议制度》的通知(廊商流通字〔2019〕9号)
邢台	关于开展消费扶贫助力打赢脱贫攻坚战行动方案的通知(邢政办字〔2019〕8号)
	邢台市推进运输结构调整实施方案(邢政办字〔2019〕14号)
	邢台市2019网剑行动及责任分工方案(邢市监发〔2019〕16号)
	关于推进品牌连锁便利店发展的意见(邢商〔2019〕126号)
	关于协同推进快递行业环保治理工作的实施方案(邢邮管〔2019〕32号)
沧州	关于印发沧州市推进沿海经济带高质量发展的实施方案的通知(沧发〔2019〕7号)
	关于推进"港口型国家物流枢纽承载城市"建设的实施意见(沧政办发〔2019〕5号)
	关于印发沧州市完善促进消费体制机制实施方案(2019－2020年)的通知(沧政办发〔2019〕22号)
	关于印发沧州市推进运输结构调整实施方案(2019－2020年)的通知(〔2019〕-44号) 关于开展城乡高效配送专项行动的实施方案(沧商建运字〔2019〕16号)
	关于加快发展流通促进商业消费实施方案(沧商建运〔2019〕38号)
	关于印发2019年度开展质量提升行动加快强市建设的实施方案重点工作任务责任分工落实措施的通知(沧质强办〔2019〕21号)
	关于协同推进快递行业环保治理工作的实施意见(沧邮管〔2019〕24号)
	关于印发沧州市寄递渠道安全监管"绿盾"工程信息化建设实施方案的通知(沧邮管办〔2019〕11号)
	关于印发2019年沧州市快递业务旺季服务安全保障工作方案的通知(沧邮管〔2019〕35号)
张家口	关于印发张家口市邮政业突发事件应急预案的通知(张政办函〔2019〕177号)
	关于印发《张家口市城乡高效配送专项行动的实施方案》的通知(张商字〔2019〕292号)
	关于推进品牌连锁便利店发展的实施方案(张商字〔2019〕346号)
	关于成立张家口市邮政业发展"十四五"规划编制领导小组及相关组织机构的通知(张邮管〔2019〕58号)
	关于协同推进快递行业环保治理工作的实施意见(张邮管〔2019〕59号)
邯郸	关于完善促进消费体制机制进一步激发居民消费潜力的实施意见(邯字〔2019〕6号)
	关于印发《邯郸市2019年推进运输结构调整工作方案》的通知(邯交办〔2019〕63号)
	关于协同推进快递行业环保治理工作的实施方案(邯邮管〔2019〕30号)
秦皇岛	秦皇岛市推进运输结构调整实施方案(秦政办字〔2019〕9号)
	秦皇岛市城乡高效配送专项行动实施方案(秦外商发〔2019〕116号)
	关于协同推进快递行业环保治理工作的实施意见(秦邮管〔2019〕64号)
	关于实施快递入区下乡出境工程促进快递业与电子商务协同发展的意见(秦邮管〔2019〕65号)
衡水	关于加快推进物流枢纽基地建设的实施意见
	关于印发《衡水市推进全国现代商贸物流重要基地建设工作联席会议制度》的通知
	关于印发《衡水市绿色货运配送示范工程实施方案》的通知(衡绿色货运办〔2019〕1号)

续上表

市(地)	政策文件名称
唐山	唐山市现代物流业发展规划
	唐山市城乡高效配送专项行动实施方案(唐商字〔2019〕169号)
承德	关于印发承德市城乡高效配送专项行动实施方案的通知(承市商务〔2019〕14号)
	关于印发承德市推进运输结构调整实施方案(2018—2020年)的通知(承市政办字〔2019〕54号)
太原	关于太原市加快现代服务业发展的政策意见(并政办发〔2019〕12号)
	关于印发太原市优化营商环境2019年行动计划的通知(并政办发〔2019〕24号)
	关于批转《2019年度太原市工程系列(快递专业)中级职称评审工作安排意见》的通知(并人社专字〔2019〕66号)
	太原市城乡高效配送专项行动实施方案(并商发发〔2019〕34号)
	关于下达市公安局等单位二青会安保经费的通知(并财行〔2019〕117号)
	关于规范太原市邮政快递专用电动三轮车管理的实施意见(并邮管〔2019〕12号)
	关于做好邮政业落实减税降费政策相关工作的通知(并邮管〔2019〕45号)
晋中	关于印发晋中市加快电子商务发展若干措施的通知(市政发〔2019〕43号)
	关于印发《晋中市多渠道拓宽贫困地区农产品营销渠道实施方案》的通知(市商发〔2019〕88号)
	关于认真贯彻落实《交通运输部办公厅关于推进乡镇运输服务站建设加快完善农村物流网络节点体系的意见》的通知(市运管货运发〔2019〕23号)
晋城	关于印发《关于推进电子商务与快递物流协同发展的实施意见》的通知(晋市政办〔2019〕33号)
临汾	关于印发临汾市开展城乡高效配送专项行动实施方案的通知(临政办发〔2019〕15号)
	关于印发临汾市优化营商环境行动方案的通知(临政办发〔2019〕23号)
	关于印发《临汾市2019年电商扶贫行动计划》的通知(临脱贫攻坚办〔2019〕43号)
	关于2019年度全市工程系列快递专业初级专业技术职务任职资格评审工作安排意见(临人社专字〔2019〕41号)
忻州	关于印发忻州市推进运输结构调整实施方案的通知(忻政办发〔2019〕67号)
	关于印发《忻州市多渠道拓宽贫困地区农产品营销渠道实施方案》的通知(忻商发〔2019〕69号)
	关于印发《忻州市2019年电商扶贫专项行动计划职责分工方案》的通知(忻电扶贫组〔2019〕1号)
	关于规范忻州市快递专用电动三轮车管理的实施意见(忻邮管〔2019〕21号)
	关于做好邮政业减税降费政策相关工作的通知(忻邮管〔2019〕37号)
长治	关于印发《长治市创优营商环境80条》的通知(长办发〔2019〕40号)
	关于印发长治市推进运输结构调整实施方案的通知(长政办发〔2019〕49号)
吕梁	关于做好邮政业落实减税降费政策相关工作的通知(吕邮管〔2019〕21号)
	关于印发《关于规范吕梁市邮政快递专用电动三轮车管理的实施方案》的通知(吕邮管〔2019〕35号)
	关于转发《山西省交通运输厅　山西省邮政管理局转发关于深化交通运输与邮政快递融合推进农村物流高质量发展的意见的通知》的通知(吕邮管〔2019〕60号)
呼和浩特	关于加强全市快递业从业青年工作的意见(呼团联发〔2019〕6号)
	关于推进电子商务与快递物流协同发展的实施意见(呼政办发〔2019〕18号)
鄂尔多斯	关于印发鄂尔多斯市进一步推进城市绿色货运配送示范工程创建实施方案的通知(鄂府办发〔2019〕64号)
	关于对城市货运配送新能源车辆进行运营补贴的通知(鄂交发〔2019〕263号)
	关于组织申报2019年内贸流通服务业发展项目的通知(鄂商发〔2019〕75号)
	关于联合市邮政公司开展“电商扶贫”的通知(鄂商发〔2019〕83号)
	关于印发推进电子商务与快递物流协同发展实施方案的通知(鄂商发〔2019〕97号)
	鄂尔多斯市寄递渠道网格化监管机制实施方案(鄂邮管联〔2019〕2号)
	关于转发内蒙古自治区邮政管理局等8部门《转发国家邮政局等10部门关于协同推进快递业绿色包装工作的指导意见的通知》的通知(鄂邮管联〔2019〕5号)
	关于推进邮政业服务乡村振兴的实施方案(鄂邮管联〔2019〕10号)

续上表

市(地)	政策文件名称
赤峰	关于联合开展打击物流寄递环节涉烟违法犯罪活动专项活动专项行动的通知(赤烟专〔2019〕83号)
	关于印发《赤峰市加强邮政行业车辆交通安全管理的实施意见》的通知(赤邮管联〔2019〕2号)
	关于推广住宅小区智能信报箱建设的实施意见(试行)的通知(赤邮管联〔2019〕3号)
	关于转发《关于推广智能信报(快件)箱建设的通知》的通知(赤邮管联〔2019〕7号)
	关于印发《赤峰市推进供销与邮政业协同发展实施方案》的通知(赤邮管联〔2019〕9号)
	关于开展2020年"快递从业青年服务月"活动的通知(赤邮管联〔2019〕10号)
	赤峰市住宅小区智能信报箱使用指导意见(赤邮管〔2019〕56号)
	关于转发《赤峰市人民政府关于加快现代物流业发展的指导意见》等文件的通知(赤邮管〔2019〕65号)
呼伦贝尔	关于推进电子商务与快递物流协同发展的实施意见(呼商字〔2019〕175号)
	关于建立联合打击涉烟违法犯罪活动联合工作实施意见暨联合开展打击物流寄递环节涉烟违法犯罪活动专项行动的通知(呼烟专〔2019〕63号)
	关于进一步规范和优化城市配送车辆通行管理的工作意见(呼邮管联〔2019〕6号)
	关于推广智能信报(快件)箱建设的通知(呼邮管联〔2019〕7号)
	关于推进邮政业服务乡村振兴的实施意见(呼邮管联〔2019〕8号)
	关于印发推进呼伦贝尔市邮政业绿色环保工作的实施方案(呼邮管联〔2019〕10号)
兴安盟	关于印发《关于促进民营经济高质量发展的政策措施(试行)》的通知(兴党发〔2019〕1号)
	关于转发《国家邮政局中国残疾人联合会关于进一步加强邮政行业无障碍环境建设等相关工作的通知》的通知(兴邮管联〔2019〕1号)
	关于推进邮政业服务乡村振兴的实施意见(兴邮管联〔2019〕5号)
乌海	关于推广智能信报(快件)箱建设的通知(乌邮管联〔2019〕7号)
	关于进一步规范和优化城市配送车辆通行管理工作的通知(乌邮管联〔2019〕9号)
	关于推进邮政业生态环保工作的通知(乌邮管联〔2019〕11号)
阿拉善盟	关于加强全盟寄递物流渠道治安管理工作的通知(阿公发〔2019〕64号)
	关于开展放心消费创建活动营造安全放心消费环境的实施方案(阿市监发〔2019〕205号)
	关于联合开展打击物流寄递环节涉烟违法犯罪活动专项行动的通知(阿烟专〔2019〕37号)
	关于印发《阿拉善盟邮政行业车辆交通安全管理工作方案》的通知(最终)(阿邮管联〔2019〕3号)
	关于转发《关于进一步规范和优化城市配送车辆通行管理的工作意见》的通知(阿邮管联〔2019〕6号)
	关于推进邮政业服务乡村振兴的实施方案(阿邮管联〔2019〕9号)
	关于在全盟住宅小区推广建设智能信报(快件)箱的通知(阿邮管联〔2019〕11号)
长春	深入推进"四好农村路"发展的实施意见(长府办发〔2019〕4号)
	长春市落实推进运输结构调整三年行动计划(2018－2020年)实施方案(长府办发〔2019〕11号)
	长春市推进电子商务与快递物流协同发展实施方案(长府办发〔2019〕36号)
吉林	吉林市推进电子商务与快递物流协同发展实施方案(吉市电商物流办〔2019〕1号)
	2019年市委、市政府重点任务分工方案
	推动吉林市跨境电子商务发展的工作实施方案
	吉林市乡村振兴战略规划(2018－2022年)
	吉林市落实推进运输结构调整三年行动计划(2018－2020年)实施方案
延边	关于加快电子商务发展指导意见
	关于建立对物流寄递行业联合监管的工作机制
四平	关于下发《四平市开展城乡高效配送工作实施方案》的通知(四商邮管联发〔2019〕1号)

续上表

市(地)	政策文件名称
通化	通化市开展城乡高效配送实施方案(通商邮联〔2019〕1号)
	通化市开展城乡高效配送实施方案工作要点(通商邮联〔2019〕2号)
	关于印发《通化市推进电子商务与快递物流协同发展实施方案》的通知(通商联字〔2018〕112号)
	关于印发《关于邮政快递专用电动三轮车规范管理实施方案》的通知(通软环境办联〔2019〕1号)
松原	松原市落实推进运输结构调整实施方案(松政办发〔2019〕11号)
辽源	辽源市环长春四辽吉松工业走廊建设实施方案(2019－2025年)的通知(辽府发〔2019〕3号)
	关于印发辽源市落实推进运输结构调整三年行动计划(2018－2020年)实施方案的通知(辽府办发〔2019〕10号)
	关于辽源市推进电子商务与快递物流协同发展实施方案的通知(辽府办发〔2019〕14号)
	关于印发《辽源市快递配送车辆道路通行管理实施方案》《辽源市快递配送车辆管理实施细则》的通知(辽软环境办联〔2019〕2号)
白城	关于印发《白城市推进电子商务与快递物流协同发展实施方案》的通知(白商联字〔2019〕5号)
	关于印发《白城市邮政快递专用三轮车规范管理实施细则》的通知(白邮管联〔2019〕1号)
齐齐哈尔	关于印发《齐齐哈尔市城乡高效配送试点工作实施方案(2018－2020年)》的通知(齐商务联发〔2019〕1号)
黑河	关于印发《黑河市邮政业电动三轮车通行管理办法(暂行)》的通知(黑市邮管联〔2019〕1号)
	关于促进黑河市电子商务与快递协同发展的落实意见(黑市邮管联〔2019〕2号)
南京	关于印发《南京市邮政快递专用电动三轮车管理暂行办法》的通知(宁邮管〔2019〕36号)
苏州	关于印发苏州市推进电子商务与快递物流协同发展的若干意见的通知(苏府办〔2019〕182号)
无锡	关于进一步深化现代产业发展政策的意见(锡委发〔2019〕21号)
	无锡市城乡高效配送试点实施方案(锡商通〔2019〕34号)
	关于规范管理邮政、快递专用电动三轮车的指导意见(锡邮管〔2019〕16号)
徐州	关于印发《徐州市"无废城市"建设试点实施方案》的通知(徐委办发〔2019〕234号)
	关于印发《2019年徐州市邮政行业生态环境保护实施方案》的通知(徐邮管〔2019〕36号)
常州	关于认定第四批常州市电子商务与快递协同发展示范企业的通知(常商电商〔2019〕27号)
	关于开展第四批常州市电子商务与快递协同发展示范企业创建工作的通知(常商电商〔2019〕33号)
南通	关于印发《2019年南通市邮政行业生态环境保护实施方案》的通知(通邮管〔2019〕26号)
	关于印发《南通市协同推进快递业绿色包装工作实施方案》的通知(通邮管〔2019〕51号)
连云港	关于印发《连云港市电子商务高质量发展三年行动方案(2019－2021)》和《连云港市支持电子商务产业高质量发展的政策意见》的通知(连政发〔2019〕58号)
淮安	关于加强全市邮政快递专用电动三轮车管理的通知(淮邮管联〔2019〕4号)
盐城	关于印发推进盐城市邮政快递行业全面融入生态环境发展工作的实施意见(试行)的通知(盐邮管〔2019〕4号)
	关于印发《关于推进我市电子商务与快递物流协同发展的实施意见》的通知(盐邮管〔2019〕43号)
扬州	关于扬州市现代物流业高质量发展的实施意见
泰州	关于印发《泰州市协同推进快递业绿色包装工作实施方案》的通知(泰邮管〔2019〕88号)
宿迁	关于印发《宿迁市推进电子商务与快递物流协同发展实施方案》的通知(宿电商发〔2019〕1号)
杭州	关于进一步贯彻《做好快递业助推小微企业园高质量发展指导意见》的通知(杭邮管〔2019〕17号)
宁波	关于下达2019年快递服务行业发展专项扶持资金的通知(甬财政发〔2019〕1215号)
	关于印发宁波"一带一路"建设综合试验区2019年工作要点的通知(甬"一带一路"综试办〔2019〕1号)
	关于印发《2019年宁波市生活垃圾分类处理与循环利用工作实施方案》的通知(甬分领〔2019〕1号)
	关于推进绿色包装工作的通知(甬分领办〔2019〕5号)
	关于印发《2019年宁波口岸工作要点》的通知(甬口岸委〔2019〕1号)
	关于印发《宁波市邮政快递专用电动三轮摩托车管理办法》的通知(甬邮管〔2019〕20号)

续上表

市(地)	政策文件名称
温州	关于做好快递业助推小微企业园高质量发展的实施意见(温邮管〔2019〕36号)
绍兴	关于印发加快工业经济高质量发展、加快现代服务业高质量发展和金融支持经济高质量发展等若干政策的通知(绍政发〔2019〕26号)
	关于推进电子商务与快递物流协同发展的实施意见(绍政办发〔2019〕37号)
湖州	关于印发湖州市促进电子商务加快发展新十条扶持政策的通知(湖政办发〔2019〕27号)
	关于促进农村电子商务发展的八条意见(湖政办发〔2019〕30号)
金华	加快推进金华市区现代物流业发展实施方案(金政办发〔2019〕24号)
	加快金华市区现代物流业发展十条措施(金政办发〔2019〕26号)
台州	关于做好快递业助推小微企业园高质量发展的实施意见(台邮管〔2019〕42号)
德清(县)	关于印发《德清县促进电子商务加快发展的若干扶持政策》的通知(德政办发〔2019〕58号)
合肥	关于大力推进“四好农村路”建设的实施意见(合发〔2019〕13号)
	关于印发《合肥市乡村振兴战略规划(2018－2022年)》的通知(合发〔2019〕14号)
	关于印发《合肥市推动长三角地区更高质量一体化发展重点工作推进方案》的通知(合发〔2019〕22号)
	关于印发2019年合肥市培育新动能促进产业转型升级推动经济高质量发展若干政策实施细则的通知(合政办〔2019〕16号)
	关于规范合肥市快递末端服务车辆通行管理的实施意见(合公交〔2019〕101号)
淮南	关于开展“1231”关爱“快递小哥”活动的通知(淮邮管〔2019〕9号)
	关于实施淮南市邮政人才素质提升工程的通知(淮邮管〔2019〕24号)
	关于实施邮政快递与电子商务协同绿色发展工作的意见(淮邮管〔2019〕44号)
马鞍山	关于印发马鞍山市推进运输结构调整工作实施方案的通知(马政办秘〔2019〕83号)
	关于印发《马鞍山市推进城镇老旧小区改造行动实施方案》的通知(马住建〔2019〕414号)
	关于开展全市邮政业安全生产标准化示范企业创建活动的通知(马邮管〔2019〕1号)
	关于印发《马鞍山市推进邮政行业绿色环保工作实施方案》的通知(马邮管〔2019〕54号)
阜阳	关于印发《阜阳市促进新型工业化和建筑业发展扶持奖补政策》等六个文件的通知(阜政办〔2019〕31号)
安庆	关于印发安庆市2019年推动现代服务业加快发展若干政策的通知(宜政发〔2019〕10号)
池州	关于坚持农业农村优先发展做好“三农”工作的实施意见(池发〔2019〕1号)
	关于印发加快商务经济发展若干政策及支持电子商务发展政策措施的通知(池政〔2019〕28号)
	关于推进电子商务与快递物流协同发展的实施意见(池政办〔2019〕12号)
	关于印发池州市农村电商优化升级工作方案的通知(池政办秘〔2019〕79号)
	关于印发《完善促进消费体制机制进一步激发居民消费潜力实施方案任务清单》的通知(池办明电〔2019〕54号)
	关于推进邮政业服务乡村振兴的实施意见(池邮管〔2019〕28号)
滁州	关于印发《滁州市实施乡村振兴突破年 行动方案》的通知(滁办字〔2019〕1号)
	关于印发《完善促进消费体制机制进一步激发居民消费潜力的实施方案》的通知(滁办发〔2019〕6号)
	关于印发农村电商优化升级工作方案的通知(滁政办秘〔2019〕115号)
	关于印发滁州市打赢蓝天保卫战三年行动计划实施方案的通知(滁政〔2019〕18号)
	关于市级农村电商扶持奖励办法的通知(滁商办〔2019〕69号)
淮北	关于印发淮北市电子商务与快递协同发展奖补政策暂行办法的通知(淮商商建〔2019〕168号)
	关于印发《关于加强寄递业管理的实施意见》的通知(淮邮管〔2019〕29号)
	关于建立快递与电子商务绿色包装协同治理工作的意见(淮邮管〔2019〕40号)
黄山	关于印发黄山市推进电子商务与快递物流协同发展的实施意见的通知(黄商明电〔2019〕13号)
	关于印发黄山市推进运输结构调整工作实施方案的通知(黄政办秘〔2019〕50号)

续上表

市(地)	政策文件名称
铜陵	关于印发铜陵市促进电子商务发展五十条政策措施细则等三个文件的通知(铜电商组〔2019〕1号)
宿州	关于印发宿州市农村电商优化升级工作方案的通知(宿政办秘〔2019〕40号)
	关于印发《宿州市邮政管理局2019年行业生态环境保护工作要点》的通知(宿邮管〔2019〕22号)
	关于印发《宿州市邮政业文明创建资金补贴方案》的通知(宿邮管〔2019〕35号)
	关于加强宿州市快递从业人员职业技能培训工作的通知(宿邮管〔2019〕55号)
六安	关于坚持农业农村优先发展做好"三农"工作的实施意见(六发〔2019〕3号)
	关于加快服务业高质量发展的意见(六政〔2019〕29号)
	关于电商物流降本增效促进电商发展的实施意见(六政办秘〔2019〕105号)
亳州	关于印发亳州市支持数字经济发展若干政策的通知(亳政办〔2019〕5号)
	关于印发亳州市农村电商优化升级工作方案的通知(亳政办秘〔2019〕74号)
	关于印发《亳州市关于规范快递车辆管理的实施意见》的通知(亳邮管〔2019〕9号)
蚌埠	蚌埠市县域经济振兴计划(蚌政秘〔2019〕28号)
	关于推广应用生物基可降解塑料制品 防止白色污染的实施意见(蚌政秘〔2019〕56号)
福州	关于转发市服务业办关于加快推进福州市交通运输服务业发展的若干措施的通知(榕政办〔2019〕84号)
	关于印发关于加强电动自行车规范管理工作方案的通知(榕政办〔2019〕128号)
	关于印发福州市城市配送集约高效发展实施方案(2019－2020年)的通知(榕交运〔2019〕101号)
	关于印发《加强农村物流设施建设方案》的通知(榕商务物流〔2019〕31号)
	关于组织申报福州市2019年现代物流业发展专项资金项目的通知(榕商务物流〔2019〕62号)
	关于进一步完善市交通运输综合执法机关设置的通知(榕委编办〔2019〕105号)
	关于印发加强邮政快递行业电动自行车规范管理工作方案的通知(榕邮管〔2019〕71号)
福清(县)	关于规范福清市邮政快递行业专用电动车监管工作的通知(融政办〔2019〕58号)
闽侯(县)	关于印发规范邮政快递专用电动三轮车备案和通行管理的实施意见(试行)的通知(侯政办〔2019〕80号)
厦门	关于印发跨境电商六体系两平台建设工作方案的通知(厦府办〔2019〕22号)
	关于印发城乡高效配送专项行动实施方案的通知(厦府办〔2019〕68号)
	关于印发推进平台经济加快发展三年行动方案的通知(厦府办〔2019〕109号)
	关于印发职业技能提升专项行动实施方案(2019－2021年)的通知(厦府办〔2019〕112号)
	关于印发加快发展流通促进商业消费若干措施的通知(厦府办〔2019〕124号)
泉州	关于印发泉州市2019年"第三产业提升年"活动方案的通知(泉政办〔2019〕4号)
	泉州市鼓励产业急需高校毕业生来泉就业实施意见(试行)(泉政办〔2019〕23号)
	关于进一步促进消费增长若干措施的通知(泉政办〔2019〕46号)
	泉州市市级特色现代农业发展资金管理暂行规定(泉财农〔2019〕226号)
	关于印发泉州市运输结构调整工作方案的通知(泉交运〔2019〕52号)
	关于印发泉州市城市配送规划发展工作方案的通知(泉交委运〔2019〕60号)
晋江	关于印发促进制造业全链条全流程升级工作意见等11份政策的通知(晋政文〔2019〕107号)
漳州	关于印发漳州市促进现代交通物流业发展十条措施的通知(漳政综〔2019〕30号)
	关于印发《漳州市邮政快递专用电动三轮车及两轮车规范便捷通行工作实施意见》的通知(漳邮管联〔2019〕4号)
莆田	关于印发莆田市开展消费扶贫助力打赢脱贫攻坚战若干措施的通知(莆政办〔2019〕58号)
	关于印发莆田市促进电子商务加快发展若干措施的通知(莆政综〔2019〕72号)
	关于印发城市配送集约高效发展实施方案的通知(莆交运〔2019〕53号)
	莆田市协同推进邮政快递业绿色包装工作实施方案(莆邮管联〔2019〕3号)

续上表

市(地)	政策文件名称
莆田	莆田市邮政行业服务乡村振兴战略及精准扶贫工作方案(莆邮管联〔2019〕4 号)
	关于印发《莆田市邮政快递专用电动车规范便捷通行管理工作实施方案》的通知（莆邮管〔2019〕29 号）
	关于印发《无资质经营快递业务行为举报奖励实施细则(试行)》的通知(莆邮管〔2019〕35 号)
	关于印发《莆田市邮政业安全风险分级管控和隐患排查治理双重预防机制建设试点工作方案》的通知（莆邮管〔2019〕48 号）
	关于印发《莆田市“网格化 + 寄递安全”管理工作两年行动计划(2019 —2020 年)》的通知(莆邮管〔2019〕56 号)
	关于印发《莆田市邮政管理局关于推进邮政业安全生产领域改革发展的实施方案》的通知（莆邮管〔2019〕69 号）
	关于印发《莆田市邮政业安全生产分类分级监管办法(试行)》和修订《莆田市平安寄递业考评办法》的通知(莆邮管〔2019〕72 号)
三明	关于印发三明市物流业发展专项规划(2019 —2025 年)的通知(明政文〔2019〕98 号)
	关于印发三明市加快道路货运行业转型升级促进高质量发展实施方案的通知(明交运〔2019〕52 号)
	关于印发三明市推进城市老旧小区微改造工作方案的通知(明建〔2019〕25 号)
	关于印发《2019 年三明市网络扶贫工作方案》的通知(明委网信办联〔2019〕1 号)
	关于推进三明市邮政业助力乡村振兴的通知(明邮管联〔2019〕3 号)
	关于印发《三明市邮政快递专用电动三轮车管理实施细则(试行)》的通知(明邮管联〔2019〕4 号)
	关于印发 2019 年三明市邮政业生态环境保护工作实施方案的通知(明邮管〔2019〕35 号)
南平	关于加快平台经济发展的实施意见(南发改〔2019〕69 号)
	关于印发城市配送集约高效发展实施方案的通知(南交运〔2019〕33 号)
龙岩	关于印发《〈龙岩市实施乡村振兴战略规划(2018 —2022 年)〉主要任务分工方案》的通知(岩委振兴办〔2019〕7 号)
	关于印发龙岩市促进电子商务发展八条政策措施的通知(龙政办〔2019〕73 号)
	关于加快现代服务业发展十五条政策措施(修订)的通知(龙政综〔2019〕21 号)
宁德	关于进一步落实县域寄递安全管理工作的实施意见(宁政〔2019〕5 号)
	关于印发《宁德市现代服务业提速提质发展行动计划(2019 —2020 年)》的通知（宁委办发〔2019〕47 号）
	关于印发城市配送集约高效发展实施方案的通知(宁交运〔2019〕1 号)
南昌	关于推进电子商务与快递物流协同发展的实施意见(洪府办发〔2019〕11 号)
	南昌市进一步激发商贸消费潜力促进商贸消费升级三年行动方案(2019 —2021 年)的通知(洪府厅发〔2019〕23 号)
	关于印发中国(南昌)跨境电子商务综合试验区三年行动方案(2019 —2021 年)的通知(洪府厅发〔2019〕28 号)
	关于转发市商务局、市财政局《南昌市市级商务发展专项资金管理办法》的通知(洪府厅发〔2019〕88 号)
	关于印发《南昌市电子商务产业发展专项资金管理实施细则》的通知(洪商务发〔2019〕126 号)
	关于推进我市居住区和商区快递综合服务中心建设的通知(洪邮管〔2019〕29 号)
九江	九江市城市道路通行管理条例(九江市第十五届人民代表大会常务委员会公告第 2 号)
	关于印发《九江市物流业发展专项引导资金管理办法》的通知(九财企〔2019〕22 号)
上饶	上饶市住宅物业管理条例(上饶市第四届人民代表大会常务委员会第 34 号公告)
	关于推进物流业高质量跨越式发展的意见(饶发〔2019〕9 号)
	关于印发《上饶市规范寄递三轮车管理的意见》的通知(饶邮管办〔2019〕35 号)
抚州	关于印发抚州市进一步激发商贸消费潜力促进商贸消费升级三年行动方案(2019 —2021 年)的通知(抚府办发〔2019〕25 号)
	关于深入开展消费扶贫助力打赢脱贫攻坚战实施方案的通知(抚府办发〔2019〕76 号)
	关于在全市住宅小区推广建设智能信报(快件)箱的通知(抚邮管〔2019〕26 号)
宜春	关于印发《宜春市进一步激发商贸消费潜力促进商贸消费升级三年行动方案(2019 —2021 年)》的通知（宜府办字〔2019〕24 号）

续上表

市(地)	政策文件名称
宜春	关于批准上高县电子商务产业园等5家创业孵化基地为市级创业孵化基地的批复(宜人社字〔2019〕63号)
	关于印发《宜春市城乡高效配送试点工作实施方案》的通知(宜商字〔2019〕60号)
	关于协同推进快递业绿色包装工作的贯彻实施意见(宜邮管〔2019〕65号)
吉安	关于推进电子商务与快递物流协同发展的实施意见(吉府办字〔2019〕4号)
	关于印发进一步激发商贸消费潜力促进商贸消费升级三年攻坚行动方案(2019－2021年)的通知(吉府办字〔2019〕36号)
	关于印发《关于全市电子商务三年翻两番行动计划的实施方案》的通知(吉开办字〔2019〕35号)
萍乡	关于印发《萍乡市城市功能与品质提升三年行动方案》的通知(萍府办字〔2019〕7号)
	关于印发萍乡市进一步激发商贸消费潜力促进商贸消费升级三年行动计划(萍府办发〔2019〕20号)
	关于规范邮政快递业专用车辆管理的通知(萍公交管〔2019〕71号)
新余	关于印发新余市进一步激发商贸消费潜力促进商贸消费升级三年行动方案(2019－2021年)的通知(余府办字〔2019〕16号)
	关于印发新余市农村电子商务发展扶持奖励暂行办法的通知(余府办发〔2019〕9号)
鹰潭	关于加强和完善城乡社区治理的实施意见(鹰发〔2019〕4号)
	关于加快鹰潭市电子商务高质量发展的实施意见(鹰府办发〔2019〕30号)
	关于印发鹰潭服务业(电子商务)发展专项资金管理使用办法的通知(鹰府办发〔2019〕31号)
	关于印发《鹰潭市商贸物流建设(城乡高效配送试点)专项资金使用办法》的通知(鹰财经〔2019〕8号)
赣州	关于印发《赣州市城乡高效配送试点工作方案》的通知(赣市商务电商字〔2019〕16号)
	关于进一步规范和优化赣州市邮政快递电动三轮车通行方案的通知(赣市公交字〔2019〕20号)
	关于促进跨境电子商务寄递服务高质量发展的若干意见(赣市邮管字〔2019〕81号)
	关于在全市住宅小区推广建设智能信报(快件)箱的通知(赣市邮管字〔2019〕83号)
	关于印发《赣州市邮政业绿色发展实施方案》的通知(赣市邮管字〔2019〕91号)
景德镇	关于进一步加强邮政快递电动三轮车辆规范管理的通知(景邮管〔2019〕40号)
济南	关于印发济南市推进电子商务与快递物流协同发展的实施方案的通知(济政办字〔2019〕50号)
	关于印发济南市鼓励企业创新发展奖励政策的通知(济政字〔2019〕70号)
德州	德州市推进运输结构调整实施方案(2019－2020年)(德政办字〔2019〕21)
临沂	关于印发《临沂市乡村振兴战略规划纲要(2018－2022年)》的通知(临发〔2019〕3号)
	关于加强新能源快递服务车辆规范管理的通知(临政办字〔2019〕16号)
泰安	关于开展快递工程技术人员高级职称评审试点工作的通知(泰邮管〔2019〕41号)
淄博	淄博市城市品质提升三年行动方案(淄政办字〔2019〕93号)
威海	关于印发中国(威海)跨境电子商务综合试验区建设目标任务分工方案的通知(威政办字〔2019〕10号)
菏泽	关于支持电子商务发展的实施意见(菏政办发〔2019〕9号)
东营	关于协同推进快递业绿色发展的实施意见(东邮管〔2019〕48号)
郑州	关于印发郑州市推进电子商务与快递物流协同发展实施方案的通知
洛阳	关于印发洛阳市促进物流业转型发展若干意见等4个文件的通知(洛政办〔2019〕6号)
鹤壁	关于印发招商引资优惠政策 促进物流业转型发展若干措施 支持新经济招商引资十条措施的通知(鹤政〔2019〕22号)
	关于规范鹤壁市邮政快递干线运输车辆和电动三轮车管理的通知(鹤邮管〔2019〕23号)
焦作	关于印发2019年焦作市物流业转型发展行动方案的通知(焦物流办字〔2019〕5号)
漯河	关于漯河市豫中南地区性中心城市建设的实施意见(漯发〔2019〕2号)
许昌	关于印发许昌市创建绿色货运配送示范工程实施方案的通知(许政办〔2019〕23号)

续上表

市(地)	政策文件名称
周口	关于印发2019年周口市物流业转型发展行动方案的通知(周物转办〔2019〕3号)
濮阳	关于邮政快递专用电动三轮车规范管理实施意见(濮邮管〔2019〕33号)
武汉	关于推进电子商务与快递物流协同发展的实施意见(武政规〔2019〕9号)
鄂州	关于促进快递业健康发展的实施意见（鄂州政办发〔2019〕19号）
黄冈	关于印发黄冈市推进运输结构调整实施方案的通知(黄政办函〔2019〕45号)
孝感	关于推进交通运输结构调整实施方案(孝感政办函〔2019〕82号)
恩施	关于加强快递从业人员权益保障工作的通知(恩施州邮管发〔2019〕17号)
	关于印发恩施州规范邮政快递服务车辆管理工作实施方案的通知(恩施州邮管发〔2019〕20号)
荆门	关于印发荆门城区邮政快递三轮车通行管理实施方案的通知（荆邮管〔2019〕41号）
	关于推进电子商务与快递物流协同发展的实施方案的通知（荆邮管〔2019〕54号）
随州	关于推进电子商务与快递物流协同发展的实施意见(随政办发〔2019〕1号)
宜昌	关于印发申报市级财政资金支持现代物流业发展工作细则的通知(宜市物办发〔2019〕1号)
	关于印发2019年物流奖励补助资金分配方案的通知(宜市物办发〔2019〕3号)
荆州	关于印发推进电子商务与快递物流协同发展实施方案的通知(荆政办函〔2019〕10号)
	关于加快推进全市“快递下乡进村”工作的实施方案(荆邮管〔2019〕44号)
黄石	黄石市人民政府办公室关于同意黄石市国家城乡高效配送试点实施方案的函
	关于印发进一步规范寄递企业电动三轮车管理实施方案的通知(黄邮管〔2019〕25号)
十堰	关于印发十堰市快递车辆规范管理办法的通知(十邮管〔2019〕32号)
襄阳	关于印发《襄阳市人民政府关于进一步加快服务业发展的若干意见》实施细则的通知
长沙	长沙市支持快递业发展十条措施(长政办发〔2019〕25号)
	长沙市促进快递业高质量发展(2019－2021)年行动计划(长政办函〔2019〕43号)
	关于着力构建长沙四小时航空经济圈的通知
郴州	关于促进快递业健康发展的实施意见(郴政发〔2019〕5号)
	关于转发下达2019年度湖南省现代服务业发展专项资金项目省预算内投资计划的通知(郴发改发〔2019〕137号)
怀化	关于印发《关于进一步加强全市寄递渠道安全管理的工作意见》的通知
湘潭	关于做好2019年湘潭市加快现代物流业发展奖励申报工作的通知（潭商发〔2019〕45号）
	湘潭市现代物流业高质量发展规划(2020－2025年)
株洲	关于促进消费激发居民消费潜力的若干意见（株政办〔2019〕1号）
岳阳	关于印发《岳阳市推进电子商务与快递物流协同发展实施方案》的通知（岳政办发〔2019〕20号）
张家界	关于加快发展现代物流业的实施意见(张政办发〔2019〕28号)
广州	关于印发广州市关于邮政快递专用电动三轮车规范化管理的实施意见的通知(穗邮管联〔2019〕2号)
	关于印发《广州市促进跨境电子商务寄递服务高质量发展专项行动方案(初稿)》的通知(穗邮管〔2019〕53号)
	关于印发《广州市邮政管理局实施乡村振兴战略三年行动方案(2018－2020年)》的通知（穗邮管〔2018〕101号）
	关于印发《广州市邮政业深化生活垃圾分类处理三年行动方案(2019－2021年)》的通知(穗邮管〔2019〕59号)
	邮政快递行业反恐怖防范管理标准（广州市地方标准,DB4401/T 10.32－2019）
深圳	关于印发《深圳市特殊行业电动三轮车过渡期管理方案》的通知(深限联〔2019〕4号)
汕头	关于印发《促进汕头市快递业发展的实施意见》的通知(汕府办〔2019〕24号)
佛山	佛山市规范快递专用电动三轮车管理工作方案(佛邮管联〔2019〕3号)
	佛山市推进邮政智能包裹柜建设工作实施意见(佛邮管联〔2019〕4号)
	关于加强全市住宅小区邮件、快件末端投递服务的通知（佛邮管联〔2019〕8号）

续上表

市(地)	政策文件名称
梅州	梅州市商贸物流业发展规划(2019－2025)(梅市商务〔2019〕113号)
	关于印发梅州市邮政快递专用电动三轮车规范管理工作方案的通知(梅市府办〔2019〕11号)
汕尾	关于印发汕尾市推进运输结构调整实施方案的通知(汕府办〔2019〕16号)
	汕尾市农村电商精准扶贫工作方案(2018－2020年)(汕商务函〔2019〕5号)
	汕尾市农村物流建设发展规划(2018－2022)(汕商务函〔2018〕319号)
	海丰县电子商务进农村扶持奖励暂行办法(海府办函〔2019〕301号)
东莞	关于印发《东莞市邮政业电动三轮车规范管理工作方案》的通知(东邮管联〔2019〕5号)
中山	关于建立中山市邮政业绿色发展协调机制的实施意见(中邮管联〔2019〕3号)
江门	关于印发《江门市邮政快递专用电动三轮车规范管理工作方案》的通知(江邮管联〔2019〕4号)
阳江	关于印发《阳江市关爱青年快递员工作实施方案》的通知(团阳发〔2019〕31号)
肇庆	2019年肇庆市邮政行业生态环境保护工作要点及实施方案(肇邮管〔2019〕36号)
	关于在我市邮政行业设置邮件、快件包装废弃物回收箱的通知(肇邮管〔2019〕91号)
清远	清远市贯彻推进电子商务与快递物流协同发展的实施意见(清商务〔2019〕34号)
	关于加强清远市邮政快递配送车辆管理的通知(清邮管联〔2018〕8号)
	加快推进清远市“快递下乡”工程实施方案(清邮管〔2019〕25号)
	清远市邮政及快递配送三轮车备案实施办法(试行)(清邮管〔2019〕50号)
	清远市快递业市场法人主体信用评定方案(试行)(清快协〔2019〕1号)
潮州	关于建立潮州市邮政业绿色发展协调机制的意见(潮邮管联〔2019〕1号)
揭阳	关于转发《广东省推进电子商务与快递物流协同发展实施方案》的通知(揭府办〔2019〕2号)
	2019年揭阳市邮政行业生态环境保护工作要点及分工方案(揭邮管办〔2019〕1号)
云浮	云浮市邮政快递配送三轮车管理暂行规定(云邮管联〔2019〕2号)
海口	关于印发《海口市推进电子商务与快递物流协同发展实施方案》的通知(海商务服〔2019〕79号)
洋浦	关于印发规范邮政快递专用电动三轮车通行管理工作方案的通知(琼西部邮管〔2019〕16号)
儋州	关于印发《规范儋州市邮政快递专用电动三轮车通行管理工作方案》等的通知
永川区	关于印发永川区开展质量提升行动加快建设质量强区2019年重点工作的方案的通知
	关于印发永川区“绿色邮政”建设工作方案的通知(永川府办发〔2019〕115号)
	关于印发《“快递下乡”运营补助实施方案》的通知(永商务发〔2019〕77号)
	关于推动永川区快递行业诚信体系建设 促进快递服务质量提升的八项措施(渝邮管七分〔2019〕22号)
荣昌区	关于印发《荣昌区寄递安全“网格化”管理实施方案》的通知(荣政法发〔2019〕36号)
潼南区	关于印发《潼南区寄递安全“网格化”管理实施方案》的通知(潼政法〔2019〕103号)
涪陵区	关于印发涪陵区农业产业结构调整优化实施方案的通知(涪陵委办发〔2019〕27号)
	关于将寄递安全纳入城乡社区网格化服务管理的通知(涪区政法发〔2019〕33号)
	关于印发重庆市涪陵区推进电子商务与快递物流协同发展工作方案的通知(涪陵府办发〔2019〕16号)
武隆区	关于印发《武隆区寄递安全网格化管理实施方案》的通知(武隆委政法〔2019〕56号)
	关于印发武隆区深化实施电子商务扶贫行动方案的通知
	关于印发武隆区推进电子商务与快递物流协同发展实施方案的通知(武隆府办发〔2019〕61号)
南川区	关于印发寄递渠道安全监管工作实施方案的通知(南川公发〔2019〕26号)
江津区	关于印发江津区高质量发展激励政策的通知(江津府发〔2019〕18号)
巫山(县)	关于申报2019年巫山脆李物流补贴的通知(巫山商务委发〔2019〕29号)
垫江(县)	关于印发《垫江县推广快递行业健康绿色发展的工作方案》的通知(渝邮管垫江发〔2019〕8号)

续上表

市(地)	政策文件名称
石柱土家族自治(县)	关于印发石柱县电子商务质量提升实施方案的通知(石柱府办发〔2019〕27号)
	关于做好2019年商贸流通工作的通知(石柱府办发〔2019〕37号)
	关于印发石柱县电商扶贫扶持政策的通知(石柱府办发〔2019〕39号)
秀山土家族苗族自治(县)	关于深化电子商务产业发展助推脱贫攻坚的实施意见(秀山府发〔2019〕7号)
成都	关于进一步推进物流降本增效促进实体经济发展的实施意见（成办发〔2019〕34号)
	关于印发进一步推进物流降本增效促进实体经济发展三年行动计划(2019－2021年)的通知（成办函〔2019〕112号)
	关于印发精准支持现代供应链体系发展政策措施的通知(成办发〔2019〕41号)
	关于利用“中优”区域非住宅性空闲房屋发展新业态的实施流程(成自然资函〔2019〕318号)
攀枝花	关于持续优化营商环境打造良好产业生态的通知(攀办发〔2019〕33号)
	关于加快推进“村村通邮”工作的通知(攀办函〔2019〕50号)
	关于进一步加强县(区)寄递物流安全管理工作的通知(攀办函〔2019〕110号)
泸州	关于印发《关于加快推进村邮站建设的实施意见》的通知(泸市府办函〔2019〕90号)
德阳	关于印发《2019年度市级商贸流通服务业发展专项资金项目申报方案》的通知(德商发〔2019〕148号)
广元	广元市乡村振兴战略规划(2018－2022年)(广委发〔2019〕5号)
	广元市26个扶贫专项2019年实施方案(广委办函〔2019〕57号)
内江	关于推动县域经济高质量发展的实施意见(内委发〔2019〕12号)
乐山	关于印发《乐山市加快建设现代农业产业体系实施方案》的通知（乐委办发〔2019〕17号)
	推进电子商务与快递物流协同发展实施方案(乐商函〔2018〕49号)
	乐山市2019年服务业倍增发展工作要点(乐服办〔2019〕5号)
南充	关于印发《南充市实施“155发展战略”推进现代物流千亿产业集群发展2019年行动方案》的通知(南委办〔2019〕9号)
宜宾	关于印发《宜宾市乡村振兴战略总体规划(2018－2022年)》的通知(宜委发〔2019〕8号)
	关于印发《〈宜宾市乡村振兴战略总体规划(2018－2022年)〉主要任务分工方案》的通知(宜发改发〔2019〕334号)
	关于印发《宜宾市推进交通运输与邮政业融合发展的实施方案(2019－2020年)》的通知(宜市交发〔2019〕256号)
	关于印发《2019年宜宾市电子商务工作要点》的通知(宜电商办发〔2019〕1号)
	关于印发《宜宾市推进运输结构调整三年行动计划专项实施方案》的通知(宜市交组〔2019〕1号)
广安	关于做好2019年商贸流通工作的通知(广安府办函〔2019〕27号)
	关于印发广安市推进供应链创新与应用实施方案(2019—2020年)的通知(广安府办函〔2019〕56号)
	关于印发2019年广安市服务业发展工作要点的通知(广市服领办发〔2019〕1号)
巴中	关于促进快递业健康发展的实施意见（巴府发〔2019〕6号)
	巴中市促进民营经济健康发展十条措施(巴委发〔2019〕3号)
	促进服务业企业升规入库政策措施(巴府办发〔2019〕6号)
	巴中市推进运输结构调整三年行动计划实施方案(巴府办发〔2019〕12号)
雅安	关于印发《雅安市支持服务业倍增发展十条政策措施》《雅安市支持培育现代物流业发展十条政策措施》的通知(雅办发〔2019〕10号)
	雅安市邮政、快递服务车辆规范管理工作实施方案和雅安市邮政行业快递服务车辆备案管理办法(雅邮管〔2019〕23号)
	关于推进雅安市中心城区住宅小区智能信包箱建设管理的指导意见(雅邮管〔2019〕34号)

续上表

市(地)	政策文件名称
资阳	关于印关于印发资阳市现代物流发展规划的通知(资府发〔2019〕17 号)
	关于印发《资阳市推进运输结构调整三年行动计划实施方案》的通知(资府办发〔2019〕23 号)
贵阳	关于印发贵阳市城乡高效配送试点工作实施方案(2019－2020 年)的通知
六盘水	关于印发六盘水市推进电子商务与快递物流协同发展实施方案的通知(六盘水府办函〔2019〕31 号)
	关于印发六盘水市现代物流产业 发展三年攻坚行动方案和六盘水市现代物流产业发展 2019 年攻坚行动方案的通知(六盘水府办函〔2019〕48 号)
遵义	关于《遵义市快递产业发展规划(2018－2025)》的批复(遵府函〔2019〕157 号)
毕节	关于进一步加强商贸流通业改革发展的实施意见(毕府发〔2019〕14 号)
	关于印发《毕节市快递外卖配送车辆规范管理实施细则(试行)》的通知(毕公交〔2019〕5 号)
黔东南	关于印发《黔东南州邮政及快递行业车辆规范管理实施细则(试行)》的通知(黔东南邮管通〔2019〕53 号)
黔南州	关于印发《关于开展便利店(便民服务中心)项目建设的实施方案》的通知
铜仁	关于印发铜仁市促进农村电子商务与物流快递融合发展实施方案的通知(铜府办发〔2019〕52 号)
昆明	关于促进物业管理区域邮政快递投递服务的意见(昆邮管局发〔2019〕26 号)
	关于进一步加强交邮融合发展的实施意见(昆邮管局发〔2019〕76 号)
德宏	关于推进电子商务与快递物流协同发展的实施意见(德政办发〔2019〕42 号)
	关于加强城市邮政快递末端服务车辆通行管理的实施意见(德邮管联发〔2019〕1 号)
迪庆	迪庆州促进快递业发展实施意见(迪政发〔2019〕50 号)
玉溪	玉溪市快递专用电动三轮车管理办法(试行)(玉邮管局规〔2019〕1 号)
昌都	昌都市邮政、快递三轮车管理实施意见(昌邮管〔2019〕51 号)
西安	关于深化中国(陕西)自由贸易试验区西安区域改革创新若干措施的通知(市政发〔2019〕26 号)
	关于加快推进"四好农村路"建设的意见(市政发〔2019〕15 号)
	关于印发西安市深化治理机(电)动两三轮车四轮低速电动车实施方案的通知(市政办函〔2019〕132 号)
铜川	关于推动铜川市"四好农村路"高质量发展的实施意见(铜交发〔2019〕195 号)
	关于协同推进快递业绿色包装工作的实施意见(铜邮管〔2019〕36 号)
延安	关于便利快递车辆通行的通知(延邮管联〔2019〕5 号)
商洛	关于全面深化改革扩大开放推动新时代追赶超越发展的实施意见(商发〔2019〕3 号)
汉中	关于印发《汉中市邮政管理局 长安银行服务有限公司汉中分行战略合作协议》《汉中市邮政管理局 汉中市汽车运输总公司快递物流战略合作协议》的通知(汉邮管〔2019〕52 号)
宝鸡	宝鸡市邮政快递专用电动三轮车交通安全管理规定(宝邮管〔2019〕36 号)
兰州	关于印发兰州市全面深入推进绿色交通发展的实施意见的通知(兰政办发〔2019〕16 号)
	关于印发加快推进兰州市城市绿色货运配送示范工程创建实施方案的通知(兰政办发〔2019〕75 号)
	关于促进兰州市高铁经济发展的实施意见(兰政办发〔2019〕121 号)
	关于印发《中国(兰州)跨境电子商务综合试验区建设重点工作分工方案》的通知(兰综试办〔2019〕2 号)
	关于印发兰州市城乡高效配送专项行动试点工作方案的通知(兰商字〔2019〕31 号)
嘉峪关	关于强化农业以奖代补政策加快推进农业产业化发展的实施意见(嘉办发〔2019〕42 号)
	关于构建生态产业体系推动绿色发展的实施方案(嘉办发〔2018〕73 号)
	关于进一步做好住宅小区快递服务保障工作的通知(嘉邮管发〔2019〕48 号)
金昌	关于推动高质量发展的实施意见(市委发〔2019〕2 号)
	关于转发省商务厅等 10 部门《关于印发甘肃省多渠道拓宽贫困地区农产品营销渠道实施方案的通知》的通知(金商发〔2019〕44 号)

续上表

市(地)	政策文件名称
张掖	关于推进电子商务与快递协同发展的实施意见(张政办发〔2019〕127号)
	关于邮政快递专用电动三轮车规范管理的实施意见(张邮管发〔2019〕84号)
临夏	关于进一步加快电子商务发展的实施意见的通知(临州办发〔2019〕34号)
西宁	关于在全市各单位和住宅小区推广建设智能快件箱的通知（宁邮管〔2019〕60号)
	关于推进全市邮政业绿色发展工作的通知（宁邮管〔2019〕61号)
海东	关于推进全市供销社与邮政快递业协同发展服务乡村振兴战略的实施意见（东供联〔2019〕02号)
海西州	关于印发《海西州实施乡村振兴战略交通先行方案(2019－2020年)》的通知(西政办〔2019〕108号)
	关于印发《海西州关于推进电子商务与快递物流协同发展实施方案》的通知(西政办〔2019〕122号)
	关于推进全州邮政业绿色发展的通知(西邮管〔2019〕56号)
海南州	关于印发海南州推进电子商务与快递物流协同发展实施方案的通知(南政办〔2019〕107号)
海北州	全州推进电子商务与快递业协同发展的实施方案(北政办〔2019〕14号)
	关于在全州住宅小区推广建设智能信报(快件)箱的通知(北建〔2019〕252号)
	关于推进海北州邮政业绿色发展的通知(北邮管〔2019〕88号)
玉树	玉树州推进电子商务与快递业协同发展的实施方案(玉政办〔2019〕76号)
果洛州	关于批转《果洛州推进电子商务与快递业协同发展实施方案》的通知（果政办〔2019〕162号)
	关于推进全州邮政业绿色发展的通知(果邮管〔2019〕85号)
白银	关于印发白银市加快发展流通促进商业消费的实施方案的通知(市政办发〔2019〕155号)
武威	关于深入学习贯彻习近平总书记视察甘肃重要讲话精神加快建设幸福美好新武威的决定(武发〔2019〕24号)
	关于印发《2019年武威市深化“放管服”改革实施方案》的通知(武政办发〔2019〕53号)
	关于转发《甘肃省多渠道拓宽贫困地区农产品营销渠道实施方案》的通知(武商发〔2019〕55号)
定西	定西市通道物流产业发展专项行动计划
天水	关于印发天水市推进运输结构调整三年行动计划战实施方案(2018－2020年)的通知(天政办发〔2019〕15号)
	关于印发《天水市抱团陇南对接融入成渝经济区的实施方案》的通知(市委发〔2019〕23号)
陇南	关于在各县区电子商务中心加挂县区邮政业发展中心牌子的通知（陇编办发〔2019〕62号)
乌鲁木齐	乌鲁木齐城市绿色配送体系建设行动方案(乌商务服贸〔2019〕174号)
克拉玛依	关于印发《克拉玛依市邮政快递专用电动三轮车规范管理的实施意见》的通知(克邮管〔2019〕36号)
塔城	关于印发塔城地区促进快递业发展的实施方案的通知(塔行办发〔2019〕42号)
	关于印发《塔城地区寄递企业专用电动三轮车规范管理实施意见》的通知(塔邮管〔2019〕44号)
吐鲁番	吐鲁番市邮政快递专用电动三轮车规范管理的实施意见（吐邮管〔2019〕66号)
哈密	关于印发哈密市推进电子商务与快递物流协同发展工作方案的通知(哈政办发〔2019〕87号)
	关于进一步推进交通运输业和邮政业融合发展的通知(哈市交字〔2019〕74号)
	关于提升城市快递末端服务能力的通知(哈邮管〔2019〕41号)
克孜勒苏柯尔克孜	关于印发《克州邮政快递专用电动三轮车规范管理的实施意见》的通知(克邮管〔2019〕75号)
博尔塔拉蒙古	博州快递专用电动三轮车规范管理的实施意见(博邮管〔2019〕63号)
	关于印发加快推进博州“快递下乡”工程实施方案的通知(博邮管〔2019〕19号)
昌吉	昌吉州寄递专用电动三轮车规范管理实施方案(昌邮管〔2019〕8号)
伊犁哈萨克	关于印发自治州促进物流业发展任务分工方案的通知（伊政办明电〔2019〕14号)
	关于印发《伊犁州快递服务车辆规范管理暂行办法》的通知(伊邮管〔2019〕69号)
阿勒泰	关于印发《阿勒泰地区邮政快递专用三轮车规范管路的实施意见》的通知(阿地邮管〔2019〕90号)

第四篇 发展数据

第一章 行业发展数据

2019 年邮政行业运行情况

2019 年,邮政行业业务收入(不包括邮政储蓄银行直接营业收入)累计完成 9642.5 亿元,同比增长 22%;业务总量累计完成 16229.6 亿元,同比增长 31.5%。

12 月份,全行业业务收入完成 960.9 亿元,同比增长 25.9%;业务总量完成 1712.3 亿元,同比增长 33.8%。

2019 年,邮政服务业务总量累计完成 2506.3 亿元,同比增长 26%;邮政寄递服务业务量累计完成 247.6 亿件,同比增长 4.3%;邮政寄递服务业务收入累计完成 431.6 亿元,同比增长 17.2%。

12 月份,邮政服务业务总量完成 246.5 亿元,同比增长 32.1%;邮政寄递服务业务量完成 22.9 亿件,同比增长 12.3%;邮政寄递服务业务收入完成 41 亿元,同比增长 39.2%。

2019 年,邮政函件业务累计完成 21.7 亿件,同比下降 19%;包裹业务累计完成 2154.4 万件,同比下降 10.5%;报纸业务累计完成 168.3 亿份,同比下降 2.7%;杂志业务累计完成 7.5 亿份,同比下降 5.1%;汇兑业务累计完成 1639.6 万笔,同比下降 34.9%。

2019 年,全国快递服务企业业务量累计完成 635.2 亿件,同比增长 25.3%;业务收入累计完成 7497.8 亿元,同比增长 24.2%。其中,同城业务量累计完成 110.4 亿件,同比下降 3.3%;异地业务量累计完成 510.5 亿件,同比增长 33.7%;国际/港澳台业务量累计完成 14.4 亿件,同比增长29.9%(图 4-1、图 4-2)。

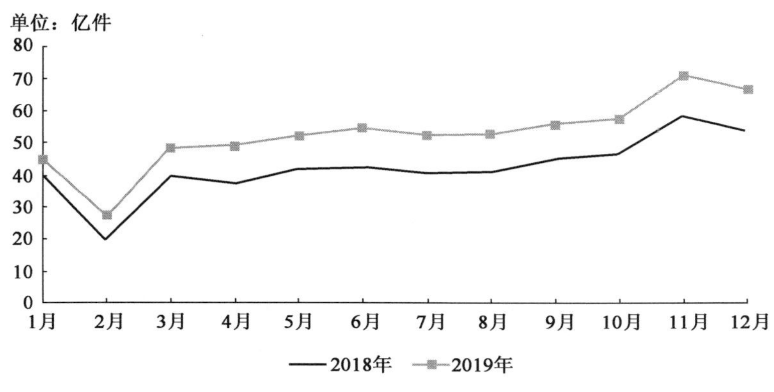

图 4-1 2018 年与 2019 年快递业务量情况比较

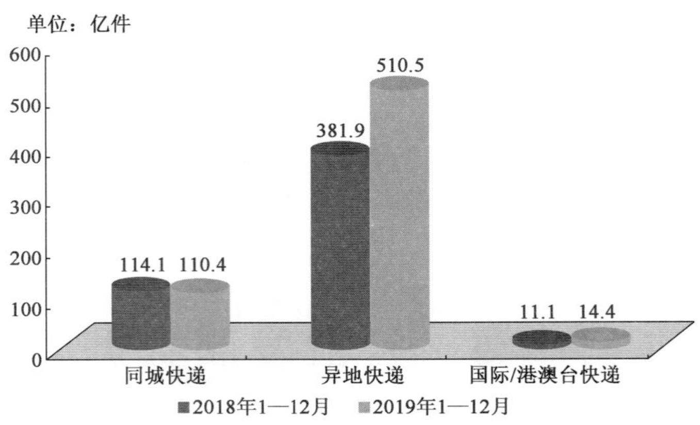

图4-2　2018年与2019年分专业快递业务量比较

12月份，全国快递服务企业业务量完成67.3亿件，同比增长24.3%；业务收入完成772.2亿元，同比增长26.7%。

2019年，同城、异地、国际/港澳台快递业务量分别占全部快递业务量的17.4%、80.4%和2.2%；业务收入分别占全部快递收入的10%、52.6%和10%。与去年同期相比，同城快递业务量的比重下降5.1个百分点，异地快递业务量的比重上升5.1个百分点，国际/港澳台业务量的比重与去年同期持平（图4-3、图4-4）。

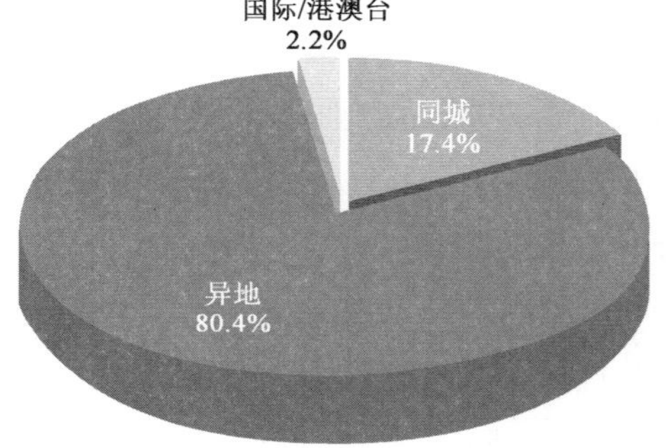

图4-3　快递业务量结构情况

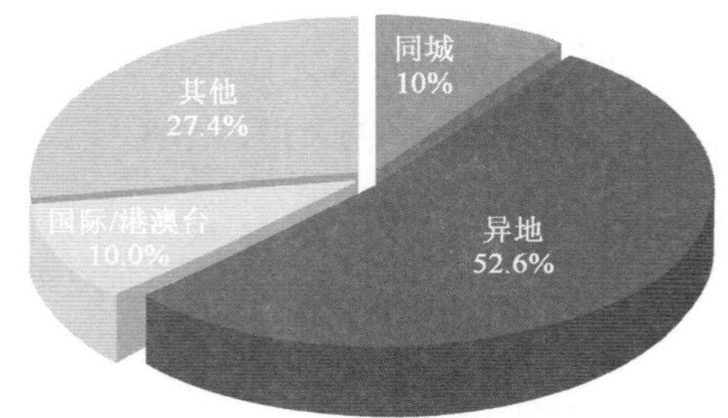

图4-4　快递业务收入结构情况

2019年，东、中、西部地区快递业务量比重分别为79.7%、12.9%和7.4%，业务收入比重分别为80.2%、11.3%和8.5%。与去年同期相比，东部地区快递业务量比重下降0.2个百分点，快递业务收入比重上升个0.2百分点；中部地区快递业务量比重上升0.6个百分点，快递业务收入比重上升0.1个百分点；西部地区快递业务量比重下降0.4个百分点，快递业务收入比重下降个0.3百分点（图4-5、图4-6）。

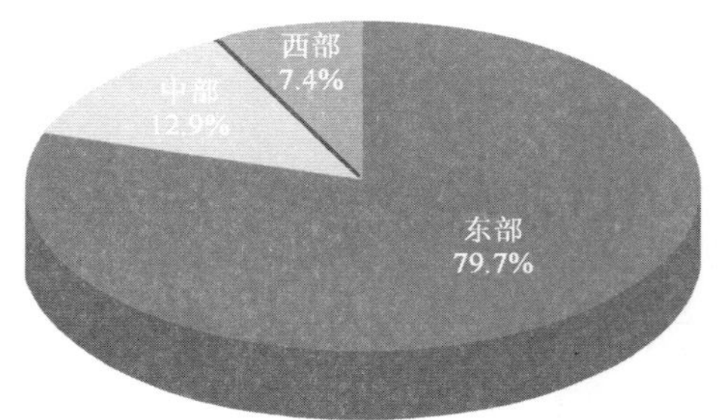

图4-5　地区快递业务量结构情况

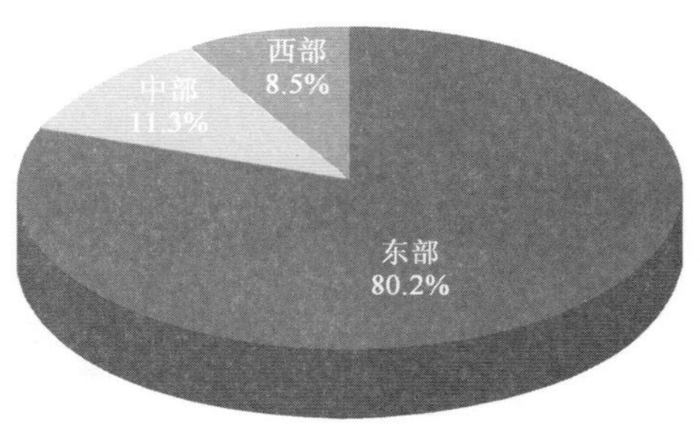

图4-6　地区快递业务收入结构情况

2019 年,快递与包裹服务品牌集中度指数CR8 为 82.5,较 1—11 月上升 0.2。

2019 年,全国邮政行业发展情况见表 4-1;分省快递服务企业业务量和业务收入情况见表 4-2;快递业务量和快递业务收入前 50 位的城市分别见表 4-3、表 4-4。

表 4-1 全国邮政行业发展情况

指标名称	单位	2019 年		比去年同期增长(%)	
		全年累计	12 月份	全年累计	12 月份
一、邮政行业业务收入	亿元	9642.5	960.9	22.0	25.9
1. 邮政寄递服务	亿元	431.6	41.0	17.2	39.2
2. 快递业务	亿元	7497.8	772.2	24.2	26.7
二、邮政行业业务总量	亿元	16229.6	1712.3	31.5	33.8
1. 邮政寄递服务	万件	2475705.9	229219.6	4.3	12.3
其中:函件	万件	216720.4	16426.7	-19.0	-11.5
包裹	万件	2154.4	220.8	-10.5	-6.1
订销报纸累计数	万份	1682803.6	145223.8	-2.7	-0.7
订销杂志累计数	万份	74696.3	5991.0	-5.1	-10.6
汇兑	万笔	1639.6	126.4	-34.9	-37.8
2. 快递业务	万件	6352291.0	673425.7	25.3	24.3
其中:同城	万件	1103766.9	110338.8	-3.3	-6.1
异地	万件	5104788.7	547935.0	33.7	32.4
国际/港澳台	万件	143735.3	15151.9	29.9	45.7

注:邮政行业业务收入中未包括邮政储蓄银行直接营业收入。

表 4-2 分省快递服务企业业务量和业务收入情况

单位	快递业务量累计(万件)	同比增长(%)	快递收入累计(万元)	同比增长(%)
全国	6352291.0	25.3	74978235.2	24.2
北京	228716.4	3.5	3391428.2	2.4
天津	69733.0	21.1	958419.1	9.6
河北	230392.7	32.3	2423535.3	34.1
山西	36413.8	20.0	494196.7	28.2
内蒙古	14263.2	-6.1	329491.8	10.2
辽宁	79515.7	21.7	1038723.1	18.1
吉林	30662.0	35.4	483304.5	28.2
黑龙江	35088.9	16.3	602671.2	29.8
上海	313326.1	-10.1	12888432.8	26.3
江苏	574060.4	30.8	6189768.3	28.7
浙江	1326252.1	31.2	9129240.5	17.1
安徽	154543.0	37.6	1383815.0	24.7
福建	261951.3	23.8	2591559.7	25.4
江西	77719.9	25.5	843014.5	25.7
山东	288856.2	32.1	2883528.3	26.3
河南	211093.2	38.3	1886366.5	23.3
湖北	168499.8	24.5	1738919.9	20.9

续上表

单　　位	快递业务量累计（万件）	同比增长（%）	快递收入累计（万元）	同比增长（%）
湖南	103079.3	30.6	1009256.0	25.4
广东	1680594.0	29.7	18479102.1	30.9
广西	56386.3	17.2	746466.3	21.4
海南	8143.4	14.6	184819.2	13.3
重庆	55322.4	20.8	704509.7	21.4
四川	179104.9	22.7	2035863.8	21.8
贵州	24584.4	16.0	461053.6	14.0
云南	43160.8	26.9	576432.6	22.3
西藏	874.3	20.5	28924.1	19.0
陕西	72891.9	28.2	833770.8	23.9
甘肃	10371.2	16.4	226397.3	20.1
青海	1896.1	-0.1	59825.7	25.0
宁夏	4891.6	-27.8	94877.4	16.7
新疆	9902.6	-11.0	280521.6	17.4

表4-3　快递业务量前50位城市情况

排名	城　　市	快递业务量累计（万件）	排名	城　　市	快递业务量累计（万件）
1	广州	634680.3	26	重庆	55322.4
2	金华(义乌)	592263.1	27	保定	54245.4
3	深圳	421670.2	28	西安	53875.6
4	上海	313326.1	29	济南	51605.9
5	杭州	265665.9	30	临沂	50168.7
6	北京	228716.4	31	绍兴	49460.1
7	苏州	173167.7	32	福州	47580.8
8	东莞	163009.3	33	南通	47012.4
9	揭阳	145086.0	34	青岛	45325.2
10	成都	125968.0	35	中山	44532.2
11	泉州	121653.4	36	厦门	42616.0
12	武汉	112991.4	37	湖州	36145.6
13	温州	108533.5	38	沈阳	35435.6
14	宁波	96044.0	39	南昌	32734.9
15	南京	88279.2	40	宿迁	32640.9
16	汕头	83810.2	41	惠州	32574.1
17	台州	82471.8	42	南宁	29816.7
18	郑州	82329.4	43	徐州	28417.2
19	无锡	81703.4	44	昆明	27931.4
20	嘉兴	71940.3	45	廊坊	27219.7
21	天津	69733.0	46	常州	26794.1
22	佛山	69114.6	47	潍坊	26168.8
23	石家庄	68540.1	48	哈尔滨	24440.6
24	合肥	65195.4	49	邢台	24083.9
25	长沙	64122.9	50	潮州	22639.9

表4-4 快递业务收入前50位城市情况

排名	城　　市	快递业务收入累计（万元）	排名	城　　市	快递业务收入累计（万元）
1	上海	12888432.8	26	合肥	597047.3
2	广州	6354932.2	27	长沙	584240.4
3	深圳	5613745.4	28	济南	559919.9
4	北京	3391428.2	29	汕头	529765.9
5	杭州	3267926.3	30	福州	489072.0
6	金华(义乌)	2245274.0	31	中山	481116.9
7	苏州	2168457.8	32	保定	479858.3
8	东莞	2074608.2	33	南通	446517.7
9	成都	1372277.2	34	台州	440664.1
10	武汉	1148444.7	35	沈阳	424670.3
11	揭阳	1041726.3	36	哈尔滨	421027.8
12	南京	1012983.5	37	南昌	418040.8
13	宁波	1000364.8	38	常州	406375.7
14	天津	958419.1	39	南宁	396724.9
15	泉州	955887.6	40	惠州	378011.9
16	佛山	944029.8	41	廊坊	340412.5
17	郑州	892718.2	42	绍兴	340102.7
18	无锡	814211.4	43	昆明	337158.5
19	温州	749037.7	44	临沂	305131.6
20	重庆	704509.7	45	大连	295481.3
21	石家庄	684531.2	46	潍坊	282044.9
22	青岛	655326.7	47	长春	278308.4
23	嘉兴	652765.2	48	湖州	249844.6
24	西安	624260.3	49	沧州	231461.3
25	厦门	606844.4	50	太原	208566.0

2019年邮政行业发展统计公报

2019年是新中国成立70周年，是决胜全面建成小康社会第一个百年奋斗目标的关键之年。全行业在以习近平同志为核心的党中央坚强领导下，全面贯彻落实中央决策部署，坚持稳中求进工作总基调，坚持以供给侧结构性改革为主线，坚持新发展理念和以人民为中心的发展思想，坚定不移推动邮政业高质量发展，邮政业改革发展取得了新成效，保持了总体平稳、稳中有进的良好态势。全行业业务总量和业务收入分别完成1.6万亿元和9642.5亿元，同比分别增长31.5%和22%，快递业务量突破600亿件。

一、业务发展情况

全年邮政行业业务总量完成16229.6亿元，同比增长31.5%。全年邮政行业业务收入（不包括邮政储蓄银行直接营业收入）完成9642.5亿元，同比增长22%（图4-7）。

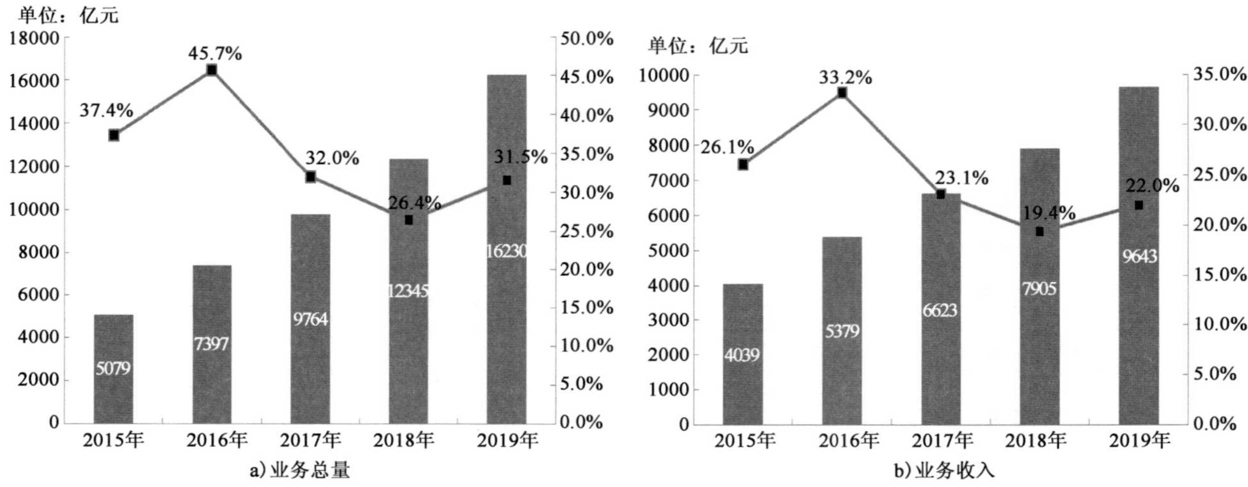

图4-7 2015－2019年邮政行业业务发展情况

（一）邮政寄递服务业务

2019年邮政寄递服务业务量完成247.2亿件，同比增长4.3%；邮政寄递服务业务收入完成428.7亿元，同比增长16.4%。

全年函件业务量完成21.7亿件，同比下降18.9%；包裹业务量完成2155万件，同比下降10.5%；订销报纸业务完成168.1亿份，同比下降2.7%；订销杂志业务完成7.3亿份，同比下降5.8%；汇兑业务完成1640万笔，同比下降34.9%。

（二）快递业务

快递业务快速增长。全年快递服务企业业务量完成635.2亿件，同比增长25.3%；快递业务收入完成7497.8亿元，同比增长24.2%（图4-8）。

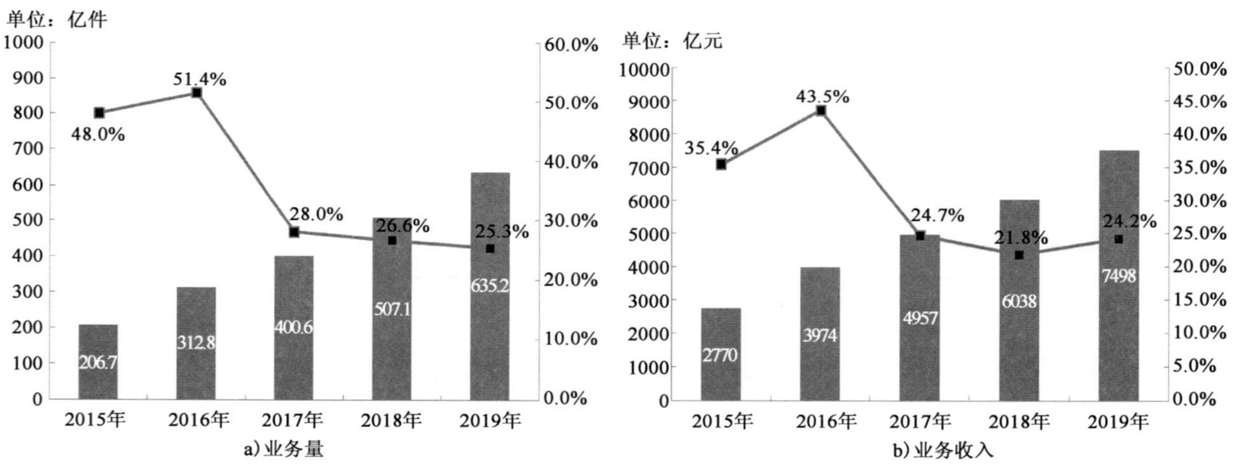

图4-8 2015－2019年快递业务发展情况

快递业务收入在行业中占比继续提升。快递业务收入占行业总收入的比重为77.8%，比上年提高1.4个百分点。

同城快递业务小幅下降。全年同城快递业务量完成110.4亿件，同比下降3.3%；实现业务收入751.8亿元，同比下降16.9%。

异地快递业务快速增长。全年异地快递业务量完成510.5亿件，同比增长33.7%；实现业务收入3941.2亿元，同比增长27.1%。

国际/港澳台快递业务持续增长。全年国际/港澳台快递业务量完成14.4亿件，同比增长29.9%；实现业务收入747.3亿元，同比增长27.6%。

异地业务占比提升。同城、异地、国际/港澳台快递业务量占全部比例分别为17.4%、80.4%和2.2%，业务收入占全部比例分别为10%、

52.6%和10%。

东、中、西部地区各项快递业务均保持了持续稳定的增长势头,中部地区业务增长持续提速,市场份额继续上升。全年东部地区完成快递业务量506.2亿件,同比增长25%;实现业务收入6015.9亿元,同比增长24.5%。中部地区完成快递业务量81.7亿件,同比增长30.9%;实现业务收入844.2亿元,同比增长24.5%。西部地区完成快递业务量47.4亿件,同比增长19.4%;实现业务收入637.8亿元,同比增长20.4%。东、中、西部地区快递业务量比重分别为79.7%、12.9%和7.4%,快递业务收入比重分别为80.2%、11.3%和8.5%。

快递业务量收排名前五位的省份合计在全国占比较上年有所上升。快递业务量排名前五位的省份依次是广东、浙江、江苏、上海和山东,其快递业务量合计占全部快递业务量的比重达到65.9%,较上年前五位占比提高0.5个百分点。快递业务收入排名前五位的省份依次是广东、上海、浙江、江苏和北京,其快递业务收入合计占全部快递业务收入的比重达到66.8%,较上年同期上升0.2个百分点。

快递业务量排名前十五位的城市依次是广州、金华(义乌)、深圳、上海、杭州、北京、苏州、东莞、揭阳、成都、泉州、武汉、温州、宁波和南京,其快递业务量合计占全部快递业务量的比重达到56.5%(图4-9)。

快递业务收入排名前十五位的城市依次是上海、广州、深圳、北京、杭州、金华(义乌)、苏州、东莞、成都、武汉、揭阳、南京、宁波、天津、泉州,其快递业务收入合计占全部快递业务收入的比重达到60.7%(图4-10)。

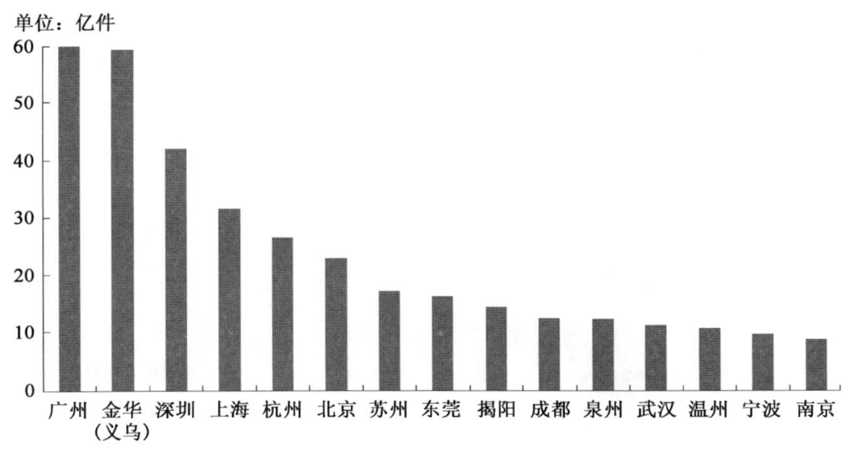

图4-9 快递业务量前15名的城市情况

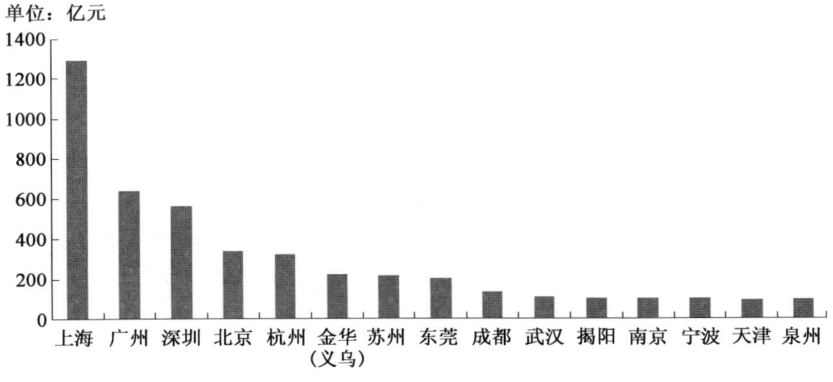

图4-10 快递业务收入前15名城市情况

国有、民营、外资企业业务量占全部快递与包裹市场比重分别为10.8%、88.8%、0.4%，国有、民营、外资企业业务收入占全部快递与包裹市场比重分别为9.8%、85.3%、4.9%。

快递与包裹服务品牌集中度指数CR8为82.5。

二、通信能力和服务水平

（一）机构设备

全行业拥有各类营业网点31.9万处，其中设在农村的10.5万处。快递服务营业网点21万处，其中设在农村的6.5万处。全国拥有邮政信筒信箱11.9万个，比上年末减少0.3万个。全国拥有邮政报刊亭总数1.3万处，比上年末减少0.3万处。

全行业拥有国内快递专用货机116架，与上年同期持平。全行业拥有汽车32.8万辆，比上年末增长1.8%，其中快递服务汽车23.7万辆，比上年末减少0.9%。

（二）通信网路

全国邮政邮路总条数3.6万条，比上年末增加7619条。邮路总长度（单程）1222.7万公里，比上年末增加237.6万公里。全国邮政农村投递路线10.2万条，比上年末增加7208条；农村投递路线长度（单程）419.9万公里，比上年末增加16.8万公里。全国邮政城市投递路线10.3万条，比上年末增加3.3万条；城市投递路线长度（单程）221万公里，比上年末增加49.8万公里。全国快递服务网路条数16.7万条；快递服务网路长度（单程）2863.2万公里。

（三）服务能力

全行业平均每一营业网点服务面积为30.1平方公里；平均每一营业网点服务人口为0.4万人。邮政城区每日平均投递2次，农村每周平均投递5次。全国年人均函件量为1.6件，每百人订有报刊量为8份，年人均快递使用量为45.4件。年人均用邮支出688.7元，年人均快递支出535.5元（图4-11）。

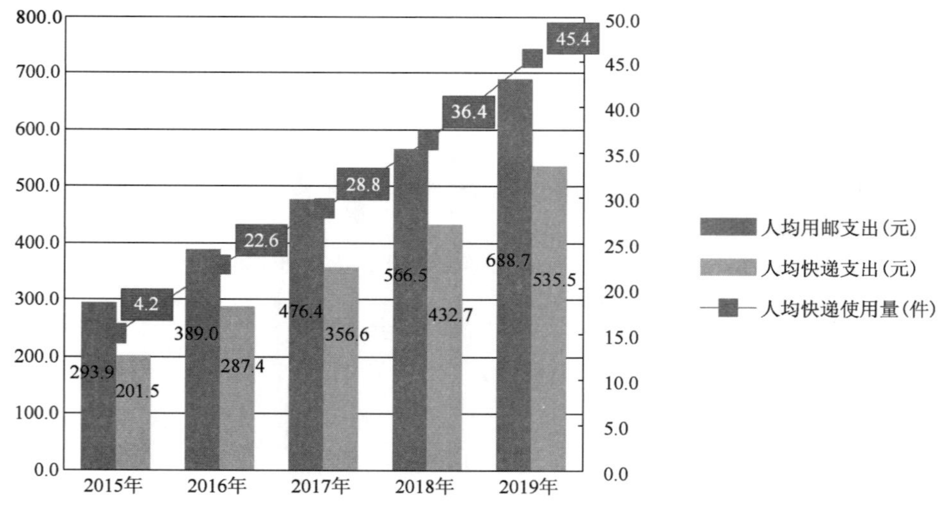

图4-11 2015－2019年人均用邮支出、快递支出和快递使用量情况

备注：

1. 本公报中邮政寄递服务业务、通信能力和服务水平有关数据来自年报，其他数据为月报统计数据。
2. 各项统计数据未包括香港和澳门特别行政区及台湾省。
3. 部分数据因四舍五入的原因，存在着与分项合计不等的情况。
4. 邮政行业业务总量按2010年不变价格计算。
5. 全国人口数据来自国家统计局《2019年国民经济和社会发展统计公报》。

第二章 快递服务满意度及时限准时率数据

国家邮政局关于2019年快递服务满意度调查结果的通告

为持续改进快递服务质量,促进快递业健康有序发展,国家邮政局委托专业第三方于2019年对快递服务满意度进行了调查。现将有关情况通告如下:

一、基本情况

2019年快递服务满意度调查范围覆盖50个城市,包括全部省会城市、直辖市以及19个快递业务量较大的重点城市。具体为:北京、天津、石家庄、太原、呼和浩特、沈阳、长春、哈尔滨、上海、南京、杭州、合肥、福州、南昌、济南、郑州、武汉、长沙、广州、南宁、海口、重庆、成都、贵阳、昆明、拉萨、西安、兰州、西宁、银川、乌鲁木齐、大连、苏州、无锡、宁波、金华、温州、芜湖、厦门、泉州、青岛、洛阳、株洲、深圳、东莞、中山、揭阳、桂林、遵义和宝鸡。

调查对象为2018年国内快递业务量排名靠前且服务水平较好的10家全网型快递服务品牌,包括:邮政EMS、顺丰速运、中通快递、韵达速递、圆通速递、申通快递、百世快递、京东物流、德邦快递和优速快递。

调查由2019年使用过快递服务的用户对受理、揽收、投递、售后和信息5个快递服务环节及22项基本指标进行满意度评价,通过计算机辅助电话访问和在线调查等方式,共获得有效样本94714个。

二、调查结果

调查显示,2019年用户对快递业的服务总体满意度继续提升,公众满意度提升幅度较大。2019年快递服务总体满意度得分为77.3分,较2018年上升1.4分。其中,公众满意度得分为84.0分,较2018年上升2.3分,快递服务的公众评价持续向好;时测满意度得分为70.5分,较2018年上升0.4分。

快递企业总体满意度排名依次为:顺丰速运、邮政EMS、京东物流、韵达速递、中通快递、百世快递、申通快递、圆通速递、德邦快递、优速快递。其中,优速快递、圆通速递与申通快递的公众满意度上升较为明显。

公众满意度方面,涉及评价的5项二级指标较2018年均有上升。其中,受理环节满意度得分为88.6分,较2018年上升1.7分;揽收环节满意度得分为86.7分,较2018年上升2.6分;投递环节满意度得分为86.2分,较2018年上升1.1分;售后环节满意度得分为73.3分,较2018年上升3.3分;信息服务满意度得分为86.7分,较2018年上升4.9分,进步明显。

在涉及评价的22项三级指标中,用户满意度较高的指标是:普通电话下单、物流信息及时性和准确性、网络下单、揽收员服务、封装质量、上门时限、派件员服务、送达质量、统一客服下单、智能快件箱投递、送达范围感知。满意度上升幅度较大的指标是:物流信息及时性和准确性、个人信息安全保护、公共服务站投递、问题件处理、全程信息推送、送达范围感知、时限感知、上门时限、费用公开透明、网络下单。满意度有所降低的指标是送达质量、住宅投递。

在受理环节,普通电话下单、统一客服下单、网络下单分别为90.0分、86.7分和88.7分,较2018

年均有改善。快递企业在普通电话下单服务方面差异较小，服务均达到较高水平。用户下单渠道更加多元，下单服务体验不断优化。在受理环节表现较好的企业有：顺丰速运、百世快递和京东物流。

在揽收环节，上门时限、封装质量、揽收员服务、快递费用满意度得分分别为87.3分、87.6分、88.3分和85.3分，较2018年均有上升。其中，上门时限满意度得分上升3.2分，快递费用满意度得分上升2.9分。在揽收环节表现较好的企业有：顺丰速运、京东物流、邮政EMS和百世快递。

在投递环节，时限感知、送达质量、送达范围感知、派件员服务满意度得分分别为84.3分、86.8分、85.9分和86.9分。其中，送达质量与住宅投递满意度得分较2018年略有下降；时限感知与送达范围满意度得分均较2018年上升3.3分。智能快件箱投递满意度得分为86.6分，与2018年持平。快递公共服务站投递满意度得分为85.2分，服务水平较2018年有所上升。投递环节表现较好的企业有：顺丰速运、京东物流和邮政EMS。

在售后环节，问题件处理服务满意度得分为70.0分，较2018年上升4.3分，进步明显；投诉服务、发票服务、损失赔偿服务满意度得分分别为55.4分、84.9分和63.1分，较2018年均有上升。售后环节表现较好的企业有：顺丰速运、京东物流、邮政EMS和德邦快递。

在信息服务环节，物流信息及时性和准确性、全程信息推送、个人信息安全保护满意度得分分别为89.8分、85.0分和85.3分，较2018年均有较大幅度上升。信息服务方面表现较好的企业有：顺丰速运、京东物流、邮政EMS和中通快递。

在不同区域中，中部地区服务表现最好，满意度得分连续5年稳步上升；东部地区服务满意度得分较2018年明显上升。中、西部地区满意度得分继续上升，表明"快递向西、向下"成效继续显现。其中，东北地区满意度得分较高，华东地区各环节满意度上升明显。用户对城市寄往农村或偏远地区快递服务的公众满意度得分为80.4分，较2018年上升2.4分。2019年快递公众满意度得分居前15位的城市是：洛阳、沈阳、太原、长春、天津、银川、大连、宝鸡、金华、哈尔滨、温州、合肥、呼和浩特、杭州、苏州。

2019年度调查中，还对部分与快递服务紧密相关的事项进行了抽样调查。在快递员上门取件准时率用户感知方面，46.2%的受调查用户感知到快递员上门取件准时率提升。用户对投递环节快件签收落实、未妥投处理服务的满意度评分分别为86.5分、86.6分，较2018年有所下降。调查还显示，快递企业应对旺季高峰期、春节假期等特殊时期的服务保障能力进一步增强。2019年，用户对特殊时期快递服务满意度得分为83.4分，较2018年上升2.5分，特殊时期服务持续优化。

国家邮政局

2020年1月8日

国家邮政局关于2019年快递服务实现准时率测试结果的通告

为促进快递业健康发展，更好满足人民日益增长的寄递需求，国家邮政局委托专业第三方对2019年全国重点地区快递服务时限准时率进行了测试。现将有关情况通告如下：

一、基本情况

2019年快递服务时限测试范围覆盖50个城市，包括全部省会城市、直辖市以及19个快递业务量较大的重点城市。具体为:北京、天津、石家庄、太原、呼和浩特、沈阳、长春、哈尔滨、上海、南京、杭州、合肥、福州、南昌、济南、郑州、武汉、长沙、广州、南宁、海口、重庆、成都、贵阳、昆明、拉萨、西安、兰州、西宁、银川、乌鲁木齐、大连、苏州、无锡、宁波、金华、温州、芜湖、厦门、泉州、青岛、洛阳、株洲、深圳、东莞、中山、揭阳、桂林、遵义和宝鸡。

测试对象为2018年国内快递业务量排名靠前且服务水平较好的10家全网型快递服务品牌,包括:邮政EMS、顺丰速运、中通快递、韵达速递、圆通速递、申通快递、百世快递、京东物流、德邦快递和优速快递。

测试的业务范围为异地快件业务。测试方式为系统抽样测试和实际寄递测试,有效样本约400万个。

二、测试结果

(一)全程时限

2019年全国重点地区快递服务全程时限为56.2小时,较2018年缩短0.64小时。72小时准时率为79.26%,较2018年提高0.29个百分点。

从全年表现来看,业务旺季全程时限较长,第二、三季度时限水平较高且保持稳定。与2018年同期相比,2019年各月时限水平普遍改善。

(二)分环节时限

寄出地处理环节平均时限为8.94小时,较2018年缩短0.28小时;运输环节平均时限33.66为小时,较2018年缩短0.3小时;寄达地处理环节平均时限为9.09小时,较2018年缩短0.16小时;投递环节平均时限为4.52小时,较2018年延长0.11小时。四个环节中,寄出地处理、运输和寄达地处理环节时限均有改善,投递环节时限基本稳定。

(三)不同寄送距离时限

通过实地调研,结合快递企业作业实际,以600公里、1500公里、2500公里为界,对全样本里程段进行了调整。

600公里以下平均时限为37.59小时,600~1500公里平均时限为53.7小时,1500~2500公里平均时限为67.24小时,2500公里以上平均时限为89.13小时。

(四)分区域时限

全国寄往东部地区的快件平均时限为55.56小时,较2018年缩短0.95小时;全国寄往中部地区的快件平均时限为57.62小时,较2018年缩短0.76小时;全国寄往西部地区的快件平均时限为63.63小时,较2018年延长0.07小时。

国家邮政局

2020年1月8日

注:2019年10家快递服务品牌主要时限指标排名见表4-5。

表4-5　2019年10家快递服务品牌主要时限指标排名

公司名称	全程时限	寄出地处理时限	运输时限	寄达地处理时限	投递时限	72小时准时率
顺丰速运	1	1	1	1	1	1
邮政EMS	2	6	2	3	3	2
京东物流	3	7	3	6	2	4
韵达速递	4	2	6	2	5	3
百世快递	5	4	4	4	7	5
中通快递	6	5	5	5	8	6
申通快递	7	8	7	9	4	7
圆通速递	8	3	8	8	9	8
德邦快递	9	10	9	7	6	9
优速快递	10	9	10	10	10	10

第三章　邮政业消费者申诉情况通告

国家邮政局关于2019年第一季度邮政业消费者申诉情况通告

一、总体情况

2019年第一季度，国家邮政局和各省（区、市）邮政管理局通过"12305"邮政行业消费者申诉电话和申诉网站共处理消费者申诉199914件。申诉中涉及邮政服务问题的9675件，占总申诉量的4.8%；涉及快递服务问题的190239件，占总申诉量的95.2%（图4-12）。

处理的申诉中，有效申诉量（确定企业责任的）为16493件，比上年同期下降70.1%。有效申诉量中涉及邮政服务问题的1589件，占有效申诉量的9.6%；涉及快递服务问题的14904件，占有效申诉量的90.4%（图4-13）。

邮政业消费者申诉均依法依规做了调解处理，为邮政业消费者挽回经济损失1886.4万元。邮政业消费者对邮政管理部门有效申诉处理工作满意率为98.7%，对邮政企业有效申诉处理满意率为98.1%，对快递企业有效申诉处理满意率为97.7%。

第一季度，企业对邮政管理部门转办的申诉未能按规定时限回复的有21件，与去年同期相比减少127件（表4-6）。

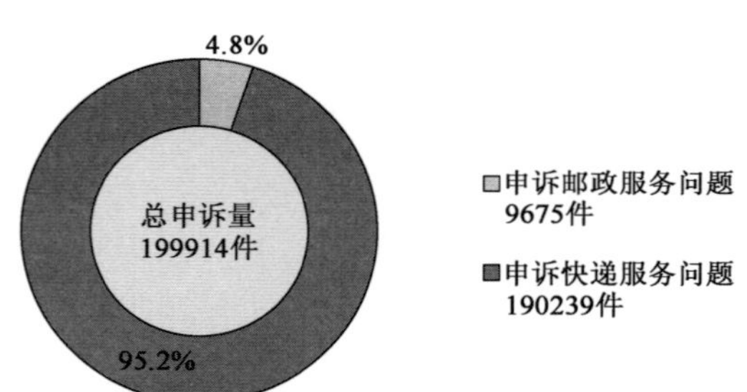

图4-12　第一季度国家邮政局和各省（区、市）邮政管理局通过"12305"邮政行业消费者申诉情况

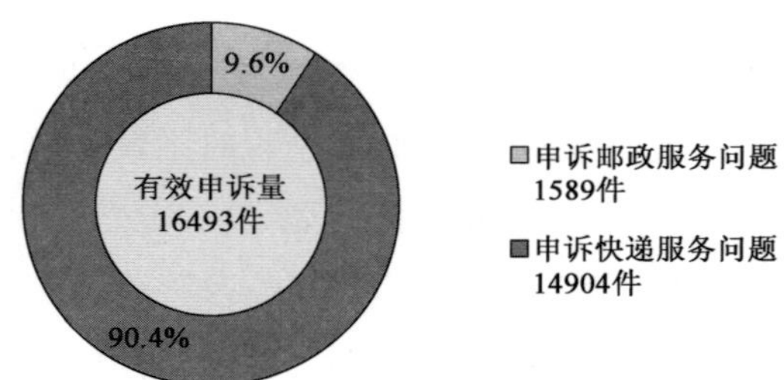

图4-13　第一季度邮政行业消费者申诉中有效申诉占比情况

表4-6　第一季度企业对邮政管理部门转办的申诉未能按规定时限回复情况

公司名称	上海	江苏	浙江	福建	广东	四川	贵州	甘肃	合计
百世快递						3	1		4
国通					3				3
京东	1							1	2
DHL					2				2
安能快递	1			1					2
品骏快递		1	1						2
全一快递					1				1

续上表

公司名称	上海	江苏	浙江	福建	广东	四川	贵州	甘肃	合计
FedEx	1								1
UPS		1							1
TNT					1				1
其他					2				2
合计	3	2	1	1	9	3	1	1	21

二、邮政服务申诉情况

(一)邮政业消费者对邮政服务问题申诉情况

第一季度,邮政业消费者对邮政服务问题申诉9675件,同比下降44.7%(图4-14)。

邮政业消费者对邮政服务申诉的主要问题是投递服务、邮件丢失短少和邮件延误,分别占申诉总量的40.7%、23.2%和21.3%。邮政服务问题申诉量同比均呈下降趋势(表4-7)。

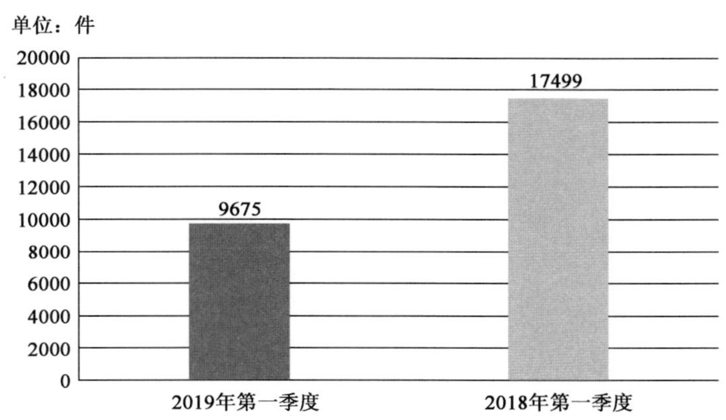

图4-14 第一季度邮政服务申诉量同比情况

表4-7 邮政服务问题申诉量情况统计情况

序号	申诉内容	申诉件数	占比(%)	同比(%)	函件	包件	汇兑	报刊	集邮	其他
1	投递服务	3934	40.7	-39.8	3486	223	4	154	21	46
2	丢失短少	2248	23.2	-41.0	1902	285	2	44	4	11
3	延误	2061	21.3	-63.1	1843	165	2	39	2	10
4	损毁	657	6.8	-14.6	546	110	0	0	0	1
5	收寄服务	383	4.0	-9.0	285	61	0	6	13	18
6	违规收费	77	0.8	-24.5	55	17	0	1	2	2
7	其他	315	3.3	15.4	168	21	4	21	30	71
8	合计	9675	100.0	-44.7	8285	882	12	265	72	159

(二)邮政业消费者对邮政服务问题有效申诉情况

邮政业消费者对邮政服务问题有效申诉1589件,同比下降76.1%(图4-15)。

邮政业消费者对邮政服务有效申诉的主要问题是投递服务、邮件丢失短少和邮件延误,分别占有效申诉总量的40.5%、26.8%和22.6%。邮政服务问题有效申诉量同比均呈下降趋势(表4-8)。

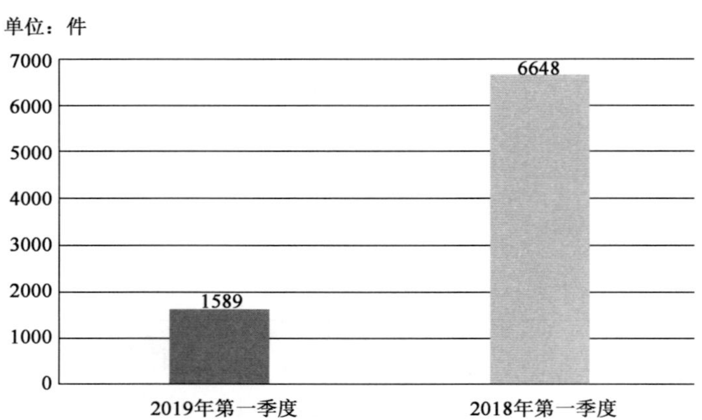

图4-15　第一季度邮政服务有效申诉量同比情况

表4-8　邮政服务问题有效申诉量情况统计情况

序号	申诉问题		有效申诉件数		占比(%)	同比(%)
1	投递服务	函件	605	643	40.5	-74.7
		包件	32			
		报刊	3			
		集邮	1			
		其他	2			
2	丢失短少	函件	357	426	26.8	-72.4
		包件	65			
		汇兑	1			
		其他	3			
3	延误	函件	318	359	22.6	-83.2
		包件	38			
		集邮	1			
		报刊	1			
		其他	1			
4	损毁	函件	78	100	6.3	-65.2
		包件	22			
5	收寄服务	函件	37	51	3.2	-60.5
		包件	9			
		报刊	3			
		集邮	2			
6	违规收费	函件	2	3	0.2	-70.0
		包件	1			
7	其他			7	0.4	0.0
8	合计			1589	100.0	-76.1

三、快递服务申诉情况

（一）邮政业消费者对快递服务问题申诉情况

第一季度，邮政业消费者对快递服务问题申诉190239件，同比下降26.2%（图4-16）。

（二）邮政业消费者对快递服务问题有效申诉情况

邮政业消费者对快递服务问题有效申诉

14904 件,同比下降 69.3%(图 4-17)。

邮政业消费者对快递服务有效申诉的主要问题是投递服务、快件丢失短少和快件延误,分别占有效申诉总量的 31.0%、29.1% 和 25.3%。快递服务问题有效申诉量同比均呈下降趋势(表 4-9)。

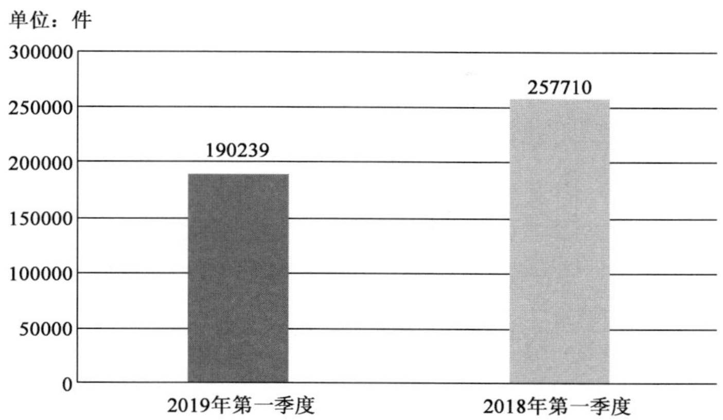

图 4-16 第一季度快递服务申诉量同比情况

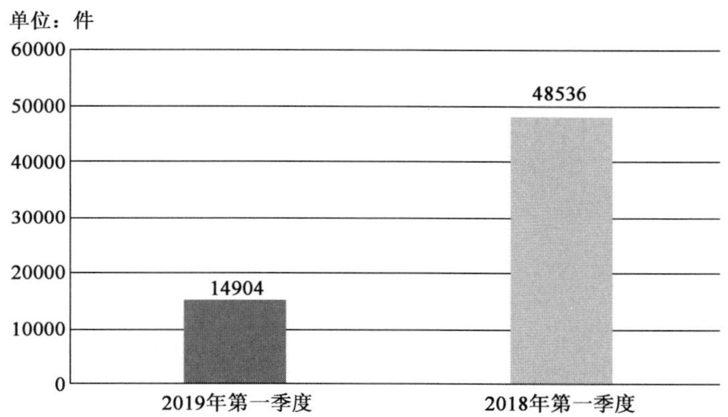

图 4-17 第一季度快递服务有效申诉量同比情况

表 4-9 快递服务问题有效申诉量情况统计

序 号	申诉问题	申诉件数	有效申诉件数	有效申诉比例(%)	有效申诉同比(%)
1	投递服务	55196	4616	31.0	-73.5
2	丢失短少	43184	4331	29.1	-63.9
3	延误	41550	3766	25.3	-74.3
4	损毁	24630	1458	9.8	-50.8
5	收寄服务	6369	455	3.0	-53.4
6	违规收费	3698	133	0.9	-47.4
7	代收货款	821	72	0.5	-53.5
8	其他	14791	73	0.5	-33.6
9	合计	190239	14904	100.0	-69.3

(三)邮政业消费者对快递企业申诉情况

邮政业消费者对快递企业有效申诉处理满意率(邮政业消费者对快递企业有效申诉处理满意件数与快递企业有效申诉总量之比)为 97.7%,低于全国平均有效申诉处理满意率的快递企业有 9 家;全国快递服务申诉率(快递企业每百万件业务量发生申诉问题的件数)为 15.66,高于全国平均申诉率的快递企业有 12 家(表 4-10)。

表 4-10　第一季度主要快递企业申诉情况

序号	企业名称	消费者对快递企业有效申诉处理满意率(%)	申诉率(百万分之)	有效申诉率(百万分之)
1	中外运-空运	100.0	0.21	0.00
2	苏宁易购	100.0	1.93	0.01
3	民航快递	100.0	2.04	0.51
4	FedEx	100.0	9.51	1.90
5	如风达	100.0	34.00	8.06
6	国通	100.0	78.26	17.42
7	TNT	100.0	79.09	30.83
8	宅急送	99.6	35.93	6.24
9	德邦快递	99.3	69.56	8.26
10	速尔	98.5	15.28	5.36
11	优速	98.5	47.65	3.00
12	京东	98.3	7.58	0.35
13	韵达快递	98.3	9.04	0.19
14	圆通速递	98.2	20.41	0.64
15	邮政快递(EMS)	98.2	25.16	6.59
16	百世快递	97.7	12.24	0.31
17	申通快递	97.6	15.59	0.10
18	品骏快递	97.6	18.29	11.88
19	天天	96.8	61.81	14.59
20	安能快递	96.5	68.50	6.71
21	顺丰速运	95.8	11.54	0.20
22	中通快递	95.2	7.04	0.18
23	DHL	90.0	9.20	1.05
24	递四方	89.4	3.89	0.60
25	UPS	79.3	22.12	7.29
26	全国平均	97.7	15.66	1.23

（四）各省（区、市）快递服务申诉情况

邮政业消费者对各省（区、市）邮政管理部门有效申诉处理工作满意率（邮政业消费者对邮政管理部门有效申诉处理工作满意件数与邮政管理部门结案有效申诉总量之比）为98.7%，低于全国平均有效申诉处理满意率的地区有14个；各省（区、市）快递服务申诉率（所在省份快递企业每百万件收投业务量中发生申诉问题的件数）为8，高于全国平均申诉率的地区有13个（表4-11）。

表 4-11　第一季度各省（区、市）快递服务申诉情况

序号	地　区	消费者对邮政管理部门有效申诉处理工作满意率(%)	申诉率(百万分之)	有效申诉率(百万分之)
1	辽宁	100.0	6.15	0.31
2	吉林	100.0	6.54	0.45
3	湖南	100.0	6.74	0.58
4	宁夏	100.0	6.83	1.67

续上表

序号	地区	消费者对邮政管理部门有效申诉处理工作满意率(%)	申诉率(百万分之)	有效申诉率(百万分之)
5	陕西	100.0	8.56	0.31
6	青海	100.0	10.95	1.17
7	西藏	100.0	27.58	3.50
8	天津	99.6	6.32	0.72
9	安徽	99.5	6.64	0.39
10	江西	99.5	7.09	0.82
11	山西	99.3	5.64	0.95
12	河北	99.2	7.22	0.60
13	江苏	99.1	8.28	0.71
14	甘肃	99.0	7.17	1.24
15	黑龙江	99.0	7.44	0.63
16	福建	98.9	8.98	0.94
17	河南	98.7	3.93	0.59
18	重庆	98.6	8.40	0.71
19	海南	98.6	8.47	1.40
20	浙江	98.5	7.12	0.76
21	湖北	98.5	7.73	0.61
22	贵州	98.5	11.43	1.39
23	山东	98.5	12.45	0.52
24	新疆	98.5	41.02	3.48
25	广东	98.2	6.46	0.48
26	内蒙古	98.2	7.24	0.70
27	广西	98.1	8.79	0.62
28	上海	98.1	16.74	0.43
29	云南	97.9	5.33	0.75
30	北京	97.9	9.78	0.65
31	四川	97.6	5.24	0.45
32	合计	98.7	8.00	0.63

国家邮政局关于2019年4月邮政业消费者申诉情况通告

一、总体情况

2019年4月，国家邮政局和各省（区、市）邮政管理局通过“12305”邮政行业消费者申诉电话和申诉网站共处理消费者申诉54684件。申诉中涉及邮政服务问题的2883件，占总申诉量的5.3%；涉及快递服务问题的51801件，占总申诉量的94.7%（图4-18）。

处理的申诉中，有效申诉量（确定企业责任的）为2781件，比上年同期下降68.9%。有效申诉量中涉及邮政服务问题的404件，占有效申诉量的14.5%；涉及快递服务问题的2377件，占有效申诉量的85.5%（图4-19）。

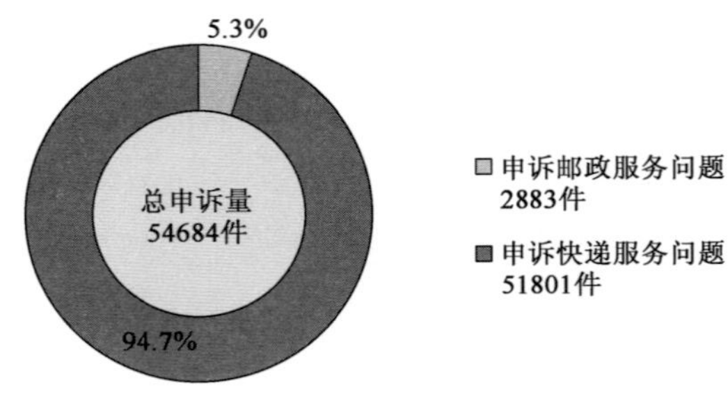

图 4-18　4 月国家邮政局和各省(区、市)邮政管理局通过“12305”邮政行业消费者申诉情况

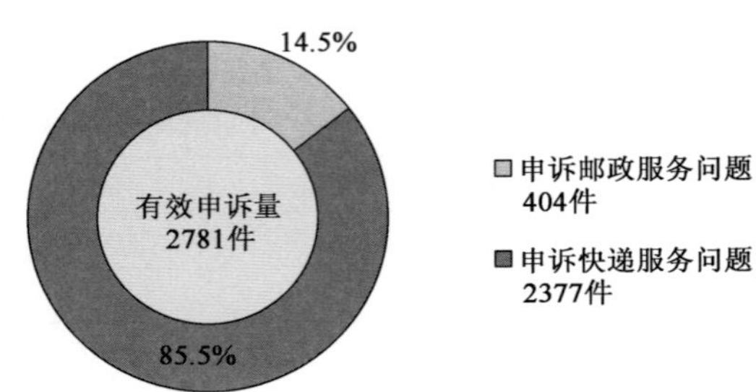

图 4-19　4 月邮政行业消费者申诉中有效申诉占比情况

邮政业消费者申诉均依法依规做了调解处理，为邮政业消费者挽回经济损失 642.7 万元。邮政业消费者对邮政管理部门有效申诉处理工作满意率为 98.7%，对邮政企业有效申诉处理满意率为 96.6%，对快递企业有效申诉处理满意率为 97.3%。

4 月，企业对邮政管理部门转办的申诉未能按规定时限回复的有 12 件，与去年同期相比减少 30 件(表 4-12)。

表 4-12　4 月企业对邮政管理部门转办的申诉未能按规定时限回复情况

公司名称	北京	上海	江苏	浙江	福建	广东	合计
FedEx		3					3
中国邮政	1		1				2
递四方						2	2
跨越速运					1		1
品骏快递	1						1
其他				1		2	3
合计	2	3	1	1	1	4	12

二、邮政服务申诉情况

(一)邮政业消费者对邮政服务问题申诉情况

4 月，邮政业消费者对邮政服务问题申诉 2883 件，环比下降 5.2%，同比下降 20.2%(图 4-20)。

邮政业消费者对邮政服务申诉的主要问题是投递服务、邮件丢失短少和邮件延误，分别占申诉总量的 44.7%、22.7% 和 14.1%。邮政服务问题申诉量环比增长的是收寄服务、违规收费和损毁问题，同比增长的是收寄服务问题(表 4-13)。

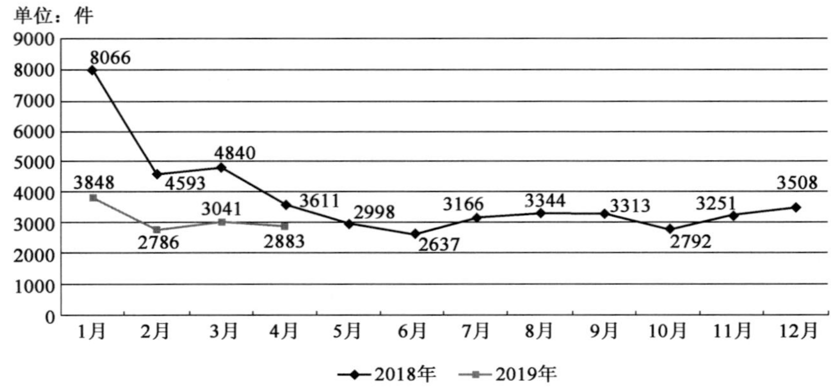

图 4-20　2019 年与 2018 年 4 月邮政申诉数量

表 4-13 4 月邮政服务问题申诉量情况统计

序号	申诉内容	申诉件数	占比(%)	环比(%)	同比(%)	函件	包件	汇兑	报刊	集邮	其他
1	投递服务	1290	44.7	1.6	-13.3	1157	60	0	54	5	14
2	丢失短少	655	22.7	-12.6	-33.2	550	81	0	19	2	3
3	延误	406	14.1	-29.0	-39.3	344	42	1	16	3	0
4	损毁	235	8.2	6.8	-6.4	199	36	0	0	0	0
5	收寄服务	149	5.2	34.2	22.1	109	19	0	2	0	19
6	违规收费	26	0.9	18.2	-25.7	16	8	0	0	1	1
7	其他	122	4.2	25.8	84.8	70	5	0	8	4	35
8	合计	2883	100.0	-5.2	-20.2	2445	251	1	99	15	72

(二)邮政业消费者对邮政服务问题有效申诉情况

邮政业消费者对邮政服务问题有效申诉 404 件,环比下降 17%,同比下降 56.5%(图 4-21)。

邮政业消费者对邮政服务有效申诉的主要问题是投递服务、邮件丢失短少和邮件延误,分别占有效申诉总量的 44.6%、27.2% 和 16.1%。邮政服务问题有效申诉量环比增长的是邮件损毁问题,同比均呈下降趋势(表 4-14)。

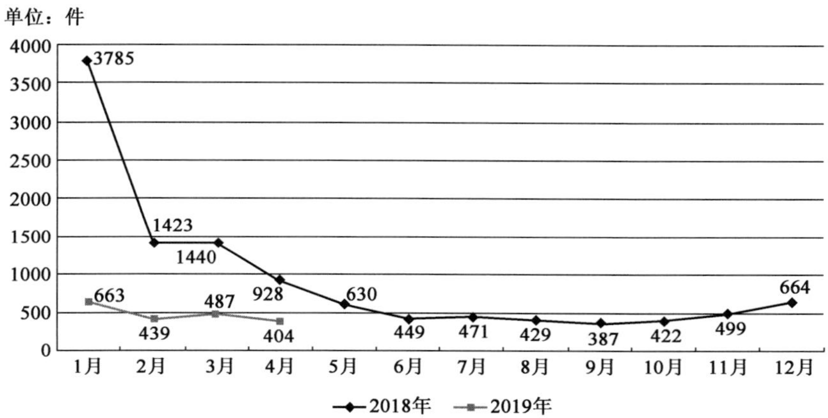

图 4-21 2019 年与 2018 年 4 月邮政有效申诉数量

表 4-14 4 月邮政服务问题有效申诉量情况统计

序号	申诉问题		有效申诉件数		占比(%)	环比(%)	同比(%)
1	投递服务	函件	171	180	44.6	-10.4	-51.2
		包件	7				
		报刊	1				
		其他	1				
2	丢失短少	函件	92	110	27.2	-24.1	-60.4
		包件	18				
3	延误	函件	55	65	16.1	-30.9	-62.2
		包件	10				
4	损毁	函件	29	38	9.4	18.8	-50.6
		包件	9				
5	收寄服务	函件	8	9	2.2	-30.8	-66.7
		包件	1				
6	其他		2		0.5	0.0	0.0
7	合计		404		100.0	-17.0	-56.5

三、快递服务申诉情况

(一)邮政业消费者对快递服务问题申诉情况

4月,邮政业消费者对快递服务问题申诉51801件,环比下降11.2%,同比下降15.5%(图4-22)。

(二)邮政业消费者对快递服务问题有效申诉情况

邮政业消费者对快递服务问题有效申诉2377件,环比下降39.2%,同比下降70.4%(图4-23)。

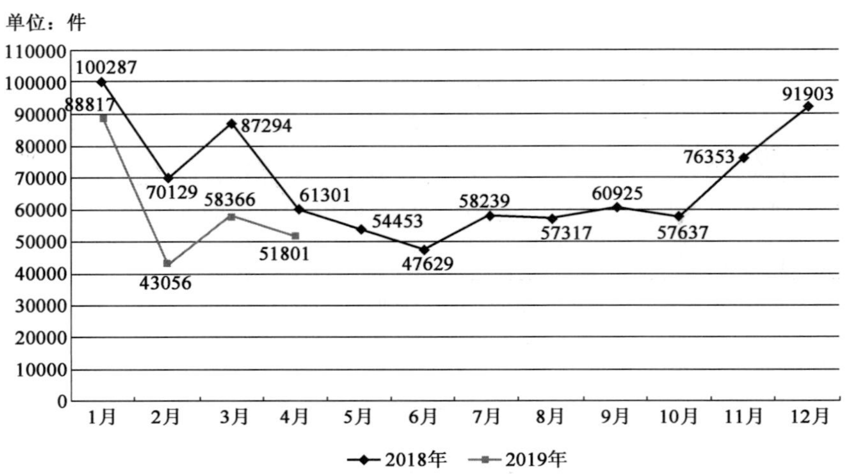

图4-22　2019年与2018年4月快递申诉数量

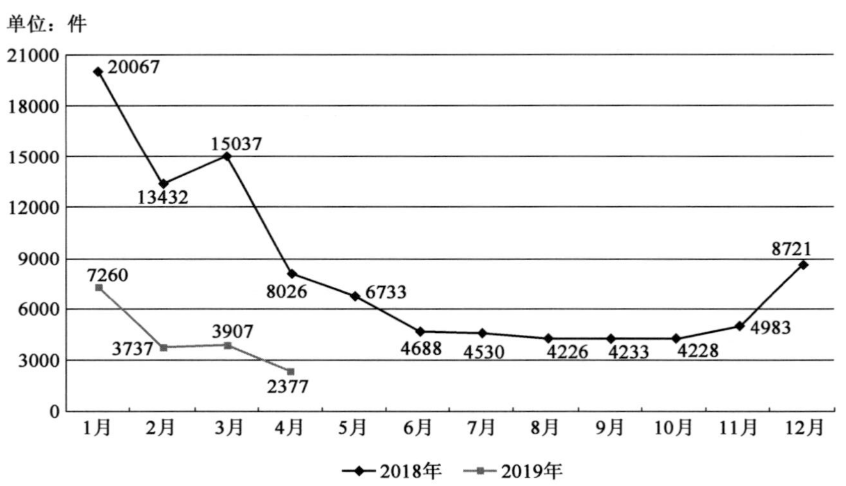

图4-23　2019年与2018年4月快递有效申诉数量

邮政业消费者对快递服务有效申诉的主要问题是投递服务、快件丢失短少和快件延误,分别占有效申诉总量的35.3%、27.4%和16.5%。快递服务问题有效申诉量环比增长的是代收货款和违规收费问题,同比均呈下降趋势(表4-15)。

表4-15　4月快递服务问题有效申诉量情况统计

序号	申诉问题	申诉件数	有效申诉件数	有效申诉比例(%)	有效申诉环比(%)	有效申诉同比(%)
1	投递服务	15613	838	35.3	-24.3	-72.7
2	丢失短少	11220	650	27.4	-45.1	-68.4
3	延误	6790	393	16.5	-62.5	-79.8
4	损毁	9089	294	12.4	-21.8	-52.7

续上表

序号	申诉问题	申诉件数	有效申诉件数	有效申诉比例(%)	有效申诉环比(%)	有效申诉同比(%)
5	收寄服务	2560	108	4.5	-5.3	-38.6
6	代收货款	563	44	1.9	76.0	-30.2
7	违规收费	1426	42	1.8	27.3	-27.6
8	其他	4540	8	0.3	-61.9	-80.0
9	合计	51801	2377	100.0	-39.2	-70.4

(三)邮政业消费者对快递企业申诉情况

4月,邮政业消费者对全国快递企业有效申诉处理满意率平均为97.3%,高于全国平均数的快递企业有15家,低于全国平均数的有7家;全国快递服务申诉率平均为10.53,低于全国平均数的快递企业有10家,高于全国平均数的有12家;全国快递服务有效申诉率平均为0.48,低于全国平均数的快递企业有9家,高于全国平均数的有13家(表4-16)。

表4-16 4月主要快递企业申诉情况

序号	企业名称	消费者对快递企业有效申诉处理满意率(%)	申诉率(百万分之)	有效申诉率(百万分之)
1	中外运-空运	100	0.37	0.00
2	苏宁易购	100	1.41	0.00
3	民航快递	100	2.97	0.99
4	中通快递	100	4.85	0.04
5	百世快递	100	8.10	0.04
6	申通快递	100	8.85	0.04
7	FedEx	100	10.81	2.95
8	宅急送	100	23.91	1.69
9	德邦快递	100	40.56	1.61
10	TNT	100	87.72	49.12
11	品骏快递	99.3	11.53	5.60
12	速尔	98.6	14.37	4.27
13	顺丰速运	98.4	12.72	0.20
14	韵达快递	98.3	6.04	0.07
15	优速	97.3	38.66	1.74
16	邮政快递(EMS)	96.9	22.57	4.23
17	圆通速递	95.1	12.60	0.23
18	天天	95.1	25.94	3.03
19	京东	95.0	5.19	0.18
20	UPS	92.3	22.67	8.42
21	递四方	83.3	4.37	0.62
22	DHL	66.7	6.98	0.78
23	全国平均	97.3	10.53	0.48

(四)各省(区、市)快递服务申诉情况

邮政业消费者对各省(区、市)邮政管理部门有效申诉处理工作满意率(邮政业消费者对邮政管理部门有效申诉处理工作满意件数与邮政管理部门结案有效申诉总量之比)为98.7%,低于全国平均有效申诉处理满意率的地区有8个;各省(区、市)快递服务申诉率(所在省份快递企业每百万件收投业务量中发生申诉问题的件数)为5.43,高于全国平均申诉率的地区有19个(表4-17)。

表4-17 4月各省(区、市)快递服务申诉情况

序号	地　区	消费者对邮政管理部门有效申诉处理工作满意率(%)	申诉率(百万分之)	有效申诉率(百万分之)
1	四川	100	3.31	0.15
2	江西	100	3.60	0.17
3	山西	100	3.64	0.28
4	湖南	100	3.70	0.15
5	云南	100	4.02	0.25
6	安徽	100	4.11	0.12
7	内蒙古	100	4.30	0.15
8	黑龙江	100	4.52	0.16
9	辽宁	100	4.69	0.15
10	甘肃	100	4.88	0.59
11	吉林	100	5.00	0.28
12	重庆	100	5.47	0.23
13	陕西	100	5.63	0.17
14	广西	100	6.01	0.22
15	海南	100	6.83	0.97
16	青海	100	7.52	0.72
17	贵州	100	7.83	0.41
18	上海	100	10.87	0.25
19	西藏	100	22.01	1.41
20	新疆	100	23.69	0.99
21	北京	99.0	6.27	0.40
22	江苏	98.9	5.07	0.25
23	福建	98.8	5.85	0.30
24	浙江	98.5	5.78	0.25
25	广东	98.2	4.91	0.25
26	天津	97.6	3.33	0.26
27	山东	97.6	8.46	0.19
28	河北	97.4	3.45	0.25
29	河南	97.0	2.54	0.26
30	湖北	97.0	5.93	0.19
31	宁夏	92.0	3.39	0.54
32	全国平均	98.7	5.43	0.25

国家邮政局关于2019年5月邮政业消费者申诉情况通告

一、总体情况

2019年5月，国家邮政局和各省（区、市）邮政管理局通过"12305"邮政行业消费者申诉电话和申诉网站共处理消费者申诉45238件。申诉中涉及邮政服务问题的2263件，占总申诉量的5.0%；涉及快递服务问题的42975件，占总申诉量的95.0%（图4-24）。

处理的申诉中，有效申诉量（确定企业责任的）为1822件，比上年同期下降75.3%。有效申诉量中涉及邮政服务问题的254件，占有效申诉量的13.9%；涉及快递服务问题的1568件，占有效申诉量的86.1%（图4-25）。

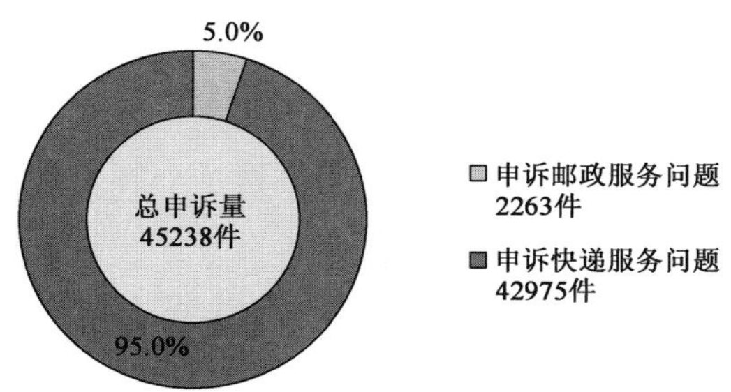

图4-24 5月国家邮政局和各省（区、市）邮政管理局通过"12305"邮政行业消费者申诉情况

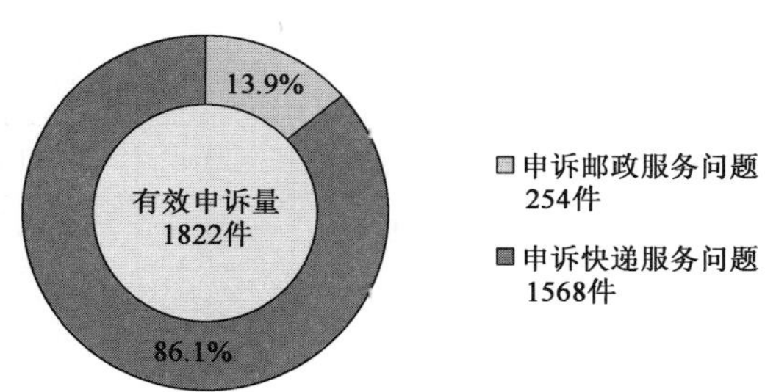

图4-25 5月邮政行业消费者申诉中有效申诉占比情况

邮政业消费者申诉均依法依规做了调解处理，为邮政业消费者挽回经济损失495.4万元。邮政业消费者对邮政管理部门有效申诉处理工作满意率为99%，对邮政企业有效申诉处理满意率为98.7%，对快递企业有效申诉处理满意率为98.3%。

5月，企业对邮政管理部门转办的申诉未能按规定时限回复的有11件，与去年同期相比减少2件（表4-18）。

表4-18 5月企业对邮政管理部门转办的申诉未能按规定时限回复情况

公司名称	河北	江苏	广东	合计
TNT			4	4
中国邮政	2			2
全一快递			1	1
递四方			1	1
品骏快递		1		1
其他			2	2
合计	2	1	8	11

二、邮政服务申诉情况

（一）邮政业消费者对邮政服务问题申诉情况

5月，邮政业消费者对邮政服务问题申诉2263件，环比下降21.5%，同比下降24.5%（图4-26）。

邮政业消费者对邮政服务申诉的主要问题是投递服务、邮件丢失短少和邮件延误，分别占申诉总量的46.6%、20.9%和14.0%。邮政服务问题申诉量环比均呈下降趋势，同比增长的是收寄服务问题（表4-19）。

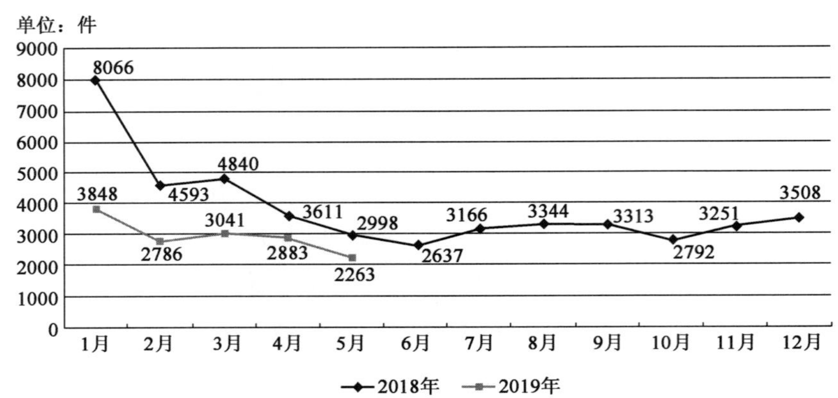

图4-26　2019年与2018年5月邮政申诉数量情况

表4-19　5月邮政服务问题申诉量情况统计

序号	申诉内容	申诉件数	占比(%)	环比(%)	同比(%)	函件	包件	汇兑	报刊	集邮	其他
1	投递服务	1055	46.6	-18.2	-26.0	955	42	1	36	5	16
2	丢失短少	474	20.9	-27.6	-33.1	403	62	0	3	1	5
3	延误	317	14.0	-21.9	-30.5	273	35	0	7	1	1
4	损毁	184	8.1	-21.7	-7.5	161	18	0	0	2	3
5	收寄服务	114	5.0	-23.5	5.6	81	21	0	0	5	7
6	违规收费	19	0.8	-26.9	-40.6	10	7	0	1	0	1
7	其他	100	4.4	-18.0	44.9	55	4	1	6	2	32
8	合计	2263	100.0	-21.5	-24.5	1938	189	2	53	16	65

(二)邮政业消费者对邮政服务问题有效申诉情况

邮政业消费者对邮政服务问题有效申诉254件,环比下降37.1%,同比下降59.7%(图4-27)。

邮政业消费者对邮政服务有效申诉的主要问题是投递服务、邮件丢失短少和邮件延误,分别占有效申诉总量的43.3%、29.5%和13.4%。邮政服务问题有效申诉量环比和同比均呈下降趋势(表4-20)。

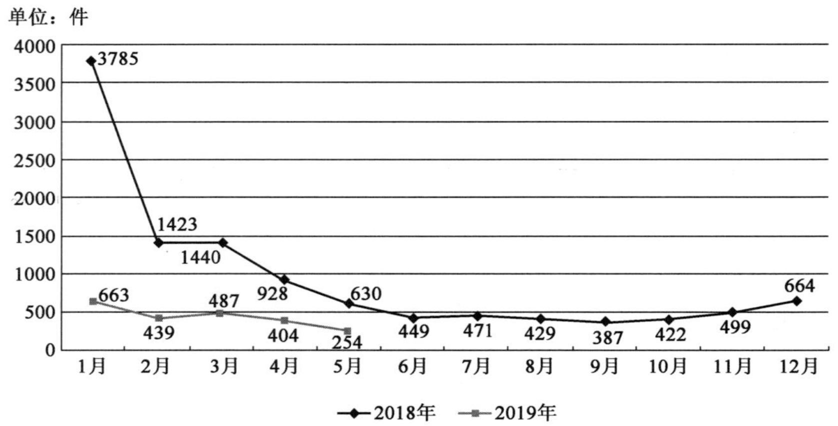

图4-27　2019年与2018年5月邮政有效申诉数量

表 4-20 5 月邮政服务问题有效申诉量情况统计

序号	申诉问题		有效申诉件数		占比(%)	环比(%)	同比(%)
1	投递服务	函件	104	110	43.3	-38.9	-61.5
		包件	6				
2	丢失短少	函件	57	75	29.5	-31.8	-59.9
		包件	17				
		其他	1				
3	延误	函件	27	34	13.4	-47.7	-54.7
		包件	6				
		集邮	1				
4	损毁	函件	24	25	9.8	-34.2	-56.1
		包件	1				
5	收寄服务	函件	5	7	2.8	-22.2	-68.2
		包件	2				
6	违规收费	函件	1		0.4	—	-50.0
7	其他		2		0.8	0.0	100.0
8	合计		254		100.0	-37.1	-59.7

三、快递服务申诉情况

(一)邮政业消费者对快递服务问题申诉情况

5 月,邮政业消费者对快递服务问题申诉 42975 件,环比下降 17.0%,同比下降 21.1%(图 4-28)。

(二)邮政业消费者对快递服务问题有效申诉情况

邮政业消费者对快递服务问题有效申诉 1568 件,环比下降 34.0%,同比下降 76.7%(图 4-29)。

邮政业消费者对快递服务有效申诉的主要问题是投递服务、快件丢失短少和快件延误,分别占有效申诉总量的 36.2%、23.9% 和 16.1%。快递服务问题有效申诉量环比和同比均呈下降趋势(表 4-21)。

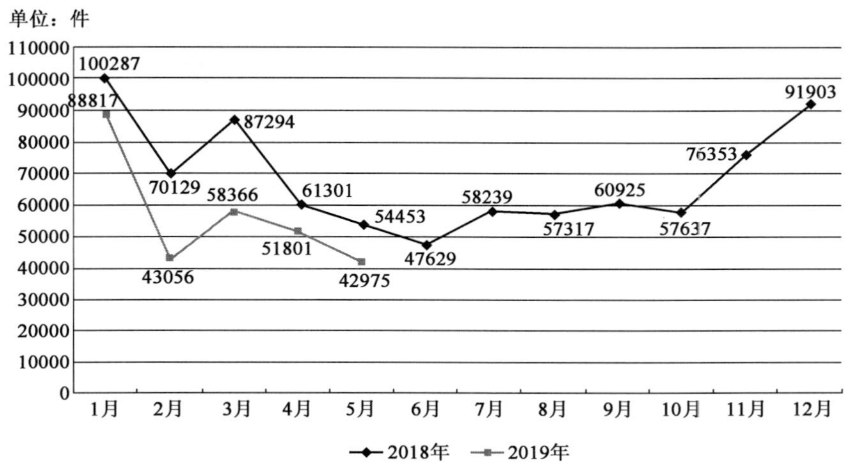

图 4-28 2019 年与 2018 年 5 月快递申诉数量

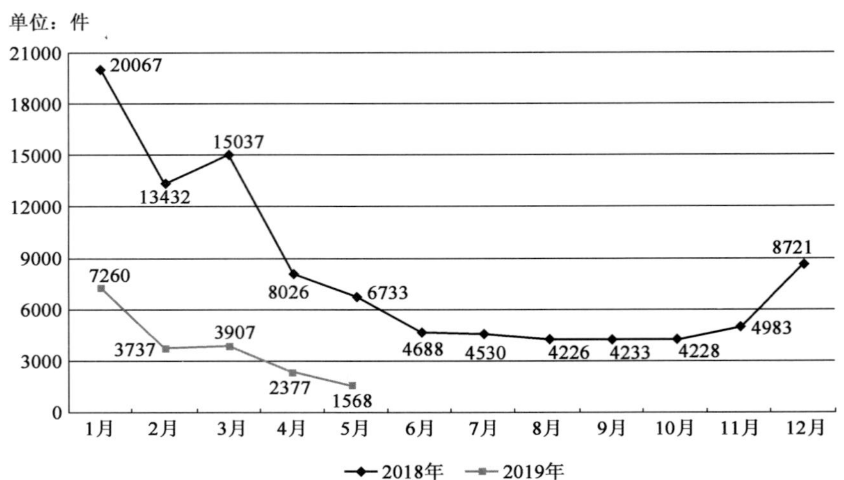

图4-29　2019年与2018年5月快递有效申诉数量

表4-21　5月快递服务问题有效申诉量情况统计

序号	申诉问题	申诉件数	有效申诉件数	有效申诉比例(%)	有效申诉环比(%)	有效申诉同比(%)
1	投递服务	13025	567	36.2	-32.3	-77.2
2	丢失短少	7547	375	23.9	-42.3	-77.3
3	延误	5210	252	16.1	-35.9	-85.9
4	损毁	8160	250	15.9	-15.0	-50.9
5	收寄服务	3084	60	3.8	-44.4	-64.5
6	代收货款	247	30	1.9	-31.8	-41.2
7	违规收费	1157	23	1.5	-45.2	-55.8
8	其他	4545	11	0.7	37.5	-69.4
9	合计	42975	1568	100.0	-34.0	-76.7

（三）邮政业消费者对快递企业申诉情况

5月，邮政业消费者对全国快递企业有效申诉处理满意率平均为98.3%，高于全国平均数的快递企业有15家，低于全国平均数的有8家；全国快递服务申诉率平均为8.21，低于全国平均数的快递企业有12家，高于全国平均数的有11家；全国快递服务有效申诉率平均为0.30，低于全国平均数的快递企业有9家，高于全国平均数的有14家（表4-22）。

表4-22　5月主要快递企业申诉情况

序号	企业名称	消费者对快递企业有效申诉处理满意率(%)	申诉率(百万分之)	有效申诉率(百万分之)
1	中外运-空运	100	0.16	0.00
2	苏宁易购	100	1.77	0.00
3	民航快递	100	2.22	1.11
4	中通快递	100	3.90	0.02
5	韵达快递	100	4.80	0.02
6	百世快递	100	5.38	0.01
7	申通快递	100	6.00	0.02
8	圆通速递	100	7.28	0.08
9	DHL	100	7.78	0.78

续上表

序号	企业名称	消费者对快递企业有效申诉处理满意率(%)	申诉率(百万分之)	有效申诉率(百万分之)
10	FedEx	100	17.27	2.66
11	宅急送	100	18.97	1.16
12	UPS	100	26.75	10.29
13	优速	100	28.21	1.00
14	TNT	100	77.49	25.83
15	速尔	99.3	13.98	4.55
16	品骏快递	98.0	11.28	5.39
17	京东	97.8	5.46	0.20
18	邮政快递(EMS)	97.7	15.98	2.25
19	德邦快递	97.6	31.71	1.19
20	天天	97.1	20.78	1.46
21	跨越速运	95.5	2.17	0.99
22	递四方	95.5	3.29	0.81
23	顺丰速运	94.5	11.45	0.17
24	全国平均	98.3	8.21	0.30

(四)各省(区、市)快递服务申诉情况

邮政业消费者对各省(区、市)邮政管理部门有效申诉处理工作满意率平均为99.0%,高于全国平均数的地区有20个,低于全国平均数的地区有11个;各省(区、市)快递服务申诉率平均为4.22,低于全国平均数的地区有17个,高于全国平均申诉率的地区有14个;各省(区、市)快递服务有效申诉率平均为0.15,低于全国平均数的地区有14个,高于全国平均数的地区有17个(表4-23)。

表4-23 5月各省(区、市)快递服务申诉情况

序号	地区	消费者对邮政管理部门有效申诉处理工作满意率(%)	申诉率(百万分之)	有效申诉率(百万分之)
1	辽宁	100	2.49	0.04
2	天津	100	2.80	0.10
3	湖南	100	2.87	0.14
4	黑龙江	100	3.06	0.13
5	宁夏	100	3.21	0.26
6	甘肃	100	3.46	0.23
7	山西	100	3.54	0.18
8	云南	100	3.60	0.15
9	吉林	100	3.79	0.16
10	海南	100	4.27	0.54
11	湖北	100	4.39	0.13
12	浙江	100	4.51	0.16
13	陕西	100	5.09	0.13
14	广西	100	5.29	0.15
15	青海	100	5.35	0.33

续上表

序号	地　区	消费者对邮政管理部门有效申诉处理工作满意率(%)	申诉率(百万分之)	有效申诉率(百万分之)
16	重庆	100	5.68	0.26
17	上海	100	8.58	0.12
18	新疆	100	13.52	0.52
19	西藏	100	15.57	1.00
20	北京	99.4	5.54	0.35
21	江苏	98.9	4.12	0.15
22	广东	98.8	3.37	0.16
23	山东	98.6	7.56	0.12
24	河南	98.2	1.97	0.12
25	贵州	97.5	7.50	0.30
26	安徽	97.4	2.99	0.07
27	四川	97.0	2.78	0.09
28	福建	96.4	4.57	0.18
29	河北	96.3	2.59	0.08
30	江西	95.8	2.30	0.12
31	内蒙古	90.9	3.26	0.12
32	全国平均	99.0	4.22	0.15

国家邮政局关于2019年6月邮政业消费者申诉情况通告

一、总体情况

2019年6月，国家邮政局和各省(区、市)邮政管理局通过“12305”邮政行业消费者申诉电话和申诉网站共处理消费者申诉44844件。申诉中涉及邮政服务问题的2004件，占总申诉量的4.5%；涉及快递服务问题的42840件，占总申诉量的95.5%(图4-30)。

处理的申诉中，有效申诉量(确定企业责任的)为1637件，比上年同期下降68.1%。有效申诉量中涉及邮政服务问题的158件，占有效申诉量的9.7%；涉及快递服务问题的1479件，占有效申诉量的90.3%(图4-31)。

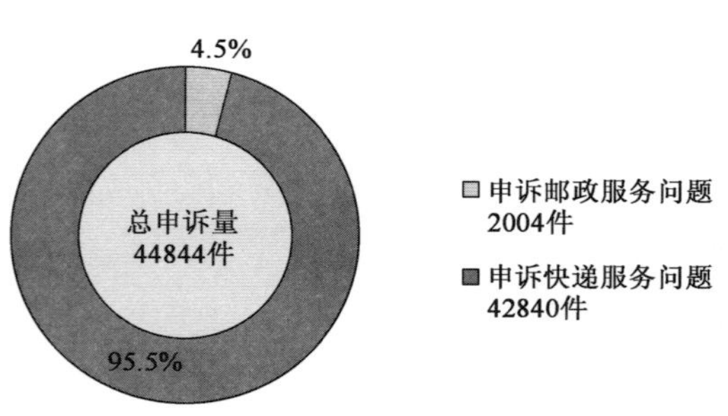

图4-30　6月国家邮政局和各省(区、市)邮政管理局通过“12305”邮政行业消费者申诉情况

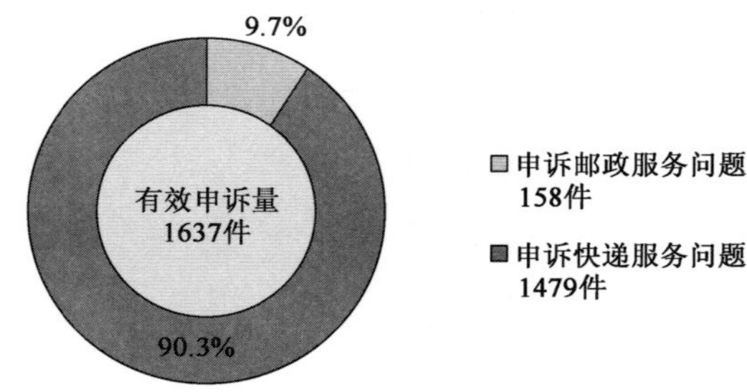

图4-31　6月邮政行业消费者申诉中有效申诉占比情况

邮政业消费者申诉均依法依规做了调解处理，为邮政业消费者挽回经济损失504.3万元。邮政业消费者对邮政管理部门有效申诉处理工作满意率为98.2%，对邮政企业有效申诉处理满意率为95.5%，对快递企业有效申诉处理满意率为96.7%。

6月，企业对邮政管理部门转办的申诉未能按规定时限回复的有13件，与去年同期相比减少11件（表4-24）。

表4-24　6月企业对邮政管理部门转办的申诉未能按规定时限回复情况

公司名称	江苏	福建	广东	四川	合计
跨越速运	1		1	2	4
递四方			1	1	2
速尔		1			1
安能快递			1		1
品骏快递	1				1
其他			4		4
合计	2	1	7	3	13

二、邮政服务申诉情况

（一）邮政业消费者对邮政服务问题申诉情况

6月，邮政业消费者对邮政服务问题申诉2004件，环比下降11.4%，同比下降24.0%（图4-32）。

邮政业消费者对邮政服务申诉的主要问题是投递服务、邮件丢失短少和邮件延误，分别占申诉总量的47.4%、19.6%和15.4%。邮政服务问题申诉量环比、同比均呈下降趋势（表4-25）。

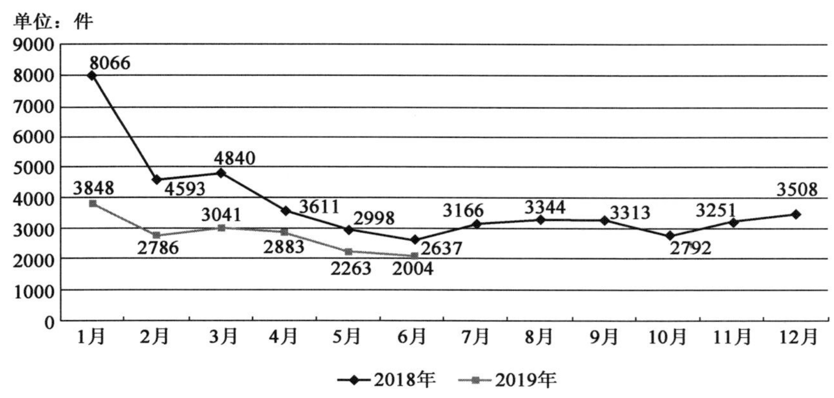

图4-32　2019年与2018年6月邮政申诉数量

表4-25　6月邮政服务问题申诉量情况统计

序号	申诉内容	申诉件数	占比（%）	环比（%）	同比（%）	函件	包件	汇兑	报刊	集邮	其他
1	投递服务	950	47.4	-10.0	-23.6	845	65	1	20	3	16
2	丢失短少	393	19.6	-17.1	-38.3	311	67	0	9	0	6
3	延误	309	15.4	-2.5	-16.5	262	43	1	2	0	1
4	损毁	134	6.7	-27.2	-21.6	98	35	0	0	0	1
5	收寄服务	102	5.1	-10.5	-5.6	62	27	0	1	3	9
6	违规收费	15	0.7	-21.1	-55.9	12	1	0	0	0	2
7	其他	101	5.0	1.0	36.5	44	6	1	8	6	36
8	合计	2004	100.0	-11.4	-24.0	1634	244	3	40	12	71

(二)邮政业消费者对邮政服务问题有效申诉情况

邮政业消费者对邮政服务问题有效申诉158件，环比下降37.8%，同比下降64.8%(图4-33)。

邮政业消费者对邮政服务有效申诉的主要问题是投递服务、邮件丢失短少和邮件延误，分别占有效申诉总量的49.4%、21.5%和14.6%。邮政服务问题有效申诉量环比和同比均呈下降趋势(表4-26)。

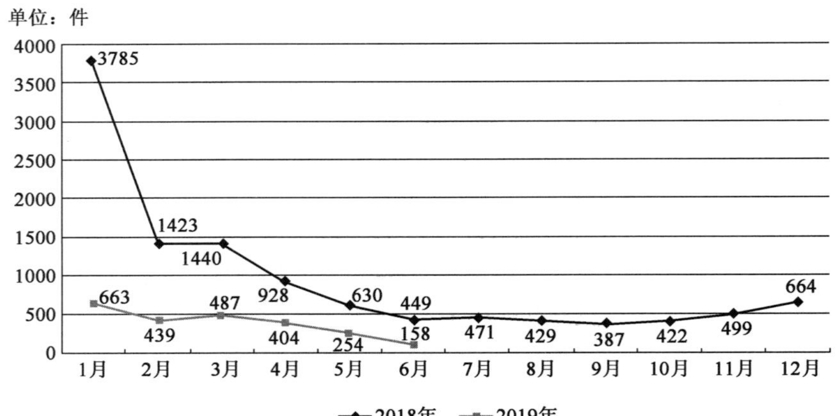

图4-33　2019年与2018年6月邮政有效申诉数量

表4-26　6月邮政服务问题有效申诉量情况统计

序　　号	申诉问题		有效申诉件数		占比(%)	环比(%)	同比(%)
1	投递服务	函件	73	78	49.4	-29.1	-65.3
		包件	3				
		集邮	1				
		其他	1				
2	丢失短少	函件	26	34	21.5	-54.7	-71.2
		包件	7				
		其他	1				
3	延误	函件	20	23	14.6	-32.4	-57.4
		包件	3				
4	损毁	函件	11	14	8.9	-44.0	-61.1
		包件	3				
5	收寄服务	函件	4	7	4.4	0.0	-53.3
		包件	3				
6	其他		2		1.3	0.0	—
7	合计		158		100.0	-37.8	-64.8

三、快递服务申诉情况

(一)邮政业消费者对快递服务问题申诉情况

6月，邮政业消费者对快递服务问题申诉42840件，环比下降0.3%，同比下降10.1%(图4-34)。

(二)邮政业消费者对快递服务问题有效申诉情况

邮政业消费者对快递服务问题有效申诉1479件，环比下降5.7%，同比下降68.5%(图4-35)。

邮政业消费者对快递服务有效申诉的主要问题是投递服务、快件丢失短少和快件延误，分别占有效申诉总量的35.6%、21.2%和18.6%。快递服务问题有效申诉量环比增长的有违规收费和快件延误问题，同比均呈下降趋势(表4-27)。

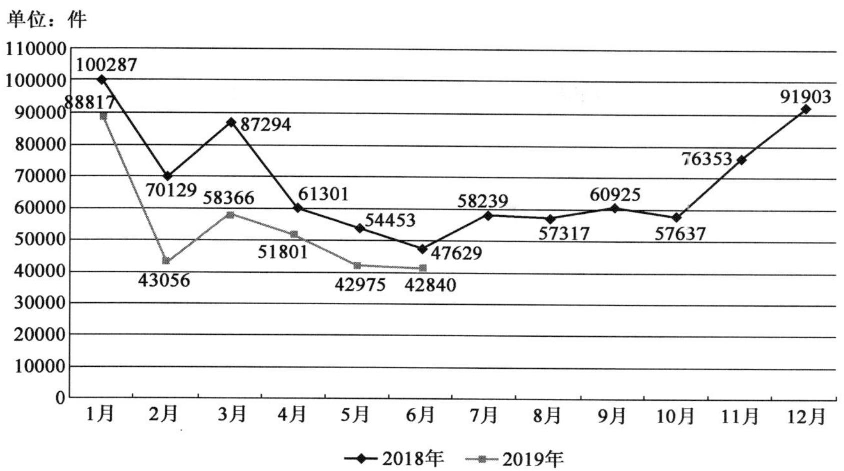

图4-34 2019年与2018年6月快递申诉数量

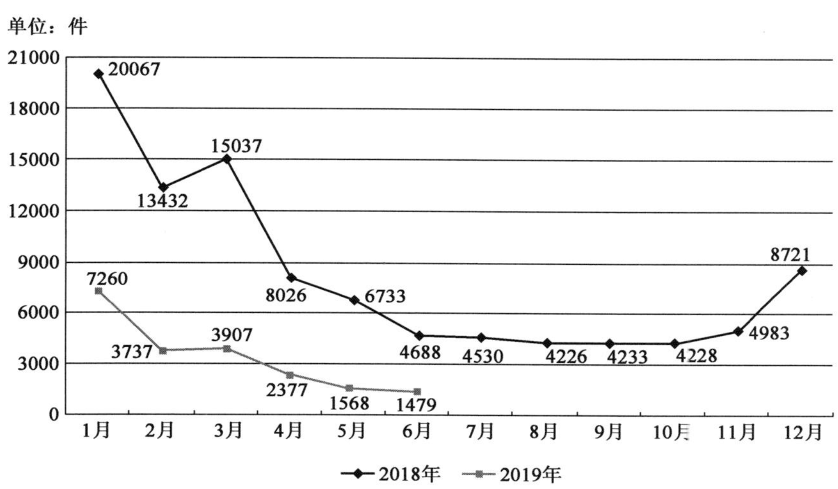

图4-35 2019年与2018年6月快递有效申诉数量

表4-27 6月快递服务问题有效申诉量情况统计

序号	申诉问题	申诉件数	有效申诉件数	有效申诉比例(%)	有效申诉环比(%)	有效申诉同比(%)
1	投递服务	12310	526	35.6	-7.2	-70.5
2	丢失短少	6838	314	21.2	-16.3	-72.7
3	延误	5602	275	18.6	9.1	-71.8
4	损毁	7907	233	15.8	-6.8	-52.2
5	收寄服务	3978	58	3.9	-3.3	-67.0
6	代收货款	233	29	2.0	-3.3	-44.2
7	违规收费	1388	28	1.9	21.7	-51.7
8	其他	4584	16	1.1	45.5	77.8
9	合计	42840	1479	100.0	-5.7	-68.5

(三)邮政业消费者对快递企业申诉情况

6月,邮政业消费者对全国快递企业有效申诉处理满意率平均为96.7%,高于全国平均数的快递企业有16家,低于全国平均数的有7家;全国快递服务申诉率平均为7.85,低于全国平均数的快递企业有11家,高于全国平均数的有12家;全国快递服务有效申诉率平均为0.27,低于全国平均数的快递企业有9家,高于全国平均数的有14家(表4-28)。

表4-28　6月主要快递企业申诉情况

序号	企业名称	消费者对快递企业有效申诉处理满意率(%)	申诉率(百万分之)	有效申诉率(百万分之)
1	中外运-空运	100	0.35	0.26
2	民航快递	100	1.02	
3	苏宁易购	100	2.55	
4	中通快递	100	3.24	0.02
5	韵达快递	100	3.97	0.01
6	百世快递	100	4.56	0.01
7	申通快递	100	4.84	
8	DHL	100	6.96	0.56
9	FedEx	100	24.52	4.33
10	德邦快递	100	27.77	1.11
11	TNT	100	67.19	19.76
12	品骏快递	98.2	11.62	5.98
13	顺丰速运	97.9	12.49	0.14
14	速尔	97.5	11.35	3.80
15	优速	97.3	27.43	0.89
16	跨越速运	96.9	2.44	0.80
17	天天	95.1	23.48	1.52
18	邮政快递(EMS)	94.7	14.24	1.89
19	京东	94.4	8.80	0.29
20	UPS	92.9	27.05	9.96
21	圆通速递	90.0	4.92	0.02
22	宅急送	88.9	19.52	0.58
23	递四方	88.2	3.12	0.68
24	全国平均	96.7	7.85	0.27

(四)各省(区、市)快递服务申诉情况

邮政业消费者对各省(区、市)邮政管理部门有效申诉处理工作满意率平均为98.2%，高于全国平均数的地区有22个，低于全国平均数的地区有9个；各省(区、市)快递服务申诉率平均为3.99，低于全国平均数的地区有16个，高于全国平均申诉率的地区有15个；各省(区、市)快递服务有效申诉率平均为0.14，低于全国平均数的地区有17个，高于全国平均数的地区有14个(表4-29)。

表4-29　6月各省(区、市)快递服务申诉情况

序号	地区	消费者对邮政管理部门有效申诉处理工作满意率(%)	申诉率(百万分之)	有效申诉率(百万分之)
1	河南	100	1.97	0.17
2	河北	100	2.22	0.08
3	陕西	100	2.80	0.08
4	安徽	100	2.82	0.07
5	天津	100	2.84	0.08
6	湖南	100	3.13	0.07

续上表

序号	地　区	消费者对邮政管理部门有效申诉处理工作满意率(%)	申诉率(百万分之)	有效申诉率(百万分之)
7	辽宁	100	3.26	0.05
8	云南	100	3.55	0.11
9	甘肃	100	3.60	0.33
10	广西	100	3.66	0.08
11	宁夏	100	4.55	0.51
12	山西	100	4.81	0.29
13	吉林	100	5.19	0.13
14	海南	100	5.50	0.36
15	青海	100	6.22	0.32
16	贵州	100	7.02	0.34
17	山东	100	7.14	0.14
18	新疆	100	10.98	0.10
19	西藏	100	12.50	1.00
20	浙江	98.6	4.69	0.11
21	广东	98.3	3.10	0.14
22	上海	98.3	8.00	0.12
23	北京	98.1	4.94	0.43
24	福建	97.2	4.52	0.13
25	湖北	97.1	4.98	0.09
26	江西	97.0	1.97	0.14
27	黑龙江	95.7	2.83	0.13
28	江苏	95.5	3.36	0.12
29	重庆	94.7	6.02	0.19
30	四川	90.9	2.13	0.06
31	内蒙古	88.9	3.30	0.20
32	全国平均	98.2	3.99	0.14

国家邮政局关于2019年7月邮政业消费者申诉情况通告

一、总体情况

2019年7月，国家邮政局和各省(区、市)邮政管理局通过“12305”邮政行业消费者申诉电话和申诉网站共处理消费者申诉58444件。申诉中涉及邮政服务问题的2536件，占总申诉量的4.3%；涉及快递服务问题的55908件，占总申诉量的95.7%(图4-36)。

处理的申诉中，有效申诉量(确定企业责任的)为1989件，比上年同期下降60.2%。有效申诉量中涉及邮政服务问题的230件，占有效申诉量的11.6%；涉及快递服务问题的1759件，占有效申诉量的88.4%(图4-37)。

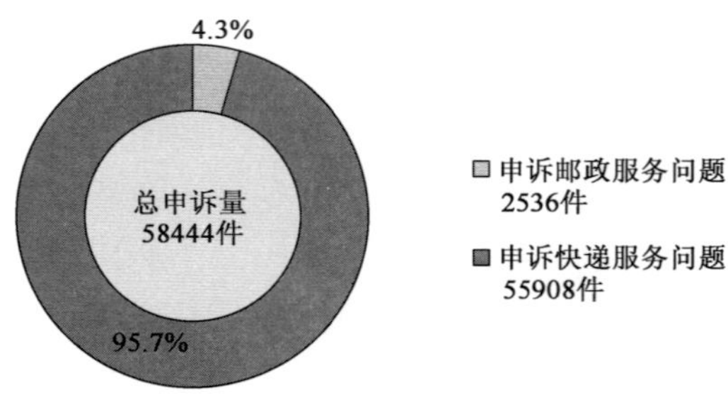

图4-36 7月国家邮政局和各省(区、市)邮政管理局通过“12305”邮政行业消费者申诉情况

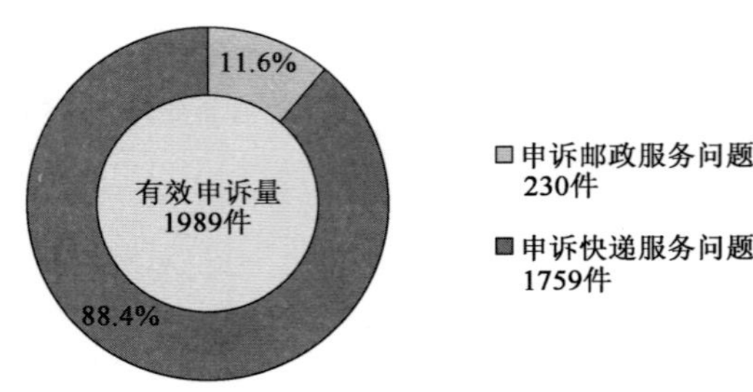

图4-37 7月邮政行业消费者申诉中有效申诉占比情况

邮政业消费者申诉均依法依规做了调解处理，为邮政业消费者挽回经济损失713.6万元。邮政业消费者对邮政管理部门有效申诉处理工作满意率为98.6%，对邮政企业有效申诉处理满意率为97.4%，对快递企业有效申诉处理满意率为97.5%。

7月，企业对邮政管理部门转办的申诉未能按规定时限回复的有2件，与去年同期相比减少23件(表4-30)。

表4-30 7月企业对邮政管理部门转办的申诉未能按规定时限回复情况

公司名称	广东
TNT	1
其他	1
合计	2

二、邮政服务申诉情况

(一)邮政业消费者对邮政服务问题申诉情况

7月，邮政业消费者对邮政服务问题申诉2536件，环比增长26.5%，同比下降19.9%(图4-38)。

邮政业消费者对邮政服务申诉的主要问题是投递服务、邮件丢失短少和邮件延误，分别占申诉总量的44.4%、22.8%和13.9%。邮政服务问题申诉量环比增长较明显的有快件损毁、快件丢失短少和收寄服务，同比仅收寄服务问题小幅增长(表4-31)。

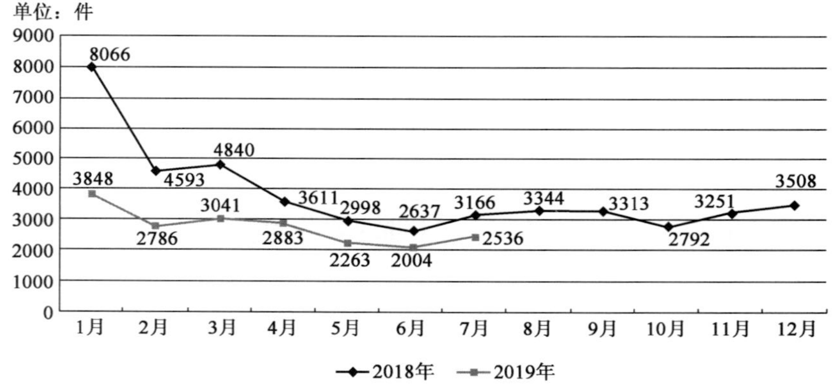

图4-38 2019年与2018年7月邮政申诉数量

表4-31 7月邮政服务问题申诉量情况统计

序号	申诉内容	申诉件数	占比(%)	环比(%)	同比(%)	函件	包件	汇兑	报刊	集邮	其他
1	投递服务	1125	44.4	18.4	-23.7	994	80	1	33	3	14
2	丢失短少	578	22.8	47.1	-10.0	441	121	1	10	1	4
3	延误	353	13.9	14.2	-20.9	287	50	0	8	3	5

续上表

序号	申诉内容	申诉件数	占比(%)	环比(%)	同比(%)	函件	包件	汇兑	报刊	集邮	其他
4	损毁	216	8.5	61.2	-22.0	159	54	0	2	0	1
5	收寄服务	140	5.5	37.3	7.7	94	29	0	2	3	12
6	违规收费	17	0.7	13.3	-66.0	12	2	0	0	0	3
7	其他	107	4.2	5.9	-27.2	44	10	0	5	7	41
8	合计	2536	100.0	26.5	-19.9	2031	346	2	60	17	80

(二)邮政业消费者对邮政服务问题有效申诉情况

邮政业消费者对邮政服务问题有效申诉230件,环比增长45.6%,同比下降51.2%(图4-39)。

邮政业消费者对邮政服务有效申诉的主要问题是投递服务、邮件丢失短少和邮件延误,分别占有效申诉总量的40.0%、32.6%和15.2%。邮政服务问题有效申诉量环比增长明显的有邮件丢失短少、邮件延误和邮件损毁,同比均呈下降趋势(表4-32)。

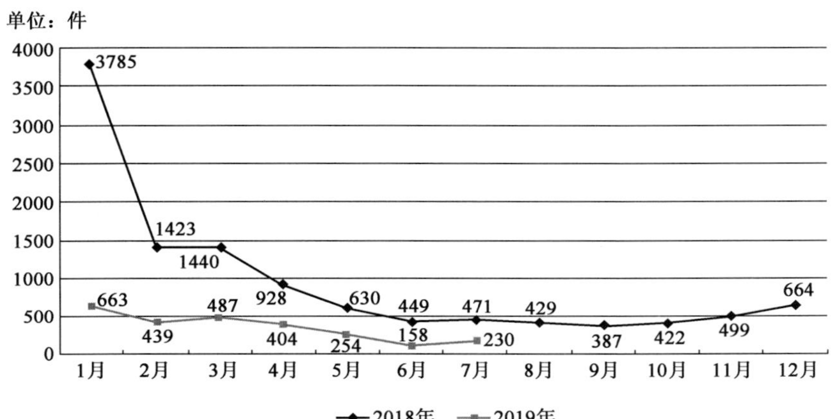

图4-39 2019年与2018年7月邮政有效申诉数量

表4-32 7月邮政服务问题有效申诉量情况统计

序号	申诉问题		有效申诉件数		占比(%)	环比(%)	同比(%)
1	投递服务	函件	81	92	40.0	17.9	-59.1
		包件	7				
		报刊	2				
		集邮	1				
		其他	1				
2	丢失短少	函件	58	75	32.6	120.6	-38.5
		包件	16				
		汇兑	1				
3	延误	函件	22	35	15.2	52.2	-32.7
		包件	13				
4	损毁	函件	16	21	9.1	50.0	-58.8
		包件	5				
5	收寄服务	函件	3	5	2.2	-28.6	-68.8
		包件	1				
		集邮	1				
6	违规收费	函件	1		0.4	—	0.0
7	其他		1		0.4	-50.0	-75.0
8	合计		230		100.0	45.6	-51.2

三、快递服务申诉情况

（一）邮政业消费者对快递服务问题申诉情况

7月，邮政业消费者对快递服务问题申诉55908件，环比增长30.5%，同比下降4.0%（图4-40）。

（二）邮政业消费者对快递服务问题有效申诉情况

邮政业消费者对快递服务问题有效申诉1759件，环比增长18.9%，同比下降61.2%（图4-41）。

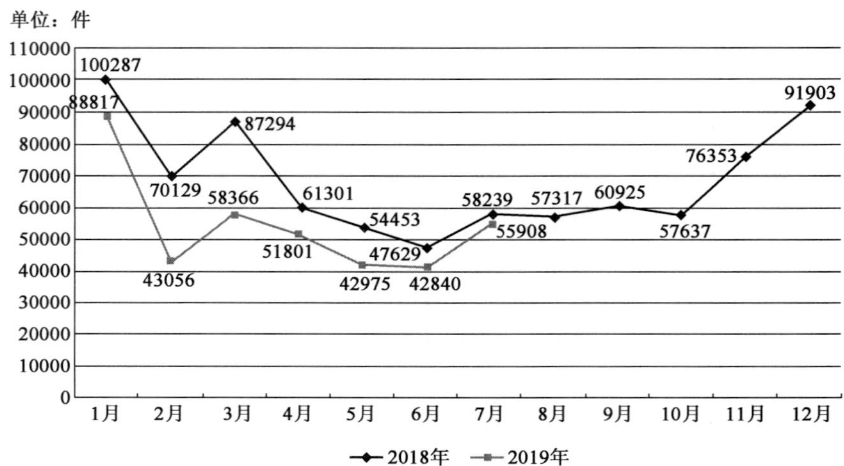

图4-40　2019年与2018年7月快递申诉数量

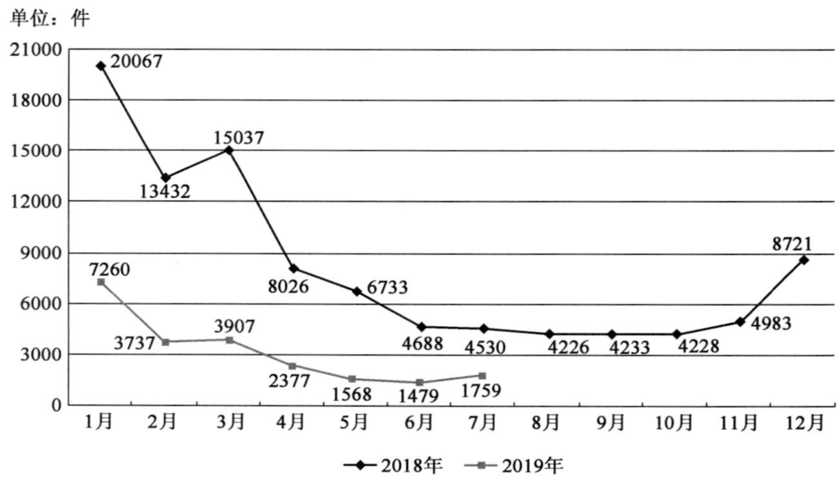

图4-41　2019年与2018年7月快递有效申诉数量

邮政业消费者对快递服务有效申诉的主要问题是投递服务、快件丢失短少和快件延误，分别占有效申诉总量的33.5%、20.2%和20.1%。快递服务问题有效申诉量环比增长较明显的有收寄服务、快件延误和快件损毁问题，同比均呈下降趋势（表4-33）。

表4-33　7月快递服务问题有效申诉量情况统计

序号	申诉问题	申诉件数	有效申诉件数	有效申诉比例(%)	有效申诉环比(%)	有效申诉同比(%)
1	投递服务	13544	590	33.5	12.2	-67.0
2	丢失短少	8549	356	20.2	13.4	-65.7
3	延误	6145	354	20.1	28.7	-60.0
4	损毁	10728	299	17.0	28.3	-42.3

续上表

序号	申诉问题	申诉件数	有效申诉件数	有效申诉比例(%)	有效申诉环比(%)	有效申诉同比(%)
5	收寄服务	9276	85	4.8	46.6	-52.0
6	代收货款	327	34	1.9	17.2	-46.9
7	违规收费	1445	33	1.9	17.9	-31.3
8	其他	5894	8	0.4	-50.0	-20.0
9	合计	55908	1759	100.0	18.9	-61.2

(三)邮政业消费者对快递企业申诉情况

7月,邮政业消费者对全国快递企业有效申诉处理满意率平均为97.5%,高于全国平均数的快递企业有14家,低于全国平均数的有9家;全国快递服务申诉率平均为10.65,低于全国平均数的快递企业有10家,高于全国平均数的有13家;全国快递服务有效申诉率平均为0.34,低于全国平均数的快递企业有7家,高于全国平均数的有16家(表4-34)。

表4-34 7月主要快递企业申诉情况

序号	企业名称	消费者对快递企业有效申诉处理满意率(%)	申诉率(百万分之)	有效申诉率(百万分之)
1	中外运-空运	100.0	0.51	0.51
2	苏宁易购	100.0	2.50	
3	韵达快递	100.0	4.39	0.01
4	圆通速递	100.0	4.87	0.02
5	百世快递	100.0	5.46	0.01
6	申通快递	100.0	5.88	0.01
7	民航快递	100.0	5.95	0.99
8	DHL	100.0	11.81	0.51
9	宅急送	100.0	30.93	2.59
10	德邦快递	100.0	38.85	1.50
11	TNT	100.0	120.88	14.65
12	速尔	99.2	15.09	4.48
13	跨越速运	98.9	4.30	2.05
14	品骏快递	97.8	17.09	7.20
15	优速	97.1	31.31	0.84
16	顺丰速运	96.7	15.67	0.17
17	邮政快递(EMS)	95.6	18.22	2.61
18	天天	95.6	29.37	2.07
19	京东	95.0	23.78	0.69
20	中通快递	93.3	3.70	0.01
21	UPS	93.3	36.50	10.33
22	递四方	91.7	3.17	0.42
23	FedEx	90.0	15.47	3.36
24	全国平均	97.5	10.65	0.34

（四）各省（区、市）快递服务申诉情况

邮政业消费者对各省（区、市）邮政管理部门有效申诉处理工作满意率平均为98.6%，高于全国平均数的地区有21个，低于全国平均数的地区有10个；各省（区、市）快递服务申诉率平均为5.45，低于全国平均数的地区有17个，高于全国平均申诉率的地区有14个；各省（区、市）快递服务有效申诉率平均为0.17，低于全国平均数的地区有13个，高于全国平均数的地区有18个（表4-35）。

表4-35　7月各省（区、市）快递服务申诉情况

序号	地　　区	消费者对邮政管理部门有效申诉处理工作满意率（%）	申诉率（百万分之）	有效申诉率（百万分之）
1	河北	100.0	2.33	0.07
2	陕西	100.0	2.58	0.08
3	河南	100.0	2.95	0.21
4	江西	100.0	3.12	0.21
5	宁夏	100.0	3.14	0.46
6	黑龙江	100.0	3.49	0.14
7	安徽	100.0	3.93	0.07
8	湖南	100.0	4.32	0.14
9	甘肃	100.0	4.55	0.44
10	广西	100.0	5.05	0.12
11	海南	100.0	5.57	0.31
12	辽宁	100.0	6.03	0.08
13	湖北	100.0	6.20	0.12
14	青海	100.0	6.58	0.32
15	山东	100.0	8.96	0.14
16	重庆	100.0	10.07	0.18
17	吉林	100.0	10.52	0.05
18	新疆	100.0	19.05	0.36
19	西藏	100.0	64.84	1.79
20	广东	99.2	4.08	0.13
21	浙江	98.8	5.42	0.18
22	贵州	98.5	11.54	0.56
23	山西	97.9	4.60	0.41
24	云南	97.9	5.33	0.34
25	北京	97.9	6.54	0.40
26	福建	97.7	5.61	0.20
27	天津	97.4	3.60	0.24
28	四川	97.4	3.81	0.12
29	上海	97.2	10.59	0.14
30	江苏	96.6	7.02	0.18
31	内蒙古	95.2	3.83	0.18
32	全国平均	98.6	5.45	0.17

国家邮政局关于2019年8月邮政业消费者申诉情况通告

一、总体情况

2019年8月，国家邮政局和各省（区、市）邮政管理局通过“12305”邮政行业消费者申诉电话和申诉网站共处理消费者申诉55848件。申诉中涉及邮政服务问题的807件，占总申诉量的1.4%；涉及快递服务问题的55041件，占总申诉量的98.6%（图4-42）。

处理的申诉中，有效申诉量（确定企业责任的）为1618件，比上年同期下降65.2%。有效申诉量中涉及邮政服务问题的61件，占有效申诉量的3.8%；涉及快递服务问题的1557件，占有效申诉量的96.2%（图4-43）。

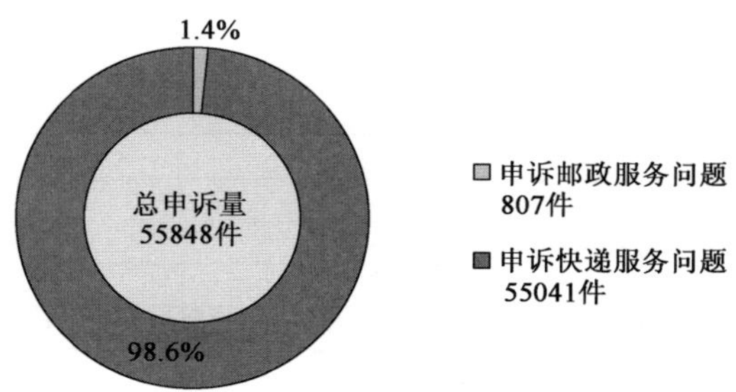

图4-42 8月国家邮政局和各省（区、市）邮政管理局通过“12305”邮政行业消费者申诉情况

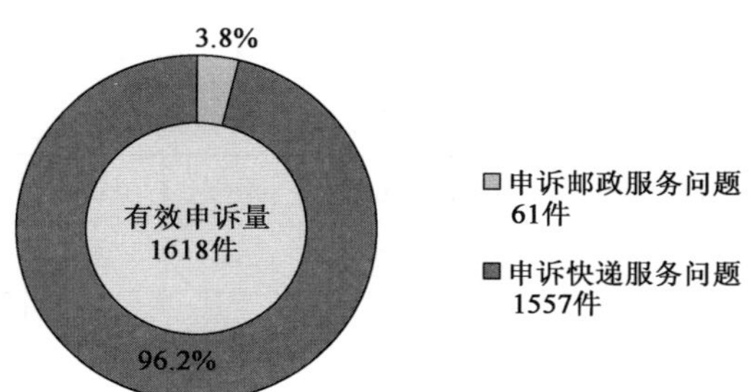

图4-43 8月邮政行业消费者申诉中有效申诉占比情况

邮政业消费者申诉均依法依规做了调解处理，为邮政业消费者挽回经济损失678.7万元。邮政业消费者对邮政管理部门有效申诉处理工作满意率为99.3%，对邮政企业有效申诉处理满意率为98.4%，对快递企业有效申诉处理满意率为98.7%。

8月，企业对邮政管理部门转办的申诉未能按规定时限回复的有14件，与去年同期相比增加4件（表4-36）。

表4-36 8月企业对邮政管理部门转办的申诉未能按规定时限回复情况

公司名称	天津	福建	广东	四川	陕西	甘肃	合计
邮政快递（EMS）			1	1		2	4
速尔					1		1

续上表

公司名称	天津	福建	广东	四川	陕西	甘肃	合计
民航快递			1				1
品骏快递	2						2
其他		1	5				6
合计	2	1	7	1	1	2	14

二、邮政服务申诉情况

（一）邮政业消费者对邮政服务问题申诉情况

8 月，邮政业消费者对邮政服务问题申诉 807 件，环比下降 68.2%，同比下降 75.9%（图 4-44）。

邮政业消费者对邮政服务申诉的主要问题是投递服务、邮件丢失短少和邮件延误，分别占申诉总量的 41.3%、15.9% 和 15.0%。邮政服务问题申诉量同比、环比均呈下降趋势（表 4-37）。

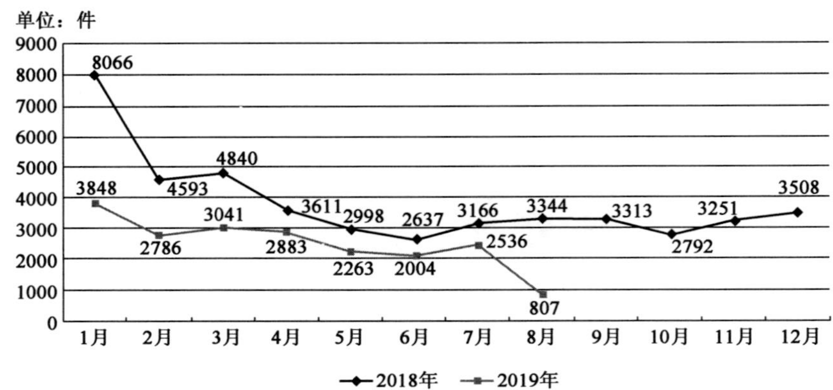

图 4-44　2019 年与 2018 年 8 月邮政申诉数量

表 4-37　8 月邮政服务问题申诉量情况统计

序号	申诉内容	申诉件数	占比(%)	环比(%)	同比(%)	函件	包件	汇兑	报刊	集邮	其他
1	投递服务	333	41.3	-70.4	-79.0	264	21	1	29	2	16
2	丢失短少	128	15.9	-77.9	-76.8	85	36	0	6	0	1
3	延误	121	15.0	-65.7	-70.3	86	18	1	5	1	10
4	损毁	83	10.3	-40.7	-36.6	50	10	0	0	8	15
5	收寄服务	25	3.1	-88.4	-91.1	11	13	0	0	0	1
6	违规收费	10	1.2	-41.2	-54.5	5	4	0	0	0	1
7	其他	107	13.3	0.0	-70.4	24	4	1	4	6	68
8	合计	807	100.0	-68.2	-75.9	525	106	3	44	17	112

（二）邮政业消费者对邮政服务问题有效申诉情况

邮政业消费者对邮政服务问题有效申诉 61 件，环比下降 73.5%，同比下降 85.8%（图 4-45）。

邮政业消费者对邮政服务有效申诉的主要问题是丢失短少、邮件投递服务和邮件损毁，分别占有效申诉总量的 36.1%、34.4% 和 11.5%。邮政服务问题有效申诉量环比、同比均呈下降趋势（表 4-38）。

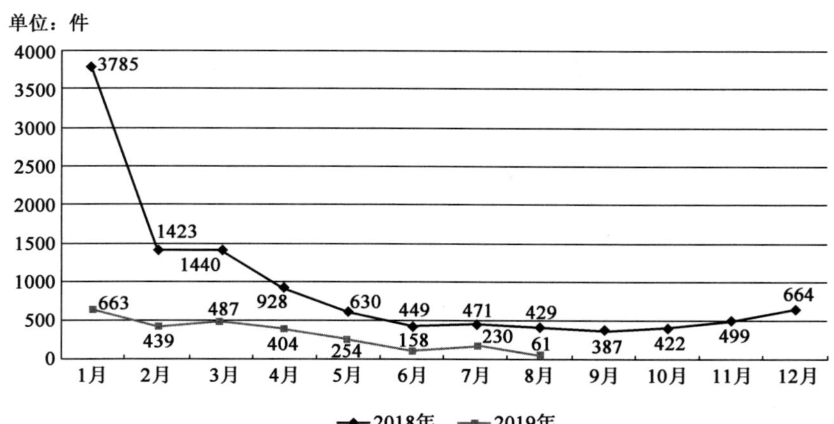

图 4-45　2019 年与 2018 年 8 月邮政有效申诉数量

表 4-38　8 月邮政服务问题有效申诉量情况统计

序　　号	申 诉 问 题		有效申诉件数		占比(%)	环比(%)	同比(%)
1	丢失短少	函件	16	22	36.1	-70.7	-76.6
		包件	6				
2	投递服务	函件	15	21	34.4	-72.2	-90.0
		包件	3				
		集邮	2				
		其他	1				
3	损毁	包件	4	7	11.5	-66.7	-82.5
		函件	2				
		其他	1				
4	延误	函件	4	6	9.8	-82.9	-90.0
		包件	2				
5	收寄服务	函件	3	5	8.2	0.0	-73.7
		包件	1				
		集邮	1				
6	合计		61		100.0	-73.5	-85.8

三、快递服务申诉情况

(一)邮政业消费者对快递服务问题申诉情况

8 月,邮政业消费者对快递服务问题申诉 55041 件,环比下降 1.6%,同比下降 4.0%(图 4-46)。

(二)邮政业消费者对快递服务问题有效申诉情况

邮政业消费者对快递服务问题有效申诉 1557 件,环比下降 11.5%,同比下降 63.2%(图 4-47)。

邮政业消费者对快递服务有效申诉的主要问题是投递服务、快件丢失短少和快件延误,分别占有效申诉总量的 32.2%、20.9% 和 18.7%。快递服务问题有效申诉量环比仅代收货款问题增长较明显,同比均呈下降趋势(表 4-39)。

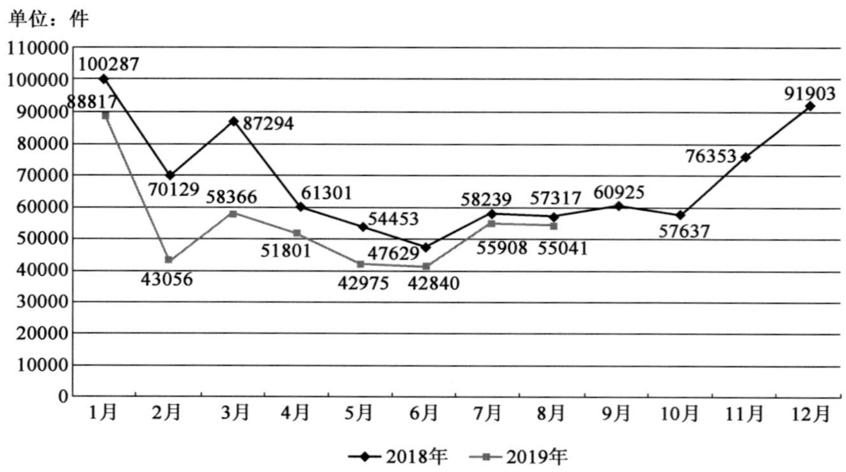

图4-46　2019年与2018年8月快递申诉数量

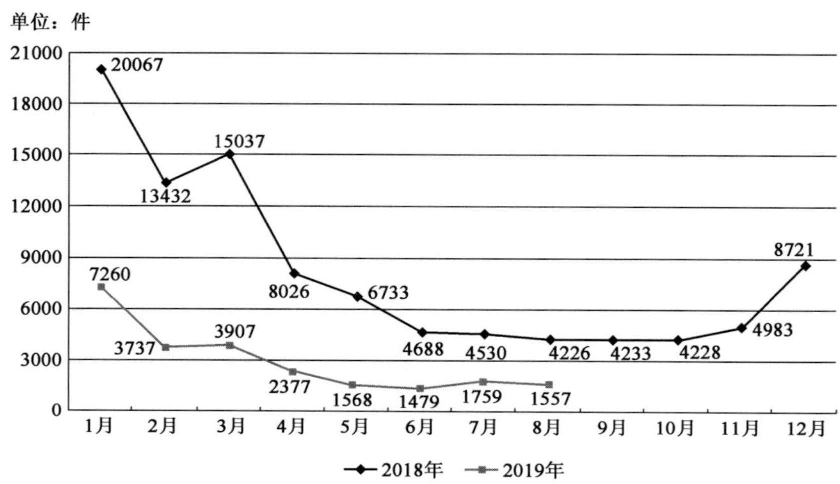

图4-47　2019年与2018年8月快递有效申诉数量

表4-39　8月快递服务问题有效申诉量情况统计

序号	申诉问题	申诉件数	有效申诉件数	有效申诉比例(%)	有效申诉环比(%)	有效申诉同比(%)
1	投递服务	14444	502	32.2	-14.9	-69.4
2	丢失短少	7995	325	20.9	-8.7	-66.4
3	延误	5619	291	18.7	-17.8	-60.5
4	损毁	10098	273	17.5	-8.7	-47.5
5	收寄服务	9584	79	5.1	-7.1	-54.3
6	代收货款	300	42	2.7	23.5	-64.4
7	违规收费	1224	29	1.9	-12.1	-49.1
8	其他	5777	16	1.0	100.0	6.7
9	合计	55041	1557	100.0	-11.5	-63.2

(三)邮政业消费者对快递企业申诉情况

8月,邮政业消费者对全国快递企业有效申诉处理满意率平均为98.7%,高于全国平均数的快递企业有18家,低于全国平均数的有5家;全国快递服务申诉率平均为10.38,低于全国平均数的快递企业有13家,高于全国平均数的有10家;全国快递服务有效申诉率平均为0.29,低于全国平均数的快递企业有11家,高于全国平均数的有12家(表4-40)。

表 4-40 8 月主要快递企业申诉情况

序号	企业名称	消费者对快递企业有效申诉处理满意率(%)	申诉率(百万分之)	有效申诉率(百万分之)
1	中外运-空运	100.0	0.64	0.26
2	递四方	100.0	1.39	0.24
3	民航快递	100.0	2.08	1.04
4	苏宁易购	100.0	2.30	
5	DHL	100.0	4.11	0.27
6	圆通速递	100.0	5.44	0.01
7	中通快递	100.0	5.90	0.02
8	韵达快递	100.0	6.82	0.01
9	百世快递	100.0	6.95	0.02
10	申通快递	100.0	7.77	
11	京东	100.0	8.15	0.16
12	FedEx	100.0	12.34	3.09
13	宅急送	100.0	23.67	0.69
14	UPS	100.0	25.83	3.15
15	优速	100.0	26.58	0.77
16	TNT	100.0	91.60	26.72
17	品骏快递	98.8	19.09	6.73
18	德邦快递	98.7	37.41	1.95
19	邮政快递(EMS)	98.6	6.70	0.84
20	跨越速运	98.3	3.36	1.41
21	天天	98.2	18.37	1.23
22	顺丰速运	98.1	13.85	0.14
23	速尔	97.7	14.63	4.70
24	全国平均	98.7	10.38	0.29

(四)各省(区、市)快递服务申诉情况

邮政业消费者对各省(区、市)邮政管理部门有效申诉处理工作满意率平均为99.3%,高于全国平均数的地区有23个,低于全国平均数的地区有8个;各省(区、市)快递服务申诉率平均为5.37,低于全国平均数的地区有18个,高于全国平均申诉率的地区有13个;各省(区、市)快递服务有效申诉率平均为0.15,低于全国平均数的地区有14个,高于全国平均数的地区有17个(表4-41)。

表 4-41 8 月各省(区、市)快递服务申诉情况

序号	地区	消费者对邮政管理部门有效申诉处理工作满意率(%)	申诉率(百万分之)	有效申诉率(百万分之)
1	河北	100.0	2.56	0.05
2	山西	100.0	2.59	0.20
3	江西	100.0	2.75	0.13
4	湖南	100.0	3.20	0.12
5	内蒙古	100.0	3.21	0.27
6	海南	100.0	3.29	0.19

续上表

序号	地　区	消费者对邮政管理部门有效申诉处理工作满意率(%)	申诉率（百万分之）	有效申诉率（百万分之）
7	黑龙江	100.0	3.98	0.13
8	陕西	100.0	4.05	0.13
9	河南	100.0	4.20	0.14
10	广西	100.0	4.32	0.14
11	甘肃	100.0	4.52	0.58
12	安徽	100.0	4.76	0.05
13	福建	100.0	5.10	0.16
14	湖北	100.0	5.77	0.16
15	吉林	100.0	6.90	0.21
16	北京	100.0	6.92	0.30
17	辽宁	100.0	9.28	0.13
18	重庆	100.0	9.98	0.31
19	上海	100.0	11.14	0.12
20	新疆	100.0	16.53	0.43
21	青海	100.0	49.52	0.49
22	西藏	100.0	81.96	1.52
23	江苏	99.4	3.50	0.18
24	广东	99.1	3.32	0.12
25	山东	98.8	8.41	0.12
26	贵州	98.8	13.42	0.73
27	浙江	98.7	5.63	0.13
28	天津	97.8	2.77	0.28
29	四川	95.8	9.88	0.07
30	云南	95.7	4.83	0.16
31	宁夏	93.8	3.07	0.40
32	全国平均	99.3	5.37	0.15

国家邮政局关于2019年9月邮政业消费者申诉情况通告

一、总体情况

2019年9月，国家邮政局和各省（区、市）邮政管理局通过“12305”邮政行业消费者申诉电话和申诉网站共处理消费者申诉27670件。申诉中涉及邮政服务问题的568件，占总申诉量的2.1%；涉及快递服务问题的27102件，占总申诉量的97.9%（图4-48）。

处理的申诉中有效申诉（确定企业责任的）为2048件，同比下降55.7%。有效申诉中涉及邮政服务问题的71件，占有效申诉量的3.5%；涉及快递服务问题的1977件，占有效申诉量的96.5%（图4-49）。

邮政业消费者申诉均依法依规做了调解处理，为邮政业消费者挽回经济损失668.4万元。邮政业消费者对邮政管理部门有效申诉处理工作满意率为97.5%，对邮政企业有效申诉处理满意率为96.9%，对快递企业有效申诉处理满意率为95.8%。

9月，企业对邮政管理部门转办的申诉未能按规定时限回复的有15件，与去年同期相比减少2件（表4-42）。

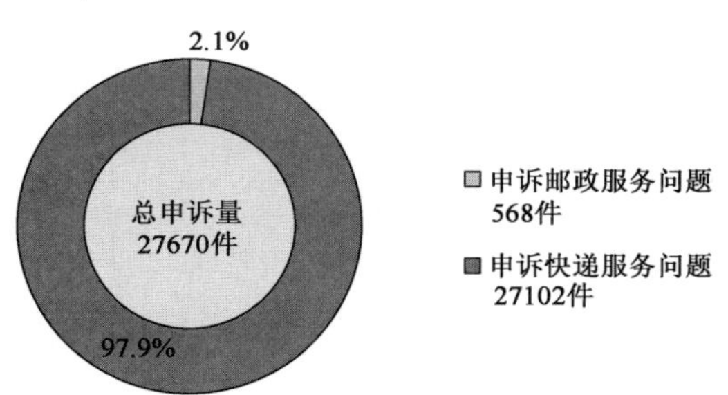

图4-48 9月国家邮政局和各省（区、市）邮政管理局通过“12305”邮政行业消费者申诉情况

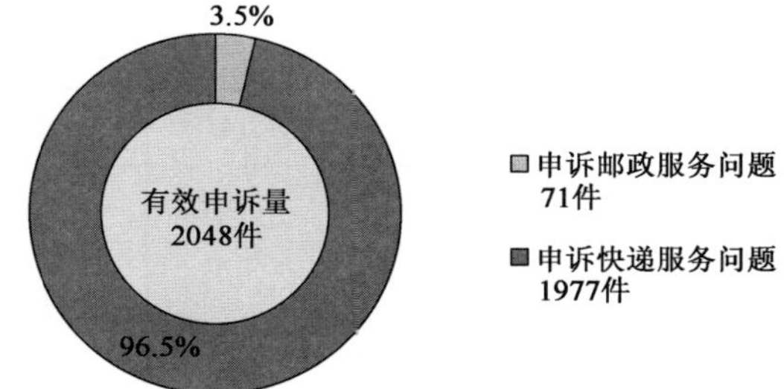

图4-49 9月邮政行业消费者申诉中有效申诉占比情况

表4-42 9月企业对邮政管理部门转办的申诉未能按规定时限回复情况

公司名称	江苏	福建	广东	重庆	西藏	甘肃	新疆	合计
速尔		1	3					4
中国邮政					3			3
百世快递						1	1	2
卓越亚马逊				1				1
跨越	1							1
其他			4					4
合计	1	1	7	1	3	1	1	15

二、邮政服务申诉情况

（一）邮政业消费者对邮政服务问题申诉情况

9月，邮政业消费者对邮政服务问题申诉568件，环比下降28.3%，同比下降82.9%（图4-50）。

邮政业消费者对邮政服务申诉的主要问题是投递服务、邮件延误和邮件丢失短少，分别占申诉总量的34.5%、24.7%和14.8%。邮政服务问题申诉量同比、环比均呈下降趋势（表4-43）。

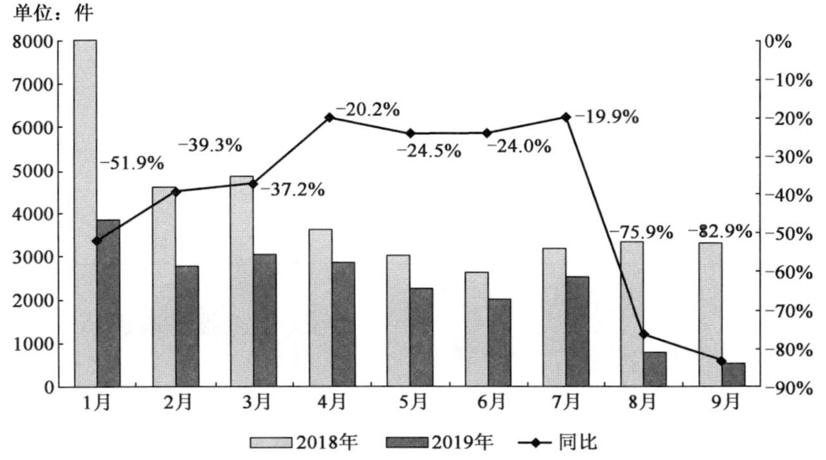

图4-50 9月邮政服务问题申诉数量同比情况

表 4-43　9 月邮政服务问题申诉量情况统计

序号	申诉内容	申诉件数	占比(%)	环比(%)	同比(%)	函件	包件	汇兑	报刊	集邮	其他
1	投递服务	196	34.5	-40.8	-86.2	132	37	0	5	0	22
2	延误	140	24.7	18.6	-76.5	74	49	0	6	2	9
3	丢失短少	84	14.8	-31.2	-86.2	38	37	0	4	0	5
4	收寄服务	36	6.3	-56.6	-64.4	15	12	0	1	2	6
5	损毁	29	5.1	38.1	-89.6	4	18	0	0	1	6
6	售后服务	16	2.8	—	—	1	6	0	2	1	6
7	违规收费	10	1.8	0.0	-73.0	4	4	0	0	0	2
8	其他	57	10.0	-46.7	-78.4	15	9	0	2	3	28
合计		568	100	-28.3	-82.9	283	172	0	20	9	84

(二)邮政业消费者对邮政服务问题有效申诉情况

9 月,消费者对邮政服务问题有效申诉 71 件,环比增长 26.8%,同比下降 81.7%(表 4-44)。

表 4-44　9 月邮政服务问题有效申诉量情况统计

序　号	申诉问题		有效申诉件数		占比(%)	环比(%)	同比(%)
1	投递服务	函件	30	38	53.5	90.0	-79.9
		包件	8				
2	邮件延误	函件	11	18	25.4	260.0	-66.7
		集邮	1				
		包件	6				
3	邮件丢失短少	函件	4	8	11.3	-60.0	-91.1
		包件	4				
4	邮件损毁	函件	1	4	5.6	-33.3	-89.2
		包件	1				
		其他	2				
5	收寄服务	函件	1	2	2.8	-60.0	-81.8
		其他	1				
6	售后服务	集邮	1		1.4	—	—
合计			71		100	26.8	-81.7

邮政业消费者对邮政服务有效申诉的主要问题是投递服务、邮件延误和邮件丢失短少,分别占有效申诉总量的 53.5%、25.4% 和 11.3%。邮政服务问题有效申诉量环比增长明显的是投递服务和邮件延误,同比均呈下降趋势。

三、快递服务申诉情况

(一)邮政业消费者对快递服务问题申诉情况

9 月,消费者对快递服务问题申诉 27102 件,环比下降 50.8%,同比下降 55.5%(图 4-51)。

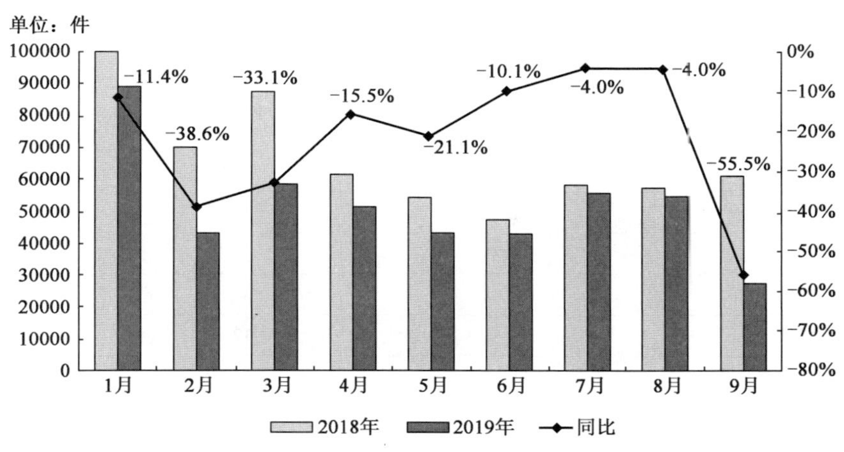

图4-51 9月快递服务问题申诉数量同比情况

(二)邮政业消费者对快递服务问题有效申诉情况

9月,消费者对快递服务问题有效申诉1977件,环比增长26.6%,同比下降53.3%(表4-45)。

表4-45 9月快递服务问题有效申诉量情况统计

序 号	申诉问题	申诉件数	有效申诉件数	有效申诉比例(%)	有效申诉同比(%)
1	延误	6288	670	33.9	-24.6
2	投递服务	5539	587	29.7	-64.6
3	丢失短少	4530	350	17.7	-61.4
4	损毁	6247	231	11.7	-52.4
5	收寄服务	2404	51	2.6	-66.0
6	违规收费	462	30	1.5	-63.0
7	售后服务	680	21	1.1	—
8	代收货款	154	20	1.0	-63.0
9	其他	798	17	0.9	41.7
合计		27102	1977	100	-53.3

邮政业消费者对快递服务有效申诉的主要问题是快件延误、投递服务、快件丢失短少和快件损毁,分别占有效申诉总量的33.9%、29.7%、17.7%和11.7%。快递服务问题有效申诉量环比增长明显的是快件延误问题,同比均呈下降趋势。

(三)邮政业消费者对快递企业申诉情况

9月,邮政业消费者对全国快递企业有效申诉处理满意率平均为95.8%,高于全国平均数的快递企业有16家,低于全国平均数的有7家;全国快递服务申诉率平均为4.49,低于全国平均数的快递企业有11家,高于全国平均数的有12家;全国快递服务有效申诉率平均为0.33,低于全国平均数的快递企业有10家,高于全国平均数的有13家(表4-46)。

表4-46 9月主要快递企业申诉情况

序号	企业名称	消费者对快递企业有效申诉处理满意率(%)	申诉率(百万分之)	有效申诉率(百万分之)
1	中外运-空运	100.0	0.24	—
2	苏宁易购	100.0	1.72	—
3	中通快递	100.0	1.82	0.01
4	民航快递	100.0	1.92	0.96

续上表

序号	企业名称	消费者对快递企业有效申诉处理满意率(%)	申诉率(百万分之)	有效申诉率(百万分之)
5	圆通速递	100.0	1.95	0.01
6	京东	100.0	2.60	0.01
7	申通快递	100.0	2.99	0.01
8	跨越速运	100.0	3.12	1.75
9	DHL	100.0	4.82	0.54
10	德邦快递	100.0	12.52	0.55
11	FedEx	100.0	13.45	3.10
12	宅急送	100.0	25.45	0.84
13	TNT	100.0	78.95	18.80
14	邮政快递(EMS)	96.6	6.08	1.35
15	品骏快递	96.2	16.19	8.53
16	顺丰速运	95.8	13.37	0.17
17	速尔	94.8	8.73	3.45
18	天天快递	94.7	13.81	1.81
19	优速	92.9	18.95	1.01
20	韵达快递	91.7	2.14	0.01
21	递四方	87.5	2.03	0.27
22	UPS	84.2	14.93	8.34
23	百世快递	81.8	3.72	0.03
全国平均		95.8	4.49	0.33

邮政业消费者对快递服务申诉的主要问题是 快递延误、快递损毁和投递服务(表4-47)。

表4-47 9月申诉主要问题占比情况

序号	企业名称	申诉主要问题占比(%)		
		延误	损毁	投递服务
1	中外运-空运	—	—	50
2	德邦快递	6.7	56.2	5.2
3	圆通速递	12.0	14.8	22.2
4	韵达快递	12.4	17.3	21.8
5	申通快递	13.3	10.2	20.5
6	中通快递	15.1	15.4	37.9
7	京东	17.3	22.2	24.4
8	顺丰速运	24.3	47.1	6.2
9	递四方	26.7	3.3	8.3
10	DHL	27.8	—	5.6
11	速尔	28.0	11.9	30.9
12	百世快递	28.1	16.4	19.5
13	TNT	28.6	—	47.6
14	天天快递	29.5	13.3	23.5
15	宅急送	29.9	7.5	40.3

续上表

序号	企 业 名 称	申诉主要问题占比(%)		
		延误	损毁	投递服务
16	邮政快递(EMS)	31.6	12.1	29.9
17	UPS	32.4	5.9	17.6
18	优速	32.7	16.6	28
19	FedEx	33.3	10.3	2.6
20	品骏快递	33.6	17.6	24.1
21	苏宁易购	34.2	5.3	52.6
22	跨越速运	36.6	26.8	12.2
23	民航快递	50.0	—	—
全国平均		23.2	23.0	20.4

(四)各省(区、市)快递服务申诉情况

邮政业消费者对各省(区、市)邮政管理部门有效申诉处理工作满意率平均为97.5%,高于全国平均数的地区有18个,低于全国平均数的地区有13个;各省(区、市)快递服务申诉率平均为2.48,低于全国平均数的地区有12个,高于全国平均申诉率的有19个;各省(区、市)快递服务有效申诉率平均为0.18,低于全国平均数的地区有18个,高于全国平均数的有13个(表4-48)。

表4-48 9月各省(区、市)快递服务申诉情况

序号	地 区	消费者对邮政管理部门有效申诉处理工作满意率(%)	申诉率(百万分之)	有效申诉率(百万分之)
1	山西	100.0	1.90	0.14
2	广西	100.0	2.36	0.17
3	吉林	100.0	2.58	0.32
4	海南	100.0	2.59	0.12
5	内蒙古	100.0	3.01	0.24
6	宁夏	100.0	3.17	0.99
7	陕西	100.0	3.40	0.10
8	辽宁	100.0	3.41	0.09
9	北京	100.0	3.41	0.17
10	青海	100.0	4.70	0.46
11	新疆	100.0	7.45	0.48
12	西藏	100.0	68.44	2.55
13	上海	99.0	4.53	0.19
14	浙江	98.9	1.46	0.17
15	重庆	98.8	2.99	0.53
16	甘肃	98.3	3.84	0.81
17	江苏	98.2	2.48	0.23
18	湖北	97.6	1.83	0.13
19	天津	97.4	3.49	1.19
20	江西	97.3	1.91	0.15
21	黑龙江	97.0	2.81	0.26

续上表

序号	地　区	消费者对邮政管理部门有效申诉处理工作满意率(%)	申诉率（百万分之）	有效申诉率（百万分之）
22	山东	97.0	3.10	0.11
23	河北	96.8	1.77	0.06
24	贵州	96.1	3.73	0.57
25	福建	95.7	2.03	0.21
26	湖南	95.7	2.37	0.16
27	云南	95.7	2.42	0.15
28	广东	95.3	2.13	0.14
29	安徽	95.1	2.46	0.09
30	河南	94.1	1.62	0.10
31	四川	92.3	3.69	0.07
全国平均		97.5	2.48	0.18

国家邮政局关于2019年10月邮政业消费者申诉情况通告

一、总体情况

2019年10月，国家邮政局和各省（区、市）邮政管理局通过“12305”邮政行业消费者申诉电话和申诉网站共处理消费者申诉21639件。申诉中涉及邮政服务问题的337件，占总申诉量的1.6%；涉及快递服务问题的21302件，占总申诉量的98.4%（图4-52）。

处理的申诉中有效申诉（确定企业责任的）为1879件，同比下降59.6%。有效申诉中涉及邮政服务问题的76件，占有效申诉量的4.0%；涉及快递服务问题的1803件，占有效申诉量的96.0%（图4-53）。

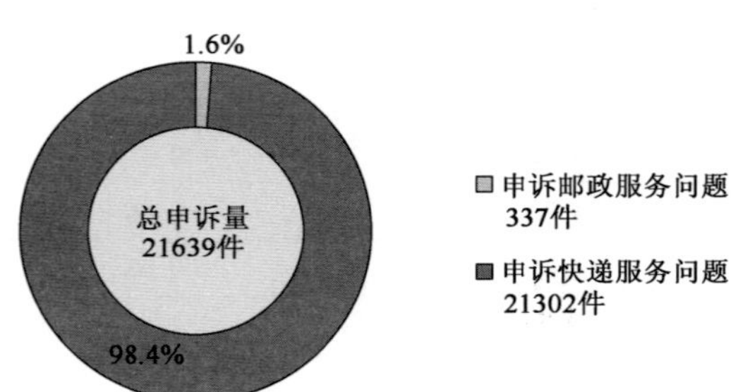

图4-52　10月国家邮政局和各省（区、市）邮政管理局通过“12305”邮政行业消费者申诉情况

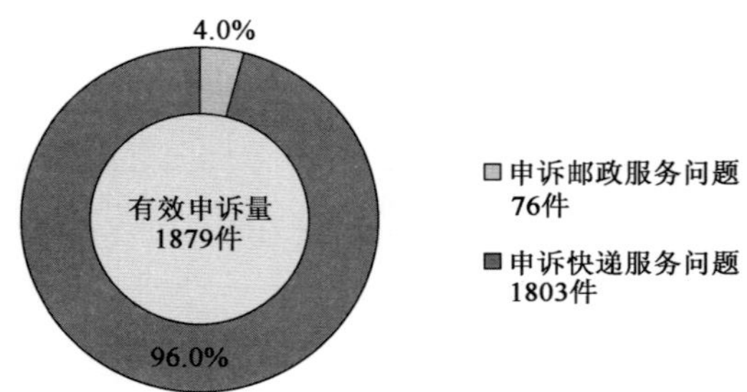

图4-53　10月邮政行业消费者申诉中有效申诉占比情况

邮政业消费者申诉均依法依规做了调解处理，为邮政业消费者挽回经济损失747.9万元。邮政业消费者对邮政管理部门有效申诉处理工作满意率为97.8%，对邮政企业有效申诉处理满意率为94.9%，对快递企业有效申诉处理满意率为96.8%。

10月，企业对邮政管理部门转办的申诉未能按规定时限回复的有7件，与去年同期相比减少1件（表4-49）。

表 4-49　10 月企业对邮政管理部门转办的申诉未能按规定时限回复情况

公司名称	江苏	浙江	山东	广东	合计
递四方				2	2
中国邮政	1				1
中铁快运				1	1
优速		1			1
品骏快递			1		1
其他				1	1
合计	1	1	1	4	7

二、邮政服务申诉情况

(一)邮政业消费者对邮政服务问题申诉情况

10 月,邮政业消费者对邮政服务问题申诉 337 件,环比下降 40.7%,同比下降 87.9%(图 4-54)。

邮政业消费者对邮政服务申诉的主要问题是邮件延误、投递服务和邮件丢失短少,分别占申诉总量的 25.8%、24.3% 和 15.4%。邮政服务问题申诉量环比、同比均呈下降趋势(表 4-50)。

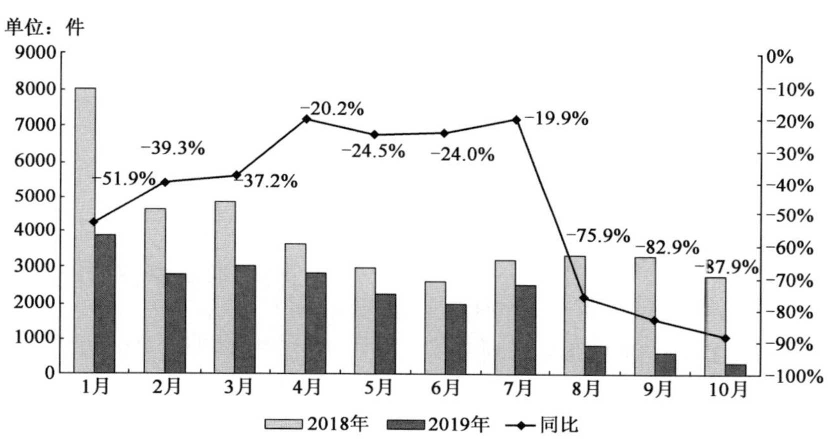

图 4-54　10 月邮政服务问题申诉数量同比情况

表 4-50　10 月邮政服务问题申诉量情况统计

序号	申诉内容	申诉件数	占比(%)	环比(%)	同比(%)	函件	包件	汇兑	报刊	集邮	其他
1	延误	87	25.8	-37.9	-85.1	38	37	0	4	0	8
2	投递服务	82	24.3	-58.2	-93.2	50	20	0	4	0	8
3	丢失短少	52	15.4	-38.1	-89.9	22	26	0	0	0	4
4	收寄服务	36	10.7	0.0	-62.5	9	12	0	3	5	7
5	售后服务	23	6.8	—	—	5	9	0	2	3	4
6	损毁	22	6.5	-24.1	-90.6	11	8	0	0	0	3
7	违规收费	2	0.6	-80.0	-92.6	1	1	0	0	0	0
8	其他	33	9.8	-42.1	-73.6	7	3	0	0	0	23
合计		337	100.0	-40.7	-87.9	143	116	0	13	8	57

(二)邮政业消费者对邮政服务问题有效申诉情况

10 月,消费者对邮政服务问题有效申诉 76 件,环比增长 7.0%,同比下降 82.0%(表 4-51)。

表 4-51　10 月邮政服务问题有效申诉量情况统计

序　　号	申 诉 问 题		有效申诉件数		占比(%)	环比(%)	同比(%)
1	邮件延误	包件	14	22	29.0	22.2	-69.0
		函件	4				
		报刊	3				
		其他	1				
2	邮件丢失短少	函件	9	18	23.7	125.0	-83.6
		包件	7				
		其他	2				
3	投递服务	函件	10	17	22.4	-55.3	-90.2
		包件	7				
4	收寄服务	包件	4	10	13.2	400.0	-28.6
		集邮	3				
		函件	1				
		其他	2				
5	邮件损毁	函件	3	4	5.3	0.0	-91.7
		包件	1				
6	售后服务	包件	3	4	5.3	—	—
		集邮	1				
7	其他		1		1.3	—	-66.7
合计			76		100.0	7.0	-82.0

邮政业消费者对邮政服务有效申诉的主要问题是邮件延误、邮件丢失短少和投递服务，分别占有效申诉总量的 29.0%、23.7% 和 22.4%。邮政服务问题有效申诉量环比增长明显的是收寄服务和邮件丢失短少，同比均呈下降趋势。

三、快递服务申诉情况

（一）邮政业消费者对快递服务问题申诉情况

10 月，消费者对快递服务问题申诉 21302 件，环比下降 21.4%，同比下降 63.0%（图 4-55）。

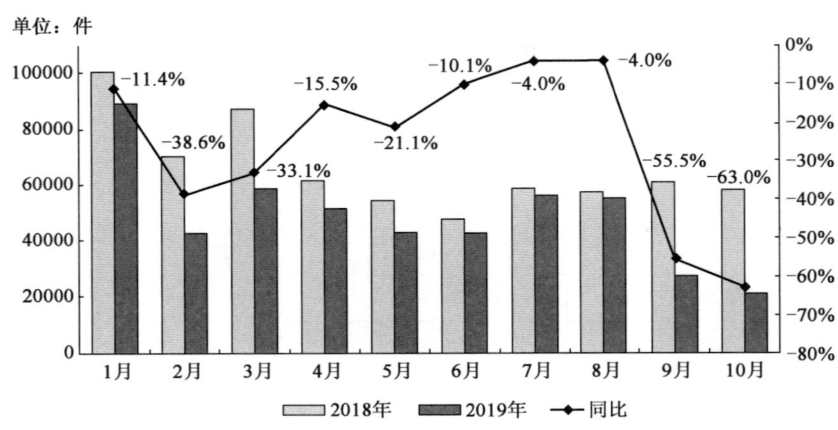

图 4-55　10 月快递服务问题申诉数量同比情况

（二）邮政业消费者对快递服务问题有效申诉情况

10 月，消费者对快递服务问题有效申诉 1803 件，环比下降 8.8%，同比下降 57.4%（表 4-52）。

表 4-52 10 月快递服务问题有效申诉量情况统计

序号	申诉问题	申诉件数	有效申诉件数	有效申诉占比(%)	有效申诉环比(%)	有效申诉同比(%)
1	延误	4811	566	31.4	-15.5	-50.0
2	投递服务	3398	458	25.4	-22.0	-68.5
3	丢失短少	3599	453	25.1	29.4	-52.0
4	损毁	5768	209	11.6	-9.5	-55.9
5	收寄服务	995	53	2.9	3.9	-57.9
6	售后服务	898	35	1.9	—	—
7	代收货款	157	18	1.0	-10.0	-50.0
8	违规收费	257	6	0.3	-80.0	-86.4
9	其他	1419	5	0.3	-70.6	-73.7
合计		21302	1803	100.0	-8.8	-57.4

邮政业消费者对快递服务有效申诉的主要问题是快件延误、投递服务和快件丢失短少，分别占有效申诉总量的31.4%、25.4%和25.1%。快递服务问题有效申诉量环比增长明显的是快件丢失短少问题，同比均呈下降趋势。

(三)邮政业消费者对快递企业申诉情况

10 月，邮政业消费者对全国快递企业有效申诉处理满意率平均为96.8%，高于全国平均数的快递企业有19家，低于全国平均数的有4家；全国快递服务申诉率平均为3.40，低于全国平均数的快递企业有11家，高于全国平均数的有12家；全国快递服务有效申诉率平均为0.29，低于全国平均数的快递企业有12家，高于全国平均数的有11家(表4-53)。

表 4-53 10 月主要快递企业申诉情况

序号	企业名称	消费者对快递企业有效申诉处理满意率(%)	申诉率(百万分之)	有效申诉率(百万分之)
1	中外运-空运	100.0	0.27	—
2	中通快递	100.0	0.77	—
3	圆通速递	100.0	0.91	—
4	苏宁易购	100.0	1.04	—
5	申通快递	100.0	1.22	—
6	韵达快递	100.0	1.56	0.01
7	京东	100.0	1.93	—
8	百世快递	100.0	2.14	0.01
9	民航快递	100.0	3.31	—
10	DHL	100.0	6.42	0.25
11	德邦快递	100.0	11.35	0.36
12	FedEx	100.0	14.87	1.09
13	UPS	100.0	17.55	3.29
14	TNT	100.0	95.04	20.66
15	宅急送	99.2	30.26	9.88
16	顺丰速运	98.6	15.29	0.18
17	天天快递	97.8	10.49	1.43
18	速尔	97.5	10.33	2.97
19	品骏快递	96.8	13.21	7.1

续上表

序号	企业名称	消费者对快递企业有效申诉处理满意率(%)	申诉率(百万分之)	有效申诉率(百万分之)
20	邮政快递(EMS)	96.4	3.6	1.14
21	跨越速运	91.3	3.01	1.12
22	优速	89.7	14.02	1.04
23	递四方	77.8	2.08	0.28
全国平均		96.8	3.40	0.29

邮政业消费者对快递服务申诉的主要问题是快件损毁、快件延误和快件丢失短少(表4-54)。

表4-54　10月申诉主要问题占比情况

序号	企业名称	申诉主要问题占比(%)		
		损毁	延误	丢失短少
1	中外运-空运	—	50.0	50.0
2	UPS	3.1	15.6	15.6
3	DHL	3.8	34.6	7.7
4	TNT	4.3	26.1	13.0
5	宅急送	8.1	19.5	34.9
6	FedEx	9.8	39.0	9.8
7	圆通速递	12.8	15.1	24.2
8	苏宁易购	13.0	39.1	4.3
9	速尔	13.1	31.2	12.4
10	天天快递	13.1	32.3	29.2
11	优速	14.1	35.0	10.5
12	百世快递	14.7	31.1	22.4
13	中通快递	15.2	14.5	17.4
14	递四方	15.2	30.3	19.7
15	邮政快递(EMS)	15.5	33.8	21.6
16	申通快递	16.6	18.5	18.9
17	韵达快递	16.7	14.2	25.7
18	品骏快递	18.1	24.5	18.3
19	京东	26.2	16.3	22.3
20	民航快递	33.3	33.3	—
21	跨越速运	35.5	35.5	4.8
22	顺丰速运	50.2	22.6	12.1
23	德邦快递	61.7	4.3	14.4
全国平均		27.1	22.6	16.9

(四)各省(区、市)快递服务申诉情况

邮政业消费者对各省(区、市)邮政管理部门有效申诉处理工作满意率平均为97.8%,高于全国平均数的地区有19个,低于全国平均数的地区有12个;各省(区、市)快递服务申诉率平均为1.91,低于全国平均数的地区有13个,高于全国平均申诉率的有18个;各省(区、市)快递服务有效申诉率平均为0.16,低于全国平均数的地区有17个,高于全国平均数的有14个(表4-55)。

表 4-55 10 月各省(区、市)快递服务申诉情况

序号	地 区	消费者对邮政管理部门有效申诉处理工作满意率(%)	申诉率(百万分之)	有效申诉率(百万分之)
1	河北	100.0	1.22	0.09
2	湖南	100.0	1.22	0.10
3	河南	100.0	1.33	0.11
4	湖北	100.0	1.44	0.08
5	山西	100.0	1.53	0.14
6	云南	100.0	1.76	0.10
7	安徽	100.0	1.89	0.07
8	青海	100.0	2.01	0.22
9	海南	100.0	2.17	0.26
10	山东	100.0	2.21	0.08
11	宁夏	100.0	2.29	0.49
12	辽宁	100.0	2.31	0.07
13	内蒙古	100.0	2.42	0.04
14	吉林	100.0	2.58	0.22
15	甘肃	100.0	3.27	0.60
16	西藏	100.0	4.06	0.68
17	新疆	100.0	4.70	0.07
18	江苏	98.8	2.44	0.17
19	北京	98.0	3.27	0.30
20	上海	97.7	5.80	0.21
21	四川	97.7	1.62	0.11
22	天津	97.5	4.07	1.66
23	浙江	97.5	1.02	0.12
24	贵州	97.1	2.45	0.59
25	广东	96.9	1.44	0.11
26	重庆	96.7	2.67	0.34
27	江西	96.4	1.15	0.14
28	陕西	96.2	3.17	0.48
29	福建	95.5	1.73	0.09
30	黑龙江	92.6	1.98	0.18
31	广西	87.5	1.49	0.11
全国平均		97.8	1.91	0.16

国家邮政局关于2019年11月邮政业消费者申诉情况通告

一、总体情况

2019年11月,国家邮政局和各省(区、市)邮政管理局通过“12305”邮政行业消费者申诉电话和申诉网站共处理消费者申诉21096件。申诉中涉及邮政服务问题的634件,占总申诉量的3.0%;涉及快递服务问题的20462件,占总申诉量的97.0%(图4-56)。

受理的申诉中有效申诉(确定企业责任的)为2261件,比上年同期下降58.8%。有效申诉中涉及邮政服务问题的79件,占有效申诉量的3.5%;涉及快递服务问题的2182件,占有效申诉量的96.5%(图4-57)。

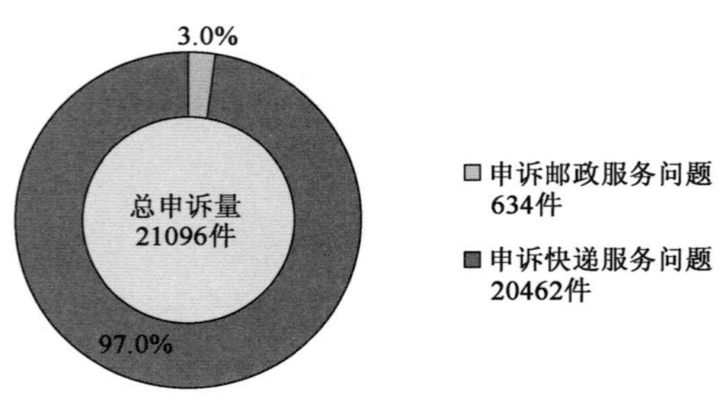

图4-56　11月国家邮政局和各省(区、市)邮政管理局通过“12305”邮政行业消费者申诉情况

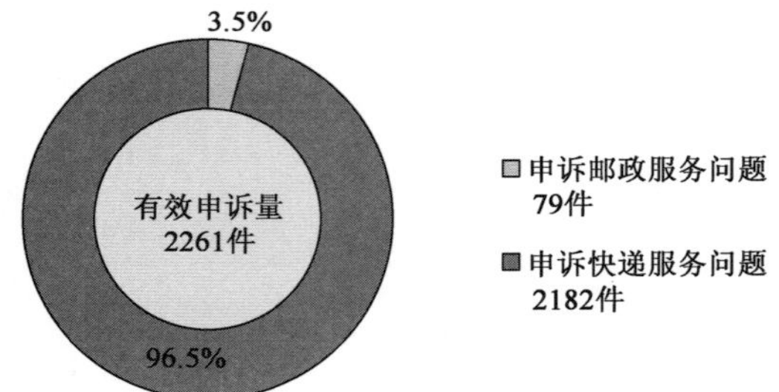

图4-57　11月邮政行业消费者申诉中有效申诉占比情况

邮政业消费者申诉均依法依规做了调解处理,为消费者挽回经济损失660.2万元。邮政业消费者对邮政管理部门有效申诉处理工作满意率为98.1%,对邮政企业有效申诉处理满意率为94.7%,对快递企业有效申诉处理满意率为96.3%。

11月,企业对邮政管理部门转办的申诉未能按规定时限回复的有6件,与去年同期相比下降19件(表4-56)。

表4-56　11月企业对邮政管理部门转办的申诉未能按规定时限回复情况

公司名称	福建	北京	广东	合计
全一	1		2	3
中国邮政	1	1		2
其他			1	1
合计	2	1	3	6

二、邮政服务申诉情况

(一)消费者对邮政服务问题申诉情况

11月,消费者对邮政服务问题申诉634件,环比增长88.1%,同比下降80.5%(图4-58)。

邮政业消费者对邮政服务申诉的主要问题是邮件延误、投递服务和邮件丢失短少,分别占申诉总量的35.0%、26.7%和14.2%。邮政服务问题申诉量环比增长明显的是邮件延误、违规收费和投递服务,同比均呈下降趋势(表4-57)。

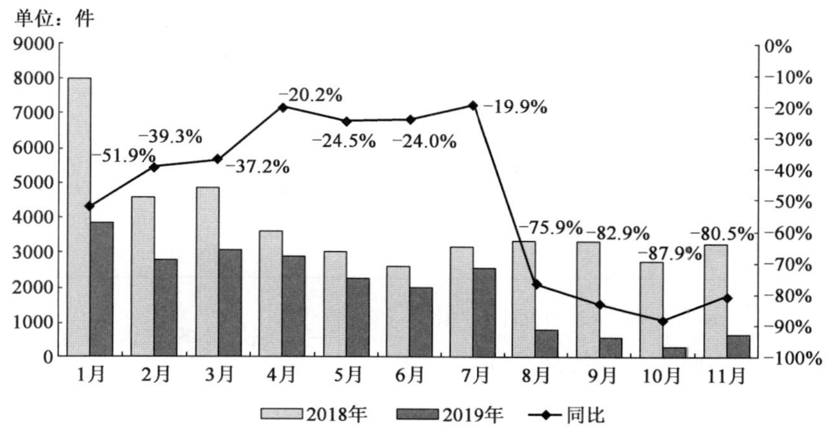

图4-58 11月邮政服务问题申诉数量同比情况

表4-57 11月邮政服务问题申诉情况统计

序号	申诉内容	申诉件数	占比(%)	环比(%)	同比(%)	函件	包件	汇兑	报刊	集邮	其他
1	延误	222	35.0	155.2	-69.7	62	106	0	5	7	42
2	投递服务	169	26.7	106.1	-87.8	107	29	0	4	4	25
3	丢失短少	90	14.2	73.1	-86.0	37	44	0	2	0	7
4	收寄服务	50	7.9	38.9	-55.8	10	19	0	2	6	13
5	损毁	31	4.9	40.9	-86.6	6	15	0	0	2	8
6	售后服务	18	2.8	-21.7	—	6	1	0	1	6	4
7	违规收费	5	0.8	150.0	-64.3	0	2	0	0	0	3
8	其他	49	7.7	48.5	-61.4	8	9	0	2	4	26
合计		634	100	88.1	-80.5	236	225	0	16	29	128

(二)消费者对邮政服务问题有效申诉情况

11月,消费者对邮政服务问题有效申诉79件,环比增长4.0%,同比下降84.2%(表4-58)。

表4-58 11月邮政服务问题有效申诉情况统计

序号	申诉问题		申诉件数		占比(%)	环比(%)	同比(%)
1	投递服务	函件	22	27	34.2	58.8	-89.3
		集邮	3				
		包件	1				
		其他	1				
2	延误	包件	13	23	29.1	4.5	-72.3
		函件	8				
		集邮	1				
		其他	1				
3	丢失短少	包件	10	19	24.1	5.6	-83.2
		函件	7				
		报刊	1				
		其他	1				
4	收寄服务	集邮	3	5	6.3	-50.0	-61.5
		函件	1				
		其他	1				

续上表

<table>
<tr><th>序　号</th><th colspan="2">申诉问题</th><th colspan="2">申诉件数</th><th>占比(%)</th><th>环比(%)</th><th>同比(%)</th></tr>
<tr><td rowspan="2">5</td><td rowspan="2">损毁</td><td>函件</td><td>1</td><td rowspan="2">2</td><td rowspan="2">2.5</td><td rowspan="2">-50.0</td><td rowspan="2">-94.3</td></tr>
<tr><td>包件</td><td>1</td></tr>
<tr><td>6</td><td>售后服务</td><td>集邮</td><td>2</td><td>2</td><td>2.5</td><td>-50.0</td><td>—</td></tr>
<tr><td>7</td><td colspan="2">其他</td><td colspan="2">1</td><td>1.3</td><td>0.0</td><td>-50.0</td></tr>
<tr><td colspan="3">合计</td><td colspan="2">79</td><td>100.0</td><td>4.0</td><td>-84.2</td></tr>
</table>

邮政业消费者对邮政服务有效申诉的主要问题是投递服务、邮件延误和邮件丢失短少，分别占有效申诉总量的34.2%、29.1%和24.1%。邮政服务问题有效申诉量环比增长的是投递服务、邮件丢失短少和邮件延误，同比均呈下降趋势。

三、快递服务申诉情况

（一）消费者对快递服务问题申诉情况

11月，消费者对快递服务问题申诉20462件，环比下降3.9%，同比下降73.2%（图4-59）。

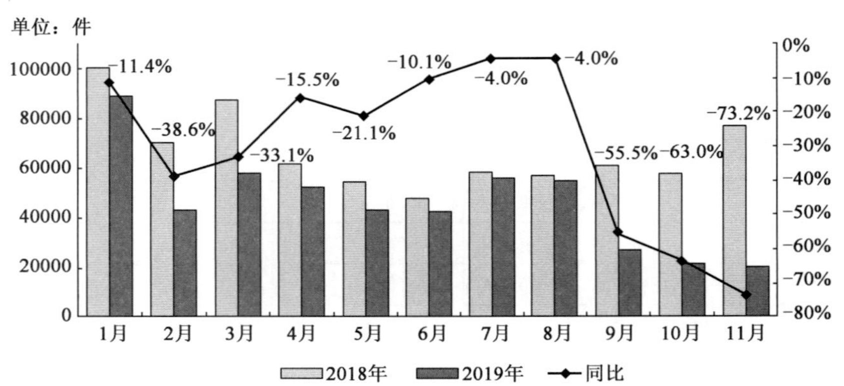

图4-59　11月快递服务问题申诉数量同比情况

（二）消费者对快递服务问题有效申诉情况

11月，消费者对快递服务问题有效申诉2182件，环比增长21.0%，同比下降56.2%（表4-59）。

表4-59　11月快递服务问题有效申诉情况统计

<table>
<tr><th>序号</th><th>申诉问题</th><th>总申诉件数</th><th>有效申诉件数</th><th>有效申诉占比例(%)</th><th>有效申诉环比(%)</th><th>有效申诉同比(%)</th></tr>
<tr><td>1</td><td>延误</td><td>4268</td><td>702</td><td>32.2</td><td>24.0</td><td>-50.4</td></tr>
<tr><td>2</td><td>丢失短少</td><td>4064</td><td>555</td><td>25.4</td><td>22.5</td><td>-52.6</td></tr>
<tr><td>3</td><td>投递服务</td><td>3957</td><td>498</td><td>22.8</td><td>8.7</td><td>-69.3</td></tr>
<tr><td>4</td><td>损毁</td><td>4433</td><td>259</td><td>11.9</td><td>23.9</td><td>-45.4</td></tr>
<tr><td>5</td><td>收寄服务</td><td>1112</td><td>72</td><td>3.3</td><td>35.9</td><td>-52.3</td></tr>
<tr><td>6</td><td>售后服务</td><td>643</td><td>44</td><td>2.0</td><td>25.7</td><td>—</td></tr>
<tr><td>7</td><td>代收货款</td><td>130</td><td>24</td><td>1.1</td><td>33.3</td><td>-61.3</td></tr>
<tr><td>8</td><td>违规收费</td><td>274</td><td>16</td><td>0.7</td><td>166.7</td><td>-75.4</td></tr>
<tr><td>9</td><td>其他</td><td>1582</td><td>12</td><td>0.6</td><td>140.0</td><td>-52.0</td></tr>
<tr><td colspan="2">合计</td><td>20462</td><td>2182</td><td>100.0</td><td>21.0</td><td>-56.2</td></tr>
</table>

11月，消费者对快递服务有效申诉的主要问题是快件延误、快件丢失短少和投递服务，分别占有效申诉总量的32.2%、25.4%和22.8%。快递服务问题有效申诉量环比增长明显的是违规收费、收寄服务和代收货款问题，同比均呈下降趋势。

(三)消费者对快递企业申诉情况

11月,邮政业消费者对全国快递企业有效申诉处理满意率为96.3%,高于全国平均数的快递企业有18家,低于全国平均数的有5家;全国快递服务申诉率平均为2.63,低于全国平均数的快递企业有10家,高于全国平均申诉率的快递企业有13家;全国快递服务有效申诉率平均为0.28,低于全国平均数的快递企业有10家,高于全国平均数的有13家(表4-60)。

表4-60 11月主要快递企业申诉情况

序号	企业名称	消费者对快递企业有效申诉处理满意率(%)	申诉率(百万分之)	有效申诉率(百万分之)
1	中外运-空运	100.0	0.37	—
2	苏宁易购	100.0	0.42	—
3	中通快递	100.0	0.59	—
4	韵达快递	100.0	0.82	—
5	圆通速递	100.0	0.91	0.01
6	京东	100.0	1.40	0.01
7	百世快递	100.0	1.68	—
8	申通快递	100.0	2.33	—
9	德邦快递	100.0	8.26	0.40
10	DHL	100.0	8.39	0.47
11	FedEx	100.0	11.00	1.29
12	民航快递	100.0	11.58	1.29
13	UPS	100.0	17.61	4.40
14	宅急送	99.3	30.31	9.26
15	速尔	97.7	8.35	3.04
16	顺丰速运	97.1	6.90	0.07
17	天天快递	96.3	10.28	1.44
18	品骏快递	96.3	18.18	9.46
19	EMS	95.7	3.34	1.08
20	优速	95.5	17.58	1.04
21	跨越速运	94.4	1.99	0.81
22	TNT	75.0	85.50	14.87
23	递四方	57.1	1.80	0.17
全国平均		96.3	2.63	0.28

邮政业消费者对快递服务申诉的主要问题是快件损毁,快件延误和丢失短少(表4-61)。

表4-61 11月申诉主要问题占比情况

序号	企业名称	申诉主要问题占比(%)		
		损毁	延误	丢失短少
1	苏宁易购	—	18.8	6.3
2	DHL	—	41.7	—
3	中外运-空运	—	50.0	—
4	UPS	2.8	22.2	19.4
5	FedEx	2.9	47.1	8.8
6	递四方	3.9	27.6	34.2

续上表

序号	企业名称	申诉主要问题占比(%)		
		损毁	延误	丢失短少
7	TNT	4.3	47.8	4.3
8	宅急送	4.5	21.3	30.6
9	民航快递	11.1	22.2	22.2
10	圆通速递	11.9	15.4	26.4
11	百世快递	12.0	18.5	29.7
12	EMS	12.2	36.0	24.2
13	申通快递	13.9	25.2	18.4
14	天天快递	14.1	30.8	28.9
15	优速	15.5	37.7	10.8
16	中通快递	15.7	10.2	21.6
17	韵达快递	16.1	12.7	23.8
18	速尔	18.0	31.0	15.1
19	跨越速运	18.2	31.8	2.3
20	品骏快递	20.4	21.1	24.6
21	京东	23.9	13.3	20.1
22	顺丰	52.5	14.4	16.9
23	德邦	57.5	5.7	16.4
全国平均		21.7	20.9	19.9

(四)各省(区、市)快递服务申诉情况

邮政业消费者对各省(区、市)邮政管理部门有效申诉处理工作满意率平均为98.1%,高于全国平均数的地区有23个,低于全国平均数的地区有8个;各省(区、市)快递服务申诉率平均为1.47,低于全国平均数的地区有14个,高于全国平均申诉率的地区有17个;各省(区、市)快递服务有效申诉率平均为0.16,低于全国平均数的地区有17个,高于全国平均有效申诉率的地区有14个(表4-62)。

表4-62　11月各省(区、市)快递服务申诉情况

序号	地区	消费者对邮政管理部门有效申诉处理工作满意率(%)	申诉率(百万分之)	有效申诉率(百万分之)
1	广西	100.0	1.02	0.09
2	四川	100.0	1.08	0.07
3	江西	100.0	1.08	0.16
4	海南	100.0	1.10	0.09
5	福建	100.0	1.19	0.12
6	云南	100.0	1.27	0.11
7	湖北	100.0	1.29	0.25
8	安徽	100.0	1.30	0.06
9	宁夏	100.0	1.35	0.22
10	山西	100.0	1.44	0.19
11	内蒙古	100.0	1.52	0.11
12	山东	100.0	1.53	0.08
13	湖南	100.0	1.58	0.14
14	辽宁	100.0	1.75	0.14

续上表

序号	地　　区	消费者对邮政管理部门有效申诉处理工作满意率(%)	申诉率(百万分之)	有效申诉率(百万分之)
15	吉林	100.0	1.94	0.27
16	青海	100.0	2.17	0.37
17	贵州	100.0	2.28	0.60
18	黑龙江	100.0	2.38	0.23
19	西藏	100.0	5.48	1.37
20	河南	98.9	1.17	0.17
21	北京	98.5	2.88	0.40
22	浙江	98.2	0.85	0.12
23	江苏	98.1	1.58	0.22
24	天津	98.0	1.98	0.55
25	重庆	97.3	1.54	0.15
26	广东	96.6	1.03	0.08
27	甘肃	94.8	3.14	0.68
28	陕西	94.6	2.45	0.41
29	河北	94.4	1.25	0.08
30	上海	94.4	4.27	0.11
31	新疆	90.9	5.36	0.15
全国平均		98.1	1.47	0.16

国家邮政局关于2019年12月邮政业消费者申诉情况通告

一、总体情况

2019年12月,国家邮政局和各省(区、市)邮政管理局通过"12305"邮政行业消费者申诉电话和申诉网站共处理消费者申诉25699件。申诉中涉及邮政服务问题的865件,占总申诉量的3.4%;涉及快递服务问题的24834件,占总申诉量的96.6%(图4-60)。

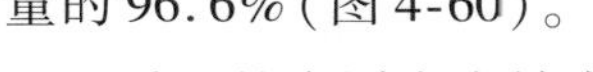

受理的申诉中有效申诉(确定企业责任的)为3255件,比上年同期下降65.3%。有效申诉中涉及邮政服务问题的96件,占有效申诉量的2.9%;涉及快递服务问题的3159件,占有效申诉量的97.1%(图4-61)。

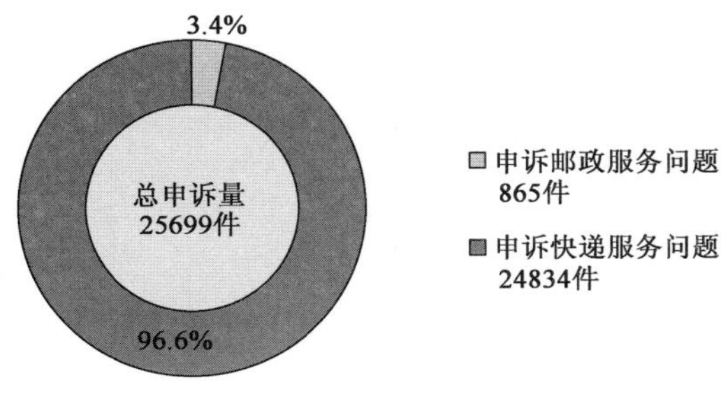

图4-60　12月国家邮政局和各省(区、市)邮政管理局通过"12305"邮政行业消费者申诉情况

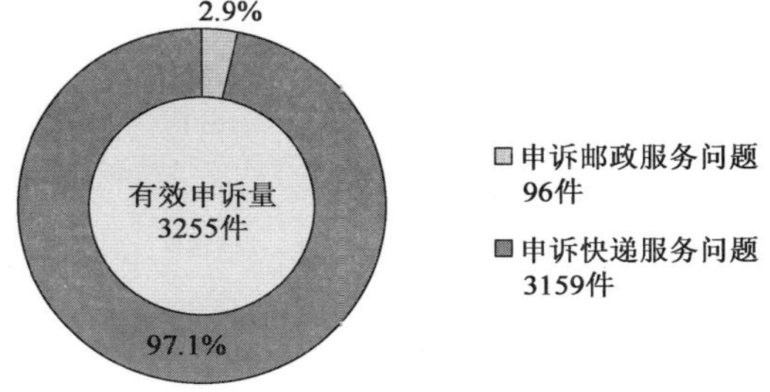

图4-61　12月邮政行业消费者申诉中有效申诉占比情况

邮政业消费者申诉均依法依规做了调解处理，为消费者挽回经济损失726.6万元。邮政业消费者对邮政管理部门有效申诉处理工作满意率为97.7%，对邮政企业有效申诉处理满意率为95.2%，对快递企业有效申诉处理满意率为96.1%。

12月，企业对邮政管理部门转办的申诉未能按规定时限回复的有7件，与去年同期相比下降22件（表4-63）。

表4-63　12月企业对邮政管理部门转办的申诉未能按规定时限回复情况

公司名称	四川	西藏	浙江	新疆	广东	合计
顺丰速运			1		1	2
中国邮政		1				1
百世快递				1		1
其他	1				2	3
合计	1	1	1	1	3	7

二、邮政服务申诉情况

（一）邮政业消费者对邮政服务问题申诉情况

12月，邮政业消费者对邮政服务问题申诉865件，环比增长36.4%，同比下降75.3%（图4-62）。

邮政业消费者对邮政服务申诉的主要问题是邮件延误、投递服务和邮件丢失短少，分别占申诉总量的37.1%、27.1%和16.1%。邮政服务问题申诉量环比增长明显的是违规收费、邮件丢失短少和邮件延误，同比均呈下降趋势（表4-64）。

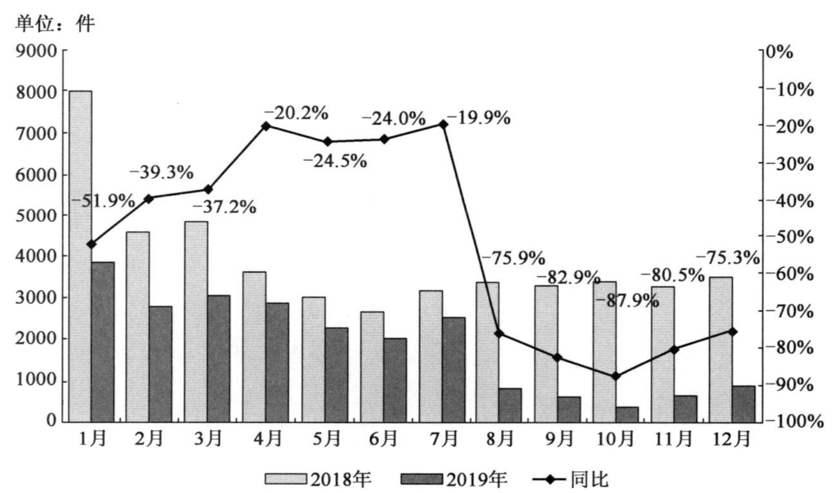

图4-62　12月邮政服务问题申诉数量同比情况

表4-64　12月邮政服务问题申诉情况统计表

序号	申诉内容	申诉件数	占比(%)	环比(%)	同比(%)	函件	包件	汇兑	报刊	集邮	其他
1	延误	321	37.1	44.6	-62.8	132	130	0	4	4	51
2	投递服务	234	27.1	38.5	-83.5	139	48	0	11	1	35
3	丢失短少	139	16.1	54.4	-81.6	41	76	0	8	1	13
4	收寄服务	44	5.1	-12.0	-61.7	16	15	0	4	4	5
5	损毁	34	3.9	9.7	-86.7	5	18	0	1	1	9
6	售后服务	25	2.9	38.9	—	9	3	0	1	7	5
7	违规收费	16	1.8	220.0	-30.4	3	5	1	1	0	6
8	其他	52	6.0	6.1	-34.2	4	8	0	2	4	34
合计		865	100	36.4	-75.3	349	303	1	32	22	158

（二）邮政业消费者对邮政服务问题有效申诉情况

12月，邮政业消费者对邮政服务问题有效申诉96件，环比增长21.5%，同比下降85.5%（表4-65）。

表4-65 12月邮政服务问题有效申诉情况统计

序号	申诉问题		申诉件数		占比(%)	环比(%)	同比(%)
1	延误	包件	20	37	38.5	60.9	-79.0
		函件	14				
		集邮	1				
		其他	2				
2	丢失短少	包件	14	26	27.1	36.8	-81.2
		函件	8				
		报刊	2				
		其他	2				
3	投递服务	函件	18	26	27.1	-3.7	-90.7
		包件	5				
		报刊	2				
		其他	1				
4	售后服务	集邮	3	4	4.2	100.0	—
		函件	1				
5	损毁	包件	1	1	1.0	-50.0	-98.1
6	其他		2		2.1	100.0	-50.0
合计			96		100.0	21.5	-85.5

邮政业消费者对邮政服务有效申诉的主要问题是邮件延误、邮件丢失短少和投递服务，分别占有效申诉总量的38.5%、27.1%和27.1%。邮政服务问题有效申诉环比增长明显的是售后服务、邮件延误和邮件丢失短少，同比均呈下降趋势。

三、快递服务申诉情况

（一）邮政业消费者对快递服务问题申诉情况

12月，邮政业消费者对快递服务问题申诉24834件，环比增长21.4%，同比下降73.0%（图4-63）。

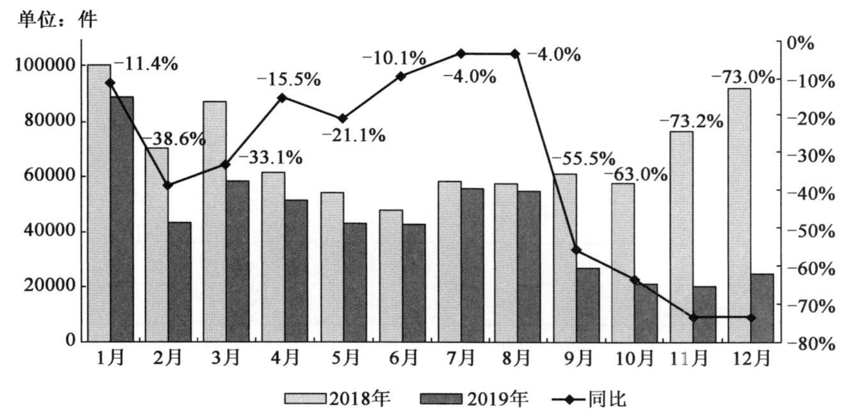

图4-63 12月快递服务问题申诉数量同比情况

（二）邮政业消费者对快递服务问题有效申诉情况

邮政业消费者对快递服务问题有效申诉3159件，环比增长44.8%，同比下降63.8%（表4-66）。

表 4-66　12 月快递服务问题有效申诉情况统计表

序号	申诉问题	总申诉件数	有效申诉件数	有效申诉比例(%)	有效申诉环比(%)	有效申诉同比(%)
1	延误	6431	1343	42.5	91.3	-51.4
2	丢失短少	5707	692	21.9	24.7	-69.4
3	投递服务	4657	679	21.5	36.1	-74.6
4	损毁	4348	226	7.2	-12.7	-65.5
5	售后服务	513	77	2.4	75.0	—
6	收寄服务	1356	65	2.1	-9.7	-70.7
7	代收货款	144	51	1.6	112.5	-7.3
8	违规收费	305	14	0.4	-12.5	-78.5
9	其他	1373	12	0.4	9.1	-52.0
合计		24834	3159	100	44.8	-63.8

邮政业消费者对快递服务有效申诉的主要问题是快件延误、快件丢失短少和投递服务，分别占有效申诉总量的 42.5%、21.9% 和 21.5%。快递服务问题有效申诉环比增长明显的是代收货款、快件延误和售后服务，同比均呈下降趋势。

（三）邮政业消费者对快递企业申诉情况

邮政业消费者对全国快递企业有效申诉处理满意率为 96.1%，高于全国平均数的快递企业有 18 家，低于全国平均数的有 4 家；全国快递服务申诉率平均为 3.38，低于全国平均数的快递企业有 10 家，高于全国平均申诉率的快递企业有 12 家；全国快递服务有效申诉率平均为 0.43，低于全国平均数的快递企业有 12 家，高于全国平均数的有 10 家（表 4-67）。

表 4-67　12 月主要快递企业申诉情况

序号	企业名称	消费者对快递企业有效申诉处理满意率(%)	申诉率（百万分之）	有效申诉率（百万分之）
1	苏宁易购	100	0.34	—
2	中外运-空运	100	0.38	—
3	中通快递	100	0.53	—
4	韵达快递	100	0.91	—
5	圆通速递	100	1.40	—
6	申通快递	100	1.89	—
7	百世快递	100	2.13	—
8	京东	100	2.18	0.02
9	递四方	100	3.11	0.15
10	民航快递	100	4.51	0.00
11	顺丰速运	100	6.87	0.04
12	德邦快递	100	7.81	0.38
13	DHL	100	8.09	0.64
14	FedEx	100	10.44	2.09
15	UPS	100	20.51	6.53
16	宅急送	100	31.79	1.31
17	TNT	100	100.00	10.71
18	优速	96.7	39.49	3.10
19	EMS	95.6	6.45	2.39

续上表

序号	企业名称	消费者对快递企业有效申诉处理满意率(%)	申诉率(百万分之)	有效申诉率(百万分之)
20	天天快递	95.0	11.98	1.87
21	速尔	92.9	9.98	3.43
22	跨越速运	89.5	2.75	0.74
全国平均		96.1	3.38	0.43

邮政业消费者对快递服务申诉的主要问题是快件延误、快件丢失短少和投递服务(表4-68)。

表4-68 12月申诉主要问题占比情况

序号	企业名称	申诉主要问题占比(%)		
		延误	丢失短少	投递服务
1	德邦快递	10.6	15.9	6.7
2	苏宁易购	11.1	11.1	55.6
3	中通快递	12.5	27.7	23.5
4	顺丰速运	13.1	22.5	6.4
5	京东	14.1	25.7	21.2
6	韵达快递	16.0	28.1	20.3
7	圆通速递	18.0	30.9	21.4
8	申通快递	19.9	26.8	26.8
9	TNT	21.4	10.7	21.4
10	百世快递	22.2	34.4	20.3
11	DHL	23.7	—	7.9
12	天天快递	27.0	35.9	15.2
13	速尔	28.5	14.2	30.2
14	跨越速运	29.6	4.2	1.4
15	宅急送	34.5	11.9	40.5
16	UPS	45.5	20.5	6.8
17	FedEx	45.7	11.4	11.4
18	EMS	45.9	24.2	16.1
19	递四方	47.1	20.2	6.7
20	优速	48.8	11.4	24.7
21	民航快递	50.0	—	25.0
22	中外运-空运	75.0	25.0	—
全国平均		25.9	23.0	18.8

(四)各省(区、市)快递服务申诉情况

邮政业消费者对各省(区、市)邮政管理部门有效申诉处理工作满意率平均为97.7%,高于全国平均数的地区有20个,低于全国平均数的地区有11个;各省(区、市)快递服务申诉率平均为1.89,低于全国平均数的地区有14个,高于全国平均申诉率的地区有17个;各省(区、市)快递服务有效申诉率平均为0.24,低于全国平均数的地区有17个,高于全国平均有效申诉率的地区有14个(表4-69)。

表4-69　12月各省(区、市)快递服务申诉情况

序号	地　区	消费者对邮政管理部门有效申诉处理工作满意率(%)	申诉率（百万分之）	有效申诉率（百万分之）
1	广西	100	1.09	0.09
2	四川	100	1.25	0.09
3	山西	100	1.36	0.18
4	江西	100	1.40	0.40
5	宁夏	100	1.47	0.34
6	重庆	100	1.48	0.11
7	河北	100	1.60	0.05
8	湖南	100	1.64	0.18
9	内蒙古	100	1.68	0.13
10	海南	100	2.13	0.15
11	安徽	100	2.37	0.09
12	湖北	100	2.40	0.55
13	辽宁	100	2.44	0.27
14	青海	100	2.53	0.19
15	贵州	100	2.55	0.86
16	西藏	100	3.08	0.22
17	新疆	100	6.81	0.43
18	北京	99.4	2.64	0.26
19	山东	99.3	2.00	0.18
20	河南	98.5	2.74	1.09
21	浙江	97.3	1.13	0.19
22	福建	96.9	1.78	0.25
23	云南	96.8	1.44	0.15
24	天津	96.4	1.87	0.39
25	黑龙江	95.9	3.53	0.79
26	江苏	95.3	2.02	0.31
27	上海	95.0	6.47	0.27
28	广东	94.8	1.17	0.09
29	陕西	94.5	2.52	0.23
30	吉林	94.1	2.64	0.20
31	甘肃	92.9	2.75	0.48
全国平均		97.7	1.89	0.24

第四章 2019 年快递业调查报告

大国快递——运输之“器”

改革开放40年的发展,中国邮政快递业取得了令人瞩目的成就。在运输领域,从行邮班列到高铁动车,从公路短驳到长途干线,从航空腹舱到整机运输,行业得到了长足发展。作为业务量第一的快递大国,正是一件件行业之“重器”,为其插上腾飞的翅膀,向快递强国迈进。

为凸显交通运输工具以及相应运输方式在快递发展中所发挥的重要作用,特策划本期选题。

一、“复兴号”之旅

北京西站,是北京四大铁路客运站之一,同时也是京广铁路、京九铁路和京广高速铁路的始发、终到站。1996 年开通运营,当时曾是亚洲规模最大的现代化铁道客运站之一。在设计之初,北京西站预留了充足的地下空间,为客流以及物流的畅通提供了良好的基础条件。2018 年“双 11”期间,中铁快运推出高铁快运产品“京湘专用车厢”,充分利用了西站的地下物流通道,车辆接驳和货物中转都可以享受到这条“绿色通道”,为实现北京和湖南两地间电商快件快速直达提供了帮助。

待命

7:40,在中铁快运股份有限公司营运部孙志刚的带领下,北京至长沙 G83“复兴号”列车京湘专用车厢的“特别行动队”出发了,一行 20 余人从北京西站南广场中铁快运营业厅的地下,走过一条旷阔而厚重的地下通道,直达 G83“复兴号”列车即将停泊的月台。这条通道能走人、行车,与客运通道互不干扰。

7:55,当“特别行动队”登上月台时,192 箱快件已经整齐地码放在列车停靠后的 2 号车厢位置,方便就近装车。所有快件都分别装在一个个长65 厘米、宽45 厘米、高50 厘米的专用箱中。孙志刚告诉记者,此次开通的京湘专用车厢装载的都是顺丰的快件,而且以航空件为主。月台上整齐摆放的快件箱,是中铁快运前一天晚上从顺义机场顺丰航空中转部运回来的,7:00 之前就要在此待命。

此时待命的还有 20 多人的“特别行动队”,在列车进站前的20 分钟,他们就要在月台上整齐排队等待列车停靠。

上车

8:20,G83“复兴号”列车准时进站,由 16 节车厢组成的列车长 400 多米,车身闪烁着迷人的金属光泽。

列车靠定,2 号车厢的车门一打开,月台上瞬间热闹起来。在大批乘客还没有进站的间隙,“特别行动队”要把近 200 箱快件通过狭窄的车门装上车,还要摆放整齐,难度不小。京湘专用车厢设置在 2 号车厢,也是为了尽可能避免给乘客在行车途中穿行带来不便。

记者第一时间登上列车进入京湘专用车厢,只见日常所见的两侧座椅已被拆除,整个 2 号车厢显得十分宽敞。孙志刚告诉记者,整个车厢最多可以放置 400 个中铁快运的标准快件箱,最大载重 8.8 吨。

“特别行动队”采用手抬肩扛的方式 2 人 3 箱一组将快件箱搬入车厢。为了保持车体平衡,快件箱需要均匀摆放在车厢两侧。8:24,开始装车;8:32,装车完毕。经过“双 11”前几天的配合,这 20 多人的队伍对于装车流程已十分熟悉,彼此之间的配合也很默契,将所有快件装上车只用了 8 分钟。

快件出发前的最后一个流程，是列车长与中铁快运押运员的交接。快件数量、重量等在交接单上一一注明，双方签字交接。

中转

快件上车，8:55，复兴号缓缓驶出北京西站，途中以最高310公里/小时的速度向长沙疾驰。

因为整个2号车厢都装满了快件，吸引了不少邻近车厢的旅客驻足，“高铁都拉上快件了，真不可思议！”不少旅客露出惊异的目光。不过，大家并没有随意穿行，因此整个运输过程中，快件都保持在一种安静、平稳的状态。

在石家庄、郑州、武汉各停留了几分钟，G83次列车于14:38准时到达了长沙南站，用时5小时43分钟。

此次中铁快运推出的北京至长沙的G83、G506列车其实都由同一辆“复兴号”来完成的。列车抵达长沙南后，短暂停留22分钟后立即返回北京，车次也就变成了G506。因此，对长沙南站的中铁快运工作人员来说，肩上的压力更大。在把北京运来的快件卸下后，还要完成长沙快件的装车。

记者在现场看到，与北京西站所不同的是，长沙中铁快运的20多名工作人员采用了接力的搬运方式。他们分为两组，一组在这一侧的车门卸车，另一组在另一侧的车门装车，互不干扰，装卸基本能够同时进行。14:48，经过不到10分钟的装卸，从1000公里外的北京运来的192箱快件已经整齐地码放在了长沙南的月台上，而长沙南的235箱快件也被搬上了车。这时距离开车时间还有17分钟。

孙志刚告诉记者，从北京来的快件将在下车后1小时内（15:30之前）被送到长沙的顺丰网点，实现当天配送。

15:05，G506“复兴号”列车车头切换，缓缓驶出长沙南，向北京进发。

抵达

G506列车到达北京的时间是22:03，整个过程历时6小时58分钟。因为途中多停靠了7站，比北京到长沙的G83次列车多用了一个多小时。尽管停的站多，但列车工作人员仍表示G506的上座率并不高。记者采访当天，上座率不足1/4。这也为中铁快运尝试“京湘专用车厢”的产品创造了条件。

车一到站，北京的“特别行动队”再次登上同一趟列车，他们要把从长沙运来的快件搬下车，虽然列车抵达了终点，但仍然要在很短的时间内将快件搬下了列车。22:12，所有快件被搬下车后，又被搬上了手推车，继而拉到等候在地下通道口的行李车处装车。22:26，行李车驶入地下，数分钟后将与等候在地下通道中的支线运输车实现对接，当天夜里送到顺丰在北京的转运中心，第二天一早实现配送。

“旅程”记录详见表4-70。

表4-70　G83、G506“复兴号”快件运输时刻表

G83次列车	快件待命	人员就位	列车抵达	开始装车	装车完毕	列车出发	到达长沙	卸车完毕
时间	7:00之前	7:55	8:20	8:24	8:32	8:55	14:38	14:48
用时		准备:25分钟		装车:8分钟		运输:5小时43分		卸车:10分钟
G506次列车	快件待命	人员就位	列车抵达	开始装车	装车完毕	列车出发	到达北京	卸车完毕
时间	13:00之前	14:10	14:38	14:40	14:48	15:05	22:03	22:12
用时		准备:28分钟		装车:8分钟		运输:6小时58分		卸车:9分钟

“京湘专用车厢”实现了北京和湖南两地间电商快件的一日内快速直达。孙志刚表示，这种模式是高铁快运运输组织新模式的一次积极探索，并且取得了成功。在2018年“双11”期间，“京湘专用车厢”单趟运输的重量最高达到了5.4吨。

记者观察到，“京湘专用车厢”实现的基础：一是目前以客运为主的京湘高铁线路运力资源存在很大的利用空间;二是不久前中铁快运携手顺丰速运合资成立中铁顺丰国际快运有限公司,充分释放了铁路资产溢出效应,企业发展内生动力和活力不断显现。

据记者向中铁快运了解,中铁快运和顺丰的合资公司重点打造的快运服务产品"高铁极速达",目前经过11次扩网,已开通431条线路、69个高铁车站、覆盖全国58个城市。2018年"双11"期间共运送快件近40万件。

不过,目前"高铁送快件"的瓶颈仍然存在,高铁仍然以客运为主,货运相关的车型、场站等硬件配套设施以及调度能力等制约着高铁快运的发展。未来,如果条件成熟,高铁快运将大有可为。

按照最大载货数量和载重量计算,一列加长版的高铁列车可以装载6400箱、140吨的快件;而一列标准8车厢的高铁列车也能装载3200箱、70吨快件(表4-71)。

表4-71 未来高铁货运的潜力(以一辆高铁货运列车为例)

货运高铁	单厢载货数量(箱)	总载货数量(箱)	车厢载重(吨)	总载重(吨)
16节	400	6400	8.8	140.8
8节	400	3200	8.8	70.4

虽然满载情况下高铁列车的货运能力惊人,但要在短时间内完成装卸,如果用人海战术,非得用几百人不可,这是不切实际的,或许可参考航空运输集装箱式的装卸方式。此外,集装箱装卸需要的场地、货物运输通道以及运力的夜间调配等都需要配套跟进。

二、云上之旅

2018年12月7日凌晨3:00,伴随着一阵尖锐的轰鸣声,杨瑞卿驾驶着一架波音737邮航全货机平稳降落在南京禄口机场,随后滑行至邮航停机坪。这也是邮航当天较晚降落的飞机之一。每天凌晨2:00~3:00,18架邮航的波音757和737飞机全部要实现降落。这些从全国各地飞来的"大块头",降落后要把肚子里的集装箱卸下,紧接着运到中邮速递南京集散中心进行分拣再装机,而杨瑞卿在短暂休息几小时后还要执飞,将南京的快件送到福州。

下机

在杨瑞卿从福州飞来之前,2:19,北京飞来的一架波音757货机已经落地禄口机场,并缓缓停靠在邮航停机坪上。飞机停稳后,升降平台车、行李传送带车和货物拖车一拥而上、各就各位。升降平台车负责从货舱门将主舱内的快件集装箱搬运到货物拖车上,行李传送带车则负责将腹舱内的快件传送到货物拖车上,二者同时进行。

2:21至2:46,不足半小时的时间,装得满满当当的快件就顺利"走"下了波音757货机。

分拣

距离邮航在禄口机场的停机坪不远处,便是邮政速递南京集散中心,也是邮航人口中的"陆侧"(停机坪所在属"空侧")。每天,从18架邮航飞机上卸下的集装箱和腹舱散货经货物拖车运至此处后,需要先进行分拣,最后再集装和装机。据了解,目前,邮航在国内以南京为中心进行轮辐式集散,在北京、上海、杭州、广州、深圳等重点城市开通了点对点直达航线的运行模式,开通数十条航线,覆盖华北、华东、东北、华中、华南、西南、西北7个地区。

因为从全国各地运来的快件都要在南京集散中心进行分拣,所以,凌晨三四点的南京集散中心十分繁忙——快件在全自动流水线上奔波不息,半圆形集装箱在满是万向滚轴的地面上滑动前行。在现场,中国邮政速递物流的工作人员告诉记者,与普通的快件分拣中心不同,南京集散中心的装载容器都是半圆形的航空集装箱。因为分拣都实现了自动化,工作人员只需要站在指定的滑槽口往集装箱中装件即可。集装箱满载后即拉到称重平台，称重后拉到货物拖车处，等待装机。一般情况下，一个满载的集装箱重1.6吨左右，不过因为有万向滚轮，一个人就可以拉动。

大约5:00之前，所有的快件都要完成分拣装箱，并运至邮航停机坪。6:00之前，所有飞机必须起飞。

上机

当快件在南京集散中心被分拣时，邮航禄口机场的18架全货机正在停机坪上静静等待。这些“大块头”大部分由客机改装而成——拆除座椅及机上的厨房、卫生间等服务设施，再装上滑轨、固定装置等货舱所需设施，改装成货机。

飞机被拆掉座椅等设施的上半部是货运主舱，以集装箱的方式装载；下半部的腹舱空间有限，可以搭载其他散货。邮航工作人员告诉记者，一架波音757可以装28吨货物，主舱25吨，前腹舱1吨，后腹舱2吨；波音737可以装16吨货物，主舱14吨，前后腹舱加起来可载2吨（表4-72）。

表4-72　波音757和波音737可装载货物情况

全　货　机	载重（吨）	主舱（吨）	前腹舱（吨）	后腹舱（吨）
波音757	28	15	1	2
波音737	16	14	1	1

4:57，邮航南京飞往北京的波音757飞机开始装机。5:15，在将腹舱的散件装完后，货物拖车拉着集装箱来到了升降平台车处准备装机。记者跟随2名装运人员乘坐升降平台进入货舱，装运人员告诉记者，这里可以装15个集装箱，需要5辆货物拖车才能拉完。此外，货机舱门的设计和客机有很大不同——客机有较多登机舱门以及逃生舱门。货机则只配备较少的登机门和较大的货舱门，主货舱门的高度一般在2米以上，宽度超过3米，能够容纳集装箱进出。

记者在现场看到，集装箱经升降平台托至与飞机货舱齐平，然后被横向移进货舱，两名装运人员借助舱内底部的导轨再将集装箱顺序推入舱内。

5:30，集装箱装载完毕，主舱门关闭，快件完成上机。随后，飞机滑出机位，准备飞往北京。

“旅程”记录详见表4-73。

表4-73　“南京—北京”邮航全货机装卸时刻表

南京—北京	落地停靠	开始卸货	卸货完毕	分拣开始	分拣完毕	开始装机	结束装机	起飞	抵达
时间	2:19	2:21	2:46	3:00	4:30	4:57	5:30	5:55	7:50
用时		卸货:25分钟		分拣:90分钟		装机:33分钟		飞行:1小时55分	

据了解，目前，邮航以B757、B737机型为主的全货机机队规模达到33架，其中B757全货机11架，B737全货机22架，开通47条航线，连接国内外33个节点城市，形成覆盖大陆7个地区以及台湾台北、韩国首尔、日本大阪的航线网络，在国内300余个城市间打造了EMS邮件“限时递”以及“次日递”和“次晨达”等业务品牌，为中国邮政航空快速网提供了优质可靠的航空运力支撑。

三、高速巡航

装车

当邮航南京飞往北京的波音757落地时，南京中通开往全国各地的干线班车已经在驶出南京的高速路上。

中邮速递南京集散中心向东10多公里远的地方，是南京中通分拨中心所在地。凌晨00:00，一辆南京开往北京的干线班车正在进行最后的装车。有了自动称重扫描机和伸缩皮带机的帮助，仅需2名装卸工就可以较为轻松地在短时间内将快件装满整个车厢。记者观察到，车厢内的每寸空间都被合理利用，装载率极高。00:15，装车结束，一旁的显示屏上显示这一车共1615单（集包件）。此时，这辆班车的司机张广朋和宁小森还在车上养精蓄锐，准备到点发车。现场的装车人员告诉记者，南京和北京之间的干线班车是双向对开的，每天一班，凌晨2:00之前发车，全程大约16个小时。

发车

凌晨1:30，张广朋发动车辆，卡车驶离装车口，来到大门旁过磅，“10吨！”负责过磅的人喊了一声。随后，记者跳上车。张广朋边开车驶出大门边对记者说：“一般情况下，从南京到北京的货都轻，大概10吨左右，从北京到南京的货则较重，大概13吨左右。”

打开手机地图，设定南京中通为起点，北京中通为终点，显示全程约1100公里。“过太湖，走新扬高速，换京台高速，再走京沪高速，从东六环绕进褡裢坡。”即使不看手机，张广朋也能熟练地说出车辆的行驶路线。张广朋，山东菏泽人，1981年出生的他已经有18年驾龄，来中通已经2年多，一直在这条线上奔忙。

1982年出生的宁小森是张广朋的老乡，也是在张广朋的介绍下进入中通的。此时，在张广朋开车的几个小时里，宁小森躺在铺位上继续休息，等待4小时后的轮换。

车辆以80公里的平均时速在高速公路上疾驰，张广朋说这比去年快了一些。“以前时速75公里，时间多一个小时。今年提速后，要求15.5小时内就得到北京。”“路上这么长时间，吃饭怎么解决？”记者问。“要么发车之前自己带，要么去服务区吃，泡面和饼干不能老吃，而且最怕吃不干净的东西。”张广朋说，“刚入职中通那年，遇上雾霾，路上堵了三天三夜，车上备的东西不够吃，高速上的工作人员给我们送来面包和方便面才撑过去。”但他说这还不是最惨的一次。他早年在内蒙古拉煤时，煤车在高速上堵了两天两夜，吃的只够一天，水更是所剩无几。于是他拿着暖瓶走出高速，走了一小时才看到有住户，打了一瓶水，加上从老乡那里拿的方便面，他才撑过了这两天。有了那次经历，张广朋现在在车上常备一大桶纯净水，再加上一暖瓶热水。

张广朋告诉记者，中通在“北京—南京—北京”这条线上一共有3辆车，2辆对开，1辆休息，所以他每跑一个往返就可以休息一天，因为在南京中转时休息的时间短，他们干脆就睡在车上，这样还能多睡半个小时，回到北京分拨中心休息的这一天，他们可以在宿舍里好好睡上一觉，保养一下车，再逛逛超市。每两个月，张广朋还可以回菏泽老家一趟，看看妻子和两个儿子。“两个孩子一个上初中，一个上小学，需要妻子照顾，她平时也在早教中心做幼教的工作，父母也都在，家里需要留人照顾。”和记者谈到自己的家人，张广朋满脸笑容。他认为如今拉快递要比拉煤拉大货幸福很多，不是每一个司机都能开上快递班车，他说自己有点小幸运。“再过不久就能回家过年啦，回去十几天，和家人好好聚一下。”

抵达

按照4小时一次的频率，张广朋和宁小森要轮换两次，轮换一般都在服务区进行。

8:32，车开到山东曲阜服务区。停好车，张广朋和宁小森要先去洗漱。虽然生活中大部分时间都在车上度过，但俩人的生活作息也较为规律，早上的洗脸刷牙也不能省略。这里也是车辆从南京发出后停留时间最长的一站，洗脸刷牙后再仔细吃个早饭，要花去近半小时。接下来，车辆将不再长时间停留，一口气开到北京。

30块钱的自助，粥、米饭、菜和鸡蛋，这顿早饭俩人吃得都不少。宁小森说，在大部分情况下，他们每天只吃两顿，早上这一顿加上到北京后晚上再吃一顿，午饭就在路上凑合吃一点自己带的东西。

比张广朋小一岁的宁小森也有着13年的驾龄，之前同样是干物流拉大货。“以前开物流车的时候很羡慕开快递车的。开着进口车，干净，不操心，每月定期拿工资，不拖欠。物流车光盖篷布就得一两个小时，又脏又累，有时候还不能按时拿到工资。”宁小森说。不过自从开上快递车，他也理解了快递员的不容易。“前几天就遇到了大雾天气，高速封路不让走，要等两天才能到北京。”他说，“干了快递就没时间陪孩子，都是妻子在家看着。大儿子上初中，小女儿上小学。只有孩子暑假的时候，他们才能来北京看看我。”

在车上，除了和两位司机聊天，大部分时间都只有发动机在轰鸣。宁小森说他们不会在高速路上看手机，怕犯困就听听音乐，抽根烟，偶尔接打电话也是戴上耳机然后匆匆挂掉。他们说，高速路上不少卡车司机都看手机，十分危险。除了车上不看手机，到了北京休息时，宁小森还坚持锻炼身体，早上到附近的公园锻炼两个小时，跑步、打乒乓球，下午再锻炼两个小时。

“旅程”记录详见表4-74。

表4-74　中通“南京—北京”干线运输时刻表

南京—北京	重量	发车	宿迁服务区	曲阜服务区	东光服务区	到达	油费	过路费	餐费
时间/数据	10吨	1:30	4:44	8:32	13:04	16:50	1500元	1500元	60元
用时		全程15小时20分					花费3060元		

16:50，车回到了北京中通分拨中心，全程历时15时20分，比张广朋预计的时间提前了10分钟。卸完车，把车停到停车场，他和宁小森就能去正式地吃顿晚饭了。因为驾驶的车辆是进口车，所以在平时基本不用保养。他们俩可以享受一天的休息时光。

实际上，公路干线运输是目前快递企业最依赖的运输方式。从最初期的坐火车跑腿儿，到之后的跨省租车，再到后来开通干线班车，如今随着高速公路的普及，快递公路干线网络几乎已经覆盖了全国各大重要城市。

与其他运输方式相比，公路运输在成本方面有着不小的优势，但劣势也十分明显，其中包括运输时间较长、受天气因素影响大等。那么，与航空、高铁相比，三者之间到底有何不同，我们以此次实证的三种运输方式进行对比说明（表4-75）。

表4-75　公路、高铁、航空三种“快递”方式对比

路由：南京—北京							
运输方式	出发	到达	派送时效	载重（吨）	运费	吨运费（元）	受天气影响
公路（拖头）	2:00	18:00	次日上午	10～15	4000～5000元	260～500	大
高铁（复兴号）	2:00	5:00	当天上午	70～140	单车厢载客收入约3.5万元	<4000	小
航空（波音757）	2:00	4:00	当天上午	28	16万元（8万元/小时）	5700～6600	大

以“南京—北京”为例，假设高铁货运列车已运用、3种运输方式出发时间相同，那么从时效来看，航空和高铁的运输时长接近，能够实现当天上午派送，而汽车当天下午才能到达，只能次日上午派送。

从载重来看，较大的波音757飞机可以装载28吨货物，是一辆干线挂车的1～2倍，是一辆8车厢编组的高铁的2/5、16车厢高铁的1/5。

从出勤率来说，公路运输与航空运输受天气影响较大，高铁受天气影响较小。

从运输成本来看，通过了解和合理推测，公路运输每吨货物的成本在260～500元，航空运输每吨货物的成本在5700～6600元，而高铁每列车厢的载客收费为3.5万元，假设货运价格不超过客运价格，那么每吨的运输成本最多为4000元，如果一列车厢货运价格为1万元，那么每吨价格可低至1100元。

综合分析，在没有较强时效要求的前提下，公路运输仍然是最适合经济快递的运输方式；在高时效需求下，航空是不二之选；而高铁快递的可期待空间最大，其时效可媲美航空，而且受天气因素影响较小，如果货运价格较客运价能够有大幅度的降低，且配套设施建设成熟，其将成为公路运输和航空运输的一大“威胁”。

“时间”简史Ⅰ

——快递收、转、运、派环节的科技革命

快递的发展总是伴随着与时间的“交锋”。

当申通的快件一晚就从杭州到达上海，当中通的快递班车直接往返于北上广，当邮航的飞机腾空而起，当顺丰的快件乘上高铁贴地飞行，快递运输的时间纪录在不断被刷新。不止在运输环节，在收派末端，在转运中心，随着科技力量的融入和普及应用，快递各个环节的效率都在不断提升，单位时间内，更多的快件可以被及时处理，如此，目前日均接近2亿件的快件才能像往常一样快速到达收件人手中，速度甚至比以往更快。

越来越多的快件踩着时间节点涌来，却繁而不乱，时间都在哪里被节省了？实验室《“时间”简史》系列文章将关注快递收、转、运、派各环节科技力量的应用，为您找出“消失”的时间。

一、时间留给另一只手

20世纪90年代，当快递员腰挎BP机去收件时，快递已经与科技相遇，互相成就了彼此的传奇。21世纪初，顺丰引入国外快递企业的“巴枪”管理模式，从此带动了巴枪在我国快递业的普及。

巴枪之所以被快递企业所“宠爱”，并最终催生出一场行业革命，是因为其强大的实时数据采集传输系统，资料的同步传递实现了快件全生命周期的可视化管理，在很大程度上保证了快件的安全送达，还使客户可以随时随地追踪包裹的流向。到2011年左右，巴枪越来越频繁地应用于快递企业，企业定制巴枪也成为当时的新流行。

然而，巴枪在中国快递企业短短应用十几年之后，又有一种新的可穿戴式扫描设备向其发起了“挑战”。

集包之“道”

上海百世某网点，百世供应链仓与快件分拣场地集于一体，后仓发货，前仓分拣。5月21日，记者穿过这里的供应链仓库，在快件分拣场地上看到，一条有几百条路由的交叉带自动化分拣线旁，30多位集包员正在对从流水线上下来的快件进行集包。与更多快递网点集包时使用巴枪扫描所不同的是，这里的集包员使用的都是可穿戴式设备——左手腕佩戴智能手表，右手食指佩戴指环扫描设备，每一次集包前，先在智能手表上点击“集包”操作，然后用指环扫描同一路由下的快件，再将快件放入集包袋即可。

在整个操作过程中，可穿戴设备扫描与巴枪扫描最大的不同在亍操作员的右手被解放了出来。“没有了拿起放下巴枪的过程，右手在扫描快件的同时还不影响搬运操作，效率自然提升了。”该百世网点负责人告诉记者。

据了解，该网点使用的30多套可穿戴式扫描设备是由“浩创科技”提供的。“可穿戴设备既可以直接穿在身上，也可以整合到用户的衣服或配件上，是一种便携式设备。它不仅仅是一种硬件，还通过软件实现数据在后台的交互。”浩创科技相关负责人徐非凡告诉记者，传统巴枪占据了一只手，降低了工作效率。那么怎样才能满足全程条码扫描管理，同时又不至于降低劳动效率？解决之道就是免持扫描。而在徐非凡来，免持扫描设备要替代巴枪，必须满足几个基本条件。一是不能太重；二是在每3秒扫描一次的密集扫描操作情况下，能够连续工作12小时以上；三是广泛无线互联和高度开放，能够非常方便地和各种智能手机、平板计算机、商业POS、台式计算机、智能手表、无线中继器等进行简单可靠的无线数据交换，方便客户；四是外观结构合理，不影响正常工作。

该指环式扫描设备重量为20克，可有效降低食指的承载强度，保证长时间佩戴下的舒适度；激光扫描是目前识别一维条码最快速的方式，可最

大程度地满足快件极速扫描，其他如CCD扫描头、影像拍照扫描头等，虽然可识别电子一维码或二维码，但速度较慢而且耗能高；指环式扫描设备通过适配的基座充电，基座同时也是蓝牙接收器和喇叭，直接与后台系统相连；扫描时，用拇指触摸指环的一侧即可启动扫描（表4-76）。

表4-76 相关百世网点指环式扫描设备性能

指环式扫描器	重量	扫描方式	连接方式	充电时间	续航时间	按键方式
性能	20克	激光	蓝牙	2.5小时	18小时	触摸

分拣之“道”

一则黑人小伙在中通快递分拣场地工作的视频火了。视频中，这位外国“快递小哥”右手食指佩戴一枚大号“戒指”，拿起快件轻轻一扫，再把快件放入对应亮灯的分拣筐中，一件快件就被分拣完成。

这令很多人产生疑惑：难道分拣不用看地址吗？至少看看三段码啊。事实上，在有些地方确实不用，哪儿亮灯放哪儿。这是指环分拣设备与“亮灯”系统打出的完美配合。在中通某分拣中心，记者看到了另外一套原理相似的“指环+亮灯”分拣模式。

22:00，当记者来到该分拣场地时，正值快件进港操作时间，所有文件类快件被放置在单独划分出的一块区域中进行人工精确分拣。只见一摞摞快件源源不断地被分拣员抱进场地，他们要做的第一步就是对这些快件按照市内大区进行初分。记者发现，当快件量不大时，有两三个人负责初分；当快件量达到高峰时，则需要五六名分拣员。分拣方式简单直接——不同区域的快件摆放在不同的位置。

该操作场地负责人告诉记者，能在这一片区域工作的都是熟悉整个城市派送区域的“能人”，快件经她们的手可以准确地被分配到所属区域。记者在现场看到，有刚来不久的分拣员面前还摆着一张手抄的路由名单，边分拣边记忆。经过几个月的时间，就可培养出一名合格的分拣员。

第二步是将初分好的快件再进行细分。细分区域设置了不同的格口，对应市内每一个网点。据了解，目前有部分市内区域正在试点“指环+亮灯”的分拣模式。

试点区域共有40余个格口，每个格口上方都安装了一条灯带，灯带上设置了3盏灯，亮时分别显示红、绿、蓝3种颜色。该场地负责人告诉记者，扫描快件后，对应的格口就会亮灯，3种颜色的灯则表示可以同时有3个人进行分拣，为避免同时操作时产生混乱，以颜色来进行区分。记者在现场发现，只需要扫描、看灯、放件3个动作，试点区域内初分好的快件就可以在这里实现快速细分。经记者现场简单测算，每件快件的分拣时间为1～2秒；而在没有试点“指环+亮灯”分拣模式的区域，每件快件的分拣时间约为4～5秒（表4-77）。

表4-77 分拣环节指环操作对比人工操作

项　　目	人工操作	指环操作
是否需要看地址	是	否
是否需要记忆地址库	是	否
每件快件操作时间	4～5秒	1～2秒
操作难度	较高	低
人员上岗培训时间	3个月	无

据记者了解，该分拣中心进港文件类快件日均约2万件，目前“指环+亮灯”分拣模式只在市内部分区域的细分环节进行试点。如果将“指环+亮灯”分拣模式应用到所有区域的初分和细分环节，将在很大程度上解放分拣人员的大脑和双手，在降低工作压力和培训难度的同时，可以大幅提升分拣效率，节省操作时间。同样，在很多快递末端网点设置在分拣中心的操作前置区域，“指环+亮灯”模式也有用武之地。

在很多电商仓库，记者也发现了穿戴式扫描设备的应用场景。在小米某地的云仓，所有打包台都采用了指环扫描设备，省去了取放巴枪的环节。记者实时测算，在熟练工佩带指环操作下，一部小米手机完成打包需要8秒左右，在巴枪扫描操作下则需要 9 秒左右。徐非凡告诉记者："不管是快递集包还是电商产品出库，类似的场景下用可穿戴式设备替代巴枪，一般可节省 10% 以上的时间。可别小看这点时间，几百人同时打包，每人平均打包上千件时，就可以省出几十个小时。"

二、"看着手机把件派"

郭亮亮，一名有着 8 年以上从业经验的快递"老兵"。跟着他派件，你会发现他"看着手机就把件派了"。走在路上看手机，上下电梯看手机，等待的时候更是看着手机……派件和收件全部都在手机上完成。这和几年前快递员拿着小刀抠底单、派完件找地儿签收录单相比，可以说是发生了翻天覆地的变化。

让郭亮亮变成"手机党"的是"快递员"App，一款专门提高快递小哥收派效率的软件。其实，早在很多年前，郭亮亮就开始接触类似的软件，"快递员"App 也使用了有 4 年多。"一般情况下，使用软件能比不使用软件节省 2 个小时。"他告诉记者。

暖心的提醒

上海闵行区，地上总高 20 层的古北 1699 广场甲级办公楼，是郭亮亮每天派件的必经地。一天 120 多个要派送的快件中，有 1/3 都属于这里。

每天早上 7:30，郭亮亮会准时来到网点，这时第一批要派送的快件已经分给每位快递员。通过快递员 App，郭亮亮在出发前就能知道自己当天要派送的件量。看着手机屏幕上已十分熟悉的地址，哪个小区哪个办公楼各有多少快件他早已心中有数，接下去的派送自然是水到渠成。

在快递员送件之前和之后，给收件人发一条快件派送信息，对快递员和收件人双方都有好处。一方面，收件人如果不方便接收快件，可主动联系快递员协商派送事宜；另一方面，收件人的及时反馈，也避免了快递员不必要的付出，节省时间，提高效率。在出发前，郭亮亮会给有需求的收件人发一条短信，提醒对方做好收件的准备。

群发短信，首先需要有批量的收件人的手机号码，这时如果挨个去扫面单获取，效果势必会大打折扣。怎么才能实现短信群发呢？与快递企业后台系统对接是关键。在快递员 App 与各大快递企业后台系统实现互联互通的基础上，快递员可以对所有快件进行"全选"或自由选择来执行"短信群发"操作，App 将按照自动提取的收件人手机号码同时发出短信，短信的内容可以选择模板也可以自由输入。

随着行业向数据化、智能化转型，客户对快递的派送体验在不断刷新。郭亮亮告诉记者，在他们出发派送前，"淘系"快件后台系统都会自动向收件人推送电话或短信通知。记者也曾接到顺丰快递员派送前的提醒，目的是征询收件人最合适的收件方式，可以选择"家中有人签收"或"放入最近的智能快件箱"或"放到快递代收点"，十分人性化。

智能化派送

12:37，郭亮亮带着记者在古北 1699 大厦开始了从上往下"扫楼"式的派送（表 4-78）。

表 4-78 郭亮亮古北 1699 大厦派件"素描"

派件环境	20 层高楼，每层刷卡进入
派件	41 件
收件	2 件
用时	38 分钟
时间分配	80% 时间看手机 20% 时间拿快件
收派软件	"快递员"App
常用功能	短信、电话、签收、打印
特点	手机全程操作
签收情况	100% 实时签收

派件，对于大部分快递员来说，是每日任务的重中之重。从快件装车出发到给收件人打电话沟通收件事宜，再到最后的签单和问题件的处理，每个环节都会耗去不少的时间，如果快递员在每个派送环节都能节省一些操作和时间，其意义不言而喻。而这也正是快递员 App 设计的初衷。

郭亮亮告诉记者，几年前，为快递员所开发的软件只能发短信和打电话,现在的软件功能已经十分丰富了。在收派端,最常用的就是“签收”“接单”“打印”功能。

左手拿着手机,右手提着一袋子快件,然后从最高层一层一层送下去,每送一件快件,郭亮亮都会拿起手机扫描面单,实时签收。“以前得专门抽出一点时间来签收,现在每送完一件,下个楼的功夫点下手机就能签,方便多了。”郭亮亮说。在快递员 App 上进行签收操作时,还可以按照不同的签收方式进行标记,如本人签收、门卫签收、同事代收、前台代收、快件箱代收等。

记者想起以前跟随快递员送件最后集中签收时的场景,问他“为什么不在最后批量签收?”郭亮亮说:“实时签收可以精确地记录每一件快件的签收时间,快件送没送签没签都方便记录和记忆,避免了批量操作时遇到问题傻傻想不起来。”当然,这样边走边顺手操作也节约了不少时间。

签收是快递员派件后的规定动作,快递企业往往也会根据快递员定时签收率对其进行考核,有的企业甚至会根据快递员快件签收速度给予奖励,如对 1 小时内完成签收的快件每票增加一定比例派费,2 小时内完成签收的快件也给予一定奖励等。在这种情况下,签收的速度越快,对签收率的影响越积极。

记者发现,不管是走路、乘电梯,还是签收快件,郭亮亮几乎都在看手机。甚至每次进入大厦不同的楼层,刷门禁也要用到手机。

一般情况下,商务楼的快件比较容易派送,本人签收或者由同事、前台代收。但也会遇到无人及时签收的情况。这时,郭亮亮就会用到拨号功能。为了保护客户的隐私,现在快递企业几乎 100% 使用了电子面单,其中很大一部分是隐私面单,客户的电话有部分被隐去。“直接扫描条形码不再会跳出客户的电话号码,但只要拨打其中的后 4 位就可以接通客户电话。”这样,既保证了客户的隐私,也方便了快递员操作。

当快件派得差不多的时候,郭亮亮的手机 App 上还显示未派件的位置地图。“哪里的件没有派或者漏派了,地图上一目了然。”

“傻瓜式”收件

“小伙子,我寄个快递。”一位大爷在楼道里看到郭亮亮,忙对他说。“您把地址给我!”看到大爷还要费一些时间找地址,郭亮亮边问边先录入了寄件人的姓名和电话。很快,“找到了,就在微信里,你看。”郭亮亮迅速打开扫描头,拍下了大爷手机上的地址信息。“软件会自动识别收件人地址,不用我再录入。”郭亮亮只用了 2 分钟就完成了一次收件。

这只是郭亮亮收件的一种场景。面对第一次寄件的散客,他可以选择效率最低的手动录入,也可以拍下发件人提供的地址自动录入,还可以向发件人提供二维码由寄件人自行扫描下单。如果客户是大批量发件,则可以导入客户提供的 Excel 地址文件,快递员 App 系统会自动识别;还可以用“扫码寄”,将提前将印有二维码的“小面单”提供给客户,客户寄件时扫描“小面单”并贴在快件上交寄即可。

令记者感到不可思议的是软件中的“极速扫描”功能。在一张 A4 纸上打印 10 余个条形码,将其放置于手机镜头下,不足半秒,所有条形码信息都被手机识别。也就是说,使用该功能可实现镜头视野内所有快件的同步录入。快递员 App 产品经理黄业华给记者讲了一个真实的案例:在到件扫描环节,有的网点将两部手机悬挂在到件口上方,镜头朝下,这样,面单朝上通过这里的所有快件信息都被极速录入。用一个简单的办法,就可以实现专业的“到件狂扫”设备的功能。“起初开发出这个功能的时候,我们只是想帮助快递员更快地扫描,没想到网点脑洞大开,将其用到了到件扫描环节,而且效果还不错。”黄业华说,“唯一不足的是,‘极速扫描’会在短时间内极大地占用 CPU,一般的智能手机电池只能支撑 2 小时左右,功耗大也会对手机寿命产生影响。”不过,据记者了解,为了满足客户的需求,快宝公司正在研发用于极速扫描的专门设备,以弥补手机产品的使用不足。

三、"取个件像坐了次地铁"

一个类似地铁进出口闸机的设备,与快递末端网点能产生联系吗?答案是肯定的,而且前者还为末端网点提高了效率,降低了成本,缩短了客户的取件时间。

江苏苏州,中通横塘经贸网点,每天中午和傍晚总能见到这样的景象:30平方米的门店里,取件客户络绎不绝,他们可以借助末端智能设备——一台闸机,自助完成取件过程。

2018年9月,中通经贸网点设立,收派件区域覆盖多所大学。"网点每天的到件量约1000件,基本都是附近在校大学生的。因为离得近,他们一般都是上门来取件。"网点负责人赵红亮告诉记者。每周一至周五的12:00和17:30后是取件的高峰时间段,店里取件处都会排起长队。尽管网点快件按编号编排,但面对集中的取件人群,店里的服务人员表示压力依旧很大,客户等待时间长,取件体验也差。

赵红亮决心要改变这一现状。2018年10月,网点安装了一套自动取件智能化设备。这套设备类似地铁站口的闸机,每个门同时只能进(出)一个人。"客户自助取件很简单,先关注小程序选择'自助取件',然后在闸机上扫描快件条码,同时进行刷脸验证,然后便可通过闸机领走包裹。"赵红亮说。这台设备不但缩短了客户的取件时间,而且还帮助他节省了人工成本。

最初开设网点时,赵红亮在收派区域内租了一间二层的门市房,房租每年10万元,并招聘了5名工作人员,负责每天的客户取件工作。"每名员工月工资约5000元,对于我们这种末端网点来说压力不小。"如赵红亮所说,同样的收派区域内聚集了多家快递网点,竞争激烈,想要存活下去,他只能在差异化服务上寻找出路。有了这套设备后,他的网点受益两方面:一是在同一区域内,同行普遍采取人工服务取件方式,经贸网点却形成了服务的差异化,这有利于提升网点竞争力;二是节约网点成本,提升工作效率。网点一次性投入3万元购买了这套设备后,取件岗位上的人员减少至2人,网点营业时间也延长到22:00,方便了客户取件(表4-79)。

表4-79 智能闸机带来的改变

中通横塘经贸网点	使用前	使用后
自取件量	1000件	
配备工作人员	5名	2名
人员开支	2.5万元/月	1万元/月
客户取件时间	5分钟/件	2~3分钟/件
最晚服务时间		22:00
设备一次性投入	3万元	

智能闸机为赵红亮减轻了成本上的压力,提高了效率,更重要的是提升了客户体验。他告诉记者,以前客户取件从进门到出门需要5分钟,现在只需要两三分钟。因为通过闸机之前的流程不变,所以大部分时间节约在了最后的录入登记环节,机器替代人工,功不可没。"相比排队等待别人把快递取来给我,我更愿意自己动手,节省时间。"经常来网点取件的苏州科技大学李同学表示。

"面对像大学生这样年轻的客户人群,他们对于科技化、智能化产品接受程度高,学习能力强,也有兴趣尝试,推广起来很顺利,在一定程度上也改变了他们对快递公司的认知。"中通科技末端项目负责人马云说,"中通最重视的是赋能和落地,服务网点,帮助网点。我们在苏州这家网点的设备投入仅有三四万元,但收获了一个真正意义上的智慧末端门店,不需要专人值守,省下来的人可以做更多的事情。门店仓储资源也可以实现最大化利用。"

时间简史Ⅱ

——流水线上的短暂时光

目前,在中国快递企业的转运中心中,主要有两种类型的自动化分拣设备:一种是交叉带自动化分拣设备,一种是机器人自动化分拣设备。其中,交叉带自动化分拣设备由于其在快件高峰期到来时“弹性好”,从而被更多的快递企业所采用。但不管哪种类型,目前自动化设备已经成为快递企业分拣转运不可或缺的“臂膀”。

过去5年,自动化分拣设备在我国快递业快速普及。2017年开始,随着电子面单的使用率大幅提升,当应用条件逐渐成熟时,自动化分拣设备如雨后春笋般出现在快递企业大型转运中心。至今,“通达系”快递企业直营的转运中心自动化水平相比以往已经大幅提高。

日均2亿件快件给快递企业带来的分拣转运压力可想而知,当总部实现了“自动化”后,下一级地市级加盟商的压力“扑面而来”。调查网点情况见表4-80～表4-82。

表4-80　山东德州、淄博中通快递

网点	德州中通	淄博中通
日均进港件	2.5万件	4.5万件
日均出港件	2万件	2.5万件
是否应用自动化设备	否	是

表4-81　杭州南星桥申通快递

网点	南星桥申通
日均进港件	2万件
日均出港件	8万件
是否应用自动化设备	是

表4-82　杭州某圆通速递网点

网点	杭州某圆通网点
日均进港件	2万件
日均出港件	7万件
是否应用自动化设备	是

一、“分拣”时间

一个偶然的机会,记者得知山东德州中通准备购买交叉带自动分拣设备,为了了解快递加盟网点对自动分拣设备的真实需求,记者前往德州中通进行采访。随后,记者带着在德州中通了解到的情况和问题一路南下,在淄博、杭州已经应用自动化分拣设备的企业中寻求答案。

“自动化到了必须要上的时候”

2018年9月,因为市区限高,德州中通把转运中心搬到了市区最南边国道旁一处由闲置的停车服务区升级改造而成的电商物流园区。中通、圆通、百世、韵达4家快递企业均在其中,在4家快递企业转运中心的一侧,新的转运中心主体结构拔地而起,整体占地面积和高度上都已不是现有水准。

德州市邮政管理局段圣坤告诉记者,新的园区项目是由德州市交投集团作为第三方合作主体申请用地和投资建设,建成后快递企业有偿进驻。为提升作业效率、规范化运营、降低企业成本,园区统一建设基础配套设施,统一分拣、统一配送末端网点,为企业提供运输、分拣、配送一体化的服务。“预计承载主城区所有快递企业,每天分拣量23万件以上。”段圣坤说。

“皮带机+人”的极限

德州中通庞经理告诉记者,“自动化设备肯定是到了必须要上的时候。”目前,园区里的几家企业都倾向于购买自动化分拣设备,使用模式有两种:一种是园区购买自动化设备租给快递企业使用,一种是快递企业自行购买。虽然最终的合作方式还不确定,但“上设备”是大家的共识。

德州中通转运中心主要负责德州市区18个小承包区的快件分拣(表4-83)。每天早上5:30和7:30,约2.5万件进港件分两批从济南运到德州转运中心。以目前人工分拣的速度,最快也要8:30完成分拣,历时3小时。按此速度,加上快件拉回市内的时间和快递员再次分拣的时间，要等到近10:00快递员才能出发派送。而按照总部要求，14:00 之前所有快件要完成签收，4 个多小时的派送时间中，很多快递员都来不及吃午饭。

表 4-83 德州中通人工分拣现状

日均进港件	2.5 万件
日均出港件	2 万件
分拣方式	双层皮带机 + 人工
进港分拣人员	18 个
出港分拣人员	40 个
分拣效率	7000 件/小时
日常进港件分拣时间	3 小时左右
“双 11”进港件分拣时间	7 小时左右
派送范围	德州市区
省级转运中心	济南中通转运中心

“如果到了‘双 11’，根本没法操作。”庞经理说，2018 年“双 11”期间，德州中通每天进港件达 5 万件，就算增加了不少临时工，但单一的皮带机效率已达极限，快件没有办法在短时间内完成分拣，造成了积压。“去年 5 万件都很难消化，今年预测 8 万件，就算员工够用，操作时间也来不及。出港件还没分完，进港件又来了。”当然，除了设备问题，人工成本也增加了，德州中通下决心要改变这一局面。

向技术“要”时间

新的园区建成后，中通打算租下 5000 平方米的场地，并配置交叉带自动分拣设备。因此近一年的时间内，庞经理的主要任务就是四处考察，“去聊城、淄博等地，一共跑了四五个转运中心，去看过不同品牌的设备，看性能，看表现。一是快，提高分拣效率，二是省，节约人工成本。”他所发现的显性问题是，“比如有的网点上了自动化设备后，因为上包台容易卡住，设备一修就得停半个小时，还得人工分拣，最终导致效率没提上去，人也没有减少。”

在距离德州不远的淄博，记者了解到了自动化分拣设备目前的应用情况(表 4-84)。

表 4-84 淄博中通分拣现状

日均进港业务量	45000 件
日均出港业务量	25000 件
是否应用自动化分拣设备	是
自动化分拣设备用途	进港、出港
自动化分拣配备分拣人员数量	40 人左右
不使用自动化分拣时分拣人员数量	40 人左右
日均自动化分拣数量	55000 件
日均自动化分拣操作时间	13 小时
未使用自动化时日均分拣操作时间	16 小时
是否达到了引进自动化设备时的需求	不是非常理想

淄博中通相关负责人告诉记者，引进自动化设备后，与当初的期望有一定的差距。“不是非常理想。货物上车精准度、异常口件量、相机识别率、自动上包机以及辅线，都存在一些问题，还在改进当中。”

对于加盟制快递网点来说，投入一套交叉带自动分拣设备动辄几百万元，在生存压力日益增大的情况下，利益和风险正在博弈。不过，一套合格的设备给网点分拣效率带来的效果也显而易见。

庞经理告诉记者，德州中通准备投入一套配备 180 个“小车”的交叉带自动化分拣设备，因为“双 11”建包路由近 180 条，进港件也需要按照三段码直接分到 140 多个业务员。他表示，设备计划投入不超过 300 万元，按照分拣工每月工资 3000～3200 元计算，在节省一半人工的情况下，希望 3 年收回成本（表 4-85）。

表 4-85 德州中通自动化分拣期望值

分拣方式	自动化分拣(进出港)
分拣效率	>1.5 件/小时
现有分拣人员	60 个
节省人工	50%
进港路由	140 条
出港路由(“双 11”最大建包数)	180 条
“小车”数量	180 个
进港分拣时间	缩短 1 小时(由 8:30 提前到 7:30)
出发派送时间	提前 1 小时(由 10:00 提前到 9:00)
设备预计投入	<300 万元
年节省人工成本	3200 元×30 人×12 月=115.2 万元

这是德州中通的美好愿望，不过在记者接下来的采访当中，发现这并不容易实现。

二、自研“达人”网点

相比之下，杭州比德州更早感受到了海量快件带来的压力。为了化解压力，申通快递杭州上城区南星桥网点硬是闯出了一条“不务正业”的路子。

记者来到距离派送区域15公里的南星桥申通网点分拨中心。10多年的发展使网点的业务量突破了10万件/天，其中进港约2万件，出港约8万件。“在业务量不大的时候，网点的分拣场地还与派送区域在一起，当初就是在小区居民楼的一层操作，面积最大的时候是660平方米。”南星桥申通负责人齐任刚告诉记者。2011年，南星桥申通件量迅速增加，原来的居民楼不够用，再加上上城区物流用地紧张，南星桥申通只好从上城搬到了萧山，租用了4000平方米的场地。“当时感觉用于5年发展应该没有问题，结果在当年‘双11’就出现了场地紧张的情况。”齐任刚说，“2013年，南星桥申通又搬到了现在的场地，一共9000平方米。”

另一种“不务正业”

齐任刚对记者说的网点“不务正业”就开始于2013年。在这一年，南星桥网点先是发现快件的塑料袋包装质量参差不齐，而且在“双11”等业务旺季供货不足，于是南星桥申通开始自己成立公司生产快递包装；这一年换了新场地后，网点又迎来了新问题——“用工荒”“价格战”开始了，成本管控和人员管控怎么办？怎么降成本？南星桥网点决定研发自动化分拣设备。

隔行如隔山，况且，当时“通达系”还没有自动化设备的应用经验。在这样的情况下，2013年年底，南星桥申通和几个合作伙伴就在分拣场地的一侧开辟出一个封闭的空间，搞起了秘密研发，全力研究自动化分拣设备。“其实当初自己心里也没底。”齐任刚说。研发了不到两年，2015年，南星桥申通自主研发的自动化分拣设备成形。“当时的速度已经超过2米/秒，但接下来，我们索性把速度提升到2.7米/秒、3米/秒，都成功了。”

南星桥申通一边研发自动分拣设备，一边也在考虑支撑自动化分拣的数据录入问题。“硬件设备研发成功了，但是运转不起来，还要解决面单上的信息识别问题。”齐任刚说，“当时想到了OCR识别输入，但是识别率不高；又想到了语音输入，结果在实战中，因为受场地噪声影响，再次失败；还想到了请第三方录单，5分钱一件，但这样容易造成信息泄露、信息回传时间滞后等问题。”多条路走不通后，“让纸制面单变成电子面单”让他们眼前一亮，如果将发件客户的传统面单转变为电子面单，自动化分拣设备就有了用武之地。于是，南星桥申通再次“创业”，研发打单软件和便携式蓝牙打印机。2017年年初，打单软件和蓝牙打印机研发成果。“软件给客户免费用，蓝牙打印机也供不应求。”齐任刚对记者说。目前，在南星桥申通出港的6万件电商快件中，有2万多件都是在自研系统中产生。“而且其他很多快递企业都在用”。

上线“自动化”

南星桥申通选择自研自动化的路可以说十分艰难，但研发成功后带来的收获和喜悦是他人无法能够体会到的。“所以，一路走来，我们都是发现有什么痛点，自己去想办法解决。研发过程中，不管是软件还是硬件，都能明确知道自己和客户的需求是什么，生产出来的产品更适应企业发展。”齐任刚说。记者发现，与一般的交叉带分拣设备相比，南星桥申通自研的自动化分拣设备有以下几个特点：一是主线的运转速度非常快，达3米/秒；二是小车自身的动力装置不是电动，而是采用气动；三是小车尺寸较小，两车之间的间距也比一般的要窄。南星桥申通负责人齐任强描述了这些不同带来的改变：小车采用气动，除延长寿命以及安全用电之外，最主要的是实现了速度的突破；用气动隔板来控制相邻个格口，使得格口尺寸缩短,小车尺寸和间距进一步缩短,不但节省了30%的占地面积,工人的操作距离也缩短了30%;主线速度达3米/秒,可使极限分拣效率提升至4万件以上(表4-86)。

表4-86 杭州南星桥申通自研 SmartSort Model 1 高速交叉带分拣机(288格口)

分拣对象类型	塑料盒、纸箱、塑封袋、文件封、其他非反光材质包装
分拣对象重量	0.05~30公斤
分拣对象体积	80×40×1 ~ 580×420×480毫米
环线速度	最高达3米/秒
运行模式	智能单双车模式
半自动上包台	2500件/小时(环线速度3米/秒)
环线条码识别	高速OCR
格口宽度	500毫米
整机分拣效率	单边上包:21386件/小时(主线速度3米/秒) 双边上包:42772件/小时(主线速度3米/秒,需预先两路粗分)
设备整体占地面积	1300平方米

交叉带自动化分拣设备分拣效率影响参数

1. 供包台和人机配合的效率,静态供包和动态供包效率不一样,静态供包更高;

2. 人的熟练度;

3. 供包台本身的效率;

4. 是否粗分(按照全国各条路由快件量不同,将快件量多的路由设置在供包台附近,可缩短落袋时间);

5. 交叉带的主线运行速度;

6. 格口的设置,快件数量多的格口设计时离上包台近一些,提高设备的满载率;

7. 单位时间内供货是否稳定。

综合以上因素才能计算出一台交叉带自动分拣设备的分拣效率。

在自动化设备的使用方面,南星桥申通摸索出另外两点经验可供其他网点借鉴:一是快件在上主线分拣之前是否需要粗分?粗分的好处是能大幅度提升分拣效率,短板是需要额外投入专门的分拣机,还要配备操作人员。如果主线足够快和准确,可以不粗分,以达到减少场地和人员为目的。以南星桥申通为例,分拣设备远没有开足马力,只用了六七个供包台,卸车、上包、供包和集包一起,人员可减少50%。二是进出港件的主线运转速度要区分。以南星桥申通为例,目前进港件操作速度是2.85米/秒,出港件操作速度是3米/秒。进出港的速度不同是由电子面单的状况和快件的类型不同所决定的:出港件面单崭新,而且类型较少;进港件面单完整度较差,快件类型较为复杂。"操作进港和出港都有不一样的参数,要不断地测试,找到最合适的值。"齐任强说。

南星桥网点自动化分拣系统应用的经验告诉我们,只有对快递行业足够了解,才能对症下药,找到最适合自己的分拣设备。

三、"共享"新玩法

快递分拣自动化的实现无不伴随着场地的更新。在已经实现自动化分拣操作的圆通速递杭州某网点,也刚刚搬了新家。该网点运行起一套266

个小车的交叉带自动分拣设备,不但方便了自己,也方便了邻近网点(表4-87)。该网点负责人形象地将分拣中心称为“建包工厂”。

表4-87　圆通速递杭州某网点分拣情况

日均进港件	约2万件
日均出港件	约7万件
合作出港件	约3万件
分拣方式	交叉带自动化分拣
供包台	4个方位共22个(5+5+6+6)
格口	266个
占地面积	2500平方米
主线速度	2.1米/秒
分拣人员	70人(其中粗分人员15人)
分拣效率	最高峰27000件/小时

由于受杭州市内场地的限制,很多加盟网点没有自己的分拣场地,而是与有独立的分拣场地的网点合作。该网点负责人告诉记者,“建包工厂”的自动化分拣设备主要用于出港件的分拣,自己网点的7万件快件和周围6个小网点的出港件都在这里操作。“每件收一定的操作费用,自动分拣完再统一拉到一级分拨中心。”共享模式下,自动化分拣设备的使用率实现了进一步提升,共享的网点不但省去了投资自动化设备的压力和风险,快件的分拣效率也得到了提升。

记者发现,在该“建包工厂”,自动化设备在人机配合上做到了“极致”。为了大幅度提升分拣效率,网点采取了“粗分”模式。

何谓粗分?第一,将不同的出港路由划分为4组,每组件量相当;第二,自动化设备对应地被分为4段,每段平均66个小车,专门处理1组路由上的快件;第三,按照路由就近设置4处供包台,每个供包台专门供1组路由下的快件。“这样的划分,可使所有快件只需要跑1/4圈就能就近落袋,理论上效率可提升一倍。”该网点负责人告诉记者。

交过的“学费”

与德州中通网点一样,在投入自动化设备之前,圆通该网点也小心翼翼地经过了一番考察。但结果是,在投入之后,该网点负责人预期中的4万件/小时的分拣效率并没有达到。而且在设备刚运行的第一年里,自动化设备的分拣效率只能达到1万多件,而且错分率很高,效率没提上去,人工也没省。

该网点负责人告诉记者,2018年上半年自动化设备开始上线运行。由于场地限制,网点采购了2套设备,每套112个格口。“当初不停地在想上1套好还是2套好,最后以为2套效率应该更快,而且灵活性也更高一些。但结果由于设备方技术没跟上,2套设备的融合度较差,错分率较高,还需要人工再检查一遍。”

无奈之下,该网点在今年上半年将两处分拣场地之间的隔墙打通,2套设备合为一套。设备方也对技术进行了升级,最终的效果网点较为满意。“资源集中后,效率就提上去了,错分率降到了合理区间,建包后也有了更充足的处置场地,人工自然也节省了不少。”

该网点负责人告诉记者,场地和设备改造的投入,都是自己多交的“学费”,自己摸索出来的经验也要告诉其他同行:(1)自动化分拣技术虽然很成熟,但行业鱼龙混杂,网点在投入之前一定要选好。不然,“如果一下子倒闭了,我去找谁”,可见软件考察是重点。(2)自动化分拣设备的质保期不长,一般为1年,在投入之前,网点一定要和设备方协商好质保的时间,最好能够延长。(3)一定要有了稳定的新场地后,才能加大投入。(4)快递企业总部如果有相关政策,最好抓住,比如“总部采购设备网点租赁使用”就是不错的形式。(5)分拣数量最好达到5万件以上。(6)不是所有快件都要上自动化,机器与人工相配合,有些可以集中建包的手工建包效率更高。(7)做好5~10年收回设备成本的准备。(8)过了质保期,每个月要向设备方交付后期维保费用,“网点没有选择,只能交钱。每个月5000元是要付的”。

该网点负责人还给记者算了一笔依靠节省人

工成本 5～10 年收回设备成本的账：

当一个网点花费 480 万元投入一套自动化分拣设备后，在使用期限为 6 年、保守估计节省 20 人的情况下，2200 元的使用成本中有 1200 元可通过节省人工抵扣。节省的人工越多，抵扣的成本越多。此外，自动化设备可有效减少错分率，相应的罚款也会减少（表 4-88）。不过，其中设备运转每天产生的电费和后期的维保费用没有计入。所以，在这种情况下，“6 年不一定收回成本，但至少要做五六年规划才行”。

表 4-88 圆通杭州某网点自动化投入与回报情况

自动化设备投入总价	480 万元
使用期限	6 年
日均使用成本	2200 元（不算电费等其他费用）
节省人工	20 人（保守估计）
人工工资	15 元/小时
工作时间	4 小时/天
日均节省人工成本	1200 元
可节省的其他成本	错分率降低减少的罚款等

显然，现实情况与德州中通“3 年收回成本”的想法有些出入。

四、“不能为了自动化而自动化”

6 月，2019 世界交通运输大会在北京举办，在邮政快递论坛上，顺丰速运（集团）CTO、顺丰科技 CEO 幺宝刚展示了“一票快件背后的高科技”，提到自动化设备时他表示：“不能为了自动化而自动化。”一语背后，是行业自动化应用过程中出现的不少问题。

一份“青浦圆桌会议”快递物流技术与装备咨询中心的调研报告指出，一是从行业发展来看，快递企业从总部到网点都认识到了发展一定要依靠科技。二是当前自动化设备供应商和快递企业没有一个有效的沟通途径。对于自动化设备的了解，基本上还处于网点之间口口相传的模式。设备供应商应更多地深入快递一线了解企业真实需求。三是快递基层虽然对自动化设备有需求，但是在与设备供应商之间的技术协议签订、技术方案设计、项目验收以及后续的维护等方面明显处于被动。三是快递网点存在两种态度，一种是对技术和设备有点“迷信”，另一种是对投资自动化设备能否得到有效回报存疑。两种态度在对技术的不了解情况下偏离了应用自动化的真正方向。四是目前市场上的设备质量参差不齐。自动化设备的技术指标、验收标准、采购合同也没有非常规范的指导。后期设备性能、纠纷处理上也出现了诸多问题。

“青浦圆桌会议”快递物流技术与装备咨询中心相关负责人告诉记者，自动化设备和自动化分拣技术是快递基层非常期待也迫切需要的。但是目前行业对于自动化分拣设备的应用方案设计、设备选型、技术指标确定、设备验收以及维保期后的设备升级换代，整体维护服务非常缺乏。“非常期待有一个机构能够提供这样的一条龙专业服务。以前的快递是一个快速生长的时代，今后的快递是一个规范发展的基础行业。提升快递基层管理者的现代管理水平是这个行业发展中亟待解决的问题。”该负责人表示。

链接

那么，在自动化分拣设备应用过程中，各大快递企业总部进展如何？加盟网点有哪些需求？总部在自动化领域可以提供哪些帮助？记者采访了部分快递企业总部，情况如表 4-89 所示。

表4-89　自动化分拣设备应用情况

快递企业	总部自动化分拣设备覆盖率	面临的问题	加盟公司需求及注意事项	总部可以为加盟网点提供的帮助
百世	截至2019年5月底，风暴自动分拣系统已在全网47个转运中心启用。共投入602套DWS、3280个自动摆臂、12条直线交叉带系统。 2018年，百世快递已在全网投产22套高速自动线，覆盖21个转运中心，其中西安、宁波、济南、郑州、合肥、成都、北京等地转运中心均为双层自动化分拣设备	1. 由于百世各地转运中心的场地都为租用性质，大型的分拣线对场地要求较高，在普及过程中会因场地问题受到制约； 2. 以分拣线为例，单套分拣线价格成本相对较高，企业选择先在部分转运中心试用，再向其他区域转运中心进行推广使用； 3. 刚开始使用时因人机料的配合不足，可能导致效率不高，后期通过人员技能提升以及设备优化，可进一步提高使用效率	自动化设备有利于推进智能物流行动，全面提升效率。2017年起百世快递全网推广自动化设备，目前需求逐年增长，以自动分拣线为例，全网已有24套设备落地使用或在系统对接中，站点对自动化分拣设备的认知度也是在逐年提升	在新产品开发上，提供适用于不同应用场景的设备；产品更加多样化让更多的站点找到适合自己的产品；提供技术指导和必要设计方案支持；提供金融扶持方案，缓解站点资金压力，针对优秀站点提供零利息贷款扶持。 另外，总部还提供了相应的政策支持： 1. 大型设备如自动分拣线，如站点找供应商，总部全力配合系统对接； 2. 小型设备，公司筛选优质供应商，提供设备展示平台，站点自主与供应商进行沟通购买； 3. 小型设备，公司会根据市场情况，给予站点价格上的优惠
申通	2018年以来，申通快递在基础建设方面不断加大投入，尤其是转运中心自动化方面的投入，目前直营转运中心自动化分拣设备覆盖率已超过60%	1. 由传统的人工分拣转到自动化分拣，对管理者是一个挑战，操作员工的要求更高如何使用好自动化分拣还需要一个探索的过程； 2. 对一线操作员工操作水平要求增高，需要规范合理的操作； 3. 设备维护要求更高，需要配备专业的技术维护人员； 4. 对于支撑自动化的基础数据，网点在安全性意识上仍有待提高	网点对自动化分拣设备需求量逐年增加，现有的自动化分拣对前置数据的完整性、准确性要求很高，设备投入前应准确评估该几项条件； 设备投入前应该评估现有业务量操作情况、操作成本，以及设备投入后操作情况及操作成本等，成套的自动化设备必须有一定业务量的支撑	1. 目前申通快递总部设施部门下发了自动化设备标准规格，提供网点公司参考； 2. 总部评标小组可以帮助网点审核厂商的整体情况，包括厂家的实力、规范及标准等，降低网点投资风险； 3. 总部对于投资自动化设备的网点给予一定比例的补贴，降低网点的资金压力

时间简史Ⅲ

智能快件箱，一个神奇的箱子。

从2012年开始，它的“魔力”便吸引着各方纷至沓来。速递易从2012年开始狂飙突进，占据各地资源；富友、云柜、中集e栈等虽然起步稍晚，但也在速递易高歌猛进时默默分食末端市场；丰巢作为后起之秀，一边吸收他家经验，一边高举高打，称雄之势不可阻挡。至今，不管是因为过于激进铩羽而归，还是“声小势微”渐被吞并，整个“箱子江湖”算是平静了下来，加之最近《智能快件箱寄递服务管理办法》的出台，智能快件箱产业也转而向高质量发展阶段进发。

智能快件箱新政的出台，相关话题在网络上引起颇高的关注度。在人民网刊发的《“懒人快递”当休矣》文章下，有近千条网友评论，好不热闹。这也从另一个侧面反映出，快递服务、智能快件箱已成为人们日常生活中的重要组成部分。一组数据可以佐证：2014年，全国的智能快件箱有1.5万组，箱递率为1%；2019年6月，全国的智能快件箱已达40万组，箱递率达9%。而这样的比例在城市更高。

不管人们对智能快件箱如何评论，其带给人民生活和快递服务的便利性毋庸置疑。智能快件箱减少了快递小哥的派送时间，提高了单位派件效率，在快递业务量快速增长下很大程度上保证了“最后一公里”的稳定性。

一、小哥“生存技”之“爬楼”

如今，不管智能快件箱如何发展，“箱递”都只是“送货上门”的辅助形式。“爬楼”仍是快递小哥必备的生存技能之一。掌握之，楼层间辗转腾挪，效率自然提升；生疏之，虽有快件箱而力有不逮。记者在不同时间跟随不同快递员观察其爬楼送件，看看这些“最后一公里”的派送高手在不借助快件箱的情况下配送效率如何。

1.“老旧小区”测试报告

在末端派送过程中，快递员不可避免地会遇到不同的派件场景，有商务楼，有住宅小区。而住宅小区又分为现代公寓，老旧小区，塔式、板式电梯楼等，虽然都是住宅，但记者跟随测试下来的送件效率并不相同（表4-90）。

表4-90　老旧小区派件基本情况

地区	金融街三里河	小区性质	老旧小区为主
快递员	张青松	年龄	26岁
快递工龄	4年	派送车辆	电动三轮车
所在网点	北京圆通金融街网点	测试区域	三里河
测试时间	星期一	实际测试时间	6:30~17:52
日均派件	200件	实际完成派件	292件

张青松的配送区域覆盖周围几个小区。经计算，此次派送途中共有34个居民楼地址，基本为老旧小区，测试时没有配备智能快件箱。张青松先利用上午的时间将办公地址快件派了出去，中午则趁上班族就餐和休息的时间到居民小区送件。虽然小区件占比不多，但通过数据统计，其派送效率明显比办公地址的效率低，同样送一件快件需要花费更多时间（表4-91）。

2.“公寓式住宅”测试报告

旭辉奥都所在的北苑地区紧邻北京著名的“回天（回龙观、天逼苑）”地区，居住人口高度密集，所以该地区有不少“公寓式住宅”。旭辉奥都小区共10栋居民楼，以公寓式为主，外有底商，内有16个单元门，共有2774户居民，每天的快件数以千计（表4-92）。

表4-91　老旧小区派件效率

上楼派件量	50件
派送时间	138分钟
一分钟送件量	0.36件/分钟
一件所需时间	2.76分钟/件

表4-92　公寓式住宅派件基本情况

小区	旭辉奥都	性质	公寓式住宅
快递员	张艺哲	年龄	26岁
快递工龄	4年	派送车辆	电动三轮车
所在网点	圆通北京北苑网点	测试区域	北苑
测试时间	星期二	实际测试时间	7:15~9:40
日均派件	150~200件	实际完成派件	110件

张艺哲日常只负责旭辉奥都小区快件的收派任务。“干了将近4年,我对每楼每户的‘性格’都基本清楚。”张艺哲告诉记者,就拿智能快件箱为例,如今16个单元门大堂里都安装了智能快件箱,“5号、6号、7号楼的客户不怎么用快件箱,我最好是送上去;10号楼的都喜欢放在楼下的代收点,花钱也愿意;其他楼对快件箱的接受度就很高”。张艺哲虽然知道大家的“脾气”,但是却分析不出个所以然来。

于是记者跟着他,一会儿上楼派送,一会儿又来到智能快件箱前。那么,张艺哲的“爬楼”效率如何呢?统计结果见表4-93。

通过实时跟测,我们发现公寓式住宅的派件效率高于老旧小区。都是“爬楼”,二者的区别在哪里呢?是因为公寓楼有电梯吗?不尽然,因为快递员在老旧小区的爬楼速度也很快。真正的答案在于住宅的集中度上。公寓式结构,快递员每上一层可以派送十几户甚至几十户,而老旧小区每爬一层只能送出几户,然后下楼再重新上楼。那么,公寓式住宅与配有电梯的塔式、板式楼相比配送效率又如何呢?

3.“塔楼”“板楼”测试报告

北京鲁谷地区因为人口密度较低,住宅以塔楼和板楼居多。京汉旭城小区共15栋居民楼,主要为板楼,1梯2户,共有50多个单元,每个单元都配有电梯(表4-94)。

表4-93 公寓式住宅派件效率

上楼派件量	77件
派送时间	120分钟
一分钟送件量	0.64件/分钟
一件所需时间	1.56分钟/件

表4-94 塔楼、板楼派件基本情况

小区	京汉旭城	性质	板式、塔式
快递员	党飞鹏	年龄	31岁
快递工龄	半年	派送车辆	电动三轮车
所在网点	中通北京卢沟桥网点	测试区域	鲁谷
测试时间	星期四	实际测试时间	7:41~11:39
日均派件	170~200件	实际完成派件	129件

与张艺哲一样,党飞鹏日常也只负责京汉旭城一个小区的快件收派任务。在“1天3派”的频次下,党飞鹏每天平均派送近200件。“2/3放快件箱,1/3送到楼上。”在记者眼里,这个小区的派件难度显然比旭辉奥都要小。记者发现,京汉旭城小区内的快件箱并不是按照单元配置,而是集中在小区内两个不同的地方,这会造成住在离得较远的单元的客户不愿意到快件箱取件。“那1/3的快件就需要送到距离快件箱较远的几栋楼里。”党飞鹏对记者说。

8:58,送完快件箱的快件,党飞鹏开始上楼送件。有时派件很顺利,几分钟就能送完一个单元;有时候就像被“卡”住一样,需要花费很长时间。记者观察,有很多因素降低了他的派送效率:一是客户不在家,电话沟通需要时间;二是在高层住宅中等电梯要消耗不少时间。

通过实测数据对比,板、塔式住宅的派件效率也远低于公寓式住宅的派件效率,与老旧小区相当(表4-95)。前面提到老旧小区因为每爬一层只能送出几户,然后还得下楼再重新上楼。单元楼门多的板、塔式住宅在这一点上与老旧小区类似,虽然比老旧小区多了电梯,但是也要花费等电梯的时间,效率自然也高不起来。党飞鹏笑着对记者说:“你享受电梯的便捷,就得付出等待的时间。”

表 4-95　塔楼、板楼派件效率

上楼派件量	59 件
派送时间	161 分钟
一分钟送件量	0.37 件/分钟
一件所需时间	2.73 分钟/件

二、小哥"左膀右臂"之"智能箱"

在本次测试中，记者发现住宅小区配备智能快件箱的两种不同模式：一种是"旭辉奥都"式，在每个有居民集中出入的单元门厅处都放置一定数量的智能快件箱；一种是"京汉旭城"式，也是目前全国各地采用较多的模式，即在小区合适的位置集中设置几组智能快件箱。二者对快递员来说，哪一种效率更高呢？

1."箱递"报告——"京汉旭城"

自 2012 年智能快件箱快速发展以来，记者对此进行了多次采访报道，总结起来，不管是在北京、上海、深圳等一线城市，还是成都、杭州、常州等二三线城市，智能快件箱都采用"集中放置"的方式进驻小区。竞争并不激烈的初期，每个小区放置单一品牌的 1～2 组智能快件箱；竞争激烈的后期，很多小区有两三个品牌的数组智能快件箱。前后不同的是智能快件箱的数量在增多，但放置的区域没有变化。所以，目前大部分小区智能快件箱的布局都与京汉旭城的情况（表 4-96）相似。

表 4-96　京汉旭城智能快件箱布局

楼栋数	15 栋	单元数	50 个
智能快件箱数量	5 组	品牌	丰巢、格格货栈、京东
格口	446 个	取件方式	显示屏输入取件码
智能快件箱放置处	2 处	放置区域	靠近小区中心
最远取件距离	500 米	收费形式	向快递员收 0.25～0.45 元/件

陕西小伙儿党飞鹏半年前开始从事快递员工作，因为京汉旭城的业务量大，他只负责取派一个小区的快件。记者请他谈谈对这个小区住户的感觉，党飞鹏说"好人多"。虽然入职不到半年，但是他只在第一个月因不熟悉业务被投诉了一次，罚款 50 元，从那以后再也没有被投诉过。"有的客户告诉我下次不要放到箱子里，我都记下来了，但这样的客户只有几个。"党飞鹏说干快递比他以前开饭馆轻松很多。

带着这样的心情，党飞鹏每天都早早来到小区，"一般韵达第一个，我第二个，然后其他快递才进来"。他的第一站便是一进小区南门的智能快件箱。"箱子很多，平时足够用。"党飞鹏一边和记者聊天一边麻利地投件。他在每个品牌的箱子里都充了钱，方便使用。"哪个箱子大件便宜就投大件，哪个箱子小件便宜就投小件。""那边的箱子好用，一扫面单电话号码都不用输，速度更快，可惜每次都被先来的韵达小哥投满了。"边说着，他最快 1 分钟内投进两三个快件（表 4-97）。

表 4-97　"箱递"效率

"箱递"量	70 件
派送开始时间	7:41
派送结束时间	8:52
"箱递"时间	71 分钟
一分钟投件量	1 件/分钟
一件所需时间	1 分钟/件

单从开箱放件的环节来说，1 分钟 1 件的效率并不快，其中还包括拿件、分件、打电话、接电话、帮人取件、退出再登录系统等的时间，不过相比"爬楼"的效率快了不只是一点点。"我当然愿意都放进箱子里，但你也要考虑客户的感受。有的客户买的东西多，中通送五六件，圆通送五六件，如果我们都放箱子里，客户一天可能得去好几个箱子取件，况且他一次也拿不了那么多呀，所以这种情况我们会提前与客户沟通好""还有离得远的

客户不愿意来取,也要送上楼”“我们也要考虑投放的成本,箱子放多了,花的钱也多,我们还要在中间找平衡”……看来,“箱递”还是一门“艺术”。

就在党飞鹏派件过程中,一位老人看见快递车便走了过来,还一边嘀咕:“这快递啊,都挺好,就是有时候到了门口也不给我往上送。”听到老人的抱怨,党飞鹏立即走了过去,不好意思地向老人道歉并解释。看到老人比较理解地走开,党飞鹏苦笑着承认,自己的工作还有很多没到位的地方,应该在投箱前征询所有收件人的意见,让更多的客户满意。

尽管党飞鹏对目前的派件环境很满意,但是他也有个建议:“我最初来的时候这里只有3组快件箱,后来增加了2组。箱子虽然比以前多了,但是刚过去的‘6·18’,我一天派300多件,感觉箱子又不够用了。马上‘双11’就要来了,到时候一天可能得送四五百件,箱子只能放很少一部分,其他只能‘爬楼’了。要是每个单元下面都放一组箱子就好了。”

2.“箱递”报告——“旭辉奥都”

像北苑地区的旭辉奥都一样每个住宅单元都放置一组快件箱的小区并不多。这种模式将集中式的快件箱“化整为零”,分散到了距离客户更近的区域(表4-98)。记者向旭辉奥都物业和快递小哥张艺哲了解到,两个月前,小区才在每个单元门厅里安装了快件箱。在这之前,小区也和其他小区一样集中放置着少量的智能快件箱。负责旭辉奥都小区物业管理的永升公司相关负责人李宗文告诉记者:“正是为了更好地服务业主,我们才引进了这种模式。”

表4-98 旭辉奥都智能快件箱布局

楼栋数	10栋	单元数	16个
智能快件箱数量	16组	品牌	“小驿”
格口	224个	取件方式	手机小程序
智能快件箱放置处	16处	放置区域	一层电梯厅
最远取件距离	10米	收费形式	向快递员收0.3元/件

张艺哲7:15就来到了旭辉奥都小区东门开始派件,这比其他品牌的快递员早很多。他告诉记者,因为圆通的分拨较早,而且实现了“前置分拣”,所以给他留出了更多的派送时间。旭辉奥都的派件环境说不上比京汉旭城好,其中一个很重要的原因就是快递车辆不能进入。只见张艺哲从车后卸下平板小车,拉上要送的快件一趟趟进出小区,速度也不慢多少。

入职不到半年的党飞鹏对快件怎么送、收件人的“性格”都了如指掌,干了近4年快递的张艺哲在这一点上更不在话下。一到小区,他带着记者先把要“爬楼”的件送完,再去往智能快件箱里投件。“你说也奇怪,挨着马路的有底商的这几栋楼,客户都更愿意让我把快件送到家里。所以趁着他们还没去上班,把这几栋楼的快件先送上去。”张艺哲每天要送150件以上,大部分都要送上楼去,“你摸不准他什么时候在家什么时候不在。有的时候客户不在家,让你把快件放箱子里,但下次如果他在家你还放箱子里,他就不愿意了。所以这类快件我都一律送上去”。张艺哲有一套送件的“哲学”,说白了就是让更多的客户更满意,也让自己少一些投诉。

上楼下楼中,近两个小时过去了。“走,带你去体验一下快节奏。那快件箱,‘啪啪’地,一会就送完了。”他对记者说。从8:25开始的22分钟里,记者跟着他进出6个单元门,派出22件快件(表4-99)。记者看到,有的快件刚放进快件箱,不一会儿就被一早下来遛弯、遛狗的客户回家时顺道取走。“您觉得取件方便吗?”记者问了几位取好件上楼的客户。“方便。”大家都说。“有的时候快件箱的反应比较慢,有待改进。”有的客户提出意见。

表 4-99 “箱递”效率

“箱递”量	33 件
派送开始时间	7:15
派送结束时间	9:40(包括爬楼时间)
“箱递”时间	25 分钟
一分钟投件量	1.32 件/分钟
一件所需时间	0.75 分钟/件

“快件放快件箱里,会有顾客投诉吗?”记者问张艺哲。他说:“这个小区快件箱安装的时间不长,目前很多客户还没有对快件箱形成概念。刚开始装的时候我也是试探性地放,但是肯定会有客户让送上楼。我也是摸着客户的‘脾气’走。但是,按照规定,我们在放箱子之前必须征得客户的同意。下一步我在这方面还得改变一些。”“这个小区的派件环境还是比较复杂。”张艺哲说,“比如10号楼,楼下装了智能快件箱,但是客户还是愿意花钱去代收点去拿。下一步这些代收点不让收费了,人家肯定不愿意代收,那你说快件就不能放在快件箱吗?”对此,业内人士表示,客户长期形成的取件习惯在一两个月可能无法彻底转变,相信随着物业的宣传和投递环境的改善,时间久了,大家就会形成习惯了。

物业公司相关负责人李宗文告诉记者,规范化、安全化是未来小区发展的必然趋势,包括各家快递车辆不能在小区通行就是出于安全角度的考虑。另外,物业公司在各单元配置智能快件箱,也是物业公司丰富管理模式,让业主享受更便捷的快递服务、进一步实现物业与业主良好沟通的探索之一。“智能快件箱刚放置了两个月,客户可能还没有适应。下一步,我们将通过业主手机上安装的物业管理软件加强相关宣传,让小区快递服务更加规范和安全。”

张艺哲还建议:“希望能够有这么一种规则,客户在收件时可以明确选择是送上门或者放在箱子里,或者各种方式均可,这样我们快递员就不会这么费力不讨好了。快递企业总部也应该针对不同情况制定不同的签收制度,让快递员放心派件、开心派件。”

三、成绩单

一般情况下,“箱递”的效率高于“爬楼”送件的效率,但经过测试后得出的数据更为直观和有参考价值(表 4-100)。为使数据更加贴合实际,在测试过程中,记者还结合了快递小哥骑行、分件等综合工况。根据平均数据,“箱递”的效率几乎为“爬楼”的 3 倍,也就是每上楼送出 1 件快件,在快件箱中就能投出 3 件快件。

表 4-100 3 倍效率

效率对比	“爬楼”效率	“箱递”效率
公寓式住宅	1.56 分钟/件	0.75 分钟/件(分单元放置)
板楼、塔楼	2.73 分钟/件	1 分钟/件(集中放置)
老旧小区	2.76 分钟/件	—
平均	2.35 分钟/件	0.88 分钟/件

那么,是不是未来“箱递”会成为“最后一公里”末端派送的主渠道?业内专家告诉记者,决定快递末端投递方式的核心因素只有一个,那就是消费者。而消费者的个性化需求千变万化,没有任何一种投递方式可以称得上“万能”,关键是要让消费者满意。所以,“箱递”可以是“最后一公里”投递的辅助形式,将来随着科技的进步,也许还会成为主渠道之一。

四、“箱递”趋势

随着快递业务量不断增长以及消费者对末端投递要求的进一步提高,智能快件箱无疑将发挥更大的作用。其在末端的“角色”如何“演”下去?不妨畅想一番。

趋势 1:离用户更近。

虽然如今智能快件箱在全国有 40 万组,但是撒在中国广袤的大地上,密度仍远远不够,满足不了用户的需求。就算在智能快件箱高度集中的城市小区,因为到柜取件距离远而引发客户投诉的情况也十分常见。想要改变这种情况,让智能快件箱离用户更近也许是一个办法。比如,放在每天进出的单元楼下,甚至装到用户家门口。此方式虽然受制于场地和成本,但通过更加科学合理的运营也不是不能解决。

趋势2:配更多“箱子”。

京汉旭城小区两个月前加装了2组智能快件箱,总量达到5组400多个格口,但在今年“6·18”的小高峰下就已经出现了紧张。待到“双11”,中通一家的快件量预计为四五百件,加上其他快递品牌,整个小区快件量将达数千件。有限的格口只能满足一小部分快件的投递需求。从大幅度提升末端派送效率的角度出发,智能快件箱的需求还很大。

趋势3:投递更集约。

根据国家邮政局发布的数据,2018年,我国人均快件使用量为36件,比2017年增加了7件。人均快件使用量快速增长是未来趋势之一。本次测试中,记者发现不少快递用户同一天会收到不同快递公司的快件,有的加起来甚至超过10件。如此多的快件会被放到不同位置的多个快件箱中,给用户造成取件难题。未来,为了满足用户需求,也许就会衍生出小区内集约化派送的服务产品,所有快递公司的快件在小区进行集约化派送。

第五章 2019 年中国快递发展指数报告

2019 年，中国快递业市场规模稳步推高，市场结构不断优化，发展质效持续提升，服务能力显著增强，科技智慧加速赋能，行业朝着高质量发展的方向进一步迈进。

(一)整体情况

2019 年，中国快递发展指数[1]为 998.3，同比提高 22.6%（图 4-64）。从一级指标来看，发展规模指数为 2207.1，同比提高 25.0%，继续保持高速增长态势；服务质量指数为 166.0，同比提高24.4%，行业高质量发展特征明显；发展普及指数为 389.0，同比提高 3.1%；发展趋势指数为 83.2。

(二)分项指数

1. 发展规模指数

2019 年，发展规模指数为 2207.1，同比增长 25.0%（图 4-65）。

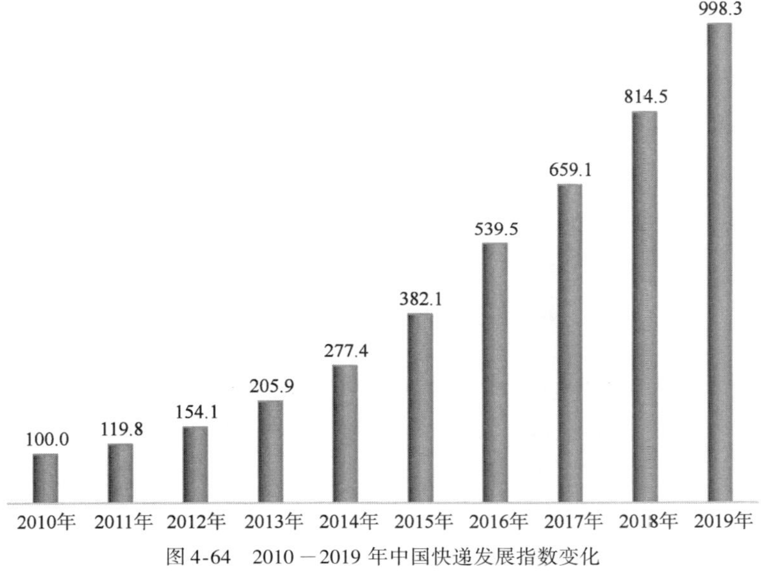

图 4-64 2010－2019 年中国快递发展指数变化

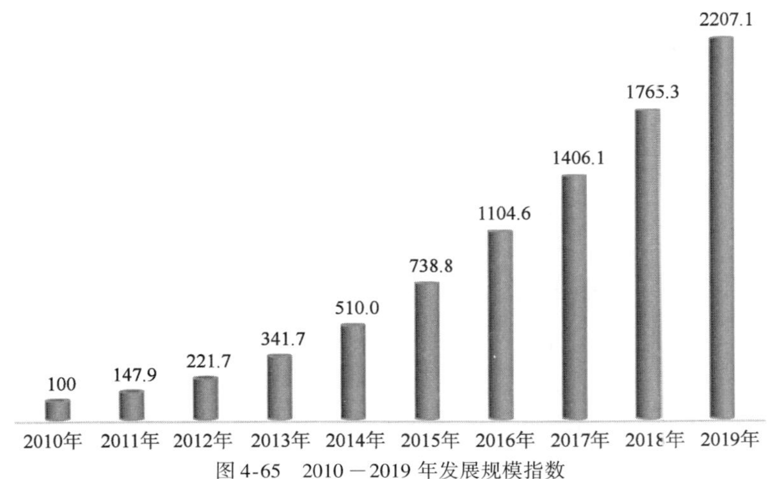

图 4-65 2010－2019 年发展规模指数

[1]以 2010 年为基期，基期值为 100。

市场规模中高速增长。2019 年，全国快递企业日均快件处理量超 1.7 亿件，同比增长 25.3%，最高日处理量达 5.4 亿件，同比增长 28.5%。全国快递业务量突破 600 亿件，累计完成 635.2 亿件，同比增长 25.3%，增量规模连续两年超过 100 亿件❶。快递业务收入累计完成 7497.8 亿元，同比增长 24.2%，量收增速差从去年的 4.8%❷进一步缩小为 1.1%，行业逐渐由规模单向驱动向规模效益双向驱动转变。与 2010 年相比，快递业务量收分别增长了 26.1 倍和 12.0 倍，业务收入年均复合增长率是同期国内生产总值增速❸的 4 倍，成为拉动经济增长的重要动力（图 4-66、图 4-67）。

畅通内外循环作用凸显。2019 年，异地快递保持强劲发展态势，业务量累计完成 510.5 亿件，同比增长 33.7%，比行业增速高 8.4 个百分点，异地业务量占比首超 80%，成为推动快递业快速发展的主要引擎，促进产品要素跨区流动、畅通国内经济循环的能力稳步提升。国际/港澳台业务量累计完成 14.4 亿件，同比增长 29.9%，连续三年增速高于行业平均水平。受贸易保护主义抬头和万国邮联终端费改革影响，增速收窄 4.1 个百分点，但与我国货物出口 5%❹的增速相比，仍保持蓬勃发展态势，在畅通全球经济循环、保障海外供应链畅通方面发挥的作用日益凸显。

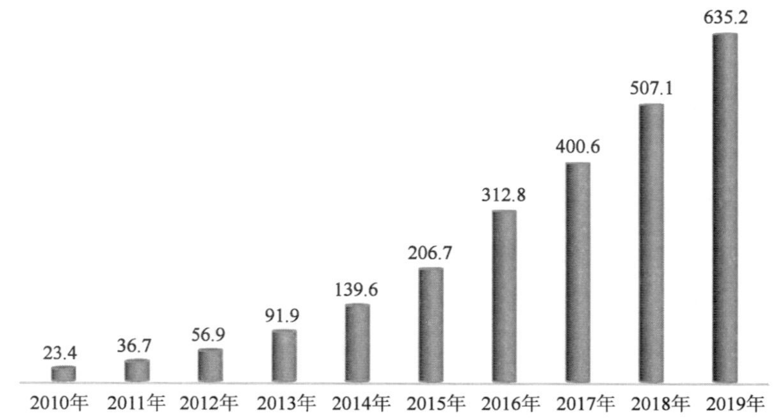

图 4-66　2010－2019 年快递业务量变动情况（单位：亿件）

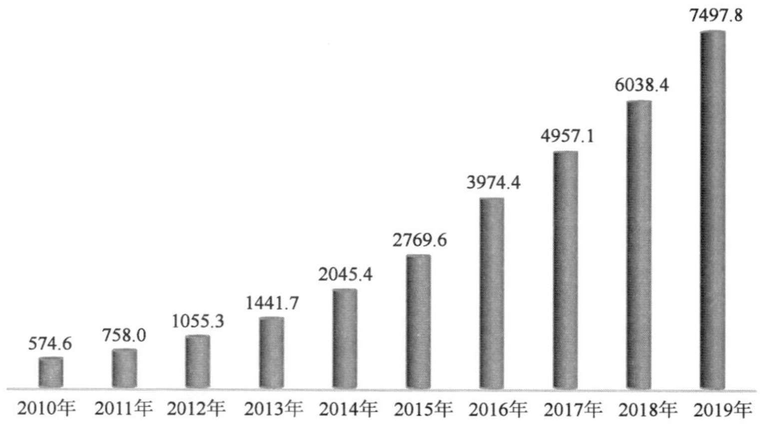

图 4-67　2010－2019 年快递业务收入变动情况（单位：亿元）

❶2018 年增量为 106.5 亿件，首次超过 100 亿件。2019 年增量为 128.1 亿件，第二年超过 100 亿件。

❷2018 年，全国快递业务量比上年增长 26.6%，快递业务收入同比增长 21.8%，量收增速差为 4.8%。

❸根据国家统计局数据计算，2010－2019 年，国内生产总值年均增速为 7.3%。

❹数据来源：2019 年国民经济和社会发展统计公报。

多极拉动效应增强。一是第三极初露端倪。2019 年广东、浙江两省继续保持强劲发展态势,业务量占全国比重从去年的 45.5% 扩大至 47.3%,优势进一步扩大。江苏省加速追赶,2019 年业务量增长 13.5 亿件,与 2018 年相比,以 8.7% 的增速差位居全国首位。2019 年广东、浙江和江苏三省快递业务量占全国业务量比重为 56.4%,增量达 83.5 亿件,对全国业务量增长贡献率高达 65.2%,两极拉动态势迎来新突破。二是中部加速崛起。2019 年,中部地区完成快递业务量 82 亿件,同比增长 31.4%,比全国增速高 6.1 个百分点。中部地区快递业务量占全国的比重达 12.9%,同比提高 0.6 个百分点。中部地区快递业务收入达 847.3 亿元,同比增长 25.0%,中部地区快递业务收入占全国的比重为 11.3%,同比提高 0.1 个百分点。其中:河南、安徽和湖南作为东部产业的主要承接地,充分发挥区位优势,快递业务量增速均超过 30%,成为中部增长亮点。

产业协同实现多赢。快递业在实现快速发展的同时,不断利用渠道网络优势,赋能相关产业,协同能力逐步提升。在协同电商方面,2019 年快递业支撑实物商品网络零售额超过 8.5 万亿元❶,占社会消费品零售总额比重首次突破五分之一,成为支撑直播电商、社交电商、生鲜电商等新业态快速壮大的重要力量。在协同现代农业方面,2019 年全国共打造快递服务现代农业"一地一品"年业务量超百万件项目 163 个,农村地区年收投快件超过 150 亿件,支撑工业品下乡和农产品进城超过 8700 亿元,有效释放农村消费潜力,促进城乡消费比缩小至 2.1:1❷。精准扶贫工作取得积极成果,"寄递 + 农村电商 + 农特产品 + 农户"产业扶贫模式取得良好成效,帮助销售农产品 3.67 亿元,近 20 万贫困人口受益。在服务制造业方面,全国制造业业务量过百万件项目 276 个,业务收入过百万元项目 510 个,年支撑制造业产值达到 1 万亿元。服务跨境电商方面,综合物流、海外仓建设加快推进,新增 23 条国际货运航线,国际快递网络和海外仓服务分别覆盖全球 60 多个和 50 多个国家及地区,支撑跨境网购零售额 4400 亿元,为跨境电商实现 38.3%❸的高速增长提供重要保障,为我国深度参与全球供应链体系构建创造良好条件。

2. 服务质量指数

2019 年,快递服务质量指数为 166.0,同比提高 24.4%(图 4-68)。

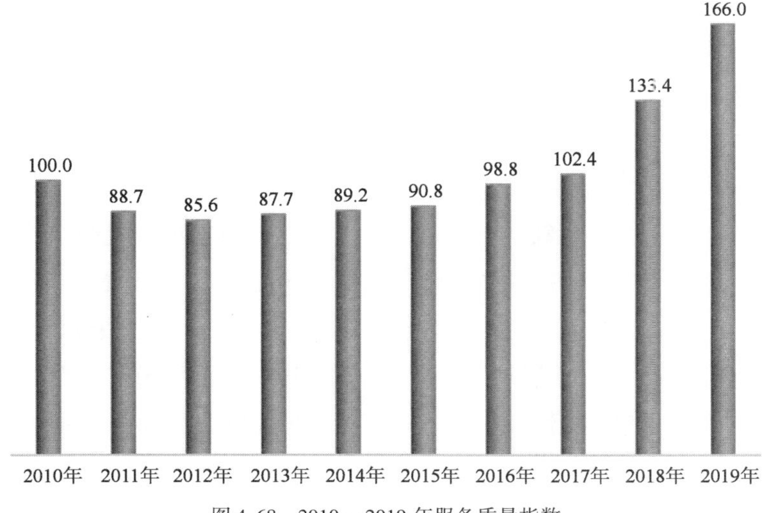

图 4-68　2010—2019 年服务质量指数

❶数据来源:2019 年国民经济和社会发展统计公报。

❷数据来源:2019 年国民经济和社会发展统计公报。

❸数据来源:http://www.scio.gov.cn/xwfbh/xwbfbh/wqfbh/42311/42414/index.htm。

服务质量改善明显。2019年快递服务满意度得分为77.3，同比提升1.4分，分值提升创三年新高❶。72小时准时率为79.26%，同比提高0.29个百分点。全国重点地区快递服务全程时限为56.2小时，同比缩短0.64小时。快递服务有效申诉率为百万分之0.5，首次降到千万级别，改善幅度达75%，居七年之首。对快递企业有效申诉处理满意率为97.3%，同比增长0.2个百分点。在行业同质化竞争日趋激烈之际，服务质量成为快递企业增强消费者黏性的重要因素。在运营能力方面，主要品牌快递企业谋求服务差异化，增加高铁极速达、医药寄、特瞬送、优递达、快递到车等服务产品，减少转运次数、增加分拨频次、应用智能客服，不断增强服务弹性，提高服务效率。在便捷性方面，273个城市出台规范快递车辆通行政策，覆盖率达81%，辽宁等12个省份实现全覆盖，末端通行难题有效改善。企业在促进服务质量提升的同时推动市场份额进一步集中。2019年快递与包裹服务品牌集中度指数CR8达82.5，同比提升1.3，优质资源加速向主要品牌快递企业集聚，为行业服务整体提升创造了良好条件。

基础能力有效提升。2019年快递业综合利用各方资源，加速推进基础设施建设，全国已建成快递物流园区402个❷。分拨中心新建、改扩建进程加快，自动化、半自动化分拣设备占比稳步提高，快递业已累计建成自动化流水线超过5000公里。自主航空运输能力提升明显，主要品牌快递企业的自主航空公司周航班量在总货运航班量中的占比接近六成。航空网络布局推进加快，新增国际货运航线23条，快递业自有货运航空公司执飞货运航线数达百余条，通航点近百个❸。公铁联运深入推进，高铁快递开通线路达451条，快递干线运输结构不断优化。

智能科技普遍应用。大数据、云计算不断增强数字化管理效能，寄递路由动态优化，流量流向精准预测，仓配一体合理布局。无人机技术日渐成熟，场景应用多元丰富，飞越天堑构筑致富通途。无人车不断测试升级，逐步从研发测试向规模化商用发展。智能仓建设加速，人机协同应对复杂场景，效率精度倍数提升。电子运单弥补行业短板，使用率高达98%，隐形面单推广迅速，有效增强信息保护，为行业基础数据数字化奠定坚实基础。北斗导航迅速普及，区块链加快应用，在快递服务安全性、优化商业模式等方面均表现出较大潜力，科技创新正助推服务质量进一步提高。

3.发展普及指数

2019年，快递发展普及指数为389.0，同比提高3.1%（图4-69）。

城市网络便捷共享。2019年城市快递服务网络加快升级，便利化、规范化、多元化、共享化特征明显。平均每万人1.4个快递网点，每百平方公里有2.1个快递网点，末端网点布局合理优化。在共享化方面，主要城市布设智能快件箱已达40.6万组，新增13.4万组，增幅接近50%，箱递率超10%，为末端投递提供有效补充。城市快递末端公共服务站达8.2万个，快递末端公共服务平台建设稳中有进，共同配送探索前行，共享多元的末端服务格局更好满足人民寄递需求。

农村网络延伸下沉。2019年快递业积极落实乡村振兴战略，大力推动"快递下乡"，尤其是加大内蒙古、广西、四川、贵州等西部省份快递乡镇网点覆盖建设。农村地区快递网点超3万个、公共取送点达6.3万个，乡镇快递网点覆盖率达96.6%，同比提升4.2个百分点，为推动农村电商发展、农村消费升级提供重要助力。精准扶贫工作取得积极成果，"寄递+农村电商+农特产品+农户"产业扶贫

❶2016年、2017年和2018年快递服务满意度得分分别为74.7分、75.7分和75.9分，2017年、2018年和2019年快递服务满意度分值提升分别为1.0分、0.2分和1.4分。

❷数据来源：马军胜同志在2020年全国邮政管理工作会议上的讲话。

❸数据来源：民航资源网。

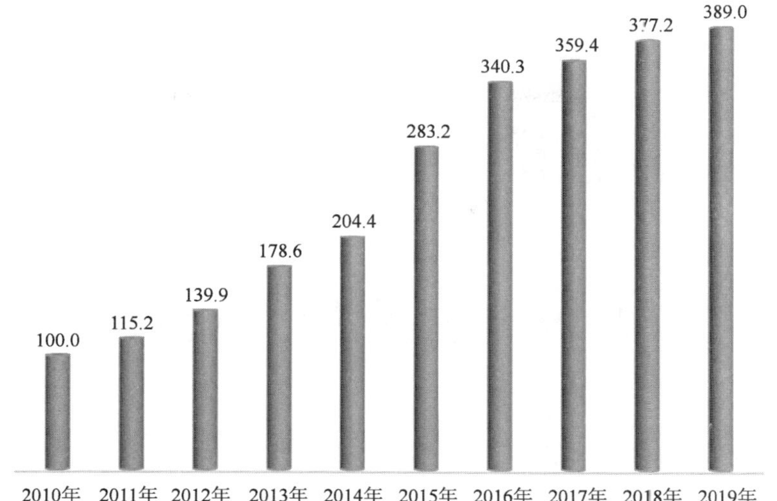

图 4-69 2010－2019 年发展普及指数

模式取得良好成效，帮助销售农产品 3.67 亿元，近 20 万贫困人口受益。

普惠发展成效明显。2019 年快递业务收入占国内生产总值的比重为 7.6‰，同比提高近 0.1 个百分点，快递业务收入增速是国内生产总值增速的 4.0 倍，对稳预期发挥重要作用。人均快件使用量达 45 件，较上年增加 9 件，增幅再创新高。快递企业日均服务 3.5 亿人次，每日平均服务增加 0.7 亿人次，相当于每天 4 个人中有 1 人在使用快递服务。生产生活对快递服务的需求度不断提升。从业人员权益保障和职业发展保障能力增强，新增社会就业 20 万人以上，对稳就业作出积极贡献。

4. 发展趋势指数

2019 年，快递发展趋势指数为 83.2。预计 2020 年快递业务量将超 740 亿件，同比增长 18%。预计 2020 年快递业务收入超过 8690 亿元，同比增长 16%。

2020 年快递业将面临更加复杂多变的内外部环境，但稳中向好的基本趋势不会改变，高质量发展步伐进一步加大。市场在资源配置中的决定作用更加凸显，行业治理体系和治理能力现代化进程持续加快。市场结构优化调整，农村网络由乡镇向村庄不断延伸，城乡普惠度大幅提升；城市群集聚效应持续显现，中西部地区与二三线城市加快追赶，区域均衡度不断改善；服务体系、业态模式更加多元，服务领域加速向专业化和价值链高端延伸，赋能实体经济能力稳步增强。生态环保成为行业共识，加速构建中转循环化、末端减量化、运输减排化、仓储节能化发展体系，提升绿色化、精细化发展能力，推动行业不断向零碳排目标迈进。智能化发展日趋加速，5G 与工业互联网将促进行业与智能制造深入融合；区块链技术将从概念构建加快向场景落地转变；大数据、云计算、人工智能通过信息互联、深度学习，不断加速行业数字化发展进程；无人技术逐渐成熟，作业效率倍数提升，“无接触式”配送将为消费者带来更加便捷安全的服务体验。快递服务海外网络进一步拓展。

行业将在全面建成小康社会和“十三五”收官之年，稳态势、提质效、优服务、惠民生、保安全，加速向高质量发展阶段迈进。

第五篇 人才建设

第一章 2019年快递人才队伍建设概述

2019年，国家邮政局以习近平新时代中国特色社会主义思想为指导，认真学习贯彻党的十九大和十九届二中、三中、四中全会精神，认真落实新时代党的组织路线，坚持党管人才原则，加快实施“人才强邮”战略，着力培养造就高素质优秀人才队伍，为邮政业高质量发展和邮政强国建设提供坚实的人才保障和智力支持。

一、进一步优化人才发展环境

一是完善人才工作领导机制。组织召开首次全国邮政行业人才工作会议，交流工作经验，系统总结邮政体制改革以来特别是党的十八大以来的行业人才工作，研究部署下一阶段主要任务。推动省级邮政管理部门全部成立人才工作领导小组，增强人才工作合力。

二是开展全国邮政行业首次评选表彰。经中央批准，会同人社部联合印发通知，开展全国邮政行业先进集体、劳动模范和先进工作者评选表彰活动，以表彰先进、弘扬正气，激励全国邮政行业广大干部职工继续奋发向上、开拓进取，不断开创邮政行业高质量发展和邮政强国建设新局面。

三是夯实人才发展基础。印发《全国邮政行业深入开展“弘扬爱国奋斗精神、建功立业新时代”活动实施方案》，团结引领服务知识分子。开展全国快递从业人员职业发展情况调查，基本掌握行业各类人才职业发展现状、问题和需求。发挥行业媒体优势，注重行业人才政策解读、经验介绍和先进典型宣传，扩大行业人才工作的影响力。办理7件涉及从业人员职业保障的人大、政协代表委员建议提案。配合人社部开展快递从业人员职业保障有关调研和政策研究制定。

二、加强专业技术人才队伍建设

一是全面推开快递工程技术人员职称评审。总结去年试点工作经验，会同人社部印发《关于做好快递工程技术人员职称评审工作有关问题的通知》，推动评审工作在全国31个省(区、市)全面开展，年底完成1万人的评审目标。

二是强化高层次人才培养和选拔推荐。制定《邮政行业科技英才推进计划管理办法》，实施邮政行业科技英才、技术能手推进计划，首批38人和35人分别入选邮政行业科技英才和技术能手推进计划。组织推荐13人申报交通运输行业高层次人才培养项目，20人申报2019年度全国交通技术能手。开展第十六届中国青年科技奖、2019年国家“万人计划”青年拔尖人才推荐选拔。举办智能时代快递物流高质量发展国家专业技术人员知识更新工程高级研修班。

三是加强专家联系服务。推荐2名交通运输部第四届部长政策咨询委员会委员、12名交通运输部第五届专家委员会邮政组委员。加强交通运输部第五届专家委员会邮政组秘书处、全国邮政职业教育教学指导委员会秘书处建设。

三、加快推进技能人才队伍建设

一是强化职业标准建设。组织开展快递员、快件处理员国家职业技能标准专家评审,协调推进两项标准颁布。启动邮(快)件安检员新工种开发。推进建立从业人员职业技能等级认定制度。

二是实施邮政行业技术能手推进计划。加强和改进优秀高技能人才培养工作,制定《邮政行业技术能手推进计划管理办法》,首批46人入选邮政行业技术能手推进计划,推动行业紧缺急需高技能人才队伍发展。组织推荐××人获评2019年度全国交通技术能手。

三是举办全国邮政行业职业技能竞赛。首次联合中国就业培训技术指导中心、中国国防邮电工会全国委员会、共青团中央青年发展部组织举办2019年中国技能大赛——第二届全国邮政行业职业技能竞赛,推动完善以企业岗位练兵为基础、省级竞赛为主体、国家级竞赛为龙头的行业职业技能竞赛体系。

四、加强管理人才队伍选拔培养

一是强化干部队伍管理。贯彻落实新时期好干部标准,严把选任用人政治关、品行关、廉洁关,营造风清气正的用人环境,选优配强各级领导班子和领导干部。坚持正面激励和从严管理相结合,注重选树先进典型,邮政管理系统获得“人民满意的公务员集体”、全国民族团结进步先进集体和先进个人各1个。

二是优化干部成长路径。积极推动干部轮岗交流,聚焦脱贫攻坚,继续选派1名处级干部到国家局定点扶贫市(县级)挂职担任副市长,开展挂职期满扶贫干部考核工作,选派新一任驻村第一书记。组织开展援藏援疆援青干部选派工作。安排6名国家局机关处级干部跨处室交流任职,选拔47名基层干部到国家局机关参与重要专项工作。

三是强化干部教育培训管理。制定《2019－2022年全国邮政管理系统干部教育培训规划》。围绕国家局重大决策部署,突出问题导向、实践导向,组织开展处级干部任职、年轻干部理想信念教育等培训。推进干部在线学习全覆盖。遴选全国邮政干部教育培训基地。

五、推进现代邮政教育发展

一是支持共建院校发展。支持共建学院和研究院发展,支持共建学院申报行业内外课题科研项目,将共建学院优秀人才纳入行业优秀人才推进计划选拔范围。截至2019年,四大邮电高校现代邮政学院在校生共计2261人。北京邮电大学现代邮政学院首届30名本科学生顺利毕业。支持指导重庆邮电大学举办“渝新欧”沿线国家邮政快递业合作高级研修班。

二是强化行业职业教育指导。召开邮政行指委年度工作会议,指导有关院校积极申报教育部项目。举办2019全国邮政职业教育快递技能大赛。做好“本科层次职业教育试点”邮政类招生专业选考科目要求指引编制工作,开展中职快递运营管理专业教学标准制订。

三是推进产教融合发展。指导年底举办第二届“强邮论坛”,推动行业人才培养供给侧和产业需求侧有机结合。总结经验,提升质量,举办第四届全国“互联网＋”快递大学生创新创业大赛,增设“互联网＋快递”精准扶贫赛项。

在取得一定成绩的同时,我们也清醒地认识到,对标新时代人才工作方向、邮政业改革发展要求,行业人才工作还存在着不少亟需解决的短板弱项,比如人才工作理念有待进一步树牢、人才队伍结构有待进一步优化、人才评价机制有待进一步完善、人才教育培养合力有待进一步加强等,需要在2020年及以后的人才工作中重点关注,持续发力,久久为功。

第二章 2019年企业人才培养特色举措

2019年是新中国成立70周年。70年来,特别是党的十八大以来,在党中央、国务院的坚强领导下,我国邮政业规模迅速扩大,在推动流通方式转型、促进消费升级、助力生产发展中发挥着越来越重要的作用,正由邮政大国向邮政强国昂首迈进。2019年以来,全行业在以习近平同志为核心的党中央坚强领导下,全面贯彻落实中央决策部署,坚持稳中求进工作总基调,坚持以供给侧结构性改革为主线,坚持新发展理念和以人民为中心的发展思想,推动邮政业高质量发展,砥砺拼搏,务实奋进,邮政业改革发展取得了新成效。这一年,各主要快递企业也结合自身特点,通过特色举措,全面推进快递人才培养。

一、中国邮政速递物流:强化人财管控,管理水平不断提升

一是构建了寄递业务财务标杆体系。对标范围覆盖综合效益、经营发展、成本费用、环节损益和中心局管理等重点内容,聚焦管控指标进行重点监控,重点环节降本成效明显。

二是人才队伍结构不断优化。组织开展中高级职称评审工作,多人申报高级经济师、工程师职称、中级工程师职称;协助组织各省参加2019年第二届全国邮政行业职业技能竞赛,36名获奖选手中中国邮政有29名员工上榜,占比81%;开展重点人才选拔工作,1名员工入选中央国家机关会计人才培养项目,上报1名员工参加百千万人才工程国家级人才评选,上报1名员工参加第十六届中国青年科技奖候选人评选。

二、顺丰速运:训战结合,搭建内部培养赋能体系

在人才培养方面,顺丰坚持“训战结合、岗位培养岗位”,搭建内部员工培养赋能体系,组织开展管理者、职能专员、基层员工、大学生、新员工类型培训,累计超过91000课时,培训人次近40万;开展多主题、多形式的劳动竞赛100余场次,各类岗位技能竞赛200余场次。

为保障员工及员工家庭利益、减轻员工家庭负担,公司除依法建立社会保险全险种缴纳制度外,还为员工提供雇主责任险附加24小时意外保障、重大疾病险等,为家属提供重大疾病险、意外险等,为员工和家属提供“顺e保百万医疗”。

公司通过互联网思维对福利管理和资源进行整合和迭代升级,为员工提供更自主、更便捷和更多元的福利体验与服务,实现员工利益的最大化。“丰享”福利平台为员工及其家人提供生活服务、健康休闲、子女教育以及家属保障等专属福利产品和亲情关怀,员工可以享受生日特权、节日特惠、惊喜活动、互动抽奖等一系列定制福利。并结合“医食住教”福利项目,实现线上、线下双通道,全方位的多元化福利体系,满足不同地域、不同群体、不同需要的福利体验。

在安全教育与宣传方面,顺丰开展了岗前安全培训、岗中安全培训、收派车辆驾驶员驾驶技能考核、危化品一二三线专项学习等多种类安全培训,提升基层员工、安全管理人员的安全管控意识与能力。2019年,顺丰共组织开展驾驶员岗位安全培训共计35期,收派员岗位9期。驾驶员岗位整体参考率达98.83%,合格率达92.42%,每期涉及培训人数共计2.5万人左右。收派员岗位整体学习率(通过率)为80%,每期涉及培训人数共计34万人左右。

除培训之外,顺丰通过丰声

公众号、“小蜜丰(收派小哥手机端学习软件)”、安全生产知识地图、小哥巴枪启动页安全提醒、安全标识标牌等途径发布各类安全信息,通过文字、图画、视频等多种表现形式提升员工安全意识,打造安全生产的氛围。

2007年顺丰成立了集团工会,现有专职工会人员197人;2012年公司建立了“顺丰工会代表制度”,现有工会代表1.5万人,活跃在公司各个层级的最小业务组织中。在关怀员工、助力业务发展、输送基层管理人才等工作中发挥着不可替代的作用。工会代表成为公司在基层工作中的好帮手和生力军,并受到员工的喜爱和管理者的认同。

三、圆通速递:培训评选多管齐下,丰富员工生活

多年来,圆通速递积极开展丰富的员工活动,包括各种文娱活动和技能竞赛活动,如“优秀员工”评选、“业务大练兵”等活动。

2019年,圆通速递培训发展部开展了各级人才领导力培训项目,客服、采购、质控等各业务职能培训、加盟公司技能培训、内训讲师培训等等共计近百场,参与人数上千人,依法保障企业员工的接受职业技能培训的权利,提高企业员工的职业技能,保障员工的职业发展空间,为创建和谐劳动关系奠定了强大的基础。

同时,为更好提升员工身心健康水平,丰富员工业余文化生活,圆通速递特别设立了文体中心,内设图书阅览室、乒乓球室、台球室、棋类活动室、健身房、综合体操室、缓压室和影视厅等活动室。

为鼓励先进,圆通速递在内部制定了《员工奖励与惩罚管理制度》《企业工会管理制度》,对各类“正能量”事迹以及对企业品牌有益的行动都将给予奖励。同时,每年年底公司还会颁发安全生产、最佳团队、百佳操作员、百佳收派员、优秀省区等多个奖项。

四、申通快递:坚持以人为本,保障员工权益

保障员工权益是企业的重要职责。申通快递坚持“以人为本”,建立健全职业发展通道,关爱员工生活,构建了和谐的劳动关系,增强员工的获得感和参与感。同时,主动担当行业责任与社会责任,通过强化落实基层员工权益保障,构建多层次行业人才培养体系,全力打造出一支德才兼备的劳动者大军,助力现代化邮政强国建设。

申通快递将“相信并尊重员工”作为核心价值观之一,严格遵守《中华人民共和国劳动法》《中华人民共和国劳动合同法》等法律法规,积极维护员工的合法权益。公司坚持公正、公平、公开的雇佣原则,反对一切以性别、民族、宗教信仰等为由的歧视行为;合理确定不同层级员工的薪酬结构,并建立薪酬动态调整的长效机制;持续优化和落实员工各项福利待遇,为员工提供食宿补贴、健康体检、劳保福利、年节礼物、团队建设、年终奖金等多项福利;加强民主管理,定期组织召开职工代表大会,充分听取员工建议并及时反馈解决。

在助力员工成长方面,申通快递紧扣战略与业务需求,明晰人才标准,致力于为员工提供释放能量的舞台,通过完善的培训体系,创新的培训内容与方式,提升各级员工专业能力与领导力,激发员工成长活力,帮助更多员工实现自身价值。

在加强员工培训方面,本着“组织能力助力商业成功”的策略,申通快递依托自身强大的专职讲师和内训师团队力量,持续完善人才培养实施体系,不断夯实提升“战略人才升级项目”“关键人才梯队建设”“大学生人才底盘建设”“线上学习平台”四大培训内容,保障培养项目具体落实。

为了打破员工职业发展瓶颈,申通快递不断升级员工职业发展通道,进一步匹配员工在公司内部的成长和发展。2019年,公司再度优化员工晋升发展

体系，以能力、绩效为导向，充分保障所有员工职业发展的公平性、客观性，有效激励员工成长的积极性，实现企业与员工共同成长。

作为一家有温度的企业，申通快递积极为员工营造舒心的工作环境和氛围，处处体现对员工的人文关怀。公司设立员工活动中心，组织开展丰富多彩的文体活动；定期组织在职员工体检，并建立健康档案；不断升级宿舍、办公区域整体环境，并在员工食堂设置标准餐和选餐供员工自主挑选；设立"申通爱心救助基金"，帮助困难员工及其家庭及时渡过难关。

五、韵达速递：构筑符合人性朴素需求的企业文化

人才是企业发展的第一宝贵财富，优秀的企业文化是凝聚员工向心力、激发创造力的黏合剂、催化剂。韵达速递深刻理解企业与员工、加盟商"共创、共赢、共享"的发展关系，构筑符合人性朴素需求的企业文化，在企业文化创建及核心人才凝聚方面，公司拥有"不可被复制的核心竞争力"。

韵达尊崇"勤俭进取"的企业文化，鼓励全体员工及加盟商辛勤劳动、厉行节俭、永续进步、取得成功。为此，公司秉承"以客户为中心，以价值为导向，以奋斗者为本"的经营理念，要求中高层管理者积极行动起来，到现场去、到网点去、到客户处去，贴近一线、发现不足、挖掘痛点，通过创新、改进、纠错，向市场与客户提供更好的产品与服务；同时，公司倡导"人人是人才，赛马不相马"的原则，通过对个人、部门、事业中心的绩效考核，将个人业绩与关键指标挂钩，实现公司发展与个人进取的双赢。

韵达构建了"以奋斗者为本"的激励机制。一是限制性股票激励计划。为增强员工主人翁精神和担当意识、保持核心人才梯队的稳定性，促使员工更加关注公司经营管理、业务发展与个人的业绩实现，本着"以奋斗者为本"的发展理念，公司率先并将持续实施限制性股票激励计划，持续调动核心管理人员及技术骨干的工作积极性和工作热情，不断推动公司未来发展战略和经营目标的实现。

二是众创合伙人机制。为丰富激励机制、构筑符合人性朴素需求的企业文化，公司以嫁接周边优势资源、推动新业务为契机，积极探索"众创合伙人机制"，让合伙人为公司、同时为自己创造价值，共襄"事业共同体"的共同梦想；同时，深化省总负责制，实行业务单元负责制。

此外，韵达还搭建了"贤人毕至"的多层次人才平台。"用一贤人，则群贤毕至"。在"一超多强"发展战略指引下，公司持续搭建覆盖快递核心主业及科技、供应链、国际等业务的、面向未来的多层次人才梯队。

在快递主业方面，为确立持久的竞争优势，公司牵手中欧国际工商学院合作开办理论与实践相结合的"迷你MBA班"，通过对战略、决策、领导力、创新、变革、企业数字化等内容的研习，提升中高层团队的经营能力、视野格局和管理思维；为促进企业人才内生孵化，公司建立各职能部门职级序列，为不同层级员工提供立体的职业规划和晋升通道，并根据学习地图、人才画像逐级培养，层层储备；针对基层员工，公司持续开展单兵作战技能竞赛，以赛代练、内生效能、外生产能。

在韵达科技方面，东普科技作为"国家高新技术企业"，以IT能力、自动化、智能化等基础科技创新为核心，并探索应用人工智能、大数据、无人车、无人机等前沿技术，重点引进本科、硕士等高科技人才，建设"事业中心—工作团—项目组"创新体系，打造荣誉激发活力、全员知识产权化的敏捷组织。

在新业务方面，公司提供新业务孵化平台，筑巢引凤、集聚人才，在快递主业引流下打造人才的"第二蓄水池"和人才成长

的“第三赛道”，通过多种形式的合伙人机制，推动二次创业，实现个人价值与企业发展共赢。2019年公司硕士以上学历职工同比增长41%，本科学历职工同比增长29%，IT、科技、工程师等专业技术人员同比增长46%，为做大做强“韵达”品牌、实现公司更大的跨越式发展提供人才保障和智力支持。

从经营团队来看，一是公司经理层十分年轻，是一支锐意蓬勃、业务精专的管理梯队，对公司战略布局、战略落地始终保持着开阔的视野，在理解新经济、开拓新业务、创新新模式、学习新理念等方面抱有开放姿态、富有非凡勇气。二是公司在各主要岗位通过内部培养和外部引进的方式，打造了一支富有经验的职业经理人队伍，他们在快递物流行业和相关专业化领域深耕多年，对行业规律、经营策略及公司管理既有涉及难点、痛点的宝贵财富，更有成功的丰富经验。三是基于务实、朴素的企业文化，公司着重营造“引得来、留得住、用得好”的干事创业氛围和舞台。自2016年以来，在有效激励、结果导向等原则的指引下，公司管理层及技术骨干始终保持着理念一致、队形稳定、持续创业的竞争状态，这是公司稳健经营、领先发展的根本力量。

六、中通快递：健全员工保障体系，保障员工基本权益

伴随着行业的高速蓬勃发展，快递从业人员数量也呈现跨越式增长，而这一群体的基本权益保障及人才发展问题，也成为全行业乃至全社会关注的焦点。秉持“人才就是硬实力”的理念，中通快递始终坚持以人为本，不断健全员工保障体系，保障员工基本权益；优化人才培养体系，畅通员工晋升通道，为员工提供广阔的职业发展空间；开展形式多样的文体活动，关心关爱员工生活，营造安全、舒适、温馨、和谐的工作氛围。

中通快递严格遵守《劳动法》《劳动合同法》等法律法规，依法与员工签订劳动合同，严格按照规定缴纳社会保险，为员工提供完善的薪酬福利体系，全面保障员工权益。截至2019年年底，中通快递总部及各直营公司员工总数达64711人，劳动合同签订率100%，五险一金缴纳覆盖率100%。

在薪酬体系方面，中通快递制定了新的宽带薪酬，实施绩效调薪方针，打破平均主义，与市场接轨，实现员工优劳优得；严格落实员工依法享有年假、婚假、产假、陪产假等规定，保障员工的休息休假权利；开展“亲情1+1”活动，每年向员工家属发放福利基金；为员工提供班车、员工宿舍等福利设施；为员工提供免费体检以及各种医疗保健咨询和服务，开展职业安全与健康教育，强化职工作业安全保障，守护员工身心健康；强化工会建设，加强员工交流，倾听员工诉求，并联合工会及共青团等各级群团组织，举办一系列关爱职工生活、帮助困难职工等暖心活动。

快递行业的高质量发展离不开专业人才的支撑。中通快递积极响应“人才强邮”战略，制定《中通快递集团人才培养制度》，立足中通学院，持续推进“一个专业、两项创新、三大结合”，建立完善的人才培养机制，打造线上线下结合的培训平台，公平、公正、公开地挖掘、开发、培养人才队伍，为中通可持续发展提供人力资本支持。此外，公司还积极组织开展员工职业技能竞赛等活动，调动员工积极性，营造良好的专业技能学习氛围，大力提升员工技能水平。

中通快递每年在全网通过推荐报名的方式，挑选出绩效或业绩前5%的不同层级、不同岗位的业务骨干、业务精英、有管理潜力者或优秀管理者，组成“百优雏鹰”班（优秀普通员工及组长）、“百优初级”班（主管级）、“百优中级”班（经理级）、“百优高级”班（高级经理至副总监级）、“百优资深”班（总经理及以上级别）、“百优飞鹰”班

（储备主管、储备经理）。以集中培训、院校理论学习、线上自学、课题调查研究、轮岗学习等方式进行强化培养。

2019年，中通快递开展了“百优千人”人才培训项目、校招储干培训、百夫长培训、省中心管理人员培训、新条例培训、季度培训等一系列人才梯队培训和业务支持培训，共计培训379951课时，覆盖223149人次。

此外，中通快递还十分注重平衡员工的工作与生活，为员工搭建篮球场、台球室、羽毛球场、乒乓球场、健身房、瑜伽馆等休闲活动场所，组织开展各类文体休闲活动，丰富员工的文化生活，促进员工全面发展，增强企业的向心力和凝聚力。2019年，中通举办了企业开放日、集体婚礼、体育比赛、读书日、“快递员的慢生活”、摄影大赛等丰富多彩的企业活动，努力实现让员工拥有“健康的身体、快乐的工作、幸福的生活”。

七、百世：赋能合作伙伴，提高一线员工归属感

网点和基层快递员为运营的支撑点，百世通过资源扶持、培训支持、快递员激励制度建立等方式赋能末端，帮助站点成长，提高网点盈利能力，提高一线员工归属感。

在扶持政策方面，百世通过金融支持、技术扶持以及运营管理来帮助站点成长。2019年“双11”高峰期，百世快递投入千万，以现金激励和补贴形式增加对站点的扶持力度。对签收等业务排名靠前的网点进行现金奖励，对偏远地区的末端困难网点给予补贴，根据临时对场地、车辆、人员等支出费用进行补贴，以保证末端网点的派送服务质量。

从2019年开始，百世快递全网针对派单量、服务质量、时效等方面表现优秀的快递员，并在星计划中完成实名认证且为菜鸟月度五星业务员给予额外奖励，发放奖励金额超百万元。百世在高温、业务高峰等特殊时期，为快递员提供送水、送温暖等关怀活动，并在日常为他们提供完善的职业培训体系和第三方保险服务。

百世遵循“人才是企业最核心竞争力”的理念，充分重视人才培养的环境下，百世大学以“成为帮助加盟商公司和员工达成发展目标的卓越企业大学”为愿景，以“成为企业人才培养加速器”为使命，针对职业发展路径不同的员工百世提供不同类型的培训课程：通用类课程、管理类课程、业务类课程等等；配备内部专职讲师和兼职讲师队伍，制定标准化培训课件，推出多元化培训课程，助力加盟商、员工成长。

八、优速快递：“管理”+“专业”，打造双通道人才发展体系

壹米滴答集团旗下优速快递品牌始终秉承以“尊重人、培养人、成就人”的核心人才理念，建立员工职业生涯发展的“管理”+“专业”双重通道。这既是为了满足员工职业生涯发展的需要，更是为了建立起稳定的富有激情和创造力的关键核心人才梯队，从而确保组织竞争力的不断提升，并促进组织的持续发展。

在管理人才发展通道方面，我们创建了为公司快速发展提供人才培养选拔的“壹米滴答伙伴成长计划”项目，项目将员工能力发展路径和职业规划相结合，针对不同层级培养对象的能力素质要求，制定不同形式、不同周期的培训计划。从纵向组织架构看，管理通道覆盖了M3级～M5级负责人储备选拔；从横向业务流程来看“经营、运营、质控、行政、财务、人力、IT”七大体系已全部覆盖。通过管理人才发展通道的不断发展和完善，为企业提供充足的后备管理人才梯队，实现个人与组织价值的共赢。

在专业人才发展方面，基于“人才成长五级模型”，搭建了专业人才认证通道，根据岗位专业能力要求、岗位可替代性强弱、专业人才需求，进行族群覆

盖,通过对岗位族群进行梳理,确定了11大族群,56个序列;同时,制定了完整的专业认证流程与标准,在员工通过专业认证后,设立于管理通道相对应的公开聘任发文环节,一方面彰显集团对专业人才地位的认可,另一方面增强了被聘任人员的荣誉感及成就感。

人才是维持企业长久经营的骨干力量,是提升企业核心竞争力的首要资源。未来,优速快递将继续发掘和培养更多能服从公司安排与调动且德才兼备的优秀人,实现各区域人岗匹配,打造一支有聚力、有纪律的团队。“积跬步才至千里之遥,汇人才而立企业之久”。伙伴文化引领我们步调一致,携手同行,保持青春和活力,持续绽放光彩。

九、德邦快递:完善管理体系,增强企业文化软实力

德邦快递始终坚持“物畅其流,人尽其才”的使命追求,秉持“以客户为中心,以进取者为本,以团队创高效,坚持自我反思”的核心价值观,不断完善人力资源管理体系,在组织建设、人才培养、企业文化等方面持续优化,为企业发展提供强有力的支撑。

德邦快递通过完善的人才管理模式、员工晋升机制和弹性薪酬体系,给予员工足够的成长空间与发展前景,增强团队的凝聚力,实现“人企”双赢;同时,强化绩效文化和创新文化,建立良性互动的团队氛围,增强企业文化软实力和发展驱动力。得益于独树一帜的人才体系,得益于独树一帜的人才体系,德邦快递在2014－2019年连续6年荣获中国年度最佳雇主。

自2006年启动校园招聘以来,德邦快递累计招聘1万余名本硕博应届毕业生,并对招聘的大学生进行重点培养。截至2019年12月,公司硕士及以上学历470人,大学本科学历1.8万人,大学本科及以上的员工比例约为13.1%,大专学历及以上的员工比例达到30.8%,人员整体素质较高,大幅提升了公司对外服务的质量。

在人员培养方面,截至2019年12月,德邦快递管理人员1.09万人,平均年龄29岁;各类资深、专家等专业人才328人,主要来源于内部专业体系培养。德邦快递还单独设立了德邦大学,专门致力于针对全体员工的内部培训。截至2019年年底,德邦大学现有专兼职讲师1716人,开设培训课程72.9万小时,共有21.5万人次参加各项培训。

从师资力量来看,讲师均是公司的各级管理者,业务能力强,管理经验丰富,认同公司文化价值观。他们是活跃在管理职能、文化传播、销售训战、快递实操培训战线的指战员,帮助员工实现自我价值,提升个人能力,在公司持续发展。在课程研发上,针对公司新员工、快递员、销售、门店新经理、后备经理、各阶管理层,开展了不同的课程研发项目,拥有自主研发课程203个,满足各个层级不同的提升需求。德邦快递每年投入经费约3000万元,用于新员工、储备培训和实战培训等的培训活动。

与此同时,德邦快递设置了管理、专业、操作多通道发展,让每个员工都有适合自己特长的更好的选择。管理类设置了Band6～BandC七个层级,专业类设置了Band5～Band10六个层级,操作类设置了Band3～Band7五个层级,保障各类型人才晋升空间。

2011年至今德邦快递陆续引入了IBM、麦肯锡、埃森哲、美世、贝恩、怡安翰威特、里斯等多家国际顶尖咨询公司,共开展项目114个,总投入数亿元。在战略规划与设计、管理体系、新业务研究、信息化建设、流程优化、成本管控等方面展开合作,为德邦快递发展保驾护航,为员工成长提供助益。

德邦快递建立了完善的层级绩效考评制度,将公司的战略指标通过绩效管理体系层层分解,落实到个人,推动公司和个人的共同发展。首先,以提升组

织绩效为导向原则，通过绩效管理帮助员工发现优缺点，找到进一步提升组织绩效的路径；其次，定量和定性考核相结合原则：要针对不同的岗位性质设定指标，既要设计定性指标又要设计定量指标；最后，"公平、公正、公开"原则：充分发挥考核的作用，"三公"原则由始至终贯穿整个绩效管理体系。采用公平公开公正的内部选拔晋升体系，为能者提供一个开放透明的竞争平台。"赛马不相马"，德邦快递拥有独特的人才培训选拔体系，以个人能力为核心，公平公开公正。

在人员激励方面，以进取者为本，以业绩为核心，通过不断优化绩效考核，使资源向绩优者倾斜，激励员工专注提升客户服务体验。德邦快递为了吸引和留住优秀人才，公司建立全面薪酬理念，为员工提供富有竞争力的薪酬待遇，吸引和保留优秀人才。通过长期激励、获取分享等方式，将每年净资产收益率超过目标值后的超额利润的一定比例作为对公司管理团队和核心员工的激励奖金，付出越多，奖金越多。

在福利待遇方面，德邦快递提供了各种相匹配的方案，目前主要包括"亲情 1+1"、中秋寄情、配车、集体婚礼、家庭全程无忧、互助基金、免费体检等。比如，"亲情 1+1"是公司员工各出一半，为员工家属"发工资"，让家属参与员工管理；集体婚礼作为德邦快递的一项特色文化，免费为绩优人才举办。自 2006 年以来，已连续举办 14 年，共计 2845 对新人共享德邦快递婚礼盛典，在广州、上海等地留下幸福的足迹；

此外，德邦快递还通过精神激励促进责任感，打造使命共同体。先锋人物荣誉奖章就是针对为公司作出了卓越贡献的各类人才，公司设计了一系列荣誉奖章，比如长青奖、业绩标杆奖、天道酬勤奖、众志成城奖等，并且邀请了北京奥运会奖牌设计师肖勇进行奖章设计，通过精神激励的持续性，引导千军万马征战沙场。

针对快递员特殊荣誉，德邦快递设置了快递员"金星勋章奖"。从 2018 年起，为提升大件快递的末端服务质量，德邦快递为在全年的服务评级中连续 12 个月均达到五星标准的快递员，颁发"金星勋章奖"，奖项包含欧元设计师设计、巴黎造币厂生产的荣誉勋章，APEC 国家领导人服装设计团队设计的荣誉礼服，以及价值 10 万的金砖，给予快递小哥极大的认可，让这些快递小哥享受到平日里少有的主角光环。

2019 年 9 月 8 日，以"一'舰'钟情，天长'递'久"为主题的 2019 德邦大件快递小哥集体婚礼邮轮启航仪式在广州举行。这艘载着 100 对新人的邮轮从广州开往日本，开启了为期 5 天的幸福之旅。游轮旅行让很多快递小哥终于有机会弥补昔日无法陪伴家人的各种遗憾，也更加提高了快递小哥们的职业认同感。

第六篇　市场主体

第一章　2019 年快递市场主体发展情况综述

2019 年,全行业坚持稳中有进的总基调,深入贯彻新发展理念,落实高质量发展要求,以供给侧结构性改革为主线,在稳增长、促改革、调结构、惠民生、防风险、保稳定各方面取得新成效。快递业务量完成 635.2 亿件,同比增长 25.3%,包裹快递量占全世界包裹快递总量的 50% 以上;快递业务收入完成 7497.8 亿元,同比增长 24.2%,占全行业业务收入总量的 78%。市场集中度继续向头部企业集中,快递和包裹服务品牌集中度指数达到 82.5,较上一年提升了 1.3 个百分点。

一、上市公司财报

顺丰控股发布的年度报告显示,2019 年,顺丰实现归属于上市公司股东的净利润 57.97 亿元,同比增长 27.23%,实现扣除非经常性损益后归属于上市公司股东的净利润 42.08 亿元,同比增长 20.79%。2019 年整体毛利率较上年度稍微下降 0.50 个百分点,扣除非经常性损益后归属于上市公司股东的净利率较上年度稍微下降 0.08 个百分点。主要影响因素在于:一方面,顺丰前期通过推动网络资源融合、科技赋能经营,有效地提升营运效能及资源使用率,同时通过有效的成本管控措施,降本增效取得阶段性成果;另一方面,顺丰推出新的经济快递产品(特惠专配)取得超预期增长,但四季度旺季高峰件量激增带来较多临时资源投入。此外,顺丰经济件、快运、同城等业务伴随市场扩张在进一步扩大网络覆盖,规模效益进入新一轮爬坡期。不过,受益于其在数字化、智能化、可视化科研投入,有效助力管理效率提高、实现组织精简,管理成本得以优化。报告显示,2019 年,顺丰速运物流业务实现件量 48.31 亿票,同比增长 25.84%,实现速运物流及供应链收入 1109.01 亿元,同比增长 23.67%,实现总营业收入1121.93 亿元,同比增长23.37%。为应对消费结构调整带来的市场需求变化,顺丰适时调整产品策略,针对特定市场及客户推出新产品,实现传统业务增量增收,2019 年下半年速运物流及供应链收入实现远高于行业平均的增长率。

中通快递发布的 2019 年财报显示,中通在 2019 年继续保持了稳健的发展态势,其营收和利润双双大幅增长。全年完成业务量 121.2 亿件,同比增长 42.2%,超出行业平均增速16.9 个百分点。市场份额较去年扩大 2.3 个百分点至 19.1%。全年营业收入 221.10 亿元,同比增长 25.6%,核心快递服务收入同比增长 27.3%。盈利水平保持了持续稳健的增长,全年净利润为 56.71 亿元,较上年同期增长 29.2%,调整后净利润较上年同期增长 26.0%,超出市场预期。在成本管控方面,中通 2019 年第四季度运输成本为 23.93 亿元,同比增长 22.9%,但单票运输成本较上年同期下降9.7%至0.65元。全年运输成本为74.66亿元，同比增长29.7%，全年单票运输成本下降8.8%至0.62元。其主要影响因素在于中通自有车队规模的扩大尤其是越来越多地使用高运力挂车、用自有车运输取代部分三方物流车、优化干线路由、提升车辆装载率等车队精细化管理的种种措施有效地提升了旺季在运输方面的成本效益。

圆通速递发布的2019年年度报告显示，2019年圆通完成业务量91.15亿件，同比增幅36.78%，高出行业平均增幅10个百分点以上，市场占有率从2018年的13.14%上升至14.35%。全年实现营业收入311.51亿元，较2018年曾正13.42%，剔除商誉减值影响，圆通实现经营性的归母净利润20.10亿元，同比增长5.55%。从2017年到2019年，圆通业务完成量增速分别为17.03%、31.61%和36.78%，市场占有率也从2017年的12.64%提高到2019年的14.35%，业务完成量增速和市场占有率持续提升，呈现出稳定向好的良好态势。市场占有率的提升，离不开圆通速递成本管控能力进一步加强。2019年，单票成本2.60元，较去年同期降低14.03%；单票运输成本同比降低13.43%，降幅明显。这与其持续创新车辆管理模式、投入自有干线运输车辆、提升车辆装载率、优化干线路由和提高自有货运航空的使用效率和运行能力密不可分。单票成本的下降，还归功于合理科学的用工模式带来的人均效能的提高以及自动化分拣系统、自动分配器等的布局，自动化、智能化水平提升带来了中心操作成本的显著下降。

2019年，韵达股份快递业务量首次突破100亿件，达到100.3亿件，同比增长43.59%，增速连续四年运行在40%以上高位。市场份额连续四年持续提升，达到15.79%，较上年提高2.02个百分点，行业排名第二位。自2019年1月1日起，韵达在全网范围内对快递服务中原有派件服务模式进行了调整，调整后向揽件端加盟商提供的快递服务内容中增加“派件服务”，相应的，在公司快递服务收入中增加了“派费收入”项目。在报告期内，受快递业务量增长和快递服务收入中增加“派费收入”项目影响，公司营业收入大幅增长，实现营业收入344.04亿元，同比增长148.30%，其中快递业务收入319.64亿元，同比增长165.92%。截至报告期末，韵达股份总资产224.97亿元，同比增长24.42%，归属上市公司股东的净资产134.63亿元，同比增长17.37%，负债率39.84%，同比提高了3.67个百分点。

申通快递发布的2019年度报告显示，2019年申通快递累计完成业务量约73.71亿件，同比增长44.19%，市场占有率达到11.60%。相比2018年的市场占有率10.08%提升了1.52个百分点。公司实现营业收入230.89亿元，较去年同期增长35.71%；实现营业利润18.53亿元，较去年同期下降31.93%；实现归属上市公司股东的净利润14.08亿元，较去年同期下降31.27%。在服务重量方面，申通快递加强与主要电商网络平台开展业务合作，通过与电商客户等高频次、大数量快递需求行业的深度合作，借助多元化的末端派送形式，丰富快递“最后一公里”的派送模式，进一步拓宽了产品类型和业务覆盖，快递揽收派送数量及品牌影响力得到了进一步提升，2019年有效申诉率低于全国快递服务有效申诉率的平均水平，达到低于0.01/百万件。

百世集团在3月12日发布了未经审计的2019年第四季度及全年业绩。数据显示，2019年百世集团总收入为351.8亿元，同比增长25.8%。其中，百世快递全年包裹量实现75.8亿件，同比增长38.5%，领先于全国行业业务量25.3%的全年同比增速。全年市场份额提高1.1个百分点至11.9%；百世快运全年货运量698万吨，较上一年增长28.5%，电商大件占总货运量的比重亦显著增长。在营收方面，百世快递、百世快运的收入分别达到

218.1亿元和52.2亿元,同比分别增长23.2%和27.3%。全年毛利润为19.6亿元,同比增长35.9%。非美国通用会计准则下(Non-GAAP)全年净亏损为1.2亿元,较去年同期减亏3.3亿元。

截至2019年底,德邦快递基本实现全国地级以上城市的全覆盖,乡镇覆盖率达到94%。其公司2019年度报告显示,2019年全年快递收入达到146.67亿元,同比增长28.69%。营业成本136.83亿元,较上年增加32.40%,毛利率6.71%,较上一年减少2.62个百分点。

二、基础设施建设

2019年,各主要寄递企业继续加大资金投入,对基础设施进行升级迭代,运输能力提升、自动化设备运用、转运中心改扩建、仓储网络建设等方面取得一系列突破。

(一)干线运输能力持续得到加强。

中国邮政集团公司寄递事业部以“八大整合”为重点,持续深化邮政、速递资源整合,融合重构寄递网运营管理体系,全面构建层次清晰、标准明确、衔接紧密、运行高效的邮政实物寄递网络。实施“千条线路大提速”工程,重点抓好1221条标快线路和1300条快包线路,89%的标快提速线路赶超主要竞争对手,96%的快包提速线路达到菜鸟标准。规范陆运邮路管理,组开510条串行、环形邮路,车辆利用效率显著提升。干线邮路整合完成,省际直达率由45.3%提高至54.2%,航空干线网络与省内陆运网络衔接水平不断提高,大幅提升寄递网综合运输能力。邮速指挥调度体系实行航空陆运统一指挥,寄递全环节集中管控、异常情况动态调度,全面发挥集团指调中心总指挥、总协调作用。

截至2019年末,顺丰自营及外包干支线车辆合计约4.3万辆,开通干、支线合计约10万条,末端收派车辆合计约9万辆(不含摩托车和电动车),使用高铁运力161条,普列运力122条,特快班列6条,陆运网络遍布全国。顺丰与国铁集团子公司中铁快运成立合资公司——中铁顺丰国际快运有限公司。合资公司成立一年以来,双方联合产品网络不断完善。截至2019年末,高铁极速达产品已覆盖63个城市,开通313个流向;高铁顺手寄产品覆盖34个城市,开通69个高铁车站和9个站外收寄点;开通北京至莫斯科的国际铁路快运业务,完成中俄铁路跨境电商运输试点工作。

资料显示,截至2019年,中通快递拥有服务网点近3万个,直接网络合作伙伴超过4800家,通达98%以上的区县和89%以上的乡镇,成为国内最广、最深、最密的民营快递网络之一。中通快递运营能力强劲,拥有超过7350辆干线运输车辆,其中超过4650辆是15~17米长的高运力车型,干线运输路有2600条。

圆通速递根据区域及业务量情况,结合信息系统不断优化路由,加大双边运输车辆占比,提升甩挂车辆、大型运输车辆的使用率,并持续投入自有运输车辆,创新、优化运输车辆管理模式,提高运输车辆使用效率。资料显示,截至2019年底,圆通快递服务网络覆盖全国31个省、自治区和直辖市,地级以上城市已基本实现全覆盖,县级以上城市覆盖率达97.33%,在全国范围拥有自营枢纽转运中心73个,自营城配中心5个;全网干线运输车辆超5500辆,其中自有干线运输车辆1555辆。

申通快递持续优化进港、出港路由标准体系,其中干线运输全部采用集约化模式,最大化降低运输成本,让利给末端网点。2019年5月正式上线的申通智慧运营平台,通过整合利用现有的企业信息化成果,以数字辅助决策、以数字驱动变革,实现运输业务及操作标准化、运输路由智能化、运输结算精细化、运输过程监控智能化、运输质量及成本考核透明化。截至2019年底,已新增线上操作节点20余个,实现干线运输节点操作规范性提升至98%以上、发车准点率提升8%、在途延误车辆数减少30%、车辆在途时效提升6%。

2019年，优速物流通过拉直线路和新增投放为线路提速。目的在于减少货物中转，提升时效标准，同时进一步降低货物破损率，为网点做业务、拓市场提供最强保障。优速方面表示，计划在2020年通过三批次以新增方式拉直线路200余条。结合快运快递货量流向，优速针对全网快运快递线路输出滚动车线融合优化方案，核心针对沿海至沿海区域融合线路进行滚动优化，达到降本增效目的。

德邦快递拥有自营收派电动车17862辆，其中四轮车占比47.3%，在自有营运车辆不断提高的同时，逐步加大外部运力整合，通过与大型车队、车货匹配平台等运力方进行合理的资源配置，对接12大运力平台、189家专线、1,066家信息部、近30万个体司机，初步形成了百万级社会化运输车辆的资源储备与调度。

（二）航空运力得到显著提升。

8月9日，中国邮政航空公司首架B737-800BCF飞机安全飞抵首都国际机场，这标志该架飞机正式入列邮航机队，并在投入中国邮政航空网航线运行。邮航先后运行“运八”、波音737-300F/400F、波音757-200F。作为邮航机队的新成员，该架B737-800F全货机投入航线运行，标志着邮航在机型更新换代迈出重要步伐，邮航也将成为国内首家运营B737-800F全货机的航空公司。B737-800BCF飞机作为当前快递物流业最先进的窄体全货机，拥有更多业载和更远航程，其开辟新市场的能力对支撑中国邮政寄递业务发展具有重大意义。

顺丰航空是国内全货机数量最多的货运航空公司，截至2019年末，共在飞58架自营全货机，租赁13架全货机，共执行航线73条。顺丰航空覆盖全国40个大中城市及金奈、哈恩、德里、胡志明等国际站点。2019年顺丰航空先后开通了中印、中欧等B747国际航线，其中，中欧航线是顺丰航空运营的首条洲际航线，标志着顺丰航空全货机业务范围由亚洲扩展到了全球，实现了自主运行的全球化目标。除全货机以外，顺丰还通过自营（与航空公司直接合作）、代理（货运代理）或三方合作（顺丰、航空公司、代理）等模式，向国内外近百家航空公司获取稳定的客机腹舱资源，航线2029条，通达国内外。

圆通速递自有机队数量已达12架，开通国际航线20条。2019年，圆通速递不断加大自有航空与机队的投入运营及国内、国际航线的深入开拓，开通了西安—曼谷、烟台—东京成田、长沙—曼谷等多条国际航线，为圆通速递参与国内外快递物流市场竞争奠定了坚实基础。同时，圆通速递充分利用自有航空提供综合物流服务，积极拓展第三方客户，开展商业化运营，进一步提高了圆通速递自有航空的利用率与运营效率，降低自有航空的运营成本，提升了自有航空的盈利能力。

截至2019年底，中通快递星联航空已在全国31个省/市各航空枢纽城市注册成立了36家星联分/子公司，与全国多个机场和航空公司签署了战略合作协议，建成覆盖全国的航空货运服务网络。星联航空自主研发航空货运平台“如来”，实现线上信息查询、业务办理一体化服务，不仅可以为客户提供全面、便捷的高价值服务，还可为机场、航空公司、航空货代企业提供高效、科学、规范运营的基础保障。

（三）转运中心、仓储等加速迭代升级。

2019年，主要寄递企业在转运中心、仓储能力建设上持续发力，加速迭代升级。中国邮政集团有限公司寄递事业部新征地1810亩，安排87个实物网建设项目，85个重点城市国内处理场地总面积约260万平方米，新增日处理能力约2650万件。

截至2019年末，顺丰在全国拥有175个不同类型的仓库（包含新夏晖冷链物流中心），面积近228万平方米，业务覆盖全国100多个重点城市，形成辐射全国的仓储服务网络,同时,推动云仓平台与顺丰仓配体系深度融合,实现资源线上线下互补,为近千家客户提供专业、高效、高质量的仓储服务。在冷链仓储方面,顺丰冷运有食品冷库23座、运营面积14.53万平方米,冷库具有先进的自动化制冷设备、智能温湿度监控系统,是集多温区管理和配送一体的综合性高标准冷库。

中通快递的分拨中心数量为91个,普及自动分拣设备265套。2019年,中通云仓在全国已在40余个核心城市中,成立24家子公司、建设80座现代化智慧仓储,仓储总面积超过120万平方米,配送范围覆盖全国3000多个城市,累计服务500多家知名电商平台和品牌商客户企业。

截至2019年底,圆通速递共拥有自营枢纽转运中心70余个,同步完成了武汉、合肥、赣州、临海、贵阳等枢纽转运中心的改造、扩建计划;完成了温州、蚌埠、漯河等枢纽转运中心的搬迁计划,不仅提升了圆通速递枢纽转运中心的现代化、智能化水平,也为进一步优化路由、提升快件时效与服务质量等奠定了坚实基础。圆通速递积极推进转运中心、城配中心布局自动化分拣系统、摆臂、上车扫描仪等先进设备,提升全网中转操作的效率和稳定性,降低对人工的依赖。到2019年底,圆通速递累计安装完成摆臂2000余台,上车扫描仪近700台,在转运中心、城配中心及建包中心共布局完成自动化分拣设备60余套。

基于科技化转型战略要求,申通快递联动多个关联部门启动数字化场站项目,通过前沿技术有机整合快递转运分拨中心人、机、车、货、场五大关键要素,实现转运分拨中心各元素数字化、信息可视化,为数据赋能决策、精细化管理奠定了坚实的基础,大幅缩短了部署时间和部署成本,有效提高了人员作业效率,改善了人员精细化管理缺失的人工不可控现象。数字化场站项目已于2019年在淮安转运中心落地试点,未来将在全国范围内实施落地。

韵达积极引入自动化仓储管理技术,通过"类目仓建设",并根据货物的物理特性,自动设定仓库管理参数;通过智能标签技术、条码等现代化技术,实现仓库环境的自动化监控、库存的自动调配和分类、自动补货、商品的包装和配送等,有效节约劳动力、提高仓储能力、减少货物损失风险;通过装备"AGV机器人+自动包装线",打造智能物流仓储系统,其中AGV机器人应用于货物的智能拣选和位移,较人工拣货效率提升136%。

截至2019年底,百世快递在全国拥有转运中心88个,全网操作面积共计213万平方米。为优化网络结构,强化网络支持能力,减少快件中转节点,2019年百世对核心场地进行了产能扩充,全年整体扩充面积18万平方米,完成了对安徽芜湖、北京京郊、北京景顺、广州番禺、黑龙江齐齐哈尔、辽宁锦州、内蒙古赤峰、浙江台州等大型转运场地的搬迁工作。另外,百世在全国100个城市分布着400个以上直营仓、加盟仓、共享仓、跨境仓及百智仓,管理面积超320万平方米,2019年履行订单量3.6亿单,同比增长44.7%。

2019年,优速快递原有分拨75个,在7月加入壹米滴答集团后,对部分分拨进行重组合并,分拨数增加了10个,达到了85个。各分拨以平稳运行保障快递品质,集团运营本部在2019年10月14日组织了为期两天的全国快递省区运营负责人、分拨负责人"快递分拨旺季运营保障培训会",有力地指导和凝聚了军心,圆满完成2019年快递"双11"的高峰运作,操作量突破了历史高峰;在集团运营本部的统一部署下,快递分拨将运营重点侧重于分拨的品质提升、安全保障、成本管控上精细优化,确保优速快递稳健。

三、业务发展概况

2019年,主要寄递企业围绕快递主业,继续向产业链上下游拓展延伸,业务结构日趋多元化,向综合物流服务供应商转型的步伐加快,行业服务水平和服务能力持续得到提升，在服务经济社会发展和百姓民生中的基础性作用得到进一步突显。

(一)夯实快递主业

中国邮政集团有限公司寄递事业部深化拓展寄递业务改革，遵循“三大规律”，以行业最优为标杆，加快推动组织结构、管控模式、业务流程、激励机制不断优化。生产经营型总部建设迈出新步伐，各级寄递事业部综合职能横向一体化、生产经营纵向专业化改革快速有序推进。收分运投、航陆一体作业流程发生颠覆性变革。经营端机制创新取得新突破，基层发展面貌呈现新气象。重点市场拓展成效初显：政务市场积极推进与最高法立案庭、执行局的总对总战略合作，法院项目收入同比增长30.2%；公安交管12123线上订单量同比增长4.6倍；电商市场持续推进销号开发，业务量同比增长40.8%；国际市场实现主流跨境电商平台全覆盖，率先成为亚马逊“购买配送”中国地区物流合作伙伴，联合菜鸟、俄罗斯邮政推出俄向跟踪小包新产品。物流市场六大重点行业收入占比86.8%，行业聚焦度进一步提升。

2019年，中国邮政集团有限公司寄递事业部强化总对总源头获客，与华为、格力、浪潮等32个客户实现集团战略合作，31省业务合作覆盖率达97.1%。中邮云仓服务规模与影响力名列前茅，在全国31省、130余城市、近千个县均设有仓储中心，为近千个高科技、汽车、服装、快消食品、酒水行业领先品牌商提供供应链一体化服务，医药行业创新上线联动营销客户，业务规模快速增长，重点行业客户占比进一步提升。发挥邮政协同整体竞争优势，实现汽车产业链板块联动，速银通产品成功落地，积极响应国家“军民融合”号召，服务各军种的演练和后勤保障。在“双11”期间，寄递事业部依托七大区域仓储优势，仓配一体化协同保障服务质量，提升客户用邮体验；加大投资建设，优化工艺流程，推行“矩阵+小件”处理模式，加快邮件处理时限。

申通快递立足快递主业，依托覆盖广泛、体系完善的寄递网络，为客户提供高效满意的寄递服务。标准快递业务产品包括汽运时效产品和航空时效产品两类，其中汽运时效产品包括限时递、当日递、次晨递、24小时件、48小时件；航空时效产品包括重点城市间24小时件。增值服务产品包括承诺达、代收货款、上门取/送件、代取件、到付件、保价、签单返款等。

韵达快递发布新产品“优递达”，产品属性包括派前电联、极速上门、门店发货、逆向物流等，积极响应多维客户对新服务、新时效、新体验的更多期待，为核心大客户、大平台、大电商等提供差异化服务。同时，公司以特色农产品为对象，推进生鲜限时寄递产品“韵鲜达”项目，并积极开发可享受政策红利、带来高毛利的绿色货品和客户，并积极协调全网资源特别标识、优先操作。

针对大件市场“不想送、不能送、不好送”的行业痛点，德邦快递紧抓机遇，于2018年切入了大件快递这一新的行业品类，聚焦于3～60kg的市场，100%免费上楼。凭借在大件物流领域多年积累的行业优势，该产品一经推出，就获得了市场的良好反响和客户的广泛认可。得益于大件快递业务的强劲发展，德邦快递收入在2018年首破100亿，德邦快递仅用5年时间，便实现了快递业务从0到100亿的突破，成为大件快递细分市场的头部企业。

优速快递针对时令产品，如台州的涌泉蜜橘、赣南的脐橙、陕西的猕猴桃、山东烟台苹果、安徽砀山梨等，协同总部各业务部门成立时令产品项目组，打通时令产品需求管理通道、制定时令产品保障和激励方案、开通时令产品售后理赔通道、联合品牌进行产品卖点宣传、优化系统操作功能等；而现场操作上，省区协助网点一同深入果园设置揽收点，实现果园直采直发，同时使用时令产品专门系统开单、粘贴时令产品标签，便利分拨中转派送各环节对产品进行识别，全程绿色通道保障，不上流水线、独立分拣、优先中转、优先派送、快速理赔。

（二）新业务持续发力

为应对消费结构调整带来的市场需求变化，顺丰速运适时调整产品策略，针对特定市场及客户推出新产品，实现传统业务增量增收，2019年下半年速运物流及供应链收入实现远高于行业平均的增长速度。同时，快运、冷运及医药、国际、同城、供应链等新业务持续发力，新业务收入占整体营业收入的比重进一步上升至25.63%，新业务收入的快速增长拉动公司整体营业收入增长。

2018年8月及2019年2月，顺丰分别完成对美国夏晖在中国内地、中国香港和中国澳门地区冷链业务以及德国邮政敦豪集团在中国内地、中国香港和中国澳门地区供应链业务的收购，建立顺丰新夏晖及顺丰DHL业务。新夏晖及顺丰DHL业务与顺丰业务的融合和协同初见成效。

2019年3月，顺丰同城实现独立公司化运作，正式发布了“顺丰同城急送”品牌，树立中立、可信赖的优质品牌形象。同时，打造全面覆盖B端的全链路解决方案的同城定制化产品、品牌产品、时效产品、经济产品和C端的帮我送、帮我买、帮我办的全产品体系，聚焦网格化商圈内多品类、多时段、多距离订单合理分布，形成多元健康的业务组合，助力配送效能提升。在运力和服务上，已完成全国200+城市的弹性网络全覆盖，实现独有的混合运力融合调度。驻店运力、商圈运力、全城运力等多种运力有效融合，高效运营。在服务质量上，时效达成、客户满意持续保持行业领先，为客户提供始终如一的高质量稳定交付。尤其在商务场景中，除了优质和稳定的营运质量外，通过更规范的发票提供及结算服务和更放心无忧的售后保障，成为商务客户的急送首选。在科技能力上，以自有的智能融合调度系统为核心，依托领先的“业务中台+配送中台+运力中台”系统架构，打造即时物流全链路智能解决方案。

同年7月顺丰快运品牌正式发布，与2018年起网的“顺心捷达”形成了快运双品牌，顺丰快运定位高时效、高质量及高服务体验的中高端市场，“顺心捷达”专注全网型中端快运市场，双品牌在运营模式及产品定位上互补。顺丰快运业务2019年全年业务收入突破百亿元，在中高端市场增速保持绝对领先，市场占有率持续提升。多年的深耕和培育，顺丰快运业务积累了大批不同行业的龙头客户，这些优质客户自身经营稳定，抗风险能力强，多元化的服务需求为顺丰快运的高速发展提供了良好的客户资源保障与持续动力。

截至2019年底，中通快运在全国开设网点超8000家（含二级），分拨中心61个，集配站78个，自有运输车辆达4000台，线路总计1325条，日运力可达31800余吨。2019年9月23日，中通快运开通澳门件派送业务，标志着除台湾地区外，中通快运实现国内业务全开通。中通云仓在全国已在40余个核心城市中，成立24家子公司、建设80座现代化智慧仓储，仓储总面积超过120万平方米，配送范围覆盖全国3000多个城市，累计服务500多家知名电商平台和品牌商客户企业。

韵达仓配一体化供应链服务依托公司通达国内外的物流服务网络，致力于构建以科技驱动、资源共享、对外开放的服务平台，将仓储、运输、配送、数据服务等业务互联互通，打造“万仓联盟”，为客户提供专业、一体化的快递物流供应链管理模式和最佳解决方案。目前，公司已建立起OMS、WMS、TMS、CRM、ERP、物流轨迹等12个信息处理平台和信息系统，持续投入了AGV机器人、智能打包流水线、仓储自动称重快手设备、仓储交叉带分拣设备等众多智能化仓储设备；整合仓储、运输、快递、快运、城配等资源，为客户提供了B2C仓配一体、B2B仓配一体、跨境电商、联合仓、传统运输、仓店调拨、O2O、SAAS、行业供应链等产品和服务。

（三）加速出海步伐

在国际业务方面，2019年顺丰国际实现全美自营进口清关，并取得了报关代理资质和快递操作中心资质，11月顺丰日本JV公司获取了清关牌照，优质的资源保障了顺丰国际向客户提供快捷无忧的服务能力。顺丰航空拥有5条自营国际航线，包括2019年新增的“无锡—哈恩”及“深圳—德里”B747航线等。此外，2019年8月顺丰还联合Flexport推出端到端的国际海运服务，产品覆盖中国内地和香港运往至美国全境和欧洲主要港口，共同助力中国企业进一步拓展海外市场。

中通国际布局东南亚、中东、欧美、日韩、澳大利亚等国家和地区，开展保税、直邮、仓配一体、专线等多元化、多品类的跨境物流业务，并在柬埔寨、越南、老挝、缅甸等国家建设海外网络，落地业务直接服务于当地市场和百姓，实现了属地化管理。此外，为进一步推动海外网络化布局，中通国际在实现业务多样化、产品国际化、服务全球化等方面取得了初步成效，并依据B2B、B2C、C2C、BBC等多层次市场需求，建立了“多渠道，多元化、全方位”服务模式。

圆通速递持续加强国内与国际的融合，逐步实现管理团队、信息系统及业务资源等的互补与协同；通过自建自营、战略合作等方式积极拓展全球快递服务网络覆盖；同时融合圆通速递国际的产品及客户资源，加强市场营销团队及体系建设，多渠道推广国际快递产品与服务，提高品牌认知度，并全面拓展跨境电商平台，助力中国电商、携手中国制造走出去。除此之外，圆通国际综合各项优势资源，全力打造、优化中国—韩国、中国—越南、中国大陆—中国台湾、中国—阿联酋、中国—欧洲等跨境物流链路，为海内外电商平台及广大消费者提供清关便捷、时效优良、服务稳定的跨境物流产品与服务。目前，圆通境外业务在美国、加拿大、荷兰、日本和中国香港等18个国家和地区设立了50多个自建站点，开通了2000多条境外航线，业务范围覆盖150多个国家和地区，并在多个国家和地区建立了自有关务团队。

韵达国际与欧洲邮政达成了战略合作关系，不仅在集货仓方面双方达成紧密合作，更互为当地最后一公里的有力派送伙伴；完成了山东威海保税仓的签约与启用、香港保税仓以及广州出口集货仓的全面准备工作，实现了真正意义上的自有保税仓的重要跨越；云南磨憨进口快件中心和福建平潭海运出口操作中心的启用，标志着韵达向海外市场的拓展已进入快车道。

截至2019年底，百世已在美国、泰国、日本、英国、法国、韩国、马来西亚、中国香港、意大利、印度、沙特阿拉伯、越南、卡塔尔、新西兰、科威特、老挝、俄罗斯、印尼、阿联酋、澳大利亚等20个国家和地区开展进出口寄递、海外仓配及跨境商务服务。2019年1月11日，百世快递在泰国曼谷正式启动业务，目前已覆盖泰国全境。百世在泰国设立了16个分拨转运中心，300多个末端站点。同年10月11日，百世快递在越南启动覆盖越南全国的快递业务，进一步布局东南亚市场。百世在越南采用创新的快递加盟模式，已经在越南各地搭建了4个分拨中心、320个站点，拥有2500名派件员，10万单/天的处理能力，以及45000平方米的仓库面积。

四、技术创新应用

在万物互联时代，以技术创新推动管理和运营升级是行业发展的大趋势，也是企业综合实力的体现。2019年，主要寄递企业持续加大技术创新产品的运用，一批新技术、新设备投入到行业生产、运营各个环节，成为行业大质量发展的重要推动力量。

中国邮政集团有限公司寄递事业部在31个省（区、市）完成11183派揽系统应用电子地图进行散户派揽的系统切换上线，投递组网模式、投递网点布局进一步优化，揽投能力建设进一步夯实。收寄环节，全面实现11183应用电子地图实施派揽，派揽订单及时揽收成功率达到

95.5%;强化"云技术"应用,实现11183全网动态调度,"双11"期间工效利用率提升58%;分拣环节,统一分拣码,实现"一次打印,全程共享";双层分拣机日均处理量提升7.5%,"双11"全网峰值处理量提升48%;借助"华为-邮政"联创工作组推动科技引领,数字邮政智慧寄递网络建设快速推进;完善客户管理系统,实现"一站式"大客户快速接入,数字化获客能力提高;完成信息安全管理体系认证,信息安全管理能力提高。

顺丰自主研发了一套完整的智慧网平台,包括顺丰物流各项核心营运系统、顺丰地图平台、大数据平台、信息安全平台、智能运维管理平台等,覆盖各业务环节和场景,快速、灵活、安全、全面地赋能业务,进一步推动物流全链路的信息互联互通,为公司多元业务发展打造智慧化的坚实底盘。同时还致力于前沿技术的发展和落地,坚持自主创新,助力智慧物流升级,将运筹优化、机器学习、深度学习、数据分析与挖掘等前沿技术应用到更多实际业务场景中,并以云计算服务支撑新科技应用,坚持以用户为本的产品设计,提升经营效能和用户体验,让技术和产品真切落地并更好地服务于客户。不仅如此,顺丰还整合内部资源,依托海量内外部数据,运用大数据计算与分析、运筹优化、人工智能等技术打造物流运营分析平台、业务预测平台等智慧管理与智能决策平台,以数据和科技驱动决策、引领经营,简化决策和管理流程,提升经营决策效率和科学性,打造顺丰"智慧大脑",实现数据驱动科技、科技赋能物流。

中通持续加大对新科技、新装备投入,优化升级自主研发的中天系统、新增伸缩皮带机、推广电子面单三段码、投入自动化分拣设备、购买牵引车、研发"掌中通"系统等新装备,满足收、转、运、派主要业务环节的需求,致力于客户打造智能高效的快递服务。其中,星河系统连接人,货,车和场,实时追踪每一名员工,每一辆货车,每一件设备状态,全网状一览无余,让潜在的危险无所遁形,从而实现运营精细化可视化管理、业财信实时准确决策,提升效率,降低成本。中通智能语音快递桶——"小蓝桶"应用场景丰富,优势明显。在居民小区、写字楼、商城等散件量大、揽件耗时长的区域,高密度部署"小蓝桶",可弥补快递门店少、随机揽件成本高、人员不足等末端痛点。此外,"小蓝桶"还可以作为业务员快件存储桶,业务员可将上门揽收的快件临时存储在附近快递桶内,最大限度地腾出时间上门揽收快件,以保证揽件的时效和服务质量。"小蓝桶"还可以作为新业务导入的基础设施,拓展例如药品回收、环保袋回收、电池回收、公益捐赠等逆向新业务。

2019年,圆通速递对多个信息化管理工具全面升级,在移动化办公的基础上,对用于企业管理的各类App进行数据化、可视化升级,重点将总部、各管理区、转运中心和加盟商的数据打通,从而实现快件各环节流转的可视化,异常问题提前预警。可以做到"随时随地办公、人人可以参与",化被动为主动服务,让科技赋能。截至2019年底,圆通物流国家工程实验室已经完成智能物流装备研发8种,参与制定物流相关标准17项,承接省部级以上研究课题11个,申报专利35项,发表论文29篇,联合并服务物流行业企业用户1000家,编制物流关键技术报告4份,提交软课题研究报告5份,召开物流国际/国内开放交流会议3次,建成物流科技与产学研联合类示范基地4个,完成产学研联合课题11个,建设物流科技相关联合实验室16个,建立院士专家工作站1个,孵化创新创业公司6个,建设智慧物流创新工场1个,形成智能服务、物联网等产品10个,累计培训人员达1000人次等等。

申通快递不断变革传统作业方式,持续加大对新科技、新装备的投入,在快件收寄、分单、分拣、运输、投递等业务全流程中相继推广智能寄件、自动分单、智能分拣等，推进“自动分拣小黄人”“伸缩式皮带输送机”“喵柜”等的研发和应用，充分利用现代科技全方位满足收、转、运、派等主要业务环节的需求，不断提升快件的时效性、安全性。为了更好地满足客户需求，申通快递于2019年推出AI智能客服机器人服务项目，用于催件、下单、咨询、查件等多场景服务。AI智能客服机器人具备多方言重口音语音识别、多领域场景对话交互、场景化多风格人声合成、复杂场景上下文语意识别等能力，可实现7×24小时在线服务，可解决超过70%的客户维度问题。此外，为了使AI智能客服机器人给客户带来更“智能”的体验和满足各场景应用需求，申通快递还建立了专门的后台地址信息库和快递领域知识库，并不断优化服务场景，努力提升服务成功率。2019年，AI智能客服机器人已在部分网点试用，预计2020年将推广至全网。

2019年，韵达持续推进“科技下乡”和“以智赋能”，运用信息化技术实现对运输环节的智能化、可视化管理。公司自主研发“智慧调度系统”，结合车辆数据、操作数据、场地信息、排班等信息输出对应的结果数据，及时准确地安排现场作业；智慧路由可充分考虑快件货量、流向等因素，结合大路由系统、电子面单系统和地址归集技术，实现路由规划与智慧运输；可视化管理通过数据集成和分析，将网络路由数据在地图上展示，掌握路由运行状况，并依托智能运力管控平台、车辆GPS、韵达司机App等操作系统，实现对车辆行驶状况的可视化管控。

2019年，“百世快递智慧分拨场站改造项目”通过建设数字化分拨，可以知晓分拨车辆数据、设备情况，操作能力，做到柔性化分拨操作安排，提升分拨操作效率，降低操作成本。目前，已经完成数字化月台、数字化网点、数字化魔墙以及全国视频联网的一阶段工作。在末端，百世自主研发来取等信息化系统与设备适配，打通快递承包区、站点、快递员和末端服务点的网络，实现末端站点、末端快递员、末端服务点的实时管理，有效提高末端网络服务质量、提升末端网点标准化程度和客户体验。末端网点可以轻松完成快件的入库、出库、货物管理。在信息化系统的加持下，每一个包裹有了自己的“身份证”，识别、追踪、优化，不仅节约人力，也让快件更高效、更安全，在解决快递最后一公里问题上发挥着重要作用。

优速物流面向网点接入蓝牙电子秤等物联网设备，基于机器学习的三段码、签收码的上线，不断助力业务创新。11月开始自动录单、自动实名等一系列自动化功能，在网点效率提升、操作规范化改善、信息化质量提升等多方面取得显著成效。

德邦快递每年拿出约2%的营收投入科技研发。目前，德邦快递已形成近千人的科技研发团队，拥有117个IT专有系统。采用AGV自动分拣系统（蓝精灵）对0～3kg的小件快递进行分拣，探索自动分拣技术的多样性。蓝精灵机器人每小时能分拣10000个包裹，一天工作8个小时，就可分拣近8万个包裹。2019年4月，德邦快递率先引入的“麒麟臂”——可提供30kg外部助力、自重只有6kg的腰部外骨骼机器人。这款腰部助力外骨骼机器人是一种新型辅助设备，是德邦快递为加持大件快递业务而专门定制的“铁甲钢拳”。可有效减轻穿戴者腰部负重，为使用者提供额外的能量和动力，减轻腰肌劳损，避免腰部受伤。

五、社会责任担当

2019年，主要寄递企业在勇担社会责任，在扶危助困、爱心捐助等方面多有上佳表现。

中国邮政集团有限公司寄递事业部将助力国家“扶贫攻坚战”作为落实中央脱贫攻坚决策部署的重要工作之一，积极推进极速鲜扶贫项目落地运行，加强扶贫产品宣传推广，扩大产品销售渠道。2019年，累计开展扶贫项目168个，覆盖144个国家级贫困县，实现助农销售额4061万元，搭建起了贫困地区优质农产品“寄递+销售”的绿色通道,扶贫工作赢得了当地政府、行业协会、农村合作社、农户的赞誉及社会的广泛认可。

顺丰暖心项目自启动就重点关注孤贫儿童先天性心脏病(简称“先心病”)救助领域,通过“患儿在院申请救助模式”及时为项目定点医院的贫困患儿提供医疗救助服务。2019年,项目新增“儿童血液病和恶性肿瘤救助模块”和“孤儿养护模块”。儿童血液病和恶性肿瘤具有确诊难度大、治疗周期长、医疗花费高、预后不确定等特点,也是儿童医疗救助领域长期以来的痛点和难点。顺丰公益基金会迎难而上,在2019年同山西省卫健委、山西省儿童医院合作,启动儿童血液病和恶性肿瘤救助模式的探索,从确立资助标准和资助流程到患儿跟进与人文关怀,项目模式逐渐趋于成熟,有望在2020年使山西省更多的患儿受益。孤儿养护模块通过和专业养护机构以及福利院合作,为重症或特殊儿童提供专业的养护服务和医疗资源对接,并为大龄儿童提供类家庭社会融入服务。

除此之外,顺丰莲花助学项目在2019年“深圳教育改革创新大奖”评选中获得“年度最具社会影响力教育公益项目”的奖项。截至2019年12月,顺丰莲花助学项目已经在全国18省57县(市、区)开展,项目累计资助贫困中学生18078名,其中9459人完成高中学业,6443人升入本科院校,1967人获得顺丰莲花助学大学奖学金。

为贯彻落实党中央、国务院关于打赢脱贫攻坚战的决策部署,中通快递积极布局农村市场,重点推进“快递进村”工程,完善农村物流基础设施末端网络;打通农产品进城、工业品下乡双向流通渠道,刺激农村地区消费,为打赢脱贫攻坚战、实施乡村振兴战略提供坚实的服务保障。中通快递不断探索“快递+农村电商+农特产品+农户”产业扶贫模式,充分整合旗下中通商业、中快传媒等业务资源,依托电商平台、团购、直播等新兴业态模式,通过模式创新、平台创新、项目创新,破解农产品销售渠道不畅难题,帮助贫困地区发展支柱型现代化农业产业,带动当地贫困户增收致富,将更多的农产品卖得更高价格,卖得更远距离,助力国家乡村振兴战略。

圆通速递积极开展精准扶贫,在助老、助学、助困、助教、助医等方面累计捐赠资金上亿元。依托妈妈商贸等终端资源,通过“快递+电商”新零售模式,深入融合线上线下互动消费,在促进特色农产品销售的同时,搭建农民创业平台,形成可持续的造血机制。截至2019年底,圆通速递的扶贫工作已覆盖全国17个省市,并取得了一定的成效。在特种物流领域,圆通速递对内组建民兵运输车队和航空机队,持续加强应急力量建设;在公司8大管区创办退役军人就业创业孵化基地,帮助退役官兵解决就业难的问题;在军队营区、干休所设立“军营驿站”,“惠军服务社”,打通快递进军营“最后一百米”。

申通快递关注未来人才教育与发展,通过捐赠文具、书本、教学设备,改善贫困地区教学环境,设立教育教学奖励基金、爱心救助基金,开展“小红心暖阳助学”等形式多样的助学公益活动,协助创造良好的生活和学习环境,为更多需要帮助的学子提供力所能及的帮助,让更多孩子获得优质的教学资源。曹眼小学位于甘肃省定西市岷县马坞乡曹眼镇,距离县城120公里,学校条件艰苦,教学设备落后,难以满足师生日常教学与学习需求。2019年,曹眼小学被列为申通快递的定点帮扶单位,在随后的帮扶工作中,申通快递立足为孩子们营造良好的教学环境,主动开展系列帮扶行动,为曹眼镇教育事业发展贡献力量。2019年9月24日,申通快递向曹眼小学捐赠了价值8万多元的教学物资,极大改善了师生教学条件。

2019年9月19日,在百世集团成立12周年之际,发布了首份企业社会责任报告。报告全面介绍了百世在社会公益、绿色环保、公司治理等领域重要举措及成果，展现了百世社会担当。百世在2018年底推出“农品优行”计划。该计划充分发挥百世在技术、人才培养、末端服务等方面优势，为新农人提供综合物流和智慧供应链解决方案，助力农特产品上行，同时帮助地域性品牌扩大在全国的影响力和知名度，促进农户增收致富。截至2019年底，“农品优行”计划已经惠及全国20多个贫困县，共打造30多种爆款农产品，并为其提供售卖和运输便利，销量突破850万斤，助农交易额超3500万元。

德邦快递响应国家邮政局号召，推进精准扶贫，赴河北平泉参与“国邮爱心物资”捐赠活动。德邦快递免费将其他企业提供的捐赠物品从泉州运抵河北平泉，物资被下发到贫困户以及城区中心学校、相关乡镇学校的贫困学生手中。

第二章 2019 年各市场主体发展情况

中国邮政集团有限公司寄递事业部

2019 年，中国邮政集团有限公司寄递事业部深入贯彻落实习近平新时代中国特色社会主义思想和党的十九届四中全会精神，认真贯彻落实党中央、国务院和集团公司各项决策部署，加快构建"五大体系"，推动"八大整合"，改革发展取得了明显成效。

一、基础建设

2019 年，寄递事业部以"八大整合"为重点，持续深化邮政、速递资源整合，融合重构寄递网运营管理体系，全面构建层次清晰、标准明确、衔接紧密、运行高效的邮政实物寄递网络。全国揽投网点完成整合 8963 个，31 个省完成 11183 派揽系统应用电子地图进行散户派揽的系统切换上线，投递组网模式、投递网点布局进一步优化，揽投能力建设进一步夯实；85 个一、二级中心局处理场地全部整合完毕，全网统一信息采集、统一分拣码，通过技术手段优化、固化 12 项生产操作流程；干线邮路整合完成，省际直达率由 45.3% 提高至 54.2%，航空干线网络与省内陆运网络衔接水平不断提高，大幅提升寄递网综合运输能力。邮速指挥调度体系实行航空陆运统一指挥，寄递全环节集中管控、异常情况动态调度，全面发挥集团指调中心总指挥、总协调作用。

（一）时限提速步伐加快

1. 时限质量实现质的飞跃。优化网路组织、运营标准及管控模式，建立时限对标长效机制及分层分类管控机制，逐环节查找问题。推进重点区域、省内互寄、省际线路时限管控"三强化"。省内互寄标快 15 个省地市城区互寄次日递率赶超主要竞争对手，快包产品菜鸟排名 6 省排名行业第一；实施"千条线路大提速"工程，重点抓好 1221 条标快线路和 1300 条快包线路，89% 的标快提速线路赶超主要竞争对手，96% 的快包提速线路达到菜鸟标准。

2. 作业流程实现新的突破。收寄环节，全面实现 11183 应用电子地图实施派揽，派揽订单及时揽收成功率达到 95.5%；全面推进集包作业，推行"混合收寄 + 前置集包"，收寄效率提高近 3 倍。分拣环节，统一分拣码，实现"一次打印，全程共享"；双层分拣机日均处理量提升 7.5%，"双 11"全网峰值处理量提升 48%。运输环节，引进 2 架 737-800 型邮航飞机，拉直济南、兰州、福州 3 条串行航线；加大民航使用力度，晚航班使用率达到 80%；规范陆运邮路管理，组开 510 条串行、环形邮路，车辆利用效率显著提升。投递环节，推进网格化揽投作业；对投递量大的道段实行汽车中转接力投递；推进自提网络建设。

（二）服务质量明显提升

1. 加强客户体验对标管理。定期开展客户满意度测评，设立六大服务关键指标，通过日监控督促提升。国家邮政局测评公众满意度达到 84.5 分，比上年提高 2.4 分；有责申诉率降至百万分之 1.88，同比下降 68%；国际客服获万国邮联客户关怀奖，并实现"四连冠"；服务体系六大关键指标全面达标。

2. 加强邮件运行质量过程管控。全网推广智能跟单系统，邮件异常发生率降至 9.3%。

3. 改善投递质量短板。开

展投递质量百日专项整治，投递有责投诉率同比下降38%。开展投递流程诊断及对标分析，优化投递、短信服务等17个流程。

4.改善揽收服务。推广揽收电子地图，加强揽收基础管理，强化11183对揽收作业的闭环督办，揽收及时成功率提升21个百分点。

5.提升客服质量。问题邮件一次及时解决率提升12个百分点，优化国内、国际邮件赔偿标准，启用新主动客服流程，主动客服比例达到68%。

6.强化"云技术"应用。实现11183全网动态调度，"双11"期间工效利用率提升58%。

（三）支撑能力持续增强

1.IT赋能获得积极进展。建设完成五大体系及重点项目共计29个看板，推广应用至全国所有省市，1.6万个用户，"有人看、有人干"的局面逐步形成；系统在线运行仓储项目达217个，完成62个新增仓储项目的实施上线；借助"华为-邮政"联创工作组推动科技引领，数字邮政智慧寄递网络建设快速推进；完善客户管理系统，实现"一站式"大客户快速接入，数字化获客能力提高；完成信息安全管理体系认证，信息安全管理能力提高。

2.能力建设突飞猛进。新征地1810亩，安排87个实物网建设项目。85个重点城市国内处理场地总面积约260万平方米，新增日处理能力约2650万件。

（四）管理水平不断提升

1.构建了寄递业务财务标杆体系。对标范围覆盖综合效益、经营发展、成本费用、环节损益和中心局管理等重点内容，聚焦管控指标进行重点监控，重点环节降本成效明显。

2.人才队伍结构不断优化。组织开展中高级职称评审工作，多人申报高级经济师、工程师职称、中级工程师职称；协助组织各省参加2019年第二届全国邮政行业职业技能竞赛，36名获奖选手中中国邮政有29名员工上榜，占比81%；开展重点人才选拔工作，1名员工入选中央国家机关会计人才培养项目，上报1名员工参加百千万人才工程国家级人才评选，上报1名员工参加第十六届中国青年科技奖候选人评选。

二、业务发展

1.寄递业务改革不断深化拓展。遵循"三大规律"，以行业最优为标杆，加快推动组织结构、管控模式、业务流程、激励机制不断优化。生产经营型总部建设迈出新步伐，各级寄递事业部综合职能横向一体化、生产经营纵向专业化改革快速有序推进。收分运投、航陆一体作业流程发生颠覆性变革。经营端机制创新取得新突破，基层发展面貌呈现新气象。"五大体系"建设扎实有效推进，"有人看、有人干"的局面逐步形成，推动时限提速、服务质量、源头获客、成本压降、IT赋能取得显著成效，成为补短板、强弱项、固优势的有效抓手。

2.寄递业务增长速度持续攀升。2019年，寄递业务完成收入719.4亿元，同比增长12.3%；业务量71.6亿件，同比增长22%。

3.重点市场拓展成效初显。政务市场积极推进与最高法立案庭、执行局的总对总战略合作，法院项目收入同比增长30.2%；公安交管12123线上订单量同比增长4.6倍。电商市场持续推进销号开发，业务量同比增长40.8%。国际市场实现主流跨境电商平台全覆盖，率先成为亚马逊"购买配送"中国地区物流合作伙伴，联合菜鸟、俄罗斯邮政推出俄向跟踪小包新产品。物流市场六大重点行业收入占比86.8%，行业聚焦度进一步提升。

4.重点行业综合解决方案能力增强。强化总对总源头获客，与华为、格力、浪潮等32个客户实现集团战略合作，31省业务合作覆盖率达97.1%。中邮云仓服务规模与影响力名列前茅，在全国31省、130余城市、近千个县均设有仓储中心，为近千个高科技、汽车、服装、快消食品、酒水行业领先品牌商提供供应链一体化服务，医药行业创新上线联动营销客户，业务规模快速增长，重点行业客户占比进一步提升。发挥邮政协同整体竞争优势，实现汽车产业链板块联动，速银通产品成功落地，积极响应国家“军民融合”号召，服务各军种的演练和后勤保障。

5.绿色邮政建设初见成效。寄递事业部牢固树立绿色发展理念，全面落实绿色邮政建设行动整体要求，加强生态环境保护，助力打好污染防治攻坚战。绿色包装方面，持续推进包装绿色化、减量化、可循环，推广简约包装、减少二次包装。电子面单使用率达到98.55%；绿色包装箱、窄胶带和科学打包邮件占比分别为94.71%、90.7%和95.37%，各指标均超额完成国家邮政局“9571工程”的各项标准。绿色运输方面，推广新能源车应用，在具备行驶条件区域，4.5吨及以下车辆主要配置新能源车辆；强化新型运输车辆应用力度，新增和更新生产车辆全部采用轻质复合板，半挂车厢全部采用低平板结构，降低车辆自重并增大车厢容积；甩挂运输占比达75%。

三、社会责任

寄递事业部将助力国家“扶贫攻坚战”作为落实中央脱贫攻坚决策部署的重要工作之一，积极推进极速鲜扶贫项目落地运行，加强扶贫产品宣传推广，扩大产品销售渠道。2019年，累计开展扶贫项目168个，覆盖144个国家级贫困县，实现助农销售额4061万元，搭建起了贫困地区优质农产品“寄递+销售”的绿色通道，扶贫工作赢得了当地政府、行业协会、农村合作社、农户的赞誉及社会的广泛认可。

四、企业大事记

3月，中国邮政速递物流获得万国邮政联盟EMS合作机构颁发的2018年客户服务奖，这是继2016年连续三年获得该奖项。

3月8日，中国邮政中大型物流无人机试点运邮项目获得物流采购联合会物流技术创新奖。

3月28日，中邮海外仓荣获跨境物流合作与发展组织颁发的“十大信赖海外仓”称号。

4月24日，中国邮政速递物流在中国快递协会成立十周年庆典大会上获得“精准扶贫会员单位”荣誉称号，并获颁“2018年度邮政行业科学技术奖”二等奖1项、三等奖2项。

6月—8月，按照中央要求，寄递事业部开展了“不忘初心、牢记使命”主题教育，党委班子和各级党员干部紧密围绕集团公司党组提出的“五个结合”“六个转化”，深入学习贯彻习近平新时代中国特色社会主义思想，用党的科学理论武装头脑；聚焦寄递业务改革发展关键节点，深入开展调查研究；坚持自觉对标对表，深刻检视剖析问题；将“改”字贯穿始终，形成寄递事业部检视问题和专项整治任务“两个清单”，明确了检视问题21项、专项整治任务20项。通过主题教育，寄递事业部广大党员干部在思想上政治上受到了一次深刻洗礼，守初心、担使命的责任担当意识得到增强，党员干部作风明显改善。

8月9日，中国邮政航空公司首架B737-800BCF飞机安全飞抵首都国际机场，这标志该架飞机正式入列邮航机队，并在投入中国邮政航空网航线运行。邮航先后运行“运八”、波音737-300F/400F、波音757-200F。作为邮航机队的新成员，该架B737-800F全货机投入航线运行，标志着邮航在机型更新换代迈出重要步伐，邮航也将成为国内首家运营B737-800F全货机的航空公司。B737-800BCF飞机作为当前快递物流业最先进的窄体全货机，拥有更多业载和更远航程，其开辟新市场的能力对支撑中国邮政寄递业务发展具有重大意义。

8月，寄递事业部启动“对标先进找差距、千条线路大提速”工程。通过建立分级管控、分类施策、通报质询机制，聚焦突出问题，逐条线路捋、逐个环节抓，每月消灭最差线路，大幅缩小与竞争对手时限差距。寄递事业部从客户视角、竞争视角、行业最佳实践视角出发，聚焦当前投递服务质量存在的突出问题，从6月20日至9月30日开展了为期100天的专项整治活动。活动期间，寄递事业部组织现场检查6次，覆盖28个省、55个地市、151个城市及农村投递机构；下发7期活动通报；召开3次阶段性整改情况通报网络电话会；对9个省开展电话或现场质询工作。

9月4日，在“第十届中国电子商务物流大会”上获得2019年度“中国电子商务物流与供应链优秀服务商”荣誉称号。

9月底，中国邮政速递物流获得中国船级社质量认证公司颁发的ISO/IEC27001：2013信息安全管理体系认证证书。

11月11日—12日，全国邮政快递包裹累计订单量和收寄量双过亿，达到历史最好成绩。收寄量突破3亿件，增速高出行业47个百分点。在“双11”期间，依托七大区域仓储优势，仓配一体化协同保障服务质量，提升客户用邮体验；加大投资建设，优化工艺流程，推行“矩阵＋小件”处理模式，加快邮件处理时限；整合自有及社会运输资源，多渠道保障各环节安全顺畅。全网上下各环节、各部门提高站位、紧密配合、同心协力，发扬了“特别能吃苦、特别能战斗”的精神，切实做到了“不拒收、不限流、不积压、不爆仓”，充分彰显了行业“国家队”的责任担当。

顺丰控股股份有限公司

顺丰是国内领先的快递物流综合服务商，经过多年发展，已初步建立为客户提供一体化综合物流解决方案的能力，不仅提供配送端的高质量物流服务，还延伸至价值链前端的产、供、销、配等环节，从消费者需求出发，以数据为牵引，利用大数据分析和云计算技术，为客户提供智能仓储管理、销售预测、大数据自助分析等一揽子解决方案。

一、基础建设

顺丰已建成覆盖全国的快递服务网络，并向全球主要国家拓展。截至 2019 年末，顺丰业务覆盖全国 335 个地级市、2834 个县(区)级城市，拥有近 1.8 万个自营网点。国际业务方面，国际标快/国际特惠业务覆盖美国、欧盟、俄罗斯、加拿大、日本、韩国、东盟、印度、巴西、墨西哥、智利等 62 个国家，其中，2019 年 6 月国际特惠业务新开通刚果(金)、乌干达、马里等 8 个非洲国家；国际小包业务覆盖全球 225 个国家和地区。

1. 航空运输方面

2009 年，顺丰航空成为我国首家民营货运航空公司，现今已发展为国内全货机数量最多的货运航空公司。截至 2019 年末，共在飞 58 架自营全货机，租赁 13 架全货机，共执行航线 73 条。顺丰航空覆盖全国 40 个大中城市及金奈、哈恩、德里、胡志明等国际站点。2019 年顺丰航空先后开通了中印、中欧等 B747 国际航线，其中，中欧航线是顺丰航空运营的首条洲际航线，标志着顺丰航空全货机业务范围由亚洲扩展到了全球，实现了自主运行的全球化目标。除全货机以外，顺丰还通过自营(与航空公司直接合作)、代理(货运代理)或三方合作(顺丰、航空公司、代理)等模式，向国内外近百家航空公司获取稳定的客机腹舱资源，航线 2029 条，通达国内外。

2. 陆运网络方面

截至 2019 年末，顺丰自营及外包干支线车辆合计约 4.3 万辆，开通干、支线合计约 10 万条，末端收派车辆合计约 9 万辆(不含摩托车和电动车)，使用高铁运力 161 条，普列运力 122 条，特快班列 6 条，陆运网络遍布全国。此外，与国铁集团子公司中铁快运成立合资公司——中铁顺丰国际快运有限公司。合资公司成立一年以来，双方联合产品网络不断完善。截至 2019 年末，高铁极速达产品已覆盖 63 个城市，开通 313 个流向；高铁顺手寄产品覆盖 34 个城市，开通 69 个高铁车站和 9 个站外收寄点；开通北京至莫斯科的国际铁路快运业务，完成中俄铁路跨境电商运输试点工作。公司在依托高铁、普列资源开展快递业务外，对粮食、化肥、铝制品等大宗物资开展多式联运业务试点，为落实国务院运输结构调整、大力发展“公转铁”运输发挥积极作用。

3. 仓储网络方面

截至 2019 年末，顺丰在全国拥有 175 个不同类型的仓库(包含新夏晖冷链物流中心)，面积近 228 万平方米，业务覆盖全国 100 多个重点城市，形成辐射全国的仓储服务网络，同时，推动云仓平台与顺丰仓配体系深度融合，实现资源线上线下互补，为近千家客户提供专业、高效、高质量的仓储服务。

二、业务发展

为应对消费结构调整带来的市场需求变化，公司适时调整产品策略，针对特定市场及客户推出新产品，实现传统业务增量增收，2019 年下半年速运物流及供应链收入实现远高于行业平均的增长速度。同时，公司快运、冷运及医药、国际、同城、供应链等新业务持续发力，新业务收入占整体营业收入的比重进一步上升至25.63%，新业务收入的快速增长拉动公司整体营业收入增长。

1.快运业务

与标准化、规模化程度较高的快递行业的高集中度不同，顺丰快运所处的零担行业虽然是万亿级的市场，但仍处于规模化以及行业整合的初期。2019年7月顺丰快运品牌正式发布，与2018年起网的“顺心捷达”形成了快运双品牌，顺丰快运定位高时效、高质量及高服务体验的中高端市场，“顺心捷达”专注全网型中端快运市场，双品牌在运营模式及产品定位上互补。

顺丰快运业务2019年全年业务收入突破百亿元，在中高端市场增速保持绝对领先，市场占有率持续提升。多年的深耕和培育，顺丰快运业务积累了大批不同行业的龙头客户，这些优质客户自身经营稳定，抗风险能力强，多元化的服务需求为顺丰快运的高速发展提供了良好的客户资源保障与持续动力。

2.冷运及医药业务

顺丰是国内首个初步建立全国性冷链网络的物流公司，网络覆盖具备绝对优势。截至2019年末，顺丰冷运有食品冷库23座、运营面积14.53万平方米，冷库具有先进的自动化制冷设备、智能温湿度监控系统，是集多温区管理和配送一体的综合性高标准冷库；同时拥有冷藏车273台，通过先进的车辆GPS全球定位及车载温控实时监测系统进行全程温控，食品运输线路贯通全国核心城市。2019年12月31日，国际认证机构BSI正式向顺丰冷运颁发了国内首家物流企业ISO 22000食品安全管理体系国际标准认证证书，意味着顺丰冷运食品安全质量保障能力处于行业领先地位。

顺丰医药业务利用自身资源优势，依托顺丰成熟的物流网络及科技技术能力，进一步健全更深更广的医药服务网络，为行业客户提供供应链端到端解决方案服务。截至2019年末，顺丰医药网络覆盖219个地级市、1547个区县，拥有4个GSP认证医药仓，总面积3万平方米；拥有42条医药运输干线，贯通全国核心城市；拥有通过GSP验证自有冷藏车242台，并配备完善的物流信息系统以及自主研发的TCEMS全程可视化监控平台。顺丰医药专注于为医药行业客户提供专业、安全、全程可控的医药物流供应链服务，覆盖医药行业生产、电商、经销、零售等多个领域。

3.同城急送

2019年3月，顺丰同城实现独立公司化运作，正式发布了“顺丰同城急送”品牌，树立中立、可信赖的优质品牌形象。同时，打造全面覆盖B端的全链路解决方案的同城定制化产品、品牌产品、时效产品、经济产品和C端的帮我送、帮我买、帮我办的全产品体系，聚焦网格化商圈内多品类、多时段、多距离订单合理分布，形成多元健康的业务组合，助力配送效能提升。在运力和服务上，已完成全国200+城市的弹性网络全覆盖，实现独有的混合运力融合调度。驻店运力、商圈运力、全城运力等多种运力有效融合，高效运营。在服务质量上，时效达成、客户满意持续保持行业领先，为客户提供始终如一的高质量稳定交付。尤其在商务场景中，除了优质和稳定的营运质量外，通过更规范的发票提供及结算服务和更放心无忧的售后保障，成为商务客户的急送首选。在科技能力上，以自有的智能融合调度系统为核心，依托领先的“业务中台+配送中台+运力中台”系统架构，打造即时物流全链路智能解决方案。

4.国际业务

顺丰国际标快/国际特惠业务覆盖美国、欧盟、俄罗斯、加拿大、日本、韩国、印度、巴西、墨西哥、智利等62个国家和地区，国际小包业务覆盖全球225个国家及地区。2019年顺丰国际实现全美自营进口清关，并取得了报关代理资质和快递操作中心资质，11月顺丰日本JV公司获取了清关牌照，优质的资源保障了顺丰国际向客户提供快捷无忧的服务能力。顺丰航空拥有5条自营国际航线，包括2019

年新增的“无锡—哈恩”及“深圳—德里”B747航线等。此外，2019年8月顺丰还联合Flexport推出端到端的国际海运服务，产品覆盖中国内地和香港运往至美国全境和欧洲主要港口，共同助力中国企业进一步拓展海外市场。

顺丰致力于为国内外制造企业、贸易企业、跨境电商以及消费者提供便捷可靠的国际快递与物流解决方案，包括国际标快、国际特惠、国际小包、海外仓储、转运、国际电商专递等不同类型及时效标准的进出口服务，并可根据客户需求量身定制包括市场准入、运输、清关、派送、仓储、系统在内的一体化进出口解决方案，助力优秀企业/商品“走出去”，亦将海外优质企业/商品“引进来”。

5.供应链业务

2018年8月及2019年2月，顺丰分别完成对美国夏晖在中国内地、中国香港和中国澳门地区冷链业务以及德国邮政敦豪集团在中国内地、中国香港和中国澳门地区供应链业务的收购，建立顺丰新夏晖及顺丰DHL业务。新夏晖及顺丰DHL业务与顺丰业务的融合和协同初见成效。一方面，顺丰快速学习和复制新夏晖及顺丰DHL的供应链解决方案及管理能力，另一方面，顺丰的科技解决方案以科技和数据为驱动力，以顺丰DNA为基因，通过物联网、大数据、人工智能等数字技术，驱动供应链转型升级，共同为客户重塑供应链、提供多场景产品化的综合解决方案。

三、科技应用

顺丰结合物流场景和业务需求构建覆盖全球业务的高速网络，将业务信息实时汇聚顺丰智慧大脑，业务数据量逾40PB级，日均计算量超过1PB。通过智慧大脑进行分析决策，统筹指调，实现“天网＋地网＋信息网”三网合一，支撑业务无限可能。

顺丰自主研发了一套完整的智慧网平台，包括顺丰物流各项核心营运系统、顺丰地图平台、大数据平台、信息安全平台、智能运维管理平台等，覆盖各业务环节和场景，快速、灵活、安全、全面地赋能业务，进一步推动物流全链路的信息互联互通，为公司多元业务发展打造智慧化的坚实底盘。同时还致力于前沿技术的发展和落地，坚持自主创新，助力智慧物流升级，将运筹优化、机器学习、深度学习、数据分析与挖掘等前沿技术应用到更多实际业务场景中，并以云计算服务支撑新科技应用，坚持以用户为本的产品设计，提升经营效能和用户体验，让技术和产品真切落地并更好地服务于客户。

不仅如此，顺丰还整合内部资源，依托海量内外部数据，运用大数据计算与分析、运筹优化、人工智能等技术打造物流运营分析平台、业务预测平台等智慧管理与智能决策平台，以数据和科技驱动决策、引领经营，简化决策和管理流程，提升经营决策效率和科学性，打造顺丰“智慧大脑”，实现数据驱动科技、科技赋能物流。

顺丰覆盖国内外的快递网络，加之公司在智慧信息网方面的一贯重视和投入，最终形成“天网＋地网＋信息网”三网合一的综合性物流服务网络，其独特性、稀缺性进一步巩固和扩大顺丰在行业内的领先优势。

四、绿色快递

（一）绿色包装

1.建设绿色包装生态及智慧平台

顺丰始终致力于推进包装的轻量化、减量化、可循环、可降解、智能化的应用与落地，构建可持续包装生态链，已申请包装相关专利340余项。针对冷链、医药、重货、特种、同城餐饮等行业研发百余套包装解决方案，实现樱桃、荔枝、杨梅、水蜜桃等标准化包装产品的落地。“循环容器管理平台”实现了多种循环容器的统一管理，其中循环包装箱“丰·BOX”已在全国96个城市应用，并得到数十家国内外主流品牌的认可。全年等效减少碳排放3.3万吨。并在可降解领域储备环保降解方案资源，取得良好成效。

2. 基于场景的包装预处理中心

为助力产地生鲜水果的采后标准化、产业化、自动化，为生鲜发运“前”一公里保驾护航，提升生鲜产品品质和用户消费体验，顺丰建立“智鲜技术＋自动化预处理＋场景化包装”一体化模式的预处理中心。目前公司已在生鲜原产地建立了16个不同类型的预处理中心，解决生鲜产业痛点，帮扶客户实现效能提升和产业升级。

（二）节能减排

自2013年起，顺丰即开始关注新能源汽车行业并与充电桩企业进行互动交流、发展追踪、调研评估，2015年起正式批量采购新能源微面车型。随着国家新能源推广政策的实施，顺丰不断加大新能源汽车的投入，当前已在全国22个省、150多个城市通过购买和租赁的方式投入50余款共计1.1万多辆新能源汽车。在全国主要城市建立大型充电场站，投入使用新能源电桩800多根。

五、社会责任

2012年，经民政部批准，公司的控股股东和公司下属子公司共同发起成立了非公募性质的顺丰公益基金会。顺丰公益基金会致力于乡村教育发展、儿童医疗救助等公益活动，同时发挥顺丰物流优势，积极参与灾害救助，并在扶贫济困、生态环保等公益领域进行了积极的尝试与探索。

（一）顺丰莲花助学

顺丰莲花助学由顺丰公益基金会2012年发起，目前已发展为全国性发展型助学项目。项目采取以县域为单位集中申请、家访核实、持续资助及陪伴支持的方式，通过建立人与人之间更好的联结，助力贫困学生顺利完成高中及大学学业，构建完整的人格及丰富的内心世界，成长为自信、正直、勇于担当、能够适应未来社会发展并愿意回馈社会及反哺家乡的人。

顺丰莲花助学项目在2019年“深圳教育改革创新大奖”评选中获得“年度最具社会影响力教育公益项目”的奖项。

截至2019年12月，顺丰莲花助学项目已经在全国18省57县（市、区）开展，项目累计资助贫困中学生18078名，其中9459人完成高中学业，6443人升入本科院校，1967人获得顺丰莲花助学大学奖学金。

（二）顺丰暖心——孤贫儿童医疗救助项目

自2014年启动至今，顺丰暖心项目已形成“儿童先心病救助”“儿童血液病和恶性肿瘤救助”“孤儿养护”三大模块。项目通过义诊筛查、医疗救助、人文关怀等方式，旨在推动相关疾病患儿的早发现、早治疗、早康复，在战胜疾病和温暖心灵两方面助力孤贫患儿的身心健康成长。

截至2019年12月，顺丰暖心项目已累计投入2.43亿元，救助范围覆盖全国，已完成救助的患病儿童共计9680名。

1. 先心病救助

顺丰暖心项目自启动就重点关注孤贫儿童先天性心脏病（简称“先心病”）救助领域，通过“患儿在院申请救助模式”及时为项目定点医院的贫困患儿提供医疗救助服务。后来在大量的实操中发现，在一些经济欠发达地区，因为“没有及早发现疾病”、“没有渠道获取优质的医疗资源”和“没有足够的手术治疗费用”这三大难题，还存在着一定数量的先心病儿童没有得到及时救助，部分儿童已经错过最佳手术时机。为解决上述三大难题，项目又创立全区筛查、手术救治与人文关怀相结合的“全流程救助模式”，全方位帮助贫困先心病儿童及时得到医疗救助，重获“心”生。

2. 儿童血液病和恶性肿瘤救助

2019年，项目新增“儿童血液病和恶性肿瘤救助模块”。儿童血液病和恶性肿瘤具有确诊难度大、治疗周期长、医疗花费高、预后不确定等特点，也是儿童医疗救助领域长期以来的痛点和难点。顺丰公益基金会迎难而上，在2019年同山西省卫健委、山西省儿童医院合作，启动儿童血液病和恶性肿瘤救助模式的探索，从确立资助标准和资助流程到患儿跟进与人文关怀,项目模式逐渐趋于成熟,有望在2020年使山西省更多的患儿受益。

3. 孤儿养护

2019年,项目新增“孤儿养护模块”。孤儿养护模块通过和专业养护机构以及福利院合作,为重症或特殊儿童提供专业的养护服务和医疗资源对接,并为大龄儿童提供类家庭社会融入服务。

(三)志愿者活动

2019年,公司内部新成立3家志愿者协会组织,分别为顺丰速运宁夏区丰行公益志愿者协会、顺丰速运佛山区佛山无影脚志愿者协会以及顺丰速运河南区阳光公益志愿者协会。志愿者协会职责为号召企业内部员工积极参与公益志愿服务活动,营造良好公益文化氛围,唤醒更多潜在的善能量。截至2019年底,顺丰累计成立19个志愿者协会。

2019年,共有5414名志愿者(含公司外部志愿者)、24个顺丰业务区志愿者协会及组织参与了顺丰莲花助学公益行助学走访、莲花助学夏令营、顺丰暖心筛查救助公益行、专业技术贡献等志愿者行动中。全年顺丰公益志愿者系统可追溯志愿者服务时长5.6万小时。

(四)平台的力量

基于顺丰的互联网平台,公司开展了“丰益行动”项目,让用户可以通过线上渠道换取公益积分,向公益项目捐献爱心,为公益事业贡献点滴力量。

六、企业大事记

3月,顺丰控股股份有限公司和德国邮政敦豪集团的联名品牌“顺丰敦豪供应链中国”新闻发布会在上海举行。这标志着“顺丰敦豪”这一供应链品牌正式在公众面前亮相,为中国内地、香港及澳门地区供应链市场掀开新的篇章。

6月,第三届顺丰信息安全峰会在深圳召开,顺丰推出“粹御数据安全解决方案”,吸引了各行业广泛关注。

6月,作为世界上历史最悠久、影响力极大的新兴科技商业媒体,《麻省理工科技评论》(MIT Technology Review)在杭州正式揭晓2019年“50家聪明的公司”(TR50)榜单,顺丰科技登榜。

8月,顺丰联合Flexport推出端到端的国际海运服务,共同助力中国企业进一步拓展海外市场。双方将充分发挥彼此优势,通过科技手段推动创新,拓展跨境B2B业务能力,为客户创造更大价值。

9月,顺丰第二架B747首航成功,从无锡苏南硕放国际机场顺利起飞,经停重庆,到达德国法兰克福哈恩机场。这标志着顺丰航空首条洲际货运航线“无锡—重庆—哈恩—无锡”正式开通,实现了顺丰自有全货机近十年来进入欧洲的首次飞行。新航线实现常态化运营后,将大幅度缩短欧洲消费者体验中国商品的时间,进一步加快中国品牌走进欧洲市场。

11月,国际认证机构DNV GL正式向顺丰科技有限公司颁发ISO/IEC 27701:2019标准认证证书。作为DNV GL全球第三家、物流行业全球第一家通过此标准认证的企业,此次证书的颁发意味着顺丰成功完成从信息安全管理体系到隐私信息管理体系的拓展,实现在数据安全、隐私合规方面,继ISO 29151个人身份信息保护实施指南认证之后的又一里程碑式进展。

12月,顺丰航空成立十周年之际,一架注册号为B-20CX的B757-200型全货机顺利飞抵深圳宝安国际机场,正式加入顺丰机队。至此,顺丰航空机队规模扩充至58架。

12月,顺丰科技大数据平台获得第六届中国国际大数据大会颁发的“2019年度大数据行业——创新产品奖”。在中国数据智能高峰论坛暨第九届中国大数据应用金铃奖颁奖盛典上,大数据平台再次荣膺“数智产品奖”。连获重磅大奖,顺丰科技2019年在大数据上的创新表现得到了专业机构的高度认可。

12月,由中央广播电视总台举办的“2019中国品牌强国盛典”活动隆重举行。顺丰上榜2019中国品牌强国盛典年度新锐品牌。

中通快递股份有限公司

中通快递集团创建于2002年5月8日，是一家集国内与国际快递、快运、商业、仓储、金融、航空、智能等业务于一体的大型集团公司。2016年10月，中通快递登陆美国纽约证券交易所，创当年美国证券市场最大IPO，成为中国第一家赴美上市的快递企业，为世界了解中国快递打开了一扇窗口。

一、基础建设

中通秉承“用我们的产品造就更多人的幸福”的企业使命，目前已成长为国内业务量最大、发展最稳健的快递企业之一。截至2019年底，中通快递拥有服务网点近3万个，直接网络合作伙伴超过4800家，通达98%以上的区县和89%以上的乡镇，成为国内最广、最深、最密的民营快递网络之一；中通快递运营能力强劲，拥有超过7350辆干线运输车辆，其中超过4650辆是15～17米长的高运力车型，干线运输路有2600条，分拨中心数量91个，普及自动分拣设备265套。2019年“双11”当天，中通快递订单量超过2亿件，业务量超过1亿件。中通快递2019年继续保持了稳健的发展态势，全年完成业务量121.2亿件，同比增长42.2%，超出行业平均增速16.9个百分点。市场份额较上年扩大2.3个百分点至19.1%。盈利水平保持了持续稳健的增长，全年调整后净利润较上年同期增长26.0%，超出市场预期。服务质量方面，在申诉率、公众满意度方面中通也保持了领先。

二、业务发展

中通快递坚持以客户为中心，全面深化供给侧结构性改革，坚持创新驱动、转型提效，不断强化自身服务能力，延伸服务领域，提高服务品质，推动企业从领先优势向绝对优势和生态优势转变，全力开启中通可持续、高质量发展新篇章。

1. 中通国际

2019年，中通国际布局东南亚、中东、欧美、日韩、澳大利亚等国家和地区，开展保税、直邮、仓配一体、专线等多元化、多品类的跨境物流业务，并在柬埔寨、越南、老挝、缅甸等国家建设海外网络，落地业务直接服务于当地市场和百姓，实现了属地化管理。此外，为进一步推动海外网络化布局，中通国际在实现业务多样化、产品国际化、服务全球化等方面取得了初步成效，并依据B2B、B2C、C2C、BBC等多层次市场需求，建立了“多渠道，多元化、全方位”服务模式。

2. 中通快运

2019年，中通快运在全国开设网点超8000家(含二级)，分拨中心61个，集配站78个，自有运输车辆达4000台，线路总计1325条，日运力可达31800余吨。2019年9月23日，中通快运开通澳门件派送业务，标志着除台湾地区外，中通快运实现国内业务全开通。

3. 中通云仓

2019年，中通云仓在全国已在40余个核心城市中，成立24家子公司、建设80座现代化智慧仓储，仓储总面积超过120万平方米，配送范围覆盖全国3000多个城市，累计服务500多家知名电商平台和品牌商客户企业。

4. 中通商业

2019年，中通商业在苏州中通转运中心开设了全网第一家智慧便利店，将人工智能与传统零售结合，加速探索智能直营店运营模式，以新零售模式启动全新的智能生活购物体验，实现“中通商业的全新智能生活”。

5. 中通金融

中通金融立足中通、面向全国，提供多层次、多元化、综合性的金融服务,致力于满足中通供应链上下游业务发展与生活改善的资金需求。

6. 星联航空

2019 年,星联航空已在全国 31 个省/市各航空枢纽城市注册成立了 36 家星联分/子公司,与全国多个机场和航空公司签署了战略合作协议,建成覆盖全国的航空货运服务网络。星联航空自主研发航空货运平台“如来”,实现线上信息查询、业务办理一体化服务,不仅可以为客户提供全面、便捷的高价值服务,还可为机场、航空公司、航空货代企业提供高效、科学、规范运营的基础保障。

7. 中快传媒

依托中国电商大发展和中通快递的强大网络,中快传媒将中通快递每年服务的数百亿用户人次(每天触发上亿次用户流量)进行挖掘和沉淀,运用专业化、智能化的技术,结合线上线下的优势场景资源,一方面实现用户流量的广告变现,另一方面通过用户数据分析和推送,为商家、网红达人及用户提供精准信息流服务,满足各方需求,实现多方共赢。

8. 中通智能

上海双彩吉智能科技有限公司主要面向快递物流行业提供智能输送系统、智能装卸货系统、智能分拣系统、智能扫描称重系统等产品和服务,是国内为数不多具备完整的快递装备项目实施能力的系统集成商。公司研发了从卸货、扫描称重、大件自动分拣、输送、小件自动分选、装车等全流程的相关设备,其中大部分已实现自主批量生产。未来,公司将依托总部强大的 IT 技术支持,建成行内领先的智能工厂,打造完整的快递装备供应链体系。

三、科技应用

中通持续加大对新科技、新装备投入,优化升级自主研发的中天系统、新增伸缩皮带机、推广电子面单三段码、投入自动化分拣设备、购买牵引车、研发“掌中通”系统等新装备,满足收、转、运、派主要业务环节的需求,致力于客户打造智能高效的快递服务。

1. 中天系统

中天系统作为综合性企业门户,聚合了 OA 办公、快捷产品导航、网点数据可视化、通知公告、培训学习、小吉智能客服等功能,为员工提供高效,便捷的办公体验。

2. 星河系统

星河系统连接人,货,车和场,实时追踪每一名员工,每一辆货车,每一件设备状态,全网状一览无余,让潜在的危险无所遁形,从而实现运营精细化可视化管理、业财信实时准确决策,提升效率,降低成本。

(1)中转场地、人员、设备可视化,实时反应现场操作状况;

(2)自动化设备操作实时监控,规范人员操作,规范设备使用;

(3)操作人员工作内容线上化,实现现场一线人员的精细化管理;

(4)监控车辆预计到达时间和货量,合理安排操作;

(5)可视化监控快件流转、异常、预计到达时间;

(6)实时反映在途车辆、司机情况。

3. 中通助手

为消费者提供个性化、人性化和差异化的收寄件服务。

(1)核心功能点:客户发货下单、微信支付费用、查询快递、包裹动态通知和偏好设置;

(2)产生价值:解决消费者寄件、查询、收件和支付等操作效率和体验,建立消费者与中通的连接,为消费者提供确定性的更多在线服务。

4. 掌中通

针对业务员收派件场景研发的专属办公软件

(1)串联内外部系统资源,以高黏性的收派功能为基础,帮业务员降本、减负、创收;

(2)配套上传下达、在线学习、协同办公等应用,提升业务员的业务能力,促进全网的信息传播;

(3)通过软件引导、约束,规范业务操作,提升网络末端服务质量。

5.神州系统

神州系统是由中通集团科技与信息中心全自主研发的一款针对加盟网点的信息化智能管理平台。系统涵盖了网点财务报价、费用结算、派件服务监控、收派操作异常监控、人员信息管理、薪酬信息管理、物料资产管理、运营数据分析等服务。神州系统主要分为PC网页端和移动App端（简称掌上神州App）。

6.快递超市

致力于提供多元化的最后一公里服务，面向形象门店、社区和校园及中通代签点，减少业务员派件操作，降低业务员被客户投诉签收未收罚款，争夺快递末端派送市场，提高网点收益。

提升业务员派件时效，减轻派送压力，为用户不能及时取件提供便利。

（1）入库出库功能，支持自动识别运单号和快递公司，支持部分包裹自动带出订单手机号、支持OCR识别手机号，方便门店快速操作入库，录入数据；

（2）支持短信、微信、支付宝等方式通知用户取件，支持门店自定义通知模板和提货码格式，灵活运营，解决门店个性难题；货架模式提货码，支持用户或门店快速找件，合理利用门店空间，降低门店运营成本；

（3）支持“四通一达”及天天快递的物流轨迹推送，满足业务员签收时效考核，方便取件人在各快递公司平台查看物流轨迹，提升门店品牌拓展和运营能力；

（4）系统对接闸机、高拍仪等设备，实现门店自助或半自助取件，降低门店人工成本，提升取件出库效率，减轻门店取件拥挤费时难题；

（5）对接中通问题件上报、投诉工单数据同步等，降低门店投诉率。

7.中通智能语音快递桶

中通“小蓝桶”，应用场景丰富，优势明显。在居民小区、写字楼、商城等散件量大、揽件耗时长的区域，高密度部署“小蓝桶”，可弥补快递门店少、随机揽件成本高、人员不足等末端痛点。

此外，“小蓝桶”还可以作为业务员快件存储桶，业务员可将上门揽收的快件临时存储在附近快递桶内，最大限度地腾出时间上门揽收快件，以保证揽件的时效和服务质量。“小蓝桶”还可以作为新业务导入的基础设施，拓展例如药品回收、环保袋回收、电池回收、公益捐赠等逆向新业务。

8.油电混合无人机

在偏远山区及交通不发达地区快递派送困难，配送成本较高。偏远山区人口密度小、地域空间广、物流总量小、网络未全面覆盖，使用无人机配送时效可提高50%～60%左右。

9.无人驾驶物流车

中通快递联合牧月科技共同研发，通过在货车加装激光雷达、摄像头以及超声波雷达等传感器，实现动态环境无死角感知预测功能。行车规划基于大量采集数据和模拟数据，可智能应对多种复杂路况。2019年10月25日，中通快递获得“德清智能网联汽车开放道路运输经营许可证”，成为首批获得无人物流车商用牌照的快递企业。

四、绿色快递

作为行业领军企业，中通快递深入贯彻习近平生态文明思想，通过绿色包装、绿色运输、绿色办公、绿色文化等全方位发力，不断探索在快递全生命周期中实现绿色化，引领行业绿色发展新方向。

1.电子面单

中通快递在全网推行电子面单。与传统面单相比，电子面单从四联变成两联，面单尺寸更小，有效减少纸张资源使用。2019年，中通全网电子面单使用率达99.85%，与传统面单相比，减少了80%的纸张耗材。2019年三季度起，中通开始大力推广一联单，尺寸比二联单更小，可进一步减少纸张消耗。截至2019年底，一联单使用率占中通整体电子面单使用量的67%。

2.绿色循环袋

中通快递全网转运中心全面推行绿色可循环使用帆布袋。与传统的一次性编织袋相比，该帆布袋结实耐用,可重复使用4~6个月,使用率是编织袋的100倍以上。

(1)可降解包装袋:中通快递在部分地区投入使用绿色双降解包装袋,该产品质量可靠、降解可控,在设定条件下可通过光、热、氧、微生物和水的协同作用,发生氧化和微生物双降解,直至完全降解,实现生态无害。

(2)绿色集包转运袋:中通快递河北沧州任丘网点负责人利用聚丙烯原材料,研发制作了新型绿色环保袋,并获得了国家知识产权局实用新型专利和外观设计专利。该产品容积大,坚固耐磨,绿色环保、可重复使用,并可回收再加工。

(3)包装耗材减量和二次回收:中通快递积极推广使用报纸、塑料薄膜充气袋、气泡袋等可回收包装填充材料,提升资源循环利用率;倡导采用快递费与包装费分开计费的方式,由消费者自主选择是否需要提供快递包装,逐步引导网点和消费者提高环保意识,鼓励二次利用闲置纸箱。部分网点在客户发件时可使用二次利用的快递包装抵扣部分快递费用。

(4)高运力车型:在干线运输环节,中通快递通过甩挂运输模式,在增加运力、降低成本的同时,减少了大量污染物排放。

(5)新能源车:中通快递全网收派两端的新能源汽车使用范围正逐年加大,与同规格燃油货车相比不仅无尾气排放,更实现了降本。

五、社会责任

快递业是推动流通方式转型、促进消费升级的先导性产业,担负着服务乡村振兴的重要职责。为贯彻落实党中央、国务院关于打赢脱贫攻坚战的决策部署,中通快递积极布局农村市场,重点推进"快递进村"工程,完善农村物流基础设施末端网络;打通农产品进城、工业品下乡双向流通渠道,刺激农村地区消费,为打赢脱贫攻坚战、实施乡村振兴战略提供坚实的服务保障。

中通快递不断探索"快递+农村电商+农特产品+农户"产业扶贫模式,充分整合旗下中通商业、中快传媒等业务资源,依托电商平台、团购、直播等新兴业态模式,通过模式创新、平台创新、项目创新,破解农产品销售渠道不畅难题,帮助贫困地区发展支柱型现代化农业产业,带动当地贫困户增收致富,将更多的农产品卖得更高价格,卖得更远距离,助力国家乡村振兴战略。

邮政快递业具有通政、通商、通民功能,是"一带一路"互联互通的桥梁和纽带,在促进国际交流、服务经贸发展中发挥着重要作用。中通快递积极响应国家邮政局"两进一出"号召,依托中通国际,大力向外拓展寄递网络布局,设立海外中转仓,开通国际业务专线,覆盖"一带一路"、面向全球的跨境寄递网络,为全球消费者提供快递和物流解决方案。

中通快递将社会公益视为企业义不容辞的责任,持续关注慈善助学事业,始终坚持将"扶贫"与"扶志""扶智"相结合,积极支援贫困地区教育事业,通过搭建多方参与的平台,为贫困孩子与家庭带去希望。2019年8月20日下午,"连接你我·益暖童心"圆梦1+1爱心助学公益活动在中通快递集团总部举行。上海市青浦区团委、青浦区华新镇相关领导,华新镇教育联盟、爱心暑托班学生、爱心企业、市民代表,以及中通快递员工代表和家属,共计200余人参加。

六、企业荣誉

4月24日,获得"精准扶贫会员单位"荣誉。

4月,获得"2017—2018年度青年文明号"荣誉。

6月25日,获得"2017—2018年度上海市'文明单位'"荣誉。

6月,获得"青浦区高新技术研究开发中心(2019年度)"荣誉。

8月19日,获得"2019上海企业100强"荣誉。

12月9日,中通快递集团

董事长赖梅松获“2019 拉姆·查兰管理实践奖——全场大奖”荣誉。

12 月 17 日，获得“五星级车队”荣誉。

12 月，获得“中国公路货运行业金运奖——‘年度领军品牌’”荣誉。

12 月 24 日，获得“青浦区第二届慈善之星(集体)”荣誉。

12 月 26 日，获得“上海市级企业技术中心”荣誉。

12 月 26 日，获得“2019 年第九届中国大数据应用金铃奖——数据服务奖”荣誉。

七、企业大事记

3 月 28 日下午，中共中央政治局委员、上海市委书记李强到中通集团总部调研，希望企业抓住实施长三角一体化发展国家战略的重大机遇，加大自主创新力度，积极探索新模式、新业务、新领域，不断提高服务质量和水平，更好提升企业核心竞争力。

5 月 6 日，全球最大的广告传播集团 WPP 与凯度共同发布了“BrandZ 2019 最具价值中国品牌 100 强”排行榜。中通快递位列榜单第 41 位，品牌价值 33.59 亿美元，同比上涨 29%，是品牌价值涨幅最多的快递企业。

5 月 10 日，中共中央政治局常委、国务院总理李克强主持召开专题座谈会，就减税降费政策实施情况听取企业负责人意见建议。中通快递集团董事长赖梅松受邀参会并发言。

10 月 1 日，在 70 年国庆阅兵大典的群众游行方阵中，91 名中通员工参加的“美好生活”方阵昂首走过天安门广场，成为重大历史时刻的参与者。

10 月 22 日上午，从南昌起飞的中通快递波音 737-800 型全货机经过约 2 小时飞行，平稳降落在天津滨海国际机场，标志着中通快递在航空货运业务方面实现了新的突破。

11 月 12 日 18 时 32 分 25 秒，中通快递迎来 2019 年的第 100 亿件快递，成为中国乃至全球第一家年业务量达到百亿件量级的快递企业。

2019 年“双 11”期间，中通快运“双 11”日货量突破 2.1 万吨，标志着中通快运的业务运营能力与服务水平迈上了新台阶。

12 月 12 日，胡润研究院携手知识产权与科创云平台汇桔联合发布《汇桔网·2019 胡润品牌榜》，中通以 210 亿元的品牌价值进入百强榜单，位列 78 位。在最具价值民营品牌排行榜中，中通位列 40 位。

圆通速递有限公司

圆通速递有限公司创立于 2000 年 5 月 28 日，现已成为一家集快递物流、科技、航空、金融、商贸等为一体的国内国际协同发展的大型集团公司。圆通始终坚持“客户要求，圆通使命”为服务宗旨，以客户体验为中心，着力打造品质圆通、科技圆通、绿色圆通、德善圆通。

目前，圆通速递是国内快递领域唯一拥有两家上市公司的企业集团。截至 2019 年底，圆通速递全网拥有分公司 4000 多家，服务网点 7 万多个，转运中心 133 个，员工 40 万余人，快递服务网络覆盖全国 31 个省(自治区、直辖市)，县级以上城市已基本实现全覆盖。

圆通航空已基本搭建起覆盖国内各大区域的航线网络，并拥有国内、国际航线数千条，不断提升快件时效和服务。截至 2019 年底，圆通拥有自有全货机 12 架，已开通 20 条国际货运航线。

目前,圆通速递国际网络已覆盖4大洲,在全球18个国家和地区拥有实体公司,在全球拥有54个自建站点,业务范围覆盖超过150个国家,海外网络代理点突破1000家。圆通速递国际化布局随着“一带一路”走出去、随着跨境电商走出去、随着华人华企走出去。2017年11月,圆通速递战略并购香港上市公司先达国际(06123.HK),完成快递行业首例大规模跨境并购。

一、基础建设

2019年,圆通速递持续投入建设、布局与完善转运中心、自动化设备、运能体系、配送终端等核心资源,进一步增强网络核心资产掌控力,网络综合服务能力不断完善。

截至2019年底,圆通速递共拥有自营枢纽转运中心70余个,同步完成了武汉、合肥、赣州、临海、贵阳等枢纽转运中心的改造、扩建计划;完成了温州、蚌埠、漯河等枢纽转运中心的搬迁计划,不仅提升了圆通速递枢纽转运中心的现代化、智能化水平,也为进一步优化路由、提升快件时效与服务质量等奠定了坚实基础。

圆通速递积极推进转运中心、城配中心布局自动化分拣系统、摆臂、上车扫描仪等先进设备,提升全网中转操作的效率和稳定性,降低对人工的依赖。

截至2019年底,圆通速递累计安装完成摆臂2000余台,上车扫描仪近700台,在转运中心、城配中心及建包中心共布局完成自动化分拣设备60余套。

2019年,圆通速递根据区域及业务量情况,结合信息系统不断优化路由,加大双边运输车辆占比,提升甩挂车辆、大型运输车辆的使用率,并持续投入自有运输车辆,创新、优化运输车辆管理模式,提高运输车辆使用效率。截至2019年底,圆通速递自有干线运输车辆2000余辆,运能体系逐步完善,管理效率明显提升。

圆通速递秉承“自提”与“上门”相结合的原则,科学合理化布局,通过自建、合作建立门店或代办点、智能快递柜等多种形式积极加强终端建设,提升终端门店密度,缓解部分区域配送压力,满足广大消费者多元化的配送需求,提高配送效率和服务质量。2019年,圆通速递在全国范围内共拥有终端门店近5万个。

二、国际业务

2019年,圆通速递持续加强国内与国际的融合,逐步实现管理团队、信息系统及业务资源等的互补与协同;通过自建自营、战略合作等方式积极拓展全球快递服务网络覆盖;同时融合圆通速递国际的产品及客户资源,加强市场营销团队及体系建设,多渠道推广国际快递产品与服务,提高品牌认知度,并全面拓展跨境电商平台,助力中国电商、携手中国制造走出去。

此外,圆通国际综合各项优势资源,全力打造、优化中国—韩国、中国—越南、中国大陆—中国台湾、中国—阿联酋、中国—欧洲等跨境物流链路,为海内外电商平台及广大消费者提供清关便捷、时效优良、服务稳定的跨境物流产品与服务。与此同时,通过着力完善绩效考核机制,健全监控管理体系、信息系统、及时反馈处理体系等提升跨境物流全链路的精细化运营、管理水平。

2019年11月,圆通速递旗下先达国际再度亮相进博会,全方位展示了包括国际标准快递、国际经济快递、国际小包、FBA服务、国际转运服务、海外仓等在内的企业综合物流服务和特色业务,见证中国快递物流“走出去”。

2019年,圆通国际深入贯彻“自建”与“合作”相结合的发展模式,推进口岸关务能力建设,目前,已完成上海、广州、深圳、北京、厦门、天津、西安、昆明等20余个口岸的关务体系建设。成熟高效的通关体系初具雏形,国际快递综合服务能力稳步提升。

目前,圆通境外业务在美国、加拿大、荷兰、日本和中国香港等18个国家和地区设立了50多个自建站点，开通了2000多条境外航线，业务范围覆盖150多个国家和地区，并在多个国家和地区建立了自有关务团队。

三、航空运输

2015年10月，圆通速递旗下全资子公司——圆通航空正式开航运营，成为国内仅有的两家拥有自有航空机队的民营快递企业之一。截至2019年底，圆通速递自有机队数量已达12架，开通国际航线20条。

2019年，圆通速递不断加大自有航空与机队的投入运营及国内、国际航线的深入开拓，开通了西安—曼谷、烟台—东京成田、长沙—曼谷等多条国际航线，为圆通速递参与国内外快递物流市场竞争奠定了坚实基础。

同时，圆通速递充分利用自有航空提供综合物流服务，积极拓展第三方客户，开展商业化运营，进一步提高了圆通速递自有航空的利用率与运营效率，降低自有航空的运营成本，提升了自有航空的盈利能力。

四、科技应用

圆通速递历来高度重视信息化建设，自2009年起持续投入大量资金开发拥有自主知识产权的快递服务运营系统——金刚系统，并具备独立开发及升级能力，保证系统功能与圆通速递业务发展要求高度匹配，极大地提高了企业信息化水平，有效提升了内部管理效率和客户服务质量，为圆通速递不断拓展境内外业务奠定了基础。

目前，圆通速递已形成了包括“网点管家”“行者系统”“管理驾驶舱系统”“尊者系统”“自动化分拣系统”“运盟系统”等在内的金刚核心系统，覆盖揽收、中转、派送、客服等全业务流程以及财务结算、人力资源等日常管理的各方面，实现了对快件流转全生命周期的信息监控、跟踪及资源调度，促进了快递网络的不断优化和服务质量的稳步提升。

2019年，圆通速递对多个信息化管理工具全面升级，在移动化办公的基础上，对用于企业管理的各类App进行数据化、可视化升级，重点将总部、各管理区、转运中心和加盟商的数据打通，从而实现快件各环节流转的可视化，异常问题提前预警。可以做到“随时随地办公、人人可以参与”，化被动为主动服务，让科技赋能。

此外，自圆通速递牵头承建行业首个国家工程实验室“物流信息互通共享技术及应用国家工程实验室”（下称“物流国家工程实验室”）之后。截至2019年底，物流国家工程实验室已经完成智能物流装备研发8种，参与制定物流相关标准17项，承接省部级以上研究课题11个，申报专利35项，发表论文29篇，联合并服务物流行业企业用户1000家，编制物流关键技术报告4份，提交软课题研究报告5份，召开物流国际/国内开放交流会议3次，建成物流科技与产学研联合类示范基地4个，完成产学研联合课题11个，建设物流科技相关联合实验室16个，建立院士专家工作站1个，孵化创新创业公司6个，建设智慧物流创新工场1个，形成智能服务、物联网等产品10个，累计培训人员达1000人次等等。

物流国家工程实验室先后获得中国物流与采购联合会科学技术奖科技进步奖，获批国家邮政局“邮政行业技术研发中心”称号，获批交通运输部“新一代人工智能技术应用研发中心”称号等荣誉，加快了破解物流快递业面临的瓶颈问题，助推行业创新转型的步伐。

五、社会责任

在特种物流领域，圆通速递对内组建民兵运输车队和航空机队，持续加强应急力量建设；在公司8大管区创办退役军人就业创业孵化基地，帮助退役官兵解决就业难的问题；在军队营区、干休所设立“军营驿站”“惠军服务社”，打通快递进军营“最后一百米”。

近年来，圆通速递积极开展精准扶贫，在助老、助学、助困、助教、助医等方面累计捐赠资金上亿元。依托妈妈商贸等终端资源，通过“快递＋电商”新零售模式，深入融合线上线下互动消费，在促进特色农产品销售的同时，搭建农民创业平台，形成可持续的造血机制。

截至2019年底，圆通速递的扶贫工作已覆盖全国17个省市，并取得了一定的成效。

六、绿色快递

圆通速递践行生态环保理念，打造绿色快递物流。圆通速递高度重视生态环境保护工作，提出“4R”理念，即Replace（替代）、Reduce（减量）、Recycle（循环）、Reuse（再用），指导圆通生态环境保护工作的推进，并具体通过电子面单推广、循环中转袋全面替代一次性编织袋、循环包装、回收装置，节能减排等举措逐步推进绿色圆通理念在全网的落地实施。每年，圆通速递都会发布《社会责任报告》，把绿色物流作为主要领域进行推进。

在2019年“双11”期间，圆通速递将近7500个回收箱下发全网末端，全网转运中心可多次循环使用的环保袋使用率已近90%。此外，圆通速递在对全网使用率已超99%的电子面单进一步研发、升级，并积极研发和推广使用小号包签、小号面单等，进一步减少纸张浪费。

同时，为保护和改善生产环境与生态环境、防治污染和其他公害，圆通速递积极响应国家号召进行节能减排，每年全国范围内淘汰一些排放不标、车辆老旧、车龄较长的机动车辆。同时，在车辆采购方面重点考虑排放标准，全面使用国五京六排放标准车型，在京津冀已经全面淘汰国三车辆，确保车辆全部符合国家标准，并通过大力推广挂车运输车型、中置轴车型的使用减少车辆的投放，从而达到减少二氧化碳量的排放。

七、企业大事迹

6月，为促进上海民营企业做强做优，实现创新发展，根据《上海市鼓励设立民营企业总部的若干意见》，经审定，圆通速递有限公司等44家单位符合认定有关条件，被认定为首批民营企业总部。

12月6日早，一辆辆军车满载着整齐打包的退伍老兵的行李，从驻港部队营区出发，陆续抵达圆通速递深圳转运中心。在驻港部队官兵完成使命、光荣退伍之际，圆通速递通过自身覆盖全国城乡的快递物流网络，把他们的行李安全及时寄递到家。

12月16日10点58分，国家邮政局邮政业安全监管信息系统实时监测数据显示，我国快递业2019年第600亿件快件诞生，由圆通速递从天津保税区揽收，产品来自韩国。

12月28日，在北京浙江企业会第六届一次会员代表大会上，圆通速递股份有限公司董事局主席喻渭蛟当选为第六届会长。

申通快递有限公司

申通快递有限公司创建于1993年，是中国快递协会副会长单位，是国内重要的电子商务物流商，也是深受客户喜爱、市场欢迎、有广泛影响力的民营快递品牌。

2019年，申通快递以“提量、提质、提效”为动力，按照“改革抓创新、竞争抓服务、发展抓速度、管理求规范”的总体要求，全体员工锐意进取、克难攻坚，持续创新管理机制，加快转型升级步伐，着力提升社会形象，在企业发展、基础设施、品牌建设、资本运营方面取得了令人鼓舞的成就。

目前，申通已发展成为以电子商务物流为主，拥有包括标准快递、24小时次日达、48小时隔日达、国际快递、冷链快递等产品在内的大型企业集团。公司连续四年荣登上海市青浦区纳税百强前三甲，跻身2019上海企业100强，位列第63位。

一、基础建设

物流行业发展进入量质齐升阶段，快递业也从高速增长阶段转向高质量发展阶段。2019年，申通快递在业务保持稳定增长的情况下，通过加大资金投入，加速直营化步伐，优化和平衡网络结构；升级干线路由，精细化运营助力降本增效；提升整体运力，努力为客户创造更高效、更优质、更便捷的服务。

加速直营步伐。申通快递自2018年起，就不断加大核心城市非直属转运中心的收购力度，以提高全网的反应速度。2019年，公司持续落实中转布局"一盘棋"战略，收购天津等转运中心，进一步提升平台服务能力。截至2019年底，全网共有转运中心68个，其中直属转运中心61个，直营率达到89.71%。

升级干线路由。申通快递持续优化进港、出港路由标准体系，其中干线运输全部采用集约化模式，最大化降低运输成本，让利给末端网点。

二、业务发展

快递业务是申通快递的重要业务板块。立足主业，依托覆盖广泛、体系完善的寄递网络，申通快递为客户提供高效满意的寄递服务，根据客户的不同需求，提供标准快递业务产品、增值服务产品及快递辅料产品。

标准快递业务产品：包括汽运时效产品和航空时效产品两类，其中汽运时效产品包括限时递、当日递、次晨递、24小时件、48小时件；航空时效产品包括重点城市间24小时件。

增值服务产品：包括承诺达、代收货款、上门取/送件、代取件、到付件、保价、签单返款等。

快递辅料产品：提供信封、文件袋、纸箱等快递包装物。

2019年，公司完成业务量约为73.71亿件，同比增长44.19%，包裹完成量占全国总量的11.6%。

三、科技应用

申通快递积极营造创新型企业环境，不断加大在信息系统、转运中心、干线运输网络等方面的科技投入，探索智能机器人、人工智能、大数据、云计算等技术在快递行业的深化运用，助力公司从数字化运营再升级到数智化运营。2019年，在国家公布的邮政行业科技英才和技术能手候选对象名单中，申通快递入选数量位居行业前列。

基础数据上云。为了提升公司的数字化运营水平，申通快递于2019年6月启动向数字化平台型科技企业转型的第一个项目——新纪元项目，将公司的传统数据架构升级为全新的云架构，形成一套大数据实时离线处理引擎，可将系统的复杂度降低70%，将实时处理能力提升至毫秒级，日均可处理订单和轨迹数据十亿级，并实时计算出各项业务数据，帮助全网优化路线和时效考核。

打造智慧平台。在公司领导与产品技术中心的总体规划下，申通快递建设覆盖快递干支线全局网络的快递运营管理核心平台——申通智慧运营平台，通过整合利用现有的企业信息化成果，以数字辅助决策、以数字驱动变革，实现运输业务及操作标准化、运输路由智能化、运输结算精细化、运输过程监控智能化、运输质量及成本考核透明化。申通智慧运营平台项目于2019年5月正式上线，截至2019年底，已新增线上操作节点20余个，实现干线运输节点操作规范性提升至98%以上、发车准点率提升8%、在途延误车辆数减少30%、车辆在途时效提升6%。

推出智能服务。为了更好地满足客户需求，申通快递于2019年推出AI智能客服机器人服务项目，用于催件、下单、咨询、查件等多场景服务。AI 智能客服机器人具备多方言重口音语音识别、多领域场景对话交互、场景化多风格人声合成、复杂场景上下文语意识别等能力，可实现 7×24 小时在线服务，可解决超过 70% 的客户维度问题。此外，为了使 AI 智能客服机器人给客户带来更“智能”的体验和满足各场景应用需求，申通快递还建立了专门的后台地址信息库和快递领域知识库，并不断优化服务场景，努力提升服务成功率。2019 年，AI 智能客服机器人已在部分网点试用，预计 2020 年将推广至全网。

建设智慧站场。基于科技化转型战略要求，申通快递联动多个关联部门启动数字化场站项目，通过前沿技术有机整合快递转运分拨中心人、机、车、货、场五大关键要素，实现转运分拨中心各元素数字化、信息可视化，为数据赋能决策、精细化管理奠定了坚实的基础，大幅缩短了部署时间和部署成本，有效提高了人员作业效率，改善了人员精细化管理缺失的人工不可控现象。数字化场站项目已于 2019 年在淮安转运中心落地试点，未来将在全国范围内实施落地。

实施智能寄递。为了满足日益增长的业务量需求，申通快递不断变革传统作业方式，持续加大对新科技、新装备的投入，在快件收寄、分单、分拣、运输、投递等业务全流程中相继推广智能寄件、自动分单、智能分拣等，推进“自动分拣小黄人”“伸缩式皮带输送机”“喵柜”等的研发和应用，充分利用现代科技全方位满足收、转、运、派等主要业务环节的需求，不断提升快件的时效性、安全性。2019 年，公司在新建及改扩建场地共投入自动化交叉带、装卸货伸缩机、三合一设备、安检机、小件快手百余套，设备总投入达数亿元。

四、绿色快递

作为绿色快递的倡导者和践行者，申通快递严格按照国家生态环保相关工作要求，在全网开展多方面、多领域的绿色化建设，并将绿色包装的采购应用作为重点进行系列试点、推广，推动包材管理及使用减量化、绿色化、可循环化。

电子面单。随着“绿色快递”理念的普及，电子面单在快递业广泛使用。2019 年 6 月 17 日，申通快递推出新版一联电子面单，并逐步停止采购二、三联电子面单。一联电子面单较二、三联面单缩小了近 50%，可有效减少纸张消耗。截至 2019 年底，公司全网电子面单使用率达 99.55%，其中一联电子面单使用量超过 39%，按照一张一联单子面单节省 1 克纸估算，2019 年共计节约用纸 2134 吨，相当于少砍 36000 棵树。

环保包装袋。申通快递与清华大学化学工程系合作研发可降解环保材料包装袋。环保包装袋废弃后，在生物环境的作用下可自行分解，有利于推动快递包装朝着低污染、低消耗、低排放、高效能、高效率、高效益的绿色方向发展。截至 2019 年底，全网累计使用环保包装袋 2 亿条，按照 1 条环保快递包装袋约减少二氧化碳排放 14.6 克计算，累计减少二氧化碳排放 2920 吨。

环保文件封套。申通快递于 2019 年开始和合作厂商沟通联合开展环保文件封套研发工作相关事宜，并计划在后期开展试点工作。环保文件封套分别使用涤棉布、灰纸板制作表面和内衬，相较于传统文件封套，平均可循环使用约 20 次，并可回收再生，有效提高了资源利用程度。

“胶带瘦身”计划。申通快递积极响应“胶带瘦身”计划，于 2019 年 5 月开始停止采购旧版 48mm 及以上的封箱胶带，统一采购宽度为 45mm 且符合国家要求的瘦身封箱胶带，并在全网范围内推广使用，以减少在生产经营过程中胶带的使用量。自 2019 年 5 月更换使用“瘦身胶带”以来，至 2019 年底全网已累计使用瘦身封箱胶带 5500 万米。

植物基胶带。申通快递积极与环保单位合作，借鉴国外先进经验，结合国内实际使用情况,经过多次试验及测试,成功研发植物基胶带。植物基胶带降解时间为77天,且稳固、持久,可适合于不同温度环境,无刺激性气味。植物基胶带已于2019年开展试用,预计将在2020年于全网范围推广使用。

循环快递箱。申通快递以“共享”包装为切入点,与环保材料公司合作生产循环快递箱,同时探索适合申通快递的循环箱使用模式,如以租代买、按次收费、统一回收等。截至2019年底,循环快递箱已试点应用于运送贵重物品、生鲜等。

回收箱投放计划。申通快递积极在全网范围内推广“回箱计划”,促进快递包装分类回收、循环利用。截至2019年底,申通快递在全国范围内5000个网点部署了8000个快递包装回收箱,其中上海地区的151个网点共计投放216个,为快递业绿色可持续发展作出了积极贡献。

RFID循环中转袋。自2016年9月以来,截至2019年底,申通快递已累计投入9900万元,在全网范围内推广RFID循环中转袋,并结合实践经验对中转袋进行升级换代。单个RFID循环中转袋平均使用寿命为50~70次,近10%的循环袋使用次数可超过百次,无法修补使用的循环袋可由厂商统一回收后制作塑料杯垫、垃圾桶等。截至2019年底,循环袋使用率达98%,总投入量达580万条,每条循环袋平均使用寿命超过50次。2019年,全网共使用循环袋约1.6亿条次,相当于减少塑料垃圾排放约16000吨,直接节省成本约6400万元。

绿色运输。申通快递以轻量化、节能减排为目标,在有序淘汰排放不达标、老旧、车龄较长的机动车的同时,强制推行国五京六排放标准车型使用,以降低二氧化碳排放量对环境的影响;与一汽解放、中车、金龙等展开合作,在末端派送环节采取以租代买等多种灵活方式,推广使用新能源汽车;规范末端派送管理,使用符合国家要求且纳入规范通行管理的电动三轮车,减少“最后一公里”的碳排放。截至2019年底,公司全网新能源车辆达2995辆(含租赁),符合国家要求且纳入规范通行管理的电动三轮车共有63949辆。

绿色宣教。申通快递将“绿色发展”理念融入公司日常经营过程中,面向全网开展环保理念宣贯活动。公司及时将国家邮政局下发的寄递企业环保工作任务清单等重要文件以及环保公司会议精神、工作要求下发至全网宣贯学习,2019年,公司面向全网发文8次;在“淘宝99大促”“双11”“双12”等重要工作节点加强环保工作宣传指导;要求各省区及网点负责人按照《快递绿色封装操作指南》进行减量化、标准化包装实操培训;在上海转运中心建立首批垃圾分类回收站试点,区分转运中心建筑垃圾、生活垃圾、快递垃圾等,并通过对实际情况的跟踪不断优化使用方式、总结使用经验;开展“申通环保周”“邮来已久、绿动未来”等主题宣传活动,增强全网环保意识。

截至2019年底,申通快递超额完成国家邮政局的“9571”工程的目标任务。

五、社会责任

申通快递在长期的发展过程中,不忘初心、饮水思源,积极强化责任意识、规则意识、奉献意识,主动承担社会责任、服务民生,以感恩之心回报社会,树立了爱心、和谐、友善、负责任的企业形象。

军民融合。申通快递通过多种举措,广泛开展“爱国拥军、军民共建”活动,唱响军民融合深度发展“主旋律”,为实现“中国梦”“强军梦”贡献力量。一是建设应急队伍。根据“平时服务、急时应急、战时应战”的要求,公司在国家邮政局及相关行业协会的指导下,依托自身运力,以退役军人员工为主体,建立了一支“平时服务公司业务、急时突击运输支援”的核心力量。二是建立军营驿站。本着“服务部队、方便官兵”的宗旨,公司对涉军快递实施最低优惠,创建“网点进军营”“快递柜进军营”两种服务模式,并通过“进出营区快件关键信息加密、逐件安检”“操作人员以营区院内人员优先、退伍军人优先”等方式满足部队的保密要求。三是招聘复转军人。基于自身发展、社会责任及军队改革需要,公司多途径招收优秀复转军人,提供贴合复转军人实际的培训计划,助其迅速融入公司并担任管理岗位。2019 年度公司储备转运中心经理培训中,复转军人在整体淘汰率大于 40% 的情况下全部通过培训,占总体通过人数的 25%。四是开展双拥工作。申通快递通过慰问官兵、共建活动、开展军营日及悬挂双拥标语等多种形式与部队交流,加深彼此间了解;在新兵季退伍季等时节,以优惠的价格给官兵提供优质的上门服务,体现军人作为全社会最尊崇职业的特殊性,彰显公司对国防事业的责任心。

脱贫攻坚。2019 年是全面建成小康社会和打赢脱贫攻坚战的关键之年。申通快递牢记重托、不辱使命,以最大的决心、最实的措施、最严的标准、最有力的行动,全力以赴抓好精准施策综合帮扶脱贫攻坚各项工作,助力全面建成小康社会。一是安老。将安老工作摆在突出位置,开展系列尊老、爱老、敬老主题活动,走访慰问敬老院老人,为孤寡老人送上暖心慰问。二是扶幼。积极帮扶贫困家庭及其子女,关爱留守儿童,将“扶贫”“扶心”相结合,既在物质上捐助贫困儿童,又关爱贫困儿童心理健康。三是助学。公司关注未来人才教育与发展,通过捐赠文具、书本、教学设备,改善贫困地区教学环境,设立教育教学奖励基金、爱心救助基金,开展“小红心暖阳助学”等形式多样的助学公益活动,协助创造良好的生活和学习环境,为更多需要帮助的学子提供力所能及的帮助,让更多孩子获得优质的教学资源。曹眼小学位于甘肃省定西市岷县马坞乡曹眼镇,距离县城 120 公里,学校条件艰苦,教学设备落后,难以满足师生日常教学与学习需求。2019 年,曹眼小学被列为申通快递的定点帮扶单位,在随后的帮扶工作中,申通快递立足为孩子们营造良好的教学环境,主动开展系列帮扶行动,为曹眼镇教育事业发展贡献力量。2019 年 9 月 24 日,申通快递向曹眼小学捐赠了价值 8 万多元的教学物资,极大改善了师生教学条件。四是济困。公司积极推广“寄递 + 电商 + 农产品 + 农户”的产业扶贫模式,利用自身平台优势,有效解决贫困地区农产品“推广难”问题。

免费承运救灾物资。申通快递依托自身在物流快递方面的优势,持续开展公益救灾活动。在 2019 年 6 月 17 日四川省宜宾市长宁县 6.0 级地震、7 月福建顺昌县发生洪灾后,申通迅速启动应急预案,第一时间联动地方网点公司深入救灾一线开展救援行动;为灾区免费承运救援物资,保障灾区物资供给;动员全网力量为灾区捐资捐物,帮助受灾群众重建家园。

关爱特殊群体。申通快递重视对残障人士等特殊群体的关爱,开展特殊群体救助、慰问、帮扶等活动,让点滴爱心惠及更多需要帮助的人。2019 年,公司与中国残疾人福利基金会在上海签约“集善扶贫健康行 · 互联乐业”项目,依托双方资源平台,结合残疾人在就业方面存在的特殊困难和障碍,量身定制就业岗位。同时,组织专业师资力量为入选人员提供免费现场客服业务技能培训,帮助其成为合格的客服人,让其通过自身劳动改善生活,从而获得更多认同感和成就感。

六、企业大事记

3 月 11 日,申通快递发布公告称,阿里巴巴将投资 46.65 亿元入股申通快递第一大股东上海德殷德润实业发展有限公司。公告显示,申通快递控股股东德殷控股拟以转让或增资的形式分别向其全资子公司德殷德润、恭之润出让德殷控股所持上市公司 457709848 股(占申通快递总股本 29.90%)及 246459149 股(占申通快递总股本 16.10%)股份。同时,为引入阿里巴巴作为德殷德润的战略投资者,德殷控股将其持有的德股德润49%股权转让给阿里巴巴，阿里巴巴为此将支付人民币对价约46.65亿元。

4月24日，以“十年砥砺奋进　聚力再创辉煌”为主题的中国快递协会十周年庆典活动在北京隆重举行。申通快递总裁陈向阳、副总裁熊大海受邀出席庆典活动。石家庄申通等12家申通网点被评为“优秀快递驿站”。李振振等8名申通快递员被评为“快递小蜜蜂”。申通快递“电子面单”项目荣获2018年度邮政行业科学技术奖一等奖。申通快递员工滕小俊摄影作品《拼搏》荣获大美·中国新快递摄影大赛二等奖。

5月31日，申通快递2019年年中工作会议在上海召开，会议对上半年重点工作进行了分析总结，明确下半年及今后一段时期的工作方向。会议号召全网统一思想，聚焦核心重点，寻求重大突破，增强全员信心，全力保证2019年度工作目标的达成。申通快递董事长陈德军、总裁陈向阳出席会议并发表重要讲话，公司各级管理层和网点公司代表共300多人参加了会议。

6月26日，总裁陈向阳率相关业务部门负责人赴湖北省调研，并与湖北地区网点代表们进行了深入的座谈交流。自年中会议召开，总部组织以副总裁为领导的小组多次赴一线网点调研，详细了解网点经营管理中存在的问题，并提出针对性解决方案，为进一步贯彻落实年中会议精神奠定坚实的基础。

7月19日，申通快递西南水果电商物流中心启动仪式在成都蒲江举行，启动仪式上，由蒲江至广州的首辆生鲜水果干线运输车正式发车，标志着物流中心正式启动运营。申通西南水果电商物流中心是行业内首家水果专用物流中心，占地28亩，集水果分选、包装、仓储、物流为一体，内建气调保鲜库20间，每间占地80平方米，储存量16万斤/间；全自动分选生产流水线，日均生产出货8万～10万单；1500平方米纸箱包装厂，满足物流中心包装需求；分拨中心进港12条伸缩机，出港23条伸缩机，全天24小时发货，日均可以处理40万～50万单包裹。

8月5日，在中转管理部安全管理处的精心筹备下，申通快递首届全国安检技能大赛在上海举行。申通快递董事长助理邵知路以及来自全网各省片区30名优秀安检员代表共同出席了活动开幕式。经过一天紧张而激烈的角逐。吴松林获得理论单科状元，李飞月获得实操单科状元和综合一等奖，郑小宁、孙金花获得综合二等奖，张义、吴星宇、吴松林获得综合三等奖。

8月11日，由证券时报主办，中国上市公司发展联盟承办的“证券时报第十三届中国上市公司价值评选榜单”揭晓，申通快递凭借在成长性、盈利能力、投资收益等方面的出色表现，荣膺“中小板上市公司价值五十强(前十强)”和“中小板十佳管理团队”奖项。

8月22日，申通国际与北欧邮政集团在上海举行战略合作协议签约仪式。申通快递董事长陈德军、申通国际董事长朱群，北欧邮政集团CEO Thomas、亚太区负责人Hugh出席签约仪式。申通国际董事长朱群、北欧邮政集团CEO Thomas代表双方签署战略合作协议。根据协议，双方将在开发共有品牌商邮产品给目标市场，中国到北欧、北欧到中国双向跨境电商物流线路上开展深入合作。

9月20日，由上海市邮政管理局精神文明建设指导委员会、上海市快递行业协会主办的上海市邮政业庆祝新中国成立70周年歌咏比赛在上海举行，申通快递在11支参赛队伍中脱颖而出，夺得二等奖。

10月1日，新中国迎来70岁华诞。快递小哥首次亮相国庆庆祝活动群众游行队伍，成为天安门前史诗般壮美画卷上的新符号，申通快递共有42名快递员走进国庆群众游行“美好生活方阵”的队伍中，包括4名女快递员。70名骑着电动车的快递小哥动作整齐划一，申通快递的朱云霄、李春发、孙磊三名快递员作为骑手，骑着电瓶车行驶在方阵前列。

11月15日—16日,董事长陈德军,副总裁申屠军升,副总裁兼董事会秘书陈泉,董事长助理李禾一行先后深入四川、贵州省一线网点慰问,并与员工深入交流,详细询问了网点“双11”业务运营情况,日常业务发展情况,以及存在的问题和困难。

11月15日15点34分,申通快递宣布,当天申通裹裹日订单量突破百万大关。自此,申通成为行业内仅有的两家裹裹日订单量超过百万的快递企业之一。据了解,申通快递2018年开始启动裹裹业务,这在同行企业中并不算早,历经18个月,申通快递日订单量突破百万大关,实现弯道超车。

12月4日上午,安徽申通芜湖转运中心乔迁仪式隆重举行,安徽省公司总经理李果出席芜湖转运中心乔迁仪式并发表讲话。芜湖转运中心新场地占地80亩,日操作进出港票量可达100万件。新场地配备自动化分拣设备,进出港卸货口20个,另设20台五面高扫设备,以及20条摆臂设备。进港7条线体,出港5条线体,每条线体设一台专用安检机。二楼交叉带设备有24个供包台,250个分拣小车。设备的升级,将大大提升快件操作效率和标准。

12月25日,“简阳市第四季度重大项目集中开工仪式”在四川简阳举行。“申通快递成都电商物流科技产业园项目”作为此次的重大项目之一,在仪式上宣布动工。申通快递成都电商物流科技产业园位于简阳市石桥镇,项目总占地300亩,目前一期占地面积131亩,总投资4.5亿元,将建设基于物流自动分拣设备应用示范基地、电商仓储服务中心、航空分拨中心等,未来将打造为申通快递重要的全国性转运枢纽。

韵达控股股份有限公司

韵达控股股份有限公司创建于1999年8月8日,2016年12月23日在深交所上市(股票代码:002120)。韵达以快递业务为主业,同时还包括仓储业务、供应链业务等,服务范围覆盖全国31个省(区、市)及港澳台地区,通达全球30余个国家和地区,为国内外客户提供优质的生活方式体验。

韵达是入选上海首批44家民营企业总部名单的企业之一,先后两次入选BrandZ最具价值中国品牌100强排行榜。在资本市场,韵达被纳入MSCI中国指数,荣登“2018年中联百强”排行榜前三名之列和“中小板上市公司价值50强榜”,入围“2019年胡润品牌榜”,获得“中小板上市公司十佳管理团队奖”等荣誉。

韵达在发展的过程中坚持“以客户为中心”和高质量发展,打造以快递为核心的生态圈,为实现具有国际竞争力的快递物流品牌不懈努力!

一、基础建设

2019年上半年,基于公司愿景、发展战略及对服务品质的极致追求,公司持续推进快递服务网络建设和颗粒度细化工作。根据2019年半年报显示,公司在全国拥有3575个加盟商和30070个网点/门店/服务部(含加盟商),加盟比例为100%,网点数量较年初增加15%;快递服务网络已覆盖全国31个省、自治区和直辖市,地级以上城市除三沙市、玉树藏族自治州、果洛藏族自治州外已实现100%全覆盖;“向西向下向外”工程又有新突破——“向西”增加开通了塔什库尔干塔吉克自治县等中西部县级城市,县级以上城市覆盖率已达95.45%,较年初“向下”新开通304个乡镇,累计已达23,769个,“向外”已开通了30个国家和地区的国际物流服务网络。

2019年,公司深入实施对加盟商的科技赋能、管理赋能、人才赋能、品牌赋能、金融赋能等,加强对加盟商产能等核心资源的建设与支持;在全国范围内定期举办“网点经营提升班”,打造“总部——加盟商/网点”双向交流的窗口,向网点分享优秀管理经验,提升网点经营质量、效率和盈利能力;客服中心在全国开展“客服系统全国培训”,帮助各加盟商提升客户服务水平和服务意识,增强服务竞争力。

服务品质与全程时效提升是一项长期的、复杂的系统工程,需要持续的投入、健康的网络和精细化的管理,具有“荷花定律”特点。

近年来,公司紧紧围绕“主动服务,以客户为中心”的服务理念,始终将服务工作作为“口碑工程”常抓不懈:

(1)依托科技创新、全网协同和精细化管理,倾注专项科技、人力、物力等资源,探索更有效的管理方式;

(2)将信息化平台、大数据平台、自动化设备、协调系统等与快递服务网络深度融合,充分发挥枢纽转运中心100%直营的“类直营化管理”优势,通过揽件响应、交件管理、多层次直跑、操作次数控制、车货匹配、智能路由、高频服务等精细措施,在全网实施多要素、系统化、柔性化的服务协同;

(3)秉持脚踏实地、日拱一卒的守拙精神,在全网开展服务标准统一、服务能力培训、服务意识强化,在全链路进行高水平的时间管理和服务管理,聚沙成塔、集腋成裘,持续推动服务指标达到行业领先水平。

二、业务发展

韵达是国内领先的快递综合服务提供商,公司实施“守正开放、多元协同、一超多强”的发展战略,紧紧围绕“主动服务,以客户为中心”的服务理念,持续保持信息化、自动化、智能化、运力提升、物业自持等核心资源投入定力,持续提升服务品质、提速全程时效、强化“韵达”品牌,持续推进客户分群、产品分层、提质增量的发展策略,在科技创新、精益管理等多重有益因素共振支撑下,持续向市场及客户提供高效、便捷、优质的快递服务体验,极大提升了客户黏性,快递业务量获得了高于行业增速的快速增长。

2019年度,公司预计实现营业总收入3462412.36万元,比去年同期的1385598.97万元相比增长149.89%。2019年度,公司预计实现营业利润365867.62万元,比去年同期361991.26万元相比增长1.07%;预计实现利润总额353291.07万元。

根据韵达2019年年度业绩快报显示,截至2019年12月29日,公司2019年累计快递包裹揽件业务量突破100亿票。2019年,公司继续推进“产品分层”竞争策略,将优秀的时间管理转化为时效产品和特色产品,将优秀的服务品质转化为公司新的增量价值,持续培育新的利润增长点。

(1)时效产品:公司统筹资源积极发展高品质、高附加值的时效产品,把“当日达、次日达”作为重点进取方向进行专项提升,由点及线、由行成面。

(2)特色产品:公司正式发布新产品“优递达”,产品属性包括派前电联、极速上门、门店发货、逆向物流等,积极响应多维客户对新服务、新时效、新体验的更多期待,为核心大客户、大平台、大电商等提供差异化服务。同时,公司以特色农产品为对象,推进生鲜限时寄递产品“韵鲜达”项目,并积极开发可享受政策红利、带来高毛利的绿色货品和客户,并积极协调全网资源特别标识、优先操作。

(3)市场散单:快递包裹在“无处不在”的发展前景下,消费者需求多样化,市场散单的需求进一步扩大。2019年,公司基于良好的服务品质和品牌效应,积极发展各类平台散单业务，以快速响应、限时揽收给顾客带来极致的寄递服务体验。

（4）大客户拓展：公司持续重视对大客户的开发、服务与维护工作。客户开发上，专项推出并不断升级大客户管理系统，对大客户数量、分布、票件量波动等情况进行实时跟踪、分析；业务操作上，特别是业务高峰期间，分拨中心通过设立专门的装卸服务窗口、安排错峰交货等，切实支持大客户的营销、大促保障；服务保障上，在全国不同区域设有专门的市场部门，配备专门的大客户服务团队，为大客户提供一对一的售后服务。通过多种举措，报告期公司网络内大客户数量和业务量占比进一步提高。

（5）供应链服务：韵达仓配一体化供应链服务依托公司通达国内外的物流服务网络，致力于构建以科技驱动、资源共享、对外开放的服务平台，将仓储、运输、配送、数据服务等业务互联互通，打造“万仓联盟”，为客户提供专业、一体化的快递物流供应链管理模式和最佳解决方案。目前，公司已建立起OMS、WMS、TMS、CRM、ERP、物流轨迹等12个信息处理平台和信息系统，持续投入了AGV机器人、智能打包流水线、仓储自动称重快手设备、仓储交叉带分拣设备等众多智能化仓储设备；整合仓储、运输、快递、快运、城配等资源，为客户提供了B2C仓配一体、B2B仓配一体、跨境电商、联合仓、传统运输、仓店调拨、O2O、SAAS、行业供应链等产品和服务。

（6）国际业务：韵达国际专注于向全球电子商务平台、买/卖家、贸易商及国内外消费者提供安全高效的一站式物流解决方案。韵达国际借助强大的信息系统、丰富的国际多式联运体系、开放的合作模式、专业的客服团队，为客户提供一单到底的高效便捷服务。目前韵达国际可以提供进口、出口、海外仓、清关、个性化定制等服务。2019年，韵达国际举措频出，全方位提升国际网络服务能力。韵达国际与欧洲邮政达成了战略合作关系，不仅在集货仓方面双方达成紧密合作，更互为当地最后一公里的有力派送伙伴；完成了山东威海保税仓的签约与启用、香港保税仓以及广州出口集货仓的全面准备工作，实现了真正意义上的自有保税仓的重要跨越；云南磨憨进口快件中心和福建平潭海运出口操作中心的启用，标志着韵达向海外市场的拓展已进入快车道。

（7）末端服务：随着快递行业发展不断深化，上门投递、智能快件箱投递和公共投递站投递等模式互为补充的末端投递服务新格局逐步形成。公司开展“末端服务”建设，构筑网点、智能柜、共同配送、合作便利店、物业等多元化末端服务网络，为社会提供更加丰富、便捷、优质的“第一公里”和“最后一公里”服务。

同时，在分拨分拣环节或网点分拣环节直接进行末端分拣，减少重复操作，目前已覆盖十余个城市提高了消费者服务体验。另外，公司积极开展与上下游企业的战略合作，对农村末端持续渗透，辅助工业品下乡、农产品进城，末端触角不断延伸，目前已对接到多个县域，在县域范围快递公司提供共配，为农村快递提供从县域到村的揽收、分拣、派送等服务。

三、科技发展

2019年上半年，基于对快递产业发展前景的深刻认识和中长期发展战略，在科技创新、新设备研发方面始终保持着坚定的投资定力和蓬勃的创造力，为公司未来发展提供充足的产能储备。

为缩短操作时效、最大化提高生产力，公司利用信息化技术优势不断对自动化设备进行赋能、升级和改造。报告期内，公司研发投入了多层交叉带，效率较以往提升2倍，处理能力达80000件/小时，分拣准确率超过99.8%，单位产能大幅提升，效率大幅提升。同时，公司持续推进“科技下乡”和“以智赋能”，用信息化、自动化赋能加盟商，帮助网点设计、定制自动化分拣设备，极大提升了网点产能，促进加盟商与总部协同发展。

2019年上半年，在既有的累积信息化能力基础上，公司又新开发数十套信息化支持系统，其中包括：基于客户服务体验管理系统，如“服务地图”“合作日志报表”等；基于大数据分析及智能路由动态规划的时效管理系统，如“数据魔方系统”“智能排班系统”；基于末端服务提升的监控系统，如“末端服务预测系统”“服务响应报表”等等。

（1）智能寄件：为适应多场景、智慧化寄件需求，韵达自主研发扫码寄件系统。客户可通过公司官网、终端App、微信/支付宝小程序、95546服务呼叫系统、二维码等方式实现扫码寄件，有效解决散单和中小客户手写面单问题，提升揽件效率。

（2）智能运输：韵达运用信息化技术实现对运输环节的智能化、可视化管理。自主研发“智慧调度系统”，结合车辆数据、操作数据、场地信息、排班等信息输出对应的结果数据，及时准确地安排现场作业；智慧路由可充分考虑快件货量、流向等因素，结合大路由系统、电子面单系统和地址归集技术，实现路由规划与智慧运输；可视化管理通过数据集成和分析，将网络路由数据在地图上展示，掌握路由运行状况，并依托智能运力管控平台、车辆GPS、韵达司机App等操作系统，实现对车辆行驶状况的可视化管控。

（3）智能分拣：依托自主研发的“全自动分拣总控系统”为核心，韵达持续加大自动化分拣设备投入与运用，创新研发投入多层交叉带，效率较以往提升2倍，处理能力达80000件/小时，分拣准确率超过99.8%，有效提升分拣速度、准确性、安全性和人均效能。

（4）智能仓储：韵达积极引入自动化仓储管理技术，通过“类目仓建设”，并根据货物的物理特性，自动设定仓库管理参数；通过智能标签技术、条码等现代化技术，实现仓库环境的自动化监控、库存的自动调配和分类、自动补货、商品的包装和配送等，有效节约劳动力、提高仓储能力、减少货物损失风险；通过装备“AGV机器人+自动包装线”，打造智能物流仓储系统，其中AGV机器人应用于货物的智能拣选和位移，较人工拣货效率提升136%。

（5）智能派件：随着人们消费水平的日益提升，传统的投递方式已经难以满足不断增长的高质量服务需求。韵达组建专项研发团队，不断解锁无人机、无人车新技术，满足不同业务场景需求，实现“最后一公里”的高性价比、高效率派送。

四、绿色快递

一直以来，韵达高度重视生态环保工作，以“绿色化、减量化、可循环”为目标，坚持“全网共治、科技支撑、社会协同”的绿色发展思路，多措并举推动快递绿色、健康发展。

（1）建立机制。韵达成立了绿色快递建设办公室，建立了常态化的工作机制，包括主管部门上传下达机制、韵达全网执行落地机制和合作伙伴协同推进机制；同时，在韵达控股设立绿色环保委员会，及时传达国家邮政局等各级邮政管理部门有关绿色环保的工作部署和安排，全面协调推进全网31省、区、市的生态环保工作建设。

（2）建立制度。在推进快件包装标准化和绿色化方面，公司建立了绿色采购制度和统计制度等，确保绿色环保工作的制度性执行。

（3）加强宣传。韵达大力宣传绿色环保工作的理念、意义，通过官网、内刊、新闻媒体和新媒体以及分拨中心、网点的黑板报、宣传栏进行宣贯。同时，将行业生态环保应知应会内容纳入培训计划，组织开展培训，特别是针对一线人员，重点开展了《快递业绿色包装指南（试行）》以及规范化操作等方面的培训。

（4）电子面单。韵达持续推广使用二维码电子面单，加大对一联电子面单的研发与使用率；韵达全网的电子运单使用率2019年全年平均达到近100%。

(5)绿色办公。韵达在全网节水、节电,推行无纸化办公。

(6)循环中转。韵达采购了新型中转环保袋,同时继续加强采购可降解包装袋,以及小于45mm的瘦身胶带。

(7)节能减排。韵达使用LED等节能灯具的营业网点和分拨中心的比例持续提高。公司还在分拨中心推广使用屋面太阳能电池板,目前已在全国多个分拨试点使用。鼓励并推进一级网点基本全面租借新能源车。目前全网正在使用的新能源汽车数千辆。

(8)包装回收。为继续深入实施"绿色快递"行动计划,大力实施"9571"工程。目前已在全国31个地区网点设置了快递回收装置,供客户和市民将不需要的包装放置后循环利用,并与相关机构签署协议,探索建立包装回收机制。

(9)社会协同。韵达已加入了中国快递协会绿色环保专业委员会,是首批委员单位之一。同时,韵达一直以来与供应商以及快递上下游企业进行探讨,力求通过社会协同,为行业生态环保工作添砖加瓦。

五、企业大事记

1月2日,韵达荣获由中国邮政快递报社颁发的"2018中国快递科技创新奖""2018中国快递年度发展奖""2018中国快递社会责任大奖"三大奖项。

4月19日,韵达上线新产品"优递达",旨在以"安全、快速、准确、创新,让服务一触即达"的属性,进一步满足广阔市场中不同客户的多样化需求。

5月6日,韵达入选BrandZ 2019最具价值中国品牌100强,品牌价值再创新高,以27.25亿美元的品牌价值位列第52位。

5月21日,韵达股份以综合得分94.4分荣登"2018年中联百强"排行榜前三甲。

6月27日,韵达客服中心被命名为"全国青年文明号"。

6月27日,韵达入选上海首批44家民营企业总部名单。

8月8日,韵达股份被新增入MSCI中国指数。

9月27日,上海邮政业新闻宣传工作暨通讯员培训会议在沪召开,韵达荣获2018年度上海邮政业新闻宣传先进集体称号。

10月1日,在全国人民共庆新中国成立70周年之际,韵达网络近100名快递小哥参加了70周年大庆活动。其中既有获得2018年"最美快递员"和2019年"最美家庭"荣誉称号并入选"中国好人榜"的女快递员宋玉凤,也有先进模范人物代表赵洋洋,还有来自韵达北京公司和网点的快递员代表等90余人。

10月25日,韵达特快2019启动会在沪举办,推出了以时效为核心的高端产品——韵达特快。这款产品是一款以时效为核心的高端产品,主要面向对时效有着巨大需求的客户,赋能城市加速度,打造服务新品质。

12月12日,胡润研究院发布"2019胡润品牌榜"。韵达以115亿元排名全国第111名,在民营品牌榜单中排名第59名。

12月29日,韵达股份年业务量破100亿。

百世快递

2019年百世以"智慧供应链,助力新零售"为使命,致力于以互联网信息技术及现代化的管理理念升级优化传统物流行业,通过对技术的前瞻性投入、产品和服务的持续创新,推动信息技术、人工智能、大数据在物流领域的应用,取得了斐然成绩,量质显著提升。

截至2019年底,百世快递在全国拥有转运中心88个,42400多个末端网点,省市网络覆盖率达100%，区县覆盖率达100%；2019年全年快递包裹总量达到75.8亿件，快递营收同比增长38.5%，远超行业平均增幅。

百世始终将客户和用户满意度放在首位，以创新拥抱变化，以智慧引领质量变革，为加速行业智能化、信息协同化和包装绿色化助力，成为美好生活的创造者和守护者。

一、基础设施建设

2019年百世快递在业务保持稳定增长的情况下，不断加强基础设施建设，通过加大自动化投入、优化网络结构以及精细化运营，提升服务质量，助力降本增效。

（一）转运中心和转运仓建设

截至2019年底，百世快递在全国拥有转运中心88个，全网操作面积共计213万平方米。为优化网络结构，强化网络支持能力，减少快件中转节点，2019年百世对核心场地进行了产能扩充，全年整体扩充面积18万平方米，完成了对安徽芜湖、北京京郊、北京景顺、广州番禺、黑龙江齐齐哈尔、辽宁锦州、内蒙古赤峰、浙江台州等大型转运场地的搬迁工作。

另外，百世在全国100个城市分布着400个以上直营仓、加盟仓、共享仓、跨境仓及百智仓，管理面积超320万平方米，2019年履行订单量3.6亿单，同比增长44.7%。

（二）网点建设

截至2019年底，百世快递在全国拥有42400多个末端网点，省市网络覆盖率达100%，区县覆盖率达100%。百世快递服务网络覆盖全国，业务辐射至新疆等偏远地区，深入乡镇、农村地区着力打造符合村镇发展模式的邻里驿站末端网点，以多种形式逐步扩大到乡村。目前乡镇覆盖率位居行业前列，达到93%。

二、信息化系统建设

2019年，百世通过升级流水线技术、智能化运力调配及转运流程，加大末端技术扶持来提升整体效能。

（一）智慧分拨

2019年，“百世快递智慧分拨场站改造项目”通过建设数字化分拨，可以知晓分拨车辆数据、设备情况，操作能力，做到柔性化分拨操作安排，提升分拨操作效率，降低操作成本。目前，已经完成数字化月台、数字化网点、数字化魔墙以及全国视频联网的一阶段工作。后续，将在园区AR全景等方面进行深入的研究和推广。

（二）智能视频技术

百世在城市配送调度中成功导入人工智能技术，通过数字化技术实现了人、车、货的全程可视化运输和智能化管理，提升整体转运效能，保障快件安全快速送达。包括车辆装载、操作规范、流水线拥堵等层面强化系统提醒、监测、优化；通过数据监测和视频核查，做好遗失风险的前置预警。

（三）智能调度系统

百世自主研发的智能调度系统可依据运力情况实现动态规划，快速适应网络流向的变化，减少转运次、缩短配送距离，让整个网络变得更加高效。一方面对旺季件量进行智能预测，对历史流量流向进行趋势分析，做好旺季路由调整计划；另一方面可通过班车信息系统和现场监测简报制度，完善各地流量流向反馈预警机制，按照中转线路单方向流量达到50%预警、70%提前调整直发，前置缓解中转节点压力。

（四）狂扫设备技术（MDI，多条码动态识别系统）

百世在杭州等多个转运中心将智能相机的狂扫设备技术用于末端发件和进港到件，从容应对“有发未到”的风险。相比采用逐一到件扫描的模式，可减轻员工劳动强度，加快卸车效率，有效克服漏扫问题。

（五）末端支持系统

百世自主研发来取等信息化系统与设备适配，打通快递承包区、站点、快递员和末端服务点的网络，实现末端站点、末端快递员、末端服务点的实时管理，有效提高末端网络服务质量、提升末端网点标准化程度和客户体验。末端网点可以轻松完成快件的入库、出库、货物管理。在信息化系统的加持下，每一个包裹有了自己的“身份证”，识别、追踪、优化，不仅节约人力，也让快件更高效、更安全，在解决快递最后一公里问题上发挥着重要作用。

其中，来取系统提供高效快捷的末端快递管理功能，打通各大快递公司，简化快递员的工作，让他们的工作更智能更高效；利用大数据分析和人工智能算法搭建自己的用户数据库，为客户提供一对一的定制服务；同时为末端服务点带来更多的流量，有效提高末端服务点的营收。

三、提质增效

2019 年，百世快递围绕“质变量胜”的核心战略，紧抓“提升客户体验、降低运营成本”两大方向，优化运营和服务水平，不断地提升质量。2019 年 12 月，百世快递获得由国际知名的第三方认证机构 DNV 认证的 ISO 9001：2015 质量管理体系证书。此次获得专业认证是百世快递在质量管理方面得到认可的标志之一。

（一）自动化投入

2019 年，百世总投入 8002 套自动化设备，总投入金额近 15 亿元。其中，百世快递转运中心总投入 4667 套伸缩机、1204 台动态称、108 套自动分拣线，856 条矩阵高速摆臂、10 条矩阵直线交叉带分拣机。同时，为提升末端服务效率和质量，百世快递加大末端站点自动化设备投入和扶持力度，站点自动化设备总投入 1157 套，包括视频到件扫描仪、视频矩阵分拣车、自动分拣线等站点自动化设备。

（二）客服系统建设

百世快递拥有完善的客满管理体系，提供售前、售中和售后一体化服务，始终以客户满意为中心，结合快递网内业务的实际运作，协同全网链路运营不断提升服务质量，共建有温度的服务环境。2019 年百世快递从下单、揽收、投递、售后四个环节进行服务升级，整体服务大有改善，用户总体满意度上升明显。

2019 年，百世升级改造线上智能客服百小萌一代，更加注重提升交互体验，在原基础上升级迭代的百小萌二代具备了语音交互功能。截至 2019 年底，百小萌一代累计服务超过 1500 万次，最高成功解决率达到 99.49%，百小萌二代电话智能客服服务超过 570 万次。

（三）运营效率提升

1. 优化转运。2019 年百世根据全网流量流向，将转运中心缩减至 88 个，通过拉直线路、减少转运次数等，网络结构持续优化，提升全程时效。

2. 提升时效。通过加大投入自动化设备、优化转运中心场地、提供充沛的运力资源等，从提高车辆在途运行时速和车辆从分拨发车准点率，增加末端网点派送频次和分拨操作频次多方面齐驱，即派即签，为快递运输提速和缩短末端派件时效。

3. 优化末端。依托自有末端网点、邻里代派点、菜鸟驿站等多种末端派送形式，融合共配、直配方式，进行多频次派送，扩充派送能力，提升派送效率和用户体验。同时，加快网点整合和标准化建设，提升网点规模化效益和服务能力。

四、国际布局

百世响应国家“一带一路”的倡议，积极拓展国际寄递服务。截至 2019 年底，百世已在美国、泰国、日本、英国、法国、韩国、马来西亚、中国香港、意大利、印度、沙特阿拉伯、越南、卡塔尔、新西兰、科威特、老挝、俄罗斯、印尼、阿联酋、澳大利亚等 20 个国家和地区开展进出口寄递、海外仓配及跨境商务服务。

2019 年 1 月 11 日，百世快递在泰国曼谷正式启动业务，目前已覆盖泰国全境。百世在泰国设立了 16 个分拨转运中心，300 多个末端站点。

2019 年 10 月 11 日，百世快递在越南启动覆盖越南全国的快递业务，进一步布局东南亚市场。百世在越南采用创新的快递加盟模式，已经在越南各地搭建了 4 个分拨中心、320 个站点，拥有 2500 名派件员，10 万单/天的处理能力，以及45000平方米的仓库面积。

五、赋能合作伙伴

网点和基层快递员为运营的支撑点，百世通过资源扶持、培训支持、快递员激励制度建立等方式赋能末端，帮助站点成长，提高网点盈利能力，提高一线员工归属感。

（一）扶持政策

百世在金融支持、技术扶持以及运营管理上帮助站点成长。2019年“双11”高峰期，百世快递投入千万，以现金激励和补贴形式增加对站点的扶持力度。对签收等业务排名靠前的网点进行现金奖励，对偏远地区的末端困难网点给予补贴，根据临时对场地、车辆、人员等支出费用进行补贴，以保证末端网点的派送服务质量。

（二）星级快递员

从2019年开始，百世快递全网针对派单量、服务质量、时效等方面表现优秀的快递员，并在星计划中完成实名认证且为菜鸟月度五星业务员给予额外奖励，发放奖励金额超百万元。百世在高温、业务高峰等特殊时期，为快递员提供送水、送温暖等关怀活动，并在日常为他们提供完善的职业培训体系和第三方保险服务。

（三）培训支持

百世遵循“人才是企业最核心竞争力”的理念，充分重视人才培养的环境下，百世大学以“成为帮助加盟商公司和员工达成发展目标的卓越企业大学”为愿景，以“成为企业人才培养加速器”为使命，针对职业发展路径不同的员工百世提供不同类型的培训课程：通用类课程、管理类课程、业务类课程等等；配备内部专职讲师和兼职讲师队伍，制定标准化培训课件，推出多元化培训课程，助力加盟商、员工成长。

六、绿色快递

为响应国家邮政局全行业深入实施“绿色邮政”行动计划，百世从2016年开始推广实施绿色快递方案，倡导低污染、低排放和高效率的全链路绿色物流解决方案，启动“绿意再生计划”。2019年，百世从一联电子面单、环保PE袋的全网推广，到可循环集包袋等新材料的研发运用，到全网推行绿色回收箱，坚持环保减塑，践行行业向绿色化、减量化、可循环发展。

（一）一联电子面单

百世快递全网100%使用电子面单，2019年6月13日全面上线一联单，截至2019年底，一联单使用占比达到88%。一联单囊括了电子面单的功能，取消签收联，从两联到一联，面积缩小近一倍，即便因打印信息错误或损坏，已打单号可自动回收，避免运单浪费，有效减少资源消耗。

（二）环保PE袋

2019年4月3日，百世集团与“一撕得”签约战略合作协议，双方共同发布了全新环保PE袋，并成立环保PE袋研发实验室。此款环保PE袋将减少30%的塑料消耗。2019年5月29日起，百世快递总部开始逐步推广应用，至2019年底，全网共投入使用3500万条环保PE袋。

（三）可循环集包袋

2019年4月，百世在各大转运中心推广使用可循环集包袋。截至2019年底，已开通华东、华北、华中和华南区域站点推广使用环保集包袋，全网投入使用500万条。该集包袋具有芯片识别，路由追踪功能，其群感应RFID芯片技术还可实现包裹中转、丢失、区域流向、稽核等信息收集。相较于传统的最多只能使用2次的编织袋，实际可重复使用达到40次以上，有效提高了转运中心出入库效率，同时减少浪费、降低污染。

（四）绿色回收箱

2019年8月，百世加入菜鸟“回箱计划”。截至2019年底，百世在全国快递网点和百世邻里首批铺设了6000多个绿色回收箱，提高市民对于绿色包装的意识，培养市民快递包装循环利用的习惯，促进快递包装的分类回收、循环使用，健全快递行业包装回收体系。

（五）节能减排

百世推进干线运输环节的绿色环保，共建绿色配送体系。通过大力推广甩挂运输模式，合理规划运输线路，提升能源使用效率；搭建新能源汽车应用平台，引入锂电动汽车；倡导高效低碳运输，推广使用高运力甩挂车和新能源车，并通过推进快递快运网络优化，提高汽运效率，全方位推动绿色环保工作落地。百世将持续关注并重视行业的智能化、绿色化发展，帮助合作伙伴全面提升效率、降低成本，共同达成行业节能减排的目标。

七、社会公益

百世充分发挥在网络覆盖、仓储、运输及末端配送的服务优势，承担企业社会责任，为社会公益奉献力量。2019 年 9 月 19 日，百世成立 12 周年之际，发布了首份企业社会责任报告。报告全面介绍了百世在社会公益、绿色环保、公司治理等领域重要举措及成果，展现了百世社会担当。

（一）助农扶贫—“农品优行”计划

百世积极开展扶贫专项活动，并于 2018 年底推出“农品优行”计划。该计划充分发挥百世在技术、人才培养、末端服务等方面优势，为新农人提供综合物流和智慧供应链解决方案，助力农特产品上行，同时帮助地域性品牌扩大在全国的影响力和知名度，促进农户增收致富。截至 2019 年底，“农品优行”计划已经惠及全国 20 多个贫困县，共打造 30 多种爆款农产品，并为其提供售卖和运输便利，销量突破 850 万斤，助农交易额超 3500 万元。

（二）爱心活动

3 月 17 日，百世快递重庆分公司、涪陵星辰社会工作服务中心和乡镇妇联为清溪南沱罗云农村发送了 20 个事实孤儿新年礼包，并走进 4 个事实孤儿家里，为事实孤儿铺床单、被子和枕头，了解生活学习状况，鼓励事实孤儿克服困难，全社会关注事实孤儿的成长。

6 月 17 日，四川宜宾市长宁县发生 6.0 级地震，百世与宜宾长宁县网点迅速取得联系，除了采购物资运往灾区支持救灾，还特别开通重庆转运中心震区援助绿色通道，所有救灾物资第一时间从重庆转运中心优先中转全力驰援当地救灾工作。

为给农村和贫困地区的小学提供健康、营养、安全、放心的课间加餐，改善学生的膳食营养，增强身体素质，9 月 7 日，百世参与“做一个有营养的人”之“课间小食堂”项目，以爱心专车为杭州淳安郭村小学、湖北恩施海信小学、贵州雷山固鲁小学的孩子们送去新学期“课间小食堂”爱心餐、并为郭村小学的孩子们捐赠百世快递特制爱心饭盒。

10 月 22 日，“以爱远足 · 温暖衣冬”为中西部地区募集御寒衣物活动——援藏在行动启运仪式在绍兴上虞举行，百世货车满载 21000 多件爱心冬衣运往西藏那曲市，由当地民政局分发给贫困藏民和困难学子，积极参与东西部扶贫工作。

11 月 1 日至 17 日，百世联合水企发起了关爱快递员的公益行动，面向全社会快递员及户外工作者免费赠饮 140 万瓶苏打水和藜麦牛奶粥，覆盖全国 41 座城市。

12 月 6 日，百世公益助力母亲微笑行动，提前将 1 吨多重的医疗器械及耗品从杭州运抵南宁。现场，百世志愿者在医护人员及社会志愿者的引导下，共计为 164 名患儿进行信息登记、体检等筛查工作。百世公益自 2014 年起牵手“母亲微笑行动”，承载着百世数万名员工的爱心与祝福，持续致力于为贫困家庭患儿提供免费专业治疗，帮助他们走出人生困境。

八、企业荣誉

1 月，由中国邮政快递报社主办的“致敬时代的奔跑者 · 2019 快递之夜”在北京隆重举行。百世集团荣获“2018 中国快递融合发展奖”和“2018 中国快递社会责任奖”两项大奖，百世集团董事长兼 CEO 周韶宁荣获“2018 中国快递魅力人物”奖。

2月，由交通运输部、公安部、中华全国总工会联合主办的首届“最美货车司机”事迹报告会在京举行。会上，百世快递货车司机邓鹏荣获“最美货车司机”。

3月，百世快递重庆分公司荣获重庆市消费者权益保护委员会颁发的“优质品牌企业”奖。

3月，菜鸟国际在杭召开2018年度合作伙伴峰会，百世快递荣获“菜鸟国际合作伙伴激流勇进奖”，百世供应链荣获“菜鸟国际合作伙伴坚如磐石奖”。

4月，中国快递协会十周庆典上，百世获评中国快递协会精准扶贫会员单位。百世快递山西省运城临猗县卓里分部、北京站分部、江苏省南通市海门分部、重庆市涪陵站点、宁夏石嘴山市大武口站点获得“优秀快递驿站”称号。百世快递贵阳贵安新区分部何斌等多人获得、江苏省南通市海门分部龚鹏程、山西省运城临邑县卓里分部李朋璇等多人刚获得“快递小蜜蜂”称号。

4月，百世与菜鸟等合作的“电子面单”项目荣获2018年度邮政行业科学技术奖一等奖。

5月，在中国连锁经营协会举办的CCFA新消费论坛——2019中国便利店大会上，百世旗下wowo便利店荣获2019年中国便利店创新大奖。

5月，2019年京交会服务示范案例在北京揭晓，百世供应链智慧管理专家百智会入选业态创新服务示范案例。

10月，2019年中国技能大赛——第二届全国邮政行业职业技能竞赛全国总决赛在江西南昌圆满落幕，百世集团江西分公司快递事业部李永康斩获快件处理员职业三等奖。

10月，以“向善的力量　爱的长征”为主题的2019母亲微笑行动30周年慈善之夜在深圳举办，百世公益携手慈善伙伴为唇腭裂儿童及其家庭传递爱心力量，并被授予“2019微笑传递使者”优秀志愿者荣誉称号。

11月，由中国物流与采购联合会主办的2019中国物流企业家年会在云南昆明召开。会上，百世集团被授予2019中国物流杰出企业奖。

11月，中国质量协会主办的“2019满意中国年会”在广东省珠海市召开。百世快运智能客服案例获评“2019满意中国年会——用户体验良好案例”。

12月，中国快递协会三届一次会员大会在京召开。百世集团高级副总裁、百世快递总经理周少华当选为中国快递协会第三届副会长，百世快递当选为中国快递协会第三届副会长单位。

九、企业大事记

1月，百世快递在厦门召开以“质变量胜 链接·体验”为主题的全国网络大会。从“量变质胜”到“质变量胜”，从自动化、信息化到智能化，百世进一步夯实业务发展基础。

1月，百世在泰国曼谷举行起网仪式，宣布快递业务在泰国实现全境覆盖。

4月，百世与一撕得签署战略合作协议，发布全新环保PE袋。从快递包装PE袋到全面电子面单、循环应用集包袋，百世多维度为快递“减负”。

4月，中国农村合作经济管理学会新农人创新与发展专业委员会成立大会暨“新农人新产业”论坛在北京举行。百世成为中国农村合作经济管理学会新农人创新与发展专业委员会副主任委员单位。

4月，交通运输部召开视频报告会，揭晓“2018年感动交通十大年度人物”评选结果，山西省临猗县卓里镇百世快递网点快递员李朋璇获此殊荣。

6月，百世与天津港保税区管委会正式签订战略投资合作协议，将共同推动传统交通运输行业向智能化、绿色化发展。百世集团将智能运力全球调度中心项目入驻天津港保税区，并配套建设集港新能源车辆应用场景试点、百世运力全球伙伴计划和百世供应链智能化仓储中心等项目，将在临港区域、空港区域及周边开展新能源车辆加氢换电中心及解决方案项目建设。

6月，百世快递一联电子单全面上线。与之前面单相比，一联电子免单面积缩小近一倍，全面上线一联单后，对站点、分拨以及商家的传统快递操作流程进行优化。

7月，首届2019百世智慧供应链高峰论坛举行，并发布自主研发大数据新引擎——百世云链系统，数字化供应链管理系统百智会也首次正式亮相。

8月，百世联合菜鸟等在全国范围内启动“回箱计划”，预计铺设5000个回收箱，推进快递包装分类回收、二次利用。

8月，百世发布“农品优行”计划，并与云南省丽江市永胜县人民政府签署“百万助农”战略合作协议。根据该协议，百世将提供百万元补贴，为永胜软籽石榴打造寄递方案，从乡村快递物流基础设施建设、快递费补贴等方面降低果农物流成本。

9月，百世对外发布首份企业社会责任报告。报告从公司发展、公司治理、为社会创造价值、为员工创造价值、奉献社会公益、推动绿色物流发展等六个维度，全面介绍了2016年至2019年6月期间百世在社会公益、绿色环保、公司治理等领域重要举措及成果，展现了百世积极践行企业社会责任的全景图和社会担当。

10月，百世集团在越南胡志明市举行发布会，宣布正式启动其在越南的快递业务。百世在越南采用创新的快递加盟模式，将在越南全境建设七个转运中心。

10月，百世正式打通中泰两国间的双向物流，快递包裹清关后3天左右时间即可送达收件人手中。

10月，乌鲁木齐跨境电商公共清关中心正式启动，在新疆国际陆港(集团)有限责任公司统一规划管理下，百世负责现场运营，由乌鲁木齐国际陆港区联合海关及关联单位等共同为国内跨境电商企业提供公共清关及配套服务。

11月，云南省跨境电子商务公共服务平台正式上线暨昆明综合保税区跨境电商1210业务正式开通，百世昆明保税仓也成为云南第一个通过海关验收的跨境保税仓库。

11月，百世集团联合水企发起了关爱快递员的公益行动，面向全社会快递员及户外工作者免费赠饮140万瓶苏打水和藜麦牛奶粥，覆盖全国41座城市。

11月，全球影响力最大的指数提供商之一的MSCI指数(明晟指数)日前发布11月MSCI半年度指数评估结果，百世被纳入MSCI中国指数。

优速物流有限公司

优速物流有限公司聚焦“大包裹”战略，坚持走差异化发展道路。截至2019年底，优速已经在全国建立分拨中心85个，拥有营业网点超过6000家，员工60000余人，运输车辆20000余台。

2019年7月，优速快递加入壹米滴答集团，作为其快递品牌，正在以良好的势头全面发展，实现“1+1>2”。目前壹米滴答集团快递网络、快运网络、区域网络三网共存，这是壹米滴答集团的优势与特色。随着融合共享不断推进，三网伙伴在产品共享、资源整合降本、服务提档升级等诸多方面，将越来越真实地体验到壹米滴答平台的核心竞争力与持续发展力。

一、基础建设

(1)分拨场地

2019年，优速快递原有分拨75个，在7月加入壹米滴答集团后，对部分分拨进行重组合并，分拨数增加了10个，达到了85个。各分拨以平稳运行保障快递品质，集团运营本部在2019年10月14日组织了为期两天的全国快递省区运营负责人、分拨负责人“快递分拨旺季运营保障培训会”，有力地指导和凝聚了军心，圆满完成2019年快递“双11”的高峰运作，操作量突破了历史高峰；在集团运营本部的统一部署下，快递分拨将运营重点侧重于分拨的品质提升、安全保障、成本管控上精细优化，确保优速快递稳健。

（2）线路提速

线路提速。一个是拉直线路，一个是新增投放。计划在2020年初，通过三批次以新增方式拉直线路200余条。

线路拉直的目的，就是减少货物中转，提升时效标准，同时进一步降低货物破损率，为网点做业务、拓市场提供最强保障。

（3）车线融合

结合快运快递货量流向，针对全网快运快递线路输出滚动车线融合优化方案，核心针对沿海至沿海区域融合线路进行滚动优化，达到降本增效目的；规划在2020年第一季度规划落地融合干线380+条，融合率为85%。

二、业务发展

1. 330限时达产品

2019年围绕公司品效战略，在现有的330限时达产品基础上，围绕时效提升，公司级时效项目上展开一系列优化举措。将快递时效聚焦大包裹30KG以内，覆盖全网络，操作更简单，保障更简便。

2. 电子面单

要发展就必须改革。自2018年电子面单在广东试点成功后在全国范围内广泛使用，截至2019年1月优速快递基本完成了纸质面单向电子面单的升级。

3. 升级95349客服

2018年5月，优速全国统一客服热线正式启用95349短号。升级后的新号码简短、易记，没有区号且全国唯一。短号规避了400虚拟号码转接，信号更稳，通话质量更好，并能实现呼出及短信功能。

4. 开通水果专线

优速快递针对时令产品，如台州的涌泉蜜橘、赣南的脐橙、陕西的猕猴桃、山东烟台苹果、安徽砀山梨等，协同总部各业务部门成立时令产品项目组，打通时令产品需求管理通道、制定时令产品保障和激励方案、开通时令产品售后理赔通道、联合品牌进行产品卖点宣传、优化系统操作功能等；而现场操作上，省区协助网点一同深入果园设置揽收点，实现果园直采直发，同时使用时令产品专门系统开单、粘贴时令产品标签，便利分拨中转派送各环节对产品进行识别，全程绿色通道保障，不上流水线、独立分拣、优先中转、优先派送、快速理赔。

三、科技应用

2019年，结合业务需求，在科技产品的研发上继续创新和升级，在经营、运营、品质、服务、管理等方面上线和应用了大量新产品，持续助力业务降本增效。

面向客户，持续优化产品的客户体验，2019年3月将散客和大客户的客户服务和工单体系进行前后台贯穿和打通，客户从微信或优享寄等平台商上便可享受在线客服、客服工单的无缝对接。7月客户营销数据底盘CRM的上线，形成客户体系的统一管理。

面向网点，2019年2月至10月蓝牙电子秤等物联网设备接入，签收码的上线、基于机器学习的三段码的上线，不断助力业务创新。11月开始自动录单、自动实名等一系列自动化功能，在网点效率提升、操作规范化改善、信息化质量提升等多方面取得显著成效。

在运营层面，从2019年3月至7月自动分拣，基于路由的错分错发提醒，计泡机和扫描助手的改版升级等系统或功能的上线，进一步探索基于大包裹的标准化和智能化操作。智慧园区的试点也在园区的智能化管理方面进行了探索。

优速大力提升数字化运营管理水平。2019年5月收入、货量、积压件、异常异动等指挥大屏,8月运营调度平台的上线,在管理的可视化、动态化、实时化方面取得较大进展,继续创建以数据驱动的标准化运营物流体系。2019年优速科技又新增获得9项软件著作权。

四、绿色快递

绿色发展是构建现代化经济体系的必然要求,是解决污染问题的根本之策。近年来,随着快递业务量不断攀升,快递内部用材耗材、商家的产品包装过度、包装循环利用率低、废弃包装难分解等问题给环境带来沉重负担。

为降低污染,优速从内部办公及寄递服务层面着手,积极推进无纸化线上办公。在寄递服务方面,通过布局绿色包装、绿色配送、绿色末端、标准化操作等最大程度降低污染。通过自助研发的OA系统,将日常办公的审批、报告、申请、沟通等,全部通过线上完成,降低污染与办公成本。绿色包装方面,推出可重复使用且易分解的绿色包装盒。绿色配送方面,节能减排,在全网大力推行电动小货车,代替普通燃油货车。

在末端服务板块,优速完成了电子面单的全网推广,并实现了在线下单功能,摆脱了耗纸严重的传统五联纸质面单,实现面单减量化、绿色化、科技化。

在操作标准化方面,在分拨中心在智能化操作系统、操作设备上线后,优化了传统的大头笔、手写记录等工种。此外,优速还在中心推出了绿色可循环使用帆布袋,每个帆布袋可重复多次使用。

五、社会责任

传递包裹,传递爱。优速在自身不断壮大的同时,积极践行社会责任,回报社会。近年来在全体优速人的共同努力下,优速大包裹助农惠农、关爱抗战老兵、免费午餐、疫情期间免费运送物资等公益事业卓有成果,爱心足迹遍布神州大地。

2019年6月17日,四川宜宾市长宁县发生6.0级地震。地震发生后,优速宜宾市长宁网点负责人李光健积极响应。在安顿好网点事宜后,当天一大早李光健便来到了受灾较严重的双河镇区域,并为抗震救灾人员、受灾群众带去了面包、矿泉水、泡面等灾区紧缺物资。随着抗震救灾物资的陆续进场,现场卸货人员明显不够。得知情况后,李光健主动报名加入了抗震救灾队伍,开始了长达数小时卸货工作。优速也将根据灾区实际情况,组织抗震救灾活动,以实际行动向灾区群众伸援手、献爱心,帮助灾区灾民渡过难关。

六、企业荣誉

2019年4月24日,由中国快递协会主办的中国快递协会成立十周年庆典活动在北京举行。优速快递获得"精准扶贫会员单位"荣誉。

七、企业大事件

2019年7月1日,优速快递正式加入壹米滴答集团。

德邦快递

德邦股份成立于2009年,现已成长为一家以大件快递为主力,联动快递、物流、跨境、仓储与供应链的综合性物流供应商。2013年,德邦快递开启了快递业务,推出基于大件的快递产品,成为行业破局者。

2018年1月16日,德邦快递在上海证券交易所挂牌上市,正式登陆A股资本市场,简称"德邦股份"(股票代码603056)。同年7月2日,公司举办"大件快递 大有可为"德邦2018战略发布会,品牌名称正式由"德邦物流"更名为"德邦快递”，并在发布会中重磅推出大件快递产品——大件快递3～60kg，为所有用户提供一体化的大件快递解决方案，真正消除“大件歧视”。

德邦快递凭借坚实的网络基础、强大的人才储备、深刻的市场洞悉，为跨行业的客户创造多元、灵活、高效的物流选择，让物流赋予企业更大的商业价值，赋予消费者更卓越的体验。德邦快递始终紧随客户需求而持续创新，坚持自营门店与事业合伙人相结合的网络拓展模式，搭建优选线路，优化运力成本，为客户提供快速高效、便捷及时、安全可靠的服务。

目前，德邦快递正从国际快递、跨境电商、国际货代三大方向切入港澳台及国际市场，已开通港澳台地区以及美国、欧洲、日韩、东南亚、非洲等国家线路，全球员工人数超过14万名。

一、基础建设

（1）业务网络。德邦快递业务的服务网络已实现全国省级行政区、地级、区级城市的全覆盖，使其能够在较广范围内实现揽货和配送。

（2）中心建设。目前，德邦快递网点的乡镇覆盖率94%，拥有147处分拨中心，分拨中心总面积共210.4万平方米，能较好地满足货物的中转。与此同时，德邦快递建立起路遍布全国的运输线，并拥有1880条干线，已实现了全国网点的高效覆盖与连接。

（3）运输能力。公司拥有自营收派电动车17862辆，其中四轮车占比47.3%，在自有营运车辆不断提高的同时，逐步加大外部运力整合，通过与大型车队、车货匹配平台等运力方进行合理的资源配置，对接12大运力平台、189家专线、1066家信息部、近30万个体司机，初步形成了百万级社会化运输车辆的资源储备与调度。

（4）信息化建设。德邦快递致力于打造前瞻性的信息平台，以促进管理和业务的持续优化，并使之成为公司核心竞争力之一。公司坚持不断完善基础应用系统，增强企业竞争力和业务系统的敏捷性；不断完善决策分析系统，提高决策和预测的准确性；不断完善营运支撑系统，提高对电子商务、品质监控和营销等业务的支持力度；持续升级管理支撑系统，提升公司整体管理效率；长期强化办公协同系统，提升公司整体办公效率。

此外，德邦科技还加强了同外部优秀企业的战略合作，先后与81家公司开展了108个项目，合作对象包括华为、科大讯飞等知名科技企业，目的在于通过数字化，提升管理水平；通过智能服务，提升客户体验；通过科技硬件，提升业务效率通过。

当前，公司主要科技产品包括数字孪生、智慧场站、货在哪、智能GIS服务、货量预测与负载均衡、智慧收派、电子面单、智能语音、品质管理智能化、大小件融合分拣、德邦小D Plus和自动驾驶车等。

以货量预测与负载均衡为例，基于全链路货量，预测提前预警运营管道风险，并合理高效制定产能规划，包含货量推演、资源仿真、产能规划以及数字化预警。其中，通过集成时间序列、XGBOOST等算法输出预测货量，同时结合异常事件等因素拟合真实业务场景，提高预测精度；基于货量预测推演，融合资源匹配模型，输出资源计划方案，引导一线部署实施。同时，基于货量预测、各环节负载梯度，由风眼预警大屏，输出运营管道可视化预警信息，辅助收转运派各环节提前识别风险，按需部署。该系统全面实施后，全年预测货量偏离度不高于4.3%，且外场在库时长由2018年9.51小时下降至2019年7.88小时。

二、业务发展

针对大件市场“不想送、不能送、不好送”的行业痛点，公司紧抓机遇，于2018年切入了大件快递这一新的行业品类，聚焦于3～60kg的市场，100%免费上楼。凭借在大件物流领域多年积累的行业优势，该产品一经推出，就获得了市场的良好反响和客户的广泛认可。得益于大件快递业务的强劲发展,公司快递收入在2018年首破100亿元,德邦快递仅用5年时间,便实现了快递业务从0到100亿元的突破,成为大件快递细分市场的头部企业。

三、科技应用

良好的口碑得益于德邦人的专注与黑科技的赋能。为了推动快递行业的变革,德邦快递每年拿出约2%的营收投入科技研发。目前,德邦快递已形成近千人的科技研发团队,拥有117个IT专有系统。

2018年,公司在所有快递员的PDA上新增了AR测量技术,相比传统测量和录入方法可节省30%时间;装车端上线自动称重设备,可节省80%扫描人员的工作量。

采用蓝精灵进行分拣AGV自动分拣系统(蓝精灵)对0~3kg的小件快递进行分拣,探索自动分拣技术的多样性。蓝精灵机器人每小时能分拣10000个包裹,一天工作8个小时,就可分拣近8万个包裹。

2019年3月31日,德邦快递正式启动无人机试运行,成功完成首次试飞,为最后一公里的配送提出前瞻性的解决方案。

2019年4月,德邦快递率先引入的"麒麟臂"——可提供30kg外部助力、自重只有6kg的腰部外骨骼机器人,并被央视《新闻联播》报道。这款腰部助力外骨骼机器人是一种新型辅助设备,是德邦快递为加持大件快递业务而专门定制的"铁甲钢拳"。可有效减轻穿戴者腰部负重,为使用者提供额外的能量和动力,减轻腰肌劳损,避免腰部受伤。

2019年4月16日,德邦快递与中国联通在北京签署战略合作仪式,双方将充分利用中国联通在云网一体、大数据、物联网、5G通信等领域的优势,推进新技术在快递物流场景下的应用。

2019年5月27日,2019全球智慧物流峰会在杭州国际博览中心举行,以"数字化再加速"为主题进行探讨,德邦快递荣获年度最具创新奖。作为创新科技,德邦快递的华为防暴力分拣系统、机械臂、无人机、无人车等黑科技纷纷亮相,让德邦快递的展示区科技感十足。

2019年6月12日,以"驭时智进,启递未来"为主题的德邦快递无人驾驶货运车实验基地揭牌仪式在浙江成功举行。会上,德邦快递与飞步科技签约成为战略合作伙伴,联合布局无人驾驶技术的应用与发展,共同打造"无人化"智慧快递。

2019年10月25日,德清县全域城市级自动驾驶与智慧出行示范区发布仪式上,德邦快递被授予了正式运营牌照。不同于以往的测试牌照,此次颁发的牌照允许在德清市指定区域内的公开道路上进行L4级运行。

四、绿色快递

早在2018年4月,德邦快递就已设立"包装实验室",通过吸纳、开发新型技术进行快递包装的升级和包装绿色化。

例如,从德邦快递顺德枢纽至上海的电视机货品,德邦快递针对大件的特性,曾引入可循环包装,实现绿色、减量、可循环。在上海区域,德邦快递也针对高尔夫球具,通过塑料中空板材料进行设计应用场景。

此外,德邦快递又针对快递员随身包装材料进行升级,提出绿色折叠循环箱的概念,快递员携带这样的循环箱上门取货,将客户的货品装进循环箱,等货品送达之后,再将循环箱收回,重复利用。

针对电商大客户,德邦快递还安排包装专家与客户一同对商品的包装进行评估和改造。比如,研究一台冰箱的内部结构,哪部分容易损坏,针对这些问题,选用合适的包装材质,这不仅可以降低客户发货成本,也便于客户收到货之后拆解。一层又一层的包装,不仅不利于环保,也不是德邦快递所追求的。

对于关于绿色包装的相关政策,德邦快递也积极响应,始终争做环保"排头兵"。

五、社会责任

3月21日,江苏盐城市响

水县陈家港镇天嘉宜化工有限公司化学储罐发生爆炸事故。德邦快递江苏网点负责人迅速了解当地灾情,组织救援物资。了解到事发地的村民生活饮水困难,德邦快递也发挥自身运输优势,运输了6吨生活用水发往响水县陈家港镇,以解燃眉之急。

5月28日,近15000册爱心图书由位于东莞石排的德邦快递东莞总部,重新打包并发货前往云南昭通彝良县青少年活动中心,随后将经过再次分拣、送到孩子们手中。

8月,为响应国家邮政局号召,推进精准扶贫,德邦快递赴河北平泉参与“国邮爱心物资”捐赠活动。德邦快递免费将其他企业提供的捐赠物品从泉州运抵河北平泉,物资被下发到贫困户以及城区中心学校、相关乡镇学校的贫困学生手中。

8月21日,德邦快递营业员在发货前的例行100%开箱检查时,发现货物异常,塑料钢管像极了枪支,向警方提供了可疑人的线索。8月23日警方通知,德邦快递在破获一起重大枪支走私案件起到关键作用。

11月11日,贵州毕节迎来了价值150万药品的爱心捐赠。爱心药品由广东康爱多连锁药店捐赠,毕节市卫健局和毕节红十字会承接,德邦快递无偿包揽了此次爱心传递任务。

六、企业大事记

2月19日—23日,公司在苏州金鸡湖畔召开了战略共创训战工作坊,确立了16字的战略方向——“客户导向,产品创新,精益运营,决胜区域”。

3月17日晚,“2019德邦快递金星快递员荣誉盛典”在北京雁栖湖国际会展中心开幕。崔总亲手向234名连续12个月获得五星的快递员,颁发了总价值为2340万元的金砖。

3月22日,德邦快递正式启用全新升级的品牌视觉形象。全新的形象将秉承提升客户体验的理念,凸显上至60kg,100%免费上楼的优质大件快递服务,进一步展现快递企业的朝气与活力。

4月17日上午,在公司召开的全国销售大会战启动会上,总裁崔维星发表讲话,表示“销售可达是我们接下来的关键,各级干部要走出去做销售”。

8月31日,在德邦快递23周年之际,公司举行了主题为“沧海横流,方显英雄本色”的万人长跑活动。全国50多个城市和地区同时开跑,共祝德邦基业长青。

9月初,公司举办2019德邦快递员海外集体婚礼。邮轮载着100对新人开展了一段甜蜜之旅。

10月1日上午,在天安门前举办的中国70周年国庆庆典中,德邦快递103名员工参加了快递方阵的群众游行。

11月11日当天18:42,仅用时不到19小时,公司大件快递产品收入就突破亿元,与2018年“双11”相比提前了约5小时,刷新纪录！另外,11日、12日公司连续两天单日收入突破历史峰值,“双11”收入再创新高。

第七篇　各地纵览

北京市快递市场发展及管理情况

一、快递市场总体发展情况

2019 年,北京市邮政行业业务总量累计完成 460.1 亿元,同比增长 15.6%,业务收入(不包括邮政储蓄银行直接营业收入)累计完成 398.2 亿元,同比增长 3.8%,占全市生产总值比重超过 1%;其中,快递企业业务量累计完成 22.8 亿件,同比增长 3.5%,业务收入累计完成 339.1 亿元,同比增长 2.4%(表 7-1)。北京市邮政行业圆满完成中华人民共和国成立 70 周年庆祝活动等 5 场重大活动期间寄递渠道安全服务保障任务,顺利完成"双 11""双 12"等业务旺季服务保障工作,行业服务民生需求作用日益显现。

表 7-1　2019 年北京市快递服务企业发展情况

指　　标	单　　位	2019 年		比上年同期增长(%)		占全部比例(%)	
		全年累计	12 月份	全年累计	12 月份	全年累计	12 月份
快递业务量	万件	228716.43	23949.31	3.55	12.85	100	100
同城	万件	72746.98	6655.42	-37.05	-37.96	31.81	27.79
异地	万件	153592.21	17179.62	50.36	67.40	67.15	71.73
国际及港澳台	万件	2377.24	114.27	-24.82%	-50.51%	1.04	0.48
快递业务收入	亿元	339.14	33.21	2.45	6.95	100.00	100.00
同城	亿元	73.70	6.71	-42.81	-38.02	21.73	20.20
异地	亿元	179.05	18.62	37.77	52.50	52.80	56.06
国际及港澳台	亿元	25.80	2.19	-12.48%	-37.63%	7.61	6.61
其他	亿元	60.59	5.69	41.84	26.36	17.87	17.13

二、行业管理工作及主要成效

全面从严治党向纵深发展。抓落实担使命,"不忘初心、牢记使命"主题教育扎实开展。北京市邮政管理局认真贯彻国家邮政局统一部署,按照"抓组织领导到位、抓学习教育到位、抓检视问题到位、抓整改落实到位"的工作思路统筹推进两批主题教育。成立领导小组,制定实施方案,坚持全覆盖全过程指导。局党组高度重视,班子成员带头讲专题党课 3 次,分别赴所联系党支部调研督导、示范推动,形成浓厚学习氛围。把主题教育和实际工作结合起来,着眼解决实际问题,广泛开展调查研究,各级领导干部走访基层单位 132 个,召开座谈会 36 次,现场解决问题 43 个。对照党章党规找差距,开好专题民主生活会,深刻剖析 4 方面 12 个问题,研究制定 15 项整改措施,全力抓好力戒形式主义、官僚主义等专项治理。通过开展主题教育,进一步树立了"四个意识",坚定了

“四个自信”，增强了做到“两个维护”的政治定力。

抓学习强教育，理想信念更加坚定。始终把学习贯彻习近平新时代中国特色社会主义思想作为首要政治任务，坚持以上率下，步步深入，党组中心组开展学习12次，研讨4次，各支部组织集体学习144次，在全局形成利用“学习强国”App、长城网自学的浓厚氛围。

抓基层打基础，党组织战斗堡垒作用日益凸显。严格落实“三会一课”制度，局党组成员分别参加联系点党支部组织生活会并进行督导；完成8个党支部换届和届中补选，组织开展党务工作培训2次，印发《党支部规范化建设量化考评细则（试行）》，开展基层党建工作专项治理，进一步提高党支部规范化建设水平。开展非公快递企业党建工作调研，印发通知，召开推进会，努力推动非公快递企业党的组织和工作全覆盖。

抓执纪严监督，工作作风持续改善。将日常学习教育与重要节点提醒相结合，及时通报典型违纪违法案例，各支部按季度组织党规党纪学习；元旦、春节等关键节点印发廉政通知。对7名新提任干部开展集体廉政谈话，制定贯彻落实中央八项规定精神实施细则，开展九个方面专项治理“回头看”活动，完成5个派出机构巡察工作，坚决防止“四风”反弹。

关心关爱快递小哥工作成果丰硕。习近平总书记看望“快递小哥”当天，迅速召开党组（扩大）会议，传达学习习总书记重要指示精神。紧抓有利时机，多次向市领导汇报工作，与市商务局等8个部门联合在全国率先出台关爱快递小哥的“京九条”，对改善快递员生产生活条件、加强快递末端设施建设以及提升快递员素质等方面起到了重要作用。与市人社局、市医保局联合出台《关于促进快递行业规范发展 加强从业人员权益保障的通知》。与北京团市委签署联合推进快递从业青年联系服务工作合作协议。在京签订全国首份快递行业《劳动保护专项集体合同》。参与邮政行业人才培养优秀论文评选，6篇作品获奖。开展首届北京市邮政行业职业技能竞赛，推荐4名选手参加全国竞赛并全部获奖。快递员技能提升培训纳入到政府补贴目录，计划3年培训6万人次。快递工程技术人员首次纳入北京市职称评审范畴。3000名快递小哥享受免费体检，参照人均2000元的劳模标准执行，3000名快递小哥免费畅游欢乐谷，“暖心驿站”建成100家。

各派出机构结合辖区实际，通过召开快递员座谈会，与辖区地方政府部门共商推进快递员权益保护工作措施，共同慰问等活动，切实将快递员关爱工作落到实处。一年来，市区两级联动，在快递员劳动保障、技能培训、职业发展环境改善等方面取得了丰硕成果，快递员的归属感、认同感得到了前所未有的提升。

重大活动期间寄递渠道安全服务万无一失。2019年是中华人民共和国成立70周年，大事多，喜事多，全国两会、第二届“一带一路”国际合作高峰论坛、北京世界园艺博览会、亚洲文明对话大会和中华人民共和国成立70周年庆祝活动相继在京举行，安全稳定工作贯穿全年。北京市邮政管理局“首次”在一年内集中完成5项重大活动寄递安保任务，同时“首次”承担组织1000名快递小哥作为行业代表参加国庆群众游行任务，还要完成国家邮政局和市委市政府交办的200余项工作，在全局在岗公务员仅70余人的情况下，工作压力空前巨大。为确保重大活动期间寄递渠道安全万无一失，北京市邮政管理局注重统筹谋划，协调推进，最终圆满完成任务。国家邮政局局长马军胜、副局长刘君三次批示肯定北京市邮政管理局重大活动安保工作。

一是圆满完成5场重大活动寄递安保任务。坚持早谋划、早部署，将重大活动寄递安保列为全局工作的重中之重，年初即制定总体工作方案，成立领导小组，明确任务，倒排工期，在此基础上，坚持一事一方案，一事一部署，共组织召开全行业500人参加的动员部署大会2次，国家邮政局副局长刘君出席国庆70周年庆祝活动部署大会并讲话。坚持压实企业主体责任，督导企业严格落实“三项制度”，开展收寄验视、实名收寄暗访试寄，严肃查处问题企业，实名率保持在99%以上。分3期对366名安检员进行培训，提升过机安检能力，累计对3亿件外埠进京邮件快件执行落地“二次安检”，查堵各类禁寄物品3000余件，并按规定妥善处理。指导企业开展应急演练368次，全行业应急处置能力进一步提升。

全局党员干部持续发扬“不畏艰苦、连续作战”精神，严格执行24小时领导带班和业务值班制度，一年中有126天处于重大活动安保任务之中，先后开展“双随机”等9个专项执法检查，实现了对全市寄递企业分拨中心多轮次全覆盖检查，对邮政机要通信网点和核心城区等重点区域邮政局所、报刊亭、快递网点的全覆盖检查。其间，三位局领导深入一线，分别带队开展执法检查37次。

二是重大活动邮政服务保障优质高效。全国两会期间，狠抓服务保障，邮政企业投入300余人上会服务，1000余人支撑保障，提供92辆邮政专用车辆为与会代表、委员提供优质服务，体现出高度的政治责任感。世园会开园前夕，多次与世园局沟通，为邮政企业争取到2处无偿使用的驻园网点和4处邮政代办网点，并在园区内举行纪念邮票首发仪式，邮政企业累计服务游客超过100万人次。国庆70周年邮政服务保障期间，昌平四个“临时邮局”直接服务阅兵村，受到了昌平区政府、阅兵村兵站和联勤指挥部的表扬。北京市邮政管理局十次前往昌平阅兵基地，从临时邮局建设、专业部门安检到邮局常态化运营等多方面进行协调，指导邮政企业克服业务量大、投递强度高、保障周期长等困难，各阶段邮政服务保障十分圆满，得到阅兵指挥部的充分肯定。

三是首次组织“快递小哥”参与国庆群众游行。面对毫无经验可循的工作，充分发挥敢打硬仗、能打硬仗、善打硬仗的优良传统。局党组高度重视，统筹协调，成立综合协调、选拔、后勤保障、保密舆情和训练5个专班，打破处室界限、调度全局力量、动态高效运转。为提高选拔人员工作效率，北京市邮政管理局深入企业进行现场培训、现场审核，5天内审核资料6000余份，选拔快递小哥1100名。先后沟通协调总指挥部、分指挥部、昌平区政府等十余个部门，争取到场地、资金、住宿、交通、医疗和用餐等保障措施。克服人员组织难度大、日常训练强度大、昼夜连续作战等困难，科学高效抓好人员训练，3个月内指导企业自行训练百余次，开展集中训练13次，其中夜间集结5次。组织签订保密承诺书1495份，发放道具1.7万余件。国庆当日，1000名快递小哥以最饱满的精神状态，代表全国300万从业者，作为“美好生活”方阵的一部分自豪地走过天安门广场，充分展现了邮政业从业者的良好风貌。同时，还有50名快递小哥受邀参加国庆观礼。为进一步提升行业关注度，北京市邮政管理局主动接洽中央广播电视总台等新闻媒体，联系安排采访30余次，积极传播弘扬行业优秀典型，传播行业发展正能量。国家邮政局局长马军胜评价北京市邮政管理局克服了难以想象的困难，任务完成得很好，充分展现了新时代邮政人、快递人的精神风范和精神面貌，为全行业争了光。

落实民生实事，行业高质量发展取得良好开端。北京市邮政管理局结合北京工作实际，制定2019年邮政业更贴近民生七件实事工作方案，加强协作配合，不折不扣抓好落实。一是行业绿色发展水平逐步提升。成立北京市邮政业生态环境保护工作领导小组，加强组织领导。与市公安交管、市城管等部门建立沟通联络机制，积极争取新能源车通行、停靠、充电等配套政策，举办首届“绿色包装设计征集”及垃圾分类“萌到家”等活动，共同推动快递行业绿色发展。通过采取有效措施，9571工程全面超额完成，快递电子运单使用率已达99%，81%的电商快件不再二次包装，循环中转袋使用率达76%，全市邮政营业网点环保包装箱覆盖率达100%，1690个快递营业网点设置了快件废弃物回收装置，快递企业使用新能源车辆2396辆，占全市快递车辆总数近40%。北京市委书记蔡奇、市长陈吉宁、市人大常委会主任李伟多次调研指导行业绿色发展，对新能源车应用和快递包装绿色化、减量化等工作给予高度评价。

二是末端投递服务明显改善。联合市发展改革委、住建委推动智能快件箱建设纳入公共服务设施相关规划，已布放智能快递柜1.68万组，格口总数达168.8万个。形成了一批以新街口、建国门、CBD为代表的中心城区快递集中分拣、共同配送新模式。联合市商务局推动智能信报（包）箱建设。“回天地区”智能信报（包）箱建设得到北京市委书记蔡奇同志的充分肯定，北京电视台进行了专题报道。全市已布放智能信报（包）箱3623套，累计箱递邮件超过910万件。落实市政府要求，与市商务局等部门沟通协调，参与起草快递末端用车试点工作方案，联合市公安交管局开展专项检查，持续强化电动三轮车“五统一”管理。

三是助力乡村振兴作用充分发挥。继续深入推进“快递下乡”工程，累计对685处乡镇快递网点建立专项台账。开展乡镇快递网点违规收费专项整治，覆盖38个乡镇，切实维护消费者合法权益。推动特色农产品电商与快递协同发展，助力“平谷大桃”等特色农产品“走出去”，主要品牌快递企业累计完成大桃揽收近165万件，实现寄递业务收入5670万元，促进农民增收约1.6亿元。全市建成邮政农村电商服务站点1159个，农村电商交易额共计1.3亿元。培育出大兴西瓜等“一区一品”精品项目4个，支持农特产品销售100余吨。

四是邮政综合服务平台建设取得成效。全市警邮合作平台增加到100家，税邮合作覆盖全市16个区共124个网点，政邮合作覆盖全市17个政务服务大厅，基本实现“网上办理+网下寄递”，让“最多跑一次”成为现实。

五是放管服改革持续深化。与市市场监管局联合印发《关于进一步规范快递业务经营许可和市场主体登记工作的通知》，规范快递业务经营许可和市场主体登记工作，落实快递行业“一照多址”制度，为企业营造更好的经营环境。规范许可管理，共受理企业行政许可服务申请196家次；完成快递业务经营许可年度报告工作。

六是完善消费者申诉工作体系建设。采取公开招标方式聘用16名工作人员，建成申诉热线呼叫系统，制定工作规则，促进行业申诉水平提升。全年共受理各类申诉30765件，为消费者挽回经济损失759.6万元。做好“12345”市长热线“接诉即办”工作，切实维护消费者合法权益。

坚持依法行政，行业监管工作有序开展。推动法治工作建设。首次印发法治工作任务清单，以首善标准全面贯彻法治建设工作要求，切实增强依法治邮工作实效。开展案卷评查，不断提升执法能力和执法水平。协调市司法局，初步商定执法资格证双重认证的政策框架和实施路径。不断加强市场监管。加强执法检查，全年累计出动检查人员8081人次，检查企业2389家次，下发责令整改172份，行政处罚216件，其中适用反恐法立案12起，罚款232万元。东区局、西区局办案数量位列前两位，东区局适用反恐法立案数量排名第一。加强安全生产管理，成立北京市邮政行业安全生产委员会，制定安全生产重点工作任务，开展2019年邮政业安全隐患治理行动，落实企业安全主体责任，完成邮政、顺丰、中通等12家企业安全生产等级评定。规范邮政用品用具生产监制审批流程，强化邮政集邮集中交易市场备案管理；持续做好行业统计工作，全面完成766家邮政业“三新”单位核实认定工作。加快推动快递业信用体系建设，成立北京市快递业信用评定委员会，组织“3·15”系列宣传活动。有序应对“双11”“双12”等业务旺季服务保障工作。推进运输结构调整，与市交通委、铁路局加强沟通，争取支持政策，引导企业积极开展电商快递铁路运输工作，2019年京东、顺丰等企业铁路快递运量突破20万吨。

推动减税降费工作落实，为邮政、快递企业减轻税费负担1.5亿元。

三、邮政法修订实施十周年

十年来，首都邮政业乘势而上，加快发展步伐，在扩大行业发展规模、优化行业发展环境、提高普遍服务水平、规范快递市场秩序、筑牢安全基础等方面取得显著成绩。十年来，北京快递业务收入和业务量年均增长率分别达到25.67%和32.64%，在全市经济社会中的基础性支撑性作用不断增强。行业加强顶层设计，以“一规章一意见一协议一目录”为统领，不断完善地方法规政策体系（注：“一规章”是《北京市快递安全管理办法》；“一意见”是《北京市人民政府关于进一步提升首都邮政普遍服务水平的意见》；“一协议”是推动签署《国家邮政局　北京市人民政府关于加快推进首都邮政行业建设与发展合作协议》；“一目录”《北京市新增产业的禁止和限制目录（2018版）》。）发布全国首个邮政普遍服务地方标准，填补多项邮政服务标准的空白。建立完善行业安全监管机制，深度融入首都地方治理体系，圆满完成国庆70周年、党的十九大等历次重大活动期间寄递安全和服务保障任务。改善邮政快递服务，打造快递电动三轮车规范治理“北京模式”，在全国起到良好的示范作用。

四、各派出机构主要管理工作概况

东区邮政管理局优化辖区行业营商环境，联合朝阳区商务局召开邮政业申报2019年度商业流通发展项目政策说明会，明确开办末端配送网点、布放智能包裹柜、使用绿色包装及回收装置、建设升级相关设施设备等重点支持方向，鼓励企业积极申报。调研“国贸圈·综合服务中心”，探索中央商务区快递末端综合服务模式。联合街道、物业建立天坛公园北门、潘家园眼镜城等区域快递末端集散地。推动光华路人防工程的“超空间”服务平台搭载快递板块，利用民防工程提供快递末端综合服务。持续开展关爱快递员工作，积极协调朝阳区商务局，完成为快递员配租的200套公租房的续租工作。积极落实庆祝国庆70周年庆祝活动期间核心区寄递渠道超常规管控措施，期间该区域运行状态良好。重大活动期间始终保持执法高压态势，全年共检查邮政快递企业705家，约谈企业51家，下发责令改正通知书93份，办理行政处罚案件82起。

西区邮政管理局与属地公安部门建立定期会商机制，坚持常态联动、信息共享、优势互补、问题共处，切实加强首都核心区域寄递安全。扎实开展巡视专用信箱、机要通信等邮政专项检查，首次将邮政企业一把手履职情况纳入专项检查内容。积极推动行业绿色发展，辖区电子面单使用率达99%以上，电商二次包装基本不再使用，循环中转袋使用得到基本普及，主要品牌快递包装物回收装置配备基本覆盖。主动与公安、街道、国资委等部门沟通协调，为企业争取城市拆迁腾退闲置用地，多品牌快递共建共享集中分拣场地。

南区邮政管理局采用“先查管理，再查执行，自上而下，全面督导”的工作方法，深化邮政普遍服务监管工作。建立“一点一册”企业档案、重大活动专属档案，保障寄递渠道安全。结合辖区实际，自主开展邮政业防汛督导检查、寄递渠道禁毒宣传、邮政业防风防火检查等专项工作。推进“邮政在乡”，对寄递企业服务大兴区瓜农在线销售、寄递和房山区蜂蜜、柿子等农产品进城等项目进行跟踪调研，保证邮政管理更好地服务于地方经济建设。

北区邮政管理局加强与商务、市场监管等部门沟通对接，争取政策支持。推广集约化快递网点布局，形成东小口、沙河物流园、南埝头等多个“快递之家”，实现共建共享共用；完善农村快递网络，在平谷区、密云区乡镇地区建成代理多品牌的快递末端综合服务站；利用人防工程开设的邮政便民服务驿站受到社区居民欢迎，得到市政府高度关注。开展系列关心关爱快递员工作，联合昌平区总工会在霍营街道建立3家快递企业的工会组织，联合昌平团区委率先设立全市首批社区“快递小哥爱心驿站”。完成重大活动期间安全保障任务，联合公安部门对621.59万件邮件快件进行“三次安检”，确保寄递渠道安全。督促企业做好北京世园会昌平临时邮局服务保障工作。推动行业绿色发展，落实雁栖湖国际会议中心周边全部使用新能源车要求。积极助推寄递服务特色农产品流通，平谷“互联网+大桃”寄递项目申报交通运输部交邮合作“金牌项目”，形成平谷大桃、昌平苹果、昌平草莓、延庆蔬果、怀柔板栗等“一区一品”农产品进城精品项目。

天竺邮政管理局主动与属地政府、各委办局就寄递渠道安全服务保障工作进行交流沟通，积极融入地方政府政府工作格局，先后成为平安顺义建设工作领导小组、顺义区反恐怖工作领导小组和顺义区市场消费环境建设联席会议成员单位。持续推进实名收寄信息系统全覆盖，实时监控辖区各企业实名收寄率变动情况，通过现场检查、行政约谈等方式向相关企业反馈问题，督促企业及时采取有效措施进行解决，努力推进辖区实名收寄率平稳提升。推动邮政综合服务平台建设，实现辖区警邮、医邮、税邮、政邮合作。

五、快递市场存在的突出问题

首都邮政业的发展与首都承担的职责使命相比，与“四个中心”建设的目标相比，与人民对美好生活的向往相比，还存在一些不足：一是行业服务水平有待进一步提升。邮政、快递服务质量与人民群众的期待仍有较大差距。二是规划衔接有待进一步落实。虽然邮政、快递服务设施被纳入北京市多个专项规划，但受体制机制等多方面因素所限，规划落地实施难度较大。三是邮政、快递基础设施有待进一步完善。特别是在中心城区，邮政、快递设施不足，“最后一公里”“最后一百米”问题突出。四是行业绿色发展难题有待进一步破解。邮件快件包装绿色化、减量化、可循环任务依然艰巨，新能源车通行、停靠、充电等政策仍未出台，加盟企业绿色发展内生动力、传导动力不足。五是安全保障工作有待进一步增强。首都寄递渠道安全保障工作任务重、标准高，安全中心尚在组建中，行业安全监管能力依然不足，信息化监管手段缺乏，企业安全主体责任落实仍有差距。

天津市快递市场发展及管理情况

一、快递市场总体发展情况

2019年，天津市邮政行业业务总量累计完成148.8亿元，同比增长29%；业务收入（不包括邮政储蓄银行直接营业收入）累计完成115.9亿元，同比增长10.7%。其中，快递企业业务量累计完成6.97亿件，同比增长21.1%；业务收入累计完成95.8亿元，同比增长9.6%（表7-2）。支撑天津市网络零售额840亿元，支撑天津市经济发展总量959亿元。邮政业在天津市经济社会发展中的作用不断增强，地位不断显现，影响不断提升，为天津市“稳就业、稳金融、稳外贸、稳外资、稳投资、稳预期”作出贡献。

表7-2　2019年天津市快递服务企业发展情况

指　　标	单　　位	2019年		比上年同期增长（%）		占全部比例（%）	
		全年累计	12月份	全年累计	12月份	全年累计	12月份
快递业务量	万件	69733.02	7041.04	21.11	17.99	100.00	100.00
同城	万件	14496.70	1343.90	-20.22	-22.29	20.79	19.09

续上表

指标	单位	2019年		比上年同期增长(%)		占全部比例(%)	
		全年累计	12月份	全年累计	12月份	全年累计	12月份
异地	万件	54998.40	5680.26	40.68	34.56	78.87	80.67
国际及港澳台	万件	237.92	16.88	-23.79	-1.05	0.34	0.24
快递业务收入	亿元	95.84	9.23	9.59	5.29	100.00	100.00
同城	亿元	11.37	1.08	-39.74	-33.63	11.86	11.74
异地	亿元	59.44	5.41	21.12	6.02	62.02	58.65
国际及港澳台	亿元	4.13	0.35	1.44	12.59	4.31	3.82
其他	亿元	20.90	2.38	35.38	38.85	21.81	25.78

二、行业管理工作及主要成效

全面从严治党进一步向纵深发展。全面加强本系统党的建设。坚持把政治建设摆在首位,深入贯彻落实习近平总书记关于推进中央和国家机关党的政治建设重要指示精神,制定《中共天津市邮政管理局党组关于加强党的政治建设工作方案》。充分发挥党组中心组龙头示范作用,全年共召开局党组会议23次,党组理论中心组学习16次,及时传达学习党的十九届四中全会、习近平总书记关于邮政业重要指示和国家邮政局党组、市委市政府重要会议文件精神。树立大抓基层的鲜明导向,开展党性教育和党务培训,切实增强基层党支部组织力。先后组织专职副书记、党务干部等30人次参加各类培训轮训,确保应训尽训。国家邮政局批复成立局党建办。顺利完成机关党委、机关纪委换届选举。聚焦"关键少数""关键节点",强化日常监督、长期监督。深入践行"四种形态",做好问题线索的初核、立案、审查、审理工作,切实发挥震慑作用。印发全系统解决形式主义突出问题切实为基层减负的若干举措。刊发《警示教育专刊》13期,抓实警示教育,强化全员纪律观念纪律意识。实行工作目标清单化管理,印发《督查专报》4期、《安全生产简报》12期,下发督办单2份,切实提升督查实效。推进行业精神文明建设,示范带动全系统党组织和党员创先争优,强化新作为、践行新担当。本系统2个集体和1名个人荣获交通运输部等5部委春运"情满旅途"活动成绩突出集体和先进个人称号,1个集体和1名个人获评天津市"七五"普法中期先进集体和个人,1个集体获得全国"扫黄打非"先进集体,1名快递小哥荣获天津市青年五四奖章。开展全国邮政行业青年安全生产示范岗创建和全国青年岗位能手(标兵)推选工作。

着力加强干部队伍建设。出台《关于进一步加强干部谈心谈话工作的实施意见》《关于进一步改进工作作风强化履职尽责的通知》,强化履职担当意识、纪律意识和组织观念。严格执行领导干部个人有关事项报告制度,强化结果运用。组织全局向恩施州邮政管理局、其美多吉等先进集体和个人学习。1名个人获国家邮政局重要专项工作及时奖励。严格执行《党政领导干部选拔任用工作条例》等规定,认真落实"凡提四必",共提任处级领导干部2名,考核转正领导干部12名,干部队伍结构持续优化。加强干部教育培训,组织5名干部参加中央党校、交通运输部、国家邮政局调训。开展在线学习,实现全体干部学习全覆盖。会同人社局完成全国邮政行业首次先进集体、劳动模范和先进工作者推荐工作,按照市总工会要求开展基层快递员市级劳模推选工作。

全面完成中华人民共和国成立70周年等重大活动寄递安保任务。一是深入开展"不忘初心,牢记使命"主题教育,强化全系统工作人员政治担当。认真贯彻党中央和国家邮政局党组部署要求,聚焦主题主线,按照"守初心、担使命、找差距、抓落实"总要求,把"学习教育、调查研究、检视问题、整改落实”贯彻始终，成立领导小组及指导组加强组织领导，有序推进两批主题教育。开展10批次实地督导，向中央第十一巡回督导组汇报主题教育开展情况得到肯定。二是全力以赴完成中华人民共和国成立70周年等重大活动寄递安保任务。按照国家邮政局、市委市政府关于重大活动安保任务要求，全行业有效发挥天津市寄递渠道“环京护城河”作用，圆满完成中华人民共和国成立70周年以及“一带一路”高峰论坛、“残特奥会”、两会等重大活动寄递安保任务。在庆祝中华人民共和国成立70周年期间，会同市公安局等多部门形成工作合力，全方位筑牢寄递安全防线。各企业严格落实主体责任，按照领导小组“六个专门”要求，实行进京邮件快件专门登记造册、专人专车送检、专门安检区域、专门安检人员、专门安检机过检，实现“无空当、无盲区、无死角”，充分体现全行业的政治担当、责任担当和使命担当。举办天津市邮政业庆祝中华人民共和国成立70周年文艺汇演，选送快递小哥赴京参加中华人民共和国成立70周年庆祝大会“美好生活方队”群众游行，向社会展示了天津市邮政业的良好精神风貌。

行业高质量发展取得新成效。快递电商协同发展成果进一步巩固。全年跨境电商业务量达3000万单，同比增长50%，日进港量最高达159万单。顺丰、百世建成华北跨境电商定制仓，仓储面积超45亩，为考拉国际、天猫国际提供跨境电商仓配服务。EMS、韵达、圆通为小红书等电商平台提供驻场寄递服务。中通、京邦达等快递企业投资5亿元，建设云仓、前置仓等仓配一体中心，其中无人仓3000平方米。通过大数据分析和仓配前置，17%快件可实现今日下单明日到货的急速体验。末端服务驿站累计达2000余处，“最后一公里”服务质量有效优化。在全市5万邮政快递人的共同努力下，2019年“双11”期间，寄递业务处理总量超1亿件，全行业落实“错峰发货、均衡推进”的要求，实现了“两不、三保”目标，圆满完成业务旺季服务保障工作，得到张国清市长、孙文魁副市长、金湘军副市长的批示肯定。

邮政业与相关产业加速融合。全年邮政业服务天津市制造业寄递8300万件，农产品寄递4900万件，医药业寄递182万件，为达仁堂制药、飞鸽自行车、崔黄口地毯等企业提供供应链一体化解决方案。交邮合作取得新进展，中通与天货航合作开通“天津至南昌”全货机航线，大幅提升京津冀地区进出长江中游城市群的快递转运时效。顺丰与中铁合作开通天津发往上海、北京、南京等14个城市“高铁快递”。与市交通运输委联合出台《推动邮政快递业与交通运输业融合发展工作方案》，邮政公司、申通、京东等9家企业已与天津市轨道交通集团、市公交集团、市交通集团启动试点合作，研究利用轨道交通、公交运力及场站资源开展分拨及运输业务。快邮合作取得新突破，邮政公司与百世洽谈在滨海、武清开展派送业务合作，河东区部分区域已先行先试。快快合作取得新成果，大港区、静海区、北辰区末端快递网点联合组建区域快件处理中心，末端派送时效再提速。行业跨界发展迅猛，重点企业开展快运业务，全年快运业务量达1.78亿单。中通在津建设华北快运转运中心，面积达3万平方米。百世全国无车承运人总部落户天津市空港，融入天津网络货运平台，顺丰、中通、德邦等启动洽谈此项工作。

邮政业科技化水平持续提升。全行业已投入自动化分拣设备17套，自动化装卸设备30台，机动车近6200辆，手持终端2万台。德邦应用AI智能识别系统，违规操作比例下降45%。申通升级改造智能交叉带，提升机械化分拣的精准度和效率。菜鸟“刷脸寄件”、“扫码秒取快件”、无人车等新科技在校园应用，武清的华北网络未来园区完成物联网智能升级，辐射京津冀中转配送。京东上线可实现多品类打包的智能包装系统，效率提高5~10倍。德邦应用大件分拣机、爬楼机。

深入落实关心关爱快递小哥工作。成立天津市邮政行业人才工作领导小组，出台《关于贯彻落实全国邮政行业人才工作会议精神的实施意见》。会同市人社局印发《关于开展快递工程专业职称评价工作的通知》,189 人通过评审,其中 5 人为中高级职称。联合市总工会、团市委召开快递行业人才座谈会,举办全市邮政行业职业技能竞赛。协助市总工会推进民营企业工会建设,韵达、圆通等 11 家企业组建了民营企业工会。出台《关于加强快递从业人员权益保障工作的实施意见》,联合团市委开展“共青团与人大代表面对面”、慰问快递困难家庭和基层快递小哥等活动,会同快递协会开展“关爱小蜜蜂 全市在行动”冬暖夏凉献爱心活动,选定 500 处快递网点作为“快递员之家”,把深入学习贯彻习近平总书记关爱快递小哥的重要指示精神落到实处。

优化政策环境,持续释放行业活力。加快落实国家重大发展战略及天津市重点规划。落实《京津冀邮政业协同发展指导意见》《京津冀地区快递服务发展“十三五”规划》《天津市快递专业类物流专项规划(2016 — 2020 年)》等文件,邮政业服务京津冀协同发展取得新成效。天津市全年快件中转量达 2.9 亿件,同比增幅 140%,京津冀区域用户的快递服务体验进一步提升。全力推动国际邮件互换局功能提升,指导邮政企业完成机构设立、场地整合、邮路调整、海运功能完善等工作。《天津市物流业空间布局规划(2019 — 2035 年)》进一步明确将天津市打造成为京津冀物流网络的战略核心,在物流园区、物流中心、城乡配送点方面保障邮政业用地空间。全行业用地规模持续增长,主要寄递企业分拨中心用地达到 1141 亩,顺丰丰泰产业园建设稳步推进,天天、中通新购置用地 433 亩,德邦、百世、京东拟新购用地超 512 亩。

不断加强行业发展政策保障。联合市交通运输委等 18 部门印发《落实〈交通运输部等十八部门关于认真落实习近平总书记重要指示推动邮政业高质量发展的实施意见〉的工作举措》,形成优化天津市邮政业发展环境的总体纲领。2 家企业的重点项目共获 450 万元专项补助资金。组织 5 家企业参加 2020 年专项资金申报。联合市交通运输委、市公安局等部门印发《天津市创建绿色货运配送示范城市实施方案》,对核发专用通行证的 1827 辆邮政快递车辆提供全市通行及临时停靠的便利政策。印发《关于支持我市民营快递企业发展的实施意见》,12 条具体措施激发行业活力。市政府办公厅出台《关于完善本市促进消费体制机制进一步激发居民消费潜力的实施方案》,提出优化农村商贸流通布局、支持完善快递等综合配套服务、鼓励开展网购商品及邮政服务的包装物减量化和再利用。《天津市加快推进诚信建设行动方案》将邮政业纳入天津诚信建设的重点领域,行业营商环境持续优化。

继续深化“放管服”改革,做到放出效率、管出规范、服出活力。联合市税务局落实减税降费政策,全行业实现减税降费额达 3000 万元,企业降本增效显著。落实《快递业务经营许可管理办法》,并按照市政府“一制三化”要求,进一步提升行政审批时效,快递经营许可及变更办结时限分别为 9.9 个工作日和 3.7 个工作日,简化分支机构办理手续,末端备案仅 1 个工作日即可完成。取消外省市住宅信报箱企业备案事项。印发《进一步规范邮政普遍服务两项审批(备案)工作实施方案》,按照“总对总”的原则,便利邮政企业申请办理“两项业务”。共 6 家企业获批国际快递业务代理许可,约占全国下放许可审批地区申报总量的 30%。

健全天津市邮政业法规规划体系。总结十年来天津市邮政领域依法治理实践成果和改革发展成效,完成邮政法修订 10 周年及“十三五”规划任务评估。成立“十四五”规划编制领导小组,制定《天津市邮政业发展“十四五”规划编制方案》,全面启动规划编制工作。起草并由市市场监管委发布《寄递企业安全中心建设与管理规范》。与市商务局、天津海关联合开展促进跨境电子商务寄递服务高质量发展的梳理调研工作。

深入推进“三大攻坚战”。做好寄递渠道风险防控工作。着力发挥寄递企业安委会作用，企业安全生产体制机制建设进一步完善。强化寄递企业落实安全主体责任，会同快递协会对1000余名快递企业基层网点负责人开展安全培训。修订《天津市寄递企业过机安检作业流程操作指导规范》，督导企业严格落实邮件快件“应检必检”要求。强化专门人才培养，组织103名安检人员参加国家专项培训。开展年度寄递行业安全应急演练。加强行业运行监测预警，妥善处置安能、如风达、品骏等企业经营异常事件。组织召开全市首次邮政机要通信工作会，联合保密局开展两轮机要通信保密安全监督检查，共检查机要通信场所30处，确保机要通信政令畅通、万无一失。开展涉枪涉爆寄递安全隐患专项整治，累计检查寄递企业分拨中心、营业网点1462次，出动执法人员4000余人次，消除各类安全隐患130处，关停企业网点13处，依据反恐怖主义法对4家企业进行处罚，罚款63万元。加强与文化执法部门的工作联动，协助查获外省市企业违法收寄盗版光盘大型案件，会同海关部门查处从境外寄往天津市非法出版物。

助力精准脱贫和乡村振兴战略。联合市发展改革委、市农业农村委等7部门出台《天津市推进邮政业服务乡村振兴工作方案》。持续推进“邮政在乡”“快递下乡”工作提档升级，继续推动邮政、快递服务现代农业“一地一品”“一市一品”示范项目建设。与蓟州区、静海区、宁河区政府举办快递服务农特产品直通车活动，寄递企业与农特产品企业签订合作协议20余份，实现农产品寄递417万件，宁河小站稻直销15万公斤，销售额66万元；西青沙窝萝卜销售12万公斤，销售额60万元；茶淀葡萄销售7万公斤，销售额45万元。邮乐购站点基本实现建制村全覆盖，支撑农产品进城19.7万公斤。大王古庄、华明、茶淀等16个特色小镇实现了快递网点全覆盖。会同市快递协会开展扶贫帮困活动，为贫困家庭等送上总价超10万元的生活用品和助学金。

深入推进行业绿色发展。印发邮政业生态环境保护工作要点，开展“推动邮政业高质量发展，打好绿色发展生态环保攻坚战”主题活动，制作《快递包装废弃物回收再利用普法宣传片》。圆满完成生态环保“9579”工程，全市电子运单使用率达99.77%、电商快件不再二次包装率达83.45%、循环中转袋使用率达79.60%、“瘦身胶带”封装比例达76.2%。1759个邮政快递网点设置包装废弃物回收装置。申通、中通、韵达等企业广泛应用带有RFID芯片的环保中转袋，菜鸟驿站全年回收快递包装箱2500万个。行业新能源汽车总保有量达3000辆。甩挂运输模式推广运用，全行业共购置194台甩挂车头、283节甩挂车厢，燃油消耗降低55%，污染物排放减少70%。

深化落实民生7件实事。加强基础能力建设，持续改进投递服务。全市快递网点1120处，末端网点3085家，中心城市0.5~1公里服务半径或1万~2万服务人口平均设置1处，武清、宝坻、静海、宁河、蓟州五个区、组团、中心镇、一般镇3公里服务半径或5万~8万服务人口设置1处。智能快件箱布设5800余组，格口63万个，箱递率达13%。推广“线上办理+线下寄递”模式，助力政邮、警邮、税邮合作，61处邮政网点办理13种警务类业务，与市税务局合作“票e到家”项目近10万件，与20个委办局合作寄递证照等邮件16.53万件。推动邮政企业加大邮乐购站点建设力度，全年新增站点50个，累计建成4645个。快递企业城区自营网点标准化率98.26%，高校规范收投率100%，邮政快递营业场所、分拣场所离地设施铺设率100%。落实“20项民心工程”中老旧小区和远年商品房信报箱更新补建工作，切实保障民心工程顺利收官。

继续实施“放心消费”工程。开展两个阶段的快递末端服务违规收费专项整治，印发《快递末端服务“五个严禁”》宣传海报，公布受理投诉举报电话，对全市51处快递末端网点开展暗查。依法处理快件未按约定投递等违法行为8起。全年共受理消费者申诉1.7万件,其中有效申诉1000件,为消费者挽回经济损失超68万元。

营造公平竞争环境。强化邮政市场监管。全年出动执法人员5270人次,累计检查寄递企业2028家次,查处违法违规行为338起,依法关停快递网点33处。开展4轮"双随机、一公开"执法检查。完成66家快递业务超范围经营许可专项治理。完成538家"三新"企业的核实认定,对智能快件箱新业态实现纳管。落实《快递业信用管理暂行办法》,完成786家企业和18631名人员信息审核工作。开展"诚信快递、你我同行""3·15"主题宣传周、寄递渠道禁毒宣传月、安全生产月等活动。加强集邮市场和邮政用品用具监管。深化系统内综合管理。全面推行行政执法公示制度、执法全过程记录制度和重大执法决定法制审核制度。梳理形成邮政业相关政府规章和规范性文件清单、市场准入许可事项负面清单。印制《行政处罚案件指导手册》。开展全系统法治规划培训、执法人员网上学习和考试。实施行政执法案卷、行政许可材料立档工作,建立电子档案,做到可溯可查。

三、邮政法修订实施十周年

2019年是修订后的《中华人民共和国邮政法》施行10周年。天津市邮政业十年巨变,印证了修订后的邮政法确立的中国特色邮政业治理体系符合国情业情,极大解放和发展了行业生产力。十年来,天津市邮政业务总量和业务收入分别增长了5.5倍和5.7倍,快递业务量和业务收入的年均增长率分别达39%和27%,在国民经济中的基础性支撑性作用不断强化。十年来,天津市快递企业从马路窝棚发展到购地建成华北处理中心,用地总量超千亩,产业规模不断扩大。十年来,天津市邮政业从车拉肩扛、人工分拣,发展到小黄人智能分拣、自动装卸;从GPS到北斗导航,从互联网到人工智能、大数据、物联网和无人车、无人仓,企业科技应用越来越足,行业科技化、自动化、智能化水平越来越高。十年来,从业人员由1万人增长至5万人,为天津市稳就业作出了积极贡献。十年来,天津市邮政业营商环境不断优化,出台《我市支持快递业加快发展十项措施》等政策文件30余件,政策措施300余条,出台全国首个省级快递物流园区规划《天津市快递专业类物流专项规划(2016—2020年)》,先于全国出台《农村地区邮政与快递服务规范》《智能邮件快件箱》《寄递企业安全中心建设与管理规范》等多个地方标准,落实国际快递业务(代理)经营许可下放承接工作,成为全国首批获得5000万资金支持的电商快递协同发展试点城市。

四、各派出机构主要管理工作概况

第一分局联合河西区应急管理局、公安、街道等部门在快递企业比较集中的尖山路100号院内,开展安全生产观摩式执法暨警示教育现场会,主要对企业安全生产主体责任落实情况、安全生产设备配置、维护保养情况等进行了深入细致检查,并对发现的问题、隐患进行归纳和梳理,责令企业限期整改。联合应急管理局、公安局、市场监管局、街道办事处等河西区安委会成员单位开展节前寄递行业安全生产大检查。通过现场检查、调阅监控、翻看资料、询问相关人员等多种方式重点对安全生产主体责任落实情况、三项制度执行情况、企业安全及应急管理情况等方面进行了检查。为贯彻落实关于做好全国"两会"期间寄递渠道安全服务保障工作的部署,督导快递企业春节后恢复生产,第一分局多措并举、全力保障全国"两会"期间寄递渠道安全。组织召开部署会议,传达相关精神和要求;着眼寄递和安全生产,积极开展执法检查;对存在问题及制度落实不到位的企业进行立案查处,层层传导压力,层层压实责任,坚决把各项制度、措施落到实处。联合河北区公安部门,分成3个检查组,对寄递企业开展专项检查,以"三合一"、"多合一"、消防安全、实名收寄为重点，打击寄递渠道违法违规行为。为扎实推进生态环保“9579”工程，结合“不忘初心、牢记使命”主题教育，第一分局开展“邮来已久 绿动未来”主题宣传活动。向辖区各邮政、快递企业下发了主题宣传活动工作实施方案，明确任务要求和工作措施，引导企业有效开展包装物回收工作，积极推广电子面单的使用，减少电商二次包装，推广循环中转袋，推动快递网点配备快递废弃包装回收装置。其间，共印制海报600余张，横幅标语180余条。

第二分局组织辖区快递企业负责人参加安全培训。对辖区快递企业基层网点负责人实现安全教育培训全覆盖。与武清区商务委到天津怡和嘉业医疗科技有限公司联合调研“9610”项目，共同推进武清邮政与海关出口退税9610系统信息对接，邮政企业系统对接开发获资金支持。组织宁河区快递企业参加农产品电商购物节，承接特色农产品线下派送。

第三分局开展促进跨境电子商务寄递服务高质量发展专项行动，督促辖区2家从事跨境电商企业依法规范经营和上报统计数据，协调解决跨境电子商务寄递服务高质量发展中的重大问题，促进跨境寄递服务高质量发展。调研辖区农产品寄递服务情况，与静海区商务委积极对接，促进静海邮政快递企业与张家庄村金丝小枣、山芋等农特产品的深度合作，以村级服务中心建设为依托，推动村邮站综合服务平台建设。召开静海区电子商务、快递服务与农产品企业对接动员会，静海区副区长张炳柱出席。会议推动邮政快递企业与静海区农产品电商企业积极对接、深入合作，“打通上下游、拓展产业链”，找准契合点，缩短上游一公里，使更多的静海区农特产品“走出去”，让静海区的农民腰包更鼓、产业更兴旺。开展实地调研，与西青区11家快递企业负责人座谈，调研快递末端网点建设、村级快递网络建设、服务三农、精准扶贫、支持农产品销售、绿色发展落实和“双11”旺季备战情况。

滨海新区邮政管理局在胡家园中通分部组织开展了2019年度邮政行业消防安全应急演练，辖区寄递企业共100余人参加。通过此次演练，进一步增强了辖区寄递企业消防安全意识和应急处置能力，提高了寄递企业的应急救援技能和应急反应综合素质。联合区反恐办在于家堡高铁站开展反恐怖主义法主题宣传活动，活动当天在开智中通快递网点营业场所，张贴防范恐怖袭击宣传海报，摆放宣传手册，向网点员工广泛宣传反恐怖主义法等法律法规及反恐应急知识，并解答寄递渠道反恐防恐方面存在的疑问，大力营造寄递渠道反恐人人有责的良好氛围。

五、快递市场存在的突出问题

一是天津市经济稳中求进和经济结构优化提出新要求。工业支柱产业更新迭代、服务业提质升级、智能创新引领高质量发展、京津冀协同发展战略深入推进等一系列新变化，亟需全行业加快质效提升，坚持高质量发展，夯实邮政业在天津市经济现代化中的基础底板，持续发挥经济活力新动能。二是全球政治经济形势变化带来新挑战。“一带一路”建设、全球贸易方式转型、中美经贸斗争等一系列变化，亟需天津市邮政业加快“走出去”，在跨境寄递服务外贸发展等方面提供有力支撑，积极把握国际寄递网络建设的新机遇。三是邮政业进入由大到强的新阶段必须坚定不移贯彻新发展理念。要更新理念，改变以往单纯以件量论英雄“单打一”的传统做法，在更加创新、更加协调、更加绿色、更加开放和更加共享上下功夫，从指标体系、工作举措、行业监管等方面共同发力，大力加强基层、基础、基本功“三基”建设，集中精力解决天津市邮政业不平衡不充分问题。

河北省快递市场发展及管理情况

一、快递市场总体发展情况

2019 年,河北省邮政行业业务总量累计完成557.4 亿元,绝对值居全国第 8 位,比去年晋升 1 位,增幅为 46.6%,居全国第 1 位;业务收入(不包括邮政储蓄银行直接营业收入)累计完成 322.7 亿元,绝对值居全国第 9 位,比去年晋升 1 位,增幅30.7%,居全国第 1 位。其中,快递企业业务量累计完成23 亿件,绝对值居全国第 7 位,增幅32.3%,居全国第 4 位;业务收入累计完成 242.4 亿元,绝对值居全国第 8 位,增幅 34.1%,居全国第 1 位(表 7-3)。石家庄、保定、廊坊快递业务量继续稳居全国快递 50 强城市,邢台快递业务量首次进入全国前 50 位,沧州快递业务收入首次进入全国前 50 强。新增社会就业1 万人以上,支撑网上零售额 2400 亿元,占全社会消费品零售总额的 14.5%。

表 7-3　2019 年河北省快递服务企业发展情况

指　　标	单　　位	2019 年		比上年同期增长(%)		占全部比例(%)	
		全年累计	12 月份	全年累计	12 月份	全年累计	12 月份
快递业务量	万件	230392.65	25887.25	32.31	32.99	100.00	100.00
同城	万件	22662.87	2386.66	−16.73	−14.70	9.84	9.22
异地	万件	207375.98	23451.02	41.43	40.91	90.01	90.59
国际及港澳台	万件	353.80	49.57	19.55	100.01	0.15	0.19
快递业务收入	亿元	242.35	26.15	34.06	39.37	100.00	100.00
同城	亿元	16.40	1.69	−33.20	−25.30	6.77	6.46
异地	亿元	176.65	18.76	43.38	44.78	72.89	71.73
国际及港澳台	亿元	4.24	0.65	32.74	113.01	1.75	2.49
其他	亿元	45.06	5.05	51.09	55.94	18.59	19.32

二、行业管理工作及主要成效

坚持党的领导,扎实推进党建和党风廉政建设,全面从严治党取得明显成效。强化党的政治建设。以习近平新时代中国特色社会主义思想为指导,增强"四个意识",坚定"四个自信",做到"两个维护",坚持用党的科学理论武装头脑,坚定执行党的政治路线,坚决站稳政治立场,严肃党内政治生活,严明党的政治纪律和政治规矩,不断提高党员干部政治本领。制定印发了《关于加强党的政治建设的实施意见》《关于推动新时代全面从严治党向纵深发展的实施意见》等系列文件,召开了党建和党风廉政建设工作会,明确了任务目标,压实了两个责任。组织党员干部深入贯彻落实党的法规条例和方针政策,严格执行民主集中制、"三会一课"、组织生活会等制度,不断提升党员干部政治素质。

强化基层组织建设。制定了河北省邮政管理局党组《关于加强和改进基层党组织建设的实施意见》《基层党支部工作考核办法(试行)》等文件。实施补钙铸魂、五好党支部创建、共产党员先锋示范、党务队伍建设、非公党建提升、党建与业务融合"六大工程"。每季度进行党支部自评,年度进行百分考核。组织"两优一先"评选,对 13 名优秀共产党员、7 名优秀党务工作者和 3 个先进基层党组织进行了表彰。组织开展机关党组织和党员到驻地街道社区"双报到"工作。实现了 11 个市非公企业党组织全覆盖。保定局机关党委、廊坊局机关党委等9个党组织分别获得市级“先进基层党组织”荣誉称号。

强化党风廉政建设。制定了《河北省邮政管理系统2019年党风廉政建设工作要点》《解决形式主义突出问题为基层减负实施细则》等系列文件，部署开展了“三深化三提升”（深化“双创双服”活动、提升高质量发展水平，深化民生实事落实、提升保障改善民生水平，深化纠正“四风”和作风纪律整治、提升工作效能和营商环境）“基层减负年”等专项活动。紧盯春节、五一、端午等关键节点印发通知，做好廉政提醒。精心开展廉政警示教育，召开了河北省系统警示教育电视电话会议。举办了“庆元宵·猜廉谜”活动。组织参观了省委党校廉政教育基地。邀请省直纪工委领导通报了违反中央八项规定等6类违纪案例。召开了巡察动员部署暨纪检干部培训班，实现了河北省系统巡察工作全覆盖。在河北省系统纪检干部队伍中开展了“学法规、用法规”活动，提高依规依纪处置问题的能力。唐山局组织开展了廉政建设“五个一”和“七件事”活动，得到河北省邮政管理局肯定和推广。

强化行业精神文明建设。大力弘扬小蜜蜂精神，联合团省委、省总工会等部门召开了河北省精神文明建设大会和千人规模的先进事迹报告会。10名行业职工被推选为2018年度最美快递员（邮递员），454名行业职工被评为冀青之星。申报全国青年安全生产示范岗1个，省青年安全生产示范岗6个，邮政行业青年安全生产示范岗30个。创建国家级青年文明号1个，省级青年文明号43个，市级青年文明号17个。顺利完成642名快递工程人员的职称评审工作。在全国职业技能竞赛中，来自唐山、张家口、承德、沧州的4名参赛选手分获一、二、三等奖，其中，唐山顺丰1名选手获得全国第一名。河北省代表队获得团体优胜奖和优秀组织奖，唐山局1名同志获得优秀技术指导奖。深入开展权益维护、法律援助、走访慰问、联谊交友等快递员关爱活动，设立爱心驿站801个。石家庄局联合市总工会，开展了“夏日送清凉”“冬日送温暖”活动，为快递小哥送出“定制头盔”1万个，为快递企业发放慰问金20万元。

提高政治站位，强化政治引领，主题教育取得明显成效。河北省邮政管理系统坚持“守初心、担使命、找差距、抓落实”总要求，聚焦学习贯彻习近平新时代中国特色社会主义思想，坚决推进习近平总书记关于邮政业重要指示精神和中央决策部署在行业内落地生根。通过主题教育，河北省邮政管理系统党员干部提高了真信笃行、知行合一的能力，增强了守初心、担使命的思想自觉和行动自觉，提振了干事创业、担当作为的精气神，推动了行业改革发展各项工作，涵养了风清气正的政治生态。一是始终坚持省市联动、协调推动、良性互动，两批“不忘初心、牢记使命”主题教育扎实开展、协同推进。河北省邮政管理局成立了领导小组及办公室，派出4个指导组对11个市局进行全覆盖指导，召开冀南冀北片区督导会议。实现了省市局党组书记、纪检组长上专题党课和廉政党课全覆盖。二是始终坚持问题导向，认真对照党章党规找差距、针对查摆问题抓整改。河北省邮政管理系统按照“四个对照”“四个找一找”的要求，紧扣“18个是否”逐一对照检查，重点抓好“8+1+3”专项整治和国家邮政局巡视发现的43个共性问题解决。寄递渠道涉枪涉爆整治、农村“电商配送”渠道建设、邮件快件包装废弃物治理、快递末端违规收费治理、快递许可专项治理、快递从业人员权益保护、机关基础设施改善等一批群众最急最忧最盼的问题得到有效整改落实。三是始终坚持把开展主题教育与党建和党风廉政建设紧密结合，与干部队伍作风建设紧密结合，与重点工作推进紧密结合，河北省邮政管理局在认真开展第一批主题教育的基础上，对整改落实情况进行了“回头看”，各市局按照主题教育要求，认真进行了学习教育、调查研究、检视问题和整改落实，达到了“理论学习有收获、思想政治受洗礼、干事创业敢担当、为民服务解难题、清正廉洁作表率”的目标。

优化发展环境，推动项目建设，重点工作推进取得明显成效。行业发展得到省四大班子领导高度关注。2019 年，河北省委书记、省人大常委会主任王东峰春节前夕在石家庄走访慰问邮政业一线干部职工。省长许勤审议推动局省战略合作协议签订、河北邮政条例修订，在省政府系统汇报交流会议上听取河北省邮政管理局工作汇报，对邮政业发展和快递服务地方产业成效充分肯定。副省长张古江主持召开邮政业领导小组会议，专题研究推进行业重点工作。省人大常委会副主任、省总工会主席王晓东专题听取河北省邮政管理工作汇报，并带队调研慰问邮政快递企业。省政协副主席边发吉调研快递业发展情况，走访慰问基层一线快递小哥，并召开了快递从业人员座谈会。

行业政策规划有力落实。《雄安新区邮政业发展规划》通过国家邮政局审议，经省委雄安办同意，由雄安管委会负责审批印发。启动“十四五”行业规划编制工作，召开电视电话会议对规划工作进行了全面安排部署。减税降费政策得到有效落实，全年总额达 9905 万元。河北省邮政管理局与省商务厅、省交通运输厅等 5 部门联合印发了《关于开展城乡高效配送专项行动的实施意见》，与省发展改革委、省财政厅、省供销社等 7 部门联合印发了《关于推进邮政业服务乡村振兴的实施意见》，与省商务厅、石家庄海关等 3 部门联合印发了《关于促进跨境电子商务寄递服务高质量发展的实施意见（暂行）》，与省机场管理集团联合印发了《关于支持建设航空快件绿色通道的意见》，与省发展改革委联合印发了《快递示范园区申报标准及评定管理办法》，制定并推动省市场监督管理局发布了《智能信报箱通用技术条件》地方标准，政策体系进一步健全，政策实施效果进一步显现。

重点项目建设初显成效。推动国家邮政局与省政府签署了《推进河北省快递业集聚发展战略合作协议》，许勤省长和马军胜局长出席签约仪式，8 家快递企业总部负责人齐聚河北，规格之高、声势之宏、项目之多，投资之大、效果之好、影响之远前所未有。许勤省长主持召开省政府第 36 次党组会议，将协议项目建设列为重要议题进行研究部署。张古江副省长召开专题会议调度协议项目进展情况，5 市市政府、27 个成员单位负责人悉数参会。目前 21 个协议项目中，已有 12 个取得实质性突破，其中 2 个已竣工投产。邯郸冀南（永年）快递园区达到全国市级快递专业类园区建设先进水平。马军胜局长和张古江副省长分别对局省战略合作协议项目推进情况作出肯定性批示。沧州、衡水、邢台、廊坊等 9 个协议外项目取得较大突破。廊坊《国家一级快递枢纽节点专项规划》已经市政府审批发布。

服务国家战略，坚持统筹推进，三大攻坚战取得明显成效。一是全力防范行业安全风险。充分发挥寄递渠道领导小组“双组长”机制优势，联合公安、国安、交通等 9 部门分别召开“会议规格、参加范围、会议形式、工作力度”4 个不同以往的省市寄递渠道领导小组会议。河北省邮政管理局以及衡水、保定、承德、秦皇岛等市局采取远程视频会议形式，实现省市县三级全覆盖。11 个市局应急预案全部上升至市政府层面。联合省公安厅、省国家安全厅印发了《关于进一步做好协议客户邮件快件过机安检工作的通知》，河北省共配备安检机 444 台，并基本实现“一机两人双证”。深入开展寄递渠道涉枪涉爆隐患排查等系列执法行动，圆满完成了国庆 70 周年、北戴河暑期等重大活动寄递渠道安保工作。秦皇岛局争取国家邮政局安保资金 18.4 万，委托第三方实现了暑期邮、快件过机安检 100% 和干线车辆卫星定位 100%，并录制了安全三项制度社会宣传语音和应急处置视频。承德局首次以全市寄递渠道安全管理领导小组名义组织全市邮政、快递企业开展应急演练。邢台实现了邮政业寄递渠道安全管理领导小组县级全覆盖并有效发挥了作用。保定局国庆 70 周年安保工作在国家邮政局会议上作了书面经验交流。

二是着力推进行业精准扶贫。召开了服务国家邮政局定点扶贫工作调度会和专题推进会，印发了服务保障国家邮政局定点扶贫工作责任分工方案，确定了5项重中之重工作。为国家邮政局定点扶贫县协调争取公路改造资金1900万元，培训电商从业人员416人。8家品牌快递企业全部设立了平泉特色馆，分别确立1～3种主打特色农产品，帮助当地群众销售农产品2400万元。通过购买食堂食材、员工福利等方式实施企业消费扶贫，总额225万元。邮政企业深入实施"邮政在乡"工程，发挥2.96万个邮乐购站点的综合平台便民作用。河北省共培育"一市一品"示范项目73个，完成农特产品配送量1.12万吨，实现销售额8954.5万元。河北省打造快递服务现代农业超百万件项目15个，农村地区年收投快件近4亿件，支撑工业品下乡和农产品进城超过230亿元；培育快递服务制造业项目76个，业务量达6.84亿件，业务收入44.5亿元，支撑产值超过376亿元；形成了安国中药材、白沟箱包、沧州枣制品、清河羊绒等10个业务量超千万件的全国"快递+"金牌项目。

三是强力推进行业绿色发展。联合省发展改革委、省生态环境厅等10部门印发了《河北省关于协同推进快递行业环保治理工作的实施意见》，并召开了推进河北省行业绿色高质量发展工作会议。实施"9581"工程，深入开展邮快件包装废弃物治理，河北省电子面单使用率达98%，电商不再进行二次包装率达75%，循环中转袋使用率达80%，瘦身胶带封装率达80%，网点回收箱设置率实现100%。邮政、快递企业新能源汽车超过1500辆。张家口局积极在全市各邮政快递网点设置了标准化绿色回收箱。秦皇岛、邯郸、保定等市局对辖区快递包装回收设施进行统一规划、统一管理。邢台局协调指导市区顺丰、申通、中通等企业开展旧包装盒兑换寄递优惠券活动。沧州局支持任丘市中通快递自主研发新型集包袋，获得实用新型专利证书和外观设计专利证书。石家庄局将循环中转袋使用和快递包装回收纳入全市垃圾分类处置工作规划。

提高服务水平，突出能力建设，便民利民工作取得明显成效。着力强化末端服务能力。"三化"建设成效明显，县级以上营业网点标准化、分拨中心规范化、作业流程制度化率基本达到100%。积极开展快电合作，河北省邮政管理局与省电信公司签订了合作备忘录，河北省各市局与当地电信公司签订了合作协议，构建了快递下乡进村融合发展新模式。结合老旧小区改造等工作，积极推进智能快件箱（信报箱）、快递末端综合服务站建设。河北省共建成智能快件箱5183组、快递末端综合服务站9724个。唐山市快递企业与供销合作社共建社区末端投递网点，利用供销社的营业场地提供快递服务。邯郸局建立了交通、邮政、快递综合性二级中心驿站——东枢快递中心，提高了邮件、快件的揽投效率，利用市政府快递业发展1000万专项资金补贴老旧小区智能信报箱改造补建。沧州局争取到老旧小区改造资金150万元安装智能快件箱。

着力维护群众用邮权益。召开行业经济运行分析会、服务质量提升联席会议、安全服务分析通报会，举办投申诉处理工作培训班，全面分析、研究、解决影响行业发展质效的瓶颈问题、影响群众用邮体验的痛点问题、影响企业服务水平的堵点问题，着力提高安全服务管理水平和能力，多措并举提升群众用邮的幸福感、获得感和安全感。承德、邢台、廊坊、保定等市局通过市广播电台民生栏目解答快递业安全服务热点难点问题，取得良好效果。

深化制度建设，推进依法治邮，行业治理工作取得明显成效。持续推进法治邮政建设。《河北省邮政条例》修订被省政府列为立法项目。河北省首部快递地方性法规《沧州市快递条例》正式发布。修订了河北省邮政管理局规范性文件制定程序，制定了公平竞争审查实施细则。印发了《"双随机、一公开”监管规范化建设指导意见(试行)》,编制了《河北省邮政管理系统随机抽查工作指引》。强化执法监督,启动行政执法评议试点工作,规范了行政执法和复议案件办理。坚持严格、规范、公正、文明执法,全年共办结案件560起,处罚金额346万元,唐山、秦皇岛、邢台案件数量分别位居河北省前三名,廊坊、保定、秦皇岛处罚金额分别位居河北省前三名。通过执法,有力规范了市场经营秩序,维护了用户合法权益,进一步营造了法治化营商环境。

持续深化“放管服”改革。制定了《河北省邮政管理系统2019年深化“双创双服”活动工作方案》,精准服务重点服务业企业。持续推进审批改革,举办了河北省快递业务经营许可工作培训班,宣贯落实新修订的《快递业务经营许可管理办法》《企业开办服务站经营快递业务许可核定规则》《快递服务站备案办理规则》等系列规章制度。取消快递业务场地使用证明等3项证明事项,全面实现许可审批一网通办。压缩了审批时限,2019年共办结88件许可、监管事项,平均每件用时7.2个工作日,比2018年平均每件缩短1.6个工作日。精简备案手续,持续做好末端网点登记备案并形成工作常态化,全年为快递企业及其分支机构办理末端网点备案9235个。及时更新发布许可企业、分支机构名录库,圆满完成了河北省1971家“三新”单位核实认定工作。

持续加大市场监管力度。创新监管方式,推行品牌负责人管理,印发了《关于进一步深化网络型快递企业品牌负责人制度的通知》,完善了品牌企业负责人量化考核制度。持续推进快递企业分级分类监管,试点开展网格化管理工作。深入开展“三不”治理,离地设施铺设率基本达到100%,野蛮分拣、摆地摊现象得到有效遏制。开展快递市场清理整顿专项行动,重点整治“两非两无两超”行为,着力打击廊坊、保定、沧州等快递业务量集中区域的跨区违规经营行为。建立省内联合执法机制,继续开展年度“平安寄递、放心消费、合规经营”异地交叉联合执法。加强快递末端服务违规收费清理整顿,依法重拳打击。河北省邮政管理局局领导带队,不打招呼、不设路线,先后赴4市9乡13个村27个末端网点,以普通用户身份明察暗访,共查办举报线索32条,立案处罚20起,对末端违规收费行为形成了有效震慑。强化民生实事监管,广泛开展了“扫黄打非、扫黑除恶、禁毒、打击侵权假冒”等监督检查。

三、邮政法修订实施十周年

2019年是修订后的《中华人民共和国邮政法》施行10周年。十年来,河北省建成了惠及7600万人口的邮政普遍服务体系,基本实现了邮政普遍服务均等化和可及化;基本建成了连接城乡、覆盖全国、通达世界的快递服务网络。十年来,河北省邮政业迅猛发展、活力迸发、量质齐增,面貌焕然一新,河北省邮政业务收入和业务总量均增长了9倍,快递业务收入和业务量的年均增长率分别达到47%和37%,邮政业务收入占GDP比重从0.19%提升到0.84%,涌现出一批实力雄厚、充满活力的快递服务主体,在河北省经济社会发展中的基础性支撑性作用不断强化。十年的实践表明,邮政法确立的中国特色邮政业治理体系符合国情省情业情,引领邮政业成长为推动流通方式转型、促进消费升级、助力生产发展的现代化先导性产业,适应了经济社会发展和人民日益增长的用邮需求。

四、各市(地)主要管理工作概况

石家庄局全面落实习总书记对邮政业重要指示批示精神推进“关爱快递小哥”工作,通过开展“关爱快递小哥”系列活动,“快递小哥”幸福感获得感归属感进一步增强,从业人数进一步增加,稳定性进一步提高,有效地促进了快递业务的快速发展。一是坚持做群众贴心人,打造快递“暖港湾”。石家庄局联合市总工会、石家庄电信分公司在全市打造快递小哥休憩港湾100余个。休憩港湾全部按照"六个一"标准,配备服务设施包括爱心椅、饮水机、微波炉、药箱、空调、插排,为全市快递小哥提供服务,解决他们喝水、避暑、取暖、热饭等现实问题。自2019年6月28日起,正式启动2019年度"关爱快递小哥·夏日送清凉"活动,精心准备了防暑(主要提供风油精、藿香正气水等)、防雨(雨披、雨鞋等)等清凉慰问用品,共计发放近6000套。2019年12月9日,联合市总工会,开展"送温暖"活动,以"定制头盔"作为慰问品,共送出"定制头盔"10000余个,总计40余万元,涵盖本市邮政和所有品牌快递企业。二是坚持党建引领,拓宽党团工会"覆盖面"。2019年5月,联合共青团市委成立了共青团石家庄市邮政快递行业工作委员会,指导全市邮政快递企业团组织建设工作。联合市总工会制定实施方案,推动许可企业成立工会组织,目前,已推动设立邮政、顺丰(桥西)、圆通(栾城)、中通(新华)等企业设立基层工会组织30余处。向市政府上报了《关于成立石家庄市邮政行业党工委的请示》,同时积极协调市委组织部和街道党组织,出台政策文件,抓紧推进符合条件的快递企业成立基层党支部。三是坚持塑造行业文明风尚,提升行业"正能量"。2019年3月,联合市精神文明建设委员会办公室印发了《石家庄市邮政行业精神文明建设工作实施方案》,确定了行业诚信体系建设、"最美快递员(邮递员)"推选等8项重点任务。和团市委积极沟通,严格审查推选,有56名快递员入选"冀青之星"。积极开展全国青年安全生产示范岗评选工作,河北京东信成供应链科技有限公司石家庄分公司荣获"全国青年安全生产示范岗"称号。联合市文明办、市广播电视台、市快递行业协会多家单位共同开展全市"最红快递员"评选活动。四是坚持畅通成长空间,搭建"新舞台"。联合市教育局出台《关于加快发展石家庄邮政行业职业教育的实施意见》,成立石家庄市邮政行业职业教育指导委员会。联合市总工会、团市委主办了全市邮政行业职业技能大赛,10个品牌快递企业代表队共计50名快递员、快件处理员参加。联合团市委、市总工会下发《关于表彰2019年石家庄市邮政行业职业技能竞赛获奖企业和个人的决定》,前三名被授予"石家庄市青年岗位能手"称号。

沧州局深化制度建设,推进依法治邮,行业治理工作取得明显成效。行业法治建设迈上新水平。《沧州市快递条例》于2019年9月28日经河北省第十三届人大常委会第十二次会议批准通过,于2020年1月1日起实施。这是《立法法》赋予沧州市立法权后出台的第二部地方性法规,也是全国首部专门的快递地方性法规,完善充实了全市快递行业管理的法律依据,《条例》共二十七条,在促进快递业发展、提升快递服务质量、保护从业人员和用户权益、快递市场监管和法律责任等方面对沧州市快递业作出了法律规定。《条例》公布实施后,可以有效地解决沧州市快递业监管体系亟待完善、市场准入门槛过低、基础设施建设滞后、缺乏政策支持和服务保障等方面的尖锐问题和矛盾,进一步优化沧州市快递业的政策环境,增强快递服务能力,保障快递企业和用户的合法权益,为提升沧州市快递管理工作提供坚实有力的法制保障。沧州局主动送法入企,先后在河间、东光、海兴召开了片区法律宣贯培训会议。

放管服改革持续推进。印发了《"双随机、一公开"监管规范化建设指导意见(试行)》,编制了《沧州市邮政管理系统随机抽查工作指引》,进一步规范了行政执法行为。组织开展了互联网+监管专项行动,制订完善了监管清单和实施清单,持续推进审批改革,严格按照《河北省邮政管理局关于加强快递业务经营许可优化工作的通知》要求,进一步压缩审批时限,快递企业分支机构法定办理时限25个工作日,2019年平均办理时限压缩到7.6个工作日,末端网点备案审核法定办理时限5个工作日,沧州局办理时限为2.5个工作日。及时将行政许可事项纳入河北政务服务事项,并指派了专人进驻了市政务服务大厅,全面实现全流程网上办理和"一门、一次、一网"要求。

制定完善了《沧州市快递服务质量提升联席会议制度》,综合评价各品牌快递企业服务质量水平,通报分析存在的问题,听取意见建议,研讨提升服务质量措施,提出整改意见;制定完善了《沧州市网络型快递企业品牌负责人制度》,负责及时向市内本品牌所属各级企业传达邮政行业相关信息及法律法规、政策和工作要求,负责落实企业经营、安全、服务主体责任,规范市场秩序,切实维护消费者权益,营造良好的消费环境。

保定局始终把寄递渠道安保作为重中之重、作为头等大事来抓,保定地理位置特殊,紧邻北京,紧邻雄安新区,是重要的政治"护城河"、安全"护城河"。通过多次协调部门联动、深入实地检查、设立安全机构等方式,有力保障了全市寄递渠道安全畅通。2019 年加大执法力度,快递执法出动 1200 余人次,检查分拨中心和网点 560 余家。查处违法违规行为 96 起,其中责令整改 37 起,行政处罚 59 起,罚款 45.95 万元(含普服罚款 3 件、罚款 2.6 万元)。通过强化执法,安全防范能力明显提升,未发生一起行政复议、未发生一起行政诉讼、未发生一起安全事件。国庆 70 周年安保期间,联合公安出动 660 余人次,对全市 240 余家企业全面检查,特别是着重对涿州、高碑店、涞水、高阳、白沟等县(市、区)拉网式检查。针对人手少、任务重的实际,实行企业安检员互查、邮政管理干部包县、品牌企业负责人值班检查等三项管理新举措,做到"四个防范到位":分拨中心防范到位、经外市中转路由防范到位、协议客户防范到位、无证及超范围经营防范到位。

作为雄安新区邮政业监管部门,高度重视雄安新区寄递安全,多次组织召开会议并开展实地督导检查,督促企业增强安全意识和防破坏意识。2019 年,对雄安新区快递市场执法出动 110 余人次,查处违法违规行为 11 起,其中行政处罚 7 起,罚款 7.8 万元。同时每次安全检查均将环京地区列为重中之重,严格执行收寄验视、实名收寄、过机安检,特别是环京地区安检机配备到位,实现一机两人持证,从源头把好进京关口,持续保持高压态势。

重点机构实现突破。2019 年,河北省编办正式印发《关于设立保定市邮政业安全中心的通知》,保定市编办明确了三定方案。确定"中心"为财政全额拨款事业单位,人员 6 人。从根本解决监管力量不足问题,为今后打下了长久基础。

邢台局围绕"借力用力奋力而为,借势用势顺势而上"的工作思路,扎实推进县级邮政监管机构建设,取得阶段性成果。目前,邢台市清河、威县已相继设立县级邮政监管机构。

抓住一切时机,向地方党委政府进行汇报,借助多方力量与相关部门进行沟通协调,避免邮管部门"单打独斗""孤立无援"。使地方能够了解邮政改革发展的最新情况、邮政管理体制的变化及行业安全面临的形势,认识到双重管理体制下地方政府在邮政管理方面的责任,认识到行业安全属地管理的责任。从而使得市局与地方政府在目标上找到契合点,各尽所能,合作共赢,为推进县级邮政监管机构建设创造有利条件。2019 年,邢台市政府办公室印发了《关于对促进快递服务业健康发展实施意见落实情况进行督导的通知》,要求各县(市、区)尽快明确寄递安全管理牵头部门。根据《通知》要求,联合政法委、公安、交通等 6 部门对全市 20 个县(市、区)进行督导,实现了县级邮政业市场发展和维护市场秩序领导小组与县级寄递渠道安全管理领导小组全覆盖,进一步夯实了地方政府属地管理责任,为推进县级邮政监管机构建设创造了良好条件。

坚持解放思想、学用相长的思路,主动学习和借鉴先进地市经验做法,结合实际推动落实。在县局组建过程中,先后到山东德州、临沂等市进行考察调研,并与江苏常熟、浙江丽水等市局函询和通话交流。通过学习借鉴,避免了走"弯路",加快了县级机构组建步伐。

抓住新中国成立 70 周年安保这个重要契机,争取市政府支持,联合市寄递渠道安全管理工作领导小组成员单位组成7个督导组开展实地督导检查。威县县委常委、常务副县长亲自带队对寄递企业进行督导检查，并表达了设立县级监管机构的意愿。后经多次与威县县委、县政府沟通协商，在威县编办批准成立公益一类事业单位——威县邮政业安全发展中心的基础上，联合威县政府向省局报送了《关于恳请批准设立威县邮政管理局的请示》。2019年12月4日，全市第二家县级邮政监管机构——威县邮政管理局经国家邮政局批复成立。

张家口局深入贯彻落实习近平生态文明思想，严格按照国家局、省局部署要求，贯彻新发展理念，聚焦高质量发展，坚持守土有责、守土尽责，强化担当、主动作为，2019年，作为河北省行业生态环保综合治理试点城市，压茬推进省局“9581”工程，推广电子运单使用率达到99.49%，电商快件不再二次包装率达91.22%，循环中转袋使用率达到90%以上，全面推进邮政行业生态环保工作。

高度重视行业生态环保工作，把此项工作作为重大的政治任务，多次进行专题研究部署。印发了《推进行业生态环境保护城市综合试点工作方案》，确定了工作目标，明确了时间表和路线图，全面指导各企业做好生态环保工作。梳理行业生态环保相关标准和规范15篇汇编成册，涵盖国家局、省局相关文件，《快递业绿色包装指南（试行）》，快递封装用品系列国家标准以及《邮件快件包装填充物技术要求》《邮政业封装用胶带》等行业标准，《寄递企业工作任务清单》等材料，发放各企业，供日常学习参考。

主动作为，积极与相关部门沟通协调，最终达成共识，联合发改、科技、工信、生态环境、住建、商务、财政等部门印发了《张家口市关于协同推进快递行业环保治理工作的实施意见》，明确相关部门的职责，强化部门间协作配合，推动地方政府落实属地责任。利用国家局到张家口拍摄快件包装抽查工作示范视频的契机，邀请市发改、财政、商务、生态环境等部门相关负责人参加现场包装抽查工作。随后由国家局环保处负责人主持，召开了邮政业生态环保协同治理座谈会，增进了市政府相关部门对邮政业生态环保工作的认识和理解。

五、快递市场存在的突出问题

一是快递园区建设工作推进不平衡，园区建设总体滞后，没有形成集聚效应，与落实局省战略合作协议要求还有差距；二是市县安全中心尤其是县级机构建设滞后，监管力量相对薄弱，与行业的发展规模和发展形势还不相匹配；三是快递发展方式仍比较粗放，业务种类单一，高端服务能力不强，同质化低价竞争现象仍然存在，缺乏本土品牌企业；四是寄递安全基础仍显脆弱，企业主体责任落实不到位，安全三项制度落实有待加强，依然存在不少安全隐患。

山西省快递市场发展及管理情况

一、快递市场总体发展情况

2019年，山西省邮政行业业务总量累计完成116.4亿元，同比增长23.7%；业务收入（不包括邮政储蓄银行直接营业收入）累计完成88.8亿元，同比增长19.7%。其中，快递企业业务量累计完成3.6亿件，同比增长20.1%；业务收入累计完成49.4亿元，同比增长28.2%，支撑网上零售额2283亿元（表7-4）。行业基础性、先导性、服务性作用进一步发挥，为山西省“稳增长、促改革、调结构、惠民生、防风险、保稳定”各项工作作出了积极贡献。

表 7-4 2019 年山西省快递服务企业发展情况

指标	单位	2019 年		比上年同期增长(%)		占全部比例(%)	
		全年累计	12 月份	全年累计	12 月份	全年累计	12 月份
快递业务量	万件	36413.78	4031.27	20.05	16.09	100.00	100.00
同城	万件	4734.06	464.12	-16.68	-17.63	13.00	11.51
异地	万件	31414.18	3546.15	27.82	22.11	86.27	87.97
国际及港澳台	万件	265.54	21.00	258.65	319.54	0.73	0.52
快递业务收入	亿元	49.42	5.18	28.21	31.44	100.00	100.00
同城	亿元	3.80	0.36	-36.18	-30.79	7.69	6.91
异地	亿元	27.16	2.82	34.65	36.29	54.96	54.53
国际及港澳台	亿元	1.15	0.10	117.01	136.09	2.32	1.86
其他	亿元	17.31	1.90	45.59	45.09	35.02	36.69

二、行业管理工作及主要成效

全面加强党的领导,行业政治生态持续向好。精心组织、扎实开展“不忘初心、牢记使命”主题教育和“改革创新、奋发有为”大讨论。深入贯彻中央和国家局党组、省委省政府部署,落实“守初心、担使命、找差距、抓落实”总要求和“六个破除”“六个着力”“六个坚持”要求,引领党员干部践行人民邮政为人民初心,担当建设邮政强国使命。开展党组书记讲党课活动,邀请专家教授进行主题教育专题培训,结合系统内典型案例开展主题教育警示教育会议,召开对标一流述职评议、对照党章党规找差距等专题会议,组织党员干部赴刘胡兰烈士纪念馆缅怀革命先烈、重温入党誓词;带头开好两次专题民主生活会,明确整改措施 58 条,开展“8 + 3 + 1”专项整治,建立台账、动态销号、逐一落实。第二批主题教育启动后,山西省邮政管理局及时印发指导意见和工作手册,派出 2 个指导组分批次深入 11 个市局开展全程指导。各市局党组扎根基层,提前谋划、主动作为,在认真做好规定动作基础上,采取举办读书班、轮流讲党课、过“政治生日”、观看警示教育片、参观红色教育基地,组织赴先进地区考察学习,召开创新发展座谈会、调研成果交流会等形式,筑牢理想信念、强化初心使命。一年来,全省系统党员干部全身心投入、高质量参与,形成了以上率下、人心思进、担当作为的强大正能量。

层层压实党建主体责任。旗帜鲜明讲政治,出台关于推动新时代全面从严治党向纵深发展的实施意见,印发党组请示报告事项清单、党组讨论和决定的重大问题清单,坚持党建工作与业务工作同谋划、同部署、同落实、同考核,党的全面领导进一步加强。强化党员教育,在机关集体学习基础上开办“业务讲堂”,依托“学习强国”、国家局在线学习平台等开展党性教育,组织学习“时代楷模”其美多吉、老英雄张富清等先进事迹。牢固树立大抓基层鲜明导向,举办两期党支部书记培训班,各支部书记充分发挥“一岗双责”作用,带头执行三会一课、民主评议党员、组织生活会等制度,党支部标准化规范化水平不断提升。山西省邮政管理局机关连续 12 年被评为省级文明单位和省直文明单位标兵。扎实推进行业党建和群团组织建设,全省非公快递企业党组织达到 10 个,其中大同、运城成立了行业联合党组织。吕梁、大同、临汾成立了行业团委,太原市并州路邮政支局获评“全国青年文明号”。

驰而不息推进作风建设。坚决把规矩和纪律挺在前面,严格落实中央八项规定及其实施细则精神。深化巡视巡察整改,先后开展九个专项治理“回头看”,扶贫领域腐败和作风问题治理,违规使用交流住房专项整改,干事创业精气神不够、患得患失、不担当不作为问题专项整治,漠视侵害群众利益专项整治，以及领导干部利用名贵特产、特殊资源牟取私利专项整治。结合个人事项报告对领导干部及其亲属违规经商办企业情况进行了核查。针对干部轮岗和行政审批、审核审查过程中是否存在吃拿卡要等问题开展专项检查。紧盯重要节点在山西省邮政管理局网站、微信公众平台发布廉洁提醒，敲响纪律警钟。严格执行领导干部个人有关事项报告制度，做好干部档案专审和离任审计等工作。

坚持规划政策引领，行业营商环境不断优化。 高质量发展的政策体系基本形成。认真贯彻国家局部署，因地制宜推进省市政府和有关部门出台行业发展扶持政策，全省基本形成以五年规划、支持快递业发展若干措施、电商快递协同发展实施意见为主，支持服务业、物流业、电子商务、跨境电商发展为辅的省级宏观政策体系，和以邮政业减税降费、邮政车辆免费通行高速公路、快递车辆市内通行、校园快递服务管理等为主的省市配套支撑政策体系。年内，全省行业减税降费达到7372万元；快递车辆通行政策实现省市全覆盖，太原局在“八统一”基础上实现快递配送车辆信息化管理，忻州局推动180名快递小哥申报驾驶证D本，此项工作得到省委书记楼阳生（时任省长）的批示肯定。晋城市印发了《关于推动电子商务与快递物流协同发展的实施意见》；太原、晋中、忻州等市争取到快递服务现代农业补贴资金；太原、晋城等市将智能快件箱（信包箱）建设纳入地方民生实事。

开放平台建设取得阶段性成果。太原国际邮件互换局是省委省政府贯彻习近平总书记视察山西重要讲话精神、打造内陆地区对外开放新高地的标志性工程，也是贯彻国家局党组“快递出海”工程的重要平台。省委省政府和国家局党组高度重视，楼阳生书记（时任省长）两次莅临现场调研指导，马军胜局长也多次作出指示。山西省邮政管理局贯彻国家局党组和省委省政府领导指示精神，引导邮政企业内挖潜力、外聚合力，吸引160户跨境电商来晋发展。今年以来，太原国际邮件互换局共处理进出口国际邮件434万件，拉动跨境电商出口交易额2.9亿元，实现历史性飞跃。楼阳生书记（时任省长）在国务院新闻办庆祝新中国成立70周年山西专场新闻发布会上指出“过去这在山西是个天文数字”。

“放管服”改革持续深化。加强行政许可审批时限管控，快递许可审批平均办结时限压缩至法定时限的2/5。完成山西苏宁兼并山西天天达速递有限公司主要业务相关手续变更，并实现平稳交接。末端网点备案实现常态化。全省许可快递企业达到249家，设立分支机构2885家，备案末端网点4692个。

坚持新发展理念，行业发展质量不断提升。 行业服务网络更加完善。按照巩固、增强、提升思路，引导邮政、快递企业加快基础设施建设，实现服务网络再升级。继续推进分拨中心自动化规范化和营业网点标准化建设，省市主要品牌寄递企业分拨中心基本实现自动化（半自动化），171个分拨中心实现规范化；城市自营网点标准化率达到98%。全省设置智能快递柜1101组，箱递率达到10%；快递末端公共服务站达到1071个。建成示范性快递物流园区15个，入驻快递企业61家。

协同发展持续深化。依托全省丰富农产品资源和新兴制造业，积极推进邮政快递“进村、进厂”。省市局先后采取部门联席、政企对接、跨界座谈等方式，引导交通、农业、电商、供销、电信等部门共建共享共用基础资源，结盟发展、合作共赢。省快递协会牵头推进省级邮政快递企业签订邮快合作下乡进村框架协议。晋城局推进“交快合作”，通过公交进村在全省率先实现村村通快递。太原局推进“交邮合作”，引导太原邮区中心局和太原通达总公司有效整合“邮运、客运、货运”资源，利用长途客运底仓运输提升邮（快）件转运效率，实现双赢。各级邮政快递企业主动延伸服务，推出驻村设点、果园直发、直线专配等个性化产品，邮政企业打造“一市一品”项目20个，销售农特产品2.64万吨,交易额1.58亿元;快递企业打造吉县苹果、沁水蜂蜜、平遥牛肉等"一地一品"项目24个,"一县一品"项目12个,支撑农产品销售4.17亿元。其中运城"快递+苹果"项目突破2000万件,顺丰、申通分别建立了晋南水果预处理中心和生鲜直发中心,效果良好。围绕应县陶瓷、祁县玻璃器皿等新兴制造业打造快递服务先进制造业项目15个,支撑产值3338.8万元。邮政业"打通上下游、拓展产业链"成效明显。

行业人才队伍不断优化。持续推进快递员关爱工程,联合省市人社部门开展快递工程技术人员职称评审,晋中、太原、忻州、大同、晋城、长治等市112名快递从业人员获评初级工程师。联合共青团省委开展"快递从业青年服务月"活动,与省红十字会签订"关爱快递小哥博爱行动"框架协议,联合省快递协会在春节、暑期和快递业务旺季开展快递员关爱慰问活动。省快递协会牵头选拔优秀选手参加第二届全国邮政行业职业技能竞赛,荣获个人一等奖1名、二等奖2名、三等奖1名和团体优胜奖、优秀技术指导奖。20名中通快递小哥参加国庆70周年"美好生活"方阵游行,9名快递小哥参加"二青会"火炬传递,百世李朋璇获评"感动山西""感动交通"十大人物,并入选中国青年百人代表团赴俄罗斯访问,圆通刘文玉获评"省劳动模范",中通王凯入选"三晋英才"支持计划,快递从业人员的社会认可度、美誉度不断提升。

坚定信心保持定力,三大攻坚战取得重要进展。一是精准脱贫成效明显。召开党组会议专题研究部署邮政业扶贫工作,深入推进"邮政在乡""快递下乡"工程,推广"寄递+电商+农特产品+农户"产业脱贫模式。全省邮政普遍服务网点达到1651处,累计建设邮乐购站点1.56万个,村邮站9097个。快递企业在农村地区开设网点1725个,快递网点保持乡镇全覆盖,12个特色小镇实现快递网点全覆盖。邮政企业打造娄烦小米、浑源凉粉、壶关旱地西红柿等精准扶贫项目13个,惠及25个国家级贫困县,带动贫困户增收449.6万元。快递企业在右玉、万荣等贫困县打造精准扶贫项目4个,带动农业总产值8465万元。认真做好定点扶贫工作,阳泉、临汾、长治3个市局选派扶贫挂职干部7名,3个定点帮扶村全部完成脱贫摘帽。二是行业生态环境明显改善。召开全省邮政业绿色环保工作推进会,印发方案,成立领导小组,全力打造升级版"9571"工程。省市局紧抓主要品牌、关键指标,举办培训班、召开座谈会、印制宣传画、发出倡议书、组织现场观摩,同步开展"邮来已久、绿动未来"主题宣传活动,各项绿色环保指标均超额完成。其中,快递包装废弃物回收装置实现邮政自营网点、快递许可企业和分支机构全覆盖;电子面单使用率达到99%;电商快件不再二次包装率达到79%以上;可循环中转袋达到191.7万条,使用率83%;新能源或清洁能源快递汽车达到620辆。三是积极应对行业运行风险。加强动态监测,及时清理快捷、全峰、安能、如风达等"僵尸企业",稳妥做好品骏快递业务调整期间寄递渠道网络运行和从业人员队伍稳定工作。

坚持法治思维,依法治邮能力持续提升。深入开展大排查大走访大整治专项行动。坚持问题导向,针对农村网点运营不稳、末端违规收费、建制村直接通邮、行业绿色发展、寄递渠道安全保障等人民群众最关心最直接最现实的行业薄弱环节进行大起底。坚持企业自查与市局排查相结合,边排查边整治。山西省邮政管理局派出四个小组,不打招呼、不发通知,直奔基层、直插一线,随机走访、实时记录,先后深入39个县(区)74个建制村,走访37个分拨中心、117个快递网点。坚持"原汁原味"反馈,发现并移交问题线索。专项行动集中发现和解决了一批影响行业安全和服务质量的突出问题,重新梳理和评估了全省行业发展现状特别是村级寄递服务现状,有效震慑了屡查屡有、屡改屡犯的违法违规行为,意义重大。

强化邮政市场监管。继续针对快递业务经营许可、市场秩序、服务质量开展"双随机一公开"检查,动态管理"一单两库",依法注销32家停产停业许可企业,完成169个许可预警企业的清理工作。开展快递末端服务违规收费清理整顿工作,暗访末端网点137个,未发现违规收费行为。出台《山西省快递末端网点管理细则(试行)》,进一步加强对菜鸟驿站等第三方企业的监管。强化服务质量监管,朔州、运城等市开展"三化"建设"回头看"。发挥省市快递业信用评定委员会作用,加快推进行业信用体系建设。坚持申诉监管联动,季度召开快递服务质量提升联席会议,全省快递服务申诉处理满意率达到99.4%。加强行业自律,阳泉、长治等5市成立了快递协会,省快递协会在业务旺季之前组织行业发出"抵制恶性竞争、坚持健康发展"倡议,得到积极回应。全年全省共查处违法违规行为423次,责令整改181次,下达行政处罚236份。

坚守安全红线,行业安全管理质量明显提升。以最高标准、最严要求、最强举措做好中华人民共和国成立70周年和第二届全国青年运动会寄递渠道安全服务保障工作。一是层层压实主体责任。出台强化落实企业安全生产主体责任的实施意见,推进寄递企业建立完善安全生产管理机构,全面推行安全制度和安全监管台账。进一步强化"三项制度"落实,开展邮件快件实名收寄专项整治,全省实名收寄率达到99.78%;推进过机安检持证上岗和双人轮岗,全省配置安检机282台,持证人员达到572人。市级品牌快递企业分拨中心视频监控联网实现全覆盖,忻州市区快递营业场所建立了智慧消防预警系统。太原邮区中心局邮件处理中心发报刊组、晋中大盈速递服务有限公司城东分公司等单位被国家邮政局、共青团中央认定为2019年度全国邮政行业青年安全生产示范岗,同时入选共青团中央、应急管理部联合认定的全国青年安全生产示范岗候选集体。

有效落实监管责任。出台全省邮政业安全生产领域改革发展实施意见,召开全省寄递渠道安全管理领导小组会议,全面部署寄递渠道安全管理相关工作,完善体制机制、明确责任分工。发挥部门联动机制作用,联合省公安厅、应急管理厅等开展执法检查,查处问题线索78条,特别是严厉查处了太原邮区中心局未按规定对寄递物品进行安全检查的违法行为。配合相关部门做好寄递渠道反恐、禁毒、涉枪涉爆、扫黄打非、打击侵权假冒等专项工作。开展以"防风险、除隐患、遏事故"为主题"安全生产月"活动。联合省公安厅修订邮政快递企业及员工可疑线索举报奖励办法。

突出主题、精心筹划,高质量做好重大活动期间寄递渠道安全服务保障工作。坚持提前部署,组织人员外出学习成功举办过大型赛事省份的先进经验,结合全省实际详细制定工作方案,并向30个省级邮政管理部门发出协助函;召开动员部署会议,层层分解压实责任,组织邮政快递企业现场宣誓,确保万无一失。太原局立足主战场、把好主阵地,积极争取专项经费10万元;各市局通力协作、各司其职。二青会、国庆期间,省市局领导带队开展多轮次现场督导,定期视频巡检分拨中心,严格执行24小时值班值守和每日零报告制度,对进入比赛场地等核心区域的快件实行"二次安检",高质量保障了全省寄递渠道的绝对安全。两大主题寄递渠道安全服务保障工作是对全省系统的一次综合性考验,特别是第二次全国青年运动会是山西省系统首次主场作战,全省行业充分发扬不怕苦、不怕累的实干精神,连续作战、敢打硬仗的拼搏精神和精诚合作、密切配合的团队精神,圆满完成了各项任务,向全省人民交出了一份满意的答卷。

三、邮政法修订实施十周年

2019年,是修订后的《中华人民共和国邮政法》施行10周年。十年来,山西省邮政管理局党组按照"抓班子、带队伍、强监管、促发展"思路,围绕体制机制、政策法规、干部队伍、依法行政、行业发展等重点领域不断完善和提升全省邮政业治理体系和治理能力。着力构建权责明晰、层层担当的邮政管理体制机制，成立市县两级邮政管理机构，组建省市邮政业安全中心，开展“管理杯”评选、编印《管理制度汇编》，有效保障了各项工作的顺利开展。着力完善系统完备、务实管用的政策法规体系，推进颁布《山西省邮政条例》，出台系列利好政策，周密部署、精准施策，极大地解放和发展了行业生产力；着力打造忠诚干净担当的行政执法队伍，组织依法行政培训，开展交叉执法、案卷点评，多方式培养、多岗位历练，有效提升了行业治理能力；着力探索科学有效、放管结合的监管方式，动态分级差异化监管、细化责任网格化管理，日常检查与专项检查相结合，山西省邮政管理局抽查与市局普查相结合，有效维护了行业市场秩序；着力提升邮政业服务水平，基本实现了邮政普遍服务的均等化和可及化，建成了覆盖城乡、优质高效的快递服务网络，邮政业在全省经济社会中的基础性、先导性、支撑性作用不断增强。

四、各市（地）主要管理工作概况

太原局联合市公安局印发了《关于规范太原市邮政快递专用电动三轮车管理的实施意见》，督导全市邮政快递企业加大推进电动三轮车规范管理工作进度，从严整治不规范车辆和交通违法乱象，切实提高快递末端收投服务质量，以坚持源头治理和路面管控相结合，实现了快递三轮车的规范化管理，有效解决了快递服务车辆“最后一公里”通行难问题，进一步提升城市文明形象，改善城市交通状况，实现全行业持续健康发展。印发《中华人民共和国第二届青年运动会期间太原市寄递渠道安全保障工作实施方案》，确保第二届全国青年运动会期间全市寄递渠道安全稳定运行。太原邮政快递专用电动三轮车信息管理平台在太原局正式上线运行，标志着全市邮政业末端配送车辆进入了信息化管理时代。

大同局联合公安部门组织开展了全市物流寄递从业人员禁毒知识培训。引导大同市邮政公司与市公安局交警支队联合推出机动车“六年免检标”受理寄递便民业务。同时鼓励邮政企业创新“警邮合作”方式，在邮政网点代办交管业务的基础上，为用户办理电动车查验登记和车牌邮寄。按照绿色环保“9571”工程建设要求，积极推进包装废弃物回收装置工作，在完成国家邮政局、山西省邮政管理局规定要求的基础上，将配置范围扩大到城区邮政委代办局所和较大规模的快递末端网点。实现全市400余个包装废弃物回收装置全部布放到位。联合共青团大同市委召开中国共产主义青年团大同市快递行业联合委员会第一次团员大会，成立全省首家快递行业联合团委。落实邮政业贴近民生实事，打造邮政综合服务平台年内实现政邮合作、警邮合作、税邮合作全覆盖。在大同局党组和大同市平城区非公党委的积极推动下，大同市快递行业联合党支部正式成立。

朔州局全力推动减税降费政策在邮政业落到实处、取得实效。全年邮政企业减税降费金额35.94万元，快递企业减税降费6.7万元，共计62.64万元。召集全市企业召开“三化”建设经验推广现场会。对照“三化”建设细则，将场地选择、设备配置、现场管理和制度公示等方面的建设经验给各企业进行了现场讲解，要求各企业充分借鉴中通建设标杆经验，发挥各自品牌特色，不断提升标准化水平。召开快递末端网点规范升级建设现场会，推广右玉县各企业抱团取暖，采取联运联投联收形式，集约化建设23个末端网点实现了全县乡镇和社区全覆盖的经验，引导全市6个县（区、市）63个快递企业共建共享，建设规范高效、覆盖城乡的快递末端网点公共服务站66个，全市69个乡镇的末端网点已达到全覆盖，乡镇覆盖率达到100%。召开行业绿色邮政标准化建设现场推进会，对“9571”目标任务做了具体安排。全市实现设置绿色回收包装箱238个，电子面单使用率达99.62%，可循环中转袋使用率达83.4%，75.3%的电商件不再二次包装，新能源干线车辆共14辆。

长治成立首个非公快递企业党支部。成立首

个县级邮政快递业联合工会组织。积极推进三轮车规范通行。联合市公安对全市邮政行业电动三轮车进行规范和整治,在“六统一”基础上(统一备案登记、统一车辆标准、统一车体外观、统一企业编号、统一行业标识、统一车辆保险),推动落实快递专用电动三轮车备案管理措施,引导企业逐步规范车型,对目前已经购买使用的不符合国家标准的电动三轮车实行过渡期备案登记管理,逐年减少存量,并推广使用轻型厢式货车和新能源汽车。在资金补助、协议收购等措施的帮扶下,定点扶贫村安乐庄村广大村民开展了土鸡分散养殖业,养殖规模达到 500 只,辅以“一户一项”、政策兜底和健康扶贫、教育扶贫等手段,截至 2019 年 11 月,全村 22 户脱贫户通过,人均纯收入均超过 5000 元,达到了稳定脱贫标准。经过一年的努力,安乐庄村平整开垦 300 亩土地项目已竣工,并已流转给安乐庄村致富带头人发展中药材种植,在增加集体收入,拓展村民就业渠道的基础上,再为该村增添了一个可与邮政业深度合作的产业。

晋城市全年已实现电子运单使用率 99.9%, 65% 以上电商快件不再二次包装、循环中转袋使用率达到 85%、100% 邮政快递网点设置包装废弃物回收装置,强推动邮政业绿色发展。中华人民共和国第二届青年运动会实体火炬传递在晋城市市区启动,晋城局选派的优秀快递员——晋城顺丰樊振毅担任第 28 棒火炬手参加了传递,充分展现了行业的良好形象。晋城市政府出台推进电子商务与快递物流协同发展的实施意见。晋城局获批成立晋城市快递工程系列中级专业技术职称评审委员会,11 月 29 日评审会议决定常军旗等 9 人具备初级专业职务任职资格,陈楠楠等 7 人具备技术员任职资格。中共晋城市委机构编制委员会正式批复同意设立晋城市邮政业安全事务中心。晋城市山西蓝远物流园区一期顺利建成,顺丰、申通、韵达三家快递企业入驻。

忻州局出台《关于规范忻州市快递专用电动三轮车管理的实施意见》,成功推动 80 名快递小哥申领驾驶证 D 本,办理完成 1189 辆三轮车的“五统一”。持续推进快递员关爱工程,通过对接人社局、中评委等地方机构,明晰评审政策、资格条件、评审程序等相关信息,稳步推进快递专业职称评审工作,5 名“快递小哥”荣获助理工程师。成功申请成立市邮政业标准化技术委员会。推动建立“智慧邮政”——快递场所防火及管理新举措,与中国铁塔忻州市分公司合作,在忻州市区范围内的快递营业场所建立物联网智慧消防预警系统。已完成对市区部分快递分拨中心及网点的对接设备工作,建立群防群控服务系统,实现信息数据统一查看,统一监测。同时,该系统能够与邮政系统的“绿盾”工程相结合,实现视频画面与信息数据同时监控,为忻州市邮政业的健康发展提供坚强后盾。

晋中局推动晋中市人民政府正式印发《晋中市加快电子商务发展若干措施》,对纳入邮政业安全监管信息系统、年电子商务快递发件量 20 万件以上的邮政、快递企业,按当年电子商务发件每件不超过 0.5 元的标准给予一次性奖励,单家奖励不超过 50 万元。深入推进“快递 + 电商 + 特色农产品”,推动邮政业与电子商务深度融合,引导全市邮政业转型升级,提质增效,实现高质量发展。积极开展快递晋中市快递工程专业职称评审,与市人力资源和社会保障局联合印发了《2019 年全市工程系列快递专业中、初级职称评审工作安排意见》,同步被授权具备中、初级职称评审权,负责全市快递工程专业中、初级职称资格评审。5 名快递小哥经晋中市人力资源和社会保障局认定,实现了晋中市快递行业初级工程师零突破。在庆祝中华人民共和国成立 70 周年时,联合共青团晋中市委共同拍摄《我和我的祖国》快闪片。同时强化与地方媒体沟通,充分运用微信公众号、官媒等平台,多渠道多平台强化新闻宣传力度。联合与共青团晋中市委共同开展快递从业青年服务月活动。采取向“快递小哥”发送公开慰问信、开通“在线递询”咨询服务、倡导晋中邮政、顺丰、圆通等各市级企业在节日前夕开展春节团拜活动等活动为"快递小哥"送去温暖。联合市总工会组成慰问团,深入各寄递企业对快递员(投递员)开展了"情系职工、清凉一夏"慰问活动,将一千余箱价值3万余元的夏日饮品送到榆次城区13家品牌寄递企业的500多名快递小哥手中,为他们送去"夏日清凉"。

临汾局第一批吉县窑头村驻村扶贫工作队获评"优秀驻村工作队",两名同志被评为"优秀驻村工作队员",行业助力脱贫攻坚工作得到高度肯定。临汾局、共青团市委、市快递行业协会在临汾中通快递分拨中心举行挂牌仪式,全市首个"快递小哥之家"正式成立。联合侯马市、霍州市人民政府分别组织开展2019年度行业突发事件应急演练活动,两市11家主要品牌寄递企业共310余人参加了演练。与市人社局联合印发《关于2019年度全市工程系列快递专业初级专业技术职务任职资格评审工作安排意见》,全市首批16位快递员正在进行职业技术评定。联合共青团市委、快递协会赴临汾顺丰、临汾邮政、临汾中通分拨中心,开展"关爱快递小哥"旺季生产服务慰问活动。召开临汾市"邮快合作下乡"工作推进会,与会各企业一致同意以点带面的形式,即以永和县乡镇层面和襄汾县行政村先行开展合作试点,边试边行,边试边改,取得经验后推广全市。培育临汾本地"一市一品"特色项目和"电商+寄递"地方特色农产品项目,2019年,推动邮政企业线上销售吉县苹果130.3吨,隰县玉露香梨28.1吨,交易额达389万余元,带动贫困户51户,帮助贫困户增收257万元。持续扩大绿色发展,2019年,全市邮政、寄递企业电子运单平均使用率已达98%以上;198个普服网点配备"瘦身"胶带和可循环使用的包装箱,电商快件二次包装率持续降低;快件中转大踏步迈入节能减排时代,中转袋升级为现代化的循环中转袋,全市各寄递企业自主投入环保中转袋4800个,购买循环中转袋使用权日均1000个;全市892个邮政、快递网点安装包装废弃物回收装置,实现全覆盖;在绿色运输方面,城市配送车辆基本实现电动三轮车全覆盖,行业共有新能源运输车辆1273辆,其中电动汽车72辆,电动三轮车1201辆。

运城市中通典发速递有限公司投入全自动分拣设备,总投资200万元,作为山西省首家采用全自动分拣设备的网点,这一高科技设备的投入使用在节省分拣成本的同时大大提高了网点分拣效率,为客户提供快捷优质的服务提供了有力保障,为公司提供全方位的解决方案,帮助公司提高管理水平和生产能力,使运城中通在激烈的市场竞争中始终保持竞争力,实现企业快速、稳定地发展。临猗庙上冬枣品牌推介暨"电商+冷链快递"集中首发仪式在山西省运城市庙上乡物流市场举办。首批8000余箱鲜冬枣采取冷链车直达运输的方式,通过顺丰快递渠道销往全国各地。该乡冬枣种植面积已达10万亩,其中设施栽培达8万多亩,是全国最大的设施冬枣栽培基地。申通快递晋南生鲜直发中心在山西省运城市万荣县正式投入使用。

吕梁局与吕梁民航联合召开"快递上机"座谈会,推动吕梁市快递业与航空运输深度融合发展。联合吕梁市交警支队出台《规范三轮车管理实施方案》。联合交通运输局发文推进农村物流高质量发展。吕梁市邮政业服务中心正式获批成立。实现快递网点包装废弃物回收装置全覆盖。"警邮合作"项目取得新进展,全市首批5个邮政网点正式开始代办交管业务。成立共青团吕梁市邮政行业委员会。

五、快递市场存在的突出问题

一是基础设施相对薄弱,快递园区、分拨中心信息化、智能化水平不高,营业网点标准化建设推进缓慢、甚至有所退化,部分现场管理混乱;二是末端服务水平有所下降,邮政补白局所、委托代办局所和农村快递末端服务不稳定,智能快件箱、菜鸟驿站等投递质量不高,客观上降低了服务标准;

三是中高端供给不足、协同发展亟待升级，快递服务现代农业格局面临升级，服务新兴制造业尚未形成规模，绿色发展面临挑战；四是双重管理优势发挥不足，力量统筹不够，治理手段相对单一，信息化监管水平有待提升；五是安全生产形势依然严峻，业务量和网点数量倍增，传统和非传统安全因素叠加。这些都对提升邮政业治理体系和治理能力工作提出了严峻考验。

内蒙古自治区快递市场发展及管理情况

一、快递市场总体发展情况

2019 年，内蒙古自治区邮政行业业务总量累计完成 50.37 亿元，同比增长 13.56%；业务收入(不包括邮政储蓄银行直接营业收入)累计完成 58.08 亿元，同比增长 9.46%；其中，快递企业业务量累计完成 1.43 亿件，业务收入累计完成 32.95亿元(表 7-5)。2019 年全区快件处理量近 8 亿件，人均 28 件。全区所有盟市实现快递车辆通行、电商协同发展政策全覆盖，全区“快递下乡”实现 100%，快递工程专业技术资格认定工作圆满完成，绿色邮政“9571”工程实现既定目标，自治区、阿拉善盟和通辽市、扎兰屯市三级邮政业安全中心获批成立，年内实现 6 次重大活动、近 1.2 亿邮快件寄递“零事故”。

表 7-5　2019 年内蒙古自治区快递服务企业发展情况

指　　标	单　　位	2019 年		比上年同期增长(%)		占全部比例(%)	
		全年累计	12 月份	全年累计	12 月份	全年累计	12 月份
快递业务量	万件	14263.24	1644.77	-6.05	-2.10	100.00	100.00
同城	万件	2516.66	240.85	-39.89	-57.08	17.64	14.64
异地	万件	11719.76	1402.75	6.71	25.50	82.17	85.29
国际及港澳台	万件	26.83	1.18	102.05	4.54	0.19	0.07
快递业务收入	亿元	32.95	3.67	10.16	37.87	100.00	100.00
同城	亿元	3.14	0.36	-33.82	-26.34	9.53	9.84
异地	亿元	17.04	1.97	5.29	53.94	51.71	53.58
国际及港澳台	亿元	0.39	0.03	13.75	2.48	1.18	0.84
其他	亿元	12.38	1.31	43.31	51.77	37.58	35.75
快递业务投递量	万件	67162.34	7542.54	24.05	25.64	100.00	100.00

二、行业管理工作及主要成效

以主题教育为统领，推动全系统从严治党向纵深发展。区局和盟市局党组充分发挥主体责任作用，按照总要求总目标扎实开展主题教育。注重“党组、支部融合学、共同改”，注重学习整治无死角、全覆盖，注重“关键少数”带头、示范影响普通党员。中央主题教育第十一巡回督导组充分肯定了呼伦贝尔局党组、支部融合学习，面向企业用户开门搞教育，区局市局上下联动整改等工作。区局开展“一支部一品牌，党建 +”活动，连续第三年组织支部“互查互评互学互促”活动。

把解决实际问题作为检验主题教育成果的试金石。按照中央部署认真开展“8 + 1 + 3”专项整治，对照国家局党组 17 个重点问题和区局党组 20 个主要问题清单，真刀真枪逐一整改，推动解决了一批行业发展中的重点难点问题。规范许可审批，精简备案手续，共纠正、补全 13 家品牌快递企业经营地域问题 75 个；各盟市局一把手亲自参加，检查 302 个快递末端网点，发现违规收费问题线索48个，约谈企业43家，市场秩序进一步规范；深入企业宣传减税降费政策，全区邮政快递企业减税降费总额达2719.36万元，其中民营快递企业减税降费金额996万元；与自治区多部门联合出台了17份推动发展、强化监管的政策文件，行业发展环境进一步优化；邮政企业投入1.02亿元用于提升建制村通邮频次，嘎查村直接通邮率全面达标。

加强队伍建设，强化党员干部履职能力。召开系统党建工作会议，印发党建和纪检监察“重点工作清单”，完成对12个盟市局的政治巡察，针对发现的问题修订完善了7个制度。进一步巩固九个专项治理成果，开展异地交流任职干部租房待遇问题整改和防治“吃空饷”工作。继续实行干部轮岗交流和挂职锻炼。抽调40余名盟市局干部和年轻党员“轮动式”参与巡察，在重点工作中培养干部。

行业党建和精神文明建设成效显著。全区新建非公快递企业党组织2个、党员49人。区局一支部两个人获区直机关“两优一先”表彰。呼市局和乌海局荣获“自治区文明单位”，呼市邮政分公司诺和木勒邮政支局和阿盟顺丰公司分获“全区青年文明号”和“全区工人先锋号”。全行业新增2名“自治区五一劳动奖章”、6名“全区技术能手”、5名“全区青年岗位能手”、1名“盟市新时代亮丽女性”。

以政策规划为引领，增强行业发展动能。启动全区邮政业发展“十四五”规划编制工作。联合自治区人大财经委开展立法调研，起草了条例修订草案征求意见稿，《内蒙古自治区邮政条例》修订列入2020年立法计划。与自治区政协、编办、财政厅开展快递包装治理、寄递安全监管专题调研，推动发展改革委、交通厅、科技厅、工信厅、市场监管局等10部门联合出台协同推进快递业环保治理的实施意见，与党委政法委、人社厅、工会、共青团、海关、铁路、民航等17部门联合印发推动邮政业高质量发展的实施意见，联合农牧业厅、商务厅、文旅厅、供销合作社等7部门发文推进邮政业服务乡村振兴，联合公安厅下发进一步规范和优化城市配送车辆通行管理的意见，与内蒙古出入境边防检查总站联合发文推进边境地区“警民邮路”的共建，联合自然资源厅、住房和城乡建设厅印发了推广智能信报（快件）箱建设的通知。这些文件的内容都与百姓能够安全便捷使用快递服务息息相关、与快递企业能够更顺畅运行息息相关、与地方农特产品能够扩大销售渠道息息相关。这些政策的出台，是各部门对邮政业发展重大问题形成的共识，得来不易，2020年这些政策的落地还需要各部门共同努力。2020年，兴安盟局争取到入园快递企业五年租金补贴和物业费用减免共407万元。鄂尔多斯市政府批准同意设立促进快递业发展专项资金。全区各盟市局共计争取各类资金1286万元。

以供给侧改革为主线，结合行业实际为“六稳”工作做贡献。稳增长。通过整合邮政快递、电商金融、农村客运、地方党报发行、供销商超等资源，推进产业协同发展，锡盟“交邮合作”经验通过全国现场会的形式在全系统推广。全区现有农特产品进城示范项目64个，快递服务现代农业项目33个，支撑网上零售额超过400亿元，邮政业在经济社会发展中的基础性、先导性作用不断增强。

稳就业。通过“快递下乡”“邮政在乡”工程的深入实施，全区18处快递园区、60个旗县集散中心、2270个农村公共取送站点，吸引越来越多的快递小哥实现本土就业、安居创业，全年行业新增就业4200余人。各级邮政管理部门与工会、团委、工商银行等实施的“快递员关爱工程”，进一步稳定了“快递小哥”群体。包头市、乌海市成立快递协会。快递从业人员素质不断提升，全区205人首次获得人社厅颁发的快递工程中初级技术资格认定证书。呼市圆通公司和鄂尔多斯邮政分公司两名职工分获全国邮政业技能大赛三等奖和2019年全国交通技术能手称号。

稳投资。2019年全行业累计吸引区外投资

28.19亿元，其中快递企业总部和民间资本投资26.22亿元，京东“亚洲一号”在呼市开工，中通科技创新产业园落地呼市，通辽申通物流园一期项目和赤峰蒙东峰创园投入运营，西部和农村地区邮政普遍服务基础设施建设完成投资1.97亿元，2019年全区新增处理场地4.26万平方米。

稳外贸。进一步提升了服务跨境寄递的能力，将邮政业促进跨境电子商务高质量发展具体内容纳入自治区跨境电子商务综合试验区建设实施方案。全区形成“一个中心，三个互换局”的跨境寄递通道，满洲里中俄国际邮路实现一周五班次常态化运营，呼和浩特“三关合一”新国际快件监管中心即将投入使用。2019年全区出口国际邮件700万件。

以补短板强弱项为目标，全力打好邮政业“三大攻坚战”。强化安全监管。完善自治区和12个盟市寄递渠道安全管理领导小组，调整成员单位，进一步明确工作机制和各自分工，解决了因机构改革导致的成员单位对接不畅等问题。全力攻克实名收寄信息化率“最后1个百分点”差距问题，实名收寄率从年初的99%提升到99.8%。全面提升从业人员辨识禁限寄物品意识，发放挂图等宣传材料6000余份。全域推动落实X光安检，盟市、旗县快递企业新增安检机45台，累计已达191台。全员做好重大活动安全保障工作，妥善处置安能快递转型、快递总部派费调整、顺丰整合品骏业务等问题，维护行业运行安全稳定。乌兰察布局发挥县级机构作用，将11个旗县市区划分到四个县级局，全面推行监管巡查网格化管理。

推动绿色发展。在全国率先建立邮政业绿色发展数据统计制度，开展邮件快件包装回收装置和宣传语征集活动，与10部门联合发文明确快递包装治理生产、应用、回收各领域管理部门的职责，推动建立自治区快递业环保治理联席会议制度。邮政快递企业主动实行包装减量化和循环使用，全区电子运单使用率为98%，电商快件未二次包装率为88%，可循环中转袋使用率75%，设置包装废弃物回收装置1567个。

助力乡村振兴和精准扶贫。区局组建驻村帮扶队轮流到定点帮扶的化德县达拉盖村工作，筹措12万资金实施养羊扶贫项目，2019年夏秋6家快递企业帮助达拉盖村销售西瓜近70吨，年底帮扶村实现整体脱贫。推动企业将自有电商平台打造成消费扶贫平台，邮乐网、顺丰小当家、中通优选、百世优选、近邻宝快递服务中心5家电商平台入选自治区贫困地区产品展销平台，通辽牛肉干、阿拉善居延蜜瓜、乌兰察布“后旗红”马铃薯等优质农产品，通过快递自主平台走向全国。

以对标监管和信息监管为抓手，持续提升行业治理能力。聚焦主业履行监管职责。对快递新业务、新模式坚持包容审慎的监管原则，全区核实认定“三新”企业1416家；开展快递市场法人主体信用评定，实施“放心消费工程”。开展“三不”治理，离地设施铺设率明显提升。消费者申诉处理满意率达到96.97%。全年执法检查8891人次，纠正违法违规行为625次，进行行政处罚127件，罚款48.98万元。

着力夯实基础管理。制定五方面措施为基层减负，机关发文数量同比减少40%，文件和会议、培训质量不断提升。对7家盟市局开展财务专项检查，完成4位盟市局主要领导干部离任审计。区局财务管理、新闻宣传工作获得国家邮政局表彰。在各盟市局和企业的大力支持下，内蒙古邮政管理微信公众号“七一”上线运营，目前关注用户已达2300余人。区局办公楼维修改造工程与绿盾工程建设、安全中心组建同步规划、同步推进，确保前期协调、设计施工、项目管理的每个环节、每项内容都合法合规、有据可查。在保证质量和安全的前提下，实现了当年工程当年完工的目标。

三、邮政法修订实施十周年

2019年是修订后的《中华人民共和国邮政法》施行10周年。十年来，内蒙古自治区邮政行业完成了空白乡镇邮政局所补建，实现了11094个建制村全部直接通邮，基本建成了惠及全区2500多万群众的邮政普遍服务体系。十年来，内蒙古自治区邮政行业实现了快递服务乡镇全覆盖，基本建成了连接城乡、通达全国乃至世界的快递服务网络。十年来，内蒙古自治区邮政业务收入和业务总量分别增长了4.87倍和4.63倍，快递业务收入和业务量的年均增长率分别达到16.09%和14.57%，全行业产值占全区生产总值的比重升至0.32%。

四、各市（地）主要管理工作概况

呼和浩特局与清水河县政府积极推进电商快递扶贫，县财政建立电子商务进农村发展基金，利用国家扶贫资金预算安排300万元扶持电子商务产业发展，保障村级服务站常态化运营，并支持物流快递企业开展快递下乡配送服务，保障县乡村三级快递服务网络体系平稳运行。《呼和浩特人民政府办公室关于推进电子商务与快递物流协同发展的实施意见》正式印发，为推动建成基础完备、网络健全的快递物流服务体系，实现快递业绿色化、智能化、高效化高质量发展提供坚实有力的政策保障。与市城发物流有限责任公司、市城发恼包货场有限公司分别签订了战略框架合作协议，明确了双方在快递终端服务中心及配送网络建设、扶持政策申请支持，推动快递电商产业园良性发展等方面的合作任务。与地方海关进行协调对接，支持内蒙古顺丰速运有限公司争取南宁、长沙地区跨境电商9610出口补贴政策，将该公司深圳至二连出境外蒙线路调整为深圳—南宁/长沙9610报关—转关二连出境，解决通关一体化不适用于跨境电商小包裹的问题，推动二连海关同意接收监管车，并在QP系统中核销转关单。与土左旗旗政府召开全市快递业高质量发展园区建设规划专题研究座谈会，推动中通、顺丰、圆通、韵达等快递企业投资建设多功能于一体的金山快递高质量发展园区，支持品牌快递企业自建集电商、仓配、分拣、运输、区域结算、大数据运用等功能于一体的区域总部，打造全市高智能化、高科技化、高服务能力的新型快递产业集聚区。全市基本实现旗县快递分拨（集散）中心全覆盖。顺丰全货机三顾青城，呼和浩特市旺季寄递服务又添新翼。

呼伦贝尔局联合市公安局、海区公安局召开联合监管信息化工作推进座谈会三次，推广使用寄递业治安管理信息系统，该系统具备人脸抓拍、自动识别、实时比对、快速报警等功能，能够实现寄件人寄递人证合一，提升实名寄递水平。首台百万级全自动分拣设备于韵达分拨中心全面上线，1小时可处理1万件快递，相当于减少10人分拣，快递行业正式进入全自动化分拣时代，大大提升了分拣效率，节约了人力、物力和时间，从根本上解决了快递分拣的抛扔及落地问题。

乌兰察布局顺应企业发展需求，简政放权，引导企业入驻万益物流园、北方陆港，搭建起主城区“一区三园”快递物流发展框架，快递企业新增分拣场地面积1.05万平方米，并首次铺设自动化分拣设备。在旗县新筹建了丰镇市快递集散中心。全市共有取得快递许可的分支机构141个，备案快递末端网点206个，其中乡镇分支机构及公共服务站点达到83个，全市新增智能快递柜200组，党政机关、商圈社区基本实现末端服务全覆盖。

阿盟局联合盟交警支队、交通运输局等部门，举办“阿拉善盟邮政业规范和优化城市配送车辆通行管理启动仪式”，标志着城市配送车辆通行管理将走向规范化，安全文明通行迈入了新阶段，对打通“最后一公里”瓶颈，改善邮政快递服务，促进行业升级发展具有重要意义。引导邮政、顺丰公司找准额济纳旗蜜瓜种植量在全国名列前茅的资源优势，充分借助其“瓜中之王”的美誉，分别启动“胡杨小蜜 邮政助农”和“居延蜜瓜 顺丰助力”项目，结合蜜瓜成熟周期短的特点，通过企业自有电商平台和知名电商平台推广，开展前期预售和日常销售两种模式，并采取田间打包、开通运输专线等保障措施,让居延蜜瓜搭上互联网快车行销天下。使阿盟快递企业迈出了从传统收寄、运输到“快递+电商+农特产品”转型升级的第一步,也迈出了从“等包裹”到“造包裹”的第一步,助力地方经济发展。引导邮政企业利用胡杨林景区及策克口岸互贸市场的优势,积极开发旅游明信片及特色蒙元文创产品,拓展与旅游景区合作。

巴彦淖尔市推动全市邮政业四级网络服务体系建设,推动新建巴运快递园区,占地面积1.35万平方米,建筑面积0.9万平方米,总投资额650万元,为寄递企业提供通行、运输、仓储等便利条件。督导寄递企业整合自营、委托代办等资源,实现“快递下乡”乡镇覆盖率达100%。

五、快递市场存在的突出问题

一是服务能力和发展需求不匹配。目前邮政业在服务网购、服务电商等流通消费上成效明显,但服务生产上,特别是服务制造业上差距较大。自治区粮油、奶、肉、绒、薯菜等产业全国知名,从农牧民群众到地方政府都有寄递需求,市场潜力很大。但是由于保障能力不强、主动对接不够,缺乏提供全流程供应链解决方案的能力和经验,现有的快递服务农业和制造业项目规模普遍偏小。2019年全国新增件量超千万件的“金牌项目”有20个,但是到目前自治区还没有一个在全国叫响的“金牌项目”。服务同质化问题仍未解决,压价扩量的低水平竞争依然存在。二是企业总部和基层网点发展不平衡。国内7家主要品牌快递企业全部登陆资本市场,资本聚集水平、盈利水平、科技水平越来越高,但是基层网点和人员未能很好享受企业发展红利。随着通达系调整派件资费,基层网点面临巨大经营压力,有人形象地比喻:“总部像欧洲,网点像非洲”。从业人员变动流动快、权益保护难的问题依然突出,企业总部以罚代管仍然较为普遍。三是专业人才和发展要求不相适应。快递从业人员素质参差不齐。自治区快递从业人员中,初中及以下教育程度人员占比19%,本科以上学历占比12.1%,快递业中高级职业技能人才缺口明显。同时,在推动行业转型升级工作中,部分邮政管理干部也存在能力短板、知识弱项,不能适应信息化监管要求。

辽宁省快递市场发展及管理情况

一、快递市场总体发展情况

2019年,辽宁省邮政行业业务总量累计完成202.70亿元,同比增长26.19%;业务收入(不包括邮政储蓄银行直接营业收入)累计完成155.60亿元,同比增长12.32%。其中,快递企业业务量累计完成7.95亿件,同比增长21.65%;业务收入累计完成103.87亿元,同比增长18.07%(表7-6)。邮政、快递服务满意度继续保持优秀水平,消费者申诉处理满意率达99%。

表7-6 2019年辽宁省快递服务企业发展情况

指标	单位	2019年		比上年同期增长(%)		占全部比例(%)	
		全年累计	12月份	全年累计	12月份	全年累计	12月份
快递业务量	万件	79515.65	9402.60	21.65	41.92	100.00	100.00
同城	万件	20904.44	2190.99	1.96	5.95	26.29	23.30
异地	万件	58002.54	7068.66	30.63	56.11	72.94	75.18
国际及港澳台	万件	608.68	142.95	32.33	382.38	0.77	1.52

续上表

指标	单位	2019 年		比上年同期增长(%)		占全部比例(%)	
		全年累计	12 月份	全年累计	12 月份	全年累计	12 月份
快递业务收入	亿元	103.87	11.18	18.07	35.20	100.00	100.00
同城	亿元	18.66	1.83	0.21	1.13	17.96	16.35
异地	亿元	51.94	5.46	18.67	36.33	50.00	48.82
国际及港澳台	亿元	6.13	0.79	14.34	101.86	5.90	7.04
其他	亿元	27.14	3.11	34.23	50.24	26.13	27.80

二、行业管理工作及主要成效

党的领导不断强化，政治机关建设取得新进展。主题教育扎实开展。2019 年 6 月以来，辽宁省邮政管理局党组印发《关于深入开展“不忘初心、牢记使命”主题教育实施方案》，精心组织实施主题教育，多次召开推进会议，专题研究主题教育开展情况，坚持把理论学习、调查研究、检视问题、整改落实贯穿始终，贯彻从严要求。印发《省局党组“不忘初心、牢记使命”主题教育专项整治方案》，围绕行业绿色发展、关爱快递小哥、精准扶贫等课题，开展调研 8 次，重点解决了三个阶段 17 个问题，“8 +1 +3”专项整治取得实效。开展了第一批主题教育“回头看”，将党的十九届四中全会精神纳入主题教育学习清单。印发《省局党组关于开展第二批“不忘初心、牢记使命”主题教育实施方案》，派出三个督导组指导市局开展主题教育，督导达到了全覆盖。

思想政治工作不断强化。制定了《2019 年中共辽宁省邮政管理局党组理论学习中心组学习计划》，自觉把学习习近平新时代中国特色社会主义思想作为重中之重，创新学习方式，加深对其中精髓要义的理解，准确把握贯穿其中的立场方法观点。组织学习《中共中央关于加强党的政治建设的意见》，夯实党员干部思想根基。组织开展《中国共产党支部工作条例(试行)》《中国共产党纪律处分条例》等 9 部近期颁布的党内规章制度测试。运用“学习强国”App、国家邮政局系统干部在线学习平台、中国干部网络学院党校(行政学院)分院等平台持续推进学习。贯彻《中国共产党党组工作条例》，明确 11 项具体任务和责任部门，重新确定了辽宁省邮政管理局党组“三重一大”决策事项清单。组织学习贯彻《中国共产党重大事项请示报告条例》，落实任务和要求，印发了向省委和国家邮政局党组请示报告重大事项清单。

重大政治任务有效落实。印发《关于贯彻落实习近平总书记重要指示批示工作机制的意见》，建立任务台账，积极贯彻落实习近平总书记近期对邮政业系列重要指示精神。联合团省委下发了《关于开展“快递业从业青年服务月”活动的通知》，落实“快递业从业青年服务月”活动措施。传达学习贯彻习近平总书记看望“快递小哥”作出的重要指示精神，印发了《辽宁省邮政管理局加强快递员(投递员)权益保护工作方案》，明确三方面 8 项具体任务。开展公益讲堂活动，组织了普法维权、交通安全、枪支爆炸物、禁毒知识等培训。开展了关爱“快递小哥”行动，为“快递小哥”授予“平安志愿者”称号、发放“文明交通出行”车牌、赠予体检卡和保险单。联合快递协会走访慰问了奋斗在一线的快递员工，在全省掀起了物质上关爱、精神上关怀“快递小哥”的高潮。

党风廉政建设实现常态化。召开全省邮政管理系统党建工作座谈会和党风廉政建设工作会议，制定了 2019 年党风廉政建设工作要点，部署党风廉政建设工作任务。开展政治巡察，实现了全省邮政管理系统巡察全覆盖。巩固落实中央八项规定及其实施细则精神，紧盯隐形“四风”问题，加强了对节假日等关键节点的监督检查，正风肃纪、防止“四风”问题反弹变异效果良好。开展了“以案释纪明纪，严守纪律规矩”主题警示教育活动，增强了党员干部特别是领导干部讲规矩、守纪律意识。在辽宁省邮政管理局机关楼内设立廉政文化走廊，营造了崇廉尚廉的良好氛围。

突出行业特色，邮政业三大攻坚战成效明显。防范重大风险，坚守了寄递安全底线。进一步督促落实三项制度，组织开展了实物测试专项行动，加大对“实名不实”“过机不检”的处罚力度，实名收寄系统使用基本实现全覆盖，配置安检机306台，安检机使用率逐步提高。建立和完善应急保障机制，针对行业“春节模式”，适时协调各方资源，帮助企业解决了复工复产中遇到的实际困难。按照国家邮政局指示和应急处置方案，妥善处置了安能退出快递市场和国通企业经营异常等事件。开展了快件寄递过程中易发、多发安全事故现场演练，提升了全行业突发事件应对能力。以国内同期重特大事故为戒，继续深入推进寄递渠道涉枪涉爆隐患集中整治和危化品专项整治工作。全省共开展涉枪涉爆检查5341人次，检查企业2101家，排查并整改隐患217起，查堵禁寄物品43件，停业整顿企业11家。落实国家邮政局关于重大活动期间寄递渠道安全工作要求，圆满完成了重大活动安保工作任务。

发挥行业优势，为精准脱贫和乡村振兴作出了新贡献。辽宁省邮政管理局党组始终坚持以习近平总书记关于扶贫工作的重要论述为指导，讲政治、重担当，党组一班人多次深入定点扶贫村开展调研指导，全省6个定点扶贫村全部实现脱贫。加强制度保障，研究制定了《发挥行业优势　融入国家大扶贫格局工作方案》《开展服务乡村振兴和精准脱贫工作方案》《推动邮政业助力网络扶贫工作实施方案》等多项扶贫政策。推动邮政企业实施产业扶贫，累计建成“邮乐购”站点17290个，农村公共取送点654个，新增冷链运输车26台，确定“一市一品”农产品进城示范项目45个，农特产品销售量10061.6吨、销售额7999.8万元，惠及贫困户769户，带动贫困户增收138万元，“邮政+农村电商+农特产品+农户”的产业脱贫模式逐步成熟。培育快递服务现代农业项目19个，其中全国金牌项目1个，快件量3300万件，实现业务收入8.68亿元，拉动农村就业人口1.2万人，有效帮助贫困地区实现精准脱贫目标。

加快行业绿色发展进程，工作成绩获省领导肯定。印发了《2019年全省邮政行业生态环境保护工作要点》《邮政管理部门生态环保工作任务清单》，研究建立起行业绿色发展评估指标体系，出台了推进邮政行业绿色发展实施方案、推动新能源汽车应用、推动快递绿色包装物应用等有效举措。部署实施“9571”工程，全面完成辽宁省“9571”工作目标：电子面单使用率已达98%以上；64%的电商快件不再二次包装，较大规模企业电商快件不再二次包装的比率达到99%以上；可循环使用的中转袋广泛普及，环保中转袋使用率接近80%；全省已有超过1200余家快递网点配置快递包装废弃物回收装置。在向分管省长王明玉做行业绿色发展专题汇报中，王明玉副省长对辽宁省快递业绿色发展工作给予肯定。

强化战略规划引领，行业营商环境持续优化。强化了规划政策导向作用。制定了《强化邮政业发展规划战略导向作用工作方案》。开展了“十三五”规划评估，填写了《邮政业“十三五”规划2019年度监测评估填报表》。制定了《辽宁省邮政业“十四五”规划编制工作方案》，完成了“十四五”规划前期研究、重点任务和重点项目以及规划编制的准备工作。完成了辽宁省综合立体交通网规划（2021－2050）邮政快递业发展专题研究报告。制定出台了辽宁省邮政管理局贯彻落实《交通强国建设纲要》三年行动计划（2020－2022年）。全省14个市均出台了支持快递服务车辆通行的政策性文件。

落实了减税降费政策。全力推动全省邮政业落实减税降费政策，召开党组会议对减税降费工作进行专题部署，成立了由局长、分管副局长担任正副组长的工作领导小组，选取省内 6 个具有代表性的市局开展调研指导。加强与省税务局的沟通联系，联合举办了全省邮政业减税降费工作培训班，聘请业务专家对各企业在报税过程中存在的问题进行详细解答，与省税务部门联合编发《邮政业减税降费重点政策汇编》。截至 2019 年末，全省邮政快递企业共享受到 6249.52 万元税收优惠。

推进了依法治邮。依据是否依法行政和是否合理行政，对 9 个市局 39 本案卷进行评议考核，并将考核结果和整改指导意见逐一向市局反馈。组织各市局开展了邮政法修订 10 周年评估，梳理出了邮政法具体成效、存在问题和相关建议，组织市局上报邮政法修订 10 周年征文 7 篇，其中 1 篇被中国邮政快递报采纳。组建了辽宁邮政管理系统法律人才库，建立了辽宁省邮政管理局法律顾问和公职律师队伍。全年共提交了 5 起行政诉讼案件答辩书及证据材料，出庭应诉 4 次，办理了 5 起行政复议案件，制作了 5 份行政复议决定书。形成了 2018 年《辽宁省邮政管理局行政执法报告》，更新印制了法律法规及规范性文件汇编材料，为辽宁省邮政管理局各部门和各市局履行法定职责、实施邮政监督管理提供了法治支撑保障。

坚持以人民为中心，行业发展质量稳步提高。实现了快递末端投递服务升级。印发了《加快推进“快递下乡”工程实施方案》《抓好“两进一出”工程实施方案》，全面加强了快递服务网络建设，推动交邮、邮快、快快合作，快递末端基础设施建设水平显著提升。全省城区自营标准化网点 2797 个，标准化率 99.2%；快递末端公共服务站 2399 个，同比增长 63.2%；铺设智能快件箱 6726 组，格口近 70 万个。全省规范收投的高校数量 113 个，高校规范收投率 100%；全省特色小镇数量 13 个，特色小镇快递服务覆盖率实现 100%。鼓励快递企业在农村地区设置末端网点，提升农村地区投递服务能力和派送质效，全省 856 个乡镇设置乡镇网点 2756 个。

快递与相关行业部门协同发展不断深化。全省 10 个市相继出台了《电子商务与快递物流协同发展的意见》，积极引导物流快递园区、城市共同配送中心及末端配送网点三级配送节点建设，不断深化电子商务与快递物流协同发展。印发贯彻落实国家邮政局、商务部关于规范快递与电子商务数据互联共享的指导意见，引导电商型物流企业与快递企业数据资源共享，实现企业间开放合作、互利共赢。做好快递示范城市创建工作，开展了大连快递示范城市复评和沈阳快递示范城市申请工作。积极推动邮政综合服务平台建设，搭建“快邮合作”“交邮合作” “税邮合作”“警邮合作”平台，全省 1400 个邮政网点开办了“代开发票、代征税款”业务，首批 10 个“家门口的车管所”即社区“警医邮”车驾管服务站揭牌运营，沈阳首批 15 个警邮便民邮政网点完成平台建设，推进了“互联网 + 公安 + 邮政”警邮便民服务，大连邮政企业进驻全市 9 处政务服务大厅，助力“不见面”审批。联合省发改委、财政厅、农业农村厅等七部门共同出台了《关于推进邮政业服务乡村振兴的意见》，落实邮政业服务乡村振兴的各项政策和要求。

深化改革创新，政府服务更加高效便捷。完成了全省邮政业“三新”单位核实认定。辽宁省邮政管理局党组召开了党组（扩大）会议，第一时间研究制定了《辽宁省邮政业“三新”单位核实认定工作方案》，并下发至全省各市局。举办了全省邮政行业统计报表暨“三新”单位核实认定工作培训班，对《邮政业“三新”单位核实认定工作方案》进行了解读。主动对接省统计局建立了联合工作机制，确定了各市统计局联系人名单并指派熟悉业务的专业人员指导解答各市局在核实认定中遇到的各类问题。局领导带队到大连、鞍山、营口、铁岭等市局开展专项督导。圆满完成了全省 1615 家“三新”单位的核实认定工作。

快递工程技术人员职称评审全面推开。辽宁省邮政管理局党组高度重视快递工程技术人员职称评审工作，协调省人社厅获批快递工程技术人员评审资格。制定评审标准、组建评审专家库，印发《关于做好2019年辽宁省工程系列快递行业专业技术资格评审工作的通知》，全面推进评审工作。各市局、各快递企业充分发挥主体作用，组织申报职称评审材料668份，经专家组评审通过304人，超额完成国家邮政局分配的目标任务。

服务型政府建设进一步深化。严格按照《快递业务经营许可管理办法》《快递业务经营许可工作优化方案》等法规标准开展许可审批、核查等相关工作，实现全流程网上办理许可审批。全年核准许可申请71件，变更申请549件，注销许可210件，备案分支机构2567个，备案末端网点5524个，所有审批过程均合法合规，没有离线审批行为，未有企业对许可审批过程提起不满意、行政复议等。按照国家邮政局要求，精简分支机构备案手续。加大信息披露力度，实现了许可企业情况公众可上网查询。优化完善许可信息系统，实现了许可审批闭环管理。

三、邮政法修订实施十周年

2019年，是邮政法修订实施10周年。十年间，辽宁邮政业发生了翻天覆地的变化，法规体系逐渐完善，政策利好不断释放，内外部环境持续优化。邮政法为促进邮政业长期平稳较快发展、适应经济社会发展和人民生活需要发挥了十分重要的作用。十年来，邮政监管体制不断完善，法治政策环境持续优化。市级邮政监管机构全部成立，县级邮政管理机构设立17个，省市县三级邮政监管体系初步建立，形成了政府监督、权责明确、上下畅通的邮政管理体制。2011年，《辽宁省邮政条例》修订出台，为快递行业监管、普遍服务监督等提供了有力的法制保障，省级立法走在了全国前列。《沈阳市邮政管理条例》《大连市邮政条例》相继出台，将地方邮政管理工作纳入法制化轨道。省市政府相继发布了关于促进快递业健康发展的实施意见及相关配套政策，为辽宁省邮政业发展营造了良好的政策氛围。十年来，邮政业规模不断发展壮大，快递市场秩序逐渐规范。辽宁省邮政行业市场规模不断扩大，特别是快递业务量收持续高速增长。2019年辽宁省邮政业业务总量达到194亿元，是2009年的4倍；业务收入达到151亿元，是2009年的5倍；快递业务量达到77826万件，是2009年的22倍；快递业务收入达到102亿元，是2009年的9.4倍。依法开展行政许可审批，优化许可审批流程，把控审批时限，强化退出管理。2019年，全省共有快递许可企业1433家，分支机构2567家。十年来，邮政业发展质效实现飞跃，行业现代治理能力有效提升。全省邮政普遍服务营业网点达到1702处，建制村通邮达到100%，实现了“乡乡设所、村村通邮”，党报党刊县级城市实现当日见报，邮件快件全程时限水平和服务满意度稳步提升，人民群众用邮获得感不断提高，建立了覆盖县乡村三级的农村邮政快递网络体系。全面推行“双随机、一公开”监管机制，组织14个市局开展跨区域随机督导互查，查处违法违规行为。严格执行收寄查验制度，强化实名收寄信息系统推广应用，全面推进过机安检，确保三项制度落到实处。

四、各市（地）主要管理工作概况

沈阳市政府协调相关部门给予邮政管理工作大力支持，形成了多部门齐抓共管的安全管理格局。市政府常务会议审议通过《沈阳市深化城市管理执法体制改革实施方案》，方案中明确表示批准组建沈阳市邮政管理局邮政业安全管理中心。快递业发展成果逐步显现，总部经济集群正在形成。申通公司和韵达公司东北总部基地已相继落户沈城，京东亚洲一号智慧物流中心、空港口岸物流快件监管中心正在分期加快建设，体现了沈阳对于快递企业投资吸引力的逐步提升。沈阳获批创建中国快递示范城市。沈阳局联合多部门举办“加油，快递小哥！”城市关爱活动。在此次城市关爱活动中，沈阳2万名快递小哥共同唱响《我和我的祖国》，打造了国内首个以“快递小哥”为主体的

《我和我的祖国》MV,视频在全网发布后即时点击量便突破50万。同时,利用沈阳广播电视台的媒体资源,沈阳市与南京、重庆、深圳、江西、青岛、成都、广播等地联动,开展了一次跨行业的换岗体验活动,媒体记者与快递小哥一起工作、生活,体验从业者的酸甜苦辣,以融媒体形式报道呈现后迅速形成舆论关注度和传播影响力,新华社、人民日报、人民网、中国邮政快递报、辽沈晚报、沈阳日报、沈阳晚报、地铁第一时间、沈阳网等中央和省、市级媒体均支持参加了此次活动并发布消息。

大连市政府常务会审议通过《大连市发展快递服务业专项资金管理办法(暂行)》,有力推进大连"中国快递示范城市"建设。大连局与大连市城乡建设投资集团有限公司签署战略合作协议,确定在八个方面开展务实有效、深入密切的合作。共同推进邮政服务地方经济社会发展,努力深化在产业体系、基础设施、生态环境、公共服务等方面的合作,实现城市发展与邮政行业发展高质量、绿色化、一体化、可持续同步进行。深化"寄递+电商+农特产品+农户"模式,贯彻落实邮政业乡村振兴战略,全面提升快递服务现代农业能力,积极打造大连樱桃"金牌示范项目",取得良好效果。2019年樱桃季,全市樱桃快件业务量526.66万件,同比增长49.6%;总运费1.96亿元,同比增长31%;总重量达1.48万吨,同比增长23%。

五、快递市场存在的突出问题

一是寄递渠道安全依然压力较大。寄递服务具有全程全网一体化作业特点,与人民群众生产生活关系日益紧密,容易引发系统性、全局性问题。寄递渠道反恐怖防范和禁毒工作形势依然严峻,尤其是针对芬太尼类物质寄递管控,任务艰巨、责任重大。部分企业安全意识淡薄,安全基础不扎实,安全发展理念表面化、口头化,尤其是企业总部履行全网安全管理责任不到位,内控体系不健全,出现责任悬空现象。专业末端收投、智能快件箱、互联网平台服务、即时递送、仓配等新业态、新模式不断涌现,改变了传统的服务模式,对行业安全监管工作提出新挑战。

二是快递服务仍有质量短板。城镇快递服务的标准化、规范化需进一步提升,乡镇服务覆盖面需继续扩大。快递服务较为单一,多样化程度不足,行业中高端供给能力需提升。产业链价值分配不合理,末端基础不牢,部分乡镇快递网点违规收费。部分地市改善末端投递服务相关指标较低,少数地市车辆通行政策推进进度迟缓,各市局报送数据的及时性、科学性、准确性等数据质量需要进一步提高。

三是行业环保问题仍较突出。绿色化、标准化、可循环存在短板,绿色环保包装、可循环快递封装用品、可循环中转袋应用比例低、标准化落实不足等问题依然突出。企业生态环保主体责任落实亟待加强。部分企业重视程度不足,工作碎片化、零星化;管理制度不健全,缺乏相应的生态环保工作制度、措施、要求和考核机制;培训教育力度不足,宣传形式单一,社会尚未感受到行业生态环保工作带来的具体变化。邮政管理部门督导检查力度不足,行业生态环保相关要求在一线尚未有效落实。

四是快递员权益保护工作有待加强。企业安全保障制度和措施不完善,因安全事故造成快递员伤亡的事件时有发生;企业内部考核体系不完善,一定程度上存在违反邮政法、《快递暂行条例》等法律法规或不科学不合理的内部管理规定和处罚规则;企业售后服务、纠纷处理责任落实不到位和"以罚代管"等问题,导致部分快递服务纠纷产生的矛盾压力不合理地全部转移至快递员,快递员权益保护亟待加强。

吉林省快递市场发展及管理情况

一、快递市场总体发展情况

2019年，吉林省邮政行业业务总量累计完成94.6亿元，同比增长30.2%；业务收入（不包括邮政储蓄银行直接营业收入）累计完成85.2亿元，同比增长19.3%。其中，快递企业业务量累计完成3.1亿件，同比增长35.5%；业务收入累计完成48.3亿元，同比增长28.2%（表7-7）。新增社会就业3000人以上；支撑网上零售额超380亿元；寄递渠道安全稳定畅通，为吉林经济和社会发展作出了积极贡献。

表7-7　2019年吉林省快递服务企业发展情况

指　　标	单　　位	2019年		比上年同期增长（%）		占全部比例（%）	
		全年累计	12月份	全年累计	12月份	全年累计	12月份
快递业务量	万件	30662.03	3535.35	35.45	38.72	100	100
同城	万件	5760.95	567.18	20.17	7.57	18.79	16.04
异地	万件	24753.41	2962.45	40.27	47.80	80.73	83.79
国际及港澳台	万件	147.67	5.73	-24.72	-66.30	0.48	0.16
快递业务收入	亿元	48.33	5.18	28.15	28.64	100	100
同城	亿元	4.76	0.45	11.13	6.00	9.84	8.65
异地	亿元	25.60	2.82	23.37	26.30	52.97	54.47
国际及港澳台	亿元	1.43	0.10	-10.15	-37.07	2.95	1.83
其他	亿元	16.54	1.82	49.15	48.89	34.23	35.05

二、行业管理工作及主要成效

党的建设全面加强。加强党的组织建设。坚持把学习贯彻党的十九届四中全会精神作为重要政治任务，印发《中共吉林省邮政管理局党组关于学习宣传党的十九届四中全会精神工作方案》。制定党建工作要点，召开党建工作会议。落实支部工作条例，严格执行双重组织生活会制度、民主评议制度和“三会一课”等制度，做到党务公开。累计申请资金27.9万元，新建局机关党员活动室、图书室、健身室。局机关先后获“全省文明单位”荣誉称号、省直机关建功“十三五”主题实践活动突出业绩奖、“五一劳动奖状”。延边局荣获“全州文明单位”称号，四平局荣获“精神文明单位”称号，吉林省邮政管理局荣获“青年文明优质服务示范集体”称号。加强党风廉政建设。制定纪检监察工作要点。举办纪检监察干部培训班。召开党风廉政建设专题会议11次，通报违纪违法案例9次。紧盯元旦、春节、五一、端午、中秋、国庆等重要时间节点，下发通知重申节日纪律，落实中央八项规定精神，严防“四风”反弹回潮。加强对权力运行的监督，开展领导干部离任经济责任审计和全系统财务检查。对6个市（州）局党组进行政治巡察，实现政治巡察全覆盖。开展新任职干部集体廉政谈话5人次、任前谈话17人次。注重运用“四种形态”，受理信访举报3件，函询2人。开展“九个专项治理”回头看，构建整改落实长效机制。加强干部队伍建设。严格执行干部选任的原则、标准、程序和纪律，提任省管干部14人，完成试用期满考核3人。将系统公务员培训纳入地方培训体系。开展领导干部考核述职测评，注重领导班子和领导干部年度考核结果运用。严格落实领导干部个人有关事项报告制度，从严从实抓好干部管理监督。开展干部人事档案专项审核工作大起底大排查工作。

主题教育扎实开展。一是压实主体责任。把学习贯彻习近平新时代中国特色社会主义思想作为根本任务，把解决实际问题作为检验“不忘初心、牢记使命”主题教育成效的衡量标准，把“四个到位”重要指示要求贯穿主题教育全过程。成立领导小组，明确职责分工，强化责任落实。召开党组会议4次、领导小组会议13次，严密抓好“规定动作”，有序开展“自选动作”，统筹推进“日常工作”。举办主题教育读书班，走出机关，深入基层，调查研究，听取意见建议，发挥表率作用。二是落实四项措施。抓好学习教育，主题教育期间，全系统共开展党组理论学习中心组学习33次、党组织集体学习146次、学习研讨63次，党日活动54次，志愿服务13次，党课学习31次，撰写心得体会168篇。抓好调查研究，深入一线开展调研52次，点对点、面对面听取意见建议。抓好检视问题，全系统共梳理检视突出问题246个。抓好整改落实，制定整改措施，构建长效机制，“8+3+1”专项整治方面问题均已实现条条整改、件件落实。三是强化指导督导。局党组发挥“负总责”作用，通过实地督导、座谈交流方式，再压紧再压实主体责任，高标准高质量开展主题教育。召开电视电话会议3次、座谈会议4次，成立4个巡回指导组，采取巡回指导、随机抽查、调研访谈等方式，推动落实责任。各市(州)局党组始终坚持主题教育与党中央部署同向同行、同频共振，推动主题教育往深里走、往实里走。

营商环境持续优化。强化政策保障。有序落实“十三五”规划重点任务，制定“十四五”规划编制工作方案，明确1+3规划编制目标。邮政业发展重点内容连续5年写入政府工作报告，并分别纳入省政府出台的14个政策文件，为行业发展提供了全方位政策支持。落实国办1号文件精神，省政府和7个市(州)政府均已出台配套文件。联合省软环境办、省公安厅印发《关于规范快递电动车道路通行管理的实施意见》，在全国首创从省级层面一次性解决快递末端车辆通行难题，8个市(州)均已出台配套政策，实现末端车辆规范通行。与省商务厅联合印发《关于开展城乡高效配送工作的通知》，依托商务领域争取省级服务业发展资金3000万元。修订《长春市邮政条例》并公布施行。

落实重大部署。制定《吉林省邮政管理局关于落实习近平总书记重要指示精神推动邮政业高质量发展工作方案》。深入贯彻落实交通领域中央与地方财政事权和支出责任划分改革有关要求，制定地方事权改革工作方案和权责明细清单，行业管理和行业发展等重点内容纳入吉林省交通运输领域地方事权改革方案。助力乡村振兴战略，推动建制村通邮服务质量提升，全省累计建成村邮站8895个，2885个村实现直投到户，建制村通邮率、通邮频次、深度达标率均达到100%。农村地区公共取送点达266个，快递服务实现乡镇全覆盖。

深化“放管服”改革。落实“最多跑一次”改革，持续推进“互联网+政务服务”“互联网+监管”。深入实施邮政业“双随机、一公开”监管。依法开展“两项审批”、备案工作，完成撤销营业场所审批7项、停办普遍服务业务3项，新增营业场所备案7个、网点代办改自办8个，共备案185项。依法开展快递业务经营许可审批，核准申请73件，办理变更367件，注销许可50件。开展减税降费政策落实情况调研，有效落实新一轮减税降费政策，减免税费2000余万元。

供给质量有效提升。加强基础建设。全省建成快递园区6个，在建5个，占地面积180万平方米，入驻企业31家，实现集聚发展。京东集团吉林智能物流基地项目在长德经济开发区落地，总投资50亿元。长春顺丰丰泰产业园物流装备制造建设项目被列为哈长城市群发展重大物流项目。中通、申通、韵达范家屯快递园区项目规划用地51万平方米，预计总投资34亿元。末端投递服务能力显著提升，全省建立快递末端公共服务站251个，同比增长79.2%；布放智能快件箱1707组，同比增长22.9%。

推动融合发展。推动邮快合作下乡进村，完成省级磋商，签订框架协议。落实"双品网购节"促销活动。深化"政邮""税邮""警邮"合作模式，全省建成各类合作网点993个。吉林邮政与吉林联通签订战略合作协议。开展四平千里辽河、吉林一黑一白木耳等"一市一品"农特产品进城项目，邮政自营和参与配送农特产品进城总量9360吨，实现交易总额1.1亿元。打造"一地一品"项目12个，万良人参金牌储备项目1个，快递服务农业累计业务量539万件，业务收入4917万元，直接服务产值3.9亿元。快递与先进制造业不断融合，"快递+辽源袜业"等服务制造业项目业务量达到2218万件，累计收入8413万元，直接服务产值5.1亿元。

强化人才培养。与人社厅共同组建快递工程系列高、中级专业技术职务评审委员会专家库，协调下发职称评定试点复函，制定评审标准，放宽学历限制，评审快递初中高级职称267人。召开"行业对口人才输送"政校合作座谈会。推动吉林工业职业技术学院设立快递大专班。举办全省邮政行业第二届职业技能竞赛，参加全国邮政行业技能大赛，荣获"优秀组织奖"。行业1人获评"全国交通技术能手"，1集体、1个人荣获省五一劳动奖表彰。联合团省委开展"快递从业青年服务月"系列活动。共开展慰问关爱活动81场，帮扶特殊困难从业青年177人，通过"两会"渠道为快递从业青年代言32条。

三大攻坚成效显著。防范化解风险。成立吉林省邮政业安全中心，作为吉林省邮政管理局管理的正处级公益一类事业单位，核定全额拨款事业编制12名。严格执行实名收寄、收寄验视、过机安检三项制度，全省邮件快件总体实名率达到99.5%，安检设备配置使用实现"应检必检"目标。开展吉林省邮政业安全生产集中整治。完善寄递渠道安全联合管理工作机制。加强应急管理，举办全省邮政业突发事件应急演练。高质量完成"双11""双12"等业务旺季安全服务保障工作。圆满完成新中国成立70周年等重要节日和重大活动期间寄递渠道安保工作。邮政机要通信连续32年保持安全运行无事故。有序做好邮政业反恐禁毒、侵权假冒、扫黄打非、网络安全等工作，查堵收缴违法出版物、违禁宣传品和非法信件9636件，行业2人荣获全国"扫黄打非"先进个人；系统4个市局荣获省级"扫黄打非"工作先进集体，4人荣获省级"扫黄打非"工作先进个人。

助力精准脱贫。实施"邮政在乡"工程，联合商务等4部门印发《吉林省多渠道拓宽贫困地区农产品营销渠道实施方案》，依托"邮乐购"站点建设持续扩大农村邮政综合服务平台规模，新增邮乐购站点1386个，总量达到1.4万个。借助行业平台渠道优势，帮助贫困地区农产品外销26.3万吨，受益贫困人口1700余人，增收452.9万元。全系统选派扶贫挂职干部5人，赴定点贫困村考察调研118人次，实施帮扶项目3个，直接和间接引进各类资金19.2万元，帮助237名建档立卡贫困户脱贫。赴4个定点贫困村慰问贫困家庭108户，并慰问扶贫一线挂职干部，累计发放慰问物品价值5万元。

推动绿色发展。大力实施"9571"工程，全省电子运单使用率达97%，电商快件不再二次包装比率达50.2%，循环中转袋使用率达70.5%；设置包装废弃物回收箱652个。开展生态环保评价，确定评价指标19项。组织召开"绿色快递"产品推介会，引导采购绿色包装箱5000余个。开展"邮来已久、绿动未来"主题宣传活动。

行业治理不断强化。加强邮政市场监管。开展检查1622次，立案处罚116起。开展超越许可范围从事快递业务经营专项治理，针对存在问题的9个品牌122家企业建立整改台账、实施销号督办。开展快递营业场所环境卫生专项整治和乡镇快递网点违规收费专项整治，提升行业形象和服务能力。持续开展“三不”专项治理，分拨中心离地设备铺设率达到100%。受理有效申诉347件，为消费者挽回经济损失105.6万元，处理满意率达100%。开展“诚信快递、你我同行”“3·15”主题宣传活动。加强基础工作管理。采取“省市合力、左右借力、上下联动”的方式，有效解决9个市(州)局办公业务用房。落实政府会计制度改革，深入推进财务预决算和内控管理。加强网站和政务公开，公开政府信息516条。完成行业“三新”单位核实认定工作，核定企业1162家。开展全省邮政业庆祝新中国成立70周年“我和我的祖国”群众性主题宣传活动，展示邮政业发展成就和良好形象，唱响礼赞新中国、奋进新时代的昂扬旋律。新闻宣传工作有力推进，年度考核全国第1名，局机关获《邮政社会监督》杂志优秀组织奖，局机关记者站连续3年荣获“全国优秀记者站”。

三、邮政法修订实施十周年

邮政法修订实施后的十年，吉林省邮政管理局不仅完成了长春、吉林、延边、四平、通化、松原、辽源、白山、白城9个市(州)局的组建，更是实现了全省邮政业从脱胎换骨到强筋健骨的改造。

领导关注支持，利好政策频繁出台。吉林省邮政管理工作得到了国家邮政局领导及地方政府的高度认可和关注。国家邮政局局长马军胜先后三次到吉林省调研工作，赵晓光、刘君、王梅、解畅、邢小江、赵民等国家邮政局领导也相继到吉林省调研指导，为吉林省邮政管理工作高质效开展提供了全方位保障。吉林省委书记巴音朝鲁、省长景俊海、副省长侯淅珉等领导同志专门听取邮政管理工作汇报并深入基层快递网点专题调研行业发展情况，鼓励和支持吉林省邮政业做大做强。吉林省邮政管理局抓住行业关注度高的有利契机，因势利导、乘势而上，积极争取省委省政府和相关部门支持，不仅将邮政业发展重点内容分别纳入省政府工作报告、乡村振兴战略等多项政策文件，获得相关项目资金扶持，还一举解决了制约行业发展的快递与电商融合发展难、快递三轮车通行难、行业安全监管难、城乡高效配送难等瓶颈难题，高效优化了发展环境。

发展态势迅猛，服务能力不断增强。十年间(2010－2019年)全省邮政行业业务收入、业务总量、快递业务量、快递业务收入年均增速分别达到17.6%、21.6%、35.9%、28.2%；邮政业务总量和快递业务量分别实现翻2翻和翻4翻。行业业务收入占全省生产总值比重从0.3%提高到0.5%，收派比由1∶6提高到1∶3。全省邮政业从业人员超过4.7万人，初步形成了1家年营业收入超8亿元、5家年营业收入超3亿元的快递企业集群。全省现有邮政、快递企业463家，邮政普遍服务网点1002个，村邮站8895个，邮乐购站点、邮政农村电商服务点达到14866个，快递分支机构和末端网点4533个，干线车辆和收投车辆9200台，分拣场地面积78万平方米，全(半)自动分拣设备72条。行业的迅猛发展，基础设施的不断完善，为满足多元化用邮需求奠定了坚实基础。

服务地方经济，融合发展有效推进。今天的吉林省邮政业，“警邮”“税邮”“交邮”“快邮”多平台交融合作，“快递＋先进制造业”“快递＋现代农业”协同发展，“一地一品”“一市一品”农产品进城项目各具特色，产品飞向大江南北。其中，松原查干湖冬捕鱼项目获评“全国快递服务现代农业示范基地”，五年间(2015－2019年)通过寄递渠道外销600万斤，服务产值2.4亿元；万良人参通过快递冷链运输实现鲜参寄递，打破原有干参及其制品效益不高的窘境，2019年寄递渠道外销人参1419万斤；辽源袜业更是成为全省首个快递单品出港超千万级项目，2019年业务量达1670万件。

立足民生领域，保障水平持续提升。建制村直接通邮率达到100%，乡镇快递网点覆盖率达到100%，2019年人均使用邮政服务12.2次、快递服务42.8次，相当于每天7个人中就有一个人使用了邮政、快递服务。进一步满足人民群众的更好用邮需要，邮政普遍服务和快递服务满意度持续提升，长春市位列2017年快递服务满意度调查第一名。快递业作为新兴产业，10年间新增就业2.5万人，吸纳了大量学历层次偏低及残疾人员，为缓解就业压力、维护社会稳定提供了助力。

强监管优服务，履职担当彰显作为。吉林省邮政管理局从加强规范管理、增强服务功能入手，破除“只求过得去，不求过得硬”的旧观念，增强不进则退的危机感、时不我待的紧迫感、率先发展的责任感，认真履行监管职责，着力突破市场环境治理难点，展现人性化服务亮点，确定“一地一特色，一地一亮点，一地一典型”的工作思路，打造形式多样、和谐统一的邮政地域特色，“畅、洁、绿、舒、安”是吉林省邮政业对消费者的郑重承诺。2019年8月，吉林省邮政业安全中心正式挂牌成立，更为行业安全监管筑起了一道严密大堤。历经10年的积累与奋斗，吉林邮政业取得了一个又一个辉煌业绩，行业未发生重特大安全事故，邮政机要通信连续32年无事故，在全国率先完成空白乡镇邮政局所补建工作。积极解决快递“最后一公里”难题，实现省内快递网点乡镇全覆盖。10年的不断探索，吉林省邮政管理局屡获殊荣，局机关和各市（州）局获得文明单位、扫黄打非先进集体、五一劳动奖状等诸多荣誉表彰，局机关自2013年参加省政府绩效考核以来，连续7年均获得“优秀”等次。

四、各市（地）主要管理工作概况

长春市深化“服务乡村振兴战略”。依托“一地一品”项目打造招牌农特产品项目，支持双阳鹿产品、圆通“吉林大米”“百世粮仓”爱心农场等项目，引导快递企业“量身定制”服务模式，融入农副产品“产供销寄”各个环节，实现双赢。产生业务量141.6万件、业务收入1099.67万元。推动快递产业升级，服务汽车零配件制造业，产生业务量125.22万件、业务收入2651万元。开展“1+3+N+15”快递从业青年服务和权益保护工作。推动行业“绿色发展”，主要快递品牌电子运单使用率达96%，电商快件未二次包装占比62.4%，循环中转袋使用率达到87.91%，布放包装废弃物回收装置376个。

吉林市完善地区快递行业校企合作人才培养体系。吉林经济贸易学校、吉林工业职业技术学院作为吉林市首批邮政业人才培训基地揭牌成立。吉林省首个淘宝大学培训中心签约落户吉林市。吉林工业职业技术学院设立快递大专班，从业人员以职业技能测试代替入学笔试，且享受学费减免政策。完善地区邮政行业作业车辆便捷通行管理体系。加强电动三轮车管理，会同交管部门推进邮政快递专用电动三轮车“四统一”管理，1279台电动三轮车统一喷涂（贴）标识并购买保险。推进县级城市快递电动三轮车“四统一”管理，永吉县、磐石市（县级城市）快递电动三轮车统一标识，统一购买保险。加强机动车管理，联合交管部门连续五年制发快递专用机动车辆便捷通行标志，新制发242个，累计达到1119个。分两批次开展邮政业车辆驾驶员交通法规培训，参培1200余人次。完善地区快递行业末端服务体系。深入推进县级城市开展社区综合服务站建设，磐石市（县级城市）快递企业累计投资23万元，建设快递综合服务站22个，覆盖县域主要社区，日服务用户4000余人次，企业年节约成本近20万元，快件派送效率和服务水平明显提高。新增智能快件箱280组，累计达到468组，同比增长148.94%；格口达到62138个，同比增长188.66%。在76个乡镇快递网点全覆盖的基础上，新建11处快递超市，乡镇快递超市达到25处。完善地区邮政业绿色发展体系。组织召开邮政业生态环保工作座谈会2次，与主要品牌企业逐一签订《绿色环保倡议书》。借助报纸、网站等平台，采取政策解读、播放宣传资料等多种方式，开展绿色宣传周活动，营造良好氛围。深入实施“9571”工程，主要品牌快递企业电子面单使用率达到99.9%以上，80%

电商快件不再进行二次包装，循环中转袋使用率达到85%，快递企业配备废弃物回收装置59个。

延边州联合延吉市交警部门，为150辆快递电动三轮车和200余辆机动车办理车辆保险及驾驶员意外险。确保快递配送面包车统一登记合法上路，有效解决快递车辆便捷通行问题。推动邮政综合服务平台建设。在8个县（市）26个邮政网点开通4大类15项警邮合作业务，110个网点开展税邮合作、政邮合作，推动珲春、汪清、龙井快递企业与邮政企业开展“邮快合作”。深入推进“互联网＋邮政快递”。推广“邮乐网＋原产地认证＋地方邮政＋农村合作社＋农户”的运营模式，通过邮政企业销售470万元农特产品。探索“快递＋互联网＋现代农业”的创新发展之路，对外发送松茸6.1万箱、苹果梨12.6万箱，累计销售农产品及特色产品销售额达8900万元。开启“旅游＋电商＋快递”发展新模式，共为游客提供寄递服务11万余次，带动消费2720万元。4家国际快递业务企业累计发货230吨，出港快件106万件。落实高效配送。协调汪清县政府为快递企业争取30万元末端配送车辆专项补贴，推动汪清县电商物流仓储中心投入使用，3家快递企业入驻，日均收派快件1万件，提升城乡配送时效。

四平市快递配送车辆统一标识启动，各相关部门负责人以及快递从业人员代表近80人参加了活动。

通化局指导顺丰集团与通化国际内陆港签订合作协议。双方将在医药物流冷链配送、仓储管理、物流增值服务等相关领域开展长期战略合作。积极配合通化市商务局联合印发了《通化市推进电子商务与快递物流协同发展实施方案》。制定《关于邮政快递专用电动三轮车规范管理实施方案》的通知，方案提出，按照落实国家邮政局制定发布的《快递专用电动三轮车技术要求》，通化局组织对全市邮政、快递专用电动三轮车进行审核、登记和备案，对符合备案条件的专用电动三轮车进行统一喷涂车辆标识和车辆编号；统一购买交通意外保险；统一实行“一证一卡”规范管理，以及统一车型管理。

松原市规范电动三轮车辆管理，联合市公安局交警支队出台了《松原市邮政快递专用配送电动车规范管理实施细则》，将邮政快递专用电动三轮车管理正式列入道路安全管理范畴，进一步规范邮政快递行业运输和经营行为，有序推动松原市邮政、快递专用配送电动车的规范管理。

辽源局积极推动快递服务纺织袜业项，2019年9月2日，辽源市东北袜业纺织工业园出港快递业务量累计突破1000万件，日平均发出快件超过4万件，快递业务量同比增长135%，全年纺织袜业快件业务量1670万件，业务收入4200万元，直接服务产值1.8亿元，“小袜子”升级为“大产业”，成为吉林省首个快递单品超千万级项目。

白山局高度重视绿色发展工作，通过组织召开“绿色快递”产品推介会，充分协调全市快递企业和东北亚新型材料有限公司的深度合作，积极引导快递企业购置新型材料环保包装箱5000多个。与白山市软环境办、白山市公安局通过多次会议沟通，达成共识，联合印发了白山市《关于规范快递电动车道路通行管理的实施意见》，解决快递服务车辆“最后一公里”通行难问题。

白城局与市商务局联合印发了《白城市推进电子商务与快递物流协同发展的实施方案》。《方案》指出，到2020年，要基本实现全市电子商务和快递物流行业整体规模和效益进一步提升，电商物流园区融合示范效应显现，城市基础设施智能化应用更加广泛，城乡快递物流节点布局和快递服务网络更加优化。联合市公安局交警支队出台了《白城市邮政快递专用三轮车规范管理实施细则》。对车辆通行管理、备案管理、驾驶人员和车辆管理、驾驶人员教育培训等方面作出详细要求，并明确了监督责任与处罚标准。

五、快递市场存在的突出问题

行业发展步入新阶段需要拿出新举措。全面

建成小康社会相适应现代邮政业即将实现，邮政强国新征程已经开启。越向前，风险挑战越多。必须践行“传邮万里国脉所系”使命，加快推进“两进一出”工程，着力补齐全省邮政业中高端供给不足、产业链水平不高、发展方式粗放、治理手段单一等短板弱项，厚植优势、增添动力，推动行业实现更加充分、更加平衡的发展。吉林全面振兴全方位振兴对行业赋予新期待。当前，吉林振兴正处在滚石上山、爬坡过坎的关键阶段，邮政业能否在推动流通方式转型、促进消费升级中发挥重要作用，是检验我们紧跟时代步伐、助力振兴发展工作成效的有力参照，必须把振兴吉林的使命责任扛在肩上，落实到举措上、效果上，贯穿于各方面、各环节，加强引导、优化服务、从严监管，确保工作有实绩、有亮点、有突破。经济高质量发展对行业发展提出新要求。当前，全省紧紧扭住高质量发展目标不动摇，经济增长稳中有进、质量效益稳中向好、营商环境稳中优化，邮政业是现代化经济体系的基础底板、新动能的代表，必须强化使命意识、主动担当作为，用邮政业的高质量发展，更好畅通经济循环，助力吉林经济高质量发展。

黑龙江省快递市场发展及管理情况

一、快递市场总体发展情况

2019年，黑龙江省邮政行业业务总量累计完成114亿元，同比增长22%；业务收入（不包括邮政储蓄银行直接营业收入）累计完成114亿元，同比增长14%。其中，快递企业业务量累计完成3.5亿件，同比增长16.3%；业务收入累计完成60.27亿元，同比增长29.8%（表7-8）。行业中业务结构发生了深刻变化，全年快递业务收入规模首次超过邮政企业收入。新增社会就业2500人以上，支撑网上实物零售额近300亿元。邮政业在全省经济社会发展中的作用不断增强，为“六稳”作出积极贡献。

表7-8　2019年黑龙江省快递服务企业发展情况

指　标	单　位	2019年		比上年同期增长(%)		占全部比例(%)	
		全年累计	12月份	全年累计	12月份	全年累计	12月份
快递业务量	万件	35088.91	4321.22	16.28	36.84	100.00	100.00
同城	万件	7626.85	754.32	-2.43	-7.88	21.74	17.46
异地	万件	26641.71	3450.59	19.33	47.68	75.93	79.85
国际及港澳台	万件	820.35	116.30	2333.03	4591.43	2.34	2.69
快递业务收入	亿元	60.27	6.91	29.79	49.40	100.00	100.00
同城	亿元	6.05	0.57	-7.47	-2.55	10.05	8.25
异地	亿元	32.30	3.89	21.54	45.74	53.60	56.28
国际及港澳台	亿元	3.77	0.54	597.19	907.22	6.26	7.80
其他	亿元	18.13	1.91	42.01	45.04	30.09	27.66

二、行业管理工作及主要成效

扎实开展“不忘初心、牢记使命”主题教育。坚持把“学”字、“改”字贯穿主题教育始终。5月在省委党校举办一周的研修班，主题教育期间再集中一周时间学原文、读原著、悟原理，真正让理论武装头脑。多种形式主题党日、参观学习，洗礼灵魂，守初心；贯彻总书记指示批示精神、党中央决策部署,梳理工作,担使命;对标党章、准则、条例、“8 +3 +1”专项整治、巡视共性问题,检视自我,找差距;党组带头,问题列清单建台账、纪检组督促检查,抓落实。既巩固深化第一批主题教育成果,又扎实做好第二批主题教育的指导工作。黑龙江省邮政管理局党组成员任指导组组长,赴12个市(地)局高标准严要求进行指导。系统的学习贯彻十九届四中全会精神,以坚持和完善黑龙江省邮政管理制度、推动邮政业治理体系和治理能力现代化的行动和效果,检验主题教育成效。

坚持以政治建设为统领,将全面从严治党引向深入。加强全省系统党的建设。深入贯彻落实国家邮政局关于加强党的政治建设的实施意见。以组织标准化建设,提升党建工作质量,确定党建联系点,检查、评估促落实。严格执行党组议事规则、议事清单,党组带头执行政治纪律规矩。制定年度党风廉政建设、纪检监察工作责任两个清单,压实责任。召开全省系统党风廉政建设、警示教育会议,讲廉政党课,及时传达驻部纪检组、省纪委通报,对照自检形成震慑,重要节点下发廉政提醒通知,努力构建“不敢腐、不能腐、不想腐”的政治氛围。动真碰硬实行巡察组长外派制,两年时间对13个市(地)局巡察全覆盖。2019年,两个巡察组巡察7个市(地)局,发现8个方面375个问题,督促制定整改措施、明确整改时限,扎实做好整改“后半篇文章”。对9名干部进行函询,批评教育14人次,对1名干部进行诫勉谈话,对2名局管干部作出免职和终止试用期的处理。

加强高素质专业化干部队伍建设。贯彻新修订的干部选拔任用工作条例,对6个市(地)局领导班子成员进行补充和调整,累计提任和调整局管干部(含平级调整)8人,领导班子和领导干部队伍进一步优化。全面完善党员领导干部学习档案、党建档案、业绩档案和廉政档案“四个档案”,实行领导干部日常管理和考评全程纪实,既建立负面清单、又树立业绩导向。推动年轻干部跨岗位历练和轮岗交流,对3名公务员进行局内轮岗调整,选派2名年轻干部参加国家邮政局系统巡视工作,组织9名新招录公务员到黑龙江省邮政管理局进行2个月实践轮训。公务员职务与职级并行有序推进。完善对异地交流任职干部租房管理,制定人员借调、干部请销假管理办法,严格落实领导干部个人有关事项报告制度,从严从实抓好干部管理监督,促进忠诚干净担当。

着力加强行业制度供给。积极落实国家邮政局决策部署。助力乡村振兴战略成果丰硕,全省建制村直接通邮率和快递服务网点乡镇覆盖率巩固在100%,农村地区快递服务网点1788个,公共取送点达1613个。积极开展邮快合作下乡进村试点,积极引导邮快双方开放共享,抱团取暖。2019年初在双鸭山饶河县的先行试点总结出成功经验,年中组织邮快省级总部企业赴饶河现场观摩凝聚共识,10月座谈对接、规划合作进程,11月份召开专题推进会正式签订邮快合作省级框架协议(覆盖8个主要快递品牌),年底试点范围扩大到22个县。

续深化“放管服”改革。落实国家邮政局取消快递业务场地使用证明等3项证明事项的要求,实现许可审批一网通办。进一步压缩审批时间至11.2个工作日,比承诺时限缩短1.8个工作日。提出“审批不求人、证件寄上门”的服务承诺,全年寄送许可证占核准发放总数近一半。快递末端网点备案实现常态化,全年备案超3000家。有效落实新一轮减税降费政策,省快递协会和哈尔滨、鸡西、伊春、鹤岗局邀请税务部门培训讲解,主动送政策上门,全省邮政和快递企业累计减税降费金额超4000万元。

健全法规政策体系。全面推进《黑龙江省邮政条例》修改,系统内征求意见,联合省人大开展多轮调研,邀请专家座谈研讨,目前已形成较完备的草案,力争2020年完成修改工作。配合开展邮政法修订施行10周年总结评估。落实国家邮政局出台的服务乡村振兴、支持民营快递发展、促进与制造业深度融合、深化交通运输与邮政快递融合推进农村物流高质量发展、促进跨境电子商务寄递服务高质量发展等政策文件。全面启动黑龙江省邮政业发展“十四五”规划编制，开展全省综合立体交通网规划邮政行业部分的研究编制。推进落实电子商务与快递物流协同发展，制定全省系统内分工方案。积极向地方政府争取政策支持，七台河局争取市政府特批9100平方米建设仓储配送中心，鸡西局向地方政府争取入驻物流园区补贴，并为物流园区和快递企业搭建对接平台，目前已有4家快递企业入园。

行业高质量发展迈上新台阶。加强基础服务能力建设。实施农村地区邮政基础设施建设项目，开展网点整修10处、翻建3处。积极推进建制村投递服务信息化监督试点工作，全省8980个行政村全部完成信息导入和坐标采集工作，近期日均打卡率达98%以上。加强城区快递基础设施建设，城区自营化标准率、高校规范收投率和营业分拣场地离地设施铺设率均达到100%，城市快递末端综合服务站累计建成1718个。全省共计9个市（地）局出台了快递服务车辆通行政策，哈尔滨市推动立法保障快递电动车通行。牵头推动对俄跨境邮政小包货运包机复飞，至12月初包机已执飞115架次，运送邮件逾3000吨，同比增长32%，享受补贴近4000万元。黑河至布拉戈维申斯克（海兰泡）陆运国际邮路转关测试顺利通关。

推动产业融合发展。支持邮政企业依托邮政基础网络优势，打造邮政综合服务平台，税邮、政邮合作市县级覆盖率达到100%，警邮合作市县级覆盖率达到80%。与省人社厅联合印发《黑龙江省以仲裁专递方式邮寄送达劳动人事争议仲裁有关文书的通知》，全省13个市（地）已全面开展合作。快递服务现代农业实现突破，打造全省首个金牌项目——黑龙江大米，业务量超2200万件，带动大米销售额超8.5亿元。

强化人才队伍建设和权益保障。积极与省人社厅沟通协调，正式启动快递职称认定工作，并顺利完成首批评审，全省有55人获评快递工程专业技术职称。联合省人社厅印发《关于加强快递从业人员职业技能培训的通知》，授予哈尔滨职业技术学院为“黑龙江省邮政行业人才培训基地”，省快递行业协会、省内各主要快递企业与哈尔滨职业技术学院签订校企合作框架协议。多个市（地）局推动建立“职工之家”和“爱心驿站”，大庆、伊春、绥化、大兴安岭局推动建立行业工会联合会，加强对快递员权益的保障。漠河北极村邮政支局局长于霞荣获“全国五一劳动奖章”称号，顺丰快递韩启迪成功入选邮政行业技术能手推进计划人选。

三大攻坚战取得明显成效。防范化解重大风险。发挥寄递渠道安全领导小组作用，制定防范化解重大风险攻坚战工作要点。狠抓企业安全生产主体责任落实，定期自查、台账管理、应急演练、评估总部，推动近500家企业建立安全生产管理机构。加强与国安、海关、烟草等部门形成联合工作机制，综合治理。安全管理达标、市场清理整顿、服务质量提升、诚信体系建设贯穿全年，求实效。与省国家保密局联合开展全省机要通信专项检查，组织开展两次常规检查，对全省113处邮政机要通信网点，7处接发转运场所检查全覆盖，发现19个问题隐患实行登记销号制度并整改到位。组织机要档案集中评查并开展培训。做好行业“扫黄打非”、政治性非法出版物查堵工作，为相关部门提供线索5条。持续深入开展寄递渠道涉枪涉爆专项治理，发现一般隐患94起，重大隐患17起，查堵枪爆物品1件。圆满完成中华人民共和国成立70周年、军运会、进博会、世园会等多项重大活动寄递安保工作，高质量完成“双11”旺季服务保障，确保寄递渠道安全平稳畅通。

服务精准脱贫攻坚战。推进“邮政在乡”“快递下乡”提质增效，构建完善县乡村三级寄递服务网络，累计建成综合服务平台站点14379处（邮乐购加盟店12652处），实现收入4353.77万元。加强快递和农村电商融合发展，绥化市庆安县梁家窝棚屯作为黑龙江唯一代表成功入围首批苏宁拼购村，牡丹江局积极引进并推动“村播”电商，哈尔滨局联合十部门印发多渠道拓宽贫困地区农产品营销渠道实施意见，让农村产品“走出去”。加大“一市一品”项目培育力度，2019 年全省共申报 36 个精品项目（含 4 个精准扶贫项目，3 个产业支持项目），销售量 5525.6 吨，交易额 6360.3 万元，惠及贫困户 550 户，增收 60.21 万元。

打好污染防治攻坚战。抓管理责任，将绿色环保工作纳入领导干部年终考核指标，定期召开专题会议推进。抓企业主体，强化宣传指导与监督检查，印发 7600 份海报，联合协会印发 1 万册生态环保宣传册，让企业知道做什么、怎么做。齐齐哈尔局组织召开生态环保工作专题培训班，鹤岗局开展“快递业绿色发展进校园”主题宣讲，与市生态环境局签订战略合作框架协议。全面实现“9571”工程目标，全省电子运单使用率达到 99%，77% 以上电商快件不再二次包装，循环中转袋（箱）使用率达到 76%，设置包装回收装置网点 1236 个，使用瘦身胶带比例达到 75%，新能源车辆达到 143 辆。

行业治理取得积极成效。强化邮政市场监管。在全国整治末端收费问题前，已发现问题苗头并在全省开展重点整治，累计查处问题线索 28 个，作出行政处罚 24 件，行政约谈 3 件，责令改正 1 件。成功化解企业内部违规收费纠纷 2 起，有力维护了行业稳定和消费者的合法权益。加大行政执法力度，全省累计立案 126 起，罚款 76.65 万元，停业整顿 21 家，有力保障了行业秩序稳定。继续实施“双随机、一公开”，全面推行行政执法公示制度、执法全过程记录制度和重大执法决定法制审核制度。全年举办专题执法培训 2 期，开展案卷评查 2 次。保障用户信息安全，连续 5 年开展保存期限届满的寄递详情单销毁专项行动，今年累计销毁运单 115 吨，超过 1 亿份。

大力推进机构能力建设。黑河市成立邮政业安全大队、绥化市庆安县邮政业安全中心获批，省以下邮政业安全中心建设实现突破。多个市（地）局稳步推进成立县级机构。省邮政业安全中心人员、经费基本到位，基础工作不断夯实。“绿盾”工程顺利推进，消费者申诉工作、安全监测和应急处置体系研究有序进行。开展行业“三新”单位核实认定、全省统计检查，持续提升统计数据质量和分析水平，黑龙江省在国家邮政局统计考核排名提升明显，两个季度进入前 4 名。落实行业中央和地方财政事权和支出责任改革要求，主动与财政、交通部门沟通衔接，积极争取将农村邮政服务站点、快递末端网点、智能快件箱等末端基础设施的规划、建设、维护、运营纳入市、县事权范围，省级方案即将出台。持续推进政府会计制度改革和部门预算绩效管理，全面加强审计工作，对 7 个市（地）局开展财政财务收支审计，对 6 名市（地）局主要领导干部开展经济责任审计。扎实做好工会、青年、妇女、老干部和保密、两会建议提案办理。

三、邮政法修订实施十周年

2019 年，是修订后的《中华人民共和国邮政法》施行 10 周年。《黑龙江省邮政条例》于 2011 年重新修订并施行，为黑龙江省邮政业发展也起到了巨大作用。2012 年底，全省 13 个市（地）邮政管理局的组建，进一步深化了全省邮政管理体制改革，为促进新时期全省邮政业的发展提供了体制保障。十年来，黑龙江省完成了空白网点补建，建制村全部直接通邮，基本实现了邮政普遍服务均等化和可及化。十年来，我们建成了覆盖全省、连接城乡的快递服务网络，联通俄罗斯、辐射东北亚的国际网络也逐渐形成。十年来，全省邮政业务收入和业务总量实现跨越式发展，双双突破 100 亿元，快递业务规模迅速壮大，民营快递发展活力充分释放，在全省国民经济中的基础性支撑性作用不断强化。

四、各市（地）主要管理工作概况

黑龙江省政府出台《中国（哈尔滨）跨境电子

商务综合试验区实施方案》,哈尔滨市2020年年底前,力争实现跨境电商年进出口额5亿美元,建设东北地区最大的国际邮件处理中心。哈尔滨市五部门联合印发了《哈尔滨市城乡高效配送试点工作实施方案》,进一步加快全市城乡配送体系建设,邮政业获利好。哈尔滨局与辖区邮政、快递企业(包括法人、分支机构、末端网点)签订《寄递企业安全承诺书》2000余份。哈尔滨十部门联合印发《哈尔滨市多渠道拓宽贫困地区农产品营销渠道实施意见》,助力精准扶贫。在市委市政府以及相关部门的大力支持下,哈尔滨市实现了对全市快递三轮车实行"四统一"过渡期管理。

牡丹江市各快递企业联合成立了牡丹江市快递行业工会联合会,旨在维护快递企业员工合法权益,最大限度保护和调动广大职工的积极性。牡丹江市快递行业工会联合会成立后,积极与市总工会争取相关政策支持,2019年12月1日正式建成"快递之家",牡丹江申通快递公司免费提供了200平方米的房屋成立了"快递之家",全市快递员均可以在"快递之家"休息。快递行业工会联合会的成立得到了市总工会的大力支持,投入近5万元资金补贴快递之家,并为贫困快递员提供了2.9万元的贫困补助金又将快递企业特困员工纳入春节前市总工会传统慰问活动序列之中,并给予政策上倾斜。

齐齐哈尔局联合市商务局、市交通运输局等5部门出台了《齐齐哈尔市城乡高效配送试点工作方案(试行)》,对进一步完善配送网络、资源整合、车辆通行等方面明确了政策导向。整合资源打造"快递超市",并将龙江县"快递超市"作为试点持续推进,从前期建设、资源整合、网络搭建、末端服务等方面为企业出谋划策。龙江县内已建成"快递超市"17家,顺丰、中通、圆通、百世、韵达等7个品牌达成合作,每天投递量约为6000~7000件,揽收量约为200件。在居民社区引导企业借助第三方平台改善末端投递服务,落实《关于做好住宅小区邮政、快递末端配送服务工作的通知》,为快递车辆进入小区提供政策扶持;在校园引导企业进驻学校商业中心和公共服务区,全市6家高校均能实现规范投递;在商区引导企业与商场进行业务对接,如顺丰速运进驻齐齐哈尔百货大楼,为商场发货、返货提供便利;鼓励快递企业与其他社会商业主体开展合作,全市共有快递下乡网点873处,乡镇网络服务覆盖率达100%;有甘南县兴十四特色小镇1处,特色小镇快递服务覆盖率100%;有农村快递公共取送点172处。

佳木斯局推进"邮政在乡""快递下乡"提质增效,构建完善县乡村三级寄递服务网络,要求邮政企业发挥网点优势,结合佳木斯市实际做好"邮政互联网+农业"工作。新增邮乐购站点15个,累计达到1254个,邮政企业县乡村三级服务体系日益完善。保持全市乡镇快递网点100%覆盖率,加强城市末端服务创新,持续推进"快递下乡"工程换挡升级,积极服务特色小镇发展,实现快递服务全覆盖。积极培育"大米电商+寄递"项目,联合市工信局推进佳木斯中通和佳木斯EMS与浙江畅享生态农业发展有限公司达成合作意向。推动佳木斯圆通、中通、百世等快递企业延伸服务链条,拓展"快递+现代农业"服务格局、开展仓配一体化、一件代发等服务。解决医院派件难题,经与佳木斯大学附属第一医院、佳木斯市中心医院和佳木斯市妇幼保健医院积极协调,已在佳木斯大学附属第一医院门前建立20多平方米的简易房作为"快递驿站"存放快件;拟定在佳木斯市中心医院和佳木斯市妇幼保健医院分别投入智能快递柜。解决小区派件难题,联合佳木斯市向阳区政府推进"邮快合作"进社区,筹建两处社区邮快便民驿站。进一步推进三轮车通行工作。为行业快递员以"行业团购"形式办理三轮车驾驶证,开通行业"绿色通道",节约了办理时间和成本,为进一步做好邮政快递专用三轮车规范管理工作夯实基础。

大庆局与市商务局积极对接,在改的《大庆市人民政府关于加快电子商务发展促进全民创业的指导意见》中增加了“跨境电商资金扶持政策”。联合十二部门制定印发《大庆市推进运输结构调整实施方案》,结合大庆市发展实际,深化大庆市交通、邮政业供给侧结构性改革,加快建设现代综合交通物流运输体系,加速推动单向管理型治理向协同互动型治理跨越升级,合力推动大庆转型振兴高质量发展。引导市快递行业工会联合会与市快递行业协会签订《快递行业集体合同》,对企业与员工的劳动关系、劳动报酬、工作时间和休息休假、劳动安全与卫生、女职工特殊保护、职业培训等方面作出明确规定,为行业的健康持续发展提供了有力的保障。大庆市杜尔伯特县举办首届消费扶贫暨庭院经济农副产品展销会,大庆局依托部门优势,深化部门战略合作,积极与相关部门对接,引导辖区内邮政、快递企业服务展销会电商,推动杜尔伯特县特色农产品远销全国,助力农村精准脱贫。大庆市邮政行业绿色发展取得新成效,邮政公司引进环保电动三轮车 60 辆。大庆市首个快递行业职工之家正式建成并投入使用。

七台河局积极争取快递业发展政策。市政府出台了《关于促进快递业发展的实施意见》,围绕加快产业园区建设、协同融合发展理念、推动行业发展升级三个方面提出多项具体举措和主要目标。助力乡村振兴战略,全市建制村直接通邮率和快递服务网点乡镇覆盖率巩固在 100%。快递“进村”65 个,积极开展邮快合作下乡进村试点,中国邮政集团有限公司黑龙江省勃利分公司已与百世品牌快递签订了框架合作协议。推动产业融合发展,支持邮政企业依托邮政基础网络优势,打造邮政综合服务平台,警邮、税邮、政邮合作市县级覆盖率达到 100%。全年邮政农特产品进程项目 31.1 吨,带动包裹 3.4 万件,带动快递包裹业务收入 10 万元。服务精准脱贫攻坚战,推进“邮政在乡”“快递下乡”提质增效,推动邮政管理、交通运输、商贸、供销等部门的联动协同,在勃利县双河镇、大四站镇、小五站镇建立 3 个农村综合服务站并试点运行。打造服务农村“一地一品”项目 2 个,产生农特产品快件 3.9 万件,快递业务收入 52.3 万元,带动农特产品销售额达到 486.1 万元。

鸡西局助力精准脱贫和乡村振兴战略。积极推进“一市一品”大米项目,虎林绿都米业产品交易额 322 万元,带动包裹收入 66.54 万元,虎林华彬米业项目销售额达到 324 万元,带动包裹收入 59 万元,有力带动邮政企业包裹业务发展,快递企业为大米产业创造销售额 1080.34 万元,增加快递业务量 32.23 万件,实现利润 232.08 万元,基本构成“快递 + 大米”的产业链。大力推动“9571”工程实施,全市各寄递企业一联面单使用率达到了 100%,电子面单使用率均在 98% 以上,5 家企业电子面单使用率达到 100%,电商快件不再进行二次包装率达到 75% 左右,个别企业达到 80% 以上,分拣中心对循环中转袋的使用率达到 80% 以上,全市 25 个快递网点均完成胶带瘦身,胶带宽度为 40 – 45 毫米。主动牵头协调鸡西市泛华集团与各快递企业进行对接商谈,积极向政府和财政部门争取入驻补贴,提高了快递企业入驻物流园区积极性,4 家快递品牌(韵达、申通、中通、百世)法人企业入驻泛华物流园区,顺丰品牌与泛华物流园已进入实质化洽谈,有序推进了市区快递公司向物流园区集中,助力打造龙江东南部物流中心。与鸡西市公安交警支队联合制定出台了《鸡西市关于邮政快递专用电动三轮车规范管理的实施意见》,全面规范邮政快递专用电动三轮车的管理,实际解决了快递服务车辆“最后一公里”通行难问题。

伊春局与市商务局等 12 部门联合印发了《关于推进电子商务与快递物流协同发展的通知》,着力解决电子商务与快递物流协同发展中存在的基础设施不配套、配送车辆通行难、快递末端服务能力不足等问题。与市公安局、市交通运输局联合印发了《关于印发伊春市快递服务车辆规范管理实施方案》,努力解决快递末端配送车辆通行难问题。加强邮政业军民融合和战备工作。改善末端投递服务,已实现高校规范化投递100%;全市19个乡镇均设有快递营业网点,快递下乡率为100%。服务乡村振兴和精准脱贫。全面发挥寄递服务农村网络优势,根据林区物产资源情况组织开展了"一地一品"项目建设,建成了"快递+山特产品"金牌项目,全年累计业务量达到139万件;累计产值4209.38万元。邮政公司销售扶贫大米1.42万袋,销售金额73.8万元。

双鸭山局全力推进饶河邮政"村村通"项目试点工作,饶河县"邮快合作"暨"邮政服务站"签约仪式顺利完成,9个品牌的快递企业与饶河县邮政公司签订了《快邮合作协议》,标志着饶河邮政"村村通"项目试点工作正式拉开帷幕。

绥化局推动快递业校企合作结硕果,与市快递行业协会、黑龙江林业高级技工学校三方签订了《绥化市邮政业人才订单式培养、实践"政府+学校+企业"三方合作框架协议书》。绥化市北林区60余个"快递超市"开进住宅小区。助推庆安县获得苏宁天天快递直批专项补贴。全力推进"邮快合作",庆安县、绥棱县"邮快合作"运输线路已开始正式运行,标志着绥化市"邮快合作"试点推进取得了实质性进展。

大兴安岭局积极引领和带动各快递企业由单纯运营模式向多样化发展,推进企业融合发展,促进资源共享,大兴安岭地区申通、百世、圆通、韵达等七家企业经过几轮的投资,规划了四千平方米的快递园区,共同投入高拍仪、传送带、爬坡机、伸缩机、安检机等设备进行联合分拣,并将县区下行快件实现分拣、传送、装车半自动一体化。联合分拣的实施,实现了资源集聚、功能集成、运营集约,推动行业向更快、更优方向发展。紧密结合大兴安岭地区实际,行业规模持续扩大,为邮政业发展提供良好环境。2019年,大兴安岭地区邮政业迈入亿元时代,是大兴安岭地区邮政业发展史上又一座里程碑。大兴安岭地区快递行业工会联合会成立大会暨第一届第一次会员代表大会召开,标志着大兴安岭地区快递行业工会联合会正式组建成立,全区快递小哥从此有了自己的组织。

鹤岗局协调签订了《鹤岗市邮政管理局 鹤岗市生态环境局战略合作框架协议》,双方表示要坚持绿色发展理念,以"提升公众环境意识、强化企业主体责任、建立环境保护与邮政发展互利共赢的发展新机制"为目标,在推动绿色邮政建设、开展绿色邮政试点、增加绿色包装产品供给、强化入户监督抽查、加强绿色邮政宣传教育五个方面深度合作,以尽早实现"9571"工程各项任务目标。

黑河局联合市公安交通警察支队印发了《黑河市邮政业电动三轮车通行管理办法(暂行)》,全面规范全市快递电动三轮车管理,解决快递"最后一公里"通行难题。因地制宜,为企业搭建合作平台,市邮政公司和全市十家快递企业最终达成了"自愿合作、平等协商、先行试点、逐步完善"的合作意愿,就共同推进全市农村快递服务体系建设达成共识,签署了战略合作协议,并在罕达汽镇全面开展合作试点,为有效解决快递末端违规收费问题,加快推进服务乡村振兴战略、助力行业精准扶贫提供了保障。联合市商务局印发了《关于促进黑河市电子商务与快递协同发展的落实意见》,为"互联网+流通"行动计划添加新的政策支撑。黑河经俄罗斯布拉戈维申斯克(海兰泡)至叶卡捷琳堡国际陆运邮路顺利完成通关测试。该邮路的常态化运营,将进一步拓展黑龙江邮政对俄通关渠道,在深化中俄邮政交流合作、促进地方经济发展方面必将起到积极的促进和推动作用。

五、快递市场存在的突出问题

黑龙江邮政业发展还面临着地方经济增长偏慢、经济结构偏重、人口流失偏大、民营经济偏弱、思想观念保守等地方性问题。

一是监管难度、履职风险不断加大。黑龙江邮政业发展基础仍然薄弱,在资源整合,与相关行业融合发展方面仍旧存在明显短板和弱项。作为末端投递大省,在行业转型升级、拓展业务种类、更好服务社会经济发展方面面临更多任务和挑战。加之传统加盟制快递企业带来的层级管理难度、其他部门和社会舆论的高度关注，在安全管理、主体责任落实、三项制度执行、提升服务水平等方面也存在着诸多问题。申诉、举报、信访类复杂案件日趋增多，相关法律法规对法定职责履行提出了更高要求，特别表现在邮政管理部门面对快递新业态、新模式应对能力还不够充分，突发事件应急管理机制还不够健全，监管手段相对单一，包容审慎的监管思路执行不够准确。

二是行业发展不均衡是一段时期内亟需解决的问题。行业发展不均衡不充分问题突出，在品牌方面，京东、苏宁、品骏等大的电商平台服务网络日趋完善，特别是同城落地配业务拓展日趋成熟，即时达甚至成为可能，发展规模成倍增长。主营全网寄递服务的传统快递企业逐渐形成两极分化态势，国通停运、快捷停网从侧面反映行业集中化程度越来越高，管理机制不完善、利益分配不均衡、业务结构不合理等问题在部分快递企业越来越突显，最终导致基层网点收益过低而纷纷退出市场。地域方面，哈尔滨始终占据行业业务量收的绝对地位，地方特色产业难以发挥出较大效用，各个地市寻求不到发展变革良策。融合发展方面，快递业同质化竞争明显，合作动力不足，传统快递仍旧倚重寄递服务，与地方产业协同发展仍旧处于初级阶段，特别是冷链服务品牌仅有个别品牌开展。

三是大数据运用不充分，对已有政策性资源把控不足。目前市场监管系统提供的数据支撑作用已经十分明显，包括许可系统、执法系统、安监系统、信用管理系统、集邮备案系统、用品用具管理系统等，在许可、发展、服务、执法等方面均发挥了较大作用，但在数据应用方面还远远达不到预期目标，系统还需要进一步整合，源头数据采集还需要进一步规范，口径还需要进一步统一，信息化监管手段还需要真正发挥切实效用，以此来弥补监管力量的不足。

上海市快递市场发展及管理情况

一、快递市场总体发展情况

2019 年，上海市邮政行业业务总量累计完成 700.2 亿元，同比下降 6.3%；业务收入（不包括邮政储蓄银行直接营业收入）累计完成 1228.3 亿元，同比增长 25.1%。其中，邮政寄递服务业务量累计完成 12.1 亿件，同比下降 8.1%；邮政寄递服务业务收入累计完成 27.6 亿元，同比上升 2.2%。快递企业业务量累计完成 31.3 亿件，同比下降 10.1%；业务收入累计完成 1288.8 亿元，同比增长 26.3%（表 7-9）。同城、异地、国际及港澳台快递业务量分别占全部快递业务量的 31.1%、65.0%、4.0%，业务收入分别占全部收入的 5.7%、15.9%、6.3%。快递与包裹服务品牌集中度指数 CR8 为 90.1，与 2018 年同期相比提高了 3.7。

表 7-9　2019 年上海市快递服务企业发展情况

指　标	单　位	2019 年		比上年同期增长(%)		占全部比例(%)	
		全年累计	12 月份	全年累计	12 月份	全年累计	12 月份
快递业务量	万件	313326.1	26508.3	-10.1	-23.3	100.0	100.0
同城	万件	96843.6	7634.0	-13.5	-34.4	30.9	28.8
异地	万件	203860.4	17578.2	-8.8	-20.3	65.1	66.3
国际及港澳台	万件	12622.1	1296.2	-5.0	44.6	4.0	4.9

续上表

指　　标	单　　位	2019 年		比上年同期增长(%)		占全部比例(%)	
		全年累计	12 月份	全年累计	12 月份	全年累计	12 月份
快递业务收入	亿元	1288.8	132.0	26.3	29.2	100.0	100.0
同城	亿元	71.8	5.5	-21.3	-35.5	5.6	4.2
异地	亿元	201.0	16.8	-14.3	-24.6	15.6	12.8
国际及港澳台	亿元	81.7	9.1	11.3	121.2	6.3	6.9
其他	亿元	934.4	100.6	50.4	49.8	72.5	76.2

二、行业管理工作及主要成效

学习贯彻习近平总书记关于邮政业重要指示精神。组织全局人员全面认真学习习近平总书记关于邮政业重要指示精神，将《关于认真传达学习贯彻习近平总书记考察河南作出的重要指示精神通知》印发全局。局党组要求在上海邮政业改革、发展和管理各项工作中，全面贯彻落实习近平总书记重要指示，牢固树立“四个意识”，坚决做到“两个维护”，主动对表对标，确保始终在政治原则政治立场上和党中央高度一致。结合上海局工作实际，制订《上海市邮政管理局〈关于认真落实习近平总书记重要指示推动邮政业高质量发展的实施意见〉重点工作清单及措施目标》，明确重点工作、责任单位和具体措施。建立落实习近平总书记重要指示台账，重点推进上海邮政业“9582”绿色工程、助力乡村振兴、关爱“快递小哥”和寄递渠道安全监管工作。

全面打好“三大攻坚战”。打好防范化解重大风险攻坚战。突出寄递安全和行业稳定两个重点，深入贯彻落实中央综治办等九部门《关于加强邮件、快件寄递安全管理工作的若干意见》，结合“扫黑除恶”专项斗争，开展打击整治非法存储、运输涉爆物品集中专项整治行动，尤其是在“3·21”响水爆炸事件发生后，多次联合相关部门以明察暗访、突击检查等多种形式，全力贯彻落实寄递渠道安全管理“三项制度”，开展运营网络隐患排查，切实摸清寄递渠道安全管理存在的突出问题。强化督导企业严格落实安全生产主体责任，召开各类寄递安全专题会议，加强行业安全业务培训，组织对快递企业上海区域总部安全生产情况进行交叉检查，严肃整治企业违法违规行为，切实提升企业安全保障水平。圆满完成第二届进博会寄递渠道安全保障任务，共二次安检邮件快件 7516 万件，查堵问题件 198 件，查扣、退返外埠进沪无安检标识邮件 876 件；三次安检邮件快件 3975 件，作退件处理 199 件。积极防范化解不稳定因素，针对如风达上海公司发生部分加盟商组织聚集维权事件、国通快递被媒体曝出快递停工等负面信息、优速突发事件、部分品牌快递企业网点退网纠纷等情况，及时做好舆情和突发事件应对处置。

打好精准脱贫攻坚战。成立上海市邮政业助力脱贫攻坚工作领导小组，制定印发《上海市邮政业助力脱贫攻坚服务农村农业三年行动方案（2018－2020 年）》、《加快推进“快递下乡”工程实施方案》，建立“上海快递业脱贫攻坚交流群”，推动申通、圆通等企业成立扶贫办公室。召开上海市快递业脱贫攻坚工作座谈会，组织经验交流，进一步推动相关决策部署落地落实。全面打造快递服务现代农业特色项目，在新增本地项目“上海大米”基础上，推动上海邮政与青海地方政府合作，开发青海贫困地区的特产虫草在上海销售。开展“邮乐 919 购物狂欢节”活动，年内新增乡村邮乐购站点 204 个，目前总量达到 1085 个，累计实现农产品进城销售额 2841.47 万元。在全市范围内开展乡镇快递网点违规收费专项整治工作。

打好污染防治攻坚战。成立上海市邮政业生态环保工作领导小组，召开邮政业生态环保工作会议,发出绿色邮政快递环保倡议,切实推动绿色邮政快递建设进程。在国家邮政局“9571”工程基础上,大力实施上海邮政业“9582”绿色升级工程,即:2019年本市电子运单使用率达到97%以上;50%以上电商快件不再二次包装;年底前循环中转袋(箱)使用率达到85%以上;2500个邮政快递网点设置包装废弃物回收装置。编发《上海市快递包装物垃圾分类指引》,印制2000份宣传海报发放到全市各主要快递企业经营网点张贴宣传。

落实上海邮政业更贴近民生七件实事。在建制村直接通邮率100%基础上,积极推进农村地区直投到户工作,崇明、宝山、奉贤三个区已实现农村地区100%直投到户。推动邮政企业开展速递易智能信包柜业务培训及定期通报智能柜管理使用情况,目前上海全市已布放智能包裹箱组756组,箱投邮件量达150余万件,平均使用率42%以上。指导邮政企业全面推广绿色包装箱,持续推进“警邮合作”项目,加大邮政综合服务平台覆盖面。与上海市大数据中心持续推进“一网通办”统一物流平台建设。对快递揽投专用电动自行车坚持备案经营、牌证管理、定向使用,逐步形成大件包裹依靠机动车、小件快件依靠电动车的揽收派送模式,目前已有2300辆城市快递专用车和2000多辆快递揽投电动自行车投入使用。升级完善上海市邮(快)件运输安全监管平台,将机动车和电动车数据逐步纳入监管平台,实现信息化管理。积极推动快递员加入工会组织,入会快递员可享受上海市总工会推出的“灵活就业群体工会会员专享基本保障”。将上海快递小哥群体纳入了全市1203家户外职工爱心接力站服务范畴,其中中邮集团上海分公司为户外职工爱心接力站提供了113处场所。推进新型交通运输工具的试用投放,保障快递员的交通安全。协调菜鸟网络和上海铁路局组织400多名快递员及家人免费乘坐春运高铁快递员专列。积极借助主流媒体推动关爱快递员活动,上海东方卫视邀请快递小哥上春晚,上海交通台录制快递小哥心声专题播放。

抓好规划、政策、法规、标准和统计工作。开展上海市邮政业“十三五”规划2019年度监测评估。启动上海市邮政业发展“十四五”规划编制工作。协调推动上海市政府出台《关于本市推进电子商务与快递物流协同发展的实施意见》。联合上海市相关政府部门印发《上海城乡高效配送重点工程实施方案》。完成《上海市邮政管理局2018年行政执法年度报告》《上海市邮政管理局2018年度法治政府建设情况报告》《上海市邮票和集邮品管理办法》立法后评估、《邮政行政执法监督办法修订草案》意见征求、《国家级政务服务事项基本目录》中涉及邮政行业的事项核查、《上海市实施〈中华人民共和国邮政法〉办法》修改、《上海市邮政快递航空枢纽》和《长三角邮政业一体化推进》课题研究等工作。开展《邮件快件实名收寄管理办法》宣贯。组织“行政执法常见问题与典型案例”“濒危野生动物保护与寄递安全”专题讲座。对开展监管事项目录清单和监管事项检查实施清单梳理工作。牵头制订上海市快递业绿色包装标准,已形成《快递包装基本要求(草案)》。制订《关于本市经营快递业务的企业执行快递封装用品国家标准的指导意见》。对《快递服务与银行服务信息交换规范》提出修改建议。完成中通、圆通两家企业上海市服务业发展引导资金项目的验收工作;协调推动韵达、圆通、德邦三家企业获得2019年度上海市服务业发展引导资金共计1500万元。完成《上海市快递末端综合服务站服务规范》地方标准编制并积极开展宣贯工作。对民营快递企业科技创新情况进行调研,进一步推进邮政行业创新发展。加强统计工作,每季度编发行业运行分析报告,完成中央国家统计督察组对上海邮政业统计工作的督察保障工作。

抓好邮政市场监管。组织《快递业务经营许可管理办法》解读培训,推动快递业务经营许可工作由重审批向重管理转型。出台《上海市邮政管理局快递业务经营许可信息系统操作要点注意事项指引》,规范许可审批程序。开展违规实施快递业务经营许可专项治理,严肃查处不按法定程序办理许可、不按照法定条件办理许可、超地域范围办理许可、未严格执行末端备案制度、办理快递业务经营许可违规收取费用等违法违规问题。贯彻落实国家局关于简政放权工作要求,企业申请材料总体削减55%;许可申请审批时限由45个工作日压缩至22个工作日。开展快递末端服务违规收费清理整顿,组成多个调查组对上海市快递网点开展明察暗访,掌握快递末端服务违规收费情况的第一手资料。开展快递业网格化监督管理,各派出局聘请网格化监督员巡查片区内经营的快递企业,以"网格监督信息系统"为后台支撑,通过使用"上海市邮政管理局市场监督员 App",逐家上报邮政快递企业的基本信息。严格落实24小时值班制度与每日信息报告制度,开展上海市寄递渠道安全和服务、绿色环保专项检查,圆满完成了春节、全国两会、国庆70周年、第二届进博会、双11快递业务旺季等重大活动和重要时节寄递渠道安全和服务保障工作。

抓好以"不忘初心、牢记使命"主题教育为重点的党建、干部和精神文明建设工作。深入开展"不忘初心、牢记使命"主题教育活动,成立领导小组,制定实施方案,组织动员部署,开展督促指导。第一批主题教育先后集中学习五次,第二批主题教育集中轮训三天,集中学习交流近50次,推动教育往深里走、往心里走、往实里走。局领导、各派出机构领导班子讲党课15次。综合运用座谈会、个体访谈、互动交流等方法,深入基层调研,听取意见,根据检视问题环节情况梳理了党的建设、机关工作作风、邮政行业发展、行业管理、干部成长、工作保障等5个方面42条意见建议。组织党员领导干部综合素质提升培训、《中国共产党支部工作条例》培训、新录用公务员初任培训工作、青年干部综合业务培训。开展"学习其美多吉"先进事迹、"生活垃圾分类"、"庆祝上海解放70周年"等丰富多彩的主题党日活动。开展困难党员帮扶工作及与金山区吕巷镇夹漏村签署新一轮结对共建工作协议。召开2019年党建暨党风廉政建设工作会议。组织参加2次警示教育会议,开展违规违纪违法案例通报,要求各党支部以案自省,紧盯新"四风"问题以及形式主义、官僚主义整治。部署节假日期间廉洁自律工作。梳理对派出局巡察共性问题供各支部检查对照,坚持问题导向,共享巡察成果。完成党建办公室(纪检监察室)增设,成立人事处党建办联合支部。制定《上海市邮政管理局党支部党建活动经费管理办法》。对在2014年至2016年开展的干部档案专项审核工作中已完成专审的档案进行大起底大排查。召开人才培养和技能培训工作会议,部署全年行业人才培养和技能培训工作。扎实推进行业精神文明建设,6家快递企业荣获"2017—2018年度上海市文明单位"称号。成功组织快递行业"黑马杯"篮球邀请赛、上海邮政业庆祝新中国成立70周年歌咏比赛、上海市第三届快递行业职业技能竞赛。联合团市委、上海市青少年服务和权益保护办公室在上海邮政业开展"快递从业青年服务月"关爱活动。

抓好综合保障。推动上海市政府重新发文明确上海市促进邮政业发展联席会议机制(沪府办〔2019〕62号)。推动国家邮政局和上海市人民政府签署关于加快推进上海邮政业高质量发展合作协议相关工作。圆满完成国家邮政局在沪召开的邮政强国建设工作座谈会、"路径优化"科技座谈会、邮政领域中央与地方财政事权和支出责任划分改革座谈会和国家邮政局主要领导来沪开展军民融合调研、台湾中华邮政青年代表团以及泛非邮联秘书长来沪访问的保障工作。开展上海快递绿色环保宣传活动。按时完成13件上海市人大代表建议和政协委员提案办理。修订完善局《市内公务活动差旅费暂行办法》《合同管理办法》《国内公务接待管理办法》。开展了以计算机、打印机、复印机等通用资产为重点的资产清理报废工作。启动实施财务会计和预算会计双体系并行记账核算。坚持每月召开预算完成情况分析会,扎实推动预算管理工作。局工会认真做好职工帮困送温暖工作,举办局迎新春联欢会、健步走等文体活动。完成共青团上海市邮政管理局委员会换届选举。

三、邮政法修订实施十周年

2009年《中华人民共和国邮政法》修订,邮政业的发展迎来了前所未有的发展良机。上海市邮政业各类市场主体紧紧抓住难得的发展机遇,解放思想,锐意进取,凝神聚力,奋发有为,力促上海邮政业安全快速有序发展,产业总体规模不断扩大,业务量持续增长,邮政普遍服务基础网络建设得到加强,快递业务规模保持高速增长,跨行业跨领域的产业间协作融合能力不断增强,地方邮政法规政策体系逐步完善,行业发展环境持续优化,基本形成了具有中国特色、上海特点的现代邮政业。2012年10月,上海局会同市建设交通委研究起草并由市政府办公厅转发《关于促进上海市快递业健康发展若干意见》,推动制约影响本市快递业发展瓶颈问题破解。2012年9月26日,《上海市实施〈中华人民共和国邮政法〉办法》经上海市十三届人大常委会第三十六次会议审议通过,同年12月1日起正式施行。2013年国家局与上海市政府签订部市合作协议。2017年4月上海局研究起草并推动了《上海市人民政府关于促进本市快递业发展的实施意见》的出台。2018年上海市十五届人大常委会公布了立法规划(2018年—2022年),《上海市实施〈中华人民共和国邮政法〉办法》(修改)被列入正式项目。2019年1月上海市人民政府办公厅印发《关于本市推进电子商务与快递物流协同发展的实施意见》的通知。邮政法修订以来,上海局以引领行业发展环境为己任,强机制、促融合、求发展、谋改革,独立或协同研发、助推一系列地方法规及政策文件出台,健全完善上海邮政业地方法律体系,为上海邮政业发展夯实法律基础,在保障本市邮政普遍服务、加强邮政设施规划建设、规范和支持快递服务发展、确保邮路安全、促进邮政业转型升级发展等各方面发挥积极作用。

四、各派出机构主要管理工作概况

浦东局联合公安对陆家嘴地区快递员采取记分管理,双方建立快递交通安全管理配合机制,共同就交通安全集中约谈快递企业,配合公安部门在陆家嘴地区完成快递企业、快递员纳入浦东新区交通文明记分管理系统,快递员身着印有企业编码的反光马甲安全上路。妥善处置张江共配区突发事件。

黄浦局党支部与黄浦区委政法委机关党支部开展党建共建。双方牵头建立了由公安、市场监管等部门参加的寄递安全管理联席会议制度,通过定期召开联席会议,通报寄递渠道安全有关情况,共同分析寄递渠道安全面临的重点、难点问题,研究制定有针对性的解决措施,推动业务信息的共享、部门间合作及寄递安全"三项制度"的落实。特别是在寄递渠道禁毒领域,共同成立了上海市第一支邮政寄递业青年禁毒志愿者队伍——"乐蜂"寄递行业青年禁毒志愿者团队,建立了寄递安全协作配合机制,有效遏制了毒品通过寄递渠道传播。还推动了寄递渠道综合治理开展,发挥各职能部门优势进行源头治理,从源头防止禁寄物品进入寄递环节。建立行业联合执法机制,通过日常定期联合执法与重大活动期间不定期重点执法相结合的方式对加强寄递企业安全监管,确保行业安全。

奉贤局创新监控举措强化化学品寄递安全监管,首次依据地方性法规对化学品生产销售企业向快递企业交寄危险化学品的违法行为实施行政处罚。着力推动行业发展引导"智能+",加快推广辖区行业应用自动化分拣设备、机械化装卸设备,提升装备自动化、智能化、专业化水平。推进提升分拨处理水平,降低人员工作强度,努力实现信息协同化、服务智能化。引导快递企业提升自动化生产能力，辖区有7家快递企业引进和安装自动化流水线。引导辖区企业加强精准脱贫与乡村振兴。引导邮政合作，加强联收联投，加强快递末端综合服务站点建设，推广快递末端公共化、平台化、集约化服务，促进“邮快合作”，鼓励邮政、快递企业在农村业务量较大地区互相开放自提网点，开展第三方快递末端服务，叠加电商快件收转投及自提服务功能，已约有100个门店融合邮政、快递投递服务。

五、快递市场存在的突出问题

发展质效有待提高。一是快递业以低价争取市场的传统竞争模式依然存在，并将在一段时期内持续存在。二是国际化程度还需提升。上海邮政快递业发展与国际大都市邮政快递业相比，国际化发展相对滞后，国际业务占比相对较低。三是行业发展新动力有待形成。行业发展的新业态、新模式分布零散，不成规模和体系，对行业发展贡献相对较小。基础设施相对薄弱。快递园区、快递网点及快递末端服务设施建设存在规划、土地等方面的制约因素，尤其在主要城区，仍然面临用地难、成本高等问题。快递末端网络建设成为制约行业发展的重要短板，《快递暂行条例》虽然针对这些问题做了相关明确规定，但推动落实到位尚需时间。

安全监管形势仍然严峻。一是行业安全基础较为薄弱，三项制度虽已基本全面落实，但落实质量还有待提高。二是监管效能有待进一步提升。一线检查、现场执法等难以适应面广量大的监管任务，“数据监管”的水平还需进一步提升，“双随机”执法检查机制仍需进一步健全。

江苏省快递市场发展及管理情况

一、快递市场总体发展情况

2019年，江苏省邮政行业业务总量累计完成1426.9亿元，同比增长35.9%；业务收入（不包括邮政储蓄银行直接营业收入）累计完成813.8亿元，同比增长25.8%。其中，快递企业业务量累计完成57.4亿件，同比增长30.8%；业务收入累计完成619亿元，同比增长28.7%（表7-10）。全省邮政业改革发展稳定态势持续向好。

表7-10　2019年江苏省快递服务企业发展情况

指　　标	单　　位	2019年		比上年同期增长（%）		占全部比例（%）	
		全年累计	12月份	全年累计	12月份	全年累计	12月份
快递业务量	万件	574060.4	59757.2	30.8	25.6	100.0	100.0
同城	万件	96855.8	9381.9	-0.9	-9.6	16.9	15.7
异地	万件	471418.7	49927.0	40.6	36.1	82.1	83.5
国际及港澳台	万件	5785.9	448.3	-0.4	-16.5	1.0	0.8
快递业务收入	亿元	619.0	61.5	28.7	31.2	100.0	100.0
同城	亿元	64.4	6.3	-12.3	-13.6	10.4	10.2
异地	亿元	399.9	37.4	38.3	30.1	64.6	60.8
国际及港澳台	亿元	62.6	7.7	27.0	94.8	10.1	12.5
其他	亿元	92.1	10.2	33.4	46.3	14.9	16.6

二、行业管理工作及主要成效

全面从严治党落实有力。加强和改善党的领导。党对邮政业改革发展稳定工作的领导力显著增强，省局党组工作规则进一步完善，党建工作专门机构组建到位，《2019 年度全面从严治党责任书》有效落实，“抓党建是第一责任”“抓好党建是第一政绩”理念逐步增强。各级党组深入贯彻《关于推动新时代全面从严治党向纵深发展的意见》，推动落实党建 12365 工作格局、不断强化意识形态工作、严格执行“三重一大”议事决策规则，党的领导作用、党组织的战斗堡垒作用、党员干部的先锋模范作用充分发挥。

深入开展“不忘初心、牢记使命”主题教育。分两批组织实施“不忘初心、牢记使命”主题教育，统筹抓好学习教育、调查研究、检视问题、整改落实，扎实推进“8 + 3 + 1”专项整治和专项治理，逐项整改省局党组检视出的 3 个阶段 19 项问题，组建 3 个指导组督导第二批主题教育活动，实现了全系统党员教育全覆盖。创新主题教育活动载体，结合庆祝新中国成立 70 周年、建党 98 周年，举办“我和我的祖国・江苏邮政业文艺演出”、“祖国，我想对您说”一句话微感言、全省系统第二届“两优一先”评选表彰等活动，主题教育效果进一步增强。

夯实党建工作基础。打牢思想政治基础，深入学习贯彻党的十九大、十九届历次全会和中央经济工作会议精神，综合运用党组中心组学习、“三会一课”、“学习强国”等学习载体，引领全系统增强“四个自信”、坚定“四个意识”、做到“两个维护”。扎实推进“三个表率”模范机关建设，全体党员干部的思想政治修养、政策理论水平逐步提升。切实加强行业基层党组织建设，省局机关党委与苏宁物流集团签订党建共建协议，无锡局建立跨行业“党建联盟”，全省 13 个设区市实现快递行业党委建设“全覆盖”，建成非公快递企业党支部 44 个，我省党建工作在全国系统党务干部培训班上做经验交流。积极开展精神文明创建工作，省局、常州局创成省级文明单位，苏州、南通、淮安、盐城、扬州局创成市级文明单位，淮安市邮政分公司唐真亚荣获“第七届全国劳动模范”称号，连云港市邮政分公司马善民荣获“第七届江苏省道德模范”称号。扎实推进关心关爱快递员工作，联合省总工会、团省委、省快递协会举办“中国邮文化节・首届江苏省快递员节”，开展寻找“最美快递员”活动，高邮市在全国率先出台了《加强快递员权益保护的实施意见》，各设区市出台关心关爱快递员相关意见政策 6 份、建成爱心驿站达 1202 个，全省关心关爱快递员的氛围日趋浓烈。组织了全省快递行业乒乓球比赛。

强化党风廉政建设。落实《党风廉政建设主体责任和监督责任的实施细则》，出台《关于推动警示教育常态化制度化的实施意见》，坚持开展廉政警示教育，坚持抓早抓小、谈话提醒，坚持节假日前廉政提醒，全年开展处以上干部廉政谈话 10 人次，新提拔领导干部任职廉政谈话 12 人次，党风廉政建设长效治理机制基本形成。常态化开展监督执纪，不断完善系统审查调查人员库和省局管理干部廉政档案，专项督查巡察问题线索整改情况，发放廉政回访函近 300 份，受理信访件 5 件，谈话函询 5 人次，责令作出检查 1 人，批评教育 1 人，诫勉 3 人，对 1 人进行党内严重警告及行政撤职处分。

政策规划引领逐步加强。政策落地力度逐步加大。推动国家邮政局与省政府签订战略合作协议。跟踪落实邮政业减税降费政策，编制《江苏省邮政业减税降费政策汇编》，联合税务等部门召开专题视频会议，推动相关政策落实到位，全省行业累计减税降费总额达 1.95 亿元。认真贯彻省政府《关于推进电子商务与快递物流协同发展的实施意见》，开展电商快递协同发展示范基地评选工作，南京邮政跨境电商创业基地、盐城电商快递产业园、京东智慧物流园等 3 个园区被评为全省电商快递协同发展示范基地，顺丰华东智慧电商物流等4个项目列入全省年度重大项目投资计划。积极推动邮政业服务乡村振兴战略，快递服务现代农业示范基地建设、搭建农村邮政综合服务平台等纳入全省乡村振兴总体分工方案，邮政服务带动小农户工程进入《关于促进小农户和现代农业发展有机衔接的实施意见》，“邮政在乡”“快递下乡”等工程成为《数字乡村发展战略纲要》的重要组成部分。组织做好中国快递示范城市创建工作，苏州通过复审，无锡创建成功。

管理服务标准逐步完善。深入贯彻《智能快件箱管理与服务规范》《智能信报箱管理与服务规范》，推动落实《住宅智能信报箱建设标准》，制定了《智能信报箱验收工作程序》，逐步规范住宅智能信报箱建设标准和验收依据、内容、流程。推进快递网点建设标准化，联合省快递协会制定《快递标杆网点建设规范》，建成省级标杆化网点23个，自营网点标准化率达99.87%。发展规划研究逐步深入。加强邮政业高质量发展软课题研究，出台《江苏省邮政业高质量发展实施意见》，体系化推进全省邮政业高质量发展。完成“十三五”规划年度监测，启动邮政业“十四五”规划编制工作，邮政业发展专项规划列入全省“十四五”规划目录清单。开展全省综合立体交通网邮政专项规划研究，邮政网络基础设施、四项重大工程纳入省级综合立体交通规划。加强邮政业大数据研究和分析，联合南京邮电大学成立邮政业大数据研究和应用中心，向省政府报送《江苏省快递业经济社会发展贡献报告》。

行业治理水平不断提升。“放管服”改革不断深化。落实新修订的《快递业务经营许可管理办法》，继续推进快递末端网点备案，精简分支机构备案手续，全省累计备案网点1.35万个，新核准快递业务经营许可申请30件、注销许可72件、公告作废许可102件。开展“三新”企业经营快递业务许可试点，核发省内首张智能快件箱企业经营快递业务许可证。快递市场监管不断加强。行政执法力度不断加大，联合公安、国安等部门多频次开展专项执法检查，全省系统累计开展执法检查7954次、检查单位7952家，查处违法违规行为1494起，其中约谈告诫92起、责令改正1075起，实施行政处罚676起、处罚金额467.15万元，案件数量、处罚金额同比分别增长50.2%、88%。市场监管信息化水平逐步提高，“绿盾”工程建设加快推进，视频联网、安检机联网取得进展，省局和南京、苏州安检机联网系统正式上线，初步实现安检机监管信息化。安监系统监测功能不断完善，定期出台《全省邮政快递行业运行监测数据报告》，行业运行监测、分析、预警能力逐步加强。依法行政水平不断提升。切实加强行政执法能力培训，普服处召开依法行政专题会议、签订责任书，法规处举办法治培训班，进一步促进行政执法规范化、标准化。加快实施“互联网＋监管”，编制完成省级监管事项清单，有序推进各设区市相关工作。加强行政执法监督，加大行政执法案卷抽查评查力度。出台《行政执法全过程记录办法》《重大行政执法决定法制审核办法》《行政执法信息公示办法》，进一步明确工作流程、细化工作标准。制定《公职律师管理办法（试行）》，启动建立公职律师队伍。加强行政复议案件审理，审理完结行政复议案件9件。

推进三大攻坚成果丰硕。寄递渠道安全平稳可控。安全生产主体责任逐步夯实，组建4个安全生产督导组，首次对17个品牌寄递企业江苏省公司开展督导检查，推动企业切实履行安全生产主体责任、严格执行“一必须五到位”。深入推进专项整治活动，落实“清风·2019”邮件快件寄递安全整治方案，推动寄递渠道涉枪涉爆隐患排查和整治，开展打击虚假实名收寄专项行动，加强寄递渠道危险化学品风险管控，寄递渠道安全态势持续平稳。强化重大活动期间寄递服务安全保障，圆满完成新中国成立70周年、江苏发展大会、“一带一路”高峰论坛等重大活动和“双11”、“双品节”期间安保工作。切实加强应急管理，积极应对安能快递和如风达停运、苏州韵达网点停派、南京圆通网点罢工、射阳顺丰快件被扣等15起突发事件,全系统应急处置能力逐步提升。持续加强机要通信监管,与省保密局、省委办公厅机要交通处联合督查,开展两轮邮政机要通信网点"全覆盖"检查,全年机要通信安全无事故。

行业供给服务不断优化。加大邮政惠民力度,拓展完善村邮站、农村自提网点服务功能,推进农特产品进城精品项目,推广"农产品+大同城"寄递服务模式,累计实施农特产品进城项目172个、形成销售2.18亿元,其中泰州的"邮乐食堂"项目被中央电视台、人民网、新华网等国家级主流媒体广泛报道,其消费扶贫模式被省政府办公厅在全省推广。积极实施"快递+"项目,联合省互联网农业发展中心、省快递协会推进"快递+特色农产品"项目,全年培育重点项目61个,形成寄递业务量2.33亿件、实现业务收入17.02亿元,同比分别增长100.8%、54.7%,其中宿迁(沭阳)花木项目年业务量达1.59亿件,行业助农致富能力进一步增强。快递服务制造业进程不断加快,累计实施重点项目66个,形成寄递业务量3.16亿件、实现业务收入35.76亿元,同比分别增长179.65%、238.64%,其中南通家纺项目年业务量达1.62亿件,行业供给结构和运营质态进一步提升。加强与海关、商务部门协调配合,出台《关于促进跨境电子商务寄递服务高质量发展专项行动方案》,推动企业"走出去"的力度进一步加大。

绿色发展水平稳步提升。绿色邮政建设宣传力度不断加大,组织"邮来已久、绿动未来"主题宣传活动,开展行业生态环保专题培训,联合无锡市政府、省快递协会携手推进绿色快递城市"青城计划",启动绿色快递示范园区创建,苏南快递产业园、江宁快递产业园被纳入省级示范物流园区培育储备库。深入推进行业生态环境保护"9585"工程,联合省生态环境厅等7部门制定《协同推进快递业绿色包装工作实施方案》,指导企业落实"回箱计划",全面推广绿色包装、绿色运输,主要品牌企业电子运单使用率达98.96%,95.26%的电商快件不再二次包装,循环中转袋使用率85.4%,73.4%的城市网点设置了包装废弃物回收再利用装置,新能源车占比达到了17%。指导邮政企业加强生态环保工作,实现了全省邮政支局使用绿色包装箱、窄胶带"全覆盖",新增和更新网运车辆新能源化率达到100%。

惠民为民服务优质高效。基础设施建设持续推进。末端服务设施不断完善。建成住宅小区邮政服务用房2.4万平方米,新建智能信报箱格口9.8万个,每个设区市建成了1个智能信报箱建设示范点;省内主要智能快件箱运营企业建成使用智能快件箱4.22万组、格口329.45万个,箱投率达15.2%,超过国家邮政局设定年度目标。高等院校快递服务提档升级,全省167所高校全部实现规范收投,"摆地摊"现象基本杜绝。快递园区建设进展加快,东海电商快递产业园获财政部、商务部2000万元政策支持,全省28个快递园区已完成投资超270亿元,进驻园区企业达255家。

末端服务能力持续增强。农村快递服务网点逐步健全,乡镇快递网点继续保持全覆盖,建制村快递直投率达到93.87%,同比提高11.67个百分点,其中10个设区市的建制村快递直投率达到100%。快递三轮车通行逐步规范,省局联合省公安厅下发了《关于进一步加强和规范快递车辆交通安全管理的通知》,推动实施省内快递三轮车通行"六统一"制度,目前全省13个设区市已有12个全面规范通行、1个设区市实行部分县市规范通行。邮政为民服务能力逐步提升,政邮、税邮、警邮合作深入推进,其中政邮警邮合作实现了市(县)全覆盖、税邮合作实现了设区市全覆盖。

快递质量管理持续规范。不断深化放心消费创建,苏州韵必达等5家企业获评2018年度"全省快递行业放心消费创建活动示范单位",省局在全省放心消费创建工作会议上做经验交流。切实加强申诉处理工作,累计受理有效申诉2973件、同比下降71.57%,为消费者挽回直接经济损失

680.8 万元，消费者申诉处理满意率达 98.6%。全面实施快递服务警示制度，对 5 家快递企业分别给予红色、橙色和黄色警示，并行政约谈红色、橙色警示企业总部。清理整顿快递末端违规收费，暗访抽查 11 个快递品牌 196 个网点，覆盖全省 78 个乡镇，查处 1 起违规收费并督促整改到位。

行业人才工作成效显著。加强党对人才工作的领导，组织召开了全省邮政行业人才工作会议，谋划安排工作目标和重点任务。积极推进快递工程专业职称认定评审工作，首次开展中高级职称评审，超过 1000 人获得快递工程专业技术资格。组织实施多层次的职业技能竞赛，成功举办了全省第三届邮政行业职业技能竞赛，苏州、扬州、盐城、宿迁等设区市和东海县、淮安区等分别举行了职业技能竞赛，全省参赛选手达 712 名。按照人社部、国家邮政局的统一部署，组织开展全国邮政行业先进集体、劳动模范和先进工作者推荐评选工作。完成省级行业人才培养基地遴选。组建江苏省邮政行业职业教育集团。监管支撑体系不断完善。推动落实《关于完善邮政管理体系和支撑体系的意见》，县级机构建设取得新进展，新增扬中、句容、阜宁、射阳、赣榆、连云、如东、如皋 8 个县级机构，县级机构总数达 30 个，列全国首位。省邮政业安全中心编制数扩增至 12 名，新成立淮安、扬州、泰州、镇江、连云港等 5 个市级安全中心，在全国率先实现市级邮政业安全中心全覆盖，并在全国邮政工作会议上作经验交流。

三、邮政法修订实施十周年

十年来，江苏快递业在国家邮政局和省政府的大力支持下，认真贯彻落实《国务院关于促进快递业发展的若干意见》《省政府关于促进快递业持续健康发展培育经济新增长点的实施意见》等文件精神，快递业务收入和快递业务量分别增长了 13.7 倍和 32.8 倍，快递业务收入和业务量的年均增长率分别达到 30.0% 和 41.8%，业务量稳居全国前三，在拉动经济增长、支撑产业发展、促进消费、增加就业等方面发挥了重要作用，快递业已成为江苏国民经济发展新的增长点。全省快递法人企业及分支机构超过 6000 家，快递从业人员达 30 余万人；全省备案的快递服务末端网点累计超过 1.3 万处，快递网点乡镇覆盖率达 100%；全省每百人拥有智能快件箱格口数 3 个以上，通过智能快件箱投递快件占投递总量的 15% 以上，快递“最后一百米”服务能力持续增强。

四、各市（地）主要管理工作概况

苏州市政府办公室印发《苏州市推进电子商务与快递物流协同发展的若干意见》。《若干意见》由苏州市邮政管理局、苏州市商务局联合拟定，明确每年对快递最后一公里基础设施、农村快递示范项目、智能化提升项目、X 光机项目、快递标准化网点、绿色回收箱装置等提供财政扶持资金近 500 万元，持续 3 年。“苏州大闸蟹”被国家邮政局授予“2018 年快递服务现代农业金牌项目”。

南京市邮政管理局、交通运输局、公安局交通管理局联合印发了《南京市邮政快递专用电动三轮车管理暂行办法》，明确政府、协会、企业、驾驶人的各方责任，并首创对本市邮政快递专用电动三轮车实行“六统一”管理，即“统一车辆标准、统一外观标识、统一编号管理、统一购买保险、统一安全培训、统一平台管理”。11 月 3 日，首批 200 辆标准样式电动三轮车在“双 11”前正式上路通行。由共青团南京市委员会、南京市邮政管理局主办，南京市青少年宫和共青团江宁区委员会承办了“宁聚青春·筑梦金陵”“快递小哥”子女夏令营。30 余名快递小哥子女一起来到南京，通过中华文明教育、生态文明教育、创新科技教育、心灵成长教育等体验项目，踏着父母的追梦足迹，体验父母的工作环境，展开了一场有意义的文化之旅。

中国邮政集团公司经国家邮政局和海关总署

审查同意,批复中国邮政集团江苏省分公司,决定设立无锡国际邮件互换局(交换站),标志着历时五年多的申报工作获得成功。12 月 30 日,国家邮政局正式授予无锡市“中国快递示范城市”称号。

常州市人社局出台《常州市市本级新业态从业人员优先参加工伤保险试行办法》,允许快递业用人单位在满足一定条件下为职工单独参保工伤保险。中通快递香港分公司与常州新北区政府正式签署购置土地协议,以 2.1 亿美元购置了新北区罗溪镇常州奔牛国际机场附近 246 亩的土地用于建设中通快递常州分拨中心。建成后,中通快递常州分拨中心将具备快件分拣作业、快速转运核心功能,仓储、配送、办公、培训等辅助功能,成为中通快递在华东地区最大的枢纽转运中心。

淮安市出台全国首份快递行业集体协商合同,省总工会主席魏国强对此作出批示,要求在全省范围示范推行。全年,该市开展医疗互助、旺季保障、困难帮扶等十项关爱活动,共为快递企业网点争取价值 10 万元物资。在全市 40 家快递末端服务网点设立“户外劳动者爱心驿站”,为 830 多名一线快递员购买意外伤害险,顺丰快递员因伤被赔付了 20 多万元 。

南通京东物流全球航空货运枢纽、如皋园林汇泰临港物流园、南通顺丰华东智慧电商物流、启东中国销售农产品物流基地等四项寄递工程正式列入省发改委印发的 2019 年省重大项目投资计划。

“沭阳花木”项目产生业务量破亿件,成为首个破亿件的“金牌项目”。

五、快递市场存在的突出问题

末端服务能力有待加强。近年来,各邮政快递企业纷纷上市,不断加大经营性资金投入,但资金投向大多是中转场站、分拨中心、干线运输等,对末端网点、末端设施投入不足的问题仍然没有解决,已经严重制约了行业末端服务能力的提升。从末端网点设置情况看,相当一部分行政村还没能享用现代快递服务;从推进末端网点标准化的情况看,无论是硬件还是软件,标准化程度都比较低,基础设施投入严重不足,欠账较多,增加了生产安全隐患,影响了服务质量,有损企业、品牌形象,一定程度也冲抵了社会对行业的美誉度。

推进产业协同发展有待加强。深化产业协同发展是市场经济的必然趋势,也是邮政快递业高质量发展的内在需求。近年来,江苏省各级邮政管理部门和邮政快递企业积极融入现代农业、先进制造业、其他服务业发展,主动打造服务平台、畅通对接渠道、创新服务模式,取得了经济效益和社会效益的双丰收。但全省推进产业协同发展还有很大的增长空间:从“快递 +”项目的覆盖面看,江苏是全国经济大省、制造业大省,2019 年农特产品产值超过 8000 亿元、信息产业等先进制造业产值超过 10 万亿元,同期实施的“快递 +”项目支撑的产值仅约为 240 亿元、700 亿元,快递项目服务的覆盖面仅为 3% 和 0.7%;从跨境业务发展的情况看,江苏进出口规模位居全国第二,2019 年完成进出口总额占全国的比重为13.75%,但同期省内国际及港澳台快递业务量仅占全国的 4.02%;从快递业发展结构看,2019 年全省快递业务量完成 57.4 亿件,快递服务现代农业、先进制造业产生的业务量分别为 2.33 亿件、3.16 亿件,仅占业务量总数的 4% 和 5.5%。全省邮政快递业协同发展方面还有很多工作要做,推动协同发展的力度有待于进一步加大。

从业人员培训有待加强。人才是事业发展的第一资源,员工是企业发展的主体力量。目前全省获得快递专业技能职称的从业人员已经超过 1000 人,为推动行业高质量发展奠定了人才基础。但从全省各邮政快递企业对从业人员的培训情况看,少数企业培训不到位、不及时、不全面和针对性不强、培训效果不明显等问题比较严重,有的加盟商甚至招到人后不培训就上岗,导致在生产经营、末端服务过程中出现了一些安全隐患,有的从业人员对邮政快递相关法律法规和操作规范不了解、不掌握、执行不到位，有的分拨中心或中转场站存在安全事故隐患，有的末端网点出现违规收寄、不开箱验视等现象，给寄递渠道安全带来了极大隐患。

浙江省快递市场发展及管理情况

一、快递市场总体发展情况

2019年，浙江省邮政行业业务总量累计完3177.7亿元，同比增长36.6%；业务收入（不包括邮政储蓄银行直接营业收入）累计完成1110.4亿元，同比增长18.1%。其中，快递企业业务量累计完成132.6亿件，占全球业务总量的11.8%，占长三角三省一市快递业务总量的55%，在长三角区域具有绝对的引领地位；业务收入累计完成912.9亿元，同比增长17.1%（表7-11）。全年受到省委省政府领导工作批示65次，其中明确肯定工作的批示10次。邮政业在经济社会发展中的作用不断增强，为“六稳”作出积极贡献。

表7-11　2019年浙江省快递服务企业发展情况

指　　标	单　　位	2019年		比上年同期增长（%）		占全部比例（%）	
		全年累计	12月份	全年累计	12月份	全年累计	12月份
快递业务量	万件	1326252.08	149877.94	31.18	26.34	100.00	100.00
同城	万件	171315.81	19398.09	14.27	13.80	12.92	12.94
异地	万件	1129355.89	127878.28	34.15	28.77	85.15	85.32
国际及港澳台	万件	25580.38	2601.56	32.95	14.37	1.93	1.74
快递业务收入	亿元	912.92	100.23	17.15	20.42	100.00	100.00
同城	亿元	75.98	8.19	-4.66	-1.47	8.32	8.17
异地	亿元	553.82	56.46	14.46	9.66	60.66	56.33
国际及港澳台	亿元	121.13	12.23	35.63	36.98	13.27	12.20
其他	亿元	161.99	23.35	28.12	60.94	17.74	23.30

二、行业管理工作及主要成效

以落实习近平总书记对邮政业重要指示批示精神为中心，全面推进全省邮政业高质量发展。围绕年初中央经济工作会议“稳增长、促改革、调结构、惠民生、防风险”的总要求，结合习近平总书记对邮政业系列重要指示批示精神，印发实施方案，明确工作目标，全力推动落实。

抓安全监管，全力创造行业安全新格局。认真贯彻落实习近平总书记关于安全生产和枪爆物品管控工作的指示精神，严格落实寄递渠道安全管理“三项制度”，深入开展行业安全监管和执法检查，圆满完成了国庆70周年、全国两会、上海进博会、北京三项重大活动等重点会议活动的安保工作。一是压实各方责任。督促指导企业严格落实“三项制度”，压实属地监管责任，将每季安全工作考评情况作为浙江省平安建设考评反恐排名主要依据，激发各地提升安全管理工作水平。相关工作得到了国家反恐办督导检查组的充分肯定。二是加大整治力度。扎实开展邮政业安全隐患集中排查整治、邮件快件实名收寄专项整治行动、寄递渠道安全隐患排查整治百日攻坚行动，全省全年共开展执法检查6248家次，共发现寄递企业安全生产隐患2019项，约谈告诫312次，责令整改

312 次，行政处罚 342 起，停业整顿 93 家，以反恐法处罚 31 起，处罚金额 541.93 万元。三是加强预警防控。部署开展风险隐患区域排摸工作，编制违法寄递危险化学品防范建议，研究制定分层标准，明确全省风险隐患区域清单，指导督促属地邮政管理部门有针对性地开展执法检查。四是深化部门协作。与省公安厅相关部门签署纪要，建立联署办公机制和专门联系通道，强化部门间联勤联动，加快敏感物品线索处理时效，推进行业打击新兴毒品犯罪力度，协调省公安厅对管制刀具和枪爆物品开展智能安检设备数据采样 1848 张。5 月，湖州局干部获全省"最美禁毒人"称号。6 月，杭州局协助公安部门破获一起重大网络贩枪案件。

抓空间布局，着力打造行业发展新引擎。一是加强布局规划引领。6 月，联合省发展规划研究院完成了《浙江省快递物流布局规划》的编制工作并向省政府上报专报，提出从服务长三角乃至全国、参与全球快递市场竞争的大格局入手，进一步凸显浙江快递全球性带动和辐射功能，培育形成超千亿级快递产业集群。袁家军省长、高兴夫副省长先后作出批示予以肯定支持。二是争取"两进一出"试点。坚持目标导向，强化调查研究，积极联系对接国家邮政局和省委省政府，不断将该项工作推向深入，高兴夫副省长听取专题汇报并对试点方案提出具体修改要求。10 月，国家邮政局正式批复浙江省成为全国试点后，浙江省邮政管理局在抓紧完善试点方案报送省政府审批的同时，继续加强与相关业务司局的联系对接，争取对试点工作的协调指导和政策支持。三是紧盯重大项目进程。按月对进展情况进行跟踪问效。目前，杭州市顺丰创新中心项目、杭州京东一号仓、中通快运全球创研中心等快递业重大项目建设，均实现项目投产和相关产业园的企业进驻。大力支持杭州、宁波跨境电子商务综合试验区建设，其中宁波保税区跨境货物放行报关单全年累计完成 7597.6 万单，位居全国前列。四是融入"一带一路"发展。以"义新欧"班列始发站为基础，着力构建航空、铁路、公路多式联运综合服务体系。"义新欧"班列全年共开行 528 列，发运 42286 个标箱。其中邮政班列累计开行 23 列，发运邮件 15.47万件，菜鸟专列自 10 月 9 日开通后运送单量已达 1100 万单，货物总值超过 6500 万美元。五是助推产业协同发展。研究制定支持民营快递企业发展实施意见，着力解决制约浙江省民营快递企业发展瓶颈。联合省经信厅出台《关于做好快递业助推小微企业园高质量发展的指导意见》，充分发挥快递在服务制造业发展中的重要作用，全省 11 个地市均已出台小微企业园配套政策。快递业支撑电商经济能力得到进一步彰显，全年支撑全省实物商品网络零售交易额超 1.6 万亿元。

抓改革创新，全面释放行业发展新活力。一是落实中央地方权责改革事项。主动与省交通运输厅、省财政厅进行多次对接，起草形成《关于落实邮政领域中央与地方财政事权和支出责任划分改革的落实工作方案》，指导各市局与地方部门开展沟通联系，积极推动改革方案落地。二是着力优化跨境电商服务。联合省商务厅、杭州海关、宁波海关印发了《关于促进跨境电子商务寄递服务高质量发展的实施意见》。主动对接义乌国际贸易综合改革试验区建设，参与《义乌国际贸易综合改革试验区条例》的修改、扩权、立法等各个环节，形成《义乌市促进跨境电子商务寄递服务高质量发展专项行动方案》，并完成 15 家经营国际快递业务公司的调查全覆盖。充分发挥邮政企业全球网络布局和通关能力优势，新开辟义乌至大阪国际货邮航线，为国际邮包运输打通更快渠道。三是推动邮政综合服务平台建设。深入推动"最多跑一次"改革，在巩固扩大"警医邮"成果基础上，探索开展"税邮合作""法邮合作"等政邮合作新项目，丽水正式启用全省首家市级电子税务局数据处理发票配送中心，嘉兴与法院合作"E 键送达"系统，率先实现了法官送达文书、智能下单、实时寄递的高效运作。四是扎实推进行政审批改革。邮政企业改变营业场所用途的备案和普遍服务邮政营业场所其他备案实现即时即办，在办结时限方面走在全国前列。切实做好快递业务经营许可工作，积极开展违规实施快递业务经营许可专项治理，探索开展新业态试点工作，向浙江驿智网络科技有限公司颁发了全国首张开办服务站经营快递业务许可证。

抓服务理念，精准实施邮政普惠新举措。一是巩固建制村直接通邮成果。在全省 2.1 万个建制村全面实现直接通邮的基础上，加大抽查、核查力度，保持服务的稳定性和持续性，开展了建制村定位采集工作。二是积极拓宽农村电商配送渠道。评选出了 20 个“浙江省农村快递服务示范点”。与省商务厅等 5 部门联合印发《关于进一步落实城乡高效配送专项行动有关工作的通知》，温州、宁波、湖州、绍兴等地开展城乡配送体系建设取得实效。加大“一市一品”项目培育力度，发展精品项目。与省商务厅等 13 个部门联合出台《浙江省多渠道拓宽贫困地区和省内加快发展县农产品营销渠道实施方案》，全省全年农村地区快递业务量超 23.6 亿件，带动农产品销售额 1310 亿元。三是加强末端服务能力建设。鼓励各类市场主体参与快递末端服务，加快推进智能快件箱建设和自营网点标准化建设，共建成快递末端综合服务平台 3879 个，智能快件箱 39263 组，快递箱投率达到 15.23%。新增信息化功能邮乐购网点 1688 个。城区自营网点标准化率达 97.5%。四是全面落实减税降费政策。加强人员培训，强化政策宣贯，全省邮政业落实减税降费金额 1.47 亿元。五是切实提升服务质量。畅通电话申诉渠道，接通率从 2018 年的 18.24% 提高到目前的 94.62%。全省全年共处理消费者申诉 73253 件，为消费者挽回经济损失 785.1 万元，消费者对企业处理结果满意率为 97%，对邮政管理部门满意度为 98.2%。

抓人才素质，全面落实关心关爱新要求。一是深入推进职称评审。省级高评委成立后，成功举办首次浙江省快递行业高级工程师职务任职资格评审，在全国率先实现了快递业高级工程师零的突破。全省 11 个地市实现中评委全覆盖，全年共有 1042 人获评初、中、高级快递专业技术职称，杭州、湖州、绍兴等地实现快递业中级工程师零的突破。二是持续增强岗前培训。与省人社厅、财政厅联合印发《浙江省快递从业人员职业技能培训方案》。通过加强职业技能、通用职业素质等综合性培训，将职业道德、职业规范、工匠精神、质量意识、法律意识、安全环保、就业指导等内容贯穿职业技能培训全过程。三是切实强化权益保障。开展“快递从业青年服务月”活动，向快递从业青年提供法律、心理、就医保健、社会保险、福利救助和环境气象等方面的服务。组织快递从业青年代表与人大代表、政协委员面对面”活动，并形成提案、建议。深入推动行业精神文明建设，成功纳入全省“号、手”成员单位，并着手开展全省邮政业首批 12 个青年文明号和青年岗位能手评审工作。

抓科技应用，有效提升行业发展新水平。一是大力推进绿色邮政建设。全面落实习近平总书记关于强化快递包装废弃物治理的指示精神，以义乌、嘉兴全国快递绿色包装试点工作为契机，深入推进国家邮政局“9571”工程。目前全省主要快递品牌企业电子面单使用率已达 99%；申通、圆通、顺丰等品牌的循环中转袋的使用率已基本实现 100%；全省各级邮政分公司营业网点出售绿色包装箱率实现 100%；全省快递网点已设置包装物回收装置超过 5100 个。二是提升科技应用水平。指导全省邮管系统和邮政快递企业进一步加大科技创新力度，加强数字化监管和智能收寄、分拣和投递设备的推广应用。初步建成省级邮政业远程视频监控平台，开展对全省快递企业落实三项制度和旺季保障等工作的视频巡查。普遍服务监管信息化工作得到进一步提升，全省 4500 路视频监控全部接入各市局。三是健全快递市场信用评价体系。印发《浙江省快递市场法人主体信用评定细化方案（试行）》，对快递市场法人主体遵规守纪、履行法定义务、落实安全保障和服务质量主体责任等诚信经营情况进行综合评价,为有效实施快递市场分级分类监管和失信惩戒提供有力支撑。

以邮政业治理体系现代化建设为契机,全面提升全省邮政业治理能力水平。突出法治邮政,行政管理水平得到进一步提高。一是积极推进行业地方立法。草拟《浙江省快递业促进条例》(草案文本)和立法报告,并向省人大法工委申报2020年立法计划建议。目前《浙江省快递业促进条例》已经被省人大列入2020年初次审议项目。二是加强过路法规研究。就《浙江省反走私综合治理规定》《浙江省数字经济促进条例》《浙江省电子商务条例》等地方立法事项积极衔接,努力从规制方面为行业争取法制空间。

加快机构建设,基层监管力量得到进一步增强。根据省委书记车俊在省委十四届五次全体(扩大)会议上对增强全省邮政业监管力量作出的重要指示和高兴夫副省长的批示精神,浙江省邮政管理局制定出台了《关于加快推进市级安全中心和县级邮政管理机构建设的实施方案》。在省、市、县三级联动下取得突破性进展。新设立嘉兴市邮政业安全中心,另有宁波、金华、台州、衢州等4个地市均有较大进展。县级机构建设方面,新增临海、海宁、龙泉、吴兴、南浔、平阳、宁海、永康、余姚等9个县级邮政管理局,全省县级邮政监管机构达到22个,邮政监管基层力量得到显著增强。

三、邮政法修订实施十周年

2019年,是修订后的《中华人民共和国邮政法》施行10周年。浙江省邮政业用十年的发展实践证明,修订后邮政法确立的中国特色邮政业治理体系符合国情业情,极大解放和发展了行业生产力,引领邮政业成长为推动流通方式转型、促进消费升级、助力生产发展的现代化先导性产业,基本适应了经济社会发展和人民日益增长的用邮需求。十年来,浙江邮政业建成了惠及全省5737万人口的邮政普遍服务体系,基本实现了邮政普遍服务均等化和可及化。十年来,浙江邮政业基本建成了连接城乡、覆盖全省、辐射全国、连通世界的快递服务网络,快递业务量接近美国,是日本的两倍,涌现了一批实力雄厚的快递服务主体,成为名副其实的"快递之乡"。十年来,邮政业务收入和业务总量分别增长了15倍和35倍,其中快递业务收入和业务量年均增长率分别达到36.8%和56.7%,在全省经济社会中的基础性支撑性作用不断增强。

四、各市(地)主要管理工作概况

杭州局与全市所有寄递企业法人签订平安安全工作责任书。成功获评2019年度浙江省邮政安全监管与行政执法先进单位。落实行业绿色环保工作。督促企业使用环保胶带、包装袋和填充物,落实环保印刷要求;推广简约包装,集中整治过度包装;推广使用电子运单,使用率达到97%以上;全市在1000个以上邮政快递网点设置包装废弃物回收装置;全行业购买租赁新能源汽车、清洁能源车100辆。实施人才强邮战略,在全国率先实现快递业高级工程师零的突破,2019年全市获得快递业高级工程师职称7人,中级职称31人,初级职称112人。包容新业态发展,推进联收联投项目试点,加强试点项目的过程监管及安全评估。菜鸟驿站获得全国首张新业态快递许可证。深入实施"邮政在乡"和"快递下乡"工程。临安区邮政多年扶植小香薯种植产业,2019年销售2700余吨,销售金额突破3500万余元;指导推进淳安县千岛湖邮政农产品馆以"农旅邮"模式,被淳安县推荐为交通部农村物流品牌。杭州临安区快递服务山核桃项目、杭州桐庐县快递服务茶叶项目获评浙江省快递服务现代农业"一县一品"银牌项目。杭州市成功复评"中国快递示范城市"称号。

宁波局联合宁波市公安局交通警察局正式下

发《关于全面规范我市快递服务车辆通行管理的通知》,标志宁波市近万辆快递服务车辆迈入规范化管理新时代。宁波海关隶属宁波邮局海关举行开关仪式,标志着宁波国际邮件互换局专门海关机构正式成立,为宁波跨境贸易的“出海邮路”插上腾飞的翅膀。“双11”当日,宁波跨境电商单量首次突破1000万单,连续3年蝉联全国首位。首个县级邮政管理局——宁海邮政管理局成立暨揭牌仪式隆重举行。

温州局联合市经信局出台《关于做好快递业助推小微企业园高质量发展的实施意见》。温州被授予温州“中国快递示范城市”称号。

绍兴市政府办公室印发《关于加快工业经济高质量发展、加快现代服务业高质量发展和金融支持经济高质量发展等若干政策的通知》,在现代物流业绿色智慧发展、物流企业提档升级、城市配送及冷链配送建设和加强安保服务品质等方面给予政策支持、资金奖励或补助。印发《关于推进电子商务与快递物流协同发展的实施意见》,深入实施“互联网+流通”行动计划,市快递业发展获政策支持。绍兴实现快递电动三轮车标准化管理信息化监管。“交邮+供销”模式获浙江省副省长高兴夫批示。浙江省圆通快递转运分拨场所投入使用。邮政EMS诸暨大唐电商园建成使用。绍兴局试点成立全市首个快递行业工会——柯桥区快递行业工会。成立共青团绍兴市快递行业工作委员会。实现快递业中级工程师零的突破。

湖州局聚焦邮政管理体制改革,湖州在全国率先实现了地级市区县邮政管理机构全覆盖。聚焦绿色智造城市建设,实现“视频监控联网”“智能安检联网”“地理信息联网”三网融合。“数字邮管”入选省政府数字化转型试点示范应用项目。聚焦快递包装污染防治,在全国率先试用推广可光解封箱胶带和瓦楞箱,推动湖州主要品牌快递企业购置绿色胶带12288卷。设置包装废弃物回收装置449个,全省率先实现快递网点、行政机关、高校快递包装回收全覆盖,作为《浙江湖州深入践行绿色生活理念》浓墨重彩的一部分被全国政协副主席、秘书长夏宝龙批示。聚焦末端探索“快递进村”。以德清县为试点,率先构筑“县镇村”三级快递物流配送网络。出台《德清县农村快递物流体系建设实施方案的通知》,以“政府补助+企业运营”模式,每3年为一个周期,每年从快递业健康发展专项资金中列支建设经费和运营补助180万元。截至219年底,分别建成镇、村级农村快递物流中心10个、132个,新开辟邮路32条全程200多公里。聚焦快递小哥关心关爱,会同市人社局出台《快递业初、中级专业技术职称评定办法》,103名快递员取得初级职称,1名快递员取得中级职称。

嘉兴顺丰创新产业园项目一期落成。项目总投资1亿美元。用地面积共243亩,分两期建设,其中一期土地129.87亩。项目总建筑面积15万平方米,涵盖“互联网+”创新产业服务、“快递+”高端物流服务及智慧物流研发三大功能模块,重点建设创新产业服务中心、顺丰华东陆运枢纽中心、顺丰华东冷链物流中心、顺丰嘉兴智能分拣中心、顺丰嘉兴现代智能云仓等功能载体。建成后将有力推动促进产业创新,促进区域互联网产业的发展,推动区域智慧物流业的孵化发展。一期项目投产后,年产值可达20亿元,年税收贡献达5000万元,亩均税收贡献达到20万元。

金华市提出打造千亿物流产业的目标,并由市委副书记、市长尹学群牵头成立金华市现代物流业发展工作领导小组,提出《加快推进金华市区现代物流业发展实施方案》,并配套出台了《加快金华市区现代物流业发展十条措施》,将现代物流(快递)业打造成为金华市经济发展的支柱产业,为金华市现代物流(快递)业的发展营造更加良好的发展环境。金华局联合团市委、市行业协会组织开展金华市第二届“最美快递人”评选活动,评选出10名金华市第二届“最美快递人”。

衢州协调交通部门,将《衢州市快递物流发展专项规划》列入《衢州市综合交通运输发展规划》子规划之一,提出“三园四中心多点”快递业空间布局。与市经信局联合下发《关于进一步贯彻〈做好快递业助推小微企业园高质量发展指导意见〉的通知》,引导20家小微园以快递入驻或者上门服务的方式实现高效的快递物流服务。指导快递企业开展电动三轮车整改工作,完成部分电动三轮车统一外观设计,实行编号管理,优化快递车辆通行环境。落实减税降费政策,为企业减负,全年衢州市邮政业共减税降费138.89万元。争取到国家邮政局设立的省级农村快递服务示范点2个,省级银牌项目“江山猕猴桃”1个,铜牌项目“常山胡柚”1个。积极争取“四好农村路”建设相关扶持政策,与市交通部门共建邮政快递服务网点共计237家。

台州局联合市经信局出台《关于做好快递业助推小微企业园高质量发展的实施意见》。台州市获第二批“中国快递示范城市”荣誉称号。台州市政府明确每年给予500万元(三年累计1500万元)财政支持,重点增加行业安全监管设备、快递人才队伍培训、放心消费示范型网点建设、快递下乡服务民生项目等资金投入,不断提升台州快递行业服务能力和发展水平。

丽水局联合经信部门出台《关于做好快递业助推小微企业园高质量发展的实施意见》,明确2022年实现快递企业100%入驻的目标,鼓励快递企业积极入园集聚发展,加快推进快递与制造业深度整合,优化快递网络布局,根据小微企业园发展需要,为企业提供定制化的快递服务。加强邮政、快递资源融合,推广龙泉“快递E站”模式,建设农村快递末端服务综合服务站点,深入实施“邮政在乡”“快递下乡”换挡升级工程,推进乡镇邮政局所、快递网点标准化、信息化改造,提升乡镇邮政、快递网点服务能力,打造“丽水山递”品牌,引导企业使用智能快件箱、高校快递服务中心、社区公共服务点等末端投递方式。在全省率先成立快递行业中评委,并组织开展快递职称评审工作。积极组织开展快递服务现代农业“一县一品”银牌、铜牌项目申报工作。其中,丽水松阳县快递服务茶叶项目获得浙江省快递服务现代农业“一县一品”银牌项目。丽水韵达电商项目被浙江省交通运输厅评为浙江省首批农村物流创新发展项目,系丽水市唯一。结合“快递进厂入园”和“三服务”活动,解决了缙云县浙江普崎数码有限公司反映的公司生产的UV墨水无法通过快递渠道寄递的难题,在安全合法的基础上,积极促成该公司与快递企业的合作。

舟山局对接市经信局,联合下发《关于进一步贯彻〈做好快递业助推小微企业园高质量发展指导意见〉的通知》并抓好落实,在建立快递业与小微企业联络机制、提供个性化定制服务、为快递业提供支撑营造发展环境等方面得到创新突破,促进产业融合发展。推动舟山市人民政府办公室印发《关于推进电子商务与快递物流协同发展的实施意见》,着力补齐全市电子商务与快递物流协同发展中存在短板,深入实施“互联网+流通”行动计划,提升行业发展水平。依法打击快递服务末端违规收费现象,并为企业过桥运输争取支持政策,积极推动快递“向下”,服务舟山绿色石化基地建设等重点项目。

五、快递市场存在的突出问题

行业发展依然存在着结构性、体制性矛盾问题。发展压力持续加大,部分企业经营困难,行业稳定防控任务依然艰巨,基础设施建设欠账不少,安全风险隐患依然较多,服务质量和效率还需提。

安徽省快递市场发展及管理情况

一、快递市场总体发展情况

2019 年，安徽省邮政行业业务总量累计完成440.8 亿元，同比增长 39.2%；业务收入（不包括邮政储蓄银行直接营业收入）累计完成 227.7 亿元，同比增长 20.8。其中，快递企业业务量累计完成15.5 亿件，同比增长 37.6%；业务收入完成138.4 亿元，同比增长 24.7%（表 7-12）。

表 7-12　2019 年安徽省快递服务企业发展情况

指　　标	单　　位	2019 年		比上年同期增长（%）		占全部比例（%）	
		全年累计	12 月份	全年累计	12 月份	全年累计	12 月份
快递业务量	万件	154543.00	16875.63	37.59	33.27	100.00	100.00
同城	万件	23623.56	2483.14	23.32	18.62	15.29	14.71
异地	万件	130048.80	14211.12	40.48	35.07	84.15	84.21
国际及港澳台	万件	870.63	181.37	46.39	271.70	0.56	1.07
快递业务收入	亿元	138.38	15.19	24.65	35.16	100.00	100.00
同城	亿元	13.75	1.59	5.37	22.09	9.94	10.45
异地	亿元	83.70	8.65	21.52	25.40	60.49	56.93
国际及港澳台	亿元	6.06	1.00	41.77	191.10	4.38	6.58
其他	亿元	34.87	3.95	40.55	46.56	25.20	26.04
快递业务投递量	万件	199998.15	21619.28	23.01	19.65	100.00	100.00

二、行业管理工作及主要成效

党建基础不断夯实，持续推动从严治党向纵深迈进。抓思想政治建设不放松，扎实开展阵地建设。严格按照国家邮政局“12365”党建工作部署，全面落实管党治党主体责任，坚持以政治建设为统领，统筹推进党的建设各项工作。深入学习贯彻落实习近平新时代中国特色社会主义思想和党的十九届四中全会精神，按照学懂、弄通、做实的要求，切实武装头脑、指导实践、推动工作。教育引导党员提高政治站位，增强政治能力，牢固树立“四个意识”，坚定“四个自信”，做到“两个维护”。全年，局党组会专题研究党建工作 11 次。开展“微党课”“大学习大调研”等学习活动，积极参与“省直机关大讲堂”“省直机关读书月”。应用好学习强国 App、国家邮政局干部培训网络、省直工委在线教育平台等各类党建学习平台，开展党员干部教育培训。严格落实意识形态工作责任制，加强局机关舆论引导，强化阵地建设。不断提升机关党建水平，结合“建设模范机关活动”，引导机关党员走在前、作表率。持续加强作风建设，重点解决庸懒散拖、推诿扯皮、形式主义和官僚主义等问题，落实“基层减负年”工作要求，印发落实举措，加强对发文、会议、调研统筹，大力解决形式主义突出问题，切实为基层减负。根据省委要求，深入开展“严强转”集中整治形式主义官僚主义专项行动。持续推进机关效能建设，省局连续两年获评中央驻皖单位效能考核“优秀”等次。

抓主题教育开展不放松，上下联动稳步推进。省局党组扎实推进主题教育各项工作，全省邮政管理系统党员干部理论学习更加深入、理想信念更加坚定、担当尽责成效显著、底线意识不断强化。省局党组开展党组理论中心组专题学习 10 次，专题讲党课 7 次；分别邀请专家对主题教育和十九届四中全会精神做专题授课；局党组成员带队深入基层一线，围绕主责主业调研并形成调研报告9篇；召开对照党章党规找差距会议和民主生活会，深入检视问题并进行整改。在抓好第一批主题教育的同时，统筹推进第二批主题教育开展。局党组提出了“坚持主题不变，标准不降，力度不减”的要求，运用借鉴第一批主题教育的成功经验，成立三个主题教育指导组，压实主体责任，加强指导督导。把贯彻落实习近平总书记对邮政业重要指示批示精神贯穿主题教育全过程，重点围绕中央和驻部纪检组提出的“8 + 3 + 1”专项整治、国家邮政局党组确定的主题教育要解决的17个突出问题开展整改，提升人民群众用邮体验。

抓党风廉政建设不放松，营造清朗政治环境。局党组制定了全省系统党风廉政建设工作要点，明确年度工作思路。严格贯彻落实中央八项规定及其实施细则精神，紧盯元旦、春节、中秋等重要时间节点进行廉政提醒，常态化开展警示教育活动，严防“四风”反弹。推进全省系统巡察“回头看”，制定工作方案，抽调了14名干部充实巡察办力量。省局党组对巡察组开展巡察一次一授权，巡察办负责统筹推进巡察工作。本轮巡察“回头看”共发现问题60个，制定整改措施84条。截至目前，巡察“回头看”整改各项工作任务已基本完成，取得明显成效。

抓行业党建引领不放松，文明创建成果显著。大力推进非公快递企业党建。截至目前，全省16市共建立非公快递企业党组织22个，党员178人，实现了全省邮政业非公党建“两个全覆盖”。全省行业精神文明建设成果突出。省局机关连续四届荣获省直文明单位称号。省邮政业安全中心荣获2017－2019年度“省直文明单位”“省直五一劳动奖状”“安徽省职工职业道德建设标兵单位”“省直道德模范”等多个荣誉称号。申诉中心获评“省直巾帼文明岗”称号。滁州市职业技术学院快递服务中心被共青团中央授予“2017－2018年度全国青年文明号”荣誉称号，6个市局获市级文明单位称号。提升群团组织覆盖，联合省总工会出台《关于加强全省快递行业工会建设的意见》，共成立14个市级行业工会，覆盖率达87.5%。定点帮扶工作成效显著。对口帮扶的宿州泗县马宅村实现户脱贫、村出列，省局荣获2018年度省直机关“扶贫考核良好单位”称号，省局派驻定点扶贫干部王成德荣获“2019年省属单位脱贫攻坚先进个人”称号。

积极培育发展动能，持续推动行业高质量发展。营造良好营商环境，厚植行业发展沃土。一是积极争取地方支持。在省局的积极争取下，省委、省政府高度重视邮政业发展，省长李国英在省政府常务会上充分肯定邮政业发展成效，分管副省长多次批示肯定行业发展成果。2019年省政府工作报告三处提及邮政业发展，是邮政体制改革以来历史首次。快递业务量增速首次列为全省经济发展重要指标，“完善城乡快递服务网络”和“推进县域快递企业集聚和业务整合，提升行政村快递通达率、投送频次和网点投递收发兼容度”两项工作任务被列为省政府年度重点工作，目前已全部完成。省人大、政协分别组织开展了邮政业专题调研。省、市两级快递末端服务车辆通行管理政策全部出台。近年来，全省邮政管理系统共争取地方政府各类扶持邮政业发展资金1.33亿元。

加速推进园区建设。省“十三五”邮政业发展规划提出的五大快递园区已基本建成，总占地4196.35亩，建筑面积达200.97万平方米，投资额155.41亿元。此外，全省共建成区域性快递产业集聚区总计38个，入驻企业逾200家，总建筑面积达496.72万平方米。全省快递园区一体五区多点格局基本形成，成为招商引资、集聚电商快递企业、解决就业的新平台，辐射带动效应全面显现。借力补齐跨境寄递短板，推动合肥国际邮件互换局的海关暂扣仓库面积二次加倍扩容，争取海关开辟信函和印刷品查验通道，增加周末半天出口通关查验。截至目前，合肥国际邮件互换局开通了对美国、德国等10个主要跨境出口国家和

18个地区国际小包直封关系。

加快行业人才培养。会同人社、财政部门在全国率先出台实施快递从业人员职业技能培训政策，建立了由邮政管理部门牵头，人社、财政部门配合的工作机制。细化了国家邮政局有关政策要求，明确了企业组织培训的补贴标准，规范了补贴申请的流程。国家邮政局高度肯定，并将省局方案转发至全国推广学习。在全国率先开展培训从业人员1184人。稳步推进快递工程职称评审工作。全年全省快递工程技术人员职称评审认定中级职称10人、初级职称73人、技术员1085人。通过技能竞赛比学赶超。在第二届全国邮政行业职业技能竞赛中，安徽省代表队获得团体优胜奖、优秀组织奖，参赛选手分获一、二、三等奖。连续第五年成功举办全省邮政行业职业技能竞赛，省人社厅安排专项资金支持，全省16个市均举办职业技能竞赛，大部分市局争取到资金补助。阜阳界首县级邮政监管机构也争取到每年3万元竞赛专项资金。

激发行业创新驱动，培育发展内生动力。引导邮政企业在全国率先建设以"家邮站"为核心的城市社区服务生态圈，累计建成2008处。积极推进智能快件（信包）箱建设，全省建设运营智能快件（信包）箱达12975组，多方争取将智能快件（信包）箱建设纳入安徽省推进老旧小区改造行动方案。大力推动邮政综合服务平台建设。全省累计建成警邮合作网点1190个，成为全国首个警邮合作市、县全覆盖的省份，年服务人次达14.5万。全面推进在邮政网点代开增值税发票业务，实现地市全覆盖。助力不见面审批和"互联网+政务服务"，全省113个政府服务中心已签约服务106个，签约率达到93.8%。快递科技创新产业全面启动。加速推进南陵县全国快递科技创新试验基地建设，发展快递物流智能装备、关联物料产业，已累计签约落户快递物流装备制造企业15家。推动人工智能设备应用。全省邮政、快递企业共配备全自动分拣设备41套，省邮政公司、阜阳中通等企业配备AGV小车（小黄人）2659个，全省邮政、快递企业主要分拨中心基本实现自动化分拣。邮政企业在全国率先采用"光敏+红外线感应"技术集成开发"智慧邮筒"，实时提醒开箱人员及时开箱，目前全省2239个邮筒中有2074个已安装"智慧邮筒"模块。

深化产业协同发展，同频共振提升质效。省、市两级电子商务与快递物流协同发展的实施意见全部出台，实现了邮政业与电子商务同频共振发展。淮北局争取到对验收合格的每个村级快递电商服务站补贴1万元的奖励政策。联合省商务厅开展农村快递电商调研活动，广泛宣传快递支撑作用。将"快递末端网点兼容度"列为2019年电商示范创建考核指标。以"双品网购节"为载体，强化与省商务厅的工作协作机制，较好地完成了网购节期间货物上行和投递工作。快递支撑网上零售额和跨境电商交易额比重不断增加。积极作为，推进快递服务先进制造业，帮助快递企业总部对接江淮汽车、奇瑞汽车等大型制造企业，快递服务现代制造业成效初显。目前，全省规模以上快递服务制造业项目达24个，服务支撑产值近11.8亿元。

持续推动依法行政，深化"放管服"提升监管效能。加快推动立法进程，依法规范行业发展。在全国率先通过省人大立法明确市邮政管理部门可以委托依法成立的管理邮政事务的事业组织从事邮政普遍服务和邮政市场监督检查相关工作。连续两年组织县级邮政事业机构人员参加省政府行政执法资格认证考试。县域委托执法工作取得实质进展，界首县级邮政监管机构依法实施了首例县级寄递安全的行政处罚。市级邮政业立法进程加快，《芜湖市快递市场管理办法》于3月1实施，《蚌埠市快递设施管理办法》即将颁布。

持续推进深化改革，提升行政服务效能。深入推进"放管服"改革，优化精简快递许可，2019年共核准通过新许可企业22家，平均办结时间16.1个工作日，比承诺办结时限压缩一半。按照

"宽进、快办、便民"的原则推进快递末端网点备案,办理末端网点备案近五千个,新增快递服务网点超过以往8年快递许可的总量。完成行业"三新"单位核实认定工作。按要求主动对接统计部门,建立工作机制、密切协作配合,核实认定"三新"企业共196家。积极推进快递业信用体系建设,省、市两级快递业信用评定委员会实现全覆盖,组织开展快递企业"放心消费"创建活动,倡导诚信文化。进一步推动"双随机一公开"检查。严格按照"双随机"抽查细则,完善了邮政普遍服务和快递市场主体名录库,组织开展市场随机督查和跨区域互查。

强化邮政市场监管,规范企业经营行为。认真开展违规实施快递业务经营许可专项整治行动。坚持问题导向,分阶段精准实施业务指导。规范流程手续,及时核销校正信息。公开挂牌督办,督查跟踪务求实效。根据国家邮政局统一部署,按时完成各项整治任务,注销作废快递法人企业37家,新增许可企业10家。稳步推进快递末端服务违规收费清理整顿专项整治。组织全系统深入乡镇末端一线开展暗访检查,共覆盖116个乡镇,208个末端网点,出动检查人员595人次,并对4家涉嫌违法的企业进行立案查处。开展第二轮快递末端服务违规收费清理整顿工作,巩固提高整治成果,建立健全对末端违规收费常态化监管机制。今年以来,全省共开展邮政市场执法检查4174次,查处违规行为447次,实施行政处罚173起。

破解行业发展瓶颈,凝心聚力打赢三大攻坚战。助力乡村振兴精准扶贫。联合省6部门出台《关于推进邮政业服务乡村振兴的实施意见》。扩大农特产品进城渠道,持续推进"一市一品"、快递服务现代农业金牌项目等助农项目建设,打造出砀山酥梨、黄山茶叶、亳州花草茶、六安茶叶、金寨香菇等多个业务量千万级助农项目,六安茶叶入选第二批全国快递服务现代农业金牌项目。引导企业提供产业链服务,EMS在黄山市推出"仓储+配送+销售+金融"整体服务方案,顺丰向全国推广"快递+"黄山茶叶、安徽螃蟹等定制化服务。进一步完善农村站点布局。引导邮政企业与54个市县(区)级政府签订了电子商务进农村合作协议,参与完成17个全国电子商务进农村综合示范县(市)建设。在邮乐购站点行政村全覆盖的基础上,持续拓宽工业品下乡和农产品进城渠道,截至目前,全省共建成运行邮乐购站点2.3万个。

筑牢行业发展生态底线。与省直5部门出台《安徽省推进邮政行业绿色环保工作实施方案》,结合实际制定安徽版"9571"生态环保指标体系,推动品牌企业区域总部建立健全绿色管理机构和工作体系,发挥企业绿色发展主体作用。同时,在全国率先开展依托末端网点的包装二次直接循环使用试点工作。邮政企业积极响应,推出绿色可循环寄递箱业务,绿色包装箱使用覆盖率达100%。并在全国率先完成手工网点电子化改造。同时,强化宣传引导,多形式开展"邮来已久、绿动未来"主题宣传活动,加快形成绿色发展的行业共识,合肥局推动菜鸟驿站在旺季期间联手快递企业启动"回收计划",以赠送蚂蚁森林能量的举措鼓励消费者参与包装物回收。加强与地方部门联动,与省直9部门联合印发《安徽省推进城市生活垃圾分类工作实施方案》,将快递包装废弃物纳入城市生活垃圾分类管理。全省电子运单使用率高达98.14%;88.95%的电商快件已不再二次包装,循环中转袋使用比例达77.58%,全省配置包装废弃物回收装置的网点2547个,比年初新增1740个,超额完成年度目标任务。

防范化解行业重大风险。圆满完成全国两会、第二届"一带一路"国际合作高峰论坛、国庆70周年、第二届进博会等重大活动敏感时段寄递渠道安全保障工作。圆满完成旺季服务保障工作,未发生重大安全事故。按要求持续开展寄递渠道涉枪涉爆隐患集中整治、危险化学品寄递专项整治等专项行动。扎实开展为期30天的实名收寄专项整治行动,全省共检查寄递企业570家,出动执法人员1385人次，查处各类违反实名收寄行为26起。目前已实现全省邮政业政企信息交互、行业安全宣教、应急上报等工作在线互通。国庆70周年等重大活动及业务旺季期间，各市局、寄递企业安徽区域总部通过该平台圆满完成了安全信息报送和值班值守等工作。

加强快递业应急体系建设。印发《安徽省邮政管理局关于进一步加强全省邮政业应急演练管理体系建设的通知》，并被国家邮政局在全国范围内推广。全省25家企业安徽区域总部组建应急救援队伍，应急救援人数达375人，均按要求配备应急救援物资。举办省暨合肥市邮政业安全应急演练，省、市有关部门负责同志，主要快递品牌安徽区域负责人及企业安全员共300余人参加观摩。

充分发挥省寄递渠道安全管理领导小组联合机制作用，配合做好全省反恐、禁毒、打击侵权假冒等工作，深化寄递环节卷烟打假协作，芜湖局联合芜湖市烟草专卖局成立邮政管理烟草专卖联合工作室。全力做好行业“扫黄打非”工作，继续压实邮政、快递企业主体责任，重点管控寄递渠道和邮政报刊亭。行业反恐怖工作得到省委省政府领导肯定。省局连续三年获评全省综治工作（平安安徽建设）先进单位。首次参加全省安全生产和消防工作考核，获评2018年度全省安全生产工作优秀单位。

坚守邮政为民初心，全面落实好更贴近民生实事。积极健全末端服务网络。在全省实现乡镇100%通快递的基础上，着力加强监管，实现快递网点建制村覆盖率较年初提高10个百分点，组织开展全省2020年农村地区邮政基础设施建设项目行业审查，进一步推动农村地区邮政、快递服务质量和水平。积极推动快递公共服务点建设，大力推进快电合作、快邮合作、交邮合作，亳州局创新末端服务方式，在全国率先开展“邮快合作”并在全省范围内全面推开，目前已建成1395个合作网点，实现市、县全覆盖。全省首家校园“邮快”合作服务综合体——铜陵学院智能快递综合服务中心正式投入运行。全省共建成快递末端公共服务站3451个，主要快递企业城区自营网点标准化率达98.6%。

多措并举保护从业人员权益。认真学习贯彻习近平总书记重要指示精神，积极主动作为，加强一线员工权益。将制度体系建设作为保障，省、市两级出台关心关爱快递员的意见、措施等文件39份。参与共青团中央在合肥举办的“全国人大代表、政协委员与快递小哥面对面”活动，了解一线快递从业人员工作生活情况，为他们排忧解难。与团省委联合印发了《关于进一步做好快递业从业青年联系服务工作的通知》，各市局积极落实文件精神，开展了形式多样的关心关爱从业青年活动。合肥局为从业人员争取到公租房、廉租房保障，淮南局开展“小蜜蜂”宣讲学习交流活动，马鞍山局选派从业人员子女免费参加阳光少年夏令营。关注从业人员的身心健康，芜湖等市局组织开展免费体检和爱心义诊活动。全省共设立邮政职工小家、快递员爱心驿站等服务阵地3083个。积极选树行业先进典型，广泛宣传优秀快递从业人员事迹。8人荣获国家级荣誉，其中，合肥市邮递员郑爱军荣获“全国五一劳动奖章”。

推进市场监管和申诉联动保护消费者权益。以快递服务满意度调查结果为指引，引导快递企业提升服务质量。完善快递服务质量提升联席会议制度，明确工作职责和工作流程。在全国率先出台市场监管与申诉受理联动和衔接的实施意见，完善工作衔接和联动的流转处理机制，确保群众申诉的违规收费行为和问题线索能够及时得到调查处置，健全闭环跟踪督导机制。持续加强省邮政业消费者申诉中心服务能力、服务水平建设，通过召开企业申诉工作座谈会、举办申诉处理工作培训班，着力提升申诉处理准时率、正确率及电话接通率。全年，申诉中心共处理消费者申诉13178件，为消费者挽回经济损失190多万元，邮政业消费者对邮政管理部门有效申诉处理工作满意率 99.3%，对企业有效申诉处理满意率为 98.08%。

推进“绿盾”工程建设，保障重点项目如期竣工。推进灾备中心建设。按照国家邮政局党组关于“绿盾”工程建设的整体要求和今年工作安排，积极对接地方政府各部门，充分发挥工程办组织协调作用，克服地方环保政策收紧和多雨天气影响等重重困难，强化工程质量、狠抓安全监管，有力推动了灾备中心工程建设。国家邮政局合肥灾备中心建设项目已通过竣工验收。同步推进“绿盾”工程相关项目建设。扎实推进“绿盾”工程相关项目建设。安检机联网项目已顺利完成，合肥和蚌埠两个试点城市共计 36 台安检机成功连接上线，在线率位居全国前列。视频联网项目，16 个市的服务器基本部署完成。应急指挥体系及融合通信项目建设正有序推进。

三、邮政法修订实施十周年

十年来，安徽省邮政管理局认真落实国家邮政局各项工作部署，围绕行业发展大局和民生服务需求，积极探索行业创新发展，争取各级政府对行业发展的政策支持，促进行业健康发展，并取得积极成果。邮政地方立法先行。《安徽省邮政条例》于 2015 年 5 月 21 日安徽省第十二届人大常委会第十九次会议通过，自 2015 年 7 月 1 日起施行。《安徽省邮政条例》在第三条第二款规定了“各级人民政府应当制定和完善相关政策措施，鼓励、促进和规范快递服务发展”，并规定和细化了诸多促进邮政服务、快递服务发展的条款，如第二章“规划与建设”，专门规定了邮政基础设施纳入控制性详规的操作办法（第六条）、邮件和快件的代收、代转纳入社区商业便民服务网点建设（第十四条）等；又分别设置第三章“邮政服务”、第四章“快递服务”，分别规定鼓励邮政企业参与相关基本公共服务项目建设，建设综合服务平台；鼓励支持快递服务与电子商务、制造业等建立合作发展机制，促进快递服务与相关产业融合发展等。这些规定，继承和发扬了邮政法“鼓励竞争、促进发展”的原则，也在实践中有力指导和推动了各地结合实际，依法依规出台促进邮政业发展的政策措施，为邮政法实施和邮政业发展创造良好法治环境。支持政策大量出台。积极推动地方政府贯彻落实上位文件，省、市、县三级邮政业发展支持政策密集出台。先后于 2016 年、2018 年完成《国务院关于促进快递业发展的若干意见》《国务院办公厅关于推进电子商务与快递物流协同发展的若干意见》省、市两级实施意见的全覆盖。安徽省实施意见致力于解决长期制约快递业发展的瓶颈问题，在规划布局、基础设施、安全监管、产业协同、车辆通行、末端建设、人才培养等方面给予有力政策支持和保障，推出了不少创新型举措，进一步优化了快递业发展环境。2015 年以来，各市政府及部分县区政府对村邮站建设、快递园区建设、安检机购置、快递支撑电子商务、末端网点等方面拨付财政资金累计 1 亿元以上，有力促进了全省邮政业产能升级、提质增效和转型发展。

良好的外部环境激发了企业创新经营活力，促进了行业规模提升和产业融合发展。快递下乡积极推进，快递服务现代农业取得成果。2015 年，安徽省邮政管理局先后联合省商务厅、省农委出台《关于推进“快递向下”服务拓展工程的指导意见》《关于推进快递服务现代农业的意见》，提出了加强快递与电子商务、现代农业等协同发展的政策措施，推进相关重点项目建设，开展试点示范工作，加强政策和资金支持。砀山酥梨、黄山茶叶、亳州花草茶、六安茶叶入选全国快递服务现代农业金牌项目名单，安徽省入选项目数位列全国第一。推进“快邮合作”。鼓励和支持邮政企业开放局所设施，拓展业务范围，开办各类代理业务，打造综合服务平台。经六安市邮政管理局协调，霍山县但家庙、单龙寺等乡镇补建邮政营业场所除开办法定的普遍服务业务外，还开办了代购、代销、代投（投民营快递）、代缴等业务。该县 619 公里的邮路已全部向民营快递开放运营，实现民营快递搭载邮运车辆，日均投递快件800余件，既缓解了乡镇以下快递投递难、费用高的问题，也切实解决了乡镇邮路承载量小、空运率高、运营压力大的问题，受到了企业和当地群众好评。加快发展跨境寄递业务。在省政府的领导下，邮政管理、海关等部门共同努力，积极改善安徽省跨境电商发展环境。合肥国际邮件互换局获批后，日均处理能力达到5万件，开辟了安徽国际邮件进出口的新通道，实现对美国、日本、法国、韩国、英国、俄罗斯等10个主要跨境出口国家和地区的国际邮件总包直封，大幅提高国际包裹运输速度，助力全省跨境电商发展，提升了安徽省对外开放水平。

四、各市（地）主要管理工作概况

合肥局与市公安局交警支队联合印发《关于规范合肥市快递末端服务车辆通行管理的实施意见》，明确合肥市快递末端服务车辆管理，解决快递末端电动三轮车辆通行与城市建设管理、道路交通安全之间的矛盾提出了具体措施，进一步提升合肥快递文明服务形象。合肥局申诉处理工作获“2018年邮政业消费者申诉处理工作先进集体”荣誉称号，申诉处理人员解灵获“优秀申诉处理员”荣誉称号。2019年全国五一劳动奖章获得者名单公布，中国邮政合肥分公司散兵镇支局乡邮投递员郑爱军位列其中，是安徽省邮政业此项荣誉的唯一获得者。合肥市邮政公司丹霞路营业部经理周伟、合肥市邮政公司四川路邮政所分别获得合肥市五一劳动奖章、安徽省工人先锋号称号。合肥市人民政府出台《2019年合肥市培育新动能促进产业转型升级推动经济高质量发展若干政策实施细则》，其中支持快递业发展项目资金1000万元。合肥市首个乡镇“快递+电信+电商”合作网点——肥东县众兴乡快递电商综合服务中心开业运营。合肥“中国快递示范城市”创建顺利通过复评。

安徽省首个快递业地方法规《芜湖市快递管理办法》经芜湖市人民政府第26次常务会议审议通过，由市长签署，以市政府令印发，2019年3月1日正式实施。芜湖市被授予“中国快递示范城市”称号，成为继合肥之后全省第二个获此殊荣的城市。皖南快递产业园立足转型升级发展，从场区布局、自动化设备、企业管理和运营能力全方位提升，主动适应网络经济的快速增长，拓展服务先进制造业，做强快递枢纽中心，做大快递产业。园区内5家快递区域分拨中心先后新建自动化分拣系统，实现单个分拨中心快件处理能力超过100万件，芜湖市快递智能化处理能力达到全国领先水平。芜湖市南陵县主动抢抓“全国快递科技创新试验基地”的发展机遇，积极推动快递物流智能装备、关联物料产业项目引进发展。南陵县全国快递科技创新试验基地产业集聚效应已经凸显，共吸纳近20家企业入驻，总投资近50亿元，已投产项目超15家，产值达5亿元，芜湖快递产业链得到充分延伸。

五、快递市场存在的突出问题

农村物流体系有待进一步完善。从目前发展情况来看，安徽省快递服务网络基本覆盖乡镇，但各地支持政策差异较大，相对而言政策扶持力度大的区域农村快递网络较为健全，甚至已全面覆盖行政村。但有些地方农村电商发展相对滞后，农村快递运行成本较高，短期内农村电商难以支撑快递向纵深布局。监管力量薄弱，安全形势不容乐观。目前全省共有许可企业510家，分支机构3598个，末端网点5644个，面对体量如此庞大的市场，各市邮政管理局平均工作人员为20人左右，薄弱的力量监管全省近万家不同类型的快递网点，监管压力巨大。快递行业生态环境保护公众意识较弱。邮政业是生态文明建设的重要领域，做好行业生态环境保护是全行业不可推卸的政治责任。安徽省目前已形成政府主导、企业配合的良好局面，但是目前快递包装只有行业倡议性的自律规定，所以公众的环保意识较弱，用户参与度并不高，大部分用户缺少绿色快递的概念，如循环使用快递包装箱、使用瘦身胶带、使用一字型十字形胶带缠绕方式等，做好全省行业生态环境保护，还需要社会各方的共同参与、广泛支持，形成强大合力。

福建省快递市场发展及管理情况

一、快递市场总体发展情况

2019 年，福建省邮政行业业务总量累计完成 646.0 亿元，同比增长 29.5%；业务收入（不包括邮政储蓄银行直接营业收入）累计完成 323.6 亿元，同比增长 23.7%。其中，快递企业业务量累计完成 26.2 亿件，同比增长 23.8%；业务收入累计完成 259.2 亿元，同比增长 25.4%（表 7-13）。可概括为“1226”：业务收入约占全省生产总值的 1%，全行业新吸纳就业人员 1.2 万人约占全省新增就业人员的 2%，支撑网络零售约 3500 亿元，约占全省消费零售总额的 20%，行业规模列全国第 6 位。邮政业在地方经济社会发展中的基础性作用显著增强，为助力地方经济发展、促进城乡和区域协调发展、保障改善民生方面作出了积极贡献。泉州、厦门保持“中国快递示范城市”称号，福州、晋江新获“中国快递示范城市”称号，一省四城，全国独家。尤其是在保障快递员权益、承办万国邮联电子商务时代跨境合作全球大会、推动快递绿色包装治理和“双 11”旺季服务保障方面成绩显著，受到国家邮政局、省委省政府的批示肯定。

表 7-13　2019 年福建省快递服务企业发展情况

指　标	单　位	2019 年		比上年同期增长（%）		占全部比例（%）	
		全年累计	12 月份	全年累计	12 月份	全年累计	12 月份
快递业务量	万件	261951.28	27487.57	23.79	25.45	100.00	100.00
同城	万件	34510.42	3527.45	16.04	10.31	13.17	12.83
异地	万件	222218.01	23248.11	25.01	26.88	84.83	84.58
国际及港澳台	万件	5222.85	712.01	27.04	81.91	1.99	2.59
快递业务收入	亿元	259.16	27.51	25.39	32.22	100.00	100.00
同城	亿元	21.47	2.18	-1.64	-1.47	8.29	7.94
异地	亿元	150.82	15.06	20.55	18.08	58.20	54.75
国际及港澳台	亿元	35.37	4.27	31.43	89.75	13.65	15.52
其他	亿元	51.50	5.99	56.84	67.31	19.87	21.79

二、行业管理工作及主要成效

突出“政治机关”定位，稳步推进主题教育、新中国成立 70 周年服务保障等重大政治任务。扎实开展“不忘初心、牢记使命”主题教育。按照中央和国家邮政局的部署要求，围绕守初心、担使命，找差距、抓落实的总要求，统筹推进两批主题教育。成立主题教育领导小组及办公室，将学习教育、调查研究、检视问题、整改落实贯穿全过程，制定实施方案，做好动员部署。切实发挥省局党组成员示范表率作用，深入学习贯彻习近平总书记对邮政业的指示批示精神，前往宁德赤溪村、下党乡开展主题党日活动，带头讲党课、带头学习研讨，带头征求意见，带头深入基层调研，解难题、促发展。组织召开对照党章党规找差距会议、领导班子专题民主生活会。扎实推进“8+3+1”专项整治，开展第一批主题教育整改落实“回头看”，上下联动抓好整改。党组成立三个指导组，统筹指导开展第二批主题教育，各市局党组织周密安排，党组书记靠前指挥，推动主题教育走深走实。召开主题教育重点工作推进会，教育党员干部勇担职责使命，紧盯短板弱项狠抓工作落实，在全系统上下形成主题教育与推动邮政业高质量发展等工作有机融合、互促共进的良好局面。在1月10日全国邮政管理系统第二批主题教育总结会上，国家邮政局局长马军胜5次点赞福建，特别表扬了宁德局“四下基层”和厦门局“把大会办成全会”的作为和担当。

全力做好新中国成立70周年等重大活动期间服务保障工作。结合“不忘初心、牢记使命”主题教育，全力备战70周年大庆等重大活动期间寄递渠道安全服务保障工作。下发第二届“一带一路”国际合作高峰论坛、北京世界园艺博览会、亚洲文明对话大会、70周年大庆期间等寄递渠道安全服务保障工作方案，部署重大活动期间寄递渠道安全服务保障工作。实行24小时值班和领导带班制度。开展涉枪涉爆寄递渠道隐患排查。督促关键时间节点邮件快件强化过机安检。部署寄往特殊区域临时物品管控。

坚持“政治建设”引领，从严治党持续提升。加强思想政治建设。持续以上率下，出台局党组中心组理论学习计划，中心组开展制度化学习和交流研讨，党组成员带着上党课。依托“学习强国”等平台抓紧抓实普通党员的学习。引导党员干部进一步增强“四个意识”，坚定“四个自信”，坚决做到“两个维护”，认真做好重大事项、重要工作及时向上级党组请示报告。发挥党建工作领导小组作用，推动落实国家邮政局、省局重点工作部署，开展扶贫领域腐败专项治理工作。压实全面从严治党“主体责任”，制定全省系统党风廉政建设工作要点。坚持以廉政文化教育促进作风建设，重温入党誓词，经常性开展警示教育，提高干部自身廉洁从政意识。开展基层党建专项指导，全省非公快递企业成立党组织20个，覆盖党员230余名。厦门鹭申通等5家企业获评非公党建工作先进单位。全省3家集体获“全国邮政行业青年安全生产示范岗”。

加强纪律作风建设。认真学习贯彻中央八项规定实施细则，认真落实“基层减负年”，出台意见，探索基层减负长效机制。班子成员带头开展调查研究，全年累计下基层78天。建立月通报制度，精简会议文件。制定《中共福建省邮政管理局党组关于对领导干部廉政谈话的暂行规定》，深化运用监督执纪“四种形态”，全省各级党组织和纪检部门共组织开展提醒谈话290人次。抓好巡视巡察整改“后半篇文章”，截至目前，省局104项整改任务已完成102项，市局巡察问题整改任务已完成98%。重点针对巡察发现突出问题，组织开展专项整改和治理。强化作风建设，组织由纪检部门牵头的漠视侵害群众利益的专项整治。严把选人用人政治关、廉洁关，严格出具廉政意见，树立良好的选人用人导向。

加强班子及干部队伍建设。严格按照《党政领导干部选拔任用工作条例》有关要求和程序开展干部任用选拔，强化对选拔任用干部的监督管理，努力打造一支高素质干部队伍。全年已完成干部选拔8人次，其中选拔处级干部3人次，选拔市局副职领导（含援疆干部）2人次，市局党组成员3人次。制定福建省系统公务员职务职级并行实施方案，完成非领导职务公务员的职级套转工作。

抓实“利好政策”落地，发展动能明显增强。聚焦中央利好政策落地。在国办1号文件省级政策基础上，推动7个地市出台细化政策，延续“闽七条”红利。会同财政厅、交通厅等部门形成《福建省关于交通运输领域省与市县财政事权与支出责任改革方案》，将邮政（快递）末端能力建设、行业污染整治等工作纳入地方责任。结合“四好农村公路”建设，推动交邮、快邮合作和邮政农村基础网络开放，规范快递末端服务，助力快递下乡。厦门局获批邮政领域地方履职能力建设经费335万元。发挥规划引领、政策保障作用。开展《福建省综合立体交通网规划(2021－2050年)》邮政行业研究报告编制,完成《福建省邮政快递网布局研究》。全国率先实行邮政业“五个一批”重大项目常态化管理,全省共建立五个一批项目46个,累计完成投资39亿元。联合多部门印发《福建省促进跨境电子商务寄递服务高质量发展专项行动方案》,出台《福建省加快推进丝路电商发展十一条措施》,推动泉州国际邮件互换局正式投入,跨境服务能力得到提升;各地市落地细化,厦门印发《厦门市促进跨境电子商务寄递服务高质量发展专项行动实施方案》《厦门市快递业发展专项资金管理办法》。莆田出台《莆田市促进电子商务加快发展若干措施》,对符合条件的贫困村新设立的邮政、快递服务网点按照每个村级网点2万元给予一次性奖励;多措并举落实邮政业减税降费政策,全年全行业累计享受减税降费金额7174.05万元。深入推进“放管服”改革。加强全省快递业务经营许可优化工作,简化分支机构备案手续,落实许可审批时限减半目标。全面完成许可企业超地域范围经营整改工作。以“审慎、包容”原则,高质量完成“企业开办快递末端服务站”新业态经营许可试点,为新业态监管贡献福建智慧。推进行业信用体系建设,成立省市两级快递业信用评定委员会,全省各地开展“3·15”主题宣传周系列活动。落实“双随机、一公开”制度,督促市局规范使用执法系统,规范行业检查与执法,减少对企业不必要的干扰。组织各市局开展“交叉检查、交叉执法”,提高全省行业安全管理和执法水平。全年累计开展“双随机”检查447次,检查发现问题隐患346个,已整改到位率超过95%。

落实“3211”工程,高质量发展蹄疾步稳。一是坚决打好三大攻坚战。在防范化解安全风险隐患上,坚持以落实三项制度为核心,12月福建省综合实名率99.87%,列全国第3位。全省具备联网条件安检机303台,联网率98.34%。坚持“惩戒与教育并重”,共检查企业3918家次,实施行政处罚292起。推动解决普服执法“宽松软”,全年立案8起,处罚4起。在助力精准脱贫上,实现全省行政村100%直接通邮,快递服务网点乡镇100%覆盖。推动快递服务农业项目,安溪茶叶、平和蜜柚、古田食用菌、武夷岩茶等农产品年寄递量超过1000万件。推动宁德赤溪村纪念邮票《精准扶贫》成功发行。在推动行业绿色发展上,全力落实9571工程福建目标,福建省电子运单使用率达到98.93%,80.18%电商快件实现不再二次包装,循环中转袋(箱)使用率达到74.08%,推进回收体系建立完善,全省已有3315个网点设置回收装置。企业自有包装中按标准统一采购率为94.64%,窄胶带(45MM以下)使用率为78.6%。行业在用的新能源汽车达1013辆,提前1年完成省政府下达的指标。

二是积极推进“两进一出”。在进厂上,积极引导快递企业与福建省特色的鞋服产业构建更紧密型合作,积极走访晋华公司等高科技企业,探索与新兴产业更高水平融合发展,全年培育年快递业务量12万件以上或快递业务收入60万元以上的快递服务制造业项目40个,累计产生快递业务量2.8亿件,同比增长600%,快递业务收入13.4亿元,同比增长378.57%,服务的制造业产值332.67亿元,同比增长415.2%。在进村上,加快推进“快递进村”,全省建制村快递服务进村已经达到36.2%。推广快递服务现代农业金牌项目,全年培育年快递业务量12万件以上的快递服务现代农业项目33个,累计产生快递业务量1.16亿件,同比增长87.09%,快递业务收入8.5亿元,同比增长136.11%,累计服务的农业产值73.49亿元,为去年全年的191.93%。预计带动农民就业10万人,促进农民增收约5.1亿元。在“出海”上,助力万国邮联电商时代跨境合作大会顺利召开。顺丰公司正式开通福州(平潭)至台湾经转的“海空联运”航线。厦门全国率先推出“三关合一”便利通关政策。泉州国际邮件互换局正式运营。跨境基础设施和能力提升,促进了福建省国际业务健康发展,国际快件比增达21%。

三是多渠道强化快递员权益保障。深入学习贯彻落实习近平总书记关于关心关爱“快递小哥”系列重要指示精神，协调人社厅、工信厅等部门，组织开展第一届快递工程技术人员职称评审，共有203人通过初级职称认定，10人通过中级职称评审。与闽江学院合作建立首个全省性质的人才培养基地、国家级行业安全教育培训基地。成功举办第二届全省邮政行业职业技能竞赛，1名快递员入选全国2019年度邮政行业技术能手推进计划人选。开展“快递业从业青年服务月”、首届非公快递企业党建工作评选表彰活动，组织开展行业内省级青年文明号创建、青年安全示范岗创建活动，开展全省“寻找最美快递员”评选活动。池菊香当选2019年度福建省“最美人物”之“最美快递员”称号，王国华获得福建省“最美人物”提名奖。联合省快递协会举办全省邮政行业文艺晚会，组织演讲比赛、快递员“随手拍”等系列活动。出台《关于持续深化关心关爱快递员工作的通知》，指导各市局落实快递员权益保障工作。三明局联合团市委成立全省首个共青团三明市快递工作委员会；莆田市正式开放60个标准化“绿色·爱心”驿站；泉州市出台关爱快递小哥的8条举措；宁德局推选“海上邮递员”石进全登上《新闻联播》；《厦门市职业技能提升专项实施方案》，明确将快递员培训纳入政府补贴；福州局开展关爱快递员“五送”活动。全省共建立设立快递员爱心驿站、关爱站、“小蜜蜂”驿站等各类服务阵地660余个。组织开展春节、高温、旺季各类慰问活动30余场，覆盖快递从业人员4300余人。团中央书记处第一书记贺军科、泉州市委书记康涛等到基层看望快递员。

牢固“以人民为中心”，民生实事建设亮点纷呈。提升建设末端服务能力。强化政策支持保障，会同省住建厅将设置智能信报箱列入老旧小区改造基础设施项目。福州、莆田、平潭等地将配套建设邮件快件接收场所纳入新建小区规划条件，福州完成首个地方配套邮政设施场所接收工作。应用信息化手段加强对农村邮政服务监管，“村村直接通邮”打卡率超过95%，社会监督员应用App信息化开展监管比率达66%。因地制宜推进快递电动三轮车通行政策落地，实现全省通行政策全覆盖，已有5714台快递电动三轮车取得牌照上路通行，其中已有2163台在全省统一的快递配送车辆管理和揽投车辆牌照申报管理平台备案、运行。积极推进邮快合作，健全农村三级物流体系，协调省商务厅将农村电商示范县结余资金4200万元用于支持省邮政公司建设三级物流体系，在沙县、柘荣等地开展试点。泉州市信报箱智能化建设和改造获地方财政100万元资金支持。三明出台提升快递末端投递服务的指导意见。宁德开展电商快递搭载“村村通”客车工作（交快合作）试点。漳州推动市政府落实对贫困地区快递末端网点给予32.5万元奖励。

扎实开展“放心安全消费工程”。开展申诉处理满意度提升行动，及时妥善处理用户申诉，建立健全申诉处理人员管理制度，有效推进申诉处理水平提升。全年福建省12305共受理申诉22999件。消费者对企业满意率为97.31%，同比增长0.44%；对政府满意率为98.4%，同比增长0.5%。部署快递末端服务违规收费清理整顿工作，全年全省共立案73件，罚款74.4万元，有效遏制了末端服务违规收费行为。

着力“监管能力”建设，行业治理水平明显提升。积极推进邮政法制建设。推动修订《福建省邮政条例》，正式提请省政府审查修改《福建省邮政条例》（修改草案）。组建系统法律人才库，建立法律顾问制度，完善重大公共政策和重大行政处罚合法性审查，提高依法行政能力。建立规范性文件定期清理制度，完成系统组建以来规范性文件清理规范。落实执法人员持证上岗和资格管理制度，启动全省行政执法评议考核，印发委托行政执法工作指导意见，出台系统内行政执法公示制度执法全过程记录制度重大执法决定法制审核制度实施方案，全面提升行政执法水平。强化行业监管能力建设。以“平安考评”为抓手，推进全省邮政监管体系建设，省市两级同步推进同步建设。完成省邮政业安全中心正常化运转。市级邮政业安全中心组建取得进展，今年宁德、漳州、三明、厦门市级邮政业安全中心相继获批，安全监管支撑更加有力。县级机构组建推进成效明显，福安、石狮、龙海三个县局获国家邮政局批复同意设立，全省9个设区市已有8个市至少成立一个县级机构。福州成立邮政执法大队，配置事业编制人员15名。莆田深化“网格+寄递安全”监管模式，进一步夯实寄递安全基层监管基础。提升行政运行保障能力。圆满完成万国邮联电子商务时代跨境合作全球大会会务承办工作，得到万国邮联总局长和国家邮政局局长马军胜的高度肯定。宁德、莆田获得地方调剂安排或承担租金的办公场所，加上泉州、漳州，全省九地市基本解决长期办公现场问题。重新修订相关绩效考评方案，获得省政府批复，纳入省财政年度部门预算。2019年度邮政管理财务管理工作受到了国家邮政局表扬。制(修)订了局党组工作规则、党组重大事项请示报告清单、党组讨论和决定的重大问题清单和局重大行动决策程序规定、会议制度、值班制度等，加强资产管理、保密管理，公文和档案管理，行政后勤管理，提高工作制度化、规范化水平。加强新闻宣传工作，全年省局网站刊登各类信息2186篇，国家邮政局网站刊登信息306篇，邮政快递报和快递杂志刊登277篇，全年报刊网积分排名全国第四。加强机关网络安全管控，规范政府信息公开工作，依法及时办结各类信访件。

三、邮政法修订实施十周年

2019年是修订后的《中华人民共和国邮政法》施行10周年，修订后的邮政法在保障用户合法权益、规范邮政业市场秩序、促进邮政业健康发展发挥了积极作用，极大程度释放和发展了行业生产力，引领邮政业成长为推动流通方式转型、促进消费升级、助力生产发展的现代化先导性产业，基本适应了经济社会发展和人民对美好生活的用邮需求。修订以来，地方立法力度不断加大，福建特色的“一体两翼”地方性邮政业法规体系《福建省邮政条例》《福建省促进快递行业发展办法》《福建省邮政普遍服务保障办法》全面建成。十年来，福建邮政业产业结构加快调整，服务水平显著提升，发展持续向稳向好，服务全省生产生活效益突出，支撑和服务电子商务、现代农业、先进制造业、跨境电商等关联产业，成为地方经济新的增长点，邮政业务收入和业务总量分别增长了7.1倍和10.3倍。其中，福建邮政普遍服务体系惠及全省3973万人口，邮政普遍服务均等化水平不断提高，邮政公共服务能力稳中有升；福建快递服务网络在“一通道、二枢纽、三中心、五节点”空间布局上，基本实现连接城乡、覆盖全省、辐射全国、连通世界，培育了一批实力雄厚的快递服务主体。

四、各市(地)主要管理工作概况

福州局积极开展第二批“中国快递示范城市”创建工作，向国家邮政局申报终获成功。福州市成为行业“路径优化”技术应用试点城市。福州企业取得全省首个企业幵办服务站经营快递业务许可积极开展企业开办ⅱ务站经营快递业务许可试点工作。在全国首创成立市级邮政业执法大队和县级邮政业执法中队，全面夯实属地监管责任。首个国家级行业安全教育培训基地落户福州。福州局推动福州大学城管委会及福州大学城13所院校提供场地及通行等保障100%启动校园快递服务中心建设。福州快递员池菊香获评2019年度福建省“最美人物”。福州局推送的中国邮政集团公司福州市城北分公司大厦邮政支局荣获“2019年—2021年省级青年文明号”，成为全省唯一一个邮政行业获评集体。

厦门市通过评审论证和研究评议,保留“中国快递示范城市”称号,继续开展示范城市创建工作,新一轮创建期为2020年至2022年。厦门市提前完成国家邮政局绿色发展“9571”工程,电子面单使用率超过98%,75%以上电商快件不再使用二次包装,可循环中转袋使用率达74%,企业配置标准回收箱网点共计834个,居全省首位。

泉州晋江市全年业务量首次突破5亿件,日均业务量突破100万件,两项指标均为福建省县域业务量之首。《泉州市快递集聚发展规划(2020—2025)》立项编制,获泉州市财政拨付近50万元。泉州市总工会、晋江市总工会举办全市快递员等群体集中入会启动仪式,泉州市顺丰、申通、中通、圆通、百世、韵达、天天、优速、德邦、京东、速尔等11个快递品牌的快递员集体加入工会组织。晋江局先后三期建设寄递业视频监控平台,已实现对晋江辖区全部省级分拨中心、县级快递公司及大部分快递网点的视频监控覆盖。实现全市快递品牌双重预防全覆盖。泉州局制定《泉州市快递业信用评定方案》,成立泉州市快递业信用评定委员会,加强规范快递业信用评价工作,推进快递业信用体系建设。举行第一届“寻找最美快递员”活动揭晓发布会。泉州国际邮件互换局正式运营,自此泉州邮件货物实现与全球200个国家和地区直接互联互通。泉州局多次协调晋江市政府推进国际邮件互换局项目建设,并为泉州国际邮件互换局争取到1500万元建设经费补助。泉州市通过“中国快递示范城市”创建复评,继续保留“中国快递示范城市”。同时,晋江市获评全国首个县域“中国快递示范城市”,泉州市成为全国唯一一个市、县两级同时拥有“中国快递示范城市”称号的地市。

漳州局成立了“漳州市邮政业安全中心”、市快递行业协会,举办首届快递员职业技能竞赛;出台并落地《关于进一步落实县域寄递安全管理工作的通知》;组建了“龙海邮政管理局”“龙海市邮政业发展中心”;联合市交警支队印发《漳州市邮政快递专用电动三轮车及两轮车规范便捷通行工作实施意见》。

五、快递市场存在的突出问题

一是行业发展形势迅猛,新业态、新模式不断涌现,行业治理能力和治理水平面临新的挑战和考验;二是快递服务基础设施建设较为薄弱,市场主体对快递园区、末端场所、智能投递终端设施等基础设施的建设需求尚有待满足;三是行业同质化竞争、低价竞争局面愈发激烈,快递服务质量品质把控难度加大;四是行业生态环保多方共治机制有待健全,寄递企业主体责任落实有待加强;五是安全生产形势依然严峻,传统和非传统安全因素叠加,快递市场监管难度加大。

江西省快递市场发展及管理情况

一、快递市场总体发展情况

2019年,江西省邮政行业业务总量累计完成230.2亿元,同比增长30.3%;业务收入(不包括邮政储蓄银行直接营业收入)累计完成139.0亿元,同比增长19.6%。其中,快递企业业务量累计完成77719.9万件,同比增长25.5%;业务收入完成84.3亿元,同比增长25.7%。全省人均年使用快递服务45次。新增社会就业1万余人(表7-14)。

表 7-14 2019 年江西省快递服务企业发展情况

指标	单位	2019 年		比上年同期增长(%)		占全部比例(%)	
		全年累计	12 月份	全年累计	12 月份	全年累计	12 月份
快递业务量	万件	77719.88	9146.65	25.50	24.86	100	100
同城	万件	9432.56	1024.93	-2.46	-6.08	12.14	11.21
异地	万件	67757.24	8052.85	30.88	30.23	87.18	88.04
国际及港澳台	万件	530.08	68.86	8.59	35.22	0.68	0.75
快递业务收入	亿元	84.30	10.23	25.66	36.19	100	100
同城	亿元	7.30	0.87	-10.47	4.41	8.66	8.53
异地	亿元	53.49	6.35	26.96	29.71	63.45	62.06
国际及港澳台	亿元	3.00	0.50	13.52	131.24	3.55	4.91
其他	亿元	20.52	2.51	44.84	60.25	24.35	24.49

二、行业管理工作及主要成效

全面从严治党，干事创业热情竞相迸发。突出党的政治建设。落实《党组工作条例》《支部工作条例》，严格执行民主集中制、三会一课、双重组织生活等制度，切实规范党内政治生活。加强党员日常管理教育，坚持每周“例会＋学习”制度，推广应用“学习强国”平台。制定《推进江西省非公快递企业党组织建设指导意见》，推动有条件的快递企业建立党支部 9 个。深化行业精神文明建设，积极开展文明单位、青年文明号创建活动。成功举办“传承红色基因·争做时代新人”主题演讲比赛。启动全省第三届“最美快递员”评选活动。南昌市成功入选“中国快递示范城市”，省局和新余市局荣获省级文明单位，省局 1 名干部获评“全省最美消费维权人物”。全省邮政业 2 人获省级五一劳动奖章，鹰潭、景德镇等地 6 名快递员获市级五一劳动奖章和劳动模范称号，江西圆通客服部获全国“青年文明号”，江西顺丰市场销售部等 7 个集体获全省“青年文明号”。

扎实开展主题教育。全省系统认真贯彻党中央和国家邮政局党组统一部署，聚焦主题主线，把学习教育、调查研究、检视问题、整改落实贯穿“不忘初心、牢记使命”主题教育始终，两批主题教育协同推进。成立 5 个指导组全过程全覆盖督导，确保取得实效。省局党组高度重视，党组成员带头重温党章、深入于都县长征出发地重拾初心，带头讲专题党课 5 次，带头撰写调研报告 7 篇，带头开好专题民主生活会、检视剖析 5 方面 24 个问题，研究制定 59 条措施，上下联动，项目化推进“8＋1＋3”专项整治。省市局将主题教育与中心工作统筹推进、紧密结合，增强了广大党员干部的政治责任感和历史使命感。

营造风清气正政治生态。召开全省系统党风廉政建设工作会议，制定工作要点，举办纪检干部培训班。加强作风建设，大力开展“五型政府”建设，贯彻落实中央八项规定及其实施细则精神，排查整治形式主义突出问题、扶贫领域腐败和作风问题，严防“四风”问题反弹。加强发文、会议、调研统筹，切实为基层减负。深化运用监督执纪“四种形态”，谈心谈话 41 人次，函询 1 人次，廉政提醒谈话 7 次和诫勉谈话 1 次，党纪政务重处分 1 人。发挥巡视巡察利剑作用，完成了对 7 个市局党组的政治巡察，强化巡视巡察问题整改落实，切实把纪律严起来，把规矩立起来，确保“政治体检”不走过场。

打造忠诚干净担当干部队伍。树立重实干重实绩的用人导向，按照好干部标准选优配强市局班子。健全干部交流机制，加强干部人文关怀，召开退休党员干部、转业军人、交流干部等座谈会。坚持谈心谈话制度，让干部职工愿意倾诉、领导干部真心倾听，做到有困难疑惑共破解，有误会矛盾共消除,放下包袱、轻装上阵。通过狠抓干部队伍建设,全省系统干事创业热情得以激发,干部精神面貌得到重塑,省市局班子团结和谐,干部上下连心,凝聚破解行业发展和系统难题的强大合力。

强化政策保障,行业发展环境持续优化。加强顶层设计。主动向省政府请示汇报,争取政策支持。落实中央、地方双重管理体制,加强沟通协调,广泛征求省直各部门和11个设区市政府意见,历时4个月推动省政府出台了《支持邮政业高质量发展的若干措施》(以下简称89号文件),为行业发展提供了强有力的政策支持。各市局积极宣传贯彻"89号文件"精神,推动有关政策措施落地实施。南昌率先成立市邮政业安全中心,景德镇、上饶出台了规范快递电动三轮车通行管理办法,实现了快递电动三轮车通行政策设区市全覆盖,九江、上饶推动快递服务车辆和设施以地方立法的形式纳入城市管理范畴。

释放政策红利。宣贯支持民营经济健康发展政策,制定《关于加强政企联系构建新型政商关系的实施意见》,打造政策最优、成本最低、服务最好、办事最快的"四最"营商环境。联合商务、海关等部门制定《关于促进跨境电子商务寄递服务高质量发展的若干意见》,推进跨境电商寄递服务高质量发展。2019年,全行业共获电商协同发展、快递下乡和航空快递补贴等方面奖补资金9500万元,减税降费3500万元。鹰潭、抚州等地推动城乡高效配送试点工作,邮政快递综合配送能力和水平不断提升。

深化"放管服"改革。全面落实"双随机一公开"制度,修订完善随机抽查工作细则,梳理发布权力清单和责任清单。持续优化快递业务经营许可审批流程,简化分支机构备案程序,常态化开展快递末端网点备案,审批时限压缩一半,许可办理实现了"一次不跑"。助力政务事项"一网通办",引导邮政企业入驻各级行政服务中心,实现了"线上办事+线下寄递"。

坚持提质增效,行业发展态势不断巩固。加强基础能力建设。加强政策宣传和引导,2019年,邮政快递企业总部在赣投资项目17个,投资总额80.47亿元,其中外资2亿美元,创历史新高。邮政综合邮件处理中心、京东"亚洲一号"、韵达南昌分拨中心等一批重大项目进展顺利。邮政、顺丰、中通、京东、中铁快运等企业开通5条全货机航线和42条高铁邮路。推动南昌国际快件监管中心和国际邮件互换局设立运营,实现跨境寄递体系建设的"江西速度",得到了省委省政府主要领导的充分肯定。实施快递网点标准化提升工程,城市自营快递网点标准化率达到93%,高校快递规范化服务覆盖率达到100%。

推动产业融合发展。持续推进末端综合服务体系建设,打造了吉安、瑞昌、分宜、寻乌等为代表的邮快、快快、交邮、邮供合作共享模式。实施"两进一出"工程,培育出赣南脐橙、景德镇陶瓷、进贤文港毛笔、九江理文纸业、红星羽绒服、新余万商红鞋业等6个千万级的"寄递+"金牌项目。全年共打造邮政快递服务现代农业"一地一品"项目52个,寄递量8000多万件。打造服务制造业项目34个,寄递量1.8亿件。巩固与电商协同发展成果,服务11万家电商企业,为"赣品网上行"提供优质高效寄递服务,全年支撑网上零售额1200亿元。跨境寄递业务量达到1197万件,支撑跨境网购零售额25亿元。

促进科技创新应用。引导推进邮政快递企业科技创新,广泛应用手持智能终端、网络下单系统、实名收寄系统、智能分拣系统、智能取件系统、X射线安检机等,行业信息化水平不断提高,服务效率和用户体验大幅提升。主要品牌快递企业均实现了自动化分拣作业,全省配置自动化(半自动化)分拣设备346套,新增流水线312条,顺丰无人机配送业务试点初显成效。

实施从业人员关爱工程。贯彻习近平总书记关于"快递小哥"系列重要指示精神,联合团省委扎实开展快递青年服务月活动。组织开展"冬日递暖""夏送清凉"等慰问活动。全省建立快递员爱心驿站302家，邮爱驿站50家，为快递员等户外工作者提供便利。推进非公快递企业群团组织建设，宜春、新余、景德镇、吉安、鹰潭、赣州6个设区市成立行业工会，鼓励引导企业建立员工文化活动室，开展文体活动，提高员工归属感和认同感。成功举办全省邮政行业职业技能竞赛，高规格、高标准承办全国邮政行业职业技能竞赛并取得优异成绩。联合人社部门开展快递工程技术人员职称评审，867人取得职称资格。

聚焦重大战略，“三大攻坚战”成效显。坚守寄递安全底线。学习贯彻习近平总书记关于安全生产的重要论述，研究制定《江西省邮政行业生产安全事故隐患排查治理办法》，压实企业寄递安全主体责任，推进企业安全生产标准化建设，狠抓寄递安全“三项制度”落实，行业安全生产水平不断提高，全年未发生安全生产责任事故。持续完善安全监管体系，省邮政业安全中心挂牌运行。用足用好1200万元安检机购置奖补资金，全省新增安检机179台，邮件快件过机安检能力明显增强。宣贯《邮件快件实名收寄管理办法》，加强信息化运营和监督检查，实名收寄率保持在全国前列。推进“绿盾”工程和“雪亮”工程建设，行业风险防控能力明显增强。持续开展寄递渠道涉枪涉爆专项治理，查堵禁寄物品3776件。加强寄递渠道非洲猪瘟疫情防控，配合做好反恐、禁毒、危化品防控、打击侵权假冒、网络安全和信息安全等工作。妥善应对行业突发事件，圆满完成新中国成立70周年、世界VR产业大会等重大活动期间寄递服务安保任务。“双11”旺季服务保障工作得到省政府领导的批示肯定。省局市场监管处荣获2019年全省“安全生产月”活动优秀单位。

助力脱贫攻坚。2019年，全省邮政管理系统坚持讲政治、顾大局，克服人员少、经费紧张等各种困难，扎实开展定点扶贫工作。积极选派第一书记和驻村工作队，协调桥梁道路建设、养殖种植、光伏发电等项目10余个，落实各类帮扶资金700多万元。对接电子商务进农村示范项目政策，协同推进电商扶贫网络建设，邮政电商扶贫工程取得成效。全省邮政企业建成近2万个“邮乐购”站点，1400余个电商扶贫站点，覆盖近50%的贫困村，对接扶持435个农民产业合作社，带动11.65万贫困人口受益。2019年，通过邮政电商平台累计销售农产品金额达4.5亿元，在“赣品网上行—老俵情·扶贫农品”年货节活动中销售额达3500万元。廖奶奶咸鸭蛋邮政电商扶贫项目获评“全球减贫案例征集活动”最佳案例。邮政助力电商扶贫入选2019年江西省优秀网络扶贫创新案例。主要品牌快递企业积极响应号召，投身脱贫攻坚，组织开展了项目扶贫、教育扶贫、就业扶贫、帮扶慰问等活动。快递企业纷纷深入田间地头，设置收寄站点，开设电商平台，开辟寄递专线，打造农产品进城“直通车”。申通、中通等企业帮扶慰问贫困村的贫困户，顺丰为宫江村小学赠送价值5万元教学设备。

提升绿色发展水平。贯彻落实习近平总书记关于快递包装的重要指示精神，研究制定《2019年江西邮政业生态环境保护工作要点》《江西省推进快递业绿色发展的实施方案》，推进邮政快递业污染防治工作，开展行业绿色行动。联合省发改委等部门制定《关于协同推进快递业绿色包装工作的贯彻实施意见》，加大绿色包装推广应用，快递业绿色包装指南落地见效。实施“9571”工程，电子运单使用率99%、68%电商快件不再二次包装、循环中转袋使用率86%，设置包装废弃物回收装置1500处，新建成绿色标准化快递网点606处。新余市邮政业生态环保综合试点工作取得成效，各项指标全面完成。积极搭建平台，促成邮政快递业与江铃汽车集团签订全面合作协议，鹰潭等地争取到新能源车购置专项补贴政策，推广使用新能源汽车，促进行业绿色发展。

强化履职尽责，行业治理能力稳步提升。强化邮政市场监管。规范快递市场经营秩序，深入开展违规实施快递业务经营许可专项治理，注销企业374家，规范档案734份，实行许可动态管理。加强快递服务质量监管,强化集邮市场和邮政用品用具监管,巩固“三不”专项治理成果。开展乡镇快递服务乱收费专项治理行动,农村快递乱收费现象得到有效遏制。全年共下发检查通报5份、责令整改通知书191份,约谈告诫22次,立案处罚222起。推进快递行业信用体系建设,开展“诚信快递、你我同行”“3·15”主题宣传活动,指导6家企业参与省消协“投诉和解示范单位”创建。强化申诉调解,为消费者挽回经济损失87.6万元。加强行业自律,全省设立县级协会59个,覆盖率81%,九江、吉安、新余、南昌、鹰潭、宜春、萍乡7个设区市实现了县级协会全覆盖。

加强综合管理。加强财务内控管理,做好部门预算和决算、新旧会计制度转换和固定资产动态管理工作。强化审计监督,完成3名市局主要负责人离任审计,修改完善制度63个。落实公务员职务职级并行规定,推进养老保险属地参保及养老金并轨工作。牢牢把握意识形态工作主动权和话语权,讲好邮政故事,传递行业正能量,新闻宣传工作稳居全国“第一方阵”。扎实做好督查、信访、保密、档案、网站管理、信息公开、提案建议办理等工作。

三、邮政法修订实施十周年

2009年以来,在国家邮政局和省委省政府的正确领导下,全省邮政管理系统认真学习宣传贯彻邮政法,深入推进依法治邮,依法履行普遍服务、特殊服务和邮政市场监管职责,维护邮政市场的正常秩序和消费者合法权益,推动形成了政府监管、企业合法经营、用户依法用邮的和谐法律关系架构,为行业发展奠定了坚实的法治基础。十年来,江西邮政业建成了惠及全省4666万人口的邮政普遍服务体系,基本实现了邮政普遍服务均等化和可及化,基本建成了连接城乡、覆盖全省、辐射全国、连通世界的快递服务网络,邮政业务收入和业务总量分别增长了5.5倍和34.3倍。

四、各市(地)主要管理工作概况

南昌局协调推动市政府印发了《关于推进电子商务与快递物流协同发展的实施意见》,在明确末端公共属性、争取配套政策支持等方面提供了强有力依据。与市住房保障和房产管理局联合印发了《关于推进我市居住区和商区快递综合服务中心建设的通知》,加快构建城区快递末端综合服务体系,深入推进南昌地区快递“三进”工程。共完成两批次62台新增X射线安检机配置奖补资金申报工作,新增安检机覆盖南昌地区省、市、区县三级分拨处理场所,寄递企业共获得奖补资金340余万元。南昌市获批建设进境食用水生动物、进境冰鲜水产品和进口水果指定监管场地,昌北机场首次获得国家级重点指定口岸资质。南昌国际快件监管中心正式开通运营,彻底改变了江西作为中东部唯一没有该机构省份的历史。南昌国际邮件互换局正式开通运营,进一步打通江西省进出口物流快速通关的“绿色通道”。积极推动市政府出台《南昌市市级商务发展专项资金管理暂行办法》,快递电商协同发展得到市级财政预算安排,给予专项资金支持。与市商务局等五部门联合开展南昌市申报第二批“全国城乡高效配送试点城市”,积极推进“快递共配”体系建设。积极推动市商务局联合市财政局印发《关于印发〈南昌市电子商务产业发展专项资金管理实施细则〉的通知》,明确对快递电商协同发展项目给予专项资金,连续支持3年。联合市发展改革委等6部门制定了《关于协同推进快递业绿色包装工作的贯彻实施意见》,加大绿色包装推广工作,推动快递业绿色包装指南落地实施。南昌市成功入选第二批“中国快递示范城市”,并被写入2020年江西省政府工作报告。

九江市为推动服务业高质量跨越式发展,制定了《九江市2019年服务业高质量发展实施意见及工作要点》,将中国邮政全国呼叫中心及九江邮件处理中心工程列为九江市服务业2019年重大项目计划。九江新能源物流产业园正式开园。九江市出台《九江市物流业发展专项引导资金管理办法》，提出每年安排3000万资金用于支持物流业高质量跨越式发展，邮政业获重大利好。九江局与中国电信九江市分公司达成战略合作末端网络有望实现共建共享。九江局会同市发展和改革委员会、市工业和信息化局、市生态环境局、市市场监督管理局、市科学技术局、市商务局、市城市管理局7部门联合印发《关于协同推进市快递业绿色包装工作的贯彻实施意见》。九江市正式出台了《九江市城市道路通行管理条例》，快递服务车辆首次以立法的形式纳入地方进行管理，成为社会交通管理的一部分。

新余市总工会批复成立新余市快递行业工会联合会。新余市政府批复同意对新余邮政快递企业购置8台安检机给予财政资金奖补，共计44万元。新余局荣获第十五届江西省文明单位称号。中共新余市社会组织委员会批复成立新余市快递行业协会党支部。新余市首个快递企业职工之家在新余申通建成并投入使用，命名为“快递小哥之家”。新余市快递行业协会党支部举行成立大会，选举产生了支部书记、副书记，现有民营快递企业党员11名。新余局联合市商务局、市农业农村局、团市委等单位和市邮政公司实施“十百千”暖心扶贫项目。新余局会同分宜县人民政府推动“交通运输+邮政快递”融合发展，初步形成了分宜服务模式，按照交通运输部、国家邮政局相关文件要求，正式组织材料申报交通部政策扶持项目。

鹰潭局联合市公安、交通运输、商务等四部门制定出台了《鹰潭市城市配送车辆管理办法(试行)》，从根本上解决了快递电动三轮车在城区通行、停靠作业难的问题。贵溪市政府出台了《贵溪市电子商务进农村综合示范工作实施方案》，明确了“农村电子商务物流配送体系融合建设项目”中物流快递仓储分拣运营中心建设、配送车辆等基础设施，可获中央400万元财政资金支持。鹰潭市委、市政府下发了《关于加强和完善城乡社区治理的实施意见》，文件明确将邮政物流纳入发展社区服务业规划，在基础设施建设、经费投入等方面给予保障。鹰潭市政府正式出台了《鹰潭市城乡高效配送国家试点建设实施方案》，明确将创建绿色新能源配送车队，车辆数不少于200辆(其中新能源配送车辆占40%以上)；将建成城乡高效配送(分拨)示范中心5个，建设标准仓储面积10万平方米，建设标准末端网点200个，融合末端网点500个；同时，积极搭建线上“城乡配送公共服务信息平台”，利用线上线下的双线融合城乡高效配送平台，最终建成一个年货物流通金额十亿以上的“鹰潭市城乡物流高速管道”，有力助推鹰潭邮政业高质量发展。鹰潭市财政局与商务局联合印发《鹰潭市商贸物流建设(城乡高效配送试点)专项资金使用办法》，明确了对寄递企业新购置用于鹰潭市城乡高效配送的新能源车辆给予补助资金共48万元，其中针对邮政快递电动三轮车给予每辆800元的专项资金补助。专项资金补助，为鹰潭绿色邮政建设添加了“助力剂”。鹰潭局联合市总工会，在鹰潭城区主城区建成并投入使用首批“爱心驿站”。鹰潭市政府出台《鹰潭服务业(电子商务)发展专项资金管理使用办法》，明确了对服务单个电商企业快件业务量达到5万件/年的快递企业，按0.5元/件给予补贴，每家快递企业每年补贴最高可达3万元，全市奖励总金额达10万元。

赣州局联合市公安局交警支队印发《关于进一步规范和优化赣州市邮政快递电动三轮车通行管理的通知》，对全市邮政快递电动三轮车实行“统一外观标识、统一车辆编号、统一规范管理”的“三统一”备案管理，推动邮政快递电动三轮车合法上路、规范管理、文明通行。全市8000多辆邮政快递电动三轮车全部实现“三统一”管理，有效提升了行业形象。赣州市商务局、公安局、交通运输局、邮政管理局、供销合作社联合印发《赣州市城乡高效配送试点工作方案》，作为全国首批30个城乡高效配送试点城市之一，赣州市城乡高效配送试点工作正式进入实施阶段。

上饶局积极推动江西省上饶市政府与顺丰速运有限公司签订深度合作框架协议。根据协议，双方达成“发展三个产业方向、建好一个平台”的战略规划思路。同时，市国资集团与顺丰丰泰产业园公司签署了合作运营建设协议，拟在上饶国际综合物流园区合作建设顺丰产业园，占地300亩，总投资约5亿元。上饶市横峰县政府与圆通总部正式签约，启动建设圆通速递智创园项目，这是继上饶市举办“全市快递业发展大会”后，营造良好政策环境下的又一促进行业发展新成果。中国邮政集团公司上饶市分公司与上饶师范学院在江西邮政(上饶)电商智慧产业园签署战略合作协议，共同成立创新创业教育实训基地和大数据联合创新实验室，为行业进一步深化产教融合、人才培养和促进校企共赢发展打造新的平台。上饶市委市政府出台《关于推进物流业高质量跨越式发展的意见》，市邮政业获政策利好。刘斌副市长率队赴深圳参加了江西口岸经济招商推介会(粤港澳大湾区站)。这次推介活动，上饶市市共邀请了17名粤港澳地区客商参会，洽谈签订了横峰中通快递赣东北智能科技电商快递产业园等10个口岸经济合作项目，签约总金额约40亿元。

五、快递市场存在的突出问题

纵观江西省，总量不大、结构不优、竞争不强的业情没有改变，经济下行和基层企业经营困难的压力并存，安全监管形势严峻、行业监管力量不匹配的矛盾尚待解决，中高端供给不足和绿色发展水平不高的短板没有补齐。

山东省快递市场发展及管理情况

一、快递市场总体发展情况

2019年，山东省邮政行业业务总量累计完成718亿元，同比增长35.9%；业务收入(不包括邮政储蓄银行直接营业收入)累计完成430亿元，同比增长23.7%。其中，快递企业业务量累计完成28.9亿件，同比增长32%，比全国增速高8个百分点，居全国第五位，连续两年实现在全国排名赶超进位；业务收入累计完成288亿元，同比增长26.3%(表7-15)。支撑实物型网络零售额超2900亿元。

表7-15　2019年山东省快递服务企业发展情况

指标	单位	2019年		比上年同期增长(%)		占全部比例(%)	
		全年累计	12月份	全年累计	12月份	全年累计	12月份
快递业务量	万件	288856.17	32320.20	32.08	32.67	100.00	100.00
同城	万件	42009.57	4699.68	2.34	-4.73	14.54	14.54
异地	万件	245369.78	27477.85	39.19	42.62	84.95	85.02
国际及港澳台	万件	1476.82	142.67	8.34	-12.15	0.51	0.44
快递业务收入	亿元	288.35	30.23	26.25	29.81	100.00	100.00
同城	亿元	28.11	2.98	-9.26	-10.98	9.75	9.86
异地	亿元	191.88	19.66	30.53	31.13	66.55	65.02
国际及港澳台	亿元	19.06	1.78	23.33	27.09	6.61	5.88
其他	亿元	49.30	5.82	41.02	63.75	17.10	19.24

二、行业管理工作及主要成效

党建引领全局的作用更加突出，服务型机关建设迈出新步伐。坚持以党的建设统领全局，扎实开展“不忘初心、牢记使命”主题教育，深入推进全面从严治党，着力锻造政治过硬、干事创业、群众满意的干部队伍，不断加强服务型机关建设。扎实开展主题教育。在第一批主题教育中，紧扣“不忘初心、牢记使命”总要求，省局党组带头以读书班形式，开展习近平新时代中国特色社会主义思想、十九届四中全会精神等集中学习研讨5次，党组书记自己撰写材料，以“新时代主要任务和干部成长”为题带头上党课；组织党员干部赴房干精神纪念馆、山东省政府和八路军115师司令部旧址、原山艰苦创业纪念馆等接受现场教育；班子成员分别带队，围绕贯彻落实习近平总书记关于邮政业重要指示精神，深入一线调查研究，形成调研报告4篇，组织调研成果研讨会2次；党组成员认真打扫思想和政治上的灰尘，精心准备并开好专题民主生活会。在第二批主题教育中，省局党组抓早抓实抓细，注重发挥市局党组的积极性、主动性，组成三个指导组进行巡回指导，多次听取情况汇报并主持召开市局调研成果交流会，推动主题教育全面深入开展。各局坚持整改落实贯穿主题教育始终，聚焦群众关切的热点难点问题，扎实开展“8+3+1”专项整治，共检视整改问题182项，取得良好成效。

全面落实从严治党“两个责任”。落实党建主体责任，坚持把政治建设摆在首位，把增强“四个意识”、坚定“四个自信”、做到“两个维护”的要求落实到具体工作中。加强对党建工作全面领导，大力抓好基层党建，组织开展了“七一”系列现场教育，指导机关党委严格落实“三会一课”制度，开展主题党日、社区志愿服务和各类学习活动40多次。强化党风廉政建设，聚焦“关键少数”，着力压实各级“一把手”主体责任和纪检组长监督责任。举办政德教育、党组书记党风廉政主体责任落实和纪检组长履职能力提升等培训班。把全省分为东、西两个片区，通过分片区纪检监察工作新机制，锻炼纪检监察队伍，提升监督效能。针对32起系统内典型案例多次组织开展警示教育，参观泰安监狱接受“零距离”教育。加强日常监督，在节假日等时间节点紧盯“四风问题”，做好廉政提醒，做到警钟长鸣。

行业发展有新亮点，政策支撑有新突破。坚持发展第一要务，促进行业深入服务省委省政府乡村振兴战略和新旧动能转换战略，积极践行习近平总书记关于发展农村快递业务、拓宽农产品销售渠道的重要指示精神，强化导向引领和政策支持，在全国率先部署、大力开展快递服务现代农业和制造业“金银铜”牌项目创建工作，在各局大力推动下，取得了明显成效，打造了快递服务地方经济发展的“齐鲁样板”。

快递服务乡村振兴成效显著。着力构建服务农村电商发展的“快递高速公路”，积极推广快递综合服务站、共享配送、邮快合作等新模式，不断优化提升快递服务能力。全省备案乡镇快递服务网点达到7313个，其中村级网点2265个；村级邮乐购站点8.4万个，其中设在建制村的5万多个；快递集中进驻“淘宝村”450个（居全国第4位）；打造滨州兴福镇、菏泽大集镇等10多个快递服务特色小镇，支撑起产值80多亿元演艺服饰、草柳编等的网络销售。

立足山东省农产品资源优势和网销需求，大力开展“一市一品”“一地一品”争创“金银铜”牌工作，滨州冬枣、蒙阴蜜桃连续两年获评全国千万级金牌项目，在此基础上又新增烟台苹果、寿光蔬菜、金乡大蒜、青岛海鲜、日照海产品5个全国金牌项目（全国共新增20个），山东省金牌项目年度新增量和总量均居全国第一位。泰安桃木、德州扒鸡等农副产品寄递量也均超千万件。据不完全统计，全省快递服务现代农业“金银铜”牌项目已达36个，农产品快件量超过1.98亿件，支撑农产品网络零售额280亿元，全年农产品寄递量增幅

39%以上，比全省快递业务平均增速高7个百分点，服务农业成为新的增长极。

快递服务制造业加快发力。加快探索快递服务制造业的新途径、新方式，促进快递与制造业深度融合、协同发展。在巩固、拓展原有的邮政EMS服务中国重汽和青岛海尔项目的基础上，各局积极引导推动快递企业，针对地方特色制造业，挖掘潜在需求，创新服务模式，主动对接服务，培育出了一批"快递+制造业"成功项目。其中，威海渔具、博山玻璃、菏泽实木家具等12个项目年寄递量达到了千万件规模，曲阜印章刻制业务量高峰可达日均3万件，先后被中国邮政快递报专题报道，起到了良好的示范效应。其中，博山玻璃是淄博局立足优势传统产业，积极发掘、引导、催生的项目。这个项目说明，作为政府机关，引导发展是完全可行而且大有可为的。在服务生物医药等高端制造业方面，济南顺丰服务齐鲁制药等项目开端良好。目前，全省快递服务制造业"金银铜"牌项目已达48个、快件量超过2.24亿件，实现快递业务收入18.35亿元，支撑制造业产值超508亿元。全省快递服务制造业呈现出了势头正劲、规模效益逐步显现的良好态势。

行业人才建设实现历史性突破。根据国家邮政局部署，着眼于行业高质量发展和技术人才职业愿景的迫切需求，山东局认真开展了快递工程技术人员职称评审工作。各局作为"一把手"工程，真抓实干，一盘棋、一条心，在决战阶段短短的20多天内，全省上下积极发动、周密部署，你追我赶、加班加点，赶在"双11"旺季之前，顺利完成18个考点5600多名考生的考试组织工作，共有3414名从业人员喜获初、中级职称任职资格。在此基础上，又于12月份在泰安采取考评结合的方式，开展高级职称评审试点，经过严格评审，有2人获评高级工程师职称资格，取得了高级职称零的突破，实现了初、中、高级全系列覆盖，全面打通了快递专业技术人才职称晋升通道，整个工作走在了全国前列，完成了快递行业职称从无到壮大的历史性跨越，特别是参加考试人数、获得任职资格人数均位居全国邮政行业第一，也创了山东省历年来各行业职称评审人数之最，省人社厅对此给予高度评价，国家邮政局赞扬山东局为全国职称评审作出了突出贡献，在全国工作会上作了经验交流。此外，行业人才培训取得突破性进展，济宁局通过积极沟通对接，春节前后有望将快递员职业培训纳入政府财政专项培训补贴，使职业培训的道路更加广阔。

发展环境进一步优化。抓住从中央到地方大力倡导优化发展环境的有利契机，山东局立足邮政业实际，在加强发展引领和政策支撑上下功夫。在抓政策扶持方面，积极推进省政府《关于推进电子商务与快递物流协同发展的实施意见》落地实施，加快《山东省邮政条例》修订步伐，启动"十四五"规划编制，促进落实邮政业减税降费政策，全行业减负1.1亿元。同时，各局在争取地方政策支持上积极作为，济南、烟台等局争取到了政府产业奖励资金；济宁局积极推动邮政领域财政事权改革落地，相关支出被列入2020年地方预算。在抓模式引领方面，青岛、临沂获评"中国快递示范城市"，"一市一园"建设稳步推进，泰安、德州等新增快递园区24个，其中市级8个、县级16个，增加了接近1倍，总量达到57个，有效释放了发展动能，其中德州金茂源快递园区帮助快递企业降低了25%的运营成本。在抓放管服改革方面，认真贯彻落实新修订的《快递业务经营许可管理办法》，许可审批的流程进一步简化，许可审批平均办理时限压缩了1.5个工作日，末端网点备案申请材料由12种减少到7种。

企业寄递安全主体责任落实取得新成效，行业治理能力实现新提升。寄递安全监管全面加强。为了从根本上解决寄递安全问题，彻底解除压在监管干部心头的安全之忧，一年多来山东局全面抓好泰安经验推广，大力推动企业寄递安全主体责任制落实，聚焦寄递安全"三项制度"，狠抓彻底收寄验视源头治理，通过内部管控机制建设和网格化管理,实现了寄递安全在企业有机构抓、有专人管,一级抓一级、专职抓兼职、层层抓落实的可喜局面。山东省落实企业主体责任抓寄递安全的做法已经被市场监管司确定在全国市场监管会上进行交流。

快递市场和服务质量监管不断强化。坚守快递市场监管职责本位,把提升监管能力放在突出位置,更加注重监管机制作用发挥,注意研究把握监管难点、社会热点,创新举措、发力攻坚。加强对快递企业省级总部的监管,建立了省级总部联席会议制度和轮值主席制度,迈出企业自律共治的新步伐,有效调动了企业自治积极性,有力激发了网络总部强化内部管理的热情,得到了国家邮政局市场监管司关注和认可。加强对全省菜鸟网络的规范管理,完成2082处菜鸟服务站备案,实现了应备尽备。在韵达、百世等分拨中心试点,强化安检机应用管理,实事求是充分发挥安检机作用,探索了快件过机安检抽检新模式。清理规范479家地域范围异常快递企业,完成1.9万处快递末端网点备案,数量居全国前列。创新"双11""双12"旺季服务保障流量预警机制,工作成效获得省政府领导充分肯定。完善对各市局的业务指导和分片督导机制,定期编发《市场监管动态》,促进全省监管思路和步调更加统一。在泰安等局开展寄递服务质量整治提升试点,从规范服务用语入手,重点整治群众反映突出的快递不按址投递、虚假签收、服务态度差等热点难点问题,扎实做好快递末端服务违规收费整治。推进邮政业申诉改革,不断提高申诉处理水平,全省快递有效申诉量同比下降7成,通过申诉途径协调挽回消费者经济损失416万元,消费者对申诉处理满意率达到98.8%。

邮政业三大攻坚战推进有力,更贴近民生七件实事全面落地。把打好三大攻坚战和落实七件民生实事作为重要政治任务,与落实中央、省委提出的"六稳"目标相结合,从满足群众需求、回应社会关切入手,措施加码、力度加大,最大限度地贡献行业力量,作出了实实在在的成绩。

全力防范化解重大风险。坚持全行业严查严防严控,出色地完成了青岛海军节、新中国成立70周年庆祝活动等重大寄递安保任务,全省被国家邮政局通报的问题件数量远低于全国平均水平。扎实做好军运会、进博会等的寄递安保工作。按照国家邮政局部署,积极防范和处置好有关企业整合过程中的员工队伍稳定问题,使事故苗头未形成影响行业稳定的事件。省局连续两年被评为全省安全生产先进单位,省局市场监管处荣获省委新中国成立70周年安保维稳工作先进集体,1人获先进个人,青岛局受到海军节安保表彰。

务实做好精准扶贫工作。坚决贯彻中央脱贫攻坚部署,做到产业扶贫和驻村帮扶两手抓、两手硬。发挥产业扶贫优势,大力培育"电商+寄递"邮政精准扶贫项目,销售农产品3.5万多吨,带动1193户贫困户增收403.3万元。切实做好驻村帮扶工作,菏泽、临沂、威海等6个有扶贫村帮扶任务的局分别在争取扶助资金、农产品帮销、定点救济等方面做了大量有效的工作,受到扶贫对象好评。

扎实推进行业生态环保工作。认真贯彻落实习近平总书记关于防止过度包装的指示精神,出台《山东省邮政业生态环保工作实施方案》,坚持"先行一步、干在实处",超额完成"9581"工程各项目标任务。深入开展"邮来已久、绿动未来"宣传,组织开展全省生态环保工作互查评估。全省电子运单使用率达到99.6%,电商快件不再二次包装率达70%,循环中转袋省内使用率达到86.1%,设置包装废弃物回收装置2685个,新能源车辆配备新增2573辆,行业生态环保工作迈出坚实步伐。

着力落实更贴近民生七件实事。把落实更贴近民生七件实事作为检验为民服务解难题成效的标尺,在深入调研基础上,推出了一系列务实有效的举措。建制村直接通邮率达到100%,农村通邮水平进一步提升;14 个市出台快递车辆通行政策,2 万余台快递三轮车实现“四统一”管理;布放智能快件箱达 4.14 万组,箱递率达到 19%,超出全国平均箱递率近 1 倍,初步形成了宅递、箱递、站递互为补充的投递格局。大力推进“警邮合作”“税邮合作”,不断扩大“政邮合作”覆盖面,邮政服务全部进驻各地政务大厅。加强快递员关爱,组织快递小哥与人大代表、政协委员面对面座谈交流,表彰 11 名全省“最美快递员”,联合工会、共青团组织慰问快递员活动 70 余次,东营、日照等 6 个地市设立了快递员爱心驿站。

三、邮政法修订实施十周年

2009 年邮政法实施以来,山东省邮政快递行业在法治化轨道下,保持高速发展态势,快递双向流通优势进一步显现,行业治理水平不断优化,快递服务在惠民生、促发展方面发挥了越来越重要的作用,快递产业年均增速保持在 30% 以上,快递年业务量规模达 28.9 亿件,较 10 年前翻了五番,已跃居全国第五,支撑实物型网络零售额超 2900 亿元,提前一年实现十三五规划目标,邮政强省建设迈出新步伐。

十年来,山东省邮政管理局聚力快递行业先导优势,充分发挥项目的示范带动作用,着力抓好快递服务“乡村振兴”和制造业,促进快递与农业、制造业、电子商务等关联产业协同发展,打造了一大批“金银铜”牌项目,加快推进快递下乡,着力建网络、提水平、强功能、融产业;创新融合发展新模式,打开邮政业更高水平产业协同的突破口,有力促进了行业发展和转型升级。

十年来,山东省邮政管理局守住行业安全这一根本,坚决筑牢安全监管防线,尤其是近两年,抓住行业安全的源头漏洞,大力推动寄递安全企业主体责任落实,抓点带面的安全管理机制链条初见雏形,寄递安全的基石不断夯实;同时,坚持“以人民为中心”发展思想,抓寄递服务质量提升,较好地改善了群众用邮体验,消费者申诉逐步下降,让快递行业更有温度。

十年来,山东省邮政管理局坚持政治引领,狠抓队伍建设、作风建设,通过深入推进全面从严治党,扎实开展“两学一做”学习教育、“不忘初心、牢记使命”主题教育,切实抓好基层党组织建设,做到“一个支部一座堡垒、一名党员一面红旗”。注重在推进行业改革发展、攻坚重大任务的实践中,不断锻炼队伍、培养选拔人才,树立正确用人导向,调整优化干部队伍结构,全系统干部队伍素质加快提升,干事创业、积极进取的氛围越来越浓厚,锻造了一支政治过硬、作风过硬、步调一致、奋发进取的邮政管理干部队伍。

四、各市(地)主要管理工作概况

济南局积极推动快递与电商融合发展,争取市政府出台《济南市推进电子商务与快递物流协同发展的实施方案》,明确了快递末端公共属性,对加强城乡快递基础设施和网络建设、推动跨境电商与快递协同发展、提高科技应用和绿色发展水平等提出了切实可行的举措。方案突出强化政策和资金支持力度,要求综合利用服务业和商贸流通相关资金、服务业创新及公共基础设施建设等政府引导基金,加快电子商务与快递协同发展。方案提出培育打造电商物流协同发展主体、完善电商与快递物流基础设施、助力农村城市和跨境电商发展、规范便利快递配送车辆运营管理、提升智能化协同水平、发展绿色快递物流、建立健全协同发展服务体系等七个方面主要任务,列出 17 项具体措施。

青岛局立足区位优势,加快跨境寄递发展步伐。积极争取政策扶持,青岛市《关于落实支持新旧动能转换重大工程财政政策的实施意见》中,明确对跨境寄递业务本年度新增货邮给予 500 元/吨奖补。加强与海关、国际机场集团等部门沟通协调,发挥“航空快件绿色通道”机制作用,实现进、出口快件通行时间缩短近 30%。重点抓好跨境快递园区建设和市场培育,推动以青岛跨境电商产业园、李沧邮政跨境电商产业园等园区建设为纽带,打造一站式跨境综合服务平台,实现跨境寄递的"双促进、双提升"。其中,李沧邮政跨境电商产业园已注册入驻企业100余家,年均跨境寄递业务收入近1.8亿元。

临沂局弘扬"山东战邮精神",着力推动新时代沂蒙红色主题邮局建设,充分激发邮政文化传播力,已建成红色主题邮局13处、数量居全国首位。依托沂蒙红色文化资源和邮政网络资源,按照主题一致、各具特色原则,将邮政服务与特色红色文化进行融合,先后在沂蒙革命纪念馆、孟良崮战役纪念馆等红色景区,打造了红嫂邮局、沂蒙红色邮局、战时邮局、知青邮局等一系列富有新时代内涵的红色主题邮局。开发《五月花开 红遍沂蒙》纪念邮折、纪念封、纪念明信片等百余种文创产品,创新开展了"沂蒙红色邮局少年研学游"等集邮文化活动,与文旅局联合打造文化惠民旗舰店,先后推出了"全域旅游""产自临沂"等品牌推广活动,助力精准扶贫和乡村振兴。

日照局加快推进"快递+"农特产品创牌工程,立足岚山特色海产品优势,快递服务海产品年寄递量1074.22万件,入选国家局快递服务现代农业金牌项目。该局积极对接岚山区政府,将快递助农纳入《日照市岚山区电子商务发展扶持办法》,对于符合条件的快递企业一次性给予10万元资金扶持。鼓励和引导快递企业积极挖掘海产品寄递市场,从北京等地引入专业的电商运营团队,联合在拼多多、淘宝、抖音等平台进行海产品推广。针对海产品保鲜要求高的特点,在包装技术上不断改进升级,引导快递企业引进自动包装机,用锡纸包装、内置干冰替代传统冰块保鲜模式,温度可保持在零下78摄氏度,大大提高了保鲜效果。引导顺丰速运等快递企业开通运输专线,将冷链运输、揽收网点延伸到供应商包装一线,进一步优化作业流程,借助电商和快递将海产品卖向全国。

德州局充分发挥快递园区建设引领作用,以打造智慧园区、完善产业布局、拓展产业链条为目标,争取市交投集团投资3亿元建设金茂源快递园区,利用交通闲置资源,结合快递和电商等关联产业特点,新建智能分拣仓库、投入智能分拣和信息平台设备设施,2019年11月正式建成运营,首批入驻金茂源快递园区的申通、韵达、圆通3家企业已上线试点共享智能分拣,大大节省快递分拣作业时间和人力,每小时处理量达4万余件,操作效率提高2倍,分拣操作人员减少1/2,实现了进驻快递公司作业效率高效化、服务水平专业化的共拣、共配智慧化格局。

济宁局扎实推动邮政领域财政事权和支持责任改革落地,成功争取邮政领域相关经费纳入2020年度地方财政预算。《国家邮政局关于邮政领域中央与地方财政事权和支出责任划分改革实施的指导意见》印发后,该局结合全市邮政快递业实际,向市政府提交了邮政领域资金请示报告,济宁市市长、分管副市长分别作了批示。经积极与市财政局对接沟通,市财政部门同意按照国务院《交通运输领域中央与地方财政事权和支出责任划分改革方案》,为推进快递业新旧动能转换,根据财力情况按年度安排相应资金,支持农村快递电商、邮政业安全大数据指挥中心等项目建设。随后,相关经费正式纳入了2020年度济宁地方财政预算。

五、快递市场存在的突出问题

山东省传统产业"量大势弱"与新兴产业"势强力弱"并存,创新驱动发展能力不足,企业生产经营困难增加,经济发展仍面临不少困难和挑战。从山东省邮政业运行情况看,自身还存在不少短板和问题,快递规模与经济体量不匹配,区域快递总部大而不强,省内快递服务协同滞后,跨境快递发展仍未起势,这些都不同程度上制约了山东省邮政业的高质量发展。

河南省快递市场发展及管理情况

一、快递市场总体发展情况

2019年,河南省邮政行业业务总量累计完成590.5亿元,同比增长35.2;业务收入(不包括邮政储蓄银行直接营业收入)累计完成333.7亿元,同比增长20.2%。其中,快递企业业务量累计完成21.1亿件,同比增长38.3;业务收入累计完成188.6亿元,同比增长23.3%(表7-16)。

表7-16　2019年河南省快递服务企业发展情况

指　　标	单　　位	2019年		比上年同期增长(%)		占全部比例(%)	
		全年累计	12月份	全年累计	12月份	全年累计	12月份
快递业务量	万件	211093.21	23531.14	38.30	29.94	100.00	100.00
同城	万件	27086.31	2905.62	10.15	4.60	12.83	12.35
异地	万件	181865.98	20354.16	44.74	33.89	86.15	86.50
国际及港澳台	万件	2140.92	271.36	-10.32	111.46	1.01	1.15
快递业务收入	亿元	188.64	20.29	23.34	30.68	100.00	100.00
同城	亿元	17.34	1.75	-10.19	-10.32	9.19	8.64
异地	亿元	118.86	12.52	25.32	23.12	63.01	61.70
国际及港澳台	亿元	9.62	1.18	6.48	307.86	5.10	5.79
其他	亿元	42.82	4.84	43.87	55.44	22.70	23.86
快递业务投递量	万件	271463.89	27901.32	23.29	15.79	100.00	100.00

二、行业管理工作及主要成效

坚定不移推进全面从严治党。进一步强化政治建设的统领作用。认真贯彻落实《中共中央关于加强党的政治建设的意见》《中共国家邮政局党组关于加强党的政治建设的实施意见》,国家邮政局党组学习贯彻习近平总书记关于推进党的政治建设重要指示精神,进一步加强邮政管理系统党的建设有关要求,制定《中共河南省邮政管理局党组工作规则》《中共河南省邮政管理局党组讨论和决定的重大问题清单》,进一步提高省局党组工作制度化、规范化水平。深入开展党的政治纪律和政治规矩学习教育,切实加强对政治纪律和政治规矩执行情况的日常监督。印发实施《河南省邮政管理局党建工作领导小组2019年工作要点》,确保把党的领导和党的建设贯穿邮政管理工作各领域、全过程。三门峡局成立党建工作领导小组并修订完善局《党组工作规则》,鹤壁局制定“高质量党建重点项目矩阵管理表”,漯河局制定党组履行主体责任工作台账,建立主体责任清单,夯实党建责任。

进一步夯实思想建设的基础作用。扎实开展“不忘初心、牢记使命”主题教育,聚焦主题主线,按照“守初心、担使命、找差距、抓落实”总要求,把“学习教育、调查研究、检视问题、整改落实”贯穿始终。省局设立领导小组及办公室加强组织领导,派出6个指导组全过程全覆盖对市局开展督促指导。开展焦裕禄精神、红旗渠精神主题宣讲,编发主题教育评论文章汇编、重要文件汇编、应知应会手册,制作主题教育宣传展板4个,编发主题教育专题简报20期,在《中国邮政快递报》上对主题教育开展情况进行专版宣传。省局党组中心组理论学习11次,支部学习17次,主题教育领导小组集中研学9次。党组书记、党组成员、支部书记等讲党课7次，征集主题教育意见建议84条，党组成员带头深入农村边远地区、矛盾集中地区就行业发展困难关键点展开督导调研，全省共形成调研报告35篇。带头开好专题民主生活会，深刻剖析6个方面32条问题，研究制定主题教育问题整改方案，提出49条整改措施，上下联动，扎实推进主题教育期间整改落实工作。推动全省各级党组织开展重温入党志愿书、入党誓词、共产党宣言，集体过政治生日等活动，利用庆祝“七一”“十一”、五四运动100周年、新中国成立70周年等重要节点组织开展主题党日活动。省局机关各支部分别赴竹沟革命纪念馆、二七纪念塔等地开展红色革命教育，赴省博物院参观学习“不忘初心、牢记使命”主题教育档案文献展。安阳、漯河、新乡、信阳等局分别组织党员干部赴冀鲁豫、井冈山、大别山、桐柏革命纪念馆等教育基地开展红色教育。

进一步凸显组织建设的保障作用。充分发挥省局党建工作领导小组及办公室的作用。调整内设机构，成立党建办公室。认真落实《中国共产党支部工作条例（试行）》，扎实推进党支部标准化、规范化建设，省局4个支部进行了调整并完成党支部换届工作。开展“两优一先”评选表彰，充分发挥基层党组织的战斗堡垒作用和党员先锋模范作用。把行业精神文明建设作为党建的有力抓手，积极组织向其美多吉等先进典型学习，积极参加第三届“寻找最美快递员”推选活动。焦作、南阳、周口等局荣获当地先进基层党组织、和谐机关等多项荣誉称号。开封局“省级文明单位标兵”创建已通过验收、公示，平顶山局通过省级文明单位复核。洛阳、许昌、周口等局积极开展“最美快递员”推选活动。郑州、新乡、焦作、南阳等局积极开展向其美多吉学习活动。深入学习贯彻习近平总书记关于邮政业和“快递小哥”的重要指示精神，强化“抓行业也要抓党建”责任意识，大力推进非公党建。积极组织参与青年文明号、青年安全示范岗创建等活动。协调省、市快递协会共建联建快递员爱心驿站、关爱站等服务阵地共计723个；全省出台针对关心关爱快递员意见政策、措施等文件4个；省局、各市局与其他有关部门和机构建立联席会议机制或签订合作协议14个。截至2019年底，全省快递企业非公党组织15个，团组织2个，妇联2个，工会组织19个。开封局大力推动快递“爱心小站”建设，洛阳局积极推动快递“爱心驿站”建设，安阳局联合共青团安阳市委组建安阳市快递协会团工委，许昌联合团市委共同开展“走进快递小哥——共青团与人大代表、政协委员面对面”调研座谈会，郑州、开封、安阳、周口、驻马店等市局扎实推动非公快递企业党组织建设，成效明显。有关工作得到了省直机关工委的肯定。

进一步强化能力建设的导向作用。印发《2019年中共河南省邮政管理局党组理论学习中心组学习计划》，提升集中学习的计划性和规范性。在全省掀起依托“学习强国”学习平台随时随地主动学习的热潮，郑州、开封、平顶山、安阳、许昌等市局充分利用“学习强国”大兴学习之风，其中许昌局在许昌市88个单位“学习强国”积分考核中排名第一。通过下发要点、签订责任清单、党建工作推进会、调研督导等方式，切实提高党建工作和业务工作履职能力，严格落实“一岗双责”。先后举办全省邮政管理系统人事、规划政策、新闻宣传、市场监管、普遍服务监督、依法行政、党建、纪检监察干部培训班，组织开展宪法知识学习讲座，举行宪法宣誓仪式，干部队伍综合能力素质得到进一步提升。

进一步聚焦作风建设的关键作用。召开全省邮政管理系统党风廉政建设工作电视电话会议，印发《全省邮政管理系统2019年党风廉政建设工作要点》，对2019年党风廉政建设和反腐败工作进行全面部署。及时下发中秋、国庆、春节等各类节日期间严格落实中央八项规定精神的通知，开展节前集体廉政谈话，确保廉洁过节。更加注重发挥巡视巡察“利剑”作用，推动全面从严治党向基层延伸、向纵深发展。共派出11个巡察组分2批对全省11个市局开展政治巡察，在2018年工作基础上，实现全省邮政管理系统政治巡察全覆盖。

着力推动行业高质量发展。持续推动政策落实。推动省政府出台《关于推进电子商务与快递物流协同发展的实施意见》，进一步明确电子商务与快递物流协同发展目标任务、工作重点和责任分工。积极推动《河南省促进物流业转型发展若干措施》落实，组织企业申报安检设备配置、快递物流园区示范、营业网点标准化项目共427个、转型发展项目资金总额预计突破1000万元。郑州、洛阳、安阳、濮阳、三门峡、周口、驻马店等局积极落实有关工作部署，推动地方政府出台市级层面有关政策文件，为行业发展争取更好的政策环境。积极推动《关于在已腾退办公用房中统筹调剂优先解决省级以下邮政管理机构办公业务用房的通知》落到实处，洛阳、鹤壁、周口、驻马店等局办公业务用房由当地政府调剂解决，开封、信阳等局办公业务用房由当地交通运输部门协调解决。

着力优化行业布局。引导快递物流企业完善和优化快递物流网络布局，推进全国性快递集散交换中心、中国邮政航空邮件处理中心、京东亚洲一号仓、顺丰产业园、漯河圆通分拨中心、漯河申通分拨中心等一批重点项目建设，郑州圆通快递物流园、中通快递物流园、泽辉物流园、河南顺丰华中区域分拨中心、德邦中原枢纽中心园区等5个园区获得省级快递物流示范园区称号。大力支持漯河局开展中国快递示范城市创建工作，漯河市荣获中国快递示范城市称号。全省已形成以郑州为中心，漯河为副中心，洛阳、商丘、南阳为骨干节点，其他市县为区域中心的快递物流网络，网络功能布局进一步优化，网络覆盖辐射功能进一步增强，行业基础服务保障能力持续提高。

努力提升服务能力。统筹推进城乡末端物流网络体系建设，鼓励企业联合设立快递末端综合服务场所开展投递服务合作，促进快递末端配送集约化发展，共设立社区末端综合服务站7703个。鼓励将智能快件箱推广纳入便民服务、民生工程等项目，加快社区、高等院校、商务中心、地铁站周边等末端节点布局，截至2019年底，全省智能快件箱累计投入使用21983组，已形成上门投递、智能快件箱投递和公共服务站投递等互为补充的末端投递服务格局。积极优化农村快递资源配置，着力健全县级物流配送中心、乡镇配送节点、村级公共服务点为支撑的农村配送网络，推动各县（市）在交通便捷的区域建设日处理快件能力20万件以上的快件处理中心（配送中心），引导快递物流集聚。支持快递企业探索开展“快递进村”工程，鼓励快递企业在较大的行政村，利用现有商务、交通、供销等资源，设立合作网点或末端备案网点，逐步形成“县级法人＋乡镇分支＋村级末端”和“县级分拨＋乡镇营业集散＋村级营业”的布局，缩小城乡差距，助力乡村振兴。全省快递网点乡镇覆盖率连续3年保持100%，共在1800个乡镇设立快递网点3251个，平均每个乡镇拥有快递网点1.8个，其中15个特色小镇设立快递网点32个。鹤壁局联合市公安局出台鹤壁市邮政业车辆统一规范管理文件，彻底解决邮件快件投递“最后一公里”难题。

坚持畅通跨境通道。积极参与河南自贸区、空中丝绸之路、跨境电商综试区等重大项目建设，郑州机场邮件快件“绿色通道”建设成效显著，申通快递实现航空快件安检前移，充分利用郑州机场国际航线资源，拓展跨境快件的直运、直封、直发业务。国际航空快件集散中心项目稳步推进，郑州邮政口岸已开通33个国家（地区）41个城市的直封关系，直封比例达到85%，其中19个国家（地区）27个城市实现郑州直航出境，直航比例达到85%，助推“买全球、卖全球”目标逐步实现。开通郑州至比利时首条跨境电商班列“菜鸟号”，每周两班，业务服务范围覆盖华东、华南地区及周边城市，带动形成了“一带一路”沿线国家物流新格局。

支持邮政企业做强做优做大。继续支持邮政企业培育“农特产品＋寄递”扶贫项目，培育特色农产品品牌,做大做强“一市一品”项目。积极争取地方邮政普遍服务的保障支持政策,打造邮政行业国家队。鼓励企业加快产品服务创新,打造快速稳定的邮政寄递网,做强做优做大寄递主业。

扎实有效打好三大攻坚战。全力做好行业安全稳定工作。圆满完成全国两会、第二届“一带一路”国际合作高峰论坛、北京世界园艺博览会、亚洲文明对话大会、第十一届少数民族传统体育运动会、新中国成立70周年庆祝活动、第七届世界军人运动会、第二届国际进口博览会等重大节庆活动的安保工作,全省未发生寄递渠道重大安全事件和维稳事件。聚焦重点领域,开展专项治理行动。重点在涉枪涉爆物品、毒品、危化品、假冒伪劣产品、反恐(涉港敏感物资、符号化民用物品)、消防、烟草寄递等重点领域开展清查行动,查堵仿真手枪模型、仿真定时爆炸装置、三氯化磷等违禁品7个批次共9件;加强事故隐患排查,先后开展2019安全生产事故隐患大暗访大排查大整治大执法攻坚行动、全省寄递渠道安全跨区域互查行动、全省寄递渠道“防风险除隐患保平安迎大庆”攻坚行动、烟草打假专项行动、实名收寄专项整治行动、全省寄递渠道反恐安保和安全生产“隐患清零”专项行动等,累计检查场所3350个,排查发现隐患线索734条;组织开展督导检查11次,联合惩戒3次,约谈企业网点83个,通报违法违规企业网点276个,停业整顿违法违规网点54个,关停网点7个,罚款115.43万元。要求全省各寄递企业认真落实《邮件快件收寄验视规定(试行)》《禁止寄递物品管理规定》《邮件快件实名收寄管理办法》等有关要求,切实落实“三项制度”。截至2019年底,全省全年实名收寄信息化率达99.51%。全省常用安检机893台,其中具有联网功能数量473台;全省929专职安检员中具备四级以上民航安全检查员职业资格17人,具备国家邮政局邮政业安全中心结业证书218人。举办2019年河南省“平安寄递大讲堂”6期,参训近500人次。组织开展禁毒宣传月、食品安全周、“快递服务你我他,寄递安全靠大家”等主题宣传咨询活动,“防范火灾风险,促进安全发展”送法入企业活动。举办全省邮政管理系统安全管理工作培训班,召开各类企业安全管理及安全生产专题培训会议7次,企业累计参会200余人次;对全省寄递企业安全生产管理机构建设情况开展建档摸排,对1929名专(兼)职安全员、863名副总及以上安全生产负责人进行信息统计归档,督促企业省级总部强化全网寄递安全统一管理。组织开展全省寄递渠道安全跨区域互查行动,推动企业主体责任进一步落实。按照国家邮政局“绿盾”工程建设部署,充分利用“互联网+”等技术手段,逐步形成省、市、县三级分拨处理中心视频联网监管体系。充分发挥全省邮件、快件寄递渠道安全管理领导小组联席作用,召开专题会议并联合公安、国家安全等部门对寄递企业分拨中心和快递企业营业网点贯彻落实“三项制度”执行情况、涉枪涉爆、反恐怖防控情况、安全设施配备情况、现场管理情况等方面进行全面检查。

大力推动行业助力精准脱贫。持续推进建制村直接通邮。迅速组织落实建制村投递服务信息化监督工作,完成全省44763个建制村信息导入和建制村坐标信息采集工作,建制村投递员坐标日打卡率达到99%以上。全省建成村邮乐购站点42504个、运营41264个,新建国家级贫困县邮乐标准地方馆22个。持续打造“一地一品”精品示范项目,培育出南阳猕猴桃、光山羽绒服、荥阳河阴石榴、宁陵酥梨、洛阳上戈苹果、新安樱桃、新郑大枣、温县铁棍山药、信阳毛尖等32款销售过万单农特产品,带动实现产业扶贫总产值突破一亿元。改善末端投递服务质量,支持邮政企业将村邮站、便民服务站叠加快递农村公共取送功能,鼓励快递企业与邮政企业开展农村快递业务合作。推广智能投递设施。积极探索智能信包箱建设新途径,推广智能信包箱建设。

持续推动行业绿色发展。制定出台《河南省邮政管理局关于全面加强生态环境保护坚决打好污染防治攻坚战的实施意见》《河南省推进快递业绿色包装三年行动计划》《河南省邮政管理局2019年行业生态环境保护工作要点》,梳理出23项重点工作,8项重点任务。组织召开全省寄递企业绿色包装座谈会和绿色邮政发展推介会。精心办理省政协“关于加强快递行业绿色发展”的提案,争取社会各界关注和支持,取得良好效果。结合“3·15”消费者权益保护日在全省范围内开展行业绿色发展宣传。在全省组织开展“邮来已久、绿动未来”主题宣传活动。落实“9571”工程工作部署,将快递包装回收容器配置纳入快递转型发展资金支持领域,强化资金引导功能。全省电子运单使用率达到99.7%以上,85%以上电商快件不再二次包装,循环中转袋使用率达到80%,在1965个邮政快递营业网点设置包装废弃物回收装置。总结培树绿色发展典型,形成示范带动效应。圆通、申通等电子运单使用率达到100%。邮政、圆通、京东等推进胶带“瘦身”,京东3层纸箱使用比例超过95%,缓冲包装的厚度降低25%~35%。推广应用循环中转袋、循环快递盒,顺丰投入丰·BOX,京东实施纸箱、泡沫箱回收计划以及青流箱循环使用。寄递企业中转袋循环使用70万次。通过购买、租赁等形式新增或更新投递用车930辆,新能源车辆比例大幅提高。持续推进国家邮政局“绿盾”工程建设,指导各市局开展基础状况摸排,加快工程建设进度。

有效提升政府管理水平。建设高素质专业化从业队伍。制定《河南省邮政管理局2019年培训计划》,全年共组织各类培训13次,参训人员600余人次。组织省市局干部参加网络培训,参训率、完成率均达到100%。组织开展全省邮政管理系统非领导职务公务员职级套转和任免。积极做好援疆援藏援青工作,选派杨澎波、李光远2名同志赴疆任职。印发《关于组织开展全系统干部人事档案专项审核大起底大排查的通知》,组织省市局扎实开展档案起底排查各项工作。组织开展干部队伍思想状况与需求专题调研,收回调查问卷140余份,为调研分析提供了可靠依据。积极推进快递工程技术人员职称评审工作,截至2019年底,全省已累计申报567人,人社部门评审通过154人,待审核413人。联合河南省国防邮电工会、河南省人力资源和社会保障厅组织开展2019年全国邮政行业职业技能大赛河南省选拔赛,促进从业人员技能提升。培育行业优秀人才,河南省邮政分公司赵征入选年度科技英才推进计划,邮政公司郭动花、顺丰公司曹小鹏入选年度技术能手推进计划。

强化快递市场监管。继续实施“双随机、一公开”,全年全省各级邮政管理部门出动执法人员9431人次,执法检查4493次,查处违法违规行为912次,办理邮政市场行政处罚案件562件,罚款244.3万元。持续开展快递末端服务违规收费清理整顿,确保末端网点可持续、健康、有序发展。加强集邮市场和邮政用品用具市场监管,印发《关于开展2019年邮政用品用具检查和产品质量抽检工作的通知》,开展检查和抽检工作,全省共抽检检查11个企业的60余种邮政用品用具产品。对使用邮政用品用具不符合标准的10家快递企业进行集体约谈。完成消费者申诉工作体系试点建设,印发实施方案,制定和完善受理申投诉、内部管理、工作考核、奖励惩罚等各项制度,推动整体工作走向规范化、制度化。

继续深化放管服改革。进一步优化许可办理流程,理顺省市两级邮政管理机构职责分工,压减全程审批时限。快递业务经营许可全流程压减至22天,比法定时限少23天,许可申请核查审批、许可变更审批、许可申请审批平均办结时间分别压减至5.7天、8.1天和12.6天。在全省范围内部署开展违规快递业务经营许可问题专项治理,先后注销法人企业40家,整改超地域范围企业101家。有效落实新一轮减税降费政策,前三季度,全省邮政企业减税降费金额达到3594.92万元;快递企业减税降费金额达到1604.1万元。加快推进行业信用体系建设,组织召开企业座谈会,就行业发展、“绿色邮政”建设、关爱基层从业者等多方面问题进行深入的交流和探讨，完善管理办法和评定指标。坚持服务为民，认真做好邮政业消费者申诉工作。截至11月份，全省通过“12305”邮政行业消费者申诉电话、申诉网站、微信、局长信箱共处理消费者申诉17428件，向市场监管部门移送违法行为线索118起，累计为消费者挽回经济损失共计约143.5万元。安阳、信阳、新乡、焦作、濮阳等局大力推进邮政综合服务平台建设，鹤壁局指导快递企业积极探索快递配送新模式“递管家”，积极督导企业深入开展税邮、警邮等合作项目，不断提升邮政综合服务能力水平。

提升支撑保障水平。开展政策研究与专题调研，根据国家邮政局《关于开展2019年邮政行业经济运行重点专题调研分析工作的通知》，制定河南省“跨境寄递基础设施优化和服务模式创新研究”专题调研方案，联合广东、黑龙江、新疆三省局开展调研，并形成专题调研报告。编制综合立体交通规划邮政篇，做好邮政业“十四五”规划前期工作。配合省交通运输厅，完成《河南省综合立体交通网规划(2021—2050年)邮政专项研究报告(初稿)》编制工作。印发河南省邮政业“十四五”规划编制工作方案，为规划编制夯实基础。推进法治邮政建设，制定2019年全省邮政法规工作要点，明确本年度重点法治工作内容。依法办理行政应诉案件10起。开展规范性文件备案和清理工作。完成执法证年审与年度依法行政考核工作。开展邮政行政执法案卷抽查，组织对2018年全省邮政行政执法案件卷宗进行抽查，共调取行政处罚案卷37案74卷，快递业务经营行政许可与注销案卷2卷。做好政协提案办理工作。做好政府信息公开工作。做好行业统计工作，保证统计数据真实性、准确性。做好邮政业“三新”单位核实认定工作，已全部按时完成对2703家企业的核实认定。充分发挥新闻宣传工作的窗口载体作用，做好重大政策、重大活动、重点工作的宣传支撑和服务保障。连续五年荣获国家邮政局系统先进记者站、优秀站长、优秀特约记者、优秀通讯员等全部4个奖项。持续做好保密、信访、机要、信息公开、财务管理、后勤保障等各项基础保障工作。扎实有序推进河南省邮政领域中央与地方财政事权和支出责任划分改革工作，鹤壁局地方政府考核奖金、津贴补贴30万元纳入每年地方财政预算。漯河局推动城区农村快递末端网点建设专项经费100万元列入地方财政预算。

三、邮政法修订实施十周年

邮政法修订实施十年来，河南省邮政管理局积极推动法律宣贯落实，加强配套制度建设，提升依法行政能力，创新监管方式方法，争取地方政策支持，优化行业发展环境，保障了全省邮政业健康持续发展。

一是营商环境持续优化，行业规模不断扩大。《河南省人民政府关于促进快递服务业发展的意见》《河南省快递物流转型发展工作方案》《河南省促进物流业转型发展若干措施》等多项地方利好政策陆续出台。全省17个地市也都出台了促进快递服务业发展的相关文件、快递物流转型发展工作方案，为行业发展提供了良好环境。执法监管能力显著提升。鹤壁市局、开封市局、周口市局、焦作市局先后入选全省第一批、第二批、第三批服务型执法示范点，驻马店局入选全市服务型行政执法示范点，省局推进服务型行政执法建设工作的做法也被评为全省20个典型经验之一。十年来，全省邮政业持续健康发展，全省邮政行业业务总量从57.18亿元增长至590.45亿元，邮政行业业务收入从47.38亿元增长至333.73亿元。其中快递业务收入和业务量年均增长率分别达到37.2%和48.9%

二是制度建设成效明显，法治能力显著提升。通过开辟网站宣传专栏、接受媒体专访、发表署名文章等，全方位多渠道开展宣传；组织开展机关、行业、社会多层面的邮政法学习活动；联合原省政府法制办等十部门建立了全省联合推进邮政法执法工作协调机制，配合省人大开展“一法两条例”执法调查。及时推动《河南省邮政条例》修订工作，细化了地方各级政府保障邮政普遍服务的职责和具体措施，重申了对邮政、快递企业提高服务质量和水平的要求，同时对鼓励和引导快递业健康发展作出了规定。10年来，陆续制定出台了《河南省邮政村邮站监督管理办法（试行）》《河南省邮政市场监督检查办法（试行）》《住宅楼房信报箱验收工作程序（暂行）》《河南省邮政普遍服务监督检查工作程序（暂行）》《河南省邮政管理局邮政行政执法信息公开制度（暂行）》《河南省邮政管理系统法律顾问工作规定》《河南省邮政管理部门随机抽查工作办法（试行）》《河南省邮政管理局合同管理办法》等文件，健全了行业监督检查工作规范，也推进了执法信息公开制度、法律顾问制度、合同审查制度等全面落实。

三是市场秩序依法规范，服务支撑能力显著提升。2016年以来，推动成立河南省邮政安全发展中心、10个省直管县邮政管理局、济源市邮政管理局、开封尉氏邮政管理局。“安全用邮”环境持续健全，全省寄递企业共配置X光安检机897台，2018年12月全省实名收寄信息化率平均值已达99.3%。扎实推进社会治安综合治理，2018年获得“综治和平安建设工作优秀单位”荣誉称号。行业绿色发展水平不断提高，制定印发《河南省推进快递业绿色包装三年行动计划实施方案（2018—2020年）》，鹤壁作为全国五个“绿色邮政”示范城市之一，率先召开了“绿色邮政”示范城市建设启动大会。助力脱贫攻坚取得成效，深入推进“邮政在乡”工程，持续推进“快递下乡”工程。

四、各市（地）主要管理工作概况

信阳局推动“交邮合作”，完善“快递下乡”。2019年9月17日，习近平总书记在河南省信阳市光山县考察调研时强调，要积极发展农村电子商务和快递业务，拓宽农产品销售渠道，增加农民收入等。信阳局围绕贯彻落实习近平总书记重要指示精神，因地制宜，整合资源，在潢川县卜塔集镇和白店乡建成两个乡镇综合服务平台，试点推进交、邮、快、电融合发展。

安阳局全面启动快递业绿色配送。安阳作为全国绿色货运配送示范工程创建城市，快递业率先响应，全年新增快递新能源汽车56辆，规范绿色快递三轮车1500余辆，新增快递包装废弃物回收装置126个，建成6个标准化绿色快递分拨中心和87家快递末端绿色配送网点，电子面单使用率达到99.1%。

新乡局发放开办服务站许可，新业态准入迈出实质性步伐。第一批办理服务站20个，今后会持续为企业开办服务站许可工作提供指导和服务。

许昌局推动快递行业绿色发展。配合许昌市成功创建“无废城市”试点，推动快递企业绿色发展，“瘦身胶带”封装使用比例88%；电商快件不再二次包装率达79%；循环中转袋使用率51%；共81个网点设置标准包装废弃物回收装置。

鹤壁局促成河南省邮政管理局与鹤壁市政府签订《关于建设高质量发展城市的战略合作协议》，围绕邮政行业安全、绿色环保、末端建设等方面对鹤壁市邮政业提供支持，为促进鹤壁邮政业高质量发展打下良好基础。联合公安局下发《关于规范鹤壁市邮政快递干线运输车辆和电动三轮车管理的通知》，全面规范邮政快递干线运输和投递专用电动三轮车的管理。促进鹤壁市政府出台《鹤壁市促进物流业转型发展若干措施》（鹤政〔2019〕22号），在末端配送、智能投递、绿色发展等方面给予量化优惠政策。

三门峡快递首次被写进政府工作报告。政府对快递物流的支持进一步加强，快递首次被写进市政府工作报告。三门峡局以省市政府大力支持快递物流发展为契机，加强与商务等部门的沟通协调，促进了《三门峡市开放平台建设工作方案》等多重利好政策的出台，快递物流从基金奖励、用地保障、税费减免、车辆通行等方面得到了切实可行的支持措施。

五、快递市场存在的突出问题

“超地域范围经营”现象较为严重。“跨区经营”(跨省经营、跨市经营、跨县经营)问题突出,法人企业和基层网点为完成上级制定的业务量指标,会利用一切资源,抢夺客户。一是跨县经营,邮政法规无禁止。现有快递业务经营许可地域范围仅规定到“省辖(地)市”级,对“县”和“区”未作明确规定,法人企业只要在本“市”经营快递,邮政管理部门很难认定其“超地域范围经营”,只能依靠上级企业规范,而上级企业又是制定业务量的主体,会出现“纵容”或“默认”等态度。二是对超地域范围经营,行政处罚措施与企业受益不对等。企业“超地域范围经营”主要针对电商大客户,每天出港少则几千单,多则上万单,因此而产生的受益在几千元至几万元。邮政管理部门即便克服“调查难、取证难、人员紧张、经费紧张”等困难,对涉事企业给予行政处罚,单次最高罚款额度与企业受益存在较大差距,企业仍会冒险违规经营。主要影响:快递价格持续走低,行业正常利润难以保障,发展后劲不足。

“黄牛倒件”问题严重。此工作问题较为复杂,我局专门开展调研,尚未找到行之有效的解决办法。主要影响:扰乱快递市场秩序,造成快递企业之间市场占有率大幅波动,快递网点稳定受到冲击;寄递安全难以保障,“三项制度”执行不到位;无序竞争影响快递进村等政策执行;扰乱快递行业生态,造成众多社会问题。

湖北省快递市场发展及管理情况

一、快递市场总体发展情况

2019 年,湖北省邮政行业业务总量累计完成 461.2 亿元,同比增长 33.6%;业务收入(不包括邮政储蓄银行直接营业收入)累计完成 272 亿元,同比增长 17.9%。其中,快递企业业务量累计完成 16.9 亿件,同比增长 24.5%;业务收入累计完成 173.9 亿元,同比增长 21%(表 7-17)。行业量收规模处于全国第一方阵、中部领先位置。带动社会就业 10 万人,支撑省内网络零售额 2100 亿元。

表 7-17 2019 年湖北省快递服务企业发展情况

指　　标	单　　位	2019 年		比上年同期增长(%)		占全部比例(%)	
		全年累计	12 月份	全年累计	12 月份	全年累计	12 月份
快递业务量	万件	168499.77	17209.49	24.53	18.52	100.00	100.00
同城	万件	29286.43	2557.35	-7.45	-24.79	17.38	14.86
异地	万件	137647.21	14489.77	34.62	31.94	81.69	84.20
国际及港澳台	万件	1566.13	162.36	10.57	18.33	0.93	0.94
快递业务收入	亿元	173.89	17.83	20.95	23.17	100.00	100.00
同城	亿元	21.07	1.86	-12.90	-20.46	12.11	10.45
异地	亿元	102.44	10.05	29.33	27.23	58.91	56.33
国际及港澳台	亿元	7.62	0.77	18.56	52.33	4.38	4.32
其他	亿元	42.76	5.15	25.96	38.01	24.59	28.90

二、行业管理工作及主要成效

坚持全面从严治党，为行业发展营造良好政治生态。加强全省邮政管理系统党的建设。深入贯彻落实习近平总书记关于推进中央和国家机关党的政治建设重要指示精神，出台了《关于加强党的政治建设的实施细则》《关于加强和改进省局机关党的建设的实施方案》。召开了2019年全省系统党建、党风廉政工作会议，制定省局党建工作领导小组2019年工作要点，对全年党建和党风廉政建设工作统一部署，压紧压实管党治党主体责任。定期研究党建工作，省局组织学习习近平总书记重要指示批示和讲话精神16次，组织党组中心组集体学习研讨10次。深入贯彻落实《中国共产党重大事项请示报告条例》实施办法，严格执行《关于新形势下党内政治生活的若干准则》，落实民主生活会、组织生活会制度，按要求开展民主评议党员，进一步规范主题党日活动。贯彻落实《中国共产党支部工作条例》，对省局机关各党支部进行调整、并指导完成支部书记改选。以“党旗引领·大‘邮’可为”为引擎，推动非公快递企业党的建设，目前全省已建立党组织的快递企业有19家、设立党组织21个，党员人数519人，推动非公快递企业党的组织和党的工作两个覆盖率不断提升。省局机关各党支部与湖北顺丰速运有限公司党支部联合开展“弘扬五四精神 争做有为青年”主题党日活动，指导快递企业党支部进一步落实“三会一课”制度、提高组织生活质量。

持之以恒正风肃纪。严格贯彻落实中央八项规定及其实施细则精神，紧盯重要时间节点进行廉政提醒，严防“四风”反弹。省局制定了《关于解决形式主义突出问题切实为基层减负的实施方案》，今年以来省局发文数同比减少了30%，会议数同比减少了50%。进一步贯彻落实密切联系群众改进调研工作有关规定，深入基层及时发现、解决矛盾和问题。落实驻部纪检监察组政治督导要求，开展了扶贫领域腐败和作风问题、违规实施快递经营许可、末端违规收费等专项治理工作。全省邮政管理部门认真开展第二十个党风廉政宣传教育月活动。开展廉政防控工作，盯紧重要节点开展廉政警示教育，开展家庭助廉活动。落实领导干部廉政谈话制度，对新任职的10名党员领导干部开展廉政谈话。开展条例、监察法专题学习和知识测试。严格开展监督执纪，完成对7个市(州)局巡察，实现全省系统首轮巡察全覆盖，对巡察整改落实情况开展“回头看”，对巡察发现、群众举报、财务管理等方面问题进行严肃处理，对5人次进行了诫勉谈话，全年5件纪检信访件全部办结，进一步锻炼了队伍。

坚定政治站位，深入开展“不忘初心、牢记使命”主题教育。全省邮政管理系统认真贯彻党中央统一部署，深入贯彻落实习近平总书记关于邮政业重要指示精神，聚焦主题主线，按照“守初心、担使命、找差距、抓落实”总要求，把学习教育、调查研究、检视问题、整改落实贯穿始终。省局和武汉局第一批开展、其他市(州)局第二批开展主题教育。一是专题研究，积极部署。省局党组主题教育领导小组多次召开会议，专题学习中央、国家邮政局主题教育领导小组文件精神，研究开展主题教育有关工作。二是制订方案，明确要求。印发了第一批、第二批“不忘初心、牢记使命”主题教育实施方案和主要任务和重大活动提示单。三是加强指导，有序推进。省局成立了5个指导组，结合国家邮政局指导组要求，坚持问题导向，针对各单位存在的问题有针对性地开展指导。四是抓住关键，开展培训。省局举办了“不忘初心、牢记使命”主题教育培训班，组织全省系统处级干部开展革命传统教育，并开展“不忘初心、牢记使命”专题辅导，切实引导党员干部增强党性、提高能力。五是紧抓不放，抓好整改。认真开展“8+3+1”专项整治，建立完善贯彻落实习近平总书记关于邮政业重要指示精神工作台账，实施问题清单销号制度，确保各项整改措施落到实处。

践行新发展理念，促进全省邮政业提质增效。

营造良好的行业发展环境。积极推进减税降费政策在全省邮政行业落地见效,开展深入调研、召开专题会议部署、开展专题培训、广泛宣传,指导企业进一步掌握新一轮减税降费政策,2019 年帮助全省邮政和快递企业减免各类税费 5000 万元。继续推动落实《省政府办公厅关于推进电子商务与快递物流协同发展的实施意见》,又有随州、襄阳、武汉、鄂州、荆门、荆州出台了落地实施意见。省局联合省交通厅、省商务厅、省扶贫办印发《关于加快推进全省“快递下乡进村”工作的实施意见》,联合省公安厅出台《关于规范和优化全省快递服务车辆通行管理的意见》。

强化基础能力建设。累计建设村邮乐购站点 30817 个,覆盖所有建制村,均叠加电商功能。推进邮政设施强基工程,推动农村地区局所改造项目加快落实。邮政企业拓展跨境业务,国际快递直航发运占比提升至 90%。新增快递分支机构和备案网点 1174 个,全省快递网点累计达 5785 个。快递服务在湖北省乡镇 100% 全覆盖、村级覆盖率达 71%。全省智能快件箱达 13122 组,箱递率达 12%。有效衔接综合交通运输体系,湖北国际物流核心枢纽项目进展顺利。全省快递企业 2019 年在建或已竣工项目共 23 个,投资总金额 447.331 亿元,建筑面积 75.98 万平方米。2019 年全省分拨中心场地新增 14.8 万平方米、新增自动化分拣流水线 8 条、新增邮政快递(货运和散航)航线 38 条、新增高铁邮路 7 条、新增省际和省内运输班线 601 条、新增省际和省内干线车辆 1523 台。

推动产业融合发展。邮政企业积极服务“互联网 +”政务工作。在全省 104 个政务中心行政服务中心已经全部驻点,劳动人事争议仲裁专递在全省已全面启动。税邮合作实现全省全覆盖,代征国税、地税税款数量居全国前列,武汉邮政建立“税邮云仓”综合服务平台,警邮合作项目实现省内各市(州)全覆盖。全省快递企业电商类快件业务量达 10.5 亿件,同比增长 46%,占快递业务总量的 62%,支撑省内网络销售额 2100 亿元。推动邮政、快递企业采取仓配一体化、入厂物流、订单末端配送等模式,创设制造业“移动仓”和“移动工厂”,发展“寄递 + 先进制造业”,2019 全省快递服务制造业项目共有 47 个,其中业务收入超百万的有 43 个,比 18 年增加 22 个,业务量达到 1.67 亿件,支撑相关产业年产值达到 219 亿元。推动邮快合作。鼓励先行先试,邮快合作取得试点效应。以恩施为试点推行“村邮站”和“快递超市”建设有机结合,获国家邮政局局长马军胜批示肯定。在提供邮政基本服务的基础上,叠加代收代缴、网上购物、电子商务、快递等便民惠民服务。推动交邮合作。积极推动快递上机上高铁,武汉航空快件“绿色通道”建设取得积极进展;中铁快运在全省开办高铁快运业务的车站上升至 54 个,“双 11”期间有近 50 列高铁列车参与快件运输业务。宜昌市建成夷陵区樟村坪、枝江江口、五峰仁和坪等多个交邮合作快递服务平台,利用交通综合服务站搭载快递服务。推动快快合作。黄冈麻城整合快递公司和菜鸟物流、荆州江陵等地整合乡镇快递运营、襄阳南漳试点快递联合分拣配送、随州广水城区试行共同配送等,探索末端投递服务新模式。

强化行业人才队伍建设。拓展从业人员成长空间,向国家邮政局推荐了 9 个全国邮政行业青年安全生产示范岗集体报备集体、3 名行业科技英才人选、2 名技术能手人选。在全省开展快递工程技术人员职称评审,61 人取得初级职称资格。联合省人社厅、省教育厅、省总工会、共青团湖北省委成功举办了 2019 年湖北省快递职业技能大赛,积极组织参加全国邮政行业职业技能竞赛、“互联网 +”快递大学生双创大赛。积极组织参加寻找“最美快递员”等系列活动,宜昌局、黄石局、荆门局、咸宁局、荆州局评选最美邮递员、最美快递员,武汉局举办全市邮政业先进模范事迹报告会。组织开展“快递从业青年服务月”活动,全省共设立快递员爱心驿站、关爱站等服务阵地 140 余处,宜昌市邮政快递行业团委、黄石局联合团市委为快递员进行健康义诊，把习总书记对快递小哥的关心关怀落到实处。

主动履职尽责，助力打好三大攻坚战。狠抓寄递安全防范化解重大风险。2019年来确保了全国两会、新中国成立70周年纪念活动等重大活动和“双11”旺季期间寄递渠道安全服务保障工作。特别是第七届世界军运会期间，全省部门协同、上下联动、政企协作，圆满完成寄递渠道安保工作，获得国家邮政局局长马军胜、副省长曹广晶批示肯定。健全齐抓共管工作机制，落实省委省政府关于安全生产的各项要求，形成寄递渠道安全监管合力。联合省委政法委召开了2019年省寄递渠道安全管理领导小组联席会议并印发工作要点，并组织5个组对各市(州)落实寄递渠道安全管理属地责任进行督导检查，联合省公安厅在全国率先成立省寄递渠道执法突击队，会同公安、市场监管、铁路、民航等部门开展涉枪涉爆隐患排查和专项整治，联合烟草部门开展打击涉烟违法活动，全省查获假烟案值2826万元。开展全省邮政快递市场跨区域互查“亮剑行动”，查处各类问题隐患382个，建立问题清单并督导落实整改。督导落实企业主体责任，省局领导带队赴省级寄递企业调研督导企业安全生产主体责任落实情况，组织4个督导组对省级寄递企业实行全覆盖督查。深入开展“迎大庆 护军运”安全保障和邮政快递分拨场地消防安全专项整治。联合公安、国安等部门发布关于严格执行三项制度严厉打击涉寄递渠道违法犯罪的通告，督导企业严格执行寄递安全三项制度，湖北省邮政行业实名收寄率位居全国前列，安检机累计配置550台，基本做到应检必检。寄递渠道安全监管“绿盾”工程顺利推进，视频联网项目、应急指挥和融合通信项目有序开展。做好全省邮政业“扫黄打非”，与省委政法委、武汉海关等部门联合推进政治性非法出版物查堵工作，严防境内外敌对势力利用寄递渠道进行反宣渗透等破坏活动，着力化解意识形态风险。着力做好寄递渠道反恐禁毒、非洲猪瘟疫情防控、打击侵权假冒等工作。

助力打好精准脱贫攻坚战。全力推动农村邮政、快递网络建设，助力行业精准脱贫。2019年全省“一市一品”项目有42个，同比新增12个，农特产品销量达1.73万吨，带动8249户贫困户增收2733.7万元。全省快递服务现代农业入库项目有31个，同比新增18个，其中业务量过百万的有14个，宜昌秭归脐橙业务量过千万；带动快递业务量6100余万件，形成快递业务收入3.66亿元，带动农业产值43.9亿元，直接、间接带动就业人数18.8万。恩施州搭建农村邮政综合服务平台、助推农村电商配送站点建设经验在全省推广。积极支持市(州)局开展定点扶贫工作，武汉、襄阳、宜昌、荆州、鄂州、孝感、黄冈、随州和恩施9个市(州)局共派驻9名干部开展定点扶贫工作，9个定点扶贫村均已按期脱贫。

打好污染防治攻坚战。全力推进湖北省邮政业生态环保“97526”工程，全省电子运单使用率达到98%，循环中转袋使用率达到70%，50%以上电商不再进行二次包装，废弃物回收装置共配备5903个，新能源汽车保有量为636台。恩施州“全国绿色快递建设综合试点”工作全面开展。开展“邮来已久、绿动未来”主题宣传活动，广泛宣传营造良好氛围。大力倡导快递纸箱循环使用，在全国60多所高校参加的纸箱回收“绿色双11”挑战赛中，武汉理工大学一举夺魁，成为全国“最绿高校”，前20所高校中，武汉四所上榜。目前武汉市1000余个菜鸟驿站每天回收纸箱2万余个。

坚持依法行政，持续提高行业治理水平。不断加强市场监管。严格按要求开展“双随机、一公开”达标检查，全年出动执法人员2.07万人次，检查单位7296家次，查处违法违规行为978起，其中行政处罚321起。深入开展快递末端违规收费治理，规范农村地区快递末端服务，立案查处11起。开展违规实施快递业务经营许可专项整治，对超地域经营163个问题实行销号清零。深入开展“三不”专项治理，全省分拨中心离地设施铺设率超95%。加快建设信用监管体系，实现省、市两级信用评定委员会全覆盖。充分发挥申诉渠道作用，全年处理消费者申诉17313件，其中有效申诉1154件，为消费者挽回经济损失214.74万元。积极开展“诚信快递、你我同行”“3·15”主题宣传活动，接受湖北日报网络直播采访，重点介绍消费者申诉处理流程。深化“放管服”改革。全面施行快递末端网点备案，精简分支机构备案手续，全省新增许可企业119家，注销258家，新设分支机构和末端网点3519个。持续推进“互联网+政务服务”“互联网+监管”，加强与政务服务平台对接，推进行政审批等工作“一网通办”。

强化队伍建设，提高综合服务保障能力。持续加强干部队伍建设。恩施局被评为第九届全国“人民满意的公务员集体”。向省交通厅推荐1名2019年度全省“最美交通人”候选人。完成对黄冈局、襄阳局、省局办公室、市场监管处等单位、部门主要负责同志的选配，提任处级干部5人。推荐1名援藏干部。开展9名公务员招录和补充录用，配合国家邮政局完成1名藏籍公务员招录备案。新转任1名地方干部。开展系统内公务员遴选和事业单位工作人员选配。启动公务员职务与职级并行工作。省邮政业安全中心人员已基本配齐并正常开展工作。

加强法治建设。落实年度执法工作报告制度。加强执法监督，开展2019年各市(州)局办理的行政处罚案卷评查。省局全年共受理行政复议1起、答复国家邮政局行政复议1起、办理行政应诉1起。深入宣贯《快递暂行条例》《中华人民共和国反恐怖主义法》《邮件快件实名制管理办法》，组织全省邮政管理系统开展“服务大局普法行”主题实践、《中华人民共和国行政复议法》实施二十周年纪念、“4·15”国家安全日、宪法宣传周等活动。

加强机构能力建设。积极推进全省邮政领域中央与地方财政事权和支出责任划分改革工作，省局成立工作专班，省交通厅、省财政厅和烟草专卖局对湖北局工作给予大力支持。2019年全省有12个市(州)局共争取地方财政资金支持980.4万元，助推保障能力建设和行业发展，荆州局协调争取将邮政监管纳入全市各县(市、区)绩效考核。开展行业“三新”单位核实认定，全省共核实认定3816家企业。

三、邮政法修订实施十周年

十年来，全省邮政业务收入和业务总量分别增长了7.5倍和10倍，快递业务收入和业务总量的年均增长率分别达36%和47%，全省邮政行业产值占全省生产总值比重上升了0.4个百分点，服务地方经济社会发展的作用不断凸显。快递市场主体不断发展壮大，市场活力进一步释放，全省共有快递企业及网点12461个，其中许可企业1179家，分支机构5497家，末端网点5785个。全省快递法人企业数量位列中部地区第一，居全国前列。

四、各市(地)主要管理工作概况

荆州市绩效考核工作领导小组出台《各县、市、区2019年度考核项目清单及目标要求》，明确将邮政管理工作纳入各县市区年度考核。具体考核目标为各县市区是否将邮政快递业发展及设施建设纳入国土空间规划和城乡规划并组织实施；是否在年度工作安排中部署邮政快递发展有关工作并督办落实；是否出台推进本地邮政快递发展的扶持政策并推动落实；落实实名收寄管理办法，各地实名率按国家要求排名；加强寄递渠道安全监管，对行政处罚案件数按地区进行排名。

恩施州快递企业成立县市快递行业联合工会、快递企业工会等组织14个，其中，行业联合工会6个，企业工会8个，实现了全州快递行业基层工会组织全覆盖的目标。

鄂州市被国家邮政局授予“中国快递示范城市”称号。未来3年，鄂州快递业将紧紧围绕“三城一化”建设总体目标和乡村振兴战略，抢抓湖北国际物流核心枢纽项目建设机遇，加快嵌入“一芯两带三区”区域和产业发展布局，主动适应经济发展新常态，推进改革创新，强化行业监管，优化营商环境，加快发展步伐，提升服务能力，为鄂州“三城一化”建设贡献力量。

十堰市郧西县邮政业安全中心成立。该中心作为郧西县邮政管理局所属公益一类事业单位，核定全额事业编制5名，领导职数为一正一副。主要职责是承担全县邮政快递行业安全监管和应急管理相关事务性、技术性和辅助性工作。

五、快递市场存在的突出问题

一是发展速度、质量发展不平衡。业务增长速度很快，但由于价格战等因素，存在增量不增收、末端效益差等问题，“撤退”不做的时有发生。二是国际与国内、城市与农村业务发展不平衡。国内业务增长较快，但国际业务占比小且呈下滑态势，农村业务占比较小，快递进村难度不小，农村最后一公里服务亟待改善。三是总部、末端网点发展不平衡。企业总部投入多，但基层网点投入少。四是国有、民营企业发展不平衡。国有企业体制机制不畅，民营企业市场主体众多，但实力弱小，加盟制管理机制存在力度弱、末端不稳定等问题。五是行业发展与治理能力不平衡。邮政领域财政事权与支出责任改革划分工作有待进一步落实，行业治理能力亟待提升。

湖南省快递市场发展及管理情况

一、快递市场总体发展情况

2019年，湖南省邮政行业业务总量累计完成321.8亿元，同比增长29.6%；业务收入(不包括邮政储蓄银行直接营业收入)累计完成191.1亿元，同比增长16.9%。其中，快递企业业务量累计完成10.3亿件，同比增长30.6%；业务收入累计完成100.9亿元，同比增长25.4%(表7-18)。全行业支撑网上零售额超过1500亿元。快递服务满意度稳中有升，消费者申诉处理满意率达到99.6%。邮政业在经济社会发展中的作用不断增强，为“六稳”作出了积极贡献。

表7-18　2019年湖南省快递服务企业发展情况

指　标	单　位	2019年		比上年同期增长(%)		占全部比例(%)	
		全年累计	12月份	全年累计	12月份	全年累计	12月份
快递业务量	万件	103079.26	11126.23	30.59	29.33	100.00	100.00
同城	万件	17674.72	1822.35	6.31	-8.32	17.15	16.38
异地	万件	84167.76	9174.54	38.46	41.20	81.65	82.46
国际及港澳台	万件	1236.77	129.34	-18.64	10.09	1.20	1.16
快递业务收入	亿元	100.93	10.29	25.42	27.00	100.00	100.00
同城	亿元	10.62	1.04	-15.67	-11.54	10.52	10.10
异地	亿元	57.24	5.75	23.03	26.66	56.71	55.88
国际及港澳台	亿元	5.30	0.69	20.41	57.76	5.25	6.66
其他	亿元	27.77	2.82	63.81	44.15	27.52	27.36
快递业务投递量	万件	192388.35	19963.53	20.42	11.27	100.00	100.00

二、行业管理工作及主要成效

扎实开展“不忘初心、牢记使命”主题教育。按照“守初心、担使命、找差距、抓落实”总要求,聚焦学习贯彻习近平新时代中国特色社会主义思想,紧跟习近平总书记最新重要讲话和党的十九届四中全会精神,落实习近平总书记关于邮政业重要指示批示精神和国家局党组重点工作部署。制定印发《〈关于认真落实习近平总书记重要指示推动邮政业高质量发展的实施意见〉重点工作落实方案》,确保习近平总书记关于邮政业的重要指示批示得到全面落实。坚持把“学习教育、调查研究、检视问题、整改落实”贯穿始终。湖南局在第二批主题教育中所取得的成效受到中央第十一巡回督导组充分肯定。

党建统领推进全面从严治党纵深发展。全面压实党建工作责任。学习贯彻习近平总书记关于加强党的政治建设重要批示精神,进一步拧紧理想信念总开关,增强“四个意识”,坚定“四个自信”,切实做到“两个维护”。强化从严治党主责主业意识,认真履行“一岗双责”。召开党建工作会议,部署全省邮政管理系统党建工作重点,签订党建工作责任书,压实党建主体责任。全年共7次党组会议研究部署党建工作。认真学习全国邮政管理系统党风廉政建设工作电视电话会议精神,研究制定全省邮管系统党风廉政建设工作要点。加强党员干部监督管理,全年开展廉政教育4次,处理信访件3起,核查干部个人事项报告22人次,对2名漏报个人事项的领导干部给予诫勉谈话。开展九个专项治理“回头看”,清退违规发放津贴7.6万元。开展5个方面22条形式主义、官僚主义问题集中整治。推动巡察工作常态化,制定全省系统5年巡察规划,2019年完成全省市州局首轮巡察工作全覆盖。

努力抓好干部队伍建设。把加强学习、锤炼党性、提升素质放在首位,坚持抓班子、带队伍、强基础。坚持事业为上、人岗相适、以事择人,完善市州党组和领导干部配备。严格执行领导干部因私出国(境)有关人员登记备案制度。创造性地在全省开展跨区域学习交流工作制度,促进市州局间好的经验做法交流互通,有效克服人少事多难题,发挥集中力量办大事、办成事的优越性,营造树立典型、追赶先进的干事创业氛围。

积极推进非公党建和群团工作。通过联建、共建、自建等多种方式推动非公快递企业党组织建设。新增非公党支部3个,全省非公快递企业党支部达到16个,覆盖企业党员218名。并加强党对群团工作的领导。

加强政策供给,发展环境进一步优化。持续释放政策红利。全面贯彻国发61号、国办1号文件,争取得到省政府支持出台《关于推进电子商务与快递物流协同发展的实施方案》,加快推动全省快递业补短提质、融合地方发展,加速推进快递质量动力效率变革。争取得到省政府支持制订县乡村三级物流配送体系建设规范,补齐农村寄递基础设施短板、促进快递物流降本增效,服务乡村振兴战略、提升农村居民生活质量和农业现代化水平。

持续深化“放管服”改革。推进快递许可事项全程网上办理,实现“一次都不跑”,杜绝“离岗压件、办结逾时”。今年全省受理快递经营许可变更审批145件,平均办结时间7.3个工作日,同比压减3.7个工作日。市州局开展许可核查64起,平均办结时间6.5个工作日,同比减少2.1个工作日。积极推动落实新一轮减税降费政策,全省邮政快递企业实际减税降费近4000万元。

调整发展结构,行业高质量水平显著提升。不断增强基础能力建设。加快推进快递服务对校区社区商区覆盖,汇聚力量向乡村下沉。全省建成城乡快递末端公共平台1500余个,超过50%的乡镇网点走向联合,快递末端朝公共化、平台化、集约化转型。全年增设升级3000组智能快件箱。快递实现100%进高校,为全省130所高校师生提供优质高效的寄递服务。新增警邮合作网点88

个，累计达187个，全省县级以上政务大厅全覆盖。长沙市获批“中国快递示范城市”。中南地区邮政快递枢纽、圆通华中总部基地、中外运敦豪航空快件处理中心、京东亚洲一号相继落户。韵达投资10亿元，规划用地290亩建设的湖南电商总部基地项目，建成投产运营后可实现快递量60万单/日，吸纳附近就业1000人左右。

深入推进产业融合发展。依托城乡公共一体化建设，推广郴州资兴农村交邮融合发展经验。培育怀化市会同县、永州市蓝山县等邮快合作试验点，促成中通等5家主流快递品牌与省邮政分公司签署《湖南省邮快合作框架协议》，实现资源共享。衡阳、张家界市快递协会与电信公司签署合作框架协议，创新推动快递电信综合服务平台建设。融入现代农业体系，与城乡交通运输、物流、供销、旅游资源共享，实现优势互补和抱团发展，开展农超、农社、农企等产销对接，促进助农扶贫。融入乡村振兴产业，助推“农字号”特色小镇建设，全省21个特色小镇快递服务全覆盖。在49个综合示范县推广“寄递+电商+农特产品+农户”模式，县域农村特色农产品日均业务量超过130万件。全省117个规模以上农副加工业产品通过快递畅销全国，农产品年进城配送量超万吨，其中怀化麻阳、郴州永兴冰糖橙联合冲击千万级金牌项目，娄底白溪豆腐带动4000余人就业，年产值达2亿元，永州江永夏橙电商交易额达6300万，湘潭湘莲全年完成出口达160多吨。此外，石门柑橘、隆回金银花、邵东中药材、炎陵黄桃等项目也呈现出成长性强、培育潜力大的特征。对接服务现代制造业，嵌入供应链定制方案，助力高端产品走出去。邵东县箱包、小五金快递日均业务量超过5万件，支撑产值逾10亿元。岳阳平江特色食品豆干等年寄出420余万件，支撑产值达1.6亿元。临湘渔具、金健米业、大三湘茶油、株洲服装等均实现快递与制造业的深度融合。

加速建设行业人才队伍。贯彻实施行业人才素质提升工程、人才培养提速工程。组织举办2019年全省邮政行业职业技能竞赛，争取得到省人社厅、团省委、省妇联为获奖选手授予荣誉，获得省职业技能竞赛补贴资金支持。与省人社厅联合开展快递工程专业技术人员职称评审，完成108人专业技术职称评定，湖南卫视、《湖南日报》等主流媒体跟进宣传报道。长沙邮政分公司董卫红、百世湖南分公司彭映华入选2019年度邮政行业技术能手推进计划人选。湖南邮电学院《快递客服之有效沟通》微课荣获全国邮政行业优秀培训资源征集评选活动一等奖。在邮政行业人才培养优秀论文征集评选中，湖南6篇论文获三等奖。

有效保障快递从业人员权益。联合团省委、快递协会开展快递从业青年服务月活动，通过在线递询、精准递援、冬日递暖、团团递语等系列活动为14个市州51个区县41家快递品牌企业7万名快递从业青年提供服务与帮助。长沙市支持快递业发展十条措施将快递小哥纳入享受保障性住房群体。“双11”期间，省局、市州局党组成员深入一线慰问快递员工。积极开展邮政行业青年安全示范岗创建、青年岗位能手（标兵）、最美快递员等评选表彰活动，大力挖掘选树行业优秀典型。

聚焦精准发力，坚决打赢三大攻坚战。持续增强防范重大安全风险能力。强化红线意识和底线思维，围绕三项制度落地实施，深入开展隐患大排查大整治大管控等活动，对打击涉枪涉爆专项行动进行再部署，打消松气歇脚的念头，严肃纠治过而不检、实名不实等情况，守牢出埠安检各级关口。全省行业未发生责任失守的重大案事件。省局获评全省综合治理工作先进单位，安全生产获评全省优良等次。全力冲刺“最后一个百分点”，全省年均实名信息化率超过99.5%。联合省快递协会开展寄递企业安检机操作员培训班，对260余名学员进行讲解教学和实操考核。联合保密部门开展两轮机要通信保密安全专项检查。做好行业“扫黄打非”、反恐、禁毒、非洲猪瘟疫情防控、打击侵权假冒、网络安全和信息安全等工作。圆满完成新中国成立70周年、军运会、进博会、世园会等重大活动寄递安保任务,高质量完成“双 11”旺季服务保障,有效应对自然灾害和各类突发事件。

助力精准脱贫攻坚成效明显。积极推动邮政企业健全农产品产销稳定衔接机制,加快建立农村电子商务服务点,构建县乡村三级助农扶贫体系。全省申报“一市一品”精品项目 53 个,完成包裹业务量 786 万件,带动农产品销售量 1.07 万吨,产品销售额 1.96 亿元,惠及全省 19 个国家级贫困县,为 3532 户贫困户增收 2641 万元。

不断发力行业绿色环保治理。着眼于减量化、绿色化和可循环,扎实推动快递包装减量、胶带瘦身、循环回收。全省电子运单使用率 98% 以上,50% 的电商快件不再二次包装,循环中转袋使用率达到 80%,快递封装环保胶带使用比例达到 80% 以上。全省邮政企业减少使用 150 万条塑料编织袋、近 800 万个传统塑料袋。顺丰在长沙投放了 7 种型号 31600 个循环包装箱,尝试开展“同城齐配”,循环利用率达到 258.23% 。申通、圆通全面启用带芯片循环中转袋(每个可使用 50 次),日均使用 2 万余次。1000 个包装废弃物回收装置投入使用。联合城乡住建部门,将快递垃圾整治纳入全省城市生活垃圾分类工作实施方案,争取地方政府在高等院校、居民社区、机关单位等重点区域配备标识清晰的快件包装回收容器,引导居民自觉分类投放。开展“邮来已久、绿动未来”主题宣传,加快形成产业上下游、社会各方面联动的良好局面。

监管服务并重,依法治邮成效显著。加大邮政市场监管力度。持续推行“双随机、一公开”,强化结果公示运用。坚持以人民为中心思想,坚决把违规收费不正之风打压下去。通过下发督办函、立案处罚,聚焦寄递企业省级管理中心,落实全网统一管理职责,对工作落实不力的中通省管理中心予以问责处罚。在邵阳召开末端服务整治现场督导会,敦促企业现场认领问题、深入整改。认真处理“公众留言”、“局长信箱”等群众投诉、申诉。受理申诉 8250 件,有效申诉 569 件,同比下降 74.6% 。

有力提升行政执法综合水平。邀请省司法厅专家进行专题讲座,坚持问题导向和实效引领,启发学员讨论交流、互学互鉴,培育法律思维,引导全省邮管系统坚定护法、大胆用法、审慎执法、促进守法,有力提高依法行政能力。

机构能力建设取得丰硕成果。按照国家局统一部署,不断提升履职和支撑保障能力。以交通领域财政事权与支出责任划分改革为契机,将省市两级邮政业安全中心纳入了省市财政事权,由省与市财政承担支出责任,在全系统开创性解决了省市两级安全中心运营经费来源新模式。完成省级邮政业安全中心和 14 个市州邮政业安全中心登记成立,成为目前全国实现安全中心全覆盖的 3 个省份之一。全省 13 个市州局已由地方政府划拨办公用房。

三、邮政法修订实施十周年

邮政法修订实施十年来,湖南省邮政业在习近平同志为核心的党中央坚强领导下,在国家邮政局党组和湖南省委、省政府的正确带领下,认真贯彻落实习近平总书记关于邮政业重要指示批示,全面贯彻国家局党组各项决策部署,坚持稳中求进工作总基调,坚持以供给侧结构性改革为主线,坚持新发展理念和人民为中心的发展思想,推动邮政业高质量发展,砥砺拼搏,务实奋进,全省全行业规模迅速扩大,基础设施日益完善,发展质效持续提升,服务能力显著增强,国际合作不断深化,在打通大动脉、畅通微循环,推动流通方式转型、促进消费升级、助力生产发展中发挥着越来越重要的作用,行业发展态势高位运行持续向好。

发展规模实现新的跨越。2019 年,全省快递业务量累计完成 10.31 亿件,同比增长 30.6%;业务收入累计完成 100.9 亿元,同比增长 25.4%。10 年来,全省快递业务量平均增速保持在 30% 以上。截至 2019 年年底,全省共有顺丰、京东、圆通、中通、申通、韵达、百世、天天等主要快递品牌

21个，许可企业749家，分支机构2996家，末端网点6441个，已建成村级快递网点3545个。我省快递市场发展与主流趋势保持一致：主体结构趋于稳定，市场集中度加速提升，快递与包裹服务品牌CR8达85.1%，快递市场竞争集中在通达系、顺丰、邮政等快递企业。二三线品牌加速出清，今年以来二三线品牌以整合或转型为主，唯品会与顺丰达成业务合作并终止旗下品骏快递业务，壹米滴答入股优速快递，上海极兔并购龙邦速运。

服务能力实现新的提升。2019年，全省全行业拥有各类汽车8963辆，其中干线汽车3721辆，新能源汽车382台。全省快递企业开通5条国际货运航线，1条国内货运航线，通过航空运送快递15867吨，占比9.9%；通过铁路（包括高铁、普速铁路、电商班列等）运送快递1353吨，占比0.84%。主要品牌企业新建分拨中心4个，新增分拣流水线15条，其中新增智能化、自动化分拣流水线2条。全省新建扩建分拨中心面积10.85万平，日均处理能力提升300万件以上。全省各品牌企业省级分拨中心处理能力均有大幅提升，申通、百世、顺丰日均处理能力超过200万件，中通、韵达日均处理能力均超过300万件。投入近7亿的圆通华中基地正式启用，耗资3.2亿的中通湘西北处理中心、投资5千万元的郴州快递产业园区运转有序。

科技装备水平实现新的优化。全省配备安检机556台，无人车10辆。全省各地加强基础快递物流体系建设，依托现有的技术资源，打造智能快递物流平台，建设智慧城市。长沙县京东无人车总部内，试测运行中的超影800C配送机器人能以每小时十公里的速度行驶，支持用户手机验证码或者刷脸取快件，市民在家中就能等机器人送货上门。苏宁易购长沙园区所有的包裹实现了物联网智能分拣，长沙市民当天下单当天就可到货。岳阳利用京东物流信息化手段，将整合其社区末端的优势业务，依托北斗航天卫星网络以及5G通信技术，共建共享智能社区服务基础设施，打造建立高品质的末端一体化服务体系和智能化管理体系，提升社区服务效率，打造高智能、自决策、一体化的数字物流示范城市。2019年快递旺季期间，全省快递业从容应对三倍于平常的压力考验。全行业改造升级自动化流水线28条，云计算、大数据、人工智能等创新技术助力行业智慧决策和运力调度。今年“双十一”首单配送时限仅4小时，较去年提升1.5个小时。四是服务提升。通过运用AI自动应答、即时提醒等技术，全省快递业争创质量“双11”、守护人民美好生活，旺季期间全省受理消费者申诉139件，同比下降65%。

新业态发展实现新的突破。鼓励快递企业拓展快运、冷链等业务，不断拓展服务领域，目前，“四通一达”、德邦已有快运业务，顺丰已有冷链业务，其中冷链业务主要针对怀化杨梅、株洲黄桃等进行销售运输。2019年湖南顺丰成立靖州杨梅专项运营部，配备了45辆冷链车，布设23个收寄点；开通长株潭、深圳专线，提供全国87个城市寄达服务，72小时出口快件8万余票，单个项目支撑线上交易总额超亿元。永州各寄递企业继续深度开发同城市场，打造同城医药配送项目，收寄医药包裹22.5万件，市场占有率达85%，创收128万元。

四、各市（地）主要管理工作概况

2019年6月5日，长沙市委书记胡衡华召开座谈会，专题调研快递业发展管理工作。长沙市政府成立协调机构，建立联席会议制度，由常务副市长和主管市长任召集人，25个单位和部门负责同志为联席会议成员，负责指导、协调快递业发展管理中的重大问题，定期研究部署全市快递业发展管理工作。市委政研室专题调研快递业，提供市委市政府主要领导决策参考。同年7月，长沙出台《长沙市快递业高质量发展三年（2019－2021年）行动计划》和《长沙市支持快递发展十条措施》，以“十条措施”和“九大工程”集成要素解决行业难题。10月，长沙市分管市长邱继兴带队前往北京参加“中国快递示范城市”专家评选会。12月，国家邮政局印发《国家邮政局关于同意沈阳等15个城市“中国快递示范城市”称号的复函》(国邮函〔2019〕169号)，长沙成为湖南省首个获此荣誉的城市。

株洲市人民政府办公室印发了《关于促进消费激发居民消费潜力的若干意见》，支持企业升级改造、提升服务档次，增强企业竞争力；完善县乡村三级农村物流配送体系建设，统筹推进快递下乡和电子商务进村，重点支持企业参与涉农电商平台建设，打通工业品下乡和农产品进城通道。株洲局主动加强与市发改委的汇报沟通，明确政策扶持范围，积极引导寄递企业进行申报。茶陵县邮政分公司获批400万元农村物流体系建设财政补贴。中国邮政集团公司株洲市分公司等三家寄递企业再获60万元升级改造资金。

在永州市邮政管理局推动下，永州市零陵区发改委、国土局、规划分局批准同意零陵区圆通、中通、申通、百世汇通、韵达和天天快递联合承办筹建智慧快递园区暨零陵区寄递渠道集中安检服务中心项目。项目建成后，将打破快递企业“用地难”“各自分据”等发展瓶颈，高度融合快递包裹集中安检、进港快件集中分拣、出港件集中分拨功能于一体，日处理快件业务能力达12万件，充分体现和发挥“快快合作”的减本增收的示范效应。该项目进度已于2019年10月投入使用。

五、快递市场存在的突出问题

湖南省邮政业要素市场活跃，功能不断增强，服务国家战略取得积极成果，仍处在大有可为的战略机遇期，但也面临着新形势新情况新挑战。行业中高端供给不足，产业链水平不高，服务先进制造业能力不强，新动能发展不充分；利益分配不合理、末端基础不牢、快递员权益保障不足等问题未得到根本解决；行业发展方式粗放、快递包装废弃物等问题日益突出，绿色发展任务艰巨；治理方式手段较为单一，智能监管亟待加强，新业态新模式存在监管真空；在提升供给体系质量、优化行业生态体系、深化部门、区域协同治理等方面亟需创新思路举措。

广东省快递市场发展及管理情况

一、快递市场总体发展情况

2019年，广东省邮政行业业务总量累计完成4403.4亿元，同比增长36.9%；业务收入(不包括邮政储蓄银行直接营业收入)累计完成2073.2亿元，同比增长30.1%。其中，快递企业业务量累计完成168.1亿件，同比增长29.7%；业务收入累计完成1847.9亿元，同比增长30.9%(表7-19)。新增就业3.6万人，承载超过4万亿元货值的商品流通，支撑跨境电子商务贸易超过2200亿元。行业业务总量、快递业务量占全国比重超过1/4，行业业务收入、快递业务收入占比超过1/5，四项指标均位列全国第一，且增速均高于全国平均水平，邮政、快递第一大省地位不断巩固。

表7-19　2019年广东省快递服务企业发展情况

指　　标	单　　位	2019年		比上年同期增长(%)		占全部比例(%)	
		全年累计	12月份	全年累计	12月份	全年累计	12月份
快递业务量	万件	1680594.05	171851.74	29.66	33 46	100.00	100.00
同城	万件	293105.39	29874.55	0.82	7.16	17.44	17.38
异地	万件	1307999.86	133677.61	37.45	39.51	77.83	77.79

续上表

指　　标	单　　位	2019 年		比上年同期增长(%)		占全部比例(%)	
		全年累计	12 月份	全年累计	12 月份	全年累计	12 月份
国际及港澳台	万件	79488.80	8299.58	47.66	63.59	4.73	4.83
快递业务收入	亿元	1847.91	183.80	30.90	29.33	100.00	100.00
同城	亿元	192.89	18.44	-10.65	-4.91	10.44	10.04
异地	亿元	1123.62	108.77	41.86	32.30	60.80	59.18
国际及港澳台	亿元	330.46	37.00	34.39	53.48	17.88	20.13
其他	亿元	200.95	19.58	27.26	19.42	10.87	10.66

二、行业管理工作及主要成效

坚持以党的建设为统领。全面加强党的政治建设。定期研究党建工作，持续深化党建引领作用。认真传达学习贯彻习近平总书记关于邮政业重要指示批示精神和中央、国家局和省委、省政府重要会议精神。开展理想信念教育，组织党员干部学习“时代楷模”其美多吉、黄文秀先进事迹，参观“中华人民共和国成立70周年大型成就展网上展馆”，发挥榜样引领作用，引导党员创先争优。推进模范机关创建工作，落实支部工作条例，开展基层党支部书记述职评议工作，扎实推进党支部标准化、规范化建设。及时表彰先进党员，树立典型。开展非公快递企业党建工作专题调研，推动行业党组织建设。

深入落实全面从严治党要求。严格落实中央八项规定及其实施细则精神，紧盯重要时间节点，强化提醒教育，严防“四风”反弹。坚持以案示警，召开全省系统警示教育大会。抓好国家局党组《关于推动新时代全面从严治党向纵深发展的意见》的贯彻落实，强化监督执纪问责。进一步严格公务接待和公车管理。进一步巩固深化执法人员“吃拿卡要”等九个专项治理工作成果。用两年时间完成对21个市局党组的全覆盖巡察。开展基层党组织软弱涣散、党员教育管理宽松软、基层党建主体责任缺失专项整治，完善制度机制，提升基层党组织的创造力、凝聚力、战斗力。

从严从实开展主题教育。聚焦主题主线，按照“守初心、担使命、找差距、抓落实”总要求，把“学习教育、调查研究、检视问题、整改落实”贯穿始终，两批主题教育工作协同推进。省局党组定期研究主题教育工作，设立领导小组及其办公室加强组织领导，并派出6个指导组统筹指导第二批主题教育深入开展。党组成员带头重温党章、瞻仰烈士陵园和革命遗址，讲授专题党课12次，组织全省系统处级以上党员领导干部开展集中学习研讨、接受革命传统教育，推动形成“支部轮领学原文、党员代表谈体会、机关党员集中学”的学习方式，学习教育成效明显。党组班子坚持问题导向，深入19市开展调查研究，带头开好民主生活会，对照党章党规等查找差距，针对问题抓好整改。认真开展“8+3+1”专项整治，做好整改落实“回头看”工作。主题教育的深入开展为习近平总书记重要指示批示精神和上级重大决策部署在广东邮政业落地落实提供了坚强政治保证，确保了行业平稳健康发展。

不断加强干部队伍建设。调整优化内设机构，省局增设党建办公室(纪检监察室)。认真贯彻《党政领导干部选拔任用工作条例》，落实好干部标准，切实优化和改进干部选拔任用工作，健全干部交流轮岗制度。加强干部教育培训、考核监督和关心关爱，严格落实领导干部个人有关事项报告制度，开展干部人事档案专项审核工作大起底大排查、职务与职级并行工作，从严抓好干部监督管理的同时，鼓励干部勇担当善作为。

深入贯彻重大决策部署。推动跨境寄递业务实现强势增长。累计为15家自贸区企业发放国际快递业务(代理)许可，其中广州12家、深圳3

家。联合商务、海关部门深入开展促进跨境电商寄递服务高质量发展专项行动,加强对广州、深圳、东莞、佛山等重点城市的督导。牵头联合黑龙江等省局开展跨境寄递基础设施优化和服务模式创新专题调研。跨境寄递服务模式日新月异,涌现出许多提质增效的经验做法,跨境全物流服务、创新仓配+互换局、跨境订单合并、多元化服务、国际专线、海淘转运服务六大类创新服务模式竞相发展。全省6个国际邮件互换局、13个国际快件监管中心促进跨境寄递业务发展。全省完成跨境快递业务量7.9亿件,同比增长47.7%,对全国跨境快递业务增长贡献率达55%。广州、深圳、东莞成为跨境寄递业务强市,孕育出一批跨境寄递业务龙头企业。

促进区域发展更加协调。充分发挥规划引领作用,推动珠三角邮政快递服务创新发展。发挥财政资金引导作用,安排省级专项资金500万元,重点支持粤东西北邮政基础设施更新改造。支持企业在粤东西北布局建设快件分拨中心。

深入贯彻落实《粤港澳大湾区发展规划纲要》。开展粤港澳大湾区政策研究和宣贯培训,协助国家局在珠海举办粤港澳大湾区邮政发展座谈会,深化内地与港澳邮政合作。牵头负责《促进粤港澳大湾区邮政业发展的实施意见(代拟稿)》起草工作,广泛开展调研。

持续优化放活政策环境。邮政业发展规划工作顺利推进。全面推进省邮政业发展"十三五"规划宣贯落实、监测评估工作,推动与地方规划的有效衔接。深入贯彻落实《交通强国建设纲要》,启动"十四五"规划编制工作,做好与地方相关规划衔接。深入开展重大课题调研,配合交通强国建设试点工作。

行业法规政策环境持续优化。加快推进《广东省快递市场管理办法》修订工作。强化《快递暂行条例》宣贯,推动依法行政。加大公平性竞争审查力度,切实维护市场公平竞争秩序。组织重点城市参评"中国快递示范城市"、支持民营快递企业发展、规范快递末端服务车辆管理和使用。

"放管服"改革得到深入贯彻。依法办理邮政普遍服务"两项行政审批"76件,平均办结时限7天,较上年度缩短0.6天。优化许可审批,推动许可工作从重审批向重管理转型,坚持包容审慎管理。至2019年底,全省许可快递企业2628家,快递企业分支机构6372家。精简分支机构备案手续,新增备案网点5144个,累计备案网点1.6万余个。加强市场主体退出管理,核查并注销快递企业1024家。核发全国首张运营智能快件箱经营快递业务许可证,新业态准入迈出实质性步伐。推动全省邮政业获减税降费上亿元。落实政务公开,畅通信访渠道,强化执法监督,妥善处理行政复议及应诉。

深化供给侧结构性改革。推动快递业提质增效。推进快递服务制造业,定制化服务、入厂物流、仓配一体、订单末端配送、生鲜冷链等快递服务制造业模式竞相涌现。促进行业与电商协同发展,部署开展"双品网购节"寄递服务保障工作。行业分拨集聚效应不断显现。全省专业类快递园区共计31个,入驻快递企业104家。广州、深圳、东莞、佛山、揭阳成为快件转运的集聚中心。抓好旺季生产,2019年"双11"(11月11日至18日)期间,广东省处理邮件快件量累计完成9.54亿件,日均处理量超亿件,排名全国第一,最高单日收件量达1.23亿件,单日最高处理量达1.55亿件,较2018年"双11"单日处理峰值增长40.9%。

强化行业标准和科技创新引领。推进行业标准化建设,参与制修订《住宅信报箱》国家标准和《快件处理场所基础数据元》等行业标准。开展邮政业科技创新调研,承办2019年全国邮政业科技创新工作会议,推动科技创新示范引领,开展邮政业智能安检系统研发工作,支持企业科技创新和高新技术应用。推动顺丰速运、天元、信源等企业入围2018年度邮政行业技术研发中心认定名单。智能机器人、无人仓、无人机、无人车和北斗导航、大数据等科技设备和技术在行业广泛应用。全省邮政行业自动化分拣设备不断升级，分拨中心合计最大处理能力超1.8亿件/天。

深入落实"人才强邮"战略。联合人社部门组织1363人参加快递工程技术人才职称评审。联合省人社厅、省总工会、团省委举办2019年全省邮政行业职业技能竞赛，组织参加全国邮政行业职业技能大赛，并获集体、个人奖项共6个。全省5名个人入选2019年度邮政行业技术能手推进计划名单，3人入选全国邮政行业科技英才推进计划人才库，1人当选2019年度全国交通技术能手。

坚决打好三大攻坚战。防范和化解行业重大风险。推动落实安全生产责任制，抓好"三项制度"落实，分三期三个片区培训安检人员1100余人次。寄递行业管理服务创新列入"营造共建共治共享社会治理格局上走在全国前列广东省首批走在全国前列实践创新项目"，深圳、东莞、韶关作为试点城市，相关工作取得积极成效。强化"普服安全年"建设。联合保密部门开展机要通信监督检查，并督促及时整改隐患，全面提升全省邮政机要通信保密水平。部署开展全省邮政业"扫黄打非"专项行动，严厉封堵非法出版物，严密防范意识形态风险。推广应用安全应急信息报送系统，建立全省邮政业风险防控通报机制并有效运作。配合国家有关部门立案调查联邦快递未按名址投递快件行为。深入开展涉枪涉爆隐患专项整治行动，加强寄递渠道芬太尼类物质寄递管控等专项工作，推动行业全民禁毒工程建设，组织消防及安全生产应急演练培训达5万余人次，扎实开展安全生产月、安全生产万里行活动。完成澳门回归祖国20周年庆祝活动等期间的寄递安保工作，有效应对自然灾害和各类突发事件，妥善处理矛盾纠纷，保障全省寄递渠道安全平稳有序。

助力精准脱贫和乡村振兴。推进"邮政在乡"和"快递下乡"。累计建成邮乐购站点2.2万个、精准扶贫站点50个。全省通过邮政寄递渠道销售农特产品5310吨，农产品交易额8534万元。培育"一市一品"农特产品进城项目26个，累计实现农产品百万斤项目7个、十万斤项目20个。推动广州、清远"交通运输+邮政快递融合"模式和湛江"特色产业+农村物流"模式申报农村物流服务品牌项目。广州局推动邮政企业打造13个集城乡物流、惠农金融、便民政务于一体的农村综合服务平台；湛江局助推企业建立销售徐闻菠萝等农特产品为主的徐闻县农村电商服务平台；"梅州金柚"金字招牌越擦越亮，帮助漳北村1069人人均增收2600多元，27户贫困户实现脱贫。

打好行业污染防治攻坚战。成立全省邮政行业绿色发展工作领导小组，联合7部门印发《2019年广东省邮政行业生态环境保护工作要点及分工方案》，建立行业生态环保信息定期报送制度，办理相关人大建议、政协提案5件。推进落实"9571"工程任务，实现主要品牌快递企业电子运单使用率99%以上，全省80%以上电商快件不再二次包装，循环中转袋（箱）使用率达85%以上，设置包装废弃物回收装置2443个，广州试点行业垃圾分类处理工作。联合15部门推进绿色配送，全省邮政行业累计购置新能源汽车9962辆，比2018年增加4481辆。会同国家局在顺丰、圆通、天元等企业开展行业生态环保、快递包装工作调研。召开行业绿色环保工作推进会，开展"邮来已久、绿动未来"主题宣传活动，组织《邮政业封装用胶带》《快递封装用品》等行业标准宣贯工作。

持续推进基础服务工作。末端投递服务不断改善。联合交通等部门印发《关于加快推进农村物流网络节点体系建设的通知》，推广统一配送、集中配送和共同配送模式。推动建立快递末端公共服务站超2.5万个。推进智能终端投递建设，推动智能快件箱进校园。全省布设智能包裹柜、快件箱6万余组，箱投率超10%。主要快递企业城区自营网点6588个，实现标准化率100%。做好新建住宅楼房信报箱验收工作，探索智能信报箱建设新途径，广州试点"智能邮筒"，佛山邮政企业研发邮筒智能监控管理系统，东莞、韶关、江门等市局推动传统信报箱升级改造为智能信报箱。

促进快递与电信企业合作，共同做好末端网点升级改造，实现资源共享。全省各地不断出台政策，规范支持快递进社区投递。新增汕头、佛山、梅州、东莞、云浮、江门等6个市在末端配送车辆通行工作方面出台政策，潮州、阳江取得突破，17个城市实现邮政快递专用电动三轮车规范管理。

“放心消费”工程不断深入推进。深化“三不”专项整治行动，上线民声热线解决民生难题。全省邮政快递包裹寄递时限明显高于标准。加强申诉管理，做好邮政业消费者申诉工作体系完善建设试点相关工作，为消费者挽回经济损失1215.1万元。

从业人员权益保障持续强化。联合团委、工会加强快递员联系服务和关爱工作。春节和“双11”期间，多地党政领导和全省邮政管理部门负责人看望关心慰问快递一线人员，关心指导行业发展，帮助改善从业人员工作环境。全省各地纷纷组织形式多样的关心慰问活动，中山、东莞等地组织为近2000名快递小哥免费体检。韶关、阳江等局推动成立快递行业工会联合会。各地引导企业争先创优，创建企业文化，吸引组织稳固“快递小哥”队伍。全省邮政业1人获全国劳动奖章，4个集体、6名个人获省级劳动表彰，5个集体获评全国青年文明号。

提升现代化治理能力。强化邮政市场监管。全面推开“双随机、一公开”市场监管，组织开展跨区域联动执法。全省系统全年出动行政执法人员9418人次，检查单位3993家次，查处违法违规行为571起，其中立案处罚329宗，罚款近330万元。集中开展末端违规收费清理整顿，省市两级邮政管理部门主要负责人带队暗查96个乡镇、328个末端网点，全省系统共出检1061次，检查末端网点724个，发现违规网点数量63个，约谈企业76次，立案15起，罚款21万元，专项整治成效明显。印发《快递业信用体系建设工作方案》，全省各地成立快递业信用评定委员会。

完善行业监管体系。省邮政业安全中心组建工作顺利完成，并正常运作。汕尾、汕头市邮政业安全中心相继设立，并获批事业编制。韶关新丰县委支持组建新丰邮政行业管理机构，中山局获批8名安全生产辅助人员。清远局推动各县（市、区）综治与公安、交通、工商等部门成立县级寄递物流安全管理工作领导小组，并建立联席会议制度。省邮政业安全监督管理信息化平台正式投入运行，进一步提高行业监管效能。深入学习贯彻《交通运输领域中央与地方财政事权和支出责任划分改革方案》，参与研究《广东省交通运输领域省级与市县财政事权和支出责任划分改革方案》的制订，在推动落实行业项目计划安排、履职能力建设等有关政策方面取得实质性进展。

提高支撑保障水平。研究制定九项措施，加强发文、会议、调研统筹，着力解决全省系统形式主义突出问题，切实为基层减负。搭建法规工作学习交流平台，不断完善领导干部学法用法制度。全省系统深入开展行业统计执法检查。圆满完成6489家“三新”单位核实认定工作。加强中央预算内投资项目和省级财政资金使用管理，加强内部审计和财务监督检查。引导各地争取地方经费保障，广州、汕头、韶关、中山等地加大对邮政管理部门和邮政行业的财政支持。全省累计19个市局落实办公业务用房，干部获得感、幸福感不断增强。落实保密和意识形态工作责任制，加强新闻宣传和网站管理，突出宣传行业正能量，切实提升新闻宣传工作能力。扎实做好档案管理、应急值班等工作。

三、邮政法修订实施十周年

邮政法修订实施十年来，广东省基本建成了连接城乡、覆盖全省、辐射全国、通达世界的快递服务网络，快递业务量持续稳居全国第一，涌现出一批实力雄厚、充满活力的快递服务主体。全省邮政业务收入和业务总量分别增长了14倍和13倍，快递业务收入和业务量的年均增长率分别达到33%和45%，邮政行业收入占全省生产总值比重升至1.93%，邮政业在全省国民经济中的基础性支撑性作用不断强化。

四、各市（地）主要管理工作概况

广州市邮政管理局持续优化行业发展环境和管理工作。推动广州成功创建“中国快递示范城市”，联合市公安局通过“四统一”管理手段，在全市范围内开展邮政快递专用电动三轮车规范化管理工作，2019年累计办理上牌和已报备电动三轮车共约2.3万辆。落实“人才强邮”战略，推动快递工程技术人才职称评审工作，全市共计71人获得快递技术职称资格，其中副高职称1人。印发《广州市邮政业深化生活垃圾分类处理三年行动方案（2019－2021年）》，2019年全市快递业减少包装垃圾达13.2万吨。

深圳市邮政管理局推动深圳市禁摩限电联席会议办公室对快递等特殊行业电动三轮车实行为期2年的过渡期备案管理，给予快递行业过渡期备案配额指标10000个，对备案人员和车辆按照“统一安全制度、统一车辆标准、统一车身外观、统一购置保险、统一信用管理、统一佩戴头盔、统一服装样式、统一车辆备案号牌”等“八个统一”实施管理。推进邮政业绿色发展。鼓励企业加快“走出去”步伐，助力邮政企业拓展跨境电商寄递服务，拓宽境外服务网络。深圳邮政EMS开办海外仓面积达6.5万平方米，顺丰速运、递四方等企业基本构建覆盖欧美、澳大利亚、东南亚的全球网络。

珠海市邮政管理局推动将邮政快递职业技能竞赛列入市劳动竞赛计划，组织举办第三届全市邮政快递职业技能竞赛，并获得市人社局竞赛补助2万元。组织企业参加珠海市“青年文明号”创建活动，全市共有3家快递企业纳入培养名单，其中珠海香洲韵达快递有限公司被团市委命名为“青年文明号”。推动快递从业青年参加“新生代产业工人圆梦计划”，鼓励行业从业人员接受继续教育，珠海香洲韵达快递有限公司一快递员通过“圆梦计划”被北京邮电大学录取。

汕头市邮政管理局推动市政府出台《关于促进汕头市快递业发展的实施意见》，提出简政放权、加大财税扶持力度、加强用地保障、落实快递车辆便捷通行政策多项措施。汕头市邮政业安全中心获批成立，市政府同意2019－2024年期间给予汕头市邮政管理局每年80万元经费补助，列入地方财政预算。

佛山市邮政管理局联合市公安局、市交通运输局印发《佛山市规范快递专用电动三轮车管理工作方案》。联合市住建局、市自然资源局印发《佛山市推进邮政智能包裹柜建设工作实施意见》，有效破解“投递难”“进社区难”问题。目前，全市智能投递终端4330组，格口43万个，箱投率15％。佛山市邮政管理局被评为2019年广东省“扫黄打非”工作先进集体。

韶关市邮政管理局推动将韶关快递行业纳入2019年韶关市促进电子商务发展扶持项目资金补贴范畴，2019年全市快递行业企业获得第一批扶持资金103万元。指导市快递行业协会成立韶关市快递行业工会联合会。新丰县委函复同意成立新丰邮政管理局。组建韶关市快递行业平安志愿者队伍，全市共有4498名快递从业人员登记为志愿者，参与平安韶关建设。

河源市邮政管理局联合相关部门推进全市首个现代智慧物流产业园建设。开展全市首届“最美快递员”评选活动，评选出10名“最美快递员”并举办表彰仪式。推动成立市快递行业协会党支部。

梅州市邮政管理局联合市发展改革局、商务局和农业农村局等部门编制《梅州市商贸物流业发展规划（2018－2025）》《梅州市农村物流建设发展规划（2018－2022）》。有效发挥“快递服务现代农业示范基地”效应，联合市农业农村局组织开展梅州蜜柚旺寄递服务工作。2019年蜜柚旺季期间，梅州市通过寄递渠道销售蜜柚达4.78万吨，同比增长9.8％，产生快件320余万件，带动农产品产值3.4亿元。

惠州市邮政管理局联合市总工会、市人社局、惠州广电传媒集团、市快递行业协会等单位举办2019年惠州市首届快递行业职业技能竞赛，市人社局为快递行业从业人员颁发“技术能手”奖状6个、“金牌工人奖”3个。推进智能快件箱进校园工程，鼓励支持百世快递与惠州市技师学院、惠州农业银行等单位合作在市技师学院启动“惠民可柜”项目，实现校园邮快件收投规范化管理，该项目被《南方日报》纳入全省金融惠民惠企项目评选活动候选项目。

汕尾市邮政管理局率全省之先获批组建汕尾市邮政业安全中心，推动行业管理和发展相关内容纳入地方20余份政策文件，《汕尾市农村物流建设发展规划(2018－2022)》提出要加强快递电商园区建设，《汕尾市农村电商精准扶贫工作方案(2018－2020年)》强调要完善快递物流服务体系建设，《海丰县电子商务进农村扶持奖励暂行办法》明确对快递企业的补贴措施，《汕尾市推进运输结构调整实施方案》将推进城市货运绿色发展等内容纳入其中，《汕尾市城乡生活垃圾分类实施方案》则要求要加强快递包装治理。

东莞市邮政管理局联合市公安局、市交通运输局、市发展和改革局印发《东莞市邮政业电动三轮车规范管理工作方案》，全市邮政业电动三轮车正式按照“统一车辆标准、统一车辆标识、统一车辆编码、统一车辆保险、统一管理平台、统一人员装佩”的标准进行规范管理。

中山市邮政管理局联合市总工会、市快递行业协会开展为快递小哥送体检活动，由市总工会安排50万元专项资金为1000余名快递小哥开展免费体检活动，推动成立了中山市快递行业协会工会联合会，成功举办首届中山市快递行业职业技能竞赛。市编委办核定中山邮政业8名安全辅助工作岗位，每年由市财政给予58万元经费保障。

江门市邮政管理局联合市公安局、市交通运输局印发《江门市邮政快递专用电动三轮车规范管理工作方案》，明确对符合国家标准的邮政快递专用电动三轮车办理注册登记，实行统一购买保险、统一标识、统一备案管理。恩平中通、韵达、圆通、申通等品牌快递企业创新县级快件网络共建共享共用新模式，合作共建集中分拨中心，推行共同派送的运营模式。

阳江市邮政管理局建成市邮政业安全监控平台一期工程，完成市内全部快件转运中心及较大分拨场所监控接入，实现“邮政一张图”“政企通”等软件应用。联合共青团阳江市委印发《关于做好关爱青年快递员工作实施方案》，截至2019年底，共建成“工邮爱心驿站”47个。推动“快递＋电信”综合服务站点建设。

湛江市邮政管理局开展关爱快递从业人员活动，调研快递行业从业人员生活、工作状况并形成报告，组织“快递小哥与代表委员面对面”“最美快递小哥评选”等活动，协调行业快递青年代表参加湛江市“五四100周年”庆典等活动。强化行业安全监管。出动执法人员327人次，检查企业经营场所95个，联合其他部门开展专项执法检查9次，行政处罚18宗，罚款12.6万元，对30家寄递企业进行责令整改，约谈5家寄递企业主要负责人。

茂名市邮政管理局指导市快递行业协会与中国电信股份有限公司茂名分公司签订“快电”合作战略协议。推进“快递＋现代农业”项目升级发展，实现荔枝、三华李寄递“硬件＋软件”双升级。2019年全市荔枝寄递业务量68.99万件，收寄重量4022.17吨，其中电商业务量29.80万件，收寄重量1057.64吨；三华李寄递业务量73.37万件，收寄重量2580.90吨，其中电商业务量28.13万件，收寄重量840.94吨。

肇庆市邮政管理局推进全市邮政业绿色发展，印发《2019年肇庆市邮政行业生态环境保护工作要点及实施方案》和《关于在我市邮政行业设置邮件、快件包装废弃物回收箱的通知》，召开绿色快递发展研讨会。联合市市场监管局、商务局成立肇庆市快递业信用评定委员会。

清远市邮政管理局加快推进“快递下乡”工程，组织快递企业参与“2019年清远乡村新闻官爱心年货节”等活动，入驻英德市连江口镇连樟村农产品种植基地，实现线上接单和线下发货“无缝连接”。联合波罗镇人民政府、市快递行业协会和英德市青农会召开快递助力波罗镇农产品销售研讨会，推动邮政快递企业与农户达成合作协议，打造农产品产销一条龙服务，带动农户脱贫致富。

潮州市邮政管理局联合市发改局、生态环境局等七部门印发《关于建立潮州市邮政业绿色发展协调机制的意见》，建立定期会议制度、日常联系制度和协同联动机制。推动成立饶平中通快递有限公司工会和潮州市源速达快递有限公司团支部、潮州市韵达快递有限公司团支部。

揭阳市邮政管理局推动市政府印发《关于转发〈广东省推进电子商务与快递物流协同发展实施方案〉的通知》，开展创建“中国快递示范城市”工作，获批保留“中国快递示范城市”称号。推动挂钩帮扶村新岭村建档立卡贫困户17户共38人全部实现脱贫。成立全市邮政行业绿色发展工作领导小组，印发《2019年揭阳市邮政行业生态环境保护工作要点及分工方案的通知》。

云浮市邮政管理局联合市市场监督管理局印发《关于规范快递末端网点备案管理有关事项的通知》，联合市公安交警支队印发《云浮市邮政快递配送三轮车管理暂行规定》，切实改善末端服务。争取地方资金支持，2019年地方财政拨付30万元用于补贴快递乡镇末端网点建设。

五、快递市场存在的突出问题

邮政快递业发展受经贸摩擦影响较大，行业发展不平衡不充分，安全稳定风险和安全监管压力加大，绿色治理任务艰巨，行业发展由大到强需要付出艰辛努力。

广西壮族自治区快递市场发展及管理情况

一、快递市场总体发展情况

2019年，广西壮族自治区邮政行业业务总量累计完成159.4亿元，同比增长25.8%；业务收入（不包括邮政储蓄银行直接营业收入）累计完成126.2亿元，同比总长15.5%。其中，快递企业业务量累计完成5.64亿件，同比增长17.2%；业务收入累计完成74.7亿元，同比增长21.4%（表7-20）。支撑网上零售额600亿元，快递服务满意度稳中有升，消费者申诉处理满意率达到98.3%。邮政快递业在广西经济社会发展中的作用不断增强。

表7-20　2019年广西壮族自治区快递服务企业发展情况

指　　标	单　　位	2019年		比上年同期增长率(%)		占全部比例(%)	
		全年累计	12月份	全年累计	12月份	全年累计	12月份
快递业务量	万件	56386.31	6092.94	17.22	16.66	100.00	100.00
同城	万件	8856.67	842.31	-2.27	-19.94	15.71	13.82
异地	万件	47316.57	5217.03	21.92	26.60	83.91	85.62
国际及港澳台	万件	213.08	33.60	-7.20	-32.14	0.38	0.55
快递业务收入	亿元	74.65	7.28	21.38	9.41	100.00	100.00
同城	亿元	8.65	0.94	-7.39	-15.77	11,59	12.91
异地	亿元	37.64	3.76	17.99	17.43	50.42	51.65
国际及港澳台	亿元	1.35	-0.24	-1.65	-207.76	1.81	-3.30
其他	亿元	27.00	2.81	42.94	33.01	36.18	38.60

二、行业管理工作及主要成效

开展"不忘初心、牢记使命"主题教育,对市局巡察全覆盖。贯彻国家邮政局统一部署,聚焦主题主线,按照"守初心、担使命、找差距、抓落实"总要求,两批主题教育协同推进。区局成立主题教育领导小组和办公室,扎实推进学习教育、调查研究、检视问题、整改落实等方面工作,派出5个指导组全过程全覆盖开展督导,确保取得实效。不断深化学习教育,宣传贯彻党的十九届四中全会精神,深化问题检视反思,补充完善整改清单,制定落实整改措施。局党组高度重视,党组成员带头重温党章、赴兴安等地接受革命传统现场教育,带头讲授专题党课,带头奔赴基层一线督导调研25次、形成调研报告13篇,扎实推进"8+1+3"专项整治,31个需整改的问题已全部完成整改(有7个要长期坚持)。坚持把贯彻落实习近平总书记关于对邮政业重要指示批示精神贯彻主题教育始终,聚焦"为民服务解难题",主动对标认领,做到上下联动抓整改。在第二批主题教育中,5个指导组全程指导各市局再动员再布置、现场调研及成果交流、上党课和对照党章党规找差距等重点环节和关键步骤。各级邮政管理部门负责同志把自己摆进去、把职责摆进去、把工作摆进去,认真履行"一岗双责",各级党组织周密安排,强化主题教育与中心工作融合,有力促进了党的建设向基层延伸,广大党员干部全身心投入、高质量参与,牢固树立了"四个意识",坚定了"四个自信",增强了做到"两个维护"的政治定力。

提高政治站位,做好对市局的巡察工作。修订广西局巡察办法,做好巡察各项准备工作。举办专题培训班,邀请区直机关工委领导同志作专题辅导。全系统克服人员力量少、经验不足等困难,科学调配人力,高标准严要求完成对全部市局的首轮巡察全覆盖。巡察期间共开展调查问卷和民主测评表107份、党建测试88人、个别谈话92人、走访企业39家、巡察组成员列席被巡察单位会议(学习)24次。

聚焦政策落地见效,优化行业发展环境。积极落实国家邮政局、自治区党委政府决策部署,与自治区财政厅、发展改革委等部门联合印发《促进2019年第四季度全区邮政电信业务快速增长六条措施》,对智能快件箱格口、寄递业务量快速增长等事项进行奖励。开展全区邮政业"十三五"规划2019年度监测评估。成立全区邮政业"十四五"规划编制工作小组,制定规划编制工作方案。配合推进综合立体交通网规划以及贯彻落实《交通强国建设纲要》调研工作。2019年全区邮政行业争取到各类财政资金支持超过3500万元。

助力乡村振兴战略成果丰硕。加速"快递下乡",2019年广西邮政农村电商一体化建设运营项目继续获乡村振兴补助资金2000万元。全区共建成快递乡镇网点3660个,农村地区公共取送点2502个,实现快递网点覆盖全部乡镇和特色小镇。防城港东兴市实现村村通快递,建制村电商寄递配送全覆盖。

立足"走出去",服务"一带一路"建设。落实促进跨境电子商务寄递服务高质量发展专项行动,编制从事跨境寄递服务企业名录清单。中国邮政东盟跨境电商监管中心、中国—东盟(广西)国际快件监管中心、南宁国际邮件互换局"三体合一"的集约化监管方式和业务模式运营情况良好,指导和推动自治区邮政企业充分发挥其作为中国—东盟商贸合作的重要前沿平台、面向东盟的跨境电商核心基础设施和综合物流枢纽的积极作用,增强服务跨境电商和"一带一路"建设的能力。凭祥国际邮件交换站升级为国际邮件互换局。顺丰开通南宁—胡志明市全货机航线,填补了广西与东盟国家之间全货机运输市场的空白。

继续深化"放管服"改革。进一步精简备案手续,快递末端网点备案实现常态化。区内经营快递业务申请许可审批时限压缩至13个工作日,申请材料总体精简55%。推进政务服务"一网通办",实现申请快递许可"只进一扇门"、"最多跑一次”。快递企业许可年度报告网上申报审批流程继续简化。针对治理方案中提出的9大问题，开展违规实施快递业务经营许可专项治理工作，清理许可地域范围核定没有按照设区的市一级执行的155个、许可经营地域覆盖问题57个，专项治理工作完成率100%。有效落实新一轮减税降费政策，全年为企业减免税费约1900万元。配合做好一体化政务服务平台、“互联网+监管”系统建设，持续优化政府信息公开。推进全区“绿盾”工程视频联网、应急指挥系统和融合通信设备项目。

聚焦供给侧结构性改革，发力行业高质量发再。加强基础能力建设、向自治区党委、政府及相关部门为邮政快递业发展争取支持。全区已建成快递物流园区11个，另有9个已明确项目用地，3个已规划投资。投入使用快递分拨场所总面积62万平方米，入驻区内主要快递企业34家，日均处理能力超过1000万件。南宁、柳州、桂林、防城港、梧州等局多举措解决企业用地问题见成效，其中，顺丰、京东、苏宁等快递企业在南宁的用地问题基本得到解决。推动网点和县局房改造81处，购置车辆151辆。全区共建成快递末端公共服务站2683个，布设智能快件箱5356组，格口数超过35万个。南宁局协调市财政局为5家企业申领新建公共服务站及智能快递箱补贴100万元。广西邮政业车辆通行政策实现全覆盖，其中，桂林局推动地方政府通过立法程序出台政府规章解决车辆通行问题。区内80所高校全部实现快递规范投递。主要快递企业城区自营网点标准化率达94.01%。快递物流企业对自动化、智能化、信息化建设的投资不断加大，京东投资25亿元建设京东南宁电子商务产业园及运营结算中心；顺丰投资5亿元建设南宁顺丰创新产业园；中通投资3亿元拟建中通快递广西桂北（柳州）智能科技电商产业园。

推动产业融合发展。快递服务现代农业加快推进，注重分类施策，各“快递+”具有鲜明地方特色。继芒果、百香果、螺蛳粉之后，“快递+沃柑”成为新晋寄递量超千万件项目，年寄递量超2000万件，带动社销超15亿元。此外，北部湾海鸭蛋、玉林沙田柚、河池珍珠李、钦州荔枝、贺州脐橙、桂林月柿等“快递+”项目也表现优异。全区各“快递+”项目产生快件量已突破1.5亿件。

强化人才队伍和精神文明建设。首次组织开展快递工程技术人员职称评审认定，联合开展区直机关第四届职工岗位技能大赛（广西邮政行业职业技能专场竞赛），组队参加全国邮政行业职业技能竞赛，并荣获团体优胜奖。2019年度邮政行业科技英才、技术能手推进计划各有1人入选。区内非公快递企业党组织达13个、团组织2个，党员近200人。与广西团委联合命名贵港市石卡邮政支局为2017—2018年度“广西青年文明号”集体。上报青年安全生产示范岗位7个。积极参加“青年新风采·志愿新风尚”暨2019年全区学雷锋志愿服务月统一行动日活动。涌现出一批优秀从业者，如“北海青年五四奖章”“青年岗位能手”获得者朱有敏；“广西青年五四奖章”获得者唐基木；“广西五一劳动奖章”获得者李顺龙、2019年度全国交通技术能手称号邓艳芬等。南宁、桂林、梧州举办快递行业气排球赛，合计36支队伍参加比赛。贵港局推动利用快递三轮车车厢开设“创建文明城市建设美丽贵港”和“社会主义核心价值观”宣传阵地。

加强快递员（投递员）权益保护。贯彻习近平总书记看望“快递小哥”重要讲话精神，制定印发加强快递员（投递员）权益保护工作的实施意见，明确邮政管理部门、企业的分工职责和工作措施。发挥邮政管理部门法律顾问制度优势，搭建专家咨询平台，注重释法明理，引导依法维权，为在法律框架内解决纠纷打好基础。百色、桂林先后成立市快递行业协会工会，钦州市实现快递业工会组织全覆盖，累计获工会启动补助资金10余万元。与各级团委、总工会等部门联合开展关心关爱快递小哥活动，累计开展慰问关爱快递从业青年活动88场，覆盖4200余名快递从业青年，帮扶特殊困难快递员460余名。

聚焦靶心精准施策，三大攻坚战再创佳绩。防范化解重大风险，着力保安全、促发展，行业运行保持稳中有进发展态势。严抓“三项制度”落实，开展实名收寄专项整治。开展邮政业安全生产管理机构建设和备案工作。加强行业运行日常监测跟踪，主动防范化解各类安全稳定风险。落实行业安全信息报告制度，全年共向国家局做信息专报16期。抓住重点环节、重点区域和重点时段，加大检查力度，加强宣传教育，保持“扫黄打非”工作高压态势，严防境内外敌对势力利用寄递渠道进行反宣渗透、民族分裂等破坏活动，着力化解意识形态风险。区局与南宁海关缉私局签订打击利用寄递渠道走私行为合作备忘录，建立多项工作机制。全系统基本形成了与公安等部门在重要时期、重大活动期间常态化联合检查机制，以及在基层突出发挥公安部门作用开展行业监管的机制。做好邮政业反恐禁毒、芬太尼类物质管控、非洲猪瘟疫情防控、打击侵权假冒、网络安全和信息安全等工作。持续深入开展寄递渠道涉枪涉爆专项治理，有效防范化解安全风险。围绕“防风险、防隐患、遏事故”主题，深入推进平安广西建设，组织全区邮政业开展“安全生产月”系列活动。结合国庆安保工作组织开展邮政快件实名收寄专项整治、跨区域交叉检查、消防安全执法检查等系列安全保障专项行动。圆满完成新中国成立70周年、中国—东盟博览会等多项重大活动寄递安保工作，高质量完成“双11”旺季服务保障，有效应对自然灾害和各类突发事件。全年未发生造成恶劣影响的群体事件及造成重大人员伤亡、财产损失的突发事件，有力保障寄递渠道安全平稳畅通。

服务精准脱贫攻坚战。实施“邮政在乡”工程，打造特色农产品品牌，助力乡村振兴和精准脱贫战略。从全区主要农特产品项目库中，择优筛选出25个项目申报“一市一品”农特产品进城精品项目，其中包含5个精准扶贫项目、1个产业支持项目。鼓励支持邮政企业完善县、乡、村三级物流配送体系。2019年，通过邮政企业渠道销售农特产品2.18万吨，交易额2.24亿元，为22个国家级贫困县3799户贫困人口增收近2700万元。组织了“扶贫日”系列活动，动员全行业力量，为贫困村和困难群众捐赠款物合计18.22万元。认真抓好定点扶贫工作，贺州、百色两局派驻干部担任贫困村第一书记，常年驻扎农村开展扶贫各项工作。区局定点扶贫村被自治区组织部评为“五星级党组织”。

打好污染防治攻坚战。结合广西实际制定印发全面加强生态环境保护坚决打好污染防治攻坚战的工作方案，成立领导小组，深入实施“9571”工程。围绕“快递行业绿色发展”主题，深入开展调研，撰写调研报告。召开全区邮政业生态环保工作动员部署会及推进会，督促寄递企业落实主体责任。开展“邮来已久、绿动未来”主题宣传活动，举行绿色快递承诺签字仪式。举办全区邮政业生态环保工作培训班。在全区开展快递包装实地抽查工作，共计抽查邮件快件2800件。2019年，全区主要品牌快递企业电子面单使用率96%，不再二次包装的电商件业务量75.61%，邮政企业及部分直营快递企业大部分电商件已不再二次包装。循环中转袋使用率约为71%，品牌企业分拨中心均配备可循环中转袋。全区邮政快递企业在网点设置回收装置1393个。

聚焦监管与服务并重，行业治理上新台阶。强化邮政市场监管，全区邮政市场监管队伍出动检查9307人次，检查企业及其分支机构3331家次，办理行政处罚案件208件，罚款金额190万元，停业整顿企业10家，下达责令改正通知书195份，约谈企业84家。持续实施“双随机、一公开”，组织开展跨区域随机督导互查。依法开展乡镇快递网点违规收费问题专项治理，发布禁止乡镇快递网点违规收费的通告，指导企业发布联合声明。广泛宣传政策，公布举报电话，动员社会力量进行监督。区市两级共暗查46县、122镇、268个网点、出动896人次，随机电话回访172人，走访群众500余人。全系统对群众举报违规收费行为进行查处，依法立案处罚15起、罚款金额8.9万元，下达责令改正通知书28份、约谈企业45家次，形成有力震慑效果。持续推进“三不”治理，企业离地设备铺设率达87%。扎实开展违规许可专项治理，针对治理方案中提出的9大问题，清理许可地域范围核定没有按照设区的市一级执行的155个、许可经营地域覆盖问题57个，专项治理工作完成率100%。配合推进快递业信用体系建设。全年共处理申诉9501件，经调解消费者申诉已全部妥善处理，为消费者挽回经济损失92万余元，消费者对企业申诉处理满意率为94.8%；对邮政管理部门申诉处理满意率为98.3%。组织开展行政执法案卷评查工作，提升执法标准化、规范化水平。

大力推进机构能力建设。优化资源配置，不断提升履职和支撑保障能力。继南宁市邮政业安全中心之后，贵港市已同意成立市级和桂平、平南县级邮政安全中心。完成邮政业“三新”单位核实认定工作。完善统计工作制度，对防范统计造假、数据安全管理等问题从责任制度上进行规范。推动落实财政事权和支出责任划分改革，出台邮政领域指导意见，完善项目明细清单。全面实施新政府会计制度。加强预算执行，强化项目绩效管理，提高内部审计监督工作质效。加强财务检查，促进市局财务管理工作有效提升。做好政务公开、新闻宣传工作，全年普查中全系统无不合格网站，连续两年获优秀记者站。配合做好党政机关电子公文系统安全可靠替代相关工作。扎实做好工会、青年、妇女、老干部和保密、两会建议提案办理、养老保险转移清算等工作。

聚焦政治建设统领，全面从严治党再深入。加强全系统党的建设。深入贯彻落实习近平总书记关于推进中央和国家机关党的政治建设重要指示精神。充分发挥党组中心组带头示范作用。牢固树立大抓基层的鲜明导向，开展党性教育和党务培训。召开年度党风廉政建设工作会，部署全系统党风廉政建设工作。持之以恒正风肃纪，紧盯重要节点进行廉政教育，严防“四风”反弹。逐步建立领导干部廉政档案，集中开展新任职干部廉政谈话和宪法宣誓。积极推进非公快递企业党建工作。结合主题教育，巩固九个方面专项治理成果，多种形式开展“回头看”。在今年国家局要求的各项集中整治和专项治理中，未发现违反中央八项规定精神突出问题，未发现领导干部利用名贵特产类特殊资源牟取私利和违规经商办企业等问题。组织开展“警示教育月”系列活动，采取现场教育、集体学习、讲廉政党课等形式，筑牢拒腐防变思想防线。通报各类违规违纪违法反面典型案例，要求党员干部以案为鉴、警钟长鸣。将节日期间正风肃纪要求与主题教育的8个专项整治工作结合起来，狠抓廉政风险排查。

加强高素质专业化干部队伍建设。贯彻新时代党的组织路线，落实新修订的干部选拔任用条例，坚持正确选人用人导向。重视后备干部、年轻干部培养，通过安排年轻干部调训、挂职，参加巡视、巡察，驻村扶贫等工作，加强急难险重任务锤炼。调整区局内设机构，全区干部选拔任用和交流9人，多渠道补充干部11人。按要求做好“一报告两评议”、领导干部个人有关事项报告、报审报备、提醒函询诫勉等工作，从严从实抓好干部管理监督，促进忠诚干净担当。稳步推进公务员职务与职级并行实施工作。

三、邮政法修订实施十周年

十年来，自治区的快递服务网络不断下沉，覆盖区内全部乡镇，快递物流业初步形成产业集聚，企业自动化、智能化、信息化水平不断提高。全区邮政业从业人员从2010年末的2万余人增长到5万余人，新增就业岗位近3万人。十年来，邮政业务收入和业务总量分别增长了11倍和7倍，快递业务收入和业务量的年均增长率分别达到33%和42%。全区邮政行业产值占全区生产总值的比重升至0.7%,在国民经济中的基础性支撑性作用不断强化。

四、各市(地)主要管理工作概况

南宁局按照共青团区委、区邮政管理局关于联合推进快递业从业青年联系服务的工作部署,切实落实关于加强快递员权益保护工作要求,继续开展关爱全区快递小哥活动,切实维护快递小哥的合法权益,改善其工作环境,让全区的快递小哥有更多的获得感、幸福感和安全感。联合市公安局交警支队印发《关于对邮政快递电动三轮车实行“五统一”管理的通知》(南邮管〔2019〕54号),明确提出了对邮政快递电动三轮车五统一管理的工作要求、实施安排,市快递行业协会协同邮政管理部门、道路交通管理部门建立工作联络机制,加强对邮政快递电动三轮车道路交通安全的管理,共享邮政快递三轮车信息,共同推动邮政快递电动三轮车有序通行。联合市住建局印发《关于进一步推进全市邮政快递企业服务进小区的通知》。12月23日,联合市住建局印发《关于进一步推进全市邮政快递企业服务进小区的通知》,要求加强住宅小区邮件、快件收投场所或设施建设;建立邮政快递企业投递人员登记备案制度;不断改进和提高住宅小区邮政快递服务水平;积极推进住宅小区智能投递终端设施建设;进一步强化行业自律组织协调工作力度。

桂林局与地方政府主动联系沟通,在加强自身素质提高和增强管理能力的同时,持续推动全市快递业高质量高水平发展。为深入实施“千万件”金牌项目打造工程,拓展“快递+现代农业”覆盖面,推动寄递业助力服务精准扶贫和乡村振兴,桂林局两次赴恭城、平乐两县开展月柿寄递专题调研,并引入玉林北流知名电商团队和钦州巧妇九妹电商团队,助力月柿产品线上销售,推动多方合作共赢。2019年,完成月柿寄递203.5万件,实现寄递收入达855万元,较2018年寄递量同比增长208%,得到当地政府和果农的好评。为进一步规范快递三轮电动车使用管理,桂林局多次就规范管理辖区快递三轮车等相关事宜与市交警部门对接协商,提出利于行业发展的建议和意见。12月30日,桂林市政府通过立法程序出台《桂林市城区三轮车与电动四轮车管理办法》,以政府规章形式解决车辆通行问题。

五、快递市场存在的突出问题

民营快递企业同质化竞争,乡镇快递网点盈利能力弱、经营不稳定。以加盟制为主的“通达系”民营快递企业常年价格战,同质化严重,在乡镇以不同品牌分散设点,排他性特许经营,网点重复建设,单个品牌在乡镇的网点运营成本高、盈利能力弱。“通达系”民营快递企业的乡镇加盟网点主要靠收件盈利,以韵达为例,2020年末每收一件快件提成在2元左右,每派送一件总部补贴1元左右的派费,但实际派送快件成本远高于1元。有别于城区快递网点精细化的“片区分割”,通常一名快递员服务一个高度集中的社区,乡镇快递员需要辐射的范围更广、效率更低、成本更高。沿海发达省份的乡镇电商经济活跃,收派比能达到10:1至30:1,远优于1:1的收派平衡线。广西乡镇快递网点平均收派比约为1:15,部分地处大石山区的乡镇超过1:30,网点经营即亏损,常陷入歇业或转让状态。

广西快递服务平均单价连年下降,半数以上为水果件,进一步挤压广西民营快递企业盈利空间。广西快件平均单价由2015年17.37元降到2019年13.24元,同期全国平均单价为11.8元。但广西出港件超50%为低附加值的初级农产品,如百香果、芒果、柑橘等,平均重量在5~8公斤,远高于全国1公斤左右的平均重量。广西农产品件具有高时效、禁止重压、体积大等特点,对快递企业作业面积、运输速度、运输空间有较高的要求,单件运营成本远高于江浙地区的轻量化小商品。以5公斤的水果件为例,南宁市的运费最低2.8元包邮全国90%以上的地区(新疆、西藏除外)，表面看广西运费高于江浙沪，但江浙沪小商品快件平均重量仅为0.5公斤左右，同等体积重量下的平均运费，广西更低，利润更薄。

当前广西寄递渠道打私打假的形势依然严峻。广西与越南山水相连，受地理环境、经济条件等各种因素影响，成为我国打私打假的重要区域之一。仅2019年，全区就发现多起不法分子利用寄递渠道邮寄老虎皮、海马干、象牙等濒危物种制品的案件。虽然当前的多部门联合打击取得一定成果，但受作案手法多样以及寄递渠道新业态出现等因素影响，利用寄递渠道运输走私物品及非法寄递野生动植物的形势依然严峻。违规寄递手段多样，案值金额巨大，据近年查处的案件来看，有涉犯罪分子卧底、渗透邮政快递企业，与走私罪犯通谋，为其提供运输、保管、邮寄或者其他方便，里应外合逃避寄递“三项制度”，反侦查意识越来越强，案值金额巨大，从普通行政处罚演变成间接走私或走私共犯。

海南省快递市场发展及管理情况

一、快递市场总体发展情况

2019年，海南省邮政行业业务总量累计完成25.4亿元，同比增长16.1%；业务收入(不包括邮政储蓄银行直接营业收入)累计完成31.7亿元，同比增长12.3%。其中，快递企业业务量累计完成8143.4万件，同比增长14.6%；业务收入累计完成18.5亿元，同比增长13.3%(表7-21)。快递服务质量稳步提升，消费者申诉处理满意率达到99.2%。邮政快递业在海南经济社会发展中的作用不断增强，为稳增长、促改革、调结构、惠民生、防风险作出了积极贡献。

表7-21　2019年海南省快递服务企业发展情况

指　　标	单　　位	2019年		比上年同期增长率(%)		占全部比例(%)	
		全年累计	12月份	全年累计	12月份	全年累计	12月份
快递业务量	万件	8143.41	1406.86	14.58	95.15	100.00	100.00
同城	万件	1752.58	154.71	−21.16	−36.78	21.52	
异地	万件	6384.78	1263.47	30.90	165.65	78.04	
国际及港澳台	万件	6.05	−11.3	−7.49	−1924.62	0.08	
快递业务收入	亿元	18.48	2.70	13.29	60.37	100.00	100.00
同城	亿元	1.37	0.15	−35.38	−26.98	7.43	
异地	亿元	10.99	1.81	19.85	94.88	59.48	
国际及港澳台	亿元	0.12	0.00	−7.69	−134.73	0.65	
其他	亿元	5.99	0.74	22.49	38.88	32.44	

二、行业管理工作及主要成效

着力加强党的建设，推进全面从严治党。扎实开展“不忘初心、牢记使命”主题教育。坚持把学习教育、调查研究、检视问题、整改落实贯穿起来，聚焦主题主线和任务目标，紧跟习近平总书记最新重要讲话和党的十九届四中全会精神，认真贯彻落实习近平总书记关于邮政业重要指示精神。坚持主题教育与中心工作相融合，读原著、学原文、悟原理，开展学习交流研讨。主题教育期间，组织中心组学习交流6次，市(地)局党组(支部)组织学习研讨59次，局党组成员和支部书记讲党课14次，编印简报18期，召开调研成果交流会6次。聚焦突出问题，针对脱贫攻坚、绿色包装、末端服务、行业工会组建、村邮站运营管理等重点难点问题深入基层,摸实情、查症结、定措施,共形成调研报告18份,提出对策建议共64条,推动调研成果转化,较好地破解行业发展难题。全省系统上下联动,重点抓好"8+1+3"专项整治和省局7大方面48项问题整改落实,主题教育取得明显成效。

加强党的政治建设,统领改革发展各项工作。贯彻落实国家局党组《关于加强党的政治建设的实施意见》等文件精神。定期研究部署党建工作,召开党建工作会,开展从严治党考核和"机关党建示范点"创建,努力推进机关党建标准化规范化。举办党支部书记轮训、主题教育专题培训、纪检监察业务培训,开展"主题党日、专题党课、表彰先进、诗歌朗诵、廉政警示""五个一"系列活动。坚持处室和市(地)局负责同志集中参加中心组学习模式,全年组织中心组学习20次。并通过"琼邮管党建和监管"微信群开展宣传教育,把思想政治工作体现在时时处处。

落实全面从严治党责任,推动全面从严治党向基层延伸。贯彻系统年度党风廉政建设、警示教育会议精神,开展警示教育"五个一"活动,开展扶贫领域腐败和作风问题、特殊资源牟取私利、为基层减负等专项治理。贯彻中央八项规定及其实施细则精神,紧盯"四风"问题,在春节、端午、中秋等重要节日前组织学习典型案例,以案明纪,确保风清气正过节。对中部局、三亚局开展政治巡察,实现市(地)局巡察全覆盖。坚持抓早抓小,强化纪律教育,对15名拟提拔任用人选、表彰人选等出具党风廉政意见,开展与副处级以上干部和新任职干部集体廉政谈话61人次。

着力优化发展环境,推动行业高质量发展。行业发展政策环境不断优化。配合国家局印发《关于支持海南邮政业深化改革开放的意见》。沟通省政府办在印发的运输结构调整工作方案、清洁能源汽车推广计划中,纳入快递绿色包装、智能信包箱等内容。海口局沟通有关部门出台促进跨境电子商务及国际快件产业发展的支持保障性政策,纳入快递基础设施建设、国际快件等内容。东部局指导陵水县邮政企业争取到地方政府电子商务发展奖励资金。会同省商务、交通、人社部门等印发拓宽贫困地区农产品营销渠道、农村物流高质量发展、邮寄仲裁文书等通知。推动减税降费政策在邮政行业释放红利,全年减税降费超过1800万元。印发规范快递末端服务车辆管理指导意见,三亚局、中部局、西部局辖区共8个市县出台了快递电动三轮车城区通行政策。参与省政府《海南物流顶层设计工作方案》和《海南建设国际物流枢纽战略与政策研究》相关工作,参与海南省综合立体交通网规划编制工作。指导海口国际邮件互换局(交换站)建设,开通海口至日本、新加坡、中国香港3条直封邮路;协同推动海口国际快件监管中心建设运营,开通澳大利亚、加拿大至海口国际快递航空航线。

积极推进许可领域"放管服"改革,推动许可工作重心由重审批向重管理转变。开展违规实施快递业务经营许可专项治理工作,抓好快递末端网点备案常态化和分支机构备案手续精简工作。加强与有关部门政策衔接,稳妥推进国际快递业务经营许可审批事项下放承接工作。

快递发展质效显著提升。引导顺丰海南国际生鲜港、圆通海南区域总部、中通海南智能科技园等3个项目签约进驻美兰临空产业园。引导邮政、顺丰、中通新建分拨中心和启用自动分拣设备,引导京东启用智能分拣装备。推动快递业与现代农业、制造业等产业协同发展,海南顺丰在荔枝季投入2架全货机寄递荔枝1100余吨;行业形成年收寄量超400万件"海南芒果"、200万件"海南菠萝蜜"项目和春光南国食品、医药、会文佛珠等制造业示范项目。推进"快递+跨境电商",引导EMS、圆通等企业为海口综合保税区跨境电商等业务发展提供重要支撑。推进快递"上机"工程,引导顺丰开通海口—深圳全货机运输航线。

着力加大工作力度，打好三大攻坚战。防范和化解重大风险。开展风险隐患百日整治、防范打击涉枪涉爆、防风险保平安迎大庆、实名收寄专项治理、安全生产集中整治等行动，督导企业落实主体责任规范，实名收寄信息化率超99.6%。推进寄递渠道禁毒三年大会战、反恐、“扫黄打非”等工作，推行“画像法”渐显查堵成效。落实非洲猪瘟疫情防控措施。做好国庆70周年、博鳌论坛年会等重大活动和“双11”业务旺季安全服务保障工作。配合推进“绿盾”工程建设，多次沟通争取下拨安检机补贴款约200万元。联合保密部门加强机要通信监督，组织“两轮”检查和“双随机”检查，并开展档案集中评审，形成闭环管理。

助力乡村振兴和精准扶贫。召开扶贫工作推进会，推进“快递下乡”工程，培育“一市(县)一品”精品项目，邮政企业完成农特产品进城配送量4590.8吨，农特产品交易额4510.5万元。扎实推进定点扶贫工作，选派好干部任驻村第一书记，认真开展定点扶贫“四看四比四提升”工作，助力贫困户发展养殖业，并深入定点帮扶村调研慰问，看望驻村干部。11月，定点帮扶村63户贫困户232名贫困人员全部实现脱贫。

打好污染防治攻坚战。印发生态环境保护工作方案，通过培训、评价、“问看查测拍”方式督导“9571”工程落实：企业电子运单应用率达98%，96%的电商快件不再二次包装，循环中转袋使用率达81%，配备包装回收装置城区网点达876个(邮政网点实现全覆盖)。鼓励企业在同城快递业务中使用邮政循环快递盒、韵达循环快递盒、顺丰循环包装箱、京东生物降解包装袋、申通循环中转袋等，清洁能源汽车保有量约290辆。开展“邮来已久、绿动未来”主题宣传，凝聚绿色发展共识。配合国家局转发《海南省加快推进快递业绿色包装应用实施方案》，为海南绿色包装应用提供政策支持。积极沟通将邮政管理部门纳入《海南省生活垃圾管理条例》职责部门，规定了寄递企业和寄件人使用快递包装物的生态环保责任，进一步完善行业绿色包装法规制度体系。

着力强化监督管理，提升行业监管水平。加强快递市场监督管理。新增备案快递末端网点348家。依法履行监管职责，组织开展海南区域寄递企业总部安全生产和全省邮政市场“双随机”执法检查。推进快递末端服务违规收费清理整顿工作，依法查处违法违规行为，末端服务违规收费问题得到有效遏制。全省邮政管理部门对邮政市场主体开展检查981家次，查处违法违规案件55起。推进快递业信用体系建设，成立海南省快递业信用评定委员会，印发海南省快递市场法人主体信用评定方案。加强消费者申诉处理能力建设，组织开展“3·15”主题宣传活动，完善消费者申诉信息通告和公开制度，全年为消费者挽回经济损失41万元。

加强行业人才队伍建设。认真做好快递工程技术人员职称评审工作，协调省委人才发展局联合印发《海南省快递工程专业技术资格评审条件(试行)》，组建资格评审委员会和评审专家库，开展初级职称资格认定工作。认真做好行业评比表彰工作，与省人社部门联合开展全国邮政行业先进集体、劳动模范和先进工作者推荐申报工作，行业2名员工分别被评选为劳动模范和道德模范。认真做好行业职业技能提升工作，指导快递行业协会成功举办第二届海南省邮政行业职业技能竞赛暨第二届全国邮政职业技能竞赛海南省初赛。贯彻习近平总书记关心关爱快递小哥重要指示精神，由局领导带队，组织30多名快递员参与人大、政协代表面对面座谈等服务月活动；与省总工会沟通推进行业工会、关爱小哥等事宜，在“双11”及元旦春节旺季期间，分别两次共争取到慰问金21.8万元。指导市(地)局分别推动成立五指山市、儋州市快递行业联合工会，儋州市总工会出资为100名“快递小哥”体检。省委常委、三亚市委书记童道驰到邮政快递企业慰问一线员工。

着力夯实基础管理,提高支撑保障水平。强化行政执法监督工作,印发行政执法评议考核工作方案及邮政行政处罚案卷评查内容和标准,组织新录用公务员参加执法资格考试,制定《海南省邮政管理部门公平竞争审查工作实施细则》和工作实施方案。

做好公务员队伍管理工作。全年录用公务员2名,接收军转干部1名,组织7名新录用公务员参加初任培训,考核评定优秀公务员8名。不断加强干部队伍建设,严格落实领导干部个人事项报告。巩固九个专项治理成果,开展"整治干事创业精气神不够"专项整治工作和领导干部配偶、子女及其配偶违规经商办企业专项治理工作。积极推进公务员职务与职级并行和养老保险制度改革等工作。

努力做好统计、财务和基础管理工作。组织开展"三新"单位核定工作并纳入统计范围,开展审计问题整改和办公用房、会议费专项清理问题整改"回头看"工作,完成固定资产清理登记。认真贯彻解决形式主义突出问题为基层减负专项行动要求,做好办公室"三办""三服务"工作,严控年度发文、会议和督查考核数量。做好信息公开工作,加强信访管理和保密工作等。

三、邮政法修订实施十周年

邮政业地方立法工作取得历史性突破。2011年11月30日,《海南省邮政条例》(以下简称《条例》)经海南省人四届大常委会第二十六次会议通过,于2012年1月1日起正式施行。解决了三个方面的问题:第一,适应国际旅游岛建设城市化和城乡一体化进程,着力推进邮政普遍服务均等化,明确邮政普遍服务属于基本公共服务范畴;第二,规范快递市场有序、健康发展;第三,完善有关法律责任的规定。《条例》突出中央事权和地方事权结合特色,规定国家给予邮政企业用于邮政普遍服务和特殊服务的补贴资金,其使用计划报送省财政和邮政管理部门备案,并接受省财政、审计和邮政管理部门监督。2014年5月30日,海南省第五届人大常委会第八次会议高票审议通过修改《海南省邮政条例》决定,并于7月1日起施行。修改决定紧密结合我省邮政行业发展改革实际,内容更具体、更明确、更具可操作性,并取得了六个方面的重要突破:一是村邮站运维资金纳入财政预算法定化,二是加强对委代办邮政普遍服务行为的监管,三是进一步强化企业安全主体责任,四是强化寄递安全的法律责任,五是赋予邮政管理部门对委代办违法行为的处罚权,六是强化了邮政行业信息化监管手段。这次条例修改工作在局领导的多次指导下,先后20余次深入调研、召开专题沟通会,保障和推进了条例修改顺利进行,达到预期目标。

省级以下邮政监管体制进一步完善。2012年,省政府办公厅印发《海南省完善省级以下邮政监管体制工作实施方案》,举行海南省省级以下邮政监管机构成立大会暨揭牌仪式。年底,我省成立了海口市邮政管理局、三亚市邮政管理局和海南省东部、中部、西部邮政管理局(派出机构、分别管辖5或6个市县邮政业)5个市(地)级邮政管理机构,负责对辖区的邮政普遍服务和邮政市场实施监督管理。同时,将邮政管理体制由之前的中央垂直管理调整为中央和地方双重管理,省及市邮政管理部门主要负责人兼任同级交通运输部门副职领导。

行业发展环境进一步优化。省政府印发《海南省促进快递业发展实施方案》。是全国第三个以省政府名义印发实施方案的省份,得到国家邮政局党组的充分肯定。省政府办公厅印发海南省邮政业发展"十二五"和"十三五"规划。《海口市邮政业发展规划》和《三亚市邮政业发展规划》(为市政府印发)正式印发,全省邮政业发展"十三五"规划1+2体系形成。省政府印发的《海南省"十三五"现代物流业发展实施方案》《关于大力推广新能源汽车促进生态省建设的实施意见》,省政府办公厅印发的《海南省物流业降本增效专项行动实施方案（2017—2018 年）》《关于深入推进“互联网＋流通”行动计划的实施意见》《海南省促进电子商务加快发展奖励扶持办法（试行）》《关于促进内贸流通健康发展的实施意见》《海南省加快推进物流降本增效促进实体经济发展实施方案》《海南省推动实体零售创新转型实施方案》《海南省加快推动冷链物流发展保障食品流通安全实施方案》等10余部省级政策文件将促进邮政业发展政策纳入其中，邮政业发展形成了较为完备的政策支撑体系，迎来了最佳政策发展机遇期。

海南邮政业发展质效进一步提升。印发了《海南省推进电子商务与快递物流协同发展实施方案》，联合省交通运输厅等6部门印发《关于加快推进全省农村物流网络节点体系建设的实施意见》。主动适应海南自由贸易区（港）建设，推动海口、三亚国际快件监管中心投入运营；引导京东、苏宁入驻金马物流园区，顺丰、圆通等入驻综合保税区。扎实推进邮政业更贴近民生实事落地。海南已实现邮政普遍服务网点乡镇覆盖率、村邮站行政村覆盖率、建制村直接通邮率、快递网点乡镇覆盖率、乡镇党报当日见报率、市县邮政机要机构设置率（除三沙市外）、高校规范收投率7个100%。2018年，通过“一市（县）一品”项目带动，全省新增邮乐购站点197个（共2387个），完成农特产品进城配送量2741吨、交易额2957万元。“快递入区”工程建成城市及农村末端公共服务网点197个，投入运营智能快件箱1683组。“三不”专项治理实现快件分拨中心视频监控联网率100%，铺设离地设施的快件场所比例达100%。推进快递网点标准化建设，城区标准化快递网点达100%。联合工商等26部门印发《关于开展“放心消费在海南”创建活动的工作意见》。建成中国最南端快递公共服务平台——三沙市永兴岛快递超市。深化产业融合。服务“乡村振兴”战略，打造快递年收寄量超400万件、业务收入1亿元的“海南芒果”快递服务现代农业示范项目。引导顺丰全货机常态化起降美兰机场，在荔枝季发运荔枝2000余吨。推动快递服务制造业，积极培育制药业，春光和南国食品等快递服务制造业示范项目。

四、各派出机构主要管理工作概况

东部邮政管理局抓好“一市一品”农产品进城项目，提升邮政服务农村电商能力，辖区共建成邮乐购站点964个，全年累计带动农特产品进城105.2吨，销售额0.15亿元，带动电商包裹28.4万件。督促邮政企业做好“海南爱心扶贫网”寄递服务保障工作，助力精准脱贫，服务乡村振兴。大力推进“9571”工程，辖区电子面单使用率超过95%，电商邮件无二次包装率超过50%，可循环中转袋使用率超过70%。全辖区市县城区邮政快递营业网点设包装废弃物回收箱182个，回收箱设置率超过100%。

中部邮政管理局积极对接商务、交通运输等部门，争取政策支持。与五指山市交通部门召开交邮合作工作联席会议，进一步拓展交邮合作深度广度，共同推进全市三级物流体系建设；与屯昌县交通部门召开交邮合作工作联席会议，进一步落实屯昌县人民政府办公室印发的《屯昌县农村物流网络节点体系建设实施方案》。加快推进快递末端服务车辆管理和使用规范工作，协调辖区五个市（县）公安部门推动解决快递专用电动三轮车城市通行难题，并分别联合印发了《规范邮政快递专用电动三轮车通行管理工作方案》，努力推动解决快递专用电动三轮车城市通行难题。推动末端服务综合服务平台建设。积极与辖区市（县）商务部门联系协调，利用村邮站平台，引导企业参与涉农电子商务平台建设。积极推动推进快递下乡工程，组织召开快递下乡工作推进会，通过快邮合作、快快合作、“快递＋交通”合作模式。探索对接村邮站平台，支持鼓励快递企业深入乡镇设置自有网点，引导快递企业依托乡镇便利店设置代办网点。中部局辖区5个市（县）45个乡镇，30个国营农场，517个行政村共有快递企业末端网点146

家，乡镇农场覆盖率达100%。积极鼓励邮政快递企业加强与农业、供销、商贸等企业的合作，打造“工业品下乡”和“农产品进城”双向流通渠道，带动农村消费，拓展快递增值业务。通过“快递+特色农产品”服务模式，先后引导屯昌县寄递企业参与第十届中国海南(屯昌)农民博览会；支持保亭企业参与红毛丹销售；鼓励琼中快递企业对接绿橙销售，顺丰、圆通、申通多家企业与绿橙销售商签订了合作协议；五指山邮政公司与海南制药厂有限公司签订了药品寄递协议。进一步抓好“一市(县)一品”农特产品进城示范项目，鼓励发展“互联网+农业+寄递”模式，五指山地瓜、山竹、百香果，琼中绿橙、乐东芒果、保亭红毛丹等寄递配送项目不断涌现，邮政、快递企业成为助力农村电子商务精准扶贫的重要力量。大力推动产业扶贫相关项目，抓好“一市一品”“海南爱心扶贫网”寄递服务保障工作，提高贫困脱贫户增收致富能力。

西部邮政管理局联合洋浦经济开发区公安局印发《规范邮政快递专用电动三轮车通行管理工作方案》和《洋浦经济开发区邮政快递专用电动三轮车管理实施细则》，有力保障洋浦快递车辆城区通行；其他市县亦取得积极进展。持续推进“邮政在乡”，辖区建成邮乐购站点893个，“一市(县)一品”项目带动农特产品进城配送量达1032吨，带动邮政包裹业务量40.6万件，带动邮政包裹业务收入453万元，带动贫困户增收4.3万元。快递诚信体系建设取得阶段性成果，成立了辖区快递业信用评定委员会，探索以委员会会议通报辖区快递市场服务质量情况的方式，逐步构建以信用为核心的行业治理新模式。积极协调辖区市县工会组织，动员快递企业积极参与快递行业工会建设，推动成立儋州市快递行业联合工会，儋州市12家快递公司469名快递员纳入工会组织，并争取到儋州市总工会出资给予快递从业人员体检指标100个。

五、快递市场存在的突出问题

邮政业供给侧结构性改革有待持续深化。全省行业发展潜力仍未完全激活，农村电商发展与快递业协同发展融合不足，跨境业务发展不足，主动适应海南自贸港建设不够；行业发展效益有待提升，品牌企业之间同质化竞争仍然激烈，企业以牺牲服务质量为代价削减经营成本的现象依然突出，制约发展的突出问题有待推动解决；快递服务质量离人民群众更高的用邮需求尚有差距。

对新形势下推动行业改革发展具有一定挑战。一是适应海南自由贸易港建设还有差距，推动行业改革发展的能力还不强。对海南自由贸易港建设背景下具体如何转变邮政管理部门职能、深化行业“放管服”改革把握不透、认识不清、迈不开步子，不能很好地发扬“大胆闯、大胆试、自主改”的特区精神。二是在新形势下推动行业创新发展能力不强。面对新形势下新业态的蓬勃发展，对邮政业“三新”单位的监管缺乏有力抓手，监管能力不足。主动适应海南自由贸易试验区(港)建设，推动行业创新发展的能力还不强，尚未摸索出适应海南自由贸易港建设的新型邮政行业监管模式。

寄递渠道安全生产新问题、新矛盾凸显。一是寄递渠道安全形势日趋严峻，如何平衡安全监管和行业发展之间的矛盾，成为亟待解决的问题。二是随着辖区快递服务网络不断下沉，末端网点数量不断增加，监管边界不清晰，监管力量不足，监管效率仍需提升，全省面临“人少事多”的矛盾，如何有效应对新的安全风险成为新的课题。三是海南自由贸易港建设对优化行业监管提出新的要求，受国际化影响的行业安全生产形势将对当前的监管模式构成挑战。

重庆市快递市场发展及管理情况

一、快递市场总体发展情况

2019 年，重庆市邮政行业业务总量累计完成 166.3 亿元，同比增长 23.4%；业务收入（不包括邮政储蓄银行直接营业收入）累计完成 129.1 亿元，同比增长 15.8%。其中，快递企业业务量累计完成 5.5 亿件，同比增长 20.8%；业务收入累计完成 70.5 亿元，同比增长 21.4%（表 7-22）。支撑网络零售额实现 1100 亿元。消费者申诉处理满意率达 98.6%。邮政业在经济社会发展中的作用不断增强，为“六稳”作出了积极贡献。

表 7-22　2019 年重庆市快递服务企业发展情况

指　　标	单　　位	2019 年		比上年同期增长率（%）		占全部比例（%）	
		全年累计	12 月份	全年累计	12 月份	全年累计	12 月份
快递业务量	万件	55322.43	5583.26	20.80	18.29	100.00	100.00
同城	万件	17663.82	1750.23	0.14	1.46	31.93	31.35
异地	万件	37321.03	3781.04	34.69	28.25	67.46	67.72
国际及港澳台	万件	337.55	51.99	-24.67	11.22	0.61	0.93
快递业务收入	亿元	70.45	7.13	21.39	22.17	100.00	100.00
同城	亿元	14.26	1.40	1.21	26.49	20.24	19.58
异地	亿元	31.34	2.88	16.65	-4.81	44.48	40.39
国际及港澳台	亿元	4.09	0.58	49.69	122.93	5.80	8.17
其他	亿元	20.77	2.27	44.69	57.11	29.48	31.85

二、行业管理工作及主要成效

开展“不忘初心、牢记使命”主题教育，全力做好新中国成立 70 周年庆祝活动服务保障。主题教育有效开展。按照“守初心、担使命、找差距、抓落实”总要求，聚焦落实习近平总书记关于邮政业重要指示精神和上级重大决策部署，坚持把“学习教育、调查研究、检视问题、整改落实”贯穿始终，强化主题教育与中心工作融合。各级领导干部带头研读规定书目、讲授专题党课，带头对照党章党规找差距、针对查摆问题抓整改，带头奔赴艰苦边远地区和困难矛盾集中地区督导调研，重点抓好“8 +1 +3”专项整治和 17 个问题解决。圆满完成新中国成立 70 周年庆祝活动邮政业安全服务保障工作。围绕“防风险、保安全、迎大庆”任务，全行业以最高标准、最严要求、最佳状态严格把好安全关，顺利实现“四个严防、三个确保”工作目标。

不断加强制度供给，营商环境进一步优化。推动上级重大决策部署得到有效落实。在市交通局的大力支持下，积极参与重庆市交通强国建设试点实施方案编制工作，提出相关建议。全面启动重庆市邮政业发展“十四五”规划编制工作，成立了领导小组和工作组，制定了工作方案。全有效拓展“最后一公里”的服务范畴，全市快递服务进村覆盖率达 73.21%，秀山、涪陵、九龙坡、渝北等 18 个区县实现了村级服务全覆盖。

邮政业改革加快推进。加大简政放权力度，持续深化“放管服”改革。印发《关于规范核定快递业务经营许可地域范围和压缩审批时限相关工作的通知》，修订《快递业务许可管理工作细则》，坚持全程网上办理和落实“一门、一次、一网”要求，进一步优化审批流程。全年办理行政许可审批47家，平均办理时限压缩至14.7个工作日。继全国三个试点省市后，为“菜鸟驿站”核发了企业开办服务站快递业务经营许可证。推动落实多项税费减免政策为企业减负7426.23万元，主要品牌快递企业实现税收近7.7亿元。

持续推进地方法规标准体系建设。开展《重庆市邮政条例》修订立法调研，形成专题报告。在市住房和城乡建委等部门大力支持下，将《住宅信报箱》地方标准修订工作纳入《2019年度重庆市工程建设标准制定修订项目立项计划（第一批）》，并提供经费支持。

深入推进供给侧结构性改革，行业高质量发展迈上新台阶。基础能力建设得到加强。邮政快递企业入驻园区25个。全市共有取得快递业务经营许可企业411家，备案分支机构1876家，备案末端网点4541个，其中末端公共服务站3889个，占85.64%。投放智能快件箱2.8万组。基本建成快递“市级分拨中心—县级分拨中心—乡镇服务网点”三级服务体系。研究出台了《重庆市主城区快递业末端服务电动三轮车规范管理规定》，市快递协会制定了《重庆市邮政快递专用三轮车规范管理自律办法》，1883辆快递末端服务车辆实行“六统一”管理，1200余辆配送车辆安装基于“北斗卫星导航系统”的“天邮智联快递末端车管理系统”，实现了车辆实时定位、行驶轨迹回放等功能。协助办理快递车辆临时通行证489个，累计554车次；协助办理新能源车辆通行证355个，累计2728车次。

产业融合深入推进。在市交通局的大力支持下，选取了石柱、城口、梁平、合川、江津5个区县先行试点，探索建立“交邮合作”“交快合作”等快递下乡模式。积极培育“快递+”金牌工程，全市寄递服务现代农业业务量累计4470.58万件，带动销售产值约23.84亿元。其中“奉节脐橙”寄递量1060万件，促农增收近6亿元；“潼南柠檬”寄递量约240万件，带动销售产值4700万元；“巫山脆李”寄递销售量80.3万件，助农增收近1亿元。重点培育快递服务制造业项目14个，形成寄递量累计1.3亿件。邮政、百世、中通等入驻“理文纸业”，年寄递量超过1亿件，销售产值32亿元。联合市商务委举办“双品网购节”，实现寄递量1717万件，同比增长58.82%，完成投递量3710万件，同比增长37.82%

科技创新水平明显提升。拓展科技创新应用范围，大力推动“互联网+”“智能+”邮政快递发展。邮政、顺丰、百世等主要寄递企业基本实现自动化分拣。重庆京东使用的智能化分拣线，是目前国内最先进的分拣系统之一，实现了生产各环节自动化作业、无人操作全覆盖，日均处理单量可达48万单。顺丰数据灯塔在重庆使用投入，帮助企业打通业务底层数据，助力企业数字化转型。江津重庆交通职业学院进行无人车配送，配送时长2000小时。在南岸区茶园管委会落地智能配送站，开展无人车配送和无人机试点。在重庆市第四届“五小”创新晒成果展示大赛中，重庆市邮政管理局选送的3个项目从各行业800余个项目中脱颖而出全部获奖，并得到经费支持。

人才队伍建设不断加快。推动“政产学研用”融合发展，营造良好行业人才发展环境。成立了行业人才工作领导小组，完善人才工作协调机制，建立联络员制度。在市职改办的支持下，按照《重庆市工程技术快递行业高、中、初级专业技术职称申报评审条件》严格把关，评审初级、中级职称153名，同比增长488.5%，圆满完成了快递工程技术人员职称评审工作。认真组织开展“建功新时代”网上劳动和技能竞赛，被市直机关工会联合会推荐为先进集体。

从业员工权益保障有效加强。局党组带队走访慰问了十余家快递企业的快递小哥，送去了慰问信和慰问品。联合共青团重庆市委启动“青春加油站·劳动者港湾”，为快递小哥提供“累了能歇脚，渴了能喝水，没电能充电，饭凉能加热”的免费服务。綦江、荣昌、大足邮政企业设立了爱心驿站。联合市司法局印发文件加强对快递从业人员的法律援助。成立了渝东北“快递小哥”法律服务团，协调18家律师事务所提供法律援助服务。邮政企业建设“职工小家”1014个，有效改善从业人员工作生活环境。韵达、百世、申通、优速、德邦等企业为员工购买商业保险近百万元。一分局推动电信公司为快递员提供专属套餐，给予优惠减免。“双11”业务旺季期间，联合共青团市委开展快递助力活动，招募150名志愿者支援快递企业。成立了重庆市首个快递行业团工委，组织开展篮球赛、亲子运动会等活动，行业凝聚力进一步增强。共青团市委在信中表示，衷心感谢重庆市邮政管理局团结带领邮政业广大团员青年，坚决助力打好“三大攻坚战”、实施“八项行动计划”，把各项工作任务落到实处。

聚焦靶心精准发力，三大攻坚战取得积极进展。防范化解重大风险能力明显增强。集中开展邮政业安全稳定“百日攻坚”行动，继续抓好“三项制度”落实，建立周、月、季度实名通报制度，全市实名信息化率99.53%。通过平安建设考评，推动无安检机的区县配置安检机，落实安全生产属地责任。开展防范打击利用寄递渠道运送涉枪涉爆物品入京专项行动和集中专项整治，出动执法人员3453人次，监督检查企业1334家，查处一般隐患159个，重大隐患35个，查堵禁寄品21件，停业整顿1家。充分发挥寄递渠道综合治理工作机制，组织公安、国安等部门开展国庆70周年庆祝活动寄递渠道安全保障工作联合监督检查，对全市7个区县进行抽查，严格落实安全生产主体责任。积极参加市反恐办督导检查工作，制定印发新中国成立70周年寄递渠道安保工作方案，提前谋划部署，保障活动期间寄递渠道安全。重庆中通投入20万元配置消防车1台。制发《重庆市邮路安全监管办公室2019年邮路安全工作要点》，全年共出动执法人员80人次，检查企业20家，依法查处问题3件，下发责令改正通知书3份，办理行政处罚案件1件，罚款0.6万元。妥善处理了重庆天天事件、安能快递网络转型事件和圆硕欠薪讨薪事件。全年安全生产形势平稳，寄递渠道未发生影响社会稳定的恶性事件，各类矛盾纠纷得到有效化解。

服务精准脱贫攻坚战成效显著。坚持脱贫攻坚与深化党的建设结合。局党组多次深入贫困乡镇农村开展扶贫调研，筹集帮扶资金13.3万元，采购农副产品10.86万元。选派处级干部驻村扶贫，连续三年获当地政府表彰。坚持脱贫攻坚与助推行业发展结合，印发全市主要品牌企业助力“精准扶贫”指导意见，重点培育快递服务电商项目13个，形成“寄递+电商+农特产品+农户”的产业扶贫模式。坚持脱贫攻坚与邮政在乡快递下乡结合，因地制宜推动贫困地区“邮快”“交快”“快快”“快电”等多种融合发展模式。坚持脱贫攻坚与打造金牌工程结合。优先为贫困地区农产品开通绿色通道，带动销售产值约20亿元，惠及贫困人口3万多人。坚持脱贫攻坚与扶志扶智结合，推动市人力社保局与顺丰速运签约《就业扶贫框架合作意向书》，推动顺丰投入国家级贫困县城口县助学金61.7万元。对口帮扶对象城口县祝乐村提前整体脱贫，并获市级“一村一品”示范村。

污染防治攻坚战持续发力。加快绿色邮政建设进程。局领导带队对顺丰、圆通、申通、京东重庆公司开展生态环保督导检查。积极对接市生态环境局，推动将邮政业“9571”工程等内容纳入《重庆市“无废城市”建设试点工作实施方案》和领导小组成员单位。指导市快递协会召开快递企业绿色发展经验交流会，组织企业签订《绿色快递承诺书》。全市寄递企业电子面单使用率达到98.8%以上，65%以上电商快件不再二次包装、主要品牌快递企业循环中转袋使用率达81%、设置包装废弃物回收装置1551个，完成“9571”工程年度目标。永川区政府出台《“绿色邮政”建设工作方案》，强化政策激励引导，促进企业绿色发展实践，探索建立行业回收体系。丰都县对入驻园区的快递企业配备快递包装废弃物回收装置给予50%的资金补贴，对拟采购的30台新能源汽车给予全额财政补贴。万州、忠县、丰都、垫江等区县争取到地方政府资金支持共计360万元。

坚持监管服务并重，依法治邮成效明显。邮政市场监管不断强化。依法开展监督检查，落实“双随机一公开”，全面加强事中事后监管，开展违规实施快递业务经营许可专项治理，向企业发放调查问卷并回收19份。下发《行政许可事中事后监督通知单》56份，立案查处102件。全年共计出动执法人员4582人次，依法监督检查邮政快递企业1757家次，查处违法违规行为392件次，约谈企业32家次，下达责令改正通知书246份，办理行政处罚案件114件。与市场监管局联合发文，并加强与地方政府沟通协调，深入开展快递末端违规收费专项治理。按月对邮政业服务质量进行分析研究，强化执法联动，做到有调查、有分析、有举措、有结果、有持续跟踪。全年为邮政业消费者挽回经济损失113.6万元。邮政业消费者对邮政管理部门申诉处理满意率为98.6%；对快递企业满意率97.9%；对邮政企业满意率为95%。

执法综合管理水平持续提升。继续探索“政府监管+专家会诊”安全生产监管模式，实现专家支撑安全生产监管常态化。编制《重庆市邮政业安全生产监管检查工作手册》，执法教育培训实现常态化。制作了执法文书模板。组建公职律师团队并召开了第一次工作座谈会。

机构能力建设大力推进。推动“三新”单位核实认定工作。认真落实《国家邮政局邮政业“三新”单位核实认定工作方案》要求，全面完成“三新”核实工作，核实单位1497家，认定“三新”主体34家。在市交通局、财政局等部门大力支持下，推动邮政领域中央与地方财政事权和支出责任划分改革工作，召开专题会议，成立专项工作组，结合重庆实际研究制定配套落地清单。重庆市邮政领域配套落实方案将在市交通领域财政事权和支出责任划分改革方案中以单独子方案的形式体现。在市交通局的鼎力支持下积极推进邮政业安全中心的组建工作。

加快更高水平对外开放，跨境寄递能力不断提升。由国家局指导、市教委主办、重庆邮电大学承办的“渝新欧”沿线国家邮政快递业合作高级研修班，被列入市政府外国留学生市长奖学金丝路项目，来自泰国、老挝、波兰、斯里兰卡、巴基斯坦、柬埔寨和阿富汗7个国家的32名学员参加了培训。在市交通局、市口岸物流办、市商务委、中新管理局等部门支持下，邮政企业利用中欧班列运输邮件，2019年，中欧班列（重庆）运邮专程44箱，同比增长40%，在全国各中欧班列运邮中排第一位。全面开展全市跨境寄递服务现状摸底调查，全市取得经营国际快递业务许可证的企业有9家，省级备案分支机构16家，区县级备案分支机构52家。全市国际快递业务量累计完成326.78万件，国际快递业务收入完成4亿元。

坚持以政治建设为统领，全面从严治党向纵深推进。全系统党的建设更加有力。印发党组工作规则等制度。全年以深入学习领会习近平新时代中国特色社会主义思想为主线，开展党组专题研究、中心组学习各14次。持续开展“改进作风、去冗求精”工作，两次召开座谈会，征求青年干部意见建议，加强整改落实。制定《重庆市邮政管理局机关工作规则》《政务值班制度》《机关后勤管理制度》《公务用车管理实施细则》《国有资产管理实施细则》《邮政行业统计数据安全管理暂行办法》《网络安全事件应急预案》等制度，扎实推进网络安全和信息化建设，不断提升后勤保障能力和机关规范化建设能力。

干部队伍建设得到加强。邀请安全专家为党组开展应急管理专题培训。夯实政策研究工作组、法律专家团队等“六大支撑团队”。举办全市邮政管理系统“建功新时代”干部业务技能大比拼。全年17%的在编公务员进行轮岗交流。开展谈心谈话80余人次。七分局被评为“重庆市文明单位”，郭银杏家庭被评为“重庆市文明家庭”，张超、周寅根等多名同志受到荣誉表彰。

行业软实力持续提升。不断加强新闻宣传阵

地建设。制定《重庆市邮政管理局2019年度新闻宣传工作考核细则》，全年编发政务信息98期，国家局采用95条。政府信息公开力度持续加大，通过官网主动公开政府信息1100余条。妥善处理局长信箱、公众留言、群工平台、问政平台等来信群众诉求事项149件。两次走进由市委组织部、市委宣传部等联合主办的“阳光重庆”直播间回应群众关切。做好庆祝新中国成立70周年宣传工作。召开全市邮政业新闻宣传工作会，组织重庆电视台、日报社等7家媒体记者就“双11”工作情况进行采访报道，进一步掌握了行业宣传的主动权、话语权，不断增强行业新闻宣传的影响力。

三、邮政法修订实施十周年

积极落实邮政法支持行业发展。近年来，先后推动《重庆市人民政府关于促进快递业发展的实施意见》和《重庆市人民政府办公厅关于印发重庆市推进电子商务与快递物流协同发展实施方案的通知》分别于2016年和2018年出台，保障了国发〔2015〕61号文和国办发〔2018〕1号文在重庆落地实施。推动重庆市政府办公厅印发《重庆市都市区邮政设施专项规划(2008－2020年)》等文件，积极推动出台重庆市都市区邮政设施专项规划，促进邮政设施的布局和建设纳入重庆市城乡规划。万州区等部分远郊区县也出台了邮政设施专项规划。积极争取对提供邮政普遍服务的邮政设施的建设给予支持的惠邮政策。先后为重庆北站邮件转运站、第三邮件处理中心等邮政基础设施争取免缴城市建设配套费的扶持政策。推动多家建设单位按照房屋综合成本造价将建设的提供邮政普遍服务的邮政设施用房出售给邮政企业；推动相关部门在重庆北站、重庆西站配套建设邮件转运站；为邮政企业争取落实了空白乡镇邮政局所建设补贴和“十二五”邮政基础设施建设补贴。重庆市政府办公厅印发《重庆市人民政府办公厅转发市邮政管理局市发展改革委市财政局关于加快推进重庆市村邮站工程建设实施方案的通知》，并给予村邮站建设补贴；城口县、奉节县，涪陵区，南岸区、九龙坡区等10个区县落实了村邮站营运补助。推动《重庆市交通委员会 重庆市邮政管理局关于邮政普遍服务专用车辆免缴高速公路通行费的通知》印发实施，重庆市各邮政企业的邮政普遍服务专用车辆，经市交通局、市邮政管理局共同核定，按照“定线定车，点对点免费”方式实施高速公路通行费免费。重庆市政府自2018年1月1日起取消征收主城区路桥通行费的政策，适用于重庆市各邮政企业在主城区提供邮政普遍服务的车辆。全市邮政普遍服务功能不断完善。部分分局辖区建制村已经实现全部通邮，实现了“乡乡设所，投递到村”；邮政企业逐步推进在邮政局所和村邮站的传统普遍服务功能基础上叠加其他服务，服务民生、服务“三农”领域不断拓宽。

维护行业安全情况。邮政法修订以来，重庆市邮政管理局严格按照邮政法及相关法规规章的规定，牢牢守住安全发展底线，筑牢行业发展“基石”。通过“双随机一公开”、分局交叉检查等方式，全面加强事中事后监管。推出《快递业务经营许可事中事后监督管理通知单》，加大快递业务经营许可申请、变更等事中事后监管力度，做到“放”“管”有机结合。多举措加强消费者申诉处理工作，促进行业服务质量不断提高。印发《邮政业申诉处理质量考核办法(试行)》，加强对企业申诉处理工作考核，进一步完善申诉中心内部管理制度，规范申诉处理流程，建立申诉处理与执法联动机制，提升了申诉处理工作水平。印发《重庆市快递业信用体系建设工作实施方案》，成立了重庆市快递信用评定委员会。重庆市邮政管理局被纳入重庆市社会信用体系建设联席会。一是以“三项制度”为核心，加强与多部门联合执法，强化寄递渠道安全源头管控，有效保障寄递渠道安全稳定。通过涉枪涉爆、禁毒、反恐防恐、打假打非、危化品治理、扫黑除恶、扫黄打非、“三不”治理、快递市场专项清理等一系列行动，严厉打击违法犯罪行为，对寄递企业不执行收寄验视制度，违法收寄禁寄物品的违法行为，多次适用邮政法进行行政处罚，抓实抓细寄递渠道安全综合治理。积极推进重庆市邮政业安全生产体系建设，压实企业安全生产主体责任。引入专业第三方安全生产咨询公司和市政府安全专家，协助开展安全生产问题诊断、业务培训等，专业问题、技术问题由专家提意见，政府依法进行监管处理，提升政府安全监管和企业安全生产管理水平。深入推进《重庆市邮政业安全监管台账（试行）》，督促企业“照单履责、全程留痕”。2017－2018年，重庆市邮政管理局连续两年被评为“全市安全生产先进单位”。坚持将防范化解重大风险列为全局的重点工作，牢牢把握邮政业防范重大风险工作“主动权”。修订完善了重庆市邮政业突发事件风险管理制度、流程、评估标准及控制方案，归纳出邮政业存在的风险点。组织邮政快递企业填报风险信息，完成评估程序和管控措施，促进了邮政业突发事件风险防控管理进一步规范化、系统化和科学化。妥善处置了快捷、国通、全峰网络停运等多起突发事件，确保了历年来全国“两会”及全国、重庆市各项重大活动期间寄递渠道安全畅通。

配套制度建设情况。为加强邮政法的贯彻落实，重庆市邮政管理局着力加强地方立法工作，完善了行业管理体系和市场监管机制，有力支撑了重庆邮政业的发展。积极推动《重庆市邮政条例》修订立法工作于2012年11月29日获重庆市三届人大常委会第三十八次会议审议通过，2013年3月1日起施行。《条例》明确了市、区县（自治县）人民政府和相关职能部门及邮政管理部门的职责分工；要求市、区县（自治县）政府应当采取必要措施支持邮政企业提供邮政普遍服务，对邮政企业提供邮政普遍服务、特殊服务给予补贴；明确市邮政管理部门及其邮政监管派出机构负责本行政区域邮政普遍服务和邮政市场的监督管理工作，确保邮政通信安全畅通；要求发展改革、财政等部门在各自职责范围内，协助做好邮政市场监督管理工作并支持邮政企业提供普遍服务；要求邮政企业应当加强服务质量管理，完善安全保障措施，为用户提供优质服务。为加强和规范快递市场管理，《条例》细化了快递业务经营许可制度的具体管理措施，明确了快递服务标准的强制性，对快件投递、签收和代收问题进行了专门规定，提出了解决快递企业车辆通行和停靠的具体措施，进一步保护了用户和快递企业的合法权益。《条例》的施行，在推动全市邮政基础设施建设，规范市场秩序，加强行业监管，提高邮政普遍服务水平，满足人民群众用邮需求等方面具有十分重要的意义，促进市场法制环境进一步优化。

监管体制完善情况。2012年11月14日，重庆市7个邮政监管派出机构成立，是全市完善省以下邮政监管体制的重要标志，是贯彻落实国务院办公厅《关于完善省级以下邮政监管体制的通知》和中央编办《关于省级以下邮政监管机构设置人员编制的通知》精神的具体结果。全市就此形成了市邮政管理局和各邮政监管派出机构两级邮政管理体制。各邮政监管派出机构在市局的领导下，负责其所辖区域的邮政普遍服务、特殊服务和邮政市场的监督管理工作。2015年11月30日，重庆市邮政管理局印发《重庆市邮政管理局关于成立垫江邮政管理局的通知》，成立垫江邮政管理局。垫江县成立垫江县邮政业发展中心，协调垫江邮政管理局在垫江县行政区域内开展相关业务的监督检查以及承担垫江邮政管理局交办的具体事务性工作。2016年12月16日，重庆市深化平安建设暨社会治安综合治理创新工作会在垫江召开，“垫江县寄递行业安全管理工作模式”在会上得到了中央政法委、中央综治委、重庆市委政法委等各级领导的认可。“垫江县加强寄递物流安全监管经验”作为2017年重庆市社会治理典型经验向中央综治办推荐表彰。国家邮政局马军胜局长、杨春光副局长以及中央反恐办、重庆市委政法委等部门领导曾先后到垫江调研工作，并给予了充分肯定。

“放管服”改革情况。邮政法修订以来,重庆市邮政管理局按照中央和国家局相关部署,持续加大简政放权力度,进一步激发快递行业整体活力。按照国家局优化快递业务经营许可工作相关要求,制定《快递业务经营许可工作细则(试行)》和《重庆市快递末端网点备案工作细则(试行)》,进一步优化快递业务经营许可审批,依法下放快递企业分支机构和末端网点备案权限,坚持审批全程网上办理和“一次办好”。许可准入审批时限由45个工作日压缩至13个工作日;企业申请材料总体削减55%,审批时限压缩71%,清理4项快递业务经营许可证明材料;简化分支机构办理手续,由“取得分支机构名录—工商登记—备案”三个步骤,简化为“取得分支机构名录即完成备案”一个步骤。依法实施快递末端网点备案管理,快递末端网点无须办理营业执照。截至2018年底,全市取得快递业务经营许可的企业达410家,备案分支机构1630家,备案快递末端网点达到2665个。联合市市场监管局印发《关于进一步明确快递业务经营主体证照管理有关事项的通知》,全面推行“一照多址”,明确区县内快递法人企业,只需注册一个工商营业执照就可登记多个快递业务经营场所。坚持包容审慎的监管原则。对修订后《快递业务经营许可管理办法》规定的通过互联网等信息网络经营快递业务的企业,符合相应条件均依法审批许可,已将“逗妮开心”“熊猫快收”“天猫”为代表的17家新型第三方平台服务型企业纳入监管范畴。

四、各派出机构主要管理工作概况

一分局争取出台扶持政策和资金支持,全年累计超1000万元,辖区累计寄递农特产品量超过2000万件,接近70%的农产品上行件杜绝了二次包装,节约支出或间接创收2000余万元。引导寄递企业积极参与巫山脆李寄递销售,实现农产品销售寄递量价同升,“巫山脆李”单价提升1.5倍,助农增收近1亿元。与重庆万运集团签订战略合作协议,优化渝东北地区快递产业资源配置,降低物流成本。推动投资6亿元的中通快递区域性总部项目落户万州区。城口县积极探索并成功试行“快递+移动”复合经营模式;万州区积极探索“快递+电信”复合经营新模式,在快递末端网点上都叠加了移动、电信业务办理。

二分局推动将寄递安全管理工作纳入城乡社区网格化管理体系,实现辖区寄递安全网格化管理全覆盖。积极引导辖区邮政快递企业依托电商发挥寄递优势,打通“农产品进城、工业品下乡”渠道,打造“武陵生活馆”,成为当地推动农产品进城、工业品下乡的有效载体,并在秀山率先实现了村级快递服务全覆盖,在电商和寄递业推动下,秀山5年卖出38.4亿元农特产品,打造了“快递进村农货出山”秀山模式。

三分局协调丰都县给予主要快递品牌企业免费使用县级物流配送中心2年,丰都县快递物流园被纳入商务部电子商务进农村培训现场教学点。不断巩固非公党建群团建设工作,涪陵快递行业团支部获推“重庆市五四红旗团支部”,多名快递从业青年先后获“优秀青年志愿者”“优秀共青团员”重庆市岗位学雷锋标兵等荣誉称号。

四分局开展主城区机动车综合整治,与市快递协会、辖区公安、交通、城管等就联合出台相关政策支持措施达成一致意见,对快递三轮车实行“六统一”规范管理。以“快递+便利店”的模式为特色,搭建辖区快递与电商融合发展信息平台,有效提升末端配送效率。切实抓好快递员权益保护和关心关爱,联合开展“关爱快递小哥 凝聚新兴青年”主题服务活动,为“快递小哥”免费提供法律、心理咨询和帮助。为困难“快递小哥”子女提供免费校外培训。

五分局深入推进“快递下乡”和“邮政在乡”,打造“自热小火锅”“快递+”金牌项目,带动快包业务总量达1191.8万件,带动快包业务收入5246.9万元。引导快递企业加强党员的示范引领作用，辖区已建立5个非公企业党支部。贯彻落实习近平总书记对"快递小哥"指示精神，扎实推进"快递小哥"联系服务和权益保障工作。加强快递行业群团组织建设，成立全市首个快递行业团工委，下辖8个支部，团员160余名。

六分局推动"政务＋邮政"新模式在巴南区率先开展，通过"就近办""沿路送""上门接"，打通"放管服"改革便民利企最后一步，切实提升了企业和群众的获得感。与璧山区发展改革委联合开展"党建引领小区治理、快递入驻小区"工作，进一步推进解决快递"进小区"难问题。推动江津、璧山、綦江区将农产品上行对快递的补贴纳入2019年政策支持目录，辖区基本实现快递补贴政策全覆盖。联合召开"共青团与政协委员面对面"活动暨快递行业调研座谈会，助推快递业服务质量再提高，保障快递员与消费者合法权益。

七分局与长运集团签订战略合作框架协议，在永川、铜梁、大足等区县试点，完善城乡配送网络。联合永川区商务委、永南物流有限公司投资3250万元建设永川快递集散中心。铜梁区建设总面积6000平方米按的快递园区投入运行，地方政府给予入驻企业3元/平方米租金补贴。推动快递网点标准化建设，永川、铜梁、荣昌共10个网点获"综治网格化快递示范网点"授牌。与永川区商务委联合出台《关于印发〈"快递下乡运营补助实施方案"〉的通知》，优化行业发展环境。推动邮政业服务质量纳入永川区质量强区2019年工作重点。

垫江局推动县政府落实了城市公共配送点建设和园区安全中心提档升级项目，并对新购置新能源车辆给予财政补贴，落实财政支持142万元。

五、快递市场存在的突出问题

一是"最后一公里"末端投递服务质量有待持续提升。目前，邮政快递末端网络体系仍有待深入拓展建设，服务农村的邮政快递基础设施建设仍有很大提升空间，农村邮政网点、村邮站、"三农"服务站等邮政末端服务设施利用效率较低，快递末端网点经营压力大、服务质量有待提升。快递服务车辆通行难、停靠难问题在一些地区仍然存在，一定程度上制约着邮政快递服务高质量发展。

二是行业发展水平有待提升。快递末端"小、散、弱"现象仍较突出，服务能力和水平还需提升。快递从业人员流动性大，"快递小哥"受教育程度普遍偏低，受社会尊重程度还不够高。

三是行业监管力量依然薄弱。在邮政快递业快速发展的环境中，新业态、新模式不断出现，业务量增长迅猛，现有的监管力量与市场发展不相适应、与安全监管形势不相适应的矛盾日益凸显。

四川省快递市场发展及管理情况

一、快递市场总体发展情况

2019年，四川省邮政行业业务总量累计完成447.8亿元，同比增长28.5%；业务收入（不包括邮政储蓄银行直接营业收入）累计完成299.8亿元，同比增长18.8%。其中，快递企业业务量累计完成17.9亿件，同比增长22.7%；业务收入累计完成203.6亿元，同比增长21.8%（表7-23）。邮政业总量占全省GDP的比重近1%，邮政业在经济社会发展中的作用不断增强，为"稳就业、稳金融、稳外贸、稳外资、稳投资、稳预期"作出了积极贡献。

表 7-23　2019 年四川省快递服务企业发展情况

指　　标	单　　位	2019 年		比上年同期增长率(%)		占全部比例(%)	
		全年累计	12 月份	全年累计	12 月份	全年累计	12 月份
快递业务量	万件	179104.91	17577.48	22.68	17.17	100.00	100.00
同城	万件	41119.90	4076.19	2.53	9.76	22.96	23.19
异地	万件	136974.16	13320.94	30.30	19.28	76.48	75.78
国际及港澳台	万件	1010.85	180.35	32.54	50.79	0.56	1.03
快递业务收入	亿元	203.59	19.45	21.79	15.52	100.00	100.00
同城	亿元	32.10	3.09	-5.98	5.08	15.77	15.90
异地	亿元	119.71	10.53	25.19	6.20	58.80	54.15
国际及港澳台	亿元	7.42	1.27	38.25	86.81	3.65	6.51
其他	亿元	44.34	4.56	38.49	38.26	21.79	23.44

二、行业管理工作及主要成效

突出党建引领，全面从严治党进一步深化。精心组织实施“不忘初心，牢记使命”主题教育。按照“守初心、担使命，找差距、抓落实”的总要求，坚持目标、民生、问题、质效“四个导向”，坚持把学习教育、调查研究、查找问题、整改落实贯穿始终，坚持以上率下，坚持第一、二批衔接贯通，主题教育取得显著成效。扎实开展理论学习，全系统集中学习研讨，开展党性、警示教育，领导干部带头上好党课，实现了学习往心里走，往深里走，往实里走。深入开展调查研究，省局班子成员带着问题赴 15 市州 36 县区，围绕“快递末端网点生存状况及快递末端服务违规收费整治”“建制村直通邮”“非公党建和关爱快递小哥”等问题调研问计，带动全系统务实进行工作调研，找准了问题和短板，理清了推进行业高质量发展的思路。较真逗硬查摆问题，坚持刀刃向内，共梳理出问题 729 个，逐一剖析溯源，列出长期坚持的问题 237 个，对症明晰整改方向。从严从实狠抓整改，派出 3 个巡回指导组现场督导 89 次，指导各地直面群众最关心的问题，以及影响行业发展的痛点难点堵点，直面工作中的短板弱项，扎实开展“8 + 1 + 3”专项整治和问题整改落实，完善工作规则、制度规定。8 月初，快递末端服务违规收费问题集中爆发，舆论高度关注，省局党组明确将整治快递末端服务违规收费作为主题教育问题整改的重中之重，将整改效果作为检验主题教育成果的试金石，省市合力，采取政策规范、企业自纠、部门协作、重点督办、严格执法、社会监督等措施，形成“组合拳”，迅速遏制住违规收费现象，检验了全系统干事担当攻坚克难的能力。

坚持政治建设统领，党建工作更加扎实务实。切实加强党的政治建设，梳理政治建设任务清单，修订《党组工作规则》、落实重大事项请示报告制度等工作规范，明确了工作责任；全面完成对 21 个市州局的政治巡察，推动党组工作、机关党建规范化运行。坚持思想教育常态化，认真贯彻落实习近平总书记对邮政业重要指示精神和中央重大决策部署，通过党组中心组学习和会前、网络学习、周末课堂、机关读书交流平台等方式丰富学习形式，扩展学习内容，提升学习效果。开展“四好一强”领导班子、“五好支部”创建，建立党组领导班子成员联系市州局机关支部制度，创新性建立区域党建协作机制，由成都、广安、乐山局牵头组成 3 个协作片区，推动形成“小支部大协作”格局，实现了党的建设与行业发展、市场监管、队伍建设有机结合。

强化纪律规矩意识，党风廉政建设深入推进。认真落实“两个责任”，制定《党组纪检组工作规则》，出台《廉政档案管理暂行办法》，优化纪检干部知识结构，不断提升履职能力。坚持定期研究纪检工作,组织常态化谈心谈话,严格个人重大事项报告,实现监督日常化、规范化。坚持教育防范和执纪并重,利用干部培训、巡察、警示教育、通报典型案例等方式,持续开展好纪律教育活动;严格纪律执行,抓好政治巡察和巡视整改“回头看”,市州局巡察发现问题整改率达98%,对5位领导干部进行经济责任审计,全年谈话函询7人,诫勉谈话8人次,给予党纪政纪处分3人次。力戒形式主义、官僚主义,制定省局党组意见征求管理办法,规范工作布置,统筹机关会议培训和文件制发,全年省局机关发文减少33.4%,通过改进服务实现了为基层减负。

加强工作指导,非公党建和精神文明建设取得新进展。加强非公党建工作指导,为全省59个非公党组织全部选配党建指导员,合力推动全省非公党建实现了从“有型覆盖”向“有效覆盖”的升级。坚持党建带动群团工作,新成立行业工会10个,共青团、妇女工作组织6个,系统党的领导力明显提升。巴中局创新工作机制推进非公党建工作,得到省委组织部肯定。注重工作统筹和具体环节指导,开展快递青年服务月、快递员关爱周等活动,各地建立快递员关爱站220个,设立“小蜜蜂”热线,启动快递工程技术人员职称评审,增强了从业人员的获得感。巴中局出台《关于全面深化“快递小哥”关爱工作助力快递业高质量发展的实施意见》,被国家局列为创新工作予以推广;南充、广元、泸州、达州、雅安等局协调工会、团委开展了形式多样的慰问和关爱活动;2018年“双11”前夕和2019年元旦前夕,交通运输部部长李小鹏、全国总工会副主席蔡振华先后到四川慰问看望一线快递员工,对全行业形成了巨大鼓舞和激励。加强行业精神文明建设,有序有效推进行业青年安全示范岗、青年志愿者、最美快递员评选等活动,涌现出时代楷模其美多吉及雪线邮路先进集体,其美多吉受到习近平总书记、省委书记彭清华等领导接见,全省掀起了学习其美多吉先进事迹热潮,传递了行业正能量,激发了职业荣誉感。攀枝花米易县申通快递员刘荣勇救2名落水群众,获评“四川好人”称号,宜宾邮政分公司营销员马永强被交通运输部授予“全国交通技术能手称号”,成都、广安、凉山等局联合文明办等单位,评选表彰最美快递员,全行业更富有生机与活力。

着力队伍建设,提振了精气神。加强干部队伍思想政治工作,加强经常性学习教育和培训,加强在线学习平台、学习强国等载体学习的跟踪考评,积极参加川、渝、陕三省市邮政管理干部集中培训,全系统干部“四个意识”更加牢固,“四个自信”更加坚定,“两个维护”更加坚决。开展市州局班子综合调研,逐一反馈发现的问题和评价意见,提出工作要求,提升了市州局班子的决策力和执行力。建立《领导班子和领导干部综合分析研判制度》,实现干部选拔任用事前准备更加充分,程序更加精细,选人用人更加精准。关心年轻干部成长,开展多渠道多形式的年轻干部教育培训、交流和锻炼,印发13条工作措施激励担当作为,激发了队伍活力。

强基固本优化服务,行业高质量发展稳步推进。强化政策争取和决策落地,发展环境更加优化。坚持以深入学习、全面贯彻落实习总书记对邮政业重要指示批示精神为主线,梳理贯彻落实党的十九大及十九届四中全会精神、落实习总书记重要指示精神等任务清单,做到与具体工作项目相衔接,稳步推进落实,保证了中央、省委重大决策和国家局工作部署落地见效。定期向省委省政府汇报工作,争取政策,省委省政府在推动的“乡村振兴”“打造10+3农业产业体系”“自贸区建设”等重点工作中,均对邮政业发展提出了具体要求,释放了政策红利;加强部门协调,与交通、商务、农业农村、市场管理等部门联合出台了《四川省推进交通运输与邮政业融合发展的实施方案(2019—2020)》《关于深化农村物流配送体系建设实施方案》等政策文件,为行业的高质量发展赢得了政策支撑。注重规划引领,全省邮政业“十四五”发展规划被纳入省综合交通运输“十四五”发展规划，邮政基础设施建设等重点项目纳入《四川省综合立体交通网规划纲要（2021—2050）》。扎实推进邮政领域中央与地方财政事权和支出责任划分改革，与省交通运输、财政、发改等部门就重要事项达成一致意见。市州局主动作为，争取到一大批行业支持政策出台，各地争取到的行业发展及监管支撑款已超过1000万元。成都出台系列政策为快递末端治理提供支撑，泸州出台村邮站建设实施意见，每年可获480万元财政支持，眉山快递业获地方财政奖补114万元，达州将快递下乡纳入民生工程，德阳、雅安、广安将快递业纳入专项资金申报奖补范围。

强化基础能力和支撑体系建设，发展后劲进一步增强。实施省市联动，政企协作，大力推动快递物流园区、仓储中心、县级分拨中心、乡镇快递服务站点建设，中通、圆通、申通、京东的西南服务中心、片区仓储中心等布局成都、德阳、南充、内江等地，全系统新增邮政快递物流仓储用地3050亩。强化末端能力建设，全力推进快递下乡，争取省交通运输厅将快递服务设施纳入乡镇交通综合服务站建设，下达建设项目15个，推动在20个国家级特色小镇设立了快递末端网点，交邮、邮快、快快合作也取得新的进展和突破，全省整合建成5602个末端公共服务网点，民营快递乡镇网点覆盖率61.9%，快递综合网点乡镇全覆盖。省政协钟勉副主席两次带队调研快递末端服务能力建设情况，成果引起全国政协重视。遂宁、攀枝花等局探索在县级客运站建设快件处理中心、农村班车搭载快件等方式进行交邮合作。资阳局邮快合作经验在全国邮政管理工作会议上印发。全省还开通10条快件上高铁线路。

强化产业协作融合，发展渠道进一步拓宽。加强与商务部门的协作，企业加强自有电商平台建设，快递业正从“送包裹”到“造包裹”转变。以培育金银牌项目和“一市一品”为抓手，指导全行业在服务川货出川、助力乡村振兴方面取得突破。全年新增成都柑橘、眉山柑橘、安岳柠檬共3个千万级“金牌”项目，盐源苹果、攀枝花枇杷等18个百万级“银牌”项目，全省果品寄递超过1亿件；邮政企业申报“一市一品”农特产品精品项目104个，实现农特产品交易额4.12亿元，带动35个国家级贫困县9202户贫困户户平增收3032元；快递企业助力销售农特产品72万吨，形成快递2.4亿件。在阿坝小金县探索以产业扶贫为突破口的“立体化帮扶”，该县全年寄递业务量增长65%。全系统派出驻村干部15名，对口帮扶20个贫困村，省局获省委省政府脱贫攻坚先进集体称号。引导邮政快递企业为制造业定制物流配送方案，提供专门服务，取得了明显成效，成都新都中通“鞋服”单个项目完成2300万件，绵阳快递服务制造业项目产生业务收入2812万元，直接服务制造业产值约6.8亿元，泸州完成酒类寄递500多万件，乐山寄递书画纸超过200万件。成都、泸州积极试点探索，推动邮政业服务自贸区建设和跨境贸易有了新进步。

强化主体责任落实，安全发展基础更加牢固。印发《关于深化落实企业安全生产主体责任的实施意见的通知》，明确企业总部安全生产21项法定责任，指导宜宾、广安等局探索落实企业安全生产主体责任新途径新方式，积累了一些有效经验。强化督导检查，组织全省行政执法骨干对20个品牌快递企业四川总部进行督导检查，督促企业增强安全意识，更好地落实了主体责任。推进安全保障能力建设，“三项制度”落实取得积极进展，安易递实名信息系统的实名收寄率超过99%；继续推进市县安全中心建设，新增安岳、金堂2个县级邮政业安全中心，攀枝花市政府已发文要求实现县级安全中心全覆盖。南充局牵头建立川东北片区联合安检机制，两个月发现违禁品30多件，移送12起，协作执法5件，强化了安全保障。坚持服务保障与安全并重，在“国庆”“军运会”期间二次安检中查出的问题件均低于全国平均水平，“进博会”实现了零问题件发现。强化应急管理，修订并印发《四川省邮政业突发事件应急预案》，各地组织多场次多类型应急演练,提高了监管者和企业应对处置突发事件的能力。全年经历了宜宾地震、阿坝泥石流等突发事件11起,全部得到了妥善有序的应对和处置。

持续推进"放心消费",服务品质进一步提升。以快递门店标准化、服务规范化、分拣机械化推动落实"不抛扔、不着地、不摆地摊",全省主要快递品牌企业自有门店标准化率达到99.7%,离地设施铺设率达到97.1%。扎实做好申诉处理工作,承担集中办理申诉试点,组建申诉中心,将服务质量评价纳入信息化系统,全年集中办理有效申诉6024件,为消费者挽回经济损失206.27万元。全面启动信用体系建设,省市均成立信用评定委员会,制定《快递业市场法人主体信用评定方案》,为全省954家法人企业、7252家分支机构建立了信用档案。市州局积极参与地方"放心舒心消费城市"创建,带动了行业服务质量的提升。

强力推进"9571"工程,绿色发展打开新局面。加强教育培训,多渠道开展宣传,分市州局和企业建立绿色发展台账,定期分析情况,加大检查力度,将节能环保、绿色发展融合到安全检查、双随机检查、统计检查等检查中,实行常态化管理,推动了工作平衡有序开展。成都、内江、南充等局督促快递企业加快包装物回收箱布放,自贡局指导快递企业改进包装方式,收效明显。全省电子运单使用率98.5%,84.5%以上电商件不再二次包装,循环中转袋使用率80.2%,全面完成国家局下达的"9571"工程目标。

法治邮政建设深入推进,市场监管有序有力。《四川省邮政条例》获得修订。四川省邮政业发展"十四五"规划列入综合交通运输发展规划的4个专项规划之一,目前已经形成初稿。实施许可专项整治,许可审批办结时限缩短至15.7个工作日;完善《四川省邮政行政管理权力清单、责任清单》,严格"双随机一公开"监管;开展行政执法协作,依法治理水平逐步提升。积极推动重大政策与行业标准落地,将出台信包箱建设等方面突破性政策作为关键控制项目,遂宁结合《四川省邮政条例》的宣贯,将智能信包箱建设纳入民生工程。全面推进警邮合作、税邮合作,全省21个市州均开办警邮合作业务。推动依法履职,查找行政许可风险点,建立相关审核制度,落实信访分类处理办法。组建邮政管理法律服务团队,围绕依法行政、加强法治政府建设、行政执法规范和案卷审查等开展工作,提升了依法治理能力。开展法治调研和交流,参加省人大深化"放管服"改革及优化营商环境等专题调研座谈会,黑龙江、辽宁省人大常委会先后到四川调研邮政立法和邮政法律法规贯彻落实情况。创新执法机制,组建7个跨区域执法检查组,通过区域协作、整体联动、专项治理等方式,整治行业乱象,市场秩序更加规范有序,全年办理行政处罚249件,罚款130.23万元。其中,对邮政企业处罚8起,罚款13.4万元。

落实"放管服"改革要求,审批许可全面优化。认真实施许可专项整治,对跨区域经营的224家企业实施清单式销号管理,全部整改到位,推动快递业务经营许可工作由"重审批"向"重管理"转型。统一核定标准和尺度,对符合许可条件的智能快件箱运营企业和智能快件箱进行核查。做好行业统计工作,组建数据室和资料室,完成邮政业"三新"单位核实认定工作。

认真开展专项整治,寄递渠道安全综合治理水平进一步提升。首先是雷霆出击,快递末端服务违规收费集中整治收效明显。年初,便将"深入研究乡镇快递网点生存问题,从根本上解决快递末端网点二次收费"作为年度重点工作项目,安排广元、达州两地试点。8月,国家局关于快递末端服务违规收费清理整顿工作安排部署后,我们立即将其纳入主题教育"找差距、抓落实"的最重点工作,印发"工作方案",公开举报电话,对申诉举报全部当天转办。联合省市场监管部门和消协,集中约谈企业,沟通相关单位、媒体,公告社会,引导邮政企业率先向社会作出公开承诺,凝聚整治共识。强化工作协作,联合市场监督管理部门开展联合检查、执法，推动专项整治工作迅速打开了局面。我们还坚持以信访申诉为导向，确定重点地区、重点品牌、重点乡镇，领导带头督办，每日通报舆情，建立案件线索结办台账，高频次检查，严格执法，迅速遏制了违规收费高发态势，快递末端服务违规收费申诉量逐渐减少，11 月以来，渐趋于零举报。专项整治期间，全省共出动检查人数 1207 人次，检查末端网点 861 个，约谈企业 219 家次，立案调查 28 起，对违规收费形成了震慑。同时，注重引导品牌企业和末端加盟商加强资源整合，通过快快、交邮、邮快合作等方式降本增效。其次，积极开展各项专项整治行动，维护寄递渠道安全稳定。全力配合公安等部门开展好涉枪涉爆专项整治行动，印发“行动方案”，建立隐患排查、登记、报告、整改、销号闭环管理制度，检查发现重大隐患 28 项，查堵禁寄物品 1673 件，关停企业 5 家，停业整顿 7 家。抓好寄递渠道禁毒专项工作，组织开展“5 · 14”寄递渠道“堵源截流”禁毒专项行动，开展部门联合执法，严厉打击寄递渠道涉毒违法犯罪活动。加强寄递渠道反恐防范工作，适用反恐法处罚 1 起，罚款金额 10.2 万元。深入开展实名收寄专项行动，强化执法检查，下发责令整改通知书 64 份，立案查处 41 件。扎实做好“扫黄打非”、邮政机要通信安全工作，机要通信检查发现隐患问题 183 处，已全部整改到位。建立打击涉烟犯罪联合工作机制，协同公安、市场、烟草专卖部门对 2018 年度工作进行奖励。扎实做好打击侵权假冒、非洲猪瘟疫情防控等专项工作，深入开展违规寄递危险化学品治理和电动三轮车治理，为全行业安全发展奠定了坚实基础。

严格工作规范管理，增强了发展保障能力。制定《工作计划管理办法》等制度，完善会议培训申报审批、信访处理、内控管理等流程，增强了机关运行规范化。围绕抓重点补短板强弱项，确立 28 个关键控制项目、61 项常态工作项目，梳理贯彻落实十九大精神工作清单、贯彻习近平总书记指示精神清单、落实加强党的政治建设任务清单等，实行工作任务项目化，目标管理清单化。坚持全省一盘棋，有计划、有重点地贯彻落实中央、省委省政府和国家局重要工作部署。加强保密工作，严格计算机安全保密管理和网络安全监管，组织全系统网络安全检查，在省保密局委托第三方进行的办公计算机保密安全检查中，全部合格。加强政务信息和新闻宣传工作，新闻宣传受到国家局表彰。完善内控管理制度，严格财务执行进度监管，通过了专员办委托开展的财务检查，预算执行绩效有所提升。

三、邮政法修订实施十周年

十年来，四川省邮政管理局有力有效宣传贯彻邮政法等法律法规。修订《四川省邮政条例》，细化落实邮政法相关规定。省政府出台《关于促进快递业健康发展的实施意见》《推进电子商务与快递物流协同发展实施方案》等政策，对快递物流基础设施用地、租金减免或补贴、车辆便利通行、快递物流公共属性、打破社区乡村最后一公里投递障碍等进行安排部署；主动参与四川省交通运输领域财政事权和支出责任划分改革方案制定，邮政领域末端基础设施建设与运营、安全属地管理、绿色发展等方面列入了地方事权，通过一系列政策措施，把邮政法关于邮政快递基础设施建设和普遍服务公共服务属性等有关要求落到实处。

四、各市（地）主要管理工作概况

2019 年，成都市快递业务量迈入“亿梯级”新常态，快递业务量十亿件，业务收入超百亿，支撑实体经济规模达千亿。成都市政府印发《关于进一步推进物流降本增效促进实体经济发展的实施意见》以及《关于进一步推进物流降本增效促进实体经济发展三年行动计划（2019 — 2021 年）》，从构建便捷高效物流网络、推进物流与产业协同发展、完善物流运输结构、加强现代科技应用、提升城乡配送和优化物流营商环境等方面综合施策，形成了18条推进物流业综合成本降低、运行效率提升的具体意见。成都局“5个首次”推动行业精神文明建设，先后举办“蓉城小蜜蜂·超燃快递员”首届快递员节、“成都快递大讲堂第一期（数字经济与智慧物流）”、首次录制《我和我的祖国》快闪短视频、首次快递行业“不忘初心、砥砺前行”主题演讲比赛、首届成都市快递行业协会年会等。

攀枝花局发挥本地盛产亚热带优质水果资源优势，引导邮政快递企业大力开展水果快递业务，持续推进快递行业与攀枝花各乡镇水果农户、电商企业、现代农业加速融合，推动快递服务现代农业从“一市一品”向“一市多品”发展。攀枝花芒果年寄递量达1800万件，石榴寄递外销400万件，早春枇杷寄递外销突破200万件，攀枝花芒果项目被国家邮政局授予“2019年快递服务现代农业金牌项目”，攀枝花石榴、早春枇杷两个项目打造成为“四川省2019年快递服务现代农业银牌项目”。按业务量大小排序，攀枝花芒果寄递外销排名全省第一，并继续保持了2018年度的金牌项目荣誉，攀枝花石榴、早春枇杷寄递量排名全省第二和全省第五。

泸州局自2019年8月1日至年底起在全市范围内开展快递末端服务违规收费清理整顿工作，采取广泛正面宣传、联合市场监管局打击违规收费行为、协调公安部门及时处理因整治产生的突发性事件、暗访、下沉网点督办、对企业进行约谈、责令整改、处罚等措施整治末端网点违规收费，同时加强引导快递末端整合，建设快递末端公共服务站点城区75个，乡镇145个，在整治快递末端服务违规收费乱象的同时有效解决了违规收费整治后末端网点生存难的问题。

绵阳局指导邮政快递企业主动服务“绵阳造”产品，深度介入企业成品配送、售后维修等环节，为食品、纸业、用品用具以及综合电商产品配送快递包裹805余万件。2019年，全市邮政快递企业服务长虹、九洲等制造业企业累计完成快递业务量为92.31万件，快递服务制造业项目产生的累计业务收入2812.3万元，直接服务制造业累计产值约达6.8亿元。积极推动城乡共同配送体系建设，指导江油市快递协会有效整合各方资源，降低运营成本，推动解决农产品上行“最初一公里”和城市工业品下行“最后一公里”问题。建成1个城区综合配送中心、37个乡镇快递网点、23个城区快递超市。

南充局全力推动南充快递园区转型升级。引导快递企业走集中集聚集约化发展路子，由单一分拨功能转型升级为具呼叫、分拨、仓储、电商孵化等功能为一体的快递区域总部，形成新的增长极。2019年，圆通总部在南充建立转运中心和电商产业园，投资10亿元，占地320亩；中通快递西南智能电商产业园项目落户南充，总投资5亿元，规划占地面积125亩，拟建快递转运中心、呼叫中心以及电商仓配楼，成为中通在四川省内第二大枢纽转运中心；苏宁快递区域总部在南充建立仓储，占地面积120亩，业务辐射遂宁、广安、巴中、南充四个市。目前，全市共有快递区域总部6个。

巴中局联合市总工会、市文明办、团市委印发《关于全面加强“快递小哥”关爱工作的实施意见》，明确关爱“快递小哥”10项硬措施。至2019年底，全市打造了100个“快递小哥关爱站”为“快递小哥”免费提供歇脚休息、充电饮水、防寒避暑等关爱服务；推出了“专用通讯套餐”每年有望为全市“快递小哥”累计减少通信费上百万元；组织了首次“快递小哥”免费健康体检，100名“快递小哥”参加了体检；举办了巴中市首届“最美快递员”表彰大会，评选出了10名“最美快递员”。

眉山局建设快递服务农业（柑橘）金牌项目。全年眉山市柑橘类快递业务量1300万件，整个项目为邮政、快递企业创收4200万元，直接服务支撑农业产值近5.2亿元，形成了“果农+电商+快递”可持续发展的产业链。在完成金牌项目的同时，还完成了“眉山弥猴桃”“眉山枇杷”“眉山泡菜”三项银牌项目。

资阳局积极响应国家邮政局打造快递服务现代农业“快递＋”金牌项目的号召，将安岳柠檬作为培育项目，主动沟通对接当地柠檬产业基地、电商企业，形成了以直配专线为主，设立网点、融合发展及全程服务为辅的服务模式。截至10月，安岳柠檬寄递业务量突破千万件。全年共寄递柠檬1144.05万件，实现业务收入3897.84万元，带动柠檬总产值1.05亿元。

凉山局深入推进“快递下乡”工程，引导各快递企业强化乡镇网点、代派点的布局建设，提升乡镇网点覆盖率，并以“快递下乡”工程为牵引为全州脱贫攻坚工作贡献行业力量。2019年，全州快递网点乡镇网点覆盖数167个，新增乡镇覆盖数84个，全年提升快递乡镇覆盖率15.50%，快递下乡覆盖率达到30.81%。2019年，全州快递业寄递特色农产品达到640多万件，其中会理石榴寄递业务量近300多万件，盐源苹果年寄递业务量达119.1万件，盐源苹果全年实现寄递业务收入990.84万元，带动苹果总产值4764万元，快递业助农增收打开新局面。

五、快递市场存在的突出问题

行业的发展依然存在一些有待解决的问题，存在发展不充分，区域发展不均衡，部分指标增速放缓，一些基础工作如机关管理、执法和机要检查案卷质量等还比较薄弱，快递服务下乡进村与现有支撑能力的矛盾比较突出，行政效率和干部队伍素质能力提升的任务依然艰巨等短板，这需要在今后的工作中予以重点解决。

贵州省快递市场发展及管理情况

一、快递市场总体发展情况

2019年，贵州省邮政行业业务总量累计完成76.1亿元，同比增长20.6%；业务收入（不包括邮政储蓄银行直接营业收入）累计完成79.0亿元，同比增长12.0%。其中，快递企业业务量累计完成2.5万件，同比增长16.0%；业务收入累计完成46.1亿元，同比增长14.0%（表7-24）。邮政业在全省经济社会发展中的作用不断增强，为稳增长、促改革、调结构、惠民生、防风险作出积极贡献。

表7-24　2019年贵州省快递服务企业发展情况

指标	单位	2019年		比上年同期增长率(%)		占全部比例(%)	
		全年累计	12月份	全年累计	12月份	全年累计	12月份
快递业务量	万件	24584.40	2355.62	16.00	1.41	100.00	100.00
同城	万件	6141.45	398.64	-10.32	-38.19	24.98	16.92
异地	万件	18420.78	1956.59	28.53	16.67	74.93	83.06
国际及港澳台	万件	22.17	0.39	56.78	-60.78	0.09	0.02
快递业务收入	亿元	46.11	4.57	13.97	12.76	100.00	100.00
同城	亿元	3.35	0.33	-46.37	-32.07	7.26	7.26
异地	亿元	21.73	2.08	30.36	14.32	47.12	45.57
国际及港澳台	亿元	0.29	0.02	1.57	-32.84	0.62	0.40
其他	亿元	20.75	2.14	20.18	24.61	45	46.76

二、行业管理工作及主要成效

党建统领作用进一步强化。深入开展“不忘初心、牢记使命”主题教育。坚持理论学习、调查研究、检视问题和整改落实相结合,按照“8 +3 +1”专项整治要求,扎实开展第一批和第二批“不忘初心、牢记使命”主题教育,组织集中学习和分组督导,系统学习党史和习近平关于“不忘初心、牢记使命”重要论述和党的十九届四中全会精神及习近平总书记在河南考察调研时重要讲话等内容,问题整改取得实效。

落实习近平总书记关爱快递小哥重要指示。联合省总工会、省人社厅、团省委成功举办 2019 年贵州省第二届邮政行业职业技能竞赛,2 名快递员获全省五一劳动奖章。组织快递企业参加 2019 年邮政行业人才培养优秀论文征集评选活动,获得一个二等奖和两个三等奖,省局职鉴中心获优秀组织奖。深入开展“快递从业青年服务月”活动,在全省范围内营造了理解、尊重、关爱快递小哥的良好社会氛围,省局和各市(州)局先后组织行业从业青年代表与人大代表、政协委员面对面座谈会,召开春节慰问恳谈会,开展给家庭困难、爱岗敬业的快递小哥送慰问活动,设立从业人员申诉投诉热线,组织参加“最美快递小哥”评选,开展“学赶先进 · 尊重人才”系列人才慰问宣传等活动,取得良好社会效益。黔西南局联合州委宣传部、州精神文明办、州总工会等 6 部门,开展了“优秀投递团队”“优秀投递员”评选活动。评选表彰了 10 个“优秀投递团队”、30 名“优秀投递员”,进一步增进社会公众对投递员工作的认同和理解。黔东南局充分发掘宣传行业先进典型,9 名快递员荣获当地“最美快递小哥”荣誉称号。顺丰、中通、圆通三家快递企业成立团支部,进一步提高从业青年归属感。铜仁松桃县成立全省第一家县级快递联合工会。

全面从严管党治党。深化政治巡察,印发《中共贵州省邮政管理局党组巡察工作规划(2018—2022 年)》,完成对 4 个市(州)局党组的巡察工作。建立党员干部预防提醒谈话制度,全省系统开展提醒谈话 55 人次,并开展全系统党员领导干部反“四风”集体谈话,组织召开转业复退军人座谈会、退休党员干部座谈会。全省系统未发现违法违纪行为。推进党支部标准化规范化建设,省局印发专题工作方案,针对在职党支部和退休党支部,明确建设要点和评价标准,建立党支部建设培训教育、党组成员联系点和督促指导制度,鼓励开展“星级党支部”创建,组织机关党员开展重温入党誓词、过“政治生日”等活动,开展“政治家访”,加强党员干部作风和家风建设。积极开展“三创三树”精神文明创建活动。省局机关 1 个处室 1 名党员分获 2017—2019 年度省直机关先进基层党组织和优秀共产党员称号。

行业基础设施网络日趋完善。推进“快递下乡”工程,实现了民营快递网点乡镇全覆盖。全省 70 所高校已 100% 实现规范收投,建成 1869 处快递末端公共服务站,布放智能快件箱 3731 组,全省城市自营网点标准化率达到 97%,智能快件箱投递率为 9.06%。贵阳国际邮件互换局获批建设,协调省政府出台贵阳国际邮件互换局(交换站)建设运营相关支持政策,先期 1600 万元省财政补贴资金到位。快递与电信合作模式成型并迅速推进。与住建厅、自然资源厅联合发文推进智能信包箱建设。

行业助力打赢脱贫攻坚战成效显著。全省邮政行业以助推打赢脱贫攻坚战为己任,以推动黔货出山和解决农村富余劳动力就业为抓手,增强人民群众获得感。2019 年共销运农特产品产值约 165 亿元。协调农、林等部门将优质农产品目录印发快递企业,解决产、运信息不对称问题,快递企业入企、下乡,用现代电商快递解决了传统“提篮小卖”销不远、销不完的问题,推动传统白酒、茶叶、水果、吉他、火腿等农特产品远销国内外,服务制造业,华为手机贵州生产全流程整体配送、安顺电商包装材料配送、威宁汽车装饰品配送等一批项目得以实施,仅华为手机一项配送839万台;贵州邮政通过“黔邮乡情”微信公众号销售本省农特产品,带动上万贫困人口增收,成为全省各地最知名的农产品电商品牌。联合省人社厅印发了《关于鼓励外出务工人员到快递行业就业的通知》,全行业吸纳农村人口就业26051人,吸纳贫困人口就业11743人。对接省生态移民局,引导快递企业为453处扶贫易地搬迁安置点188万搬迁人口提供服务,毕节市安置点七星关区海子街易地搬迁快递点对贫困户半价收取寄费,得到当地群众赞扬和国家局马军胜局长现场肯定;邮政获准以政府购买服务方式为易地扶贫搬迁群众寄递身份证,并通过科技赋能,研发人脸识别签收比对系统,满足项目投递的信息化需求。省商务厅联合印发《关于开展便利店项目建设的通知》,在全省建设1300个“快递+便利店”项目,推进快递服务向乡村和易地扶贫搬迁点延伸。争取成为贵州省农村产业革命水果产业发展领导小组的成员单位,在“万亩片、千亩村”果园建立流动寄递服务网点。贵阳修文猕猴桃件数超过100万件,成为我省国家局首个命名的“一地一品”项目。积极参与希望小学建设、贫困户寄递费优惠等公益爱心活动,顺丰榕江高略镇希望小学建成;省局协调圆通、中通、申通三家快递企业联合上海市慈善基金会青浦区分会共同献爱心,在天柱县上花村捐赠6万元实施“贵州快递业·上花村连心路”串户路硬化工程,工程硬化串户路共2000平方米,极大方便了村民出行;携贵州顺丰向省退役军人援助关爱基金捐款3万元。毕节局为深度贫困村——赫章县财神镇营山村争取产业扶贫帮扶资金2万元和建桥项目立项,携手快递企业捐助扶贫资金3万元,帮助贫苦户修通串户路,以实际行动践行初心使命,在全省第14届旅发大会产品展销期间,组织邮政、顺丰、圆通等企业开展寄递农土特产品优惠服务。黔东南局、黔西南局、黔南局、遵义局、六盘水局等也都认领了对口帮扶对象,一些市(州)局在人员紧张情况下还直接派遣干部驻村,驻村干部秦金全同志获2019年脱贫攻坚优秀援黔东南干部称号。

行业污染防治工作稳步推进。成立全省邮政业生态环境保护工作领导小组,全面落实快递绿色发展监管责任;编制《2019年全省邮政业生态环境保护工作目标分解安排》,先后3次组织全省主要品牌寄递企业开展会议,部署安排绿色发展工作,全省邮政业环保工作正有序开展。全省邮件快件电子运单使用率为99.26%,94.6%的电商快件不再进行二次包装,可循环中转袋使用率达到84.09%,全省快递行业已在1567个快递网点设置了回收装置,全省共有437辆新能源或清洁能源汽车,“9571”工程圆满完成。六盘水局联合市交通管理局印发了《六盘水市邮政快递行业城市投递管理办法》,积极开展了城市绿色快递配送示范工程试点。黔南局与商务、公安、发改、交通、供销等五部门联合印发《黔南州城乡高效配送专项行动试点实施方案》,按照“开展调研—先行试点—调整方案—总结经验—推广全州”的工作方式,统筹推进黔南州城乡高效配送试点工作。

行业营商环境进一步优化。加快许可审批流程,2019年全省共计受理许可申请143起,核准许可变更556起,平均办结时间8.6日,比法定审批时限缩短36.4日。积极开展末端网点备案工作,全省已备案快递末端网点3776处。联合省公安厅、省文明办等5部门印发了《关于深入推进2019年全省道路交通文明畅通提升工程的通知》,出台快递物流车辆通行实施方案,对快递服务车辆实施统一编号和标识管理,全省九个市(州)均出台了便利车辆通行政策。全面落实邮政业减税降费政策,省局组织召开全省邮政业减税降费政策培训,邀请税务知识专家从邮政业应税服务范围、邮政业减税降费新政策及未来政策趋势、快递行业相关政策适用及可能出现的误区等方面对各相关企业进行了指导和讲解,全省指导帮助寄递企业减免税款2928.19万元。深入贯彻落实《交通强国建设纲要》,牵头开展全省综合立体交通网邮政专项规划起草工作，全力支持贵州交通强国试点省份建设，部署推进全省邮政业"十四五"规划编制工作。积极落实《交通运输领域中央与地方财政事权和支出责任划分改革方案》，配合有关部门做好省内事项责任划分工作。遵义局推动《遵义市快递产业发展规划(2018－2025)》出台，为全市快递产业发展明确方向。铜仁局协调市政府出台《关于印发铜仁市促进农村电子商务与物流快递融合发展实施方案的通知》，推动"铜货出山"。黔西南局连续三年争取到地方政府划拨邮政行业的专项补助资金。

依法治邮水平进一步提升。依法开展邮政市场监管，全省系统开展市场检查2257次，出检4922人次，查处违法违规行为405次，下达整改通知书484份，开展行政处罚150次。继续开展邮件快件"不着地、不抛件、不摆地摊"治理，全省邮政快递营业场所、分拣场所离地设施铺设率已达99.3%。积极开展违规收费专项整治工作，成立了贵州省乡镇快递网点违规收费专项整治工作领导小组，印发专项整治工作实施方案。全省邮政管理部门累计检查网点156家，发现存在违规收费网点31家，下达整改通知书21份，开展行政处罚9次，罚款4万元，关停违规收费网点2个。加强消费者申诉处理工作，督促企业及时处理用户投诉和12305部门的申诉，加强申诉与市场监管联动协作机制，切实解决"快件延误"和"赔偿难"等社会反映强烈的服务热点问题，全省邮政业12305消费者申诉中心共计处理有效申诉878件，用户满意率98.3%。

行业安全管理进一步到位。严格落实三项制度。建立实名收寄信息化率按月通报机制，实名收寄信息化率达到99.47%。印发《关于加强贵州省寄递企业X光安检机使用管理的通知》，进一步加强对辖区寄递企业安检机配置、使用及管理等情况的监督管理，选派37名寄递企业安检员参加国家局邮政业安全中心安检培训班；进一步提升安检人员操作能力，全省寄递企业共配置X光安检机155台。持续深入开展涉枪涉爆隐患集中整治专项行动，全省邮政管理系统针对涉枪涉爆隐患集中整治专项行动和防控非洲猪瘟疫情、涉枪涉爆、危化品、毒品等流入寄递渠道。圆满完成全国两会、"一带一路"高峰论坛、国庆70周年和"双11"等重要节点寄递渠道检查和安保工作，实现"三保"(保畅通、保安全、保平稳)目标。按照国家局统一部署，抓好"绿盾"工程建设，争取地方场地、资金、人员支持，推动贵州省邮政业安全中心从文件变为现实。

内部管理基础进一步夯实。成立全省邮政业"三新"单位核实认定工作领导小组，印发了《贵州省邮政业"三新"工作核实认定工作方案》，开展全省邮政业"三新"单位核实认定工作。落实行政执法工作年度报告制度，依法开展行政复议等执法监督活动，推进法治邮政建设，制定年度依法行政工作要点和《贵州省邮政管理局普法责任清单》，制定《宪法学习宣传活动方案》，组织统一在线学法和"扫黑除恶""保密观"等专项知识问答；组织全系统科级以上干部开展宪法宣誓活动。做好"以案释法"的学法、普法工作。依法审结1起行政复议案件。参与贵州省交通强国发展战略课题研究相关工作。进一步加强干部队伍建设。完成2019年全省公务员招录面试、体检、考察及录用备案工作；认真组织开展省、市(州)局领导班子年度民主生活会；加强干部选拔任用工作，新提任市(州)局副局长2名、党组成员4名以及省局非领导职务岗位1人，市(州)局班子进一步配齐，省邮政业安全中心组建初步完成。启动全省系统公务员职级并行工作。扎实做好2018年度新录用公务员登记、公务员信息管理年报、公务员年度考核、养老保险地方参保、人事档案大起底大排查等工作。加强财务管理，及时开展预算编报，严格预算执行。加强全省邮政管理系统网站管理，加大政府信息公开力度。扎实做好保密、信访、两会建议提案办理等工作。

三、邮政法修订实施十周年

十年来，贵州省邮政业务总量增长了5.25倍，其中快递业务量从929.99万件增加到2.63亿件，足足增长了27.28倍；两次修订《贵州省邮政条例》，9个市（州）邮政管理局挂牌成立，省地方邮政事业办公室、贵安新区邮政事业发展办公室、省邮政业安全中心三个事业机构先后获批组建；在全国最早开展邮政事业机构建设，率先完成空白乡镇补建，并在全国首次提出“建得起、立得住、用得好”，最早提出“农货上网、快递下乡”，建成全国第一个省级快递园区，贵阳市成为西部省份首个电商快递协同发展试点城市。

十年的实践启示我们，必须坚持在党的领导下完善中国特色邮政业治理体系，持之以恒提高邮政业治理能力和发展水平，为邮政强国建设提供有力保障；必须坚持以人民为中心的发展思想，始终牢记“人民邮政为人民”的初心使命，不断增强人民群众用邮的获得感、幸福感和安全感；必须坚持发展第一要务，深化改革开放，发展壮大邮政事业和邮政产业双轮驱动格局，加快质量、效率和动力变革，不断增强供给适应性和有效性；必须坚持充分发挥市场在资源配置中的决定性作用和更好发挥政府作用，毫不动摇巩固和发展公有制经济，毫不动摇鼓励支持引导民营经济发展，大力培育市场体系，健全完善邮政管理体制，推动行业治理体系和治理能力现代化。

四、各市（州）主要管理工作概况

在六盘水局的推动下，六盘水市政府办公室印发《六盘水市推进电子商务与快递物流协同发展实施方案》。明确到2020年底基本建成覆盖全市、布局合理、便捷高效、安全有序的电子商务与快递物流服务体系，培育一批具有一定规模、经济和社会效益的快递物流龙头企业，快递业务量年增长30%以上，农产品上行取得显著成效。印发《六盘水市现代物流产业发展三年攻坚行动方案》和《六盘水市现代物流产业发展2019年攻坚行动方案》，提出要大力发展具有比较优势和发展潜力的商贸物流、快递物流等重点行业，全市邮政业发展迎来新机遇。《三年攻坚行动方案》确定了快递物流的发展布局和方向，将“六枝特区电商快递物流园”列为重点电商物流项目，并在2019年—2021年投资目标0.8亿元，由六枝特区政府牵头建设。

毕节局推动该市出台《关于进一步加强商贸流通改革发展的实施意见》，明确加快城乡配送一体化建设，逐步形成以主城区为中心和区域性配送、县级配送节点、乡镇配送站点为支撑的城乡一体化配送网络体系；加快冷链物流体系建设；加快商贸物流集约发展，深入推动制造业与商贸物流联动发展，鼓励制造业企业分离外包物流业务，释放物流需求；加快规划建设毕节市快递物流园和全市9个县区城区快递分拨中心建设。

遵义局推动出台《遵义市快递产业发展规划（2018－2025）》，为全市快递产业发展明确方向。遵义局还推动园区建设取得新突破，重调研、勤报告、强协调，组织开展考察调研和招商推介，专项研究黔北快递物流集聚区建设规划、选址、土地价格等问题，成功推动红花岗区人民政府与中通快递贵州公司、安能快递就遵义市快递物流园分拨中心项目成功签约，园区建设工作成功“破冰”起航。

黔西南州局与中国电信黔西南分公司签署战略合作协议。通过采取快递入驻电信、电信入驻快递的“双入驻”方式，在条件成熟的快递网点开办电信代理业务，在电信网点免费提供包裹领取服务，实现双方在广大城乡的网点资源共享，更好地满足广大人民群众的用邮需求和电信服务需求。

五、快递市场存在的突出问题

贵州素有“八山一水一分田”之说，是全国唯一一个没有平原支撑的省份。在全行业的共同努力下，2019年全省实现了民营快递网点乡镇全覆盖，为农村地区群众提供了高效便捷的寄递服务，为农产品上行提供了支撑保障。但鉴于贵州地形崎岖、农村人口居住分散的客观因素，部分偏远地区乡镇路途遥远，企业投递运输成本极高，在快递服务网络下沉的同时也面临乡镇网点生存运营困难的挑战。

云南省快递市场发展及管理情况

一、快递市场总体发展情况

2019 年，云南省邮政行业业务总量累计完成 118.3 亿元，同比增长 30.8%；业务收入（不包括邮政储蓄银行直接营业收入）累计完成 90.1 亿元，同比增长 17.8%。其中，快递企业业务量累计完成 4.3 亿件，同比增长 27.0%；业务收入累计完成 57.6 亿元，同比增长 22.3%（表 7-25）。

表 7-25　2019 年云南省快递服务企业发展情况

指　标	单　位	2019 年		比上年同期增长率（%）		占全部比例（%）	
		全年累计	12 月份	全年累计	12 月份	全年累计	12 月份
快递业务量	万件	43160.83	4342.79	26.95	13.59	100.00	100.00
同城	万件	7134.60	663.72	-5.19	-9.05	16.53	15.28
异地	万件	35815.31	3640.72	35.42	17.79	82.98	83.83
国际及港澳台	万件	210.92	38.35	723.77	1415.10	0.49	0.88
快递业务收入	亿元	57.64	5.61	22.27	17.48	100.00	100.00
同城	亿元	6.13	0.56	-10.71	-5.65	10.64	10.01
异地	亿元	32.47	2.96	20.98	5.08	56.32	52.79
国际及港澳台	亿元	0.75	0.13	96.77	206.89	1.30	2.30
其他	亿元	18.29	1.96	40.21	48.38	31.73	34.90

二、行业管理工作及主要成效

坚持守初心担使命。落实“不忘初心、牢记使命”主题教育工作要求。严格按照中央要求和国家局党组部署，扎实做好第一、第二批主题教育，在活动开展中牢牢把握“十二字”总要求、“五句话”具体目标，牢牢把握四项重点措施贯穿主题教育始终，强化主题教育与重点工作、民生实事紧密结合。在第一批主题教育中，省局在第一时间成立领导小组及办公室，加强对主题教育的组织领导。坚持将学习教育贯穿始终，以党组中心组集中学习研讨为主要方式，结合思想、工作实际进行思考和交流。坚持将调查研究贯穿始终，围绕三级物流体系建设、建制村直接通邮、跨境寄递、机关党建等 4 个主题，深入保山、普洱、红河 3 个州（市）开展调查研究，提出解决问题、改进工作的思路和具体措施 14 项，形成调研报告 4 篇。坚持将问题整改贯穿始终，建立工作台账，实行销号管理，明确任务、责任、时限，对于第一批中查找出的 84 项具体问题，已完成整改 56 项，正在整改 8 项，长期努力争取尽早突破的问题事项 20 项。在第二批主题教育中，着力强化科学安排、协同推进，坚持标准不降、力度不减，指导各州（市）局把学和做结合起来、把查和改贯通起来，推动四项措施有机融合、贯穿始终。抽调骨干力量组建 4 个指导组，对主题教育进行全覆盖巡回指导督导。建立周报告制度，实施网格化管理，通过“现场实地”+“远程连线”方式提升指导工作效率。各州（市）局开展现场教育 24 次，先进典型学习 28 次，警示教育 22 次，党支部书记参加轮训 18 人次，领导讲党课46次，参加为身边群众办实事好事49次，形成调研报告41篇。组织开展谈心谈话193人次，组织征求意见478次，征求到意见建议444条。梳理问题374项，已完成整改296项，正在整改和长期努力78项。

落实习近平总书记重要指示批示精神。加强与交通、公安等部门沟通协调，16部门联合印发《云南省认真落实习近平总书记重要指示推动邮政业高质量发展实施方案》，省局结合实际制定了《〈关于认真落实习近平总书记重要指示推动邮政业高质量发展的实施意见〉重点工作落实方案》，明确工作目标、具体举措、责任分工。着力解决建制村通邮滞后、快递下乡程度不高、末端网点违规乱收费、涉枪涉爆涉毒集中整治、邮政业污染等一批制约行业发展、基层普遍关心的突出问题。末端网点整治取得了阶段性成效，三级物流体系建设取得良好成效，风险防控进一步加强，涉毒案件进行集中整治办理，人脸识别试点稳步推进。

落实全面从严治党，推动行业精神文明建设。始终把党的建设工作摆在突出位置，制定印发《关于推动全面从严治党向纵深发展的实施方案》《关于做好"基层党建创新提质年"工作的通知》等部署文件，组建成立党建办公室，充实党建工作力量，将党建引领工程放在全省重点工作首位，迪庆、西双版纳、保山、昭通等局获评先进基层党组织。结合行业实际，采取多种模式推进非公党建，现已组建成立非公党组织5个，含党员213名。扎实开展巡察工作，现已完成四批次巡察，覆盖11个州(市)局，共计查找出6个方面360个问题，相关州(市)局正在结合自身问题进行认真整改。运用"四种形态"，做好执纪问责，诫勉、警告、提醒谈话47人次。印发《云南省邮政行业精神文明建设工作实施意见》。做好关爱快递小哥工作，制定加强快递员权益保护指导意见，与团省委密切合作，开展座谈交流和联合调研，共同开展"快递业从业青年权益维护服务月"活动，开展"最美快递员(投递员)"选树，参与向上向善好青年表彰，昭通、保山局开展"小蜜蜂"评选。曲靖、玉溪、昭通等推动快递业联合工会成立。

落实三大攻坚战工作责任。在打好防范化解重大风险攻坚战中，制定《云南省邮政业重大风险台账》，做到风险传导到位，责任落实到位。着力压实企业主体责任，严格落实"三项制度"，督促企业落实"八有""五到位"要求。强化行业应急管控，开展应急演练月活动。有效应对国通、安能快递事件、联邦快递问题。在打好精准脱贫攻坚战中，制定印发《云南省邮政业助力脱贫攻坚行动方案》，组织召开扶贫工作领导小组会议。邮政快递企业全年寄递的贫困地区农产品业务量预计达到1605万件，业务收入7804万元，增加贫困户收入2.31亿元。省局参与组织的大理宾川邮政电商扶贫项目成为全省推广典范，为挂钩村争取400万道路硬化资金，在省政府扶贫工作考核中成绩优异。全省系统定点联系帮扶15个村，脱贫摘帽7个，选派扶贫挂职干部16人，引进各类资金1968万，实施帮扶项目29个，帮助建档立卡贫困人口实现劳务就业834人，脱贫3251人。在打好污染防治攻坚战中，积极参与最美省份建设，加强跨行业跨部门协同合作，组织召开绿色发展座谈会和绿色环保培训班。会同发改、环保、商务等部门拟定《关于协同推进快递业绿色包装工作的实施意见》。全省电子运单使用率96%，电商快件不再二次包装率64%，循环中转袋使用率66%，快递服务营业网点设置包装废弃物回收再利用装置数量1905个、张贴倡导绿色环保提示语企业2152家，邮政行业新能源汽车保有量357辆。

坚持优环境补短板。汇报沟通有力。加强向省委省政府的汇报力度，加强与省直有关部门的沟通联系。在财权事权划分改革中，全力争取地方支持，同交通、财政部门密切协作，相关改革方案已经省政府常务会和省委改革领导小组会议正式通过。利用财权事权划分改革有利契机，加强向分管省领导和编办的汇报并获肯定认可，在全省邮政业安全发展(大数据)中心建设上取得了积极进展。普洱市景谷、镇沅、墨江等三个县级邮政管理局组建获国家局批复。

政策出台有力。省局重点工作提出“政策落地工程”，联合发改、交通、商务、住建、自然资源、公安、供销等部门先后联合出台了加强交邮合作、加强城市邮政快递末端服务车辆通行、县乡村物流体系改革、推进快递物流园区建设、推广智能信包（快件）箱建设、推动邮政业高质量发展等六个政策文件。

省市联动有力。在省级政策落地的基础上，强化省市局联动，形成工作合力，着力推动州（市）相关文件落地实施。截至目前，已有 14 个州（市）出台促进快递业发展的政策文件，15 个州（市）出台推进电子商务与快递物流协同发展的实施意见，11 个州（市）出台了快递末端服务车辆便捷通行落地政策。

坚持强基础惠民生。推进快递下乡工程。与全省县乡村三级物流体系建设相结合，下发《云南省加快推进“快递下乡”工程实施方案》，在保山组织开展现场推进会，组织召开云南邮快合作下乡进村推进会及邮政快递合作下乡进村框架协议签字仪式，推广“一平台多品牌”抱团发展模式。在农村地区鼓励末端服务集约化、平台化发展，整合寄递、商贸、供销等资源，以“快递超市”、快邮合作、“三农”服务站、电商扶贫等形式，搭建综合服务平台。丽江、曲靖、普洱等地推动建立涵盖农村邮政普遍服务、快递、物流业务的综合服务平台；保山建成 4 个乡镇快递物流电商综合服务中心；德宏积极协调地方财政资金补助乡镇及以下网点建设。昆明、大理等 13 个州（市）已实现乡镇快递网点 100% 覆盖，省内 13 个全国特色小镇实现快递网点全覆盖，乡镇快递网点覆盖率由 2018 年底的 75.9% 提升到目前的 92.6%。

推进百千万工程。按照国家局“一地一品”、“一市一品”邮政快递服务现代农业的工作要求，着力加强与云南高原特色农业的融合发展。鼓励邮政企业加快农村电商邮政寄递网工程建设，抓好“一市一品”农特产品进城示范项目，强化自有品牌运营，构建农特产品垂直服务渠道和区域服务网络，服务现代农业发展。引导企业创新“快递＋电商＋助农”模式，利用邮政“优帮帮”、EMS“极速鲜”、顺丰“丰农”、圆通“助农小组”等平台，拓宽农特产品外销渠道。昆明花卉成功入围金牌项目，红河石榴、昭通苹果、德宏玉石、普洱茶叶等超百万项目取得良好成效。

推进快递物流园区建设。联合发改、交通、商务等部门出台《关于推进全省快递物流园区建设的指导意见》，会同省发改委找准切入点和突破口，利用中央发行地方专项债券机会，有效推动全省快递物流园区建设工作，11 个州（市）已启动项目建设前期工作，大理、丽江、普洱、玉溪等地园区建设正在稳步推进。

推进三级物流体系建设。以省政府报告中全省 129 个县级物流集散中心建设为契机，着力加强与交通、商务、供销社等部门的沟通配合，共同印发了《云南省县乡村物流体系改革实施方案》，结合末端网点整治，在交邮、交快、邮快、快快合作上着力，全省三级物流体系建设稳步推进。楚雄局探索“物流信息平台＋企业＋社会运力＋服务站点”模式。昭通局推动镇雄县三级物流配送体系网络建设，建成县乡村三级站点 140 个，获得项目补贴资金 952 万元。版纳局推动建设三级农村电商服务运营网络建设，已建成 2 个县级电子商务服务中心，14 个乡镇电子商务服务站，325 个村级电子商务服务站。

推进快递服务车辆规范通行工作。与公安、交通部门联合出台《关于加强城市邮政快递末端服务车辆通行管理的指导意见》，推广红河邮政寄递电动三轮车交通安全管理经验，大理、昭通等 11 个州（市）先后出台快递末端服务车辆便捷通行落地政策。

推进行业人才建设。通过积极沟通协调，完成人社、工信部门批复，组建成立专家评审委员会，圆满完成快递工程技术人员职称评审工作，其中初级55人,中级3人。推进国家邮政业安全中心云南省邮电学校安检培训基地建设,预计1月份挂牌开班。

推进跨境寄递工作。认真贯彻落实国家局三部委文件,加强同商务、海关等部门的沟通联系,开展跨境寄递调研摸清底数,加强跨境寄递统计,瑞丽、河口国际快件监管中心建设已纳入云南自贸区整体建设方案。

坚持重服务强监管。保障服务水平提升。积极落实国家关于物流业减税降费政策,全省邮政业减税降费超过1700万元。举办全省快递业务经营许可培训班,加强快递业务经营许可常态化管理。落实"放管服"改革要求,完成省局行政服务大厅建设。制定印发行政执法公示、行政执法全过程记录、重大行政执法决定法制审核三项制度,严格依法行政。落实"数字云南"建设,全省邮政业大数据中心建设前期工作基本完成。

保障行业良好秩序。全面推进快递末端网点备案管理,开展违规实施快递业务经营许可专项治理。开展服务质量提升行动,强化12305申诉案件与市场监管联动执法的有效衔接。全年共处理消费者申诉5799件,为消费者挽回经济损失158.17万元。开展末端网点违规收费清理整顿、实名收寄专项整治工作,取得良好成效。全省系统开展执法检查1.91万人次,检查企业5782家,行政处罚282件,共处罚金256.85万元。其中以反恐法处罚4件,罚金40.65万元。

保障全省寄递渠道安全平稳运行。紧紧围绕新中国成立70周年庆祝活动寄递安保这一主线,紧盯重要节点,强化防控力度,深挖安全隐患和薄弱环节,落实企业安全生产主体责任,全面提升寄递渠道防御能力。切实做好重大活动寄递安保工作,开展实名寄递、危险化学品专项整治。全省470家寄递企业法人、分支机构成立安全管理机构,配备专(兼)职安全管理人员2752人;实名收寄信息化率达99.71%,累计配置X光安检机408台。通过与公安、国安多频次联合检查,确保寄递渠道安全平稳运行。通过邮政寄递渠道查获毒品1387.3千克,案件756起。全面完成两批次105件涉毒案件办理,得到国家局肯定。

坚持强队伍转作风。按照国家局党组安排和马军胜局长指示,着力加强统筹谋划、队伍建设、工作落实,确保了思想到位、部署到位、责任到位、举措到位、落实到位。组织召开了全省邮政管理工作会议、党建和党风廉政建设工作会议、重点工作推进会、邮政普遍服务监督管理工作会议、市场监管工作会议,制定印发了工作要点、党建工作要点、三大攻坚战行动方案、七件民生实事分工落实方案等重要安排部署文件。印发了全年重点工作任务分解文件,明确责任领导、责任部门、责任人员、工作目标、工作举措和完成时限,实行挂图作战。经国家邮政局批复,进行了内设机构调整,调整配备了办公室、党建办、市场监管处负责人,重新制定了岗位职责。通过完善制度,明确责任,强化考核,激励干部职工履职尽责,干事创业,勇于担当。

三、邮政法修订实施十周年

自《中华人民共和国邮政法》颁布实施以来,云南省邮政管理系统切实抓好邮政法贯彻落实。一是及时部署,开展学习宣传活动。通过党组理论学习、集中学习、个人自学等方式,做到了学懂弄通。严格按照"谁执法谁普法、谁主管谁普法"原则,把单位内部普法与企业普法结合起来,在履行好单位内部普法责任的同时,积极承担所管辖企业的普法责任,形成齐抓共管的法律法规宣传教育格局。二是建章立制,提升依法治邮能力。出台了《云南省邮政条例》,聚焦行政执法的源头、过程、结果三个关键环节,出台了云南省邮政管理系统行政执法公示制度、行政执法全过程记录制度、重大行政执法决定法制审核制度,全面推行行政执法"三项制度"。三是学用结合,引导企业依法经营。引导寄递企业抓好邮政法及行业法律法规的贯彻实施工作,把法律法规作为企业开展经营活动的根本准则,并对照法律法规内容查找自身不足,自觉遵守法律法规,严格落实三项制度,切实依法依规经营。四是全面深化,提升行业治理水平。通过深入贯彻实施邮政法,在提升普遍服务水平和质量上再下功夫,在推动行业又好又快发展上再下功夫,在提升邮政行业管理水平上再下功夫,营造更为有利的发展环境,促进了全省邮政业持续、健康、快速发展,服务了边疆经济和社会发展。

四、各市(州)主要管理工作概况

昆明局与市住房城乡建设局联合出台了《关于促进物业管理区域邮政快递投递服务的意见》;与市交运局联合出台了《关于进一步加强交邮融合发展的实施意见》;积极打造"一市一品"项目和"快递+农特产品"金牌项目,昆明市鲜花寄递服务作为云南省唯一一个项目入选国家邮政局金牌项目,全年出港鲜花972万件,干花1089万件。

2019年,大理州共建成11个县(仓配中心)30个乡(中心站点)877个村(邮乐购)站点。对接3个"全国电子商务进农村综合示范项目"、建成巍山、祥云、宾川三个"全国电子商务进农村综合示范项目",共获得项目资金2112万元。大理局与大理州公安局交警支队签订《关于规范邮政快递车辆及驾驶人管理的框架协议》。

在德宏局的推动下,德宏州人民政府办公室下发了《德宏州人民政府关于推进电子商务与快递物流协同发展的实施意见》,德宏局联合州公安局、州交通运输局出台《关于加强城市邮政快递末端服务车辆通行管理的实施意见》并于6月20日举行了德宏州邮政快递末端服务车辆规范化管理启动仪式。

红河州通过"电商+快递"快速推进,全州累计销售蒙自石榴超过3220万斤,发货322万件,石榴销售成为红河电商发展营销主战场,并以石榴单品带动枇杷、葡萄、土豆、生姜、火龙果、木瓜其他农产品上网销售。

西双版纳局搭建农村电商服务平台,打造州农村电子商务生态链。共建成2个县级电子商务服务中心,14个乡镇电子商务服务站,325个村级电商服务站,县、乡、村三级服务体系基本建成。

五、快递市场存在的突出问题

云南邮政业近年来取得了持续快速的发展,但是仍然存在很多不足。一是在邮政基础设施上还存在着短板,"两进一出"工程需要进一步加快推进,快递下乡进村步伐还比较滞后,服务制造业的效果还不明显,建制村直接通邮成果需要持续巩固,三级物流体系建设、物流园区建设需要深入推进,行业绿色发展上与最美省份建设还有差距。二是在政策争取和落地见效上需要进一步加强,省局需要进一步加强向国家局和省委省政府的汇报力度,各州(市)局政策争取效果还不平衡,部分州(市)局力度不够。三是在支撑体系建设上差距很大,云南沿边特殊的区位实际,在反恐、禁毒、扫黄打非等工作上任务繁重,全省邮政业安全发展中心建设取得了积极进展,仍然需要抓紧完成组建成立,各州(市)局也要提前谋划、提前汇报、抓紧组建,在县级监管机构组建上也要稳步推进。

西藏自治区快递市场发展及管理情况

一、快递市场总体发展情况

2019年,西藏自治区邮政行业业务总量累计完成4.8亿元,同比增长13.9%;业务收入(不包括邮政储蓄银行直接营业收入)累计完成6.3亿元,同比增长14.1%。其中,快递企业业务量累计完成874.3万件,同比增长20.5%;业务收入累计完成2.9亿元,同比增长19.0%(表7-26)。为国

家“稳增长、促改革、调结构、惠民生、防风险”政策实施作出了积极贡献。

表 7-26　2019 年西藏自治区快递服务企业发展情况

指　标	单　位	2019 年		比上年同期增长率(%)		占全部比例(%)	
		全年累计	12 月份	全年累计	12 月份	全年累计	12 月份
快递业务量	万件	874.34	95.68	20.47	30.23	100.00	100.00
同城	万件	115.17	14.81	95.43	72.50	13.17	15.48
异地	万件	758.74	80.84	13.86	24.69	86.78	84.49
国际及港澳台	万件	0.43	0.03	-11.99	-40.37	0.05	0.03
快递业务收入	亿元	2.89	0.41	19.04	74.92	100.00	100.00
同城	亿元	0.21	0.05	219.57	541.41	7.11	11.94
异地	亿元	2.02	0.29	7.37	64.83	69.73	70.68
国际及港澳台	亿元	0.03	0.002	-15.83	-33.59	0.91	0.59
其他	亿元	0.64	0.07	41.23	45.55	22.24	16.79

二、行业管理工作及主要成效

强化党建统领。把党的政治建设摆在首位，对党绝对忠诚品格进一步强化。把学习贯彻习近平新时代中国特色社会主义思想和党的十九大、十九届二中、三中、四中全会精神作为首要政治任务，坚决贯彻落实习近平总书记对邮政业重要指示批示精神；深入开展党的政治纪律和政治规矩学习教育，坚持重大事项请示报告制度，严格执行关于新形势下党内政治生活的若干准则；加强党的政治建设，深化理想信念教育，不断增强“四个意识”，坚定“四个自信”，做到“两个维护”，不断提高党员干部的政治敏锐性和政治鉴别力，在政治上、行动上自觉与以习近平同志为核心的党中央保持高度一致，做到在大是大非面前旗帜鲜明，在风浪考验面前无所畏惧，在各种诱惑面前立场坚定。

严格落实党建工作责任制，坚持打造坚强战斗堡垒。牢固树立“抓好党建是最大政绩”的理念，深入贯彻国家局党组全面从严治党各项工作部署。制定年度党建和党风廉政建设工作要点，做到党建纪检工作有谋划、有部署、有督导，机构、人员、经费三保障。强化党组理论学习中心组学习，严格落实“三会一课”制度，深入开展主题党日活动，持续开展“党员干部进村入户，结对认亲交朋友”活动，积极开展进社区结对帮扶，党员干部凝聚力不断增强。建强基层党组织，实施党支部建设整体提升工程，大力推进支部标准化规范化建设。严格党员管理教育。积极推进非公快递企业党建工作，引导快递行业协会成立党支部。深入开展“庆祝新中国成立70周年”和“西藏民主改革60年”系列活动，举行“我爱祖国、同唱国歌”、《幸福70年》诗歌朗诵活动，弘扬主旋律，传递正能量，发挥思想政治教育的政治引领作用。支持工青妇按照章程履职尽责。青委会、妇委会、工会联合组织干部职工开展了五四青年知识竞赛、乒乓球、下棋等活动，隆重纪念“五四运动”100周年。

严明教育管理，干部队伍建设进一步加强。严格落实党管干部原则，切实加强高素质专业化干部队伍建设。深化干部队伍学习培训，全年共举办培训13次，培训423人次；选派65人次参加国家局和自治区相关部门组织的培训；加强党员干部“学习强国”学习效果督促检查。干部队伍建设不断规范化，按照新修订的《党政领导干部选拔任用工作条例》要求，加强政治考察力度，全年考察考核干部6人，年底共有4个市（地）局党组班子成员达到3名。进一步规范干部队伍管理，严格干部出国（境）管理，做好退休人员服务管理，规范干部日常监督，积极推进公务员职务与职级并行政策实施。开展干部人事档案大起底大排查，推进干部档案数字化、正规化建设。2019 年 1 名同志获“全国民族团结进步模范个人”荣誉，1 集体获自治区先进驻村队荣誉，1 集体获得自治区级民族团结进步模范集体荣誉，1 名同志获“西藏自治区先进工作者”荣誉。

扎实开展“不忘初心、牢记使命”主题教育。聚焦主题主线，按照“守初心、担使命、找差距、抓落实”总要求，把“学习教育、调查研究、检视问题、整改落实”贯彻始终。区局成立了领导小组及办公室加强组织领导，党组成员带头读原著悟原理，带头讲授专题党课，带头赴阿里、那曲开展调研；带头对照党章党规找差距、带头开好专题民主生活会、带头抓好整改落实。扎实推进第二批主题教育，派出 2 个巡回指导组全过程全覆盖开展督促指导，运用好第一批主题教育成果，实现第二批和第一批主题教育有序衔接。主题教育为总书记重要指示和党中央重大决策部署在邮政业加快落实提供了坚强政治保证，确保了行业平稳快速健康发展和寄递渠道安全畅通。

强化责任意识。夯实管党治党政治责任，严格贯彻落实十九届中央纪委三次全会和全国邮政管理系统党风廉政建设工作电视电话会议精神，召开全区党风廉政建设工作会议全面部署 2019 年党风廉政建设工作，明确方向、强化责任、切实增强全面从严治党的责任感、使命感和紧迫感。紧盯重要节点，加强监督检查，狠刹节日不正之风，坚决防止“四风”反弹回潮。巩固深化九个专项治理成果，重申公车私用、公款消费、自律自省等方面禁令。

筑牢拒腐防变的思想道德防线。切实加强党风廉政教育，进一步提升党员干部廉洁自律意识。全年组织观看警示教育片 3 次、旁听网络庭审 1 次、警示学习 8 次，组织网上法律法规知识答题活动，结合专项整治，开展“以案说法”警示教育论坛，使党员干部守底线、存戒惧、知敬畏。

强化整改落实。把抓好巡视整改工作作为重点，根据国家邮政局党组第三巡视组巡视反馈意见的整改方案，明确责任清单、职责及分工，相关部门认领问题并按要求及时整改。对 7 个市(地)局进行了巡察。针对贯彻落实习近平总书记重要指示批示情况细化了责任清单，制定 12 个专项整治方案。对领导干部利用名贵特产类资源牟取私利、经商办企业实行零报告制度，针对领导干部精气神不担当不作为召开座谈，制定了区局党组关于激励干部新时代新担当新作为的实施意见。认真开展扶贫领域腐败和作风问题专项治理，为下一步扶贫领域各项工作的开展奠定了基础。

强化责任担当。聚焦靶心精准发力，三大攻坚战取得明显成效。防范化解重大风险方面：年初与企业签订邮政业安全保障建设责任书，强化企业职责、法定意识和责任约束。制定了邮政业安全生产工作计划，明确工作任务和职责分工。强化政府监管责任，建立健全“党政同责、一岗双责、齐抓共管、失职追责”的安全生产责任体系，全面落实领导干部安全生产责任制。严抓寄递安全“三项制度”落实，重点加强爆炸装置、危化品、枪支弹药、易燃易爆物品的查验把关。按照“谁收寄、谁负责”原则，建立责任倒查机制；严格执行实名收寄制度，对除信件和已有安全保障机制的协议用户交寄的邮(快)件外，一律通过查验寄件人身份并提取其身份信息后方可收寄；督导企业严格落实“应检必检”要求，对重点地区和重点部位的邮(快)件进行重点检查，建立健全安全检查日志。开展寄递渠道市场清理整顿、打击侵权假冒、危险化学品治理等系列专项行动。组织开展七市(地)专项督导检查。成立寄递行业禁毒工作领导小组，完善行业监管和禁毒工作长效机制。做好特殊时期寄递服务安保工作，圆满完成重大节日和特殊时期寄递渠道安保工作，确保寄递渠道安全畅通。精准扶贫攻坚战方面：紧抓驻村定点扶贫工作，提前实现了所驻村全村脱贫摘帽。在全村脱贫摘帽的基础上，进一步加强调研，确保高质量打好精准脱贫攻坚战。召开党组专题会议 2

次，研究提出可行的长期有效的帮扶措施，以现金5万元入股村集体经济股份分红的方式，为残障家庭提供长期的生活补助，达到可持续脱贫。强化行业扶贫工作，切实履行监管职责，全面提升邮政普遍服务均等化水平。督促邮政企业充分利用网络优势，积极服务基层农牧民群众。2019年，我区共有“一市一品”项目7个，完成农特产品进城配送量约0.875吨，实现农特产品交易额约16万元。行业资源优势进一步得到发挥，在助力地方脱贫攻坚方面成效进一步凸显。污染防治攻坚战方面：认真宣贯邮政业绿色发展法规和标准，大力实施国家邮政局“9571”工程，成立区邮政业生态环境保护领导小组，建立定期汇报工作机制，做到有组织、有安排、有部署、有督促、有落实。督导快递企业使用绿色封装用品，推进寄递网点设置包装废弃物回收装置。同时发挥协会桥梁纽带作用，召开企业座谈，开展绿色文化建设宣传，营造环保良好氛围。

切实办好民生实事，不断增强人民群众的获得感和幸福感。实现建制村直接通邮方面：在建制村直接通邮率100%基础上，进一步加大建制村通邮水平检查力度，全力保障建制村邮政服务，确保农牧区邮政普遍服务水平稳步提升。2019年争取自治区人民政府4200万元农牧区基层网点运营补贴资金，为全区普遍服务水平的有效提升提供资金保障。健全快递末端网络方面：加快推动“快递下乡”工程，以“邮快合作”为契机，推动邮政公司和申通、中通、圆通、韵达、百世、优速、天天7家民营快递企业签订区级层面合作下乡进村合作协议，组团下乡，延伸寄递服务网络，改善偏远艰苦地区寄递环境；实施“快递入区”工程，推进标准化网点建设。丰富邮政综合服务平台建设内容方面：鼓励邮政企业积极拓展县域政务便民服务，加强跨领域合作，叠加惠民服务，目前实现代收交通违法罚没款全区74县（区）全覆盖。保护快递员权益方面：深入贯彻落实习近平总书记关于“快递小哥”重要指示精神，发挥邮政管理部门示范作用，帮助快递行业协会成立了“快递行业工会联合会”，在维权帮困及后勤保障方面为快递员提供服务；联合拉萨市总工会、自治区快递行业协会慰问关爱一线快递小哥，为中通、圆通、韵达、顺丰、百世、申通等企业共计66位“快递小哥”赠送了价值共6000元的耳套、御寒手套和护膝等慰问品，让“快递小哥”们真切地体会到关怀与温暖；积极推进快递工程技术人员职称评审工作，成功举办2019年职业技能竞赛，拓展从业人员成长空间，引导“快递小哥”投身岗位建功、提高服务质量、保障安全稳定、听党话跟党走，进一步增强群体荣誉归属感获得感。

深入推进供给侧结构性改革，推动发展环境大优化、大提升。健全基础网络方面：深入推进农牧区邮政基础设施建设，快递品牌达到23个，全区许可企业41个，分支机构287家，末端网点224家。通民营快递的县65个，通快递的乡镇122个。在建大型快递物流园区两个（顺丰快递园区、镖局快递园区）。日益健全的邮政业服务网络已成为农产品进城、工业品下乡的重要物流通道，在服务乡村振兴、精准扶贫方面发挥着日益重要的作用。电子商务与快递协同发展方面：积极推动快递企业与本地淘宝、天猫等电子商务企业建立大客户合作关系，与乡镇农牧土特产商户建立合作关系。其中，拉萨局持续推进高原蓝“快递下乡”工作，强化农村电子商务与快递物流协同发展，目前，高原蓝已经有10个快递末端网点。昌都邮政企业与卡若区政府达成了电商运营战略合作协议。林芝市已备案的电商村级服务站达到54个。科技创新方面：将行业科技工作纳入业务培训，认真传达学习2019年邮政业科技创新工作会议精神，对我区邮政业科技创新工作进行深入部署，推动各项工作落地见效。目前，全区已设立智能包裹柜共计384组12937格口，实现县级及以上城市智能信包箱基本覆盖；积极鼓励企业加强自动化分拨中心建设，提升分拨处理水平，顺丰、镖局集团均投资建设高科技含量的分拨中心。

积极推进我区邮政领域中央与地方财政事权和支出责任划分改革落地实施。成立工作领导小组,积极与地方对接相关事宜。争取自治区财政将《西藏自治区综合立体交通网规划(2021—2050年)》邮政行业规划工作经费50万元纳入地方经费综合预算。

全力推进落实邮政行业减税降费政策。组织拉萨企业总部召开专题会议,通报国务院关于减税降费政策措施文件精神。邀请国税局专家为企业负责人授课。形成区地两级工作专班,全力推进减税降费政策在邮政业落地见效。

积极配合国家局推进“绿盾”工程建设。成立建设领导小组,积极推进“绿盾”工程建设各项工作。目前已到2批设备并安装完毕。

扎实推进规划实施与编制。积极推动“十三五”规划实施,完成规划年度监测评估;制定了区局“十四五”规划编制工作方案,成立了“十四五”规划编制工作领导小组,积极参与地方综合立体交通网规划编制工作。

稳步推进法治政府和依法治邮工作。加快推进“放管服”改革,毫不动摇支持保护扶持民营经济发展。加强行政规范性文件制定和监督管理,严格落实《重大行政决策程序暂行条例》。全面推行行政执法“三项制度”,切实规范执法权力运行。认真开展我区邮政管理系统行政执法主体、执法职权依据和行政执法人员清理自查,推进机构、职能、权限、程序、责任法定化,形成科学有效的权力配置、运行、制约和监督体系。

坚持监管服务并重。进一步强化保密、财务管理、网站管理、政务公开和新闻宣传工作,确保机关运行平稳、联结顺畅,为监管、服务工作提供有力支撑。认真履行保密工作责任制,健全工作制度,保密档案符合要求,自查自评未发现失泄密事件。认真开展网站维护管理、内容发布、网站季度检查等工作,网站年度报表上报及时准确;努力做好政府信息主动公开、依申请公开、政策发布与解读、新闻宣传、互动回应等工作,未出现过失。牢牢把握意识形态工作的主动权、话语权,坚持正确政治方向,坚持以人民为中心的工作导向,新闻宣传与意识形态工作及时有效。严肃财经纪律,严格执行“收支两条线”财务管理规定,全面强化预算执行管理。加强日常财务资金的使用和管理,严格财务报账制度和会计工作规范,做到账目清楚,业务规范。

深入推进“七五”普法工作,提升行业干部职工法治素养。2019年开展各类法治宣传教育活动23次,法治讲座9次,发放宣传资料2000多份,累计受教育群众3000多人次(其中线上活动受教育群众1000多人次)。通过法治宣传教育活动我区邮政业执法人员依法行政能力不断加强,从业人员法治观念普遍提高,企业守法经营意识明显增强。

依法规范快递市场准入。切实加强许可实地核查工作规范化、标准化建设,强化审批时限管控,落实“六个一”要求,实现许可工作由重审批向重管理转变。针对快递业务经营许可办理和监督检查中滥用职权、玩忽职守、超越法定职权、违反法定程序和条件,不作为、乱作为等问题进行专项治理。不断规范末端网点备案流程。认真开展行业许可准入培训,提升一线执法人员为民服务能力。

大力提升快递服务质量。继续开展放心消费工程,组织“不着地、不抛件、不摆地摊”专项治理,深入推进快递末端服务违规收费清理整顿。高度重视消费者申诉工作,开展全区邮政业消费者申诉处理工作培训,提高申诉处理能力和效率。2019年,邮政业消费者申诉中心通过申诉网站受理消费者申诉2214件,其中有效申诉122件。受理电话申诉580件。经调解消费者申诉已全部妥善处理,为消费者挽回经济损失331357元,消费者对企业处理结果满意率为99.2%,同比提高0.8个百分点;对邮政管理部门工作满意率为100%,同比提高6.5个百分点。完善邮政业消费者申诉与市场监管工作衔接机制,针对用户申诉的突出问题开展日常检查和专项整治行动,重点对快件丢失损毁、延误以及末端投递服务不规范等消费者反响强烈、社会高度关注的问题全面加强治理，倒逼企业改善服务质量。

切实加强快递市场执法检查。制定年初执法计划，开展联合执法检查，对市（地）局、寄递企业分拨中心及部分末端网点进行寄递安全专项抽查。进一步完善执法检查方式方法，重点开展“双随机”检查和事中事后督导检查。成立快递末端网点违规收费清理整顿工作领导机构，形成了“各司其职、各负其责、上下协调、齐抓共管”治理格局。2019 年，全区系统共开展邮政市场检查 2797 人次；下达整改通知 81 次，给予行政处罚 21 次，共罚款 165000 元。

三、邮政法修订实施十周年

十年来，全区邮政业持续保持高位增长态势，邮政业业务收入年均增长 36.88%，业务总量年均增长 29%；快递服务企业业务收入年均增长 33.13%，业务总量年均增长 47.03%，发展规模日益扩大，发展质效不断提高，发展环境不断优化，特别是随着精准扶贫攻坚战和乡村振兴战略的深入实施，大大增强了行业发展的后劲。进入新时代，西藏自治区邮政业发展步入与全面建成与小康社会相适应现代邮政业的决胜期、转型升级的关键期、由大到强的战略机遇期，发展基础和环境发生深刻变化，全区邮政业社会影响面在不断扩大，服务全区国计民生的基础性作用更加凸显。

四、各市（地）主要管理工作概况

拉萨局持续推进“快递下乡”工程，全市 57 个乡镇中共有 23 个开通了快递服务，共计 41 个网点，乡镇覆盖率达到了 40.35%。与此同时，拉萨局在开展了 2 轮末端网点违规收费清理整治工作，对天天快递墨竹工卡县网点进行了立案处罚，对五县三区进行了末端网点违规收费专项调研和清理整治，基本杜绝了乡镇末端网点违规收费的情况。全市寄递业实现了电子面单使用率 98% 以上。企业已经基本采用电子面单，只有极少数保价面单依旧在使用纸质面单。全市电商快件未二次包装比例达到了 85% 左右，循环中转袋使用量达到 7.31 万个，总循环次数达到 35.82 万次，较上个周期有了极大的提高。此外，新能源车辆 8 辆，包装废弃物回收装置达到 43 个。

那曲局联合那曲团市委开展了那曲市“‘团团递语’倾听心声暨‘冬日递暖’”慰问活动，邀请色尼区人大代表嘎桑同志，自治区政协委员、那曲市政协常委、市工商联副主席、再回首商场总经理敏武同志出席，听取了快递从业青年及三新产业从业人员在工作和生活中存在的困难，并为青年代表发放价值 13000 余元的慰问品。

林芝局联合团市委成立了首个新兴行业青年团组织（简称“林芝市邮政快递行业团工委”），也是全区首个邮政快递行业团工委。组织快递企业 20 名投递小哥参加林芝市禁毒办在厦门广场组织“健康人生、绿色无毒”为主题的 2019 年全民禁毒宣传月启动仪式。20 名投递小哥骑驶投递三轮车参加车辆宣传游行。

山南局组织市邮政分公司与中通、申通、圆通、韵达、百世快递等快递企业签订邮快合作下乡进村框架协议，标志着山南市“快递下乡”工作向前迈了一大步，对于补齐农村邮政快递基础设施短板，助力实施脱贫攻坚和乡村振兴战略，服务农民创业增收具有非常重要的意义。

阿里地区召开快递企业（快递员）工会委员会第一次代表大会，地区中通、韵达、圆通、品骏 4 家快递企业 19 名快递员代表参加会议。工会拥有 4 家快递企业，11 个快递网点，全地区 27 名快递员从此有了自己的工会组织。

五、快递市场存在的突出问题

自治区邮政业还存在区内市场和区外市场不平衡、服务消费和服务生产不平衡、速度规模和质量效益不平衡、城市网点和基层网点发展不平衡、行业发展和治理体系能力不平衡等短板弱项，这些问题都需要在今后的工作中下大力气破解。

陕西省快递市场发展及管理情况

一、快递市场总体发展情况

2019 年,陕西省邮政行业业务总量累计完成193.1 亿元,同比增长 39.1%;业务收入(不包括邮政储蓄银行直接营业收入)累计完成 134.2 亿元,同比增长 19.1%。其中,快递企业业务量累计完成 7.3 亿件,同比增长 28.2%;业务收入累计完成 83.4 亿元,同比增长 23.9%(表 7-27)。全行业从业人员达到 5.57 万人。

表 7-27 2019 年陕西省快递服务企业发展情况

指标	单位	2019 年		比上年同期增长(%)		占全部比例(%)	
		全年累计	12 月份	全年累计	12 月份	全年累计	12 月份
快递业务量	万件	72891.91	7497.06	28.16	29.96	100.00	100.00
同城	万件	22945.68	2011.52	-2.80	-15.61	31.48	26.83
异地	万件	49571.39	5438.75	50.59	61.10	68.01	72.55
国际及港澳台	万件	374.84	46.79	6.79	414.96	0.51	0.62
快递业务收入	亿元	83.38	8.07	23.87	29.39	100.00	100.00
同城	亿元	17.75	1.65	-10.69	-8.62	21.29	20.44
异地	亿元	42.78	4.18	41.37	47.12	51.31	51.74
国际及港澳台	亿元	3.66	0.20	36.37	156.29	4.39	2.44
其他	亿元	19.18	2.05	32.45	35.04	23.01	25.39

二、行业管理工作及主要成效

强化党建统领,突出政治建设。扎实开展“不忘初心、牢记使命”主题教育。省市管局党组精心组织、周密安排,强化主题教育与日常工作有机融合,有力促进了思想认识提高和党性意识增强,推动了补短板、强弱项和本领提升,提振了干事创业的精气神和担当作为的自觉性。紧紧围绕学习贯彻习近平新时代中国特色社会主义思想主线,开展各级各类学习研讨 211 次,各级领导干部讲专题党课 32 次,通过学、讲、测等方式推进学懂弄通做实。聚焦落实习近平总书记对邮政业重要指示精神和人民群众普遍关心的突出问题,各级领导干部深入基层一线调研 94 次,形成调研报告 52 篇。明确工作任务,细化措施清单,跟进督查落实情况,毫不动摇、坚定不移地把习近平总书记对邮政业重要指示精神落到实处,对照党章党规全面查找问题,召开专题民主生活会追根溯源、深入整改,深入开展“8+3+1”专项整治,紧抓“回头看”工作,省市两级党组班子成员逐项梳理解决整改自身问题 264 条,人民群众关心关切的部分建制村通邮不达标、快递末端服务违规收费等问题得到解决。

纵深推进党建和党风廉政建设。深化完善党风廉政建设责任体系,建立健全党风廉政建设责任追究机制,以过硬措施压实“两个责任”。修订《中共陕西省邮政管理局党组工作规则》,完善财务、人事、公务接待、公务用车等制度,为责任落实提供制度保障。制定《解决形式主义突出问题切实为基层减负的若干措施》。整治形式主义、官僚主义,总量控制赴市局开展调研、督查、检查等各类事项,建立健全会议计划和立项报批制度,各类文件会议同比减少 30%,有效减轻基层负担。切实发挥巡察监督利剑作用,完成对西安、宝鸡、延安、榆林市局党组巡察，实现第一轮政治巡察全覆盖。践行监督执纪"四种形态"，盯紧看牢重要时段和重点岗位、人员，坚定不移推进作风建设。结合主题教育，巩固和拓展"四风"专项整治及违反中央"八项规定"专项整治成果。召开全省系统党风廉政建设电视电话会议。开展重要制度执行情况、廉政风险点防控管理等监督检查。依规依纪处理通报违规违纪党员干部。完善干部任前廉政谈话、诫勉谈话制度，坚持"咬耳扯袖、红脸出汗"常态化，对干部队伍中出现的苗头性问题早提醒早制止。抓实党的基层组织建设，落实《中国共产党支部工作条例(试行)》，推动基层党支部标准化建设，创新活动方式，基层党组织力进一步提升。咸阳局"质量提升年"活动、榆林局"五个一"活动、延安局"党员承诺月"活动、商洛局"八个了之"整治活动务实从严，咸阳、渭南、榆林、安康、商洛等局党员获评地方优秀党员称号。非公快递企业基层党组织覆盖和党的工作覆盖面持续扩大，宝鸡成立快递行业协会党支部，延安吴起快递联合党支部获得地方表彰。指导组建和理顺非公快递企基层党组织12个。

持续加强精神文明建设。以提升行业整体文明程度为目标，从活动开展、模范引领、党建团建推动等方面入手，狠抓行业精神文明建设。组织开展向"时代楷模"张富清、黄文秀、其美多吉、第九届全国"人民满意的公务员集体"恩施州邮政管理局等先进人物和模范集体学习活动。全行业、全系统行业文明硕果累累。京东西安快递员张力、大荔县邮政分公司投递员张东民荣获全省"五一劳动奖章"。"五四青年奖章""五一劳动奖章"凸显宝鸡、延安行业文明创建成果，"三八红旗手""青年文明号"绽放榆林行业文明花，道德模范、邮政好人彰显渭南、商洛邮政好风尚，"快递小哥文明行"展现西安快递新形象。

强化政策引导，突出改革创新。政策保障再上新台阶。省政府出台《关于大力发展"三个经济"若干政策的通知》，在加快物流园区建设、加大物流企业引育力度、建设智能包裹柜等方面为邮政业发展提供政策和资金支持；出台《陕西省服务业创新发展三年行动计划》，在物流枢纽建设、发展绿色物流、推动"互联网+"新模式助力农产品电商供应链体系建设方面给予政策保障。落实邮政业中央与地方财政事权和支出责任划分，成立工作机构，制定工作方案，多次集中研究讨论，逐条制定邮政业省、市责任划分清单，加强与省交通、财政等部门沟通协调，推动纳入全省改革方案。协调省住建厅推进智能快件箱标准修订。推动省政协调研行业绿色发展活动。全省实现快递三轮车便利通行政策地市全覆盖。配合推进《国家综合立体交通网规划纲要(2021－2050年)》邮政组编修。启动省市两级邮政业"十四五规划"预研工作，加强邮政业规划与地方发展规划的统筹衔接。积极推动省市将邮政快递末端规划建设纳入城镇老旧小区改造项目范畴。全面完成西咸新区邮政业监管主体划分。各市局推动当地政府出台相关政策支持邮政业发展。

放管服改革取得新成效。推进"互联网+政务服务"，实现"一号申请、一窗受理、一网通办"，群众办事便利化程度大幅提升。推出快递许可证换领、作废提前告知服务，升级"不见面"审批。优化内部业务流程，精简审批环节，行政许可效率得到有效提升，快递审批事项办理时限比规定时限压缩75%。开展违规实施快递业务经营许可专项整治，督促快递企业完善市级分支机构，规范超地域经营企业206家，清理注销僵尸企业58家。加强与财政、税务、交通等部门沟通协调，认真梳理全省有关邮政业减税降费相关政策，组织召开减税降费宣贯会议和座谈会，联合省税务局举办邮政业减税降费专题培训，各市局通过深入企业宣传、印发宣传册、举办培训班等举措，帮助企业明晰政策口径和适用标准，切实减轻企业负担。

关联协作实现新进展。务实推动融合发展。

与交通、农业等5部门联合印发文件，推动县乡村农村三级物流高质量发展。与交通、发改、财政等8部门联合印发文件，推动“交邮融合”高质量发展。汉中、咸阳等局积极联合交通、商务部门落实“交邮”、电商快递协同发展措施。“邮快合作”加速推进，省级邮政企业与快递企业签订《邮快合作下乡进村框架协议》，综合利用邮政农村服务平台，推动优势互补、互利共赢。“快电合作”全面启动，协调在陕快递企业与电信公司签订《战略合作协议》，各市局积极推动建成一批电信、快递综合店。“快快合作”多点开花，积极推进快递末端融合服务，西安鄠邑模式、延安吴起模式等为快递企业抱团取暖、资源统筹利用提供了新典范。

“两进一出”打开新局面。推动“快递进厂”，推进邮政快递企业与先进制造业融合，服务领域涉及医药、电子信息、食品加工等，全省培育快递服务制造业重点项目52个，寄递企业服务制造业形成快递业务量累计2142万件，支撑制造业产值约7亿元。推动“快递进村”，通过交邮合作、邮快合作、快快合作、快电合作等方式，推动快递服务末端逐步下沉到农村，助推农产品外销，为群众带去便利和实实在在的收益。全省共建成农村快递公共取送点1968个。推动“快递出海”，组织召开快递业“一带一路”跨境寄递服务座谈会。制定《陕西省邮政管理局促进跨境电子商务寄递服务高质量发展专项行动方案》。深化陕西自贸区邮政领域工作，积极与商务、海关等部门沟通对接，提升跨境电商邮件快件的通关便利性。中国邮政西安至莫斯科、圆通西安至泰国曼谷全货运航线顺利开通，推动跨境寄递服务高速发展。目前，全省6家企业取得经营国际快递业务许可证，备案分支机构152家。咸阳机场全货运班机，顺丰、圆通、邮政分别达到每周5、6、7班。

行业人才建设迈出新步伐。推进全国邮政行业先进集体、劳动模范和先进工作者推荐工作。扎实开展第二批快递专业技术人员职称资格认定工作，通过评审人数1000余人。组织推荐邮政行业科技英才、技术能手推进计划人选。成功举办2019年陕西省邮政行业职业技能竞赛暨第二届全国邮政行业职业技能竞赛陕西省选拔赛。协同西安邮电大学成功举办第四届全国“互联网+”快递大学生创新创业大赛总决赛。汉中市成立邮政行业人才培训基地，为培养本地高素质、高技能的快递人才奠定基础。

强化能力建设，落实民生实事。加强基础能力建设。全省新增快递末端网点857个，累计建成6804个。全省城市快递自营网点标准化率达到95%。布放智能快件箱5222组。14个特色小镇实现民营快递网点全覆盖。西安市成功创建“中国快递示范城市”。重点快递品牌西北分拨中心相继建成运营，延安、榆林、安康等局推动快递企业集聚发展，市县级快递物流园区建设稳步推进。

全面落实民生实事。继续实施“放心安全消费工程”，重点督促申诉量增幅较大寄递企业提升服务水平，消费者权益得到进一步保护。持续开展邮件快件“三不”专项治理，全省重点快递品牌分拨中心离地设施铺设率达到100%，装卸伸缩机、转运皮带机、半自动化分拣设备使用比例大幅提升，露天分拣、野蛮抛扔、摆地摊现象得到有效遏制。

大力推进快递员关爱工程。联合团省委、省司法厅等部门举办“冬日递暖”陕西省快递从业青年关爱慰问活动、“法律援助关爱快递小哥”大型公益活动。联合团省委举办快递从业青年婚恋交友活动。全省建立“快递爱心驿站”350余个。各市局联合相关部门扎实开展“快递从业青年服务月”等关爱快递员活动，西安、渭南、延安等局积极为快递员送温暖、送清凉，宝鸡、商洛等地快递员群体被纳入地方工会组织，铜川、安康等局推动人大代表、政协委员与快递从业人员面对面座谈，咸阳局协调保险服务快递企业，开展快递小哥心理咨询辅导，榆林局发放快递员法律维权告知书，汉中局争取10万专项关爱资金并联合社保、养老保险等部门夯实快递员社会保障，快递员权益得到进一步保障，全社会关爱快递员氛围日渐浓厚。

强化责任担当，服务国家战略。把握关键严控重点领域风险。坚守安全底线，促进全行业安全发展。组织召开全省安全监管工作培训，修订完善《陕西省邮政业突发事件应急预案》等4项应急预案。制定《强化落实企业安全生产主体责任的实施意见》，出台《寄递企业网点规范（安全）管理台账》。制定"陕西寄递安全管理5条"，严格落实实名收寄、收寄验视、过机安检"三项制度"，全省共配备安检机540台。部署落实第二届"一带一路"高峰论坛、北京世园会、亚洲文明对话大会、新中国成立70周年、武汉军运会、第二届"进博会"、业务旺季等重要活动期间寄递渠道安全保障工作。"双11"期间，全省累计处理快件1.23亿件，同比增长24%，未发生积压、爆仓问题，消费者申诉率低于去年同期水平，赢得了社会广泛赞誉。扎实推进监控中心建设及视频联网项目建设，完成"绿盾工程"一期各地市监控中心建设方案，部分市局已经完成联调联试。联合公安、市场监管、烟草等部门，认真开展寄递渠道涉枪涉爆、涉恐涉毒、侵权假冒、涉烟违法等专项治理活动。配合开展秦岭野生动物保护专项行动，积极开展寄递渠道非洲猪瘟疫情防控。省局制定安全生产集中整治工作方案，维护节日期间寄递渠道安全畅通。各市局筑牢安全防线，西安、铜川等局开展消防培训和应急演练，宝鸡局成立邮政行业人民调解委员会有效化解行业矛盾纠纷，咸阳局启用邮政业安全管理系统加强安全监管，咸阳、渭南、商洛等局举办安全生产大培训、安全能力大提升活动，延安、榆林等局举办安检员技能培训落实"三项制度"，汉中、安康等局开展企业负责人安全管理培训、为安全生产主体责任划定安全底线，全行业安全发展能力得到进一步加强。

发挥特色助力乡村振兴。全省寄递服务现代农业"一县一品"形成快递业务量累计8298万件，带动销售产值约29亿元。西安、宝鸡猕猴桃和咸阳苹果获评全国快递服务现代农业金牌项目。助力乡村振兴战略。建立邮政"一市一品"农特产品进城项目22个，带动农特产品进城配送量9.2万吨，实现交易额6.1亿元。涉及贫困户6632余户，带动增收1817万元。认真抓好定点扶贫工作，汉中局力推消费扶贫，铜川、延安、安康局组织开展慈善扶贫，其他市局不遗余力推进脱贫攻坚。全系统选派干部7人，累计筹集社会各类资金27.69万元，实施扶贫帮扶项目5个，帮助引进各类扶贫项目13个，帮助引进各类资金312.6万元、帮助924名建档立卡贫困人口实现脱贫。

抓实"9573"工程促进绿色发展。以"9573"工程为抓手，狠抓工作督导，落实生态环保自评及快递包装实地抽查，将邮政业生态环境保护相关指标纳入全省邮政行业信用体系建设，举办邮政行业绿色发展培训，组织开展"邮来已久、绿动未来"全省主题宣传活动。咸阳、渭南局联合相关部门印发快递业绿色包装实施意见，宝鸡局组织企业签订绿色快递承诺书。全省电子面单使用率达到99.41%，不二次包装的电商快件占比89.49%，循环中转袋使用率达到82.22%，45毫米以下的瘦身胶带使用占比82.15%，1253个网点设置了包装废弃物回收装置，现有新能源车1018辆、投递电动三轮车17812辆，提前并超额完成国家局"9571"工作任务，邮政业绿色发展水平进一步提高。

强化依法治邮，完善监管体系。全面加强法治邮政建设。全省系统通过集中培训、现场讲解、发放资料、世界邮政日宣传等形式，对邮政法及《快递暂行条例》《邮政业消费者申诉管理办法》《快递业绿色包装指南（试行）》等行业法律法规进行解读与宣传。全省系统高质量完成各级人大代表建议、政协委员提案办理21件，办结率、面复率和满意率均达到100%。加强规范性文件合法性审查和备案指导工作。开展全省邮政行政处罚案卷评查工作。

有效开展快递市场监管。加大快递企业省区

总部工作督导力度，建立政企协调会议制度，夯实总部管理职责，进一步完善监管机制。持续强化行业诚信建设，开展“诚信快递、你我同行”“3·15”主题宣传活动，组建省市两级快递业信用评定委员。开展快递末端违规收费清理整顿，通过组织明察暗访、建立清理台账，立案查处快递末端服务违规收费19起，有效遏制末端服务违规收费行为。开展质量抽检，进一步加强集邮市场和邮政用品用具监管工作。开展快递市场清理整顿专项行动，切实维护市场秩序。组织开展3次跨区域抽查、2次地市互查。全省市场监管出动执法人员4647人次，检查寄递企业1831家次，查处违规违法行为280起。

强化责任落实，转变工作作风。加强高素质专业化干部队伍建设。严格执行干部选任的原则、标准、程序和纪律，共提任处级干部6人，完善加强市局领导班子3个。开展领导干部考核述职测评，严格落实领导干部个人事项报告制度，健全完善领导干部请假报备制度，建立完善年轻干部“成长档案”。开展干部人事档案“三龄两历一身份”专项清查“回头看”。落实养老保险制度改革任务。加强干部培训，联合四川省、重庆市局举办地市局长、省局处级以上干部综合能力提升研修班，全年开展近20次各类业务培训。

推进机构和编制工作。稳妥推进机构调整设置，积极做好省局内设机构改革和人员调整工作。省邮政业安全中心获批组建。“打基础、建队伍、立规章、树形象”各项工作顺利推进，为全省邮政业安全稳定奠定了基础。各市局积极争取地方支持，因地制宜推进建立市级安全中心、设立县级机构工作。

规范财务内控管理。制定《经济责任审计工作办法》《部门预算管理工作规程》等制度。成立审计、内控、预算绩效管理、政府会计制度改革等财务工作机构。强化部门预算和决算管理，及时监测预算执行进度，对项目支出情况开展绩效自评。结合省局巡察工作，完成对6个市局财务检查和4个市局离任审计工作。加强财务预算管理，完成预算绩效评价工作。经多次与国家局、财政部陕西监管局沟通请示，完成全省10个市局公务用车改革工作。

提升统计工作质量。加强统计审核，提升数据质量，开展统计检查，强化统计数据运用。制订《统计数据安全管理规定》。督促全省系统按时发布月度、年度统计数据及公报。完成全省1573家邮政业“三新”单位核实认定工作。

拓宽新闻宣传渠道。组织陕西主流媒体深入县乡，采访报道邮政业服务三农、助力乡村振兴工作。组织媒体走进快递企业，宣传行业发展。与陕西广播电视台合作举办“听见·汗滴的声音”关爱快递小哥演播活动。组织主流媒体深入宝鸡等猕猴桃种植区，报道快递服务现代农业金牌项目。联合陕西广播电视台，围绕业务旺季，深入生产一线，宣传快递企业服务保障工作。国家局报、刊、网采用我省政务信息稿件200余篇。全省系统在地方主流媒体发表宣传文章100余篇。获评《中国邮政快递报》社优秀记者站、优秀站长、优秀特约记者、优秀通讯员等四项荣誉。

三、邮政法修订实施十周年

新修订后的《中华人民共和国邮政法》施行10年来，邮政快递行业发生了翻天覆地的变化。邮政快递行业在保民生、保运转、保畅通职能发挥上，彰显责任担当，不断适应经济社会发展和人民日益增长的用邮需求。十年来，陕西邮政快递业建成了惠及全省3876万余人口的邮政快递服务体系，建成连接城乡、覆盖全省、辐射全国、连通世界的快递服务网络，邮政业务收入和业务总量分别增长了4.97倍和5.33倍，在全省经济社会发展中的基础性支撑性作用不断增强。

四、各市(地)主要管理工作概况

2019年，西安市成功获批第二批“中国快递示范城市”称号。西安国际港务区京东“亚洲一号”智能物流中心、中国邮政西安邮件处理中心投入运营。西安航空基地为西安志成德邦物流有限公司提供300万元“三个经济”发展专项资金支持。周至县猕猴桃项目获批“全国快递服务农产品金牌项目”。鄠邑区快递企业通过集中分拣、共同配送方式推进“快递进村”，行政村覆盖率达88.8%，形成鄠邑模式。西安局联合市交通运输局、市商务局和市供销合作社联合社出台《关于深化融合推动农村物流高质量发展的实施方案》，加快推进县、乡、村三级物流服务体系建设。

咸阳局与市发改委、市工信局、市科技局、市生态环境局、市住建局、市城市管理执法局、市商务局、市市场监管局等九部门联合印发《关于协同推进快递业绿色包装工作的实施意见》。

五、快递市场存在的突出问题

快递业发展与地方融合还有所欠缺，财政、发改、交通、商务、农业等部门对快递业的新形式、新特点认识还不全面，对快递服务农村电子商务、助力农村群众脱贫致富、促进地方经济发展、解决人口就业的公共服务形象体会不够深刻，企业得到的有效激励政策和保障措施不足，如一照多址、集中纳税、从业人员技能提升、末端综合配送、运输配送车辆便利通行、航空快件“绿色通道”建设等问题还未从根本上得到有效解决，做大做强市场主体、实现行业转型升级任重而道远。

企业市场开拓能力不足。快递发展过于依赖于电商和农特产品，产业融合发展的能力不足，多样化、个性化、专业化的快递服务产品开拓不够。企业生产科技化程度不高，不能很好地利用技术进步推进管理进步和企业生产，大多数快递企业还使用人工分拣，从业人员劳动强度较大，生产效率较低，而且经常面临“用工荒”的困扰。

甘肃省快递市场发展及管理情况

一、快递市场总体发展情况

2019年，甘肃省邮政行业业务总量累计完成38.6亿元，同比增长24.4%；业务收入（不包括邮政储蓄银行直接营业收入）累计完成43.5亿元，同比增长16.7%。其中，快递企业业务量累计完成1.0亿件，同比增长16.4%；业务收入累计完成22.6亿元，同比增长20.1%（表7-28）。消费者申诉处理满意率达到99%。

表7-28　2019年甘肃省快递服务企业发展情况

指　　标	单　　位	2019年		比上年同期增长（%）		占全部比例（%）	
		全年累计	12月份	全年累计	12月份	全年累计	12月份
快递业务量	万件	10371.22	1045.54	16.38	21.03	100.00	100.00
同城	万件	1824.35	204.69	-28.29	-16.65	17.59	19.58
异地	万件	8541.80	840.56	34.26	36.04	82.36	80.39
国际及港澳台	万件	5.07	0.29	-1.61	-33.83	0.05	0.03
快递业务收入	亿元	22.64	2.29	20.09	20.25	100.00	100.00
同城	亿元	1.81	0.20	-37.62	-24.51	8.00	8.62
异地	亿元	12.22	1.17	31.41	22.68	53.97	51.04

续上表

指 标	单 位	2019 年		比上年同期增长(%)		占全部比例(%)	
		全年累计	12 月份	全年累计	12 月份	全年累计	12 月份
国际及港澳台	亿元	0.15	0.01	-3.15	-0.31	0.65	0.6
其他	亿元	8.46	0.91	30.22	34.52	37.39	39.75

二、行业管理工作及主要成效

牢记初心使命,党的建设更"强"。主题教育向深向实。结合本系统实际,采取"两批主题教育前后衔接、三级机构上下联动、领导干部一岗双责、政治业务相互融合"方式方法;突出抓好贯彻落实习近平总书记视察甘肃重要讲话和对邮政业重要指示批示、党中央重大决策部署,开展"8+1+3"专项整治,组织上级、本级和基层检视问题整改四大任务。组织全系统主题教育培训,积极开展体验式教学、专题党课、知识测试、警示教育等多种形式的理论学习,进一步提高全体党员干部的政治觉悟和思想境界。省局党组坚持问题导向,实现对 14 个市州局调研指导全覆盖,深入基层网点和本系统帮扶贫困村,与基层干部群众共同学习、调研和检视问题,采取台账推进、挂账销号的办法,对整改措施落实情况实行动态管理。省局、市州局党员领导干部带头对照党章党规找差距,开好专题民主生活会,检视问题整改率分别超过 92% 和 74%,党中央和国家局党组布置的专项整治任务得到全面落实。全省邮政管理系统主题教育工作得到中央第十一巡回督导组和国家局督导组充分肯定,受到服务对象和基层群众的认可好评。

党的建设求是求正。落实国家局党组"12365"党建工作新布局,制定《甘肃省邮政管理系统基层党建工作"三级五岗"责任清单》,以顶层设计和责任落实推动全省邮政管理系统党建工作制度化、规范化。结合本系统实际,推广党组和党委工作同步研究、党务和业务同步开展、党组织机构和行政机构同步设置、党务工作人员和业务干部同步配备的"四同步工作法",着力解决党建业务"两张皮"问题。严肃党内政治生活,对市州局民主生活会进行全面督查指导;开展志愿服务、脱贫攻坚、庆国庆、读书分享等主题党日活动,落实党员领导干部讲党课制度,着力增强党内政治生活的政治性、时代性、原则性和战斗性。设置标准化党员活动室和职工书屋,规范 10 类基础台账,强化学习强国、甘肃党建 App 应用,不断提升基层党建标准化水平。牢固树立"抓行业也要抓党建"责任意识,各市州局在摸清当地非公快递企业党组织和党员底数的基础上,深入开展"双找双培"活动,协同主管部门落实非公快递企业党建工作,指导组建和理顺基层非公党组织 13 个,71 名党员回归组织,初步构建起"两个全覆盖"组织体系。

正风肃纪笃行笃改。落实解决形式主义突出问题切实为基层减负的 10 项具体措施,在省局机关建立 AB 岗制度,下气力改进对外对下服务。畅通人大代表建议、政协委员提案办理和局长信箱、公众留言受理等渠道,省局领导带队走进省广电总台"阳光在线"直播间,虚心听取群众意见、积极回应各方关切。组织开展监管对象对邮政管理部门、基层单位对省局机关的作风评议活动,将征集到的问题纳入主题教育检视整改。切实发挥巡视、巡察利器作用,省局如期完成第一轮巡视 53 项整改任务,建立长效机制,巩固整改成果。按照先试点、再实践、全面推进的步骤,实现了对 14 个市州局巡察工作全覆盖,对所发现 501 条问题进行认真整改。组织全系统党员领导干部开展廉洁自律承诺,建立健全党员干部廉政档案,落实新任职干部廉政谈话制度,实现节日廉洁教育提醒常态化。举办全系统党风廉政建设和党内法规专题培训班,通报系统内违规违纪案例和对市州局巡察发现的共性问题,用身边事教育身边人。深化监督执纪“四种形态”运用,告诫谈话2人、提醒1人、诫勉1人,对1个市局党组开展了工作约谈。

立标树范善作善成。以“最美快递员”“青年文明号”评选和“文明单位”创建为抓手,积极构建行业、单位、个人“三位一体”的精神文明建设新格局。组织全系统党员干部认真学习时代楷模其美多吉等先进模范事迹,扎实开展宣传行业典型、慰问优秀人才等系列活动。特别授予勇救落水女孩的4名快递小哥“全省最美快递员”荣誉称号,并号召全省邮政行业干部职工、从业人员学习他们的先进事迹。全省邮政行业19个单位及个人受到国家、省、市(州)级表彰,其中省级以上奖励9个。兰州市邮递员唐和顺、嘉峪关市快递员宋玉凤荣登“中国好人”榜,酒泉局团工委获得“全国五四红旗团委(团支部)”荣誉称号。省局机关和12个市州局机关进入文明单位行列。

努力担当作为,发展质效更“靓”。围绕“环境更优”,量质并举,不断加大政策供给。省政府办公厅出台《甘肃省交通运输领域省与市县财政事权和支出责任划分改革方案》和《关于加快发展流通促进商业消费的实施意见》等文件,首度明确省市县三级政府在邮政业安全管理与安全监管、基础设施建设、环境污染治理,以及信息化建设与科技创新等方面的财政事权和支出责任;将解决工业品下乡“最后一公里”和农产品进城“最初一公里”问题,支持跨境电商进出口业务摆上重要日程。协力推进甘肃国际邮件互换局建设,完成规划和初步论证。主动对接《甘肃省综合立体交通网规划(2021－2050年)》项目,编制邮政行业专项规划,启动全省邮政业十四五规划编制工作。联合税务部门开展减税降费政策培训,助推释放政策红利,全省邮政行业累计减负600多万元。指导省快递协会致函快递企业总部,吁请派费和考核等倾斜政策。定西、嘉峪关市委书记批示调研、肯定点赞邮政行业相关工作,金昌、酒泉、甘南、庆阳等市州政府领导调研肯定行业相关工作。14个市州全部出台快递车辆便捷通行政策。

围绕“满意更多”,破立结合,全力改善用邮环境。全省快递服务网点乡镇覆盖率达96.5%,8个市州的乡镇覆盖率稳定在100%。投放智能快件箱2208组,建成城市末端服务站点873个、乡镇末端网点1961个。城市快递自营网点标准化率达到97%。坚决整治服务乱象,做深做实快递“三不”治理“甘肃模式”。坚持“标本兼治、疏堵结合”原则,深入开展快递末端违规收费专项整治,借助“阳光在线”问题反馈、“12305”消费者申诉受理平台等渠道及时约谈相关寄递企业,依法行政处罚9起,基本实现“违规收费得到有效遏制、农村快递服务保持稳定”目标。

围绕“质量更高”,固本强基,产业融合更深更广。引领全行业积极融入乡村振兴战略,发挥“快递下乡”优势,大力发掘“一市(地)一品”项目。坚持典型引领、项目驱动,培育“寄递+农特产品”项目82个,全年发运农特产品超过2500万件,带动农产品销售额27亿元。其中中药材、蜜瓜、马铃薯项目保持百万级规模,苹果项目超过1250万件。兰州顺丰与中铁快运合作开通高铁极速达业务,在省内首推鲜活农特产品中距离规模化运输,有效促进了绿色农业与高铁特色运输的联动发展。落实快递服务制造业项目24个,业务量34万件,直接服务制造业产值46亿元。组建“邮快合作下乡进村工作组”,组织省邮政公司和9家快递企业正式签订合作下乡进村框架协议,邮快合作进入快车道。

围绕“生态更美”,标本兼治,有序推进绿色环保。按照细化任务分工、组织交流研讨、加强宣传引导、开展督导检查的方式,深入实施“绿色邮政”行动计划和“9571”工程。制作邮政行业生态环保专题宣传片,联合省快递协会编印邮政行业绿色主题宣传海报,联合相关部门开展绿色快递进校园系列活动,在全行业广泛宣传绿色发展理念。全省电子运单使用率保持在98%以上,超过85%的电商快件不再二次包装,循环中转袋使用率超过75%,在832个邮政快递网点设置了包装废弃物回收装置,45毫米以下胶带使用量超过90%,全行业投运新能源车辆140辆。

践行为民宗旨,服务效能更“优”。“上下”同步,降低制度性交易成本。省局、市州局全面实施“双随机一公开”,持续优化简化业务许可备案程序,审批事项平均办理时间由45个工作日压缩至7.5个工作日。完成“互联网+监管”系统事项及政务服务事项梳理和认领,全面实现全流程在线办理“一网通办”。完成全省1500余家邮政业“三新”单位核实认定工作,组织新业态服务满意度调查。采取送法上门、以案释法等方式,持续深入贯彻《快递暂行条例》;邀请法律专家对全省邮政管理系统随机抽取的案卷进行了分析评判。稳妥有序落实新修订的统计报表制度,开展邮政行业高质量发展、绿色发展和新业态企业统计工作。全面推行行政执法公示制度、执法全过程记录制度和重大执法决定法制审核制度。兰州局妥善应对2起行政诉讼。

“内外”联动,全面助力脱贫攻坚。省局和9个市州局扛起10个贫困村对口帮扶责任,选派12名优秀年轻干部常年驻村帮扶。各帮扶单位和责任人从实际出发制定实施帮扶工作计划,扎实开展常态化走访解难题、入户办实事、“结亲结对”帮扶,全面完成省委确定的冲刺清零活动等任务。省局和相关市州局积极创造条件,让扶贫干部政治上受关心、工作上得支持、生活上有保障,确保驻村帮扶干部扎得住、能干事、有业绩。各寄递企业主动投身行业扶贫主战场,积极助力贫困地区农特产品外销,增加贫困户收入。顺丰、圆通、京东、德邦等8个品牌快递企业与定西市7个县区实施战略合作,建立村级快递扶贫实训基地330个、乡镇基地18个,实现就业创业600余人次,受到当地群众欢迎和省市领导肯定。邮政、顺丰、中通、圆通、申通、韵达、百世、德邦、天天、京东、优速等企业通过引进和自筹等形式,投入帮扶资金420万元,推动助学扶智、环境治理等项目落地。省局获评甘肃省脱贫攻坚“优秀等次单位”。

“点面”结合,全面保护快递员权益。省局与省人社厅联合开展快递工程专业技术职称评审工作,组织省内423名从业人员参加评审,402人分别取得高、中、初级专业技术职称。全省建立“快递爱心驿站”166个,为快递小哥提供免费热水、临时休息、手机充电等服务。与共青团、工会、金融等机构广泛建立联席会议机制,出台关心关爱快递员文件16份。积极开展慰问快递小哥、快递员技能比武、最美快递员评选等各类活动,成功创建2个全国青年安全示范岗集体。组织14个市州39名选手参加全省邮政行业职业技能竞赛。兰州、嘉峪关、白银、张掖、武威、定西、平凉、庆阳、甘南、临夏等市州组织开展了形式多样、贴近实际需求的“快递从业青年服务月”活动。

防化重大风险,安全基础更“牢”。政治安全保稳定。认真研判全省邮政行业安全形势,梳理邮政行业领域存在的风险点,完善了具体的应对保障措施。强化监督检查和隐患整改,深入开展行业“扫黄打非”、涉枪涉爆专项整治、禁毒、打击侵权假冒及反恐怖工作。配合有关部门查堵问题邮件52件。及时排查和有效化解快递企业矛盾纠纷隐患3起,督促相关企业兑付拖欠员工工资,维护了从业人员队伍稳定。

渠道安全保畅通。深化寄递渠道“平安甘肃”建设工作,推动邮件快件寄递安全属地化综合治理,全省邮件快件寄递安全管理工作分别纳入到省、市(州)平安建设考评体系,做到了与平安建设工作同安排、同考核,靠实了寄递安全属地管理工作责任。强化企业主体责任落实,加强与政法委、公安、国安等部门的协作,开展联合检查60余次,对违规违法行为行政约谈36次,立案查处106起。狠抓“三项制度”落实,实现了收寄验视责任可溯,实名收寄率稳定在99%以上,配备邮件快件安检机292台,基本满足出口件安检需要,通过安检环节查堵违禁品499件。配合国家局完成了“绿盾”工程建设阶段性任务。

生产安全保底线。贯彻落实习近平总书记关于安全生产工作重要指示，持续加大安全教育培训力度。举办全省寄递渠道安全专题培训2期，组织1.8万人参加了邮政业安全知识答题活动。通过举办专题讲座、现场教学、以考代训以及开展应急演练等方式，督促企业全面落实安全生产责任制，做到安全责任、管理、投入、培训和应急救援“五到位”。推动开展企业网点分级分类监管。开展安全生产专项整治，督促企业做好风险点和危险源排查管控工作，杜绝了重特大安全事故。

重点任务保质量。坚持完善高精准的邮政业风险防控体系，丰富技术手段，加强日常监管。圆满完成国庆70周年和业务旺季等重点时段寄递渠道安保任务，有力保障主场举办的“一会一节”寄递渠道安全服务工作。组织开展全行业应急处突培训和演练，启动抗震、防汛应急预案，落实防灾减灾措施，维护了群众生命财产安全和行业生产服务秩序。

提升治理能力，自身建设更“实”。坚持守正笃实，治理体系逐步完善。调整省局机关内设机构，强化党建工作职能。在省委编办和省交通运输厅的亲切关怀和有力支持下，正处建制、15人编制、公益一类事业单位——省邮政业安全中心当年申建、当年挂牌运行。定西市邮政业安全中心获批，陇南市县区邮政管理职责全面落地，为健全和提升行业治理体系、治理能力奠基开路。把握交通运输领域中央与地方财政事权和支出责任划分契机，梳理政策依据，反复协调沟通，在安全、环保、末端建设等方面争取地方支持，细化省市县三级权责，为争取行业发展政策提供有力支撑。

坚持固本培元，治理能力持续提高。认真落实马军胜局长对甘肃邮政管理工作相关指示要求，制定并落实《关于加强各市州邮政管理局领导班子建设的意见》，积极倡导实干创新和担当作为新风尚。交流调整3个市州局主要负责人，调整配备13名市州局副局长和党组成员。以贯彻落实新修订的公务员法为契机，稳步实施职务职级并行；以打通人才发现、培养、使用和激励渠道为目标，搭建涉及6个专业、16个方向、3个层次，覆盖全员的全省邮政管理系统人才库。修订完善干部考核评价办法，为干部大胆创新探索撑腰鼓劲。通过挂职锻炼、建立基层联系点、精准扶贫等多种方式，为年轻干部提供锻炼成长舞台。积极利用军转干部接收、干部调任转任、公务员招录等渠道，充实和优化公务员队伍，着力缓解基层工作压力。

坚持久久为功，监管水平不断提升。在已开展良好合作的基础上，充分发挥寄递渠道领导小组作用，加大与公安、应急管理、国安、交通、市场监管、烟草等部门合作，按照“常态联动、问题牵引、优势互补、责任共担”的原则，发挥各自资源优势，以信息共享、联合执法等方式，建立信用联动、联合奖惩、成效反馈机制，进一步搭建综合治理平台。巩固和深化邮政企业巡视整改成果，将服务质量整改作为重点纳入监督检查。充分利用邮政行政执法信息系统开展“双随机一公开”和跨区域交叉互查。

坚持明责履职，基础工作得到保障。进一步完善机关工作规则流程，制定统筹规范督查检查考核具体措施，加强过程管控，实现督查考核常态化制度化，推动任务落实。完成了省局机关保密自查自评工作。推行精细化管理，做到了预算开支依法合规。提高系统内部审计工作质效，完成3个市州局经济责任审计。围绕打好“三大攻坚战”、深化“放管服”改革、大力弘扬“小蜜蜂”精神、推动行业实现高质量发展等中心工作抓好新闻宣传，讲好邮政故事，主流媒体对邮政行业正面报道力度持续加大。

三、邮政法修订实施十周年

《中华人民共和国邮政法》修订施行十年来，甘肃省邮政业抢抓机遇，锐意进取，在良法的引领下积极推动流通方式转型、促进消费升级、助力生产发展，特别是立足西部地区邮政业基础薄弱、末端服务深度不够等现实,积极推进邮政、快递下乡进村,服务群众便捷用邮,助力农村脱贫致富。通过邮政局所"补白工程",实现乡乡设所。建制村直接通邮率达到100%。积极对接政务服务平台,全省1157个普服网点开展警邮、税邮、政邮合作,搭载8大类20余项便民服务。智能快递箱、快递超市、快递综合服务站等多种末端服务运作模式不断创新,交邮合作、交快合作、邮快合作模式纷纷涌现。快递乡镇覆盖率达到100%,快递进村率显著提升,快递末端违规收费得到根本治理,群众对末端服务满意度逐年提高。

四、各市(地)主要管理工作概况

兰州局在西北师范大学开展"绿色快递进校园"系列活动。活动以"绿色快递·为梦想添彩"为主题,宣传绿色快递发展理念,引导寄递企业落实绿色快递发展措施,号召高校学生和更多社会力量使用绿色快递,推进快递包装绿色化、减量化、可循环利用,以实际行动助力兰州市文明城市创建行动;与兰州市总工会联合开展非公快递企业工会组织建设工作调研,向企业讲解成立工会组织的政策法规,就非公快递企业成立工会组织、发挥工会组织作用、提升从业人员技能、服务企业创新发展等问题与企业人员进行探讨交流,帮助企业负责人消除疑虑,提高对工会组织的认识,截至2019年末,兰州市共有6家非公快递企业成立工会组织;兰州市主要品牌企业加大投入,加快快件中转处理场所扩容改造。由兰州韵达、兰州煜通、甘肃中通三家企业联合投资4亿元、占地200亩的通韵快递电商产业园办公楼全面封顶,2个库区主体完工。全市品牌快递企业分拨中心全部建成自动化流水线作业系统。中通快递投入近千万元,扩容分拨中心3000平方米,新增自动化分拣流水线1套。百世快递投入600万元新增DWS系统扩容出港操作区,使日均操作能力达到80万票。韵达快递投入2000余万元建成双层交叉带处理系统,日处理能力达到90万件以上。

嘉峪关市邮政业发展得到地方政府重视支持,市委书记李忠科、市长丁巨胜、分管副市长赵宝毅多次调研行业发展,积极协调解决园区建设和企业困难。与房管局联合发文,要求各住宅小区全力保障智能快递柜选址安装和邮政快递车辆免费进小区投递。协调市委办印发《关于强化农业以奖代补政策加快推进农业产业化发展的实施意见》,对农产品快递按发件量每件补贴3元。推动减税降费在行业落地,为企业减免企业所得税、增值税和其他税费6万余元。新引进圆通、京东、顺丰重仓河西区域分拨中心和"苏宁仓配一体"落户金翼快递园区,入园快递企业增至9家,园区面积翻倍,达到3万平方米按,解决就业120多人。顺丰、德邦河西区域分拨中心辐射作用开始发挥,园区集聚效能增强。园区开展环境大整治,新建食堂、厕所,改造消防、供排水网、建设新能源汽车充电桩、硬化路面,园区综合服务能力得到提升。整合戈壁牛羊肉、林下鸡、烧壳子、果蔬等产品上线交易,"快递+牛羊肉""快递+紫轩葡萄酒""快递+祁牧乳业"项目已初具规模。"快递+农特产品"累计形成快件包裹4.7万件,带动农特产品销售600余万元。顺丰携手中铁快运,开通首列农产品快递高铁,从嘉峪关南站累计发送李广杏58吨,价值232万元。

金昌局多措并举,在全市范围内开展了为期三个月的乡镇快递网点违规收费专项整治活动,印发《关于规范快递末端网点收费行为的通知》,要求各寄递企业迅速自查整改,主动纠正违规收费问题。在局网站发布通告,加强舆论引导,积极主动接受社会监督。召开座谈会,广泛宣传活动意义,动员各寄递企业重视并参与,要求企业遵守公平守法的市场经营准则,引导寄递企业加强行业自律,依法合规经营,更好地服务于广大用邮群众。将专项整治工作列为市场执法检查工作重点,加大对乡镇网点监管执法力度,强化社会监督,畅通申诉渠道,对确认的违法违规行为,依法严厉查处。

白银市快递末端配送体系不断健全，标准化快递综合服务驿站陆续投入运营；推动建立末端公共服务站点86个；全市快递乡镇网点覆盖率达100%；城市快递自营网点标准化率达99.34%。固化"寄递+电商+农特产品+农户"模式，全年农特产品寄递项目共形成快件包裹52.02万件，带动产值4595.17万元。行业绿色发展水平不断提高，组织开展了2019年"邮来已久、绿动未来"主题宣传活动，督促企业张贴"快递绿色包装回收点"标识240多个，全市快递企业投入使用快递包装回收箱100余个。全市重点品牌快递企业全部使用电子面单。

酒泉局举办酒泉市首届"最美快递员"评选活动，并于2019年3月15日召开首届"最美快递员"表彰大会，对评选出的10名"最美快递员"进行表彰奖励。专题研究部署邮政行业"扫黄打非"工作，推进"扫黄打非"进企业，切实筑牢寄递渠道"扫黄打非"安全防线，加强与文广、公安、国安等相关部门的沟通配合，开展联合检查，督促寄递企业严格落实三项制度，严防各类非法出版物、宣传品通过寄递渠道寄递传播。酒泉局主要负责同志，深入酒泉市各快递企业组织召开快递末端违规收费清理整顿座谈会，要求各企业要提高思想认识，增强自觉性和主动性，落实主体责任，切实履行社会责任，规范市场秩序，维护用户权益。同时，要认真考虑快递末端网点经营的实际困难，主动与品牌总部、省区总部要政策，增加对乡镇农村地区的派费。

张掖市联合市公安局交警支队出台了《关于邮政快递专用电动三轮车规范管理的实施意见》，明确了"四统一"（统一标示管理、统一编码规则、统一购买保险、统一规范管理）具体要求和车辆便利通行政策。加强寄递企业基础管理，对各品牌企业安全生产制度、安全工作机构、应急预案等资料逐一审核，汇编成册，下发企业贯彻执行。统一印制《邮政快递企业安全管理台账》《重大活动重点地区实名登记本》《安检登记本》《安全生产法律汇编》等资料1200份，企业安全责任不断夯实。

定西市政府印发《定西市中药材供应链创新与应用试点工作方案》，邮政业发展成为重要内容，市邮政管理局成为试点工作领导小组成员单位。《方案》提出了完善中药材供应链体系、积极稳妥推进供应链金融、提升供应链公共服务和政府治理效能、融入中药材绿色供应链全球发展网络等试点任务，明确支持中医药加工及流通企业对接全国优质第三方物流服务企业、品牌快递企业，力争每年新增1~2家物流、快递合作企业提供专业中药材物流服务。方案明确，市政府成立定西市中药材供应链创新与应用试点工作协调领导小组，市委常委、副市长薛振宇为组长，商务、邮政管理、中医药产业发展、金融等16个部门负责同志为成员，抓好各项工作落实。

平凉市快递业服务地方经济能力不断提升。深入推进"寄递+特色农产品"项目建设，农特产品邮快件突破180万件，带动当地农特产品销售1.27亿元。

庆阳市快递乡镇覆盖率达到100%，城区自营快递网点标准化率达到100%，快递末端投递服务水平持续提升。2019年，全市已有快递末端公共服务站点25个，投入运营智能快件箱72组，智能快件箱投递快件18.34万件。

天水市联合公安部门召开全市寄递渠道加强治安工作推进会，切实加强对邮件、快件寄递渠道的安全管理，做好迎接国庆前期寄递渠道安保工作。联合市公安局下发了《关于完善寄递渠道安全管理联动机制强化属地安全管理的通知》，从强化协作机制、强化信息共享、强化整治力度三个方面，进一步完善公安机关和邮政管理部门寄递安全管理联动机制，明确属地安全管理责任，使邮政管理部门和公安部门"工作联动、信息共享、案件联处"工作机制得到了进一步完善和延伸。

甘南局根据省局《甘肃省"快递从业青年服务

月”活动实施方案》要求，积极协调，联合团州委、州商务局共同在甘南州快递物流园区举行了关爱快递从业青年慰问活动。团州委、州商务局、州邮政管理局干部职工及各邮政快递企业共计120余人参加了此次活动。主动对接州、市两级总工会，积极协调推进快递员群体入会和服务保障工作，联合甘南州总工会、市总工会举办了以快递从业人员群体为主的“八大群体”集体入会仪式暨关爱快递员慰问行动。

五、快递市场存在的突出问题

当前，甘肃省邮政业仍处于大有可为的战略机遇期，发展空间巨大。与此同时，行业发展也面临不少新情况新问题。治理体系现代化带来新要求。全面贯彻落实总体国家安全观，防范化解寄递渠道重大风险的任务依然艰巨；新业态监管尚不成熟，行业外延快速扩大与监管能力水平提升速度不匹配；政府部门“长期过紧日子”的要求愈发明确，支出总量减少倒逼结构优化、科学精细、勤俭节约的预算管理方式更加紧迫；中央和地方事权划分更加清晰，属地职责和地方保障需要全系统进一步加力推动落实。行业发展新动向带来新挑战。跨境电商持续增长、电商平台加速下沉以及个性化定制带来的网购升级与现阶段快递服务支撑水平不相适应；电商企业加盟快递以及整合线下零售与剥离重资产、外包物流共存，业务交叉转替更加频繁；即时递、同城配等发展导致行业需求外溢和偏离；行业总体成本对劳动力等因素敏感度依然较高，优化行业效率降本增效依然还有空间。行业高质量发展带来新课题。全省邮政业在“两进一出”方面差距明显：快递下乡基础尚不牢固，进村任务近在咫尺；快递服务制造业先天不足，进厂课题仍需破解；本土快递身单力薄，出海之梦尚需描摹。与此同时，收派失衡、污染防治、科技创新等一系列制约行业高质量发展的难关都需要发力破解。

青海省快递市场发展及管理情况

一、快递市场总体发展情况

2019年，青海省邮政行业业务总量累计完成8.1亿元，同比增长13.3%；业务收入（不包括邮政储蓄银行直接营业收入）累计完成10.7亿元，同比增长15.9%。其中，快递企业业务量累计完成1896.06万件，同比下降0.06%；业务收入累计完成6.0亿元，同比增长25.0%（表7-29）。全省邮政业在发展规模、创新能力、服务能力、服务水平、竞争实力五个方面实现了大幅跨越，较好地服务了全省经济社会发展大局。

表7-29 2019年青海省快递服务企业发展情况

指标	单位	2019年		比上年同期增长(%)		占全部比例(%)	
		全年累计	12月份	全年累计	12月份	全年累计	12月份
快递业务量	万件	1896.06	204.20	-0.06	-4.00	100.00	100.00
同城	万件	312.89	30.31	-40.77	-59.59	16.5	14.84
异地	万件	1582.60	173.88	15.66	26.32	83.47	85.15
国际及港澳台	万件	0.57	0.02	-12.10	-67.94	0.03	0.01
快递业务收入	亿元	5.98	0.65	24.97	40.13	100.00	100.00
同城	亿元	0.33	0.03	-46.18	-44.83	5.51	4.73

续上表

指　标	单　位	2019 年		比上年同期增长(%)		占全部比例(%)	
		全年累计	12 月份	全年累计	12 月份	全年累计	12 月份
异地	亿元	3.27	0.36	18.81	30.28	54.66	55.70
国际及港澳台	亿元	0.02	0.00	-33.29	-51.36	0.33	0.22
其他	亿元	2.36	0.26	69.65	100.86	39.5	39.35

二、行业管理工作及主要成效

党建统领，从严治党引向深入。抓牢政治建设。始终把党的政治建设摆在首位、融入管理和发展全过程各方面，紧密结合、相互促进，落实“12365”工作布局，将党建与业务工作同部署、同落实、同考核，专题研究党建工作4次，组织党组中心组扩大学习4次。持续推动学习贯彻习近平新时代中国特色社会主义思想走心、走深、走实，扎实做好十九届四中全会精神宣贯。制定《贯彻落实习近平总书记对邮政业重要指示批示精神的工作措施》，建立工作台账，细化责任分工，明确时限进度，逐条逐项抓好落实，确保党中央决策部署落到实处、见到实效。组织对6个市(州)局党组的政治巡察，实现全省系统第一轮政治巡察全覆盖。

抓好正风肃纪。深入落实中央八项规定精神和青海省委省政府21条措施，紧盯春节等重要节点，开展节日督查和廉政提醒，防止“四风”反弹回潮。持续整治形式主义、官僚主义，狠抓18类问题整改落实；开展“基层减负年”和“作风建设年”活动，年度发文较2018年同比压减37%，完成年度压减任务，工作作风明显好转。以“六项纪律”为尺子，加大对三公经费、行政许可等监督，开展九个专项治理“回头看”。加强廉政教育，召开警示教育大会11次，参观警示教育基地14次。强化领导干部监督管理，抽查核实个人事项15人次，对5名领导干部进行任前廉政谈话，对2个市(州)局开展离任经济责任审计，对1名同志进行批评教育。与监管对象签订保廉责任书，构建“亲”“清”政商关系，努力营造风清气正的政治生态环境。

抓强组织建设。认真贯彻执行民主集中制，健全完善决策机制和程序，进一步规范党组会议制度，保障各项决策部署科学民主、务实高效。加强基层党组织建设，做好党支部换届，持续规范“三会一课”等制度落实，切实提升基层党建工作质量。扎实开展行业党建工作，成立1个快递行业党委、3个非公企业党支部，切实发挥党组织在行业发展中的政治引领作用。始终坚持党管干部原则，选优配强领导班子，调整4名局管干部；树立正确用人导向，切实解决干与不干、干多干少、干好干坏一个样的问题，选拔12名年轻干部到领导岗位上；加强干部教育培训、监督管理和关心关爱，举办各类培训班10余次，受训干部200余人次，干部队伍能力素质进一步提升。

抓实文明建设。大力培育和践行社会主义核心价值观，组织庆五四、新中国成立70周年系列活动；组织青年干部座谈会，畅谈工作感想、分享成长喜悦；组织退休老干部慰问活动，充分发挥老干部“压舱石”作用。省局机关荣获年度省直机关文明单位，海东局荣获省级文明单位，海北、玉树等2个市(州)局荣获市(州)级文明单位，海东、海西、海南、海北等4个市(州)局获评民族团结进步示范单位。行业从业人员中，荣获“全国五一劳动奖章”1人、全国交通领域最美货车司机2人、省级劳动模范2名，行业精神文明建设硕果累累。

抓深主题教育。聚焦主题主线，把握总体要求，紧扣目标任务，推进“8+1+3”专项整治和17个问题解决，两批“不忘初心、牢记使命”主题教育协同推进。组织红色教育19次、廉政教育17次、爱国教育16次，举办知识竞赛7次，开展集中学习105次、专题党课35次、交流研讨34次、主题党日23次；省、市(州)两级班子成员深入基层调研54次，坚持问题导向，注重发现和解决实际问题，撰写调研报告46篇，推动解决了一批突出问题；逐项抓好检视问题整改落实，已取得阶段性成效。通过主题教育，党员干部理论水平明显增强，思想觉悟不断提高。

提质增效，发展态势稳中向好。行业规模不断壮大。全省省级注册及备案快递企业33家，分支机构503个，末端网点367个；邮快件处理中心22处，运输投递车辆4200余辆，从业人员7800余人。全省邮政快递服务网络逐步健全，服务能力不断增强，服务水平显著提升，为稳增长、促改革、调结构、惠民生、保稳定作出了重要贡献，"小快递"服务"大民生"的作用日益凸显。

政策环境持续优化。推动出台《关于推动全省物流业高质量发展的实施意见》等27项政策文件，行业发展获政策红利；争取地方政府各类补助资金1843.5万元，有效落实减税降费政策，行业发展活力不断释放。深入推进"放管服"改革，进一步优化快递业务经营许可。年内注销省级快递企业6家，完成145个快递末端网点的备案工作。

产业协同逐步深化。积极推进邮政业与电子商务、综合交通、现代农牧业、先进制造业等关联产业协同发展。推动京东快递入驻国家级电商示范基地，开展电商与快递协同发展调研，电子商务与快递协同发展取得新成效；培育快递服务制造业项目13个，支撑制造业年产值达3230万元；邮政快递服务现代农牧业加快推进，与综合交通运输体系衔接进一步加深。

靶向发力，民生福祉持续增进。服务乡村振兴取得新进展。鼓励快递企业采取自建网点、邮快合作、快快合作、交快合作等方式"走下去"，快递网点乡镇覆盖率达68.5%，较2018年增长15个百分点；引导邮政企业与14家快递企业签订邮快合作下乡进村框架协议，各市(州)因地制宜签订具体协议，邮快合作稳步推进。积极推广"电商+寄递"扶贫，培育38个服务现代农牧业项目，服务农牧业年产值超4200万元，畅通双向流通渠道，助力脱贫攻坚和乡村振兴。

绿色邮政建设迈出新步伐。大力推进行业绿色发展，会同相关部门制定工作措施，开展行业生态环保评价，推动企业落实生态环保主体责任。全力实施"9571"工程，电子运单使用率达97.8%，电商快件不再二次包装率达86.5%，循环中转袋使用率达79.7%，包装废弃物回收装置达945个，基本实现网点全覆盖。开展"邮来已久、绿动未来"宣传活动，行业绿色发展成效显著、步伐加快。

用户消费环境得到新改善。持续开展"三不"专项治理，全省邮政快递网点离地设备铺设率达100%，查处未按规定分拣作业案件4起，露天分拣、野蛮抛扔、踩踏邮快件、摆地摊现象明显减少。持续提升行业服务和申诉处理满意度，邮政业消费者申诉处理满意率达100%。

末端服务水平实现新提升。着力改善末端服务质量，深入推进"快递三进"工程，建成快递末端综合服务站349个，探索设立快递超市43个，引导5家智能快件箱企业布设智能快件箱968组，快递进高校全覆盖且规范运营；快递网点标准化率达98.4%，7个市(州)落实车辆通行政策，末端服务水平进一步提升。

从业人员关爱取得新成效。深入贯彻习近平总书记重要指示批示精神，组织慰问快递小哥43场次；快递从业人员参保率达69.5%；非公行业工会8个市(州)全覆盖；建成10个爱心驿站，推动将快递小哥纳入免费体检和疗休养范围。推动将快递从业人员培训纳入地方培训体系；积极开展快递工程专业技术职称评审，18名快递员获得初级职称；举办职业技能竞赛和最美快递员评选，大力弘扬"小蜜蜂"精神，推荐6名选手获得省级"技术能手"称号，从业人员成长空间进一步拓展。

依法治邮，监管质效稳步提升。监管职能有效发挥。不断强化寄递市场监管，深入开展违规实施快递业务经营许可、末端服务违规收费专项治理,有效整治违规许可类问题20项、违规收费问题网点9个;有序推进信用体系建设。全面实行“双随机一公开”监管,对“两库一清单”实施动态管理,年内共开展监督检查1679次,查处违法行为335起,下达处罚决定65份,罚款33.2万元,共开展社会监督666次,进一步完善“政府监管、行业自律、社会监督”三位一体的监管格局。

安全管理持续发力。始终坚守寄递安全底线,不断强化监管责任和主体责任落实,有序推进“绿盾”工程建设,从严落实“三项制度”,开展实名收寄专项整治行动,日均实名收寄率稳定保持在99.7%以上,安检机配置达236台,实现出县邮快件应检必检。扎实开展寄递渠道涉枪涉爆、反恐禁毒等专项行动。认真做好新中国成立70周年、进博会等多项重大活动寄递安保工作;高质量完成“双11”旺季服务保障。年内全省邮政行业未发生重大安全事故,寄递渠道安全稳定。

夯基固本,服务大局能力增强。制度体系不断完善。紧紧抓住制度建设这个牛鼻子,建立党组成员定期调查研究、联系基层党支部和党员领导干部联点帮扶工作制度;制定《值班管理办法》《收受礼品礼金管理办法》等制度,逐步形成用制度管权、管事、管人的工作格局。

基础工作不断夯实。认真落实中央与地方财政事权和支出责任划分改革,推动出台省级交通运输邮政领域改革方案。有效加强财务管理,先行先试,做好财务集中试点管理前期工作。不断加强统计工作,提升经济运行分析能力,开展“三新”单位核实认定。抓好新闻宣传,守住舆论阵地,传播好党的声音,为行业高质量发展传递正能量。全省邮政管理部门自身履职基础进一步夯实,综合管理水平持续提升,有效发挥了“围绕中心、服务大局”的作用。

三、邮政法修订实施十周年

自修订后的《中华人民共和国邮政法》施行以来,全省邮政管理部门以高度的政治责任感和历史使命感,认真贯彻落实,严格依法行政,按照国家邮政局工作部署,求真务实,攻坚克难,全力促发展、保安全、优服务、强监管,各项工作取得显著成效,推动了全省快递业持续健康快速发展,助力了人民群众高品质生活的寄递需求。

行业发展稳中有进。全省快递业务量年均增长27.6%,快递成为拉动发展的生力军。快递企业由12家发展到33家,服务网点由14个增加到503个,末端网点367个,快件分拨中心达21个,快递服务网络基本实现县城全覆盖,乡镇快递网点覆盖率达到68.5%;从业人员由80人增加到4600人,快递车辆达2700余辆。快递服务已广泛和深入地渗透到生产、流通、消费各个领域,在增强国民经济发展活力,提高资源配置效率,带动创新就业等方面,发挥了不可替代的重要作用,展现出广阔的发展前景。

营商环境持续改善。政策红利不断释放。围绕贯彻邮政法,坚持目标导向,强化部门联动,推动出台《关于促进全省快递业发展的实施意见》《关于对我省部分快递企业运输车辆暂免公路通行费的通知》《推进电子商务与快递物流协同发展实施方案》等一系列政策文件,行业发展获政策利好。“放管服”改革深入推进。切实转变政府职能,持续优化营商环境,更好地保障和服务快递业发展。深化行政审批事项改革,不断下放审批权限、优化备案流程、精简申请材料、压缩审批时限,实现职业技能与经营许可脱钩,实施快递末端网点备案管理。下放快递业务经营许可及变更等审批事项至市(州)管局。推进“互联网+政务服务”,基本实现全流程网上办理和“一门、一次、一网”要求。

创新发展深入推进。产业协同不断深化。积极稳妥推动快递业与电子商务、现代农牧业、先进制造业、综合交通运输业、旅游业的协同发展。建立县级快递配送体系,实现省内电商快件48小时配送到户;积极拓展冬虫夏草、牛羊肉等地方特色农畜产品寄递业务,实现“出村进城上餐桌”;服务支撑制造业年产值突破4000万元；创新“旅游+快递”服务模式，满足游客寄递服务需求；“上车、上飞机”工作有效实施，“公铁航”多式联运取得新突破。新科技应用成效显著。快件处理机械化、信息化水平不断提高，自动分拣机、智能快件箱等先进设备广泛应用，京东无人机投递试飞成功，新能源汽车投入使用，App应用大规模推广，快递企业由人工密集型逐步向资本密集型、技术密集型转型，开启了“智慧快递”新时代。

安全态势平稳向好。“三项制度”有效落实。快递企业安全生产主体责任进一步落实，行业从业人员安全培训制度落实不断深入，收寄验视和安全操作技能水平不断提升，实名收寄信息化工作有序推进，基本实现出县（区）快件应检必检要求；扎实开展反恐禁毒、涉枪涉爆、“扫黄打非”、危化品整治、火灾防控、非洲猪瘟疫情防控等专项行动，巩固了行业安全生产良好态势。安全管理机制不断健全。积极落实安全属地管理责任，相继成立省、市（州）、县三级寄递渠道安全管理领导小组，有效弥补了县（区）以下监管力量不足短板。应急保障机制更加顺畅。建立完善突发事件应急预案，编制重大活动安保方案，制定专项行动预案，加强安全信息报告和统计管理，圆满完成重大活动、重要节日和快递业务旺季期间寄递渠道安全服务保障工作，应急保障机制运行更加顺畅，服务保障和应急处置能力不断提升。十年来，全省邮快件寄递渠道安全稳定，未发生重特大安全事故。

市场秩序逐步规范。扎实开展快递市场清理整顿，严肃查处无证经营、超范围经营等违法违规问题，严厉打击扰乱快递市场秩序、侵害消费者合法权益等各类突出违法行为，形成了依法严管的高压态势，快递市场秩序不断规范，促进了快递业健康有序发展；深入实施放心消费工程，持续开展“三不”治理，有效遏制校区、社区和商区快件“摆地摊”乱象及露天分拣、野蛮抛扔、踩踏邮快件等未按规定分拣作业的行为；不断完善服务质量评价体系，连续3年委托第三方开展邮快件时限测试和消费者满意度测评项目，为寄递服务质量的提升提供了支撑；加强对快递服务等监督检查，切实提升服务质量；认真受理消费者维权申诉案件，经妥善处理件件有落实，消费者申诉处理满意度连续3年保持100%。“双随机一公开”监管机制全面实施，逐步形成常态化、规范化、制度化的事中事后监管新格局。信用体系建设加快推进，以信用为核心的新型市场监管机制加快构建。

四、各市（州）主要管理工作

西宁局落实60万元服务业发展专项资金用于支持全市快递业发展。推动成立中国共产党西宁市快递行业委员会。举办西宁市第二“最美快递（投递）员”评选和西宁市快递行业职工职业技能大赛。深入推动全行业实施“绿色邮政”行动计划，207个快件包装废弃物回收箱亮相西宁市。组织召开全市智能快件箱运营企业座谈会，加强智能快件箱寄递服务监管。西宁市邮政行业安全视频监控平台建成运行，远程监控中通、圆通、申通、百世和联合快递分拨中心。西宁市快递服务公众满意度为83分，较去年升高1.3分，高于全国平均水平1.3分，成为全国17个优势城市之一。

海东局积极推进海东2区4县的快递行业工会组建工作，已形成行业联合工会全覆盖，从实际出发切实保障快递员权益。联合海东市商贸物流职业教育集团在青海省高等职业技术学院举办海东市首届快递物人才专场招聘会，为快递企业与求职者提供了一个良好的双向选择平台。主动与相关部门沟通协商，协调解决青海高原第四届农产品展交会寄递服务保障相关工作，为各企业提供了免费入驻场地。与电商部门协调推动5家品牌快递企业进驻电子商务园区，为各企业免费提供600平方米的生产场地。与无锡市邮政管理局签订东西部协作框架协议，推动海东邮政业提质增效，扩宽农特产品外销渠道，助力海东脱贫攻坚。与市供销联社联合印发《关于推进全市供销联社与邮政快递业协同发展服务乡村振兴战略的实施意见》，实现涉农乡镇供销联社、快递服务网点全覆盖。

海西州局推动辖区顺丰速运快件搭上开往西宁的列车，实现公路、航空、铁路运输无缝衔接，标志着海西州快递“公铁航”多式联运模式初步形成、开花结果。海西州政府安排30万元服务业发展引导资金支持邮政业。海西州乌兰县申通快递获批350万元农村电商专项资金打通县乡村三级物流配送网络。海西局综治(平安建设)工作喜获三项表彰。联合州公安局交通警察支队举行快递车辆通行专用标识发放仪式，为通过备案登记的快递车辆核发“海西快递”专用标识；联合公安局交警支队举办快递车辆规范管理培训班，引导快递企业逐步规范用车。推动建成全国首条高原“环保邮路”，营造行业绿色发展的良好格局。强化行业安全监督管理，实现邮政企业安检机地域全覆盖。

海南州局鼓励企业通过自建乡镇快递网点，采取“一平台多品牌”方式报团取暖、整合下乡、合作下乡等多种方式设立乡镇快递网点，减轻快递企业资金负担，让乡镇快递网点不仅“生出来”、还要让他们“活下去、活得好”。推动出台《海南州推进电子商务与快递物流协同发展实施方案的通知》等行业利好政策文件4份，多方争取专项扶持资金28.1万元，促进行业发展。

海北州局协调州政府办公室印发《全州推进电子商务与快递业协同发展的实施方案》。联合团州委、州交通运输局联合命名表彰2018—2019年快递行业“青年文明号”，3家快递企业被授予“青年文明号”荣誉称号。组织开展了“夏季送清凉”暨“我与国旗在一起”活动，协调州总工会向全州111名行业工会会员专递了价值每份800元的“海北州总工会、创维集团公益万里行普惠职工”优惠卡。

五、快递市场存在的突出问题

青海省邮政业规模不断壮大，功能不断健全，服务保障能力不断提升，仍处在大有可为的战略机遇期，但也面临着新形势新情况新挑战，工作还存在一些短板和弱项。服务能力亟待提升。寄递网络布局进展缓慢，农村牧区邮政业基础设施建设存在明显短板；行业在服务先进制造业、现代农牧业、电子商务等关联产业方面主动对接不够、保障能力不强、还没有深度融入价值链各环节；服务时限、用户满意度需持续提升。安全形势依然严峻。企业安全主体责任落实仍有不到位，安全支撑保障体系不够健全，基层网点运行压力加大，信息安全风险增加，重大活动、重要节点安全保障压力依然较大。高质量发展任重道远。行业同质化和低价竞争长期存在，市场主体综合竞争实力不强，创新驱动还有不足，绿色发展仍需发力，发展质效亟待提升，走高质量发展之路任务艰巨。治理能力有待增强。新业态新模式新技术不断涌现，给行业监管带来新的挑战；自身履职能力还需进一步夯实。

宁夏回族自治区快递市场发展及管理情况

一、快递市场总体发展情况

2019年，宁夏回族自治区邮政行业业务总量累计完成20.0亿元，同比增长12.3%；业务收入(不包括邮政储蓄银行直接营业收入)累计完成18.6亿元，同比增长10.5%。其中，快递企业业务量累计完成4891.61万件，同比增长4.7%；业务收入累计完成9.5亿元，同比增长16.7%

(表7-30)。全区快递品牌19个,快递企业831家,各类快递服务网点1470个,全行业从业人员达1.1万人。邮政业在全区经济社会发展中的作用不断增强,为"六稳"工作作出了积极贡献。

表7-30 2019年宁夏回族自治区快递服务企业发展情况

指标	单位	2019年		比上年同期增长(%)		占全部比例(%)	
		全年累计	12月份	全年累计	12月份	全年累计	12月份
快递业务量	万件	4891.61	557.26	4.72	-4.9	100.00	100.00
同城	万件	857.08	80.81	-28.61	-28.31	17.52	14.5
异地	万件	3978.69	462.28	14.69	-2.37	81.34	82.96
国际及港澳台	万件	55.84	14.16	3247.96	11256.38	1.14	2.54
快递业务收入	亿元	9.49	1.02	16.70	24.57	100.00	100.00
同城	亿元	0.72	0.07	-43.42	-36.86	7.59	6.95
异地	亿元	4.89	0.53	9.18	17.92	51.48	51.88
国际及港澳台	亿元	0.083	0.015	84.77	285.77	0.87	1.43
其他	亿元	3.8	0.41	62.47	59.58	40.06	39.74

二、行业管理工作及主要成效

扎实开展"不忘初心、牢记使命"主题教育。 认真落实国家邮政局等18部门《关于认真贯彻落实习近平总书记重要指示推动邮政业高质量发展的实施意见》,结合全区邮政业发展实际制定工作措施,确保习近平总书记关于邮政业的重要指示得到全面落实。坚持把"学习教育、调查研究、检视问题、整改落实"贯穿始终,强化主题教育与中心工作融合,各级党员领导干部带头学习规定书目、讲专题党课,带头深入基层一线和困难矛盾集中地区调查研究、寻计问策,带头对照党章党规找差距、针对查摆问题抓整改,重点抓好"8+3+1"专项整治和三个阶段17个问题解决,解决了一批群众最急最忧最盼的问题。坚持两批主题教育压茬推进,积极配合国家局主题教育领导小组及其办公室、第六巡回指导组工作,派出指导组对各市局第二批主题教育全过程全覆盖督促指导,上下联动组织开展主题教育"回头看",以系统联动、协调推动、良性互动确保主题教育取得实效。

着力加强政策供给,发展环境进一步优化。 中央、国家局、自治区党委政府决策部署得到有效落实。全面启动区、市两级邮政业发展"十四五"规划编制工作。深入落实自治区人民政府《关于促进全区邮政和快递服务业健康快速发展的实施意见》,积极争取安检机补贴、农村网点补贴、末端平台补助等资金补贴和政策支持。争取自治区财政拨付政府购买服务资金150万元,正式挂牌成立自治区邮政业安全中心。进一步贯彻落实行业减税降费政策,深入企业开展调查研究,协调税务、社保等部门开展涉税政策宣讲,指导企业用好政策红利,减轻税费负担,进一步激发市场主体活力。

加强沟通,争取地方对行业发展更多支持。协调自治区交通运输厅,将邮乐购站点建设纳入乡镇交通运输服务站建设补贴项目。加强与人大代表、政协委员的联系,将关心关爱快递小哥、保障寄递配送车辆通行、规划快递物流园区等内容列入2019年自治区人大建议和政协重点提案。加强与自治区商务厅、银川市政府、银川综合保税区管委会等单位配合,经国务院批准设立了中国(银川)跨境电子商务综合实验区。协调各级政务服务中心,支持邮政企业进驻政务服务大厅,大力推广"网上办理+网下寄递"模式,助力"不见面"审批。

"放管服"改革持续深化。落实国家局要求,同步取消快递业务场地使用证明等3项证明事项,全面实现许可审批一网通办。落实快递分支机构编码规则，精简备案手续，末端网点备案实现常态化。坚持“简化手续，优化流程”原则，快递许可审核时限压缩为11个工作日，许可变更时限压缩为4个工作日，末端网点备案时限压缩为2个工作日，2019年核发、变更许可证83张，备案末端服务网点610个。认真做好三新单位核实认定工作，完成全区527家三新企业情况摸底和核实认定。认真做好新统计报表制度实施、统计检查、数据审核、统计分析等工作。启用申诉呼叫中心系统，通过信息技术手段全面提升申诉处理能力，2019年受理消费者申诉2188件，为消费者挽回经济损失20.7万元，申诉处理满意率达96%。

深入推进供给侧结构性改革，行业高质量发展迈上新台阶。认真落实邮政业更贴近民生七件实事。深入实施“快递入区”工程，推动快递末端综合服务平台建设，稳步提升快递末端投递服务质量。不断强化农村“电商配送”渠道建设，做强做优中卫快递服务现代农业示范项目。实施“放心安全消费工程”，持续开展“不着地、不抛件、不摆地摊”专项治理。做好快递从业人员联系服务工作，坚决维护从业人员合法权益。强化多方协同共治，逐步提高快递包装绿色化、减量化水平。通过七件实事的实施，人民群众和广大用户在邮政业的获得感、幸福感、安全感更加充实、更有保障。

强化农村“电商配送”渠道建设。推进快递“三进”工程，印发加快推进“快递下乡”工程实施方案，组织快递企业召开推进会，专题研究解决农村地区快递网点建设问题，积极引导快递企业“抱团下乡”，实现全区快递“乡乡有网点”。吴忠局积极推进“快快”合作，盐池县形成乡镇快件统一递送、统一安检的合作机制。石嘴山局推进“快邮合作”取得实效，15个快递网点加载邮件派送业务，11个乡镇邮政网点加载快件派送业务。目前，全区快递服务乡镇覆盖率100%。通过企业自建、联合共建等形式建成快递末端公共服务站点650处，布放智能快件箱1467组，全区高校全部实现快递入校区，投递规范率100%。

着力推动行业融合发展。加快推动邮政业与电子商务融合发展，继续推广“平罗模式”，引导邮政企业、快递企业积极参与全区“电子商务进农村综合示范”建设，新增行政村快递电商服务站51个。以推动闽宁镇电商快递一条街建设为契机，深入推进7个特色小镇快递网点布局，充分发挥现有平台资源优势，提高资源利用效率，探索快递服务地方经济建设、助力特色小镇发展新模式。鼓励邮政企业、快递企业协同电商企业抱团发展，共同投资组建特色产业联盟，主动融入电商领域，更好服务农业生产、服务农村群众用邮。石嘴山局引导快递企业联合实体企业共同组建大武口凉皮产业公司，吴忠中通承担红寺堡区国家电子商务进农村综合示范县建设项目。

推动快递服务规范化标准化建设制度化。协调自治区市场监督管理厅颁布《快递服务质量规范》和《快递企业管理规范》两项邮政行业地方标准。定期动态考核规范化标准化建设成效，进一步巩固标准化建设成果，全面提升快递服务能力和服务形象，促进行业高质量发展。在开展快递专用电动三轮车规范管理工作的基础上，进一步统一车辆标识、编号、备案登记，提升快递行业整体形象。

聚焦关键精准施策，全力打好三大攻坚战。强化安全监管，保障寄递渠道平稳畅通。落实寄递安全领导小组联合工作机制，充分发挥跨部门“协同作战”效应。深化落实寄递安全“三项制度”，开展实名寄递专项整治，严格协议客户认定、备案，加强安检设备配置和使用管理。持续加大寄递渠道涉枪涉爆整治力度，组织开展危化品运输、“三合一”场所消防安全专项整治、邮政行业“扫黑除恶”“扫黄打非”等工作，配合做好非法出版物查堵工作，保障新中国成立70周年、“一带一路”高峰论坛、中阿博览会等重大活动期间寄递渠道安全畅通，高质量完成“双11”业务旺季服务保障任务。落实寄递渠道安全属地管理要求，开展邮政行业“安全生产月”和“安全生产万里行”等活动，对各市、县（区）寄递安全管理工作进行考核，形成行业安全齐抓共管的良好局面。部署开展落实企业安全主体责任年活动，指导寄递企业严格执行《邮政企业、快递企业安全生产主体责任落实规范》，寄递企业全部设立内部安全管理机构，安全保障能力显著提高。进一步明确邮政业安全中心职责，举办应急管理和安检机操作培训，实施“绿盾”工程，指导企业修订完善应急预案，行业安全监管更加有力。

大力推进寄递扶贫，完善邮政业服务“三农”长效机制。深入实施《宁夏寄递行业精准扶贫实施方案》，开展“双品购物节”寄递服务保障工作，各市“一市一品”项目效益明显。鼓励支持寄递企业参与实施电商扶贫、网络扶贫工程，加快贫困地区寄递配送体系建设，打造“枸杞鲜果，顺丰领鲜”“牛羊鸣天下，顺丰领先”等服务农产品销售新模式。鼓励寄递企业利用自有线上平台、微信公众号等形式销售本地特色农产品，打造“网络代购+农产品进城+物流配送+公共服务”为一体的农村邮政电商服务体系项目。积极开展定点结对帮扶，其中，固原局积极协调电商快递与农户合作，促进土豆、果脯、三粉、杂粮等特色农产品走出去。全区累计通过寄递销售农产品325万件，带动相关产值4.2亿元。

坚决打好快递污染防治攻坚战，推动邮政业绿色发展。深入实施“绿色邮政”行动计划，制定2019年行业生态环保工作实施方案，开展“邮来已久、绿动未来”主题宣传，通过广播电视、网络新媒体以及发放宣传海报、彩页等形式强化宣传，营造产业上下游、社会各方面联动的良好氛围。全面落实“9571”工程，举办行业生态环保、快递封装胶带使用等培训。督促寄递企业落实生态环保主体责任，全区电子运单使用率达96%以上，符合标准的封套近70%，符合标准包装箱达67%，符合标准包装袋达68%，循环中转袋使用率达73%，新增包装废弃物回收装置网点154个，新能源汽车46辆。

坚持监管与服务并重，依法治邮成效明显。邮政市场监管不断强化。强化事中事后监管，继续推行“双随机、一公开”监管，强化结果公示运用。坚持日常检查与跨区域随机互查相结合，出检5210人次，检查邮政企业、快递企业2100家次，下发责令改正通知书210份，行政立案31起，处罚18.5万元。开展快递末端服务违规收费专项治理和“僵尸企业”依法公告清理，完善行业退出机制，切实保护用邮群众合法权益。强化邮政用品用具和集邮市场监管。全面推行行政执法公示、全过程记录和重大执法决定法制审核制度。推动落实中央与地方财政事权和支出责任划分改革，协调自治区财政厅起草完成了改革方案初稿。

推进法治邮政建设。指导市局推进行业法律法规宣贯实施，结合消费者权益保护日、国际禁毒日、世界邮政日、国家宪法日等组织开展普法宣传活动。举办行政执法、邮政市场监管、普遍服务监管等执法提升能力培训，组织全区执法人员进行法律法规知识测试，进一步提升执法人员依法行政能力水平。强化行政执法监督，组织开展行政执法案卷评议和考核，促进行政执法活动更加规范严谨。推进“互联网+监管”和“互联网+政务服务”，有效提升行政执法和行政审批信息化工作水平。

坚持以政治建设为统领，全面从严治党向纵深推进。全系统党的建设更加规范有力。落实国家局党组加强党的政治建设实施意见和自治区党委“三强九严”工程要求，进一步压实全面从严治党党组主体责任和纪检组监督责任，深入开展习近平总书记重要指示精神贯彻落实情况“回头看”，严格落实重大事项请示报告制度。及时修订党组工作规则，制定党组讨论和决定的重大问题清单，党组工作的制度化科学化规范化水平不断提高。牢固树立狠抓基层的鲜明导向，认真落实支部工作条例，开展“机关党建质量提升年”活动，全面落实党组成员党建联系点制度。积极推动非公快递企业党的建设“两个覆盖”。持之以恒正风肃纪，综合运用监督执纪“四种形态”，紧盯重要节点开展廉政教育和提醒，严防“四风”反弹，全区系统给予党纪政纪处分干部3人。进一步落实“一岗双责”，持续抓好巡视反馈问题整改，强化巡察监督，实现对全区5个市局政治巡察全覆盖。

干部队伍建设得到加强。贯彻新修订的干部选拔任用工作条例，坚持德才兼备，以德为先选用干部，积极稳妥推进干部调整交流。完成干部人事档案专项审核大起底大排查，做好养老保险准备期清算等工作。全面推行干部在线学习。扎实有序推进公务员职务与职级并行有关工作。创造条件做好干部选派挂职工作，推荐1名干部到国家局锻炼学习。加强行业人才工作，成立行业人才工作领导小组，积极开展快递工程技术人员职称评审等工作，评审快递从业人员初级职称11人。同时，切实加强财务管理，做好新旧会计制度衔接、财务管理考核、项目绩效自评等工作，进一步强化预算收支管理。

行业群团和精神文明建设亮点纷呈。切实加强党对群团工作的领导，在全行业组织学习贯彻习近平总书记关爱快递小哥指示精神，联合各级工会、团委开展关爱快递小哥、“快递从业青年服务月”、最美快递员评选等活动，切实提高快递员职业认同感和归属感。组织行业协会、联合工会开展冬送温暖、夏送清凉及旺季服务保障慰问等关爱活动，引导设立快递员爱心驿站，开展快递行业工资集体协商和从业人员劳动保障现状调研。银川局、中卫局积极协调地方政府为外来务工快递员提供公租房、廉租房，其中银川局已落实确定公租房258套。组织开展青年文明号、工人先锋岗创建活动，荣获全国“工人先锋号”称号集体1个，自治区“工人先锋号”称号集体3个，自治区“五一劳动奖章”个人1名，全国青年安全示范岗1个，自治区级“青年文明号”3个。指导市局结合实际做好非公企业党建工作，银川局指导成立非公快递企业联合党支部及两个非公企业党支部，会同相关部门开展主题演讲、文艺汇演等“追梦路上 快递先锋”系列创建活动。

三、邮政法修订实施十周年

2009年邮政法修订以来，宁夏邮政管理系统和全区邮政行业按照国家邮政局、自治区党委政府部署，以五大发展理念为引领，坚持邮政体制改革十年探索而来的“大信念、大邮政、大发展、大融合、大民生”五大基本经验，坚持“安全为基、发展为要、服务为上”，先后以“夯基础、抓管理、促发展、带队伍、正党风”和“提能力、促发展、善引领、强法治、树清廉”为抓手，不断提升对行业的宏观调控能力，不断优化行业发展环境，积极协调推动规划、政策的制定和实施。

一是坚持发展导向，全区邮政业态势良好。全区邮政业增长速度快中趋稳，业态结构不断优化，市场竞争逐步加深，市场秩序日趋改善，服务能力和服务水平得到提高，总体规模不断扩大，行业影响力持续提升。宁夏全区邮政行业业务收入从2009年的2.9亿元增长到2019年的20亿元；邮政业业务总量从2009年的3.33亿元增长到2019年的18.6亿元；快递业务量由2009年的356万件增长到2019的4891万件；快递业务收入由2009年的0.83亿元增长到2019年的9.5亿元。

二是强化立法规划引领，完善省以下邮政监管体制。修订完善《宁夏回族自治区邮政条例》，经自治区人大常委会审议通过，于2012年12月1日起施行。加强与自治区、市有关部门的沟通对接，区、市两级邮政管理部门分别与本级发改部门联合发布《宁夏邮政业发展“十三五”规划》。在组建省级以下邮政监管机构的基础上，推进全区邮政企业分支机构更名工作，完成所有市、县级邮政企业更名挂牌工作。积极协调地方政府及相关部门解决市局办公业务用房，全区推进解决市级邮政管理机构办公业务用房工作取得新进展，五个市局办公业务用房全部通过长期稳定无偿使用方式予以解决,全部搬入新址办公,办公场所面积从 670m³ 至 1248m³ 不等,达到了功能齐全,设施完善,适度超前的要求,根本解决了各市局无稳定办公业务用房的问题,有效保障了各项邮政监管工作安全、有序、顺利开展。

三是争取优惠政策,推进落地见效。落实《国务院关于促进快递业发展若干意见》,宁夏局争取自治区人民政府于 2017 年 8 月印发《关于促进全区邮政和快递服务业健康快速发展的实施意见》,五市人民政府也分别制定印发配套实施方案。积极与自治区发改、商务、工信等部门协调,争取支持行业发展资金,加大对我区快递服务业的支持力度,累计争取自治区、市、县(区)三级财政资金 4000 余万元。自治区人民政府先后出台《关于促进电子商务发展加快培育经济新动力的实施意见》《关于实施农村电子商务筑梦计划的意见》《关于促进内贸流通健康发展的实施意见》等系列政策,均将扶持邮政业发展相关内容纳入其中,明确在乡(镇)设立品牌快递物流配送综合站点的,给予房租和宽带资费补贴。积极推动市县快递园区建设,建成 5 个市级快递物流产业园和一批县级快递物流园区,全部享受减免租金、免费集中安检、物业管理费用补贴等支持政策。

四是完善普遍服务设施,建设普惠邮政。完成全区所有空白乡镇邮政局所补建,实现了竣工率 100%、运营率 100%"双百"目标。全面实施我区农村地区邮政普遍服务和机要通信基础设施建设项目,切实抓好生态移民区邮政基础设施建设。加快推进村邮站建设,建立健全覆盖城乡的邮政服务体系。通过搭载服务、开放平台、整合电商、依托地方等手段,强化村邮站功能,拓展村邮站内涵,提高村邮站的社会关注度。以建设"电子商务进农村综合示范县"的契机,结合"千村电商""电子商务进农村"项目建设,鼓励邮政企业在现有农村电商服务站(平台)基础上进一步加载完善邮政普遍服务功能。加强对已建成村邮站运营指导和监督,督促其落实邮件转接、投递责任,鼓励各村邮站多元探索,不断拓宽服务领域,叠加服务品种,提升服务质量,为建立健全覆盖城乡的邮政服务体系,加快实现基本公共服务均等化起到带动示范作用。

五是强化市场监管,促进快递服务提质增效。全面贯彻落实"放管服"要求,强化事中事后监管,大力推行"双随机一公开"执法、企业办事"一次性告知"和"最多跑一次"。建立快递业务经营许可"绿色通道"制度,优化许可备案流程,实行形式审查与实地审查有机结合。邮政管理、交警、道路运输部门联合印发实施《宁夏快递车辆管理办法》,推动有关快递车辆通行优惠政策进一步落地。各市局结合本地实际,分别与公安、交通等部门联合出台快递车辆通行、快递车辆进小区免收费等快递车辆通行管理办法,在全国率先实现了快递车辆通行优惠政策在全区全覆盖。加快推动快递业与电子商务等产业联动发展,鼓励条件成熟的邮政、快递企业建设县(区)级农村电子商务邮政快递服务平台。积极推进全区快递企业布局乡镇服务网点,引导快递企业完善服务网络,深入实施"快递下乡"工程,全区快递服务乡镇覆盖率 100%,有力地促进宁夏枸杞、硒砂瓜、牛羊肉、羊绒产品、长枣、马铃薯、果脯、小杂粮等特色农产品通过快递走向全国、走向世界。率先在全国推行快递服务标准化规范化建设,制定出台了《宁夏快递服务规范化标准化实施办法》,明确 13 个方面 27 大项 110 余条具体内容,全区快递营业网点标准化规范化率达 100%。

六是发挥优势多措并举,助力精准扶贫精准脱贫。结合行业实际找准突破口,印发了《宁夏寄递行业精准扶贫实施方案》,明确了通过寄递扶贫推进城乡公共服务均等化,以增加贫困人口收入、增强自我发展能力的目标,以自治区人民政府开展农村电子商务示范项目为突破口,鼓励邮政、快递企业加快贫困地区网络布局,强化政策扶持,不断满足贫困地区和贫困群众用邮需求,打造精准扶贫前线阵地。各级邮政管理部门积极与地方农牧部门协调，通过推进"快递＋电商＋特色农产品"服务模式，引导快递企业做长产业链，为当地农特产品搭建快递企业线上线下推广销售平台。引导邮政企业创新思路，依托"邮乐网"网络平台及专业运营团队，探索建成一批县级电商服务中心、电商孵化园及集邮件配送、农产品线上销售、生活用品网上代购等便民惠民服务功能为一体的村级电子商务服务站，实现乡镇、村（社区）电子商务服务站全覆盖。鼓励快递企业依托"互联网＋扶贫＋X"项目机遇，深挖精准扶贫潜力，积极探索、加快与其他产业融合发展，实现了特色产业、加工业、电子商务、快递的深度融合发展。

四、各市（地）主要管理工作概况

银川局成立银川市邮政业退役军人服务站，配合市和辖区退役军人事务局为邮政业退役军人和优抚对象建档立卡，做好信息登记和维护更新工作；做好邮政业退役军人的服务员、宣传员、信息员、联络员，主动宣讲退役军人相关法律法规政策；整理邮政业退役军人和优抚对象反映的意见、建议，做好政策解释和舆情信息报送工作；经常联系邮政业生活困难的退役军人和优抚对象，组织开展走访慰问、帮扶解困、化解矛盾和思想政治工作；开展就业技能培训，做好创业提升宣传、培训、推荐等服务工作；主动关心关怀邮政业退役军人，及时送立功喜报等；将退役军人党员纳入党组织管理，安排参加党组织活动等事务性工作。

石嘴山局引导"快快合作"取得新成效，由申通、百世、圆通三家主要品牌快递联合成立的富鑫通电商快递体验中心在石嘴山市惠农区北大街建成投入使用。富鑫通电商快递体验中心依托传统的快递企业资源，以物流自动化分拣中心和综合配套便利店为基点，实现快递企业统一办公、统一收寄，统一分拣，统一派送，有效整合快递服务资源，为惠农区农特产品销售提供便利，帮助农民增加收入，助力乡村振兴战略落地实施。

吴忠局联合市文明办、市总工会、团市委及快递协会联合举办吴忠市首届"最美快递员"评选活动。通过企业推荐、活动领导小组审核、评选等环节，共推选出10名"最美快递员"，号召全行业从业人员向模范学习，为快递行业发展作出新的更大贡献。

固原局充分发挥行业优势，以寄递网络为支撑，以壮大示范项目、完善电商服务平台为依托，大力推动农村电商与精准扶贫相结合，全面推广"寄递＋电商＋农特产品＋农户"扶贫模式，畅通农产品进城渠道。同时，支持快递企业拓展服务产地直销等新模式，通过寄递渠道输出多家农业合作社及建档立卡贫困户特色农产品，促使红梅杏、马铃薯等特色农产品成为固原市的特色名片，为助力打赢脱贫攻坚战发挥了行业重要力量。

中卫局推动顺丰速运（宁夏）有限公司与中卫市人民政府签订《战略合作框架协议》，与市商务局签订《打造电商平台合作框架协议》。中卫市为顺丰速运（宁夏）有限公司在中卫综合物流园建设占地约1200平方米的集分拨、仓储功能的三级分拨中心，日处理量平均可达到3000件。

五、快递市场存在的突出问题

宁夏回族自治区邮政业发展态势整体良好，也面临着新形势新情况新挑战，对标高质量发展要求，全区邮政业还存在一些短板弱项，具体表现在：行业中高端供给仍然不足，产业链水平还不够高，服务能力不强，价值分配不合理，末端基础不牢、快递员权益保障不足，快递包装废弃物治理问题还未从根本上得到解决，行业治理方式还较为单一，城乡寄递服务不平衡不充分的矛盾依然突出。这些短板弱项需要高度重视，切实加以解决。

新疆维吾尔自治区快递市场发展及管理情况

一、快递市场总体发展情况

2019 年，新疆维吾尔自治区邮政行业业务总量累计完成 43.0 亿元，同比增长 13.2%；业务收入（不包括邮政储蓄银行直接营业收入）累计完成 52.3 亿元，同比增长 10.4%。其中，快递企业业务量累计完成 9902.6 万件，同比下降 11.0%；业务收入累计完成 28.1 亿元，同比增长 17.4%（表 7-31）。快递服务满意度稳中有升，消费者申诉处理满意率达到 98.7%，为促进自治区社会稳定、经济发展和脱贫攻坚作出了积极贡献。

表 7-31 2019 年新疆维吾尔自治区快递服务企业发展情况

指　　标	单　　位	2019 年		比上年同期增长（%）		占全部比例（%）	
		全年累计	12 月份	全年累计	12 月份	全年累计	12 月份
快递业务量	万件	9902.63	1162.07	-10.96	4.66	100.00	100.00
同城	万件	1849.08	198.34	-43.88	-43.78	18.67	17.07
异地	万件	7914.99	947.86	3.42	28.69	79.93	81.57
国际及港澳台	万件	138.57	15.87	-20.12	-24.53	1.40	1.37
快递业务收入	亿元	28.05	3.21	17.37	17.68	100.00	100.00
同城	亿元	2.51	0.25	-43.39	-36.66	8.95	7.87
异地	亿元	16.27	1.95	22.03	17.64	58.00	60.75
国际及港澳台	亿元	0.45	0.05	0.37	87.48	1.60	1.55
其他	亿元	8.82	0.96	55.15	48.56	31.46	29.83

二、行业管理工作及主要成效

坚持以党的政治建设为统领，全面从严治党不断向纵深发展。坚持把党的政治建设摆在首位。旗帜鲜明讲政治，始终在思想上政治上行动上同以习近平同志为核心的党中央保持高度一致，树牢“四个意识”、坚定“四个自信”、做到“两个维护”。坚持用习近平新时代中国特色社会主义思想武装头脑，坚决贯彻落实党中央决策部署和习近平总书记关于邮政业的重要指示批示精神。制定《关于认真贯彻落实习近平总书记对邮政业重要指示批示精神的工作方案》，将 4 个方面任务 17 项工作细化为 50 条具体措施，狠抓推进落实，确保习近平总书记重要指示批示精神在系统内落地生根、取得实效。

扎实开展“不忘初心、牢记使命”主题教育。按照“守初心、担使命、找差距、抓落实”的总要求，把“学习教育、调查研究、检视问题、整改落实”贯穿始终。区管局党组组织处级以上党员干部利用 6 天时间进行集中学习并专题研讨 2 次。党组成员行程 8000 余公里，深入 8 个地州市 23 个县市开展调研。广泛征求意见，梳理出 29 条问题清单，研究制定 77 条具体整改措施，分阶段推进落实。全区提前实现建制村直接通邮目标，快递末端服务违规收费清理整顿成效明显。坚持两批主题教育压茬推进，派出 3 个指导组全过程全覆盖开展督促指导。各级党员领导干部带头深入调研、听取意见、查找问题、制定整改措施，带头抓好整改落实。各级党组坚持上下联动抓整改，扎实推进“8 +3 +1”专项整治和重点解决三个阶段 17 个问题，认真组织开好专题民主生活会，推动全系统主题教育取得明显成效。和田局在国庆 70 周年前后全员下沉驻村 50 天，期间坚持主题教育力度不减，把开展主题教育与维护稳定、助力脱贫攻坚结合起来，以实际行动确保主题教育取得实效。

着力加强全系统机关党的建设。认真履行全面从严治党责任，修订《中共新疆邮政管理局党组工作规则》，完善党组讨论和决定的重大问题清单。印发《中共新疆邮政管理局党组贯彻落实〈中国共产党重大事项请示报告条例〉实施办法》，把贯彻执行《条例》作为全面从严治党的利器。严格执行《关于新形势下党内政治生活的若干准则》，从严肃党的组织生活抓起，严格执行民主集中制原则，落实“三会一课”、民主生活会、组织生活会、谈心谈话、民主评议党员、请示报告以及领导干部双重组织生活等制度。加强基层党组织建设，严格党员发展程序，加强党员和入党积极分子教育管理，健全完善基层党建述职考核和综合评价机制。推进非公快递企业党建工作，全区现有非公快递企业党组织9个、党员74人。完成5个地州市局政治巡察工作，进一步彰显巡察利剑作用。

深入推进党风廉政建设和反腐败工作。深入落实中央八项规定及其实施细则精神，持之以恒正风肃纪，严防“四风”反弹。严格落实中央《关于解决形式主义突出问题切实为基层减负的实施意见》，精文简会，改进文风会风。紧盯重要节点开展警示提醒，召开2次警示教育会议，通报违规违纪案例。扎实开展扶贫领域腐败和作风问题专项治理，开展受党纪政务处分党员干部回访教育和纪律处分决定执行情况监督检查。加大信访举报查办力度，接受并处置各类信访举报案件3起。深化运用监督执纪“四种形态”，对九个专项治理自检问题进行分类处置。2019年，全系统受党纪处分2人，提醒谈话2人次，批评教育12人次，责令检查8人次，诫勉1人次。

坚持以社会稳定和长治久安为总目标，坚定不移维护社会大局稳定。扎实做好行业稳定工作。强化寄递渠道安全监管，深入落实寄递安全“三项制度”。组织开展邮政业突发事件应急演练。持续开展安全生产执法检查专项行动，加强对行业重点场所、重要设施和关键环节的安全防范。切实做好应急值守和值班备勤工作，全系统统一安排值班天数151天，部分地州市局实行全年无休常态化值班。做好邮政行业“扫黄打非”工作，严防境内外敌对势力利用寄递渠道进行反宣渗透、民族分裂等破坏活动，为维护自治区安全稳定作出了积极贡献。

持续开展“访惠聚”驻村工作。及时调整补充“访惠聚”驻村工作队员，确保各工作队时刻保持战斗力。2019年，全系统共选派“访惠聚”驻村干部28名。充分发挥派出单位后盾作用，累计协调投入资金近百万元，帮助驻村工作队和村委会加大扶贫投入、改善办公环境、解决工作生活困难。关心关爱驻村干部，坚持重要节假日组织慰问驻村工作队员及其家属，消除他们的后顾之忧。喀什局、昌吉局、阿勒泰局协调爱心企业主动承担社会责任，捐赠各类物资，帮助加强村级阵地建设。

切实维护民族团结。深入学习贯彻习近平总书记在全国民族团结进步表彰大会上的重要讲话精神，广泛开展民族团结进步教育，引导各族干部群众树牢“三个离不开”思想，增强“五个认同”。深入开展“民族团结一家亲”和民族团结联谊活动。全系统141名在编干部与217户各族群众结对认亲，全年组织各类联谊活动158次，促进了各族干部群众交往交流交融。积极开展民族团结进步创建活动，和田局荣获“全国民族团结进步模范集体”荣誉称号。

坚持以稳中求进为工作总基调，行业发展环境进一步优化。继续深化“放管服”改革。推进快递末端网点备案，组织开展快递许可违规审批专项治理，对九类违规审批行为进行集中整治，确保快递许可依法依规开展。加强事中事后监管，采取“双随机”方式对地州市全国两会、国庆70周年寄递安保、邮政普遍服务达标情况等进行监督检查。有效落实新一轮减税降费政策，切实减轻企业负担。

优化行业法治环境。召开新闻发布会，做客“新广行风热线”，大力宣贯新修订的《新疆维吾尔自治区邮政条例》。《乌鲁木齐市邮政管理条例》完成修订并颁布实施。克州局积极提交立法申请，推动《克州邮政条例》纳入自治州年度立法计划。开展《中华人民共和国邮政法》修订实施10周年评估工作。依法开展规范性文件和其他政策措施文件的备案审查和评估清理。认真贯彻落实普法责任制，常态化落实“以案释法”制度，组织参与“五法”普法知识竞赛、宪法宣誓等活动。利用“法宣在线”、学习强国App等平台，开展网上学法和法律法规知识答题活动，干部学法用法意识不断加强。伊犁局、哈密局积极参与自治区“我与宪法”微视频评比活动。

营造良好营商政策环境。组织开展“十四五”规划编制前期调研，编制《新疆邮政业“十四五”发展形势趋势和总体思路》，形成《新疆邮政业基础设施网络布局规划的研究报告（2021－2050）》《新疆跨境寄递基础设施优化和服务模式创新研究专题调研分析报告》。协同发改委、公安厅等六部门制定印发《关于进一步优化城市配送车辆管理提升城市物流管理水平的通知》，年内新增9个地州市出台快递车辆通行政策，累计达到11个，覆盖率近80%。认真处理人大、政协提案，完成各类法规、政策性文件意见回复工作，努力优化政策环境。塔城局积极争取地方政策支持，促成地区行署出台《塔城地区促进快递业发展实施方案》。哈密局积极协调解决企业在发展过程中遇到的快递三轮车进出小区难等问题。

坚持以供给侧结构性改革为主线，行业高质量发展迈出新步伐。进一步完善快递服务网络，全区法人快递企业及其分支机构达到2389家、快递物流园区7个，新增快递服务末端网点1099个，主要快递城区自营网点标准化率达到99%，主要快递企业新增自动化分拣线5条。支持推广智能快件箱，全区布设组数达到1600余组。推进邮政业视频监控平台建设，累计接入寄递企业分拨中心及网点1785个，接入率达85%。哈密建成哈密市快递集散中心，主要快递企业全部入驻；协调伊州区政府无偿划拨30亩土地用于哈密市邮件处理中心建设。

产业融合发展有效推动。持续深化交邮、交快合作，联合交通运输厅、邮政分公司印发《关于自治区深化交通运输与邮政快递融合推进农村物流高质量发展的实施意见》。加强与自治区商务厅沟通联系，推进快递与农村电商协同发展。哈密局联合市交通运输局、道路运输管理局印发《关于进一步推进交通运输业和邮政业融合发展的通知》，开展邮件代运合作。克州、博州等局积极推动快递与电商协同发展，博州精河圆通成立快递电子商务仓储配送中心，克州阿克陶县快递与全县电子商务服务站实现合作全覆盖。

行业高素质人才队伍建设不断加强。贯彻落实《国家邮政局关于提升快递从业人员素质的指导意见》，成立新疆邮政行业人才工作领导小组，加大高素质人才培养力度。全面开展快递工程技术人员职称评审工作，180人取得职称资格。开展快递从业人员职业发展情况调查。联合自治区人社厅开展全国邮政行业先进集体、劳动模范和先进工作者初审推荐工作。组织推荐2019年度邮政行业技术能手推进计划人选，乌鲁木齐市邮政分公司王芳入选2019年度邮政行业技术能手推进计划。成功举办2019年中国技能大赛——第二届邮政行业职业技能竞赛新疆地区预赛。

坚持以解决关键问题为导向，三大攻坚战取得新进展。打好防范化解重大风险攻坚战。完成新疆邮政业安全中心组建，首个地州市邮政业安全中心——哈密市快递物流安全中心获批。落实企业安全生产主体责任，行业风险防控机制不断完善。严格执行寄递安全“三项制度”，开展实名收寄专项整治，持续抓好实名收寄信息化，全区寄递企业分拨中心、营业网点安检机配备实现全覆盖。认真开展寄递渠道涉枪涉爆、涉黄涉非、危险化学品专项整治工作。做好寄递渠道反恐禁毒、芬太尼类物质管控、打击侵权假冒、非洲猪瘟疫情防控等工作。加强邮政业安全生产监督检查，发挥寄递安全联合监管机制作用，会同公安、国家安全等部门开展督导检查。加强邮政机要通信监督保障，联合保密部门开展两轮机要通信监督检查，组织机要通信档案评审，及时消除安全隐患。圆满完成新中国成立70周年、“一带一路”国际合作高峰论坛、上海进博会等重大活动期间新疆寄递渠道安全服务保障工作。塔城局狠抓企业安全生产主体责任落实，制定印发《2019年地区邮政业强化落实企业安全生产主体责任实施办法》。哈密局举办两批次安检机操作培训班，实现全市寄递企业安检人员持证上岗。伊犁局持续推进伊犁州“雪亮细胞”工程建设，提高安全监管效率。

服务精准脱贫攻坚战。坚决扛起脱贫攻坚重大政治责任，扎实做好中央、自治区巡视整改工作。认真做好定点扶贫工作，直接投入和间接引进各类扶贫资金600余万元，实施帮扶项目13个，全系统5个定点扶贫村已全部实现脱贫摘帽。积极培育“一市一品”农特产品进城项目，全区共打造“一市一品”项目53个，全年累计收投农特产品1254.1吨，支撑销售农特产品2176.2万元。全年新增邮乐购站点280个，累计达到2608个。全区建制村基本实现全面直接通邮，推广使用建制村投递信息化监督系统，巩固建制村直接通邮成果。喀什、和田等局克服困难，扎实推进，为全区实现直接通邮目标作出重要贡献。着力推进“快递下乡”工程，全区乡镇快递网点覆盖率达到81%，比年初翻了一番。全区特色小镇快递网点实现全覆盖。乌鲁木齐、克拉玛依、巴州、哈密、博州、阿勒泰、克州乡镇快递网点覆盖率达到100%。吐鲁番、阿克苏、巴州等地助力西州蜜25号、苹果、库尔勒香梨等农特产品销售，促进农民增收。博州加强与机场合作，推动天莱有机牛肉、红提葡萄等农特产品直销全国。

打好污染防治攻坚战。成立新疆邮政业生态环保工作领导小组，制定新疆邮政生态环境保护工作实施方案和目标分解安排，细化工作举措。联合商务部门开展快递绿色包装座谈和专题调研，推进协同治理。协调自治区包装技术协会，促进快递绿色包装供给。举办邮政业生态环保工作培训班，开展“邮来已久、绿动未来”主题宣传活动。深入推进“9571”工程，全区电子运单使用率达到96.82%，电商件不再进行二次包装的比例达到73.79%，循环中转袋应用比例达到85.32%，包装物回收箱配备数量达到2183个，基本实现县以上邮政、快递网点全覆盖。

坚持以强监管优服务为重点，行业治理能力和水平稳步提升。履行邮政市场监管职责。深入开展快递末端服务违规收费专项治理，通报线索16起，行政处罚13件，罚款13万元。持续推进“不着地、不抛件、不摆地摊”治理，全区寄递企业及网点离地设施铺设率达到99.9%。大力推进快递“进高校”，全区高校快递规范化收投率达到100%。制定快递市场法人主体信用评定方案，推进快递业信用评定工作。落实申诉体制改革项目，健全完善区、地州市两级申诉处理人员队伍，全年共受理消费者反映问题7563件，为消费者挽回经济损失80.33万元。圆满完成“双11”快递业务旺季安全服务保障工作。

加强行政执法检查。全系统克服人员少、工作任务重等困难，加大行政执法力度，保障行业规范有序运行。全年共出动执法人员5755人次，检查寄递企业5394家次，下达整改通知789份，作出行政处罚221起，罚款335.25万元、停业整顿4家。其中适用反恐法处罚的案件9起，罚款131.2万元。

强化执法综合管理。开展2019年度行政执法案卷评查工作，规范行政执法行为。完成2018年度行政执法工作报告。严格执法人员持证上岗制度。举办全区邮政管理系统行政执法培训班，提升一线执法人员能力。开展邮政管理系统法律人才情况摸底调查，加强法律人才队伍建设。推行全区邮政行政执法公示制度、执法全过程记录制度、重大执法决定法制审核制度，确保行政执法透明规范合法。

坚持以服务中心为宗旨,支撑服务工作更加坚实有力。干部队伍建设不断强化。调整补充12个地州市局领导班子,交流、提任干部21人。拓宽用人渠道,加强公务员队伍建设,招录、转任公务员19人,接收复转军人5人,援疆干部4人。推进公务员职务与职级并行工作,完成全系统非领导职务职级套转工作。严格落实领导干部外出报批报备制度。扎实开展"一报告两评议"、公务员登记和退出备案以及干部人事档案专项审核等工作。认真开展领导干部个人有关事项查核,完成对5个地州市局主要领导离任经济责任审计,促进干部忠诚干净担当。

基础保障能力稳步提升。完成邮政业"三新"单位核实认定。持续加大统计培训和管理力度,不断提升行业统计工作水平。开展行业新闻宣传工作,全年共编发各类信息256期。强化舆情引导和处置,制作舆情周报37期。政务信息化和信息公开进一步加强,办文办会、保密、工会等各项工作更加规范有序。

精神文明建设成果显著。组织向"时代楷模"其美多吉同志学习活动,动员学习宣传全国民族团结进步模范集体和个人。指导快递协会开展首届新疆"最美快递员"评选活动,拍摄快递行业首部宣传视频《平凡,却不普通》,生动展现快递从业人员劳动风采。积极开展2019年度全国青年安全生产示范岗创建活动,组织推荐全国青年岗位能手、感动交通年度人物。实施关心关爱快递员工程,开展快递从业青年服务月活动,联合自治区总工会、协调社会帮助向快递员发放30余万元慰问金及相关物资。指导快递协会与电信公司、中石油签订协议,推出快递员通信资费优惠套餐,为快递车辆办理加油优惠卡,节省用油成本约百万元。协调自治区第三医院针对快递员定制专门的体检计划和项目,首批50名快递员接受免费体检。

三、邮政法修订实施十周年

行业发展开创新局面。十年来,全区邮政业业务总量和业务收入分别增长1.76倍和2.97倍,年均增长11.96%和16.55%。快递业务量和业务收入分别增长9.83倍和5.69倍。全区邮政行业从业人员达到2.8万人。全区邮政普遍服务营业网点达到1535处,邮件时限、投递频次等服务水平指标明显改善,服务满意度和均等化指数稳步提升。全区快递企业及网点达到1701处,快递产品体系不断丰富,服务时限和满意度明显提升。行业管理体系不断健全完善。两级邮政管理部门先后成立,行业监管力量不断充实、队伍建设不断强化、人员能力素质不断提升。完成16个地州市邮政企业和78个县级邮政企业更名挂牌。审批制度改革向纵深推进,制定邮政管理权力清单、责任清单,将邮政普遍服务两项审批、快递服务年度报告审核等多项职权下放地州市局,简化审批流程,大幅压缩准入审批时限。

行业发展环境进一步优化。地方立法有序开展。推动出台《新疆维吾尔自治区邮政条例》和《伊犁哈萨克自治州邮政管理条例》两部地方性法规。在《新疆维吾尔自治区邮政条例》实施过程中,在保障全区各族群众用邮权利,规范邮政、快递市场秩序,促进邮政行业健康发展,发挥了重要作用,我区邮政业呈现出前所未有的蓬勃发展势头。随着邮政法修订,以及《快递暂行条例》出台,对邮政业发展和邮政管理工作提出了新的要求。2015年启动《条例》修订工作,经过实地调研、征求多部门意见、专家咨询论证等立法程序,《条例》修订经自治区第十三届人民代表大会常委会第七次会议审议通过并发布,2019年1月1日起实施。深化"放管服"改革。进一步优化快递业务经营许可审批流程,全面压缩审批时限,取消不必要的证明材料,推动全流程网上办理,实现企业在最后取证环节"只跑一次"。制定《新疆维吾尔自治区实施快递末端网点备案暂行规定细则》,全面推进备案工作。落实"双随机"检查机制,制定实施新疆邮政管理局随机抽查实施细则和事项清单,随机抽调执法人员,对全区寄递渠道安全、补白局所运营等情况进行督查。印发《新疆快递业信用体系建设工作实施方案》，组建信用评定委员会，加快构建以信用为核心的新型市场监管模式。优化营商政策环境。规划体系更加完整，编制完成并顺利实施2007－2009年度邮政业滚动规划、邮政业“十二五”规划。编制完成邮政业发展“十三五”规划，并与地方多部专项规划进行衔接。政策体系更加完善，国家局出台了《关于支持新疆邮政业发展的若干意见》，自治区人民政府出台了新疆维吾尔自治区《关于促进快递业发展的实施意见》。2012年，联合公安厅交通警察总队、交通道路运输管理局联合印发《新疆快递服务车辆运行管理办法》，允许快递车辆在确保安全的前提下，可以通过禁限行路段；除早晚高峰时段，可以在禁停路段临时停靠。落实国办2018年1号文件精神，推动出台《自治区推进电子商务与快递物流协同发展的实施意见》。建立了全区寄递渠道安全管理协作联动机制和联席会议制度，会同综治办等16个部门联合印发《关于加强物流及寄递行业安全管理工作的意见》，实现了工商、公安、国安、综治等多个部门联合开展快递业综合治理行动。制定《新疆邮政管理局随机抽查工作实施细则（试行）》，切实提升了执法检查的规范性、有效性。印发《关于深入贯彻落实邮件快件过机安检制度的通知》，建立多层级安检制度。

加强普遍服务保障。完善普遍服务网络布局。完善农村和社区的邮政普遍服务网络布局。组织开展全区抽查和实地督导，补建359个空白乡镇邮政局所并保证正常运营工作。提升邮政网络节点的邮件处理能力和干线运输效率。完成乌鲁木齐邮件处理第二场地建设，增强乌鲁木齐省际进出口的集散作用。加快重点地州市处理中心建设，伊犁、库尔勒、克拉玛依、石河子、昌吉、哈密、阿勒泰地区共67个邮件处理中心分拣胶带机安装并投产使用，提升了地市快递包裹处理能力。积极推动农村电商邮政寄递网工程。大力推进邮乐购站点建设，打造集“网络代购＋平台批销＋农产品返城＋公共服务＋普惠金融＋物流配送”为一体的邮政农村电子商务服务体系。推动普遍服务均等发展。印发建制村直接通邮工作实施方案，组织开展现状摸底调查，指导各地州市局建立台账、确定边远地区建制村范围，明确工作目标和任务，积极推进全区建制村通邮工作。同时，不断加强邮件时限管理，整体缩短邮件全程时限，着力推进《人民日报》县级党政机关当日见报工作。通过努力，目前区内当日见报的县级城市由20个提高至28个，占总数的30.4%，三日见报县级城市已由21个减少至3个。乌鲁木齐市、昌吉州、吐鲁番市县级城市党政机关已全部实现当日见报。

市场秩序进一步规范。完善监管制度。全区加强事中事后监管，全面推行“双随机、一公开”监管，严守“两条红线”，严格依法办理“两项审批”，建立长期监控机制，加强监督检查和行政执法，坚决防止违法行为的发生，保障邮政普遍服务义务的有效履行。全区制定双随机执法检查细则和抽查事项清单，并依规定对外公布。每年组织地市局执法人员开展双随机执法检查，并公布执法检查结果。有序推进快递业信用体系建设，制定实施方案，开展业务培训，健全完善企业主体名录库，建立企业电子信用档案，充分发挥信用评价对加强事中事后监管的作用。推动寄递渠道安全监管纳入地方综合治理考评体系，实施属地监管、联动监管、片区化监管。深入推进“不着地、不抛件、不摆地摊”专项治理，全区邮政业离地设施铺设率达到94.21%。扎实做好快递业务旺季服务保障工作，全面完成“全网不瘫痪、重要节点不爆仓”和“保畅通、保安全、保平稳”工作目标。会同商务、公安、工信等部门专题调研快递末端投递服务存在的问题，向自治区上报专题报告。充分发挥申诉受理在化解消费纠纷与矛盾方面的积极作用，累计处理有效申诉26405件，为消费者挽回经济损失344.15万元。加强集邮市场监管，做好邮政用品用具生产监制工作。强化寄递安全综合治理。切实加强与综治办、公安厅、国家安全厅、经信委等自治区物流与寄递行业安全管理领导小组成员单位的沟通协作，深化联合工作机制。通过召开联席会议、定期汇报工作、及时通报情况、开展联合检查等形式，不断拓展多方协作的深度和广度，寄递渠道安全监管工作日益受到各级党委、政府的重视和支持，解决了一些长期以来推动较为缓慢的监管措施的落地，安全监管的力度有了明显进步。协调公安、经信等部门，对全区物流寄递安全、寄递渠道涉枪涉爆隐患整治等工作情况进行全覆盖督导检查。推进邮政业安全中心组建。经积极协调，自治区党委编办已批复成立新疆邮政业安全中心。各州市也在积极推进组建邮政业安全中心。哈密市市县两级局下属巴伊州区、里坤县、伊吾县寄递行邮政业安全监管中心全部正式获批设立，实现了安全监管重心下移、关口前移。伊犁局积极向伊犁州党委、人大、政府请示成立州邮政业信息安全中心，州政府承诺将每年拨付50万元，作为安全中心的运行费用。深入落实寄递安全“三项制度”。一是全力推进实名收寄信息化。分组对全部地州市实名收寄信息化工作进行督导检查，定期下发各地州情况排名，对存在的问题进行通报，工作取得较好成效。截至目前，全区实名收寄信息化率基本实现100%。二是推进安检机配置和应用。对进疆邮件快件建立分拨中心、营业网点多层级安检制度，督促各地加大对安检机使用情况的监督检查，确保安检机发挥应有作用。继续开展自治区对物流寄递行业购置安检机补贴资金的审核发放工作，确保邮政、快递企业安检机配备全覆盖，累计发放安检机补贴2070余万元。三是严格落实收寄验视制度。通过举办安全监管培训班、召开会议等时机，大力宣传《禁止寄递物品管理办法》，要求各地州市组织辖区寄递企业开展学习和宣传培训，把《禁止寄递物品目录》张贴到每个邮政局所、快递营业网点，确保邮政、快递从业人员、社会公众知晓禁寄物品内容，自觉遵守禁止寄递物品管理规定。提升安全监管信息化水平。建成覆盖区局、地州市局的邮政业安全监控平台，接入寄递企业分拨中心及网点共1350家，视频监控摄像头6239个，分拨中心视频监控联网率基本实现全覆盖。聘请专人对企业收寄验视、过机安检、“三不”治理等工作进行在线监督，依靠信息化手段提升安全监管能力。

四、各市(地)主要管理工作概况

乌市局坚持以习近平新时代中国特色社会主义思想为指导，坚决贯彻以习近平同志为核心的党中央治疆方略，特别是社会稳定和长治久安总目标，通过扎实开展安全生产大检查，严格开展寄递安全“三项制度”专项检查和不断探索监管创新，形成闭环管理等工作，实现辖区邮政快递业“零事故”，确保了辖区寄递渠道安全、平稳畅通。为加强城市配送车辆管理，提高物流配送信息化应用水平，缓解城市交通压力，践行绿色配送理念，提升城市配送管理效能，以乌鲁木齐市商务局牵头，乌鲁木齐邮政局参与，共同印发《乌鲁木齐城市绿色配送体系建设行动方案》。

克拉玛依市邮政管理局联合市公安局，对寄递渠道开展安全生产大检查。工作人员查看了各企业生产设备、设施、装备完好状况和日常管理维护情况，并督促邮政企业自觉依法经营。联合市公安局出台《邮政快递专用电动三轮车规范管理的实施意见》，切实提高快递末端服务水平，推进我市邮政业更好地服务经济和促进社会发展，营造良好的交通环境。管局全体干部职工在局联点帮扶的拓湖社区举办“诚信快递、你我同行之走进千家万户”“3·15”主题宣传活动。全面推进诚信邮政、诚信快递建设工作，进一步向广大市民普及用邮相关的法律、法规，宣传快递服务消费者权益保护管理制度。

阿克苏局全力推进快递下乡工程，主动与当地交通部门对接，交邮合作推进快递下乡工程。在距离拜城县城50公里的赛里木镇客运站内设立了交邮合作的首家快递服务站，解决了当地农牧民收发快递的困难。召开“快递下乡”工作座谈会，全面贯彻落实新疆邮政管理局2019年度工作会议上强调安排的“快递下乡”相关工作部署，对阿克苏地区“快递下乡”若干问题进行了研讨。并按照季度召开“快递下乡”推进会。在第二届“一带一路”国际合作高峰论坛、北京世界园艺博览会、亚洲文明对话大会期间，阿克苏局联合地区国家安全局重点对库车县快递分拣分拨中心开展安全生产执法检查。

2019年9月27日，和田局荣获全国民族团结模范先进集体。和田局推动“快递下乡”取得较大进展。和田地区邮政分公司负责人及主要品牌快递企业负责人召开邮快合作联席会，讨论“邮快”合作试点工作。2019年5月30日上午，和田地区召开和田地区快递下乡工作再动员再部署会议，对和田地区快递下乡工作做进一步工作安排和部署。2019年12月30日，和田地区于田县举行“邮快合作”签约仪式。于田县邮政分公司分别与韵达、顺丰、中通、百世、圆通、申通等6家快递企业进行了签约，持续推动“邮快合作”步入规范化、标准化的运营轨道。2019年和田地区91个乡镇快递覆盖71个，乡镇快递服务覆盖率为78.02%。开展“我与亲戚游和田”结亲融情活动，7名干部和9名和田市伊里其乡托万阿热勒村的亲戚共同参观和田市伊里其乡托万阿热勒村卫星工厂、和田市工业园区、和布公路英雄纪念碑、和田市团结广场，共同重温历史，缅怀先烈，感受和田大发展、大变化，唱响没有共产党就没有新中国的主旋律。

为进一步做好自治区快递工程专业技术资格评审工作，加强吐鲁番市快递工程专业团队人才建设，吐鲁番局10月21组织召开了2019年度全市邮政行业快递工程技术人员初级、中级职称评审会议。经过个人申报、单位推荐、企业主管部门、当地人社部门对申报材料的审核，提交到本次评审会议评审的申报材料共45份。评审工作于12月结束，经审阅材料、评议推荐和文件要求表决，共有11名快递工程领域专业技术人员通过了评审，其中快递工程技术员6人，快递工程助理工程师5人。

哈密局围绕社会稳定和长治久安总目标，按照市委市政府要求，积极动员辖区快递企业入驻专业物流园区。2019年1月初，全市除邮政公司、中铁快运以外的快递企业分拨处理场所全部入驻新疆天顺哈密物流园，形成了哈密市快递集散中心，日处理进出港快件4万余件。快递企业入园后，有效解决了干线运输车辆进出城区难、快递企业分拨处理场所布局分散、整车安检等诸多问题，也有利于快递集约化发展。城区末端服务能力显著提升。哈密局联合市公安局、自然资源局、住建局、工业和信息化局五部门印发《关于提升城区快递末端服务能力的通知》，鼓励社会多方力量参与，加快快递末端设施布放和改造。截至2019年底，全市专门从事快递末端服务的企业2家，布放智能快件箱322组，7360个格口，城区设置快递末端服务站点9家，城区快递末端服务能力和水平显著提升。

克州邮政管理局邀请喀什机场专业安检人员对寄递行业从业人员进行光安检机操作员培训，全州邮政快递12家品牌企业，共85人安检设备操作人员参加了此次培训。培训安排了针对性较强理论和实操两部分课程。理论培训阶段，授课老师通过PPT课件形式，详细介绍了X光安检机原理、安检设备的使用、常见禁寄物品的图像等知识，并逐一回答了大家的提问。实操部分，授课老师结合喀什机场实际操作经验和快递业安检知识需求，采用邮政公司安检机，放置一些可疑物品进行现场演示，对安检机的正确操作程序、危险物品图像识别方法、应注意的安全问题、各类颜色区分禁寄物品等技巧进行了详细讲解并逐一回答了大家的提问。

博州局组织企业召开“快递下乡”专题会议，经讨论研究制定下发《关于印发加快推进博州“快递下乡”工程实施方案的通知》，明确工作措施和目标任务。博州共17个乡镇，快递网点已全部覆盖,覆盖率100%。同时博州局加快推进全州农牧团场网点覆盖工作,全州共计15个农牧团场,现已覆盖11个,覆盖率为73%。

为认真贯彻落实《快递暂行条例》和交通运输部等7部委《关于加强和改进城市配送管理工作的意见》等精神,昌吉局联合州公安局、经济和信息化委员会、住房和城乡建设局等部门于1月24日印发了《昌吉州寄递专用电动三轮车规范管理实施方案》,切实实现了快递末端服务车辆的规范管理、有序通行。

伊犁局积极协调联系伊犁州直相关单位,挖掘利用各方资源,鼓励动员快递企业通过快快、邮快、交快、快商、快电合作等形式,加速推进快递下乡进程。截至2019年底,伊犁州直“快递下乡”已覆盖73个乡镇,乡镇覆盖率达73.74%。加快推进包裹的绿色化、减量化和循环利用,深入实施“9571”工程。电子运单(揽收件)使用率达到98.14%,电商快件(揽收件)不再二次包装的比例达到95.96%,循环中转袋(箱)使用率达到75.13%,县以上158个邮政、快递网点全部设置包装废弃物回收箱。

阿勒泰局集中开展快递末端服务违规收费清理整顿工作。结合不忘初心、牢记使命”主题教育调研等活动分别对阿勒泰市、北屯市、福海县,布尔津县、哈巴河县、富蕴县、青河县等县所辖寄递企业末端网点通过调研、访问、走访、指导、谈话等形式了解快递末端服务违规收费问题,同时协调解决末端网点设置、运输、邮快合作、邮电合作等方式,清理整顿,取得成效。

五、快递市场存在的突出问题

随着新疆稳定红利持续释放、各类政策叠加增效、人民生活水平不断提高,新疆邮政业保持了良好发展态势,仍处于大有可为的战略机遇期。但同时行业发展也面临不少困难和挑战,存在监管力量薄弱、企业管理方式粗放、同质化竞争激烈、寄递安全形势依然严峻复杂、新业态不断涌现等问题,亟待补齐治理短板和提升治理能力。当前和今后一个时期推进邮政行业治理体系和治理能力现代化建设,要切实提升邮政业服务民生、高质量发展、向外发展、防范化解重大风险、绿色发展和政府治理六种能力,着力构建邮政业高质量的民生服务体系、高标准的现代市场体系、高效能的国际寄递体系、高精准的风险防控体系和高水平的绿色发展体系,为推动新疆邮政业高质量发展提供有力保证。

第八篇　协会工作

强弱项　补短板　提能力　促发展
——深入探索适应快递业高质量发展路径

2019年是中华人民共和国成立70周年,是全面建成小康社会关键之年。党中央、国务院高度重视、十分关心快递业发展。习近平总书记2019年春节期间看望慰问了一线工作的快递小哥,并多次就寄递渠道安全、快递包装治理、快递小哥关爱等作出重要指示批示,为行业改革发展指明了方向,提供了根本遵循和行动指南。在总书记的关怀与鼓舞下,我国快递业继续保持稳中向好的发展态势,发展规模指数、服务质量指数和发展能力等方面整体有较大提升。

一年来,中国快递协会贯彻落实党的十九大和十九届二中、三中全会精神,坚持创新、协调、绿色、开放、共享发展理念,认真落实国家邮政局总体部署,协同广大会员企业,以推动行业高质量发展为导向,以供给侧结构性改革为主线,强弱项补短板,坚持新发展理念,坚持服务、协调、自律的宗旨,统一思想、凝聚力量,充分发挥桥梁纽带作用,反映行业诉求,强化行业自律,努力服务会员企业,深入探索适应快递业高质量发展路径。主要做了以下工作。

一、努力营造良好发展环境,为行业发展保驾护航

(一)努力搭建政企交流平台

协会积极参与发改委、市场监督管理总局等政府部门会议,沟通行业发展情况,反映快递企业诉求,先后就交通运输价格改革、电商快递领域塑料污染治理、就业带动、降低物流成本、旺季收费调整等问题与相关部门进行深入探讨,提出意见建议。就《寄递企业安全生产主体责任清单》《邮政行业安全监督管理办法修订草案》《规范快递与电子商务数据互联共享的指导意见》等30余项计划出台的政策法规文件,提出修改意见和建议,为行业发展争取政策支持,持续优化行业发展环境。

中国快递协会与河北省发改委联合举办河北快递业发展座谈会,高宏峰会长与河北省发改委主任党晓龙出席会议,快递企业代表与河北省发改委、商务厅、邮政管理局、机场及廊坊等地方政府代表共同参加座谈。企业代表从降低运输成本、加大用地供应、便捷车辆通行、提升航空快件效率等方面,对河北快递业转型发展提出了具体建议。会后,企业与河北省各相关部门和地方政府进行了交流对接。本次座谈促进了企业需求的对接与瓶颈问题的解决,进一步推动了快递企业在冀投资发展与转型升级,服务河北国际商贸物流枢纽建设和京津冀协同发展战略。

(二)推进行业法制建设

法律事务专业委员会举办

首期快递沙龙，邀请邮政管理部门、法律专家学者与快递企业法务代表共同就行业失信制度、数据合规、权益保障、快递新业态等行业热点问题进行深入讨论。组织中国（杭州）国际快递业大会平行分论坛，论坛以“中国快递业国际化之路的法治实践”为主题，邀请全国人大财经委的施禹之主任等专家学者，与快递企业代表一起探讨了快递企业走出去所面临的各种法律问题，分享了各自的经验，为快递业国际化之路提供法务支撑。协会还就快递员工权益保护问题组织研究座谈，重点从快递企业内部处罚规则、维护客户合法权益和企业员工基本利益，以及建立快递业黑名单制度的必要性和可行性等方面进行了深入探讨交流。引导企业享受国家减税降费红利。摘编邮政、快递相关减税降费政策，印发给企业及省级快递协会，让政策红利惠及企业发展。

（三）为会员提供法律咨询服务

帮助省级快递协会在制定快递三轮车相关管理办法、合作协议等方面提供法律咨询。就电商平台销售假冒快递企业商标商号产品等问题，向相关平台发出提示函并进行协调沟通。收集整理《2018年快递行业新增法规文件汇编》。印发《全国多地规范“快递电动三轮车”资料汇编（新版）》，为各地争取快递电动三轮车通行政策提供依据和先例。

二、保障行业健康有序发展

（一）深入推进快递绿色发展

贯彻落实国家邮政局相关工作要求，认真学习传达习近平总书记重要指示精神，整理印发《绿色快递法规文件汇编》。向全国政协人口资源环境委员会办公室反馈中国快递协会推进快递行业绿色发展远程协商会有关落实情况，为快递绿色发展争取理解和支持。绿色环保专业委员会就快递业生态环保发展、推进农村电商快递协同绿色发展等行业发展热点多次开展研讨与交流，协同电商、快递和上下游共同推进农村快递绿色发展，研讨绿色包装解决方案。参与菜鸟“回箱计划”。中国绿色快递包装产业联盟组织召开联席会、快递绿色包装交流会，快递企业与包装生产企业分享交流在绿色发展方面的做法和成功经验，研究解决快递绿色包装工作中存在的问题。

（二）全力做好旺季服务保障工作

协会在杭州召开“双11”快递服务动员会，分析研判2019年“双11”快递服务的新特点，对旺季期间的行业安全、运能储备、末端投递、快递包装绿色循环使用等工作进行动员部署，要求企业落实旺季服务工作机制，加强保障能力建设，杜绝过度包装，严格落实三项制度。会议还对电商平台、快递企业、省级协会作出相应提示。为做好商务部和国家邮政局联合举办的首个“双品网购节”快递服务保障工作，确保活动期间快递服务安全、平稳、有序运行，中国快递协会召开2019年“双品网购节”动员部署会，引导快递企业抓住契机，打造快递品牌品质新形象，创造快递高附加值新产品和新服务。

三、努力拓展行业影业力

（一）组织召开第三届中国（杭州）国际快递业大会

由国家邮政局、浙江省人民政府、中国快递协会主办，杭州市人民政府承办的第三届中国（杭州）国际快递业大会在桐庐召开。来自政府相关部委领导，以及国内外知名快递企业、快递业生态圈企业代表等600余人齐聚盛会，以“快递联通世界”为主题，共同探讨新时代快递业高质量发展大计，推动国际交流合作。国家邮政局局长马军胜、浙江省人民政府副省长高兴夫出席大会并致辞，中国快递协会会长高宏峰致闭幕词、国家邮政局副局长刘君出席，万国邮联咨询委员会主席沃尔特·特雷泽克出席并作主旨演讲。大会还发布了《中国快递业社会贡献报告（2018）》和《全球快递发展报告》。《中国快递业社会贡献报告(2018)》对2018年快递业所取得的主要成果进行了梳理，展示出快递业发展脉络。《全球快递发展报告》介绍了全球快递发展概览、跨境业务增长情况、世界不同区域的市场格局和主要特点以及未来全球快递业发展趋势，并对全球快递前沿科技进行了阐述。在闭幕仪式上，大会发出了《桐庐倡议》，呼吁中国快递企业强化战略引领、深化发展共识，强化协同创新，深化务实合作，强化目标导向，深化能力建设，抓住战略机遇期推动国际化跨越式发展，更好服务国计民生、便利跨境贸易、畅通经济循环、提升国际竞争力。

(二)组织中国快递协会十周年庆典

庆典活动以“十年砥砺奋进　聚力再创辉煌”的主题，回顾了协会十年发展历程。国家邮政局局长马军胜等局领导出席活动并颁奖。对“2018年度邮政行业科学技术奖”获奖项目进行了颁奖。对113名一线快递员进行表彰，并授予“快递小蜜蜂”称号；对125家优秀末端网点授予“优秀快递驿站”称号；授予广东等13家省级快递协会“优秀会员之家”称号；对16家在扶贫工作中作出突出贡献的会员单位给予表彰，对“大美·中国新快递”2018摄影大赛进行了颁奖。上下游会员企业搭建展览区域，进一步促进了产业链上下游企业间的合作。

(三)承办2019京交会快递服务板块

承办京交会快递服务板块，重点对首届邮政行业科学技术一等奖获奖项目电子面单、末端无人机配送综合解决方案、京东无人仓、顺丰数据灯塔项目、邮政业监督管理信息系统工程等进行了展示。15家重点快递企业集体亮相，17家企业参与意向签约项目。

四、引导企业积极履行社会责任

(一)组织编撰《中国快递业社会贡献报告(2018)》

报告在去年工作的基础上，不断完善内容呈现、优化调整章节设置、择优选录典型案例、突出行业发展引领，更进一步呈现快递行业2018年的社会贡献累累硕果。报告通过真实企业实例以及相关数据的展示，全面梳理了中国快递行业2018年在防范安全风险、助力脱贫攻坚、坚持绿色发展、强化党组织建设等议题下的社会贡献实践与成效。报告在第三届中国(杭州)国际快递业大会上进行了发布。

(二)组织快递企业签署自律公约

协会联合世界自然基金会(WWF)、中国野生动物保护协会，组织14家快递企业，举行了“快递业拒绝寄递非法野生动植物及其制品自律公约”签署仪式。企业承诺将采取有效措施，拒绝收寄非法野生动植物及其制品，积极遏制野生动植物非法贸易，维护濒危物种安全和全球生态健康。活动还组织了培训与交流，森林公安局、WWF等部门介绍了如何发现识别常见濒危野生动植物制品的知识和技术及快递行业涉案案例等情况。WWF为快递企业专门制定了发现和打击野生动植物非法寄递操作指南。协会与WWF在云南召开培训座谈会，印发《寄递渠道野生动植物及其制品保护法规手册》，旨在降低中缅、中老边境地区快递企业被动涉及非法寄递的风险，提高发现象牙、犀角等非法制品的能力，避免企业因涉及非法运输濒危物种而受到处罚，维护行业形象。

(三)推进行业扶贫助残工作

为推进落实《邮政业助力脱贫攻坚三年行动方案(2018－2020年)》有关重点工作，协会按照“政府搭平台、协会作引导、企业做贡献”工作思路，向会员单位进行动员和部署，引导企业通过企业公益基金项目作为扶贫主渠道，给予安排实施。部分企业参与了全国邮政行业扶贫的帮扶项目。严格管理扶贫资金，认真做好资金拨付工作，经6家捐款企业同意，2019

年拨付的款项共计99.9万元，其中“控辍保学”工程20万元，“危房改造”工程39.9万元，“贫困户饮水安全巩固提升”工程40万元。支持快递企业与中国残疾人福利基金会的残疾人网络就业项目合作，杨骏副秘书长出席了张掖市第三期“集善乐业”残疾人网络就业项目培训班结业仪式暨圆通速递扶贫助残就业基地挂牌仪式。

五、积极开展对外交流互动

（一）借力媒体宣传行业发展

新中国成立70周年纪念之际，高宏峰会长接受了人民网的采访，围绕我国快递业从无到有、从小到大的发展历程以及所取得的发展成就进行了深刻解读。快递业拒绝寄递非法野生动植物及其制品自律公约签署仪式，20多家媒体现场采访，新浪热搜阅读量超6000万。通过媒体积极回应社会关切。就快递从业人员权益保障等热点话题，接受新华社、工人日报等媒体的采访。

（二）推动对外交流工作

焦铮副秘书长在上海会见了德国电子商务协会首席执行官马丁·格罗斯·阿尔本森先生。双方就两国电子商务与快递业发展中的问题进行了交流与探讨，对快递业绿色发展问题进行了相互分享与学习。会谈还对德国电子商务协会明年率团来访的情况进行了初步了解与安排。中德两国在电子商务和快递业发展等方面均有相互借鉴与学习的地方，希望通过两协会间的交流，有力推动双方会员企业间的深入合作。

（三）加强联络与合作

中国快递协会应邀与中国消费者协会共同开展“信用让消费更放心年”主题活动及“3·15”行业信用建设展示活动，中国快递协会在活动中发布快递行业协会信用建设行动成果并参加签字仪式。参与中国国防邮电工会组织召开的“牢记习近平总书记关怀，大力弘扬‘小蜜蜂’精神座谈会”，激励广大快递职工大力弘扬“小蜜蜂”精神，为快递企业高质量发展建功立业。

六、稳步推进党建工作与自身建设

（一）扎实开展党建工作

协会党支部在上级党组织的领导下，持续深入贯彻落实习近平总书记关于推进中央和国家机关党的政治建设重要指示精神，认真落实《中共中央关于加强党的政治建设的意见》和中共中央《关于加强和改进中央和国家机关党的建设的意见》，进一步增强政治学习的自觉性，牢固树立“四个意识”，坚定“四个自信”。深入开展党的政治纪律、政治规矩学习教育和《全国邮政系统2019年党风廉政建设工作要点》学习活动。严格执行《关于新形势下党内政治生活的若干准则》。召开党建述职大会及组织生活会，注重提高组织生活会质量。扎实推进“两学一做”学习教育常态化制度化。

（二）不断强化自身建设

召开二届五次会员大会，审议通过了2018年工作报告和财务报告。以通讯形式召开二届十二次、十三次理事会，审议通过新会员单位入会申请，共有11家企业入会，有3家会员单位申请调整为理事单位。组织召开三次常务理事会，对协会相关工作进行议定。召开二届一次、二次、三次常务理事会，听取常务理事对协会秘书处2019年重点工作的意见；审议通过常务理事会会议制度和专业委员会增补委员名单等。

第九篇　人　物　志

浙江省桐庐县委书记、县长方毅：

大声说“我是桐庐人”

4月，桐庐人“回家”，记者再次探访桐庐这一传奇之地。在县城，随手招一辆出租车，“去钟山！”“去快递之乡啊？”司机师傅立马与你熟络起来。言语中你会神奇地发现，似乎每个桐庐人都与快递有着或多或少的联系。眼前这位司机师傅的弟弟就曾跟着桐庐快递第一人聂腾飞干过快递，“不过没有坚持下来，可惜喽”。

桐庐人骨子里都流露出快递基因。记者在与另一位“桐庐人”交流时发现，“桐庐”逐渐被凝聚成一个闪光点，光芒四射。他就是号召桐庐人回家的桐庐父母官，县委书记、县长方毅。

“不解之缘”

面对台下数百位“回家”的桐庐人，方毅发言时的自豪之情溢于言表。在很多人尤其是行业中的人提到“桐庐”时，第一反应就是那里是中国民营快递的发源地。作为桐庐的“父母官”，方毅对“桐庐”两个字的第一反应有什么不同？

“提到‘桐庐’，我的脑海里也一定会立马蹦出‘快递之乡’，它与‘美丽乡村’‘最美县城’‘民生幸福’等词一起，组成了桐庐最闪亮的金名片。”方毅告诉记者，“快递之乡”尤其特别。因为桐庐是中国民营快递业的发源地，是成千上万快递从业人员的故乡。

从2011年开始，方毅被调任桐庐县委副书记，伴随桐庐近8年的成长中，他也对这里的快递传奇熟稔于心：“20世纪90年代，勤劳淳朴的桐庐人踏着几辆自行车，硬是踏出了申通、圆通、中通、韵达等百亿级的企业，占据全国民营快递行业半壁江山……2018年天猫‘双11’全天成交额破2135亿元，产生10.4亿个快递包裹，其中56%左右是我们桐庐‘三通一达’完成的……”

动人的故事、精准的数据，“快递”已经深深烙印在眼前这位桐庐父母官的脑海中。“我和快递业内人士、全体桐庐人一样，为桐庐是‘快递之乡’而倍感骄傲与自豪。”

从20世纪90年代发迹，直到今天，桐庐籍快递企业在全国各地开枝散叶，“三通一达”尽数上市。今天的桐庐百姓,发自内心地以“快递”为荣。

方毅为记者描绘了桐庐当地百姓对快递认识的心路历程:“也是经历了从不了解到知道再到羡慕,从不以为然到羡慕不已的过程。”“在过去,因为穷,桐庐人从不敢对外自称‘我是桐庐的’,但今天,因为民营快递的发展,桐庐作为中国民营快递之乡的知名度也同快递包裹一样走入千家万户,响彻大江南北。快递已经成为桐庐百姓向往的职业、引以为豪的事业,桐庐人在外可以自豪地大声说‘我是桐庐人’。”

三样“法宝”

桐庐人之所以能与快递结下“不解之缘”,能走出这么多的快递企业家,并得到蓬勃发展,方毅认为得益于三样“法宝”:

第一样法宝是“鼻子”。

桐庐人对快递市场的嗅觉十分敏锐。地灵人杰孕育了勤劳质朴、敢闯敢拼的桐庐人。从一张小小的报关单中,桐庐人洞察到快递市场的气息。1993 年年初,桐庐县歌舞乡潘畈村陈小英等,率先在杭州创立国内第一家民营特许加盟连锁快递企业—申通快递。其后,韵达、圆通、中通、汇通和希伊艾斯快递等桐庐籍快递企业先后在上海成立。1993 年至 2003 年,桐庐籍快递企业参与了中国互联网快速发展的 10 年,实现了全国布网;2003 年至 2013 年,桐庐籍快递企业又从互联网中洞察到电子商务的兴起,走过了中国电子商务快速发展的 10 年,企业规模效益飞速发展,并为上市作了充分准备;如今,“三通一达”全部实现上市,充分展现了桐庐快递企业抓住利用资本市场壮大快递产业的能力。

第二样法宝是“文化”。

桐庐有着开放包容的文化。桐庐自古就是浙西交通要道,移民迁居繁衍,具有鲜明的包容性和融入性。改革开放以来,桐庐人抓住机遇,乡镇企业如雨后春笋般异军突起,形成了制笔、针织、箱包等多个特色鲜明的块状经济,赢得了八方朋友,收获了发展先机。“与快递结缘,也与这种与生俱来的开放包容的性格分不开。”

第三样法宝是“作风”。

桐庐人有着艰苦创业、勇于开拓的优良作风。桐庐人历来有团结拼搏、艰苦创业、勇于开拓的优良作风和精神。“正是这份敢为人先、敢闯敢试的气魄和不畏艰难、勇于创新的时代风采,加上淳朴的亲情、同学情与乡情,造就了今天的快递王国。”

“快递老板遍地跑”

出租车司机对快递的熟悉在方毅这里得到印证。“随着桐庐快递业整体实力的不断增强,‘快递回归’也在持续推进,致富不忘反哺家乡、凝心聚力建设家乡,已在桐庐蔚然成风。这些年,快递为桐庐城市和百姓生活带来了显著的变化。”

“据不完全统计,由桐庐籍民营企业家创办和管理的快递企业达 2500 余家,有 5 万多名桐庐人活跃在全国快递网络服务点,这些快递从业人员基本上都是大大小小的老板,占了全县总人口的近 1/7。”快递为桐庐带来了就业，富裕了百姓。

酒店窗外，中通快递在桐庐的区域总部拔地而起，象征着快递在这座城里的地位。方毅说，目前，“三通一达”等快递企业的区域性总部都已落户桐庐，其他还有物流、呼叫中心、面单印刷等快递上下游产业链也在桐庐布局发展，快递关联企业达上百家，相关产业的税收贡献率每年都以30%以上的速度增长。特别是近年来，中通快运全球创研中心、中通云谷等快递产业项目落地开工，快递产业链的聚焦效应已初步显现。快递带动了桐庐产业，提升了档次。

一次桐庐人大会，唤来数百位在各方颇有成就的游子，4家上市快递企业创始人更是罕见同时亮相，这让方毅激动不已。“桐庐籍快递企业积极传承和发扬回馈反哺家乡的精神，彰显了‘不忘家乡、回报故土’的桑梓情怀。”方毅随口向记者罗列了快递企业这几年来反哺家乡的一部分事迹：比如，“三通一达”积极慷慨解囊，热心家乡公益，出资2000万元发起成立“五水共治”生态公益金；中通为桐庐体育基金捐资500万元，圆通建立专项基金，用于开展安老、帮困、扶幼、助学等公益性活动；在首届“桐庐人”大会上又捐资4000万元成立教育等公益事业基金等。此外，桐庐的村级商会、慈善组织等都有快递人的善举。快递弘扬了桐庐精神，彰显了桐庐情怀。

“桐庐蓝图”

近年来，桐庐获得颇多与快递相关的新名号，这与方毅提出的助推桐庐“快递人之乡”向“快递产业之乡”转变的思路正在不断落地有关。

“我们要描绘一幅快递产业在家乡桐庐蓬勃发展的美好蓝图，让快递产业成为桐庐最亮丽的品牌。”在方毅的这幅美好蓝图中，快递产业要扮演三种角色：

第一种是特色经济。

快递产业对县域经济的贡献量要可观，这一产业贡献量的体现不仅要看快递产业的固定资产投资额，还要看快递产业的各项经济指标，要让其在桐庐规模化、集聚化发展，形成上下游完备的快递产业链，成为桐庐经济发展的主导产业和特色支柱产业之一。

“在首届‘桐庐人’大会上，我们与‘三通一达’分别签约了中通商业综合园区，韵达智能装备研发、制造及农旅、文旅综合开发，申通国际总部中式精品酒店及快递智能制造产业园，圆通国家工程实验室创新孵化基地等项目，协议投资总额超150亿元。这让我们向‘快递产业之乡’的转变又迈进了一步。”

借此，方毅准备加快推进以富春江滨水风光带、东兴路、高铁新城为主要内容的“一带一路一新城”建设，并在其中规划3平方公里打造“快递小镇”，使之成为快递产业发展的主要承载平台，并努力将其打造成为最美县城的新门户、城市化发展新引擎。

第二种是富民产业。

“快递业已经使得一大批在外的桐庐人先富了起来。如何让快递产业回归，进一步带动其他桐庐人富起来？”方毅说这是桐庐打造“快递产业之乡”的一大初心，他们将坚定不移地推进“快递回归”项目落户，加快实现富民强县。

第三种是相关产业带动者。

快递产业具有很强的产业关联性和产业带动效应。杭州正在打造全国数字经济第一城，桐庐也在加快打造杭州数字驱动产业变革示范地的先行县。借着云计算、大数据、移动互联网、人工智能等新一波技术浪潮的兴起，快递物流行业已经从肩扛手提的传统模式，进入了以科技驱动的全链路深度数字化的新物流时代。期待快递产业能够带动桐庐的电子商务、智慧物流、数字经济等产业，进而带动针织、制笔、箱包等传统制造业数字化改造与转型升级，推动桐庐经济高质量发展。

"我们提出要加快助推桐庐由'快递人之乡'转向'快递产业之乡'，就是要深入推进'快递回归'战略，坚守情怀发展快递物流产业，把更多乡贤唤回来，把更多项目和可能留下来，共同推动桐庐实现转型跨越、绿色崛起。"方毅动情地说。

菜鸟网络总裁万霖：

菜鸟网络面临的挑战和机遇是全世界独有的

2019 年，是万霖加入菜鸟网络的第五年。此前，他曾在亚马逊工作了 10 年。加入菜鸟网络以来，特别是在 2017 年 1 月就任菜鸟网络总裁以来，万霖带领菜鸟网络稳步推进智能物流骨干网建设。春节前夕，他接受《快递》杂志记者专访，畅谈菜鸟网络的发展和自己的"快递人生"。

让基础设施建设开路

"菜鸟网络和中国快递业的发展与改革开放息息相关、密不可分，这是每个人都能认识到的。快递业从原来非常草根的行业到现在业务量、时效、成本都领先全世界，如果没有改革开放大潮的推动，这是不可能实现的。"万霖在接受专访开始时首先提及改革开放对菜鸟网络和中国快递业发展的影响。

搭建全国 24 小时必达和全球 72 小时必达的智能物流骨干网，是菜鸟网络自成立以来为自己定下的发展目标。在万霖看来，菜鸟网络对自己的定位就是做平台和基础设施。他说："基础设施是最难做的，而且是长期投入。如果不是基于改革开放对商业、消费、社会等各方面的长期推动和长期发展利好趋势，菜鸟网络很难做如此长期的基础设施投入。"

经过数年的发展，菜鸟网络搭建的智能物流骨干网雏形已经显现。截至记者发稿前，其与合作伙伴在全国范围内的仓储和转运中心面积合计已超过 3000 万平方米；国内七大节点枢纽已经建立；海外布局也在以 e-Hub 为中心，配合国家"一带一路"建设进行。

万霖说："全球网络建设是菜鸟网络发展的里程碑事件之一。对于阿里巴巴甚至整个国家来说，推动全球化都是一个大的趋势。全球化物流网络是全球化商业的基础设施。基础设施建设要走在商业的前面，不能等业务都发展起来再建设。这就是我们为什么要去做 e－Hub、开通洲际干线的原因。这是我们很关键的布局和决策。"

除全球网络建设外，万霖认为，普及电子面单和发展仓配供应链能力同样是菜鸟网络发展的里程碑事件。

2014 年，万霖刚加入菜鸟网络时，电子面单业内渗透率只有个位数。经过几年的发展，电子面单业内渗透率已经接近90%。仅在阿里巴巴生态系统内，每天实时调用电子面单的包裹量已经超过1亿。

万霖说："电子面单让所有人意识到行业的数字化能够带来什么样的改变。其实，电子面单就是把每一个包裹都数字化了，给每一个包裹打上了标签。数字化带来了一系列变化，促进了整个链路的优化，使我们能够进行智能的调度，能够在分拨中心使用自动化设备。"

近两年来，为匹配阿里巴巴提出的新零售和新制造发展，菜鸟网络大力发展供应链能力。对此，万霖认为，供应链能力建设符合阿里巴巴"让天下没有难做的生意"的初衷。他说："以前，这种能力是宝洁、联合利华、可口可乐等大型跨国公司的专利。只有这样的公司才有能力进行供应链的整合和优化。中小企业是没有任何能力这样做的，无论是技术能力还是谈判能力。我们希望做这样一个平台，利用在技术和数据上的协同能力，帮助中小企业更好地对接新零售、匹配新制造，实现按需定产和个性化定制。这是未来必然的发展的必然方向。"

让开放解决每天10亿个包裹的问题

2018 年"双 11"，阿里巴巴和菜鸟网络再次刷新多项纪录。作为菜鸟网络总裁，万霖如何看待"双 11"这个中国独有的商业现象？

万霖说："每年'双 11'其实都是一个大考，是对我们的检验。对菜鸟网络和中国快递业来说，这也是一个里程碑。我们可以看到，菜鸟网络和中国快递业的能力在历年'双 11'的考验下都有一个飞跃。"

对于"双 11"在短期内过于集中释放消费需求的质疑，万霖表示，大家需要时间去适应新事物。对阿里巴巴而言，每年都会在"双 11"面临巨大的挑战。面对挑战，阿里巴巴的选择是通过挑战极限实现整体能力快速提升。他说："所有的服务器在最初那几年存在崩溃或回滚的可能，很难去应对。但是，我们相信技术上的突破最终能够带来模式上的突破，解决这些之前认为不可能解决的问题。"

"双 11"对菜鸟网络同样是巨大的挑战。菜鸟网络面对挑战的解决方案是建立大数据驱动社会化协同的平台。

万霖告诉记者，社会化协同需要利益机制和技术两方面的保障。"如果数据和技术能够产生价值，那么价值的分配需要好的机制保障，以让参与者都能够因技术带来的红利而得到更好的收益。这是至关重要的，是社会化协同的关键。因为把饼做大后，大家一起来分，是社会化协同的基础。技术手段则是确保协同利益分配机制能够在大范围内以低成本和公平、公正、透明的方式进行。如果没有技术不断推进，可能只能在小范围内协同。对社会化协同来说，利益机制和技术的保障二者缺一不可。"

技术是企业发展的核心竞争力。自成立以来，菜鸟网络不断向行业和社会开放技术产品。这样做是否会影响其核心竞争力？对此，万霖表示，技术开放是要看想解决什么样的问题。究竟是每天几百万个包裹的问题，还是现在每天1亿多个包裹、未来每天10亿个包裹的问题。

万霖说："从菜鸟网络的自身需求和社会责任来看，我们都立足于解决未来每天10亿个包裹这样的问题。只有开放，才有机会解决这样的问题。只有开放，才能让所有人紧密连接起来，才有机会让所有人接受你，才有机会解决全行业的问题。”

让伙伴形成平台协同的力量

菜鸟网络正在搭建的智能物流骨干网规模之广、体量之大，在全球范围内都没有先例可循。目前，智能物流骨干网的“竞品”主要包括万国邮联框架下的邮政网络和UPS、FedEx、DHL三大国际快递企业各自的国际快递物流网络。

但在万霖看来，智能物流骨干网和后两者之间并不存在直接竞争的关系。他说：“智能物流骨干网和这两者的最大区别是定义在支持全球化电子商务和新零售发展。万国邮联框架下的邮政网络主要是满足C2C的需求，进行寄递信件和个人物品的普遍服务；三大国际快递企业的网络主要是满足B2B的需求。这中间缺了一层可以匹配电子商务和新零售发展的全球网络。菜鸟网络正在为电子商务和未来商业新兴业态定制这样一张网络，而且是通过和全球范围内超过2000个合作伙伴的协同和链接来进行网络建设。”

近年来，阿里巴巴的主要竞争对手亚马逊也在大力推动快递物流网络建设。曾在亚马逊工作10年的万霖谈到了他对新老东家间商业竞争的看法。

“亚马逊是我毕业后供职的第一家企业。它给了我一个很好的平台去成长，因为它高速增长、重视突破和创新、有顾客视角和独特的企业文化。”万霖说，“阿里巴巴和菜鸟网络同样是非常棒的平台。虽然亚马逊和菜鸟网络都是在解决物流问题，但是双方在用完全不同的思路和方法。亚马逊主要通过自建网络解决问题，菜鸟网络则通过更开放的平台化方式来搭建智能物流骨干网。两家企业的技术能力和创新能力都是非常强的。但是，亚马逊解决的是日均千万级包裹的问题，菜鸟网络有机会解决日均一亿级甚至十亿级包裹的问题，这样的挑战和机遇是全世界独有的。”

谈及竞争力，万霖表示，菜鸟网络的竞争力主要包括目标明确、坚持协同的平台模式和相信技术与数据的力量。

万霖说：“要保持竞争力，首先要保持清醒，记得我们要做什么，初心是什么。这个初心是实现全国24小时和全球72小时必达。其次是坚持协同的平台模式。这是我们区别于其他企业的主要特征，是别人很难复制的。最后是相信技术和数据的力量，并不断在这方面加大投入。在我们的3000多名员工中，超过一半是技术人员。”

平台建设离不开合作伙伴的支持。作为“海归”的万霖和出身“草莽”的民营快递企业家是否有共同语言？对此，万霖表示，他非常尊敬民营快递企业家的企业家精神、创新精神、契约精神和责任意识。“他们在当时整体基础条件非常不好的情况下，能够想方设法推动网络建设和行业发展。特别是其中的上市企业负责人，他们和我谈到的最多的是对员工的责任。这些企业每一家都有几十万名员工。在自身事业上的成就和个人财富的积累外，他们更看重的是对员工、合作伙伴和加盟商的责任。”

在菜鸟网络总部的企业文化宣传栏中，有许多快递员的照片。专访即将结束时，万霖特意提到快递员对菜鸟网络发展的重要意义。

“行业要真正发展起来，首先是从业人员要有充分的发展空间，能得到有尊严和体面的职业保障。推动这种变化需要有一个过程。”万霖说，“菜鸟网络呼吁大家更多地关注快递员。在阿里巴巴IPO这样的各类重要活动中，我们都会把快递员放在核心位置。菜鸟网络在做的很多事情，比如菜鸟驿站、智能语音助手、‘星计划’等，都是希望帮助快递员降低劳动负荷，提升劳动效率，希望好的快递员得到更好的回报。不管他到哪家快递企业工作，都会因为之前积累的良好信用而马上得到认可。”

点我达创始人兼CEO赵剑锋：

撞了南墙，搭个梯子爬过去

知名投资人李开复曾用“坚韧”来形容他。在即时物流赛道上奔跑的10年中，每一个曾经经历的挫折都足以让人灰心却步，但最终赵剑锋还是坚韧地走了过来。激情澎湃点燃创业热情，战略失误濒临倒闭，心灰意冷无心战事，重整旗鼓再次出发……他的故事，就是每一个创业者的故事。

偌大的舞台上，投下一束光。“创业10年，依旧只是侥幸活着。”他拿着话筒，手握遥控，背后的PPT上写着“脚踏实地，仰望星空”。“过往，不死的鸟是凤凰鸟；未来，走着走着花就开了。”

据说，初创公司10年的存活率仅为2%。所以，在给媒体记者们的邀请函上写着：“企业十周年年会暨点我达三周年盛会。”庆幸企业还活着的同时，赵剑锋不忘调侃自己一番：多年以后才知当初的自己有多愚蠢，“否则，今天我在这里讲的可能就是‘点我吧十周年’，而不是‘企业十周年暨点我达三周年’了”。年会后，他接受了包括《快递》杂志在内的媒体记者的采访。

从“鸟人”到“巨人”

这并不是他的第一个创业项目，但却是从一而终的。从“点我吧”到“点我达”，他的10年创业路，充满坎坷。

10年前，赵剑锋创办点我吧时，移动互联网正处于爆发前夕，外卖行业风口初见端倪，他是其中最早的探索者之一。虽然早已站在风口，但之后的每一年都像站在刀刃上。和大多数创业者一样，在最初的那些年，他感觉公司随时都有可能倒闭。

“知道创业艰难，没想到年年艰难。”当他坐在台下，观看着同事们将过往集结而成的视频，眼泪涌出眼眶。画面中，赵剑锋和公司的伙伴们坐在错落有致的台阶上，回望那些曾经倚靠梦想打鸡血的日子，那些一直伴随、未曾离开的老将，那些短暂驻足、留下感动的过客，每一个都在诉说着10年中经历的故事。

他抬起手，缓缓摘下眼镜，

抚干眼角的泪水。"我必须在创业路上狂奔,宁可死在扩张的路上,也不活在萎缩的城里。"

2009年,点我吧(点我达前身)成立后不久,赵剑锋就被迫开始了一轮强力整顿,导火索是一位商务主管卷了商家的钱跑了。"那时候,我感觉公司所有人都能上天。"

有人三更半夜在大街上与人发生冲突,"以一敌八"把自己送进派出所;有人为了几百块钱,把电动车随便一扔就不干了;有人在电话里公然辱骂顾客……

像这样的事在2009年举不胜举。在赵剑锋的印象中,那一年他没干别的事情,大多数的时间被用来做"组织建设",点我吧的企业文化也正是从那时开始形成的。知名投资人李开复曾用"坚韧"来形容他。在即时物流赛道上奔跑的10年中,每一个曾经经历的挫折都足以让人灰心却步,但最终赵剑锋还是坚韧地走了过来。激情澎湃点燃创业热情,战略失误濒临倒闭,心灰意冷无心战事,重整旗鼓再次出发……他的故事,就是每一个创业者的故事。

然而,局势并没有变得更好,那一年的年末,有超过50%的员工离职,两位创始合伙人也选择了离开。按理说,一家刚刚成立的企业就"惨"到这个地步,还有坚持下去的理由吗?但赵剑锋坚持了下来,并且引进了两位职业经理人,他们要搭伙认真拼命。2010年,在手机定位鲜有商用的情况下,他给所有小伙伴的电动车都安装了"豪华标配"——GPS,他要做本地生活服务,而且要做好。2011年,点我吧开始走"小规模验证,大规模扩张"之路。此时恰逢"中国移动互联网元年"开启,资本市场上的热钱开始汹涌溢出,整个商业环境和时代背景发生着巨大变化,速度已成为制胜的关键。自然地,点我吧费时耗力的"小规模验证"失败了。

这个世界上有两种人,他们都高瞻远瞩、高屋建瓴,盘桓在空中俯瞰。其中一种人,脚在空中;还有一种人,脚在地上。前一种人叫"巨人",后一种人叫"鸟人"。赵剑锋说:"其实我们在那个年代就是那个'鸟人',因为我们不知道如何落地,不清楚使命的方向在哪里。"

因为不知道做什么正确,执着地以为两点之间最快的速度是直线,但其实有时候有可能是曲线。

直到4年后,他在长江商学院看到"取势、明道、优术"的校训后才幡然醒悟,点我吧一直在明道和优术上做得很好,但在取势上是零分。

又一次面临抉择

2012年上半年,在成为"穷光蛋"后不久,赵剑锋第一次拿到了融资——1200万元,他觉得那是自己最有钱的时刻,甚至比后面拿到几十亿的感觉还要多。做得稍有起色的点我吧不仅被资本看见,也被全国的许多同行看见了,他们纷纷提出加盟点我吧。但赵剑锋却鬼使神差地拒绝了所有的加盟申请,"多年以后,我才知道当时我有多么愚蠢,错失了快速发展的机会。"没能把握时局使点我吧在O2O的道路上举步维艰。

如果知道下一年的美团外卖即将入场,各路资本重金押注饿了么,他或许就不会这么做了吧,可惜世上没有后悔药。

在互联网行业不要说第十名,可能第三名都没有机会。"你必须做到第一,勉强做到第二也行。你要在战略上,做相比于盈利优先级更高的事情。"它盈利的时间点会被推后,需要不断地获得资金、资源,在一个在线市场形成网络和规模效应,才有机会活下去。

最后，资本一定会向最好的企业靠拢。“所以你有时候死了，可能不是你做得不够好，只不过是别人做得比你更好。”赵剑锋说。

对于激烈的战事，他不是没有准备。按计划，点我吧当年要同时在北京、上海、深圳开站。但就在上海开站的前几天，他个人突遇变故。虽然没有细说详情，但他坦言这一年的经历，让他难以直面：“我做过一些愚蠢的事情，也付出过惨重的代价，但我都没有后悔过，除了2013年那段经历。”当年年底，点我吧的账上已经没钱了，发不出工资，更别提年终奖了，又有两位合伙人因生活所迫递出辞职信。

坚持还是继续？这道难题又一次摆在赵剑锋面前。他跟朋友借了300多万元，给员工发了年终奖。他清楚地记得，同事们议论纷纷，“为什么今年只有一个月的年终奖？”能说什么呢？“公司要倒闭了吗？”他什么都解释不了，只希望春节赶快过去，好赶快去融资。

浴 火 重 生

2014年5月30日，融资遇阻的赵剑锋正准备去五台山散心，突然接到了投资人打来的电话，对方说已经决定投了。“1个月内必须到账，因为要投我们的人正排着队呢”。傲娇的背后，其实此时的点我吧已经熬不过1个月了，如果等不到钱，就会濒临死亡。显然，他是幸运的，这位投资人真的在1个月之内把钱打了过来。

在一次年会上，赵剑锋说：“作为一位领导，最重要的特质和品质是什么？其中之一就是在战争打得一塌糊涂的时候，能够在所有人都看不到方向的时候站出来，发出自己哪怕最微弱的光芒，指引这支队伍前进。”无论他的心底有多大的彷徨、沮丧，甚至恐惧，他都不把负能量传递给整个队伍，要把自己光芒的那一面表现出来，无论这种光有多么微弱。只有这样的人，才能够扛得过风浪，带着大家往前走。

事实是尽管他拿到投资人1000万美元的投资，但依然乐观不起来。因为此时，百度外卖获得2.5亿美元的融资，饿了么获得6.3亿美元，美团则拿到7亿多美元。

对手太强大，这一次，赵剑锋选择了浴火重生。于是他在深夜无眠中给团队所有成员发消息，开始新的创业——点我达诞生了。从开会决策，到调研、上线，点我达仅仅用了26天。

以新的姿态，重新过活。点我达上线后数据表现出色，赢得不少投资人的青睐。2016年2月26日，他又接到了一个投资人的电话，“很抱歉，我们投不了了”。这个电话尽管只有短短几秒，却让赵剑锋周身布满寒意。此时，点我达全公司有1000多人，在全国21个城市布局……没有钱进账怎么办？

裁员成为唯一的选择，21个城市站也直接归零。那天是2月29日，现在想起来，赵剑锋依然非常愧疚，甚至无地自容。第二天，他就去了北京，因为那里有很多投资人。通过原投资方的引荐，当年4月，阿里巴巴集团跟点我达达成投资意向和协议。日子一天天过去，没有任何下文。有一天，戒烟几年的赵剑锋内心焦灼，买了一盒烟，来到办公室，正准备盘点资产，投资人的电话又来了：阿里巴巴集团投资负责人告诉他此前内部有些争议，现在没有问题了。

又一次“活”了过来，赵剑锋感慨万千，“你说是因为看到什么希望，所以才坚持下来了吗？”其实不是，是因为很多事情，只有坚持下去才有希望。

融入阿里生态的点我达，业绩呈10倍增长态势。即便如是,依然如履薄冰,他说:“这么多年来,我们一直是勇往直前。人们经常说‘不见棺材不落泪’,换句话说是‘不到黄河不死心’,而我们呢,可以跳下黄河继续往前游。”赵剑锋就是这样,即使撞了南墙也不回头,一定要搭个梯子爬过去。

他说:“2019 年,我们主要有‘一张图’‘一颗心’和‘一场仗’,即拥有共同的目标和使命,有着共荣共通的心态,能够一起去战斗!”

专访丹鸟董事长兼总经理李武昌:

“丹鸟想找到新的玩法”

3 月 11 日,浙江芝麻开门供应链管理有限公司完成工商变更,改名为“浙江丹鸟物流科技有限公司”,同时经营范围也新增了“物流技术、信息技术的技术开发”。

作为采访对象,李武昌应该是记者最喜欢的类型。《快递》杂志记者在专访开始时只问了他一个问题—丹鸟和快递企业有何不同?他对这个问题的回答长达 55 分钟。

在这 55 分钟里,李武昌全面而详细地解释了丹鸟的发展战略,“供应链”“创造价值”和“新的玩法”是他说得最多的三个词——

丹鸟是新零售配送的基础设施

“丹鸟希望通过降低供应链成本为用户创造价值。”如何做到这点?李武昌举例说,在传统供应链模式下,10000 袋洗衣粉被分为 7000 袋提供给线下批发商和 3000 袋直接线上销售,这两部分货物需要分别单独处理,并且需要在低于安全库存量时及时补货;在新零售倡导的“线上线下一盘货”模式下,两部分货物“合二为一”,大数据可以灵活调整库存量,避免货物积压。

“丹鸟要做能满足线上线下一体化综合物流服务需求的供应商。”李武昌说。

要做到这点,丹鸟需要成长为一家可以协同社会资源的平台型企业。

据李武昌介绍,丹鸟内部已形成对应不同业务的服务部门。其中,“丹鸟”负责 B2C 业务,“蓝豚”负责城配业务,点我达负责 C2C 业务。

“不同特点的运力池可以满足不同链路的需求,适应需求的不断演变。”李武昌告诉记者,灵活是丹鸟服务的一个主要特点。他举了一个生鲜社交电商的例子。现在,很多人在社区内通过“拼单”方式团购水果。水果到货后,“拼单”组织者集中收货后再向其他团购者“二次发货”。通过丹鸟,“拼单”组织者只需集中收货,再由丹鸟“二次发货”即可。

李武昌希望丹鸟成为一家需求驱动创新发展的企业。在他看来,配送服务未来在融入基于社区生活产生的商业场景,通过提供各种增值服务为用户创造新的价值有很大的发展空间。

寻找一种新的玩法

“丹鸟想看看能不能找到一种新的玩法。”在李武昌看来，移动互联网技术近年来迅速发展，带动人工智能和大数据技术在中国快递业迅速推广应用，但这个行业依然没有摆脱价格竞争的影响。

另一方面，消费者的需求也在发生变化。其中一个主要变化是商超从线下向线上转移，以天猫超市为代表的一批线上商超平台迅速崛起，物流要把“开门七件事”（柴米油盐酱醋茶）送到用户家中。

这一变化与传统快递服务形成了差异。

李武昌告诉记者，天猫超市是丹鸟目前服务的典型客户。据丹鸟测算，天猫超市产生的包裹单件重量约为5公斤，远超传统快递包裹1~3公斤的单件重量。他进一步解释说，对配送环节来说，不仅配送重量增加，而且配送难度加大；对分拨环节来说，很多商超包裹的规格不适宜目前的自动分拣设备操作。“以袋装米为例，包装袋表面光滑，不易堆垒码放，而且占用配送车辆厢体和自动分拣设备空间较大。”

这种变化正是丹鸟诞生的原因之一。

“根据天猫超市的商品特点，丹鸟对配送载具和分拣设备都进行了针对性的改造，以便能将包裹快速送达消费者手中。”李武昌说，“丹鸟最关心的是包裹以何种方式快速送达。至于服务的客户类型是B（商家端/企业端）还是C（个人端），是小B还是大C，这点虽然重要，但对包裹送达方式并没有决定性影响。”

不管包裹以何种方式送达，李武昌对丹鸟的要求都是高效。丹鸟的包裹配送流程已实现“人机”默契配合。丹鸟配送员在智能手机上可以提前通知收件人，并获悉配送路径规划信息，提升了工作效率。

从丹鸟的全称中也可以看出其对技术的重视程度和菜鸟网络如出一辙。3月11日，浙江芝麻开门供应链管理有限公司完成工商变更，改名为“浙江丹鸟物流科技有限公司”，同时经营范围也新增了“物流技术、信息技术的技术开发”。

让每一份期待都温暖抵达

高效之外，李武昌对丹鸟的另一个要求是“有温度”。

“我们有一句口号，叫‘让每一份期待都温暖抵达’。”李武昌告诉记者，希望丹鸟配送员能融入自己所服务的社区成为社区用户生活中必不可少的一部分。

5月21日，在菜鸟网络宣布的“天猫6·18”物流解决方案中，丹鸟被定位为“城市配送的领军力量”，将在“天猫6·18”中首次亮相，与快递企业一起协同作战。在对原有落地配网络进行优化升级后，丹鸟配送员将为消费者提供当日达、次日达等一系列配送服务。

李武昌认为，要让用户从一开始就认可丹鸟的服务。到今年年底前，丹鸟将在全国范围内分批完成配送员工装配发和配送车辆统一标识的工作。这意味着，丹鸟标识将很快出现在大街小巷。

统一标识只是外在，李武昌更看重配送服务本身所蕴含的兑现承诺这一内在含义—“让每一份期待都温暖抵达”,不仅“温暖”,更要“抵达”。他表示,希望丹鸟配送员与用户不仅是商业合作的关系,更能形成个人情感上的联结。

说到“有温度”,李武昌还为记者讲述了丹鸟这个名字背后的故事。“丹鸟”这个名字既是萤火虫的古称,也是凤凰的别称。这两种含义和“有温度”都非常契合。李武昌当即完成注册。

不久前,丹鸟举办了成立后的第一次年会。李武昌特意将年会地点选在库房。他笑称,企业年会一般都在酒店举办,但丹鸟不在意地点,在意的是“嗨不嗨”。在丹鸟,员工间互称“好嗨友”。丹鸟将2019年定位为“员工年”,员工大多为年轻人。李武昌希望通过用这种方式让大家认真工作、开心生活,释放青春的热情与活力。

在掌舵丹鸟前,李武昌曾先后供职于宅急送和当当网。对于丹鸟的未来,他再次强调,丹鸟和快递企业不同,要摸索出一种“新的玩法”。

“未来的丹鸟肯定不一样。”

第十篇　行业展望

2020年中国快递发展趋势

是延续，也是预判。那些深深浅浅留下的痕迹，终将成为对未来趋势判断的依据。无论是从0到1的起步，还是从1到10的壮大，选对努力的方向远比一味埋头苦干强。当2019年姗姗走过，2020年欣欣然开启的时候，你对未来的风向如何理解？哪些趋势是你踮踮脚尖就能握得住的？哪些命题必将在不断坚持中迎来爆发？

科技，成为主轴

因为知道，只有科技的加持才能跑出快递的风火速度，所以一刻不停，持续加码。2020年，随着5G技术及区块链技术的深入研究应用，行业数据的价值将进一步发挥，“无人化”将进一步推进。用科技构筑自身的“护城河”将成为2020年品牌快递企业持续不断的目标。

基于企业定位、市场定义和科技投入等因素，部分快递企业的科技投入仍将聚焦在传统快递领域，部分快递企业科技投入将立足拓宽服务范围，用技术提升服务能力和盈利水平。除此之外，还有一部分快递企业将通过持续对科技的投入逐步向科技型企业转型。当然，相关的研发费用亦将随之提升。随着企业研发费用抵扣比例的提升以及新会计准则单列研发费用，预计各品牌快递企业2020年的研发费用将大幅提升。

绿色，贯穿始终

因为知道，只有做到可持续才能将事业做得更加长久，所以积少成多，绿色在蔓延。2020年，无论是国家层面，还是行业层面，抑或是企业层面，生态环境的保护依旧是重要命题。要发展，更要高质量的绿色发展，“绿”才能赢！

星星点点，如同铸成快递业“基石”的快递员一样，一个个小小的快递包裹带着绿色能量正在由点到线，由线及面。快递业的生态环保法规标准体系逐步健全，电子面单、瘦身胶带、循环中转袋、绿色回收箱等绿色举措持续推进，从燃油车到新能源车，绿色的快递行为、绿色发展理念正在深入人心。2020年，“绿色”这一关键词在快递业描摹的底色将更加广阔。

服务,全面提升

因为知道,只有提升服务才能走向更远的未来,所以从一点一滴的改进开始。如今,快递已经成为一个与老百姓关系最为密切的行业。无论是送货到门,还是送货到柜、到站、到店,无论是朝发夕至,还是次日达、隔日达,无论是开出专线,还是拿出“私人定制”方案,归根结底还是为了将消费者的包裹安全、快速送达。

广泛应用前置仓,减少跨省调拨运转快递包裹数量,综合运用代理点、综合服务站、智能快件箱、快递驿站等配送方式,那些在2019年众多快递企业及关联方为缓解“最后一公里”配送压力的尝试将在2020年继续实践。此外,个性化服务能力也将是业内企业探索的重点,例如不断增多的水果快递专线、高铁安检口的自助寄件快递柜、法律文书“总对总”送达平台等。

出海,抱团提速

因为知道,在世界经济形势变幻莫测的当下,组合拳远比单打独斗来得更有力量,所以聚合势能,方向一致。出海的路并不总是春风得意,政策、市场、人文、劳动力,哪一个都将是考虑因素。迈出国门的那一刻,他们有一个共同的名字,就是“中国快递”。

哪里有商业往来,哪里就有物品流通。共绘“一带一路”高质量建设“工笔画”的匠人中,有了邮政快递人的身影,绿色、黑色、红色、橙色、蓝色、黄色……他们将共同描摹一幅怎样的画面?推进跨境基础设施建设互联互通,建设境外仓储物流配送中心,推动运输便利化安排和大通关协作、加快发展智能化多式联运,打造智慧港口、智能物流网络,搭乘中欧班列,穿越西部陆海新通道,中国快递的服务范围迎来新扩展。

下沉,新增长极

因为知道,只有俯下身才能拥有向上的爆发力,所以从前通达全国的快递网络开始下沉、下沉,再下沉。你说那里山深路险,那就派出“无人军团”;你说那里乡民贫困,那就发掘优势,用“快递因子”重构产业;你说那里特产虽好但却缺少营销,那就开班授课,包教包会。因为有天然的民生基因,快递可以做到达人达己。

可以预见的是,下沉市场空间广阔,农村网络零售额已超万亿元。三四线城市及以下人口占比近70%,其消费能力快速增长,农村人均可支配收入和人均消费支出增速长期高于城镇水平。电商格局的演变可见一斑,嗅觉灵敏的人早已瞄准了那个具有爆发潜力的市场。“买”和“卖”,“下行”和“上行”,“拼购”和“直播”,快递包裹的存量市场中,“你”也可以成为深度参与者。

同城,争夺焦点

因为知道,只有更快、更专业、更多元才能在未来的竞争格局中占有一席之地,所以面对相似但不同的业务场景,切进去、抓重点,快速调整,再闯一番新天地。胜负未分,格局未定,一切皆有可能。未来的快递企业,必是涵盖多元业务的快递企业。客户需要什么,正好“我”有,那是一种底气。

科技嵌入众包,创新组织模式,激发个体活力,温暖舒适的环境培养不出英勇善战的开拓者。毋庸置疑,同城即时配送正处在新的风口。从2013年18.8%的订单增速到2015年的136.8%,再到2019年回落至28.4%,理性回归,分羹者分层。在既定的同城地域范围内,高质量、个性化,抑或订单集中爆发的服务特点导致其增速不会一直上涨。但打破边界,依靠自身规模壁垒及体量优势,抢下这块“蛋糕”的可能性依然很大。

跨界,融合创新

因为知道,现时的商业环境中,融合是大趋势,所以从前的泾渭分明逐渐转为融合创新。快递企业的触角则向快运服务延伸,物流企业也将目光瞄准年增速两位数的快递行业。无论是快递还是快运,正在显现的市场需求以及庞大的市场规模必将促使两者相互融合渗透。对快递和快运领域的头部企业来说,向综合物流服务商转型是大势所趋。

大国间高科技比拼的背后是高端制造业的较量,而供应链是制造业的重要一环。几乎所有的品牌快递企业,除了主业快递服务之外,都开设了快运板块。在业务多元化的背景下,快递企业衡量标准不再唯“件量”独大,货量(运载吨)也将成为反映企业业务增长的参考标尺。快递企业最大的优势是网络,在跨界快运时,既要充分利用全国性网络,也要将目光放远,关注电商市场的同时,也要静下心深耕制造业市场,快运正是强化供应链服务能力的关键突破口。

产业,集聚明显

因为知道,每一个关键城市、每一个重点区域都是必争之地,所以从南到北、从东到西,那些产业集聚且能够产生大量快件的地方,遍布快递网点。服务业、农业、制造业,搭载电商与快递的列车加速上行。在以规模效应著称的快递业,要量还是要价不是一道简单的计算题。

快递量价变动反映电商产业集群在加快形成,尤其是金华(义乌)地区的超低快递单价形成了显著的电商快递虹吸效应。全国快件量每年百亿级的增长背后,城市之间、区域之间的快递布局还将出现新的特点，例如：北京、上海、杭州等传统电商集聚地，由于城市规划、运营成本等各种因素，快递业务量、快递企业聚集效应正在逐渐降低或减弱；华南、西南、华东等地区，由于气候、种植条件和规模等的优势，快递生鲜供应链的建设将继续加速形成。

座次，重新划分

因为知道，此时落后一小步，将来追赶起来便要付出十倍努力，所以每个节奏、每个节点都在奋力合拍。箭头向上、向下，排名或升、或降，无论是营业收入、业务量，还是背后付出的各类成本，那些科技化、信息化、差异化都是为了在“快递江湖”中站稳脚跟。

竞争环境并未恶化，梯队更加明显。头部企业的较量依然是战火弥漫，中小企业在夹缝中艰难生存的概率越来越小。从国家邮政局发布的快递品牌集中度指数 CR8 来看，2013 年到 2019 年，“V”字形的趋势印证随着业务量规模的增大，未来头部企业的规模效应将显著高于二三线企业，市场份额亦将继续甚至加速向头部企业集中。而在 CR8 内部，头部企业之间的座次亦有变化，无论是降本增效、提质扩展，还是以价换量、抢占市场，格局未定前，竞争都将更加激烈。

电商，博弈加剧

因为知道，在商业的世界里故步自封，等待的将是难以为继，所以开放边界、相互渗透。当前，电商平台之间的竞争逐渐过渡到快递物流领域，电商对快递的战略性布局趋势明显，而快递企业也在打造自己的电商平台。是以独立的主体存在，还是并购整合作为集体的一部分重新出发？

新势力的觉醒意味着快递单量的快速增长。在巨头身后破冰而出的拼多多，订单量逐年猛增，如今也在积极切入快递物流领域，例如上线电子面单系统。传统电商巨头阿里对自身物流体系的布局自是不必言说，从综合型平台菜鸟到落地配领域的丹鸟、农村物流领域的溪鸟和即时配送领域的蜂鸟，投资与被投资之间，一张网络已经拉起。而京东的自建物流逐步开放，高效服务背后，商业价值进一步释放。产业的上、下游，电商和快递，未来一段时间将呈现博弈加剧又合作紧密的态势。

附　　录

相关文件(索引)

- 中共中央　国务院印发《交通强国建设纲要》

http://www.gov.cn/zhengce/2019-09/19/content_5431432.htm

- 中共中央　国务院关于深化改革加强食品安全工作的意见

http://www.gov.cn/zhengce/2019-05/20/content_5393212.htm

- 中共中央　国务院印发《长江三角洲区域一体化发展规划纲要》

http://www.gov.cn/zhengce/2019-12/01/content_5457442.htm

- 中共中央办公厅　国务院办公厅印发《数字乡村发展战略纲要》

http://www.gov.cn/gongbao/content/2019/content_5395476.htm

- 中共中央办公厅　国务院办公厅印发《关于加强金融服务民营企业的若干意见》

http://www.xinhuanet.com/2019-02/14/c_1124116039.htm

- 国务院关于促进乡村产业振兴的指导意见

http://www.gov.cn/zhengce/content/2019-06/28/content_5404170.htm

- 国务院关于推进国家级经济技术开发区创新提升打造改革开放新高地的意见

http://www.gov.cn/zhengce/content/2019-05/28/content_5395406.htm

- 国务院关于印发实施更大规模减税降费后调整中央与地方收入划分改革推进方案的通知

http://www.gov.cn/zhengce/content/2019-10/09/content_5437544.htm

- 国务院办公厅关于深入开展消费扶贫助力打赢脱贫攻坚战的指导意见

http://www.gov.cn/zhengce/content/2019-01/14/content_5357723.htm

• 国务院办公厅印发《"无废城市"建设试点工作方案》

https://baijiahao.baidu.com/s?id=1623239999167533465&wfr=spider&for=pc

• 国务院办公厅关于加快发展流通促进商业消费的意见

http://www.gov.cn/zhengce/content/2019-08/27/content_5424989.htm

• 国务院办公厅转发交通运输部等部门关于加快道路货运行业转型升级促进高质量发展意见的通知

http://www.gov.cn/zhengce/content/2019-05/07/content_5389429.htm

• 国家发展改革委关于印发《西部陆海新通道总体规划》的通知

http://www.gov.cn/xinwen/2019-08/15/content_5421375.htm

• 国家发展改革委　财政部关于印发《关于深化农村公共基础设施管护体制改革的指导意见》的通知

http://www.gov.cn/xinwen/2019-11/04/content_5448397.htm

• 15 部门印发《关于推动先进制造业和现代服务业深度融合发展的实施意见》

http://www.gov.cn/xinwen/2019-11/15/content_5452459.htm

• 交通运输部关于印发《数字交通发展规划纲要》的通知

http://www.gov.cn/xinwen/2019-07/28/content_5415971.htm

• 交通运输部　国家税务总局关于印发《网络平台道路货物运输经营管理暂行办法》的通知

http://www.gov.cn/xinwen/2019-09/09/content_5428569.htm

• 商务部等 10 部门关于印发《多渠道拓宽贫困地区农产品营销渠道实施方案》的通知

http://www.cpad.gov.cn/art/2019/1/30/art_1461_93584.html?from=bdhd_site

• 财政部办公厅　商务部办公厅　关于推动农商互联完善农产品供应链的通知

http://www.mofcom.gov.cn/article/h/redht/201905/20190502863141.shtml

• 科技部关于印发《国家新一代人工智能创新发展试验区建设工作指引》的通知

http://www.gov.cn/xinwen/2019-09/06/content_5427767.htm

• 教育部办公厅等十四部门关于印发《职业院校全面开展职业培训　促进就业创业行动计划》的通知

http://www.moe.gov.cn/srcsite/A07/zcs_zhgg/201911/t20191118_408707.html